Ludwig Wittgenstein: The Duty of Genius

비트겐슈타인 평전

천재의 의무

LUDWIG WITTGENSTEIN: THE DUTY OF GENIUS

• Meaning of Life 시리즈 •

The Duty of Genius

비트겐슈타인 평전

레이 몽크 Ray Monk 지음 | 남기창 옮김

P 필로소픽

"논리학과 윤리학은 근본적으로 같다.
그것들은 자신에 대한 의무일 뿐이다."

오토 바이닝거, 《성과 성격》

차례

감사의 글 8

서문 15

옮긴이 서문 17

1부 1889~1919

1. 자기 파괴를 위한 실험실 23
2. 맨체스터 55
3. 러셀의 제자 65
4. 러셀의 선생 101
5. 노르웨이 139
6. 후방에서 159
7. 전선에서 209

2부 1919~1928

8. 출판될 수 없는 진리 251
9. 완전한 시골의 삶 281
10. 황야 밖으로 343

3부 1929~1941

11. 두 번째 귀환 369
12. 검증주의적 단계 405
13. 안개가 걷히다 427

14. 새로운 시작 443
15. 프랜시스 469
16. 언어게임: 청색 책과 갈색 책 481
17. 보통 사람으로 살기 위해 497
18. 고백 517
19. 오스트리아의 최후 557
20. 머뭇거리는 교수 579

4부 1941~1951

21. 전쟁 중의 일 619
22. 스완지 655
23. 시대의 어두움 673
24. 모습의 변화 697
25. 아일랜드 745
26. 무공동체의 시민 787
27. 이야기가 끝나다 821

부록 바틀리의 《비트겐슈타인》과 암호로 적힌 단평들 829
인용 출처 839
주요 참고문헌 884
찾아보기 893

감사의 글

가장 먼저 감사를 표할 사람은 모니카 펄롱Monica Furlong이다. 그녀의 도움이 없었다면 이 책은 시작되지도 못했을 것이다. 데이비드 고드윈David Godwin(하이네만Heinemann의 편집 책임자)을 설득해서 이 책을 쓰기 위한 프로젝트의 재정을 지원하도록 만든 사람이 모니카 펄롱이다. 그녀 못지않게 중요했던 것은 데이비드 고드윈의 끊임없는 열정과 따뜻한 격려였다. 또한 프리프레스Free Press의 미국 편집장 어윈 글릭스Erwin Glickes가 보내준 아낌없는 지지도 중요했다.

이 프로젝트를 처음 시작할 때 우리는 비트겐슈타인의 문헌 상속자들의 도움을 받지 못할까 봐 걱정했지만, 다행히도 그건 기우였다. 세 명의 비트겐슈타인 문헌 상속자들인 게오르크 헨리크 폰 브릭트Georg Henrik von Wright, 엘리자베스 앤스콤Elizabeth Anscombe, 그리고 고 러시 리스Rush Rhees 교수는 매우 친절했고 협력을 아끼지 않았으며 많은 도움을 주었다. 내가 비트겐슈타인의 미출간 원고들을 보도록 허락해주었을 뿐 아니라, 많은 질문들에 성실하게 답해주었으며 그들의 도움이 없었더라면 발견하지 못했을 많은 정보를 제공받았다.

특히 폰 브릭트 교수에게 감사를 표하고 싶다. 그는 《철학적 탐구*Philosophical Investigations*》의 집필 과정에 대한 나의 (처음에는 꽤 유치했던) 추측들에 대해 끈기 있고 상세하게 응답해주었다. 비트겐슈타인의 두 위대한 책들의 기원에 대한 그의 논문들과 비트겐슈타인의 원고들을 세밀하게 정리해놓은 그의 글은 이 책을 쓰는 데 필수불가결했다. 앤스콤 교수는 비트겐슈타인에 대한 기억을 말해주기 위해 그리고 내 질문에 답하기 위해 여러 번 나를 만나주었는데, 프랜시스 스키너Francis Skinner가 비트겐슈타인에게 쓴 편지들을 보게 해준 것에 각별히 감사한다.

리스 교수가 내게 베푼 친절은 상상 이상으로 매우 컸다. 연로하고 건강이 안 좋았음에도 그는 많은 시간을 내서 나와 토론하였다. 그는 비트겐슈타인의 연구에 대한 견줄 데 없는 지식과 비트겐슈타인의 성격과 철학에 대한 많은 통찰을 보여주었다. 그리고 그가 보여주지 않았더라면 그런 글들이 있는지조차도 몰랐을 많은 글들을 볼 수 있었다. 그는 내게 자신이 알고 있는 것을 가능한 한 많이 전해주기 위해 한번은 내가 스완지Swansea에 있는 호텔에서 머무를 수 있도록 경비를 대겠다고 고집했다. 내가 런던으로 돌아가면 우리의 논의가 중단될 것을 염려했던 것이다. 이 책을 막 완성했을 때 그의 부음을 들었다. 나는 그를 몹시 그리워할 것이다.

슬프게도 비트겐슈타인의 친구들 중 많은 사람들이 이 책을 쓰기 위해 자료조사를 하는 동안 세상을 떠났다. 로이 포래커Roy Fouracre는 오랫동안 병을 앓고 있었지만, 그의 부인은 친절하게도 나를 만나서 비트겐슈타인이 그녀의 남편에게 보낸 편지들을 보여주었다. 고 조지 톰슨George Thomson 교수의 부인인 캐서린 톰슨Katherine Thomson 여사는 남편이 죽기 바로 얼마 전에 비트겐슈타인의 소련 방문에 대해 말해주기 위해 나를 만나고 싶다는 의사를 표시했다. 톰슨 여사는 또한 내게 몇 통의 편지들을 보여주었으며, 비트겐슈타인에 대한 그녀 자신의 기억을 들려주었다. 나는 에드워드 베번Edward Bevan 박사가 죽기 1년 전쯤에 만났다. 그의 회상과 그의 부인 조앤 베번Joan Bevan의 회상이 이 책 27장의 기초를 이룬다. 비트겐슈타인이 아일랜드의 서해안에 있는 동안 그에게 절대적인 도움을 주었던 토미 멀커린스Tommy Mulkerrins를 1986년 봄에 그의 오두막에서 만났을 때, 그는 80대의 나이로 쇠약했지만 이례적일 정도로 정신은 맑았다. 그의 회상은 25장에 포함되었다. 불행하게도 그 역시 더 이상 우리 곁에 없다.

다행히 살아 있는 친구들도 있다. 1929년부터 1949년까지 비트겐슈타인의 가까운 친구였던 길버트 패티슨Gilbert Pattisson 씨는 나와 여러 번 만났으며, 11장에서 인용된 편지들을 보여주었다. 비트겐슈타인과 프랜시스 스키너 모두의 가까운 친구였던 롤런드 허트Rowland Hutt 씨는 내 작업에 매우 큰 관심을 표해주었고 23장에서 인용된 편지들을 보여주었다. 또한 윌리엄 배링턴 핑크William Barrington Pink 씨, 데즈먼드 리Desmond Lee 경, 배질 리브Basil Reeve 교수, 벤 리처즈Ben Richards 박사, 캐시미어 루이Casimir Lewy 박사, 키스 커크Keith Kirk 씨, 클레멘트A. Clement 여사, 폴리 스마이시스Polly Smythies 여사, 울프 메이스Wolfe Mays 교수, 프랜시스 패트리지Frances Partridge 여사, 마르그리트 드샹브리에Margueritte de Chambrier 부인에게 감사를 표하고 싶다. 이들 모두 비트겐슈타인에 대한 회상을 말해주기 위해 나를 한 번 이상 만나는 수고를 마다하지 않았다. 게오르크 크라이젤Georg Kreisel 교수, 폰 하이에크F. A. von Hayek 교수, 존 킹John King 씨, 와시프 히자브Wasif A. Hijab 교수, 존 위즈덤John Wisdom 교수, 고 앨프리드 에이어Alfred Ayer 교수, 콘래드 페플러Conrad Pepler 신부 등에게도 감사하다. 이들은 모두 나의 문의에 대해 편지로 답해주었다.

가이 병원Guy's Hospital과 뉴캐슬Newcastle에 있는 왕립 병원Royal Infirmary에서 비트겐슈타인이 한 일에 대한 이야기는 비트겐슈타인의 동료들의 도움이 없었다면 쓸 수 없었을 것이다. 루이스T. Lewis 씨, 험프리 오스먼드Humphrey Osmond 박사, 그랜트R. T. Grant 박사, 헬렌 앤드루스Helen Andrews 양, 틸먼W. Tillman 박사, 나오미 윌킨슨Naomi Wilkinson 양, 워터필드R. L. Waterfield 박사, 에라스무스 발로Erasmus Barlow 박사, 그리고 배질 리브 교수가 바로 그의 동료들이다. 존 헨더슨John Henderson 박사는 이 동료들과 나를 연결해주는 역할을 했는데, 이에 감사를 표하고 싶다. 앤서니 라일Anthony Ryle 박사는 21장에서 인용된 그의 아버지로부터 온 편지들을 내게 보여주고, 그가 어릴 때 썼던 일기를 인용하는 것을 허락하는 친절을 베풀었다. 나는 또 그와 리브 교수가 21장의 초기 원고를 읽고 평을 해준 것에 대해 고마움을 표한다.

오스카 우드Oscar Wood 씨, 이사야 벌린Isaiah Berlin 경, 메리 워녹Mary Warnock 여사는 24장에 나오는 조웨트 학회Jowett Society의 모임에 대한 회상을 들려주었는데 이에 감사를 표하고 싶다. 이 모임은 비트겐슈타인이 옥스퍼드에서 열린 철학 모임에 참가했던 유일한 경우였다.

또한 비트겐슈타인을 만나지 못했던 많은 사람들도 내게 귀중한 도움을 주었는데, 이 점에서 나는 바틀리W. W. Bartley III 교수, 퀜틴 벨Quentin Bell 교수, 마거릿 슬론Margaret Sloan 여사, 마이클 스트레이트Michael Straight 씨, 콜린 윌슨Colin Wilson 씨, 콘라트 뷘셰Konrad Wünsche 교수에게 감사를 표하고 싶다. 이들은 모두 나의 편지에 응답함으로써 나를 도왔다. 그리고 앤 케인스Anne Keynes 여사, 앤드루 호지스Andrew Hodges 박사, 조지 스타이너George Steiner 교수 들에게 고마움을 표한다. 이들은 내가 조사하는 동안 문제가 생겨 논의가 필요할 때 여러 번 만나주는 친절을 베풀었다. 또한 케인스 여사는 친절하게도 그녀의 삼촌인 데이비드 핀센트David Pinsent가 쓴 철학 논문 한 편을 내게 주었다.

조사 때문에 나는 멀리 그리고 넓은 지역을 여행했다. 그중에서 아일랜드와 오스트리아 여행이 특히 중요했다. 아일랜드에서 나는 친구인 조너선 컬리Jonathan Culley의 차로 더블린, 위클로Wicklow 카운티, 골웨이Galway 카운티를 돌아볼 수 있었다. 그는 무한한 인내심을 발휘했으며, 아주 필요했던(그러나 그가 아니었다면 얻지 못했을) 신속성을 제공해서 시간을 맞출 수 있게 해주었다. 더블린에서 나는 폴 드루어리Paul Drury의 도움을 받았고, 위클로에서는 킹스턴Kingston 가족의 도움을, 코네마라Connemara에서는 토미 멀커린스의 도움을 받았다. 휴 프라이스Hugh Price 부부, 윌러비R. Willoughby 여사, 메이혼J. Mahon, 그리고 숀 켄트Sean Kent 씨도 중도에 도움을 주었다. 오스트리아 여행은 나의 친구인 볼프강 그뤼버Wolfgang Grüber와 그의 형제인 하이모Heimo가 베푼 친절함으로 즐겁고 편한 여행이 되었다. 빈에서 나는 헬레네 비트겐슈타인Helene Wittgenstein의 손녀인 카트리나 아이젠부르거Katrina Eisenburger와 또 다른 가족인 엘리자베트 비저Elizabeth Wieser 박사를 만나는 기쁨을 누렸다. 또한 헤르만 핸젤Hermann Hänsel 교수의 친절한 도움을 받았다. 비트겐슈타인이 가르쳤던 학교들이 있는 트라텐바흐Trattenbach와 오테르탈

Otterthal이 위치한 벡셀Wechsel 산악지방을 방문했을 때, 나는 아돌프 휘프너Adolf Hübner 박사의 도움을 많이 받았다. 그는 그 지역 주변을 안내해주었으며, 그가 키르히베르크Kirchberg의 서류 센터에서 수집한 환상적인 자료들을 복사해서 주었을 뿐 아니라, 나중에 내가 찍은 사진이 잘못되었다는 것을 발견한 후, 그 일련의 사진들을 다시 찍어주는 아주 대단한 친절을 베풀어주었다.

케임브리지의 트리니티 칼리지Trinity College 렌Wren 도서관의 홉스T. Hobbs 박사, 가이 병원 윌스Wills 도서관의 배스터A. Baster 박사, 의학연구위원회Medical Research Council 문서보관소의 니콜슨M. Nicholson 양, 브리티시British 도서관, 옥스퍼드의 보들레이안Bodleian 도서관, 그리고 케임브리지 대학 도서관의 직원들도 나를 꾸준히 친절하게 도와주었다. 이들에게도 감사한다. 내 친구인 울프 샐린저Wolf Salinger 씨는 나 대신 비트겐슈타인이 공학과 학생으로 다녔던 베를린 공과대학교Technical University of Berlin(당시에는 기능 대학교Technische Hochschule)에 있는 관련 자료들은 무엇이든 모두 발굴해주는 수고를 감수했다. 그에게 감사하며, 또한 샐린저 씨를 도와주었던 대학 도서관의 직원들에게도 고마움을 표한다.

이 책에 사용된 중요한 편지들 중 일부는 인스브루크Innsbruck 대학의 브레너 문서보관소Brenner Archive에 소장되어 있다. 여기에는 (6, 7, 8, 9장에서 사용된 버트런드 러셀Bertrand Russell과 고틀로프 프레게Gottlob Frege가 비트겐슈타인에게 보낸 편지들을 포함해서) 비트겐슈타인에게 보내진 수백여 통의 편지들이 보관되어 있다. 이것들은 최근에서야 열람이 가능해졌다. 이 편지들의 존재를 내게 알려준 옥스퍼드 대학 세인트존스 칼리지St John's College의 해커M. S. Hacker 박사에게 감사하며, 그것들을 볼 수 있게 허락해준 브레너 문서보관소의 앨런 재닉Allan Janik 교수의 친절함에 감사드린다. 이 두 사람은 나와 함께 편지의 내용에 대해 논의하기 위해 기꺼이 시간을 내주었다. 버트런드 러셀이 보낸 편지들에서 인용을 할 수 있도록 허락해준 맥매스터McMaster 대학의 러셀 문서보관소Russell Archive의 케네스 블랙웰Kenneth Blackwell에게도 감사드린다.

나는 케임브리지 트리니티 칼리지의 마이클 네도Michael Nedo 박사에게 특히 감사함을 전한다. 비트겐슈타인의 원고에 대한 그의 지식은 누구보다 뛰어났으며, 그는 수년에 걸쳐서 비트겐슈타인과 관련된 사진, 서류 및 서류 복사본 들을 수집해서 굉장히 유용한 자료실을 만들었다. 그는 이 모든 자료들을 자유롭게 볼 수 있도록 허용했을 뿐 아니라, 내 조사의 다양하고 많은 측면들을 논의하기 위해 많은 시간을 할애해주었다. 또한 비트겐슈타인의 암호로 된 단평들을 세심하게 번역해서 내게 주었는데, 여기에도 큰 감사를 표한다.

파울 비데펠트Paul Wijdeveld 박사는 여러 가지 방식으로 큰 도움을 주었다. 비트겐슈타인이 설계했던 집에 관해 쓴 그의 책과 관련해서, 그가 수행했던 자세한 조사의 결과를 볼 수 있는 혜택을 누리게 해주었을 뿐 아니라, 그가 아니었다면 몰랐을 출판된 정보들의 존재를 알려주었다. 그는 또한 자신의 책 초고들과 파울 엥겔만Paul Engelmann과 비트겐슈타인 사이의 관계와 관련해서 발견했던 많은 서류들을 제공해주었다.

이 책의 각 부분들의 초고를 읽고 평을 해준 데 대해 옥스퍼드 대학 세인트존스 칼리지의 베이커G. P. Baker 박사, 옥스퍼드 대학 모들린 칼리지Magdalen College의 피터 스트로슨Peter Strawson 경에게 감사드린다. 베이커 박사와 그의 동료인 해커 박사는 그들이 당시 쓰고 있던 책의 원고를 보여주는 친절을 베풀었다. 스티븐 툴민Stephen Toulmin 교수는 친절하게도 이 책의 모든 원고를 다 읽고 많은 조언과 건설적인 비판을 해주었다. 편집자인 데이비드 고드윈과 어윈 글릭스는 많은 분량의 초고를 읽었고 유용한 제안을 많이 해주었다. 출판 원고를 준비할 때 앨리슨 맨스브리지Alison Mansbridge는 그녀가 아니었더라면 발견하지 못했을 많은 실수들을 찾아내주었다. 그녀가 그 어려운 임무를 열정적으로 그리고 세밀하게 수행해준 데 대해서 나는 크게 빚지고 있다. 데이비드 맥린톡David McLintock 박사는 내가 번역한 프레게의 편지와 비트겐슈타인의 일기가 정확한지를 친절히 검토해주었다. 그는 중요한 점을 많이 고쳐주었고, 그가 아니었더라면 놓쳤을 많은 흥미 있는 어조와 암시들에 주목하게 했다. 물론 책에 무슨 실수라도 있다면 그것은 내 책임이다.

에이전트인 질 콜리지Gill Coleridge 여사의 도움이 없었다면 지난 4년을 견뎌낼 수 없었을 것이다. 나와 함께 그 세월을 견뎌낸 제니Jenny에게 가장 따뜻한 감사의 말을 전한다.

런던

1989년 12월

레이 몽크

서문

루트비히 비트겐슈타인은 매우 특별한 매력을 발산하는 인물이다. 그가 현대 철학의 발달에 끼친 지대한 영향만으로는 그 매력의 실체를 완전히 설명할 수 없다. 분석철학에 그다지 관심이 없는 사람들도 그가 아주 흥미로운 사람임을 알게 된다. 그에 관해 쓰여진 시들이 있고, 그에게서 영감을 받은 그림들이 있으며, 그의 작품이 음악으로 만들어지기도 했다. 또 어떤 성공적인 소설의 주인공으로 그려지기도 했는데, 그 작품은 소설로 만들어진 전기라고도 할 수 있다.(브루스 더피Bruce Duffy, 《내가 발견한 대로의 세계*The World as I Found It*》) 비트겐슈타인에 관한 텔레비전 프로그램이 적어도 다섯 개는 있었다. 또한 셀 수 없이 많은 회상록이 쓰여졌는데 대부분이 그를 겨우 아는 정도의 사람들이 쓴 것이다.(예를 들면 그를 단지 네다섯 번 정도 만났던 리비스F. R. Leavis는 〈비트겐슈타인에 대한 회상Memories of Wittgenstein〉을 주제로 16쪽짜리 글을 한 편 썼다.) 비트겐슈타인에 관한 회고록들은 그에게 러시아어를 가르쳤던 여성, 아일랜드에 있는 그의 오두막집에 토탄을 배달했던 사람, 비트겐슈타인을 잘 알지 못하지만 우연히 그의 마지막 사진을 찍었던 사람 등에 의해 쓰여지기도 했다.

이러한 것들은 모두 지금도 계속 나오고 있는 비트겐슈타인 철학에 관한 주석서와는 꽤 동떨어진 것이다. 비트겐슈타인의 철학에 관한 주석서들을 모아놓은 최근의 한 참고문헌 목록은 5868개나 되는 논문 및 단행본 들을 나열하고 있다. 이들 대부분은 학계 밖에 있는 사람들에게 아무런 관심도 끌지 못하는 것이고(또한 난해하며) 앞서 언급된 작품들에 영감을 불어넣어주었던 비트겐슈타인의 생애와 사람 됨됨이와는 관련이 없는 것들이다.

비트겐슈타인에 대해 관심이 있는 사람들이, 관심은 많지만 그의 생애를 모른 채 그의 철학만을 연구하는 사람들과 그의 삶에 매력을 느끼지만 그의 철학은 이해할 수 없는 사람들이라는 양극단으로 나누어진 것은 불행한 일처럼 보인다. 가령 노먼 맬컴Norman Malcolm이 쓴 《비트겐슈타인의 추억*A Memoir*》을 읽고 책에서 묘사된 인물에 매혹된 후 스스로 비트겐슈타인의 저서를 직접 읽을 마음이 생겨나 읽어보았지만 한 글자도 이해할 수 없음을 깨달았다는 경험은 흔히 있는 일이다. 비트겐슈타인이 탐구한 철학적 주제가 무엇이며 그것을 어떻게 다루는지를 잘 설명해주는 입문서들이 많이 있다고는 하지만, 비트겐슈타인이라는 **사람**과 그의 철학과의 관계(그의 삶을 지배했던 정신적, 윤리적 관심사와, 그것과는 조금 동떨어진 것 같지만 그의 저술에 나타나는 철학적 문제들이 어떻게 연결되는지)에 대해서는 빠뜨리고 있다.

이 책의 목적은 이러한 틈을 메우는 것이다. 그의 생애와 철학을 한 이야기 안에서 서술함으로써, 그의 철학이 어떻게 그와 같은 사람에게서 나왔는지를 밝히고 싶다. 그리하여 비트겐슈타인을 읽는 사람이면 본능적으로 느끼게 되는 그의 철학적 관심과 정서적, 영적 삶의 합일을 보여주고 싶다.

옮긴이 서문

대부분의 경우 한 사람의 철학을 연구하기 위해서 그 사람이 어떤 인간이었는지에 대해 알 필요는 없다. 그렇지만 이 책의 저자 레이 몽크가 지적하듯, 비트겐슈타인의 철학을 연구할 때 그의 인간 됨됨이에 대해서 아는 것은 필수적이다. 이 점은 근래의 비트겐슈타인 연구서들이 이 책을 반드시 언급하고 있는 것만 봐도 알 수 있다. 비트겐슈타인 연구자들 사이에서 가장 많이 추천되는 책을 꼽으라면, 비트겐슈타인 자신의 저서들을 제외하곤 몽크의 책이 단연 앞줄에 낄 것이다. 따라서 이 책은 단순히 한 철학자의 전기라고만 생각해선 안 되며, 비트겐슈타인 철학을 연구할 때 반드시 읽어야 할 책이라고 볼 충분한 이유가 있다.

동시에 이 책은 수많은 사람들을 매혹시켰던 비트겐슈타인의 극적인 일생을 잘 보여주는 전기임이 틀림없다. 대부호의 막내아들로 태어나, 명문 학교를 마다하고 직업 교육을 전문으로 하는 학교에 입학해서 히틀러와 같은 학교에 다녔고, 영국에서 공학도로서 공부하던 중 케임브리지 대학의 러셀에게 철학적 천재성을 인정받은 후 철학으로 전공을 바꾸고 노르웨이의 외딴곳에서 홀로 철학을 연구하다가, 1차 세계대전이 나자 자원입대하였으며, 전후에는 철학 연구를 중단하고 동시에 유산 상속도 거부한 채 산골 초등학교 선생님의 길을 택한 비트겐슈타인. 그는 30대의 나이에 이미 서양 철학계에서 거의 전설적인 존재가 되어 있었다. 그가 전쟁 중에도 집필을 멈추지 않고 전쟁이 끝난 후 러셀의 도움을 받아 출판한 《논리철학논고》가 오스트리아의 빈학파와 영국의 케임브리지 대학에서 철학적 논의의 중심을 차지했음에도, 잠언과 같은 짧은 말들로 이루어진 그 난해한 책의 저자가 누구인지에 대해서 아는 사람이 거의 없었기 때문이었다.

그가 다시 철학을 연구하기 위해 케임브리지로 돌아왔을 때, 그의 평생 친구 중 하나였던 존 메이너드 케인스는 "신이 도착했다"는 말로 소식을 전했다. 케인스가 왜 이런 표현을 사용했는지는 이 책을 읽으면 추측할 수 있을 것이다.

비트겐슈타인은 철학적 유아론이 무의미함을 보여주려 애썼던 사람이었지만, 그의 일생을 보면 마치 유아론자로서의 삶을 살기로 결심했던 사람 같다는 인상을 받는다. 그는 의도적으로 혼자 살려고 했으며, 주변에서 일어나는 일 때문에 마음이 흔들려서는 안 된다는 관점을 갖고 있었다. 그러나 그도 어쩔 수 없이 주위 환경의 영향을 받지 않을 수는 없었는데, 독자들은 이 책에서 그로 하여금 평정심을 잃게 만드는 외적, 내적 요인들에 대해 그가 어떻게 맞서려 했는지를 잘 볼 수 있을 것이다. 결국 비트겐슈타인도 신이 아니라 인간이었다.

아마도 비트겐슈타인의 평정심을 흔들리게 한 한 가지는 그의 동성애적인 성향이었을지 모른다. 이것은 바틀리란 전기 작가가 비트겐슈타인의 동성애에 대해 놀랄 만한 주장을 제기한 이래 많은 사람들의 관심의 대상이 되었는데, 몽크는 이 책에서 바틀리의 주장이 근거가 희박한 것임을 설득력 있게 보여준다.

번역을 하는 과정에서 역자는 비트겐슈타인 책들의 한국어 번역본들을 참고했다. 이 책들을 번역한 분들께 감사드린다. 아울러 번역 원고 일부를 세세하게 평해주었던 이용남 선배에게도 고맙다는 말을 하고 싶다. 서울사회과학연구소의 연구원들의 번역안도 참고로 했다. 이 분들의 수고에도 감사드린다. 이런 과정을 통해서도 해결하기 어려운 문제들은 역자의 지도교수였던 미시간 주립대학교의 수터 교수에게 문의하여 조언을 구했다. 수터 교수에게도 감사의 마음을 전한다.

이 책이 12년 전에 한국에 번역 출판됐을 때에는 주요 신문과 학술지 등에서 서평이 소개되면서 철학 분야의 책치곤 꽤 큰 관심을 받았다. 10년이 넘은 세월이 지나면서, 이 책을 통해 비트겐슈타인이란 인물과 그의 철학을 한국에 소개한다는 큰 목표를 성취하는 데 기여했다고 생각하지만, 세부적인 면에서는 보완할 곳이 많이 발견되었다. 이번에 전면적인 수정 및 보완 작업을 거쳐 개역판을 출간하게 된 것을 다행스럽게 생각하며, 특히 이 책을 읽고 자세하게 보완할 부분을 지적해준 연세대학교 철학과의 이승종 교수에게 감사드린다. 까다로운 교정 작업을 맡아준 필로소픽 출판사 여러분에게도 감사드린다.

아무쪼록 독자들이 이 책을 통해 비트겐슈타인의 일생과 철학에 대해 단편적이거나 흥미 중심으로 왜곡된 정보가 아니라, 정확한 정보를 얻을 수 있기를 바란다.

2012년 11월

남기창

1부
1889~1919

1
자기 파괴를 위한 실험실

거짓말을 하는 것이 이로울 때에도 사람은 왜 진실을 말해야 할까?

이것이 비트겐슈타인의 철학적 성찰 중 기록으로 남겨진 최초의 주제이다. 여덟아홉 살 무렵 그는 문간에 서서 이 문제를 생각했다. 만족스러운 해답을 얻지 못한 채 결국 그런 경우에는 거짓말을 해도 잘못이 아니라는 결론을 내렸다. 만년에 그는 이 사건을 "비록 향후 삶의 방식에 결정적이지는 않았지만, 어느 정도 당시 내 성격을 보여주는 경험"이라고 묘사하고 있다.

이 일화는 어느 면에서 그의 전 생애를 보여준다. 단지 의문을 느꼈던 분야에서 확실성을 찾으려는 희망으로 철학도가 된 버트런드 러셀 Bertrand Russell과는 달리 비트겐슈타인은 그러한 질문들에 사로잡히는 강박적 성향에 의해 철학에 끌렸다. 그가 철학에 다가간 것이 아니라 철학이 그에게 다가왔다고 말할 수 있을지 모른다. 비트겐슈타인은 철학적 딜레마들을 달갑지 않은 방해물이나 자신을 사로잡는 수수께끼로 여겼고, 만족할 만한 해결책을 찾아 그 문제에서 벗어나기 전에는 일상생활에 제대로 신경 쓸 수 없었다.

하지만 이 문제에 대해 비트겐슈타인이 어린 시절 내린 답은 어떤 면에서는 전혀 그답지 않다. 부정직을 쉽게 받아들이는 일은 찬사와 두려움을 동시에 불러일으키는 그의 엄정한 진실성과 양립할 수 없다. 철학자에 대해 그가 가졌던 생각과도 맞지 않는다. 언젠가 그는 (한 편지에서 그를 위대한 철학자라고 불렀던) 누이에게 "나를 진리를 찾는 사람 정도로 불러주면 만족스러울 겁니다"라고 편지를 썼다.

이것은 의견의 변화가 아니라 성격의 변화를 시사한다. 위기의 순간마다 그 위기의 근원이 자신이라는 믿음으로 일관한 인생에서 꾀했던 여러 차례의 변화 중 최초의 사례였다. 그의 삶은 본성과의 계속되는 전투 같았다. 무엇을 이루든 그것은 자신의 본성과의 투쟁을 통해 얻어낸 것이었는데, 이런 점에서 볼 때 궁극적인 성취란 자기 자신을 완전히 극복하는 것, 곧 철학을 불필요하게 만드는 변혁이었다.

만년에 누군가가 그에게 무어G. E. Moore의 어린이 같은 순진함이 무어의 장점이라고 했을 때 비트겐슈타인은 다음과 같이 이의를 제기했다. "나는 그 말을 이해할 수 없다. 그것이 **어린이**에게도 장점이 되지 않는다면 말이다. 왜냐하면 당신은 한 사람이 싸워서 지킨 순진함이 아니라 천성적으로 유혹당하지 않도록 타고난 순진함에 관해 말하고 있기 때문이다."

이 말은 자기 평가를 암시하고 있다. 비트겐슈타인의 친구들과 학생들이 쓴 많은 회상기에서 나타나는 그의 강하고 타협을 모르는 위압적인 성격은 비트겐슈타인이 지키기 위해 싸웠던 것이었다. 어릴 적의 그는 부드럽고 순종적이어서 남을 기쁘게 해주기 위해 애쓰고 순응하였으며, 우리가 보았듯이 진리에 대해 적당히 타협할 준비가 되어 있었다. 생애의 처음 18년 동안의 이야기는 이러한 변화를 재촉한 그의 내부와 외부 힘들 사이의 투쟁에 대한 이야기이다.

루트비히 요제프 요한 비트겐슈타인Ludwig Joseph Johann Wittgenstein은 1889년 4월 26일에 합스부르크 빈Habsburg Vienna의 가장 부유한 가문 중 한 가정에서 막내로 태어났다. 어떤 사람은 집안의 이름과 재력 때문에 비트겐슈타인이 독일의 귀족 가문인 자인-비트겐슈타인 가문Seyn-Wittgensteins

과 연결되어 있다고 생각하는데 이는 옳지 않다. 비트겐슈타인가로 행세한 지는 불과 3세대 전부터였다. 루트비히의 증조할아버지 모제스 마이어Moses Maier가 고른 집안 이름이다. 그는 왕족 가문의 토지 관리인으로 일했는데, 유대인들에게 성이 허용된 1808년의 나폴레옹 법령 제정 후에 자기 고용주의 성에서 따왔다.

모제스 마이어의 아들인 헤르만 크리스티안 비트겐슈타인Hermann Christian Wittgenstein이 한 왕자의(그가 비트겐슈타인 가문이었는지 발덱Waldeck 또는 에스터하지Esterházy의 가문이었는지는 이야기에 따라 다르다) 사생아였다는 설이 있는데 믿을 만한 구체적인 증거는 없다. 이 이야기는 비트겐슈타인 집안이 뉘른베르크 법 제도에서 가문을 다시 분류하려고 시도하던 시기에 (나중에 보겠지만 성공적으로) 나타난 것처럼 보여서 그 진실성이 더욱 의심스럽다.

유대계라는 배경에서 벗어나려고 일부러 '크리스티안'이라는 중간 이름을 골랐던 헤르만 비트겐슈타인 자신에게 이 이야기는 틀림없이 마음에 들었을 것이다. 그는 자신이 태어났던 유대계 사회와 단절한 채 고향인 코르바흐Korbach를 떠나 라이프치히Leipzig에서 살았는데, 그곳에서 헝가리와 폴란드에서 물건을 사서 영국과 네덜란드에 파는 양모 상인으로 성공하였다. 그는 빈의 유명한 유대계 집안의 딸인 파니 피히도어Fanny Figdor를 아내로 맞았는데, 1838년에 결혼하기 전에 그녀도 신교도로 개종했다.

그들이 1850년대에 빈으로 이사할 때쯤 비트겐슈타인가의 사람들은 더 이상 유대인으로 행세하지 않았다. 실제로 헤르만 비트겐슈타인은 반유대적이라는 말을 듣기도 했으며, 후손들이 유대인과 결혼하는 것을 엄하게 금지했다. 다복한 가정(여덟 명의 딸과 세 명의 아들)이었으며 대체로 자녀들은 아버지의 충고를 따라서 빈의 전문직 신교도들과 결혼을 했다. 이렇게 하여 비트겐슈타인가의 사람들은 필요할 때 판사, 변호사, 교수, 성직자들로부터 전문적인 도움을 받을 수 있었다. 집안이 완전히 탈바꿈되었기에 헤르만의 딸 밀리Milly가 오빠인 루이스

Louis에게 자신들이 원래는 유대계라는 소문이 사실이냐고 물어볼 정도였다. 루이스는 "순수 혈통이지, 순수 혈통Pur sang, pur sang"이라고 대답했다.

이런 상황은 빈의 다른 많은 집안들과 다르지 않았다. 어떤 방식으로 빈의 중산층이 되든, 어떤 방식으로 그들의 뿌리로부터 결별하든 그들은 신기하게도 여전히 '철저하게' 유대인이었다.

비트겐슈타인가는 (가령 프로이트가Freuds의 사람들과는 달리) 유대계 공동체와 완전히 격리되어 있었다.(물론 빈 전체를 유대계 공동체라고 보는 경우에는 이야기가 달라진다. 이 말은 모호하지만 중요한 의미를 갖고 있기도 하다.) 또 유대교가 그들의 성장 과정에 영향을 미치지도 않았다. 그들의 문화는 전적으로 독일식이었다. 파니 비트겐슈타인은 오스트리아 문화생활에 익숙한 상인 집안 출신이었다. 그 집안 사람들은 시인 프란츠 그릴파르처Franz Grillparzer의 친구들이었고, 오스트리아 예술가들 사이에 열정적이고 안목 있는 수집가들로 알려져 있었다. 파니의 사촌 중 한 사람이 유명한 바이올린의 대가 요제프 요아힘Joseph Joachim이었는데, 그녀와 헤르만이 그의 성장에 결정적인 역할을 하였다. 요아힘이 열두 살 때 그를 양자로 들여 펠릭스 멘델스존Felix Mendelssohn에게 보내 배우게 했던 것이다. 그 작곡가가 소년에게 무엇을 가르쳐야 하느냐고 물었을 때, 헤르만 비트겐슈타인은 "당신이 호흡하는 공기를 그 아이가 함께 호흡하도록만 해주십시오!"라고 답했다.

요아힘을 통해 비트겐슈타인가는 요하네스 브람스Johannes Brahms에게 소개됐는데, 이 음악가와의 우정을 무엇보다 귀중하게 여겼다. 브람스는 헤르만과 파니의 딸들에게 피아노를 가르쳤고, 후에는 비트겐슈타인가가 주관하는 저녁 음악 모임에 정기적으로 참석하였다. 그의 대표작 중 하나인 클라리넷 5중주가 비트겐슈타인가의 저택에서 초연되기도 했다.

이러한 것이 비트겐슈타인가의 사람들이 호흡한 공기—문화적 성취와 존경받는 분위기—였다. 이러한 공기를 오염시킨 것은 오직 반유대주의라는 나쁜 냄새뿐이었다. 그 냄새를 슬쩍 맡기만 해도 그들이 아리안족 혈통이 아니라는 사실을 절대 잊지 못하게 만들었다.

비트겐슈타인의 할아버지가 멘델스존에게 한 말은 훗날 비트겐슈타인이 케임브리지에서 그의 학생 중 한 사람이었던 모리스 드루어리 Maurice Drury에게 학교를 떠나라고 할 때 비슷하게 되풀이되었다. 비트겐슈타인은 드루어리에게 "케임브리지에는 너를 위한 산소가 없다"라고 말했다. 그는 드루어리가 공기가 더 좋은 노동자들 사이에서 일을 하면 더 나을 거라고 생각했다. 케임브리지에 남기로 한 자신의 결정에 관해서 말할 때 할아버지가 지어낸 비유는 다음과 같이 재미있게 바뀌었다. 그는 드루어리에게 "나에겐 상관없다. 왜냐하면 나는 나 자신의 공기를 스스로 제조하니까"라고 말했다.

그의 아버지 카를 비트겐슈타인Karl Wittgenstein도 그를 길러주었던 공기로부터 독립해 있다는 것을 그 자신의 공기를 만들어냄으로써 보여주었다. 카를은 헤르만과 파니의 자식들 중 유별난 아이였다. 그만이 부모의 뜻대로 자라지 않았다. 까다로운 아이였다. 어릴 때부터 부모의 형식성과 권위주의에 반항했고 빈의 부르주아 계층 사람들이 으레 배우는 고전 교육을 거부했다.

카를은 열한 살 때 집에서 나가려고 하였고 열일곱 살 때 영혼의 불멸성을 부정하는 에세이를 썼다가 학교에서 쫓겨났다. 헤르만은 참았다. 그는 카를이 치를 시험을 도와주기 위해 개인 교사들을 고용해 집에서 교육을 계속하려고 하였으나 카를은 다시 달아났고 이번에는 성공했다. 빈 시내에서 두 달 동안 숨어 있다가 무일푼으로 바이올린만 들고 뉴욕으로 달아났다. 그럼에도 웨이터나 살롱 음악가, 바텐더, 그리고 바이올린, 호른, 수학, 독일어를 비롯해 그가 생각할 수 있는 모든 것을 가르치는 일을 하면서 2년 넘게 생계를 이어갔다. 이 모험은 그가 자신의 주인임을 깨닫게 해주었다. 그래서 1867년 빈에 돌아왔을 때 자신의 실용적이고 기술적인 소질을 개발하기 위해서 아버지나 형제들처럼 부동산업에 들어가지 않고 공학을 공부하도록 허락(실제로는 격려)받았다.

빈의 기술 고등학교에서 1년을 보내고 여러 엔지니어링 회사에서 다양한 수습 기간을 거친 후, 카를은 처남의 형제인 파울 쿠펠비저Paul Kupelwieser로부터 보헤미아에 있는 압연 공장의 건설에 도안자로 일해 달라는 부탁을 받았다. 좋은 기회였다. 그는 놀라울 정도로 빨리 승진을 해서 5년 만에 쿠펠비저의 뒤를 이어 경영자가 되었다. 이후 10년 동안 그는 자신이 오스트리아-헝가리 제국에서 가장 기민한 산업자본가임을 보여주었다. 회사 재산은(물론 그 자신의 개인 재산을 포함하여) 많이 불어나서, 19세기 마지막 10년에 이르러서는 제국에서 가장 부유한 사람 중의 하나이자 철강업을 이끄는 인물이 되었다. 자본주의 잉여를 비판하는 사람들에게는 탐욕적인 산업자본가의 전형적 인물이 되었으나 덕분에 비트겐슈타인 가문은 오스트리아의 크루프가Krupps, 카네기가Carnegies, 로스차일드가Rothschilds가 될 수 있었다.

오늘날까지 후손들에게 남길 만큼 거대한 부를 축적한 카를 비트겐슈타인은 1898년 그가 주재했던 모든 철강 회사들의 이사회에서 사임하고 모든 투자액을 주로 미국의 회사로 이전시키면서 갑자기 은퇴했다.(이 마지막 행동은 선견지명이었음이 증명되는데, 1차 세계대전 후에 오스트리아를 무력하게 만든 인플레이션으로부터 가족의 재산을 보호했기 때문이다.) 이때 그는 여덟 명의 비상하게 재능 있는 자녀들의 아버지가 되어 있었다.

카를 비트겐슈타인의 부인은 레오폴디네 칼무스Leopoldine Kalmus였다. 카를은 쿠펠비저 회사에서 극적으로 승진하기 시작하던 1873년 그녀와 결혼했다. 그녀를 선택하면서 그는 다시 한 번 가풍에 얽매이지 않음을 보여주었다. 왜냐하면 레오폴디네는 문중 배우자들 중에서 유일하게 유대계였기 때문이었다. 비록 그녀의 아버지인 야코프 칼무스Jakob Kalmus는 명망 있는 유대계 가문의 후손이었지만 레오폴디네 자신은 가톨릭교도로 자랐다. 그녀의 어머니인 마리 슈탈너Marie Stallner는 유서 깊은 (가톨릭교도인) 오스트리아 지주 가문의 딸이었는데, 완벽한 '아리안'계였다. 실제로 그때(뉘른베르크 법이 오스트리아에 적용되기까지는) 카를은 유대계 여자가 아니라 가톨릭교도와 결혼한 것이었고, 이로 인해 비트겐슈타인 가문은 빈의 명문으로 들어가는 또 한 걸음을 내딛게 되었다.

카를과 레오폴디네 비트겐슈타인의 여덟 자녀들은 가톨릭교도로서 세례를 받았고 오스트리아의 고귀한 부르주아 계급의 자랑스러운 일원으로 받아들여졌고 그렇게 키워졌다. 카를 비트겐슈타인에게는 심지어 귀족이 될 기회도 있었다. 카를은 이름에 귀족을 나타내는 'von'을 붙일 수 있는 기회를 거절하였는데, 벼락부자 같아 보일 거라고 생각했기 때문이다.

어쨌든 그는 엄청난 부자였기 때문에 가족들은 귀족처럼 생활할 수 있었다. 빈 알레가세Alleegasse(지금은 아르겐티니어슈트라세Argentinierstrasse)에 있는 집은 외부 사람들에게 비트겐슈타인 궁전으로 불렸는데, 실제로 그 집은 세기 초에 어느 백작을 위해 건축된 것이어서 궁궐 같았다. 이 집 말고도 빈 교외에 있는 노이발데거가세Neuwaldeggergasse에 또 하나의 집과 여름 동안 지내는 호흐라이트Hochreit에 큰 저택도 있었다.

레오폴디네(또는 가족들끼리 부르는 '폴디')의 음악 수준은 몹시 빼어났다. 그녀의 생활에서 음악은 남편의 안녕 다음으로 중요한 것이었다. 알레가세의 저택이 음악의 중심지가 된 것은 순전히 그녀 때문이었다. 저녁 음악 모임에는 브람스, 말러Mahler, 브루노 발터Bruno Walter 등 여러 사람들이 참석했는데, 그중 브루노 발터는 인간미와 문화로 충만한 그곳의 분위기를 묘사한 바 있다. 맹인 오르간 주자이자 작곡가였던 요제프 라보어Josef Labor는 그를 굉장히 존경했던 비트겐슈타인가의 후원 덕분에 경력을 쌓을 수 있었다. 말년에 루트비히 비트겐슈타인은 세상에는 단지 여섯 명의 **위대한** 작곡가 — 하이든Haydn, 모차르트Mozart, 베토벤Beethoven, 슈베르트Schubert, 브람스, 그리고 라보어 — 가 있었다고 즐겨 말했다.

사업에서 은퇴한 카를 비트겐슈타인은 시각예술의 중요한 후원자로도 활동했다. 맏딸인 헤르미네Hermine는 재능 있는 화가였는데, 카를은 헤르미네의 도움을 받아 값나가는 그림과 조각으로 이루어진 주목할 만한 수집품들을 모았다. 그중에는 클림트Klimt, 모저Moser, 로댕Lodin의 작품들도 있었다. 클림트는 카를이 분리파 회관Secession Building(이곳에 클림트, 실레Schiele, 코코슈카Kokoschka의 작품들이 전시되었다)과 빈 대학이 지원하기를 거절한 벽화 〈철학*Philosophie*〉을 재정 지원한 데 대한 고마움에서 카를을 그의 '미술 장관'으로 불렀다. 1905년 루트비히의 누나인 마르가레테 비트겐슈타인Margarete Wittgenstein이 결혼했을 때 클림트는 그녀의 결혼 초상화를 그려달라고 부탁받았다.

이처럼 비트겐슈타인가는 빈 최고의 전성기는 아닐지라도 최소한 가장 역동적이었던 시기에 빈의 문화생활의 중심지에 있었다. 19세기 후반부터 제1차 세계대전이 일어날 때까지 빈의 문화와 역사는 최근 많은 관심의 대상이 되고 있다. 그 기간은 '신경질적인 화려함'으로 묘사되는데, 이 말은 또한 카를과 폴디의 아이들이 자라온 환경을 특징짓는 말로 사용될 수도 있겠다. 왜냐하면 도시 안에서처럼 가족 안에서도 문화와 인간성이 충만한 분위기였지만, 저편에는 회의와 팽팽한 긴장, 그리고 갈등이 놓여 있었기 때문이다.

오늘날 세기말의 빈에 주목하는 것은 당시의 팽팽한 긴장 상태가 20세기에 유럽의 역사를 지배했던 것들을 예측하게 해준다는 사실 때문이다. 그 긴장 상태로부터 유럽 역사의 틀을 형성한 지적 문화운동의 대부분이 튀어나왔던 것이다. 자주 인용되는 카를 크라우스Karl Kraus의 표현대로 그것은 '세계 파괴를 위한 실험실', 즉 시오니즘과 나치즘의 탄생지, 프로이트가 정신분석을 개발한 곳, 클림트, 실레, 코코슈카가 예술의 유겐트슈틸Jugendstil 공예운동(19세기 말부터 20세기 초에 걸쳐 뮌헨의 잡지 《유겐트》가 주장한 일종의 표현주의 화풍 — 옮긴이)을 일으킨 곳, 쇤베르크Schönberg가 무조 음악을 개발한 곳, 아돌프 로스Adolf Loos가 근대 건축물을 특징짓는 삭막하며 기능적이고 무장식의 건축양식을 선보인 곳이었다. 인간의 사고와 행동의 거의 모든 분야에서 새로운 것이 옛것으로부터 나오고 있었고 20세기가 19세기로부터 출범하고 있었다.

이런 일이 빈에서 일어나야 했다는 것은 특별히 주목할 만하다. 빈이 여러 면에서 아직 18세기를 벗어나지 못한 제국의 중심지였기 때문이다. 이 제국의 노쇠한 지배자 프란츠 요제프Franz Josef는 시대에 뒤떨어진 면을 상징한다. 그는 1848년 이래 오스트리아 제국의 황제였으며 1867년부터는 헝가리의 왕이었고 1916년까지 황제로 또 왕으로 있었다. 1916년 이후 합스부르크 제국을 형성했던 왕국들과 공국들의 허약한 유대는 곧 붕괴되고, 영토는 오스트리아, 헝가리, 폴란드, 체코슬로바키아, 유고슬라비아, 이탈리아 같은 민족국가로 분열되었다. 19세기에 있었던 민족주의와 민주주의 운동으로 제국의 붕괴는 일찍부터 명백해 보였다. 마지막 50여 년간은 위기의 연속이었기에 제국이 계속 존속할 거라고는 일부 시대 상황에 어두운 사람들을 제외하고는 아무도 믿지 않았다. 하지만 제국이 살아남기를 바라는 사람들에게 정치적 상황은 항상 "절망적이지만 심각한 것은 아니었다."

이러한 상황에서 급진적인 개혁이 일어난 것은 그렇게 역설적인 일은 아니다. 구시대적인 것이 그렇게 부패해 있다면 새로운 것이 나와야 하기 때문이다. 제국은 로베르트 무질Robert Musil이 언젠가 갈파했듯이 천재들의 고향**이었고**, 아마도 그것이 제국의 화근이었을 것이다.

'젊은 빈Jung Wien'의 지식인들은 기성세대의 부패를 알았고 과거처럼 돌아가도록 두지 않았기에 그들과 단절했다. 쇤베르크의 무조 체계는 기존의 작곡 체계가 종착역에 도달했다는 확신에서 나왔고, 아돌프 로스는 건물을 바로크식으로 치장하는 것은 아무 의미가 없다는 확신에서 장식을 거부하였으며, 프로이트가 무의식적인 힘을 가정한 것은 사회의 관습과 많은 형상들 밑에는 아주 실제적이고 중요한 그 무엇이 억압되고 거부되고 있다는 확신에 근거하고 있었다.

비트겐슈타인가에서는 이러한 세대 차이가 부분적으로만 반영되고 있었다. 요컨대 카를 비트겐슈타인은 합스부르크 왕조의 구질서를 대표하는 사람은 아니었다. 실제로 그는 오스트리아-헝가리의 생활에 이상할 정도로 거의 아무런 영향을 미치지 않았던 세력, 즉 형이상학적으로는 유물론적이고 정치적으로는 진보적이며 적극적인 자본주의적 기업가 세력을 대표했다. 영국, 독일, 또는 아마도 특히 미국에서라면 그 시대의 인물상으로 간주되었을지도 모르지만, 오스트리아에서는 중심부 밖에 있었다. 사업에서 물러난 뒤 그는 《신자유신문*Neue Freie Presse*》에 미국의 자유기업을 칭송하는 글들을 발표하였지만, 그러한 주제는 오스트리아의 정치 환경에서는 주변적인 문제에 불과했다.

오스트리아에 효율적이고 진보적인 전통이 없었던 것은 그 나라의 정치사를 다른 유럽 국가들로부터 떨어지게 하는 중요한 요소들 중 하나였다. 오스트리아 정치는 기독교 사회주의자들의 가톨릭주의와 사회민주주의자들의 사회주의 사이의 투쟁으로 점철되었고, 이는 히틀러가 등장할 때까지 계속되었다. 이러한 주요 투쟁 외에 두 주요 정당 — 이들은 서로 다른 방식이긴 하지만 제국의 초국가적 성격을 유지하고 싶어 했다 — 에 대한 반대 세력으로서 게오르크 폰 쇠네러Georg von Schoenerer가 이끄는 일종의 반유대주의적, 민중적, 민족주의적 범독일 운동이 있었다. 후에 나치가 이것을 자신의 것으로 만들었다.

구세력의 성원도 아니고 사회주의자도 아니며 분명히 범독일 민족주의도 아니었기 때문에 비트겐슈타인가는 정치에 기여할 것이 별로 없었다. 그럼에도 카를 비트겐슈타인을 성공적인 사업가로 만든 가치들은 세대 간 투쟁의 초점으로서 시대의 갈등과 맞물려 있었다. 성공적인 사업가로서 카를은 문화를 **획득하는 데** 만족하였지만 그의 자식들, 특히 그의 아들들은 문화에 기여하기를 열망하고 있었다.

첫째 헤르미네와 막내 루트비히는 15년 터울이 졌다. 형제들은 뚜렷이 두 세대로, 즉 헤르미네Hermine, 한스Hans, 쿠르트Kurt, 루돌프Rudolf를 구세대로, 마르가레테, 헬레네Helene, 파울Paul, 그리고 루트비히를 젊은 세대로 나눌 수 있었다. 가장 어린 파울과 루트비히가 사춘기에 이를 때쯤 발생한, 카를과 첫 번째 세대 자녀들과의 충돌 때문에 어린 두 소년은 아주 다른 환경에서 자라게 되었다.

카를의 윗자녀들은 자식들이 사업을 계승하기를 원하는 카를의 고집에 따라 자랐다. 그는 자식들을 학교에 보내지 않았고(오스트리아 기성세대의 나쁜 습관을 배웠을 것이므로), 상업적인 꼼꼼함을 익힐 수 있도록 개인 교육을 시켰다. 그런 후에는 비트겐슈타인 사업 제국의 몇몇 부문으로 보내서, 거기서 사업을 성공시키기 위해 필요한 기술과 상업에 대한 전문 지식을 쌓도록 했다.

그러나 단 한 명의 아들만이 희망대로 되었다. 자식들 중에서 가장 재능이 없는 것으로 간주되던 쿠르트는 아버지의 뜻에 순종했고 적절한 시기에 한 회사의 책임자가 되었다. 나중에 그는 1차 대전이 끝날 무렵 자신의 지휘 아래 있던 부대가 명령에 따르기를 거부하자 총으로 자살했다. 그의 자살은 형제들의 자살과는 달리 아버지의 강압과는 확실히 무관했다.

한스와 루돌프에게 아버지의 성화는 거의 파괴적인 결과를 나았다. 둘 모두 산업계의 우두머리가 될 소질을 전혀 가지고 있지 않았다. 오히려 격려와 지원이 있었다면 한스는 위대한 작곡가가 되거나 최소한 매우 성공적인 연주자가 되었을지 모른다. 비트겐슈타인가 사람들은 대부분 상당한 음악적 재능을 지녔는데 그중에서도 한스는 가장 재능이 많다고 여겨졌다. 모차르트와 같은 재능을 지닌 음악 신동, 천재였다. 유아 때 바이올린과 피아노를 마스터했고, 네 살 때 작품을 작곡하기 시작했다. 그에게 음악은 흥미의 대상이 아니라 모든 것을 바치는 열정의 대상이었다. 음악은 인생의 변방이 아닌 중심을 차지해야 했다. 사업에서 경력을 쌓으라는 아버지의 고집에 직면했을 때 그는 아버지가 전에 그랬던 것처럼 미국으로 달아났다. 그의 희망은 음악가로서의 인생을 사는 것이었다. 어느 누구도 그에게 일어났던 일을 정확하게는 알지 못한다. 1903년 그의 가족들은 그가 1년 전에 체서피크 만Chesapeake Bay의 보트 위에서 사라졌고 그 이후 아무도 보지 못했다는 연락을 받았다. 분명하게 알 수 있는 결론은 그가 자살을 했다는 것이다.

만일 그가 자유롭게 음악에 전념했더라면 행복한 인생을 살았을까? 만일 그가 제대로 학교를 다녔더라면 비트겐슈타인가의 숨막히는 공기를 벗어나서 자신의 인생에 대처할 수 있었을까? 어느 누구도 분명히 알지 못한다. 어쨌든 카를은 이 소식에 아주 놀라서 태도를 바꿔 가장 어린 두 아들, 파울과 루트비히를 학교에 보냈고 그들이 하고 싶은 것을 할 수 있게 허락하였다.

루돌프에게 이러한 변화는 너무 늦은 것이었다. 한스가 실종되었을 때 루돌프는 이미 20대였고 한스와 비슷한 과정을 밟고 있었다. 그 역시 아버지의 희망에 반기를 들었다. 1903년에 그는 배우로서의 경력을 쌓기 위하여 베를린에 살고 있었다. 1904년에 일어난 그의 자살은 지방 신문에 보도되었다. 보도에 의하면 5월의 어느 저녁 루돌프는 베를린의 술집에 들어가 술 두 잔을 시켰다. 잠시 혼자 앉아 있던 그는 술 한 잔을 피아노 연주자를 위해 주문하면서, 자신이 가장 좋아하는 노래였던 〈나는 길을 잃었네〉를 연주해달라고 부탁했다. 음악이 연주될 때 루디는 청산가리를 먹고 쓰러졌다. 가족에게 남긴 유서에서 그는 친구가 죽었기 때문에 목숨을 끊는다고 적었다. 다른 편지에서 그는 '자신의 타락한 성격에 회의적'이었기 때문에 스스로 목숨을 끊는다고 말했다. 죽기 얼마 전에 그는 도움을 청하러 '과학적 인본주의 위원회(이 모임은 동성애자들의 해방을 위한 운동을 벌였다)'를 찾아갔다. 그러나 위원회의 연례 보고서에 의하면 그들의 영향력은 "그를 자기 파괴의 길에서 나오게 할 수 있을 만큼 강하지 못하였다."

두 형제가 자살할 때까지 루트비히는 비트겐슈타인가에 유행하고 있는 자기 파괴성을 전혀 보여주지 않았다. 비범한 혈통 중에서 가장 둔한 자식 중의 하나로 간주되며 어린 시절을 보내던 그는 음악, 미술, 또는 문학에서 재능을 전혀 보여주지 못했고, 실제로 네 살이 될 때까지 말도 하지 못했다. 가문 남자들의 특징이었던 반항심이나 고집스런 성격을 갖지 못했던 그는 어린 시절부터 아버지가 그의 형들에게 심어주려다가 실패한 실용적인 기예와 기술적인 흥밋거리에 전념했다. 남아 있는 그의 가장 어릴 적 사진 중의 하나는 선반에서 재미있게 일하고 있는 정직한 인상의 소년 모습을 보여준다. 그는 비록 천재적인 재질을 보여주지 못했지만 최소한의 응용력과 일정 수준의 손재주를 보여주었다. 예를 들면 열 살 때 나뭇조각과 철사 조각들을 이용하여 실 짜는 기계를 만들었다.

열네 살이 될 때까지 그는 천재적인 재능을 가졌다기보다 자신의 주위를 천재들이 둘러싸고 있음을 느끼는 것으로 만족해했다. 훗날 그가 새벽 3시에 피아노 소리를 듣고 깨었을 때의 상황을 이야기한 적이 있다. 아래층으로 내려가 보니 한스가 자신이 작곡한 작품 중 하나를 연주하고 있었다. 한스의 집중력은 광적이었다. 그는 땀을 흘리며 완전히 열중해 있어서 비트겐슈타인이 온 걸 전혀 모르고 있었다. 이는 비트겐슈타인에게 천재적인 재능에 사로잡혀 있다는 것이 무엇인지에 관한 전형적인 이미지로 남았다.

비트겐슈타인가 사람들이 음악을 애호했던 정도를 현재의 우리가 이해하기는 어려울 것이다. 그들이 그렇게 숭배했던 형식은 빈의 고전적 전통과 아주 밀접하게 연결되어 있기 때문에 그것의 현대판은 없다. 루트비히 자신의 음악적 취미 역시 가족에 전형적인 것이었는데 그것은 후기 케임브리지 동료들 중 많은 사람들에게 아주 반동적인 것으로 여겨질 정도로 그들을 놀라게 했다. 그는 브람스 이후의 어떤 음악도 너그럽게 봐줄 수 없었다. 언젠가는 심지어 브람스 음악에 대해서도 "기계 소리가 들리기 시작한다"라고 말했다. 진정한 '신의 자식들은' 모차르트와 베토벤뿐이었다.

비트겐슈타인가를 지배한 음악성의 기준은 진정으로 비범한 것이었다. 루트비히와 가장 나이 차가 적었던 파울은 대단히 성공적이고 잘 알려진 피아노 연주가가 되었다. 그는 1차 대전 중에 오른팔을 잃었지만 굳은 결심으로 연습하여 단지 왼팔만을 이용하여 능숙하게 연주를 계속할 수 있었다. 라벨Ravel이 1931년에 작곡한 유명한 〈왼손을 위한 협주곡〉은 바로 파울을 위한 것이었다. 파울의 연주는 세계적으로 각광을 받았지만 가족들에게는 좋은 평가를 받지 못했다. 가족들은 그의 연주가 맛이 없고 제스처가 지나치게 과장되어 있다고 생각하였다. 그들의 기호에는 세련되고 고전적이지만 과소평가된 루트비히의 누이 헬레네의 연주가 더 맞았다. 어머니 폴디는 특히 엄격한 비평가였다. 한번은 가족 중에서 가장 음악성이 적었던 그레틀(마르가레테의 애칭 — 옮긴이)이 용감하게 엄마와 듀엣을 시도했다. 얼마 치지 않아서 폴디가 갑자기 그만두고는 "너는 전혀 리듬감이 없구나!Du hast aber keinen Rhythmus!" 하고 소리를 질렀다.

이류급의 연주를 봐주지 못했던 이러한 성향이 비트겐슈타인으로 하여금 30대에 이르러 교사가 되기 위한 교육 중 하나로 클라리넷을 배우기까지 악기 공부를 하지 못하게 했을지도 모른다. 대신 그는 친절함, 다른 사람들에 대한 배려, 복종심을 통해 다른 사람들이 그를 사랑하게 만들었다. 어떤 경우건 공학에 관심을 보이는 한 그는 아버지의 격려와 인정을 받을 수 있다는 것을 잘 알고 있었다.

훗날 그는 어린 시절이 불행했다고 강조했지만 가족들에게는 일상에 만족하고 즐거워하는 소년의 인상을 남겼다. 이러한 이중성은 확실히 앞서 인용되었던 소년 시절의 정직에 관한 생각의 핵심을 이룬다. 그가 깊게 생각했던 부정직성은 물건을 훔치고 나중에 부인하는 그런 것이 아니라 어떤 말을 사실이기 때문이 아니라 기대되기 때문에 하는 좀 더 미묘한 종류의 것이었다. 그를 형제들과 다르게 만들었던 것은 그가 부분적으로 이러한 형태의 부정직에 굴복하려는 성향을 가졌다는 것이다. 최소한 그는 훗날 그렇게 생각하였다. 그는 아파서 침대에 누워 있던 형 파울에 관해 기억하고 있다. 일어나고 싶은지 침대에 더 누워 있고 싶은지 누가 물었는데 파울은 침대에 누워 있겠다고 조용하게 대답했다. "반면에 나는 같은 상황에서 주위 사람들의 비난을 두려워한 나머지 사실이 아닌 말을(일어나고 싶다고) 했다"고 비트겐슈타인은 회상한다.

다른 사람들의 의견에 민감했던 것은 그의 또 다른 기억에서도 볼 수 있다. 그와 파울은 빈의 체육 클럽에 들어가고 싶어 했지만 그 클럽은 '아리안'계 사람들만(그 시절 대부분의 클럽과 마찬가지로) 받아들이고 있었다. 그는 클럽에 들어가기 위하여 그들의 유대계 배경에 관해 거짓말을 준비하였으나 파울은 그렇게 하지 않았다.

근본적으로 문제는 어떤 경우에도 진실을 말해야 하는지가 아니라, 사람들에게 진실**해야** 하는 것이 최우선적인 의무인지, 즉 다르게 행하라는 압력에도 불구하고 원래의 마음을 지켜야 하는지에 관한 것이었다. 파울의 경우 이 문제는 한스가 죽은 후에 카를이 마음을 바꿈으로써 쉽게 해결되었다. 그는 문법학교에 갔고 나머지 인생을 그가 하고 싶어 했던 음악을 하며 보냈다. 루트비히의 경우에 상황은 더 복잡했다. 다른 사람들의 기대에 맞추기 위해 자신에게 외면적으로나 내면적으로 압력을 가했다. 그리하여 아버지가 바라는 직업에 맞는 기술이 그의 적성이라고 사람들은 믿게 되었다. 개인적으로는 자신이 공학에는 "취미도 재능도 없다"고 생각했지만 가족들이 그 상황에서 그가 둘 다 갖고 있다고 생각한 것도 불합리한 것은 아니었다.

그래서 루트비히는 파울이 다녔던 빈의 문법학교가 아니라 린츠Linz에 있는 더 전문적이고 실용적인 실업학교에 보내졌다. 그가 문법학교의 엄격한 입학시험을 통과하지 못할 수도 있다는 염려가 있었던 것은 사실이지만, 기술 교육이 그의 관심사에 더 잘 어울릴 것이라는 생각이 먼저 고려되었다.

그렇지만 린츠의 실업학교는 미래의 공학자들과 기업가들을 위한 뛰어난 훈련 장소로서 역사에 그 이름을 남기지 못했다. 한 가지 유명한 것이 있다면, 그 학교는 아돌프 히틀러의 세계관Weltanschauung이 형성된 곳임을 들 수 있다. 그는 비트겐슈타인과 동년배의 학생이었다. (만일 《나의 투쟁*Mein Kampf*》이 맞다면) 히틀러로 하여금 처음으로 합스부르크 제국을 '부패한 왕조'로 보게 하고, 합스부르크에 충성하는 사람들의 희망 없는 왕조적 애국심과 (히틀러에게) 더 호소력이 있었던 범독일 운동의 민중적 민족주의를 구별하게 했던 사람은 바로 그 학교의 역사 선생이었던 레오폴트 푀치Leopold Pötsch였다. 히틀러는 비트겐슈타인과 거의 같은 나이였지만, 학년은 2년 아래였다. 둘은 히틀러가 성적 불량으로 학교에서 쫓겨나기 전 1904~1905년 동안 같이 학교에 다녔지만 서로 접촉했다는 증거는 전혀 없다.

비트겐슈타인은 1903년부터 1906년까지 3년 동안 그 학교를 다녔다. 당시의 성적표가 남아 있는데 대체적으로 성적이 좋지 않았다. 종교 과목에서 단지 두 번 A를 받았다. 대부분의 과목에서 그는 C나 D를 받았고, 영어나 자연사에서 B를 받았으며, 화학에서 한 번 F 학점을 받기도 했다. 그의 성적에 특징이 있다면 인문 분야보다 과학이나 기술 분야에 더 약했다는 것이다.

성적이 나쁜 이유는 학교생활이 행복하지 않았기 때문인지 모른다. 처음으로 가족들이 있는 고향의 특권적 환경으로부터 떨어져 살았고, 주로 노동자 계층의 동료 학생들 중에서 친구를 찾는다는 것이 쉽지 않았다. 그들을 보자마자 비트겐슈타인은 그들의 거친 행동에 충격을 받았다. '쓰레기!Mist!'가 처음 그가 떠올렸던 인상이었다. 그들에게 비트겐슈타인은 (그들 중 한 명이 후에 비트겐슈타인의 누이인 헤르미네에게 말한 것처럼) 다른 세계에서 온 존재 같았다. 그는 급우들에게 말할 때 공손한 표현인 'Sie'를 사용하였는데, 이는 그를 더 고립시킬 뿐이었다. 그들은 그의 불행한 처지와 고립무원에 대해 운율을 맞춰 놀려댔다. "Wittgenstein wandelt wehmütig widriger Winde wegen Wienwärts. (비트겐슈타인은 서글픈 바람이 부는 길을 따라 빈으로 간다.)" 그는 훗날 말하기를, 친구를 사귀려고 노력했지만 교우들에게 '배신과 기만'을 느꼈다고 했다.

린츠의 학교에서 친한 친구는 페피Pepi라는 소년이었다. 슈트리글Strigl 가문으로 비트겐슈타인과 함께 하숙을 했다. 린츠에서 지낸 3년 동안 비트겐슈타인은 페피에게서 애정, 고통, 절교와 화해 등 사춘기 젊은이들이 전형적으로 느낄 법한 경험을 하였다.

이러한 관계와 급우들과 겪었던 어려운 일들이 그의 어린 시절 사색에 은연중 나타나던 의심하고 회의하는 성격을 더욱 굳어지게 한 걸로 보인다. 종교 과목에서 높은 점수를 받은 것은 성직자들이 학교 선생들보다 더 너그러웠다는 것만이 아니라 그가 근본적인 문제들에 점점 더 집착하게 되었다는 것을 반영하고 있다. 린츠에서 보낸 시절 동안 비트겐슈타인은 학교 교육보다는 여러 가지에 관해 회의하는 것이 주는 자극 덕분에 지적으로 발달할 수 있었다.

이 시절 그에게 가장 큰 지적인 영향을 끼친 사람은 학교 선생들이 아니라 누이 마르가레테였다. 그레틀은 가족 중에서 예술과 과학 분야에서 최근의 발달 과정을 좇아가면서 새로운 사상들을 받아들이고 연장자들의 견해에 도전할 수 있게 된 지성인으로서 인정받고 있었다. 그녀는 프로이트의 초기 옹호자였고 그에게서 정신분석을 받기도 했다. 훗날 그녀는 프로이트의 친한 친구가 되었고 독일-오스트리아 합병Anschluss 후에 프로이트가 나치를 피해 (위험을 무릅쓰고 뒤늦게) 탈출할 때 도와주었다.

비트겐슈타인이 그레틀을 통해 카를 크라우스의 저서를 처음 알게 된 것은 의심할 여지가 없다. 크라우스의 풍자 잡지인 《횃불*Die Fackel*》은 1899년 처음 발행되었는데 출판 초기부터 지적 배고픔을 느끼던 빈의 지식인들 사이에서 굉장한 성공을 거두었다. 이 잡지는 스스로 당대의 정치 문화적 조류를 이해한다고 생각하는 모든 사람들이 읽었고 로스부터 코코슈카에 이르는 주요 인사들에게 실질적으로 커다란 영향을 끼쳤다. 그레틀은 크라우스 잡지의 열렬한 독자였고 그가 대표했던 거의 모든 일에 무척 공감하고 있었다.(크라우스의 변화무쌍한 성격에 비추어 볼 때, 그의 모든 말에 공감을 하는 것은 다소 불가능한 일이었다.)

《횃불》을 출판하기 전에 크라우스는 〈시온을 위한 왕관Eine Krone für Zion〉이라는 이름의 반시온주의 소논문의 저자로서 알려져 있었는데, 그 논문은 테오도어 헤르츨Theodor Herzl의 견해를 반동적이고 분열적이라고 매도했다. 크라우스는 유대인은 완전히 동화한 후에만 자유로울 수 있다고 주장했다.

크라우스는 사회민주당원이었고 잡지가 출판된 후 처음 수년 동안은(1904년경까지) 사회주의적 이상의 대변인으로 간주되었다. 그는 사회주의자들이 평소 공격을 해봤으면 하고 바랄 만한 것들을 조소의 대상으로 삼았다. 그는 오스트리아 정부가 발칸인들에게 보인 위선과 범독일 운동의 민족주의, 《신자유신문》에 의해 주창된 자유방임적 경제 정책들(예를 들면 그 신문에 난 카를 비트겐슈타인의 논설들), 정부와 대기업의 이익에 기꺼이 봉사하려는 빈 언론의 부패상 등을 공격했다. 특히 그는 오스트리아 기성세력의 성에 대한 위선—매춘을 불법으로 단속하고 동성애자들에 대한 사회적인 비난에서 보이는 위선—을 규탄하는 운동을 정열적으로 전개했다. "성도덕에 대한 재판은 개인 차원을 떠나 사회적 비도덕성으로 가는 단계"라고 그는 말했다.

1904년부터 크라우스의 풍자의 성격은 점점 정치적이라기보다는 도덕적인 것으로 바뀌었다. 오스트리아 마르크스주의자들의 이데올로기에는 낯선 정신적 가치들에 관한 관심이 들어 있었다. 그는 꼭 프롤레타리아의 이익을 위해서만이 아니라 진리의 귀중함을 보호하려는 귀족주의적인 이상에서 위선과 불의를 파헤치려 했고, 이 때문에 좌파 친구들로부터 공격을 받았다. 그들 중의 한 사람인 로베르트 쇼이Robert Scheu는 그가 썩어가는 구질서나 좌파 중 하나를 지지해야 한다고 쌀쌀맞게 말했다. 이에 대해 크라우스는 "두 개의 악 중 덜 악한 것을 선택해야 한다면 나는 아무것도 선택하지 않을 것이다"라고 거만하게 응답했다. 그는 정치란 "사람이 그 자신과 그 자신도 알지 못하는 것을 감추려고 행하는 것이다"라고 말했다.

이 구절은 어른이 된 비트겐슈타인의 사고방식과 크라우스의 사고방식과의 대비들 중 하나를 잘 요약하고 있다. "그저 너 자신을 개선시켜라. 그것이 네가 세계를 개선하기 위해서 할 수 있는 유일한 것이다"

라고 비트겐슈타인은 훗날 많은 친구들에게 말하곤 했다. 그에게 정치적 문제들은 언제나 개인의 성실성 다음의 2차적인 것이었다. 그가 여덟 살에 자신에게 물었던 질문은 일종의 칸트식 정언명법으로 답해지고 있다. 사람은 진실**해야만** 하고 그것이 전부다. '왜?'라는 질문은 적절하지 않으며 그것에 답할 수도 없다. 오히려 모든 다른 질문들이 자신에게 진실하라는 거역할 수 없는 의무라는 고정된 점으로부터 물어지고 답해져야 한다.

'자신이 어떤 인물인지'를 감추지 않겠다는 결심은 비트겐슈타인의 중심 생각이 되었고 훗날 그가 정직하지 못했던 순간들에 대해 고백을 하게 몰고 간 힘이었다. 자신을 분명하게 밝히려는 노력 중 첫째는 린츠의 학교를 다닐 때 큰누이 헤르미네('미닝Mining')에게 한 고백에서 이루어졌다. 그 당시 고백의 내용이 무엇이었는지 우리는 알지 못한다. 하지만 그가 훗날 그 고백에 관해 나쁘게 말했다는 것은 안다. 그는 그것을 "자신을 훌륭한 인간으로 보이기 위해 한" 고백이라고 했다.

비트겐슈타인은 린츠에서 학교 다닐 때 신앙심을 잃어버렸다고 말했는데, 그것은 진실함을 완고하게 추구하는 정신의 결과였는지도 모른다. 믿음을 잃었다기보다 기독교도들이 믿는 그 어떤 것도 믿을 수 없음을 고백해야 된다고 느꼈다. 이것이 미닝에게 고백했던 것들 중의 하나인지도 모른다. 분명히 그는 이것을 그레틀과 논의했는데, 그녀는 믿음을 상실한 그의 철학적 성찰을 돕기 위하여 그에게 쇼펜하우어Schopenhauer의 작품을 소개하였다.

쇼펜하우어의 대표작인 《의지와 표상으로서의 세계*Die Welt als Wille und Vorstellung*》에서 주장된 선험적 관념론은 비트겐슈타인 초기 철학의 기초를 이루었다. 이 책은 종교적 믿음을 잃어버리고 그것을 대체할 무언가를 찾고 있는 사춘기 젊은이에게 호소력이 있다. 쇼펜하우어는 인간에게 형이상학이 필요하다는 점을 한편으로는 인정하면서도 지성적이고 정직한 사람이 종교적 원리들을 글자 그대로 믿는 것은 필요하지도 않고 가능하지도 않다고 단언하면서, 그와 같은 일을 기대하는 것은 거인에게 난쟁이의 신발을 신으라고 부탁하는 것과 같다고 말하기 때문이다.

쇼펜하우어의 형이상학은 칸트Kant의 형이상학을 특이하게 변형시켜 받아들인 것으로서 칸트처럼 일상 세계, 감각들의 세계를 단순한 현상으로 간주한다. 그러나 그는 (본체적 실재는 알려질 수 없다고 단언하는) 칸트와는 달리 윤리적 의지의 세계를 진정한 실재로 본다. 이 이론은 앞에서 언급된 카를 크라우스의 태도, 즉 '외부' 세계의 일은 '사람은 무엇인가'라는 실존적이고 내면적인 탐구보다 중요하지 않다는 견해의 형이상학적 표현이다. 쇼펜하우어의 관념론은 비트겐슈타인이 논리학을 공부하기 시작하고 프레게Frege의 개념적 실재론을 받아들일 때까지 그의 마음을 사로잡았다. 하지만 그 후에도 《논리철학 논고*Tractatus Logico-Philosophicus*》의 초고 작성 시 관념론과 실재론이 일치하는 점에 도달했다고 믿었을 때는 쇼펜하우어에게로 돌아갔다.◈

'내적'인 것이 '외적'인 것에 우선권을 갖고 있다는 견해가 극단적으로 가면 **내 밖에** 어떤 실재가 존재한다는 것을 부인하는 유아론이 된다. 자아에 대한 비트겐슈타인의 후기 철학적 사고는 이러한 견해가 가진 유령을 영원히 없애려는 시도이다. 그가 학생 시절에 읽었던 책 중 그의 후기의 발전에 영향을 미쳤던 오토 바이닝거Otto Weininger가 쓴 《성과 성격*Sex and Character*》에 그 원리가 가장 잘 표현되고 있다.

바이닝거가 빈에서 추앙받는 인물이 되었을 때 비트겐슈타인은 린츠에서 첫 학기를 보내고 있었다. 1903년 10월 4일, 바이닝거의 시체가 베토벤이 죽은 슈바르츠슈파니어슈트라세Schwarzspanierstrasse에 있는 집의 마루에서 발견되었다. 스물세 살의 나이에 자의식이 강한 행위를 상징적으로 나타내기 위해, 가장 위대한 천재라고 생각했던 사람의 집에서 자신을 쏜 것이다. 《성과 성격》은 그해 봄에 출판되었는데 대체

◈ 이 책 218~219쪽 참조.

적으로 좋지 않은 평을 받았다. 저자의 충격적인 죽음이 아니었더라면, 그 책은 아마도 큰 영향을 미치지 않았을 것이다. 그러나 그 책을 "아마도 모든 문제들 중에서 가장 어려운 문제를 푼, 외경심을 갖게 하는 책"으로 평하는 아우구스트 스트린드베리August Strindberg의 편지가 10월 17일 《횃불》에 실리면서 바이닝거 숭배 열기가 시작되었다.

많은 사람들은 바이닝거의 자살을 그의 책의 논리적 결과로 받아들였다. 주로 이것 때문에 그는 전쟁 전의 빈에서 유명 인사가 되었다. 목숨을 스스로 끊은 행위가 고통으로부터의 비겁한 탈출이 아니라 비극적 결론을 용감하게 받아들인 윤리적 행위로 여겨졌다. 오스발트 슈펭글러Oswald Spengler에 의하면, 그것은 '하나의 정신적 투쟁'이었으며 이 투쟁은 '최근에 나타난 종교적 활동 중 가장 고귀한 광경의 하나'였다. 그 영향으로 바이닝거의 죽음을 모방한 자살이 일어났고 비트겐슈타인 자신도 감히 자살을 하지 못한 것을, 자신이 이 세계의 군더더기라는 암시를 무시했다는 것을 부끄럽게 여기기 시작했다. 이러한 감정은 9년 동안 계속되었고, 철학에 천재적 재능을 지녔다는 사실을 버트런드 러셀에게 확인받은 뒤에야 극복되었다. 그의 형제였던 루돌프는 바이닝거가 자살한 지 여섯 달 뒤에 자살했으며 앞에서 보았듯이 극적인 방식의 자살이었다.

비트겐슈타인이 어느 누구보다 바이닝거에게서 영향을 받았음을 인정한 것은 그의 생애와 작품이 그가 자라났던 환경과 연결되어 있음을 말해준다. 바이닝거는 가장 전형적인 빈 사람이었다. 그의 책의 주제들은 그의 죽음과 함께 비트겐슈타인이 자랐던 세기말 빈의 사회적, 지적, 도덕적 긴장 상태의 강력한 상징이 되었다.

근대의 몰락에 대한 전형적인 빈 식 사고가 책 전편에 나타나고 있는데, 크라우스처럼 바이닝거도 몰락의 원인을 과학과 기업의 융성과 예술과 음악의 쇠퇴에 돌리고 있다. 또한 뼛속까지 귀족적인 태도로, 근대의 몰락을 위대함에 대한 보잘것없는 것들의 승리로 묘사하고 있다. 비트겐슈타인이 철학 작업들을 위해 1930년대에 썼던 서문들을 연상시키는 한 구절에서 바이닝거는 근대를 다음과 같이 비난하고 있다.

> … (근대는) 예술이 서투른 그림에 만족하고 동물들의 경기에서 그 영감을 찾는 시대, 정의와 국가에 대한 감정이 전혀 없는 피상적인 무정부주의 시대, 공산주의 윤리와 역사관 중 가장 어리석은 역사의 유물론적 해석의 시대, 자본주의와 마르크스주의의 시대, 역사, 인생, 과학이 단지 정치경제학과 기술 교육에 불과한 시대, 천재는 광기의 한 형태라고 가정되는 시대, 위대한 예술가와 철학자가 없는 시대, 독창성이 없지만 그럼에도 독창성을 바보스러울 정도로 갈망하는 시대이다.

크라우스처럼 바이닝거도 그가 가장 싫어했던 근대 문화의 이러한 측면을 유대주의의 산물로 간주하고, 시대의 사회 문화적 조류를 남성적인 것과 여성적인 것의 성적 양극성으로 묘사하려 하였다. 그렇지만 크라우스와는 달리 바이닝거는 이 두 가지 주제들을 비정상적일 정도로 강조하고 있다.

《성과 성격》은 여성 혐오와 반유대주의를 정당화하려는 의도로 공들여 만든 이론들로 가득 차 있다. 그는 서문에서 책의 요점은 "남자와 여자 사이의 모든 차이를 하나의 원리로 표현하는" 것이라고 말하고 있다.

이 책은 '생물학적인 것-심리학적인 것', '논리적인 것-철학적인 것' 두 부분으로 나뉘어 있다. 첫 번째 부분에서 그는 모든 인간은 생물학적으로 양성임을, 즉 남성과 여성의 혼합임을 입증하려고 시도한다. 단지 그 비율만이 다른데, 이를 이용하여 동성애자들을 여성적인 남성이거나 남성적인 여성으로 설명한다. 이 책의 '과학적인' 부분은 '해방된 여성들'이라는 장에서 끝나는데, 여기서 그는 양성 이론을 여성운동을 반대하기 위하여 이용한다. "여성해방을 위한 요구와 그 자격은 그녀 안에 있는 남성의 양에 직접적으로 비례한다"고 주장한다. 그러러므로 그러한 여성들은 일반적으로 레즈비언이며 대부분의 여성들보다 높은 레벨에 속해 있다. 이러한 남성적인 여성들에게는 자유가 주어져야 하지만 대다수의 여성들이 그들을 모방하는 것은 중대한 실수일 것이라고 한다.

첫 번째보다 더 분량이 많은 두 번째 부분은 남녀에 관해서 생물학적 범주로서가 아니라, 플라톤적인 이데아와 같은 것으로 생각되는 '심리학적 유형'으로서 논의하고 있다. 현실의 남자와 여자는 남성적인 성질과 여성적인 성질의 혼합물이기 때문에, 순수한 남자와 여자는 플라톤적인 형상들로서가 **아니면** 존재하지 않는다. 흥미로운 것은 바이닝거가 사람이 생물학적으로는 남성이면서 심리학적으로는 여성인 사람은 가능하다고 생각한 반면, 반대는 가능하지 않다고 생각했다는 점이다. 해방이 되고 레즈비언일지라도 여자들은 심리학적으로는 여성이다. 이로부터 바이닝거가 '여자'에 관해 한 말은 모든 여자들과 또한 일부 남자들에게 적용된다는 것이 나온다.

바이닝거에 의하면 성에 대한 집착이 여자의 본질이다. 여자는 성적인 것 이외에는 아무것도 아니며 성적인 것 그 자체이다. 남자는 성적 기관을 소유하는 반면에 "여자의 성적 기관은 여자를 소유한다". 여자들은 성적인 일들에 완전히 사로잡히는 반면, 남자들은 다른 것들—가령 전쟁, 스포츠, 사회, 철학과 과학, 사업과 정치, 종교와 예술 등—에 흥미를 갖는다. 바이닝거는 이것을 설명하기 위해 '헤니드henid'라는 개념에 의존하는 독특한 인식론을 갖고 있었다. 헤니드란 관념이 되기 전의 심적인 자료의 조각이다. 여자는 헤니드들로 생각하기 때문에 여자들에게 생각한다는 것과 느낀다는 것은 같은 것이다. 여자는 자신의 심적 자료를 분명하게 하고 자신의 헤니드들을 해석하기 위하여, 분명하고 뚜렷한 관념들로 생각하는 남자들에게 의존한다. 이것이 바로 여자들이 자신들보다 영리한 남자들하고만 사랑에 빠지게 되는 이유이다. 이처럼 남자와 여자의 본질적 차이는 "남자들은 의식적으로 살아가는 반면에 여자들은 무의식적으로 살아간다"는 것이다.

바이닝거는 이러한 분석으로부터 놀랄 만큼 광범위한 윤리적인 함축들을 끌어내고 있다. 자신들의 헤니드를 분명하게 만들 능력이 없는 여자들은 명석한 판단을 내릴 능력이 없고, 따라서 참과 거짓의 구분이란 여자들에게는 아무런 의미가 없다. 이처럼 여자들은 본성상 어쩔 수 없이 진실하지 못하다. 이는 여자들이 비도덕적이라는 말이 아니라 도덕적 영역에 전혀 들어가지 않는다는 말이다. 간단히 말해서 여자는 옳고 그름의 기준을 전혀 가지고 있지 않고, 도덕적 또는 논리적 명령을 알지 못하기 때문에 여자는 혼이 있다고 말할 수 없으며, 따라서 자유의지도 갖고 있지 않음을 뜻한다. 이로부터 여자들은 자아, 개성, 성격을 전혀 가지고 있지 않다는 결론이 나온다. 윤리적으로 여자들은 명분을 잃었다.

인식론과 윤리학에서 심리학으로 전환하면서 바이닝거는 여자들을 모성과 창녀성이라는 두 개의 또 다른 플라톤적 유형으로 나누어서 분석한다. 여자에게는 이 두 성질이 혼합되어 있지만 어느 한 쪽이 더 두드러지게 나타난다. 둘 사이에 도덕적 차이는 없다. 어머니의 자식 사랑은 만나는 모든 남자와 사랑을 나누려는 창녀의 욕망과 똑같이 생각이 결여되어 있고 무차별적이다.(바이닝거는 창녀를 사회 경제적 조건으로 설명하려는 데에는 관심이 없을 것이다. 여자들은 '여자의 본성 깊숙이 있는' '매춘에 대한 성향과 경향 때문에' 창녀라고 그는 말한다.) 두 형태 사이의 가장 큰 차이점은 성에 대한 그들의 집착 형식이다. 어머니는 성에 수반되는 목적에 집착하는 반면에, 창녀는 행위 자체에 집착한다.

어머니이건 창녀이건 모든 여자들은 하나의 특징, "진정 여성에게만 배타적으로 있는 특징"을 지니는데, 그것은 중매에 대한 본능이다. 남녀가 합치는 것을 보는 것이 모든 여자들의 한결같은 욕망이다. 확실히 여자는 자신의 성적 생활에 우선적으로 관심을 기울이나 그것은 사실상 그녀의 '주요 관심사'—"성적 결합이 일어날 것이라는 관심, 또 장소와 시간을 막론하고 가능한 한 많은 결합이 일어날 것이라는 소망" — 의 특별한 경우일 뿐이다.

바이닝거는 여자에 대한 심리 연구의 부수물로서 유대주의를 다룬 장을 마련하고 있다. 유대인은 플라톤적 유형 중 하나인 심리적 유형에 속하는데 이는 "비록 오직 유대인들에게만 가장 뚜렷한 모양으로 현실화되었지만", 모든 사람에게 가능성(또는 위험)으로 존재한다. 유대인은 "여성성과 완전히 섞여 있는데", "가장 남성적인 유대인은 가장 덜 남성적인 아리안인보다 더 여성적이다." 유대인은 여자들처럼 짝짓기에 강한 본능을 갖고 있으며 그들은 각자의 개별성보다는 종족을 보존하려는 강한 본능을 갖고 있다. 유대인은 선악에 대한 분별력이 없고 영혼도 없다. 유대인은 철학적이지 못하고 매우 비종교적이다. (왜냐하면 유대 종교는 '단순히 역사적 전통'에 불과하기 때문이다.) 유대교와 기독교는 반대이다. 후자는 '가장 고귀한 신앙의 가장 숭고한 표현'이고 전자는 '극단적인 비겁함'이다. 그리스도는 모든 인간들 중에서 가장 위대하다. 왜냐하면 그는 "그 스스로 유대주의를 극복하며 기독교를 창조했기 때문이다. 유대주의를 극복한 것은 가장 위대한 부정이며, 기독교를 창조한 것은 가장 강한 긍정이요, 유대주의에 대한 가장 직접적인 반대이다."

바이닝거 자신이 유대인이면서 동시에 동성애자(따라서 심리적으로 여성형일 것이다)였고 그의 자살이 어느 면에서는 '해결책'이라는 생각은 가장 저속한 반유대주의나 여성혐오적인 관점 안에서 쉽게 받아들일 수 있었다. 예를 들어 히틀러는 언젠가 다음과 같이 말한 것으로 알려져 있다. "디트리히 에크하르트Dietrich Eckhart는 일생 중 딱 한 명의 좋은 유대인을, 즉 유대인들이 사람들을 파멸시키며 살아왔음을 깨달은 바로 그날 스스로 목숨을 끊은 오토 바이닝거를 알고 있다고 나에게 말했다." 그리고 여성해방, 특히 유대인의 해방에 대한 두려움이 세기가 바뀌는 시기의 빈에 널리 퍼져 있는 편견이었다는 사실은 어느 정도 그 책이 엄청난 인기를 얻었음을 틀림없이 설명해주고 있다. 그것은 훗날 나치가 선전용으로 사용하기에 알맞은 자료를 제공해주었다.

그런데 비트겐슈타인은 왜 바이닝거의 책을 그렇게 좋아하였는가? 그는 그 책에서 무엇을 배웠는가? 생물학적 주장들은 분명히 잘못되었고, 그 인식론은 엉뚱하며, 심리학은 원시적이고, 윤리적 진단은 불쾌한 것이라는 점을 감안할 때, 도대체 이 책에서 무엇을 배울 수 있었을까?

이 점을 알기 위해서는 바이닝거의 부정적인 여성 심리학에서 눈을 돌려 대신 그의 남성 심리학을 살펴보아야 한다. 그의 책에서 유일하게 이 부분에서만 편협성과 자기 비하와는 다른 어떤 것을 발견할 수 있다. 그것은 우리가 알고 있는 10대의 비트겐슈타인이 깊이 생각했던(실제로는 전 생애에 걸쳐 중심적이었던) 주제와 잘 어울린다. 여기서 비트겐슈타인이 그 책을 칭찬한 이유에 대한 최소한의 힌트를 얻을 수 있다.

바이닝거에 의하면 여성과 달리 남성은 남성적인 것과 여성적인 것, 의식적인 것과 무의식적인 것, 의지와 충동, 사랑과 성 사이에서 선택할 수 있고 선택해야만 한다. 이 쌍들 중 첫 번째를 선택하는 것이 모든 남자들의 윤리적 의무이며, 이런 일을 할 수 있는 정도가 바로 가장 고귀한 유형의 남자, 즉 천재에 근접할 수 있는 정도이다.

천재의 의식은 헤니드의 단계에서 가장 멀리 떨어져 있으며 "그것은 가장 위대하며, 가장 뚜렷한 분명함과 명료함을 가지고 있다." 천재는 가장 개발이 잘된 기억을 가지고 있고 분명한 판단을 내릴 수 있는 가장 커다란 능력을 가지고 있으며, 그러므로 참과 거짓, 옳음과 그름을 구분하는 가장 세련된 감각을 가지고 있다. 논리학과 윤리학은 근본적으로 같다. "그것들은 자신에 대한 의무일 뿐이다." 천재성은 "가장 고귀한 도덕성이며 따라서 그것은 모든 사람의 의무이다".

남성은 영혼을 갖고 태어나는 것은 아니지만, 영혼에 대한 잠재력을 갖고 태어난다. 이러한 잠재력을 깨닫기 위해서 자신의 (비실재적인) 경험적 자아의 한계를 탈출해야 하고, 실재적인 더 높은 자아를 발견해야 한다. 자아 발견으로 가는 하나의 길은 사랑이며, 사랑을 통해

"많은 남자들이 처음으로 자신들의 실재적 본성을 알게 되며, 자신들이 영혼을 가지고 있다는 것을 확신하게 된다."

> 사랑에 있어 남자는 단지 자신을 사랑하고 있을 뿐이다. 밖으로 드러내는 그 자신의 경험적 자아, 연약한 것들과 저속한 것들, 실패들과 소소한 것들에 대한 사랑이 아니다. 그가 되고자 원하는 모든 것, 그가 되어야만 하는 모든 것, 세상의 모든 더러운 것과 필연성의 모든 족쇄들로부터 자유로운, 진실되고 심오하며 지적인 그의 본성을 사랑하는 것이다.

여기서 바이닝거는 플라토닉 사랑에 관해서 자연스럽게 말하고 있다. 실제로 그에게는 오로지 플라토닉 사랑만이 존재한다. 왜냐하면 "그 외의 이른바 사랑이라는 것은 감각의 왕국에 속하기 때문이다." 사랑과 성적 욕망은 같은 것이 아닐 뿐 아니라, 서로 반대되는 입장에 있다. 따라서 결혼 후의 사랑이라는 관념은 겉치레일 뿐이다. 성적 매력이 육체의 접촉에 따라 커지는 반면, 사랑은 사랑하는 대상이 없을 때 가장 강하다. 실제로 사랑을 간직하기 위해서는 일정한 거리와 분리가 **필요**하다. "세계 모든 곳을 여행하더라도 성취할 수 없고, 아무리 시간이 흘러도 이를 수 없는 것이 사랑하는 대상과의 우연적이고 의도적이지 않은 신체적 접촉에 의해서 생길 수 있다. 이때 성적인 자극이 깨어나고 이것은 그 순간 그곳에서 사랑을 없애기에 충분하다."

여자의 사랑은 남자의 고귀한 본성에 대해 조금은 일깨워줄 수 있지만, 결국은 (여자란 쓸모없다는 사실이 발견되면) 불행에 빠지게 되어 있거나 (만약 여자가 완벽하다고 거짓말을 계속하게 되면) 비도덕성에 빠지게끔 운명지어져 있다. 영속적인 가치가 있는 유일한 사랑은 '절대자, 신의 관념과 함께하는' 것이다.

남자는 여자가 아니라 자신의 영혼을, 자신 안에 있는 신적인 것, '나의 가슴 안에 거주하는 신'을 사랑해야만 한다. 따라서 남자는 여자의 짝짓기 본능에 저항해야 하며, 여자들로부터의 압력에도 불구하고 자신을 성으로부터 자유롭게 해야 한다. 이 제안이 보편적으로 받아들여지면 인류가 소멸된다는 반대에 대해, 바이닝거는 그것은 단지 **육체적** 생명의 죽음일 뿐이고 그 자리는 '정신적 생명의 완전한 개발'로 대체될 것이라고 응답한다. 이외에도 "자신에게 정직한 사람은 어느 누구도 인류가 종족 유지를 계속해야 한다고 느끼지 않는다"고 그는 말한다.

> 인류가 존속해야 한다는 것은 이성에게는 아무 흥미가 없는 일이다. 인간성을 영구히 보존하려는 사람은 문제와 죄를 영구히 보존하려는 것이다. 오직 문제만, 오직 죄만을 말이다.

바이닝기의 이론에 따르는 선택은 정말로 냉혹하고 무서운 것이다. 천재 아니면 죽음. 만약 '여성'이나 '유대인'으로서만 살게 된다면, 즉 만약 자신을 감각과 세속적 욕망으로부터 자유롭게 할 수 없다면 사람은 살 권리가 없다. 살 가치가 있는 **유일한** 삶은 영적인 삶이다.

사랑을 성욕과 엄격하게 구별하고 천재의 작품을 제외한 모든 것을 가치 없는 것으로 보며, 성적인 것은 천재가 요구하는 정직과는 양립할 수 없다는 확신은 비트겐슈타인이 그의 전 생애에 걸쳐서 반복적으로 보여주는 태도와 잘 맞아떨어진다. 따라서 비트겐슈타인이 소년 시절에 읽었던 책들 중에서 바이닝거의 책이 비트겐슈타인의 사고에 가장 크고 지속적인 영향을 미쳤다고 믿을 만하다.

그중 특히 중요한 것은 아마도 바이닝거가 칸트의 도덕법칙에 부과한 독특한 의미일 것이다. 이에 따르면 칸트의 도덕법칙은 정직을 거스를 수 없는 의무로 볼 뿐 아니라 그렇게 함으로써 모든 남자들에게 자신 안에서 그들이 소유한 천재성을—그것이 무엇이든지 간에—발견하게끔 해준다. 이 견해에 따르면 천재성의 획득은 고귀한 야망일 뿐 아니라 정언명법Categorical Imperative이다. 비트겐슈타인이 1903년과

1912년 사이에 가졌던 일련의 자살 충동과 생각들이 러셀이 그의 천재성을 인정한 후에야 사라졌다는 사실은 그가 이 명법을 그 모든 무서운 고통 속에서도 받아들였다는 것을 암시하고 있다.

학창 시절, 소년 비트겐슈타인의 지적 발달은 철학적 사고와 (그레틀의 지도로) 철학자와 문화 비평가들의 책을 읽음으로써 촉진되었다. 그러나 그가 선택한 분야에서 성공하기 위하여 요구되는 기술과 지식에서는 어떠한 발전이 있었을까?

이에 관해서는 놀라울 정도로 전해지는 바가 없다. 그가 10대에 읽었던 하인리히 헤르츠Heinrich Hertz의 《역학의 원리*Principles of Mechanics*》와 루트비히 볼츠만Ludwig Boltzmann의 《대중서*Populäre Schriften*》 같은 과학자들이 쓴 책들은 그가 기계공학이나 이론물리학이 아니라 오히려 과학철학에 흥미를 느꼈음을 암시해주고 있다.

두 책은 모두(앞에서 논의된 책들과 마찬가지로) 근본적으로 철학의 본성과 방법에 대해 칸트식 견해를 주창하고 있다. 《역학의 원리》에서 헤르츠는 뉴턴의 물리학에서 사용되는 '힘force'이라는 신비스러운 개념을 어떻게 이해할지의 문제를 다루고 있다. 헤르츠는 다음과 같이 제안하고 있다. "힘이란 무엇인가?"라는 질문에 직접 대답하는 대신에 '힘'을 기본 개념으로 사용하지 않고 뉴턴의 물리학을 다시 씀으로써 그 문제를 처리할 수 있다. 그는 "이런 고통스러운 모순들이 제거될 때, 힘의 본성에 관한 질문에 답이 되지는 않겠지만, 우리의 마음은 더 이상 당황하지 않고 타당하지 않은 질문을 던지는 일을 그만둘 것이다"라고 적고 있다.

비트겐슈타인은 헤르츠의 이 구절을 한 글자 한 글자 자세히 알고 있었고, 철학적 문제들과 그것들을 해결하는 올바른 방법들에 대한 생각들을 묘사하기 위하여 자주 인용하였다. 앞에서 보았듯이, 그에게 철학적 문제는 '고통스러운 모순들'로(러셀식의 **확실한** 지식에 대한 갈망이 아니라) **시작한다**. 그것의 목표는 항상 그러한 모순들을 해결하고 혼란을 명료함으로 대체하는 것이었다.

비트겐슈타인은 볼츠만의 대중 강의들을 모아 1905년에 출판한《대중서》를 읽고 나서 헤르츠를 읽었는지 모른다. 이 강의들은 우리의 경험에 우리의 실재 모델이 반영되는 것이지 (경험론적 전통이 주장하듯) 경험으로부터 우리의 실재 모델이 도출되는 것이 아니라는 칸트와 유사한 과학관을 피력하고 있다. 이러한 견해는 비트겐슈타인의 철학적 사고에 깊이 흡수되어 그는 경험주의적 관점에 대해 생각하는 것조차 힘들어 했다.

볼츠만은 빈 대학의 물리학 교수였는데, 비트겐슈타인이 학교를 떠난 후 그와 함께 공부를 했다는 얘기도 있다. 하지만 비트겐슈타인이 린츠를 떠난 해인 1906년 볼츠만은 과학계에서 중요하게 받아들여질 가능성이 없음에 절망하여 자살하였다.

볼츠만의 자살과는 관계없이, 비트겐슈타인은 철학과 이론 과학에 대한 흥미에도 불구하고 기술 분야 지식을 더 연마하도록 결정된 것 같다. 그래서 (틀림없이 아버지의 강요로) 린츠를 떠나 베를린의 샤를로텐부르크Charlottenburg에 있는 기능 고등학교Technische Hochschule(현재의 공과대학)으로 기계공학을 공부하러 갔다.

비트겐슈타인이 베를린에서 보낸 2년간에 관해서는 알려진 것이 거의 없다. 학교 기록에는 그가 1906년 10월 23일에 입학해 세 학기 동안 강의를 들었고 학위 과정을 만족스럽게 마쳐 1908년에 자격증을 받은 것으로 나와 있다. 이 시절의 사진들은 그가 잘생기고 깔끔하게 차려입은(한 해 후에 맨체스터에서 보고되었듯이) "여자들이 가장 좋아하는 젊은이"였을 것 같은 모습을 보여준다.

비트겐슈타인은 교수인 욜레스Stanislaus Jolles 박사 집에 머물렀는데 욜레스 박사는 그를 '꼬마 비트겐슈타인'으로 맞이했다. 훨씬 뒤, 1차 대전으로 인해 1903~1904년 사이에 겪었던 변화보다 더 심할 법한 변화를 겪은 비트겐슈타인은 욜레스 박사의 가족과의 친교를 당혹스럽게 여기게 되었다. 그는 아델레 욜레스Adele Jolles 부인에게 받은 다정한 편지에 공손하지만 딱딱한 답장을 보냈다. 하지만 비트겐슈타인은 베를린에 있는 동안이나 베를린을 떠난 이후에도 오랫동안 욜레스 가족이 그에게 베풀었던 따뜻한 관심에 매우 감사해했다.

그때는 관심과 의무감이 경쟁하던 시절이었다. 아버지에 대한 의무감은 비트겐슈타인을 공학 분야에 집착하게 하였고 당시로서는 개척 분야였던 항공학에 더욱 관심을 집중하게 했다. 그러나 비트겐슈타인은 의지와는 반대로 점점 더 철학적 문제들에 사로잡혔다. 고트프리트 켈러Gottfried Keller의 일기에서 영감을 얻어서 그는 철학적 사색을 날짜와 함께 공책에 적기 시작하였다.

단기적으로 볼 때 아버지의 희망대로 베를린을 떠나자마자 항공학 공부를 더 하기 위하여 맨체스터로 갔으나, 장기적으로 보면 이미 가치 있다고 여길 만한 유일한 인생은 천재성의 실현이라는 더 커다란 의무의 성취를 위해 바치는 것임이 분명해졌을 것이다.

2
맨체스터

철학적 문제들에 대한 관심이 점점 커지는 것을 억누른 채 비트겐슈타인은 1908년 봄 열아홉 살 되던 해에 항공학 연구를 위하여 맨체스터로 갔다. 자신이 고안한 비행기를 만들어 날게 하는 것이 그의 목표였다.

그 시기는 항공학의 개척기였다. 미국과 유럽 여러 나라에서 아마추어들 및 마니아들이 경쟁적으로 연구하고 있었고 아직은 라이트 형제Orville and Wilbur Wright가 두 시간 반 동안 공중에 머물러 세계를 놀라게 하기 전이었다. 항공학은 실질적인 성과가 없었고 언론과 사람들에 의해 여흥거리로 다루어지고 조롱도 받았지만, 과학자들과 정부 모두 이 분야의 잠재적 중요성을 알고 있었다. 또한 기술 혁신으로 상당한 성과가 기대되는 분야였다. 개인적으로 볼 때 비트겐슈타인의 계획은 아버지로부터 전폭적인 지원을 받고 있었다.

비트겐슈타인은 먼저 연을 만드는 실험부터 시작했다. 이를 위해 글로소프Glossop 근처에 있는 기상연구소로 갔는데 그곳에서는 여러 도구를 실은 상자연box-kites을 이용하여 대기를 관측하고 있었다. 이 연구소는 은퇴한 물리학 교수 아서 슈스터Arthur Schuster의 주도로 만들어졌는데, 그는 연구소 활동에 계속 깊은 관심을 갖고 있었다. 연구소장 페터벨J. E. Petavel은 맨체스터의 기상학 강사로서, 항공학에 대한 관심을 고조시켜 훗날 그 분야에서 선구자 중 하나가 되었다.

관측소에서 일하는 동안, 비트겐슈타인은 더비셔무어스Derbyshire Moors의 한적한 도로변에 있는 그라우스 여관Grouse Inn에 묵었다. 5월 17일에 헤르미네에게 편지를 썼는데, 어떤 환경에서 일하는지를 설명하고, 그라우스 여관이 외따로 떨어져 있어서 무척 기쁘지만 그치지 않는 비와 시골의 투박한 음식과 화장실은 불편하다고 했다. "약간의 문제들이 있지만 점점 익숙해지고 있습니다. 그것을 벌써 즐기기 시작하고 있습니다."

일에 대해서는 "내가 바랄 수 있는 가장 즐거운 일입니다"라고 말했다.

> 관측소에 연들을 공급해주어야 하고 — 전에는 항상 외부에 주문했습니다 — 시행착오의 과정을 거치며 어느 것이 가장 잘 만들어진 것인지 확인해야 합니다. 필요한 재료는 관측소가 나 대신 주문해줍니다. 처음에는 연들이 갖추어야 할 점을 알기 위해서 관측소와 협력을 해야 했습니다. 그렇지만 그저께, 이제부터는 독립적으로 실험을 시작할 수 있다는 말을 들었습니다. 어제 나는 처음으로 연을 만들기 시작했는데 다음 주 중반까지는 완성하고 싶습니다.

그는 계속해서 육체적, 정서적 고립에 관해서, 그리고 가까운 친구가 필요하다는 점에 관해서 썼다. 여관에서는 기상 관찰을 하는 리머Rimmer라는 사람을 제외하고는 그가 유일한 손님이었고, 페터벨이 학생들 몇몇과 함께 토요일에 관측소에 올 때가 다른 사람과 함께 지내는 유일한 시간이었다.

> 너무나도 단절되어 있어서 친구가 **절실히** 필요하다고 느낍니다. 토요일에 학생들이 오면 그들 중 하나와 친구가 되리라고 항상 생각합니다.

그는 너무 과묵해서 학생들과 친해지지는 못했지만, 이 편지를 쓰고 얼마 안 있어서 윌리엄 에클스William Eccles라는 친구를 사귀게 되었다. 에클스는 그보다 네 살 많은 공학도인데 기상학을 연구하러 관측소에 왔다. 에클스가 그라우스 여관에 도착했을 때 비트겐슈타인은 공용 거실의 탁자와 마룻바닥 사방에 널브러져 있는 책과 서류 속에 파묻혀 있었다. 그것들을 어지럽히지 않고는 움직일 수가 없었기 때문에 에클스는 바로 정돈하기 시작했는데 비트겐슈타인으로서는 고맙고 반가운 일이었다. 둘은 곧 가까운 친구가 되었고, 2차 대전까지 중간 중간 공백기가 있었지만 계속 친구로 지냈다.

1908년 비트겐슈타인은 맨체스터 대학의 기계학과에 연구 학생으로 등록했다. 맨체스터에는 연구 학생들이 거의 없었고, 그들을 위한 시간표도 다소 느슨했다. 공식적인 강의도 마련되지 않았으며 연구를 감독하기 위한 감독관도 배정되지 않았다. 비트겐슈타인은 학위를 따기 위한 공부가 아니라 대학의 실험 시설들을 마음대로 이용하는, 필요하면 관련 교수들의 지도를 받아가면서 자신의 연구 계획에 따라 일하는 학생으로 알려졌다.

수학자인 호러스 램Horace Lamb 교수가 있었는데 그는 연구 학생들을 위해서 세미나를 열었다. 학생들은 문제를 들고 와 그에게 검토를 부탁했다. 비트겐슈타인도 이러한 기회를 이용했던 것 같다. 10월에 헤르미네에게 쓴 편지에서 그는 램과 나눈 대화를 이렇게 적었다.

> … 〔그는〕 내가 생각해낸 방정식들을 풀어보려고 할 것입니다. 그는 그것들이 오늘날의 방법들을 이용해서 풀 수 있는 문제인지 확신하지 못한다고 말했습니다. 그래서 나는 그 결과가 어떨지 고대하고 있습니다.

이 문제의 해결에 대한 관심은 분명히 항공학적 응용에만 국한된 것이 아니었다. 그는 점점 순수수학에 대한 관심이 생겨 리틀우드J. E. Littlewood

의 수학 이론 강의를 듣기 시작했고, 일주일에 한 번 저녁에 다른 두 명의 연구 학생들과 만나 수학적 문제들을 논의했다. 이 논의들은 수학을 논리적 기초 위에 세운다는 생각으로 발전하였는데 비트겐슈타인은 한 동료 학생을 통해 그 분야에 관해 5년 전에 출판된 버트런드 러셀의 《수학의 원리*The Principles of Mathematics*》를 알게 되었다.

러셀의 책을 읽은 것은 비트겐슈타인의 인생에 결정적인 사건이었다. 비록 그 뒤로도 2년 동안 항공학 연구를 계속했지만 러셀이 논의한 문제들에 점점 더 사로잡히게 되었고 공학 연구에 대한 매력은 점차 줄어들었다. 그의 형인 한스가 피아노 연주에 빠져들었듯이 그도 몰두할 수 있는 분야를 하나 발견했다. 그것은 그저 가치 있는 기여를 하는 정도가 아니라 **위대한** 공헌을 할 수 있는 분야였다.

《수학의 원리》의 중심 주제는 칸트를 비롯한 대부분의 철학자들과는 달리, 순수수학 전체가 몇 개의 근본적인 **논리적** 원리들로부터 도출될 수 있다는 것이었다. 다시 말하자면 논리학과 수학은 하나라는 것인데, 수학적 분석의 정리들을 몇 개의 자명한 공리들로부터 증명함으로써 이 주제에 대해 엄밀한 수학적 증명을 하려는 것이 러셀의 의도였다. 이는 《수학 원리*Principia Mathematica*》라는 기념비적인 세 권짜리 작품으로 발전했다. 이 책에서 러셀은 수학이 논리학과는 아주 다른 것으로 '현상의 구조', 즉 공간과 시간에 대한 우리의 기본적 '직관'에 기초한다는 그 당시에 널리 영향을 미치고 있었던 칸트의 견해에 이의를 제기하면서, 이 대담한 계획의 철학적 토대를 쌓았다. 러셀은 수학을 확실하고 **객관적인** 인식의 대상으로 보는 견해와 인간 정신의 근본적으로 **주관적인** 구성물로 보는 견해의 차이가 중요한 쟁점이라고 보았다.

러셀은 《수학의 원리》가 인쇄되고 있는 와중에 그의 중심적 계획을 독일의 수학자 고틀로프 프레게가 예견했다는 것을 알게 되었다. 프레게는 그의 책 《산술학의 원리*Grundgesetze der Arithmetik*》(이 책의 제1권은

1893년에 출판되었다)에서 러셀이 떠맡았던 바로 그 일을 시도했다. 러셀은 프레게의 책을 서둘러 읽은 후 그의 책에 〈프레게의 논리적, 산술학적 원리들The Logical and Arithmetical Doctrines of Frege〉이라는 부록을 달아 《산술학의 원리》를 칭송했다.

그때까지 《산술학의 원리》는 거의 무시된 책이었다. 거의 아무도 읽으려 하지 않았고 내용을 이해한 사람들은 더 적었다. 아마도 러셀이 그 책의 중요성을 발견한 최초의 인물이었을 것이다. 그렇지만 러셀은 그 책에서 프레게가 간과한 한 가지 문제를 간파했다. 그 문제는 언뜻 보기에는 사소한 것 같았지만, 그 문제를 해결하는 것은 수학의 기초에서 주요한 문제가 되었다.

수에 대한 논리적 정의를 내리기 위해 프레게는 집합 개념을 사용했는데, 그는 집합을 개념의 외연으로 정의했다. 예를 들면 '사람'이라는 개념에는 사람들의 집합이 대응되고, '탁자'의 개념에는 탁자들의 집합이 대응되었다. 모든 의미 있는 개념에는 그에 대응하는 대상, 즉 그것의 외연인 집합이 있다는 것이 프레게 체계의 공리 중 하나였다. 러셀은 일련의 논증 과정을 거쳐서 이것이 모순에 이른다는 것을 발견하였다. 이 가정에 따르면 자기 자신에 속하는 집합들이 있고, 자기 자신에 속하지 않는 집합들이 있을 수 있다. 모든 집합들의 집합은 그 자신이 집합이고 따라서 그 자신에 속한다. 사람들의 집합은 그 자체는 사람이 아니고 따라서 그 자체에 속하지 않는다. 이에 근거해서, 우리는 '그 자신에 속하지 않는 모든 집합들의 집합'을 만든다. 이제 이렇게 묻는다. 이 집합은 그 자신의 원소인가 아닌가? 답은 속하기도 하고 속하지 않기도 한다는 것인데 이는 모순이다. 그리고 프레게의 공리들로부터 분명히 모순이 도출될 수 있다면, 그의 논리학 체계는 수학 전체가 근거할 기초로는 부적절하다.

러셀은 자신의 발견한 내용을 출판하기 전에 예나Jena 대학에 있는 프레게에게 편지를 써서 알렸다. 이때 프레게는 《산술학의 원리》 제2권을 준비하고 있었는데, 급히 이 역설을 반영했다. 하지만 그의 전 체계에 근본적인 오류가 있음을 깨달았다. 러셀 자신은 그가 '유형론Theory of Types'이라고 부른 전략을 이용해서 이 모순을 피할 수 있다고 제안했고, 이것을 대략적으로 설명한 것이 《수학의 원리》의 두 번째 부록이 되었다. 유형론은 대상들의 **유형**에 계층hierarchy을 상정한다. 즉, 첫 번째 유형은 개체들이고, 두 번째는 개체들의 집합들이며, 세 번째는 개체들의 집합들의 집합들이고 등등. 집합들은 같은 유형에 속하는 대상들의 묶음이어야 한다. 따라서 그 자체의 원소인 집합과 같은 것은 없다.

유형론은 실제로 모순을 피하는 데는 성공하지만, 그 체계 안에 다소 임의적인ad hoc 방법을 도입하는 대가를 치른다. 서로 다른 유형들의 사물들이 있다는 것이 참일 수 있다. 그 자체의 원소인 집합과 같은 것은 없다는 것도 또한 참일 수 있다. 그러나 이것들은 러셀이 원래 의도했던 사소하고 자명한 논리학의 진리들이 아니었다. 러셀 자신도 그에 만족하지 못했고 그의 책은 한 가지 난제를 제시하며 끝난다.

> 이 문제의 완전한 해결이 무엇인지 모른다. 그러나 그것이 추리의 토대에 영향을 미치는 만큼 논리학을 배우는 학생들이 이에 주의를 기울여 공부하기를 진정으로 권한다.

바로 이것이 비트겐슈타인을 낚기에 필요했던 미끼였다. 그리고 러셀이 추천한 대로 그는 이 역설을 해결하기 위해 진정으로 자신을 바쳤다. 맨체스터에서의 처음 두 학기 동안 러셀의 《수학의 원리》와 프레게의 《산술학의 원리》를 자세하게 공부했고, 1909년 4월 이전 어느 날 모순을 해결하기 위한 첫 번째 시도를 러셀의 친구로 수학자이자 수학사가인 필립 저데인Philip E. B. Jourdain에게 보냈다.

비트겐슈타인이 해결책을 러셀이나 프레게가 아니라 저데인에게 보냈다는 것에서 그가 약간 주저했음을 엿볼 수 있다. 저데인의 이름은 《철학지*Philosophical Magazine*》의 1905년 판에서 발견한 것 같다. 이 잡지에 수학의 기초에 관한 저데인의 논문과 맨체스터 대학 교수인 호러스 램의 논문이 실렸기 때문이다. 저데인의 서한집에서 4월 20일자 내용을 보면 그가 비트겐슈타인의 해결책에 대해 답하기 전에 먼저 러셀과 논의했음을 알 수 있는데, 둘 다 그 해결책을 받아들인 것 같지는 않다.

> 러셀은 내가 비트겐슈타인(러셀의 모순을 '해결'했다는)에게 응답하기 위해 제시한 견해들이 자기 생각과 일치한다고 말했다.

헤르미네에 의하면 이 당시 비트겐슈타인은 수리철학에 너무 몰두했기 때문에 상충하는 작업들 사이에서 심한 갈등을 겪었다고 한다. 비트겐슈타인이 당분간 항공학에 더 매달려 있기로 한 것은 아마도 저데인이 그의 '해결책'을 일소에 부쳤기 때문일지도 모른다. 그 후로 2년이 더 지나 마침내 좀 더 발전된 철학적 입장을 러셀과 프레게에게 표명하기 위해 그 둘을 직접 만났을 때 비로소 그는 다시 이 논쟁으로 돌아왔다. 철학적 문제들에 대해 충분한 흥미를 갖고 있었지만 자신에게 철학적 재능이 있는지를 확인해야 했다.

비트겐슈타인은 자신이 항공학에는 흥미도 재능도 없다고 확신했지만, 비행기 엔진을 설계하고 만들려는 시도를 포기하지는 않았다. 그가 생각했던 엔진 설계가 남아 있는데, 그걸 보면 연소실에서 나오는 빠른 속도의 가스로 프로펠러를 돌리려고(호스에서 나오는 물의 압력으로 잔디 스프링클러를 돌리는 방식과 비슷하게) 생각했음을 알 수 있다. 이 생각은 근본적으로 오류를 범하고 있으며 비행기를 움직이게 하는 데는 별로 적절하지 못했다. 그렇지만 2차 대전 중 한 헬리콥터의 설계로 채택되었다.

비트겐슈타인이 특별히 자신을 위해 만든 연소실은 한 지방 기업에 있었으며 연구의 대부분은 다양한 발사 노즐들의 실험으로 이루어졌다. 그는 짐 뱀버Jim Bamber라는 실험조교의 도움을 받았는데, 나중에 그를 "맨체스터에 있는 동안 잘 알고 지냈던 아주 소수의 사람들 중 하나"로 묘사했다. 비트겐슈타인은 성가신 과제를 갖고 공학 연구에 몰두해야 하는 일에 대해 짜증을 냈다. 뱀버는 그가 "과민한 성질로 보아 그러한 연구를 하기에는 전혀 적합하지 않은 인물이었다"고 회상한다.

> … 흔히 있던 일이지만 일이 잘되지 않았을 때, 그는 팔을 사방으로 휘두르고 발을 쾅쾅거리면서 독일어로 마구 욕을 해댔기 때문이다.

뱀버에 의하면 비트겐슈타인은 점심 끼니를 거르고 저녁까지 일하곤 했다. 저녁에는 아주 뜨거운 목욕탕에 앉아서 쉬거나("그는 물의 온도에 대해 허풍을 떨곤 했다") 할레Hallé 오케스트라의 연주회에 가서 쉬곤 하였다. 뱀버는 가끔 연주회를 따라 갔는데, 비트겐슈타인이 어떻게 "연주회 내내 한마디 말도 하지 않고 완전히 몰두한 상태에서 앉아 있곤 했는지"를 묘사한 적이 있다.

기분전환 삼아 에클스와 함께 외출하기도 했다. 그때 에클스는 대학을 떠나 맨체스터에서 기술직으로 일하고 있었다. 어느 일요일 오후에 비트겐슈타인은 에클스에게 바닷가 지역인 블랙풀Blackpool에 가야겠다고 했는데, 마땅한 기차가 없다는 것을 알고는 둘만을 위해서 특별히 기차를 빌리자고 제안했다. 에클스는 이 계획을 포기하도록 설득했고, 결국 비용이 덜 들게끔(그러나 여전히 에클스에게는 엄청나게 비싼) 택시를 타고 리버풀Liverpool까지 가서 거기서 머시Mersey 여객선으로 여행하는 안을 택했다.

비트겐슈타인은 이듬해에 제트 엔진 설계와 제조 계획을 포기하고, 대신 프로펠러 설계에 집중했다. 대학 측은 그의 연구를 진지하게 받아들여서 마지막 해가 될 1910~1911년에 연구 장학금을 주기로 했다. 연구의 중요성과 독창성을 확신한 비트겐슈타인은 1910년 11월 22일 '항공 기계에 응용할 수 있는 프로펠러의 개선'에 대한 임시 설계명세서를 제출하며 함께 특허를 신청했다. 1911년 6월 21일 그는 완성된 설계명세서를 제출했고, 그해 8월 17일에 받아들여졌다.

그런데 이 무렵 비트겐슈타인은 철학적 문제들에 집착하고 있어 기술 분야의 일을 하려는 결심이 약해지고 있었다. 학생 자격이 갱신되어 1911년 10월까지 여전히 맨체스터 대학의 학생으로 등록되어 있었지만, 항공학도로서의 경력은 그해 여름방학 동안 끝이 났다. 그때 그는 "설명할 수 없는, 거의 병적으로 지속된 흥분 상태에서" 철학에 관한 책을 쓸 계획을 세웠다.

3
러셀의 제자

1911년 여름방학이 끝날 무렵 비트겐슈타인은 철학책을 쓰겠다는 계획을 세우고 그에 대해 프레게와 논의하기 위하여 예나로 여행을 떠났다. 아마도 이 여행을 통해서 그 계획이 추구할 만한 가치가 있는 것인지 아니면 항공학 공부를 계속해야 할지를 알아보려 했을 것이다. 헤르미네는 프레게가 노인이라는 걸 알고서는 프레게가 그 만남이 비트겐슈타인에게 얼마나 중요한지를 이해하지 못하거나 아니면 참을성 있게 비트겐슈타인을 만나주지 않을까 봐 걱정하였다. 비트겐슈타인은 훗날 친구들에게 둘이 만났을 때 프레게가 자기를 "사정없이 혼내주었다"고 말했다. 그 당시 비트겐슈타인이 계획했던 연구가 중단된 것은 아마도 이 때문일 것이다. 그렇지만 한편으로 프레게는 비트겐슈타인을 격려하면서 케임브리지로 가서 러셀에게 배우라고 권했다.

이 충고는 프레게의 생각보다 더 시기적절한 것이었다. 그것은 비트겐슈타인의 인생에서 결정적인 전환점이 되었을 뿐 아니라, 러셀의 인생에도 막대한 영향을 미쳤다. 왜냐하면 비트겐슈타인에게 선생이 필요하던 바로 그때 러셀에겐 제자가 필요했기 때문이다.

1911년은 러셀의 인생에서 분수령 같았다. 전해에 10년에 걸쳐 탈진할 정도로 애쓴 끝에 《수학 원리》를 완성했다. 《자서전*Autobiography*》에서 그는 "나의 지력은 결코 그 긴장으로부터 회복되지 못했다"고 적었다. "그때 이후로 난해한 추상적인 문제들을 다루는 능력이 전보다 분명히 떨어졌다." 《수학 원리》의 완성과 함께 러셀의 인생은 개인적으로나 철학적으로나 새로운 단계로 접어들었다. 1911년 봄에 그는 오톨라인 모렐Ottoline Morrell과 사랑에 빠졌는데, 그녀는 진보적 국회의원인 필립 모렐Phillip Morrell의 부인이었다. 이들의 연애는 1916년까지 계속되었다. 감정이 고조되면 러셀은 오톨라인에게 하루에 세 통의 편지를 썼다. 이 편지들에는 러셀이 비트겐슈타인에 보인 반응들이 거의 매일 기록되어 있는데, 이 기록들은 나중에 러셀이 정확한 사실보다는 멋진 이야기를 쓰는 것을 더 좋아하던 시기에 비트겐슈타인에 관해 말한 일화들을 부분적으로 바로잡는 데 도움이 된다.

부분적으로는 오톨라인의 영향으로, 부분적으로는 《수학 원리》를 완성하느라고 쇠약해진 까닭에 러셀의 철학적 연구는 변하기 시작한다. 러셀이 《수학 원리》 이후에 처음 낸 책은 '세속적 책'인 《철학의 제문제*The Problems of Philosophy*》였다. 이 책은 많은 대중적 작품들 중에서 어려운 사상을 명료하게 표현하는 뛰어난 재능을 처음으로 보여준 작품이었다. 동시에 러셀은 케임브리지 트리니티 칼리지Trinity College에서 수리논리학 강의를 맡았다. 《수학 원리》를 쓰느라고 탈진했다는 사실과 더불어, 강의와 자기의 사상을 널리 알리는 책을 쓰는 작업 때문에 그는 《수학 원리》의 사상을 발전시키기 위해서는 다른 사람들을 고무시켜 그가 마친 곳에서부터 연구를 계속하게 하는 게 자기의 주요한 임무라고 생각하게 되었다. 1911년이 끝날 무렵 그는 오톨라인에게 이렇게 편지를 썼다. "나는 내게 남겨진 전문 철학이 정말로 중요하다고 생각했습니다." 그러나 지금은,

> 철학 전체가 거북하게 느껴집니다. 내게 남겨진 철학(**전문** 철학을 말하는 겁니다)은 가장 중요하게 보이지 않습니다. 나에게는 그 세속적 책이야말로 정말로 할 만한 가치가 있는 것처럼 보입니다 … 진정

> 중요한 것은 나의 사상들을 사람들이 이해하게 만드는 일이라고 생각합니다.

이 기간 동안 러셀이 오톨라인에게 영향을 받고 있었다는 것은 그가 《감옥*Prisons*》이라고 불려질 종교 서적을 쓸 계획을 했다는 데서 분명하게 나타난다. 러셀은 이 책을 《철학의 제문제》를 쓰는 동안 시작했고, 1912년에는 잠시 포기하기도 했었다. 그 책의 제목은 《햄릿》의 "세계는 감옥이고 덴마크는 가장 나쁜 감옥 중 하나이다"라는 대사에서 따온 것인데, 책의 중심 사상은 '명상 종교'가 사람들에게 인생을 가두는 감옥으로부터 탈출하는 수단을 제공할 수 있다는 것이었다. 러셀이 말한 '명상 종교'는 신이나 불멸성에 대한 믿음이 아니었다. 신앙심이 깊은 오톨라인에게 푹 빠져 있었지만, 러셀이 그것들을 믿게 만들 정도는 아니었다. 그가 의미한 것은 우주와의 신비적 합일, 그 안에서 우리의 유한한 자아들이 극복되고 무한과 하나가 되는 그러한 합일이었다. 왜냐하면 오톨라인에게 말했듯이 "당신이 신이라고 부르는 것은 내가 무한이라고 부르는 것과 매우 비슷하기" 때문이다.

러셀이 이 책을 쓸 계획을 세운 이유는 자신의 회의주의적 불가지론을 오톨라인의 독실한 신앙과 조화시키고 싶었기 때문인지도 모른다. 자신이 오톨라인의 사랑 덕분에 해방되었다고 말하는 편지에서 그 책의 주제가 다시 나타난다.

> … 이제 내게 감옥은 없습니다. 나는 별들을 찾았습니다. 여러 시대에 걸쳐서 그리고 모든 곳에서 당신의 사랑의 광채가 나를 위해 세계를 비추어줍니다.

비트겐슈타인이 1911년에 만난 러셀은 훗날의 러셀, 즉 삐딱한 합리주의자, 신앙에 대한 공격자와는 거리가 멀었다. 연애에 빠져 있던 이때의 그가 미래의 그보다 더 이해할 만하다. 인간성의 비합리적, 감정적

면에 잠겨 선험적 신비주의와 같은 것도 받아들일 정도였다. 그러나 더 중요한 것은 러셀이 전문 철학에서 자신이 할 수 있는 일은 끝났다고 생각했기 때문에, 자기가 시작한 일을 더 끌고 갈 젊고 활력 있고 능력 있는 사람을 찾고 있었다는 것이다.

비트겐슈타인이 처음에는 프레게의 권고를 무시하고 맨체스터에서 하던 일을 계속하려 했다는 것을 보여주는 몇 가지 흔적들이 있다. 다음 가을 학기 초에도 여전히 공학 연구 학생으로 등록되어 있었고, 학생 신분이 다음 한 해 더 갱신되었다. 프레게에게 망신을 당하고는 아마 철학과 수학에 대한 집착을 버리고 계속 공학도로서 일하기로 작정했는지도 모른다.

미가엘 학기Michaelmas(영국 대학의 가을 학기를 지칭한다. 봄 학기는 렌트 학기이다—옮긴이)가 시작되기 약 2주 전인 10월 18일 비트겐슈타인이 트리니티 칼리지의 러셀 방에 갑자기 나타나서 자신을 소개했을 때 러셀과 미리 약속을 하지 않은 것은 분명해 보인다.

그때 러셀은 오그던C. K. Ogden(후에 《논리철학논고》를 최초로 영어로 옮긴 사람)과 함께 차를 마시고 있었다.

> … 낯선 독일인이 나타났습니다. 영어를 거의 못했지만 독일어로 말하기를 거부했습니다. 알고 보니 샤를로텐부르크에서 공학을 공부하던 중 수리철학에 대한 열정이 생겨서 나에게 배우려고 막 케임브리지에 도착한 사람이었습니다.

비트겐슈타인이 러셀에게 자신을 소개할 때 두 가지를 빼놓은 것은 놀랄 만하다. 첫째, 프레게가 러셀에게 가보라고 권했다는 것을 말하지 않았다. 둘째, 그는 러셀에게 맨체스터에서 공학을 공부했다는 것(사실 공식적으로는 **공부하고 있는 중**이었다는 것)을 빠뜨렸다. 이상한 일이긴 하지만, 이것은 비트겐슈타인이 긴장하고 있었다는 것 이상을 뜻하는 것 같지는 않다. 러셀에게 영어를 잘하지 못한다는 인상을 줄 정도였다면, 그가 꽤 긴장했음은 틀림없다.

다음 몇 주 동안에 관해 우리가 알고 있는 바에 따르면, 비트겐슈타인의 의도는 단순히 러셀의 강의를 듣는 것이 아니었던 것 같다. 러셀에게 깊은 인상을 주어서 자기가 철학적 재능이 있는지, 항공학 연구를 포기하는 것이 올바른 일인지를 한 번에 가장 확실한 권위자로부터 알아내려고 했던 것 같다.

러셀의 수리논리학 강의는 학생들의 관심을 거의 끌지 못했다. 수강생이 세 사람(브로드C. D. Broad, 네빌E. H. Neville, 노턴H. T. J. Norton)뿐인 경우도 자주 있었다. 처음 만나자마자 비트겐슈타인이 강의를 "제대로 인정하는" 것을 알아채고 기뻐했을 만하다. 러셀은 "나의 독일 학생에게 관심이 아주 많으며 그를 자주 보기 바란다"고 오톨라인에게 보낸 편지에서 말했다. 실제로 그는 비트겐슈타인을 기대했던 것보다 훨씬 더 자주 보게 된다. 비트겐슈타인은 강의 중에는 거의 혼자 토론에 참여했고 강의가 끝나면 방에까지 쫓아가서 러셀을 괴롭혔다. 이에 대해 러셀은 호의적으로 흥미를 느끼기도 했지만 참을 수 없을 정도로 격분하기도 하는 등 복잡한 감정으로 반응했다.

> 독일인 학생이 골칫거리가 되어가고 있습니다. 강의가 끝난 뒤에 따라와서 저녁 식사 때까지 논쟁을 했습니다. 완고하고 고집 세지만 멍청하지는 않은 것 같습니다. 〔1911년 10월 19일〕

> 나의 독일인 공학도는 논쟁을 매우 좋아해서 성가실 정도입니다. 그는 방에 코뿔소가 없다는 것이 확실함을 인정하지 않으려 합니다 … 〔그는〕 돌아와서 내가 옷을 입는 동안 내내 논쟁을 했습니다. 〔1911년 11월 1일〕

> 내가 생각하기에 이 독일인 공학도는 바보입니다. 그는 경험적인 것

> 은 아무것도 알려질 수 없다고 생각합니다. 나는 그에게 이 방에 코뿔소가 없다는 것을 인정하라고 요구했지만, 그는 인정하지 않으려 했습니다. 〔1911년 11월 2일〕

> 〔비트겐슈타인은〕 주장된 명제들 외에 어떤 것이 존재한다는 것을 인정하기를 거부했습니다. 〔1911년 11월 7일〕

> 강의는 잘 시작되었습니다. 전직 공학도인 독일인 학생이 평상시처럼 세상에는 주장된 명제 외에는 아무것도 없다는 논제를 내놓았습니다. 마침내 나는 그것은 너무 광범위한 주제라고 말했습니다. 〔1911년 11월 13일〕

> 나의 성난 독일인이 강의가 끝난 후 와서 논쟁을 했습니다. 그는 합리적인 모든 공격에 대항하기 위해 장갑으로 무장하고 있습니다. 그와 얘기하는 것은 정말 시간낭비입니다. 〔1911년 11월 16일〕

훗날 러셀은 이 당시에 토론했던 것들을 가지고 장난을 하곤 했는데, 비트겐슈타인에게 코뿔소가 없다는 것을 확신시키기 위해 강의실에 있는 모든 책상과 의자 밑을 보았다고 주장하였다. 그러나 비트겐슈타인에게 문제는 경험적인 것이 아니라 형이상학적인 것이었다는 것, 코뿔소의 존재 여부가 아니라 어떤 종류의 것들이 세계를 구성하고 있는지에 관한 것이었음은 분명하다. 사실상 비트겐슈타인이 여기서 그처럼 완고하게 내놓고 있는 견해는 《논고》의 유명한 첫째 명제인 "세계는 사물들이 아니라 사실들의 총체이다"를 예상하게 한다.

위에 든 인용문들을 보면 러셀이 아직 비트겐슈타인의 철학적 능력에 대해 확신을 갖지 못했다는 것을 알 수 있다. 그러나 그는 곧 비트겐슈타인의 미래에 대한 책임을 떠맡게 되었다. 11월 27일 미가엘 학기가 끝났을 때, 비트겐슈타인은 그에게 무엇보다도 중요한 문제에 대해 의견을 묻기 위해 러셀을 찾아갔다. 이 의견은 비트겐슈타인이 할 일을 선택하게 하고, 2년여에 걸쳐 그를 괴롭혀왔던 관심사들의 충돌을 최종적으로 해결해줄 그런 것이었다.

> 나의 독일인 학생은 철학과 항공학 사이에서 주저하고 있었습니다. 그는 오늘 자기가 철학에 완전히 희망이 없다고 생각하는지 물어 왔습니다. 나는 잘 모르지만 그렇게 생각하지는 않는다고 말했습니다. 나는 그에게 판단하는 데 도움이 되도록 무언가를 써서 가져오라고 요구했습니다. 그는 돈이 있고 매우 열정적으로 철학에 흥미를 갖고 있지만, 철학에 재능이 없다면 인생을 철학을 하기 위해 보내서는 안 된다고 느끼고 있습니다. 그의 능력에 대해 어떻게 생각해야 하는지를 정말 알 수 없었기 때문에 책임감을 느꼈습니다. [1911년 11월 27일]

케임브리지를 떠나기 전에 비트겐슈타인이 러셀을 허물없이 만난 적이 있는데, 이때 그는 철학적 문제들에 몰두한 모습과는 다른 모습을 보여주었다. 러셀은 드디어 그가 독일인이 아니라 오스트리아인이라는 것을, 그가 "문학적이고 매우 음악적이며 쾌활하고 … 정말로 지적이라는" 것을 알게 된다. 그 결과는 "나는 그를 좋아하고 있다"였다.

그러나 진짜 전환점은 비트겐슈타인이 방학 동안에 쓴 글을 가지고 1912년 1월에 케임브리지로 돌아왔을 때 이루어졌다. 그 글을 읽자마자 비트겐슈타인에 대한 러셀의 태도가 즉시 바뀌었다. 러셀은 그 글은 "아주 좋았으며 영국 학생들의 글보다 훨씬 더 좋았다"고 오톨라인에게 말했다. 덧붙여서 그는 "나는 그를 확실히 격려할 것이다. 아마도 그는 위대한 일들을 할 것"이라고 말하고 있다. 비트겐슈타인은 훗날 데이비드 핀센트David Pinsent에게 러셀의 격려는 구원이었으며, 9년 동안(이 동안 그는 자살을 계속 생각하고 있었다)의 외로움과 고통을 끝나게 했다고 말했다. 이 때문에 그는 마침내 공학을 포기하고 "자신이 이 세계의 군더더기라는 암시"— 자살하지 **않은** 것을 부끄럽게 여기게 만든 바로 그것 ― 를 떨쳐버릴 수 있었다. 러셀은 글자 뜻 그대로 비트겐슈타인의 생명을 구했던 것이다. 비트겐슈타인으로 하여금 공학을 포기하고 철학을 추구하려는 생각을 격려하고 정당화시켜줌으로써 말이다.

다음 학기 동안 비트겐슈타인은 수리논리학을 아주 열심히 공부해서 학기가 끝날 무렵 러셀은 자신이 가르쳐야 하는 모든 것을 그가 배웠고 실제로 그 이상 나아갔다고 말하게 되었다. "비트겐슈타인은 내 인생에서 큰 사건이었습니다."

> 나는 그를 아낍니다. 너무 늙어서 내가 풀 수 없는 문제들(내 연구가 제기하는 모든 종류의 문제들, 그러나 신선한 정신과 젊음의 활기를 요구하는 문제들)을 그가 풀 것이라고 느낍니다. 그는 사람들이 원하는 **바로 그런** 젊은이입니다.

딱 한 학기를 지도한 후, 러셀은 그가 찾고 있던 제자의 모습을 비트겐슈타인에게서 찾아낸 것이다.

이 석 달의 학기 동안 비트겐슈타인이 무슨 철학 공부를 했는지 우리는 알지 못한다. 오톨라인에게 보낸 러셀의 편지에는 단지 암시들만 있는데, 그중 관심이 가는 것은 다음과 같다. 1월 26일 비트겐슈타인은 "논리적 **내용**에 반하는 논리적 **형식**의 정의"를 제안했다. 한 달 후에 그는 "논리학의 중요한 점에 관해서 내가 생각하기에 옳은 아주 좋은 독창적인 제안"을 했다. 이런 암시들을 볼 때 비트겐슈타인의 연구가 초기부터 "수학이란 무엇인가?"라는 문제가 아니라 더 근본적인 "논리학이란 무엇인가?"라는 문제로 향했음을 알 수 있다. 러셀 자신도 이 문제가 《수학 원리》에서 답해지지 않은 채 남겨진 가장 중요한 문제라고 느끼고 있었다.

1912년 2월 1일, 비트겐슈타인은 러셀을 지도교수로 트리니티 칼리지의 학생으로 입학이 허가되었다. 러셀은 비트겐슈타인이 한 번도 논리학을 공식적으로 배우지 못했다는 것을 알고 도움이 될 거라는 생각에 저명한 논리학자이자 킹스 칼리지King's College의 교수였던 존슨W. E. Johnson에게 논리학을 배울 수 있도록 주선해주었다. 나중에 비트겐슈타인은 리비스에게 "첫 시간에 그가 내게 가르칠 것이 아무것도 없다는 걸 알 수 있었다"고 말했다. 한편 존슨은 리비스에게 "처음 만났을 때 그는 나를 가르치고 있었다"고 말했다. 존슨의 말은 비꼬는 것이었지만 비트겐슈타인의 말은 완전히 사실이었다. 이 과정을 끝낸 것은 존슨이었는데, 이는 러셀이 비트겐슈타인을 화나게 하지 않고 그의 단점을 말해주기 위해 모든 기지와 감성을 동원해야 했던 많은 경우들 중 첫 번째가 되었다.

> 강의 준비를 하고 있는데 비트겐슈타인이 매우 흥분해서 나타났습니다. 존슨이(그에게 비트겐슈타인을 가르쳐달라고 부탁한 적이 있는데) 비트겐슈타인이 착한 어린이처럼 강의를 듣지 않고 너무 많은 논쟁을 벌인다고 말하면서 더 이상 그를 봐줄 수 없다고 편지를 썼기 때문이었습니다. 그는 존슨의 말이 어느 정도나 맞는지 알아보려고 왔습니다. 그는 지금 굉장히 고집 세고 남이 말할 틈을 거의 주지 않아서 대체로 거북한 사람으로 여겨지고 있습니다. 나는 그를 정말로 아주 좋아하기 때문에 그를 화나게 하지 않고 이런 이야기들을 넌지시 말해줄 수 있었습니다.

비트겐슈타인은 이 학기에 무어의 강의를 듣기 시작했는데, 무어는 그에게서는 전혀 다른 인상을 받았다고 말했다. 러셀은 오톨라인에게 "무어는 비트겐슈타인의 머리가 대단히 뛰어나다고 평가하고 있다"고 말했다. "둘이 합의하지 못할 때 무어는 항상 비트겐슈타인이 **틀림없이** 옳을 거라고 생각한다. 무어는 강의하는 동안 비트겐슈타인이 언제나 놀라울 정도로 당혹스런 표정인데 다른 어느 누구도 그렇지 않다고 말한다. 비트겐슈타인에 대한 나의 높은 평가가 확인되어서 기쁘다

… 젊은 사람들은 그를 높게 평가하지 않는다. 만일 그들이 그를 높게 평가한다면 단지 무어와 내가 그를 칭찬했기 때문이다." 비트겐슈타인에 대해서는 "그가 얼마나 무어를 사랑하는지, 사람들의 사고방식에 따라서 어떻게 그들을 좋아하고 싫어하는지를 말했다. 무어의 미소는 내가 아는 것 중 가장 아름답다. 그 때문에 비트겐슈타인은 강한 인상을 받았다"고 했다.

비트겐슈타인과 무어 사이의 우정은 나중에 돈독해진다. 하지만 러셀과의 우호적 관계는 빠르게 진전되었다. 러셀의 칭찬은 한계를 몰랐다. 그는 비트겐슈타인에게서 '이상적 학생'을, 즉 "맹렬하게 또 아주 지적인 반대를 하면서 열정적 찬사를 보내기도 하는" 학생을 보았다. 러셀의 학생들 중에서 가장 **믿을 만하다고** 여겼던 ("뛰어난 일은 아니지만 분명히 유용한 일을 많이 할") 브로드와 달리 비트겐슈타인은 "자기를 어디로든 몰고 갈 수 있는 끓어오르는 열정으로 가득 차" 있었다.

러셀은 점점 더 비트겐슈타인과 친해져서 그에게서 동지감, **이론적** 문제들에 집중하기 위해 온 힘과 열정을 쏟아부을 사람을 보았다. "아주 희귀한 열정을 발견해서 기쁘다." 실제로 "그는 철학에 대해 나보다 큰 열정을 갖고 있다. 그가 눈사태라면 나는 그저 눈뭉치일 뿐이다." 우리는 러셀의 묘사에서 '열정'이란 단어를 반복해서 발견할 수 있다. 그는 비트겐슈타인이 (그 자신처럼) '가장 높게' 갖고 있는 '순전히 지적인 열정' 때문에 비트겐슈타인을 사랑하게 된다. 러셀은 비트겐슈타인에게서 거의 거울에 비친 자신의 모습을, 더 적당하게 표현하자면 마치 자신의 후손을 본 것처럼 느꼈다.

> 그는 직관적이고 변덕스런 예술가의 기질을 가졌습니다. 매일 아침 희망으로 연구를 시작해서 매일 저녁 실망으로 끝낸다고 말합니다. 자신이 이해할 수 없는 것이 있을 때 화를 내는 모습은 나와 똑같습니다. [1912년 3월 16일]

나는 그에게 지적으로 완전히 공감합니다. 열정과 맹렬한 의지가 같고, 사람은 이해하거나 아니면 죽어야 한다는 느낌도 같으며, 사고의 무서운 긴장을 갑자기 깨버리는 농담도 같습니다. 〔1912년 3월 17일〕

… 심지어 그가 만드는 비유도 나와 같습니다. ― 진리로부터 그를 분리시키는 벽을 어떻게 해서든 무너뜨려야 한다. 지난번 마지막 토론 후, 그는 "자, 벽이 조금이나마 무너졌군요"라고 말했습니다. 그의 태도는 나의 연구에 대해서 내가 바랐던 모든 것을 정당화해줍니다. 〔1912년 3월 22일〕

러셀은 비트겐슈타인이 아주 예의바르기 때문에 좋아한다고 하면서 동시에 "토론할 때 그는 예절은 잊어버리고 단지 그가 생각하는 것만을 말한다"는 점을 더 좋아했다.

어느 누구도 비트겐슈타인보다 더 진지할 수 없을 것입니다. 또는 비트겐슈타인보다 진리를 방해하는 가식적 예의를 갖추지 않는 사람은 없을 것입니다. 하지만 그는 감정과 애정을 드러냄으로써 사람의 마음을 따뜻하게 합니다. 〔1912년 3월 10일〕

예를 들면 러셀은 비트겐슈타인이 수도사인 학생을 만났을 때 "나보다 훨씬 더 기독교도들에게 잔인했다"는 것을 아주 반겼는데, 오톨라인에게 다음과 같이 전하고 있다.

그는 학부 학생이자 수도사였던 F를 좋아했는데 그가 수도사라는 것을 알고 깜짝 놀랐습니다. F와 비트겐슈타인이 차를 마시러 왔는데 비트겐슈타인은 즉시 내가 상상했던 대로 아주 화를 내며 그를 공격했습니다. 어제 그는 논쟁이 아니라 정직에 대해 설교하면서 또 F를 비난했습니다. 그는 윤리학과 도덕을 대체적으로 혐오합니다. 심사

숙고하면서도 충동적인 사람인데, 사람은 마땅히 충동의 피조물이어야 한다고 그는 생각합니다. [1912년 3월 17일]

"그의 특유한 도덕관에 대해서는 말하지 않겠다"고 러셀은 결론을 내렸다.

이 말은 좀 거슬린다. 러셀이 비트겐슈타인이 만든 논증의 핵심을 이해하지 못했다는 것을 보여주기 때문이다. 비트겐슈타인이 정직을 설교하고 있었다면, 윤리학을 혐오하는 것이 비도덕을 허용한다는 의미는 분명 아니다. 비트겐슈타인은 진실성, 자신 그리고 자신의 충동에 대한 진실함에 근거한 도덕성, 즉 규칙, 원리, 의미에 의해 외부로부터 부과된 것이 아니라 내부로부터 나온 도덕성을 위한 논증을 펼치고 있었던 것이다.

비트겐슈타인에게는 이 문제는 아주 많은 것이 걸려 있는 문제였다. 철학을 위해 공학을 포기했을 때 자신 **안**에서 타오르는 그 무엇을 추구하기 위해 의무였을지도 모르는 것을 저버리지는 않았는가? 우리가 보았듯이, 그리고 러셀이 처음 말했듯이, 이 결정은 단순히 변덕스런 기분을 따르는 것이 아니라 자신이 중요한 공헌을 할 수 있는 길을 추구한다는 정당화를 필요로 했다.

러셀이 핵심을 오해했다는 것은 앞으로 생길 일에 대한 암시, 즉 궁극적으로 그의 '이론적 열정'과 비트겐슈타인의 열정이 그가 생각했던 것처럼 비슷한 것이 아니었다는 점을 시사하기도 한다. 학기가 끝날 무렵, 그들의 관계는 비트겐슈타인이 러셀에게 그가 좋아하고 **싫어하는** 공부가 무엇인지를 말할 정도의 관계가 되었다. 그는《수학 원리》의 아름다움에 대해 감동해서 이야기하면서, 그것은 마치 음악 같다고 말했다. 아마 이것은 그가 할 수 있는 가장 높은 칭송이었을 것이다. 그렇지만 그는 대중적인 작품들, 특히 〈자유인의 숭배The Free Man's Worship〉와 《철학의 제문제》의 마지막 장인 〈철학의 가치The Value of Philosophy〉를 아주 싫어했다. 그는 철학이 가치를 가졌다는 바로 그 생각을 싫어했다.

> … 그는 철학을 좋아하는 사람은 철학을 할 것이고, 다른 사람들은 그렇지 않을 것이며 그것이 전부라고 말했습니다. **그의** 가장 강한 충동은 철학입니다. [1912년 3월 17일]

비트겐슈타인의 태도가 러셀이 시사하듯이 그렇게 직접적이었다고는 믿기 힘들다. 뭐라고 해도 러셀의 학생이 되기 전 수년 동안 그는 철학이 그의 가장 강한 충동이라는 사실에서 싹튼 충동과 의무 사이에서 깊이 고통을 겪었다. 그는 정말로 그의 아버지, 그의 형 한스 그리고 모든 천재가 그렇듯이 사람은 충동의 피조물이어야 **한다고** 믿었다. 그러나 그는 또한 거의 자신을 압도할 정도의 의무감을 느끼고 있었고, 주기적으로 생기는 자신에 대한 회의는 치명적일 정도였다. 러셀의 격려가 필요했던 것은 회의를 극복하고 자신의 가장 강한 충동을 즐거이 따를 수 있기 위해서였다. 비트겐슈타인의 가족들은 러셀로부터 철학을 하라고 격려를 받은 후 그가 보여준 즉각적인 변화에 놀랐다. 비트겐슈타인 자신도 학기가 끝날 무렵 러셀에게 인생의 가장 행복한 시기를 그의 연구실에서 보냈다고 말했다. 하지만 이런 행복감은 그저 그가 자신의 충동을 따르도록 허용되었기 때문이 아니라, 철학에 비범한 재능이 있기 때문에 그런 일을 할 **권리**를 가졌다는 확신에서 비롯된 것이었다.

러셀이 이 점을 이해해야 하는 것이 비트겐슈타인에게는 중요한 일이었다. 그래서 다음 학기에 케임브리지에 돌아온 날 이 주제는 새롭게 시작되었다. 러셀은 그가 "말쑥하게 입고 … 생각했던 것만큼 아주 좋아 보였다. 이상할 정도로 흥분해 있는" 것을 알았지만, 여전히 겉으로 드러나는 그들의 기질에서 근본적인 차이를 찾을 생각은 하지 못하고 있었다. "그는 나와 비슷한 정도로 강한 흥분 상태 속에서 산다. 거의 조용히 앉아 있을 수 없으며 책을 읽을 수도 없다." 비트겐슈타인은 베토벤에 관해 다음과 같이 말했다.

> 베토벤의 방문 앞에서, 그가 새 둔주곡을 놓고 저주하고, 신음하며, 노래하는 걸 들은 한 친구가 있었다 … 한 시간이 지난 후 드디어 베토벤이 문밖으로 왔는데, 그는 마치 악마와 싸운 사람 같았다. 그의 격노를 피해 요리사와 하녀가 떠났기 때문에 36시간 동안 아무것도 먹지 않고 있었다. 이런 종류의 사람이 되어야 한다.

하지만 다시 한 번 말하자면 이것은 단순히 **평범한 사람**이 하는 '저주, 신음, 노래'가 아니다. 만일 이렇게 격렬하게 몰두한 뒤에도 단지 평범한 작품이 나올 뿐이라면, 비트겐슈타인이 '그런 종류의 사람'이 되어야 한다고 느꼈을까? 그의 말이 함축하는 바는 이것이다. 만일 어떤 사람의 가장 강한 충동이 음악을 작곡하는 것이고 그 충동을 완전히 따름으로써 위대한 음악을 작곡할 수 있다면, 그는 충동적으로 행동할 권리를 갖고 있을 뿐 아니라 그렇게 행동해야 할 의무가 있는 것이다.

마찬가지로 러셀은 비트겐슈타인에게 똑같이 행동할 허가증을 준 셈이었다. 비트겐슈타인에게서 천재의 특성을 발견했기 때문이다. 훗날 그는 비트겐슈타인을 다음과 같이 묘사했다.

> … 내가 아는 천재들 중에서 아마도 가장 완전히 전통적 천재관에 부합되는, 열정적이고 심오하며 강렬하고 지배적인 천재의 예였다.

러셀은 이미 여름 학기 초에 비트겐슈타인의 이런 성격을 알게 되었다. 4월 23일 오톨라인에게 보낸 편지에서 "내가 그 주제를 포기했다고 해서 그 문제가 방치되었다는 느낌은 들지 않습니다. 그가 그 일을 떠맡는 한"이라고 말했다. 러셀은 또 그 일에 필요한 성질을 예로 들기라도 하듯, "그가 오늘 내 방에 있는 모든 가구들을 부숴버릴지도 모른다고 생각했습니다. 그만큼 흥분한 상태였습니다"라고 덧붙였다.

비트겐슈타인은 러셀에게 그와 화이트헤드A. N. Whitehead가 《수학 원리》를 어떻게 끝내려 하는지 물었다. 러셀은 결론이 없을 것이라고 답했다. 그 책은 "마지막에 오는 것이 무엇이든 그것으로" 끝날 것이다.

> 처음에 그는 놀란 것처럼 보였지만, 곧 그것이 옳음을 알았습니다. 그 책이 만일 버릴 수 있는 단어를 하나라도 포함한다면 그 책의 아름다움을 해칠 것 같습니다.

비트겐슈타인은 러셀이 개진한 금욕적 미학을 《논고》의 절제된 글로 새로운 높이로 끌어올릴 작정이었다. 그런 그에게 책의 아름다움에 대한 러셀의 호소가 틀림없이 호의적으로 받아들여졌을 것이다.

여름 학기 초 무렵 이미 둘의 관계는 변하기 시작했다. 러셀은 여전히 비트겐슈타인의 지도교수였지만, 점점 비트겐슈타인의 인정을 더 크게 받고 싶어 했다. 부활절 휴가 기간에 그는 카디프Cardiff 대학 철학회에서 발표할 예정이었던 '물질Matter'에 관한 논문을 쓰기 시작했다.

러셀은 이 논문이 새로워진 활력을 입증하는 글, 즉 "인간의 감정을 철저히 배제하고 가장 고통스러운 결론을 내세우는 냉정하고 열정적인 분석의 모델"이 되어주길 바랐다. '냉정하며 **그리고** 열정적인이라고?' 러셀은 다음과 같이 설명한다.

> 지금까지 물질에 관해 충분히 용기를 갖지 못했습니다. 즉 나는 충분히 회의적이지 못했습니다. 나의 적들이 '실재론의 파산'이라고 부를 논문을 쓰고 싶습니다. 사람에게 냉정한 통찰력을 주는 데 있어 열정에 비교할 만한 것은 없습니다. 나의 가장 좋은 책들 중 대부분을 후회스러운 영감으로 썼지만, 어떠한 열정도 그것이 강하다면 좋습니다. 철학은 다루기 힘든 연인입니다. 열정이라는 손에 차가운 검을 가져야만 그녀의 심장에 도달할 수 있을 것입니다.

"열정이라는 손에 차가운 검"이라는 구절은 비트겐슈타인의 엄격하게 논리적인 마음과 충동적이며 강박관념에 사로잡히는 성격의 조화를 기막힐 정도로 완전히 불러낸다. 그는 바로 러셀의 철학적 이상의 구현이었다.

그렇지만 러셀은 비트겐슈타인이 이 계획에 보인 반응에 실망했다. 비트겐슈타인이 모든 것을 '사소한 문제'로 간단히 처리해버린 것이다.

> 그는 만일 물질이 없다면 그 자신 말고는 어느 누구도 존재하지 않는다는 점을 인정합니다. 그러나 그것이 고통스러운 것은 아니라고 말합니다. 왜냐하면 물리학과 천문학 그리고 기타 모든 과학들이 여전히 참이라고 해석될 수 있기 때문입니다.

며칠 후 비트겐슈타인이 이 논문의 일부를 실제로 읽었을 때, 러셀은 그의 마음이 변했음을 알아내고 안심했다. 비트겐슈타인은 그 논문의 급진적인 점을 좋아했다. 러셀은 철학자들이 지금까지 개진한 물질의 존재 증명은 모두 그저 단순히 잘못된 것이라고 대담하게 진술하는 것으로 논문을 시작한다. 비트겐슈타인은 이것이 러셀이 가장 잘한 일이라고 선언했다. 그는 논문을 다 본 뒤 다시 마음을 바꾸어서 결국 그것을 좋아하지 않게 되었다고 러셀에게 말했다. "하지만 논문이 잘못 쓰여서가 아니라 단지 의견의 차이 때문"이라고 러셀은 실낱같은 희망을 품고 오톨라인에게 말했다. 러셀이 처음에 그처럼 큰 희망을 가졌던 그 논문은 그 후 출판되지 못했다.

러셀이 비트겐슈타인을 비상하게 높게 평가했기 때문에 러셀의 케임브리지 친구들은 그에게 호기심을 품었다. 특히 엘리트임을 자처하는 사람들의 대화 모임이었던 '사도 클럽Apostles'(러셀도 이 모임의 회원이었다)의 회원들이 그랬는데, 이때는 케인스John Maynard Keynes와 리튼 스트래치Lytton Strachey가 모임을 주도하고 있었다. 사도들이 쓰는 용어로 비트겐슈타인은 태아embryo, 즉 회원으로 받아들일지 고려 중인 사람으로 알려져 있었다. 런던에 살고 있던 스트래치는 이 후보 사도를 직접 알아보려고 러셀의 연구실로 와서 비트겐슈타인과 함께 차를 마셨다. 그때쯤 비트겐슈타인은 스트래치의 《프랑스 문학 걸작선*Landmarks in French Literature*》을 읽었지만 좋아하지는 않았다. 러셀에게 그 책에서는 천식 환자의 헐떡거리는 것 같은 노력의 흔적만이 발견된다고 말했다. 그럼에도 불구하고 비트겐슈타인은 함께 차를 마시는 수고를 감수했고, 그 자리에서 그는 스트래치에게 강한 인상을 남길 정도로 돋보였다. "모든 사람들이 그를 막 발견하기 시작했다"고 러셀은 나중에 오톨라인에게 말했다. "그들 모두 이제 그가 천재성을 지녔다는 것을 깨달았다."

러셀은 비트겐슈타인이 사도 클럽에 들어가고 싶어 하는지 의심했다.

> 누군가가 사도들에게 비트겐슈타인에 대해서 말하고 있었습니다. 그들은 내가 비트겐슈타인을 어떻게 생각하는지 듣고 싶어 했습니다. 그를 회원으로 선출하려고 생각 중이었습니다. 나는 그가 그 모임을 좋아할 거라고는 생각하지 않는다고 말했습니다. 정말로 좋아하지 않으리라는 것을 확신합니다. 그에게 그 모임은 거북하게 느껴질 것입니다. 실제로 그 모임은 동성애적 행위 때문에 — 이것은 나의 시절에는 없었는데 — 거북하게 되었는데, 그건 대부분 리튼 때문이라고 생각합니다.

비트겐슈타인이 그때 모임을 지배했던 동성애적인 '거북한' 분위기에 반대할 것이라는 생각이 옳건 그르건 간에 그가 사도 클럽을 좋아하지 않으리라는 예측은 맞았다.

한편 비트겐슈타인에 대한 스트래치의 인상은 다소 복합적이었다. 5월 5일 그는 비트겐슈타인을 점심식사에 초대했는데, 이 두 번째 만남에서는 깊은 인상을 받지는 못했다. "Herr Sinckel-Winckel(스트래치가 비트겐슈타인을 풍자적으로 가리키기 위해 만든 이름인 것 같다. 스트래치는 유명한 풍자작가였다 — 옮긴이)과 점심을 같이했다. 아주 작은 사람이다"라고 그는 케인스에게 쓴 편지에서 말했다. 2주일 후 둘은 스트래치와 형제인 제임스James의 방에서 다시 만났다. 이번에 받은 인상은 더할 나위 없이 총명하다는 것이었다.

> Herr Sinckel-Winkel은 보편자와 개별자에 대해 완고했다. 후자는 너무나도 뛰어나다. 그러나 **웬 고통**인가(스트래치는 비트겐슈타인의 철저한 분석을 듣는 것이 고통스러웠던 것 같다 — 옮긴이)! 오, 신이여! 신이여! "만일 A가 B를 사랑한다면" "공통적인 속성이 있을 수 있다." "그 방식으로는 전혀 분석될 수 없다. 그러나 복합적인 것들은 특정한 성질들을 갖고 있다." 어떻게 하면 나는 이 문제에서 벗어날 수 있을까?

비트겐슈타인과 사도 클럽 사이의 접촉은 여기서 당분간 끊어졌다가 10월에 케인스와 만난 후 'Herr Sinckel-Winckel'은 짧고 파괴적으로, '비트겐슈타인 형제Brother Wittgenstein'가 되었다.

케임브리지 젊은이들에게 '대체로 따분한 사람'으로 간주되던 비트겐슈타인은 이제 "유머감각이 무겁긴 해도 재미있고 쾌활한 사람"으로 여겨졌다. 적어도 그들 중 한 사람이었던 핀센트는 그렇게 생각했다. 핀센트는 그를 여름 학기 초 러셀이 주최하는 스쿼시squashes(저녁 친목 모임)에서 만났다. 그때 핀센트는 학부 수학과 2학년이었다. 전해에 사도 클럽의 '태아'였지만 선출되지는 않았다. 이것은 케임브리지의 상류 지적 엘리트들이 아마도 그를 흥미롭지만 매력적일 정도는 아니고 똑똑하지만 천재성은 없는 사람으로 평가했음을 뜻할지도 모른다.

그렇지만 핀센트의 음악적 감수성과 온화한 성격 때문에 비트겐슈타인은 그를 이상적 친구로 받아들였다. 그는 핀센트를 만난 지 한 달도 안 되어 이런 성격을 파악한 것 같다. 한번은 비트겐슈타인이 그를 아이슬란드 여행에 초대했는데, 모든 비용을 그의 아버지가 부담한다고 해서 핀센트가 놀란 적이 있다. 핀센트의 일기에는 다음과 같이 적혀 있다.

> … 분명히 그 여행은 재미있을 것이다. 하지만 나는 그 비용을 혼자서는 댈 여유가 없다. Vittgenstein[*sic*](틀린 원문을 그대로 인용할 때 틀린 원문 다음에 [*sic*]이라고 적는다 — 옮긴이)은 내가 함께 가주기를 간절하게 바라는 것 같다. 나는 어떻게 해야 될지 몰라서 집에 편지를 써서 물어보았다. 아이슬란드는 매력적일 것 같다. 섬에서 여행은 말을 타고 해야 할 것 같은데, 최고로 재미있을 것이다. 모든 것이 내 마음을 끈다. 내가 Vittgenstein을 만난 지 3주 정도밖에 안 됐다. 하지만 우리는 잘 어울리는 것 같다. 그는 나와 취미도 같고 매우 음악적이다. 오스트리아인이지만 영어를 유창하게 한다. 내 또래라는 것도 말해야겠다.

그때까지 그들은 비트겐슈타인이 심리학 실험실에서 하고 있던 실험에서 핀센트가 실험 대상으로 일할 때만 만날 수 있었다. 음악감상에서 리듬의 역할을 과학적으로 연구하는 것이 비트겐슈타인의 목적이었던 듯하다. 이를 위해서는 아마 음악을 어느 정도 이해하는 실험 대상이 필요했을 것이다. 핀센트는 일기에 실험이 어떤 것이었는지는 적지 않고 단지 그 실험에 참여하는 것이 "아주 재미있지는 않았다"고 기록하고 있을 뿐이다. 심리학자인 마이어스C. S. Myers가 비트겐슈타인을 도와 실험을 했는데, 그는 이 실험을 영국 심리학회에 소개할 정도로 진지하게 생각했다. 그 실험의 주요 결과는 실험 대상이었던 사람들이 특정한 환경에서 실제로는 없었던 음표의 소리를 들었다는 것이다.

휴일을 함께 보내자고 초대를 받기 전에 핀센트가 비트겐슈타인을 만날 수 있었던 때는 일주일에 두세 번 하는 실험 말고는 목요일 저녁 열리는 러셀의 스쿼시뿐이었다. 5월 30일 스쿼시가 끝난 후 그는 비트겐슈타인이 '아주 재미있는' 사람임을 알게 되었다고 일기에 기록하였다.

> … 그는 여기서 철학을 공부하고 있다. 체계적인 공부를 막 시작했을 뿐이다. 그런데 그는 자기가 한때 무지해서 숭배했던 모든 철학자들이 결국 우둔하고 정직하지 않으며 구역질나는 실수를 범하고 있어서 어이없을 정도로 놀랐다고 한다!

비트겐슈타인의 뜻하지 않은 초대 후 둘은 우정이 돈독해지기 시작했다. 다음 날 둘은 콘서트에 같이 다녀와서 비트겐슈타인의 방으로 가서 11시 30분까지 이야기를 나눴다. 비트겐슈타인은 "말을 아주 많이 했으며, 자신에 관해서 많이 얘기했다." 비트겐슈타인이 러셀의 격려가 9년 동안의, 죽고 싶을 정도의 외로움과 고통으로부터 그를 구원했다고 말한 것이 바로 이때였다. 핀센트는 다음과 같이 덧붙인다.

> 러셀이 그를 높이 평가하고 있다는 것을 안다. 또 그가 러셀의 오류를 고쳐준 적이 있고, 그가(러셀이) 한두 가지 철학적 오류를 범했다는 것을 확신시켰다는 것도 안다. 또 비트겐슈타인이 오류를 저질렀다고 확신시켰던 철학 선생이 러셀만이 아니라는 것도 안다. Vittgenstein은 외로운데 그 이유는 아마 취미가 거의 없기 때문일 것이다. 우등상 Triposes 같은 거창하고 중대한 것을 추구해야만 잘 사는 것은 아니다. 그러나 그는 아주 재미있고 쾌활하다. 그는 지금 병적인 우울함을 꽤 극복하지 않았나 생각이 든다.

이후 비트겐슈타인과 핀센트는 케임브리지 대학 음악 클럽Cambridge University Music Club 연주회에 가거나, 학생회관에서 저녁 식사를 같이하거나, 상대방의 방에서 차를 마시거나 하면서 자주 만나게 되었다. 비트겐슈타인은 특히 핀센트가 봉독하는 것을 듣기 위해서 심지어 대학 성당 예배에도 참석했다.

러셀이 비트겐슈타인을 기독교인들을 '무섭게 비난'하는 인물로 묘사한 적이 있지만, 그렇다고 언뜻 생각되는 것처럼 항상 불손한 것만은 아니었다. 실제로 거의 같은 시기에 갑자기 "만일 온 세상을 얻고도 영혼을 잃으면 무슨 소용이겠는가"라는 성경 구절에 아주 감복한다고 말해 러셀을 놀라게 하기도 했다.

> 〔그는〕 영혼을 잃지 않은 사람들이 아주 적다고 계속해서 말했습니다. 나는 그것은 사람들이 진정으로 추구하는 큰 목적을 갖고 있느냐에 달려 있다고 말했습니다. 그는 그것이 고통과 그것을 견디어 내는 힘에 더 달려 있다고 말했습니다. 나는 매우 놀랐습니다. 그가 그런 말을 할 거라고 예상하지 못했기 때문입니다.

여기서 드러나는 스토아주의는 훗날 비트겐슈타인이 노먼 맬컴Norman Malcolm에게 한 말과 관련이 있는 것 같다. 비트겐슈타인은 언젠가 빈의 집에서 휴가를 보내던 중 연극(루트비히 안첸그루버Ludwig Anzengruber라는 오스트리아의 극작가이자 소설가의 〈십자가 원판*Die Kreuzelscheiber*〉)을 보았는데, 그 뒤로 종교를 멸시하는 태도가 바뀌었다.◈ 평범한 연극이었는데 등장인물 중 한 사람이 이 세상에 무슨 일이 일어나든 **그에겐** 나쁜 일이 일어날 수 없다고 말했다. 그는 운명과 환경으로부터 독립적이었다. 이 스토아적 사상 때문에 비트겐슈타인은 크게 놀랐고 여기에서 최초로 종교의 가능성을 보았다고 맬컴에게 말했다.

그 후 일생 동안 비트겐슈타인은 '절대적으로 안전한' 느낌을 종교적 경험의 전형으로 간주했다. 위에 인용된 대화를 러셀과 나눈 지 몇 달 후 제임스William James의 《종교적 경험의 다양성*Varieties of Religious Experience*》을 읽고 다음과 같이 러셀에게 말했다.

◈ 비트겐슈타인은 맬컴에게 스물한 살쯤의 일이라고 말했다. 그렇다면 날짜는 1910년 또는 1911년 초일 것이다. 그렇지만 1912년 여름에 러셀이 비트겐슈타인의 종교적 태도가 변했다고 기록하고 있기 때문에 이 일화는 그해 부활절 휴가 때의 일로 추정된다.

이 책이 **크게** 도움이 되었습니다. 곧 성자가 되겠다고 말하는 건 아닙니다. 그러나 그 책이 **아주 많이** 개선하고 싶었던 대로 나를 조금이라도 개선하지 못했다고는 할 수 없습니다. 다시 말하면, 그 책이 (괴테 Goethe가 《파우스트》 제2부에서 사용한 의미에서) 불안Sorge을 없애는 데 도움을 주었다고 생각합니다.

영혼을 잃거나 얻는 것에 관해 토론하고 이틀 뒤에 러셀과 비트겐슈타인은 다른 대화를 나누었는데 여기서 그들의 윤리적 견해 사이에 깊은 차이가 있음이 다시 한 번 드러났다. 디킨스Dickens의 《데이비드 코퍼필드*David Copperfield*》에 관해 말하던 중, 비트겐슈타인은 스티어포스가 리틀 에밀리와 도망갔다는 이유로 코퍼필드와 스티어포스가 다툰 것은 잘못이라고 주장했다. 러셀은 자기도 그런 상황이면 똑같이 했을 거라고 했다. 비트겐슈타인은 "아주 괴로워했고 그 말을 믿으려 하지 않았다. 사람은 항상 친구에게 의리를 지키고 친구를 변함없이 사랑해야 하며, 또 그럴 수 있다고 생각했다."

러셀은 비트겐슈타인에게 만일 결혼한 여자가 다른 남자와 도망가면 어떨지 물어보았다.

〔비트겐슈타인은〕 전혀 화를 내지도 증오하지도 않을 것이며 단지 엄청난 고통만을 느낄 것이라고 말했습니다.(나는 이 말을 믿습니다.) 그의 본성은 철저히 선합니다. 이 때문에 그는 도덕의 필요성을 보지 못합니다. 처음에 나는 그가 열정 속에서 모든 종류의 일을 할 수 있다고 잘못 생각했었습니다. 그는 절대 냉혹하고 비도덕적인 일은 하지 않을 것입니다. 그의 사고방식은 매우 자유롭습니다. 원리원칙 같은 것은 그에게 무의미한 것처럼 보입니다. 왜냐하면 그의 충동은 강하면서도 결코 부끄럽지 않기 때문입니다.

"그가 내게 열정적으로 헌신하고 있다고 생각"한다고 러셀은 덧붙였다. "어떤 감정의 차이도 그에게 커다란 고통을 줍니다. 그를 향한 내 감정은 열정적입니다. 하지만 물론 나는 당신에게 몰두하고 있기 때문에 이런 감정은 나보다는 그에게 더 중요합니다."

러셀은 그들의 감정의 차이가 근본적으로 중요한 문제들을 건드리고 있기 때문에 비트겐슈타인에게 그 문제가 중요했다는 것을 빨리 깨닫지 못했던 것 같다. 그는 또 비트겐슈타인이 개인적 진실성(위의 경우에는 친구와의 의리)을 강조한 것이 도덕에 **반하는** 것이 아니라 다른 도덕을 구성했던 것임을 빨리 이해하지 못했던 것 같다. 예를 들면 러셀이 아마도 가장 내성적 경향을 띠던 시기에도 영혼을 지키는 것이 "진심으로 원하는 거대한 목적"에 달려 있다고 한 것, 자기 자신을 지탱하기 위한 것을 자신 밖에서 찾으려고 했다는 점 등이 그들 사이의 근본적으로 대립되는 태도를 전형적으로 보여준다. 비트겐슈타인에게는 오염되지 않은 채 존재할 가능성이 완전히 자아에, 즉 내부에서 발견되는 특성들에 달려 있다고 고집하는 것이 전형적인 일이다. 만일 영혼이 순수하다면(친구를 배신하는 것은 영혼을 더럽히는 일이다) '외적으로' 무슨 일이 일어나든지(심지어 아내가 다른 남자와 도망가더라도) 그의 **자아**에는 아무런 일도 일어날 수 없을 것이다. 이처럼 가장 관심을 기울여야 하는 것은 외적인 문제들이 아니라 자아이다. 따라서 세상을 고요한 상태로 보지 못하게 방해하는 불안Sorge이야말로 다른 사람들의 행동 때문에 생기는 어떠한 불행보다 더 즉각적인 관심사이다.

가장 근본적인 태도들이 충돌할 때는 동의하는지 반대하는지 물을 수 없다. 왜냐하면 말하고 행동하는 모든 것이 그런 태도 **안에서** 해석되기 때문이다. 그러므로 러셀과 비트겐슈타인이 서로 상대방을 이해하지 못하고 좌절시켰다는 것은 놀라운 일이 아니다. 놀라운 것은 러셀이 비트겐슈타인을 자신과는 다른 이상을 가진 존재가 아니라 그저 약간 특이한 사람, '결코 부끄럽지 않은 강한 충동을 가진' 사람이라고 소박하게 가정했다는 것이다. 이해할 수 없는 비트겐슈타인의 견해를 그에 관한 어떤 **사실**에 호소함으로써만 이해할 수 있었을지도 모른다.

비트겐슈타인의 사고방식이 이방인적이며 이해할 수 없다는 것을 발견하곤 러셀은 그것을 **이해**하려는 것이 아니라 단지 **설명**하려고만 했을 수도 있다. 말하자면 러셀은 그 **안으로** 들어갈 수 없었다.

오톨라인에게 보낸 러셀의 편지를 보면 러셀은 '이론적 열정'의 정신 때문에 비트겐슈타인이 제대로 보고 있지 못하다는 느낌을 받은 것 같다. 비트겐슈타인의 사고방식에서 중심을 차지하는 개인적 진실성을 러셀은 계속 관습적 도덕에 대한 거부나 순수하고 더럽혀지지 않은 본성을 보여주는 것, 심지어는 어떤 경우(최소한 한 번)에는 농담으로 간주했다. 한번은 비트겐슈타인이 러셀의 스쿼시에서 수학을 공부하는 것이 사람들의 취향을 향상시킬 것이라는 견해를 옹호한 적이 있었다. 좋은 취향이란 진정한 취향이며 진실된 생각을 함으로써 고양될 수 있다는 생각에서였다. 오톨라인에게 말한 걸 보면 러셀이 논증을 진지하게 받아들이기 힘들었다는 것을 추측할 수 있다. 그는 비트겐슈타인의 견해를 '역설'이라고 하면서 "우리 모두 반대했다"라고 적고 있다. 그러나 비트겐슈타인이 매우 진지하게 말했으며, 그에게 정직과 좋은 취향은 서로 밀접하게 얽혀 있는 개념이었다고 생각할 이유는 충분하다.

비트겐슈타인은 가장 근본적 확신에 관해서는 논쟁을 하지 않았다. 그러한 확신들을 공유할 때에만 그와 대화할 수 있었다.(따라서 러셀과 윤리적 문제에 관해서 대화하는 것은 불가능하게 되었다.) 논리학에 관한 것이든 윤리학에 관한 것이든 근본적 사고방식을 공유하지 않은 사람들은 아마 그의 말을 이해할 수 없었을 것이다. 그의 이런 경향 때문에 러셀은 걱정하기 시작했다. 그는 오톨라인에게 "아무도 그가 말하려는 요점을 이해하지 못할까 봐 정말 두렵다. 그는 관점이 다른 사람들에게 논증을 제시해서 자신의 주장을 그럴듯하게 꾸미려 하지 않는다"고 말했다. 러셀이 생각하는 것을 단순히 주장만 해서는 안 되고 논증을 제시해야 한다고 말했을 때, 비트겐슈타인은 논증이 아름다움을 훼손할 것이라고 답했다. 마치 진흙투성이의 손으로 꽃을 더럽히는 것과 같을 거라고.

> 거기에 반대할 생각이 전혀 없다고 말했습니다. 그리고 논증을 진술할 노예를 구하는 것이 나을 거라고 말해주었습니다.

러셀이 사람들이 비트겐슈타인을 이해하지 못할까 봐 걱정한 데에는 그럴 만한 이유가 있었다. 왜냐하면 자기가 하던 논리학 연구를 비트겐슈타인이 맡아야 한다고 느끼고 있었기 때문이다. 심지어 그는 트리니티 칼리지에서의 5년 강의 계약이 끝나면, 그 자리를 비트겐슈타인이 차지해야 한다고 생각했다. "정말 놀랍게도 학문의 세계는 나에게 비현실적인 것이 되어버렸다"고 그는 적고 있다. "나는 수학을 희미하게만 생각할 뿐이다. 증명을 하기 위해 갑자기 수학으로 되돌아갈 때를 제외하곤 말이다. 철학은 내 마음에 와닿지 않으며 나는 철학을 연구하고픈 **충동**을 느끼지 않는다" 《철학의 제문제》의 마지막 장에서 한 주장에도 불구하고, 그는 철학의 가치에 대한 믿음을 잃어버렸다.

> 나는 진심으로 철학으로 돌아갈 작정이었습니다. 그러나 철학이 정말 아주 가치 있다고 생각할 수 없다는 것을 알게 되었습니다. 이것은 부분적으로 비트겐슈타인 때문인데, 그는 나를 회의주의자에 가깝게 만들었습니다. 그것은 부분적으로 당신을 알게 된 뒤로 계속 진행된 과정의 결과이기도 합니다.

러셀이 언급한 '과정'은 비철학적 연구에 대한 관심이 점점 더 커진 것을 말하는데, 이는 오톨라인이 고무시킨 것이기도 하다. 그가 관심을 가진 비철학적 연구는 첫째, 종교에 관한 책인 《감옥》, 그리고 자서전(그는 자서전을 쓰는 것을 포기하고 파기한 것으로 보인다), 마지막으로 《존 포스티스의 당혹*The Perplexities of John Forstice*》이라 불리는 자전적 단편소설이었다. 그는 자서전을 쓰려고 모았던 자료들과 오톨라인에게 쓴 편지에서 인용한 많은 자료들을 이용해서 고립에서부터 도덕적, 정치적 혼란을 거쳐 명료성과 우아함으로 이르는 자신의 지적 순례를 상상력을 발휘하여 묘사하려고 시도했을 것이다. 러셀은 이런 종류의 글쓰기에는 능숙하지 않았기 때문에, 이 책들은 그 생전에 빛을 보지는 못했다. "내가 더 창조적이기를 **정말로** 바란다"고 그는 오톨라인에게 탄식조로 말했다. "모차르트와 같은 인간은 사람을 벌레처럼 느끼게 만든다." 훗날 그는 《존 포스티스의 당혹》을 사후에 출판하는 것에 심각한 단서를 달고 동의하였다.

> … 제2부는 아주 짧은 기간 동안 생긴 입장을 표현하였다. 2부에 있는 입장은 아주 감상적이고 너무 온화하며 종교에 너무 호의적이었다. 이 모든 점은 오톨라인 모렐 양으로부터 받은 부당한 영향의 결과이다.

좋든 싫든 간에 비트겐슈타인이 논리학 연구에서 획기적인 진전을 이루고 있던 때가 바로 이 "짧은 기간" 동안이었다. 비트겐슈타인이 철학적 천재로 받아들여진 것도 오톨라인의 영향 덕택이었는지 모른다. 만일 러셀이 감상적인 상태에 있지 않았다면 비트겐슈타인을 다른 방식으로 대했을지도 모른다. "비트겐슈타인이 오늘 아주 사랑스런 장미를 가져왔다. 그는 보물과 같다"(1912년 4월 23일). "나는 그를 마치 내 아들인 것처럼 사랑한다"(1912년 8월 22일). 만일 러셀이 수리논리학에 기여할 수 있다는 믿음과 관심을 잃지 않았다면, 아마 자기 연구를 비트겐슈타인에게 넘겨줄 준비를 그렇게까지 하지는 않았을지도 모른다. 실제로 케임브리지에서 보낸 첫해 말 무렵 비트겐슈타인은 러셀의 후계자로 준비되고 있었다. 여름 학기가 끝날 때 케임브리지를 방문한 헤르미네는 러셀을 만났는데 그때 이런 말을 듣고 기뻐했다고 한다. "동생이 철학에 큰 발자취를 남길 거라고 기대하고 있습니다."

여름방학이 시작될 무렵, 비트겐슈타인은 무어가 예전에 쓰던 대학 연구실을 사용하라는 제안을 받았다. 그때까지 로즈 크레센트Rose Crescent

에서 하숙하고 있었기 때문에 무어의 제안을 고맙게 받아들였다. 그 연구실은 휴얼 코트Whewell's Court에 있는 K 계단의 꼭대기에 있었는데 트리니티 칼리지의 멋진 경관이 보이는, 그에게 딱 맞는 곳이었다. 그는 탑 꼭대기에 있는 것을 좋아했으며, 케임브리지에서 보낸 나머지 기간 동안 그 연구실을 고수했다. 심지어 그가 훗날 펠로Fellow로, 그리고 교수Professor로 더 넓고 웅장한 연구실을 가질 권리가 생겼을 때도 그 연구실을 사용했다.

비트겐슈타인은 방에 놓을 가구를 아주 신중하게 선택했는데, 핀센트가 이 일을 도왔다.

> 그가 다음 학기에 학교 안으로 이사할 예정이어서 함께 나가 여러 가게에서 가구들을 보는 것을 도왔다. 꽤 재미있었다. 그는 아주 까다로웠다. 우리는 점원을 이리 뛰고 저리 뛰게 만들었다. 왜냐하면 Vittgenstein이 점원이 보여주는 것 중 90퍼센트를 "아니야. 끔찍해!"라고 소리쳤기 때문에!

비트겐슈타인은 이 일로 심사숙고할 때 러셀도 끌어들였는데, 그는 꽤 불쾌하게 생각했다. 러셀은 "그는 **아주** 까다로워서 어제는 아무것도 사지 않았다. 그는 가구를 어떻게 만들어야 하는지에 관해 강의를 했다. 가구에 있는 모든 장식을 싫어했는데 적당하게 단순한 가구를 하나도 찾을 수 없었다"고 오톨라인에게 말했다. 결국 비트겐슈타인은 자신을 위해 특별히 가구를 만들어달라고 주문하였다. 가구가 도착했을 때, 핀센트는 "약간 기묘하지만 나쁘지는 않다"고 평가했다.

핀센트도 러셀도 비트겐슈타인이 왜 이런 일에 그렇게 까다로운지 이해할 상황이 아니었다. 장식과 솜씨에 대한 관심을 이해하려면 물건을 만들어본 경험이 어느 정도 있어야 할 것이다. 그리고 우리는 몇 년 뒤에 맨체스터 시절 비트겐슈타인의 친구였던 공학도 에클스가 비트겐슈타인의 평가를 받기 위해 자신이 만든 가구의 디자인을 보냈고 비트겐슈타인은 그것을 세밀하게 살핀 후 기꺼이 인정하는 평가를 보냈음을 알고 있다.

불필요한 장식에 반대하는 비트겐슈타인의 감정의 강도를 이해하고 싶은 사람은, 그리고 그에게 그것이 의미하는 **윤리적** 중요성을 이해하고 싶은 사람은 빈 사람이 되어보아야 할 것이다. 하이든에서 슈베르트에 이르기까지 세계 어느 지역보다 우월했던 빈의 고귀했던 문화가 19세기 후반부터 파울 엥겔만Paul Engelmann이 말했듯이 "정반대로 바뀌어 장식과 가면으로 오용된 가짜 저질 문화"로 쇠퇴했다는 것을 크라우스와 로스처럼 느껴봐야 할 것이다.

7월 15일 비트겐슈타인은 핀센트와(부모들이 아이슬란드에서 휴가를 보낸다는 제안을 기꺼이 받아들였다) 9월 첫째 주에 런던에서 만나기로 약속하고 빈으로 돌아갔다. 고향인 빈에서의 생활은 평탄하지 않았다. 아버지는 암에 걸려 이미 여러 차례 수술을 받은 상태였고, 임신 중이었던 누이 그레틀은 난산이었다. 비트겐슈타인 자신도 군에 들어가기 전에 받는 신체검사에서 탈장이 발견되어 수술을 받았다. 어머니에게는 이 사실을 비밀로 하였는데, 어머니가 병약한 아버지를 돌보느라 힘들어하고 있었기 때문이었다.

빈에서 비트겐슈타인은 러셀에게 다음과 같은 편지를 썼다. "다시 꽤 좋아져서 철학 연구를 하고 있는데, 이것이야말로 내가 할 만한 가치가 있는 일이다." 그의 사고는 논리적 연결사들(러셀의 기호들 '∨', '~', '⊃')의 의미에 관해 생각하는 것에서부터 "우리의 문제들은 원자명제들로 좁혀질 수 있다"라고 단언하는 데까지 진전했다. 그러나 러셀에게 보낸 편지들에서 그는 이 진전의 결과로 어떤 논리적 기호주의론이 나올지에 관해서는 암시만 하고 있을 뿐이다.

비트겐슈타인은 "모차르트와 베토벤의 생애에 관해 읽었다니 기쁩니다"라고 러셀에게 말했다. "그들은 진짜 신의 아들입니다." 또한 톨스토이Leo Tolstoy의 《하지 무라트*Hadji Murat*》를 읽고 느낀 즐거움에 대해 말했다. "그 책을 읽어봤습니까? 안 읽었다면 꼭 읽어야 합니다. 그 책은 정말 대단합니다."

9월 4일 런던에 도착한 비트겐슈타인은 베리 가Burry Street에 있는 러셀의 새 주택에서 머물렀다. 러셀은 그에게서 블룸즈버리Bloomsbury 그룹과는 다른 신선함을 발견했다. 그것은 "스티븐스Stephens와 스트래치를 비롯한 자칭 천재들과는 매우 대조적인" 성질이었다.

> 우리는 이내 논리학에 빠져들었고 격렬하게 논쟁했습니다. 그는 진짜 중요한 문제들을 볼 줄 아는 매우 뛰어난 능력이 있습니다.
>
> … 나 혼자서 감당해야 했던 그 모든 어렵고 힘든 사고의 과정을 그에게 맡길 수 있다고 생각하니 즐거우면서 나른한 감정이 듭니다. 이 때문에 나는 전문적 연구를 쉽게 그만둘 수 있습니다. 다만 그의 건강이 걱정입니다. 그는 매우 불안정한 생을 이어가고 있다는 느낌을 사람들에게 줍니다. 그리고 그는 귀머거리가 되어가는 것 같습니다.

비트겐슈타인의 청력에 대해 말한 것은 아이러니하다. 어쨌든 그가 들을 수 없다는 것은 사실이 아니었다. 듣지 않으려 했다는 것이 맞는 말이다. 특히 철학의 **모든** 문제를 해결한 뒤에야 글을 쓰겠다는 생각을 하지 말라는 '현자적 충고'를 할 때 그랬다. 러셀은 그런 날은 결코 오지 않을 거라고 말했다.

> 이 말에 그는 날카로운 반응을 보였습니다. 그는 완전한 것을 만들든지 아무것도 만들지 않든지 둘 중 하나라는 예술가적 감정을 갖고 있습니다. 나는 그가 불완전한 글을 쓰는 것을 배우지 못한다면, 학위를 취득하지 못하거나 가르칠 수 없다는 점을 설명하였습니다. 이 모든 것이 그를 더 성나게 만들었습니다. 마침내 그는 자신이 나를 실망시키더라도 포기하지 말라고 간청했습니다.

다음 날 런던에 도착한 핀센트를 위해 비트겐슈타인은 마중을 나왔는데, 비트겐슈타인은 트라팔가 광장Trafalgar Square에 있는 그랜드 호텔Grand Hotel까지 택시를 타고 가자고 고집했다. 핀센트는 덜 호화로운 호텔을 원했지만 비트겐슈타인은 막무가내였다. 핀센트가 일기에 적었듯이 이 여행에서 경비를 아끼는 일은 분명히 없을 것이었다. 호텔에 도착하자마자 핀센트는 여비에 대해 들었다.

> 비트겐슈타인, 아니 그의 아버지는 우리 둘의 경비를 모두 지불하겠다고 고집한다. 돈을 꽤 잘 쓸 거라고 생각은 했지만 그는 나의 모든 예상을 뛰어넘었다. 비트겐슈타인은 내게 현금으로 145파운드를 건네주었고, 자기도 같은 금액의 현금을 가졌다. 그는 또 200파운드가량의 신용보증서를 갖고 있었다!

런던에서 케임브리지까지는 기차로 갔다.("일등 열차를 이용했다는 것은 말할 필요조차 없다") 거기에서 비트겐슈타인은 새로운 숙소와 관계된 일을 처리했다. 그리고 그들은 에딘버러Edinburgh로 가서 배로 여행을 시작하기 전 하룻밤을 머물렀다. 에딘버러에서 비트겐슈타인은 핀센트와 쇼핑하러 나갔는데 옷을 충분히 챙겨오지 않아서였다.

> … 그는 옷을 많이 갖고 다니는 것을 아주 성가셔한다. 그는 짐가방이 세 개였는데 내 가방이 하나인 걸 보고 매우 당황했다. 케임브리지에 있을 때 그는 나에게 두 번째 카펫을 사게 한 적이 있는데 에딘버러Edinborough[*sic*]에서는 잡동사니를 사게 했다. 내가 쓰긴 하지만 내 돈이 아니었기 때문에 완강하게 버텼다. 하지만 나도 그에게 스킨오일을 사라고 권해 그를 귀찮게 했다. 그는 스킨오일이 없었다.

9월 7일 스털링Sterling 호를 타고 리스Leith를 떠났다. 더 화려한 것을 기대했던 비트겐슈타인은 그 배가 운하를 왕복하는 평범한 증기선처럼 보여서 실망하였다. 배 위에서 발견한 피아노로 핀센트는 자기가 가져온 슈베르트의 노래집을 연주했는데, 승객들이 진심으로 좋아하자 비트겐슈타인의 마음이 가라앉았다. 꽤 거친 바다를 가로질러 가는 5일 동안의 배 여행이었다. 핀센트와 비트겐슈타인 둘 다 뱃멀미를 했다. 그러나 핀센트는 실제로 아픈 것도 아닌데 대부분의 시간을 선실에서 누워 보낸 비트겐슈타인이 이상했다고 적고 있다.

9월 12일 레이캬비크Reykjavik에 도착했다. 호텔을 잡고 바로 그들은 섬 여행 가이드를 고용했다. 호텔에서 그들은 첫 번째 논쟁(공립 학교에 대해서)을 했다. 핀센트가 적은 바에 따르면, 그 논쟁은 서로 오해하고 있다는 것이 밝혀지기까지 꽤 달아올랐다. "그는 잔인성과 고통에 대한 모든 무정한 태도를 '속물적Philistine' 태도라고 했는데 그런 태도를 굉장히 두려워했다. 그는 키플링Kipling을 그런 이유로 비난했는데, 나도 그에 공감하고 있다고 생각했던 것이다."

일주일 후 '속물적' 태도에 관한 주제가 다시 떠올랐다.

> 비트겐슈타인은 '속물적(그가 싫어하는 모든 사람들에게 붙이는 이름)'에 관해 여러 번에 걸쳐 많이 말하고 있었다.(위 참조. 9월 12일 목요일.) 내가 개진했던 의견들 중 일부가 그에게 약간 속물적으로 보였던 것 같다. 예를 들면 (철학적인 것이 아니라) 실용적인 면에서 과거보다 현대가 나은 점에 대한 견해 같은 것. 그는 나를 전혀 속물적인 인간으로 생각하지 않았기 때문에 다소 혼란스러웠던 것 같다. 그가 나를 싫어한다고 생각하지 않는다! 그는 내가 좀 더 나이가 들면 달라질 거라고 생각한다고 말하면서 스스로를 위로한다!

이 논쟁에서 빈의 불안한 염세주의와 영국적인 둔감한 낙관주의(최소한 1차 대전으로 '과거보다 현대가 나은 점'에 대한 영국인들의 믿음이 약해지기 전에) 사이의 대비를 보기 쉽다. 비트겐슈타인과 이상적인 친구가 될 수 있었던 바로 그 성격 때문에 핀센트는 비트겐슈타인의 문화적 염세주의를 공유할 수 없었던 것이다.

핀센트는 쾌활하고 침착한 성격이었지만 비트겐슈타인의 신경과민적 성질(핀센트가 '안달복달'이라고 부르는) 때문에 때때로 긴장하기도 했다. 레이캬비크에서 보낸 두 번째 날 그들은 돌아가는 길을 확실하게 해두려고 증기선 회사 사무실로 갔다. 거기에서 약간 납득하기 어려운 일을 겪는데, 결국 이 문제는 최소한 핀센트에게는 만족스럽게 해결되었다.

> 그렇지만 비트겐슈타인은 안달이 나서 집에 돌아가지 못할까 봐 걱정했고, 나에게 화를 내었다. 결국 그는 혼자 나가서 은행에서 어떤 사람을 데려와 통역을 시키면서 증기선 사무실에서 모든 일을 다시 하였다.

비록 자주는 아니었지만 핀센트가 가끔 침착성을 잃을 때 비트겐슈타인은 대단히 괴로워했다. 9월 21일자 일기에는 다음과 같이 적혀 있다.

> 오늘 저녁 내내 비트겐슈타인은 약간 부어 있었다. 내가 사소한 일로 약간 화를 내면, 무슨 일이었는지는 잊어버렸지만 오늘 밤처럼, 그는 매우 민감해진다. 그는 저녁 내내 우울해 있었고 말이 없었다. 그는 항상 나보고 화를 내지 말라고 간청한다. 나는 최선을 다하고 있고, 정말로 나는 이 여행에서 화를 자주 냈다고는 생각하지 않는다!

그들은 조랑말을 타고 섬 안을 여행하며 열흘을 보냈다. 이번에도 경비를 아끼지 않았다. 행렬은 비트겐슈타인, 핀센트, 안내원으로 이루어졌다. 셋 모두 조랑말을 탔고, 앞에는 짐을 실은 두 마리의 조랑말과 세 마리의 예비 조랑말이 있었다. 낮에는 시골 지역을 다녔고, 저녁에는 비트겐슈타인이 핀센트에게 수리논리학을 가르쳤는데, 핀센트는 이것이 "굉장히 재미있었다"고 했다. "비트겐슈타인은 아주 좋은 선생님이다."

가끔 시골 지역을 걸어서 답사했는데, 한번은 둘 모두에게 낯선 암벽 등반을 시도하기도 했다. 이것은 비트겐슈타인을 '아주 긴장하게' 만들었다.

> 그의 안달복달이 여기서 또 나왔다. 그는 항상 나에게 목숨을 걸지 말라고 간청한다! 그러는 그가 우습다. 그러지만 않으면 그는 꽤 좋은 여행 친구이다.

걸어다니면서 그들은 주로 논리학에 관해 말했고, 비트겐슈타인은 그 주제에 관해서 계속 핀센트를 가르쳤다. "나는 그로부터 많은 것을 배우고 있다. 그는 정말로 뛰어나게 영리하다."

> 아직까지 나는 그의 논리에서 아주 작은 실수도 발견하지 못했다. 그는 여러 주제에 관한 내 사고방식을 전적으로 재구성하게 만들었다.

아이슬란드의 시골 지방을 탐험한 후, 레이캬비크의 호텔로 돌아왔을 때 핀센트는 지금 막 도착한 '매우 화려하게 차려입은 졸부'와 가벼운 대화를 할 기회가 있었다. 이 일로 인해 그들은 '그런 사람들'에 관해 긴 대화를 나누게 되었다. "그는 당연히 그들과 말하지 않겠지만 정말로 나는 그들이 꽤 재미있는 사람들이라고 생각한다." 다음 날 "비트겐슈타인은 괜시리 공연한 소란을 부렸다." 그는 핀센트의 '화려한 졸부'를 몹시 혐오해서 같이 식사한다는 생각조차 할 수 없었다. 이런 일을 확실히 예방하려고 비트겐슈타인은 언제나 정식이 나올 때보다 한 시간 일찍 식사를 갖다달라고 주문했다. 점심때 그들은 (주문하는 것을) 잊었는데, 그러자 비트겐슈타인은 모험을 피해 핀센트를 데리고 밖으로 나가 레이캬비크에 먹을 만한 곳이 있는지 찾아보았다. 하지만 마땅한 곳을 찾지 못해 비트겐슈타인은 방에서 비스킷 몇 조각을 먹었고 핀센트는 정식을 먹으러 나갔다. 저녁때 핀센트는 비트겐슈타인이 "여전히 점심때 일로 꽤 골이 나 있다는" 걸 알았다. 그러나 둘은 저녁을 예정대로 한 시간 일찍 먹으면서 샴페인을 들었는데 "이 때문에 그는 조금 유쾌해졌고 드디어 정상으로 돌아왔다."

핀센트는 시종 관대하고 유쾌했다. 돌아오는 배 위에서 비트겐슈타인은 그를 엔진실로 데리고 가서 엔진이 어떻게 작동하는지를 설명했다. 그는 또한 논리학에서 비트겐슈타인이 하는 연구도 설명하였다. "정말 그가 훌륭한 것을 발견했다고 믿는다"고 핀센트는 말했는데, 불행히도 그것이 무엇인지를 언급하지 않았다.

핀센트는 비트겐슈타인을 부모님들께 소개해주고 싶었기 때문에 돌아오는 여행길에서 그를 설득해서 버밍엄Birmingham에 있는 그의 가족과 하룻밤을 보냈다. 비트겐슈타인을 유혹한 것은 시민회관에서 열리는 연주회였는데 연주회의 프로그램은 브람스의 〈레퀴엠*Requiem*〉, 슈트라우스Strauss의 〈살로메*Salome*〉, 베토벤의 7번 교향곡과 바흐의 종교합창곡 〈두려워 말라*Be not afraid*〉였다. 비트겐슈타인은 브람스의 작품은 즐겼지만, 슈트라우스의 작품이 연주될 때는 홀 안으로 들어가기를 거부했고, 베토벤의 작품이 끝나자마자 홀을 떠났다. 저녁 식사 때 핀센트는 비트겐슈타인이 휴가 기간 동안 자신에게 가르쳐주었던 논리학의 일부를 아버지에게 설명해달라고 했는데 그걸 듣고 핀센트의 아버지는 강한 인상을 받았다. "아버지가 재미있어했다고 생각한다"고, 덜 머뭇거리면서 "확실히 아버지는 나중에 비트겐슈타인이 매우 영리하면서 날카롭다는 것을 인정하였다"라고 적고 있다.

핀센트에게 이번 여행은 '가장 빛나는 휴가'였다.

> 경비를 신경 쓰지 않은 데다가 신기한 시골 풍경, 흥분 등 모든 것이 더해져서 아주 멋진 경험을 했다. 이 여행은 내게 신비롭고 낭만적인 인상을 남겼다. 가장 위대한 낭만은 신기한 감각들, 신기한 환경들(신기한 것은 무엇이든지)로 이루어졌기 때문이다.

그러나 비트겐슈타인에게는 그렇지 않았다. 그의 기억에 남아 있었던 것은 그들 사이의 차이점과 논쟁들(아마도 핀센트의 일기에 언급된 사건들, 핀센트가 가끔 냈던 화, 그의 '속물주의'에 관한 암시적인 말, '졸부'와의 사건 등)이었다. 그는 나중에 핀센트에게 "서로에게 아무것도 아닌 두 사람이 가능한 한 할 수 있는 만큼" 여행을 즐겼다고 말했다.

4
러셀의 선생

> 만일 재능 있는 사람들을 조사한다면, 그들에게 사랑은 자주 자신에 대한 굴욕, 치욕, 속박에서 시작함을 알게 될 것이다. 도덕적 변화가 이루어지고 사랑의 대상으로부터 정화의 과정이 시작하는 것처럼 보인다.
>
> ─바이닝거, 《성과 성격》

핀센트와의 휴가를 마치고 케임브리지로 돌아온 비트겐슈타인은 흥분하기 쉬운 상태로 성미가 급해져 있었다. 며칠이 지나 그는 러셀과 첫 번째 큰 논쟁을 벌였다. 비트겐슈타인이 학교에 없는 동안, 러셀은 《히버트 저널*Hibbert Journal*》에 〈종교의 본질The Essence of Religion〉이란 논문을 실었다. 이 글은 그가 (집필을) 중단했던 책인 《감옥》에서 발췌한 것이었는데, 오톨라인에게 영감을 받아서 '우리 인생의 무한한 부분'이란 개념에 중점을 둔 '명상의 종교'─"세계를 하나의 관점으로부터 보지 않고, 구름 낀 바다 위에 발산된 빛처럼 공평하게 세계를 비추는 종교"─를 제안했다.

> 유한한 인생과는 달리 그것은 공평하다. 그것의 공평성은 사고에서는 진리로, 행동에서는 정의로, 감정에서는 보편적 사랑으로 인도한다.

여러 점에서 이 논문은 비트겐슈타인 자신이 《논고》에서 개진한 신비적 원리들을 예상하게 하는데, 특히 스피노자류의 "유한한 자아로부터의 자유(《논고》에서 영원의 상 아래에서 세계를 명상하는 것으로 표현된 것)"를 옹호한다는 점에서, 그리고 러셀이 "우리의 이상들이 이 세상에서 실현되리라는 고집스런 요구"를 반박한다는 점(《논고》의 6.41과 비교할 것)에서 그러하다. 그럼에도 불구하고 《논고》와는 달리 러셀의 논문은 신비주의를 분명히 드러내고, '유한'과 '무한' 같은 단어들을 엄격히 말해서 무의미한 방식으로 사용하는 데 있어 아무런 거리낌이 없었다. 아무튼 비트겐슈타인은 이 논문을 싫어했고 이런 감정을 밝히기 위해 케임브리지에 돌아온 며칠 후 러셀의 연구실로 뛰어들어갔다. 러셀은 마침 그때 오톨라인에게 편지를 쓰고 있었고 비트겐슈타인은 그를 방해하게 되었다.

> 지금 막 비트겐슈타인이 도착했습니다. 그가 나의 히버트 논문을 **싫어하는 것**이 분명한데, 그 때문에 그는 놀라울 정도로 괴로워했습니다. 그래서 지금 그만써야 합니다.

며칠 후 러셀은 비트겐슈타인이 화를 낸 이유를 알게 되었다. "그는 내가 정확성의 복음을 배신했다고 느꼈습니다. 또는 그러한 것들은 출판하기에는 너무 사사로운 것이라고 느꼈습니다." "그에게 반쯤 동의하기 때문에 아주 마음이 상했습니다"라고 러셀은 덧붙였다. 그는 그 비난에 대해 며칠 더 곰곰이 생각했다.

> 비트겐슈타인의 비판은 나를 깊은 혼란에 빠뜨렸습니다. 그는 아주 기분이 상했고, 너무 약해졌으며, 나를 좋게 보고 싶은 바람에 큰 상처를 입었습니다.

러셀은 더 마음이 상했는데, 그 이유는 비트겐슈타인을 그의 자연스러운 후계자로 보려는 경향이 점점 커졌기 때문이다. 논리학 연구에 대한 그의 열의는 점점 식고 있었다. 〈논리학은 무엇인가?What is Logic?〉라는 제목의 논문의 첫 번째 초고를 완성한 후, 그는 더 이상 쓸 수 없음을 깨닫고는 "그 작업을 비트겐슈타인에게 맡기려고" 하였다.

10월 초 몇 주 동안 무어 역시 비트겐슈타인의 강도 높고 솔직한 비판을 경험했다. 비트겐슈타인은 학기 첫날 무어의 심리학 강의에 참석했다. "그는 강의를 아주 싫어했는데, 그 이유는 내가 심리학은 주제가 아니라 관점에서 자연과학과 구분된다는 제임스 워드James Ward의 견해를 너무 오래 논의했기 때문이었다."

> 그는 강의가 대단히 나쁘다고 했다. 다른 사람들이 생각하는 것을 논의하지 말고 **내가** 생각하는 것을 말해야 한다고 했다. 그리고 그는 강의에 더 이상 오지 않았다.

무어는 다음과 같이 덧붙였다. "올해도 그와 나 모두 수학의 기초에 대한 러셀의 강의를 듣고 있었다. 그러나 W는 러셀과 논리학을 토의하기 위해 저녁에 러셀의 방에서 여러 시간을 보내곤 하였다." 사실, 분명히 바이닝거가 말했던 자기 굴욕감과 도덕적 변화의 과정을 겪고 있던 비트겐슈타인은 그 시간을 논리학만큼 자신에 관해 토의하면서 보내곤 했다. 러셀에 따르면, 그는 "여러 시간을 흥분 상태에서 아무 말을 안 한 채 한 마리의 짐승처럼 방을 이리저리 왔다갔다하곤" 했다. 러셀이 한번은 이렇게 물었다. "자네는 논리학에 대해 생각하고 있는가 아니면 죄에 대해 생각하고 있는가?" 비트겐슈타인은 "둘 모두"라고 답한 후 계속 방안을 왔다갔다했다.

러셀은 비트겐슈타인이 "자살로부터 멀리 떨어지지 않았고, 자신을 죄로 가득 찬 불쌍한 피조물이라고 느끼는" 신경쇠약증에 걸리기 직전이라고 생각했다. 그리고 이런 정신적 피곤의 원인을 "그가 너무나 해결하기 어려워서 용기를 잃게 만드는 문제들에 지속적으로 정신을 쏟는다는 사실"에 돌리는 경향이 있었다. 러셀의 이런 생각은 갑자기 어지러워하고 기력이 빠진 비트겐슈타인이 걱정되어 불렀던 의사가 비트겐슈타인이 보인 증상의 원인을 '신경과민'이라고 진단함으로써 강화되었다. 따라서 **도덕적 문제로** 여겨달라는 비트겐슈타인의 진정한 바람에도 불구하고, 러셀은 그에게 식사를 더 잘하고 야외에서 말을 타라고 충고하는 등 그의 문제를 육체적으로만 다루려고 하였다. 오톨라인도 코코아를 조금 보내 성의를 나타냈다. "그는 틀림없이 듣지 않겠지만, 처방전을 기억해서 비트겐슈타인에게 그것을 사용하도록 권해보겠다"고 러셀은 그녀에게 약속했다.

그러나 비트겐슈타인은 말을 타보라는 러셀의 권고를 받아들였다. 나머지 학기 동안 일주일에 한두 번 그와 핀센트는 말을 빌려 탔다. 둘은 핀센트가 선택한 '쉬운' 승마(즉 점프하지 않는 승마)에 적합한 길을 따라 달렸는데, 이 길은 배가 가는 길을 따라 클레이-하이드Clay-hithe로 이르는 길이거나 트럼핑턴Trumpington 길을 따라 그랜트체스터Grantchester로 가는 길이었다. 이것이 비트겐슈타인의 기질에 조금이라도 영향을 미쳤는지는 몰라도, 그가 자신과 다른 사람들의 도덕적 태만에 대해 갑자기 화를 내는 것을 막지는 못하였다.

11월 9일 러셀과 비트겐슈타인은 산책을 하기로 약속했다. 그렇지만 같은 날 러셀은 화이트헤드의 아들 노스North가 조정 경기하는 모습을 보아야 한다고 생각했다. 그래서 그는 비트겐슈타인을 강으로 데려갔는데, 거기서 둘은 노스가 경기에서 지는 것을 보았다. 이 때문에, 러셀이 표현했듯이 그는 '열정적인 오후'를 보내게 되었다. 그 자신은 경기가 주는 '흥분과 인습적인 중요성' 때문에 괴로워했는데 '진 것에 대해 굉장히 상심한' 노스 때문에 더 심했다. 그러나 비트겐슈타인은 거기서 보낸 일 전체를 **역겨운 것**으로 평가했다.

> 그는 우리가 소 싸움을 보는 편이 나을 뻔했다거나(나 자신도 그렇게 느꼈다), **모든** 것이 악마적이었다는 식으로 말했다. 노스가 경기에

> 져서 시무룩해 있던 나는 경쟁의 필요성을 냉정하게 설명했다. 드디어 우리는 다른 주제들로 넘어갔고 나는 모든 것이 순조롭다고 생각하고 있었다. 그러나 그는 갑자기 우뚝 서더니, 우리가 오후를 너무 하찮게 보냈으며 그렇게 살아서는 안 된다고 말했다. 적어도 자기는 그렇게 살지 말아야 하며, 위대한 작품을 만들거나 다른 사람들이 만든 위대한 작품을 감상하는 것 말고는 아무것도 용인할 수 없다는 것, 또한 자기는 아무것도 성취하지 못했고 앞으로도 그러리라는 것 등을 말하였다. 이 모든 것을 거의 사람을 때려눕힐 듯이 강력히 설파했다. 그는 나를 매애 하고 우는 새끼양처럼 만들었다.

며칠 후 러셀은 더 이상 참을 수 없었다. "어제 비트겐슈타인에게 '너는 너무 네 자신에 대해서만 생각한다. 만일 다시 그런다면, 나는 네가 절망적이라고 생각되는 경우가 아니라면 들어주지 않을 것이다'라고 말했습니다. 그가 지금 자신에게 도움이 될 만큼 자기에 관해 충분히 다 말했음을 주지시켰습니다."

그러나 11월 말쯤 러셀은 비트겐슈타인과 다시 그에 관해 다시 한 번 토의하게 된다.

> 나는 그의 단점에 관해서 말했습니다. 그는 자신이 인기가 없다고 걱정하면서 왜 그런지 물었습니다. 그렇게 시작된 대화는 1시 30분까지 길게 이어졌는데, 힘들었지만 (그에게는) 열정적인 대화였습니다. 그래서 지금 나는 잠이 부족합니다. 그를 다루는 것은 아주 힘든 일이지만 그럴 만한 가치가 있습니다. 그는 약간은 너무 단순합니다. 그렇다고 그를 덜 단순하게 만들기 위해 내가 말을 너무 많이 하는 것은 안 좋을 것입니다. 왜냐하면 그의 좋은 품성이 훼손될지도 모르기 때문입니다.

러셀이 비트겐슈타인에게 대해 '약간은 너무 단순하다'고(아마 이것이 이른바 그가 인기 없는 이유일지 모르는데) 말할 때 그가 무엇을 뜻했는지를 부분적으로 핀센트의 일기에서 추측할 수 있다. 비트겐슈타인이 강가에서 '열정적인 오후'를 보낸 다음 날 저녁, 그와 핀센트는 케임브리지 대학 음악 클럽에서 열린 연주를 들은 후, 비트겐슈타인의 숙소로 갔다. 이때 러셀이 앞에서 말한 바 있는 학부의 수사 학생인 파머Farmer가 나타났다. 그는 "비트겐슈타인이 싫어하고, 부정직한 마음의 소유자로 믿는 사람"이었다고 핀센트는 말한다.

> … 〔비트겐슈타인은〕 몹시 흥분해서 그에게 몇 권의 정밀과학에 관한 좋은 책을 읽게 하여 정직한 사고가 무엇인지 알 수 있도록 유인하려고 애썼다. 그런 책을 읽는 것은 분명히 누구에게나 마찬가지겠지만 파머를 위해 좋을 것이다. 그러나 비트겐슈타인은 매우 위압적이었다. 그는 파머에게 자신이 그에 대해 어떻게 생각하는지를 정확하게 알려주려 하였다. 요컨대 그는 마치 지도교수인 것처럼 말했다! 파머는 이런 말을 잘 받아들였다. 그는 분명히 비트겐슈타인을 미치광이로 확신하였음이 틀림없다.

자신이 '인기가 없다'는 비트겐슈타인의 확신에는 단서가 필요하다. 이 학기 내내 신경쇠약증으로 한참 고생할 때, 그는 앞으로의 생애에서 오랫 동안 그를 격려해줄 소중한 친구가 될 케인스로부터 존경과 애정을 얻었다. 러셀은 10월 31일 처음 둘의 만남을 주선했다. "그러나 그것은 실패였다"고 그는 말했다. "비트겐슈타인은 너무 아파서 적절히 논쟁할 수 없었다." 그러나 11월 12일 케인스는 그랜트Duncan Grant에게 다음과 같이 썼다. "비트겐슈타인은 대단히 놀랄 만한 인물이다. 내가 지난번 당신을 보았을 때 그에 관해 했던 말은 전혀 맞지 않다. 그는 비상하게 멋진 인물이다. 그와 함께 있는 것이 아주 좋다."

케인스의 지지는 스트래치가 비트겐슈타인이 사도 클럽의 회원으로서 자격이 있는지에 관해 여전히 갖고 있었을지도 모르는 일말의 의심을 없애기에 충분할 만큼 강력했다. 그가 비트겐슈타인이 천재라고 말한 후, 그 문제는 해결되었다. 남은 문제는 비트겐슈타인이 회원이 되기를 원할 것인가였다. 즉 그가 토론을 위해 다른 회원들과 정기적으로 만나는 것이 그에게 가치 있는 일이라고 생각할지 여부였다. 사도 클럽의 입장에서 보면 이것은 아주 비상한 일이었다. 케인스는 놀라서 스트래치에게 편지를 썼다. "우리의 새로운 형제가 클럽에 반대하는 유일한 이유가 우리 클럽이 사도적이지 않기 때문이라는데, 당신은 이 이야기를 들은 적이 있습니까?"

러셀은 약간 걱정은 되었지만, 그의 목적을 이루기 위해 최선을 다했다. 그는 케인스에게 다음과 같은 편지를 보냈다.

> 분명히 〔비트겐슈타인의〕 견지에서 보면 그 클럽은 단순한 시간 낭비입니다. 그러나 박애주의적 관점에서는 클럽에 참여하는 것이 가치 있는 일이라고 느끼게 될지 모릅니다.

이처럼 '박애주의적으로' 러셀은 클럽을 긍정적으로 보여주기 위해 그가 할 수 있는 일을 했다. 그는 비트겐슈타인에게 현재 상태의 클럽에서는 아무것도 얻을 수 없지만, 과거에는 좋았으며 만일 그가 클럽에 열중할 준비가 되어 있다면 다시 좋아질 수도 있다고 설명했다. 앞에서 말했듯이 러셀이 그 클럽을 반대한 이유는 은밀한 동성애적 편향 때문이었다. 그렇지만 비트겐슈타인에게 문제가 된 것은 비록 그가 학회의 '천사들(졸업생들, 특히 무어, 러셀, 케인스)'을 좋아했지만, 동료 '형제들(학부 회원들)'을 몹시 싫어했기 때문에 그들과 정기적으로 토론할 수 있을지가 확실치 않았던 데 있었다. 비트겐슈타인은 그들의 미숙함을 싫어했으며, 케인스에게 사도 모임에서 그들을 보는 것은 아직 세수하지 않은 사람들을 보는 것과 같다고 말했다. 세수는 필요한 일이긴 하지만 세수하는 사람을 관찰하는 것은 점잖지 못한 일이었다.

문제의 '형제들'은 블리스Frank Bliss(럭비Rugby 출신으로 고전학을 공부하는 킹스 칼리지 학생)와 베카시Ferenc Békássy(킹스 칼리지에 오기 전에 비데일스Bedales에 있었던 헝가리의 귀족 출신)였다. 둘 모두 러셀이 반대했던 은밀한 동성애에 연루되어 있었다. 특히 베카시는 사도 클럽에 처음 나왔을 때 케인스와 쇼브Gerald Shove를 유혹해서 이들로 하여금 의식용 벽난로에 까는 양탄자 위에서 그를 '원하게끔' 만들었다고 제임스 스트래치가 보고한 적이 있다. 비트겐슈타인이 그들에 반대한 이유는 아마 이 사건 때문은 아닐 것이다. 왜냐하면 그럴 경우 그가 케인스에게는 왜 아무런 이의를 제기하지 않았는지 설명하기가 아주 힘들어지기 때문이다. 그가 베카시를 싫어한 것은 아마도 어느 정도는 오스트리아와 헝가리 사이의 라이벌 의식 때문이었는지도 모른다. 하지만 그가 주로 반대한 사람은 블리스였다. "그는 블리스를 견딜 수 없어 한다"고 러셀은 오톨라인에게 말했다.

따라서 비트겐슈타인은 잘 지낼지에 대해 전혀 확신하지 못한 채 회원으로 가입하기로 결정하고, 11월 16일 열린 토요일 모임에 처음 참석하였다. 이 모임에서 무어는 종교적 회심에 대한 논문을 발표했는데, 비트겐슈타인은 그가 아는 한 종교적 경험은 불안(그가 러셀에게 말하던 'Sorge')을 없애는 것이며, 무슨 일이 일어나도 근심하지 않을 수 있는 용기를 준다는(왜냐하면 신앙이 있는 사람에게는 아무것도 일어날 **수 없기** 때문에) 견해를 피력했다. 이 모임 후 스트래치는 모임의 미래에 관해 낙관하게 되었다. 그는 신입 회원들에게서 고약한 충돌의 가능성을 보았는데 이를 "특히 기분을 고조시키는 것"으로 느꼈다.

> 우리의 형제인 블리스와 비트겐슈타인은 너무 심술궂고, 베카시는 너무 상냥해서 모임은 이제 가장 거친 바다를 향해 앞으로 돌진해야 한다. 일요일 밤 블리스를 잠깐 보았는데, 그는 전에 루퍼트Rupert [Brooke]가 그랬던 것 못지않게 심술궂은 것처럼 보였다.

같은 날 그는 터너Sydney Saxon Turner에게 러셀이 비트겐슈타인의 입회에 반대한 것에 관해 길게 편지를 썼다.

> 그 가여운 사람은 슬픔에 빠져 있다. 눈같이 흰 긴 머리에 더없이 초췌한 얼굴로 아흔여섯 살은 먹은 것처럼 늙어 보인다. 그에게 비트겐슈타인의 선출은 큰 타격이었다. 그는 몹시도 비트겐슈타인을 독점하기를 원했다. 케인스가 끈질기게 비트겐슈타인을 만나서 즉시 그가 천재임을 발견하고는 그를 반드시 선출해야겠다고 생각하기 전까지, 러셀은 실제로 훌륭하게 그를 독점하는 데 성공했다. 다른 사람들도 (베카시가 약간 소란을 피운 후) 빠르게 호의적이 되었다. 그 결정은 갑자기 버티Bertie(버트런드 러셀의 애칭 — 옮긴이)에게 알려졌고, 그는 거의 기절할 지경이었다. 물론 그는 선출에 반대할 아무런 이유도 만들어낼 수 없었다. 학회의 질이 너무 떨어져서 그 오스트리아인이 입회를 거부할 것이라는 희한한 이유를 제외하곤 말이다. 그는 이 이유에 대해 너무 진지하게 생각해서 스스로 그것을 믿게 되었지만 아무 소용이 없었다. 비트겐슈타인은 학회에 반대한다는 아무런 표시도 하지 않았다. 비록 그가 블리스를 싫어하고 블리스도 그를 싫어했지만, 내가 보기에 전망은 대체로 밝다. 베카시는 아주 쾌활한 친구라 블리스와 사랑하는 한편 비트겐슈타인도 사랑한다. 셋이 잘 사귀기를 바란다. 버티는 정말로 비극적인 인물이라 그가 정말로 안됐다. 그러나 그는 또 심한 망상에 빠져 있다.

스트래치는 여러 점에서 틀렸다. 러셀은 "비트겐슈타인을 자신만 독점하려는" 마음을 전혀 갖지 않았다. 그는 학기 내내 그를 괴롭혀왔던 비트겐슈타인의 '죄'에 대한 온 저녁의 성찰 시간을 줄일 수 있어서 기쁘기만 했을 것이다. 비트겐슈타인을 사도 클럽 회원으로 선출하는 일이 현명한 일인지에 관한 그의 회의심은 주로 — 회원들의 동성애에 대한 그의 반대와는 별도로 — 그것이 '파멸에 이를' 것이라는 느낌과 관련이 있다. 이 점에서 그는 스트래치가 생각했던 것처럼 망상에 빠져 있던 것은 아니었다.

12월 초 스트래치는 그의 형제인 제임스로부터 "그 Witter-Gitterman (81쪽 'Herr Sinckel-Winckel'의 옮긴이 주 참조 — 옮긴이)이 탈퇴하려 한다"는 말을 들었다. 무어의 재촉을 받고 스트래치는 케임브리지로 와서 비트겐슈타인에게 계속 남아 있으라고 설득했고, 무어와 함께 비트겐슈타인을 몇 번 만나기도 했지만 실패했다. 학기 말에 러셀은 오톨라인에게 다음과 같이 전했다.

> 비트겐슈타인이 학회를 떠났습니다. 그가 옳다고 생각합니다. 비록 나는 전에는 학회에 대한 충성심 때문에 그렇게 말하지 못했지만 말입니다.

그가 덧붙이는 말은 그가 실제로 비트겐슈타인을 자기 혼자 독점하기를 원했다는 것과는 아주 거리가 멀었음을 시사해준다.

> 그를 너무 여러 번 만나야 했습니다. 당분간 그를 만나지 않을 것이라고 생각하니 정말 안심입니다. 비록 내가 그렇게 느끼는 것이 무섭게 느껴지기는 하지만 말입니다.

러셀은 디킨슨'Goldie' Lowes Dickenson에게 비트겐슈타인의 탈퇴가 옳았다는 의견을 반복했지만, 탈퇴하지 말라고 그를 설득했다는 말도 덧붙였다. "그는 무어 이후 내가 만난 사람들 중에서 가장 사도적이고 능력 있는 사람이다."

미가엘 학기 동안 비트겐슈타인이 한 연구가 어떤 것인지를 알려주는 증거는 드물다. 10월 25일 핀센트는 비트겐슈타인의 방문을 기록하고 있는데, 여기서 비트겐슈타인은 아이슬란드에서 그를 굉장히 혼란스럽게 했던 '가장 근본적인 기호 논리학의' 문제 — 그때에는 단지 미봉적인 해결책만이 있었던 문제 — 에 대한 새로운 해결책을 발표했다.

최근에 그가 한 발견은 아주 다르고, 더 넓은 영역에 걸쳐 있으며, 만일 맞다면 기호 논리학의 상당한 영역에서 혁명을 가져올 것이다. 비트겐슈타인에 따르면 러셀은 그것이 맞다고 생각하지만, 어느 누구도 그것을 이해하지 못할 것이라고 말했다 한다. 그렇지만 나는 그것을 이해한다고 생각한다(!) 만일 비트겐슈타인의 해결책이 맞다면, 그는 러셀과 프레게를 몇 년 동안 혼란스럽게 했던 문제를 푼 최초의 인물이 될 것이다. 그것은 또한 최고의 대가다운 솜씨를 보여주는 확실한 해결책이다.

이것만으로는 문제도 해결책도 재구성할 수 없다. 비록 그것은 여름 동안 러셀에게 비트겐슈타인이 했던 "우리의 문제들은 **원자**명제들로 좁혀질 수 있다"라는 언급과 관계가 있을 가능성이 꽤 있지만 말이다. 학기가 끝나면서, 비트겐슈타인은 케임브리지의 철학 학회였던 도덕과학클럽Moral Science Club에서 논문을 발표했는데, 이 논문은 아마도 이러한 언급을 발전시킨 것으로 볼 수도 있다. 비트겐슈타인은 이 학기 동안 클럽의 토론에서 큰 역할을 했다. 그는 무어의 도움을 받아 의장은 토의가 쓸모없이 되는 것을 방지할 의무를 가져야 하며, 어떤 논문도 7분 이상 길어서는 안 된다는 것을 규정한 새로운 규칙들을 수용하도록 사람들을 설득했다. 비트겐슈타인의 논문은 이러한 새 규칙들을 따른 첫 번째 논문들 중 하나였다. 12월 29일 회의록에는 다음과 같이 기록되어 있다.

비트겐슈타인 씨가 〈철학이란 무엇인가?What is Philosophy?〉라는 제목의 논문을 읽었다. 발표는 겨우 4분 정도 걸렸는데, 타이Tye 씨가 세웠던 종전 기록을 거의 2분 차이로 깼다. 그는 철학을 다양한 과학들이 증명 없이 참으로 가정하는 모든 원초적 명제들로 정의했다. 이 정의에 대해 많은 논의가 이루어졌으나, 일반적으로는 그것을 수용하려는 경향은 없었다. 토론은 잘 진행되었으며, 의장이 간섭해야 할 상황은 거의 없었다.

학기 후, 빈으로 돌아가는 길에 비트겐슈타인은 예나에 있는 프레게를 방문해서 그와 긴 토론을 했다. 그는 "프레게가 기호주의 이론에 관해 일반적인 개요를 이해했다고 생각한다"고 러셀에게 전했다. 1월 중 러셀에게 보낸 편지는 그가 '복잡한 문제' — 만일 원자명제가 참이라면 원자명제에 대응하는 것이 무엇인지에 관한 문제 — 에 관심을 기울이고 있음을 보여준다. 예를 들어 "소크라테스는 죽는다"가 그런 명제라고 가정하자. 그것에 대응하는 사실은 두 개의 '사물들(소크라테스와 죽는다는 것)'로 만들어진 하나의 '복합체'인가? 이런 견해는 형상들의 객관적 존재라는 플라톤식 가정 — 개별자들뿐 아니라 죽는다는 성질과 같은 추상적인 것들이 존재한다는 가정 — 을 요청할 것이다. 물론 그런 가정은 러셀이 그의 유형론에서 만든 것인데, 비트겐슈타인은 이 이론을 점점 더 불만족스럽게 여기게 된다.

유형론에 만족하지 못했기 때문에, 비트겐슈타인은 방학 중에 그의 새로운 논리학의 중심 개념 중 하나를 만든다. "나는 다른 유형의 것들이 있을 수 없다고 생각한다"고 그는 러셀에게 말했다.

… 모든 유형론은 적절한 기호주의 이론에 의해 불필요한 것임이 드러나야 한다. 예를 들어 만일 내가 소크라테스는 죽는다는 명제를 소크라테스, 죽는다는 성질, 그리고 (Ex, y)el(x, y)로 분석한다면, 나는 "죽는다는 성질은 소크라테스이다"는 무의미하다고 말해주는 유형을 필요로 한다. 왜냐하면 만일 내가 '죽는다는 성질'을 고유명사로 취급한다면(내가 그렇게 했듯이) 그 대체를 틀린 것으로 금지할 수 없기 때문이다. **그러나** 만일 내가 〔그것을〕 (내가 지금 하듯이) 소크라테스와 (Ex) x는 죽는다 또는 일반적으로 x와 (Ex) (x)로 분석한다면, 그

> 틀린 방식으로 대체하는 것은 불가능하게 된다. 왜냐하면 두 기호들은 이제 그 자체로 다른 **종류**이기 때문이다.

그는 "소크라테스는 죽는다"를 분석하는 현재 그의 방식이 정확한 것인지 확신하지는 못한다고 러셀에게 말했다. 그러나 그는 한 가지 점에 관해서는 확실했다. 모든 유형론들은, **다른 종류의 사물들**로 보이는 것은 다른 종류의 기호들로 기호화된다는 것을 보여주는 기호주의 이론에 의해 제거되어야 하며, 여기서 기호들은 상대의 위치로 교체될 수 없다.

그의 이론이 이렇게 완전히 거부되는 상황에서, 사람들은 러셀이 그의 입장을 진지하게 방어하거나 또는 최소한 어떻게 해서 수학의 논리주의적 기초가 유형론 **없이** 모순을 피할 수 있는지에 관한 몇 개의 까다로운 질문을 제시할 것으로 기대할지 모른다. 그러나 이때쯤 그는 논리학을 거의 완전히 포기했다. 그는 방학을 아주 다른 주제인 물질의 존재에 대해 연구하면서 보냈다. 11월에 그는 그 주제에 관해서 도덕과학클럽에서 발표하였는데, 여기서 그해 일찍 카디프에서 피력한 견해를 반복하였다. "물질의 존재를 인정하는 또는 부인하는 좋은 논증이 아직까지 아무것도 나오지 못했다." 그리고 질문을 던진다. "그러므로 우리는 우리의 사적인 감각 자료로부터 물리학의 가설들을 만족시키는 대상을 알 수 있는가?" 방학 동안 그는 이 문제를 다루기 위해 그가 제안했던 방식의 윤곽을 그렸다.

> 물리학은 감각들을 물리적 대상들의 함수로 드러낸다.
>
> 그러나 인식론은 물리적 대상들은 감각들의 함수로서 드러내야 한다는 것을 요구한다.
>
> 이처럼 우리는 감각들을 물리적 대상들의 견지에서 해명하는 등식을 풀어야 한다. 그렇게 해서 그 등식들로 하여금 물리적 대상들을 감각들의 견지에서 해명하게 만들어야 한다. 그것이 전부다.

"나는 앞으로 수년 동안 나의 관심을 붙잡을 것이 확실한 참으로 중요한 문제를 찾아냈다고 확신한다"고 러셀은 오톨라인에게 말했다. 그것은 '물리학, 심리학, 그리고 수리논리학의 결합'을 필요로 할 것이고, 심지어 '완전히 새로운 과학'의 창조를 요구할 것이다. 1913년 1월의 편지에서 비트겐슈타인은 전체 계획을 완곡하게 거부하고 있다. "나는 감각 자료로부터 진행하는 당신의 방식을 상상할 수 없습니다."

그렇다면 1913년 초쯤에 러셀과 비트겐슈타인은 아주 다른 연구 — 러셀은 '새로운 과학'의 창조에 관한 연구, 비트겐슈타인은 '논리학에 관한 연구' — 를 하고 있었음을 알 수 있다. 러셀은 이제 후자를 그의 것이라기보다 비트겐슈타인의 것으로 받아들일 완전한 준비가 되어 있었다.

핀센트는 그들의 새로운 관계를 감지했다. 그는 학기 초 비트겐슈타인과 자신의 방에서 함께 있을 때 있었던 사건을 기록하고 있다.

> 그때 러셀이 나타났다. 그는 내게 강의 시간 변경에 관해 알려주러 왔는데, 그와 비트겐슈타인이 대화를 시작했다. 비트겐슈타인은 논리학의 기초에 관해 그가 최근에 발견한 것들 중 하나(내가 생각하기에 그것은 오늘 아침 그에게 떠올랐을 것이다)를 설명했는데 아주 중요하고 흥미 있게 보였다. 러셀은 그가 거침없이 말하는 것을 묵묵히 들었다.

이 일이 있은 지 2주일 후, 비트겐슈타인에 의해 《수학 원리》의 앞에 있는 증명들 중 일부가 정확하지 않다는 것을 확신하게 된 러셀은 오톨라인에게 쓴 편지에서 "다행히도 그것들을 맞게 수정하는 일은 내 일이 아니라 그의 일"이라고 말했다.

둘 사이의 협력은 끝나게 되었다. 논리학 분야에서 비트겐슈타인은 러셀의 학생이 아니라 선생이 되었다.

비트겐슈타인은 오랫동안 예상해왔던 아버지의 죽음 때문에(2년여에 걸쳐 암을 앓았다) 학기 초에 늦게 돌아왔다. 이 종말이 닥쳤을 때 그것은 하나의 구원과 같았다. 1월 21일 러셀에게 쓴 편지에서 그는 다음과 같이 적고 있다.

> 사랑하는 아버지께서 어제 오후 돌아가셨습니다. 그는 내가 상상할 수 있는 가장 아름다운 죽음을 맞았습니다. 아무런 고통도 없이 잠에 떨어진 아이처럼! 마지막 몇 시간 동안 나는 한 번도 슬픔을 느끼지 않았습니다. 반대로 아주 기뻤으며, 이 죽음이 전 생애만큼 가치가 있다고 생각합니다.

마침내 1월 27일 케임브리지에 도착한 비트겐슈타인은 핀센트의 방으로 직행했다. 일주일쯤 후 핀센트는 이번에는 다른 양상으로 나타난 러셀과 비트겐슈타인 사이의 다른 점들을 보여주는 논쟁을 기록했다. 1907년 러셀은 여성참정권당Women's Suffrage Party의 의회 후보로 출마했다. (방금 러셀의 강의를 듣고 돌아온) 비트겐슈타인과 핀센트는 아마 이 사실에 의해 시작되었을 논쟁, 즉 여성들의 투표권에 관해 논쟁을 벌였다. 비트겐슈타인은 '아주 반대'하였다.

> … "그가 아는 모든 여자들은 아주 멍청하다"라는 것을 제외하곤 아무런 특별한 이유 없이 〔반대하였다〕. 그는 맨체스터 대학에서는 여학생들이 모든 시간을 교수들과 시시덕거리면서 보낸다고 말했다. 그는 이것을 역겨워한다. 그가 모든 종류의 반쪽짜리 기준을 싫어하고, 철저하게 진실하지 않은 모든 것을 인정하지 않은 것처럼 말이다.

비트겐슈타인의 논리학 연구는 정치적 문제들에 관한 그의 엄격한 사고방식을 개선하는 데 분명히 아무 영향도 미치지 못했다.

분석적 능력을 공적인 문제를 다루는 데 활용하지 못하는 무능력—또는 이것이 더 맞는 설명일 텐데 이용하지 않으려는 의향—은 아마도 러셀로 하여금 비트겐슈타인을 '편협하고 문명화를 가로막는 위험'에 처했다고 비판하게끔 재촉하였을 것이다. 러셀은 한 가지 개선책으로 프랑스의 산문들을 권했는데, 이로 말미암아 '무서운 논쟁'이 벌어졌다.

> 그는 격노하여 사납게 날뛰었는데, 나는 그저 미소만 지어 그를 점점 더 화나게 했습니다. 우리는 결국 화해했지만 그는 여전히 확신하지 못한 상태였습니다. 내가 그에게 한 말들은 모두 당신이 나에게 했을 법한 말들입니다. 당신이 만일 그 말이 불러올 눈사태를 두려워하지 않는다면 내게 그런 말을 했을 것이고, 그랬다면 나도 그와 같이 격노했겠죠! 나는 그가 충분히 개화되지 못했다고 느끼기 때문에 괴롭습니다. 음악이 사람들을 개화시키는 데 거의 아무 역할도 못 한다는 것은 이상한 일입니다. 음악은 지나치게 열정적이며, 언어로부터 너무 분리되고, 멀리 떨어져 있습니다. 그는 세계를 좀 더 넓게 탐구할 만큼 충분한 호기심이나 바람을 갖고 있지 않습니다. 그 때문에 논리학에 관한 그의 연구가 피해를 입지 않겠지만, 가장 높은 기준들로 판단할 때 그는 항상 편협한 전문가 내지 너무 한 분파에 치우친 권위자가 될 것입니다.

자신과 오톨라인의 상황에 대한 비유가 지적해주듯이, 러셀은 자신이 분석analysis보다는 종합synthesis을 옹호하는 입장에 있는 것을 알고 곤혹스러워했다. 그러나 이때 심지어 그의 철학적 주요 관심사도 그 방향으로 — 논리적 분석의 '편협성'으로부터 물리학, 심리학, 그리고 수학의 광범위한 종합을 향하여 — 움직이고 있었다. 그 결과 비트겐슈타인과의 토론은 그에게는 실망스럽게도 한쪽으로 편중되어 있었다.

> 이제 나는 **나의** 연구에 관한 것이 아니라 그의 연구에 관해서만 말하고 있다는 것을 알게 됩니다. 분명한 논증이 없고, 단지 불완결적인

여러 측면들을 균형 있게 고려해야 하거나 또는 불만족스러운 견해들이 서로 충돌하는 상황에서는 그는 전혀 도움이 안 됩니다. 그는 유아 단계에 있는 이론들을 오로지 그 이론들이 성장했을 때에만 견딜 수 있는 식으로 사납게 다룹니다. 그 결과 나는 완전히 말을 하지 않게 되었습니다. 심지어 연구에 대해서도 말입니다.

논리학에 있어서 러셀의 외투를 입은 사람으로서(이때 비트겐슈타인의 나이는 단지 스물넷이었고 공식적으로는 학사학위를 위해서 학부 과목을 듣고 있었다는 것을 기억하기 힘들 정도인데) 비트겐슈타인은 《케임브리지 리뷰*Cambridge Review*》에 코피P. Coffey가 지은 논리학 교재인 《논리의 과학*The Science of Logics*》에 대해 평을 써달라고 부탁받았다. 이것은 그가 출판했던 유일한 서평이었고 그의 철학적 입장을 나타내는 최초의 출판된 기록이다. 서평에서 그는 코피가 개진한 아리스토텔레스류의 논리학을 러셀 식으로 비판했는데, 심지어 러셀을 능가할 만큼 귀에 거슬리게 자신의 입장을 표현해서 신랄하다고 할 정도였다.

철학과 논리학의 분야만큼 정직한 연구 결과를 무시하고도 무사히 넘어갈 수 있는 학문 분야는 어디에도 없다. 코피 씨의 《논리의 과학》도 이런 상황에 기여했다. 오직 오늘날의 많은 논리학자들이 하는 연구의 전형적인 결과로서만 이 책은 고려할 만한 가치가 있다. 저자의 논리학은 스콜라 철학자들의 논리학이며, 그들이 저지르는 모든 실수를 저지른다. 물론 아리스토텔레스에 대한 흔히 하는 언급을 포함해서 말이다.(우리의 논리학자들이 공허하게 인용하는 아리스토텔레스는 아마 현대의 논리학자들이 논리학에 관해 그가 2000년 전에 알았던 것 이상을 알지 못한다는 것을 알면 무덤에서 고이 잠들지 못할 것이다.) 저자는 현대의 수리논리학자들의 위대한 연구 — 오로지 점성술에서 천문학이, 연금술에서 화학이 나온 것에 비교할 만한 논리학적인 진보를 가져온 연구 — 에 대해서는 전혀 언급이 없다.

코피 씨는, 다른 많은 논리학자들처럼, 자신의 입장을 모호하게 표현함으로써 이득을 취하고 있다. 왜냐하면 만일 그가 '예'와 '아니오' 중 무엇을 말하려는지를 모른다면 그와 논쟁하는 것은 힘들기 때문이다. 그렇지만 흐릿한 표현을 통해서도 충분히 많은 중대한 실수들을 찾을 수 있다. 그래서 나는 그것들 중 가장 놀랄 만한 것들의 목록을 제시하려 한다. 논리학 학생들은 이 실수들과 그 결과들을 다른 논리학 책에서도 찾아보기를 권한다.

이 글 다음에 러셀 식의 수리논리학을 수용하는 사람들이 흔히 지적하는 전통적 (아리스토텔레스류의) 논리학의 약점들 — 예를 들면 모든 명제들이 주어-술어 형식이라고 가정하는 것, 계사copula로서의 'is'("Socrates is mortal"에서처럼)와 동일성의 'is'("Twice two is four"에서처럼)를 혼동한다는 것 등 — 이 나온다. "이와 같은 책들이 갖고 있는 가장 나쁜 점은 분별 있는 사람들로 하여금 논리학에 대해 편견을 갖게 한다는 것이다"라는 말로 서평은 끝난다.

비트겐슈타인은 '분별 있는 사람들'이란 아마 (대부분의 전통적인 논리학자들과 더불어) 코피가 받았던 것으로 가정할 수 있는 전통적 교육에 반해서 수학과 과학에서 어느 정도 교육을 받은 사람들을 뜻했을 것이다. 이 점에서 그는 러셀이 갖고 있었으며 또 그가 전해 12월 오톨라인에게 말했던 견해를 반복하고 있다.

나는 특정한 부류의 수학자들이 철학을 연구하는 대부분의 사람들보다 훨씬 더 철학적인 능력을 갖고 있다고 믿습니다. 지금까지 철학에 매력을 느꼈던 사람들은 대부분 커다란 일반화를 사랑했던 사람들이었는데, 그런 일반화들이란 것들이 모두 틀려서 정확한 사고 능력을 가진 사람들은 거의 철학을 선택하지 않았습니다. 수학적으로 사고하는 철학자들의 위대한 학파를 설립하는 것이 나의 오래된 꿈들 중의 하나였지만, 내가 그것을 성취할 수 있을지는 모르겠습니다. 나는

> 노턴에 기대를 걸고 있지만 그는 건강하지 못했습니다. 브로드도 괜찮지만 기본적으로 독창성이 없습니다. 물론 비트겐슈타인이 나의 꿈입니다.

우리가 이미 보았듯이, 렌트Lent 학기 도중 러셀은 이 견해를 다소 수정했다. 비트겐슈타인은 정밀하지만 편협하다. 그에게는 '이 세계를 넓게 연구하려는 포부' 같은 것은 **거의** 없으며, 유아 단계의 이론들에 너무 큰 엄밀성을 고집하고, '비완결적인 생각'과 '불만족스러운 관점'을 참을성 있게 보아주지 못한다. 아마 비트겐슈타인의 외골수적 사고방식에 직면해서 러셀은 커다란 일반화를 사랑하는 것이 결국 그렇게 나쁜 것은 아니라고 생각하게 되었는지 모른다.

비트겐슈타인의 논리적 문제들에 대한 열정은 완전한 것이었다. 그것은 인생의 부분이 아니라 모든 것이었다. 부활절 휴가 동안 그는 일시적으로 영감이 안 떠오르자 절망에 빠졌다. 3월 25일 그는 자신을 '완전히 메마른' 사람으로 묘사하고 새로운 생각을 다시 할 수 있을지 걱정하는 내용의 편지를 러셀에게 보냈다.

> 논리학에 관해서 생각할 때마다 나의 생각은 너무나도 모호해서 그것으로부터는 아무것도 구체화될 수 없습니다. 단지 반쪽의 재능만 갖고 있는 사람들의 저주를 느낍니다. 그것은 마치 어두운 복도에서 누군가에게 전등으로 안내를 받다가 복도 한가운데 이르렀을 때 전등이 나가서 혼자 남겨지게 된 사람과 같습니다.

'불쌍한 친구!'라고 러셀은 오톨라인에게 말했다. "나는 그의 감정을 너무나 잘 압니다. 모차르트나 셰익스피어처럼 항상 신뢰할 수 있는 재능을 소유하지 못한다면 창조적인 충동을 소유한다는 것은 무서운 재앙입니다."

러셀이 비트겐슈타인에게 부여한 책임—'철학에서 다음의 위대한 진보'—은 긍지와 동시에 고통의 원천이었다. 그는 그것을 철저히 그리고 완전히 진지하게 받아들였다. 그는 또한 러셀류의 수리논리학 분야에서 일종의 관리자 역할도 떠맡았다. 프레게가 저데인에게 무리수 이론을 연구하려는 자신의 계획을 편지로 알렸을 때, 저데인은 프레게에게 비트겐슈타인의 이름으로 그를 꾸짖었다.

> 《산술학의 원리》 제3권을 쓰려고 하십니까? 비트겐슈타인과 나는 당신의 그런 생각을 좋아하지 않습니다. 왜냐하면 무리수 이론은—당신이 아주 새 이론을 갖고 있지 않다면—모순을 이미 해결했다는 것을 전제하는 것처럼 보이기 때문입니다. 새로운 기초 위에서 무리수를 다루는 부분은 《수학 원리》에서 러셀과 화이트헤드에 의해서 훌륭하게 연구되었습니다.

러셀에 의하면 부활절 휴가에서 돌아온 비트겐슈타인은 "충격을 받은 듯 항상 침울하고 이리저리 왔다갔다했으며, 누군가 그에게 말을 걸면 꿈에서 깨어나는 것 같았다." 그는 논리학이 그를 미치게 하고 있다고 러셀에게 말했다. 러셀도 이에 동의하려고 했다. "나는 거기에 위험한 그 무엇이 있다고 생각한다. 그래서 나는 그에게 잠시 동안 그것을 잊고 다른 일을 하라고 강요했다."

이 기간 동안 비트겐슈타인이 다른 일을—잠시 기분 전환을 위해 했던 일을 제외하곤—했다는 기록은 없다. 4월 27일 핀센트는 이렇게 적고 있다. "비트겐슈타인과 테니스를 쳤다. 그는 테니스를 처음 해보았다. 그래서 그를 가르치려고 한다. 때문에 경기는 다소 느리게 진행되었다." 그렇지만 일주일 후에는 이렇게 적었다. "집에서 차를 마셨다. 비트겐슈타인과 다섯 시에 뉴필드New Field 코트로 가서 테니스를 쳤다. 그는 오늘 경기를 잘 못했는데 결국 아파서 경기 중에 그만두었다." 이것을 마지막으로 테니스에 대한 이야기는 더 이상 없다.

비트겐슈타인은 자신이 필요로 하는 것은 기분 전환이 아니라 집중력을 더 강화시키는 것이라고 생각했다. 이를 위해 그는 무엇이건 할 준비가 되어 있었다. 심지어 최면술까지도 받을 준비가 되어서, 로저스Rogers 박사에게 최면을 걸게 했다. 핀센트는 일기에 다음과 같이 적었다. "요점은 이것이다. 나는 사람들이 최면에 의한 혼수 상태 동안 특별한 육체적 힘을 가질 수 있다는 것이 맞는다고 믿는다. 그렇다면 왜 특별한 정신적 힘은 가질 수 없단 말인가?"

> 그래서 그가 혼수 상태에 있을 때, 로저스는 비트겐슈타인에게 아직 그가 분명히 알 수 없는 논리학의 문제들(아직까지 어느 누구도 분명하게 만드는 데 성공하지 못했던 일단의 불확실한 것들)에 관해 특정한 질문을 던질 예정이었다. 비트겐슈타인Witt은 분명하게 알아낼 수 있기를 바랐다. 이 계획은 야만적인 것처럼 들린다! 비트겐슈타인은 두 번 최면을 시도했는데, 두 번째 시도 끝 무렵에서야 로저스는 그를 재우는 데 성공했다. 그렇지만 완전히 잠이 들어서 다시 깨우는 데 반 시간이 걸렸다. 비트겐슈타인은 내내 의식이 있어서 로저스가 말하는 것을 들을 수 있었다고 했다. 그러나 전혀 의지도 없고 힘도 없어서 로저스가 말하는 것을 이해할 수 없었고 근육도 움직일 수 없었다. 마치 그가 마취 상태에 있는 것처럼 느껴졌다고 말했다. 그는 로저스와 헤어진 후 한 시간 동안 졸려했다. 아주 멋진 일이었다.

멋졌을지는 모르지만 효력은 없었다.

러셀은 이 계획에 관해서 분명히 아무것도 몰랐던 것 같다.(만일 알았**다면**, 그것은 너무 좋은 이야기이기 때문에 비트겐슈타인과의 기억을 담은 그의 기록에 넣었을 것이다.) 이때쯤엔 핀센트가 비트겐슈타인의 더 믿을 수 있는 친구가 되었다. 러셀의 '스쿼시'에서 그들은 "나머지를 무시하고 둘끼리만 이야기하는" 것 같았다고 한다. 아마도 비트겐슈타인에게 핀센트는 편안히 같이 있을 수 있고, 잠깐이나마 마음을 논리학으로부터 벗어나게 해주는 **유일한** 사람이었을 것이다. 비트겐슈타인은 케임브리지 대학 학생들의 전통적 오락들 중 승마, 테니스, '심지어 가끔 뱃놀이' 등을 핀센트와 함께 즐길 수 있었다.

> … 비트겐슈타인과 카누를 타고 강을 따라 갔다. 그랜체스터에 있는 과수원으로 가서 거기서 점심을 먹었다. 비트겐슈타인은 처음에는 예의 뚱한 상태였으나 식사 후 (항상 그렇듯이) 갑자기 풀어졌다. 우리는 강 위로 가서 바이런Byron 풀장에서 수영을 했다. 수건도 수영복도 없었지만 아주 재미있었다.

그렇지만 그들을 묶어주는 가장 강한 끈은 음악이었다. 핀센트의 일기는 케임브리지 대학 음악 클럽의 수많은 연주회와 그들이 함께 음악을 하던 모습—비트겐슈타인이 슈베르트 노래를 휘파람으로 불면 핀센트가 반주를 하는 것—을 기록하고 있다. 그들은 음악적 기호가 같았다. 베토벤, 브람스, 모차르트 그리고 무엇보다도 슈베르트를 좋아했다. 비트겐슈타인은 또 라보어에게 관심을 가져보려고 했던 것 같다. 핀센트는 비트겐슈타인이 라보어 5중주가 케임브리지에서 연주되도록 시도한 적이 있다고 말한다. 그들은 또 핀센트가 '근대음악'이라고 부른 것을 똑같이 싫어했다.

> … 우리는 케임브리지 대학 음악 클럽에 갔다. 거기서 린들리Lindley를 만났다 … 그와 비트겐슈타인은 근대음악에 관해 논쟁을 벌였는데, 꽤 재미있었다. 린들리는 근대적인 것들을 좋아하지 않았지만 그는 오염되어 있었다. 이 연주자들은 결국에는 항상 [그런 것들을] 좋아하기 마련이다. [1912년 11월 30일]

> 비트겐슈타인과 린들리가 차를 마시러 왔다. 근대음악에 관한 활기찬 토론이 벌어졌다. 린들리는 우리에 대항해서 근대음악을 옹호했다. [1913년 2월 28일]

> 그와 함께 그의 방으로 갔다. 잠시 후 곧 매클루어Mac'Clure — 음악을 좋아하는 학부 학생 — 가 나타나서 근대음악에 관한 격렬한 논의가 벌어졌다. 매클루어 대 비트겐슈타인과 나. 〔1913년 5월 24일〕

등등. 비트겐슈타인이 인정하지 않았던 음악이 아주 근대적인 것**만은** 아니었다. 목록에는 쇤베르크뿐 아니라 말러에 관한 대화도 있었을 수 있다. 라보어를 제외하고 비트겐슈타인과 핀센트 모두 브람스 이후의 어느 것도 좋아하지 않은 것으로 나타나 있다.

비트겐슈타인은 핀센트에게 이번에는 스페인에서 휴가를 보내자고 제안했다. 이번에도 경비는 비트겐슈타인이 부담해서, 핀센트의 모친은 그에게 "너무 좋아서 거절하기 힘들다"고 말할 정도였다. 핀센트의 부모는 전혀 인색하지 않은 아들 친구에 대해 흥미를 느꼈음이 틀림없다. 그들은 비트겐슈타인의 방에 차를 마시러 왔다. 이때 그의 비범하게 예의 바른 태도가 좋은 결과를 가져올 수 있는 기회가 되었다. 그는 화학실험실용 비커에 차를 내왔고("왜냐하면 그는 일상적으로 사용되는 도자기들을 너무 보기 싫어했기 때문에!"), "주인으로서의 의무에 다소 마음을 뺏긴 것을 제외하곤 〔비트겐슈타인은〕 아주 활기차 있었다."

핀센트의 부모가 떠나자 비트겐슈타인은 핀센트의 성격에 관한 강의를 시작했다. 그는 핀센트가 '모든 점에서 이상적'이라고 말했다.

> … 단, 그〔비트겐슈타인〕가 자신을 제외한 다른 사람들에게 나의 관용적인 본능을 보여주지 않는다는 점을 염려한다는 것을 제외하곤 말이다. 그는 특히 내가 다른 친구들을 별로 관용적으로 대하지 않아서 걱정이라고 말했다. 그는 '관용'이란 말을 일상적으로 사용되는 소박한 의미가 아니라 동정심 등을 뜻하는 것으로 사용했다.

핀센트는 이 모든 것을 잘 받아들였다. "그는 모든 일에 아주 친절했고 말할 때 전혀 사람을 화나게 하지 않는다." 그럼에도 불구하고 그는 비트겐슈타인의 판단에 대해 이의를 제기하려고 하였다. 뭐라고 해도 비트겐슈타인은 그와 다른 친구들 사이의 관계에 대해서 아는 것이 거의 없었다. 그렇지만 그는 비트겐슈타인을 다르게 대한 것이 사실일 수도 있음을 시인했다. 어쨌든 비트겐슈타인은 너무 달라서("그는 굳이 말하자면 약간 미쳐 있었다") 사람들은 그를 다르게 대해**야만 했다**.

비트겐슈타인과 핀센트의 우정이 더욱 돈독해질수록 그와 러셀과의 관계는 점점 더 팽팽해졌다. 러셀은 점점 더 비트겐슈타인 안에서 자신의 결점을 뚜렷이 알게 되었다. 비트겐슈타인과 있으면 그는 다른 사람들이 그와 같이 있을 때 어떻게 느낄지를 알 수 있었다. "그는 내가 당신에게 영향을 미치는 것처럼 나에게 영향을 미친다"고 오톨라인에게 말했다.

> 나는 그가 어떻게 나를 자극하고 우울하게 만드는지를 보면서 내가 어떻게 당신을 자극하고 우울하게 하는지를 속속들이 알게 되었습니다. 그리고 동시에 나는 그를 사랑하고 높이 평가합니다. 또한 나는 당신이 우울할 때 내게 영향을 미치는 방식과 똑같이 그에게 영향을 미칩니다. 이러한 유사성은 이상할 정도로 아주 비슷합니다. 내가 당신과 다른 것과 마찬가지로 그는 나와 다릅니다. 그는 더 분명하고, 더 창조적이며, 더 열정적입니다. 나는 더 광범위하고, 더 동정적이며, 더 정상적입니다. 나는 대비를 위해 유사성을 과장했지만, 거기에는 무언가 있습니다.

이러한 유사성에 대한 강조 때문에 러셀이 오해했는지 모른다. 그는 비트겐슈타인의 결점들을 '논리학자들에게 특유한' 것으로 보려는 경향이 있었다. "그의 결점들은 정확하게 나의 것들이기도 합니다. 항상 분석하고, 사물을 근본적인 것으로부터 접근하고, 자신에 대해 사람들이 어떻게 느끼는지 정확하게 알려고 합니다. 나는 그것이 마음을 아주 피곤하게 하고 약화시킨다는 것을 압니다." 그러나 이것을 예증하기 위해 그가 말해주는 이야기는 비트겐슈타인이 너무 분석적이라는 것이 아니라 그 자신이 너무 소원했다는 점을 상징하고 있을 수도 있다.

> 어제 차를 마신 후, 저녁 식사를 하기 전에 비트겐슈타인과 안 좋은 일을 겪었습니다. 그는 그와 나 사이에 일어나는 나쁜 것들을 모두 분석했습니다. 나는 그에게 그것은 양측의 신경과민 때문이며, 모든 것은 근본적으로는 괜찮다고 말했습니다. 그러자 그는 내가 진실을 말하고 있는지 아니면 예절을 지키고 있는지 모르겠다고 말했습니다. 나는 짜증이 나서 더 이상 말하지 않겠다고 했습니다. 하지만 그는 계속 떠들었습니다. 나는 책상 앞에 앉아서 펜을 들고 책을 보기 시작했지만 그는 여전히 말을 멈추지 않았습니다. 마침내 나는 "자네에게 필요한 것은 약간의 자기통제력이야"라고 딱 잘라 말했습니다. 그러자 그는 결국 아주 비극적인 분위기를 풍기며 나가버렸습니다. 원래 그날 저녁 연주회에 같이 가자고 그가 말했었는데 나오지 않았습니다. 그래서 그가 자살이라도 할까 봐 두려웠습니다. 하지만 밤늦게서야 자기 방에 있는 걸 발견했고(나는 연주회를 나왔지만 처음에는 그를 발견하지 못했죠) 내가 성급했다고 사과했습니다. 그런 후 나는 그가 어떻게 해야 좋을지에 관해 조용하게 말했습니다.

아마 그는 우울해지지 않도록 냉정을 지켜야만 했을지 모른다. 그러나 러셀이 비트겐슈타인의 장광설을 마이동풍으로 흘려보낼 수는 있었을지 몰라도, 그의 강력한 철학적 공격을 견뎌낼 수는 없었다. 이해 여름 동안 비트겐슈타인은 철학자로서 러셀의 발전에 — 주로 그가 내린 판단에 대한 그의 믿음의 근거를 부수면서 — 결정적인 영향을 끼쳤다. 3년 후 이 일을 회고하면서 러셀은 그것을 "내 인생에서 가장 중요한 사건"이며 "그때 이후 내가 했던 모든 것에 영향을 주었던" 사건으로 묘사했다.

> 당신이 비토즈Vittoz(오톨라인의 의사)에게 치료를 받고 있을 때, 내가 인식론에 관해 글을 많이 쓰고 있었던 것을 기억합니까? 비트겐슈타인은 그것을 아주 심하게 비판했는데 … 나는 그가 옳았음을, 따라서 내가 철학에서 근본적인 연구를 재개하기를 바라는 것은 무리라는 것을 알았습니다. 나의 충동은 방파제에 부딪혀 부서지는 파도처럼 조각났습니다. 나는 완전히 절망에 빠져 버렸습니다 … 미국에서 강의를 **해야 했지만**, 형이상학적 주제를 택했습니다. 비록 철학에서 근본적인 연구는 모두 논리적이라는 것을 확신했고 또 확신하지만 말입니다. 그 이유는 논리학을 하기 위해 필요한 것이 내게는 너무 어렵다는 것을 비트겐슈타인이 보여주었기 때문입니다. 그래서 그 연구를 위해서는 철학적 열정의 진정한 충족이 필수적이었지만, 그것이 불가능해졌으므로 철학은 더 이상 나의 관심을 끌지 못했습니다. 그것은 전쟁 때문이라기보다 비트겐슈타인 때문입니다.

러셀이 언급한 '인식론에 관한 것'은 그가 중요한 연구가 되기를 바랐던 것의 첫 부분이었다. 그것은 물질에 대한 연구로부터 나왔고, 부분적으로는 미국에서의 강의 초청을 받고 추진되었다. 그는 그 내용을 비트겐슈타인에게 말하기 전에, 이미 제1장을 완성했다. "모든 것이 저절로 흘러나온다"고 5월 8일 오톨라인에 쓴 편지에서 감격에 젖어 말한다. "모든 것이 내 머리 안에서 펜이 빠르게 움직이는 만큼 써지도록 준비되어 있습니다. 나는 왕 못지않게 행복하다고 느낍니다." 그의 감격은 그의 글을 비트겐슈타인에게 비밀로 할 동안까지만 계속되었다. 그것을 비밀로 부쳤다는 것은 오톨라인에게 보낸 그의 편지가 시사하는 만큼 그가 그것의 가치를 확신하지는 못했다는 것을 나타내주는 것처럼 보인다. 그는 본능적으로 논리적이 아닌 형이상학적 연구에 대한 비트겐슈타인의 반응이 어떨지를 알았던 것처럼 보인다. 생각했던 대로 과연 그랬다. 비트겐슈타인은 그것에 대한 생각 자체를 싫어했다. "그는 그것이 자신이 증오하는 선정적 통속 소설 같을 것이라고 생각합니다. 당신이 **그를** 폭군이라고 말하고 싶다면 그렇게 해도 좋습니다."

그럼에도 러셀은 작업을 계속했고, 5월 말 전에 분명히 두꺼운 책이 될 만한 여섯 장의 글을 썼다. 그때 그로 하여금 더 이상 철학의 근본적 연구를 감당할 수 없다고 확신하게 만들고 그의 충동을 부숴버린 공격을 받았다. 비트겐슈타인은 처음에는 비교적 덜 중요하게 보이는 반대를 러셀의 판단론에 제기했다. 처음에 러셀은 그 반대를 극복할 수 있다고 자신했다. "그가 옳았습니다. 하지만 요구한 것을 고치는 것은 크게 심각한 일은 아닙니다"라고 그는 오톨라인에게 말했다. 그렇지만 단 일주일 후 그에게는 연구의 근본이 파괴된 것처럼 보였다.

> 우리 모두 열띤 논쟁으로 마음이 상했습니다. 나는 그에게 내가 쓰고 있는 것 중 중요한 부분을 보여주었습니다. 그는 어려운 점들을 깨닫지 못한 채 모든 것이 틀렸다고, 나의 견해를 이미 생각한 적이 있었으며 그것이 성공할 수 없다는 것을 알았다고 말했습니다. 나는 그의 반대를 이해할 수 없었습니다. 실제로 그의 주장은 별로 명료하지 못했습니다. 하지만 나는 뼛속으로부터 그가 틀림없이 옳으며 내가 보지 못한 뭔가를 보았다고 느낍니다. 만일 나 역시 그것을 볼 수 있다면 걱정하지 않을 것입니다. 그러나 사실은 그 때문에 괴로우며, 글 쓰는 재미를 약간 잃게 했습니다. 나는 내가 보는 것만 이용해서 계속할 수 있을 뿐입니다. 그러나 나는 그것이 모두 틀리며, 비트겐슈타인은 그것을 계속하는 나를 부정직한 악당으로 생각할 것이라고 느낍니다. 좋습니다. 젊은 세대가 문을 두드리고 있습니다. 할 수 있을 때 그에게 자리를 양보하거나, 그렇지 않으면 악마가 되어버릴 것입니다. 그러나 지금 이 순간 내 기분은 꽤 상해 있습니다.

비록 그가 비트겐슈타인의 반대를 이해하지 못할지라도, 그 반대가 정당화되어야 한다고 **느꼈다는** 것은 러셀이 자신을 잃어가고 있음을 보여준다. "그러나 그 반대가 정당화되더라도 이 책의 가치를 파괴하지는 못할 것입니다. 그의 비판은 내가 그에게 맡기려고 하는 문제들과 관련이 있습니다"라고 그는 납득할 수 없을 정도로 침착하게 적었다. 다른 말로 하면, 비트겐슈타인의 비판은 형이상학적이라기보다는 논리적이었다. 그러나 만일 러셀이 믿었듯이 철학의 문제들이 **근본적으로** 논리적이라면, 어떻게 그 반대가 그 책의 가치에 영향을 안 미칠 수 있겠는가? 만일 그 책의 기초가 건실하지 않다면, 어떻게 그 책이 건실할 수 있겠는가? 비트겐슈타인이 마침내 그의 반대를 글로 나타냈을 때, 러셀은 아무 거리낌없이 패배를 인정하였다. "당신의 판단론에 대한 나의 반론이 당신을 마비시켰다는 말을 들으니 아주 슬픕니다"라고 비트겐슈타인은 썼다. "나는 그것이 단지 정확한 명제 이론에 의해서만 제거될 수 있다고 생각합니다." 그런 이론은 러셀이 비트겐슈타인에게 맡기려고 했던 것들 중 하나였다. 그런 이론이 즉시 필요하지만, 러셀은 자신의 능력이 감당할 수 없다는 것을 확신했기 때문에 더 이상 가장 근본적인 종류의 철학에 기여할 수 없다고 생각하게 되었다.

이러한 확신 때문에 그는 자살 충동을 동반하는 우울증에 빠졌다. 확신과 낙관으로 시작한 인식론에 대한 거창한 연구는 이제 폐기되었다. 그러나 그는 미국에서 일련의 강의를 하기로 계약을 맺었기 때문에, 강의를 위해 쓴 책이 근본적으로 잘못되었다고 확신했지만 강의 준비를 계속 해야 했다. "나는 이제 아주 끝장났음이 분명합니다. 내 평생 처음으로 일에 대한 정직성에서 실패했습니다. 어제 나는 자살할 준비가 다 되었다고 느꼈습니다." 넉 달 전에 그는 이렇게 썼다. "10년 전에 나는 이미 갖고 있던 사고의 창고를 이용하여 책을 쓸 수 있었지만, 지금 나는 더 높은 정확성의 기준을 갖고 있습니다." 그 기준은 비트겐슈타인이 정했고, 이제 그는 그 기준에 맞출 수 없다고 느꼈다. 그는 비트겐슈타인이 참견하지 못하게 되어서야 비로소 자신의 연구에 대한 믿음을 회복했다. 심지어 이때에도 그는 비트겐슈타인이 없는 상황에서 그 자신을 재확인하는 것이 필요하다고 느꼈다. "비트겐슈타인은 내가 최근에 한 연구를 좋아할 것입니다."

러셀은 비록 자신의 연구에 대한 비트겐슈타인의 비판 때문에 망연자실했지만, 비트겐슈타인으로부터 1913년 늦여름 동안 **그의** 연구가 잘 진행된다는 말을 듣고 여전히 기뻐할 수 있었던 것은 러셀의 관용성을 잘 보여준다. 그는 오톨라인에게 이렇게 썼다. "당신은 이것이 나의 영혼으로부터 얼마나 큰 짐을 덜어내는지를 거의 알지 못할 것입니다. 그것 때문에 나는 마치 다시 젊어진 것처럼 느낍니다."

비트겐슈타인은 스스로 실질적인 진전을 이룩했다고 느꼈다. 8월 말 런던에서 핀센트를 만났을 때 그는 '최근에 한 발견'을 거의 황홀경 속에서 설명했는데, 핀센트에 의하면 그것은 "진정 놀라운 것이었고 그가 지난해 동안 불만족스럽게 연구해왔던 모든 문제들을 해결했다." 그것들은 "멋지게 간단하고 비상하며 모든 것을 분명하게 하는 것처럼" 보이는 하나의 체계를 구성했다.

> 물론 그는 러셀의 연구의 많은 부분을 망쳐버렸다.(논리학의 근본적 개념들에 관한 러셀의 연구, 즉 순수하게 수학적인 연구—가령 《수학 원리》의 대부분—와 그것은 아무런 관련이 없다. 비트겐슈타인의 주요 관심은 그 주제의 아주 근본적인 부분에 있다.) 그러나 러셀은 결코 그것 때문에 화낼 사람은 아니었다. 실제로 그의 연구의 위대성은 그것에 의해 거의 훼손되지 않는다. 비트겐슈타인이 러셀의 제자 중 하나이며 그에게 엄청나게 빚지고 있음은 분명하다. 그러나 비트겐슈타인의 연구는 정말로 놀랍다. 나는 철학의 혼탁한 늪이 마침내 엄격한 논리학 이론의 주변에서부터 정화되고 있다고 정말로 믿는다. 논리학은 인간이 무엇이건 알 가능성이 있는 철학의 유일한 분야이다. 형이상학 등은 자료가 전혀 없기 때문에 곤란을 겪는다. 실제로 논리학이 철학의 모든 것이다. 막연하게 철학으로 불리는 다른 모든

> 것들은 형이상학(뒷받침할 만한 아무런 자료가 없기 때문에 희망이 없다) 또는 자연과학, 예를 들면 심리학이다.

그러나 아쉽게도 — 분명히 그가 철학을 완전히 변형시킨 논리학의 체계를 이미 개발했다는 사실에도 불구하고 — 비트겐슈타인의 연구에 관해 기록으로 남겨진 것은 없다. 그 체계가 "모든 것을 분명하게 밝혔다"와 "모든 문제를 해결했다"라는 과장된 진술이 비트겐슈타인이 한 것인지 또는 핀센트가 한 것인지 알기는 불가능하다. 그러나 몇 주 후 우리는 러셀에게 보낸 비트겐슈타인의 편지로부터 "여전히 해결되어야 할 매우 어려운 문제들(또한 매우 근본적인 문제들)이 있으며, 나는 그것들에 대해 어떤 종류의 해결책을 얻을 때까지 글을 쓰지 않을 것입니다"라고 말한 것을 알 수 있다.

핀센트는 비트겐슈타인과 만나기로 약속했다. 비트겐슈타인이 방학 동안 그를 스페인 여행에 데려가려 한다는 인상을 받았는데, 둘이 만났을 때 계획이 변경되었다는 것을 알았다. 스페인 대신 (구체적이지 않은 이유 때문에) 다른 세 곳, 즉 안도라Andorra와 노르웨이의 아조레스 제도the Azores 또는 베르겐Bergen 중 하나를 선택해야 했다. 핀센트가 선택해야 했는데 — "비트겐슈타인은 어느 특정한 계획을 선호하지 않는다는 것, 따라서 내가 편견 없이 선택할 수 있음을 보여주려 애썼다." — 그러나 비트겐슈타인의 선택이 노르웨이라는 것이 아주 분명했기 때문에 핀센트도 그것을 선택했다.(실제로 그는 아조레스 제도를 더 좋아했을지도 모르지만, 비트겐슈타인은 배 위에서 일단의 미국 관광객들을 만날까 봐 두려워했다. "그는 그것을 도저히 참을 수 없었다")

> 그래서 우리는 결국 스페인이 아니라 노르웨이로 간다! 왜 비트겐슈타인이 마지막 순간에 갑자기 마음을 바꿨는지 나는 알 수 없다! 그러나 노르웨이에서도 똑같이 즐거울 것이다.

여행을 떠나기 전, 비트겐슈타인은 그의 새로운 연구를 러셀과 화이트헤드에게 설명하기 위해 케임브리지에 들렀다. 핀센트에 의하면 둘 모두 열광적이었으며, 《수학 원리》의 제1권은 그 영향 아래 다시 쓰여야 한다는 데, 그리고 비트겐슈타인이 처음 열한 장을 다시 쓰는 데에 동의했다.(만일 이것이 사실이라면 화이트헤드는 나중에 마음을 바꿨음이 틀림없다.) "그것은 그에게 멋진 승리다!"

그가 러셀류의 수리논리학의 미래에 대한 책임을 점점 더 많이 떠맡음에 따라(또는 그렇게 보임에 따라), 비트겐슈타인은 심지어 더 신경질적으로 민감해졌다. 헐Hull에서 크리스티아니아(현재 오슬로Oslo)로 항해할 때, 그의 마음이 비정상적으로 위험하다는 것이 드러났다.

> 항해가 시작되자마자 비트겐슈타인은 자신의 모든 원고가 든 여행가방을 헐에 두고 왔다고 말하면서 갑자기 심한 공포에 질려버렸다. 그런데 내가 그 때문에 무선 전보를 보내려고 할 바로 그때 그 가방은 다른 사람의 객실 밖 복도에서 발견되었다!

그들은 크리스티아니아에 도착한 후 거기에서 9월 1일 베르겐으로 가는 기차를 타기 위해 하룻밤을 보냈다. 호텔에 있을 때 비트겐슈타인은 "지금까지 멋지게 지냈다. 그렇지 않은가?" 하며 핀센트에게 말을 건넸다. 그는 지난해 아이슬란드에서 했던 논쟁을 회상했음이 틀림없었다. 핀센트는 전형적인 영국식으로 조심스럽게 응답했다. "나는 그의 감정이 열정적으로 폭발할 때 적절하게 반응하는 것이 아주 어렵다는 것을 알게 되었다. 그래서 나는 이번에는 본능적으로 그것을 식혀버렸는데 이는 경솔했다. 나는 그런 종류의 것에 관해 열광하는 것을 끔찍이 싫어한다." 그의 신중함 때문에 비트겐슈타인은 감정이 깊이 상했고 그때 이후 저녁 내내 핀센트에게 한마디도 하지 않았다.

다음 날 아침 그는 여전히 "아주 무뚝뚝하고 통명스러웠다." 기차에서 비트겐슈타인이 다른 관광객들과 떨어져 있자고 고집했기 때문에, 그들은 마지막 순간에 좌석을 바꿔야 했다.

> 그때 아주 쾌활한 영국인이 와서 내게 말을 걸었다. 급기야 그는 담배를 피우기 위해 금연석인 우리 자리를 떠나서 자기 자리로 같이 가자고 고집했다. 비트겐슈타인은 거절했지만 나는 잠시 동안이라도 가봐야 했다. 거절하는 것은 아주 무례한 일이었을 것이다. 나는 가능한 한 빨리 돌아왔는데, 그가 기분이 상했다는 것을 알게 되었다. 나는 그 영국인이 이상한 사람이라는 식으로 몇 마디 했다. 이때 그는 "내가 원한다면 그와 하루 종일 여행할 수도 있다"라고 말했다. 그때 나는 그와의 논쟁에 종지부를 찍고 마침내 그의 마음을 정상적이고 쾌활한 상태로 돌려놓았다.

"그가 이렇게 무뚝뚝할 땐 굉장히 조심해야 하고 너그러워질 필요가 있다"고 핀센트는 부언한다. "예민할 때 그는 《안나 카레니나*Anna Karenina*》의 레빈Levin과 아주 닮았다. 무뚝뚝할 때 그는 나에 대해 온갖 괴상한 생각을 한다. 하지만 그다음에는 매우 뉘우친다."

> 내가 보기에 그는 지금 평상시보다 훨씬 더 예민해서 신경질을 내기 쉽다. 마찰을 완전히 피하기는 아주 힘들 것이다. 케임브리지에서는 서로 매일 보는 것이 아니라서 마찰을 피할 수 있었다. 그러나 그는 지금처럼 함께 있을 땐 마찰을 피하는 것이 극도로 어렵다는 것을 결코 이해하지 못할 것이다. 그 사실 때문에 그는 무섭게 당혹스러워한다.

기차에서 벌인 논쟁은 그들의 관계에서 일종의 전환점이 되는 것처럼 보인다. 핀센트의 일기 나머지 부분에서 비트겐슈타인은 이제 '루트비히'로 불린다.

베르겐에 도착하자마자 그들은 비트겐슈타인이 원했던 장소를 어디서 찾을 수 있는지 알아보기 위해 관광안내소로 갔다. 비트겐슈타인이 원하는 장소는 피오르fjord 근처, 쾌적한 시골에 있는 조그만 호텔이어야 했고, 관광객들로부터 완전히 떨어진 곳이어야 했다. 다른 말로 하면 비트겐슈타인이 방해받지 않고 논리학을 연구할 수 있는 장소였다.(마지막 순간에 계획을 바꾼 이유가 이것이라는 것이 이제 분명해졌을 것이다.) 그는 베르겐에 있는 호텔에서 벌써 연구를 시작했다. "연구할 때 그는 혼자서 (영어와 독일어를 섞어서) 중얼거리고 방을 내내 이리저리 걸어 다닌다"고 핀센트는 적었다.

관광안내소에서 그들은 이 모든 조건을 만족시키는 장소를 찾아냈다. 하르당에르Hardanger 피오르에 있는 작은 마을의 외이스테쇼Öistesjo라고 불리는 조그만 호텔이 바로 그 장소였다. 거기서는 그들이 유일한 외국인 관광객이고 나머지 열 명의 손님은 노르웨이인들이었다. 거기서 그들은 짧게 산책을 했다. 항상 예민한 사진가였던 핀센트는 카메라를 갖고 갔는데 "이것이 루트비히와의 또 다른 충돌을 제공한 원인이었다."

> 내가 사진을 찍으려고 잠시 그를 떠났을 때까지 우리는 완전히 잘 어울리고 있었다. 그런데 내가 돌아왔을 때 그는 아무 말이 없었고 퉁명스러웠다. 나는 침묵 속에서 반 시간 동안 그와 함께 계속 걸었다. 그리곤 무엇이 문제인지 물었다. 내가 사진을 찍으려고 예민해진 것 때문에 그의 기분이 상한 것처럼 보였다. "마치 내가 걸을 때 시골이 골프 치기에 얼마나 좋은지 말고는 아무것도 생각할 수 없는 사람처럼 보였던 것 같다." 나는 그것에 관해 오랫동안 이야기했고 결국 우리는 화해했다. 그는 정말로 몹시 신경질을 내기 쉬운 상태에 있다. 오늘 저녁 그는 자신을 격렬히 비난했고 자기를 아주 측은할 정도로 모멸하는 표현을 썼다.

풍자적이지만 적절한 비교를 통해 핀센트는 "베토벤 같은 사람들이 나쁜 것처럼 현재 그가(예민하게 신경질적인 점에서) 나쁘다고 말한다해도 전혀 과장이 아니다." 아마 그는 비트겐슈타인이 **바로 그** 베토벤을 "목표로 삼아야 할 그런 종류의 사람"으로 간주했다는 것을 듣지 못했던 것 같다.

그러므로 핀센트는 비트겐슈타인의 기분을 상하게 하거나 성나게 하지 않으려고 아주 조심해서 나머지 휴가 기간은 다른 논쟁 없이 지나갔다. 그들은 비트겐슈타인에게는 꼭 맞았던 일상적인 습관에 아주 빠르게 적응해갔다. 그들은 오전에 연구를 했고, 이른 오후 산책을 나가거나 배를 탔고, 오후 늦게 연구를 했으며 저녁에는 도미노를 했다. 핀센트에게 이것은 모두 약간 지루했는데, "사람을 지겹게 하지 않는 정도였다." 그 여행에는 아이슬란드의 시골 지역을 조랑말을 타고 돌아봤던 낭만도 신선함도 없었다. 그의 일기에서 핀센트는 노르웨이의 외딴 곳에 있는 텅 빈 호텔에서(다른 손님들은 핀센트와 비트겐슈타인이 도착한 후 곧 떠났다) 얼마나 흥밋거리를 찾으려고 애썼는지 — 가령 그들이 호텔 지붕에서 발견한 말벌 둥지를 없애려고 여러 번 시도했던 것 등 — 에 관해 계속 써야만 했다.

그렇지만 비트겐슈타인에게 그곳은 완전했다. 그는 아주 만족스러운 상태에서 러셀에게 편지를 쓸 수 있었다.

> 나는 지금 아름다운 피오르 안쪽의 조그만 곳에 앉아서 끔찍한 유형론에 관해 생각하고 있습니다 … 핀센트는 나를 엄청나게 편안하게 해줍니다. 우리는 조그만 항해용 보트를 빌려서 피오르 주변을 돌아다녔습니다. 아니 핀센트가 혼자서 보트를 젓고 나는 보트에 앉아서 연구를 한다고 하는 편이 정확할 것입니다.

한 가지 질문이 그를 괴롭혔다.

> 내가 뭔가를 얻어낼 수 있을까요?! 그렇지 못해서 나의 모든 연구가 헛되이 끝난다면 끔찍할 것입니다. 그렇지만 나는 용기를 잃지 않고

> 계속 생각하고 있습니다 … 나는 요즘 자주 내 연구가 확실히 완전히 쓸모없게 될 것 같은 형언할 수 없는 느낌이 들곤 합니다. 하지만 여전히 이런 일이 실제로 일어나지 않기를 바랍니다.

항상 그랬듯이 비트겐슈타인의 상태는 그의 연구 능력에 따라 바뀌었다. 그래서 진전이 안 돼서 낙담할 때, 그를 격려하는 일은 핀센트의 몫이었다. 예를 들면 9월 17일자의 일기에는 다음과 같은 글이 있다.

> 아침 내내 그리고 오후 대부분의 시간 동안 비트겐슈타인은 매우 우울해 있어서 다가가기 어려울 정도였다. 그는 줄곧 논리학을 연구했다 … 나는 그를 쾌활하게 만들어서 정상적인 마음 상태로 돌아오게 하는 데 성공했다. 차를 마신 후 우리는 함께 산책을 나갔다.(그날은 맑은 날이었다.) 우리는 이야기를 하기 시작했는데, 그를 오후 내내 우울하게 했던 것은 '유형론'에 있는 아주 심각한 난제였던 것 같았다. 그는 자신이 유형론을 교정하기 전에, 그가 자신의 모든 연구를 세상 사람들이 이해할 수 있도록 그리고 논리학에 유용할 수 있도록 하는 방식으로 다 쓰기 전에 죽을까 봐 병적으로 두려워한다. 그는 이미 많은 것을 썼고 그가 죽으면 그의 연구를 출판해주겠다고 러셀이 약속했지만, 그는 이미 그가 써놓은 것은 그의 진짜 사고 방법을— 이것이 물론 그가 이룩해낸 구체적인 결과보다 더 가치가 있다— 완전히 평이하게 만들 만큼 잘 쓰여진 것은 아니라고 확신하고 있다. 그는 항상 4년 내에 죽을 것이라고 말하곤 했는데, 오늘은 두 달 안에 죽는 것으로 바뀌었다.

자신의 연구를 출판할 수 있기 전에 죽을지도 모른다는 비트겐슈타인의 느낌은 노르웨이에서 보낸 마지막 주에 강해졌기 때문에, 그는 서둘러서 러셀에게 다음과 같은 것을 부탁하는 편지를 썼다. 그는 러셀이 '**가능한 한 빨리**' 그를 만나줄 수 있는지를, "내가 지금까지 연구한 전 분야에 대한 개괄적인 설명을 그에게 할 수 있도록 충분한 시간을 나에게 줄지를, 그리고 가능하다면 당신이 동석한 동안 당신을 위해 노트를 할 수 있도록 허락해줄지를" 물었다. 이 덕분에 비트겐슈타인의 초기 사상을 설명하는 기록 중 가장 초기 것인 《논리학 노트*Notes on Logic*》가 생겨났다.

그를 불안하게 만드는, 그가 곧 죽을**지도 모른다**는 느낌은 곧 그렇게 되도록 **정해졌다**는 바뀔 수 없는 확신이 되었다. 그의 말이나 행동은 모두 이런 가정에 근거하게 되었다. 그는 죽는 것이 **두렵지** 않다고 핀센트에게 말했다. "그러나 인생의 얼마 남지 않은 기간이 낭비되지 않도록 놀라울 정도로 신경을 썼다."

> 그것은 모두 그가 곧 죽을 것이라는 절대적으로 병적이고 광적인 확신 때문이다. 내가 보기에는 그가 더 오래 살지 못할 분명한 이유는 없다. 그러나 그런 확신 또는 그에 대한 근심을 이성적으로 사라지도록 시도해봤자 소용없다. 이러한 확신과 근심은 그도 어쩔 수 없이 갖고 있는 것이다. 왜냐하면 그는 미쳤기 때문이다.

또 다른 근심은 그의 논리학 연구가 아마 결국에는 실제로 아무 쓸모가 없을지도 모른다는 것이었다. "모든 것이 수포로 돌아갈 것 같이 느끼는 그의 신경질적인 기질은 그의 인생을 비참하게 만들고 다른 사람들을 불편하게 만들었다."

이렇게 치명적일 정도의 근심이 비트겐슈타인을 공격할 때 핀센트는 그를 격려하고, 확신시켜 주고, 그와 도미노를 하고, 함께 배를 타러 나가고, 그리고 무엇보다도 함께 음악을 연주하는 일, 즉 그의 사기를 계속 북돋아주는 일을 훌륭하게 수행한 것 같다. 휴가 기간 동안 핀센트의 반주에 맞추어 비트겐슈타인이 휘파람으로 분 슈베르트 노래는 모두 40여 곡이 되었다.

이 휴가에 대한 그들의 평가는 서로 달랐는데, 이는 그다지 놀라운 일은 아니다. 비트겐슈타인은 단 하루도 그렇게 즐겁게 지낸 적은 결코 없다고 말했다. 핀센트는 그렇게 열광적이지 않았다. "나는 혼자서는 꽤 재미있게 보낸다 … 그러나 신경질을 잘 내는 비트겐슈타인과 지내는 것은 때때로 견디기 힘들다." 10월 2일 돌아온 후 그는 다시는 비트겐슈타인과 함께 여행하지 않을 것이라고 맹세했다.

휴가가 끝나는 날 무렵 비트겐슈타인은 "갑자기 아주 놀라운 계획을 발표했다."

> 즉 그는 노르웨이 같은 곳에서 사람들로부터 떨어져서 몇 년 동안 살아야 한다는 것, 수행자처럼 완전히 홀로 그리고 혼자 힘으로 살아야 한다는 것, 논리학 연구 말고는 아무것도 하지 말아야 한다는 것 등을 발표했다. 이런 일을 하려는 이유는 내게는 이상했지만, 그에게는 분명히 매우 현실적일 것이다. 첫째, 그는 케임브리지에서보다는 그런 환경에서 아무 제한 없이 더 좋은 연구를 많이 할 것으로 생각한다. 케임브리지에서는 연주회 같은 일로 끊임없이 방해받고 주의가 산만해지는데, 이것이 연구에 끔찍한 장애가 된다고 그는 말한다. 둘째, 그는 자신에게 반감을 갖는 세계에서(물론 그에게 동정적인 사람은 거의 없다) 살 권리가 없다고 느낀다. 이 세계에서 그는 항상 타인을 경멸하고 있으며 신경증적 기질로 그들을 화나게 만들 뿐이다. 게다가 자기가 정말로 위대한 인물이 되거나 위대한 업적을 남겨서 그런 경멸을 정당화시키지도 못하고 있다.

이 논증의 일부는 이미 본 적이 있다. 만일 그가 베토벤처럼 행동하려면 베토벤처럼 정말로 위대한 작품을 생산해야 한다. 새로운 내용은 이 일이 케임브리지에서는 불가능하다는 확신이다.

그렇지만 비트겐슈타인은 아직 확실하게 마음을 정하지 못했다. 그래서 그는 런던에 있는 근로자 대학Working Men's College에서 하기로 동의한 철학에 관한 강의 준비를 계속했다. 그들이 집으로 돌아오는 길에 뉴캐슬Newcastle에 이르렀을 때 마침내 결정을 내렸다. 그곳에서 비트겐슈타인은 그레틀로부터 미국인 남편인 스톤버러Jerome Stonborough와 함께 런던에서 살기 위해 귀국할 예정이라는 편지를 받았다. 이것이 그의 계획을 확정 짓게 만든 것처럼 보인다. 만일 스톤버러 부부가 그를 자주 방문하게 된다면, 영국에서 사는 것을 견뎌낼 수 없을 것이라고 그는 핀센트에게 말했다.

어쨌든 비트겐슈타인은 그 생각을 엉뚱하게 여겼던 핀센트에게도 왜 그가 논리학 연구를 위해 노르웨이에 **가야 하는지** 이유를 말해주었다. "그는 어려운 문제들을 많이 해결했지만 여전히 풀지 못한 것이 있으며" 그리고 "그의 연구에 따르는 커다란 어려움은, 만일 그가 논리학의 모든 기초를 완전히 해결하지 않는다면 그 연구는 아무런 가치도 없으리라는 것이다." 그러므로 그의 선택은 "진정으로 위대한 일을 하든지, 실제로 아무것도 하지 않든지 둘 중의 하나이다."

핀센트는 이런 논법에 설득당한 것처럼 보인다. 비록 그것은 스톤버러 부부가 영국에 사는 사실과는 아무런 관련이 없으며, 왜 비트겐슈타인이 홀로 있어야 하는지 설명해주지 못하고, 그가 일주일 전에 가졌던 견해(비트겐슈타인의 **결과**가 아닌 **방법**이 중요하다는 것)와 첨예하게 대조되지만 말이다. 실제로 이 논증은 바이닝거가 제기한 그 무서운 이분법, 즉 위대성 아니면 무를 재진술한 것처럼 보인다. 그러나 그것을 케임브리지에서 떨어져 사는 것에 대한 납득할 만한 이유로 만들기 위해서는 아마도 두 개의 다른 바이닝거류의 전제들을 첨가해야 할 것이다. 즉 사랑은 위대함에 공헌하지만 성적인 욕망은 해롭다는 것과 "성적인 욕망은 육체적 근접성에 따라 증가하고 사랑은 사랑받는 대상이 부재 중일 때 가장 강하며, 사랑은 유지되기 위해 실제로 분리를, 즉 일정한 거리를 필요로 한다는 것", 이 두 전제 말이다.

그러므로 위대해지기 위해서는 사랑하는 대상으로부터 분리되어 있어야 한다.

5 노르웨이

예상할 수 있겠지만, 러셀은 노르웨이에서 2년 동안 혼자 살려는 비트겐슈타인의 계획을 무모하고 어이없는 것으로 간주했다. 그는 여러 가지 이유를 들어 반대하면서 그 계획에 대해 그와 기탄없이 말해보려고 했지만 모두 무시되었다.

> 내가 어두울 것이라고 말하면, 그는 일광을 싫어한다고 말했다. 내가 외로울 것이라고 말하면, 그는 지적인 사람들과 말하는 것은 마음을 파는 것 같다고 대답했다. 내가 그 보고 미쳤다고 말하면, 그는 신이 자신을 정상인이 못 되도록 막고 있다고 말했다.(신은 확실히 그럴 것이다.)

비트겐슈타인이 다시 베르겐으로 떠나기 전, 그와 러셀 모두에게 그의 연구를 글로 기록하는 것이 중요했다. 비트겐슈타인에게는 그가 단지 수년(심지어 몇 달)밖에 살지 못하리라는 확신 때문이었고, 러셀에게는 비트겐슈타인의 생각을 미국에서 할 일련의 강의에서 이용하고 싶었기 때문에, 그리고 지금이 아니면 전혀 기회가 없을 것으로 생각했기 때문이다.(그는 비트겐슈타인이 노르웨이에서 혼자 사는 동안 완전히 미쳐버리거나 그리고/또는 자살할 것이라는 생각을 강하게 갖고 있었다.)

문제는 '미적 양심'(러셀의 말이다) 때문에 비트겐슈타인은 불완전하게 글을 쓰는 것을 아주 꺼렸다는 것이다. 그는 자신의 생각이 아직 완전하지 않기 때문에 무엇이건 쓰는 것을 싫어했다. 그는 그저 자신의 생각을 러셀에게 말로 설명하고 싶어 했다. 비트겐슈타인의 연구를 '논리학에서 이루어진 가장 좋은 것'으로 생각했던 러셀은 비트겐슈타인의 설명을 따라잡기 위해 최선을 다했지만, 비트겐슈타인의 사고가 너무 미묘해서 계속 잊어버렸고 결국에는 그에게 글을 쓰도록 간청했다.

> 한참을 신음한 후 그는 할 수 없다고 말했습니다. 나는 그를 완곡하게 비난했고 우리는 논쟁을 벌였습니다. 그런 후, 그는 그가 한 말 중 내가 쓸 만한 가치가 있다고 생각하는 말을 적겠다고 말했습니다. 그래서 우리는 그렇게 했는데 꽤 잘 진행되었습니다. 그러나 우리는 아주 피곤해졌고 진행 속도는 느려졌습니다.

비트겐슈타인이 아무리 고통으로 신음을 내도 그의 사상을 족집게로 끄집어내려는 러셀의 강한 의지가 없었다면 그는 포기했을 것이다.

마침내 그는 저데인의 비서에게(이 사람은 책을 빌리려고 러셀의 방에 왔다) 비트겐슈타인이 말하고 러셀이 질문하는 동안 속기로 적어달라고 부탁했다. 이 덕분에 그는 비트겐슈타인 사상의 일부나마 기록할 수 있었다. 이 필기록은 며칠 후 비트겐슈타인이 핀센트에게 작별 인사를 하기 위해 버밍엄에 머무는 동안 비트겐슈타인이 구술한 것을 친 타자본과 함께 보관된다. 이 필기록과 타자본은 합해져서 《논리학 노트》가 된다. 이것이 비트겐슈타인 최초의 철학 작품이다.

그 연구는 그가 여름 초에 했던 말, 즉 유형론은 "적절한 기호주의 이론에 의해 불필요한 것임이 드러나야 한다"는 말을 확장한 것이며 또 그런 이론을 제공하기 위한 예비 시도로 평가될 수 있다. 그것은 세부적으로 정말로 미묘하며, 또한 러셀에 대한 비판에서도 그렇다.

그러나 그것의 근본적 사고는 아주 깜짝 놀랄 정도로 단순하다. 그것은 다음과 같다. "'A'는 'A'와 같은 글자이다." (속기사는 이 말을 듣고 "어쨌든 그것은 참"이라고 말했다.) 이렇게 사소하게 참인 것처럼 보이는 것이 《논고》의 핵심인 보여주는 것과 말하는 것 사이의 구분으로 발전하게 될 것이었다. 요점은 비록 여기서는 초기 형태이지만, 유형론이 **말하려는** 것은 말해질 수 없고 기호주의에 의해 **보여져야만**('A'는 'A'와 같은 글자이고, 'B'와 같은 **유형**의 글자이고, 'x', 'y' 및 'z'와 다른 유형의 글자라는 것을 **봄**으로써) 한다는 것이다.

이러한 초기 기호주의 이론에 덧붙여서 《논리학 노트》는 일련의 철학에 대한 단평들을 포함하고 있는데, 이것은 비트겐슈타인의 철학관을 분명하게 기술하고 있다. 이 철학관은 — 최소한 다음 관점의 대부분이 — 그의 나머지 인생 동안 변하지 않았다.

> 철학에는 연역이란 것이 없다. 그것은 순전히 기술적이다.
> 철학은 실재에 대한 어떤 그림도 제공하지 않는다.
> 철학은 과학적 탐구를 입증하지도 논박할 수도 없다.
> 철학은 논리학과 형이상학으로 이루어진다. 논리학은 그것의 기초이다.
> 인식론은 심리철학이다.
> 문법에 대한 불신이 철학함을 위한 최초의 필요조건이다.

핀센트와 작별 인사를 한 후, 비트겐슈타인은 10월 8일 버밍엄을 떠났다. "헤어지는 것이 슬펐다"고 핀센트는 적었다.

> … 하지만 그는 (다음 여름 때까지 노르웨이에 머물다가) 잠시 영국을 방문한 후 (다시 돌아가는 방법을) 택할지 모른다. 그때 그를 다시 볼 수 있을 것이다. 우리 사이는 혼란스러웠지만 그와 사귄 것을 매우 고맙게 여긴다. 그도 또한 그럴 것으로 확신한다.

다음 여름에 일어난 전쟁으로 인해 이것이 둘의 마지막 만남이 되었다.

비트겐슈타인이 1913년에 필요로 했던 것, 또는 그렇게 느꼈던 것은 홀로 사는 것이었다. 그는 베르겐 북쪽에 있는 송네Sogne 피오르 가에 있는 숄덴Skjolden이라 부르는 마을에서 이상적 장소를 발견했다. 그는 그 지방의 우체국장인 한스 클링겐베르그Hans Klingenberg의 집에 숙소를 정했다. 그는 러셀에게 "이곳에선 사람을 거의 보지 못하기 때문에 노르웨이어 공부는 굉장히 느리게 진행된다"고 썼다. 그러나 이것은 정확한 표현이 아니다. 실제로 그는 많은 마을 사람들과 친구가 되었다. 클링겐베르그 가족 말고도 그 지방의 가구 공장 주인이었던 할바르 드렝니Halvard Draegni, 농부인 안나 레브니Anna Rebni, 그리고 열세 살의 학생이었던 아르네 볼스타드Arne Bolstad가 있었다. 그는 노르웨이어를 빠르게 배워서 1년이 지나자 이 친구들과 그들의 언어로 편지를 주고받을 수 있게 되었다. 이 편지들에서 사용된 언어가 그렇게 복잡하거나 정밀하지는 않았다는 것은 인정해야겠지만 말이다. 그러나 이것은 그의 노르웨이어 실력 때문이라기보다는 그 친구 관계의 특징 때문이었다. 이 편지들은 그가 가장 좋아했던 단순하고 직접적이며 간결한 종류였다. "루트비히, 어떻게 지내십니까? 우리는 당신을 자주 생각합니다"가 전형적인 예일 것이다.

즉 그는 사람과의 접촉을 완전히 끊지는 않았다. 그러나 그는 **사회**로부터는 멀리 떨어져 있었고, 케임브리지에 있건 빈에 있건 부르주아적 생활이 부과하는 의무와 기대로부터 해방되었다. 아마 이것이 가장 중요했는지 모른다. 그가 부르주아적 생활을 싫어한 이유는 부분적으로 그것이 사람들에게 강요하는 관계의 피상적 성질 때문이었지만, 부분적으로는 또 그 자신의 본성이 **그에게** 그런 상황과 마주쳤을 때 거의 참을 수 없는 대립 — 그것을 견뎌낼 필요와 그것에 순응할 필요 사이의 대립 — 을 강요했기 때문이다.

숄덴에서는 그런 대립으로부터 해방될 수 있었다. 그는 다른 사람들을 성나게 하거나 공격할 때 느끼는 긴장 없이 그 자신일 수 있었다. 그것은 굉장한 해방이었다. 그는 자신을 완전히 자신에게, 아니 그가 실질적으로 같다고 느꼈던 것, 즉 논리학에 전념할 수 있었다. 이것과 함께 시골의 아름다움 때문에 그는 일종의 환희를 느꼈다. 아름다운 시골은 그가 휴식과 명상 모두를 위해 필요했던 길고 고독한 산책을 하는 데 이상적이었다. 생각하기에 완전한 조건이었다. 아마도 이때가 그의 인생에서 그가 올바른 장소에서 올바른 일을 하고 있다는 것을 전혀 의심하지 않았던 유일한 시기였을 것이다. 그리고 그가 숄덴에서 보낸 해는 아마도 그의 인생 중 가장 생산적인 기간이었을 것이다. 훗날 그는 이 시기를 완전히 그 자신의 사고를 하던 시기로, 심지어 그가 '사고 과정에 생명을 불어넣었던' 시기로 회상하곤 했다. "**그때** 나의 정신은 불타고 있었다!"라고 그는 말하곤 했다.

수주일 만에 그는 러셀에게 새로운 아이디어가 들어 있는 편지를 쓸 수 있었다. 그 새로운 아이디어의 놀랄 만한 결과는 "논리학 전체가 단 하나의 P.P.〔원초적 명제primitive propositions〕로부터 따라나온다!"는 것이다.

그동안 러셀은 하버드에서 할 강의에 대비해 《논리학 노트》를 소화하는 데 최선을 다하고 있었다. 책으로 나온 이 강의의 서문에서 그는 이렇게 말한다.

> 그러나 이 강의에서 순수논리학 분야는 아주 간략히 다룰 것인데, 내 친구 루트비히 비트겐슈타인 씨의, 아직 출간되지는 않았지만 매우 중요한 발견으로부터 도움을 받았다.

그러나 러셀에게 여전히 분명치 않았던 부분들이 있었다. 그것들에 대한 설명을 듣고 싶었던 그는 일련의 질문들을 적어서 비트겐슈타인에게 보냈다. 비트겐슈타인의 답변은 간략했고 대부분의 경우 도움이 되었다. 그러나 그는 새로운 아이디어들로 꽉 차 있어서 낡은 근거를 다시 돌아보는 과정이 즐거울 리 없었다. "보편 부정의자general indefinables에 대한 설명? 오, 주여! 그것은 **너무** 지루하다!!! 다음에!"

> 그것에 관해 다른 때 설명**할 것을** 약속합니다. 만일 그때까지 당신이 그것을 알아내지 못했다면 말입니다.(왜냐하면 그것은 원고에 모두 명료하게 들어 있다고 생각하기 때문입니다.) 그러나 지금 당장은 정말로 긴 잔소리를 할 수 없습니다. 나는 지금 동일성 문제 때문에 머리가 **많이** 아프기 때문입니다. 모든 종류의 논리적 재료들이 내 안에서 자라고 있는 것 같습니다. 하지만 아직 그것들에 관해 쓸 수는 없습니다.

이런 지적 창조가 주는 절정의 흥분 속에서, 그는 이미 명료하게 잘 입증되었다고 느꼈던 점들을 설명하는 것을 특히 지루하게 여겼다. 11월의 한 편지에서 그는 왜 전체 논리학이 하나의 원초적 명제로부터 따라 나와야 한다고 생각했는지 설명하려 시도했다. 그러나 러셀이 여전히 그것을 이해하지 못했을 때, 그의 인내심도 한계에 도달했다.

> 제발 이 문제들을 당신 혼자 힘으로 생각하십시오. 처음 할 때에도 **겨우 억지로** 했던 설명을 다시 반복하는 것은 **참을 수 없는** 일입니다.

그럼에도 불구하고 그는 요점을 명료하게 만들기 위해 노력했다. 그 요점은 한 명제의 진리 가능성을 나타내는 정확한 방법이 주어지면, **논리적** 명제는 그것을 구성하는 부분들의 참, 거짓을 알지 못하고도 참 또는 거짓임을 보여줄 수 있다는 그의 확신에 달려 있다. 그러므로 "비가 오거나 오지 않는다"는 "비가 온다"가 참이건 거짓이건 참일 것이다. 마찬가지로 "비가 오고 또 비가 오지 않는다"가 분명히 거짓임을 알기 위해서 날씨에 관해서 아무것도 알 필요가 없다. 이런 진술들은 **논리적** 명제들이다. 첫째 것은 (항상 참인) 항진명제고, 둘째 것은 (항상 거짓인) 모순명제다. 이제, 만일 우리가 주어진 명제가 항진명제 또는 모순명제 또는 둘 중 아무것도 아니라는 것을 결정하는 방법을 가지고 있다면, 우리는 논리학의 **모든** 명제들을 결정하는 하나의 규칙을 갖게 될 것이다. 이 규칙을 한 명제로 표현하면, 전체 논리학이 하나의 (원초적) 명제로부터 따라나온다는 것이 보여진 것이다.

이 논증은 우리가 참인 논리적 명제들은 모두 항진명제라는 것을 수용할 경우에만 옳은 것이 된다. 비트겐슈타인이 러셀에게 보내는 그의 편지를 다음의 신탁 같은 선언으로 시작한 것은 바로 이러한 이유 때문이다.

> 논리학의 모든 명제들은 항진명제들의 일반화들이고 항진명제들의 모든 일반화들은 논리학의 명제들입니다. 이 밖에 또 다른 논리적 명제들은 없습니다.(나는 이것을 결정적인 것으로 간주합니다.)

그는 러셀에게 '이제 중요한 문제는' 이것이라고 말했다. "**하나의 같은 방법으로** 모든 항진명제를 항진명제로서 인지할 수 있게 하기 위해서 기호들의 체계가 어떻게 구성되어야 하는가? 이것이 논리학의 근본 문제이다!"

그는 나중에 이 문제를 이른바 진리표 방법(오늘날 논리학을 배우는 학부생들에게 친숙한)을 이용하여 다루게 된다. 그러나 당시는 크레센도의 정점을 지난 후였다. 크리스마스가 다가올수록 들떴던 기분은 우울하게 변했고, 비트겐슈타인은 오래 살지 못하기 때문에 그의 생전에 아무것도 출판하지 못하리라는 병적인 확신감을 다시 갖게 되었다. "내가 죽은 후, 당신은 내가 쓴 일지의 모든 이야기를 책으로 출판하도록 봐줘야 합니다"라고 그는 러셀에게 강조했다.

그 편지는 이렇게 끝난다. "나는 미쳐버릴 거라는 생각을 자주 합니다." 그 광기는 양날의 칼이어서, 이전 몇 달 동안의 조증은 크리스마스가 다가오면서 울증으로 변하였다. 왜냐하면 크리스마스에는 "**불행**

히도 빈으로 가야" 하기 때문이었다. 그것으로부터 탈출할 방법은 없었다.

사실 어머니는 내가 오기를 몹시 바라고 계십니다. 만일 내가 가지 않는다면, 어머니는 매우 슬퍼하실 것입니다. 작년 바로 이맘때 어머니의 기억력이 너무 쇠퇴해져 있어서 나는 차마 떠날 마음을 먹지 못했었습니다.

그러나 여전히 "집에 간다는 생각 때문에 섬뜩해집니다." 한 가지 그를 위안시키는 것이 있다면, 방문 기간이 짧아서 곧 숄덴에 돌아오리라는 것이었다. "여기서 홀로 지내는 것이 내게는 너무 큰 도움이 되어서 내가 사람들과 함께 지내는 생활을 견뎌낼 수 있으리라고 생각하기 힘들 정도입니다."

출발하기 일주일 전 그는 이렇게 썼다. "나의 하루는 논리학, 휘파람, 산책, 그리고 우울해지는 것으로 지나갑니다."

내가 더 지적이 되고 모든 것이 끝내 나에게 분명해지도록, 그렇지 않다면 더 오래 살 필요가 없도록 신에게 기원합니다.

완전한 명료함 그렇지 않으면 죽음, 그 중간에는 아무것도 없었다. 만일 그가 **전체** 논리학에 근본적인 그 문제를 풀 수 없다면 그는 살 권리(또는 소망)를 갖지 못했다. 타협이란 있을 수 없었다.

크리스마스를 가족과 함께 보내기로 하면서 비트겐슈타인은 그의 어머니에 대해 느꼈던 의무를 다하기 위해 자신의 충동에 반하는 타협을 하고 있었다. 일단 거기에 가면 또 다른 타협을 해야 하는 것은 분명했다. 그가 논리학을 향해 성공적으로 집중시켰던 에너지는 개인적 관계의 긴장 안에서 다시 한 번 분산될 것이었다. 그가 어머니와 가족을 위해 공손한 아들의 자세를 수용하는 동안, 그의 진정한 관심사는 지하로 내몰려져야 했다. 무엇보다 나쁜 것은 그가 다른 일을 할 힘이나 분명한 목적을 갖지 않았다는 것이다. 그는 어머니를 슬프게 할 위험이 있는 일은 어느 것도 할 **수 없었다**. 이런 경험은 그를 마비시킬 정도의 혼란 상태에 빠뜨렸다. 그는 논리학 분야에서는 다른 것과 타협 불가능한 명료성이라는 완전성에 아무리 가깝게 갈지 몰라도, 그 자신 안에서는, 그의 개인적 생활에서는 그런 완전성으로부터 여느 때처럼 멀리 떨어져 있다는 것을 깨달았다. 그는 저항과 체념, 흥분과 냉담 사이를 왔다갔다했다. '그러나' 그는 러셀에게 이렇게 말했다.

> … 내 안 깊은 곳에는 간헐천의 바닥처럼 영속적으로 끓어오르는 동요가 있으며, 그것이 언젠가 갑자기 분출해서 나를 다른 사람으로 만들어주기를 계속 바라고 있습니다.

물론 이런 상태에선 어떤 논리학 연구도 할 수 없었다. 그러나 고통 속에서 그는 논리학에 못지않게 중요한, 심지어 서로 관련된 일단의 문제들에 맞서고 있는 것이 아닐까? 바이닝거는 "논리학과 윤리학은 근본적으로 같다. 그것들은 단지 자신에 대한 의무일 뿐이다"라고 쓴 바 있다. 이것은 비트겐슈타인이 러셀에게 쓴 편지에서 인용한 견해였다. 러셀은 그것을 같은 입장에서 볼 것 같지는 않았다. 이 점을 비트겐슈타인도 케임브리지에서 나눴던 그들의 대화로부터 추측할 수 있었다.

> 아마 당신은 나 자신에 대한 이런 생각을 시간 낭비라고 간주하겠지요. 그러나 내가 인간이 되기 전에 어떻게 논리학자가 될 수 있겠습니까! **훨씬** 더 중요한 일은 나 자신과의 문제를 해결하는 것입니다.

그의 논리학처럼 그 자신에 대한 이러한 연구는 고독 속에서만 이루어질 수 있었고, 그래서 그는 가능한 한 빨리 노르웨이로 돌아갔다. "**아주** 슬픈 일이지만 이번에도 당신에게 알려줄 새로운 논리학 소식은 없습니다"라고 러셀에게 썼다.

> 그 이유는 지난 몇 주 동안 나는 굉장히 좋지 않았기 때문입니다. (빈에서 보낸 '휴가'의 결과) 매일 나는 번갈아 일어나는 무서운 불안감과 우울증으로 고통을 겪었고, 그 사이에도 나는 너무 탈진해서 연구라곤 조금도 생각할 여지가 없었습니다. 그 정신적 고통은 가능한 한 가장 무서운 것이었으며 말로 표현할 수 없을 정도였습니다! 이틀 전에야 비로소 나는 저주받은 사람들의 아우성 소리를 넘어서 이성의 소리를 들을 수 있었고, 다시 연구를 시작했습니다. **아마** 이제 더 나아가서 훌륭한 결과를 얻을 수 있을지 모릅니다. 그러나 나는 광기로부터 단지 **한 걸음** 떨어져 있음을 느끼는 것이 무슨 의미였는지를 이번에야 **비로소** 알게 되었습니다. 최후까지 희망을 잃지 않겠습니다!

그는 자신의 인생에서 더러운 타협은 완전히 사라지게 하리라는 결심을 한 채 노르웨이로 돌아갔다. 그리고 비록 주인에게 앙갚음하기 위해 그의 개를 차는 것과 약간 비슷한 일이지만, 그는 러셀과의 관계를 재개했다. 서두는 아주 부드러워서, 타협하려는 러셀의 경향을 점잖게 그리고 숨겨서 꾸짖는다.

> 미국에서 하는 강의가 잘되기를 바랍니다! 아마도 그것은 **그저** 단편적이고 무미건조한 결과물이 아니라 당신의 **사유**를 더 잘 전달할 수 있는 기회가 될 겁니다. **그것이**—단편적이고 무미건조한 결과물이 아니라 **사유**의 가치를 알게 되는 것—청중들을 위해 할 수 있는 가장 귀중한 일이 될 것입니다.

이것은 러셀이 앞으로 할 일을 준비하는 데 거의 아무런 도움도 되지 못했다. 오톨라인에게 말했듯이 러셀은 '너무 예민하게' 응답했다. 그가 실제로 무엇을 말했는지 우리는 알지 못한다. 비록 그가 앞으로 할 강의에 대한 비트겐슈타인의 신랄한 논평을 참지 못했다는 것을 어느 정도 보여주었을 것이고, 그가 비트겐슈타인의 완벽주의를 (전에 그랬던 것처럼) 비판했을 것이며, 그리고 불완전한 작품을 기꺼이 출판하려는 것을 정당화하는 시도를 했으리라고 추측하는 것이 불합리한 것은 아니지만 말이다.

그것이 무엇이든지 간에, 그것은 현재의 비트겐슈타인의 마음 상태에서는 러셀과의 모든 관계를 끊을 때가 왔다고 확신하게 만들기에 충분했다. 러셀에게 보냈던 마지막 편지임이 분명한 편지에서 그는 그들의 관계에 대하여 많이 생각을 해왔으며 "우리는 사실 서로에게 잘 맞지 않는다는 결론"에 도달했다고 말했다.

> 그렇다고 해서 당신이나 나를 **비난하려는 뜻은 없습니다**! 그러나 그것은 사실입니다. 우리는 특정 주제에 관해서 서로 불편한 대화를 자주 하곤 했습니다. 그 불편함은 당신이나 나의 나쁜 유머감각 때문이 아니라 우리의 본성이 크게 다르기 때문입니다. 내가 당신을 어떤 식으로든 비판하고 싶어 하거나 당신에게 설교를 하려 한다고 생각하지 않기를 진정으로 바랍니다. 나는 **결론을 끌어내기 위하여** 우리의 관계를 분명하게 표현하고 싶을 뿐입니다. 우리가 최근에 했던 논쟁도 역시 단순히 당신이 너무 민감하거나 내가 사려 깊지 못했기 때문은 분명 아니었습니다. 그것은 내 편지가 당신에게 예컨대 과학적 연구의 가치에 대해서 생각하는 바가 서로 얼마나 완전히 다른지를 보여주었음이 틀림없다는 더 깊은 사실로부터 유래합니다. 물론 내가 이런 문제에 관해서 그렇게 길게 적었다는 것은 어리석었습니다. 나는 그런 근본적인 차이는 편지로 해소될 수 없다는 것을 알았어야 했습니다. 이 편지 역시 **많은 사례**들 중 그저 **하나**일 뿐입니다.

그는 러셀의 가치 판단들도 그의 것들과 마찬가지로 훌륭하며 깊게 자리한 것임을 인정했지만, 바로 그렇기 때문에 그들 사이에 진정한 우정의 관계는 존재할 수 없었다.

> **나는 평생 동안 진심으로 당신에게 감사할 것이고 당신에게 헌신할 것이지만, 다시는 당신에게 편지를 쓰지 않을 것이며 당신도 나를 다시는 보지 못할 것입니다.** 이제 당신과 다시 한 번 화해했기 때문에 **평화롭게** 당신과 헤어지고 싶습니다. 그래야 서로에게 또다시 화를 내고 원수로 헤어지지 않을 것입니다. 모든 일이 잘되기를 빕니다. 나를 잊지 않기를, 그리고 **우정 어린 마음으로** 나를 생각해주기를 간청합니다. 안녕히 계시길!
>
> 당신의 **영원한**
>
> 루트비히 비트겐슈타인

러셀은 오톨라인에게 편지를 보여준 후 그녀에게 "감히 말하지만 그의 기분은 얼마 후에 바뀔 것"이라고 했다. "나는 그를 위해서가 아니라 논리학을 위해서 개의치 않을 것이다." 그러나 여전히 "나는 정말로 너무 신경을 많이 써서 그것을 잘 살펴보지 못했다. 그것은 내 잘못이다. 나는 그에게 너무 예민했다"고 말했다.

러셀은 그에게 다시는 편지를 쓰지 않겠다는 비트겐슈타인의 결심을 녹일 답장을 했다. 3월 3일 비트겐슈타인은 러셀의 편지가 "**너무** 친절하고 다정해서 답장을 하지 않고 내버려둘 **권리**가 있다고 생각하지 않는다"고 말하는 편지를 썼다. 하지만 비트겐슈타인은 요점에 대해서는 여전히 단호했다. "우리의 논쟁은 **그저** 신경성 또는 과로와 같은 외적 이유 때문에 일어나는 것이 아니며, 어쨌든 내 입장에서는 **아주** 뿌리 깊은 것입니다."

> **우리 둘 자체는 그렇게 많이** 다르지 않지만, **우리의 이상은** 너무나 다르

다는 당신의 말이 옳을지 모릅니다. 이런 이유 때문에 우리는 가치 판단을 포함한 것이면 무엇이건 그것에 관해 위선적이 되거나 다투지 않고는 대화를 할 수 없었으며, **앞으로도** 할 수 없을 것입니다. **이 점은 논란의 여지가 없다고 생각합니다.** 나는 그것을 오래전에 알아챘고, 그것이 무서웠습니다. 왜냐하면 그것은 우리의 관계를 오염시켰기 때문입니다. 우리는 늪지에서 나란히 있었던 것 같습니다.

만일 그들이 어느 종류의 관계이건 지속하려면, 그것은 다른 기초— 서로 상대방을 해치지 않으면서도 완전히 솔직할 수 있는 그런 기초 — 위에서 이루어져야만 할 것이었다. 그들의 이상은 근본적으로 조화를 이룰 수 없기 때문에 그것은 배제되어야 한다. 그들은 "**오직** 우리의 관계를 객관적으로 입증될 수 있는 사실의 전달과, 아마도 서로에 대한 다정한 감정에 대해서 언급하는 것에 국한시킴으로써만" 위선 또는 다툼을 피할 수 있을 것이었다.

아마 당신은 "지금까지 괜찮게 잘 지내왔는데 왜 같은 식으로 계속하지 못하는가?"라고 말할 것입니다. 하지만 나는 이런 저급한 타협을 계속해야 하는 것이 **너무** 피곤합니다. 내 인생은 지금까지 불쾌할 정도로 혼란스러웠습니다. 그러나 그것이 무한정 계속될 필요가 있을까요?

그러므로 그는 그들의 관계를 '좀 더 진정한 기초' 위에서 지속시킬 방법을 제안했다.

서로 상대방의 건강 등에 관해서 편지를 씁시다. 그러나 그 안에서 어떤 종류이건 가치 판단을 하는 것은 피하도록 합시다.

그는 다음부터 러셀과 소식을 주고받을 때 이 방법을 따랐다. 그는 자신을 '당신의 헌신적인 친구'로 계속 표기했다. 그는 자신의 연구와 건강에 관하여 말했다. 그러나 그 전까지 그들을 '음악, 도덕, 그리고 논리학 이외의 많은 것들'에 관해 말할 수 있게 했던 그 친근감은 사라졌다. **이** 결별에도 불구하고 살아남았던 지적인 공감대도 1차 대전으로 인해 그들 모두에게 닥쳐온 변화 때문에 완전히 사라질 것이었다. 왜냐하면 이 변화로 인해 그들 본성의 차이점이 더 강하게 드러났기 때문이다.

1년 동안 비트겐슈타인이 그의 편지에서 반복해서 강조했듯이, 러셀과의 우정은 양자의 차이로 말미암아 — 비록 러셀은 그 어려움의 원인이 그들 사이의 **유사성**이라고 착각했지만 — 약해졌다. 심지어 그들의 철학적 토론도, 비트겐슈타인이 노르웨이로 떠나기 오래전에 이미 협동적일 수 없었다. 사실 케임브리지에서의 마지막 한 해 동안 비트겐슈타인은 그의 생각을 러셀과 전혀 논의하지 않았다. 그는 단순히 착상을 보고했을 뿐이었다. 말하자면 그에게 논리적 소식지를 주었을 뿐이었다. 그 전 11월에, 즉 무어에게 자기 연구를 논의하기 위해 노르웨이로 오라고 재촉하는 편지를 썼을 때 이미 그는 이런 논의가 가능한 사람, "아직 부패하지 않았고 이 주제에 **진정으로** 흥미를 가진" 사람이 케임브리지에는 없다는 견해를 피력했다.

> 심지어 러셀도 — 물론 나이에 비하면 가장 비범하게 신선하지만 — 더 이상 **이런** 목적에 적응할 수 있을 정도로 유연하지 못합니다.

러셀과의 관계가 처음으로 단절되었을 때, 그래서 덜 친숙한 기반 위에 놓이게 되었을 때, 비트겐슈타인은 무어에게 어느 때보다 더 가깝게 접근하려고 애썼다. 무어는 비트겐슈타인이 제안한 방문에 대해서 다소 꾸물거리고 있었고, 아마도 방문하겠다고 약속한 것을 후회하고 있었다. 그러나 비트겐슈타인은 요구를 거절할 수 없게 만들었다.

"당신은 **학기가 끝나자마자** 와야 합니다"라고 2월 18일자 편지에 적혀 있다.

> 당신이 오기를 말할 수 없을 정도로 고대하고 있습니다. 논리학Logik, 그리고 다른 일들이 죽도록 지겹습니다. 그러나 당신이 오기 전에 내가 죽지 않기를 바랍니다. 왜냐하면 그 경우에 우리는 **많이** 토론하지 못할 테니까요.

'논리학'이란 말은 아마 그가 그때 쓰고 있던 그리고 그가 학사학위를 위해 제출하려는 의도로 무어에게 보여주려고 계획했던 작품을 지칭하는 것 같다. 3월에 그는 이렇게 적었다. "지금 논리학이 거의 완성되었음이 틀림없다고 **생각**합니다." 그동안 무어가 새로운 변명거리—그는 논문을 쓰기 위해 케임브리지에 있어야 한다는 것—를 내놓았지만 그런 것에 끄떡할 비트겐슈타인이 아니었다.

> 도대체 당신은 왜 **여기서** 논문을 쓰지 못합니까? 당신은 멋진 경관을 볼 수 있는 **거실**을 **혼자** 쓸 수 있을 것이고, 나는 당신이 원하는 만큼 혼자 (실제로 필요하면 하루 종일) 내버려두겠습니다. 한편 우리는 둘이 모두 원할 때마다 서로 볼 **수 있을** 것입니다. 우리는 당신의 연구에 대해서도 이야기할 **수 있습니다**.(그 일은 재미있을 **것입니다**.) 아니면 아주 **많은** 책이 필요합니까? 자, 보십시오. 저 또한 할 일이 **많기** 때문에 당신을 조금도 방해하지 않을 것입니다. 17일 뉴캐슬을 출발해서 19일에 베르겐에 도착하는 배를 **타십시오**. 연구는 여기서 하십시오.(당신이 너무 많이 반복을 하지 못하게 함으로써 당신 연구에 좋은 영향을 미칠지도 모릅니다.)

드디어 무어는 힘든 여행을 피하고 싶어서 주저했던 마음, 그리고 비트겐슈타인과 단 둘이 있어야 한다는 더 움찔하게 만드는 생각을 극복하고 그를 방문하는 데 동의했다. 그는 3월 24일 베르겐으로 출발했고,

이틀 후 그곳에서 비트겐슈타인의 마중을 받았다. 그는 2주일 동안 방문했는데, 그동안 매일 저녁은 '토의'로 보냈고 이 토의는 비트겐슈타인이 말하고 무어는 듣는 형식이었다.("**그는** 토론을 한다"고 무어는 일기에서 불평했다.)

4월 1일 비트겐슈타인은 무어에게 논리학에 관한 일련의 원고를 구술하기 시작했다. 이것이 앞에서 〈논리학〉이라고 부른 글의 전부이건 단순히 일부이건 간에, 우리는 최소한 그것이 그 글의 가장 중요한 부분을 포함하는 것으로 추정할 수 있다. 이 원고의 중심 내용은 **말하는 것**과 **보여지는 것**의 차이를 강조하는 것인데, 이것은 전해에 러셀에게 구술했던 원고에서는 내재되었던 것이다. 그 원고는 이렇게 시작한다.

> 이른바 논리적 명제들은 언어의 논리적 속성들을 **보여주며**, 따라서 우주의 논리적 속성들을 **보여주지만** 아무것도 **말하지** 않는다.

이 글들은 그가 전에 해내겠다고 러셀에게 말했던 것을 그가 어떻게 해냈는지 그 대강을 그리고 있다. 유형론이 불필요하다는 것을 보여주는 기호론 말이다. 여러 다른 유형의 것들(대상들, 사실들, 관계들)이 있다는 것은 말해질 수 없지만, 여러 유형의 기호들이 존재한다는 것에 의해 **보여지는데**, 그 차이가 즉각적으로 **보여질** 수 있는 것이기 때문이다.

비트겐슈타인은 이 글을 그가 전에 러셀에게 구술했던 것보다 상당히 진전된 것으로 간주했으며, 최소한 당분간 그것은 그 주제에 관한 그의 마지막 말이었다. 그는 러셀에게 무어의 노트를 읽어보라고 재촉하는 편지를 썼다. "나는 지금 완전히 탈진해서 어떤 연구도 할 수 없고 내가 전에 했던 것을 설명할 수도 없습니다."

> 그렇지만 무어가 나와 함께 있을 때 그것을 그에게 **자세하게** 설명했고 그는 여러 가지를 받아 적었습니다. 당신은 그로부터 모든 것을

잘 발견할 수 있을 것입니다. 그 안에 있는 많은 것들이 새로운 것입니다. 그것을 이해하는 가장 좋은 방법은 무어의 노트를 직접 읽는 것일 것입니다. 내가 또 다른 것을 만들어내기까지 상당 기간이 필요할 것입니다.

케임브리지에 도착하자마자 무어는 비트겐슈타인이 부탁한 대로 〈논리학〉이 학사학위 논문으로 이용될 수 있는지 알아보았다. 이를 위해 그는 플레처W. M. Fletcher(트리니티 칼리지에서 비트겐슈타인의 스승이었다)와 상담했는데, 그는 무어에게 논문 규정들에 따르면 비트겐슈타인의 글은 현재 상태로는 학사학위 논문으로서 자격을 갖출 수 없다고 말했다. 왜냐하면 논문은 서문과 원전을 밝힐 것을 요구하고, 어느 부분이 독창적이고 어느 부분이 다른 글에 근거하고 있는지를 구체적으로 설명하는 글들을 포함할 것을 요구하기 때문이었다.

따라서 무어는 이런 사정을 설명하기 위해 비트겐슈타인에게 편지를 썼다. 비트겐슈타인은 격노했다. '철학의 다음번 큰 발자취'인 자신의 글이 학사학위를 받을 자격이 못 된다고!? 그리고 그 이유가 단지 그 글이 학부 수준의 그 통상적인 자질구레한 목록들로 둘러싸여 있지 않기 때문이라고! 이것이 그 한계이다. 돼지들에게 진주를 준 것은 나쁘고도 남을 일이었다. 자신의 연구가 거부되다니 참을 수 없었다. 5월 7일 무어에게 보낸 지독하게 냉소적인 편지에서 그는 노여움을 터뜨렸고, 이 때문에 당분간 무어와의 우정이 끝났으며, 케임브리지에서 학위를 얻으려는 그의 희망도 종지부를 찍게 되었다.

친애하는 무어,

당신 편지 때문에 화가 났습니다. **〈논리학〉을 쓸 때 나는 규정을 참고하지 않았습니다.** 그러므로 당신도 그 규정을 지나치게 참고하지 않고 나에게 학위를 주는 것만이 공정하다고 생각합니다! 서문과 주석에 대해선 이렇게 생각합니다. 나를 평가한 사람들은 내가 얼마나 많이 보즌켓Bosanquet으로부터 좀도둑질했는지 쉽게 알아낼 것입니다. 만일 당신이 **몇 가지 어리석은 세부사항들에 대해서** 나를 예외로 할 만한 가치가 없다고 생각한다면, 나는 이대로 **지옥**으로 가는 편이 나을 것입니다. 만일 내가 그럴 만한 가치가 있는데 당신이 예외를 만들지 않았다면, **당신**이 거기에 가는 편이 나을 것입니다.

이 일은 너무나 어리석고 야만스러워서 그것에 관해 더 이상 쓸 수가 없습니다.

L. W.

무어에 대한 공격은 정당한 것이 아니었다. 그가 규정을 만든 것도 아니었고, 그것을 집행하는 것도 그의 일은 아니었다. 그는 그저 비트겐슈타인에게 규정 때문에 그가 어떤 처지에 있는지를 알려주었을 뿐이었다. 더욱이 그는 익숙하지 않은 편지의 어조 때문에 굉장히 상처를 입었다. 그 부당성 때문에 그는 깊이 충격을 받았고, 그 격렬한 내용 때문에 육체적으로도 아픈 것처럼 느꼈다. 5월 11일부터 15일 사이의 그의 일기를 보면 그가 강타를 맞은 후 며칠 후에도 여전히 비틀거리고 있음을 알 수 있다. 그는 답장을 보내지 않았다.

무어는 또한 거의 두 달쯤 뒤인 7월 3일 다소 다정한 편지를 받았을 때에도 답장하지 않았다. 이 편지는 빈에서 여름을 보내기 위해 비트겐슈타인이 노르웨이를 떠난 후에 쓴 것인데, 거의 자신의 잘못을 회개하는 내용이었다.

친애하는 무어,

숄덴을 떠나기 전 몇 개의 서류들을 정리하던 중, 나를 그렇게 화나게 했던 당신의 편지를 발견했습니다. 그 편지를 다시 읽자마자 나는 당신에게 그런 식으로 편지를 쓸 이유가 전혀 없다는 것을 알게 되었습니다.(내가 **지금은** 당신의 편지를 조금 좋아한다는 뜻은 아닙니다.) 그러나 어쨌든 격분하던 감정은 가라앉았고 나는 다시 당신과 친구가

> 되고 싶습니다. 나는 너무 과로했던 것 같습니다. 왜냐하면 나는 이런 식으로 많은 사람들에게 쓰지는 **않았을** 것이기 때문입니다. 만일 당신이 답장을 하지 않는다면 나도 다시는 당신께 편지를 쓰지 않겠습니다.

"답장하지 않을 생각이다"라고 무어는 일기에 적었다. "왜냐하면 나는 정말로 그를 다시 만나고 싶지 않기 때문이다." 그의 결심은 그 후 몇 년 동안 여러 번 약해졌다. 러셀이나 매카시Desmond MacCarthy와 대화할 때 비트겐슈타인의 이름이 나오곤 했고, 그때마다 그는 답장을 하지 않은 게 옳았는지 의문이었다. 심지어 비트겐슈타인이 (간접적으로 핀센트를 통해) 연락을 하자고 부탁할 때에도 그는 응하지 않았다. 그래서 그들의 단절된 우정은 비트겐슈타인이 1929년 케임브리지에 돌아온 후 그들이 기차에서 우연히 만났을 때에야 비로소 재개되었다. 그러나 이 기간 동안 비트겐슈타인에 대한 생각은 그를 너무나도 사로잡아서 그는 '내가 비트겐슈타인에 관해 느끼는 것'이라는 주제로 일기를 쓸 계획을 짜기도 했다.

무어의 방문 후 비트겐슈타인은 앞서 보았듯이 탈진 상태에 푹 빠졌다. 당분간 논리학 연구는 더 할 수 없었기 때문에, 그는 대신 마을에서 1마일 떨어진 송네 피오르 가에 조그만 집을 짓는 데 전력했다. 그 집은 어느 정도는 영구적으로 살기 위한 집으로—최소한 그가 논리학의 모든 근본적인 문제들을 마침내 해결할 때까지 살 장소로— 지어졌다. 그러나 집 짓는 일은 7월에 그가 노르웨이의 관광 시즌을 피하기 위해 빈으로 돌아왔을 때 중단되었다. 그는 그해 여름을 일부는 가족과 함께 오스트리아에서, 일부는 핀센트와 함께 휴가를 보내려고 작정했었다. 그러나 그는 1921년 여름에야 노르웨이로 돌아갈 수 있었다. 그리고 이때에는 최소한 임시적으로는 논리학의 근본적 문제들이 해결되어 있었다.

6
후방에서

1914년 6월 말쯤 비트겐슈타인은 다시 호흐라이트에 도착했다. 이때 그의 계획은 그곳에서 초여름을 보내고 8월 말부터 2주 동안 핀센트와 휴가를 지낸 후, 마지막으로 영국에 있는 옛 친구들(가령 에클스)을 방문하고 가을에 노르웨이로 돌아가서 그곳에 있는 새 집에서 그의 책을 완성하는 것이었다.

페르디난트 대공Archduke Franz Ferdinand의 암살 이후, 위기가 고조되고 유럽의 강대국들이 전쟁을 준비하던 7월 내내 비트겐슈타인과 핀센트는 휴가 계획에 관한 편지를 주고받았다. 계획했던 대로 스페인으로 가야 하는가 아니면 다른 곳으로 가야 하는가? 결국 그들은 8월 24일 트라팔가 광장에 있는 그랜드 호텔에서 만나서 그때 어디로 갈지를 결정하기로 했다. 6월 28일(바로 암살이 일어났던 날) 에클스는 비트겐슈타인에게 그의 새 집과 아내가 8월쯤 출산할 아기 —'조그만 이방인' — 에 관한 내용을 편지에 썼다. 이에 대한 비트겐슈타인의 답장으로부터 우리는 그가 여행지를 결정하기 위해 핀센트와 만난 후, 9월 10일쯤 맨체스터에 있는 에클스를 틀림없이 방문하겠다고 약속했음을 알 수 있다. 비트겐슈타인은 "그 조그만 이방인이 잘 자라기를 바라고, 또 아들로 태어나길 바란다"고 말했다.

에클스는 비트겐슈타인에게 자신이 디자인해서 주문하려는 옷장, 약상자, 화장대 등 침실 가구 세트에 대한 조언을 부탁하는 편지를 썼다. 그는 이런 일에 대한 비트겐슈타인의 안목을 믿고 있어서 그의 새 설계실은 케임브리지에 있는 비트겐슈타인 방의 복사판이었다. 푸른 카펫, 검정 페인트, 노란 벽으로 이루어진 그 방을 보고 "모든 사람들이 그 조화에 크게 감명받았다"고 비트겐슈타인에게 말했다.

그 편지에서 에클스는 디자인에 대한 자신의 기준을 간단하게 설명했다. 최대의 유용성, 제조의 용이성, 그리고 절대적 단순성이 그가 고려하는 전부라고 말했다. 이런 것들은 비트겐슈타인이 쉽게 승인할 만한 기준들이었다. 에클스가 한 디자인에 대해 비트겐슈타인은 "멋있다"고 평했다. 그는 순전히 기능적 이유 때문에 옷장을 약간 수정하도록 제안했을 뿐이었다. "침대 디자인을 볼 수 없었다"고 그는 덧붙였다.

> … 아니면 자네는 가구 제조업자의 안을 수용하려고 하는가? 그렇다면 침대에 달린 하찮은 장식품들을 잘라버리도록 하게. 그리고 왜 침대가 바퀴 위에 있어야 하지? 침대로 집 안을 여행하기라도 하려는가!? 반드시 **자네가** 직접 디자인한 후 물건들을 제작하도록 하게.

비록 비트겐슈타인과 에클스가 기능적인 디자인을 좋아했다는 점에서는 같았지만, 내가 생각하기에 비트겐슈타인에게 그 문제는 에클스와는 달리 문화적 중요성을 넘어 심지어 윤리적 중요성까지 갖고 있었다. '젊은 빈'의 지식인들이 가진 불필요한 장식물들에 대한 혐오는, 공연히 젠체하는 합스부르크 제국의 타락한 문화에 대한 혐오라는 더 일반적인 반란의 중심에 있는 것이었다. **잡문**feuilleton에 반대하는 카를 크라우스의 운동과 미술레 광장Mischlerplatz에 있는 악명 높은 아돌프 로스의 무장식 건물은 이와 같은 투쟁의 두 사례일 뿐이었다. 최소한 어느 정도는 비트겐슈타인이 이러한 투쟁에 공감을 느꼈다는 것은 그가 이 두 대표적 인물들의 작품을 숭배했다는 데서 분명히 나타난다.

노르웨이에 머무는 동안 비트겐슈타인은 크라우스의 《횃불》을 구독했는데, 거기서 피커Ludwig von Ficker에 관한 크라우스의 논문을 우연히 읽게 되었다. 피커는 크라우스를 숭배하는 작가였고 인스브루크에서 발행되는 크라우스류의 잡지인 《연소*Der Brenner*》의 편집인이기도 했다. 7월 14일 비트겐슈타인은 피커에게 "생계 수단이 없는 오스트리아의 예술인들에게" 나누어주라는 부탁과 함께 10만 크라운을 보내겠다는 편지를 썼다. "내가 이 일을 당신에게 부탁하려고 하는 이유는 당신이 가장 재능 있는 사람들을 알고 있고, 또 그들 중 누가 가장 크게 도움을 필요로 하는지를 알고 있으리라고 가정하기 때문"이라고 비트겐슈타인은 설명했다.

아주 자연스러운 일이지만 피커는 편지를 받고 어리둥절하였다. 그는 비트겐슈타인을 만난 적도 들어본 적도 없었다. 그렇게 많은 액수의 돈(1914년 10만 크라운은 4천 파운드의 가치가 있었고 요즘 시세로는 아마 4~5만 파운드의 가치가 나갈 것이다)을 그의 처분에 맡긴다는 제안을 확인할 필요가 있었다. 그는 그 제의가 진지한 것인지를 묻는 답장을 보냈다. "내 제의가 진지하다는 것을 당신에게 확신시키기 위해 할 수 있는 가장 좋은 방법은 돈을 정말로 보내주는 일일 것입니다. 내가 다음에 빈에 갈 때 돈을 보낼 것"이라고 비트겐슈타인은 답했다. 그는 아버지가 사망한 후 많은 재산을 물려받았는데 "그런 경우 일부를 자비로운 목적을 위해 기부하는 것이 관습"이라고 해명했다. 그가 피커를 선택한 이유는 "크라우스가 《횃불》에서 당신과 당신의 잡지에 대해 쓴 것과, 당신이 크라우스에 관해 쓴 것 때문"이었다.◈

◈ 크라우스는 피커의 잡지에 대해 이렇게 적었다. "오스트리아에서 가장 정직한 논평이 인스브루크에서 발행된다는 것이 오스트리아에서가 아니라면 최소한 독일에서는 알려져야 한다. 독일에서 가장 정직한 논평도 인스브루크에서 발행된다." 《연소》는 1910년에 시작되었다. 그 이름은 크라우스의 잡지 《횃불》을 연상시키고, 크라우스의 과제를 계속 수행한다는 의지를 표명했다. 크라우스는 오스트리아에서 성행하던 겉만 번지르르한 사고방식과 글을 풍자했는데, 피커는 그런 겉치장을 하지 않은 작품을 출판하려고 시도했다. 그의 가장 큰 성공, 그리고 그를 가장 유명하게 만든 것은 시인 게오르크 트라클Georg Trakl의 천재성을 최초로 알아보았다는 것이다. 1912년 10월부터 1914년 7월까지 《연소》

이 편지를 받고 피커는 비트겐슈타인과 7월 26일과 27일에 노이발데거가세에서 만나기로 정했다. 피커는 빈 친구들로부터 비트겐슈타인에 대해 알아보려고 하였다. 화가인 에스털레Max von Esterle로부터 비트겐슈타인의 아버지가 제국에서 가장 부유한 유대인Kohlen-Juden(영어로 'coal Jews'를 뜻한다. 비트겐슈타인의 부친이 석탄과 철강업을 통해 부를 축적한 유대인이었기 때문에 사용된 듯하다. 'Kohlen'은 속어로 돈을 뜻하기도 하는데, 이 의미는 에스털레가 1914년에 그 말을 그렇게 사용한 후부터 생겼다고 한다 — 옮긴이) 중 한 사람이었으며 후한 미술 후원자였음을 알게 되었다. 비트겐슈타인의 제안이 진지하다는 것을 다시 확인한 후, 피커는 그를 개인적으로 만나서 돈의 배분 문제를 논의하기 위해 빈으로 여행을 떠났다. 그는 노이발데거가세에 있는 비트겐슈타인 집에서 이틀을 묵었다. 1954년 출판된 회고록에서 그는 비트겐슈타인이 《카라마조프가의 형제들*The Karamazov brothers*》에 나오는 알료샤와 《백치*The Idiot*》에 나오는 미시킨 같은 인물을 연상시킨다고 말했다. "처음 보는 순간 마음을 동요시키는 고독한 모습!"

피커가 다소 놀랍게도 그들은 함께 주말을 보내는 동안 예정된 문제에 대해선 거의 논의하지 않았다. 실제로 돈을 할당하는 문제는 방문 둘째 날에 잠깐 나왔을 뿐이다. 애초부터 비트겐슈타인은 피커에게 그 자신에 관해서 약간 말하고 싶어 했던 것처럼 보였다. 그는 자신의 논리학 연구를 설명했고 그것이 프레게와 러셀의 연구와 가진 관계에 대해서도 말했다. 그는 또 노르웨이에 있는 오두막집에 관해서, 노르웨이 농부들 사이에서 어떻게 살았는지, 연구를 계속하기 위해 노르웨이로 돌아갈 계획이라는 것 등에 관해 말했다. 비트겐슈타인이 피커에게 한 제안이 자선을 하고 싶은 동기에서뿐 아니라 오스트리아의 지식

는 매 호에 트라클의 작품을 실었다. 그는 또한 헤르만 브로흐Hermann Broch, 엘제 라스커-쉴러Else Lasker-Schüler, 카를 달라고Carl Dallago, 테오도어 해커Theodor Haecker의 작품을 실었다. 비트겐슈타인이 피커에게 편지를 쓸 때쯤 《횃불》은 독일 아방가르드의 주도적인 문학 잡지 중의 하나로서 명성을 얻고 있었다.

인 세계와 연관을 맺고 싶은 바람에서 나왔다고 주장해도 과히 틀리지 않을 것이다. 어쨌든 그는 케임브리지의 친구들인 러셀과 무어와의 연락을 끊었고, 그들이 그의 이상과 예민함을 이해할 수 있다는 희망을 포기하였다. 아마 그는 오스트리아인들 사이에서 더 잘 이해될 수 있을지 모른다.

빈에 있는 동안 피커는 비트겐슈타인에게 아돌프 로스를 소개했다. 비트겐슈타인에게는 피커가 그를 소개해줄 때가 피커의 방문의 절정이었다. "그를 만날 수 있어서 **대단히** 기쁘다"고 그는 8월 1일 피커에게 쓴 편지에서 말했다. 실제로 이때 그들의 관심사와 태도는 너무 비슷해서 로스 자신도 비트겐슈타인을 만났을 때 "당신이 나다!"라고 외쳤다고 전해진다.

마침내 돈을 어떻게 분배할지에 대해 논의하게 되었을 때, 비트겐슈타인이 내세운 한 가지 조건은 1만 크라운은 《연소》에 가야 한다는 것이었다. 나머지는 피커에게 맡겨졌다.

피커는 이미 세 명의 주요 수혜자를 결정했다. 그들은 릴케Rainer Maria Rilke, 트라클, 달라고로 각각 2만 크라운을 받게 될 것이었다. 릴케는 비트겐슈타인이 존경했던 몇 명의 근대 시인들 중 하나라 비트겐슈타인은 피커의 제안을 환영했다. 트라클도 쉽게 수긍했는데 달라고에 대해선 아무 평도 하지 않았다. 달라고는 보헤미안이었는데 당시에는 작가와 철학자로 잘 알려져 있었다. 그는 《연소》에 정기적으로 글을 실었고, 동양의 신비주의와 인간성의 정서적, '여성적' 측면을 찬양하는 반유물론적이자 반과학적 견해를 신봉했다.

나머지 3만 크라운 중에서 5천 크라운씩이 작가인 하퍼Carl Harper(트라클의 친구로 《횃불》에 글을 싣곤 했다)와 화가인 코코슈카에게, 4천 크라운이 엘제 라스커-쉴러(시인이자 《연소》의 기고가)에게, 2천 크라운은 아돌프 로스와 작가인 테오도어 해커, 테오도어 도이블러Theodor Däubler, 루트비히 에리크 테자르Ludwig Erik Tesar, 리하르트 바이스Richard Weiss 그리고 프란츠 크라네비터Franz Kranewitter에게 지급되었고, 1천 크라운은 헤르만 바그너Hermann Wagner, 요제프 오베르코플러Josef Oberkofler, 카를 하인리히Karl Heinrich, 그리고 후고 노이게바우어Hugo Neugebauer에게 지급되었다.

《연소》의 또 다른 기고가이자 표현주의 작가인 알베르트 에렌슈타인Albert Ehrenstein도 피커가 할당한 돈 일부를 받았던 것으로 보인다. 최소한 비트겐슈타인은 그렇게 생각했다. "언젠가 나는 실제로 그럴 의도 없이 그를 재정적으로 도와준 적이 있다"고 나중에 파울 엥겔만에게 말했다. 감사의 뜻으로 에렌슈타인은 그에게 두 권의 책 《투부치 *Tubutsch*》와 《사람의 비명*Man Screams*》을 보냈는데, 비트겐슈타인은 그 책들이 "내가 틀리지 않았다면 그저 쓰레기"라고 평했다.

그가 자신이 도와주었던 예술가들의 대부분의 작품을 알았는지는 아주 의심스러운데, 만일 그가 알았더라도 그것을 좋아했는지는 더욱 더 의심스럽다. 피커에 의해 그에게 전달되었던 감사의 편지들에 대해 그는 이런 예술가들을 좋아했다는 아무런 흔적도 보이지 않았으며 실제로 그의 반응은 그 일 전체에 대해 경멸적이다. 그가 받은 그런 종류의 첫 번째 편지는 달라고로부터 온 것이었다. 비트겐슈타인은 그것을 바로 피커에게 돌려보냈다. "당신이 그것을 이용할 데가 있는지 모르지만 어쨌든 나는 그것을 돌려보내겠습니다." 그는 나중에 받은 그런 종류의 편지들을 모아서 모두 돌려보냈다. 서류로서 필요하지 않다고 말하면서 말이다. "감사의 표시가 담겨 있긴 하지만 솔직히 대부분은 아주 역겹다. 저질이고 **거의** 사기 치는 듯한 어조다."

이처럼 비트겐슈타인은 그가 후원해준 '빈궁한' 예술가들과 거리감을 가졌고, 수혜자 중 최소한 한 사람, 테오도어 해커도 그런 거리감을 느꼈다. 《연소》에서 발행된 그가 번역한 키르케고르Kierkegaard의 책은 1차 대전 전에 이 네덜란드 철학자에 대한 오스트리아 지식인들의 흥미를 자극하는 데 큰 기여를 했다. 처음에 해커는 그 돈을 거부하려고 하였다. 비트겐슈타인이 피커에게 구체적으로 제시한 조건은 그 돈이 **빈궁한** 예술가들에게 가야 된다는 것이었고, 그는 이 조건을 만족시킬 수 없다고 주장했다. 만일 어떤 부자가 그의 키르케고르 번역에 감동을 받아서 돈을 지불하려고 한다면 문제는 달라질 것이다. "그러나 후원자가 수혜자가 빈궁해야 한다는 조건을 분명하게 단 선물을 나는 받을 수 없고 받지 않을 것입니다." 피커는 답장에서 해커가 기부금을 받는 것은 적절한 일이며 후원자의 뜻에도 일치한다는 것을 강조했다. 이로 인해 해커는 안심했고 그 돈을 받았다. 그러나 비트겐슈타인이 에렌슈타인을 도와준 것보다 해커를 도와준 것에 더 자부심을 느꼈다는 흔적은 전혀 없다.

비트겐슈타인이 작품도 알고 숭배하기도 했던 수혜자는 오로지 세 사람뿐이라는 것은 확실하다. 로스, 릴케, 그리고 트라클이 그들이다. 심지어 여기에도 단서가 붙는다. 그는 트라클이 쓴 작품의 어조를 좋아했지만 그것을 이해할 수 없다고 고백했다. 그는 릴케의 후기 시들을 싫어하게 되었다. 그리고 전쟁 후에는 로스를 허풍쟁이라고 비난했다.

그럼에도 불구하고 릴케가 보낸 감사의 편지를 그는 '친절하며 고결한' 것으로 묘사했다.

> 〔그것은〕 나를 감동시켰으며 또 아주 기쁘게 했습니다. 고귀한 인물이면 누구이건 그 인물이 보여주는 애정은 불안정한 나의 인생을 뒷받침해줍니다. 애정의 표시이자 추억으로 나의 가슴에 새겨둘 그 멋진 선물을 받을 가치가 나에겐 전혀 없습니다. 당신이 나의 깊은 감사와 릴케에 대한 나의 충실한 **헌신**을 전달할 수만 있다면.

트라클의 시에 관해서는 피커가 시들을 보여줄 때까지 아무것도 몰랐던 것 같다. 그는 이렇게 답장했다. "나는 그 시들을 이해할 수 없습니다. 하지만 그 시들의 **어조**가 나를 행복하게 합니다. 그것은 진정한 천재의 어조입니다."

비트겐슈타인과 피커가 오스트리아-헝가리 제국의 예술가들에게 돈을 어떻게 할당할지를 논의하던 그 주말은 제국의 운명이 결정되던 주말이었다. 세르비아에 대한 오스트리아-헝가리 제국의 최후 통첩은 7월 23일에 전달되었다. 그 조건을 수용하는 최종 기한은 7월 25일 토요일 6시였는데, 세르비아는 그것을 수용하지 않았고 그에 따라 오스트리아는 7월 28일 세르비아에 대해 전쟁을 선포했다.

일주일 안에 전 유럽이 전쟁에 휩쓸렸음에도 불구하고, 아직 사람들은 이것이 오스트리아-헝가리와 영국 사이의 관계에 어떤 영향을 미칠지 대체로 모르고 있었다. 그런 문제들에 관한 한 영국의 여론은 합스부르크가에 호의적이었고 세르비아에 대해 적대적이었다. 영국 신문들은 오스트리아 신문들과 같은 정도로 대공의 암살을 열정적으로 비난했다.

그렇다면 7월 29일 비트겐슈타인에게 보낸 편지에서 8월 24일 그랜드 호텔에서 만나자고 한 약속에 대한 핀센트의 자신에 찬 확인을 발견하는 것은 그렇게 놀랄 일은 아닐 것이다. 그가 표현한 유일한 의구심은 목적지에 관한 것이다. 안도라로 갈 것인가 아니면 페로 제도Faeroe Islands로 갈 것인가? 또는 다른 곳으로? "마데이라Madeira는 너에게 안 좋을 것"으로 생각한다고 그는 낙관적으로 말했다. "물론 영국 제도에도 외딴 곳이 있다"고 그는 적었는데, 이 계획에는 아무런 흥미도 못 느끼는 것 같았다. (그러나) 그는 이렇게 적었다. "아일랜드로 가는 것이 낫다고 생각하지는 않는다. 거기에서는 곧 소요 사태나 전쟁이 일어날 것이 거의 확실하기 때문이다!" 스코틀랜드 ― 가령 오크니Orkney, 셰틀랜드Shetland, 또는 헤브리디스 제도Hebrides ― 는 괜찮을지 모른다. (분명히 이것은 비트겐슈타인의 제안이었다.) 실제로 이것이 대륙에서 휴가를 보내는 것보다 나을지 모른다. 왜냐하면,

> 유럽의 전쟁 문제와 관련시켜보면, 아마 안도라에는 가지 않는 것이 나을 것이다. 돌아오기 힘들지 모른다.

테일러A. J. P. Taylor가 '시간표에 따른 전쟁'이라고 불렀던 불합리한 논리에 의해 '이 유럽 전쟁 문제'는, 비트겐슈타인이 이 편지를 받은 며칠 안에 그의 조국과 핀센트의 조국을 1차 대전의 적대국으로 만들었다.

전쟁이 나자 비트겐슈타인은 처음에는 오스트리아를 벗어나서 영국이나 노르웨이로 가려고 시도했던 것 같다. 그것이 실패했을 때 그리고 그가 떠날 수 없다고 들었을 때, 그는 지원병으로 군대에 갔다. 전해에 그는 탈장을 겪었기 때문에 징집에서 면제되었다. "그가 군대에 지원한 것은 훌륭한 일이지만 아주 슬프고 비극적인 일"이라고 핀센트는 일기에 적었다.

비록 애국자였지만 비트겐슈타인이 군대에 들어간 동기는 조국을 지키려는 소망보다 더 복잡한 것이다. 누이인 헤르미네는 그것이 "어려운 일을 맡아서 순전히 지적인 일 이외에 다른 일을 해보려는 강렬한 소망"에 있음이 틀림없다고 생각했다. 그것은 1월 이후에 강렬하게 느꼈던 '다른 사람으로 변하려는' 소망과 연결되어 있었다.

그 당시에 그가 자신의 감정 상태를 묘사하기 위하여 사용했던 비유는 1914년 여름 동안 유럽을 지배했던 감정 — 끊임없는 분출감, 그리고 "사태가 한꺼번에 분출할 것이라는 희망" — 을 묘사하기 위해서도 사용될 수 있다. 교전국들마다 전쟁의 선포를 환영하여 기쁨과 축하의 장면이 만들어졌다. 전 세계가 1914년의 비트겐슈타인의 광기를 공유했던 것처럼 보인다. 러셀은 자서전에서 트라팔가 광장에 모인 환호하는 군중들 사이를 걸어가면서 "평범한 남자들과 여자들이 전쟁을 기대하고 기뻐하는 것"을 발견하고 얼마나 놀랐는지를 묘사하고 있다. 심지어 그의 가장 친한 친구들 중 일부, 가령 조지 트리벨리언George Trevelyan과 화이트헤드 등이 그 열광에 빠져들었고 '야만적으로 호전적'이 되었다.

비트겐슈타인이 러시아와의 전쟁 소식을 아무 거리낌 없이 기쁜 마음으로 환영했다거나 이 당시 유럽의 몇 국가들을 사로잡았던 신경질적인 외국인 혐오증에 굴복했다고 생각해선 안 된다. 그럼에도 불구하고 그가 어떤 의미로는 전쟁을 **환영했다**는 것은 논쟁의 여지가 없는 것 같다. 비록 이것은 민족적이라기보다는 주로 개인적 이유들 때문이지만 말이다. 그 세대의 많은 사람들처럼(예를 들면 케임브리지에 있는 그와 동시대의 인물들 중 일부, 즉 루퍼트 브룩, 블리스, 베카시 같은 사람들) 비트겐슈타인은 죽음에 직면해보는 경험이 그를 어떤 방식으로건 **개선**시킬 것이라고 느꼈다. 그는 조국이 아니라 자신을 위해서 전쟁터에 갔다고 말할 수 있을 것이다.

죽음을 영웅적으로 맞이하는 것이 가진 정신적 가치는 윌리엄 제임스의 《종교적 경험의 다양성》에서 다루어진다. 1912년 비트겐슈타인이 러셀에게 말했듯이 이 책이 그가 원하는 방식으로 자신을 개선시킬 수 있으리라고 믿었다. 제임스는 이렇게 말한다.

> 사람이 다른 면에서는 아무리 연약하더라도 만일 그가 죽음의 위험을 감수하려 한다면, 게다가 만일 자기가 선택한 사명 속에서 영웅적으로 죽음을 겪는다면 그 사실로 인해 그는 영원히 신성하게 된다.

비트겐슈타인이 전쟁 동안 간직했던 일기에는(개인적 부분은 아주 간단한 암호로 쓰여졌다) 그가 바로 이런 종류의 신성화를 바랐다는 것을 보여주는 내용이 있다. 그는 처음 적군을 보고 "이제 나에게 훌륭한 인간이 될 기회가 왔다. 왜냐하면 나는 죽음과 마주 보고 있기 때문"이라고 적었다. 전쟁에 참여한 지 2년이 지나서야 그는 실제로 전선으로 투입되었는데, 이때 그가 처음 생각한 것은 그것 때문에 얻을 정신적 가치에 관한 것이었다. "아마도 죽음에 가깝다는 것이 인생에 빛을 비춰줄 것이다. 신이 나를 깨닫게 한다." 그렇다면 전쟁으로부터 비트겐슈타인이 원했던 것은 그의 전 인격을 탈바꿈하는 것, 그의 인생을 돌이킬 수 없게 바꿀 '여러 가지의 종교적 경험'이었다. 이 점에서 전쟁은 그에게 딱 알맞은 때에, '다른 사람으로 변하려는' 그의 소망이 논리학의 근본 문제들을 풀려는 소망보다 더 강할 때에 찾아 왔다.

그는 오스트리아가 러시아에게 선전포고를 한 다음 날 8월 7일 입대하여 동부전선에 있는 크라쿠프Kraków에 주둔한 포병연대에 배치되었다. 그는 빈에 있는 군의 상급자들이 사람들을 친절하게 대하는 것을 보고 즉시 고무되었다. 그들은 "상담을 위해 매일 찾아오는 수천 명의 사람들에게 친절하고 세심하게 응대"했다고 그는 평했다. 그것은 좋은 징조였으며 그에게 영국식 업무 처리 방식을 연상시켰다. 그는 8월 9일 흥분 상태에서 앞날을 기대하면서 크라쿠프에 도착했다. "내가 이제 일을 할 수 있을까?! 무엇이 앞에 놓여 있는지 몹시 궁금하다!"

비트겐슈타인의 연대는 오스트리아의 제1사단에 배속되었으며, 따라서 전쟁 초 몇 달 동안 가장 어리석고 비효율적이었던 작전들 중 하나였던 전투에 휘말렸다. 러시아와 오스트리아 사령부는 모두 착각에 근거한 전략을 고수했다. 러시아군은 대규모 오스트리아 부대가 렘베르크Lemberg(현재는 르부프Lwów)에 집결할 것이라고 생각했다. 오스트리아군은 상당수의 러시아 부대를 더 북쪽인 루블린Lublin 근처에서 발견할 것으로 추정했다. 이처럼 오스트리아군이 러시아령 폴란드에 쉽게 들어가는 동안 러시아군은 오스트리아령 갈리치아Galicia의 가장 큰 도시인 렘베르크로 진격했는데, 둘 모두 아무런 저항도 안 받은 것에 놀랐다. 오스트리아 사령관인 콘라트Conrad가 무슨 일이 일어났는지를 깨달았을 때는 이미 렘베르크가 함락된 뒤였고, 그의 제1사단은 러시아군에 의해 보급선이 끊어질 중대한 위험에 처했다. 그래서 그는 후퇴를 명령했다. 러시아 영토에 대한 대담한 공격으로 시작했던 작전은 오스트리아-헝가리 **내부** 140마일까지 들어가는 굴욕적인 후퇴로 끝났다. 그러나 오스트리아군이 후퇴하지 않았다면 수적으로 더 많은 러시아군에 의해 괴멸되었을 것이다. 실제로는 그렇게 되지 않았지만, 그럼에도 콘라트의 지휘 아래 있던 90만 명의 병력 중에서 35만 명이 혼란스럽고 비효율적이었던 갈리치아 작전에서 전사했다.

이 작전 중 대부분의 기간을 비트겐슈타인은 비스툴라Vistula 강가에 있는 고플라나Goplana 호에서 보냈다. 이 배는 작전 초에 진격할 때 러시아로부터 포획했던 배였다. 그가 최초 몇 달 동안 전투를 보았는지 모르지만 일기에는 그에 관한 기록은 없다. 대신 목격하진 못했지만 들었던 커다란 전투들과 '우리 발 앞에 있는' 러시아인들에 관한 루머에 대해서 썼다. 비트겐슈타인은 러시아가 렘베르크를 점령했다는 루머는 쉽게 믿으면서 독일이 파리를 점령했다는 루머는 금방 믿지 않았는데, 이 점은 아마도 그의 비관주의(이 경우에는 옳았다)의 전형적인 형태일 것이다. 두 이야기로부터 그는 같은 결론을 이끌어내었다. "이제 우리가 졌다는 것을 안다!" 특히 파리에 관한 루머는 10월 25일 그를 동맹국들의 상황에 대해 비관적인 생각을 하게끔 촉진시켰다.

> 그런 믿기 힘든 소식은 나쁜 징조이다. 만일 정말로 좋은 일이 일어났다면 **그것은** 보도될 것이고, 사람들은 그런 불합리한 소식들에 압도당하지 않을 것이다. 이 때문에 오늘 나는 어느 때보다 우리의, 즉 독일 인종의 상황에 대해서 아주 슬픔을 느낀다. 영국인 ─ 세계에서 가장 훌륭한 인종 ─ 은 **패할 수 없다**. 그렇지만 우리는 패할 수 있고 올해가 아니라면 내년에는 패배할 것이다. 우리 인종이 패배하리라는 생각 때문에 굉장히 우울하다. 왜냐하면 나는 철저하게 독일인이기 때문이다.

그가 전쟁을 인종적 견지에서 보려 했다는 사실은 아마도 왜 그가 동료 승무원들 대다수와 지내는 것이 그렇게 힘들다고 생각했는지 우회적으로나마 설명해줄지 모른다. 오스트리아-헝가리 군대는 유럽 군대들 중에서 가장 다인종적이었다. 비록 대부분의 장교들은 독일인이거나 헝가리인이었지만, 일반 사병들은 제국의 다양한 슬라브 계통의 나라들 출신이었다. 비트겐슈타인은 장교들이 "친절하고 가끔은 아주 훌륭하다고" 생각했지만, 동료 승무원들을 만나자마자 그들을 '무뢰배들'로 단언했다. "아무것에도 열정을 느끼지 못하고, 믿을 수 없을 정도로 소박하고 우둔하며 사악하다." 그는 그들을 거의 인간으로 간주할 수 없었다.

> 중국인이 말하는 것을 들을 때 우리는 그 말을 분명하지 못한 중얼거림으로 간주하려 할 것이다. 중국어를 이해하는 사람들은 자신이 듣는 것 속에서 **언어**를 인식할 것이다. 마찬가지로 나는 종종 인간 속에서 **인간성**을 가려낼 수 없다.

그는 이방인들에 의해 둘러싸였기 때문에 — 그들도 똑같이 그를 이방인으로 보았다 — 이 상황이 린츠의 학교에서 처했던 상황과 비슷하다고 생각했다. 8월 10일 그가 군복을 가져온 다음 날, 이 비유는 그를 억압했던 불안이 갑자기 표면에 나타난 의미로 생각되었다. "오늘 일어났을 때 나는 예상치 못하게 그리고 엉뚱하게도 학교로 다시 돌아온 듯한 꿈을 꾸는 것 같았다." 그리고 승무원들로부터 조롱을 받은 후 고플라나 호에 대해서 이렇게 썼다. "지긋지긋했다. 내가 발견한 것이 하나 있다면 이것이다. 승무원들 중 점잖은 사람은 단 한 명도 없다."

> 앞날이 굉장히 힘들 것 같다. 왜냐하면 나는 지금 오래전 린츠의 학교에서 당했던 것처럼 배신당하고 있기 때문이다.

그의 고립감은 린츠에서의 학생 시절 이후 내내 갖고 있던 외로움을 극복하는 데 도움을 주었던 사람들 — 러셀, 케인스, 핀센트 — 이 '다른 편'에 있다는 사실 때문에 더 크게 느껴졌다. "지난 며칠 동안 자주 러셀에 대해 생각"하곤 했다고 그는 10월 5일에 적었다. "그는 여전히 나에 대해 생각할까?" 그는 케인스로부터 편지를 받았지만 그것은 순전히 사무적인 성질의 편지였다. 케인스는 전쟁 전에 그가 존슨에게 주기로 했던 돈이 전쟁 후에는 어떻게 될지를 물었다.◈ "한때 신뢰했던 사람으로부터 특히 이런 시기에 사무적인 편지를 받는 것은 마음이 아픈 일이다." 그러나 무엇보다도 그가 생각했던 사람은 핀센트였다. "데이비드로부터 아무런 소식도 없다. 나는 완전히 버림받았다. 자살을 생각한다."

그는 몇몇 독일인 친구들과 오스트리아인 친구들에게 군대 엽서를 이용하여 안부를 물었고 그를 격려하고 지지해주는 답장을 받았다. 특히 베를린에 있는 욜레스 가족은 자주 그리고 열심히 소식을 전했다. 늙고 애국적이었던 그들은 자기들의 '꼬마 비트겐슈타인'이 전선으로부터 보내는 소식을 읽으면서 대리 만족을 느꼈고, 전쟁 내내 비트겐슈타인에게 그의 공적들을 더 자세하게 설명하도록 채근했다. "나는 한 번도 너를 그렇게 자주, 그렇게 기쁜 마음으로 생각해본 적이 없다"라고 슈타니슬라우스 욜레스는 10월 25일 썼다. "자주, 빨리 소식을 전하라!" 그들은 그에게 초콜릿, 빵 그리고 담배 꾸러미를 정기적으로 보내줌으로써 "그들의 작은 임무를 수행했다."

프레게로부터도 애국적인 안부 편지를 받았다. 10월 11일자 편지에서 프레게는 "자네가 자원입대했다는 소식을 듣고 특히 만족스러웠다"라고 말하면서 이렇게 썼다.

> 자네가 여전히 학문적 연구에 몰두할 수 있다니 놀랍다. 전쟁터에서 건강하게 돌아와서 다시 자네와 토론할 수 있게 되기를 바란다. 틀림없이 그때에는 우리 사이가 더 가까워지고 서로를 더 잘 이해하게 될 것이다.

하지만 그를 자살로부터 구한 것은 욜레스와 프레게로부터 받은 격려가 아니라 바로 개인적 탈바꿈, 종교적 전환—그가 전쟁터로 간 것은

◈ 전쟁 전 비트겐슈타인은 존슨이 논리학 연구를 계속하도록 돕기 위하여 킹스 칼리지가 관리하는 연구기금에 연간 200파운드를 기부하기로 케인스와 약속했었다.

이것을 찾기 위해서였다—이었다. 말하자면 그는 말에 의해 구원을 받았다. 갈리치아에서 보낸 처음 한 달 중 어느 날 그는 서점에 들렀는데, 거기서 발견한 단 한 권의 책이 톨스토이의 《요약복음서*The Gospel in Brief*》였다. 그는 그 책에 매혹되었다. 그것은 그에게 일종의 부적이 되었다. 그는 어디를 가든 그것을 가지고 다녔고 너무 자주 읽어서 모든 구절을 암송할 정도였다. 그는 동료들에게 '복음서를 가진 사람'으로 알려지게 되었다. 잠시 동안 그는 신자가 되었을 뿐 아니라 고통을 겪는 누구에게건 톨스토이의 《요약복음서》를 추천하는 전도사가 되었다. "만일 당신이 그것을 직접 보지 못했다면 그것이 사람에게 줄 수 있는 영향에 대해 상상할 수도 없을 것"이라고 그는 훗날 피커에게 말했다.

논리학과 자신에 관한 그의 생각은 '자신에 대한 의무'라는 단일한 의무의 두 양상이기 때문에, 이처럼 열렬히 수용된 신앙은 그의 연구에 영향을 미치게끔 되어 있었다. 결국 그렇게 되었다. 즉 그것은 그의 연구를 프레게와 러셀의 정신 안에서의 논리기호주의적 분석으로부터 우리가 오늘 알고 있는 그 이상할 정도로 혼합된 작품—논리적 이론과 종교적 신비주의의 혼합—으로 변형시켰다.

그러나 그런 영향은 몇 년 후에야 분명하게 나타났다. 전쟁 초 몇 달 동안 비트겐슈타인이 톨스토이의 《요약복음서》로부터 끌어내었던 정신적 자양분은 그가 표현하듯이, 그의 외양을 가볍게 해서 "나의 내적 존재가 방해받지 않고 그대로 있을 수 있도록" 해준다는 의미로 "그를 계속 살아 있게 했다."

즉 그것은 그로 하여금 2년(또는 3년) 전 연극 〈십자가 원판〉을 보는 동안 떠올랐던 생각—'외적으로' 무슨 일이 일어나도 아무것도 **그에게는**, 그의 가장 내적인 존재에게는 일어날 수 없다는 생각—을 실천하게 했다. 우리는 그의 일기에서 '자아를 잃지' 않도록 그를 도와달라고 신에게 간청하는 말을 자주 듣게 된다. 이것은 그에게 살아 있는 것보다 훨씬 더 중요한 일이었다. 그의 육체에 일어난 일은 아무 상관이 없다거나 또는 없어야 한다고 그는 느꼈다. "만일 내가 지금 나의 종말에 도달해야 한다면, 자신을 돌보면서 훌륭한 죽음을 맞기를 기원한다. 자아를 결코 잃지 않기를 바라면서"라고 그는 9월 13일 썼다.(이 날은 러시아가 그들을 향해 진격 중이라고 보도된 날들 중 한 날이었다.)

비트겐슈타인에게 육체는 '외적인 세계'—이 세계에는 또 그가 지금 생활하고 있는 그 '조야하고 우둔하고 사악한' 무뢰배들도 속해 있다—에만 속했다. 그렇지만 그의 **영혼**은 완전히 다른 영역에 거주해야 한다. 11월에 그는 자신에게 이렇게 말한다.

> 외부 세계에 의존하지 마라. 그러면 너는 그 안에서 무슨 일이 일어나도 아무런 두려움도 느끼지 않을 것이다 … 사람들에게 독립적이 되는 것보다 사물들에 독립적인 것이 열 배 쉽다. 그렇지만 사람은 타인에게 독립적이 되는 것 또한 할 수 있어야 한다.

배 위에서 그가 맡은 임무는 밤에 탐조등을 지키는 일이었다. 그 외로운 임무는 그가 배의 환경을 견뎌내기 위해 필요하다고 생각했던 사람들로부터의 독립을 더 쉽게 성취하게 했다. 그는 "그 일을 통해서 나는 사악한 동료들로부터 탈출하는 데 성공했다"고 적었다. 아마도 나 자신을 외부 환경으로부터 분리시키려는 그의 강한 소망 때문에, 그는 논리학에 대한 연구를 쉽게 재개할 수 있었을 것이다. 8월 21일 그는 자기가 다시 연구를 계속할 수 있게 될지를 의심했었다.

> 나의 연구에 있는 모든 개념들이 나에게는 '이국적'이 되어버렸다. 나는 아무것도 **보지** 못한다!!!

그러나 다음 두 주 동안—밤에 탐조등에서 일한 기간, 그리고 그가 처음 톨스토이의 《요약복음서》를 읽으면서 위안을 얻기 시작하던 기간—그는 많은 양의 글을 썼다. 이 두 주 끝 무렵에 그는 이렇게 말했다. "나는 위대한 발견을 하려는 과정에 있다. 그러나 내가 도달하게 될까?!"

그러나 여전히 육체와 정신의 분리는 완전히 이루어지지는 않았다. 어떻게 그것이 이루어질 수 있을까? 그는 자신을 주변 환경으로부터, 그리고 심지어 동료들로부터도 분리시킬 수 있었지만 자신의 육체로부터는 분리시킬 수 없었다. 사실 그가 논리학 연구를 다시 계속할 수 있다고 느꼈을 때 관능성도 되살아났다. 위에 인용된 거의 들뜬 내용에 이어 다음 말이 나온다. "나는 전보다 더 육욕을 느낀다. 오늘 나는 다시 자위를 했다." 이틀 전에 그는 3주 만에 처음으로 자위를 했다고 기록했다. 그 전까지는 거의 아무런 성욕도 느끼지 않았기 때문이다. 그가 자위를 했던 상황은 비록 자랑할 만한 일은 분명히 아니지만 자신에 대한 책망과 함께 기록되어 있지는 않다. 그것들은 자신의 건강 상태를 기록할 때처럼 단순히 아주 사실적인 방식으로 적혀 있을 뿐이다. 그의 일기로부터 도출되는 것은, 자위를 하고 싶다는 마음과 연구를 할 수 있다는 마음은 그가 완전한 의미에서 살아 있다는 상호보완적인 징후들이었다는 것이다. 그에게 육욕성과 철학적 사고는 불가분으로 연결되어 있었다고 말할 수 있을 정도이다. 육욕성과 철학적 사고는 열정적 각성의 육체적이며 정신적 표현이었다.

9월 후반부에 오스트리아가 후퇴하던 동안 비트겐슈타인의 공책에는 암호로 쓰인 글은 없다. 그렇지만 그가 곧 이루어질 것으로 느꼈던 위대한 발견을 했던 때가 바로 이 기간이었다. 이것은 지금 '언어 그림 이론'이라고 불리는 것으로 명제들은 그것들이 묘사하는 실재의 그림이라는 생각이다. 이 생각이 그에게 어떻게 떠올랐는지에 대한 이야기는 비트겐슈타인이 훗날 그의 친구인 폰 브릭트G. H. von Wright에게 해주었는데, 그 이후 여러 번 반복된 말이다. 그 이야기에 따르면 동부전선에서 복무하는 동안 비트겐슈타인은 한 잡지에서 파리에서 일어난 자동차 사고에 관한 소송 기사를 읽었다. 이 재판에서는 사고 모형이 재판정에서 제시되었다. 그 모형이 사고를 표상할 수 있는 이유는 그 모형의 부분들(소형의 집, 차, 사람 들)과 실제로 있는 것들(집, 차, 사람들) 사이에 대응이 성립하기 때문이라는 생각이 그에게 떠올랐다. 이런 유비에 따라, **명제**가 사태의 모형 또는 **그림**으로 — 명제의 부분들과 세계 사이에 있는 유사한 대응 관계에 의해서 — 이용된다고 말할 수 있다는 것이 그에게 떠올랐다. 명제의 부분들이 결합되는 방식, 즉 명제의 **구조**는 실재의 요소들의 가능한 결합, 가능한 사태를 묘사한다.

비트겐슈타인의 공책으로부터 그림 이론의 탄생을 9월 29일쯤으로 잡을 수 있다. 그날 그는 이렇게 적었다.

> 명제에서 세계는 말하자면 실험하는 것처럼 연결된다.(파리의 재판정에서 자동차 사고가 인형들에 의해서 표상된 것처럼.)

10월 내내 비트겐슈타인은 이 생각에서 나오는 결과들을 개발해서 이것을 '논리적 묘사 이론Theory of Logical Portrayal'으로 불렀다. 선으로 또는 색으로 그림을 그리듯이, 명제는 **논리적으로** 그린다고 생각하게 되었다. 즉 명제("풀은 녹색이다")와 사태(풀이 녹색이라는 것) 사이에는 공통적 논리적 구조가 있으며, 있어야 한다. 그리고 언어가 실재를 표상할 수 있는 것은 이 구조의 공통성 때문이라는 것이다.

> 우리는 곧바로 말해버릴 수 있다. 이 명제는 이러이러한 의미를 가졌다고 말하는 대신, 이 명제는 이러이러한 상황을 표상한다. 명제는 그것을 논리적으로 그린다.
>
> 오로지 이 방식으로만 **명제**는 참이거나 거짓일 수 있다. 그것은 한 상황의 **그림**이라는 것에 의해서만 실재와 일치하거나 일치하지 않을 수 있다.

비트겐슈타인은 이 생각을 중요한 돌파구라고 간주했다. 말하자면 그

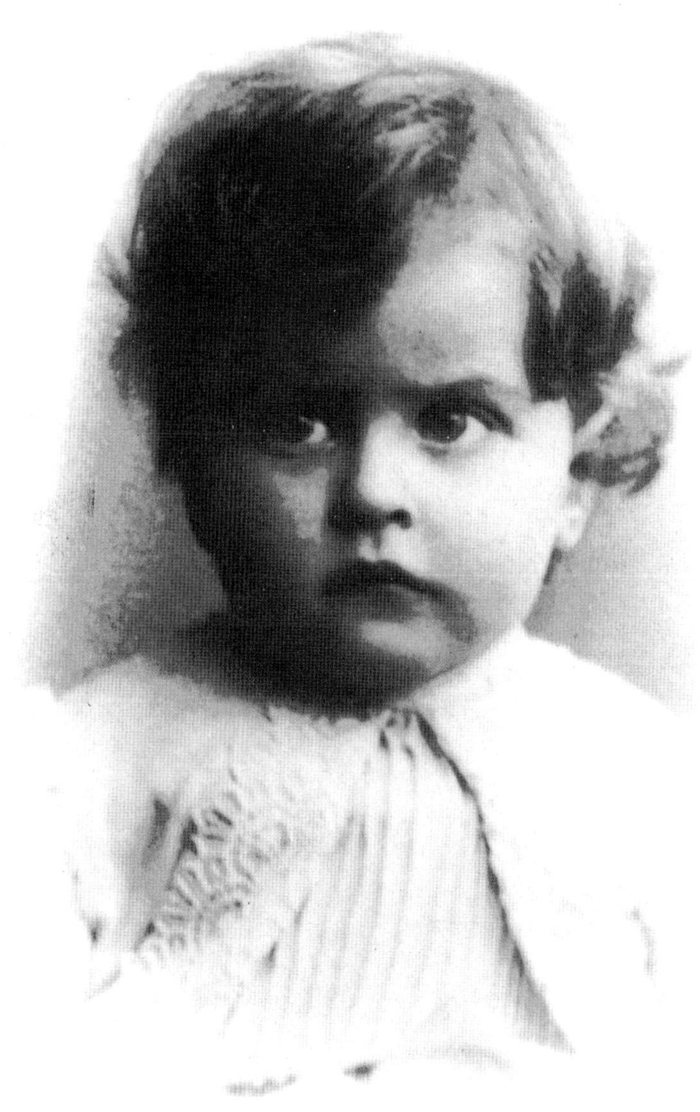

1 루트비히 비트겐슈타인의 아기 시절 모습

2 헤르만 비트겐슈타인과 파니 비트겐슈타인 부부의 열한 명의 자녀들. 왼쪽부터 피네, 카를(루트비히의 아버지), 안나, 밀리, 리디아, 루이스, 클로틸데, 클라라, 마리, 베르타, 그리고 파울

3 루트비히, 1891년경

4 알레가세 저택의 대계단

5 비트겐슈타인의 가족사진. 1898년 루트비히의 부모인 카를 비트겐슈타인과 레오폴디네 비트겐슈타인의 은혼식 날 찍은 기념 사진이다. 장소는 빈의 노이발데거가세에 있는 집이다. 맨 앞줄 왼쪽에 있는 어린이가 루트비히이다.

6 아홉 살 때의 루트비히

것은 논리학을 정복하려면 점령해야 할 귀중한 요새였다. 그는 10월 31일 이렇게 적었다.

> 하루 종일 연구했다. 그 문제를 습격했지만 실패했다! 그러나 빈손으로 떠나느니 이 요새 앞에 피를 흘리겠다. 이미 정복한 요새를 안전하게 만드는 것이 가장 어렵다. 그리고 전 도시가 함락되지 않는 한 그 **도시**의 요새 중 한 곳을 점령했다고 해서 완전히 안전을 느낄 수는 없다.

그러나 그가 공격하는 동안 오스트리아군은 혼란에 빠져 무질서하게 퇴각하고 있었다. 고플라나 호는 다시 오스트리아 영토 깊숙한 곳에 있는 크라쿠프로 돌아가고 있었고, 그곳에서 오스트리아군은 겨울 동안 숙영할 예정이었다. 크라쿠프에 도착하기 전에 비트겐슈타인은 당시 크라쿠프의 군 병원에서 정신병 환자로 있었던 시인 게오르크 트라클로부터 짧은 편지를 받았다. 피커는 트라클을 방문하기 위해 크라쿠프에 간 적이 있었는데, 거기서 그는 비트겐슈타인에게 그 시인을 방문해줄 것을 부탁하는 편지를 썼었다. 트라클은 아주 외로웠고 크라쿠프에서는 그를 찾아줄 사람이 아무도 없다고 피커는 적었다. 트라클 자신은 이렇게 편지를 썼다. "만일 당신이 방문해주는 영광을 베풀어 주신다면 크게 감사할 것입니다 … 나는 앞으로 며칠 안에 병원을 떠나서 전선으로 돌아갈 수 있을 것입니다. 결정을 내리기 전에 당신을 간절히 만나고 싶습니다." 특히 그의 현재 동료들에 비교하면 "내가 그를 알게 된 것이 얼마나 행복한 일인가! 크라쿠프에서 그를 만날 수 있기를 바란다! 그는 내게 큰 자극이 될 수 있다." 비트겐슈타인은 그 초대를 반겼다. 11월 5일 고플라나 호가 마침내 크라쿠프에 도착하던 날, 그는 "트라클을 만날 기대와 희망으로 들떠 있었다."

> 나와 조금이라도 대화를 나눌 수 있는 사람들을 만나기를 간절히 바

란다 … 그것은 나를 아주 활기차게 할 것이다 … 크라쿠프에서 오늘 트라클을 방문하기에는 너무 늦었다.

이 마지막 문장은 뜻하지 않은 가장 무서운 아이러니로 차 있다. 왜냐하면 비트겐슈타인이 다음 날 아침 병원으로 달려갔을 때, 그는 정말로 너무 늦었기 때문이었다. 트라클은 비트겐슈타인이 도착하기 바로 이틀 전인 1914년 11월 3일 코카인을 과용하여 자살했다. 비트겐슈타인은 망연자실했다. "이렇게 불행한 일이, 이렇게 불행한 일이!!!Wie traurig, wie traurig!!!"가 그가 표현할 수 있는 전부였다.

다음 며칠 동안 비트겐슈타인의 일기는 그의 인생의 비참함, 그가 속한 환경의 잔인성, 그리고 그가 생존할 수 있도록 그를 도와줄 훌륭한 인물을 찾으려는 시도의 실패 등에 관한 이야기로 가득 차 있다. 그런 인물 중 하나인 트라클을 빼앗긴 후 그의 생각은 핀센트로 향했다. "얼마나 자주 나는 그를 생각하는가! 그가 나를 반만큼이라도 생각하는지." 그는 스위스를 경유하여 영국에 편지를 보낼 수 있다는 것을 알게 된 후 즉시 '**사랑하는** 데이비드'에게 편지를 보냈다. 다음 몇 주 동안 그는 마음을 졸이며 답장을 기다렸다. 핀센트의 편지가 12월 1일 마침내 도착했을 때 그는 너무 안도해서 편지에 키스를 할 정도였다.

편지에서 핀센트는 영국군에 들어가려 했지만 사병이 되기 위한 신체검사를 통과하지 못했고("너무 말랐다") 장교로 임관될 수도 없었다고 말했다. 그래서 그는 여전히 마지 못한 채 변호사 시험을 준비하고 있었다. "전쟁이 끝났을 때 우리는 다시 만날 것이다. 그날이 빨리 오기를 바라자"고 적었다. "네가 자원입대한 것은 **훌륭한** 일이었다고 생각한다. 비록 그것이 필요했다는 것은 무서울 정도로 비극적이긴 하지만 말이다"라고 덧붙였다.

비트겐슈타인은 즉시 답장을 했고 다시 답장을 초조하게 기다렸다.

이 상태는 계속되었다. "데이비드로부터 아무 소식도 없다Keine Nachricht von David" 그리고 "데이비드로부터 온 사랑스러운 편지Lieben Brief von David"가 겨울 내내 그의 일기에 반복해서 나왔던 구절들이다.

크라쿠프에서 겨울을 보내면서 비트겐슈타인이 가장 걱정했던 것은 추위가 아니라(비록 추위에 대해 자주 불평했지만) 다른 남자들과 잠자리를 공유해야 된다는 생각이었다. 그는 "신이여, 이들로부터 벗어나게 해주소서"라고 기도했다. 그의 기도는 이루어졌다. 그는 자신만의 방을 배정받기로 약속받았고 크게 안도했다. 심지어 더 좋은 일이 생겼다. 12월에 전혀 새로운 보직으로 가게 되어 4개월이라는 긴 기간 동안 견뎌야 했던 '깡패 무리'로부터 완전히 벗어날 수 있게 된 것이다. 그는 방공소대로 가고 싶어 했지만 수학 교육을 받았다는 것이 알려진 후 대신 포병작업소의 일을 맡게 되었다.

실제로 그 작업소에서 비트겐슈타인이 맡은 일은 수학적인 전문 지식을 필요로 하는 것이 아니었고 부대에 있는 모든 차들의 목록을 작성하는 평범한 사무적인 일이었다. 한동안 그가 일기에 기록해야 했던 것은 모두 "Ganzer Tag Kanzlei(하루 종일 사무실에 있었다)"였는데, 이 구절은 너무 자주 나와서 'G. T. K'라고 줄여서 쓰기 시작했다. 그렇지만 이 보직은 좋은 점이 있었는데 가장 큰 것은 그에게 딸린 멋진 방이었다. "넉 달 만에 처음으로 나는 알맞은 방에 혼자 있다!! 내가 **맛본** 사치품." 더욱 중요한 것은 그가 좋아하고 존경할 수 있고, 그리고 대화를 나눌 수 있는 사람들과 함께 있게 되었다는 것이다. 특히 직속 상관인 귀르트Gürth 중위와 군대에서는 처음으로 우정 비슷한 관계를 맺었다.

아마도 그의 일기에 등장하는 말들이 점점 더 짧아지고 형식적이 된 것은 그가 이제 대화를 나눌 수 있는 사람들을 알게 되었기 때문인 것 같다. 'G. T. K' 말고 다른 반복구는 "Nicht gearbeitet(연구하지 않았다)"이다. 역설적으로 들리지만(그러나 생각해보면 그렇게 놀랄 일은 아니다) 다정한 동료들과 함께 사무실에서 긴 하루를 보낸 후 마음을 논리학에 집중시키는 것이 큰 전투 중 탐조등을 지키면서 죽음과 마주한 채 논리학에 집중하는 것보다, 그리고 싫어하는 사람들과 함께 살면서 논리학에 집중하는 것보다 더 힘든 일이었다. 포병작업소에 있을 때 그는 철학적 문제들에 전념하기 위해 필요한 완전한 고독을 누릴 기회도 없었고 그것을 바라지도 않았다.

그렇지만 그는 약간의 독서를 할 수 있었다. 11월에 그는 에머슨R. W. Emerson의 《수상록*Essays*》을 읽기 시작했다. "아마 이것들이 나에게 좋은 영향을 미칠지 모른다"고 그는 생각했다. 정말 그랬었는지 그는 말하지 않는데, 에머슨은 그 후 다시는 일기에서 나오지 않는다. 분명한 것은 그가 이때(또는 실제로 어느 다른 때건) 쓴 글에서 에머슨의 영향을 받았다는 흔적은 발견되지 않는다는 것이다.

비트겐슈타인에게 더 자극이 되었던 것은 니체Friedrich Nietzsche였는데, 니체는 그가 포용했던 톨스토이류의 기독교에 더 적대적일 수 있는 인물이었다. 비트겐슈타인은 크라쿠프에서 니체 전집의 제8권인 《반그리스도*The Anti-Christ*》를 샀다. 이 책은 기독교에 대한 니체의 통렬한 공격을 포함하는데 여기서 니체는 기독교적 신앙을 타락하고 부패한 종교, "아직까지 유례가 없는 현실성에 대한 인간의 적대심의 한 형태"로서 매도했다. 그에 의하면 그 뿌리에는 적대적인 세계로부터 비겁한 후퇴만이 있을 뿐이다.

> 우리는 **촉감**이 보유하는 병적으로 민감한 상태를 알고 있다. 그것은 단단한 물체를 접촉하거나 쥘 때마다 매번 공포로 움츠리게 만드는 것이다. 그런 심리적 **버릇**을 그것의 궁극적인 논리인 다음과 같은 것들로 바꾸어보라. 즉 **모든** 현실에 대한 본능적 증오로, '붙잡을 수 없는 것', '생각할 수 없는 것'을 향한 비행으로, 모든 형태, 모든 공간적이고 시간적인 개념, 단단한 모든 것에 대한 반감으로 바꾸어보라 … 어떤 종류의 현실에 의해서도 방해받지 않는 세계에서, 단순히 '내적인 세계', '참된' 세계, '영원한' 세계에서 평안을 느끼는 것으로 바꾸어

> 보라 … '신의 왕국은 **네 안에 있다**' …

현실에 대한 이런 증오심 및 그것이 만들어내는 신의 사랑을 통한 구원의 필요성에 대한 관념은 니체가 보기에 "더 이상 '만져지기를' 전혀 원하지 않는 굉장히 예민하게 고통과 자극을 느끼는 능력의 결과이다. 왜냐하면 그것은 접촉할 때마다 너무 깊이 느끼기 때문이다 … 아무리 작은 고통일지라도 고통에 대한 두려움은 **사랑의 종교** 말고는 어느 것으로도 귀결될 **수 없다**."

비록 기독교에 대한 니체의 적대심에 의해 '강하게 영향'을 받았지만, 그리고 니체의 분석에는 어느 정도 옳은 것이 있다는 것을 인정해야 된다고 느꼈지만 비트겐슈타인에게 '기독교가 정말로 행복에 이르는 유일하고 **확실한** 길'이라는 신념은 변함이 없었다.

> … 그러나 누군가가 이 행복을 쫓아버리면 어떻게 될까? 외부 세계에 대한 아무 희망 없는 투쟁 중에 불행하게 사라지는 것이 더 낫지 않을까? 그런 인생은 무의미하다. 그러나 왜 무의미한 인생을 살아가지 않는가? 그것은 가치가 없는가?

이로부터 우리는 비트겐슈타인이 그의 신앙심에도 불구하고 니체의 견해를 받아들일 정도로 그것에 가까웠다는 것을 알 수 있다. 그는 그 문제를 니체가 사용하는 심리적 용어로 논의하는 것을 좋아한다. 그는 그것을 기독교의 **진리** 여부를 따지는 문제로 보지 않고, 그것이 다른 식으로는 견딜 수 없고 무의미한 삶을 다루는 데 도움이 될 뭔가를 제공하는지에 대한 문제로 간주한다. 윌리엄 제임스의 용어로는 그 문제는 그것이 '아픈 영혼'을 치료하는 데 도움을 줄 것인지에 대한 것이다. 그리고 여기서 '그것'은 **믿음**이 아니라 실천, 살아가는 방식이다. 이 점은 니체가 잘 표현한다.

> '믿음', 아마도 그리스도를 통한 구원에 대한 믿음에서 기독교의 뚜렷한 특징을 찾는 것은 불합리할 정도로 옳지 못한 일이다. 오로지 기독교적 **실천**, 즉 십자가 위에서 죽었던 그가 **살았던** 것과 같은 인생을 사는 것만이 기독교적이다 … 심지어 오늘날에도 **그런** 인생은 가능하며 **특정한** 사람들에게는 심지어 필수적이기도 하다. 진짜로 원시적인 기독교는 언제나 가능할 것이다 … 믿음이 **아니라** 행동이며, 한편으론 무엇보다도 많은 일들을 하지 **않는** 행동, 다른 종류로 **존재**하는 것이다 … 의식의 상태, 가령 어느 것을 참이라고 주장하는 의식 상태 또는 믿음은 어느 종류의 것이건 완전히 관심 밖의 문제이며 본능들의 가치와 비교해보면 하류의 문제이다. 모든 심리학자가 이것을 안다 … 기독교인이라는 것, 즉 기독교성을 어떤 것이 참이라는 주장으로 환원하고, 의식의 단순한 현상성으로 환원하는 것은 기독교를 부정하는 것을 의미한다.

《반그리스도》에서 비트겐슈타인으로 하여금 니체의 글에 옳은 점이 있다는 것을 인정하게 만든 구절들 중 하나가 이것이라고 생각해도 틀리지 않을 것이다. 종교의 본질은 느낌(또는 니체가 표현하듯이 **본능**)과 실천이지 믿음이 아니라는 생각은 비트겐슈타인의 나머지 인생 동안 마음에서 논제로 남게 되었다. (이때) 기독교는 그에게 "행복에 이르는 유일하고 확실한 길"이었는데, 그것은 기독교가 내세를 약속했기 때문이 아니라 그리스도의 말과 모습에서 기독교가 고통을 참을 수 있게 하는 태도를 제공하였기 때문이었다.

1914~1915년의 겨울 몇 달 동안, 비트겐슈타인의 일기에서 신앙에 관한 언급이 좀 더 나온다. 거기에는 더 이상 자신에게 힘을 달라고 신을 부르는 내용은 없으며 "당신의 뜻이 이루어지소서!"라고 끝나는 내용도 더 이상 없다. 포병소에서의 생활을 견뎌내기 위해 아무런 신의 도움도 필요하지 않았던 것처럼 보인다. 철학을 연구하기 위해 보낼

시간이 거의 없다는 사실 말고는, 최소한 그 이전의 넉 달 동안의 생활과 비교하면 생활이 즐거웠다고 할 만했다.

어떤 경우건 빈에서의 생활보다 나았다. 크리스마스에 가족을 방문하는 것이 허용되지 않았다는 사실은 전혀 괴롭지 않았다. 크리스마스이브에 그는 준장교Militärbeamter로 승진했다. 크리스마스에 그는 장교들의 회식에 초대받았다. 그리고 크리스마스 다음 날 저녁 그동안 사귀었던 젊은이와 — 렘베르크에 있는 대학교 학생이었다 — 함께 카페에 들렀다. 크리스마스 시즌은 이렇게 조용히, 그리고 가족과 함께 집에 있고 싶은 마음은 전혀 없이 지나갔다. 군대 우편을 통해 그는 욜레스로부터(물론 초콜릿과 함께), 노르웨이에 있는 클링겐베르그 가족으로부터, 그리고 프레게로부터 크리스마스 축하 편지를 받았다.(프레게는 "우리 전사들의 승리와 새해의 지속적 평화를 바라자"고 썼다.)

새해 전날 비트겐슈타인은 상관인 귀르트 중위가 공무를 위해 빈을 방문하는 길에 동행해야 한다는 갑작스런 연락을 받았다. 비트겐슈타인의 어머니는 당연히 그 갑작스런 방문에 기뻐했다. 그의 일기로부터 우리는 비트겐슈타인이 냉정하게 초연함을 유지했다고 추측할 수 있다. 가족과의 재결합에 대해 그는 단지 새해 첫날을 완전히 그들과 함께 지냈기 때문에 아무 일도 할 수 없었다는 것을 말했을 뿐이다. 그는 냉정히(그리고 분명히 어울리지 않게) 덧붙인다. "나의 현재 도덕적 위치가 과거보다, 가령 부활절 때보다 훨씬 더 낮아졌다는 것을 적고 싶다." 그는 빈에 있었던 열흘 중 이틀은 당시 이미 노작곡가였던 라보어와 보냈고 나머지 시간은 대부분 귀르트와 함께 보냈다. 그가 크라쿠프에 돌아왔을 때, 그 방문에 대한 유일한 언급은 "귀르트와 즐거운 시간을 많이" 가졌다는 것뿐이었다.

가족을 대하는 이런 냉정함으로부터 우리는 가족들이 그의 내적인 생활을 침범하지 못하게 하겠다는 결심과, 그것을 허용하면 아마도 전쟁을 겪으면서 그가 이루었던 자아 발견과 자기 통제에서의 진보를 쓸모없게 만들지도 모른다는 두려움을 읽을 수 있다. 그러나 그것은 또한 더 일반적인 무력감의 일부인 것처럼 보인다. 그는 이 기간 동안 자주, 특히 그의 연구와 관련해서 피로를 호소하고 있다. 예를 들면 1월 13일 그는 활기 있게 일하지 못하고 있다고 말한다.

> 나의 사고는 피로해 있다. 사물들을 신선하게 바라볼 수 없고 그저 행인처럼 생동감 없이 바라볼 뿐이다. 이는 마치 불꽃이 꺼진 것 같아서 스스로 다시 타오를 때까지 기다려야 한다.

그는 영감의 원천이 외부에 있다고 생각했다. "내 연구는 **오로지** 기적을 통해서만 성공할 수 있다. 오직 내 눈앞에 있는 장막이 밖에서부터 거두어지기만 하면 말이다. 나는 운명에 완전히 굴복해야 한다. 그것이 나를 지금까지 이끌어왔다면 앞으로도 그럴 것이다. 나는 운명의 손아귀에 있다."

그는 다시 영국에 있는 친구들을 생각하기 시작했다. 그는 다시 핀센트에게 편지를 썼고 답장을 초조하게 기다렸다. "언제쯤 데이비드로부터 소식을 들을 수 있을 것인가?!"라고 1월 19일 그는 일기에서 간절히 묻고 있다. 그는 케인스로부터 편지를 받았지만 그것은 "아주 좋지 않다"고 평했다. 실제로 그것은 아주 다정한 편지였는데 아마도 그 어조가 너무 가벼워서 실제로는 별 위로가 못 되었던 것 같다. "지금쯤 당신이 포로로 잡혀서 안전하게 있기를 바랍니다"라고 케인스는 적었다.

> 러셀과 나는 당분간 철학을 포기했습니다 — 나는 재무 분야에서 정부에 봉사하기 위해, 그는 평화를 위한 시위에 참여하기 위해서 말입니다. 그러나 무어와 존슨은 여느 때와 마찬가지로 생활하고 있습니다. 그런데 러셀은 전쟁 초에 멋진 책을 냈습니다.
>
> 핀센트는 10월 중순까지 군대에 가지 않았는데 그 후에는 소식을 듣지 못했습니다.

당신의 귀중한 친구인 베카시는 당신네 군대에 있고, 당신의 매우 귀중한 친구인 블리스는 우리 군대의 **사병**입니다.

노르웨이에서 명제들에 관해 생각하는 것보다는 전쟁터에 있는 것이 더 즐거운 일임이 틀림없습니다. 그러나 당신이 그런 방종을 곧 끝내기를 바랍니다.

드디어 2월 6일 비트겐슈타인은 이렇게 선언할 수 있었다. "데이비드로부터 온 사랑스러운 편지!" 그 편지는 1월 14일자였다. 거기에서 핀센트는 별로 할 말이 없다고 말한다. "전쟁이 끝나면 서로 다시 만나게 되기를 바란다는 것 말고는." 케인스의 편지에 있는 따뜻하지만 여전히 거리를 두는 '영리함'과는 대조적으로, 이런 직접적 우정의 표현이 바로 비트겐슈타인이 갈망하고 필요로 했던 것이었다.

비트겐슈타인이 더 마음에 들어 하던 편지는 아마도 숄덴에 있는 주민들, 드렝니, 볼스타드, 그리고 클링겐베르그 가족들이 부친 짧은 편지들이었을 것이다. 드렝니로부터 온 편지는 보통 이런 말로 채워져 있다. "엽서를 보내주어서 고맙습니다. 우리는 모두 건강하며 당신에 관해 자주 이야기합니다." 비트겐슈타인의 답장들도 똑같이 간결했을 것이며 똑같이 따뜻하게 받아들여졌을 것이다. 노르웨이에서 온 소식은 그의 오두막집이 완성되었다는 것이었다. "우리 모두 당신이 이제 막 완성된 새 집에 빨리 돌아올 수 있기를 바라고 있습니다"라고 클링겐베르그는 적었다. 비트겐슈타인은 드렝니를 경유해서 일꾼들에게 급료를 지불했는데, 비트겐슈타인이 돌아와서 급료를 지불하리라고 예상했던 드렝니는 송금된 돈을 보고 놀랐다. 드렝니는 비용에 대해서 미안해하면서 변명했다. "만일 당신이 원하는 것처럼 튼튼하게 집을 지으려면, 비용은 언제나 원래 예상했던 것보다 많이 들게 마련이다"라고 해명했다.

2월 초 비트겐슈타인은 포병소에 있는 용광로를 관장하게 되었다. 책임이 추가되었기 때문에 철학에 집중하는 것은 더 어려워졌다. 용광로에서 시간을 더 보내야 되는 것 외에, 그는 일을 감독해야 했기 때문에 동료들과 시간을 보내는 수고를 감수해야 했다. 그가 이 일을 맡은 것은 그의 뛰어난 엔지니어링 기술 때문이었겠지만, 그렇다고 해도 그가 십장의 역할을 떠맡는 것은 어려운 일이었다. 그는 자신이 감독하고 있는 사람들과 겪은 어려운 일들을 기록했는데, 그중 일부는 아주 불쾌한 결과를 초래했다. 한번은 그는 젊은 장교와 결투를 할 뻔했다. 아마 이 장교는 낮은 계급의 사람이 지시하는 것을 싫어했던 것 같다. 작업병들은 그의 계급을 존경하지도 않았고 그의 우월한 지식이 가진 권위도 받아들일 의향이 없었다. 비타협적인 작업병들에게 그의 의사를 전달하기 위해 그는 온 힘을 다해야 했기 때문에 그래서 거의 미칠 지경이 되었다. 일을 시작한 지 한 달여 동안 비트겐슈타인은 철학에 대해 거의 쓰지 못했는데, 단 한 달 만에 그는 다시는 연구하지 못하게 될까 봐 걱정하면서 자살 충동에 사로잡혔다.

"이런 식으로 계속 살아갈 수는 없다"고 그는 2월 19일에 썼다. 어떤 식으로건 변화가 있어야 한다는 것이 분명해졌다. 그가 승진이 되거나 다른 직으로 옮겨야 했다. 자기가 처한 상황을 변화시키기 위해 그는 귀르트에게 탄원을 시작했지만, 무능했기 때문이건 신경을 안 썼기 때문이건 오랫동안 아무 일도 일어나지 않았다. 이때쯤 일기에는 "연구하지 않았다Nicht gearbeitet"라는 문구 외에도 "상황이 바뀌지 않았다Lage unverändert"가 반복해서 나타난다. 헤르미네가 비트겐슈타인의 전쟁 경험에 대해 말하면서 그 자신이 전선으로 배치되기를 지속적으로 요구했다고 적었을 때 그녀가 염두에 두었던 시기는 이때였음이 틀림없다. 그리고 또 그녀가 "그가 상대해야 했던 상관들은 언제나 그가 더 쉬운 보직을 얻기 위해 애쓰고 있다고—실제로 그가 원했던 것은 더 위험한 자리를 얻는 것이었는데—가정했다는 사실로부터 귀결된 우스운 오해"가 일어났던 시기도 이때임이 틀림없다.

내 생각에 보병 부대로 가려는 비트겐슈타인의 요청은 오해되었다기보다는 무시되었으며, 그는 평범한 보병보다는 수리소를 책임지는 숙련 기능공으로서 군에 더 유용한 것으로 간주되었다고 말할 수 있다. 귀르트에게 계속 애원했음에도 3월 내내 그가 처한 상황은 변하지 않았다.

철학적으로 1915년 초 세 달은 거의 완전히 메말랐다. 다른 면에서도 역시 비트겐슈타인은 무감각하다고, 죽었다고 느꼈다.(그렇지만 그 안에서 아무것도 활동하지 않을 때에도 성욕을 느끼고 자위를 하려는 욕망을 가졌다는 것이 그를 당혹스럽게 했다.) 2월에 피커가 트라클의 유고집을 보내주었을 때 그가 한 유일한 평은 놀랄 정도로 단조롭다. "아주 좋은 것 같다." 책을 보내준 피커에게 감사하면서 그는 자기가 지금 메마른 시기를 보내고 있으며 "외부의 생각을 소화시킬 욕망이 전혀" 없다고 설명했다. 그렇지만 심지어 바로 그 무감각으로부터도 희망을 가질 무엇이 있었다.

> 내가 무감각해질 때는 생산성이 **완전히** 없어졌을 때가 아니라 생산성이 쇠퇴하는 동안이다. 그렇지만 **불행하게도** 나는 지금 완전히 소진되었다. 지금은 그냥 인내할 수밖에 없다.

그는 그저 신이, 정신이 그를 도와서 영감을 줄 때까지 기다려야 한다고 생각했다.

당분간 아무 말도 할 것이 없기 때문에 그는 침묵했다. 그는 아델레 욜레스로부터 그가 전선 소식을 짧게 적는 것에 대해 부드럽게 불평하는 편지를 받았다. 그녀는 한 가지 분명한 것은 그가 훌륭한 전쟁 특파원이나 전보원은 되지 못하리라는 것이라고 말했다. 한 번이라도 그는 어디에 있으며, 어떻게 지내고 있는지, 무엇을 하고 있는지를 알려주는 좋은 편지를 보내줄 수는 없을까? 이탈리아인들에 대해서 어떻게 생각하는가? 그들은 삼각동맹을 저버리는 무뢰배들의 무리가 아닌가? "만일 내가 그들에 관한 생각을 쓴다면 아마 내 편지는 검열을 통과하지 못할 것"이라고 그녀는 말했다. 그녀는 빵, 초콜릿, 과일 케이크를 계속 보내주었는데, 그녀의 '꼬마 비트겐슈타인'이 전쟁에서 맡은 역할을 자랑스럽게 생각했음이 틀림없다. "네가 기꺼이 자원했다는 것이 항상 나를 즐겁게 한다"고 그녀는 말했다.

그녀의 남편은 비트겐슈타인이 드디어 그의 기술 실력을 활용할 수 있는 자리에 있게 되었다는 사실에 긍지를 느꼈다. "어떤 상황이건 너의 기술이 필요할 것이다. 갈리치아의 거친 도로들을 생각하면 그곳에는 수리해야 할 차들이 분명히 많이 있을 것이다!"라고 그는 적었다. 비트겐슈타인은 후방에서 자동차를 수리하기보다는 전선에서 보병 부대와 함께 있기를 바란다고 답장을 썼다. 욜레스는 놀랐다. "너는 네 기술적 재능을 그 포병소에서 더 사용할 수 있다고 생각하지 않느냐?" 그의 아내 역시 열렬한 애국심에도 불구하고 반대했다. "바라건대 전선으로 가고 싶어 하는 너의 희망이 이루어지지 않기를!" 그녀는 어머니같이 근심하면서 적었다. "거기서 너는 많은 사람들 중 하나일 뿐 가장 강한 사람들 중 하나가 아니다. 현재 있는 곳에서 너는 네 역할을 더 안전하게 수행할 수 있다."

비트겐슈타인은 틀림없이 이런 걱정하는 마음을 반겼고 아마도 그에게는 이런 마음이 필요했었겠지만 충분하지는 않았다. 비트겐슈타인은 핀센트의 편지를 받고서야 비로소 무력감을 깨뜨릴 수 있었다. 3월 16일 그는 다시 일기에 이렇게 쓸 수 있었다. '데이비드로부터 온 사랑스러운 편지' 그리고 "데이비드에게 답장을 썼다. **아주** 관능적이다." 답장의 초안이 하나 보존되어 있는데 이렇게 적혀 있다.

> 나의 **소중한** 데이비드에게,
>
> 오늘 1월 27일자로 적힌 네 편지를 받았다. 거의 한계에 도달했다. 나는 이제 다시 상상력이 풍부해지기 시작한다.

비트겐슈타인은 핀센트에게 부탁하여 무어에게 메시지를 전해주고 편지를 보내는 방법을 설명해주도록 했다. 핀센트는 그렇게 했고 "무어가 너에게 편지를 쓰기를 바란다"고 적었다. 그것은 절망적인 바람이었다. "무어가 기독교인답게 처신하지 않았다면 미안하다"고 핀센트는 4월에 보낸 편지에서 말했다. "사실 그는 내 편지를 받았다는 회신을 전혀 하지 않았다."

무어가 비트겐슈타인을 마음으로부터 완전히 사라지게 할 수 있었던 것은 아니었다. 1915년 10월 12일 그는 일기에 이렇게 기록하고 있다. "비트겐슈타인에 대한 꿈을 꾼다."

> … 그는 마치 잘 지내는지 묻는 것처럼 나를 쳐다본다. 나는 잘 있는 듯이 미소 지을 수밖에 없다. 그렇지 않다는 것을 나는 잘 알지만 말이다. 다음에 그는 바다에서 수영을 하고 있다. 마지막으로 그는 적군에게 체포되지 않으려고 시도한다.

4월 22일 비트겐슈타인은 포병소 전체를 관장하게 되었다. 그러나 이것은 그를 더 괴롭게 했을 뿐이라고 그는 기록한다. 상황을 부드럽게 하기 위하여 귀르트는 비트겐슈타인의 기능공 복장 착용을 허락했고 잠정적으로 기능공으로 불렸다.◈

4월 30일 비트겐슈타인은 또 하나의 '데이비드로부터 온 사랑스러운 편지'에 대해 적었는데, 이 편지에는 약간 놀랄 만한 뉴스가 포함됐다. 핀센트는 그에게 "철학에 관한 논문을 한 편 쓰고 있는데 아마 엉터리일 것"이라고 말했다. 그것은 "논리학 일반이 무엇에 **관한** 것인지, 그리고 '진리'가 무엇인지, 그리고 '인식'이 무엇인지를" 설명하려는 시도라고 그는 말했다. 비록 논문의 주제는 비트겐슈타인의 것과 동일하지만, 그 결과 나온 논문은(이것은 지금도 남아 있다) 《논고》나 《논리학 노트》와는 거의 아무런 유사성도 없다. 핀센트는 논리학을 '항진명

◈ 비트겐슈타인의 직위는 1915년 늦여름에 동부전선에서 동맹군이 약진한 후, 전 부대가 렘베르크 훨씬 북쪽에 있는 소칼Sokal로 이동할 때에야 비로소 공식적으로 인정되었다.

제'란 개념이 아니라 '일관성'이란 개념을 이용하여 정의하는데, 그 안에 나타난 사고의 형태는 일반적으로 비트겐슈타인보다는 영국의 경험론적 전통(특히 무어와 러셀)에 더 영향을 받은 것이다. 그럼에도 핀센트는 그것이 비트겐슈타인이 관심을 가진 문제에 대해 도움이 되는 것으로 생각했음이 틀림없다. "자네가 여기 있어서 논문에 관해 함께 이야기했으면 하고 바란다"고 그는 적었다. 그의 편지는 이렇게 끝난다.

> 이 무서운 비극이 끝나기를 신에게 기원한다. 그리고 자네를 다시 볼 수 있기를 간절히 빈다.

핀센트의 편지에 의해 고무되었건 아니건 간에 크라쿠프에서 보낸 마지막 몇 달 동안 — 그가 다른 자리를 얻을 수 없어서 절망적으로 불행했고 아주 좌절을 겪었던 기간 — 비트겐슈타인은 새로운 활력으로 다시 연구에 임할 수 있게 되었다. 5~6월에 걸쳐 그의 생산성은 높았다. 《노트: 1914~1916*Notebooks: 1914-1916*》라는 제목으로 출판된 원고의 상당 부분(약 1/3)이 이 기간에 쓰여졌다.

이 기간 동안 그가 주로 다루었던 문제는 언어가 세계를 **어떻게** 그리는지, 언어와 세계의 어떤 특징들이 이러한 그리기를 가능하게 하는지에 관한 것이었다.

> 내가 쓴 모든 것의 중심에는 이 문제가 있다. 세계에는 선험적 질서가 있는가? 있다면 그것은 무엇인가?

자신의 의지에는 어긋나게, 그는 세계에는 그런 질서가 있다고 결론을 내리도록 강요받았다. 그가 러셀에게 고집했듯이 세계는 사물들이 아니라 **사실들**로 이루어졌다. 즉 그것은 서로 특정한 관계를 맺고 있는 사물들(대상들)로 이루어진다. 이러한 사실들 — 대상들 사이에 존재하는 관계들 — 은 한 명제의 기호들 사이의 관계들에 의해 반영되거나 그려진다. 그러나 만약 언어가 **원자**명제들로 분석될 수 있다면(그가 과거에 고집했듯이) 그런 원자명제들에 대응하는 원자**사실**들이 있어야 할 것처럼 보인다. 그리고 원자명제들이 더 이상 분석될 수 없는 것처럼, 원자사실들은 복합 대상들이 아니라 **단순** 대상들 사이의 관계들이다. 비트겐슈타인은 원자명제의 예도 원자사실의 예도 만들어낼 수 없었고, 또한 '단순 대상'이 무엇인지 말할 수도 없었다. 그러나 그는 분석의 가능성이 그런 것들의 존재를 요구한다고 생각했고, 그것들의 존재가 언어와 세계의 구조를 제공하며, 그것은 하나가 다른 하나를 반영하는 것을 가능하게 만든다고 생각했다.

> **우리가** 명제의 요소들을 하나하나 이름으로 부를 수 있을 정도로 '**명제**'를 분석할 수 없다는 것이 문제가 되지는 않는다. 아니다. 우리는 세계가 요소들로 구성되어야만 한다고 생각한다. 그리고 이 생각은 세계는 현재 상태로 존재해야 하고 한정적이어야 한다는 명제와 동일한 것처럼 보인다.

우리는 한정적이지 않을 수 있고 불확실할 수 있지만 확실히 세계는 그럴 수 없다. "세계는 고정된 구조를 갖는다." 그리고 이 때문에 언어가 한정적 의미를 가질 가능성이 생긴다. "단순한 것들을 요구한다는 것은 의미의 한정성을 요구하는 것이다."

이처럼 철학적으로 생산적이었던 기간 중반에 비트겐슈타인은 5월 10일자의 독일어로 쓴 러셀의 편지를 받았다. 러셀은 노르웨이에서 무어가 받아 적은 노트를 보았지만 이해하기 힘들었다고 말했다. "전쟁이 끝난 후 자네가 모든 것을 나에게 말로 설명해주기를 진심으로 바란다"고 그는 적었다. "전쟁이 시작된 후 철학에 대해 생각하는 것은 불가능했다"고 그는 덧붙였다.

비트겐슈타인은 "당신이 무어의 노트를 이해할 수 없었다니 아주 유감입니다"고 응답했다.

그것들을 부연 설명 없이 이해하기는 아주 어렵다고 생각합니다. 그러나 나는 그것들을 본질적으로 분명한 것으로 간주합니다. 내가 최근에 쓴 것은 훨씬 더 이해될 수 없을까 봐 두렵습니다. 만일 내가 전쟁이 끝나는 것을 보지 못한다 하더라도 내 연구가 헛수고가 되지 않도록 대비해야 합니다. 이 경우에 이해하는 사람이 있건 없건 당신은 내 원고가 출판되도록 해야 합니다.

"문제들은 점점 더 비문을 새기는 것처럼 되고 일반적인 것으로 되어 갑니다. 그리고 방법이 완전히 바뀌었습니다"라고 그는 러셀에게 말했다. 그 책은 다음 2년 동안 훨씬 더 철저하게 바뀌게 될 것이었다. 그런데 이상하게도 이것은 핀센트의 논문에 의해서 그 모습이 예시되어 있다. 4월 6일자 편지에서(비트겐슈타인은 이 편지를 아마 5월 중에 받았을 것이다) 핀센트는 철학에 관한 그의 논문은 논리학에서 '윤리학과 철학 일반'으로 확장되었다고 적고 있다. 다음 해 비트겐슈타인 자신의 연구도 유사한 방향으로 진행될 것이었다.

논리학에 대한 비트겐슈타인의 연구가 다시 활발해진 때는 동부전선에서 동맹국들이 처한 위치가 극적으로 개선되던 때와 일치한다. 3월에 오스트리아-헝가리 군이 처한 곤경은 절망적인 것처럼 보였다. 러시아군은 카르파티아the Carpathians 산맥 안으로 오스트리아-헝가리 군을 더 깊게 몰아가고 있었고 헝가리를 침공하려 위협하고 있었다. 3월 22일 프셰미실Przemyśl의 요새 마을이 함락되었고, 만일 파국을 피하려면 오스트리아군은 보다 강한 독일군의 힘이 필수적임이 명백해졌다. 그래서 4월 내내 갈리치아에 있는 독일과 오스트리아 연합군은 대규모 공격을 가하기 위한 준비를 했는데, 이 공격은 5월 1일 독일군 장군인 폰 마켄젠von Mackensen의 지휘 아래 시작되었다. 공격 개시 장소는 고를리체Gorlice와 타르누프Tarnów의 산지 사이에 있는 곳이었다. 이 공격의 성공은 심지어 공격 계획을 짰던 사람들까지도 놀라게 했으며,

이로써 결정적 전기가 마련되었다. 1915년 하절기 동안 독일군과 오스트리아군은 러시아의 방어를 아주 쉽게 물리쳤고, 드디어 약 300마일 정도 진격했다. 프셰미실과 렘베르크를 탈환했고 루블린, 바르샤바Warsaw 그리고 브레스트-리토프스크Brest-Litovsk를 함락했다.

비트겐슈타인이 고를리체-타르누프 승리를 기뻐했는지는 일기에 전혀 나와 있지 않다. 진격이 진행되는 동안 그는 크라쿠프에 있는 포병소에 계속 남아 있었으며, 그 사실에 대해 점점 더 분개하고 있었다. 하지만 그는 작전의 성공에 열광하는 믿을 만한 소식통인 욜레스와 편지 왕래를 하고 있었다. 3월 25일 욜레스는 프셰미실이 (용감하게 저항한 후) 함락된 것을 슬퍼하며, 불쌍한 갈리치아가 봄에는 러시아인들로부터 해방되기를 바라는 편지를 썼다. 그 작전 내내 욜레스의 편지들은 동부전선으로부터 오는 소식들에 대한 애국적인 평들처럼 보인다. "러시아의 카르파티아 공격은 멈춘 것처럼 보인다"고 그는 4월 16일 썼다. "아마 갈리치아 안의 점령된 지역을 이제 성공적으로 해방시킬 수 있을 것이다!" 5월 4일 그는 마켄젠의 성공적 작전 결과 커다란 승리가 예상된다는 소식을 들었다고 적었다. "갈리치아가 하루 빨리 러시아로부터 해방되기를 바란다!"

마켄젠이 거둔 전과에 비추어보면, 비트겐슈타인이 전선에 가려는 고집을 너무 잘 이해할 수 있다고 욜레스는 5월 17일 적었다. 그의 아내는 비트겐슈타인이 안전한지, 먹을 것을 충분히 공급받고 있는지에 대해 더 걱정했다. "나는 편지를 아주 가끔 쓰는데, 그 이유는 네가 편지를 가끔 그리고 '항상 똑같은 몇 단어들을' 이용하여 쓰기 때문이야. 네가 편지 쓰는 것에 아무런 관심도 없다고 느끼지 않을 수 없다"고 그녀는 4월 8일 적었다. "네가 전선에 가지 않고 현재 있는 곳에 머물게 되어서 다행이다"고 그녀는 덧붙였다. 편지마다 그녀는 음식이 부족한지, 비트겐슈타인이 필요한 것이 있는지 물었다. 답장에서 비트겐슈타인은 그가 대처해야만 하는 '불쾌함'에 대해 모호하게 언급했다. '어떤 종류의 불쾌감'인지 아델레 욜레스는 물었다. "네가 대처해야 할 일이 많아서 안됐다. 하지만 네가 그것을 용기 있게 견디는 것은 훌륭한 일이며 나를 기쁘게 한다."

7월에 그는 피커로부터 편지를 받았다. 그는 이때 오스트리아군 소속으로 브릭센Brixen에 주둔한 알파인Alpine 연대에서 근무하고 있었다. 그의 주거 환경은 놀랄 정도라고 피커는 불평했다. 한 방에 서른여섯 명이 있고 낮이건 밤이건 혼자 있을 기회가 전혀 없으며 9월까지 그런 상태가 계속될 것 같다고 했다. 그는 불면증과 정신적 탈진을 겪는다고 그리고 너무 녹초가 되어서 거의 읽거나 쓸 수 없다고 불평했다. "때때로 나의 전 존재가 탈진한 것 같다 … 이 환경은 이미 그렇게 철저히 나의 저항력을 무너뜨렸다."

이 말은 낯설지 않았다. 비트겐슈타인은 절망에 대한 자신의 비슷한 경험에 근거한 충고를 담은 답장을 보냈다. "나는 당신의 슬픈 소식을 너무나 잘 이해한다"고 그는 적었다.

> 말하자면 당신은 어둠 속에서 살면서 아직 구원의 말을 발견하지 못한 셈입니다. 당신과는 본질적으로 아주 다른 내가 충고를 한다면 우둔해 보일 것입니다만, 어쨌든 한번 해보겠습니다. 당신은 톨스토이가 지은 《요약복음서》를 알고 있습니까? 한동안 이 책은 정말로 나를 살아 있게 해주었습니다. 이 책을 사서 읽겠습니까?! 그 책을 알지 못한다면 그것이 사람에게 줄 수 있는 영향을 상상할 수 없을 것입니다.

다소 놀랍게도 이 충고는 열정적으로 받아들여졌다. "신의 가호가 있기를!"이라고 피커는 응답했다. 비트겐슈타인이 생각한 대로 그는 어둠 속에서 살고 **있었다**. "왜냐하면 아무도 나에게 그 말을 하지 않았기 때문이다." 그런데 비트겐슈타인은 그 말을 해주었을 뿐 아니라 그가 다시는 그 말을 잊지 않도록 해주었다. "신의 가호가 있기를!"

비트겐슈타인은 피커에게 보낸 편지를 병원에서 썼다. 포병소에서 일어난 폭발 사고로 그는 신경 발작을 겪었고 가벼운 부상을 몇 군데

입었다. 병원에서 약 1주일을 보낸 후 그는 빈에서 3주일 동안 휴가를 지냈다. 이는 그에게 아주 필요했던 것이었다. "1년 이상의 복무와 부상 이후에 받은 3주일의 휴가는 정말로 짧다"고 아델레 욜레스는 불평했다. 그렇지만 비트겐슈타인의 관점에서 그 휴가는 아마도 충분했을 것이다.

그가 포병소로 귀환할 때쯤 그 부대는 크라쿠프로부터 이동해 있었다. 고를리체-타르누프 대승의 결과 그 소대는 렘베르크 북쪽에 있는 소칼로 가게 되었고, 그곳 역에 있는 포병소 기차에 자리 잡았다.

비트겐슈타인이 소칼에 있는 동안 쓴 노트는 남아 있는 것이 없다. 그러나 이 기간 동안 그가 비교적 행복했었다고 생각할 이유가 있다. 그는 최소한 한 명의 꽤 친한 친구를 사귀었다. 포병소 옆에 위치했던 적십자 의무대를 맡고 있던 막스 빌러Max Bieler 박사였다. 빌러가 비트겐슈타인을 처음 만난 것은 그가 포병소 장교들과의 식사 자리에 초대받았을 때였다. 그는 이렇게 회상한다.

> 처음 식사를 할 때 벌써 장교들 사이에서 계급장을 달지 않은 마르고 민첩한 약 스물다섯 살의 남자가 눈에 띄었다. 나머지 동료들이 배불리 먹고 시끄럽게 떠드는 동안, 그는 조금씩 먹고 마셨으며 담배를 피우지 않았다. 같이 앉았던 사람에게 물어보았더니 그의 이름이 루트비히 비트겐슈타인이라고 알려주었다. 나는 젊고 머리가 빈 직업 장교들 사이에서 대학 문화를 맛본 그렇게 마음에 드는 사람을 발견하게 되어서 반가웠다. 그가 거기에 있는 이유는 거기 있어야만 했기 때문이었다. 나는 우리가 서로 호의적으로 느꼈다고 생각한다. 왜냐하면 식사 후 그는 나를 부대에 있는 그의 숙소로 초대했기 때문이다. 이렇게 해서 우리의 우정은 시작되었고, 이것은 매일 한 시간가량의 대화와 더불어—하지만 위스키나 담배는 없었다—여러 달(거의 1년) 동안 계속되었다. 며칠 후 그는 나보고 자기에게 말을 놓으라고 했다.

1915년 가을 동안 그리고 다음 겨울 내내 거의 모든 것이 부족하게 공급되고 전선의 환경이 아주 혹독했을 때, 빌러와 비트겐슈타인의 우정은 둘 모두에게 엄청난 위안이 되었다. 그들은 철학적이고 형이상학적 주제에 대해서 길고도 활발한 대화를 나누었다. 비록 놀랄 일은 아니지만 이 대화는 그렇게 평등한 관계로 이루어지지는 않았을 것이다. 한번은 빌러에게 비트겐슈타인이 이렇게 말했다. "나는 좋은 학생이 되겠지만 전혀 예언자는 아니다"라고. 이에 대해 빌러는 다음처럼 적었다. "그에 대해 이렇게 말할 수 있다. 그는 예언자의 모든 특징을 갖고 있지만 학생의 특징은 아무것도 갖고 있지 않다."

군사적으로 그때는 조용한 시기였다. 러시아군은 지난여름에 겪었던 대패전 후 재편성을 해야 했었고, 동맹국은 서부전선에 집중하는 동안 현 위치를 고수하기로 결정했다. 분명히 그때는 보수 부대repair unit도 조용한 시기였다. 비트겐슈타인은 논리학에 대한 최근의 연구 결과에 아주 만족해서 그것을 책으로 만들 준비를 하게 되었다. 《논고》의 첫 번째 형태인 이 책은 불행히도 현재 남아 있지 않다.

우리는 그것이 있었다는 것을 1915년 10월 22일에 그가 러셀에게 보낸 편지로부터 알 수 있을 뿐이다. 여기서 그는 러셀에게 자기가 연구 결과를 논문 형태로 적는 과정을 밟고 있다고 말했다. "무슨 일이 있건 당신이 그것을 보기 전에는 아무것도 출판하지 않을 것"이라고 그는 러셀에게 말했다. 물론 전쟁이 끝난 후에도 그 일은 일어날 수 없었다.

> 그러나 내가 그때까지 살아남으리라고 누가 알겠습니까? 만일 내가 살아남지 못하면 내가 아는 사람들로 하여금 내 모든 원고를 당신에게 보내게 하십시오. 그 원고들 중에서 당신은 묶이지 않은 종이들 위에 연필로 쓴 최종 요약문을 발견할 것입니다. 아마도 당신이 그것을 모두 이해하려면 조금 힘이 들지도 모릅니다. 하지만 그 때문에 지체하지는 마십시오.

러셀은 11월 25일 답장을 보냈다. "자네가 출판하고 싶은 논문을 쓰고 있다는 소식을 들으니 굉장히 기쁘다"고 그는 적었다. 그는 그것을 보고 싶어 했고, 비트겐슈타인에게 전쟁이 끝날 때까지 기다릴 필요가 없다고 말했다. 비트겐슈타인은 그 책을 미국의 하버드에 있는 랠프 페리Ralph Perry에게 보낼 수 있다. 페리는 러셀을 통해서 논리학에 대한 비트겐슈타인의 초기 이론에 대해 이미 알고 있었다. 페리는 그 책을 다시 러셀에게 보낼 수 있고 러셀은 그것을 출판할 것이다. "우리가 마침내 다시 만날 때 얼마나 멋질까!"로 러셀은 편지를 마쳤다.

프레게 역시 비트겐슈타인의 논문에 대해서 들었다. 11월 28일 그는 러셀과 비슷한 내용의 편지를 썼다. "자네가 여전히 학문적 연구를 위해 시간과 정력을 남겨놓고 있다니 기쁘다." 만일 비트겐슈타인이 러셀의 제안을 따랐다면, 1916년에 출판되었을 그 책은 여러 면에서 우리가 지금 《논고》로 알고 있는 책과 비슷했을 것이다. 즉 그것은 의미의 그림 이론, '논리적 원자주의'라는 형이상학, 논리학을 항진과 모순이라는 두 개의 쌍둥이 개념에 의해 분석한 것, (유형론을 잉여적으로 만들기 위해 나온) 말하는 것과 보여주는 것 사이의 구분, 그리고 (논리적 명제는 항진이거나 모순이라는 것을 보여주기 위해 사용된) 진리표 방법을 포함했을 것이다. 다른 말로 하면 《논고》가 포함하는 거의 모든 것을 — 윤리학, 미학, 영혼, 인생의 의미에 관한 책의 말미에 나오는 언급들을 **제외하고** — 포함했을 것이다.

그러므로 이 점에서는 그 책은 완전히 다른 책이었을 것이다.

그 책이 마지막으로 그리고 가장 중요하게 변화를 겪었던 몇 년 동안은 비트겐슈타인과 러셀이 서로 연락을 하지 않았던 기간이었다. 1915년 10월 22일자의 편지 이후부터 비트겐슈타인이 이탈리아군에 의해 포로가 된 후인 1919년 2월까지 러셀은 비트겐슈타인으로부터 어떤 소식도 듣지 못했다. 러셀은 전쟁 마지막 해에(이 기간에 그는 영국과 미국의 관계를 해치려 했다는 이유로 교도소에 있었다) 썼던 그의 《수리철학입문*Introduction to Mathematical Philosophy*》에서 '항진'이 어떻게 정의되어야 하는지에 관한 질문을 제기한 후 다음과 같이 각주를 달았다.

> 수학의 정의를 할 때 '항진'이 갖는 중요성은 나의 과거 학생이었으며 그때 그 문제에 대해서 연구하고 있던 루트비히 비트겐슈타인이 내게 지적해주었던 것이다. 나는 그가 그 문제를 해결했는지 모른다. 심지어 그가 살아 있는지 죽었는지도 모른다.

전쟁 마지막 2년 동안 핀센트와의 연락도 또한 끊겼다. 1915년 9월 2일 핀센트는 "그 저주받은 법률 공부를 그만두었고" 지금은 정부를 위해 일하고 있다는 것을 전하기 위해 편지를 썼다. 1916년 동안 핀센트는 세 통의 편지 — 모두 독일어로 썼다 — 를 보낼 수 있었는데, 첫 번째 편지는 "전쟁이 우리의 인간적 관계를 변화시킬 수 없다. 그것은 우리의 인간적 관계와는 아무런 관계도 없다." 이 편지들에서 핀센트는 지금 기계에 대한 훈련을 받고 있고 엔지니어로 일하고 있다고 말했다. 비트겐슈타인이 그로부터 받은 마지막 편지는 1916년 9월 14일자로 되어 있다.

비트겐슈타인이 자신의 책에 대한 생각을 바꾸기 시작한 것은 — 그리고 그에 수반해서 그 자신을 바꾸기 시작한 것은 — 그가 영국 친구들로부터 단절되었을 때였다. 그러므로 전쟁 후에 그의 영국 친구들이 그를 이해할 수 있을지 의심했던 것은 놀라운 일이 아니었다. 그 안에서 일어난 변화를 만들었던 환경에 대해서 그들이 무엇을 알았겠는가, 아니 알 수 있었겠는가?

이런 변화가 오리라는 것을 우리는 아마도 그가 소칼에서 빌러와 했던 토론에서 발견할 수 있을지 모른다. 빌러는 그들이 이 토론을 하느라고 "때때로 완전히 몰두해서 시간과 장소를 잊었다"고 말한다.

> 나는 한 가지 우스운 사건을 기억한다. 그때는 1915년 새해 전날이었

> 다. 지역 사령관이 신년 축하 미사에 장교들을 모두 초대했다. 저녁 식사 후 10시쯤 되었는데, 우리 둘은 어제의 토론을 계속하기 위해 비트겐슈타인의 방으로 갔다. 11시쯤 장교들이 우리들에게 지금이 파티에 갈 좋은 때라고 알려주었다. 비트겐슈타인은 그들에게 먼저 가면 곧 따라갈 것이라고 말했다. 우리는 곧 그 초대와 시간에 관해 잊어버리고 말았고 밖에서 시끄러운 소리가 들릴 때까지 토론을 계속했다. 그때가 새벽 4시였는데 동료들이 즐겁게 돌아오고 있었다. 그러나 우리는 겨우 12시 정도밖에 안 되었다고 생각했다. 다음 날 우리는 지역 사령관에게 사과해야 했고, 새해 축하 인사도 뒤늦게 해야 했다.

그런 집중력은 전심전력하는 비트겐슈타인을 보여준다. 그러나 이 토론의 주제는 논리학이 아니었다. 비트겐슈타인은 그가 전에 핀센트를 가르치려고 했듯이 그의 연구 결과를 빌러에게 가르치려 시도하지 않았다. 대신 그들은 톨스토이의 《요약복음서》와 도스토옙스키의 《카라마조프가의 형제들》에 대해 이야기했다. 비트겐슈타인은 《카라마조프가의 형제들》을 너무 자주 읽어서 전 구절을(특히 조시마의 말을) 암기할 정도였다. 조시마는 그에게 "다른 사람들의 영혼을 직접 꿰뚫어 볼" 수 있는 강력한 기독교적 이상, 성인을 표상한다.

비트겐슈타인과 빌러가 함께 있었던 기간은 동부전선이 가장 조용했던 시기 중 하나였다. 비트겐슈타인에게 그 기간은 비교적 평안한 기간이었다. 장교는 아니지만, 그는 많은 점에서 장교처럼 대우받았다. 심지어 그에게는 한 명의 하인—근처의 전쟁 포로수용소에서 온 콘스탄틴Constantin이라는 이름의 러시아 소년—이 딸려졌다. 빌러는 이렇게 회상한다. "콘스탄틴은 착한 소년이었고 비트겐슈타인을 충실히 모셨다. 비트겐슈타인은 그를 아주 잘 대해주었고, 얼마 지나지 않아 그 마르고 허약하며 더러웠던 전쟁 포로는 전 부대에서 가장 살찌고 깨끗한 소년으로 바뀌었다."

비교적 조용했던 이 시기는 1916년 3월 러시아군이 프랑스에 대한 압력을 완화시키기 위해 발트해 측면에 대한 공격을 개시하면서 끝났다. 동시에 1년여에 걸친 기간이 지난 후 비트겐슈타인의 지위에 대한 오스트리아군의 결정이 내려졌다. 그는 기사Ingenieur의 직위 또는 제복을 유지할 수 없지만, 보병으로 전선에 배치되기를 원했던 그의 오랜 소망대로 결정이 내려졌다. 그 결정은 "우리 둘 모두에게 커다란 충격이었다"라고 빌러는 말한다. 비트겐슈타인은 살아서 돌아오기를 기대하지 않는 사람의 자세로 그와 헤어졌다.

> 그는 꼭 필요한 것만 챙겼고, 나머지 모든 것을 남기면서 나에게 그것들을 부대원들에게 나누어주도록 부탁했다. 이때 그는 자기가 연구에 필요한 평온을 얻기 위해 노르웨이 피오르 근처에 은신처로 가끔 이용할 수 있는 집을 짓게 했었다고 말했다. 그는 이 집을 내게 선물로 주려 했다. 나는 그것을 거절했고 대신 워터맨 만년필을 가졌다.

비트겐슈타인이 챙겼던 얼마 안 되는 개인 물품들 중에는 《카라마조프가의 형제들》이 있었다.

그는 전선에서 살아 돌아오지 못하리라고 생각했을지 모른다. 하지만 만일 살아 돌아온다면, 변한 채 돌아오리라는 것은 확실히 알았다. 이 점에서 그에게 전쟁은 1916년 3월에 시작한다.

7
전선에서

틀림없이 죽음에 대한 인식과 삶의 고통과 비참함에 대한 고려야말로 세계에 대해 철학적으로 사색하게 하고 그것을 형이상학적으로 설명하게 하는 가장 강한 자극이다.

— 쇼펜하우어, 《의지와 표상으로서의 세계》

만일 비드겐슈타인이 진쟁 기간 내내 후방에 있었다면 《논고》는 1915년 당시의 서문에 포함된 대로 논리학의 본성에 대한 논문으로 남아 있었을 것이 거의 확실하다. 《논고》에 있는 윤리학, 미학, 영혼 그리고 인생의 의미에 관한 말들의 원천은 바로 쇼펜하우어가 기술한 '철학적 사색에 대한 자극', 즉 죽음, 고통, 그리고 비참함에 대한 인식에 의해 촉발된 자극이었다.

1916년 3월 말쯤 비트겐슈타인은 그가 오랫동안 바라던 대로 러시아 전선에 있는 전투 부대에 배치되었다. 그는 루마니아 국경 근처에 있는 동부전선의 최남단 지점에 위치한 오스트리아 제7군에 소속된 포병연대에 배치되었다. 그의 연대가 전선으로 옮기기 전 몇 주 동안 그는 심리적으로 그리고 정신적으로 죽음과 마주할 준비를 했다. "신이여 나를 깨닫게 하소서, 신이여 나를 깨닫게 하소서, 신이여 나의 영혼을 깨닫게 하소서"라고 그는 3월 29일 썼다. 다음 날 "최선을 다하라. 더 이상 잘할 수 없다. 그리고 쾌활하라."

> 네 모든 힘을 다해서 너 자신을 돕고 다른 사람을 도와라. 그리고 동시에 쾌활하라! 그러나 자신을 위해서 필요한 힘은 얼마이고 다른 사람을 위해서 필요한 힘은 얼마인가? 잘 산다는 것은 힘든 일이다!!! 그러나 잘 사는 것은 좋은 일이다. 그렇지만 나의 의지가 아니라 당신의 의지가 이루어질 것이다.

그렇지만 오랫동안 기다리던 순간이 왔을 때 그의 건강은 나빠졌고, 그의 지휘관은 그가 후방에 남아 있어야 할지 모른다고 말했다. "그렇게 된다면 나는 죽고 말겠다"고 그는 적었다. 4월 15일 그가 결국 연대를 따라가게 되었다는 말을 듣고 그는 기도했다. "나의 목숨을 걸 만큼 위험한 임무를 맡게 해주소서." 그는 드디어 사선에 들어설 때까지 날짜를 세었고, 그날이 오자 신에게 용기를 달라고 기원했다. 그는 전선에 배치된 이래 완전히 성적으로 무감각해졌다고 적었다.

일단 최전방에 도착하자 그는 가장 위험한 곳인 관측소에 배치되도록 요청했다. 그곳에서 그는 적군 포화의 목표가 될 것이 틀림없었다. "총알이 날아왔다"고 그는 4월 29일 기록했다. "신에 대해 생각했다. 당신의 뜻이 이루어지소서. 당신이 나와 함께하소서." 이 경험 때문에 그는 거의 깨달음의 상태에 도달했다고 생각했다. 5월 4일 그는 관측소에서 야간근무를 명령받았다. 밤에 포격이 가장 심하기 때문에 이것은 그가 맡았던 임무 중에서 가장 위험한 것이었다. "그때가 되어서야만 나에게 전쟁은 정말로 시작될 것이다"라고 그는 적었다.

> 그리고 어쩌면 심지어 인생도. 아마도 죽음에 가까이 다가가면 생명의 빛이 나에게 올지 모른다. 신이 나를 깨닫게 하기를 빈다. 나는 한 마리 벌레다. 그러나 신을 통하여 나는 인간이 된다. 신이 나와

함께하기를 빈다. 아멘.

다음 날 관측소에 있는 동안 그는 야간에 있을 포격을 생각하면서 기다렸다. 그는 '마치 마법에 걸린 성의 왕자처럼' 느꼈다.

지금 낮 동안은 모든 것이 조용하다. 그러나 밤에는 틀림없이 **무서울** 것이다. 내가 견뎌낼 수 있을까? 오늘 밤에는 알게 될 것이다. 신이 나와 함께하기를!

다음 날 그는 내내 생명의 위험 속에 있었지만 자비로운 신에 의해 살아남았다고 기록했다. "가끔 나는 두려웠다. 그것은 잘못된 인생관의 오류이다." 관측소에서 거의 매일 밤 그는 죽을 것이라 생각하고 신에게 그를 버리지 않도록, 아무 두려움 없이 죽음을 정면에서 마주볼 용기를 달라고 기도했다. 그때에만 그는 자기가 훌륭하게 살고 있다는 것을 확신할 수 있을 것이다. "오로지 죽음만이 인생에 의미를 준다."

고플라나 호에서 비트겐슈타인은 동료들과 함께하는 임무보다 혼자 하는 위험한 임무를 선호했다. 그는 동료들을 대할 때에도, 적들을 대할 때 필요한 만큼의 또는 더 많은 힘을 신으로부터 필요로 했다. 그들은 '주정뱅이 무리이고, 야비하고 무지한 무리'였다.

몇 사람을 제외하곤 그들은 나를 싫어했다. 왜냐하면 내가 자원자였기 때문이다. 그래서 나는 거의 언제나 나를 싫어하는 사람들로 둘러싸여 있다. 나는 이것을 여전히 참아낼 수 없다. 여기 있는 사람들은 사악하고 냉혹하다. 그들 안에서 인간성의 흔적을 찾아내는 것은 거의 불가능하다.

그 자신으로 하여금 이들을 싫어하지 않도록 하는 투쟁은, 죽음에 직면할 때 생기는 공포에 대한 투쟁과 마찬가지로 그의 신앙에 대한 일종의 시험이었다. "진정한 믿음을 가진 사람의 마음은 모든 것을 이해한다." 그래서 그는 자신에게 이렇게 다짐했다. "네가 그들을 싫어한다고 느낄 때마다, 대신 그들을 이해하도록 해봐라." 그는 시도했지만 분명히 그것은 노력일 뿐이었다.

> 내 주위의 사람들은 비열하다기보다는 **놀라울 정도로** 편협하다. 이 때문에 그들과 일하는 것은 거의 불가능하다. 왜냐하면 그들은 항상 오해하기 때문이다. 이 사람들은 우둔하지는 않지만 편협하다. 자기들의 사회 안에서 그들은 영리하다. 그러나 그들은 비인격적이며 따라서 포용적이지 못하다.

끝으로 그는 그들을 **싫어하지** 말자고 결심했다. 그러나 그들은 여전히 그를 못마땅해했다.

3월부터 5월까지 전선에서 보낸 처음 몇 달 동안 비트겐슈타인은 논리학에 관해 약간 쓸 수 있었다. 그는 함수와 명제의 본성에 관한 문제와 단순 대상들의 존재를 가정할 필요성에 대해 계속 생각했다. 그러나 그는 '세계에 대한 근대적 개념'에 관한 다음과 같은 독립적이고 흥미로운 말을 덧붙이고 있는데 이 말은 《논고》(6.371과 6.372)에 그대로 나타난다.

> 세계에 대한 근대적 개념은 이른바 자연법칙이 자연현상의 설명이라는 환상에 근거하고 있다.
>
> 따라서 요즘 사람들은 자연법칙에서 멈추며, 그것을 어길 수 없는 것으로 대한다. 마치 신과 운명이 과거에 그렇게 간주되었듯이 말이다.
>
> 그리고 실제로 두 견해 모두 옳기도 하고 모두 그르기도 하다. 비록 고대의 견해가 분명한 종착점을 갖고 있고 그것을 인정하는 반면, 근

대적 체계는 마치 **모든 것**이 설명된 것처럼 보이게 하려고 시도하는 점에서 고대의 견해가 더 분명하지만 말이다.

그는 프레게로부터 논리학 연구를 계속하라는 격려의 엽서를 받았다. "자네의 지적인 연구가 폐기되지 않게 하려는 소망을 나는 아주 잘 이해할 수 있네." 그는 비트겐슈타인이 그가 한 논리학 연구를 논의하기 위해 자신을 빈으로 초청해준 데 대해 감사의 표시를 했지만 그가 응할 수 있을지는 의심스럽다고 생각했다. 그럼에도 불구하고 그는 그들의 학문적 논의를 어떤 방식으로건 계속하고 싶어 했다. 그렇지만 비트겐슈타인은 남은 전쟁 기간 동안 논리학에 대해서는 거의 아무것도 쓰지 못하게 되었다. 그리고 프레게에게 드디어 《논고》를 읽을 기회가 왔을 때, 비트겐슈타인은 그가 그 책을 한마디도 이해할 수 없을 것으로 보았다.

4월과 5월 동안 동부전선의 전투는 약해졌지만, 6월에 러시아는 오랫동안 계획했던 대공격을 시작했다. 작전을 짜고 이끌었던 장군의 이름을 따 '브루실로프Brusilov 공세'로 알려진 1차 대전 중 가장 치열했던 전투 중 하나가 시작되었다. 비트겐슈타인의 연대가 속했던 오스트리아 제11군은 그 공격의 선봉을 맞아 싸워야 했기 때문에 엄청난 사상자를 낳았다. 비트겐슈타인 연구의 본성이 바뀐 것은 바로 이때였다.

6월 11일 그는 논리학의 기초에 대해 생각하다가 다른 질문을 떠올렸다. "신에 관해서 그리고 인생의 목적에 관해서 내가 아는 것은 무엇인가?" 그는 한 가지 목록을 만들면서 이 질문에 답한다.

나는 이 세계가 존재한다는 것을 안다.
　내가 이 세계에, 마치 내 눈이 시각장에 놓여 있듯이 놓여 있다는 것을.
　우리가 세계의 의미라고 부르는 것에는 뭔가 문제가 있다는 것을.
　세계의 의미는 세계의 안이 아니라 밖에 놓여 있다는 것을.

인생은 세계라는 것을.

나의 의지가 세계를 관통하리라는 것을.

나의 의지는 선하거나 악하다는 것을.

그러므로 선과 악은 어떤 식으로건 세계의 의미와 연결되어 있다는 것을.

인생의 의미, 즉 세계의 의미를 우리는 신으로 부른다.

그리고 신을 아버지에 비유하는 것과 이것을 연결하라.

기도하는 것은 인생의 의미에 관해 생각하는 것이다.

나는 세계 안의 사건들을 나의 의지에 따르게 할 수 없다. 나는 완전히 무기력하다.

나는 사건들에 대한 어떤 영향도 포기함으로써 나 자신을 세계에 대해 독립적으로 만들 수 있을 뿐이며 어떤 의미에선 세계를 지배할 수 있다.

그는 이런 말들을 암호로 쓰지 않았고 그것들이 마치 선행한 논리학 연구에 속하는 것처럼 표현했다. 그리고 이때부터 이런 종류에 대한 사색이 노트의 대부분을 차지한다. 마치 개인적인 것과 철학적인 것이 합쳐진 것처럼 보인다. 윤리학과 논리학—'자신에 대한 의무'의 두 양상—은 드디어 함께 나타났다. 그것도 단지 개인적 임무의 두 양상이 아니라 철학적 연구의 두 양상으로 말이다.

예를 들면 7월 8일자 노트에서 우리는 "죽음에 직면해서 두려워하는 것은 잘못된 인생, 즉 나쁜 인생을 나타내는 가장 좋은 상징"이라는 글을 발견한다. 이때 이 문장은 개인적 신념에 관한 것이 아니라 철학적 사고에 대한 한 가지 기여로서 나타난다.

전쟁 초에 그의 형인 파울이 큰 부상을 당해서 피아노 연주자로 활동을 못 하리라는 소식을 들은 후 그는 이렇게 썼다. "얼마나 무서운 일인가! 철학이 인간을 도와서 이런 종류의 사실을 극복할 수 있도록 할 수 있을까?" 이제 전쟁의 무서움을 스스로 완전하게 경험한 그는 종교적 신앙뿐 아니라 철학을 필요로 했다.

즉 그는 힘과 깨우침을 위해 신을 **믿을**—신에게 기도할—필요가 있었을 뿐 아니라 그가 믿고 있는 것이 무엇인지 **이해**할 필요가 있었다. 신에게 기도할 때 그는 무엇을 하고 있는가? 누구에게 기도를 하는 것인가? 자신에게? 세계에게? 운명에게? 그의 답은 셋 모두인 것처럼 보인다.

> 신을 믿는 것은 인생의 의미를 이해한다는 것을 뜻한다.
>
> 신을 믿는 것은 세계의 사실들은 문제의 목표가 아님을 본다는 것을 뜻한다.
>
> 신을 믿는 것은 인생에 의미가 있다는 것을 보는 것을 뜻한다.
>
> 세계는 나에게 **주어진다**. 즉 나의 의지는 완전히 외부로부터 세계로 들어간다. 마치 이미 거기에 있는 것 안으로 들어가는 것처럼 말이다.
>
> (나의 의지가 무엇인지에 대해서 아직 나는 알지 못한다.)
>
> **이것이 어떻든지 간에** 우리는 어떤 의미에서 의존적**이며**, 우리가 의존하는 것을 신으로 부를 수 있다.
>
> 이런 의미에서 신은 단순히 운명일 것이다. 또는 같은 말이지만 신은 세계일 것이다. —세계는 우리의 의지로부터 독립적이다.
>
> 나는 자신을 운명으로부터 독립적으로 만들 수 있다.
>
> 두 개의 신격이 있다. 세계와, 독립적인 나의 나.
>
> … 나의 양심이 나의 평정을 깰 때, 나는 뭔가에 동의하지 않고 있다. 그러나 이것은 무엇인가? 그것은 **세계**인가?
>
> 확실히 이렇게 말하는 것은 옳다. 양심은 신의 소리이다.

이 글에 이어 우리는 다음과 같은 글을 보게 된다. "사물들이 존립하는 상태가 신이다. 신은 사물들이 존립하는 상태이다." 그의 '사물들이 존립하는 상태'란 말은 사물들이 **세계 안에서** 존립하는 상태 그리고 사물들이 **자아 안에서** 존립하는 상태를 뜻한다. 왜냐하면 바이닝거와 쇼펜하우어가 말했듯이 자아는 세계의 축소판이기 때문이다.

이런 생각은 그에게 갑자기 다가와서 그를 놀라게 한 걸로 보인다. 7월 7일 그는 이렇게 기록했다. "지난달에는 엄청나게 노력했다. 가능한 모든 주제에 대해 많이 생각했다. 그러나 이상하게도 나의 수학적 사고와는 연결시킬 수 없었다." 8월 2일 그는 자기의 일에 대해—마치 그것이 자체의 생명을 가진 것처럼—그것은 "논리학의 기초로부터 세계의 본성으로 넓혀졌다"고 말했다.

논리학에 대한 비트겐슈타인의 생각과 인생의 의미에 대한 그의 사색 사이를 연결시키는 것은 그가 전에 만들었던 **말하는 것**과 **보여지는 것** 사이의 구분에서 발견된다. 그는 논리적 형식은 언어 **안에서** 표현될 수 없다고 말했다. 왜냐하면 그것은 언어 자체의 형식이기 때문이다. 그것은 자체를 언어 안에서 분명하게 나타낸다. 그것은 보여야만 한다. 마찬가지로 윤리적이고 종교적인 진리들은 비록 표현할 수 없지만 인생 안에서 스스로를 분명하게 나타낸다.

> 인생의 문제에 대한 해결은 문제가 사라진다는 것에서 찾아져야 할 것이다.
>
> 오랜 회의 후에 인생의 의미를 분명하게 알게 된 사람들이 이 의미가 무엇인지를 말할 수 없는 이유는 바로 그것이 아닐까?

그러므로 "윤리학은 세계에 관해서 논하지 않는다. 윤리학은 논리학과 마찬가지로 세계의 조건이어야 한다." 논리적 형식을 이해하기 위해 언어를 하나의 전체로 보아야 하는 것과 마찬가지로 윤리학을 이해하려면 세계를 하나의 전체로 보아야 한다. 그런 관점으로부터 보게 되는 것을 기술하려고 할 때, 우리는 어쩔 수 없이 무의미한 말을 하게 된다.(비트겐슈타인이 그 자신의 시도에 대해서 "나는 이 모든 문장들이 완전히 불분명하다는 것을 알고 있다"고 말한 것처럼.) 그러나 그런 관점을 갖게 될 수 있음은 부인할 수 없다. "정말로 말로 표현될 수 없는 것들이 있다. 그것들은 **스스로를 분명하게 나타낸다.** 그것들은 신비적인 것이다."

세계에 관한 이러한 관점(세계를 유한한 전체로 보는 것)을 논의할 때, 비트겐슈타인은 스피노자Spinoza가 이용한 라틴어 어구 '영원의 상 아래에서Sub specie aeternitatis'를 인용한다. 그것은 윤리학뿐 아니라 미학에 관한 견해이다.

> 예술 작품은 영원의 상 아래에서 보여진 대상이다. 그리고 훌륭한 인생은 영원의 상 아래에서 보여진 세계이다. 이것이 예술과 윤리학 사이를 연결시키는 것이다.
>
> 사물들을 바라보는 통상적 방법이 말하자면 그것들 한가운데서부터 보는 것이라면, 영원의 상 아래의 견해는 외부로부터 보는 것이다.
>
> 그것들이 전 세계를 배경으로 가지는 그러한 방식으로 말이다.

이런 언급들은 틀림없이 쇼펜하우어의 영향을 보여 준다. 《의지와 표상으로서의 세계》에서 쇼펜하우어는 주목할 정도로 비슷하게 명상의 한 가지 형식에 대해 논의한다. 이런 형식의 명상에서 우리는 '사물들을 살펴보는 일상적 방식'을 버리며 "더 이상 사물들의 위치, 시간, 이유 그리고 목적지에 대해서가 아니라 단순히 **본성**에 대해 생각한다."

> 더욱이 우리는 추상적 사고, 이성의 개념들이 우리의 의식을 점유하지 않도록 하는 대신, 우리의 모든 정신력을 지각에 쏟고 우리 자신을 완전히 그 안에 빠지게 하며 우리의 전 의식을 실제로 나타난 자연 대상에 대한 — 그것이 자연경관이건, 나무이건, 돌이건, 바위이건 또는 무엇이든 간에 — 조용한 명상으로 채워지게 한다. 이러한 대상 안에서, 함축적 표현을 사용하자면, 우리는 우리 자신을 완전히 잃어버린다 …
>
> 스피노자가 다음과 같이 썼을 때 스피노자의 마음에 있었던 것은

이것이었다. "정신은 사물을 영원의 상 아래에서 생각하는 한 영원한 것이다Mens aeterna est quatenus res sub specie aeternitatis."

비트겐슈타인이 1916년 쇼펜하우어를 다시 읽고 있었는지, 또는 그가 젊었을 때 인상을 깊이 받았던 구절들을 상기하고 있었던지 간에, 이해에 그가 썼던 글들이 뚜렷하게 쇼펜하우어적이라는 것은 의심의 여지가 없다. 그는 심지어 쇼펜하우어의 전문 용어인 Wille('의지')와 Vorstellung('표상' 또는 '관념')을 사용한다.

나의 관념이 세계인 것처럼, 같은 방식으로 나의 의지는 세계-의지이다.

의지와 자아에 대한 비트겐슈타인의 설명은 여러 가지 방식으로 단순히 쇼펜하우어의 '선험적 관념론'을 재진술하는 것이라고 할 수 있는데, 왜냐하면 그것은 '관념으로서의 세계', 즉 공간과 시간의 세계와 '의지로서의 세계', 즉 **초현상적**이고 무시간적인 자아의 세계를 구분하기 때문이다. 그 원리는 또 니체가 조롱했던 종교적 마음의 상태 — 현실을 떠나서 "단순히 '내적인' 세계, '진정한' 세계, '영원한' 세계"로 들어가게 하는 그런 고통에 대한 병적으로 예민한 상태 — 의 철학적 동지로서 간주될 수 있다. 이런 마음의 상태가 철학의 기초가 될 때, 철학은 **이** 세계와 **나의** 세계는 동일하다는 유아론이 된다. 비트겐슈타인은 다음과 같이 말한다.

다음은 참이다. 인간은 소우주**이다**.
나는 나의 세계이다.

비트겐슈타인의 주장을 쇼펜하우어의 주장과 구분하는 것은 비트겐슈타인의 경우에는 그 주장이 한 가지 조건 — 엄격히 말하면 그 주장이 말로 표현될 경우 무의미해진다는 그러한 조건 — 을 담고 있다는 것이다. "유아론자들이 **의미**하는 것은 정확하다. 오로지 그것은 **말해질** 수 없다. 그러나 그 자체를 분명하게 드러낸다."

그는 쇼펜하우어의 유아론과 프레게의 실재론이 같은 관점에서 결합되는 점에 도달했다고 생각했다.

> 이것이 내가 여행을 했던 길이다. 관념론은 사람들을 세계로부터 유일한 것으로 끄집어낸다. 유아론은 나만을 끄집어낸다. 그리고 마침내 나는 나 역시 세계에 속한다는 것을, 그래서 한편으론 **아무것**도 남아 있지 않고 다른 한편으로는 이 **세계**가 유일한 것으로서 남아 있다는 것을 알게 된다. 이런 방식으로 관념론은 만일 그것에 대해 엄격히 사색해보면 실재론에 이른다.

비트겐슈타인이 자기를 초기의 쇼펜하우어적 관념론으로부터 벗어나게 하는 데 기여했다고 생각했던 바로 그 사상가인 프레게는 분명히 그가 다시 관념론에 빠졌다는 것에 대해서는 알지 못했다. 6월 24일 부친 엽서에서 프레게는 다시 비트겐슈타인이 학문적 연구를 할 수 있다는 것을 아주 기뻐하고 있다고 말하고 있다. "나는 똑같은 말을 나 자신에 대해서는 할 수 없다"고 그는 적었다. 그는 전쟁에 대해서만, 그리고 그가 아는 사람들 중 전쟁에 참가한 사람들이 겪는 고통 — 그들 중 하나는 최근 두 번째 부상을 당했고 다른 한 사람은 폴란드에서 죽었는데 — 에 대해서만 생각할 수밖에 없었다. 브루실로프 공세에 대해서 그는 아무 말도 하지 않았지만 렘베르크를 탈환하게 되어서 아주 기쁘다고 말했다. 7월 2일에 부친 엽서에서 그는 학문적 연구를 할 수 없다는 비트겐슈타인에게 공감을 표시했다. 그도 역시 학문적 연구를 할 수 없었다. 그러나 전쟁이 끝난 후 그와 비트겐슈타인이 논리적 문제들에 대한 연구를 다시 시작할 수 있게 되기를 바랐다. 7월 29일 그는 다시 비트겐슈타인이 최근 보낸 소식으로부터 분명하게 드러나는 사기 저하에 대해 말하면서 빨리 더 높아진 사기로 쓰인 엽서를 받기를 바란다고 했다. 그러나 "나는 항상 네게서 살아있다는 표시를 받아서 기쁘다"고 말했다.

이런 엽서들로부터 프레게가 이 시기에 비트겐슈타인의 사고에서 일어나고 있는 근본적 변화들—비트겐슈타인의 관심사가 논리학의 기초로부터 세계의 본질로 넓혀지고 있었다는 것 또는 유아론과 실재론이 일치하는 점을 발견했다는 비트겐슈타인의 확신—에 대해서 알았다는 것을 보여주는 흔적은 없다.

책을 쓰는 동안, 비트겐슈타인은 핀센트에 대한 생각을 한 번도 떨쳐버리지 못했다. 7월 26일 그는 핀센트로부터 온 편지에 대해서 기록했다. 그 편지는 독일어로 쓰여졌고 핀센트는 그의 형제가 프랑스에서 죽었다는 것을 알려주었다. "전쟁은 우리의 개인적 관계를 바꿀 수 없다. 그것은 우리의 관계와는 아무런 관련이 없다"고 핀센트는 강조했다. "이 친절하고 사랑스러운 편지 때문에 나는 나의 **타향살이**에 대해서 생각하게 되었다. 이것은 축복받은 타향살이일지 모르지만, 이제 나는 그것을 단지 타향살이로 느낀다."

이때쯤 오스트리아군은 승리로 고무된 러시아군에 의해 카르파티아 산맥 안으로 쫓겨 들어갔다. 열악한 주변 환경—'얼음처럼 차가운 비와 안개'—때문에 "생활은 고문받는 것 같다"고 비트겐슈타인은 기록하고 있다.

> 기운을 잃지 않도록 하는 것이 무섭도록 어렵다. 나는 약한 사람이기 때문이다. 하지만 정신이 나를 도울 것이다. 진작에 병에 걸렸다면 좋았을 것이다. 그랬다면 지금 조금이나마 평안했을 텐데.

진격하는 러시아군의 포화에 쫓기면서 죽거나 포로로 잡히는 것을 피하기 위해 그는 계속 이동해야 했다. "사격을 당했다. 총알이 날아올 때마다 나는 내 전 존재와 함께 움츠러들었다. 나는 그토록 강하게 계속 살아가기를 원하는 것이다."

이런 환경에서 '철학적 나', 즉 도덕적 가치들의 담지자인 자아의 동일성에 관한 질문이 특별히 강렬해졌다. 카르파티아 산맥을 따라 퇴각하는 중에 비트겐슈타인은 아마도 처음으로 그 자아를 보지 못하게 되는 것이 어떤 것인지, 오직 살아남으려는 본능적, 동물적 의지에 의해 사로잡히는 것이 어떤 것인지를 알게 되었다. 즉 그는 도덕적 가치들이 불필요한 상태를 경험했다.

> 어제 사격을 당했다. 무서웠다! 죽을까 봐 두려웠다. 그처럼 현재의 나는 살려는 욕망이 강하다. 생명을 즐기고 있을 때 그것을 포기하는 것은 어려운 일이다. 이것이 정확하게 '죄', 즉 합리적으로 생각하지 못하는 인생, 인생에 대한 그릇된 견해의 본성이다. 때때로 나는 **동물**이 된다. 그때는 먹고 마시고 자는 것 말고는 아무것도 생각할 수 없다. 무섭다! 그때 나는 또 동물처럼 — 내적인 구원의 가능성 없이 — 고통을 겪는다. 그때 나는 욕망과 혐오의 지배를 받는다. 그때 진정한 인생은 생각할 수 없다.

다음 3주 동안 그의 일기는 죄의 생활로 빠지려고 하는 자신을 질책하는 모습을 보여준다. "너는 행복하게 살기 위해 무엇을 해야 하는지 안다!"고 그는 8월 12일 자신에게 말했다. "왜 너는 그것을 하지 않는가? 왜냐하면 너는 합리적이지 못하기 때문이다. 나쁜 인생은 비합리적인 인생이다." 그는 자신의 약한 본성과의 투쟁을 위해 필요한 힘을 얻기 위해 신에게 기도했다.

이러한 자기 훈계에도 불구하고 그는 실제로 이 작전 내내 주목할 만한 용기를 보여주었다. 브루실로프 공세가 거행되던 처음 며칠 동안 그는 대피하라는 명령을 여러 번 받았음에도 불구하고 그의 자리를 지켜 용감성을 인정하는 훈장에 추천되었다. "이런 비범한 행동으로 그는 동료들을 아주 침착하게 만들었다"고 보고되었다. 그는 곧 상사

Vormeister(영국의 포병하사관과 비슷하며, 장교는 아닌 포병의 한 계급)로, 다음에는 분대장Korporal으로 승진되었다. 마침내 러시아군의 진격이 멈췄을 때인 8월 말에 이르러서 그는 장교가 되기 위한 훈련을 받기 위해 모라비아Moravia의 올뮈츠Olmütz(Olomouc)에 있는 연대 사령부로 보내졌다.

올뮈츠로 가기 전에 비트겐슈타인은 빈에서 휴가를 보냈다. 거기서 그는 우울함과 외로움을 느꼈으며, 한 가지 즐거운 소식은 여전히 로스가 살아 있다는 사실이라고 일기에 적었다. 로스로부터 그는 올뮈츠에서 만날 한 사람의 이름과 주소를 받았다. 그는 로스의 학생이었는데, 결핵 때문에 군에서 제대한 후 그의 가족과 함께 집에서 요양하고 있었던 사람이었다.

8월 28일 비트겐슈타인은 프레게로부터 논리학에 관한 편지를 주고받자는 제안을 담은 편지를 받았다. 프레게는 비트겐슈타인이 여유가 있을 때 그의 생각을 종이에 적어서 자기에게 보낼 수 없겠는지를 물었다. 그러면 그도 편지로 비트겐슈타인의 생각에 대해 응답하려고 해보겠다는 것이다. "이런 식으로 우리 사이에서 학문적인 의사 소통이 이루어지면 얼굴을 맞대고 하는 토론을 대체할 수 있을 것"이라고 프레게는 적었다. 비트겐슈타인은 책을 완성한 후에야 비로소 이런 제안에 대해 응답했던 것처럼 보인다. 그런데 아마 그 제안은 너무 늦었는지 모른다. 왜냐하면 1916년 겨울 그는 자기의 생각을 새로운 방향으로 끌고 나가는 데 필요한 토론의 상대를 발견했기 때문이다.

로스가 말했던 학생은 파울 엥겔만이었다. 그는 문화적으로 다소 황폐한 오스트리아-헝가리 제국의 전초지에서 의식적으로 문화적 오아시스를 자처한 젊은이들이 만든 모임의 일원이었다. 그 안에는 재능 있는 피아니스트였고 훗날 베를린 국립 오페라단의 최초의 지휘자가 된 프리츠 츠바이크Fritz Zweig, 그리고 그의 사촌이며 법학도이자 극작가였던 막스 츠바이크Max Zweig, 그리고 법학도이며 훗날 훌륭한 변호사가 되었던 하인리히 그로크Heinrich('Heini') Groag가 있었다. 그로크는

"내가 만난 사람들 중 가장 익살스러운 사람들 중 하나"라고 엥겔만은 말한다. 엥겔만의 형 역시 날카로운 유머를 가진—훗날 빈에서 만화가 '페터 엥Peter Eng'으로 유명해진—인물이었다. 당시 그와 비트겐슈타인은 서로에게 반감을 갖고 있었지만 말이다. 엥겔만 자신은 아돌프 로스와 카를 크라우스의 제자였다. 군대에서 제대한 후 그는 크라우스의 반전 선전을 위한 자료들을 스크랩하는 등 크라우스의 운동을 돕기 위해 전력했다.

비트겐슈타인은 1916년 10월 중 올뮈츠에 도착했고 거기서 크리스마스 바로 전까지 머물렀다. 그는 처음 올뮈츠 시청의 탑에 숙소를 정하고 싶어 했다. 그러나 그곳은 세를 주지 않는다는 경비원의 말을 듣고 시 교외에 있는 공동주택가에 방을 구했다. 이사하고 얼마 후에 그는 장염에 걸려서 앓아눕게 되었다. 이때 엥겔만이 그를 간호하여 건강을 회복하게 했다. 엥겔만의 모친도 비트겐슈타인을 위해 가벼운 식사를 만들어주면서 엥겔만을 도왔고 엥겔만이 음식을 환자에게 날라주었다. 이 같은 친절한 행위를 처음 할 때 그는 비트겐슈타인의 방으로 가는 도중 스프를 조금 엎질렀다. 그가 돌아오자마자 비트겐슈타인은 외쳤다. "친애하는 친구여, 당신은 친절로 나를 샤워시키는구료!" 엥겔만은 다음과 같이 응답했다. "샤워하는 사람은 바로 납니다!" 비트겐슈타인이 감사했던 것은 바로 이런 종류의 단순한 친절과 유머였고 이 장면은 그의 마음에 새겨졌다. 전선에서 돌아온 후 그는 엥겔만에게 편지를 썼다. "당신에 관해 생각합니다 … 당신이 내게 스프를 가져오던 때를 자주 생각합니다. 그것은 당신뿐 아니라 당신 어머니의 잘못이었습니다! 나는 그녀 또한 결코 잊지 못할 것입니다."

엥겔만의 친구들 덕분에 올뮈츠에서 지낸 시기는 비트겐슈타인에게는 행복한 시기였다. 그는 몰리에르Molière의 〈가상의 병*Malade imaginaire*〉이란 연극에 함께 참여했고, 프리츠 츠바이크의 피아노 연주를 즐겁게 들었으며, 무엇보다도 문학, 음악, 종교에 관해 그들과 대화를 나누었다. 특히 엥겔만이라는 호의적이고 비슷한 생각을 가진 상대와 함께 그는 전선에서 보낸 지난 6개월 동안 그에게 떠올랐던 모든 생각을 토론할 수 있었다. 때때로 이런 대화는 비트겐슈타인이 엥겔만의 집에서부터 교외에 있는 그의 숙소로 돌아가는 동안 이루어졌다고 엥겔만은 회상한다. 숙소에 도달할 때까지 토론에 빠져 있는 경우엔, 다시 돌아서서 비트겐슈타인이 엥겔만이 돌아가는 길을 배웅하면서 대화를 계속 나누었다.

엥겔만은 비트겐슈타인이 영국을 떠난 이후 만난 가장 가까운 친구였다. 우정이 생긴 주된 이유는 둘 모두 종교적 깨달음을 경험하고 그것을 비슷한 방식으로 해석하고 분석할 때 만났기 때문일 것이다. 엥겔만은 이를 다음과 같이 잘 표현하고 있다.

> 다른 모든 사람들이 신비롭게 여겼던 그의 발언들을 내가, 말하자면 안으로부터 이해할 수 있었던 것은 나 자신의 정신적 곤경 때문이었다. 그때 나를 그에게 없어서는 안 될 존재로 만든 것은 내가 그를 이해할 수 있었다는 것이었다.

비트겐슈타인 자신도 이렇게 말하곤 했다. "만일 내가 말을 찾지 못해서 애쓰면 엥겔만이 족집게를 갖고 와서 나로부터 그것을 끄집어낸다."

이런 비유는 비트겐슈타인의 생각을 족집게를 가지고 그로부터 끌어낸다는 식의 러셀의 말을 떠오르게 한다. 실제로 《논고》를 쓰는 기간 동안의 비트겐슈타인의 인생에서 러셀이 수행했던 역할과 관련해서 둘을 비교하지 않을 수 없다. 엥겔만 자신은 다음과 같은 말을 할 때 그런 비교를 염두에 두었던 것 같다.

> 내 안에서 비트겐슈타인은 예상하지 못하던 사람 — 많은 젊은 세대처럼 현실 세계와 당위의 세계 사이의 차이 때문에 예민하게 고통을 겪지만 그 차이의 원천을 자신의 외부가 아니라 내부에서 찾으려는 사람 — 을 만났다. 그는 다른 곳에서는 이런 태도를 맞닥뜨리지 못했

> 다. 그 태도는 동시에 그의 정신적 조건에 대해서 진정으로 이해하기 위해 또는 의미 있게 토의하기 위해 필수적인 것이었다.

그리고 그 책에 대한 러셀의 서론에 대해 그는 이렇게 말한다.

> 그 책이 비록 오늘날까지 논리학 분야에서 결정적으로 중요한 사건으로 인정되지만, 더 넓은 의미에서의 철학적 작품으로 이해되지 못하는 주요한 이유들 중 하나로서 〔이러한 점이〕 고려될 수 있다. 비트겐슈타인은 그의 친구들이자 그렇게 뛰어난 인물들이 《논고》를 이해할 수 없었다는 것을 알고 굉장히 상심했었음이 틀림없다.

이것은 어느 정도 시대착오적이다. 그것은 또한 엥겔만이 1916년 만났던 비트겐슈타인은 러셀이 1911년에 만났던 비트겐슈타인과 같은 사람이 아니라는 것을 거의 인지하지 못하고 있음을 보여준다. 《논고》를 쓰는 그의 목적도 같지 않았다. 비트겐슈타인이 그의 연구를 '논리학의 기초로부터 세계의 본질로 넓혔을' 때 러셀은 비트겐슈타인과 연락을 하지 못하고 있었다. 러셀이 알고 있는 한 비트겐슈타인이 책을 쓰는 목적은 논리학의 본성을 명확히 하는 것이었다. 우리는 이렇게 말할 수 있을 것이다. 비트겐슈타인이 러셀의 역설에 의해 제기된 문제들에 대해 집중하고 있었을 때인 1911년, 철학자로서 성장하고 있는 비트겐슈타인에게는 엥겔만은 거의 아무런 소용도 없었을 것이다.

그럼에도 불구하고 1916년의 비트겐슈타인은 — 1911년 때처럼 — 그와 비슷한 정신의 소유자와 거의 매일 대화를 나누고, 또 그의 관심을 거의 완전하게 차지하는 행운을 누렸다.

이 기간 동안 비트겐슈타인의 공책에 암호로 된 글들이 없다는 것은 주목할 만하다. 엥겔만의 존재는 그것을 불필요하게 만들었다. 대신 상당한 양의 철학적 단평들이 있었다. 대체로 그것들은 전선에서 시작되었던 쇼펜하우어적인 사고를 계속 이어나가는 것들이다. 내가 생각하기에는 오래 계속된 엥겔만과의 대화 덕분에 비트겐슈타인은 그 책의 신비적 부분과 논리적 부분을 연결시킬 수 있었다. 분명히 그는 그 책에 대해 엥겔만과 깊이 논의했고, 엥겔만의 회상록에 있는 〈《논고》에 관한 관찰Observations on the *Tractatus*〉을 보면, "논리학과 신비주의가 여기서는 같은 뿌리로부터 나온다는 것"이 그에게 깊은 인상을 주었다는 것이 분명하다. 논리학과 신비주의를 연결시키는 중심적인 끈 — 그 자체를 분명하게 드러내는 말로 표현될 수 없는 진리에 관한 생각 — 은 엥겔만에게는 자연스럽게 다가왔던 생각이었다. 실제로 그는 나중에 비트겐슈타인에게 울란트Uhland가 쓴 〈에버하르트 백작의 산사나무*Count Eberhard's Hawthorn*〉라는 시를 알려주었다. 이 시는 둘 모두가 훌륭한 예라고 생각했던 것이다.

빈에서 크리스마스를 지낸 후 비트겐슈타인은 1917년 1월 다시 러시아 전선으로 돌아왔다. 이때 그는 카르파티아 산맥 북쪽에 주둔한 오스트리아 제3군의 한 사단에 소속된 포병 장교였다. 이때쯤 러시아군은 혼란에 빠져 있어서 전선은 비교적 조용했다. 그는 다시 연구를 할 수 있다고 엥겔만에게 편지를 썼다.(불행하게도 이 기간 동안의 원고는 남아 있지 않다.) 십중팔구 이 시기에 그의 연구는 윤리적 진리와 미학적 진리의 표현 불가능성에 관한 것이었다. 1917년 4월 4일자의 편지에 엥겔만은 〈에버하르트 백작의 산사나무〉를 동봉했다. 이것은 십자군 운동 때의 어떤 군인의 이야기를 열거하는 것으로 내용은 이렇다. 십자군 운동에 참여한 병사가 산사나무 덤불에서 작은 가지를 꺾어서 고향에 돌아온 후 마당에 심었다. 나이가 들었을 때 그는 완전히 자란 산사나무의 그늘 밑에 앉곤 했는데, 이 나무는 그의 젊은 시절을 날카롭게 상기시키는 역할을 담당했다. 이 이야기는 아무런 장식도 없이 그리고 아무런 교훈도 끌어내려 하지 않고 아주 간단하게 말해진다. 그러나 엥겔만이 말하듯이 "그 시 전체는 28행 속에서 인생의 그림을 보여준다." 그것은 "객관성의 경이로움"이라고 그는 비트겐슈타인에게 말했다.

> 거의 다른 모든 시들은(훌륭한 시들을 포함해서) 표현할 수 없는 것을 표현하려고 시도한다. 여기에서 그런 것은 시도되지 않으며 바로 그 이유 때문에 그것이 성취된다.

비트겐슈타인도 동의했다. 그 시는 "정말로 훌륭하다"고 그는 엥겔만에게 말했다.

> 다음과 같은 식으로 말이다. 만일 당신이 말해질 수 없는 것을 말하려고 시도하지 않는다면 **아무것**도 잃지 않는다. 그러나 그 말해질 수 없는 것은 — 말해질 수 없이 — 말해진 것에 **포함되어 있다**!

이 당시에는 전쟁이 곧 동맹군의 승리로 끝날 것이라고 생각할 만한 이유가 있었다. 러시아 정부는 무너졌고 서부전선에서 독일군은 프랑스군을 격퇴했다. 그리고 영국군에 대한 유보트 공격도 성공적인 것처럼 보였다. 최소한 프레게는 그렇게 생각했다. 그는 왜 그래야만 하는지 모든 이유를 나열하면서 "최상을 기대해보자!"고 4월 26일 비트겐슈타인에게 쓴 편지에서 말했다.

러시아혁명이 끝난 후 전선이 조용해졌을 때 비트겐슈타인은 빈에서 휴가를 보냈다. 그때 프레게는 빈에 와서 자기의 연구에 대해 논의하자는 비트겐슈타인의 초청을 거절해야만 한다는 점을 사과하는 편지를 썼다. "빈에 갔다가 돌아오는 여행은 지금 내가 처한 상황에서는 너무 힘든 일"이라고 그는 설명했다. 만일 비트겐슈타인이 그의 연구를 프레게와 논의하고 싶으면 그가 예나로 가야 한다는 것이 분명했다.

차르 정부의 붕괴에 이어 초기에는 동부전선에서 전투가 재개되었다. 신임 국방장관(7월부터 신임 수상이 된) 알렉산드르 케렌스키Alexander Kerensky는 전쟁을 계속하기로 결정하였고 7월 러시아군은 불행히도 이 국방장관의 이름을 딴 공격을 개시했다. 그렇지만 일반 병사들 사이에서는 전쟁을 계속하겠다는 의지는 이미 사라졌으며, 따라서 러시아의 공격은 곧 중단되었다. 비트겐슈타인은 이때 오스트리아-헝가리 군이 르드지아니Ldziany에서 거점을 수비할 때 그가 수행했던 역할로 인해 은성무공훈장을 받았다. 이어진 반격에서 그는 프루트Pruth 강을 따라간 진격에 참여했는데, 이 진격의 결과 8월 (오스트리아-헝가리 군은) 우크라이나에 있는 도시 체르노비츠Czernowitz(Chernovtsy)를 점령했다.

이때쯤 러시아의 전쟁 노력은 완전히 무너졌고 그와 함께 케렌스키 정부도 붕괴되었다. 동맹국은 동부전선에서 승리를 거두었다. 그 모면할 수 없는 항복으로부터 구해내야 할 것을 수비하는 임무가 '빵과 평화'라는 구호를 내걸고 집권한 신임 볼셰비키 정부가 할 일이었다. 이때부터 오랫동안 협상이 지루하게 계속되었는데 그동안 비트겐슈타인은 우크라이나에 있었으며, 레닌과 트로츠키가 브레스트-리토프스크Brest-Litovsk 조약의 가혹한 조건들을 마침내 수용한 1918년 3월이 되어서야 비로소 그는 오스트리아-헝가리 군과 함께 이탈리아 전선으로 이동하게 되었다.

실제로 전투가 없었던 이 여섯 달 동안 비트겐슈타인은 그의 철학적 단평들을 《논고》의 마지막 형태와 비슷한 형식으로 배열하는 일을 시작한 것처럼 보인다. 그 책의 초기 형태의 원고(《원논고*Prototractatus*》로 출판되었다)는 이때쯤 써진 것 같고, 우리는 엥겔만으로부터 그 책의 타자본이 비트겐슈타인이 이탈리아 전선으로 떠나기 **전에** 존재했다는 것을 알게 되었다. 이 타자본이 완성된 최종 원고일 수는 없지만 1917~1918년 겨울 동안 그 책이 최종적 모습을 띠기 시작했다는 것은 분명하다.

이 기간 동안 비트겐슈타인은 프레게와 엥겔만과 연락하고 있었다. 프레게는 전쟁이 끝난 후 비트겐슈타인과 함께 논리학을 연구하고 싶다는, 이제는 습관이 된 말을 엽서들에 적어 보냈다. 엥겔만은 이때 비트겐슈타인가에 고용되어 노이발데거가세에 있는 비트겐슈타인가의 집을 고치고 있었는데 그는 좀 더 개인적인 문제에 관해 편지를 셨다. 1918년 1월 8일 그는 대담하게도 비트겐슈타인의 정신적 상태를 진단하기도 했다. 그것은 그들 둘이 크리스마스 휴가 동안 빈에서 만났을 때 그가 하고 싶었지만 하지 않았던 것이었다. "만일 그것을 말하는 것이 당신에게 온당치 못한 일이라면 나를 용서하십시오!"

> 올뮈츠에서 지낼 때와는 달리, 당신은 아무런 신앙도 갖지 않은 것처럼 보였습니다. 당신에게 영향을 주기 위해 이런 글을 쓰는 것이 아닙니다. 그러나 나의 말을 고려해주길 부탁하며 당신에게 **진정으로** 가장 이로운 것을 행하기를 바랍니다.

이 말에 대한 비트겐슈타인의 응답은 주목할 정도로 관대한 것이었다. 그는 이렇게 말했다. "현재의 나와 우리가 올뮈츠에서 만났을 때의 나 사이에 차이가 있음은 사실입니다. 그리고 내가 아는 한 그 차이는 현재의 내가 **약간** 더 훌륭하다는 것입니다. 이 말로 내가 의미하는 바는 단지 내가 훌륭하지 않다는 것을 약간 더 분명하게 알고 있다는 것뿐입니다."

> 만일 내가 지금 아무런 신앙도 없다고 말한다면 당신은 **완전히 옳습니다**. 단지 나는 전에도 신앙을 가진 적이 없을 뿐입니다. 가령 어떤 사람이 훌륭하게 되기 위한 기계를 발명하고 싶어 한다면, 그런 사람은 아무런 신앙도 갖고 있지 않다는 것이 분명하지 않습니까? 나는 무엇을 해야 할까요? **한 가지 점은 분명합니다**. 나는 너무나도 형편없어서 자신에 대한 이론을 만들 수 없습니다. 실제로 나는 돼지로 남거나 아니면 좀 더 개선되겠지요. 그것이 전부입니다! 모든 것이 어퍼컷한 방처럼 명백하게 보일 때는 초월적인 헛소리는 그만둡시다.

"나는 당신이 말한 모든 것이 아주 옳다고 확신한다"고 편지는 끝난다. 엥겔만은 헛소리와 진리를 한 번에 동시에 말했던 것처럼 보인다. 이런 조합은 《논고》에서 비트겐슈타인이 한 말에서도 나타난다. 그러나 논리학자로서의 러셀은 그것을 심각하게 불만족스럽게 여겼다.

1918년 2월 1일 비트겐슈타인은 중위Leutnant로 승진했고, 3월 10일 이탈리아 전선에서 전투 중인 산악포병연대로 이동했다. 책은 이제 거의 완성되었기 때문에, 그는 3월 25일 프레게에게 자신의 연구가 이 늙고 여전히 무시받는 논리학자에게 영향받았음에 감사하는 편지를 썼다. 프레게는 그렇게 과장된 감사 편지를 받고 깜짝 놀랐다고 응답했다.

> 우리 각자는 지적인 연구에서 서로에게서 얻은 것이 있다고 생각하네. 만일 내가 생각했던 것보다 더 자네를 노력하게 했다면 그것은 아주 기쁜 일일세.

그 책의 최종 원고의 서문에서 비트겐슈타인은 "나의 생각들을 많이 자극해준 데 대해 프레게의 위대한 책들과 나의 친구인 버트런드 러셀의 글들에" 빚지고 있다고 말했다.

이탈리아에 도착한 지 한 달도 못 되어서 비트겐슈타인은 올뮈츠에 있을 때 그를 괴롭혔던 장염에 다시 걸려서 앓게 되었다. 그는 엥겔만에게 편지를 써서 올뮈츠에서 자신에게 주었던 약—"나를 도와주었던 **유일한** 것"—을 보내달라고 부탁했다. 엥겔만은 답장을 하는 것을 늦추고 있다가 5월 28일 드디어 펜을 들었는데, 여기서 그는 비트겐슈타인에게 약한 의지를 치료하는 방법을 알고 있는지 물었다! 그의 편지는 비트겐슈타인이 보낸 책 소포와 엇갈렸다. "나의 급한 부탁을 들어주지 못할 정도로 게으른 것을 보니 이 책들을 받을 자격이 없는 것 같군요."

그동안 비트겐슈타인은 볼차노에 있는 군병원에서 얼마간을 보냈는데, 아마도 거기서 연구를 계속할 수 있었을 것이다. 6월 1일자 편지에서 프레게는 비트겐슈타인의 연구가 거의 완성되어가고 있다는 것에 아주 기뻐하고 있으며, 그의 연구를 '잃어버리는 일이 없도록' 빨리 작성하기를 바란다고 말했다.

같은 날 아델레 욜레스는 그에게 약간 감정이 상한 어조로 편지를 썼는데, 여기서 비트겐슈타인이 피상적인 이야기를 주고받는 편지를 싫어함에도 불구하고 또 편지를 써서 그를 성가시게 하는 것을 사과했다. 아마도 욜레스 가족은 전쟁의 경험을 겪은 후 그에게 생긴 변화의 최초의 — 그러나 절대로 마지막은 아닌 — 희생자였다.

6월 15일 오스트리아군이 공격할 때쯤 비트겐슈타인은 공격에 참여할 만큼 회복되어서, 트렌티노Trentino 산맥에 있는 프랑스, 영국, 이탈리아군을 공격하는 포대의 관측을 맡았다. 또 한 번 그의 용기는 인정받았다. "그의 비범하게 용감한 행동, 침착하고 냉정하며 영웅적인 모습을 전 군대가 완전히 숭배했다"고 보고서에 적혀 있다. 그는 빅토리아 십자훈장의 오스트리아 판인 금성무공훈장의 후보로 추천되었지만, 대신 군봉사메달the Band of the Military Service Medal with Swords을 받았다. 그의 행동은 비록 용감했지만 최고 훈장을 받을 정도로 중요하지는 않았다고 결정되었기 때문이다. 그 공격은 비트겐슈타인이 참가했던 마지막 공격이었고 실제로 오스트리아군의 마지막 공격이기도 했었는데 금방 격퇴당했다. 7월에 퇴각한 후 그는 9월 말까지 긴 휴가를 받았다.

우리가 지금 《논리철학논고》로 알고 있는 책이 완성된 곳은 빈이 아니라 잘츠부르크Salzburg 근처 할라인Hallein에 있는 삼촌 파울Paul의 집이었다. 1918년 어느 여름날 파울 비트겐슈타인은 기차역에서 그의 조카를 우연히 만났다. 그는 비트겐슈타인이 절망적 상태에서 자살하려는 것을 알게 되었는데 가까스로 그를 설득해서 할라인 근처에 있는 그의 집으로 오게 했다. 거기서 비트겐슈타인은 책을 완성했다.

비트겐슈타인이 자살하려고 했던 동기는 아마도 엘런 핀센트Ellen Pinsent 부인이 6월 6일에 보낸 편지가 제공한 듯하다. 이 편지에서 그녀는 아들인 데이비드가 5월 8일 비행기 사고로 죽었다는 것을 알려주었다. 그는 공기역학에 관해 연구를 하고 있었는데 전에 일어났던 사고의 원인을 조사하다가 죽었다. "나는 마지막까지 그가 얼마나 당신을 사랑했는지 그리고 당신과의 우정을 얼마나 귀중하게 여겼는지 말하고 싶습니다"라고 그녀는 썼다. 비트겐슈타인은 완성된 책을 데이비드를 기리면서 그에게 바쳤다. 그는 데이비드가 '나의 최초이자 유일한 친구'였다고 핀센트 부인에게 편지를 썼다.

> 나는 비슷한 나이의 젊은 친구들을 실제로 많이 사귀었고 그중 일부와는 좋은 관계를 맺었지만, 오직 그의 안에서만 나는 진정한 친구를 발견했으며 그와 보냈던 시간들은 내 인생에서 최상의 시간이었습니다. 그는 내게는 형제이자 친구였습니다. 매일 나는 그를 생각했으며 다시 보게 될 날을 고대해왔습니다. 신이 그를 축복할 것입니다. 만일 내가 전쟁이 끝날 때까지 살아남는다면 당신을 찾아뵙겠습니다. 그때 우리는 데이비드에 관해 말할 수 있을 것입니다.

"한 가지 더" 하고 그는 덧붙였다. "나는 막 철학 책을 완성했는데 그것은 내가 이미 케임브리지에 있을 때에도 연구하던 것이었습니다."

> 나는 항상 그 책을 언젠가 그에게 보여줄 수 있게 되기를 바라고 있었습니다. 그 책을 보면 나의 마음은 언제나 그와 연결됩니다. 나는 그 책을 데이비드를 기리기 위해 그에게 바칠 것입니다. 왜냐하면 그는 항상 그 책에 대해 커다란 관심을 갖고 있었고, 내가 그 책을 쓰는 것을 가능하게 만든 행복한 감정은 대부분이 그로 인해 생긴 것이었기 때문입니다.

이 마지막 문장은 우리가 이미 보았듯이 그들이 케임브리지, 아이슬란드, 노르웨이에서 함께 지냈던 시간뿐 아니라 핀센트가 전쟁 동안 썼던 편지들을 가리킨다. 이것들은 때에 따라서 비트겐슈타인의 정신을 철학에 집중할 수 있도록 소생시켜준 유일한 것이었다.

책을 완성하고 그가 해결하려고 했던 문제들을 해결한 후, 그를 가장 크게 놀라게 했던 것은 그가 성취한 임무가 비교적 중요하지 않은 일이라는 것이었다. "여기에서 전달되는 생각들이 **진리**라는 것은 내게는 논박 불가능하고 결정적인 것처럼 보인다." 그리고 그는 자신이 '모든 본질적인 점에서' 철학의 문제들에 대한 해결을 찾아내었다고 믿었다. 하지만,

> … 만일 나의 이런 믿음이 잘못되지 않았다면, 이 책의 두 번째 가치는 이런 문제들이 해결되었을 때 성취되는 것이 얼마나 적은지를 보여주는 것이다.

그는 책의 첫머리motto로 퀴른베르거Kürnberger의 글을 선택했다. "… 사람이 아는 것은 무엇이든지, 으르렁거리는 소리로 들리지 않는 것은 무엇이든지 세 단어로 말해질 수 있다." 카를 크라우스가 이 인용구를 전에 이용한 적이 있는데, 비트겐슈타인은 이 말을 크라우스로부터 알았을 가능성이 있다. 그러나 퀴른베르거로부터 직접 가져왔을 가능성도 똑같이 있다.(비트겐슈타인이 엥겔만에게 보낸 책들 중에는 퀴른베르거의 책들도 있었다.) 어느 경우건 그것은 아주 적절한 인용이었다. 그가 서문에서 말하듯 책의 전체적 의미는 "다음과 같이 요약될 수 있다. 말해질 수 있는 것은 분명하게 말해질 수 있다. 그리고 말할 수 없는 것에 관해서는 침묵해야 한다."

그 책의 최종 형식은 비트겐슈타인이 1911년 케임브리지에서 시작했던 글을 엄청나게 압축시키고 정화시킨 것이었다. 그는 그 책에 있는 단평들을 아마도 일곱 권으로 이루어진 일련의 원고로부터 선택했을 것이다. 단평들에는 숫자가 매겨져 있으며 이것들은 하나의 계층을 만든다. 가령 단평 2.151은 2.15의 설명이고, 다시 2.15는 2.1의 요지

를 설명하고 있다. 그 단평들 중 논증에 의해서 정당화되는 것은 거의 없다. 러셀이 말했듯이 각각의 명제가 '황제의 칙령인 것처럼' 내세워진다. 전쟁 전 노르웨이에서 연구되었던 논리학 이론, 전쟁 초 몇 달 동안 개발되었던 명제의 그림 이론, 그리고 전쟁 후반부 동안 수용되었던 유사-쇼펜하우어적인 신비주의, 모두가 그 투명한 구조 안의 한 위치를 차지하고 있다. 또 각각은 그것들이 모두 똑같이 논쟁의 여지가 없는 진리의 부분임을 시사하듯이 최종적 어조를 띠고 말해진다.

그 책의 핵심은 보여주는 것과 말하는 것 사이의 구분이다. 그것은 논리학에서 유형론의 불필요성을 이해하고 윤리적 진리의 표현불가능성을 깨닫게 하는 열쇠이다. 유형론이 말하고자 시도하는 것은 오로지 정확한 기호론에 의해 보여질 수 있을 뿐이며, 사람들이 윤리학에 대해 말하고 싶어 하는 것은 세계를 영원의 상 아래에서sub specie aeternitatis 숙고하는 것에 의해서만 보여질 수 있을 뿐이다. 그래서 "정말로 표현할 수 없는 것이 있다. 이것은 그 자체를 **보여준다**. 그것은 신비적이다."

그 책의 유명한 마지막 문장—"말할 수 없는 것에 관해서는 침묵해야 한다"—은 논리적-철학적 진리와 윤리적인 주장을 모두 표현하고 있다.

엥겔만이 지적했듯이, 이 점에서 그 책의 중심 메시지는 언어를 오용함으로써 생기는 혼란스러운 사고들을 조롱함으로써 언어의 순수성을 보존하려는 카를 크라우스의 운동과 연결되어 있다. 오로지 보여질 수 있는 것만을 말하려고 시도할 때 생기는 난센스는 논리적으로 용납될 수 없을 뿐 아니라 윤리적으로도 바람직하지 않다.

그 책을 완성했을 때 비트겐슈타인은 분명히 이런 윤리적 함축들이 논리적 이론들에 대한 함축들만큼 더 크지는 않더라도 중요하다고 생각했다. 그는 그 책을 크라우스의 책과 함께 출판하고 싶어 했다. 그래서 그는 책이 완성되자마자 크라우스의 출판사인 야호다Jahoda에 보내면서, 그것과 크라우스의 책이 관련되어 있음이 쉽게 드러나리라고 기대했던 것 같다. 동시에 그는 프레게에게 편지를 써서 책을 보내주겠다고 제의했다. 9월 12일자 편지에서 프레게는 그 책을 보게 되면 정말로 기쁠 것이라고 말했다. 그는 책이 쓸모없는 것이라고 판명될지 모른다는 비트겐슈타인의 느낌을 이해할 수 있다고 말했다. 아무도 올라가지 못했던 가파른 산길을 앞서가는 사람은 다른 사람들도 따라올 마음을 가질지에 대해 의심하기 마련이다. 그 자신도 그런 회의에 대해 알고 있었다. 그러나 그는 여전히 비트겐슈타인의 연구가 완전히 헛되지 않으리라는 것을 확신하고 있었다. 한 편지(10월 15일)에서 그는 이렇게 적었다. "자네가 그 책이 출판되는 것을 볼 수 있고 내가 그 책을 읽게 되기를 바란다!"

그는 엥겔만에게도 책을 보내주겠다고 약속했다. 그가 이탈리아로 돌아가기 바로 직전인 9월 말 비트겐슈타인은 올뮈츠를 여행했는데, 그때 엥겔만은 처음으로 그 책을 읽었다. 11월 7일 비트겐슈타인에게 보낸 편지에서 그는 그 책을 자주 탐독하고 있으며, "더 많이 이해할수록 그 책은 내게 더 많은 즐거움을 준다"고 말했다.

9월 말 비트겐슈타인은 이탈리아 전선으로 돌아갔고 다음 한 달 동안 야호다로부터 소식이 오기를 초조하게 기다렸다. "아직 출판사로부터 아무런 연락도 없다!"고 그는 10월 22일 엥겔만에게 썼다.

> 나는 그에게 편지를 써서 물어보는 것이 참을 수 없이 싫습니다. 그가 내 원고를 가지고 무엇을 하는지 궁금합니다. 당신이 빈에 있을 때 **제발** 그 지긋지긋한 놈에게 찾아가서 그 일을 알아보고 내게 결과를 알려줄 수 있겠습니까?

며칠 후 그는 야호다로부터 '기술적 이유들 때문에' 그 책을 출판할 수 없다는 연락을 받았다. "나는 크라우스가 그 책에 대해 어떻게 말했는지 알고 싶다"고 그는 엥겔만에게 말했다. "만일 당신이 알아낼 기회가 생긴다면 나는 아주 기쁠 것입니다. 아마도 로스가 무언가 알지 모릅니다."

비트겐슈타인이 이탈리아로 돌아갔을 때쯤, 오스트리아-헝가리 제국의 붕괴가 시작되고 있었다. 제국 군대의 대부분을 구성했던 체코, 폴란드, 헝가리, 크로아티아는 더 이상 합스부르크 제국에 충성하지 않았고(그런 충성심이 한 번이라도 있었는지는 모르지만) 각 민족국가에 충성하고 있었다. 민족국가들을 설립하는 것을 연합국들뿐 아니라 합스부르크 황제도 약속했다. 10월 30일 연합국 측의 최종 승리 후에 많은 수의 군인들이 동족들 사이의 전쟁에 등을 돌렸고, 자신들의 새로운 국가 건설을 돕기 위해 고향으로 돌아갔다. 오스트리아 장교들은 명목상으로는 여전히 그들의 명령에 따라야 했던 부대원들을 전혀 통제하지 못하게 되는 일이 자주 있었다. 이런 상황의 희생자들 중 한 명이 비트겐슈타인의 형이었던 쿠르트였는데, 그는 10월 또는 11월에 그의 부하들이 자신의 명령에 불복종하자 총으로 자살했다.

오스트리아는 평화를 애원하는 것 말고는 아무것도 할 수 없었는데, 이탈리아는 이것을 이용해서 전리품을 획득하고 영토를 탈환하려 했기 때문에 전혀 서두를 의향이 없었다. 10월 29일 한 명의 오스트리아 사절이 휴전기를 들고 이탈리아 측과 접촉했지만 신임장을 믿을 수 없다는 이유로 돌려 보내졌다. 닷새 후에야 비로소 휴전이 체결되었다. 그동안 이탈리아는 7천 문의 포와 50만 명의 포로들을 잡았는데 비트겐슈타인도 그들 중 한 명이었다.

포로가 된 후 그는 코모Como에 있는 포로수용소로 보내졌다. 거기에서 그는 두 명의 동료 장교들을 만났는데, 이들은 그때부터 몇 년 동안 귀중한 친구가 되었다. 그들은 조각가인 미카엘 드로빌Michael Drobil과 교사인 루트비히 핸젤Ludwig Hänsel이었다. 헤르미네 비트겐슈타인에 따르면 드로빌은 비트겐슈타인의 남루한 옷차림과 젠체하지 않는 모습을 보고 그를 비천한 출신으로 추정했다. 어느 날 그들은 클림트가 그린 비트겐슈타인가의 여인의 초상화에 대해 말하고 있었다. 이때 놀랍게도 비트겐슈타인은 그것이 '누이의 초상화'라고 말했다. 드로빌은 믿기지 않는 눈으로 쳐다보았다. "그렇다면 당신은 비트겐슈타인가의 사람이 아닌가?!"

비트겐슈타인은 핸젤이 강의하던 논리학 수업에 참석한 것이 계기가 되어 그를 알게 되었다. 핸젤은 자유의 몸이 되면 교사가 되기 위한 훈련을 받고 싶어 하던 포로들에게 논리학 강의를 하고 있었다. 이를 계기로 그들은 정기적으로 토론을 하게 되었다. 이때 비트겐슈타인은 핸젤에게 기호 논리학의 요점들을 소개했고 《논고》의 사상들을 그에게 설명했다. 그들은 또한 칸트의 《순수이성비판*Kritik der reinen Vernunft*》을 읽었다.

1919년 1월 비트겐슈타인은 (핸젤 및 드로빌과 함께) 카시노Cassino에 있는 다른 수용소로 이송되었다. 거기에서 그들은 8월까지 이탈리아 측의 회담 수단으로 머물게 되었다.

비트겐슈타인이 빈으로 귀환하면 초등학교 교사가 되기 위한 교육을 받기로 결심한 것은 그가 카시노에 있을 때였다. 그러나 작가인 프란츠 파라크Franz Parak — 이 사람은 포로수용소에서 짧은 기간 동안 비트겐슈타인과 사귀었다 — 에 의하면 비트겐슈타인은 사제가 되어서 어린이들과 함께 성경을 읽는 것을 가장 크게 바랐다고 한다.◈

2월에 비트겐슈타인은 러셀에게 엽서를 보낼 수 있었다. "나는 11월부터 포로로 이탈리아에 있습니다. 3년 만에 다시 당신과 연락을 하고 싶습니다. 나는 논리학에 관한 글을 많이 썼고, 그것을 출판하기 전에 당신이 읽어볼 수 있게 되기를 간절히 바라고 있습니다"라고 말했다.

그 엽서는 가싱턴 장원Garsington Manor에 있었던 러셀에게 성공적으로 도달했다. 그는 가싱턴 장원에 오톨라인 모렐의 손님으로 머물고 있었

◈ 파라크의 관점에서 그들의 친구 관계는 너무 짧았다. 비트겐슈타인보다 일곱 살 어렸던 파라크는 거의 숭배에 가까울 정도로 비트겐슈타인을 존경했다. 그는 회고록에서 비트겐슈타인이 하는 모든 말에, 마치 가능한 한 많이 비트겐슈타인의 우월한 지식과 지혜를 마시려는 것처럼 매달렸다고 말했다. 얼마 후 비트겐슈타인은 이 때문에 피로해졌고, 그래서 '미모사처럼like a mimosa' 파라크의 애착에 대해 거리를 두기 시작했다. 그는 파라크가 모친을 상기시켰다고 말했다.

으며, 《마음의 분석*Analysis of Mind*》을 완성하기 위해 노력하고 있었다. 이 책은 그가 전해 브릭스턴Brixton 교도소에 있을 때 시작했던 것이었다.

러셀은 나름대로 거의 비트겐슈타인과 맞먹을 정도로 어려운 시기를 보내고 있었다. 그는 42세로 전쟁에 참여하기에는 너무 늙었지만 어쨌든 그가 전쟁에 대해 철두철미하게 반대했다는 점을 고려하면 자원하지는 않았을 것이다. 전쟁에 반대했기 때문에 그는 트리니티 칼리지 교수직에서 해고되었다. 이로 인해 그는 로렌스D. H. Lawrence와 협력하게 되었는데, 이것은 쉽지 않았고 감정적으로도 위험한 일이었다. 그래서 그 협력 관계가 끝났을 때 그는 전보다 더 굳게 인간성의 비이성적이고 충동적 측면에 대해 혐오감을 품게 되었다.

그는 징집에 반대하는 운동을 지칠 줄 모르게 전개했고 수많은 정치적 글들을 발표했다. 그중 하나 때문에 영국과 미국 관계를 손상시킨다는 죄목으로 고소당했고 6개월 동안 수감되었다. 대중에게 이제 그는 철학자나 수학자로서가 아니라 정치 운동가로서 더 잘 알려지게 되었다. 《사회 개혁 원리*Principles of Social Reconstruction*》와 《자유에의 길*Roads to Freedom*》은 《수학의 원리》보다 훨씬 더 많이 읽혔다. 하지만 감옥에서 그는 철학 연구를 다시 시작했고, 《수리철학입문》을 쓰면서 《마음의 분석》을 쓰기 시작했다. 이제 공개적 논쟁으로부터 잠시 떨어져서 자신을 다시 철학적 사고로 돌아가게 하기 위해 가싱턴이 제공하는 평화로운 환경을 활용하고 있던 러셀은 비트겐슈타인과 다시 연락을 주고받을 수 있게 된 것이 기쁘기만 할 따름이었다. 그는 이틀 연속 두 장의 엽서를 급히 보냈다.

> 자네가 여전히 살아 있다는 소식을 듣게 되어서 너무 감사했다. 제발 가능하면 논리학에 관한 글을 쓰길 바란다. 곧 대화를 나눌 수 있기를 바란다. 나 역시 철학 등에 관해 할 말이 많이 있다. [1919년 3월 2일]

자네에게서 소식을 듣기를 오랫동안 간절히 바랐는데, 소식을 듣게 되어 아주 기쁘다. 자네가 논리학 분야에서 연구한 것을 배우고 싶다. 곧 그것에 관해 들을 수 있었으면 좋겠다. 건강을 비롯해서 더 많은 소식을 들려주면 기쁘겠다. [1919년 3월 3일]

"당신의 엽서를 받고 내가 얼마나 기뻤는지 상상할 수 없을 것입니다!"라고 비트겐슈타인은 응답했다. 그는 러셀이 카시노에 올 준비가 되어 있지 않는 한 그들이 '곧' 만날 가능성은 없다고 덧붙였다. 그는 일주일에 단 두 장의 엽서만을 보낼 수 있었기 때문에, 논리학에 관해서는 쓸 수 없지만 요점을 설명했다. "나는 고향에 가자마자 출판될 책을 썼습니다. 우리의 문제들을 드디어 풀었다고 생각합니다." 며칠 후 그는 오스트리아로 돌아가는 한 학생 덕분에 긴 편지를 부치게 될 기회를 얻게 되었는데, 이때 그는 요점을 좀 더 자세히 설명할 수 있었다. "나는 '논리철학논문Logisch-Philosophische Abhandlung'이라고 부를 책을 썼는데, 이 안에는 지난 6년 동안의 모든 연구가 포함되어 있다"고 그는 설명했다.

나는 마침내 우리의 문제를 풀었다고 믿습니다. 이 말이 건방지게 들릴지도 모르지만 나는 그렇게 믿지 않을 수 없습니다. 그 책은 1918년 8월에 완성되었는데 두 달 후엔 포로가 되었습니다. 원고는 지금 나한테 있습니다. 당신을 위해 책을 복사하고 싶은데, 꽤 길어서 그것을 안전하게 당신에게 보내는 방법은 없을 겁니다. 사실 당신은 미리 설명을 듣지 않고는 — 왜냐하면 이 책은 아주 짧은 단문들로 쓰여졌기 때문에 — 이해하지 못할 것입니다.(이것은 물론 **아무도** 이 책을 이해하지 못하리라는 말이 되겠지요. 비록 나는 그 책을 수정처럼 투명하게 이해하지만 말입니다. 그러나 그것은 우리가 갖고 있는 모든 진리론, 집합론, 수론 그리고 모든 나머지 이론들을 엉망으로 만듭니다.) 나는 고향에 돌아가자마자 그것을 출판할 것입니다.

그는 자기가 얼마 동안은 수용소에 있게 될 것이라는 점을 반복해서 말했다. 그러나 그는 다음과 같은 생각을 덧붙였다. "당신이 여기에 와서 나를 만나는 것은 불가능하리라고 생각합니까?"

> … 아니면 내가 심지어 그런 일을 생각하는 것이 엉뚱하다고 당신은 생각할지 모릅니다. 그러나 만일 당신이 세계의 다른 쪽 끝에 있는데 내가 당신에게 갈 수 있다면, 나는 그렇게 할 것입니다.

사실 러셀이 카시노에 가서 그를 방문하기란 불가능한 일이었다. 그러나 상황은 바뀌어서 비트겐슈타인 자신이 수용소를 떠날 기회가 주어졌다. 바티칸과 친분이 있는 친척이 이탈리아인들이 그를 풀어주도록 배후에서 조정했다. 의사가 그를 검사해서 더 이상 수용소에 있는 것은 의학적으로 맞지 않다고 판정을 내릴 예정이었다. 그렇지만 비트겐슈타인은 특별 대우를 받기를 거절했고, 검사를 받을 때 그의 건강은 완전하다고 완강하게 고집을 부렸다.

러셀도 또한 배후에서 움직였고 (이때 베르사유 평화 회의에 영국 대표단과 함께 있었던) 케인스를 통해 비트겐슈타인으로 하여금 책도 받을 수 있고, 일주일에 단 두 장의 엽서만을 보낼 수 있는 규칙에서 제외되도록 하는 허가를 얻게 만들었다. 학문적 내용이 담긴 편지를 교환할 수 있게 하는 이 특권을 비트겐슈타인은 거절하지 않았다. 비트겐슈타인은 러셀에게 그의 원고를 보낼 수 있게 되었고 러셀의 새 책인 《수리철학입문》을 받을 수 있게 되었다. 그런데 러셀은 이 책이 비트겐슈타인의 《논리학 노트》로부터 영향을 받은 것으로 간주하고 있었다.◈

그렇지만 비트겐슈타인은 그 책을 보고 러셀이 그의 최근 연구를 이해할 수 없으리라는 의심을 확인할 수 있었다. "나는 내가 6년 전

◈ 이 점을 인정하는 각주에 대해서는 206쪽 참조.

노르웨이에서 무어에게 불러주었던 내용이 당신에게 그렇게 완전히 아무 흔적도 없이 사라진 채 전달되었다는 것을 결코 믿을 수 없습니다."

간단하게 말해서, 나는 당신에게 어떤 것을 이해하게 하는 것이 아주 힘든 일이 될까 봐 두렵습니다. 그리고 나의 원고가 당신에게 무엇이건 의미할지도 모른다는 조그만 희망도 완전히 사라져버렸습니다 … 이제 어느 때보다 크게 나는 그것이 출판되기를 간절히 바라고 있습니다. 완성된 책을 가둬두고 질질 끌어야만 하는 것과 난센스가 밖에서 활개치고 있음을 보는 것은 짜증나는 일입니다. 그리고 심지어 그것이 출판되기도 전에 벌써 아무도 그것을 이해하지 못하리라고 생각하는 것도 똑같이 짜증나는 일입니다!

러셀의 응답은 주목할 정도로 타협적이었다. "자네가 무어에게 불러준 것을 내가 이해하지 못했던 것은 사실이다. 그리고 무어는 나에게 아무런 도움이 못 되었다"고 그는 적었다. 그는 이어서 그의 책에 관해서 설명했다.

전쟁 동안 나는 철학에 대해 생각하지 않았는데, 지난여름 교도소에서 여가를 대중적 교재를 쓰는 것으로 보내게 되었을 때야 비로소 철학에 대해 생각하게 되었다. 그런데 이것이 그 상황에서 내가 할 수 있는 모든 것이기도 했다. 이제 나는 철학으로 돌아왔고 이해할 마음 자세가 더 잘되어 있다.

"낙담하지 말게. 자네 글은 결국 이해될 것일세"라고 그는 강조했다.

1919년 여름까지 비트겐슈타인이 그의 책을 읽어주기를 가장 바랐고 이해할 수 있을 것으로 가장 기대했던 세 사람들 — 엥겔만, 러셀 그리고 프레게 — 이 각각 책을 받았다. 심지어 이로 인해 자신은 한 권의 책도 갖지 못하게 되었다고 가정하더라도(이는 사실임이 나중에 러셀에게 보낸 편지에서 드러났다), 그가 어떻게 세 권의 책을 만들어냈는지는 약간 미스터리이다.

4월 6일자 편지에서 엥겔만은 그 책의 숫자매김을 모방하여 그 책에 대한 우정어린 찬사를 보내왔다.

이 줄 사이에는 아무런 글도 없음!

1. 친애하는 비트겐슈타인 씨, 나는 소식을 들어서 기쁩니다,
2. 당신의 가족을 통해 당신이 잘 있다는 소식을. 나는
3. 당신이 심각하게 생각하지 않기를 바랍니다,
4. 내가 오랫동안 당신에게 편지를 쓰지 않은 것을. 하지만 나는
5. 쓸 것이 너무 많아서 차라리
6. 곧 가능하리라 믿는 재회에 미뤄놓았습니다. 하지만 나는
7. 지금 온 마음으로 감사합니다,
8. 내가 얼마 전 받은 당신의 원고에.
9. 당신의 누이로부터 받은 그것을 지금 나는 대체로
10. 이해한다고 생각합니다. 적어도 나에게서
11. 당신은 책을 쓴 목적을 온전히 성취했습니다,
12. 책을 통해 누군가가 즐거움을 얻기를 바라는 목적을. 나는
13. 당신의 생각이 진리임을 확신하며,
14. 그 의미를 이해합니다. 행운을 빌며,
15. 당신의 파울 엥겔만.

엥겔만이 그 책을 좋아했던 것은 분명해서, 그는 8월 15일자의 다음 편지에도 이 형식을 사용했다. 그는 비트겐슈타인이 부탁했던 프레게의 《산술학 원리》를 아직까지 구할 수 없다는 것을 알려주기 위해 편지를 썼다.

비트겐슈타인이 가장 기다렸던 것은 그 책에 대한 프레게의 반응이

었음을 암시하는 몇몇 징후가 있다. 그렇다면 그가 프레게의 반응을 알게 되었을 때의 실망은 그만큼 더 컸을 것이다.

프레게가 받은 최초의 인상은 6월 28일자의 편지에 포함되어 있다. 그는 답장을 늦게 한 것에 대해 사과하고, 할 일이 너무 많았기 때문에 비트겐슈타인의 책을 읽을 시간의 거의 없어서 그에 대한 아무런 확정적인 판단을 내릴 수 없게 된 데 대해 먼저 사과했다. 그의 편지의 대부분은 비트겐슈타인이 언어를 정확하게 사용했는지에 대한 회의감을 표현한다.

> 시작하면서 바로 '사례이다is the case'와 '사실fact'이라는 표현을 보게 되었는데, 나는 '**사례이다**'와 '**사실이다**'가 같은 것이 아닌가 생각한다. 세계는 사례인 모든 것이며 그리고 세계는 사실들의 총체이다. 모든 사실이 사례이며, 사례인 것이 사실 아닌가? 만일 내가 "A는 사실이다A is the fact"라고 말한다면 "A는 사례이다A is the case"라고 말하는 것은 같은 것이 아닌가? 그렇다면 왜 이러한 이중의 표현들을? … 이제 세 번째 표현이 나온다. "사례인 것, 즉 사실은 사태들Sachverhalt의 존립이다." 나는 이 말의 의미가 모든 사실은 사태들의 존립이며, 그래서 다른 사실은 다른 사태들의 존립이라는 것으로 간주한다. 우리는 '~의 존립'이라는 단어를 지우고 "모든 사실은 사태이며 모든 다른 사실은 다른 사태이다"라고 말할 수 없을까? 아마도 또한 "모든 사태는 사실의 존립이다"라고 말할 수 있을까?

"실은 바로 처음부터 네가 말하고 싶어 하는 것이 무엇인지 의심하지 않을 수 없어서 제대로 앞으로 진행할 수 없었다"고 프레게는 적었다. 그는 비트겐슈타인이 'Tatsache', 'Sachverhalt' 및 'Sachlage'란 용어들로 무엇을 의미했는지 확신하지 못했고, 그래서 그 전문 용어들을 명료하게 해줄 수 있는 예들이 필요하다고 말했다. 존재하지 않는 Sachverhalte가 있는가? 대상들의 묶음은 하나의 Sachverhalt인가?◈ 프레게의 편지가 비트겐슈타인에게 쓰라린 실망을 안겨주었음은 분명하다. 그 편지에는 프레게가 첫 쪽 이상을 읽었다는 흔적이 없다. 그의 질문들은 모두 그 책에 처음 나오는 10여 개의 명제들과 관련되어 있고, 모두 실질적 내용보다는 용어들과 연결되어 있다. 비트겐슈타인의 기호론과 그것의 논리학에 대한 함축을 프레게는 전혀 파악하지 못했다. 하물며 그가 그 책의 윤리학적 함의를 이해하기를 기대할 수는 없었다.

낙담한 비트겐슈타인은 러셀에게 희망을 걸었다. 8월 19일자 편지에서 그는 러셀에게 프레게의 반응에 대해 말했다. "그는 책의 한 글자도 이해하지 못한 것 같습니다."

> 따라서 나의 유일한 희망은 빨리 **당신**을 만나서 모든 것을 설명하는 것입니다. 단 한 사람도 내 책을 이해하지 못하는 것은 **아주** 견디기 힘든 일이기 때문입니다!

어쨌든 러셀은 이해할지 모른다고 희망을 가질 이유가 실제로 있었다. 책에 대한 그의 첫 반응은 프레게보다는 더 이해하는 것이었고 더 우호적이었다. 최소한 그는 책을 전부 '두 번 자세하게' 읽을 수 있었다고 비트겐슈타인에게 말했다. 더욱이 그는 그 책이 무엇에 관한 것인지에 대해 나름대로의 (비록 틀렸지만) 견해를 갖고 있었다. "나는 논리적 명제들이 항진명제들이며, 그것들은 실질적 명제들이 참인 의미에서 참이 아닌 명제들이라는 자네의 중심 주장이 옳다고 확신한다"고 그는 8월 13일자 편지에서 썼다.

◈ 여기서 독일어를 그대로 사용했다. 영어를 사용하는 독자들에게는 프레게가 겪는 혼란이 번역의 차이에 의해 배가되기 때문이다. 오그던은 Sachverhalt를 '원자사실atomic fact'로 Sachlage를 '사태state of affairs'로 번역한다. 피어스Pears와 맥기니스McGuiness는 Sachverhalt를 '사태'로, Sachlage를 '상황situation'으로 번역한다. 오그던의 번역은 최소한 다음과 같은 장점이 있다. 바로 비트겐슈타인이 프레게와 러셀에게 설명해야 했던 점을 분명하게 한다. Sachverhalte는 (참인) 원자명제들에 대응하는 것이고 따라서 Tatsachen(사실들)을 구성하는 부분이다.

실제로 이것은 비트겐슈타인이 생각했던 책의 중심 주장은 아니었다. 그럼에도 불구하고 그것은 러셀이 비트겐슈타인이 논리학에 관해서 말하려고 시도하고 있는 것을 이해했음을 보여 준다. 그렇지만 이것은 단지 그의 중심 주장의 한 '결과'일 뿐이라고 비트겐슈타인은 8월 16일자 편지에서 설명했다.

> 중심 생각은 명제들에 의해, 즉 언어에 의해 표현될gesagt 수 있는 것(따라서, 같은 말이지만 **생각될** 수 있는 것)과 명제들에 의해 표현될 수 없고 단지 보여질gezeigt 수 있는 것에 관한 이론입니다. 나는 이것이 철학에서 가장 중요한 문제라고 믿습니다.

나는 이 말이 앞서 비트겐슈타인이 《수리철학입문》에 대해 했던 말과 연결된다고 믿는다. 그는 《수리철학입문》이 무어에게 구술했던 노트가 러셀에게는 완전히 "사라진 채 전달되었다"는 걸 보여준다고 말한 바 있다. 왜냐하면 러셀은 비트겐슈타인이 사용한 항진명제라는 개념을 빌려서 사용했지만, 책에 있는 말하는 것과 보여지는 것 사이의 구분을 전혀 이용하지 않았기 때문이다. 그런데 이 구분은 무어에게 불러준 노트에서 이미 소개되었던 것이었다. 러셀은 그 구분을 이해하지 못했다기보다 그것이 불명확하고 불필요하다고 생각했다. 나중에 그는 그것을 '이상한 논리적 신비주의'라고 불렀고, 최소한 논리학에서 그런 구분은 일상적 '대상-언어'를 이용하여 말해질 수 없는 것들을 말하기 위해 더 높은 단계의 언어(일종의 '메타-언어')를 도입함으로써 불필요하게 될 것으로 생각했다.

러셀은 편지에다 그 책에 대해 그가 하고 싶은 질문들과 의심나는 것들의 목록을 만들어서 첨부했다. 프레게처럼 그도 Tatsache(사실)와 Sachverhalt(사태) 사이의 차이점이 무엇인지에 대해 알고 싶어 했다. 비트겐슈타인은 프레게에게 했던 것과 똑같이 러셀에게 답했다.

> Sachverhalt는, 만일 하나의 Elementarsatz(요소 명제)가 참이면, 그것에 대응하는 것입니다. Tatsache는, 만일 요소 명제들의 논리적 결합이 참이면, 이 결합에 대응하는 것입니다.

러셀이 제기한 다른 질문들 중 대부분은 표현될 수 없고 보여야만 하는 것들—가령 논리적 형식들—이 있다는 생각을 받아들이기 힘들었기 때문에 제기되는 것들이다. 예를 들면 러셀은 명제 3.331에서 비트겐슈타인이 유형론을 간단하게 거부한 데 대해 반대한다. "내 견해에 따르면 유형론은 정확한 기호론이다. (a) 단순한 기호는 복잡한 것—그것이 무엇이든지 간에—을 표현하기 위해 사용되어서는 안 된다. (b) 더 일반적으로 말하면 한 기호는 그것의 의미와 같은 구조를 가져야 한다"라고 그는 비트겐슈타인에게 말했다. "그것이 바로 말할 수 없는 것"이라고 비트겐슈타인은 응답했다.

> 하나의 기호에 대해서 그것이 무엇을 표현하기 위해 **사용될 수** 있는지를 미리 규정할 수 없습니다. 하나의 기호로 표현 **가능한** 모든 것을 그것은 표현**할 수 있습니다**. 이것은 간단하지만 진리입니다!

러셀이 제기한 요점에 대한 다른 두 가지 응답에서 비트겐슈타인은 같은 점을 강조했다.

> … 그저 한번 생각해보십시오. 당신이 "두 개의 사물들이 있다"라는 명백한apparent 명제를 통해 **말하고자** 하는 것이, 서로 다른 의미를 갖고 있는 두 개의 이름들이 있다는 것에 의해 **보여진다**는 것을 말입니다.

> … "모든 요소 명제들이 주어진다는 명제가 주어지는 것이 필요하다." 이것은 필요하지 않다. 왜냐하면 그것은 심지어 **불가능하기** 때문이

> 다. 그런 명제는 없다! 모든 요소 명제들이 주어진다는 것은 주어지지 않은 기본적 의미를 가진 것은 아무것도 없다는 것에 의해 **보여진다**.

비록 이런 질문들과 답들은 논리적 이론의 세부적인 점들 때문에 생기는 것이지만, 그 배후의 그다지 멀지 않은 곳에 더 일반적이고 더 중요한 차이가 존재한다. 상위-언어의 적용가능성을 고집하는 러셀의 생각이 신비적 영역을 폐기시키는 반면, 보여질 수만 있는 것을 말한다는 것은 불가능하다는 비트겐슈타인의 고집스러운 생각이 그 영역을 보존시킨다는 것은 우연한 일이 아니다.

그렇지만 아마 러셀이 가장 크게 의문을 가졌던 것은 대답이 안 된 채 남아 있었다. 그것은 수학에 대한 비트겐슈타인의 간략한 논의와 특히 그의 갑작스러운 집합론의 거부와 관련되어 있다. 명제 6.031에서 그는 "집합론은 수학에서 완전히 잉여적인 것"이라고 적고 있다. 이것은 러셀이 수학에서 성취했던 모든 것의 뿌리를 끊고 있기 때문에 그가 이것에 놀란 것은 당연한 일이었다.

> 만일 자네가 **논리학**에서 집합이 잉여적이라고 말한다면, 나는 논리학과 수학의 차이를 가정함으로써 그 말을 이해할 수 있겠다. 그러나 집합이 **수학**에서 불필요하다고 말한다면 그 말은 이해하기 힘들다.

여기에 대해 비트겐슈타인은 긴 답이 필요하다고 느껴서 "내가 논리학에 대해 쓰는 것이 얼마나 어려운 일인지를 당신은 알고 있다"고만 말했다.

그 책의 마지막 부분에 대해 러셀은 평할 것이 거의 없었다. "나는 귀납, 인과 등에 관한 너의 의견에 동의한다. 최소한 나는 반대할 이유를 찾을 수 없었다." 윤리학, 미학, 영혼 그리고 인생의 의미에 관한 언급들에 대해 그는 아무 말도 하지 않았다.

그는 "**그 책이 일급의 중요성을 가진다는 자네의 생각이 옳다고 확신한**

다"고 결론을 내렸다. "그러나 여러 곳에서 그 책은 간결하기 때문에 모호하기도 하다."

> 자네가 많이 보고 싶은 것은 그저 보고 싶다는 이유 때문 말고 그 책에 관해 논의하고 싶기 때문이다. 그러나 나는 아직 해외로 나갈 수 없다. 아마 내가 해외 여행을 자유롭게 할 수 있기 전에 자네가 먼저 자유로운 몸이 되어 영국에 올 수 있을지도 모르겠다. 자네의 소재지를 알면 원고를 돌려주겠다. 하지만 먼저 빠른 시일 내에 자유를 얻기 바란다.

이 편지에 고무되어 비트겐슈타인은 가능한 한 빨리 그를 만날 수 있도록 서둘렀다. "나는 영국에 가고 싶습니다만, 지금 독일인이 영국을 방문하는 것은 다소 곤란한 일이라는 것을 당신도 상상할 수 있을 것입니다"라고 그는 적었다. 최선책은 네덜란드나 스위스 같은 중립국에서 만나는 것이었다. 그리고 **빨리** 만나는 것이었다. "모레 우리는 수용소를 떠나 고향으로 가게 될 것 같습니다. 신이여 감사합니다!"라고 그는 러셀에게 말했다.

그는 이틀 후인 1919년 8월 21일 석방되었다.

2부

1919~1928

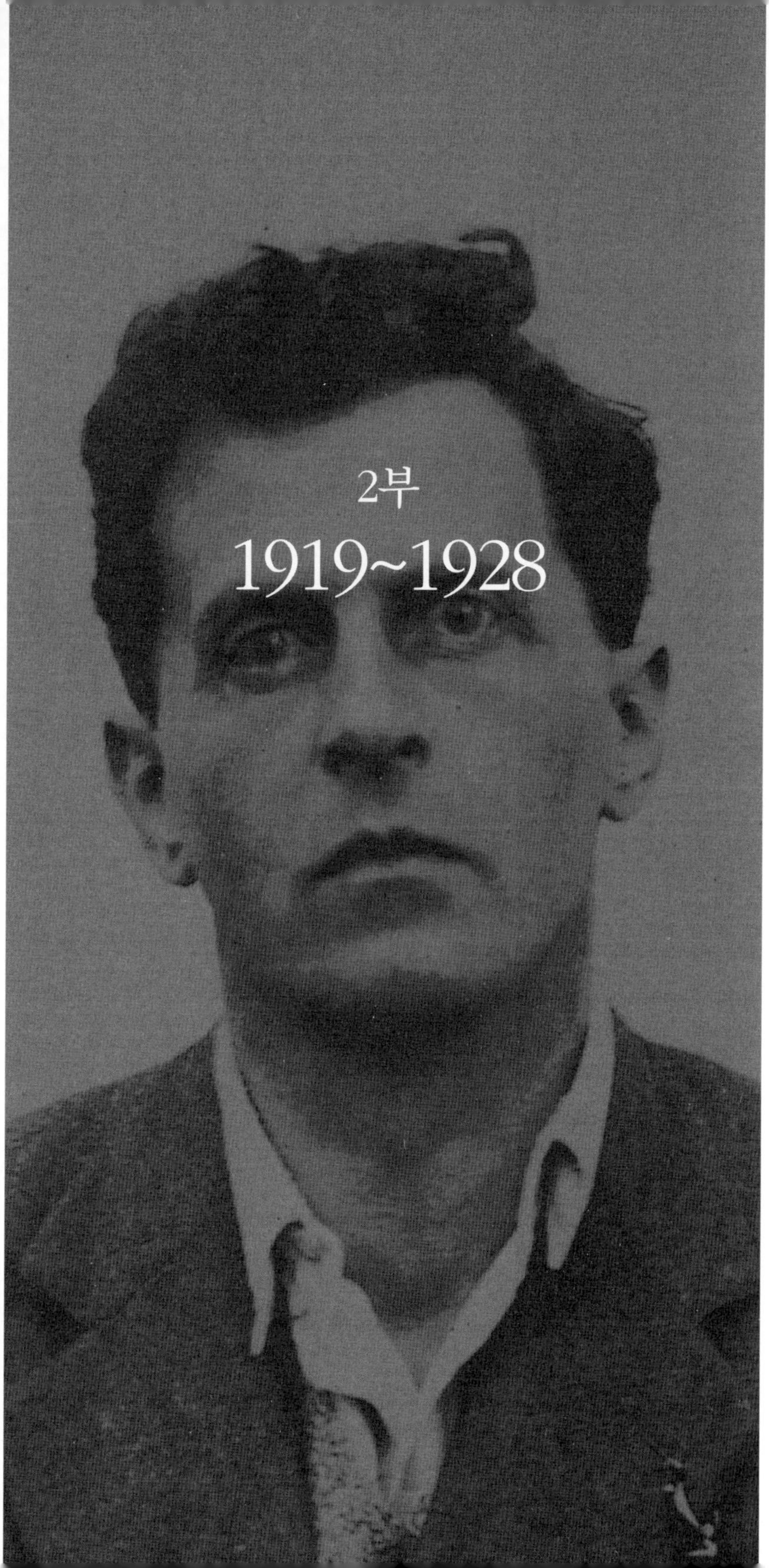

8
출판될 수 없는 진리

많은 참전 군인들처럼 비트겐슈타인도 평화 시기에 적응하는 것이 매우 어려운 일이라는 것을 알게 되었다. 그는 5년 동안 참전했었는데 그 경험은 그의 성격에 지울 수 없는 흔적을 남겼다. 그는 전쟁이 끝난 후에도 수년 동안 군복을 마치 그의 정체성의 한 부분인 듯, 없어선 안 될 본질적인 부분인 양 입고 다녔다. 그것은 아마도 그의 여생 내내 지속되는, 자신이 과거에 속해 있다는 느낌의 상징이었을 것이다. 왜냐하면 그것은 더 이상 존재하지 않는 군대의 제복이었기 때문이다. 이제 오스트리아-헝가리 제국은 없었고 1919년 여름에 돌아간 오스트리아는 한참 고통스런 복구의 과정을 겪고 있었다. 한때 혼합 인종 5천만의 삶을 다스린 제국의 중심지였던 빈은 이제 인구 600만도 되지 않는, 게다가 대부분이 독일인인 작고 보잘것없는 알프스 공화국의 수도였다.

과거에 싸워 지키려 했던 그의 조국의 일부분은 이제 외국의 영토가 되어 있었다. 렘베르크와 크라쿠프는 이제 폴란드의 영토였고 트렌티노 산맥 주위의 땅은 이탈리아에 의해 점령되었으며, 오스트리아-헝가리 문화의 마지막 변방이었던 올뮈츠는 이제 체코슬로바키아의 영토였다. 체코는 그 자체가 '민족 자결'의 혼성적 창조물이었으며 파울 엥겔만은 어쩔 수 없이 이 나라의 국민이 되었다.(엥겔만은 체코슬로바키아의 여권을 얻으려고 겪었던 문제들 때문에 빈에 있는 비트겐슈타인을 여러 달 동안 방문하지 못했다.) 많은 오스트리아인들에게 있어서, 독일과 분리해서 살 존재 이유는 사라졌고 1919년에는 많은 이들이 독일과의 합병에 찬성투표를 했다. 그들은 독일 국가가 될 수밖에 없는 거라면 차라리 확실하게 모국을 갖는 게 더 낫겠다고 느꼈다. 그러나 연합군은 그들의 선택을 인정하지 않았다. 왜냐하면 연합군은 베르사유Versailles 조약과 생제르맹St Germain 조약에서 부과한 전쟁 배상금으로 인해 양 독일 국가의 국민들이 계속해서 굶주리고 후회하고 복수심에 불타게 만들고 싶었기 때문이다. 그래서 그들은 양차 세계대전 사이에 그런 상태로 남아 있었다.

비트겐슈타인은 전쟁이 그를 변화시키길 바라면서 참전했었고 그의 바람은 정말 실현되었다. 그는 4년 동안 현역으로 근무하고 1년 동안 포로 생활을 겪었다. 그는 죽음에 직면하기도 했고, 종교적인 깨달음을 경험했으며, 다른 이들의 삶을 책임지기도 했고, 그가 전에는 결코 같은 열차 칸에 타지 않았을 사람들과도 오랜 시간 함께 있기도 했다. 이 모든 것이 그를 다른 사람으로 만들었고 그에게 새로운 정체성을 부여했다. 이런 의미에서 1919년 그는 어떤 것으로도 돌아갈 수 없었다. 모든 것은 변했고, 욜레스 부부가 베를린에서 알던 '꼬마 비트겐슈타인'으로 돌아갈 수 없었듯이, 그는 더 이상 1914년 자신이 떠났던 삶으로 돌아갈 수 없었다. 그는 자신을 재창조해야 하는 과업, 즉 지난 5년 동안의 경험을 통해 연마된 사람에게 필요한 새로운 역할을 찾아야 하는 과업에 직면했다.

가족들은 그의 변화된 모습에 당황했다. 그들은 그가 왜 초등학교 선생님이 되기를 원하는지 이해할 수 없었다. 버트런드 러셀이 그의 철학적 재능을 인정하지 않았는가? 또 그가 철학 분야에서 큰 발자취를 남길 거라고 말하지 않았는가? 왜 그는 이제 와서 교육받지 못한 가난한 사람들에게 자신의 재능을 낭비하길 원하는가? 그것은 마치 나무 상자를 여는 데 매우 정밀한 도구를 사용하길 원하는 사람 같다고 누이인 헤르미네가 말하자 비트겐슈타인은 다음과 같이 응답했다.

> 누이는 닫힌 창문을 통해 밖을 보기 때문에 길을 지나가는 사람의 이상한 행동을 이해하지 못하는 사람을 떠올리게 합니다. 그 사람은 거기에 어떤 종류의 폭풍이 몰아치는지, 또는 그 지나가는 사람이 얼마나 힘겹게 버티고 서 있는 것인지 말할 수 없습니다.

물론 그 지나가는 사람이 취할 가장 자연스러운 조치는 폭풍을 피해 안으로 들어오는 것이라 생각될 것이다. 그러나 비트겐슈타인은 그렇게 할 수 없었다. 그는 전쟁 동안 겪은 어려움을 잊어버려야 할 어떤 것으로 경험하지 않았다. 오히려 그는 그것을 자신의 인생에 중요한 의미를 부여할 그런 것으로 경험했다. 집안의 부와 그의 교육이 제공할 수 있는 편안함과 안전함 속에서 폭풍을 피하는 것은 그가 역경과 싸워 얻은 모든 것을 희생시키는 결과가 될 것이었다. 그것은 평원에서 살기 위해 산에 오르는 것을 포기하는 일일 것이다.

비트겐슈타인에게 더 본질적으로 중요한 것은 상속받은 재산을 사용해선 안 되는 것이 아니라 그렇게 할 수 없다는 것이었다. 전장에서 집으로 돌아왔을 때, 그는 전쟁 전 가족의 재산을 미국 채권으로 이전한 아버지의 경제적인 기민함 덕분에 유럽에서 제일가는 부자 중 한 사람이 되어 있었다. 그러나 전쟁에서 돌아온 지 한 달 만에 그는 전 재산을 처분했다. 그가 자신의 모든 재산을 누나인 헬레네와 헤르미네, 형인 파울에게 넘겨주겠다고 하는 바람에 가족들과 회계사는 놀라지 않을 수 없었다.(그레틀은 이미 너무 부자여서 포함되지 않았다.) 파울 비트겐슈타인 삼촌을 포함한 나머지 가족들은 그 돈을 그들이 어떻게 받을 수 있는지 이해할 수 없었다. 그들은 최소한 그 돈의 일부를 비트겐슈타인이 후에 자신의 결정을 후회할 때를 위해 그 몰래 떼어놓을 수는 없었는가? 이들은 이러한 가능성이 바로 비트겐슈타인을 괴롭혔다는 것을 알 수 없었다고 헤르미네는 적고 있다.

> 그는 어떠한 형태로든 자신에게 속한 돈이 조금이라도 있을 가능성이 전혀 없어야 한다고 수백 번 확인하고자 했다. 그가 이 점을 계속해서 되뇌었기 때문에 그 돈의 이전을 맡은 공증인은 낙담했다.

결국 공증인은 비트겐슈타인의 소원을 엄밀히 집행하도록 설득당했다. "결국 당신은 경제적 자살을 원하는군요!"라고 그는 한숨을 쉬었다.

1919년 9월, 모든 재산을 나눠주고 쿤트만가세Kundmanngasse에 있는 사범대학교Lehrerbildungsanstalt에 등록한 후, 비트겐슈타인은 그의 특권적 배경으로부터 독립하기 위한 또 다른 조치를 취했다. 그는 노이발데거가세에 있는 집을 떠나 운터레 피아둑트가세Untere Viaduktgasse에 숙소를 잡았다. 이 새로운 숙소는 대학과 매우 가까운 빈의 3구역 거리에 있었다.◈

이 시기는 비트겐슈타인에게 가장 고통스러운 시기 중 하나였고 이 기간 동안 그는 여러 번 자살에 대해 고민했다. 그는 지쳤고 목표를 상실했다. 그는 돌아온 직후 러셀에게 "나는 아직도 별로 정상적이지 않습니다"라고 썼다. 그리고 엥겔만에게 "나는 정신 상태가 그리 건강하지 못합니다"라고 썼다. 그는 러셀과 엥겔만에게 가능한 한 빨리 만나자고 했지만 두 명 모두 여행할 수 있는 상황이 아니었다. 엥겔만은 체코슬로바키아 여권을 얻는 데 문제가 있었고 러셀은 런던 경제 학교에서 강의를 맡고 있어서(이 강의 내용은 《마음의 분석》의 기초가 되었다) 크리스마스 때까지는 영국에 있어야만 했다. 게다가 러셀은 현실적으로 영국을 떠날 수 있는 허가를 받지 못할 가능성이 있었다. 그는 비트겐슈타인에게 다음과 같이 썼다. "자네도 알다시피 나는 정부와 사이가 틀어진 지 오래다." 이런 사정들에도 불구하고 러셀은 크리스

◈ 그는 한 달 정도밖에 이 숙소에 있지 않았다. 그러나 윌리엄 워런 바틀리 3세William Warren Bartley III의 주장 때문에 그곳에서의 그의 생활은 열띤 논쟁의 주제가 된다. 이에 대해서는 부록을 참조.

마스에 헤이그Hague에서 만나기를 제의했다. "정부가 나를 봐주면, 아마 일주일은 시간을 낼 수 있을 거다."

엥겔만이나 러셀과 재회할 수 없다는 좌절감은 그를 괴롭히는 감정적인 긴장을 한층 심화시켰다. 그는 오랜 친구를 잃어버리고 새로운 친구를 사귈 수 없을 거라고 느꼈다. 그가 지난 5년 동안 가장 고대했던 만남은 '친애하는 데이비드(그는 이렇게 핀센트 부인에게 편지를 썼다)'의 죽음으로 이루어지지 않았으며, 다른 만남들도 좌절되거나 씁쓸한 실망만을 안겨주었다. 엥겔만에게 쓴 편지에서 그는 아돌프 로스에게 기대를 걸었지만 "놀랍고 역겨웠다"고 했다.

> 그는 가장 해로운 사이비 인텔리주의에 감염되었습니다! 그는 나에게 '예술 사무소'에 대한 팸플릿을 주었는데, 거기에서 그는 성령에 반하는 죄에 대해 말하고 있었습니다. 확실히 이것이 한계입니다! 로스를 만났을 때 이미 약간 실망했었지만 그것이 마지막 지푸라기였습니다.

그리고 시든한 삶의 전쟁 용사인 그는 사범대학에서 함께 강의를 듣는 10대들과도 친해질 수 없었다. 그는 엥겔만에게 다음과 같이 썼다. "나는 더 이상 문법학교 소년처럼 행동할 수 없습니다. 그리고 우습게 들릴지도 모르지만 제게 그 굴욕감은 너무도 대단해서 종종 참을 수 없을 것 같다는 생각이 듭니다!" 그는 러셀에게도 비슷한 불평을 한다.

> 벤치는 17~18세의 소년들로 가득 차 있고 나는 서른이 넘었습니다. 이것은 매우 재미있는 상황으로 나를 이끌기도 하지만, 많은 경우 **매우** 불쾌한 상황으로 이끕니다. 나는 자주 비참함을 느낍니다!

새로운 직업과 새로운 삶을 시작했음에도 불구하고, 그리고 많은 방법으로 자신의 가족적 배경과의 끈을 끊으려고 노력했음에도 불구하고,

그는 전쟁 전의 자신과 변해버린 자신 사이에 연속성을 정립할 필요를 느꼈다. 사범대학 과정에 들어가기 전 그는 열흘 동안 호흐라이트에서 보냈다. 이것은 엥겔만에게 쓴 것처럼 "가능하면 나 자신에서 무엇인가를 다시 찾기 위해서"였다. 그는 자신의 가족 배경에 대해 이중적 태도를 취했기 때문에 학교에서 불쾌한 상황들에 직면하게 되었는데 그중 하나를 러셀에게 말하고 있다. 교수는 그에게 그가 비트겐슈타인 가문, **그** 부유한 비트겐슈타인 가문과 관계되는지 물었다. 그는 그렇다고 대답했다. 선생은 계속해서 그가 그 가문과 **가까운** 관계인지를 물었고, 이에 대해 비트겐슈타인은 거짓말을 해야 했다. "그다지 가깝진 않습니다."

조국의 패배와 궁핍함, 가장 사랑하던 친구의 죽음, 과거의 우정을 회복할 수 없다는 좌절감과 자신을 새로운 환경에 적응시켜야 하는 데서 오는 긴장감은 1919년 가을, 비트겐슈타인이 겪은 자살 충동을 설명하기에 충분할 것이다. 그러나 아마도 그의 우울증의 가장 큰 원인은 《논고》를 출판해줄 이를 찾는 데 실패했다는 것, 혹은 그것을 이해하는 이를 찾을 수 없었다는 것이었다.

그는 철학의 문제에 대한 결정적이고 논쟁의 여지가 없을 정도로 진정한 해결책을 제공하는 책을 완성했다고 생각했었다. 그런데 어찌 그 책을 출판하려는 사람을 찾을 수 없을 거라고 예측할 수 있었겠는가? 야호다의 거절 이후에도 비트겐슈타인은 카시노 수용소에서 자신감 있게 쓸 수 있었다. "내가 집에 가자마자 책은 출판될 것이다."

집으로 돌아온 후 며칠 지나서 그는 이 책을 들고 오토 바이닝거의 《성과 성격》의 출판업자인 빌헬름 브라우뮐러Wilhelm Braumüller의 빈 사무실로 갔다. 비트겐슈타인은 러셀에게 "브라우뮐러는 나의 이름도 알지 못했고 철학에 문외한이기 〔때문에 그는〕 이 책이 정말로 출판할 가치가 있는지 알아보기 위해서 전문가들의 판단을 필요로 하는 사람이었습니다"라고 말했다.

> 그래서 그는 도움을 받고 있는 사람들 중의 한 명(아마도 철학 교수)에게 의뢰하길 원했습니다. 그래서 나는 그에게 어느 누구도 이 책에 대해 판단할 수 없을 것이지만, 아마도 **당신**이 이 책의 가치에 대한 짧은 평을 써줄 만큼 친절할 거라고 말했습니다. 그리고 그 평이 호의적이라면, 그를 설득하기에 충분할 것입니다. 그 출판업자의 주소는 빈 11구역 제어비텐가세Servitengasse 5번지 빌헬름 브라우뮐러입니다. 당신의 양심이 허락하는 만큼, 그에게 몇 마디 적어 보내주십시오.

러셀의 추천사를 받은 후 브라우뮐러는 비트겐슈타인이 인쇄비와 종이비를 지불하는 조건에 그 책을 출판하자고 제안했다. 당시 그는 돈이 한 푼도 없었지만, 있다 하더라도 그 제의를 거절했을 것이다. 그는 "나는 그 책을 세상(그 출판업자가 속한)에 이런 식으로 강요하는 것은 올바르지 않다고 생각합니다. 글 쓰는 것은 **나의** 일이었지만, 세상은 그것을 정상적인 방법으로 받아들여야 합니다."

한편 브라우뮐러의 결정을 기다리는 동안, 그는 프레게로부터 한 통의 편지를 받았다. 이 편지는 카시노에서 보낸 비트겐슈타인의 마지막 편지와 그가 빈으로 돌아온 후 썼던 또 다른 편지에 대한 답장이었다. 프레게는 여전히 비트겐슈타인이 Sachverhalt라는 용어를 사용하는 방식이 만족스러울 만큼 명확하다고는 전혀 생각하지 않고 있었다.

> 자네는 '요소 명제가 참이라면, 그에 대응하는 것은 Sachverhalt의 존재'라고 쓰고 있다. 여기서 자네는 'Sachverhalt'라는 표현이 아니고 'Sachverhalt의 존재'라는 전체 표현을 설명하고 있다.

그는 비트겐슈타인이 그 책의 목적에 대해 쓴 것에 대해서는 더욱 어리둥절해했다. 비트겐슈타인은 서문에서 다음과 같이 썼다.(그는 또한 프레게에게도 똑같이 썼음이 틀림없다.) "이 책은 아마도 이 안에 표현되어 있는 사유를 이미 스스로 생각해봤던 사람만이 이해할 수 있을 것이다. 그러므로 이것은 교과서가 아니다. 이 책의 목표는 단지 이것을 이해하면서 읽는 사람에게 즐거움을 주는 것이다." 이것을 프레게는 이상하다고 생각했다.

> 그러므로 그 책을 읽는 즐거움은 더 이상 이미 알려진 내용에 의해서가 아니라, 작가에 의해 주어진 특별한 형식에 의해서만 생길 수 있을 것이다. 그럼으로써 이 책은 과학적이라기보다는 예술적 성취가 된다. 그 안에서 말해진 것은 그것이 말해지는 방식에 비해 부차적이다.

그러나 비트겐슈타인의 편지에 쓰여진 한 문장은 그를 고무시켰다. "세계는 사례인 모든 것이다"와 "세계는 사실들의 총체이다"라는 두 명제는 동일한 의미를 가졌다는 것에 관한 프레게의 언급에 응답하기 위해 비트겐슈타인은 "두 명제들의 의미sense는 같지만, 그것들을 쓸 때 **내가** 그것들에 연결시켰던 관념들ideas은 같지 않다"고 썼다. 이것은 프레게가 잘 아는(또는 안다고 생각하는) 분야여서 비트겐슈타인의 논지에 전적으로 동의했다. 그것은 또 이 당시 그에게 소중했던 한 가지 생각을 건드리고 있었기 때문에 더 그랬다. 비트겐슈타인의 논지를 전달하기 위해 그는 명제와 명제의 의미를 구별하여, 두 명제가 같은 의미를 갖고 있지만 그것들에 연합된 관념들은 다를 수 있다는 것을 인정할 필요가 있다고 주장했다. "명제의 진짜 의미는 모든 사람들에게 같다. 그러나 한 사람이 명제와 연합시키는 관념은 전적으로 그만의 것이다 … 어느 누구도 다른 이의 관념을 가질 수는 없다"고 그는 비트겐슈타인에게 썼다.

이것은 프레게가 최근에 펴낸 논문에서 다룬 주제였다. 프레게는 그 논문 한 부를 비트겐슈타인에게 보낸 편지에 동봉했다. 논문의 제목은 〈사유Der Gedanke〉였고 《독일 관념론 철학논문집*Beiträgen zur Philosophie des Deutschen Idealismus*》이라는 잡지에 실렸다. 비록 그의 책의 의미를 명확하게 하려는 프레게의 끈질긴 시도 때문에 지쳤지만

(그는 프레게의 편지를 받은 후에 러셀에게 다음과 같이 썼다. "그는 내 책의 한 글자도 이해하지 못했습니다. 그리고 나는 단순히 그저 설명하는 것만으로 완전히 진이 빠졌습니다.") 비트겐슈타인은 자신의 책을 호의적일지도 모를 출판사에게 보낼 기회를 잡았다. 출판비를 대면 책을 내주겠다는 브라우뮐러의 제의를 거절하고 나서, 비트겐슈타인은 프레게에게 그의 논문을 낸 출판사에서 자신의 책을 출판해줄 수 없는지 알아봐달라고 부탁했다.

프레게의 대답은 그리 고무적이지 못했다. 그는 잡지의 편집장에게 다음과 같이 말할 수 있다고 비트겐슈타인에게 말했다. "나는 자네가 매우 진지하게 간주되어야 하는 사상가임을 알게 되었다. 그러나 그 책 자체에 대해서 나는 아무런 판단도 내릴 수 없다. 그것은 내가 그 내용에 동의하지 못해서가 아니라, 그 내용이 나에게는 너무 불분명하기 때문이다." 그는 편집장에게 비트겐슈타인의 책을 한번 봐달라고 부탁할 수는 있지만 "그것이 어떤 결과를 얻으리라고는 생각하지는 않는다." 그 책은 거의 50쪽 분량이라 잡지 전 지면을 차지할 것이며 "편집장이 잡지 전체를 아직 알려지지 않은 작가를 위해 포기할 가능성은 전혀 없을 것처럼 보인다."

그러나 만일 비트겐슈타인이 책을 여러 단원으로 나눌 준비가 되어 있다면, 그 잡지에 그것을 게재할 가능성은 더 커질 것이다.(그리고 그렇게 하는 것을 프레게가 더 지지했을 것이라고 우리는 추측할 수 있다.)

> 자네는 서문에서 이 책에서 전달되는 생각들이 참이라는 것은 자네에게는 확고하고 결정적인 것처럼 보인다고 썼다. 자, 이런 생각들 중 하나가—그 안에 하나의 철학적 문제에 대한 해결책이 포함되어 있는 생각 하나가—그 자체로 한 논문의 주제로 이용될 수 없을까? 그래서 책 전체를 그것이 다루고 있는 철학적 문제의 수만큼 여러 부분으로 나눌 수는 없을까?

이것이 책의 길이 때문에 독자들이 놀라서 책으로부터 멀어지지 않게 하는 장점이 있을 것이라고 프레게는 주장했다. 게다가 "기초를 닦아야 할 첫 번째 논문이 호평을 받는다면, 나머지 부분을 위한 지면을 그 잡지에서 찾는 것은 더 쉬워질 것이다."

그는 이것이 또 비트겐슈타인의 글을 더 명확히 하는 데 도움이 될 거라고 생각했다. 그는 사람들이 서문을 읽고 첫 번째 명제로부터 실제로 무엇을 끄집어내야 될지 알지 못했다고 비트겐슈타인에게 말했다. 사람들은 책이 다루려고 하는 질문을 보기 원했고, 문제의 윤곽이 그려지기를 기대했다. 그러나 그들은 아무런 근거도 주어지지 않은 하나의 대담한 주장에 마주쳤다. 그 책이 결정적 해결책을 제시하려고 했던 문제들이 무엇인지 분명하게 하는 것이 더 좋지 않았을까?

"이 말들을 섭섭하게 생각하지 마라. 좋은 의도에서 그러는 것이다." 프레게가 덧붙였다.

비트겐슈타인은 프레게의 제안을 받아들이지 않았다. 그의 생각에, 책을 요구한 대로 나누는 것은 "그것을 처음부터 끝까지 완전히 불구를 만드는 것이며 한마디로 다른 책을 만드는 것"이었다. 프레게가 앞서 말했듯이, 비트겐슈타인의 생각이 표현된 형식은 그 책의 본성에서 본질적인 것이었다. 프레게의 편지를 받은 후 그는 《독일 관념론 철학 논문집》에 책을 내려는 시도를 포기했다.

비트겐슈타인은 이 책이 철학 잡지에 싣기에 너무나 문학적이라면, 문학 잡지를 알아봐야겠다고 생각했고 폰 피커와 《연소》가 떠올랐다. 그가 피커의 주소를 알아내기 위해 로스에게 가려고 한 날, 우연히도 피커로부터 《연소》가 계속 출판된다는 것과 책 한 권을 보내주기 바란다는 내용의 편지가 도착했다. 즉시 비트겐슈타인은 피커에게 이 책의 역사를 설명하는 긴 편지를 썼다. 그는 다음과 같이 쓰고 있다. "약 1년 전, 나는 이전 7년 동안 연구해왔던 철학 책을 완성했습니다."

엄격히 말해서 그것은 한 체계를 발표한 것입니다. 그리고 이 발표는

> **극도로** 압축되어 있습니다. 왜냐하면 나는 그 속에 내게 실제로 일어난 것, 그리고 그것이 내게 어떻게 일어났는지 그 방식만을 남겨놓았기 때문입니다.

책을 완성하자마자 그는 출판업자를 찾아다녔다며 계속 적고 있다. "그리고 커다란 어려움이 있었습니다."

> 그 책은 아주 짧습니다. 단지 60쪽의 길이입니다. 누가 철학적 문제에 대해 60쪽 정도의 소책자를 쓰겠습니까? … 대가의 정신도 교수의 학식도 없지만, 그래도 비용을 대서라도 자신의 출판물을 갖고자 하는 완전히 희망없는 작가들[만이 그럴 것입니다]. 그러므로 그런 생산물들은 보통 자비로 출판됩니다. 그러나 나는 내 일생의 작품을—왜냐하면 진짜 그렇기 때문입니다—그런 글들과 섞을 수는 없습니다.

다음 그는 피커에게 그가 지금까지 크라우스, 바이닝거, 프레게의 책들을 펴낸 출판사들로부터 받았던 불만족스런 반응에 대해 말했다. 끝으로 그는 요점에 도달한다. "**당신이** 아마도 이 불쌍한 책을 보호해 줄지도 모르겠다는 생각이 들었습니다." 피커가 《연소》에 그 책을 출판할 수 있다고 생각한다면 비트겐슈타인은 원고를 그에게 보낼 것이다. "그때까지 내가 그것에 관해 할 말은 이것밖에 없습니다."

> 이 책은 엄밀히 철학적인 동시에 문학적입니다. 그렇지만 그 안에 쓸데없는 말은 전혀 없습니다.

피커는 격려와 신중함을 섞어서 답신했다. "왜 진작 나를 생각지 않았습니까? 내가 상업적 이익만을 고려하는 출판업자들과는 완전히 다른, 더 깊은 관심을 당신의 책에 갖고 있으리라는 것을 당신은 충분히 상상할 수 있었을 텐데요." 이 말 후 이상하게도 그는 편지에서 **자신도** 상업적 이익을 고려해야 할 필요가 있다고 길게 적고 있다. 전에는 《연소》를 돈 때문이 아니라 애정으로 출판했다고 말했다. 그러나 계속될 수는 없었다. 살기 힘든 시기이고 그는 부양해야 할 아내와 아이들이 있었다. 또한 인쇄 비용은 너무나 비쌌다. 전후 오스트리아의 매우 어려운 경제 여건 속에서 출판업은 위험한 사업이었고 그는 더 이상 필요한 것 이상의 위험을 감수하지 않도록 확실히 해야 했다. 그럼에도 불구하고 "엄격하게 학문적인 글은 사실 우리의 영역이 아니라는" 단서를 제시하고(그리고 그가 1914년에 비트겐슈타인의 자선에 진 빚을 염두에 두고), 그는 비트겐슈타인에게 원고를 보내달라고 했다. "친애하는 비트겐슈타인 씨, 당신의 희망이 이루어지도록 최선을 다하겠으니 안심하십시오."

비트겐슈타인은 이것에 충분히 힘을 얻었고 그는 피커에게 원고를 보냈다. "나는 당신에게 온 희망을 걸고 있습니다"라고 함께 보낸 편지에 썼다. 그런데 이 편지에는 그가 그의 책이 어떻게 이해되기를 바라는지에 관한 가장 직접적인 진술들 중 하나가 들어 있다. 그는 그것에 관해 **무엇인가**를 말할 필요가 있었다고 피커에게 말했다. "왜냐하면 내가 추측하기에 당신은 그것을 읽고 거의 아무것도 끄집어낼 수 없을 것이기 때문입니다. 당신은 그것을 이해하지 못할 것이기 때문에 그 내용은 당신에게 이상할 것입니다."

> 사실 그것은 당신에게 그리 낯선 것이 아닙니다. 왜냐하면 그 책의 요점은 윤리적이기 때문입니다. 나는 한때 서문에서 (이 점에 대해) 몇 마디 하고 싶었던 적이 있었지만 지금 실제로 그 안에는 없습니다. 하지만 그것을 지금 당신에게 말하려고 합니다. 왜냐하면 그 말들이 당신에게 일종의 열쇠가 될 수도 있기 때문입니다. 나는 내 책이 두 부분으로 이루어지도록 쓰고 싶었습니다. 한 부분은 여기에 있고 나머지 한 부분은 내가 쓰지 **않았던** 모든 것입니다. 그리고 정확하게

> 이 두 번째 부분이 중요한 것입니다. 왜냐하면 윤리적인 것은 나의 책에 의해, 말하자면 내부로부터 경계가 그어지기 때문입니다. **엄격히** 말해서 그것은 **단지** 이런 식으로만 경계가 그어질 수 있다고 확신합니다. 짧게 말해서 나는 이렇게 생각합니다. 요즘 **많은 사람들이 지껄여대는** 모든 것에 대해 나는 침묵함으로써 그것을 내 책에서 정의했습니다. 그러므로 내가 완전히 틀리지 않는다면, 이 책은 당신이 당신 자신에게 말하고 싶어 하는 것을 많이 포함하고 있지만, 아마도 당신은 그것을 알아차리지 못할 것입니다. 우선, 나는 당신에게 **서문**과 **결론**을 먼저 읽도록 추천하겠습니다. 왜냐하면 이 부분에서 요점이 가장 직접적으로 표현되기 때문입니다.

만약 이것이 《논고》의 메시지가 그 외양에도 불구하고 《연소》의 목적과 일치한다는 것을 피커에게 확신시킬 의도였다면, 그것은 틀린 판단이었다. 비트겐슈타인은 피커에게 그가 윤리학에 대해 말하고 싶어 하는 것은 침묵함으로써 가장 잘 말해진다는 것을, 그리고 함축적으로 그동안 《연소》에서 출판한 많은 것이 단지 '지껄여대는 것'에 불과하다는 것을 받아들이도록 요구하고 있었다. 또한 그의 편지는 너무 타산적이지 못해서 피커로 하여금 재정적 근심을 다시 하게 만들었다. 가장 중요한 부분이 생략된 책은 돈 문제에 매우 민감한 출판업자에게 그리 매력적인 제안이 될 수는 없었다.

피커의 답장은 냉정했다. 그는 11월 18일에 쓴 답장에서 확실한 대답을 줄 순 없지만 비트겐슈타인의 책을 내지 않을 가능성이 있다고 썼다. 그 당시 그 책은 그가 앞의 편지에서 설명했듯이 출판사의 재정 문제를 담당하는 그의 친구이자 동료의 손에 있었다. 이 동료의 의견은 이 책이 《연소》에 싣기에는 너무 전문적이라는—비록 이 말이 책에 관한 그의 결정적인 판단은 아니었지만—것이었다. 그럼에도 불구하고 피커는 릴케에게 다른 출판사가 없는지 충고를 부탁했다. 끝으로 그 책을 철학 교수에게 보여줄 수 있었을까? 그는 러셀의 연구에 대해 잘 알고 있었고 비트겐슈타인이 쓴 글에 대해 흥미를 갖고 있는 인스브루크 대학의 한 사람을 알고 있었다. 그가 이 책을 내줄 출판업자를 찾는 데 도움을 줄지 누가 알겠는가?

비트겐슈타인은 이 편지를 받고 매우 의기소침해했다. 그는 러셀에게 "당신은 항상 나에게 무엇인가 출판하라고 압력을 가하고 있었는데, 기억하시나요? 그리고 지금 나는 그렇게 하려고 하는데 쉽지가 않습니다. 제기랄!"이라고 편지를 썼다. 피커에게는 다음과 같이 답장을 보냈다. "당신의 편지는 당연히 즐거운 것은 아닙니다. 그러나 나는 당신의 대답을 듣고 그리 놀라지 않았습니다. 내 책을 어디에서 받아들여지게 할 수 있을지 모르겠습니다. 내가 이 더러운 세상이 아닌 다른 곳에서만 있었더라면!" 그렇다. 피커는 그가 원한다면 교수에게 그 책을 보여줄 수 있을 것이다. 그러나 철학적 글을 철학 교수에게 보여주는 것은 돼지에게 진주를 던져주는 것이나 다름없었다. "어쨌든 그는 그 책의 한마디도 이해하지 못할 것이다."

> 이젠 단 **하나만** 부탁하겠습니다. 빨리 끝내주십시오. 시원하게 말입니다. 너무 오래 끌지 말고 "안 된다"라고 빨리 해주십시오. 지금 나는 오스트리아적 미묘함을 참고 견딜 만큼 충분히 강하지 못합니다.

이 절망적인 편지에 놀란 피커는 전보를 띄웠다. "걱정하지 마십시오. 그 글은 어떤 경우에도 나올 것입니다. 또 편지 쓰겠습니다." 상당히 안정된 비트겐슈타인은 피커가 호의를 베풀기 위해서가 아니라 책이 출판될 가치가 있다고 생각하기 때문에 그 책을 받아들였으면 좋겠다고 답장을 했다. 그럼에도 그는 그 제안을 수용하고 싶어 했던 것 같다. "당신이 달라고와 해커의 글을 출판한다면, **그렇다면** 당신은 **내** 책도 출판할 수 있다고 생각합니다." 그러나 그가 다음에 받은 편지는 여전히 그의 의심만을 가중시켰다. 피커는 출판업자를 찾으려는 릴케의 시도에 대해 어느 정도 희망을 갖고 있다고 썼다. 그러나 그것이

안 된다면, 비트겐슈타인의 이전의 편지에서 나타난 비참함과 의기소침함에 충격을 받았기에 다소 위험이 있더라도 그는 비트겐슈타인의 책을 스스로 출판하기로 결심했다. 비트겐슈타인이 그에게 보내준 신뢰감을 실망시키는 것보다는 그쪽이 차라리 나았다.(그런데 출판이 된다면 소수점을 포함한 수들이 꼭 포함되어야 하는지 그는 묻고 있다.)

분명히 이것은 바라던 바가 아니었다. 비트겐슈타인은 그에게 "나의 책을 냄으로써 한 사람(그가 누구건)의 가계를 위험에 빠뜨릴 수는 없습니다"라고 썼다. 피커는 그의 신뢰를 배신한 적이 없다.

> … 나의 신뢰는, 아니 어쩌면 나의 희망은 그 논문이 쓰레기가 아니라는 당신의 통찰력 — 내가 스스로를 속이고 있지 않다면 — 에 향했을 뿐이지, 당신이 그 책에 조금이라도 의미를 두지 않고 **당신에게 어떠한 이익도 없는데 단지 나에 대한 호의 때문에** 책을 받아들이리라는 사실에 향한 것이 아닙니다.

그리고, 그렇다, 그 소수점들은 절대적으로 필요했다. "그것들만이 책에 광채와 명료함을 주고, 그것들이 없다면 그 책은 이해할 수 없는 쓰레기와 같은 것이 될 것이기 때문입니다." 그 책은 원래 상태대로 그리고 그것이 출판될 가치가 있다는 바로 그 이유 때문에 출판되어야 한다. 이외에 다른 이유로는 출판할 수 없는 것이었다. 만약 릴케가 그 일을 성사시킬 수 있었다면 그는 매우 기뻤을 것이다. 그러나 "만약 그것이 가능하지 않다면 우리는 그냥 잊어버리면 됩니다."

릴케가 비트겐슈타인을 위해 얼마나 노력했는지 알기는 어렵다. 1919년 11월 12일, 베론에서 쓴 편지에서 그는 피커에게 자신의 출판업자인 인젤 출판사Insel Verlag가 적합한지를 물으면서 또 카이절링Keyserling 백작의 출판업자인 오토 라이츨Otto Reichl을 추천한다. 두 가지 제안과 관련해서는 아무 일도 일어나지 않았고 그 이상의 편지는 남겨진 것이 없다.

이때쯤 비트겐슈타인은 그 일 전체를 죽도록 싫어하게 되었다. "사악한 출판업자를 잡아가는 귀신은 없는가?"라고 그는 피커에게 물었다. 그리고 11월 16일에 그는 엥겔만에게 편지를 썼다.

> 내가 얼마나 멀리 내리막을 걸었는지는 내가 가끔 목숨을 끊는 것을 생각해보았다는 사실로부터 알 수 있을 것입니다. 나 자신의 나쁜 점에 관한 실망 때문이 아니라 순전히 외적인 이유들 때문에.

비트겐슈타인의 절망감은 11월에 그가 운터레 피아둑트가세에 있는 숙소를 나와서 셰그렌Sjögren 가족과 함께 빈 13구역의 성 파이트가세St Veitgasse에 있는 그들의 집으로 이사를 갔을 때 어느 정도 완화되었다. 셰그렌 가족은 비트겐슈타인 가족의 오랜 친구였다. 아버지인 아르비트 셰그렌Arvid Sjögren은 비트겐슈타인 그룹의 철강회사 사장이었고, 미망인인 어머니 미마Mima는 비트겐슈타인의 누나 헤르미네와 매우 절친한 사이였다. 미마는 혼자서 세 아들을 키우느라 힘들어했고, 비트겐슈타인 가족들은 비트겐슈타인이 그 집의 남자 어른으로 행동함으로써 그녀를 도울 수 있을 거라고 생각했다. 그가 자신의 가족들과 사는 데서 얻는 혜택을 누리길 거절할지라도, 다른 가족을 돌보는 책임을 공유하는 것은 허락할지 모른다. 이것이 그를 달래는 효과를 가질 수도 있다고 생각되었다.

어느 정도 그것은 효력이 있었다. 셰그렌 가족과 함께한 시간은 그의 삶에서 아마도 가장 절망적으로 불행한 해로 기록될 맥락에서 보면 비교적 즐거운 시간이었다. 그는 엥겔만에게 편지를 썼다. "보통 사람들은 나에게는 진통제이자 동시에 골칫거리이기도 합니다." 그는 특히 둘째 아들인 아르비트Arvid와 매우 친했고 그에게는 실제로 일종의 아버지의 역할을 하게 되었다. 아르비트 셰그렌은 크고 볼품없고 퉁명스러웠다. 그는 후에 '곰 같은 사람'이라고 불렸는데, 그는 일생 대부분을 비트겐슈타인으로부터 도덕적 지도를 받으려고 비트겐슈타인에게 계속 의존했다. 비트겐슈타인의 영향 아래에 그는 대학에서 공부하려는 생각을 버리고 대신 기능공으로서 훈련을 받았다. 이러한 의미에서 그는 아마 비트겐슈타인의 첫 제자였다. 그는 1930년대와 1940년대의 케임브리지의 똑똑한 젊은 학생들의 선배였던 셈이다. 그들은 모두 비트겐슈타인의 영향 아래에 특권적 배경에서 교육을 통해 준비해왔던 경력을 추구하는 대신 정직한 상거래를 배우기를 선택했던 사람들이기 때문이다.

11월 한 달 동안 비트겐슈타인과 러셀은 12월 헤이그에서의 예정된 만남을 준비하기 위해 편지를 주고받았다. 날짜를 조정하고 관료주의적 장애물을 뛰어넘어야 했다. 또 비트겐슈타인에게는 최소한 여행할 경비가 있어야 했다. 러셀은 그가 모든 돈을 남들에게 주어버렸다는 소식을 듣고 편지를 썼다. "자네가 돈을 벌어야만 한다고 생각하니 안되었다. 그러나 나는 자네의 행동에 놀라지 않는다. 나도 가난하기는 마찬가지다. 사람들은 네덜란드의 물가가 매우 비싸다고 말하지만 우리는 빈털터리가 되지 않고 일주일을 견딜 수 있을 거라 생각한다." 비트겐슈타인의 경비를 대기 위해, 러셀은 비트겐슈타인이 노르웨이로 가기 전에 케임브리지에 있는 한 중개상에 남겨둔 가구와 책 일부를 샀다. 거기에는 그가 1912년 가을에 그토록 공들여서 선택했던 가구도 포함되어 있었다. 러셀은 100파운드를 지불했고 자신의 자서전에서 밝힌 것처럼 그것은 그가 한 거래 중 가장 비싼 거래였다.

러셀은 12월 10일 헤이그에 도착했다. 그는 새로운 애인이자 장래의 부인이 될 도라 블랙Dora Black을 동반했다. 그들은 트위스테덴 호텔Hotal Twee Steden에 짐을 풀고 비트겐슈타인에게 편지를 썼다. "헤이그에 도착하자마자 가능한 한 빨리 이곳으로 와라. 네가 보고 싶어 못 참겠다. 우리는 네 책이 출판될 수 있도록 모든 수단을 찾아보겠다. 필요하다면 영국에서라도 말이다." 비트겐슈타인은 며칠 후에 아르비트 셰그렌(도라 러셀은 아르비트 셰그렌을 "그림자같이 눈에 띄지 않는 심지어 식사 중에도 거의 말하지 않는 인물"로 기억한다)과 함께 헤이그에 도착했다. 러셀과 비트겐슈타인은 2주 동안 비트겐슈타인의 책에 대해 상당히 강도 높은 토론을 벌였다. 러셀이 12월 12일 콜레트Colette에게 보낸 편지에서 쓴 것처럼 "비트겐슈타인은 논리학으로 꽉 차 있어서 개인적인 이야기는 거의 들을 수 없었다." 비트겐슈타인은 그들이 함께 있는 시간을 한순간도 낭비하고 싶지 않았다. 그는 아침 일찍 일어나서 러셀이 일어날 때까지 방문을 두드려댔고, 몇 시간 동안 다른 방해 없이 논리학에 관해 토론하곤 했다. 그들은 한 줄 한 줄 책을 읽어내려갔다. 토론의 결과는 매우 풍성했다. 러셀은 전보다 더욱 그 책에 대해 더 높게 생각하게 된 반면, 비트겐슈타인은 드디어 그 책을 누군가 이해했다는 환희의 감정에 휩싸였다.

러셀이 그 책에 완전히 동의한 것은 아니었다. 특히 그는 세계 전체에 관한 주장은 어느 것이건 무의미하다는 비트겐슈타인의 주장을 받아들이려 하지 않았다. 러셀에게 "세계에는 최소한 세 개의 사물들이 있다"라는 명제는 의미가 있으면서도 참이었다. 이 점에 관해 토의 중에 러셀은 하얀 종이 위에 세 방울의 잉크를 떨어뜨렸다. "나는 그에게 이 세 개의 잉크 얼룩이 있기 때문에 세계에는 최소한 세 개의 사물들이 있어야 한다는 것을 인정하라고 애원했지만 그는 단호히 거절했다."

> 그는 이 종이 위에 세 방울의 얼룩이 있다는 것을 인정했다. 왜냐하면 그것은 유한한 주장이기 때문이다. 그러나 세계 전체에 관해 어느 것이든 말해질 수 있다는 것은 인정하지 않을 것이다.

러셀은 "그의 원리 중 바로 이 부분이 나에게는 분명히 잘못된 것으로 여겨진다"고 고집했다.

이것은 러셀이 앞서 비트겐슈타인 책의 '중심 주장', 즉 명제에 의해 말해질 수 없는 것은 보여질 **수 있다**는 것을 받아들이기를 거부한 것과 관계가 있다. 러셀에게 이것은 근거 없는 신비적 생각일 뿐이었다. 그는 오톨라인에게 쓴 편지에서 비트겐슈타인이 완전히 신비주의자가 된 것을 발견하곤 매우 놀랐다고 쓰고 있다. "그는 신비적으로 사고하고 느끼는 방식에 깊이 빠져 있었지만, 내가 생각하기에 (그는 동의하지 않겠지만) 신비주의에서 그가 가장 좋아하는 것은 그로 하여금 생각을 멈추게 하는 힘입니다."

그럼에도 불구하고 러셀은 그 책 안에 있는 논리학 이론에 매우 깊은 인상을 받아서, 헤이그에서 가진 그들의 토론에 기반을 두어서 그 책의 가장 어려운 부분들을 설명하려고 시도하는 서문을 쓰겠다고 제안했다. 현재 베스트셀러 작가인 러셀의 서문이 포함되면 그 책이 출판되는 것은 거의 보장된 셈이었다. 비트겐슈타인은 기쁨에 차서 빈으로 돌아왔다. 그는 1920년 1월 8일 러셀에게 쓴 편지에서 "우리가 같이한 시간은 **너무나** 즐거웠습니다. 그리고 나는 그 주 내내 상당량의 진지한 연구를 했다는 느낌이 있습니다(당신도 그렇지 않습니까?)"고 썼다. 또한 그는 피커에게 다음과 같이 편지를 썼다. "이 책은 이제 출판업자에게 거의 위험부담을 주지 않을 것입니다. 왜냐하면 러셀의 이름은 매우 잘 알려져 있고, 그 책을 위한 아주 특별한 그룹의 독자들을 보장해주기 때문입니다."

> 이 말로 내가 의미하는 것이 그 책이 올바른 손에 도달하리라는 것은 당연히 아닙니다. 그러나 어쨌든 상황이 좋아진 것은 사실입니다.

2주 동안 답장을 하지 않았던 피커는 그 책이 재정적 부담이 안 되리라는 것을 여전히 확신하지 못했던 것이 분명하다. 그는 1월 16일에 편지를 썼다. "러셀을 포함시키건 아니건 간에, 당신의 책을 출판하는 것은 현 상황에서는 오스트리아의 **어느** 출판사라도 기꺼이 감당할 수 없는 위험입니다." 그는 비트겐슈타인에게 그 책을 먼저 영어로 출판하고 그 후 기회가 닿으면 독일어로 출판하도록 권고했다.

피커와는 일이 잘되지 않을 것이라 예상했던 비트겐슈타인은 이미 다른 출판업자와 접촉을 시도했다. 엥겔만을 통해 그는 헬러Heller 박사로부터 라이프치히의 레클람Reclam 출판사로 보내는 추천서를 얻었는데, 이 출판사는 러셀의 서문에 대해 들은 후 책을 단지 고려해볼 의향만 갖고 있었다.

비트겐슈타인은 즉시 피커에게서 원고를 받아 레클람에 보냈다. 그리고 2월과 3월 동안 러셀의 서문이 도착하기를 초조하게 기다렸다. 그러나 서문이 도착했을 때 그는 즉시 실망했다. 그는 러셀에게 말했다. "그 안에는 내가 동의하지 못하는 부분이 많았습니다. 당신이 나의 글을 비판하는 부분에서도 그렇고 단순히 나의 관점을 설명하려고 시도하는 부분에서도 그렇습니다." 그럼에도 불구하고 러셀은 출판에 대비하여 그 서문을 독일어로 번역하게 했지만 이것은 상황을 더욱 악화시켰다. 그는 러셀에게 다음과 같이 썼다. "당신의 영어 문체가 지닌 모든 섬세한 아름다움은 번역문에서는 명백하게 사라졌고 남은 것은 피상적인 것과 오해뿐입니다." 그는 서문을 레클람에게 보냈지만 그것은 출판용이 아니며 단지 출판사가 자신의 책을 이해하는 데 도움을 줄 목적으로 보내는 것이라고 출판사 측에 말했다. 그 결과 레클람은 비트겐슈타인이 예상했던 것처럼 그 책의 출판을 거절했다. 그는 다음과 같은 논증을 이용하여 자신을 달랬는데, 그것은 "내게는 해결 불가능한 것처럼 보인다"고 러셀에게 말했다.

> 나의 작품은 최고의 가치를 지닌 책이거나 최고의 가치를 지니지 않은 책입니다. 후자의 경우(더욱 가능성이 있는)라면 그 작품이 출판되지 않는 것이 더 좋습니다. 그리고 전자의 경우라면 그것이 20년 혹은 100년 일찍 또는 늦게 출판되든 상관없습니다. 예를 들면 《순수이성비판》이 17xx에 쓰였는지 y에 쓰였는지 누가 물어보겠습니까?

이 당시 러셀은 노동당 대표단과 함께 러시아를 방문 중이었다. 그래서 그는 6월에 돌아오기 전에는 비트겐슈타인의 편지를 볼 수 없었다. 그는 매우 관대하게 반응했다. "나는 서문에 대해 조금도 개의치 않는다. 그러나 자네의 책이 출판되지 않는다면 나로서는 정말로 유감이다. 그런 경우에 내가 영국에서 한번 출판을 시도해봐도 되겠나?" 비트겐슈타인은 "좋다"라고 답했다. "**당신이 하고픈 대로 하십시오.**" 그는 직접 시도하는 것을 포기했다. "만일 그것이 출판될 수 있다고 생각하시면, 마음대로 하십시오."

일전에 그가 러셀에게 제시했던 스스로를 달래기 위해 만들었던 논증도, 레클람의 거절 이후 비트겐슈타인이 깊은 우울증에 빠지는 것을 막지 못했다. 5월의 마지막 날 그는 엥겔만에게 편지를 썼다. "나는 내 생명을 끊는 것에 관해 계속 생각해왔습니다. 이 생각은 여전히 나를 괴롭힙니다. **나는 내려갈 수 있는 가장 마지막 지점까지 가라앉았습니다.** 당신은 아마 이 지점까지 와본 적이 없을 것입니다. 나 자신을 다시 일으켜 세울 수 있을까요? 글쎄, 두고 봐야겠지요."

이 당시 비트겐슈타인은 다시 혼자서 살고 있었다. 4월 초 그는 셰그렌 씨 집에서 나와 다시 이번에는 라주몹스키가세Rasumofskygasse에 있는 숙소로 옮겼는데, 예전 숙소처럼 빈 3구역에 있었다. "집을 바꾼 후 일종의 작전을 짜야 했는데 이것만 생각하면 나는 가라앉는 느낌이 듭니다"라고 그는 엥겔만에게 썼다. 사실 그는 셰그렌 부인이 그와 사랑에 빠졌다는 것이 명백해진 후 그 집을 도망친 것이었다.◈

이 기간 중 비트겐슈타인이 러셀에게, 그리고 특히 엥겔만에게 보낸 편지들은 그가 절망적으로 스스로 목숨을 끊을 정도로 우울해 있었다는 것을 보여준다. 그 편지에 나타난 냉혹한 자기-비난은 심지어 언제나 자신에게 엄격했던 비트겐슈타인에게도 극단적이다. 그는 자신의 비참함이 자신이 '천하고 썩었기' 때문이라 하고 "어느 날 악마가 와서 그를 데려갈까 봐" 두려워하고 있다고 말한다.◈◈

◈ 브라이언 맥기니스Brian McGuinness에 따르면(op. cit., p.285) 어쨌든 셰그렌 씨 가족과 비트겐슈타인가의 일부는 그렇게 믿었고 그 이후로 미마와 비트겐슈타인을 같은 자리에 초대하는 것을 피했다고 한다.

◈◈ 바틀리의 책이 출판된 이후에 이러한 자기-비난을 이른바 '프라터Prater 에피소드'와

비트겐슈타인과 엥겔만 둘 다에게 종교는 실패의 인식과 분리될 수 없는 것이었다. 정말로 엥겔만에게 그러한 인식은 그의 종교적 조망에서 중심적인 것이었다.

> 만약 내가 불행하고 그 불행이 나 자신과 현재의 삶 사이의 거대한 차이를 반영한다는 것을 안다 하더라도, 나는 아무것도 해결하지 못했다. 나는 잘못된 궤도 위에 있는 것이다. 그 차이가 현재의 삶의 잘못이 아니라 현재의 나 자신의 잘못이라는 최상의 그리고 결정적인 통찰을 얻지 못하는 한, 나는 감정과 생각 사이의 혼돈으로부터 빠져나오는 길을 결코 발견하지 못할 것이다.
>
> 이 통찰을 얻고 그것을 유지하는 사람, 그리고 그것에 맞추어서 살아가도록 끊임없이 노력하는 사람이 종교적인 사람이다.

이러한 견해에 따르면 불행한 것은 자신을 흠잡는 것**이다**. 사람의 불행은 사람 자신의 '천함과 부패함'의 결과일 뿐이다. 종교적인 것은 자신의 무가치성을 알고 그것을 고치려 노력하는 것이다.

1월에 엥겔만이 비트겐슈타인에게 보냈던 종교에 관한 일련의 언급들에서 볼 수 있듯이, 이것은 비트겐슈타인과 엥겔만 사이의 대화와 편지에서 주로 다루어지는 주제였다. 예를 들면 다음과 같다.

> 그리스도 이전에 사람들은 신(또는 신들)을 그들 외부에 있는 어떤 것으로 경험했다.
>
> 그리스도 이후에 사람들은(모두는 아니고 그를 통해 배움을 얻은) 신을 그들 안에 있는 것으로 생각한다. 그래서 사람들은 그리스도를

어떤 식으로건 연결된 것으로 해석하는 것이 자연스러웠다. 그러나 거기에 어떤 연결 관계가 있을지 몰라도 엥겔만 자신은 그것을 몰랐다. 비트겐슈타인이 죽은 후에 쓰여진 일기에서, 엥겔만은 종종 비트겐슈타인의 동성애에 대해 질문을 받았으나 그것에 대해서는 아무것도 말할 수 없다고 적고 있다. 그와 비트겐슈타인은 그런 주제에 대해서는 토론하지 않았다.

통해서 신이 인류 속에 계신다고. 그리스도를 통해 신이 인간이 되었다고 말할 수 있게 된다…

… 루시퍼는 신이 되기를 **원했지만** 그렇지 못했고
그리스도는 원하지 않았는데도 신이 **되었다.**
그래서 사악한 것은 쾌락을 원할 자격도 없으면서 그것을 **원한다.**
그러나 만약 사람이 **바르게** 행동한다면, 쾌락을 원하지 않더라도 기쁨은 저절로 오기 마련이다.

비트겐슈타인이 이 말에 대해 논평할 때 그는 그것의 참/거짓을 논하지 않았다. 단지 그것들이 적절하게 표현되었는지에 관해 문제를 제기했을 뿐이었다. "그것은 여전히 충분히 명확하지 않다"고 그는 썼다. "나는 이 모든 말들을 좀 더 적절하게 할 수 있으리라 믿는다.(또는 전혀 가능해서는 안 된다. 그런데 이 편이 더욱더 가능성이 크다.)" 비록 그것들의 가장 완벽한 표현은 침묵으로 바뀌어야 할지라도 그럼에도 불구하고 그것들은 참이다.

비트겐슈타인은 엥겔만을 '인간을 이해하는 사람'이라고 생각했다. 레클람에서 책을 출판하려는 시도가 수포로 돌아간 후 그가 감정적으로 정신적으로 완전히 절망적이었을 때, 그는 엥겔만과 이야기해야 할 급박한 필요성을 느꼈다. 5월 말경 가장 '밑바닥'에 도달하고 계속 자살 충동을 느꼈을 때, 그가 도움을 청했던 사람은 엥겔만이었다. 그는 엥겔만 자신의 경험에 대해 쓴 긴 편지를 받았다. 엥겔만은 최근에 자신의 연구 동기에 대해 그것이 올바르고 정직한 것인지 걱정해왔다고 썼다. 그는 그것에 관해 생각해보기 위해 얼마간 일을 하지 않고 시골에 홀로 있었다. 처음 며칠은 만족스럽지 못했다.

그러나 그 후 나는 한 가지 한 일이 있는데 그에 관해 **당신에게** 말할 수 있습니다. 왜냐하면 당신은 그것을 어리석은 짓이라 생각하지 않을 정도로 나를 잘 알기 때문입니다. 나는 말하자면 일종의 '고백'을

> 써내려 갔는데, 거기서 나는 내 생애 동안의 일련의 일들을 한 시간 동안 적어내려 갈 만한 지면에 가능한 한 세밀하게 회상해내려 시도했습니다. 각 사건마다 내가 어떻게 행동했어야 했는지를 명확하게 만들려 했습니다. 그런 일반적인 조망Übersicht을 통해 혼란스럽던 그림은 훨씬 단순하게 되었습니다.
>
> 다음 날 새롭게 얻은 통찰을 기반으로 나는 미래에 대한 나의 계획과 의도를 수정했습니다.

엥겔만은 "이와 비슷한 것이 당신에게 도움이 될지 혹은 필요할지는 모르겠습니다. 그러나 아마도 당신에게 이런 말을 하는 것은 지금 당신이 어떤 것을 찾는 데 도움이 될 것 같아서입니다"라고 하면서, 다음과 같이 덧붙였다.

"당신이 자살에 대해 쓴 것에 대해 내 생각은 다음과 같습니다."

> 그런 생각 뒤에는 다른 경우와 마찬가지로 아마도 고귀한 동기가 있을 듯 싶습니다. 그러나 이 동기가 **그런** 방식으로 나타난다는 것, 즉 자살에 대해 숙고하는 형태를 취한다는 것은 확실히 잘못된 것입니다. 자살은 확실히 실수입니다. 사람이 살아 있는 한 그는 결코 완전히 패배하진 않았습니다. 그러나 사람을 자살로 몰아가는 것은 그가 완전히 패배했다는 두려움입니다. 이미 말한 것을 따르면 이러한 두려움은 근거가 없는 것입니다. 이러한 두려움 속에서 사람은 그가 할 수 있는 가장 나쁜 짓을 합니다. 그는 자신에게서 패배로부터 탈출할 수 있게 하는 시간을 빼앗게 됩니다.

"틀림없이 당신이 나보다 이 모든 것에 관해 더 잘 알 것입니다"라고 엥겔만은 비트겐슈타인을 가르치려는 것에 대해 양해를 구한다. "그러나 사람들은 때때로 자신이 아는 것을 잃어버립니다."

비트겐슈타인은 훗날 자신의 삶을 명확하게 하기 위해 고백을 준비하는 방법을 몇 번 사용한다. 그러나 이때 그에게 도움이 된 것은 충고가 아니라 엥겔만 자신의 노력을 단지 읽어가는 것이었다. 그는 6월 21일 다음과 같이 썼다. "나에게 많은 즐거움을 주고 그것으로 내게 어느 정도 도움이 된 당신의 친절한 편지에 매우 감사드립니다. 비록 내 문제가 관련된 한 어떠한 외부의 도움도 효과가 없지만 말입니다."

> 사실 내 정신 상태가 나는 매우 두렵습니다. 전에도 몇 번 그런 상태를 겪었습니다. 그것은 **특정한 사실을 참아낼 수 없는** 상태입니다. 매우 불쌍한 상태이지요. 그러나 내가 아는 단 한 가지의 치료법이 있습니다. 그것은 바로 그 사실을 감수하는 것입니다. 그러나 이것은 수영을 할 수 없는 사람이 물에 빠져 손과 발을 허우적거리다가 머리를 물 밖으로 내놓은 채 있을 **수 없다고** 느끼는 것과 같습니다. 그것이 지금 내가 처한 상황입니다. 나는 자살하는 것이 더러운 일이라는 것을 압니다. 물론 우리는 자신의 파괴에 의욕적일 **수 없지요**. 그리고 자살의 행위에 관련된 것을 시각화해본 사람이면 누구나 자살은 언제나 **자신을 방어하기 위한 것**임을 압니다. 그러나 목숨을 갑자기 끊을 수밖에 없는 것보다 더 나쁜 것은 없습니다.
>
> 물론 이 모든 것은 내가 믿음이 없다는 사실로 요약됩니다!

불행하게도 그가 여기서 말하고 있는 사실이 무언지 알 방법은 없다. 확실히 그것은 그 자신에 관한 사실이고, 그에 대한 유일한 치료법은 종교적 신앙뿐이라고 그가 느꼈다는 것이다. 그러한 신앙이 없다면 그의 삶은 견뎌낼 수 없는 것이었다. 그는 자신이 죽기를 바라지만 스스로 자살하지 못하는 그런 입장에 처해 있었다. 그는 이 점을 러셀에게 이렇게 표현했다. "만약 내가 어느 날 저녁에 누웠다가 다시 깨어나지 않는다면, 아마 그것이 나에게 있어 최선일 것입니다."

"그러나 아마 나를 위해 남겨진 더 좋은 것이 있을지 모릅니다"라고 그는 덧붙였다. 그 편지는 7월 7일에 쓰여졌는데, 그날 그는 교원 자격증을 받았고 아마도 가르치는 것에서 살아갈 가치가 있는 그 무엇을 찾을 수 있을 거라 여겼는지 모른다.

비트겐슈타인은 사범대학 과정을 만족스럽게 마쳤다. 그러나 걱정이 없는 것은 아니었다. 가장 좋았던 경험은 가르치는 일을 실습할 때 그가 어린이들에게 동화를 읽어줄 수 있었다는 것이었다고 그는 엥겔만에게 말했다. "그것은 그들에게 즐거움을 주고 나에겐 긴장을 풀어 줍니다." 그 일은 "지금 이 순간 나의 인생에서 일어나는 한 가지 좋은 일"이었다.

그는 포로수용소에서 만난 친구 루트비히 핸젤의 도움을 받았다. 그는 교사였고 빈 교육계에서 매우 잘 알려진 인물이었다. 한때 비트겐슈타인이 동료들과의 불화로 인해 학교를 그만두려 할 때 핸젤에게 도움을 청한 적도 있다. 그의 상황을 잘 알아차린 핸젤은 이것을 비트겐슈타인의 병적인 민감성 탓으로 돌렸다. "당신과 동료들 사이에는 벽이 없습니다. 내 주위에는 더 두꺼운 껍질이 있습니다."

사범대학에서 비트겐슈타인은 교육 개혁 운동School Reform Movement의 원리에 입각하여 수업을 받았다. 이 운동은 교육 장관인 오토 글뢰켈Otto Glöckel의 지도 아래에 이루어졌는데, 그는 전후 오스트리아 공화국에 새로운 교육제도를 정착시키려 했다. 이 운동은 세속적 이상, 공화주의적 이상, 사회주의적 이상 모두에서 불타올랐기 때문에 선의를 끌어모았고, 심지어 많은 저명한 오스트리아 지식인들이 참여했다. 그러나 이 운동에 비트겐슈타인은 쉽게 동의할 수 없었다. 그를 교사로 만든 것은 학생들을 민주 사회에서 잘 적응하게끔 만들려는 생각이 아니었다. 오히려 그러한 사회적이고 정치적인 동기는 그가 엥겔만과 공유했던 근본적으로 종교적인 도덕성과는 꽤 거리가 있었다.

핸젤도 신앙심이 깊은 사람이었다. 때문에 교육 개혁 운동과 별로 좋은 관계는 아니었다. 그는 신영역연대Der Bund Neuland라 불리는 보수적-가톨릭 조직을 이끄는 지도자로 성장하고 있었다. 이 조직은 가톨릭교회의 영향력을 유지하면서 — 실제로는 강화시키면서 — 교육을 개혁하려던 조직이었다. 그러나 비트겐슈타인은 글뢰켈 계획에 동의하지 않는 것처럼 이 운동에도 동의하지 않았다. 전후 오스트리아를 지배했던 사회주의자와 성직자의 싸움 속에서 비트겐슈타인은 양면적 입장을 견지했다. 그는 사회주의자들과 같이 가톨릭 체제를 혐오하고 일반적 평등주의를 옹호한 반면, 그들의 세속주의와 사회적, 정치적인 변화에 대한 그들의 신앙을 단호히 거부했다. 그러나 정치적으로 격변기이고 점점 양극화되는 1920년대의 세계에서 그러한 양면성과 초연함은 오해받기 매우 쉬웠다. 보수적인 성직자들에게 관례에 대한 그의 멸시적 태도는 그를 사회주의자라 부르기에 충분한 것이었고, 반면 사회주의자들에게 그의 개인주의와 근본적으로 종교적 조망은 그를 반동적인 성직자와 동일시하기에 충분한 것이었다.

그때 비트겐슈타인은 글뢰켈 계획이 추구하는 목적들 중 일부와는 거리를 두면서 그 계획 안에서 훈련을 받았다. 그는 핸젤에게 그곳의 교사들이 자신에 대해 뭐라고 하는지를 말해달라고 부탁할 정도로 학교 내에서 자신의 평판에 대해 걱정했다. 핸젤은 모든 교사들이 그에 대한 칭찬 일색이라 말했다. 즉 그는 자신이 하는 일이 무엇인지를 아는 진지하고 능력 있는 교생으로 간주되었다. 그의 모든 과목의 교사들 — 교육학, 자연사, 글쓰기, 음악 — 은 그에게 만족했다. "심리학 교수는 매우 만족하면서 고귀한 비트겐슈타인 경 때문에 기쁘다고 말했다."

교생으로 보낸 이 한 해 동안 비트겐슈타인은 정기적으로 핸젤을 만났고, 때로는 전쟁 포로 동료였던 미카엘 드로빌과도 만났다. 핸젤과 그는 교육 문제뿐만 아니라 철학에 대해서도 토론했다. 학식 있는 궁중관리인Hofrat Direktor으로서 핸젤은 철학에 예민한 관심을 가졌고, 일생 동안 약 20권의 철학적 주제(대부분 윤리학)에 대한 논문을 썼다. 5월 23일의 편지에서 우리는 그가 비트겐슈타인에게 '비판적 실재론자'인 퀼페O. Külpe의 책 《실현*Die Realisierung*》에서 구분된 세 종류의 대상들(현실적, 이상적, 실제적)에 대해 알려주고 있음을 볼 수 있다. 이것에 대해 비트겐슈타인이 정확하게 어떤 관심을 가졌는지는 미스터리이다. 왜냐하면 컬페는 어느 곳에서도 다시 언급되지 않기 때문이다. 그러나 비트겐슈타인이 이때쯤 관념론과 실재론이라는 서로 경쟁적인 형이상학에 몰두하고 있었다는 증거가 4월 3일자 프레게의 편지 ─ 프레게가 비트겐슈타인에게 쓴 편지들 중 가장 마지막 것으로 알려진 것 ─ 에서 보인다.

분명히 프레게는 비트겐슈타인이 그의 논문 〈사유The Thought〉에 대해 했던 비판에 대해 응답하고 있는데, 이 비판에서 비트겐슈타인은 관념론을 위한 '깊은 지반'에 대해 말했다. "물론 자네의 솔직함에 이의를 다는 것은 아니다"라고 프레게는 시작했다.

> 그러나 나는 내가 파악하지 못했다고 생각한 관념론을 위한 깊은 지반이 무엇인지 알고 싶다. 나는 너 자신이 관념론적 인식론을 참이라고 주장하지 않는 것으로 간주한다. 그래서 나는 결국에는 관념론을 위한 깊은 지반은 없다는 것을 네가 인정한다고 생각한다. 그렇다면 그것을 위한 지반은 논리적인 것이 아니라 표면적 지반일 뿐이다.

이 긴 편지의 나머지 부분은 《논고》의 부족한 명확성에 대한 프레게의 분석으로 가득 차 있다. 이때 그가 중점적으로 분석하는 것은 바로 첫 번째 명제, 즉 "세계는 사례인 모든 것의 총체이다"였다. 여기서 'is'는 '동일성의 is'라 가정하고, 또 그것은 단지 '세계'의 정의를 제공하는 것이 아니라 정보를 전달하도록 의도되었다고 가정한다면, 그것이 어떤 것을 의미하기 위해서는 '세계'의 의미와 '사례인 모든 것'이라는 구절의 의미를 그것들이 동일하다는 진술에 **독립해서** 알아내는 방법이 있어야 한다. 이 일이 어떻게 이루어질까? "만일 너의 대답으로 내가 네 생각의 결과를 쉽게 이해하게 된다면 나는 기쁠 것"이다.

이 편지가 보존되어 있는 둘 사이의 마지막 연락이었다. 프레게는

4년 후에 어쩌면 자신의 연구로부터 영감을 받은 그 유명한 책을 한 마디도 이해하지 못한 채 죽었다. 비트겐슈타인이 지각했던 관념론을 위한 '깊은 지반'은 확실히 그가 《논고》의 5.6~5.641 명제에서 제시한 세계에 대한 설명과 관련이 있다. "세계는 **나의** 세계이다", "나는 나의 세계이다(소우주)", 그리고 나는 아직 나의 세계 **안에** 있지 않다. 즉 "주체는 세계에 속하지 않는다. 오히려 그것은 세계의 한계이다." 그래서 유아론은 "그것의 함축들이 엄격하게 도출될 때" 순수한 실재론과 일치한다. 즉 "유아론의 자아는 연장 없는 점으로 수축되고, 거기에는 그것과 조화를 이루는 실재가 남는다." 그러므로 프레게의 실재론은 쇼펜하우어의 관념론과 바이닝거의 유아론과 일치하는 것으로 보여진다.

이것은 비트겐슈타인과 엥겔만에 의해 채택된 종교적 개인주의에 대해 철학적 토대를 제공하는 견해이다. 나는 나의 세계**이고** 따라서 만약 내가 세계에 대해 불행하다면, 그것에 대해 내가 중요한 무엇인가를 할 수 있는 **유일한** 방법은 나 자신을 변화시키는 것이다. "행복한 사람의 세계는 불행한 사람의 세계와 다르다!"

그럼에도 불구하고 어느 의미로는 프레게가 이러한 형이상학을 이해할 수 없는 것으로 본 것은 옳았다. 비트겐슈타인 자신의 이론에 따르면 그것을 말로 표현하는 것은 단지 무의미로 이를 뿐이다. 그러나 비록 그는 그것을 프레게에게 설명할 수 없었고, 러셀에게도 그것이 진리임을 확신시키지 못했지만, 그리고 그것을 논리기호주의론의 결과로 표현한 책을 발행하려는 출판사를 발견할 수 없었지만, 비트겐슈타인은 그것이 논박의 여지가 없음을 계속 강하게 확신했다. 그가 작년에 '외부적인' 이유 — 핀센트의 죽음, 합스부르크 제국의 패배, 출판 문제들 — 로 해서 매우 고통받았음에도 불구하고, 그는 오직 '내부적' 해결을 모색했다. 요컨대 그의 책이 출판되지 않더라도 그것이 무슨 문제인가? 훨씬 더 중요한 것은 "그 자신과의 문제를 해결하는 것"이었다.

교사가 되는 훈련을 마치고 러셀에게 자신의 책을 맡긴 후, 여름 동안 그는 바로 앞에 닥친 임무—그 자신의 불행을 극복하기 위한 투쟁, 그를 '행복한 사람의 세계'로부터 쫓아내려는 '내부의 악마'와 싸우기 위한 투쟁—에 집중했다. 이 목적을 위해 그는 여름을 빈 근교의 클로스터노이부르크Klosterneuburg 수도원에서 정원사로 일하면서 보냈다. 하루 종일 열심히 일하는 것은 일종의 치료로서 효과가 있어 보였다. "저녁에 일을 마치면 피곤합니다. 그리고 그때는 불행하다고 느끼지 않습니다"라고 그는 엥겔만에게 말했다. 그는 습관적인 경쟁심을 실용적이고 수작업이 많이 필요한 일에 발휘했다. 하루는 수도원 원장이 그가 일하는 곁을 지나치면서 한마디했다. "지성이 정원 가꾸는 일에도 도움이 된다는 것을 알게 되었습니다."

그러나 그 치료는 단지 부분적으로만 성공적이었다. '외부적' 원인은 계속 비트겐슈타인을 '불행한 사람의 세계'로 가두었다. "매일 나는 핀센트를 생각한다"고 그는 8월에 러셀에게 썼다. "그는 내 인생의 절반을 갖고 갔습니다. 악마가 나머지 반을 가져갈 것입니다." 여름방학이 끝나갈 무렵, 초등학교 교사로서의 새 생활이 손짓했을 때, 그는 미래에 대해 '냉혹하게 불길한 예감'을 갖고 있다고 엥겔만에게 말했다.

> 지옥의 모든 악마들이 다른 쪽으로 끌지 않는 한, 나의 인생은 견딜 수 없을 정도는 아닐지라도 매우 슬프도록 정해졌기 때문입니다.

9
완전한 시골의 삶

글뢰켈의 계획을 지지하는 사람들의 개혁적인 열정과는 달랐지만, 비트겐슈타인은 더욱 이상적인 목적과, 가난한 시골 사람들과 함께 생활하고 일하는 것에 대한 다소 낭만적이고 톨스토이적인 견해를 갖고 교직을 선택했다.

자신의 일반적인 윤리적 세계관에 걸맞도록 그는 학생들의 외부적인 조건을 개선시키기보다는 그들을 '내적'으로 더 향상시키고자 했다. 그는 수학을 가르침으로써 학생들의 지능을 계발하고 싶었고, 독일어로 된 위대한 고전들을 읽게 함으로써 문화의식을 넓히고자 했으며, 함께 성경을 읽으면서 영혼을 개선시키길 바랐다. 그들을 가난에서 벗어나게 해주는 것이 목표가 아니었고, 교육을 도시에서의 '좀 더 나은' 삶을 위해 준비시키는 수단으로 보지도 않았다. 그는 오히려 지적인 성취 그 자체의 가치를 강조했다. 훗날 케임브리지 학생들에게 육체노동의 내적 가치를 심어주고 싶어 했던 것처럼 말이다.

오스트리아 시골이든 케임브리지 대학이든 간에 그의 교육적 이상은 정직하게 땀 흘려 일하는 것과 세련된 지성, 심오한 문화적 이해력과 경건한 진지성이 합쳐지는 러스킨적Ruskinian 이상, 즉 수입은 적지만 내적으로 풍부한 생활이었다.

가난한 시골에서 일하는 것이 그에게는 중요했다. 그러나 사범대학 졸업생들의 관례대로, 그는 빈 교외에 있는 작고 살기에 쾌적하며 비교적 부유하고 유명한 순례지인 젬머링Semmering에 있는 마리아 슐츠Maria Schultz의 한 학교에 견습 교사로 파견되었다. 그곳을 잠깐 동안 살펴본 후에 그는 안 되겠다고 결정했다. 매우 놀란 교장에게 그는 이 마을에는 연못이 있는 공원이 있다고 설명하며 "이곳은 나에게 맞지 않습니다. 저는 완전한 시골 생활을 원합니다"라고 말했다. 교장은 그에게 인접한 구릉지대 맞은편에 있는 트라텐바흐Trattenbach라는 마을을 권했다. 비트겐슈타인은 즉시 90분 정도의 도보 여행을 떠났고, 그곳이 바로 그가 생각했던 장소임을 알고 매우 기뻐했다.

트라텐바흐는 작고 가난한 마을이었다. 직업을 가진 사람들 대부분은 그 지역 직물 공장이나 농장에 고용되어 있었다. 이 마을 사람들의 삶은 어려웠고, 특히 1920년대의 불우한 시절에는 더욱 그러했다. 그러나 비트겐슈타인은 (어쨌든 처음에는) 그곳에 매료되었다. 그는 도착하자마자 당시 베이징 대학을 방문하고 있었던 러셀에게 편지를 썼다. 여기서 그는 자랑스럽게 '트라텐바흐의 교사 LW'라는 주소를 사용했고, 세상에 알려지지 않은 그곳에 푹 빠져 있었다.

> 나는 트라텐바흐라는 작은 마을의 초등학교 교사가 될 것입니다. 이곳은 빈 남쪽으로 네 시간 정도 거리에 있는 산악지대입니다. 트라텐바흐의 교사가 베이징에 있는 교수와 편지를 주고받는 것은 이번이 처음일 겁니다.

한 달 후 엥겔만에게 보내는 편지에서 그는 심지어 더 열정적이었다. 그는 트라텐바흐를 "아름답고 작은 곳"이라 묘사했고, 자신이 "학교에서 즐겁게 일한다"고 말했다. 그러나 그는 "나는 이 일이 몹시 필요합니다. 그렇지 않으면 내 안의 모든 악마들이 뛰쳐나올 것입니다"라고 어두운 어조로 덧붙였다.

처음 몇 달 동안 그가 핸젤에게 보낸 편지들도 비슷하게 고무된 어조로 쓰여졌다. 그는 학생들이 읽을 책을 보내달라고 핸젤에게 부탁했는데, 예를 들면 그림 형제의 동화들, 《걸리버 여행기*Gulliver's Travels*》, 레싱Lessing의 우화와 톨스토이의 민담 같은 책들을 부탁했다. 핸젤은 주말마다 정기적으로 비트겐슈타인을 방문했는데, 아르비트 셰그렌, 모리츠 내어Moritz Nähr(비트겐슈타인 가족의 사진사), 그리고 미카엘 드로빌도 그랬다. 그러나 이 방문 때문에 비트겐슈타인과 마을 사람들(그의 동료들을 포함해서) 사이에서 이미 분명하게 존재했던 차이점들이 부각되었고, 오래지 않아 그는 루머와 억측의 대상이 되었다. 한번은 직장 동료인 게오르크 베르거Georg Berger가 교무실에 함께 앉아 있었던 비트겐슈타인과 핸젤을 만나게 되었다. 비트겐슈타인은 즉시 마을에서 그에 대해 뭐라고 말하는지 얘기해달라고 했다. 베르거는 망설였다. 그러나 계속 종용하자 "마을 사람들은 당신을 부유한 귀족으로 생각하고 있다"고 말했다.

베르거가 말을 생략했지만 비트겐슈타인이 **이상한** 귀족으로 여겨진다는 사실만은 확실했다. '이상한fremd'이란 단어는 마을 사람들이 그를 묘사하기 위해 가장 많이 사용하는 단어였다. 왜 그처럼 부유하고 교양 있는 사람이 가난한 사람들과 사는 것을 선택했는가? 더욱이 그는 그들의 생활방식에 공감도 하지 못하고, 그의 세련된 빈 친구들과의 교제를 분명히 선호하면서 말이다. 왜 그는 그렇게 빈한한 삶을 사는가? 이것이 마을 사람들이 던진 질문들이었다.

처음에 비트겐슈타인은 지방 여관 '갈색 사슴Zum Braunen Hirschen'의 작은 방에서 묵었다. 그러나 곧 아래층에서 들려오는 댄스 음악의 소음을 참을 수 없어서 그곳을 떠났다. 그는 학교의 부엌에 그의 침대를 손수 만들었다. 베르거 — 아마 이 사람이 마을 사람들에게 비트겐슈타인에 대한 이야기들을 알려준 사람이었는지 모른다 — 에 의하면 비트겐슈타인은 여러 시간 동안 부엌 창가에 앉아 창밖의 별을 바라보곤

하였다.

그는 곧 매우 활기 있고 열정적이지만 다소 엄한 교사가 되었다. 누나인 헤르미네가 말하듯 여러 면에서 그는 타고난 교사였다.

> 그는 원래 모든 것에 흥미를 가졌으며, 사물의 가장 중요한 면을 찾아내서 다른 이들에게 명확히 설명하는 방법을 알고 있다. 나는 루트비히가 가르치는 것을 몇 번 볼 기회가 있었다. 그는 나의 직업 학교에서 가끔 오후 시간에 소년들을 정성껏 가르쳤는데, 그것은 우리 모두에게 멋진 일이었다. 그는 단지 강의만 한 것이 아니라 질문을 통해 소년들이 옳은 해결책을 찾도록 이끌었다. 한번은 소년들에게 증기기관을 만들게 하기도 했고, 또 칠판에 탑을 설계하기도 했고, 또 움직이는 사람의 형상을 그려보라고 했다. 그가 아이들에게 불러일으킨 관심은 대단한 것이었다. 심지어 가장 재능이 없고 보통 때에는 주위가 산만한 소년들도 놀라울 정도로 훌륭한 답을 만들어냈으며, 모두들 답을 말하거나 발표할 기회를 얻기 위해 매우 열심히 서로 경쟁을 벌였다.

그는 교육 개혁 운동을 별로 좋아하지 않았지만, 비트겐슈타인이 교사직에 있는 동안 가장 크게 격려해주고 지지해주었던 사람들은 그 지역의 교육감이었던 푸트레J. Putre와 빌헬름 쿤트Wilhelm Kundt와 같은 개혁에 찬동하는 사람들이었다. 그의 교육 방법은 개혁 운동의 기본적인 몇 가지 원리들과 비슷했는데, 그것들 중 가장 중요한 것은 아이들이 단지 교사가 말한 것을 반복하게 하는 것이 아니라, 문제에 대해 혼자 힘으로 사고하게 하는 것이었다. 그래서 실제로 해보는 것이 그의 교육에서 큰 부분을 차지했다. 아이들은 고양이의 뼈를 조립함으로써 해부학을, 밤에 하늘을 바라봄으로써 천문학을, 시골길을 걸으며 식물의 이름을 맞춤으로써 식물학을 배웠다. 또한 빈으로의 수학여행 동안 건물 양식을 확인하는 과정에서 건축학을 공부했다. 비트겐슈타인은 그가 가르친 모든 것을 통해 아이들에게 모든 것에 호기심을 품고 질문을 던지는 자신과 동일한 정신을 심어주려 노력했다.

당연하지만 이 방법이 모든 학생들에게 효과가 있는 것은 아니었다. 비트겐슈타인은 몇몇 아이들에게서 특히 좋은 결과를 얻었다. 그리고 그가 좋아하는 학생들 몇몇(대부분은 남자아이들)과 함께, 방과 후 특별 수업을 진행했다. 이 아이들에게 그는 아버지와 같았다.

그러나 똑똑하지 못했거나 그의 열정적 가르침으로도 흥미를 불러일으킬 수 없었던 아이들에게 그는 아버지 같은 다정한 존재가 아니라 폭군 같은 존재가 되었다. 그는 수학을 중시했기 때문에 매일 아침 두 시간 수학을 가르쳤다. 그는 대수는 가능한 한 일찍 시작해야 한다고 믿었으며, 그 나이 또래의 아이들이 배우는 것보다 훨씬 더 높은 수준의 수학을 가르쳤다. 일부 학생들, 특히 여학생들은 훗날 몇 년 동안 그 처음 두 시간을 두려운 시간으로 기억하고 있었다. 그들 중 한 명인 안나 브레너Anna Brenner는 다음과 같이 회상한다.

> 산수 시간 동안 우리는 첫 번째 줄에 앉아야만 했다. 어느 날 내 친구인 안나 푈케러Anna Völkerer와 나는 어떤 대답도 하지 않기로 결심했다. 비트겐슈타인이 "3 곱하기 6은 얼마지?"라고 물었을 때 안나는 "모르겠는데요"라고 대답했다. 그는 내게 1킬로미터가 몇 미터인지를 물어보았다. 나는 아무 말도 하지 않아서 뺨을 맞았다. 그 후에 비트겐슈타인은 말했다. "만약 네가 모른다면 가장 어린 반에서 그것을 아는 아이를 데려올 것이다." 수업이 끝난 후 비트겐슈타인은 나를 교무실로 데려가 물었다. "〔산수를〕 하기 싫은 거니, 아니면 할 수 없는 거니?" 나는 "하고 싶습니다"라고 답했다. 그러자 비트겐슈타인은 나에게 "너는 똑똑한 학생이야. 그러나 산수만큼은 … 혹시 어디 아픈 건 아니니? 두통이 있어?"라고 물었고 그때 나는 두통이 있다고 거짓말을 했다. 비트겐슈타인은 "그렇다면 브레너야, 나를 용서해다오"라고 했다. 말하는 동안 그는 손을 꼭 잡고 기도를 했다. 나는 즉시

거짓말한 것을 후회했다.

이 이야기가 보여주듯이 글뢰켈의 개혁운동과 비트겐슈타인의 교육 방법은 한 가지 점에서 크게 달랐는데, 그것은 그가 체벌을 사용했다는 것이었다. 수학을 잘 못했던 한 여학생은 하루는 비트겐슈타인이 그녀의 머리카락을 너무 세게 잡아당겨서 나중에 빗질을 할 때 머리카락이 빠졌다고 기억한다. 그의 학생들의 추억 중에는 '뺨 맞기Ohrfeige'와 '머리카락 잡아당기기Haareziehen'에 관한 내용이 많이 있다.

이런 난폭함이 아이들의 부모들에게 알려졌을 때 그에 대한 반감은 증폭되었다. 마을 사람들이 체벌을 용납하지 않았다거나 그런 교육 방법이 예외적이었다는 것은 아니다. 버릇이 없는 소년이 잘못 행동했으면 뺨을 맞을 수 있겠지만, 대수를 못하는 소녀가 뺨을 맞아야 한다고까지는 생각하지 않았다. 실제로 소녀가 대수를 이해**해야 한다**는 기대조차 하지 않았다.

마을 사람들(그의 동료들을 포함해서)은 자신들을 놀라게 하기도 하고, 즐겁게 하기도 하는 이 괴상한 귀족적인 이방인을 싫어했다. 그의 이상함Fremdheit에 대한 일화는 계속 입에 오르내려 그는 마을에서 일종의 전설 같은 존재가 되었다. 예를 들어 언젠가 그는 두 명의 동료들과 모차르트의 3중주를 연주하게 되었다. 그는 클라리넷을, 게오르크 베르거는 바이올린을, 그리고 교장인 루페르트 쾰너Lupert Köllner는 피아노를 연주하게 되었는데, 베르거는 다음과 같이 회상한다.

> 계속 우리는 첫 부분을 반복해서 연주해야만 했다. 비트겐슈타인은 전혀 지치지 않았다. 마침내 쉬는 시간이 돌아왔을 때 교장인 쾰너와 나는 무의식적으로 어떤 춤곡을 외워서 연주하고 말았다. 비트겐슈타인은 화를 내면서 "바보 같으니라구!"라고 외치고는 짐을 챙겨 나가 버렸다.

다른 이야기는 그가 그 지방 가톨릭교회 교리문답 시간에 참가했을 때이다. 그는 목사가 아이들에게 던져주는 질문들을 주의 깊게 듣고 있다가 갑자기 큰 소리로 말했다. "난센스!"

그러나 가장 놀라운 일 — 마을 사람들이 가장 잘 기억하던 이야기 — 은 그가 매우 기적적인 방법으로 그 지역 공장에 있는 증기기관을 고쳤던 이야기이다. 비트겐슈타인 동료의 부인으로 이 공장에서 일했던 비클마이어 부인Frau Bichlmayer은 이 일을 다음과 같이 말했다.

> 엔진이 멈춰 공장이 쉬고 있을 때 나는 사무실에 있었습니다. 당시 우리는 증기에 의존하고 있었지요. 그리고 그때 많은 기술자들이 왔는데 누구도 그것을 가동시키지는 못했습니다. 집으로 돌아와 남편에게 공장에서 일어난 일을 말했고, 남편은 그 이야기를 학교에서 했답니다. 그런데 비트겐슈타인이 그에게 "내가 그것을 한 번 볼 수 있을까요? 허락한다면 한 번 보겠습니다"라고 말했고, 남편은 감독관에게 말해 허락을 받았지요 … 그리고 그는 곧장 달려갔습니다. 그래서 그는 남편과 같이 기관실을 둘러보았지요. 아무 말도 안 하고 그냥 둘러보기만 했답니다. 그러고는 말했습니다. "네 명만 불러주실 수 있겠습니까?" 감독관은 알겠다고 말하고는 곧 자물쇠 제조공 두 명과 다른 두 사람을 데리고 왔습니다. 모두 망치를 들게 하고 비트겐슈타인은 그들에게 각자의 번호와 장소를 지정했어요. 내가 외치는 대로 그들은 연속적으로 각자에게 할당된 지점에 망치질을 했지요. 1번, 4번, 3번, 2번….
>
> 이렇게 해서 그들은 고장 난 기계를 고쳤습니다.

이 '기적'으로 인해 비트겐슈타인은 옷감을 조금 받았다. 처음에는 이것을 거절했지만 가난한 학생들에게 주기 위해 받았다.

그러나 이 기적에 대한 마을 사람들의 고마움도 그의 이상함에 대해 늘어나는 불신을 누를 수는 없었다. 그리고 가을 학기 동안 그와 마을 사람들과의 관계는 점점 악화되었다. 이 기간 동안 누나 헤르미네는 그의 새로운 경력이 진전되는 과정을 어머니 같은 마음으로 주의 깊게 지켜보았다. 그녀는 핸젤을 통해 간접적으로 그의 소식을 들어야 했는데, 왜냐하면 비트겐슈타인이 빈 친구들의 방문은 환영한 반면 가족들이 그를 만나거나 도움을 주려는 것은 일체 허용하지 않았기 때문이었다. 음식 소포는 뜯지도 않은 채 반송되었고 편지도 마찬가지였다.

핸젤은 다소 어려움은 있었지만 비트겐슈타인이 첫 학기를 꽤 잘 보냈다고 헤르미네를 안심시켰다. 12월 13일 그녀는 핸젤에게 매우 안심하며 편지를 썼다.

> 저는 당신의 친절한 편지를 받고 정말 매우 안심했습니다. 우선 그 편지는 번민하는 루트비히가 트라텐바흐 사람들과 그들의 호기심을 견뎌냈다는 것을 다시 확신하게 되었습니다. 그 당시 온 그의 편지들로부터 나는 고무적 인상을 받았으며, 그가 글을 간결하게 쓰는 것을 고려하면, 그 편지들은 그 인상을 배가시켰습니다. 그리고 당신이 제 동생에 대해 말하는 모든 것에 매우 감사드립니다. 비록 당신의 생각과 제 생각이 전혀 다르지 않지만 말입니다. 물론 당신이 말하는 것은 사실입니다. 비록 성자를 동생으로 둔 것이 쉬운 일은 아니지만, "나는 죽은 철학자가 되기보다는 살아 있는 개가 되겠다"라는 그 영어 구절 다음에 다음을 덧붙이고 싶습니다. 나는 불행한 **성자**보다 행복한 **사람**을 동생으로 두는 것이 더 낫다고 (자주) 생각합니다.

그러나 역설적으로 이 편지 후 몇 주 지나지 않아 1921년 1월 2일 비트겐슈타인은 엥겔만에게 편지를 썼는데, 여기서 그는 신성한 길을 선택하지 않았다고 스스로를 꾸짖고 있다.

> 크리스마스에 당신을 보지 못해서 매우 유감입니다. 당신이 **내게서** 숨으려 한다는 것은 다음의 이유 때문에 다소 우습게 보입니다. 나는

> 1년 이상 도덕적으로 죽어 있었습니다! 그것으로부터 당신은 내가 괜찮은지 아닌지를 판단할 수 있습니다. 아마 오늘날 나 같은 경우는 전혀 드물지 않을 것입니다. 나는 해야 할 일이 하나 있었는데 그것을 하지 않았습니다. 이제 그 실패는 내 삶을 무너뜨리고 있습니다. 나는 긍정적인 일을 했어야 했고, 하늘에 있는 별이 되어야 했습니다. 하지만 나는 아직 땅에 머물러 있고, 그래서 이제 점점 희미해져 가고 있습니다. 내 삶은 정말 무의미하게 되었고 단지 쓸모없는 에피소드들로만 채워져 있습니다. 주변 사람들은 이것을 알아차리지 못하고 이해하려 하지도 않습니다. 그러나 나는 근본적인 결점을 갖고 있다는 것을 잘 압니다. 만약 당신이 내가 여기 쓴 말을 이해하지 못한다면 그것을 기쁘게 여기십시오.

엥겔만은 이해하지 못했다. 그는 이렇게 응답했다. 만약 비트겐슈타인이 마치지 못한 임무가 있다고 느낀다면, 왜 그것을 지금 또는 최소한 앞으로 그가 준비가 되었을 때 할 수 없는가? 게다가 그가 **근본적인** 결점을 말한 것은 확실히 잘못이었다. 왜냐하면 그들이 전에 이야기했듯이 어느 누구도 자신의 위치를 되돌릴 수 없을 만큼 무너지지는 않기 때문이다. 그러나 이번에는 엥겔만의 편지는 좋지 않은 어조의 답장으로 이어진다. 비트겐슈타인은 그에게 다음과 같이 썼다. "나는 지금 편지에서 내 상태를 분석할 수는 없습니다. 어쨌든 나는 당신이 그것을 완전히 이해한다고 생각하지 않습니다 … 가까운 시일 내에 당신의 방문은 적절하지 않을 것 같습니다. 지금 당장 우리는 서로에 대해 알기 어려울 것 같습니다."

그동안 비트겐슈타인의 내적 삶을 이해해주는 사람으로서 엥겔만이 했던 역할은 헨젤이 하게 되었다. 비트겐슈타인에 대한 추억에서 그는 이렇게 적고 있다. "교사로 있던 어느 날 밤, 그는 부름을 받았으나 거절했다고 느꼈다." 이것은 아마도 비트겐슈타인이 엥겔만에게 언급했던 임무를 설명해줄지 모른다. 그 임무를 완성하면 그는 천국으로

가게 될 것이었지만, 그것을 무시했기 때문에 그는 지상으로 떨어지게 되었다고 자신을 비난했다.◈

또는 더 구체적으로 말하면 트라텐바흐에 머물러 있어야 했다. 일반적인 기대를 넘어 마을 아이들을 교육시키려던 그의 노력이 부모와 아이들(특히 비트겐슈타인의 높은 기대에 못 미치는 아이들), 그리고 동료들에게 오해를 가중시켰고, 그들의 저항에 부딪힐 때마다, 1921년 봄과 여름 학기 동안 비트겐슈타인이 트라텐바흐에서 느꼈던 초기의 즐거움은 점점 혐오감으로 바뀌었다.

3월에 그는 작년 9월에 보낸 열정적인 편지에 대한 러셀의 답장을 받았다. "초등학교 교사로 지내는 것이 어떤가, 아이들과는 잘 지내고 있는가?"

> 그것은 정직한 일이고 아마 가장 정직한 일일 것이다. 요즘 모든 이들이 어떤 형태건 허풍쟁이 역을 하고 있는데, 자네는 거기서 빠져나온 듯하다.

◈ 이것 또한 바틀리에 의해 인용된 꿈(이 이야기의 출처는 모른다)과 연결된다. 비트겐슈타인은 "아마 1920년 12월 초"에 이 꿈을 꾸었다고 그는 말하고 있다. 그 꿈은 다음과 같다.

> 나는 신부였다. 내 집 거실에는 제단이 있었다. 제단 오른쪽에는 계단이 있었다. 붉은 카펫이 깔린 호화로운 계단이었는데, 알레가세에 있는 것과 다소 비슷했다. 제단 밑에는 동양식 카펫이 일부는 제단을 덮은 채 깔려 있었다. 그리고 제단 위와 옆에는 여러 가지 종교적 도구들과 기장들이 놓여 있었다. 그것들에는 귀금속으로 만들어진 막대가 있었다.
>
> 그러나 도둑이 들었다. 도둑은 왼쪽에서 들어와 그 막대를 훔쳐 갔다. 이 사건을 경찰에 알려야 했고 경찰은 수사관을 보냈는데, 그는 막대기의 모양을 기술해달라고 했다. 예를 들어 무슨 금속으로 만들어졌는가? 나는 답할 수 없었다. 나는 그것이 은인지 금인지조차 말할 수 없었다. 경찰은 애당초 그런 막대가 있었는지 물어보았다. 그때 나는 다른 제단의 부분들과 부속된 것을 조사하기 시작했고, 그 카펫이 기도용 양탄자라는 것을 알아냈다. 나의 눈은 양탄자의 가장자리를 주목하기 시작했다. 그 경계는 아름다운 중심부보다 연한 색이었다. 그것은 이상하게도 바랜 것처럼 보였다. 그럼에도 불구하고 그것은 여전히 강하고 튼튼했다.

이것은 바틀리의 책 중에서 그가 비트겐슈타인의 원고를 접했다는 것을 가장 강하게 보여주는 부분이다. 바틀리는 그 꿈이 마치 비트겐슈타인 자신에 의해 기술된 것처럼 인용했을 뿐 아니라, 또한 비트겐슈타인과 '또 다른 사람, 예를 들면 헨젤'에 의해 제안된 러셀 자신은 베이징 생활을 즐기고 있었다. 그리고 도라 블랙과 공개적으로 '죄를 저지르며' 살면서 (영국의) 보수적 윤리가 그에 대해 간혹 퍼붓는 비난에 대해 저항하면서 기분 좋게 살고 있었다. 그는 "중국과 중국인들을 좋아한다"고 비트겐슈타인에게 말했다.

> 그들은 게으르고 심성이 좋으며 잘 웃고 천진한 아이들 같다. 또한 나에게 매우 친절하고 잘 대해준다. 모든 국가들이 그들을 맹공격하고, 그들의 방식대로 삶을 즐기게 하질 않는다. 그들은 석탄을 파고 철을 제련하도록, 육군과 해군을 발전시키도록 강요받을 것이다. 그러나 그들이 원래 바라는 것은 시를 쓰고 (매우 아름다운) 그림을 그리며 녹색의 술이 달린 줄이 많은 악기로 이상한—세련되었지만 거의 들을 수 없는—음악을 연주하는 것이다. 블랙 양과 나는 안뜰이 있는 중국식 집에서 산다. 서재 문 앞에서 찍은 사진을 보낸다. 학생들은 모두 볼셰비키들이다. 일종의 유행인데 그들은 내가 볼셰비키주의자가 아니라는 점에 매우 놀란다. 그들은 수리논리학을 배우기

그 꿈에 대한 해석도 제시하고 있다. 게다가 '프라터 에피소드'와는 다르게, 바틀리가 갖고 있는 정보—꿈의 내용, 그 시기, 그리고 핸젤과 비트겐슈타인이 한 그 꿈에 대한 해석들까지—는 다른 출처에서 나온 정보와 그럴듯하게 연결된다. 바틀리는 심지어 핸젤의 해석(이 해석은 꿈의 상징을 구약에서 나온 이미지에 연결시킨다)에 대한 비트겐슈타인의 반응까지 제시하고 있다.

> **만약** 그 꿈을 그렇게 해석한다면, 그것은 **그의** 꿈일 것이라는 생각이 비트겐슈타인을 어리둥절하게 만들었다.

이 반응 역시 아주 그럴듯하다. 바틀리에 따르면 비트겐슈타인 자신 이 꿈을 연금술적 용어들로 해석하려고 했다. 막대는 남근의 상징(그의 '천함' 자체)이며 동시에 연금술적 변환(천한 금속이 금이나 은으로 변화하는)의 상징이었다. 그러한 변환을 비트겐슈타인은 자신의 양심—회의적 경찰로 표현된—에게 확신시킬 수 없었다.

만약 비트겐슈타인이 엥겔만에게 보낸 편지, 핸젤의 회상, 그리고 바틀리에 의해 인용된 꿈을 혼합시켜 보면, 우리는 1921년 크리스마스 휴일 동안 분명히 나타났던 그의 정서 상태의 심원한 변화에 대해 확실하게 설명할 수 있게 된다. 그는 자신이 그렇게 욕망했던 내적인 변환이 실제로 일어날 수 있다는 것을 자신에게 확신시킬 수 없었기 때문에, 스스로 사제가 되려는 부름으로 간주했던 것을 따르기를 거부했다. 이 거부는 오로지 '근본적 결점'에 의해서만 설명될 수 있을 것이다. 그렇지 않다면 그렇게 오랫동안 갈망했던 변환은 분명히 가능했을 것이기 때문이다. 그는 정말로 천한 **금속**이었고 땅에 머물러 있어야만 **했다**.

에는 아직 모자라다. 나는 그들에게 심리학, 철학, 정치학과 아인슈타인을 가르친다. 나는 가끔 그들을 저녁 파티에 초대하는데 그들은 안뜰에서 불꽃놀이를 한다. 그들은 강의보다 그것을 더욱 좋아한다.

비트겐슈타인은 즉시 러셀에게 트라텐바흐에 대한 초기의 호감이 마을 사람들에 대한 혐오감으로 바뀌고 있다고 썼다. "자네가 주위 사람들과 어울리지 못한다니 매우 유감"이라고 러셀은 답했다. "나는 일반적인 인간 본성이 지역마다 다르다고 생각하지 않는다. 자네가 어디에 가든 이웃에게서 똑같이 상처받을 수 있다고 생각한다." 비트겐슈타인은 "아니요"라고 고집스럽게 말했다. "여기 사람들은 아무짝에도 쓸모없고 세상 어디 사람들보다 더 무책임합니다." 러셀은 여전히 확신할 수 없었다.

트라텐바흐 사람들을 그렇게 견디기 어려워하니 유감이다. 그러나 그들이 다른 사람들보다 더 나쁘다고 생각하지 않는다. 나의 논리적 본능은 그런 생각에 대해 저항한다.

"예, 맞습니다" 비트겐슈타인은 결국 인정했다. "트라텐바흐 사람들이 다른 사람들보다 특별히 더 나쁜 것은 아닙니다."

그러나 트라텐바흐는 오스트리아에서 특히 하찮은 동네이고, **오스트리아인들은** 전쟁 후에 너무 비참하게 바닥으로 떨어져서 대화를 나누기가 아주 힘들게 되었습니다. 단지 그것뿐입니다.

러셀은 비트겐슈타인에게 그가 《논고》의 원고를 영국에 있는 도로시 린치Dorothy Wrinch에게 출판될 수 있도록 노력해보라고 맡겨놓았다고 말했다. 그녀는 러셀의 친구였고 뛰어난 수학자이자 수리논리학 학생이었다. "나는 자네 원고를 출판하기로 결심했다. 그리고 만약 내가 없는 동안 성사되지 않는다면 돌아가서 내 손으로 해낼 것이다."

이 고무적인 소식과는 별도로 1921년 여름 학기 동안 비트겐슈타인에게 일어났던 한 가지 좋은 점은 그의 학생 중 카를 그루버Karl Gruber라는 가난한 집안의 아이를 알게 되었다는 것이다. 그루버는 비트겐슈타인의 교육 방법을 매우 잘 따르는 재능 있는 아이였다. 그도 비트겐슈타인의 많은 학생들처럼 처음에는 대수를 어려워했다. 그는 후에 이렇게 회상한다. "나는 알파벳의 문자들을 사용해 어떻게 계산하는지 이해할 수가 없었지요." 그러나 비트겐슈타인에게 뺨을 맞은 후부터 착실히 공부하기 시작했다. "곧 나는 반에서 대수에 관해서는 최고가 되었습니다." 여름 학기가 끝날 무렵, 그는 학교를 떠나 공장에서 일을 해야만 했다. 비트겐슈타인은 아이의 교육을 계속할 수 있도록 할 수 있는 모든 것을 하기로 결심했다. 7월 5일 그는 그루버의 입장을 설명하고 충고를 해달라고 핸젤에게 편지를 썼다. 그의 부모들이 그를 기숙학교에 보낼 수 없는 형편인데 어떻게 하면 좋은가? 빈에 있는 중학교 중 무료거나 매우 싼 학교를 찾을 수는 있을까? "만일 그 학생이 자신을 더 계발할 수 없다면, 그에겐 아주 불행일 것입니다." 핸젤은 칼라잔츠페라인Calasanzverein에 가는 것이 가능할지도 모르겠다는 답장을 했다. 이 학교는 가난한 학생들을 위한 빈에 있는 가톨릭 학교였다. 그러나 동시에 비트겐슈타인은 그루버가 학교를 졸업하고 나서도 계속 그를 가르쳐야겠다고 마음먹었다. 그리고 핸젤은 그가 빈에 있는 김나지움Gymnasium(독일 인문계 고등학교)에 들어갈 수 있는 실력이 되는지를 테스트하기로 결정했다.

여름방학 동안 비트겐슈타인은 아르비트 셰그렌과 함께 노르웨이를 여행했다. 1914년 이후 처음이었다. 그리고 방문 기간에 자신이 없는 동안 자신을 위해 지어진 집을 마침내 볼 수 있었다. 그들은 돈을 거의 갖고 가지 않았기 때문에 함부르크에 있는 구세군 호스텔에서 밤을 보내야 했다. 그가 편지에서 핸젤에게 설명한 것처럼 그 휴가는 일하는 휴가였다. "나는 아침 일찍부터 밤늦게까지 목공소에서 일합니다. 물론 나무 상자를 만드는 아르비트와 함께 말입니다. 이런 방법으로 나는 많은 돈을 법니다!" 늘 그렇듯이 그가 고된 일을 통해 찾으려 했던 것은 마음의 평정이었다. 그는 핸젤에게 "이 여행을 한 것이 아주 좋았다고 생각"한다고 말했다.

트라텐바흐에 돌아온 지 얼마 안 있어서 비트겐슈타인은 러셀에게서 마침내 그의 책이 발간될 것이라는 소식을 들었다. 러셀은 도라 블랙과 함께 8월에 중국에서 돌아왔다. 그녀는 임신 6개월째였고, 그래서 그는 영국에 돌아온 후 처음 두 달을 아이의 합법성을 보장받기 위한 절차를 밟는 일로 보냈다. 중국에서 그는 배수진을 친 기분으로 있었으며, 트리니티 칼리지가 제안한 교수직을 사임한다는 편지를 썼고("왜냐하면 나는 공개적으로 죄를 저지르면서 살고 있었기 때문에"라고 그는 훗날 말했다), 그의 부인인 앨리스Alys와 이혼 수속을 밟고 있었다. 그러나 백작직을 상속받을 수 있는 상속자가 곧 태어나기 때문에 그는 모양새를 좋게 하기 위한 수속을 서둘러 밟았다. 그는 9월 21일에 앨리스와 이혼을 했고 6일 후 도라와 결혼했다. 그리고 장차 4대 러셀 백작이 될 아기인 존 콘래드John Conrad가 11월 16일에 태어났다.

그의 아들이 작위를 상속받을 수 있도록 모든 절차를 밟은 뒤 러셀은 비트겐슈타인의 책을 발간하는 일에 신경을 쓸 수 있게 되었다. 그의 친구 오그던을 통해서 그는 심리학, 철학, 그리고 과학적 방법의 국제적인 도서관이라 불리는 케건 폴Kegan Paul 출판사에 의해 만들어진 전문 총서 시리즈 — 오그던이 당시 막 이 시리즈의 편집자가 되었다 — 에 그 책을 영어판으로 실리게끔 했다. 이 책은 여전히 재정적 부담이 되지만 견딜 만한 것으로 간주되었다. "그들이 이 책을 출판해서 50파운드 이상 손해볼 수 없기 때문에 나는 만족할 만하다고 생각한다"고 오그던은 러셀에게 11월 5일 쓴 편지에서 말했다. "물론 곧 2판을 찍게 돼서 인쇄비가 크게 줄어든다면 그들은 비용을 회수할 수 있을 것입니다."

이런 협상과는 별도로, 러셀의 친구 도로시 린치는 러셀이 중국에 있는 동안 그 책이 빌헬름 오스트발트Wilhelm Ostwald가 편집하는 《자연철학연보*Annalen der Naturphilosophie*》라고 불리는 독일의 정기 간행물에 출판되도록 보장을 받았다. 러셀은 영국인 출판업자를 구한다는 조건에 그의 서문을 린치에게 맡긴 후 그녀로 하여금 영국의 출판사들을 알아보게 한 적이 있었다. 왜냐하면 비트겐슈타인이 그의 서문이 독일어로 번역될 경우 그것에 대해 어떻게 느낄지 알았기 때문이다. 그러나 케임브리지대학 출판사로부터 거절당했기 때문에, 린치는 — 그녀는 이것을 성공할 수 있는 단 한 번의 기회라 생각했기 때문에 — 세 개의 독일 정기 간행물의 편집자들에게 접근했다. 오직 오스트발트로부터만 긍정적인 대답을 얻었는데, 그것도 오로지 러셀의 서문 덕택이었다. "그렇지 않다면 나는 이 논문을 거절했을 것"이라고 오스트발트는 2월 21일에 그녀에게 편지를 썼다.

> 그러나 나는 버트런드 러셀의 학문과 품성을 아주 높게 평가하기 때문에 비트겐슈타인 씨의 글을 나의 《자연철학연보》에 기꺼이 실을 것입니다. 러셀 씨의 서문은 특히 환영받을 것입니다.

11월 5일 오스트발트로부터 교정쇄를 받고 오그던으로부터 케건 폴 시리즈에 그 글을 실을 수 있다는 약속을 받은 후, 러셀은 비트겐슈타인에게 진행 상황을 알려주기 위해 편지를 썼다. 그는 오스트발트가 그의 서문을 출판할 것이라고 말했다. "자네가 그것을 좋아하지 않으리라고 생각하기 때문에 미안하게 되었다. 하지만 그의 편지에서 볼 수 있는 것처럼 어쩔 수가 없었다."

러셀은 아마도 비트겐슈타인이 깜짝 놀랄 만한 말을 그에게 했다. "나는 지금 블랙 양과 결혼했고 며칠 안에 아이가 태어날 것이다."

> 우리는 [런던 시드니 가Sydney Street 31번지에] 집을 샀다. 케임브리지

에서 자네의 가구를 갖다 놓았다. 우리는 그것을 아주 좋아한다. 아기는 아마 자네의 침대에서 태어날 것 같다.

그는 비트겐슈타인에게 가구에 대한 보상으로 모든 여행 경비를 제공할 테니 영국으로 오라고 종용했다. "그 물건들은 내가 지불했던 가격보다 훨씬 더 값나가는 것들이다. 자네가 원할 때 언제든지 더 지불하겠다. 그것들을 살 때 나는 얼마짜리를 사고 있는지 알지 못했다." 한 편지에서 그는 자기가 비트겐슈타인에게 빚진 것이 200파운드는 된다고 계산했다. "졸리Jolley가 그 물건들의 가격을 낮게 책정했기 때문에 그 돈을 지불하지 않으면 자네를 속이는 셈이 될 것이다."

11월 28일 비트겐슈타인은 이렇게 말했다. "내 책이 출판되어 매우 기쁘다는 것을 인정해야겠습니다. 비록 오스트발트는 완전한 협잡꾼이지만 말입니다."

그가 그것을 갖고 장난을 치지 않는 한! 교정쇄를 한번 읽어보시겠습니까? 만약 그렇다면, 제발 내가 쓴 그대로 출판되는지 주의 깊게 보아주십시오. 그는 글을 자기 취향대로 바꿀 수 있습니다. 예를 들면 그의 멍청한 철자법으로 말입니다. 나를 퍽이나 즐겁게 해주는 사실은 이 모든 것이 영국에서 이뤄지리라는 것입니다.

분명히 러셀은 교정쇄를 주의 깊게 읽을 시간이 없었다. 그리고 책은 러셀이 교정쇄를 받기 전에 이미 인쇄에 들어갔다. 그러므로 교정쇄는 수정되지 않은 상태로 있었다. 자기 취향대로 책을 고치는 일에는 관심이 없었던 오스트발트는 — 명백히 책의 의미에 대해 어떤 관심이나 흥미 없이 — 단지 타자로 쳐진 그대로 책을 펴냈다. 그래서 사람들은 훨씬 더 많은 일반적인 오타뿐만 아니라 예를 들면 러셀 식 논리 기호들이 있어야 할 곳에서 타자기 기호들을 발견하게 된다. 셰퍼 스트로크Sheffer Stroke 대신 !, 부정기호 (그리고 셰퍼 스트로크) 대신 /, 실질 함축

material implication 대신 대문자 C를 발견하게 되는 식이다.

출판 과정에서 오스트발트는 한 번도 비트겐슈타인과 상의하지 않았다. 또한 그는 발췌본(비트겐슈타인의 글만 발췌한 것 — 옮긴이)도 보내지 않았다. 러셀로부터 책이 드디어 출판되었다는 말을 듣자마자 그는 핸젤에게 편지를 써서 빈의 책방에서 《자연철학연보》를 구해달라고 요청해야만 했다. 핸젤은 그것을 구하지 못했는데, 이듬해 오그던이 책을 한 권 보내주었을 때야 비로소 비트겐슈타인은 자신의 책이 어떻게 출판되었는지 알 수 있었다. 그는 경악했다. 엥겔만에게 말한 것처럼 그는 그것을 '해적판'으로 간주했다. 1922년에 영어판이 나왔을 때야 비로소 그는 그의 책이 제대로 출판되었다고 생각했다.

영어판을 출판하려는 계획은 러셀이 12월 6일 오그던에게 다시 편지를 보냈을 때 시작되었다. 이 편지에 그는 11월 28일자의 비트겐슈타인의 편지를 동봉했다.

> 동봉한 비트겐슈타인의 편지는 일을 진행하기 위해 필요한 모든 권위를 부여하니까, 당신은 그렇게 출판업자들에게 말할 수 있을 것입니다 … 나는 비트겐슈타인이 모든 일을 온건하게 받아들여주어서 아주 안심입니다.

1921~1922년까지의 겨울 동안 그 책은 오스트발트 판의 발췌본을 이용하여 프랭크 램지Frank Ramsey에 의해 영어로 번역되었다. 당시 그는 18세로 킹스 칼리지의 학생이었는데, 오그던의 친구로서 이미 장래가 촉망되는 수학자로 인정받고 있었다.

비트겐슈타인은 3월 말경 램지의 번역 원고를 받았다. 여기에는 오그던과 램지가 궁금하게 여겼던 점들에 대해 그의 의견을 묻는 질문들이 첨부되어 있었다. 그중 어떤 것들은 오스트발트의 독일어판을 부주의하게 출판한 결과 생긴 것들이었다. 다른 것들은 비트겐슈타인이 의도했던 의미를 잘못 이해했기 때문에 생긴 것들이었다. 어느 것이 어느 것 때문에 생긴 것인지 비트겐슈타인은 분간해낼 수 없었다. 왜냐하면 그는 여전히 오스트발트 판을 보지 못했기 때문이었다. 실제로 그는 그때쯤 오스트발트가 그 책을 출판했는지 혹은 앞으로 출판할 것인지도 의심하고 있었다.

그래서 번역의 교정 작업은 오래 걸리고 어려웠지만, 4월 23일에 비트겐슈타인은 논평과 제안을 상세히 적은 목록을 완성했고 그것을 오그던에게 보냈다. 대체로 그가 한 제안들은 영어판을 될 수 있는 한 자연스럽게 만들면서 문자 그대로 직역된 램지의 번역판을 부드럽게 만들고 싶은 동기에 의해 이루어졌다. 그는 특정한 독일어 단어와 구절을 정의해야 했을 뿐 아니라, **그가** 그것들로 무엇을 의미했는지를 설명해야 했다. 그래서 동일한 의미와 어조를 가진 영어식 표현을 찾아야만 했다. 그래서 어느 정도는 영어판은 단순한 번역판이 아니라 비트겐슈타인의 생각들을 재구성한 것이라고 할 수 있다.

오그던이 제기한 첫 번째 문제는 제목에 관련된 것이었다. 오스트발트는 그것을 비트겐슈타인이 정한 독일어 제목인 'Logisch-Philosophische Abhandlung'으로 출판했는데, 이것을 문자 그대로 번역하면 다소 이상한 'Logico-Philosophical Treatise'가 되었다. 러셀은 대안으로 '철학적 논리학'이란 이름을 제안한 반면, 무어는 스피노자의 《신학정치논고*Tractatus Theologico-Politicus*》를 따서 '확실하고 이상적인' 제목으로 'Tractatus Logico-Philosophicus'를 추천했다. 물론 책을 읽는 대중에 다가갈 만한 제목은 아니었고, 오그던 역시 제목이 약간 마음에 들지 않았다. 오그던은 "팔리는 제목으로는 '**철학적 논리학**'이 더 좋습니다. 그것이 올바른 인상을 주기만 하면 말입니다"라고 러셀에게 말했다.

이 문제는 비트겐슈타인이 해결했다. 그는 오그던에게 "나는 라틴어 제목이 현재 제목보다 더 낫다고 생각합니다"라고 말했다.

'Tractatus Logico-Philosophicus'가 **이상적인** 것은 아니지만, 어느 정

도 올바른 의미를 갖고 있습니다. 반면 '철학적 논리학'은 아닌 것 같습니다. 사실 나는 그것이 무엇을 뜻하는지 모릅니다! 철학적 논리학과 같은 것은 없습니다.(책 전체가 난센스하기 때문에 제목도 역시 난센스해야 한다고 말하려는 것이 아니라면 말입니다.)

비트겐슈타인이 만든 제안들과 논평들을 오그던은 주의 깊게 살펴 보았으며 책도 그에 따라 수정되었다.(오그던은 비트겐슈타인과의 서신에서 저자가 바랄 수 있는 가장 양심적이고 융통적인 편집자로 나타난다.) 5월경 영어판은 거의 완성되었다.

한 가지 문제가 여전히 남아 있었다. 타자본을 준비할 때 비트겐슈타인은 일련의 보충적인 단평들을 썼는데, 하나를 제외하고는 최종본에는 포함되지 않았다. 번호가 매겨진 이 보충 논평들 중 예외적으로 최종판에 포함된 논평은 72번이었다. 이것은 명제 4.0141이 될 것이었고, 언어와 세계 사이의 그림적 관계와, 축음기 레코드와 악보 사이의 관계를 비교하는 앞에 있는 단평을 설명하는 것이었다. 그러나 오스트발트 판에서 명제 4.0141은 약간 이상하게 "Siehe Ergänzung Nr.72(보충 72번을 참조하라)"라고 표시되어 있었다. 그는 분명히 보충용 목록을 잃었거나 받아보지 못했고, 아마도 다른 모든 명제들과 마찬가지로 그것도 이해하지 못했을 것이다. 이 문제를 해결하는 것은 램지의 번역 원고를 살펴보던 오그던의 몫이 되었다. "'보충 72번을 참조하라'가 무엇입니까? 아마도 무언가 잘못된 것 같습니다" 하고 오그던은 물었다.

답장에서 비트겐슈타인은 보충 부분에 대해 설명했고, 그가 책에 포함시키려 했던 부분을 번역해서 오그던에게 보냈다. 이 때문에 오그던은 이 다소 어렵고 짧은 책을 설명하고 확장하는 더 많은 보충용 글이 있을지도 모른다는 흥미로운 가능성을 생각하게 되었다.

비트겐슈타인은 그 이상 보내지 않았다. "그것들을 출판할 생각은 없습니다. 보충용 글은 출판되어서는 **안 될** 것입니다. 게다가 **그 안에**

는 정말로 어떠한 해명도 없고, 여전히 내 나머지 명제들보다 훨씬 덜 명확합니다."

> 책이 짧은 것에 대해서는 **아주 미안하게 생각합니다. 하지만 어쩌겠습니까?** 당신이 나를 레몬처럼 쥐어짠다고 해도 더 이상 나에게선 아무것도 얻지 못할 것입니다. 당신에게 보충용 글을 출판하게 하더라도 그것은 해결책이 될 수 없습니다. 이것은 마치 당신이 목공소에 가서 테이블을 주문했는데, 테이블을 너무 짧게 만들어서 그것에 대한 보상으로 당신에게 톱밥과 다른 잡동사니를 팔려고 하는 것과 같습니다.(보충용 글을 인쇄해서 책을 두껍게 만드느니 차라리 백지 열두 장을 넣어, 독자들이 책을 읽고 이해하지 못할 때 욕설을 그 위에 퍼부을 수 있도록 하는 것이 더 좋을 것입니다.)

6월에 그 책이 출판될 준비가 되었을 때, 오그던은 비트겐슈타인에게 케건 폴이 그 책을 "《논리철학논고》라는 제목으로 '심리학과 철학의 국제 총서' 안에 독일어와 영어로 발행할 것을 고려하면서" 모든 판권을 출판사에게 준다는 내용을 담은 계약에 사인하도록 계약서를 보냈다. 계약 조건상 비트겐슈타인은 책의 권리를 넘기면서 한 푼도 받지 않았고 판매로부터 생기는 인세를 받을 권리도 갖지 못했다. 1933년 재판 계획이 잡혔을 때, 그는 케건 폴 출판사에 인세 지불을 요구했지만 아무런 응답도 못 받았다. 이 때문에 그는 이후의 작품들을 다른 출판사에게 맡겼다. 그렇지만 이때에 그는 수입에는 별 관심이 없었고 데이비드의 어머니인 엘런 핀센트가 증정본을 받도록 하는 데 더 신경을 썼다. 출판 막바지에 그가 오그던에게 보낸 모든 편지에는 핀센트 부인을 찾아서 그녀가 자신의 증정본을 받았는지 확인해보았으면 좋겠다는 요구가 계속 실려 있다.

교정쇄는 7월에 나왔고 비트겐슈타인은 8월 첫째 주에 그것을 고쳐서 돌려보냈다. 편집자는 좀 더 세밀한 비트겐슈타인의 약력과 그 책이 쓰여진 특수한 상황, 예를 들면 카시노의 포로수용소 등을 언급하는 내용을 싣고 싶어 했던 것 같다. 이에 대해 비트겐슈타인은 냉혹하게 멸시하는 투로 응답했다. "이탈리아 수도원 등에 대한 당신의 기록에 대해 당신 마음대로 하십시오" 하고 그는 8월 4일 오그던에게 썼다.

> … 나는 정말 모르겠습니다. 왜 일반 독자가 내 나이를 알아야 합니까? 이런 말을 하려는 것입니까? 특히 오스트리아 전선의 소음 속에서 글을 쓴 젊은이라면 크게 기대할 건 없다? 만일 일반 독자가 점성술을 믿는다면, 책 앞에 내가 태어난 날짜와 시간을 인쇄해서 내 **운세**를 점칠 수 있도록 하는 것은 어떨까요? (1889년 4월 26일, 저녁 6시)

책이 출판되었을 때 비트겐슈타인은 이미 트라텐바흐를 떠났다. 그는 러셀에게 빠르게는 10월 23일쯤에 이번이 그가 거기에서 보내는 마지막 해가 되리라는 것을 암시한 바 있었다. "왜냐하면 나는 여기서 심지어 다른 교사들하고도 잘 지내지 못하기 때문입니다." 이때부터 트라텐바흐에서 그의 생활은 점점 더 어렵게 되었다. 그는 학생들 중 유능한 학생들을 더 보살피려고 결심했었고, 그가 카를 그루버에게 하던 개인 교습은 더 커져서 그의 새 학급에서 공부를 잘하는 학생들 몇몇을 포함시키게 되었다. 여기에는 에머리히 코더홀트Emmerich Koderhold와 오스카 푹스Oskar Fuchs가 포함되었다. 이 세 학생들의 부모는 모두 비트겐슈타인에게 저항했다. 푹스를 빈으로 데리고 가서 연극을 보여주고 싶어 했지만 거절당했다. 푹스의 어머니는 '그 미친 놈'에게 자신의 아이를 맡기고 싶어 하지 않았기 때문이다. 비트겐슈타인은 코더홀트의 아버지에게 그의 아이가 빈에 있는 문법학교에 입학할 실력이 되고 입학시켜야만 한다고 말했지만 불가능하다는 소리만 들었다. 그 아이는 농장에서 일해야만 하기 때문이었다. 그러나 그는 가장 재능 있는 학생인 카를 그루버 때문에 가장 크게 실망했다. 방과 후 매일 4시부터 7시 반까지 비트겐슈타인은 특히 라틴어, 수학, 지리학과 역사에 중점을 두고 강도 높은 학습을 그루버에게 시켰다. 때때로 그루버의 진전은, 특히 비트겐슈타인이 약하다고 느낀 라틴어의 경우에 핸젤에 의해 평가되었다. 계획은 그루버를 빈에 있는 문법학교에 보내는 것이었다. 그리고 학교에 다니는 동안 그루버를 헤르미네와 같이 살게 할 계획이었다. 그런데 여기에 문제가 있었다. "나는 그것을 모욕으로 느꼈을 것"이라고 훗날 그루버는 설명했다.

> 나는 시혜를 구걸하길 원하지 않았고 자선금을 받고 있다고 느꼈을 것입니다. 나는 '가난한 놈'으로 그곳에 갈 것이고 빵 한 조각마다 고맙다고 말해야 했을 것입니다.

아마도 이런 이유 때문에 혹은 지방 공장에서 일하면서 또 가족들로부터 아무런 격려도 받지 못한 채 매일 3시간 반씩 공부하는 것에 질렸기 때문에, 그루버는 비트겐슈타인에게 더 이상 공부를 계속하고 싶지 않다고 말했다. 1921년 2월 16일 비트겐슈타인은 핸젤에게 편지를 썼다. "오늘 나는 책 몇 권을 돌려주려고 온 그루버와 대화했습니다. 그 애가 더 이상 학업을 계속할 열정이 없음을 알게 되었습니다 … 물론 그 애는 자신이 지금 어디로 가고 있는지 전혀 모릅니다. 즉 자기가 얼마나 나쁜 길을 선택하고 있는지를 알지 못합니다. 하지만 그 애가 어떻게 그것을 알겠습니까? 슬프고 또 슬픈 일입니다!"

"나는 자네가 초등학교에서 그렇게 고된 일을 하는 것을 원하지 않는다"고 러셀은 2월 7일에 썼다. "그 일은 지루한 일임이 틀림없다." 비트겐슈타인은 답하기를 그가 최근에 실제로 우울증을 겪은 것은 사실이지만 아이들을 가르치는 것이 싫어졌기 때문은 아니라고 했다. "그 반대입니다."

> 그러나 사람들에게 아무런 희망이 없는 시골에서 교사로 있는 것이 매우 **어렵습니다.** 이곳에서 단 한마디라도 이성적인 말을 나눌 수 있

는 영혼을 만나지 못했습니다. 내가 이것을 얼마나 더 참아낼 수 있을 것인지 신만이 알 것입니다!

러셀은 그가 어떻게 "유럽인보다는 중국인을 좋아하는지"에 대해 썼다. "중국인들은 더 예의가 바르다—거기에 다시 갔으면 하고 계속 바라고 있다." 비트겐슈타인은 맞장구치는 응답을 했다. "나는 당신이 영국보다 중국에 있는 것을 더 즐거워한다는 것을 믿을 수 있습니다. 물론 영국은 틀림없이 여기보다 천배는 더 좋겠지만 말입니다."

오그던과의 서신에서도 그는 대화하고 싶은 몇몇의 사람들과 있기 위해 영국으로 돌아가려 한다는 몇 개 징조들이 있다. 편지에서 그는 때때로 케임브리지에 있는 그의 옛 친구들 특히, 존슨과 케인스에 대한 소식을 물어보고 그들이 자신을 기억하기를 바라곤 했다.

여름 학기 동안 그는 러셀과의 만남을 즐거운 마음으로 고대하고 있었는데, 러셀은 스위스에 있는 형제와 부인의 집에서 머물기 위해 대륙을 방문할 예정이었다. 원래 계획은 비트겐슈타인이 스위스에서 러셀 일행과 합류하는 것이었지만, 인스브루크에서 하룻밤 동안 만나는 것으로 바뀌었다. 이러한 일정을 정하기 위해 교환된 편지들의 어조는 온건하고 다정한 것이어서, 앞으로 떠오르게 될 둘 사이의 차이점들에 대해서는 어떤 암시도 주지 않는다. 그들은 유럽의 황폐한 상황에 대해 이야기를 나눴다. 또한 서로 얼마나 이 만남을 기다려 왔는지에 대해 말했다. 비트겐슈타인은 다정하게 러셀의 부인과 아이의 안부를 물었다.(러셀은 "아이는 매우 사랑스럽다. 처음에 그는 아주 칸트처럼 생겼었는데, 지금은 좀 더 아이처럼 보인다"고 대답했다.)

그러나 그 만남은 양쪽 모두에게 실망을 안겨줬다. 사실 친구로서 두 사람이 만난 마지막 자리였던 셈이다. 도라 러셀에 따르면 그것을 '짜증나는 만남'으로 만든 것은 '시대 상황'이었다. 당시 오스트리아의 인플레이션은 절정에 이르렀고 "가는 곳마다 도둑과 탐욕스러운 사람들, 그리고 오스트리아인들의 희생을 딛고 평가절하된 화폐로 이득을 보려는 탐욕스러운 관광객들로 가득찼다."

> 우리는 머무를 방을 찾으려고 거리를 걸었습니다. 비트겐슈타인은 그의 조국이 처한 상황 때문에 상처받은 자존심과 그들을 도와줄 수 없는 자신의 무능력함으로 매우 괴로워했습니다.

결국 그들은 싱글룸을 잡았다. 러셀 부부는 침대에서, 비트겐슈타인은 소파에 자리를 폈다. "그러나 그 호텔은 테라스가 있었고, 거기서 그들은 비트겐슈타인이 어떻게 영국으로 갈 수 있을까에 대해 즐겁게 토론했지요." 그녀는 그들이 이때 싸우지 않았다고 강하게 말했다. "비트겐슈타인은 결코 안정적이지 못했습니다. 그러나 어떤 차이이건 그것은 그들의 철학적 사상에 대한 것임은 틀림없었다고 생각합니다."

그러나 러셀은 종교적인 차이가 있었다고 기억한다. 그는 말했다. "비트겐슈타인은 내가 기독교인이 아니라는 사실 때문에 아주 괴로워했다." 그리고 이때는 "그의 신비적인 정취가 최고조에 달했을 때였다"고 러셀은 말했다. "그는 아주 영리한 것보다는 착한 것이 좋다고 아주 진지하게 나를 납득시켰습니다." 그러나(러셀은 여기서 재미있는 패러독스를 본 것 같다) "그는 까다로운 사람들에게 질렸고, 벌레 때문에 인스브루크의 숙소에서 하룻밤도 더 보낼 수 없었다."

인스브루크에서의 만남 이후에 비트겐슈타인이 러셀과 일체의 연락을 끊은 것은 그가 사귀기에는 너무 사악한 사람이라고 간주될 인상을 주었기 때문이다. 러셀은 그가 자신을 사악하다고 여기는 것을 즐겼다. 그리고 이것이 그 만남 중에서 그의 기억 속에 가장 뚜렷이 남은 부분이었음이 틀림없다. 비트겐슈타인은 러셀이 성적으로 너무 밝히는 것을 정말로 용인하지 못했다. 그래서 그들이 인스브루크에서 만나기 전에 러셀에게 레싱의 《종교 투쟁서*Religiösen Streitschriften*》를 읽어보라고 제안함으로써(러셀은 이 제안을 받아들이지 않았다) 그를 종교적 사색 쪽으로 이끌어가려고 시도한 바 있다. 그러나 이 만남 이후 비트겐슈타인이 러셀과 접촉을 끊었다는 것은 사실이 아니다. 그는 만남 이후 몇 달 동안 최소한 두 통의 편지를 썼는데 두 편지 모두 이렇게 시작한다. "당신의 소식을 들은 지 꽤 지났습니다."

그렇다면 연락을 끊은 것은 러셀이었다. 아마도 진실은 러셀이 비트겐슈타인의 종교적인 진지함을 너무 피곤하게 생각해서 참을 수 없게 된 것인지 모른다. 왜냐하면 만일 비트겐슈타인이 '그의 신비적 정취의 정점'에 있었다는 것이 사실이라면, 러셀이 무신론적 신랄함의 정점에 있었던 것도 또한 사실이기 때문이다. 오톨라인이 영감을 불어넣었던 〈종교의 본질〉과 〈신비주의와 논리학Mysticism and Logic〉의 초월주의는 사라졌다. 그 자리에는 매우 강한 반기독교주의가 자리 잡았고 그것을 표현하는 기회를 그는—그때쯤 이미 익숙하게 된 대중 연사와 대중 작가의 역할 안에서—결코 놓치지 않았다.

엥겔만은 그것과 관련된, 그러나 더욱 깊은 차이를 강조한다. 세계를 개선시키려 노력하는 것과 오직 자신의 개선만을 위해 애쓰는 것 사이의 차이가 그것이다. 다시 말해 비트겐슈타인이 더 개인적이고 내성적이 되었다기보다는 러셀이 너무 덜 개인적이고 덜 내성적이 되었다는 것이다. 전쟁은 그를 사회주의지로 만들었고 세계가 통치되는 방식을 빨리 바꾸어야 한다고 확신했다. 그에게 개인적 도덕성의 문제들은 세계를 좀 더 안전한 곳으로 만들려는 우선적인 대중적 관심에 비해 부차적이었다. 엥겔만은 이러한 차이를 가장 적나라한 형태의 이야기로 들려주는데, 그것이 인스브루크의 만남을 가리키고 있음은 확실하다.

> 20년대에 러셀이 '평화와 자유를 위한 세계 기구'와 같은 것을 설립해서 참여하길 원했을 때, 비트겐슈타인은 그를 너무 심하게 비난해서 러셀은 그에게 이렇게 말했다. "글쎄, **자네**는 오히려 전쟁과 노예화를 위한 세계 기구를 만들려 할 것 같군." 그러자 비트겐슈타인은 열광적으로 동의했다. "예, 오히려 그게 좋군요. 그게 더 좋아요!"

만약 이것이 사실이라면 러셀이야말로 비트겐슈타인을 사악해서 사귈 수 없는 사람으로 간주했는지 모른다. 왜냐하면 그의 이후의 활동에 기반이 된 윤리적 견해에 대해 그 이상의 완전한 비방은 있을 수 없기 때문이다.

어쨌든 러셀은 더 이상 비트겐슈타인과 연락을 취하려고 하지도 않았고 그를 영국으로 오도록 설득하려 하지도 않았다. 만약 비트겐슈타인이 오스트리아 농부들의 '불쾌함과 저속함'으로부터 벗어나려 한다면, 케임브리지에 있는 그의 과거의 스승을 통해서는 안 될 것이었다.

트라텐바흐의 초등학교 교사로서의 경력이 성공하지 못했던 이유는 어느 정도는 그가 일을 너무도 헌신적으로 했기 때문이었다. 그의 높은 기대와 그것들을 밀어붙이는 엄한 방법들은 소수의 학생들만을 제외하고 모두를 당황하게 하고 놀라게 했다. 그는 학부모들에게 적의를 불러일으켰고 동료 교사들과의 사이도 좋지 않았다. 러셀에 의해 인정된 바 있지만 트라텐바흐의 사람들이 특별히 악한 것은 아니었다. 그는 다른 곳에서도 같은 반응에 직면할 가능성이 높았다.

그가 좀 더 좋은 일을 찾았더라면 교사직을 완전히 그만두었으리라고 시사해주는 것들이 있다. 러셀에게 영국으로의 귀환에 대해 말했을 뿐 아니라, 또한 엥겔만과 '러시아로 떠나는 것'에 대한 가능성을 논의했다. 러시아든 영국이든 그곳에서 무엇을 할 것인지는 알지 못했다. 확실히 철학은 아니었다 — **철학**에 대해 말해야 할 모든 것은 자신의 책에서 이미 다 말했던 것이다.

결국 1922년 9월에 그는 트라텐바흐와 같은 지역에 있는 새 학교에 다니기 시작했다. 하스바흐Hassbach라 불리는 마을에 있는 중학교였다. 그는 어떤 큰 희망도 품지 않았다. 학교에 나가기 전 그는 엥겔만에게 "그곳의 새로운 환경(교사들과 그 지역의 성직자들 등)에 대해 안 좋은 인상을 갖고 있다"고 썼다. 그는 이 사람들은 "**전혀** 인간이 아니며 지긋지긋한 벌레들과 같다"고 말했다. 아마도 그는 중학교 교사들과 지내는 것이 더 쉬울 것으로 생각했던 것 같다. 그러나 그는 그들이 '전문적인 교육'을 하는 척하는 것을 전혀 참아낼 수가 없었고, 곧 초등학교로 돌아가고 싶어 했다. 그는 거의 한 달도 머물지 못했다.

11월에 그는 슈네베르크Schneeberg 산맥에 있는 살기 좋은 마을인 푸흐베르크Puchberg — 현재 인기 있는 스키 휴양지 — 에 있는 초등학교에 다니기 시작했다. 또다시 그는 주위 사람들에서 인간미를 느끼기 힘들었다. 사실 그는 사람들이 진정한 인간이 아닌 1/4은 동물이고 3/4만이 인간이라고 러셀에게 말했다.

그는 푸흐베르크에서 지낸 지 오래지 않아 드디어 완성된 《논고》를 받았다. 그는 11월 15일에 오그던에게 편지를 썼다. "그 책은 정말로 멋지게 보입니다. 책의 내용도 외양의 반만큼이라도 좋았으면 합니다." 그는 존슨이 그 책을 구입했는지 궁금해했다.(존슨의 세 권짜리 논리학 책 중 두 권도 그때쯤 출판되었다.) "**그가** 책에 대해 어떻게 생각하는지 정말 알고 싶습니다. 그를 만난다면 나의 안부를 전해주십시오."

당연한 일이지만 푸흐베르크에서 그와 철학을 논의할 사람은 아무도 없었다. 그러나 그는 최소한 음악에 대한 열정을 나눌 사람을 찾았는데, 그는 그 학교의 음악 선생이었고 재능 있는 피아니스트인 루돌프 코더Rudolf Koder였다. 어느 날 코더가 〈월광*Moonlight*〉 소나타를 연주하는 것을 듣고, 비트겐슈타인은 음악실로 들어가서 자신을 소개했다. 그때부터 두 사람은 거의 매일 오후에 클라리넷과 피아노 2중주 — 브람스와 라보어의 클라리넷 소나타와 브람스와 모차르트의 클라리넷 5중주를 편곡한 것 — 를 연주하기 위해 만났다.

이 음악 모임에 나중에 그 지방의 광부이자 마을 합창단원이었던 하인리히 포스틀Heinrich Postl이 들어왔다. 그는 비트겐슈타인의 좋은 친구이자 일종의 부하가 되었는데, 훗날 비트겐슈타인가의 관리인으로 고용되었다. 비트겐슈타인은 그가 제일 좋아하는 책들 중 몇 권, 톨스토이의 《요약복음서》와 헤벨Hebel의 《작은 보물상자*Schatzkästlein*》를 주었고 자신의 도덕관을 가르쳐주려 했다. 그래서 포스틀이 언젠가 세상을 개선시키고 싶다고 말했을 때, 비트겐슈타인은 "그저 당신 자신을 개선하시오. 그것이 더 나은 세상을 만들기 위해 당신이 **할 수 있는** 유일한 일이오"라고 응답했다.

코더와 포스틀을 제외하고 비트겐슈타인은 푸흐베르크의 동료나 마을 사람 중에 친구가 거의 없었다. 트라텐바흐에서처럼 그의 강의는 소수의 학생들을 고무시켜 그들이 다른 조건에서는 도달하지 못했을 정점에 오르게 했고, 그래서 그들이 집에서 하는 일을 방해했기 때문에 부모들을 화나게 했다.

비트겐슈타인이 초등학교에서 아이들을 가르치는 동안 《논고》는 학계에서 매우 주목받는 책으로 떠올랐다. 빈 대학에서 한스 한Hans Hahn이라는 수학자는 1922년 이 책에 대한 세미나를 열었고, 그것은 나중에 모리츠 슐리크Moritz Schlick에 의해 주도된 일군의 철학자들—그 유명한 논리실증주의자들의 빈학파Vienna Circle of Logical Positivists로 발전된 그룹—의 주목을 끌었다. 케임브리지에서도 또한 《논고》는 작지만 영향력 있는 교수들과 학생들 그룹의 논의의 중심으로 떠올랐다. 케임브리지에서 열린 이 책에 대한 최초의 공식적 논의는 아마도 1923년 1월에 열린 것이었는데, 이때 리처드 브레이스웨이트Richard Braithwaite가 도덕과학클럽에서 '《논고》에서 설명된 대로의 비트겐슈타인의 논리학'이란 주제로 발표했다.

한동안 케임브리지에서 비트겐슈타인과 접촉을 한 사람은 오그던밖에 없었는데, 그는 3월 비트겐슈타인에게 그가 최근에 펴낸 책 《의미의 의미*The Meaning of Meaning*》를 보냈다. 그 책은 시인이자 문학평론가인 리처즈I. A. Richards와 함께 집필한 책이었다. 오그던은 그 책이 《논고》에서 비트겐슈타인이 다루고 있는 의미의 문제에 대한 인과적 해결책을 제공해준다고 생각했다. 그러나 비트겐슈타인은 그것을 아무 관련이 없는 책으로 간주했다. "나는 당신에게 솔직하게 고백해야겠습니다. 나는 당신이 내가 책에서 다루었던 **문제들을** 포착하지 못했다고 생각합니다.(내가 옳은 해결책을 주었건 안 주었건 말입니다.)" 4월 7일 러셀에게 보내는 편지에서 그는 더 자세히 말했다.

> 얼마 전에 나는 《의미의 의미》를 받았습니다. 아마 당신에게도 보냈겠지요. 형편없는 책 아닌가요?! 철학이 그렇게 쉬운 것은 아닌데 말입니다. 이걸 보고 사람들이 두꺼운 책 한 권을 쓰는 것이 얼마나 쉬운지를 알게 되었습니다. 가장 나쁜 것은 영국학술원 포스트게이트Postgate 교수의 서문입니다. 그렇게 바보 같은 건 읽은 적이 거의 없습니다.

이것은 인스브루크의 잘못된 만남 이후에 비트겐슈타인이 러셀에게 보낸 두 번째 편지였다. 그는 답장을 초조하게 기다렸다. "내게 때때로 당신이 어떻게 지내고 있으며, 아이는 잘 지내는지, 즉 그가 이미 논리학을 잘 공부하고 있는지 좀 알려주십시오"라고 그는 간청했다.

러셀은 답장을 하지 않은 것 같다. 비트겐슈타인의 오그던의 작업에 대한 비난은 그를 짜증나게 했을 가능성이 높다. 왜냐하면 그는 그 책에서 비판할 것을 거의 발견하지 못했기 때문이다. 그 책은 여러 점에서 그가 이미 《마음의 분석》에서 말했던 것을 그저 다시 적어놓은 것이었다. 얼마 후 비트겐슈타인은 《국가*The Nation*》에 실린 이 책에 대한 러셀의 호의적인 평을 읽고 충격을 받았다. 러셀의 평에서 그 책은 '틀림없이 중요한 것'으로 묘사되고 있었다. 프랭크 램지에게서 그는 러셀이 "정말로 《의미의 의미》가 중요하다고 생각한 것이 아니라, 단지 그 책의 판매를 늘려서 오그던을 도와주고 싶어 했다"는 것을 알았다. 이것은 분명히 비트겐슈타인의 반감을 더욱 가중시켰을 것이고, 러셀이 더 이상 진지하지 않다는 불신감을 더욱 확인시켰을 것이다. 1930년대에 비트겐슈타인은 한두 번 정도 러셀의 철학적 연구에 관심을 가졌을 뿐(물론 그것도 성공적이지는 않았다), 결코 다시는 러셀을 친구로서 따뜻하게 대하지 않았다.

비트겐슈타인은 점점 고립되어갔기 때문에("아주 부끄러운 이야기지만 내가 이야기를 나눌 수 있는 사람들의 수가 계속 줄어들고 있다고 고백해야겠다"고 그는 엥겔만에게 편지를 썼다), 친구들이 **필요했다**. 오그던을 통해 케인스가 자신이 쓴 〈유럽의 재건Reconstruction in Europe〉—《맨체스터 가디언*Manchester Guardian*》의 별책부록으로 출판된 글—을 보냈을 때, 그는 고맙다고 말하기 위해 케인스에게 직접 편지를 쓰려고 했다. "나는 당신의 안부 편지를 당신으로부터 직접 받았으면 더 좋았을 것입니다."

> 아니면 너무 바빠서 편지를 쓸 수 없는가요? 그렇다고 생각하지 않습니다. 존슨을 만난 적이 있지요? 만약 그렇다면 그에게 안부를 전해주세요. 나도 또한 그의 소식을 듣고 싶습니다.(내 책에 관해서가 **아니라** 그에 대한 이야기를요.)
>
> 그러니 만일 나에게 편지를 쓸 의향이 있으면 그렇게 해주십시오.

케인스에게서 답장이 오기까지 1년이란 시간이 필요했다. "케인스 씨가 나에게 편지를 썼습니까?" 비트겐슈타인은 1923년 3월 27일에 오그던에게 물어봤다. "그렇다면 그에게 아직 편지가 도착하지 않았다고 말해주십시오." 그는 오그던에게 푸흐베르크의 주소를 다시 가르쳐주었다. 이미 전에도 두 번씩이나 가르쳐주었지만 케인스의 편지가 잘못 도착될 경우에 대비해서였다. 비트겐슈타인을 영국으로 돌아가게 설득할 수 있었던(그리고 실제로 그렇게 했던) 사람은 케인스였다. 그때까지 케임브리지와의 연락은 케인스의 친구이자 동료 사도이며 킹스 칼리지의 학생이었던 프랭크 램지를 통해서 이루어졌다.

출판되던 첫해에 《논고》를 연구했던 케임브리지의 사람들 중에 틀림없이 램지가 가장 명민했다. 비록 아직 학부생이었지만(1923년에 그는 겨우 19세였다), 그는 철학 잡지 《마인드*Mind*》에 비트겐슈타인의 책에 대한 서평을 써달라고 부탁받았다. 그 서평은 오늘까지도 그 책에 대한 가장 신뢰할 만한 설명이자 가장 날카로운 비평으로 남아 있다. 그것은 러셀 식으로 시작된다.

> 이 책은 광범위한 주제에 대해 일관적인 체계를 이루면서 독창적 사상들을 포함하고 있는 아주 중요한 책이다. 이 책이 저자가 주장하듯 본질적으로 다루어진 문제들의 최종적 해결인지는 어떻든지 간에, 이 책은 대단히 흥미롭고 모든 철학자들의 주목을 받을 만한 책이다.

그러나 램지는 러셀의 서문에 나타나 있는 몇 가지 몰이해—예를 들면 비트겐슈타인이 '논리적으로 완전한 언어'의 가능성에 관심을 갖고 있었다는 러셀의 잘못된 생각—에 대해 이의를 제기하면서, 그 책의 중심 사상에 대한 더 풍부하고 신뢰할 만한 설명을 제공한다.

오그던에게서 램지가 1923년 여름방학에 빈을 방문하길 원한다는 소식을 듣고, 비트겐슈타인은 램지에게 푸흐베르크로 방문해달라고 편지를 썼다. 램지는 흔쾌히 받아들였다. 그리고 앞으로 무슨 일이 일어날지에 대해서 잘 알지 못한 채 9월 17일에 도착했다. 그는 2주일가량 머물렀는데, 이 동안 비트겐슈타인은 매일 다섯 시간을—2시에 학교 수업이 끝난 후부터 저녁 7시까지—그와 함께 《논고》를 한 줄 한 줄 검토했다. "이 일은 아주 계몽적"이라고 램지는 오그던에게 썼다. "그는 이것을 매우 즐기는 것 같습니다. 그리고 우리는 한 시간에 한 쪽 정도 읽어갑니다."

> 그는 매우 즐거워합니다. 비록 그는 정신이 더 이상 유연하지 못해서 다시는 책을 쓰지 못하리라고 말하지만 말입니다. 그는 마을 학교에서 8시부터 12시까지 가르칩니다. 그는 아주 가난하고 여기서 오직 한 명의 친구만을 사귀면서 처량한 삶을 살아가는 것 같습니다. 그리고 동료들에게는 약간 미친 사람으로 알려져 있습니다.

책을 자세하게 읽어가면서 비트겐슈타인은 몇 가지를 바로잡거나 바꾸었는데, 이것들은 후에 나온 판들에 들어가 있다. 비트겐슈타인과 램지 모두에게, 램지가 그 책을 완전히 그리고 마지막까지 상세하게 이해하는 것이 중요했다. 비트겐슈타인은 무어가 1914년 노르웨이에 돌아갔을 때 그랬던 것처럼 램지가 영국으로 돌아갔을 때 모든 것을 잊어버리면 어쩌나 하는 걱정까지 했다. 램지는 어머니에게 썼다. "그가 '이해되었나?'라고 물을 때 내가 '아니오'라고 답하면, 그는 '제기랄, 이걸 다시 해야 한다니 **진저리 나는군**'이라고 말하는데, 이 말을 듣는 것은 무서운 일입니다."

램지는 비트겐슈타인의 연구를 더 높은 단계의 수학 이론의 토대로 만들려 했다. 둘이서 그 책의 검토를 마친 후 램지는 "나는 그 책을 더 발전시키려고 하는데, 그 일을 위해서는 그의 기운을 북돋워야 할 것"이라고 적었다.

> 그는 자신이 더 이상 아무것도 할 수 없다고 말합니다. 그것은 그가 지쳤기 때문이 아니라 그의 생각이 더 이상 유연하지 못하기 때문입니다. 그는 어느 누구도 철학을 5년 내지 10년 이상 할 수 없을 거라고 말합니다.(그의 책은 7년 걸렸습니다.) 그리고 그는 러셀이 더 이상 중요한 일은 할 수 없을 거라고 확신합니다.

비트겐슈타인은 램지의 계획을 지지했던 것 같다. 최소한 그는 러셀의 《수학 원리》를 대체할 만한 **무엇**이 있어야 한다는 점에 동의했다. 그는 러셀이 《수학 원리》의 새 판을 준비하고 있다는 것을 듣고 '약간 화난' 것처럼 보여 램지를 놀라게 했다. "왜냐하면 그는 자신이 그 책은 너무나 잘못되어 새 판도 쓸모없으리라는 것을 러셀에게 보여주었다고 생각했기 때문이다. 그것은 전부 다시 써야 했다."

비트겐슈타인의 현재 생활 환경에 대해서 램지는 다소 당혹해했다.

> 그는 매우 가난하다. 최소한 매우 검소하게 산다. 그는 하얗게 칠한 작은 방에서 산다. 거기에는 침대, 세면대, 작은 테이블과 나무 의자 하나가 있다. 이것이 그의 방에 있는 전부다. 그와 함께 먹었던 어제 저녁 식사는 다소 기분 나쁜 거친 빵과 버터와 코코아였다.

그러나 그는 비트겐슈타인의 젊은 외모와 활달함에 깊은 인상을 받았다. "철학을 설명하면서 그는 흥분했고 열정적인 제스처를 취했다. 그러나 매력적인 웃음으로 긴장을 가라앉혔다." 그는 비트겐슈타인이 "자기 말의 영감을 과장한다"고 생각했지만 그의 천재성에 대해서는 아무런 의심도 하지 않았다.

> 그는 대단하다. 무어를 위대한 인물로 생각하곤 했지만 W와는 견줄 수 없다!

비트겐슈타인의 관점에서 램지와의 토론은 비록 분투를 요하는 것이었지만 일상에서 벗어나는 자극과 즐거움을 제공했다. 그리고 케임브리지와의 관계에도 많은 도움이 되었다. 그는 램지에게 학기말에 푸흐베르크를 떠날 것 같다고 말했다. 그러나 그 이후의 일정에 대해서는 확실한 생각이 없고, 아마 정원사 자리를 찾거나 일을 구하러 영국으로 갈 것이라 말했다. 그는 전쟁 전에 러셀과 함께했던 6학기를 토대로 하여 《논고》가 학사 논문으로 수용되면 케임브리지의 학사학위를 받을 자격이 되는지 조사해달라고 램지에게 부탁했다.

램지가 미가엘 학기 준비차 케임브리지에 오자마자 그와 비트겐슈타인은 따뜻하고 우정어린 서신 교환을 시작했다. 그의 첫 번째 편지에서 램지는 그가 케인스로부터 알아낸 것, 즉 케임브리지 학위의 자격 규정이 바뀐 것을 설명했다. 6학기 등록과 논문을 제시하는 것은 더 이상 학사학위를 받는 조건이 되지 못했다. 만약 비트겐슈타인이 학위를 원한다면 최소한 1년 정도를 케임브리지에서 더 보내고 논문을 내야 했다. 이러한 방법으로 그는 후에 박사학위를 얻을 수가 있었다.

램지를 통해서 케인스는 비트겐슈타인에게 경비 50파운드를 지불할 것이라고 제의하면서 영국으로 오게 설득하려고 했다. 처음에 그는 이 제의를 익명으로 하려 했지만, 직접 질문 받았을 때 램지는 인정해야만 했다. "이 50파운드는 케인스가 보낸 것입니다."

> 그는 당신이 그 돈을 그가 아니라 알려지지 않은 출처로부터 받는다면 덜 주저하며 받으리라 생각했고, 당신에게 연락한 적이 없었기 때문에, 나보고 사실대로 말하지 말라고 부탁했습니다. 나는 그가 왜 당신에게 직접 편지를 쓰지 않았는지 이해할 수 없는데, 그 이유를 그도 설명할 수 없습니다. 그는 자기가 연락하는 일에 대해 일종의 콤플렉스를 갖고 있음이 틀림없다고 말합니다. 그는 **당신에 대해 따뜻한 애정을 가지고 말하며, 당신이 무척 보고 싶다고 말합니다**.

램지는 비트겐슈타인의 조카(비트겐슈타인의 누이인 그레틀의 아들 — 옮긴이)인 토머스 스톤버러Thomas Stonborough(램지는 그를 케임브리지에서 알게 되었다)에게까지 편지를 보내 같은 사실을 확인시켰다. "케인스는 L. W.를 만나길 간절히 원합니다. 50파운드를 제공하려는 것이 그가 편지를 보내지 못했던 것보다 그것을 더 잘 보여주는 증거입니다. 그는 L. W.에 대해 상당한 애정을 갖고 말합니다."

이때부터 비트겐슈타인을 설득하는 긴 캠페인이 시작되었다. 처음에는 여름휴가 동안 영국을 방문하도록 설득했고 그다음에는 교사 일을 그만두고 케임브리지에서 철학적 활동을 다시 하도록 설득했다. 램지는 그렇게 오랜 부재 — 이 동안 그는 상당히 변했고 대체로 사회로부터 떨어져 살았다 — 이후 케임브리지 사회로 다시 들어가는 데 대한 비트겐슈타인의 두려움을 진정시키기 위해 최선을 다했다. 12월 20일 그는 이 두려움을 잘 이해할 수 있지만 "그것에 너무 많은 비중을 둘 필요는 없다"고 편지를 썼다.

> 나는 케임브리지에 숙소를 마련할 수 있는데, 당신이 좋아하거나 필요하다고 생각되는 사람 이외에는 만날 필요가 없습니다. 당신이 사람들과 함께 있는 것을 분명히 아주 힘들어 했기 때문에 앞으로도 사람들과 지내는 것을 힘들어 하리라는 것을 잘 압니다. **만약 당신이 홀로 산다 하더라도, 서서히 사회로 돌아올 수 있을 것입니다.**
>
> 이 말을 한다고 해서 사람들을 지루하게 하거나 화나게 하는 것에 대한 당신의 두려움을 내가 지지한다고 생각하지 마십시오. 왜냐하면 **나 자신이 당신을 굉장히 보고 싶어 한다**는 것을 알기 때문입니다. 그러나 나는 그저 만일 당신이 그런 두려움을 갖고 있다 해도 어느 누구와도 머무르지 않고 혼자 있다면 모든 것이 괜찮으리라는 것을 말하고 싶을 뿐입니다.

램지가 나중에 깨달았듯이 이러한 식의 공격은 쓸모없었다. 비트겐슈타인이 전혀 원하지 않았던 것은 영국에서 혼자 사는 것이었다. 어쨌든 1924년 2월이 되어서 그는 비트겐슈타인에게 여름에 영국에 오라고 설득하는 것을 포기했고 대신 빈으로 가려는 자신의 계획을 말했다.

한동안 램지는 정신분석을 받으려는 계획에 대해 흥미를 갖고 있었다. 원래 이 계획은 유부녀를 향한 '불행한 열정'으로 생긴 정서적 혼란 때문에 세운 것이었다. 1924년 렌트 학기에 그는 우울증에 시달린 후 다시 그 계획으로 돌아왔다. 이것은 학자로서의 경력을 시작하기 전에 학교를 떠나 쉬고 싶다는 마음과 함께 빈에서 6개월을 보내기로 하는 결정으로 이어졌다. 빈을 선택한 것은 단지 정신분석을 받고 싶은 희망 때문만이 아니라, 그곳에 있는 동안 비트겐슈타인과 정기적으로 만나서 그의 연구에 대해 논의할 수 있다는 사실 때문이기도 했다.

그 자신의 일과 관련해서 그는 최근에 《수학 원리》 개정판을 준비하는 러셀을 돕고 있었다. 러셀은 그에게 평을 받기 위해 그가 개정판에 첨가시키려는 수정 원고를 보여주었다. 램지가 무엇을 비판했는지에 대해서는 아무것도 남아 있지 않다. 단지 개정판의 서문에 '저자들'

(러셀과 화이트헤드를 칭한다. 비록 러셀만이 개정된 것에 대해 책임이 있지만)은 램지에게 '많은 빚'을 지고 있다고 적었다.

그러나 램지는 비트겐슈타인에게 그 계획에 대해 매우 혹평했다.

> 그것이 전혀 중요하지 않다는 당신의 말은 맞습니다. 그것이 정말로 하는 모든 것은 환원 공리를 이용하지 않는 수학적 귀납법의 영리한 증명입니다. 근본적 변화는 전혀 없습니다. 이전과 똑같습니다. 그는 너무 늙은 것 같습니다. 그는 각각의 개별적인 것을 이해하고 '맞다'라고 말하는 것 같습니다. 하지만 깊이 새겨지지 않았는지 좀 전에 말한 그 문장에 대해 3분 후에 다시 설명합니다. 당신의 모든 연구 중에서 지금 그는 다음 것만을 수용하는 것 같습니다. 실명사substantive가 있어야 될 곳에 형용사를 쓰는 것은 난센스라는 것인데 이것은 그의 유형론을 도와주는 것입니다.

정말로 이 새로운 판은 어느 누구도 즐겁게 해주지 못한 것 같다. 비트겐슈타인과 램지는 이 개정판이 비트겐슈타인의 비평에 전혀 눈을 돌리지 않았다고 생각한 반면, 화이트헤드는 그것이 너무 비트겐슈타인적이라 생각했고 러셀이 포함시킨 새로운 생각을 비판하는 글을 출판했다.

램지는 3월에 빈으로 갔다. 그는 토머스 스톤버러와 여행했고 여행 기간 동안 그에게 비트겐슈타인 가족에 대한 이야기를 들었다. 비트겐슈타인의 세 형제가 자살을 했고, 지금은 세 명의 누나와 넷째 형만 살아 있으며, 그들 모두 빈에서 산다는 것을 들었다. 토머스 스톤버러와 지내는 동안 "매우 가난하다"는 비트겐슈타인에 대한 그의 평가는 조금 수정되어야 했다. 파리에서 그는 토머스의 아버지인 제롬 스톤버러를 소개받았는데, 램지는 어머니에게 제롬이 "꼭 부유한 미국인처럼 보인다"고 말했다.

빈에서 램지는 그때 쇤브룬Schönbrunn 궁전에 살고 있었던 마르가레테를 만나면서 직접 비트겐슈타인가의 부의 규모를 보게 되었다. "그녀는 어마어마한 부자임이 틀림없다." 그는 다음 토요일 궁전에서 열리는 저녁 파티에 초대받았다. "내가 생각하기에 그 파티에는 비트겐슈타인가의 사람들—대부분이 여자들과 교수들—과 아들인 토미Tommy의 친구들—대부분이 남자들—도 있었다. 그래서 꽤 많은 수의 남자들이 있었다." 음악은 전문적인 현악 4중주단이 연주했다. 그들은 처음에는 하이든을, 그다음에는 베토벤을 연주했다. 램지는 하이든을 더 좋아했지만, 그가 좋아하지 않는 것을 피할 수는 없었다. 저녁 식사 후 그는 "비트겐슈타인의 형이며 전쟁에서 한 팔을 잃어 지금은 한 손으로 연주하는 유명한 피아니스트인" 파울 비트겐슈타인과 이야기를 나누었다. "라이오넬Lionel Johnson(영국의 시인. 아일랜드 문예 부흥 운동에 노력하였으며, 독특한 시풍을 수립했다—옮긴이)은 그에 관해서 들었지만 그를 루트비히와 연결짓지는 않았습니다." 그리고 그는 파울과 헤르미네로부터 점심 초대를 받았다.

가족들과 만난 후 램지는 비트겐슈타인이 처한 상황이 완전히 스스로 만들어낸 것임을 더 잘 이해할 수 있었다. 그는 케인스에게 "그에게 더 즐거운 생활을 하라고 설득하거나 그의 에너지와 두뇌를 어리석게 남용하는 것을 그만두라고 설득하는 것"이 아마도 아무 소용이 없으리라는 것을 설명하는 편지를 썼다.

그의 누나 한 명과 나머지 식구들을 만나서 이제서야 분명히 알게 되었습니다. 그들은 매우 부유하고 그에게 돈을 주거나 그를 위해 어떤 식으로건 하려고 간절히 원하고 있지만, 그는 모든 유혹을 거절하고 있습니다. 심지어 크리스마스 선물이나 아플 때 보낸 환자용 음식도 되돌려 보낸답니다. 그 이유는 그들이 친하지 않기 때문이 아니라 자기가 벌지 않은 돈을—당신을 다시 보기 위해 오는 것 같은 매우 구체적인 목적을 제외하곤—받지 않으려 하기 때문이지요. 내가 생

> 각하기에 그는 돈을 벌기 위해 가르치며 또 다른 돈 버는 방법을 갖게 될 때에만 가르치는 일을 그만둘 것입니다. 그리고 그것은 정말로 버는 일이어야만 할 것입니다. 자기를 위해서 조금이라도 교묘하게 만들어진 일은 어느 것도 받아들이지 않을 것입니다. 아주 가엾지요.

그는 심지어 심리적 설명을 하기 위한 토대를 제안하였다. "이것은 굉장히 엄격하게 길러진 결과인 듯 보입니다. 형제 중 세 명이 자살을 했습니다. 그들의 아버지는 열심히 공부하라고 너무 강요했습니다. 한때는 여덟 명의 아이들이 스물여섯 명의 개인 교수를 두었을 정도니까요. 그리고 어머니는 자녀들에게 전혀 관심이 없었습니다."

빈에서 지낸 첫 주말에 램지는 비트겐슈타인과 하루를 보내려 푸흐베르크로 떠났다. 그의 마음은 주로 정신분석에 쏠려 있었고, 수학의 기초에 대한 그의 연구를 비트겐슈타인과 토론할 의향은 없었다. 하지만 그는 그렇게 하려고 약간 노력을 한 것처럼 보이는데, 그에 대한 비트겐슈타인의 반응은 실망스러운 것이었다. "비트겐슈타인은 아프지는 않지만 피곤한 것처럼 보였습니다"라고 그는 어머니에게 썼다. "그러나 그에게 연구에 대해서 말하는 것은 정말로 소용없는 일입니다. 만일 누가 질문을 하면 그는 대답을 듣지 않고 혼자서 생각하기 시작합니다. 그에게 그것은 아주 무거운 것을 언덕 위로 미는 것처럼 힘든 일입니다."

푸흐베르크로의 여행 후에 램지는 케인스에게 비트겐슈타인이 처한 적대적인 환경으로부터 벗어나는 것이 중요하다는 것을 강조하는 편지를 썼다.

> … 만약 그가 자신의 환경에서 벗어나 피곤해하지 않을 때 내가 그를 자극한다면, 그는 아마 더욱 훌륭한 연구를 할 수 있을 것입니다. 그가 그러한 목적을 갖고 영국으로 올 수 있다는 것은 상상할 만한 일입니다. 그러나 그가 여기서 가르치는 동안은 다른 일은 할 수 없을

> 것으로 보입니다. 그에게 생각하는 일은 너무나도 분명히 무서울 정도로 힘든 일이어서 탈진할 정도이지요. 만약 내가 여름휴가 동안 여기에 머문다면, 그를 자극하는 일을 시도할 수도 있습니다.

비트겐슈타인은 램지에게 부탁했던 것 같다. 영국을 방문하려는 자신의 입장을 설명하는 편지를 케인스에게 써달라고. 자신은 그 문제를 영어로 적절하게 표현할 수 없고, 만일 독일어로 쓴다면 케인스가 이해하지 못하리라고 확신했기 때문이다. 비트겐슈타인은 옛 친구들을 다시 새롭게 만나러 영국으로 가는 것에 대해 매우 심각하게 걱정을 하고 있다고 램지는 설명했다. 그는 더 이상 러셀과 이야기를 나눌 수 없을 거라 느꼈고 무어와의 논쟁은 아직 치유되지 않은 채 남아 있었다. 오직 케인스와 하디G. H. Hardy만 남아 있었다. 그는 케인스와 다시 사귀고 싶은 마음이 대단했으나 그것도 오직 과거의 친밀감을 새롭게 할 수 있다는 조건에서였다. 그는 케인스를 가끔 만나서 그저 피상적인 친분만을 유지하기 위해 영국에 가는 것을 원하지는 않았다. 그는 자신이 전쟁 이후에 너무 바뀌었기 때문에, 그가 케인스와 많은 시간을 보내지 않는다면 케인스는 그를 결코 이해할 수 없으리라고 느꼈다.

그러므로 그는 케인스가 자신을 그의 시골집에 손님으로 초대할 준비가 되어 있고 그를 다시 알기 위해 많은 시간을 보낼 의향이 있다는 조건에서 영국에 갈 수 있었다.

램지는 이에 대한 설명을 한 가지 경고로 끝맺는다.

> 나는 당신이 그것을 이해하기 어렵고 사람을 피곤하게 만드는 일이라고 생각할까 걱정됩니다. 비록 나는 그를 많이 좋아하지만, 내가 그를 하루 또는 이틀 이상 즐겁게 할 수 있을지 의심스럽습니다. 내가 그의 연구에 큰 관심을 갖고 있지 않다면 말입니다. 그런데 이것이 우리의 대화를 받쳐주는 버팀목입니다.

그러나 그는 또 이렇게 적었다. "만일 당신이 그를 초대한다면 나는 아주 기쁠 것입니다. 그것은 그를 이 판에 박힌 일상으로부터 벗어나게 할지도 모르기 때문입니다."

당분간 케인스는 비트겐슈타인을 시골에서 그와 함께 지내도록 초청하라는 제안에 대해서 반응을 보이지 않았다. 그는 아마 그러한 요구가 너무 버겁다고 생각했을 것이다. 그러나 3월 29일 램지의 편지를 보기 전에, 그는 드디어 작년에 비트겐슈타인에게서 받은 편지의 답장을 했다. 그는 편지를 쓰기 전, 《논고》를 이해하려는 욕망 때문에 이 편지가 늦어졌다고 설명했다. "그러나 이제 내 정신은 그런 근본적인 문제들과는 너무 멀리 떨어져서 내가 그런 문제들에 대해서 명확해지는 것은 불가능합니다."

> 나는 여전히 당신의 책에 대해 무어라 말해야 할지 모르겠습니다. 그 책이 비범하게 중요한 책이며 천재의 작품임은 확실하다고 느끼지만 말입니다. 맞건 틀리건 간에 그 책은 나온 이래 케임브리지에서 이루어지는 모든 근본적인 논의들을 지배하고 있습니다.

그는 비트겐슈타인에게 《평화의 경제적 결과들*Economic Consequences of the Peace*》을 포함해서 최근에 그가 쓴 책 몇 권을 보냈으며, 영국에 오라고 독촉했다. "나는 당신이 더 많은 연구를 쉽게 할 수 있도록 최선을 다해 돕겠습니다."

마지막 문장은 최소한 이 순간에는 틀린 말이다. 비트겐슈타인은 철학적 연구를 재개하고 싶어 했던 것이 아니라 과거의 우정을 회복하기를 간절히 원했던 것이다. 그는 겨우 7월에서야 응답했다. 반은 영어로 반은 독일어로 쓴 편지에서 그는 자기를 철학으로 돌아갈 수 있게 하는 것은 아무것도 없음을 강조했다.

> … 왜냐하면 나는 더 이상 그런 종류의 활동을 향한 강한 내적 충동을

느끼지 못하기 때문입니다. 내가 정말로 말해야 했던 모든 것을 말했고, 그래서 샘은 말라버렸습니다. 이상하게 들릴지 모르지만 그것이 사실입니다.

한편 그는 만약 영국에서 할 일이 있다면, 거리청소나 구두닦이라도 "즐겁게 해낼 수 있다"고 케인스에게 말했다. 그런 일 말고 그를 영국에 갈 가치가 있게 만드는 유일한 것은 케인스가 그를 통상적 자세보다 더 커다란 자세로 만날 준비가 되어 있느냐일 것이다. 케인스를 다시 만나는 것은 멋진 일일 것이지만, 그러나 "당신과 이틀에 한 번 정도씩 차를 마시는 것 정도로는 **부족할** 것"이라고 말했다. 램지가 이미 요약했던 그런 이유들 때문에, 그들이 친근한 관계를 이룩하기 위해서는 열심히 연구하는 것이 필요할 것이다.

우리는 11년 동안 만나지 못했습니다. 당신이 그동안 바뀌었는지는 모르지만 **나는** 확실히 엄청나게 변했습니다. 옛날보다 더 나아지지 않아서 유감이지만 나는 지금 **달라졌습니다**. 그러므로 우리가 만나면, 당신은 앞에 있는 사람이 당신이 초대한 그 사람이 아니라고 생각할지도 모릅니다. 비록 우리가 서로를 이해**할 수 있을**지 모르지만 한두 마디의 농담은 그 목적을 위해서는 충분치 **못할** 것이며, 그래서 우리 만남의 결과는 당신에게는 실망과 혐오를, 나에게는 혐오와 절망이 될 것입니다.

어떤 분규도 일어나지 않았다. 왜냐하면 방문이 이루어지지 않았기 때문이다. 비트겐슈타인은 빈에서 여름을 보냈다.

그는 이미 1924년의 여름 학기가 푸흐베르크에서 보내는 마지막이 될 것이라고 결정했다. 비록 이때 그는 비교적 행복했던 것처럼 보이지만 말이다. 램지는 5월에 그를 방문했을 때 어머니에게 비트겐슈타인이 좀 밝아진 것 같다고 말했다. "그는 한 주 전체를 아이들을 위한 고양이 뼈를 준비하는 데 썼습니다. 그 일을 하면서 그는 매우 즐거워 보였습니다. 그러나 그는 내 연구에는 전혀 도움이 되지 못했습니다."

어쨌든 비트겐슈타인에 대한 램지의 존경은 어떤 경우에도 줄어들지 않았다. 후에 그는 다음과 같이 쓰게 된다.

> 우리는 정말로 위대한 사상의 시대에 살고 있다. 아인슈타인, 프로이트 그리고 비트겐슈타인이 모두 살아 있다.(그리고 모두 문명의 적국인 독일 또는 오스트리아에 산다!)

그러나 그는 여름 내내 오스트리아에서 머물렀지만 비트겐슈타인을 만나려고 그다지 애쓰지는 않았다. 오그던이 작년에 있었던 논의 중에 만들어졌던 《논고》에 대한 교정을 부탁하기 위해 그에게 편지를 썼을 때, 그는 영국으로 돌아가기 바로 전인 9월까지는 비트겐슈타인을 다시 볼 일이 없다고 말했다. 오그던은 분명히 새로운 판이 출판될 경우를 대비해서 그 자료를 원했던 것 같은데, 그러나 그 당시에는 거의 전망이 없어보였다. 램지의 편지는 이렇게 끝난다. "그렇게 적게 팔렸다니 안됐습니다."

램지는 여름을 정신분석 과정을 마치고 논문을 쓰는 데 보냈다. 빈에 있을 때 그는 킹스 칼리지의 강사로 임명되어 케임브리지로 돌아가야 한다는 소식을 들었다. 이때 그는 스물한 살이라는 아주 젊은 나이였다. 그는 떠나기 전에 한 번 더 비트겐슈타인을 방문하고 미리 그에게 말했다. "최근에 그래왔던 것처럼 수학에 대해서는 그렇게 말하고 싶은 마음이 없습니다."

이 말은 분명히 비트겐슈타인이 "그의 정력과 두뇌를 어리석게 허비하는" 한, 그는 램지의 연구에는 "아무 도움도 안" 될 것임을 정중히 표현한 것이었다.

오스트리아 시골에 사는 아이들을 돌보아주고 그들의 부모들과 동료들의 적대감을 견뎌내는 일을 다시 한 번 해보기로 작정한—이것이 최후의 시도인데—비트겐슈타인은 1924년 9월에 또 다른 시골 학교를 다니기 시작했다. 이 학교는 트라텐바흐 옆 마을인 오테르탈Otterthal에 있었다.

트라텐바흐에서의 그의 경험을 생각해보면, 그가 벡셀 산맥으로 돌아가기로 선택했다는 것은 놀랄 만한 일이다. 그러나 동료들과 잘 지낼 수 있을 거라는 희망이 있었다. 최소한 헤르미네는 그렇게 생각했다. 비트겐슈타인이 오테르탈로 이사하자마자, 그녀는 핸젤에게 편지를 써서 자신의 동생을 방문할 계획이 있는지를 물어보았다. 그녀는 말했다. "누구든지 내게 루트비히가 거기서 어떻게 지내는지, 학교와의 관계가 어떤지 알려주면 정말 기쁘겠습니다."

> 내가 생각하기에 갈등이 전혀 **없을** 수는 없습니다. 왜냐하면 그의 교육 방법이 다른 교사들과 너무 다르기 때문입니다. 그러나 최소한 마찰로 인해 그가 **허물어지는** 일은 일어나지 않기를 바랍니다.

오테르탈 학교의 교장은 요제프 푸트레라는 사람인데, 그는 비트겐슈타인이 트라텐바흐에 있던 동안 절친한 사이였다. 푸트레는 사회주의자였고 글뢰켈의 사회 개혁 운동의 열렬한 지지자였다. 가르치기 시작한 첫 두 해 동안 비트겐슈타인은 종종 그의 조언을 듣곤 했다.

물론 그와 푸트레 사이에는 의견 차이가 있었다. 특히 교육에서의 종교의 역할에 관해 서로의 의견이 매우 달랐다. 푸트레가 학교에서 기도하게 하는 것을 막으려 한 반면, 비트겐슈타인은 학생들과 매일 기도했다. 일전에 푸트레가 가톨릭적 믿음에 립서비스를 하는 것에 반대하고 그것을 무의미한 것으로 간주했을 때, 비트겐슈타인은 이렇게 응답했다. "사람들은 서로서로 키스합니다. 그것 역시 입술로 말입니다."

푸트레와의 우정에도 불구하고 비트겐슈타인은 한 달도 안 돼 트라텐바흐에서보다 오테르탈에서 지내는 것이 더 쉽지 않으리라는 것을 알게 되었다. 그는 10월에 핸젤에게 다음과 같이 썼다. "여기 일이 잘 되질 않습니다. 아마도 나의 교사 경력이 다 끝나가는 것 같습니다."

> 나에게 너무 어렵습니다. 하나가 아니라 한 무리의 사람들이 내겐 반대합니다. 도대체 내가 어떤 사람이길래?

그러나 비트겐슈타인은 오스트리아의 교육 개혁에 가장 오랫동안 기여한 성과를 바로 이 오테르탈에서 만들었다. 게다가 이것은 글뢰켈 계획의 원칙에 부합하는 것이었다. 그것은 초등학교 학생들을 위한 철자법 사전으로 만들었던 《초등학생용 사전*Wörterbuch für Volksschulen*》이었다. 그가 그런 책을 출판하려고 마음먹은 것은 핸젤에게 학교에서 사용할 사전들의 가격을 알아봐달라고 부탁했을 때였다. 핸젤에게 보내는 편지에서 그는 이렇게 말했다.

> 나는 사전들이 그렇게 비쌀 거라고 생각해본 적이 없습니다. 만일 내가 충분히 오래 산다면 꼭 초등학교 학생들을 위한 작은 사전을 만들어낼 생각입니다. 이것이 지금 나에게 있어 가장 절실하게 필요한 일 같습니다.

그러한 사전의 필요성은 당국도 잘 알고 있었다. 그때에는 오직 두 개의 사전만이 있었다. 둘 모두 학생들에게 철자법을 가르치기 위해 만들어진 것이었다. 하나는 비트겐슈타인이 가르치는 시골 학생들이 사용하기에는 너무나 크고 너무나 비쌌다. 다른 하나는 아이들이 사용할 것 같지 않은 많은 외래어를 담고 있고, 정작 학생들이 잘 틀리는 많은 어휘들이 빠져 있는 매우 작고 조잡한 것이었다. 푸흐베르크에서 비트겐슈타인은 학생들에게 그들의 사전을 만들게 함으로써 이러한 어려움을 극복했다. 독일어 수업 시간과 날씨 때문에 밖에 나가지 못하는 체육 시간에, 비트겐슈타인은 칠판에다 단어들을 적고 학생들에게 그것들을 어휘 책에 받아 적게 했다. 이 어휘 책은 함께 묶여서 마분지 표지로 제본되어 사전이 되었다.

출판된 사전의 서문에서 문제에 대한 이러한 해결책을 논의하면서 비트겐슈타인은 이렇게 말한다.

> 현장에서 일하는 사람은 이 일의 어려움을 이해할 수 있다. 왜냐하면 각 학생이 깨끗하고 가능하면 정확한 사전을 받는 것이 목표인데, 이 목표를 이루기 위해서는 교사가 각 학생이 적은 거의 모든 단어를 조사해야 하기 때문이다.(표본을 조사하는 것만으로는 부족하다. 나는 규율에 대한 요구에 대해서는 말하고 싶지조차 않다.)

비록 그 결과 나타난 놀라운 맞춤법의 개선에 대해서 언급하고 있지만("철자적 양심이 깨어났다!"), 그는 분명히 그렇게 힘들고 곤란한 일을 반복하고 싶은 마음은 전혀 없었다. 그 사전은 그런 문제에 대한 더 실용적인 해결책으로 — 그와 같은 입장에 있는 다른 교사들을 위한 해결책으로 — 구상된 것이었다.

《논고》에 비하면 사전의 출판은 아무런 문제도 없이 쉽게 진행되었다. 1924년 11월, 비트겐슈타인은 사범대학에서 전 교장이었던 라츠케Latzke 박사에게 자신의 계획을 알리기 위해 연락했다. 라츠케는 횔더-피힐러-템프스키Hölder-Pichler-Tempsky라는 빈의 출판사에 연락했고, 11월 13일 비트겐슈타인에게 쓴 편지에서 그들이 기꺼이 출판을 하려 한다고 말했다. 원고는 1924년 크리스마스 휴가 동안 배달되었고, 비트겐슈타인은 이듬해 2월에 교정쇄를 받았다.

비트겐슈타인의 서문은 1925년 4월 22일에 작성되었다. 거기서 그는 이런 사전의 필요성을 설명했고, 단어들을 선택하고 배열할 때 고려했던 사항들을 설명한다. 그는 이러한 고려 사항들이 교사로서의 경험에 기초하고 있다는 것을 분명히 하고 있다. "실리지 않을 만큼 평범한 단어는 없다"고 그는 말했다. "왜냐하면 나는 wo라는 단어가 장모음을 지시하는 'h'와 함께 쓰이고 was는 'ss'와 함께 쓰인다는 것을 경험했기 때문이다." 서문을 보면 비트겐슈타인은 그의 사전을 특히 오스트리아 시골 초등학생들의 필요에 맞게 만들었다는 것을 분명하게 알 수 있다. 그래서 매우 좋은 독일어 단어일지라도 오스트리아에서 사용되지 않으면 실리지 않은 반면, 일부 오스트리아 방언들은 포함되었다. 지방 사투리가 실린 또 다른 이유는 비트겐슈타인이 경험을 통해서 자주 혼동되는 것을 알게 된 das와 dass의 차이, 직접 목적격의 ihn과 간접 목적격의 ihm의 차이와 같은 것들을 설명하기 위해서이다.

출판업자들은 책을 인쇄하기 전에 그 책이 학교에서 사용되도록 추천받을 것이라는 확신이 필요했다. 그러므로 그들은 승인을 얻기 위해 그 책을 남부 오스트리아 지방의 교육위원회에 제출했다. 위원회에 제출할 보고서는 지역 학교 조사원인 에두아르트 북스바움Eduard Buxbaum이 작성했다. 5월 15일에 작성된 이 보고서에서 북스바움은 사전의 필요성에 대해 비트겐슈타인과 동의하며, 이 필요성을 "현재 가장 시급한 문제"로까지 표현한다. 그는 또한 "보통 사용되는 일상적 어휘"를 비트겐슈타인이 강조한 것에 대해서도 동의한다. 그러나 그는 단어의 선택에서 Bibliothek(도서관), Brücke(다리), Buche(너도밤나무) 등의 평범한 단어들이 빠져 있는 것에 대해 비판했다. 그는 또 비트겐슈타인의 서문에 대해서 이의를 제기했다. 그는 학생들에게 사전을 받아쓰게 하는 것은 철자법을 가르치는 방법으로는 이상하다고 평한다. 오히려 그는 아이들이 이미 사용해보았던 단어들의 올바른 철자를 쓰도록 하는 것이 더 좋았을 것이라 생각했다. 그는 또한 비트겐슈타인이 독일어를 사용한 방식에서 오류를 발견한다. "어떤 경우에도 'eine Arbeit von viele Monaten(몇 달간의 일)'이라고 말하는 대신에 'eine mehrmonatliche Arbeit'라고 적는 실수가 독일어에, 심지어 서문 안에도 스며들어서는 안 된다."

북스바움은 이렇게 결론을 내린다.

이 사전은 내가 언급한 결점들을 제거한 후 초등학교의 상급생들과 고등국민학교Bürgerschulen를 위해서 어느 정도 유용한 도구로 사용될 수 있다. 어떤 교육위원회도 현재 형태로의 사전을 추천할 만하다고 생각하지 않으리라는 것이 서명자의 의견이다.

비트겐슈타인의 서문이 생략되고 북스바움이 언급한 단어가 추가된 후 이 책은 필요한 공식적 승인을 얻었다. 11월에 비트겐슈타인과 출판업자 사이의 계약이 체결되고, 그에 따라 비트겐슈타인은 앞으로 판매된 책의 도매가의 10퍼센트에 해당하는 인세와 책 열 권을 받게 되었다. 이 책은 1926년 출판되었고, 어느 정도 성공을 거두었다.(그렇지만 1977년에서야 비로소 재판이 나왔고, 당시 그 책에 대한 관심은 비트겐슈타인 연구에 한정되었다.)

앞에서 본 것처럼 오테르탈에 도착한 후 곧 비트겐슈타인은 그가 적대적인 환경에서 가르치려고 시도할 때 겪는 압박감을 더 이상 오래 견딜 수 없다는 것을 확신하게 되었다. 1925년 2월 그는 엥겔만에게 편지를 썼다.

나는 함께 사는 인간들, 아니 비인간들로부터 굉장히 괴롭힘을 당하고 있습니다. 간단하게 말하면 모든 것이 예나 다름없습니다!

전과 마찬가지로 비트겐슈타인은 그가 가장 좋아하게 되는 작은 그룹의 소년들로부터 열렬한 반응을 얻었다. 이 소년들은 방과후 과외 수업을 위해 남았고, 그들의 세례명으로 비트겐슈타인에게 알려진 특별한 그룹을 형성했다. 비트겐슈타인은 그들을 빈 여행을 보내기도 하고, 시골 지역을 도보로 여행하게도 했다. 그는 이들을 시골 학교에서 기대되는 것보다 훨씬 높은 기준에 맞춰 가르쳤다. 그래서 학생들의 교육에 대한 헌신과 비트겐슈타인의 학생들에 대한 헌신은 학부모의 적대감을 불러일으켰고, 부모들은 아이들을 문법학교에서 교육을 계속 받게 해야 한다는 비트겐슈타인의 제의를 거절했다. 그리고 다시 소녀들은 비트겐슈타인의 교육 방법을 참아내지 못했다. 특히 수학에서 그들은 비트겐슈타인의 비현실적으로 높은 기대에 맞출 수 없었고, 그러고 싶지도 않았기 때문에 머리카락을 당기고 뺨을 때리는 그의 행위에 매우 분개했다.

간단하게 말해서 정말로 모든 것이 예나 다름없었다.

엥겔만 역시 전후 유럽의 생활이 어렵다고 생각하고 있었다. 비트겐슈타인과 같이 자신이 이전 시대에 속한다는 것을 느꼈지만, 비트겐슈타인과는 달리 그 시대가 본질적으로 **유대적**인 특징을 갖고 있다고 생각했다. 그의 회상록에서 그는 '오스트리아 유대적 정신'과 '빈적 유대인' 문화 — 그 자신과 비트겐슈타인 모두 이 문화 속에서 자랐다 — 에 관해 말한다. 앞으로 보겠지만 비트겐슈타인은 그 시대를 매우 다르게 보았다. 그러나 유럽의 반유대주의의 전염병이 점점 더 악성이 될수록, 둘 모두에게 유대성에 대한 인식은 고양되었다. 엥겔만은 이것 때문에 시온주의자가 되었고, 1차 대전에 의해 파괴된 그의 모국을 대체할 새로운 고향으로 이스라엘의 창건을 기대하게 되었다. 비록 시온주의에는 한 번도 끌린 적이 없었지만(비트겐슈타인의 팔레스타인에 대한 종교적 연상은 언제나 구약보다는 신약과 관계가 있었다), 비트겐슈타인은 성지에서 살려는 엥겔만의 희망에 격려를 보냈다. "당신이 팔레스타인으로 가고 싶어 하는 것은 내게는 매우 즐겁고 격려할 만한 소식 중 하나입니다."

> 이것은 아마 옳은 일이고 영적인 효과가 있으리라 생각합니다. 나는 당신과 함께 가고 싶어 할지도 모릅니다. 나를 데리고 가겠습니까? ◈

◈ 엥겔만은 결국 1934년 유럽을 떠나 텔 아비브Tel Aviv로 간다. 그는 (1948년 후부터는 이스라엘 시민으로) 1963년 죽을 때까지 그곳에 머문다. 비트겐슈타인이 그와 함께 가는 것에 대해서는 더 이상 언급된 것이 없다.

7 마르가레테 비트겐슈타인, 1905년 제롬 스톤버러와의 결혼을 기념하여 구스타프 클림트가 그린 그림이다.

8 베를린 샤를로텐부르크에 있는 기능 대학

9 호흐라이트에 있는 집에서 저녁식사 중인 비트겐슈타인 가족. 왼쪽에서 오른쪽으로 가정부 로살리 헤르만, 헤르미네, 할머니 칼무스, 파울, 마르가레테, 루트비히

10 약 18세 때의 루트비히 비트겐슈타인

11 글로소프에 있는 연날리기 연구소에서 에클스와 함께

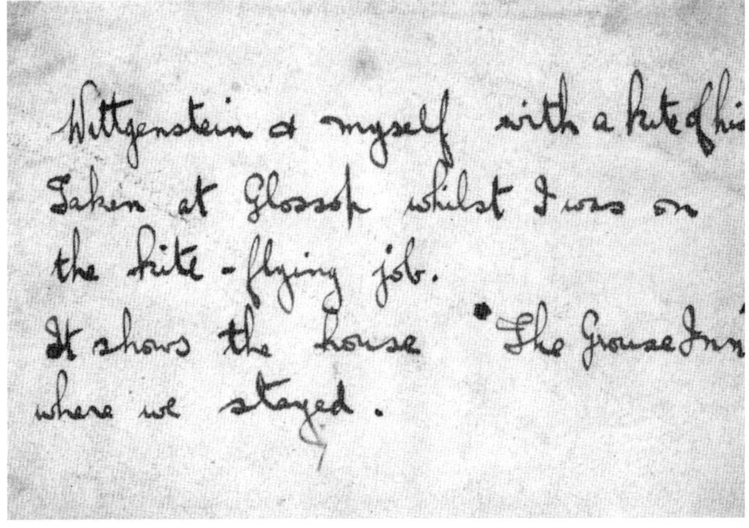

Wittgenstein & myself with a kite of hi
Taken at Glossop whilst I was on
the kite-flying job.
It shows the house "The Grouse Inn
where we stayed.

12 위의 사진을 설명하는 에클스의 글. 사진 뒤편에 있는 집이 그들이 묵었던 여관이라고 적혀 있다.(옮긴이)

13 케임브리지 강에서 찍은 사진. 왼쪽에서 난간에 팔을 기댄 사람이 존 메이너드 케인스다. 사진 오른쪽에 꽃이 달린 모자를 쓰고 긴 스카프를 두르고 서 있는 여자가 버지니아 울프이다. 그녀 왼쪽에 블레이저와 흰 바지를 입고 넥타이를 맨 사람이 루퍼트 브룩이다.

14 케임브리지의 도덕과학클럽 회원들. 1913년경에 찍은 사진. 맨 앞줄 왼쪽에서 세 번째가 제임스 워드, 그 오른쪽에 버트런드 러셀, 러셀 옆이 존슨이다. 두 번째 줄, 맨 오른쪽이 맥타가트 McTaggart, 오른쪽에서 세 번째가 무어이다.

15 데이비드 핀센트

16~18 1913년 노르웨이에서 보낸 엽서들

Dear Eccles,
Enclosed pleas[e]
find a Check
for 23 Norwegian
kroner = ~ 23 s.
& a bill from Goodalls
You would
highly oblige
me by paying
the amount to
Goodalls.
Yours ever L. W.

19~20 에클스에게 보낸 엽서들

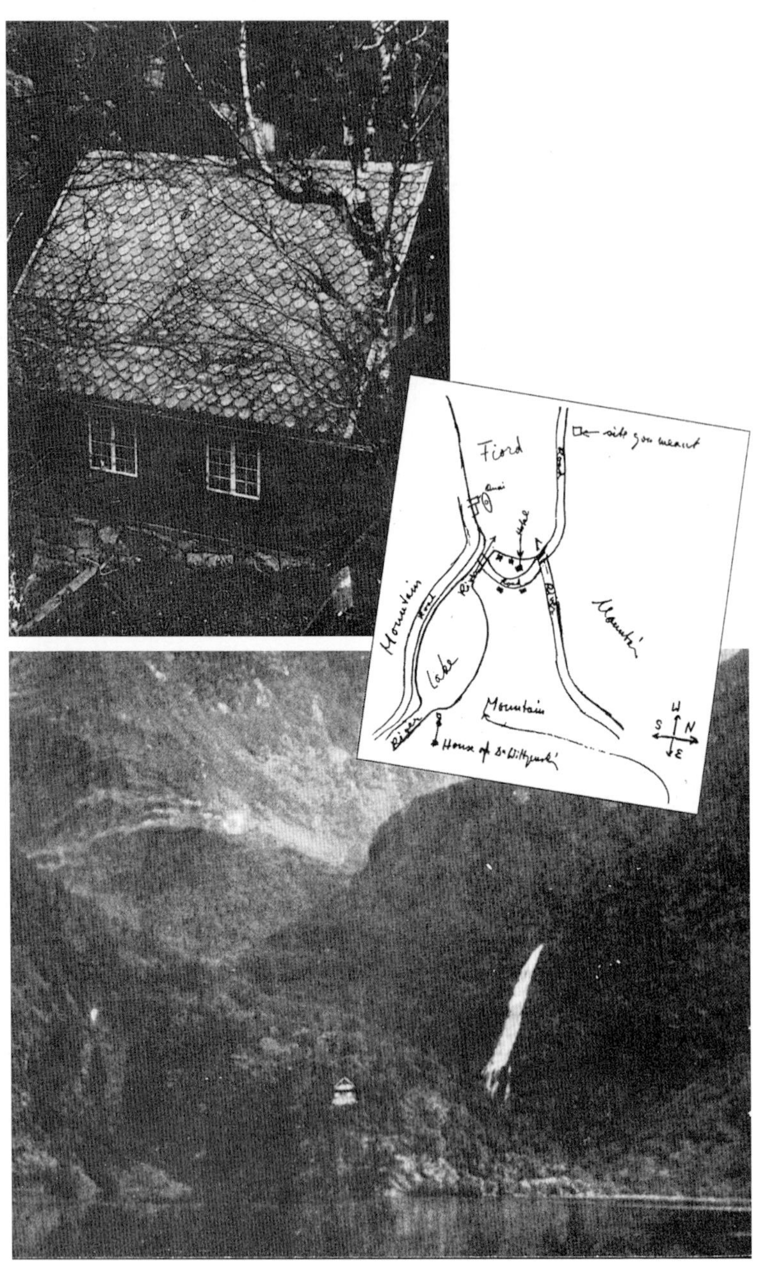

21~23 노르웨이에 있는 비트겐슈타인의 집 사진. 집의 위치를 그린 약도도 있는데, 이것은 1936년 10월 비트겐슈타인이 무어에게 보낸 것이다.

엥겔만에게 편지를 보낸 직후에 비트겐슈타인은 에클스로부터 기대하지도 않았던 편지를 받게 된다. 그는 맨체스터에 있을 당시 친구였고, 전쟁 이후로는 서로 전혀 연락이 없던 터였다.(핀센트, 러셀, 케인스와는 달리, 에클스는 적군의 군인과 우정 어린 편지를 교환할 사람이 아니었다.) 에클스의 편지는 비트겐슈타인이 필요했던 촉매제가 되었다. 그의 편지는 바로 영국으로 그를 초대하는 것이었다. 3월 10일 그는 새로 연락하게 되어 매우 기쁘다고 하며 답장했다.

친애하는 에클스,

너의 연락을 받으니 매우 기쁘다. 왜냐하면 어떤 이유인지 나는 네가 전쟁에서 죽었거나 만약 살았어도 독일인들과 오스트리아인을 너무 증오한 나머지 나와는 더 이상 연락을 하지 않을 걸로 확신했기 때문이다.

… 너를 곧 다시 볼 수 있기를 바라지만, 언제 어디서 만날지는 신만이 알겠지. 나는 시간이 그다지 많지 않고, 6년 전쯤에 나의 **전 재산**을 주어버렸기 때문에 영국에 갈 돈도 **없다**. 작년 여름 케임브리지에 있는 친구 케인스 씨(너도 알지?)를 보러 영국으로 갈 계획이었다. 그가 경비를 대겠다고 했는데 나는 가지 않았다. 왜냐하면 우리 사이에 놓여 있는 오랜 시간과 큰 사건들(외적이고 내적인)이 서로를 이해하는 데 방해가 될까 두려웠기 때문이다. 그러나 지금(최소한 **오늘**)은 나 자신을 옛 친구들에게 이해시킬 수 있을 것처럼 느껴진다. 만일 기회가 생긴다면 그렇게 할 수 있을지도 모른다. w.w.p. 맨체스터에서 만나게 되길 바란다.

5월 7일자 이후의 편지에서 그는 맨체스터에 있는 자기 집에서 머물라는 에클스의 초대를 받아들였는데, 한편으론 지난여름 그를 케인스와 함께 머무르지 못하게 했던 이유를 강조한다. 비트겐슈타인은 케인스가 그를 실제로 초대하지 않았다는 사실을 관계없는 것으로 무시해버린 것처럼 보인다.

> 1913년 이래로 영국은 변하지 않았을지 모르지만 **나는** 변했다. 그렇지만 그것에 대해 쓰더라도 소용없을 것이다. 왜냐하면 나는 그런 변화의 정확한 본성을 너에게 설명할 수 없기 때문이다.(비록 나는 그것을 완전히 이해하지만 말이다.) 내가 거기에 도착할 때 너는 그 변화를 직접 보게 될 것이다. 8월 말까지는 갈 수 있을 것이다.

7월에 비트겐슈타인은 영국에 가려는 계획에 관해서 케인스에게 편지를 썼는데, 여기서 그는 갈지 안 갈지에 대해 아직 결정을 못 내렸고 최종적인 결정은 케인스에게 달려 있다고 암시했다. "나는 가고 싶습니다. 단 (8월 중순쯤) **당신**을 만날 수 있다면 말입니다. 자, 당신이 나를 보고 싶은 마음이 조금이라도 있는지 **솔직하게** 말해주십시오." 케인스는 분명히 호의적으로 응답을 했음이 틀림없는데, 심지어 비트겐슈타인에게 여행 경비로 10파운드를 보냈다. 비트겐슈타인은 떠나기 전에 이렇게 썼다. "나는 우리가 서로 어떻게 지내게 될지에 대해서 굉장히 궁금합니다. 그것은 꼭 꿈 같을 것입니다."

비트겐슈타인은 8월 18일에 영국에 도착했다. 그리고 에클스를 보러 맨체스터로 떠나기 전, 케인스와 함께 서식스Sussex주 루이스Lewes에 있는 그의 시골 집에서 머물렀다. 그는 일찍이 영리하기보다는 선한 것이 더 좋다고 러셀에게 고집한 적이 있지만, 시골 농부들과의 시간을 유럽에서 가장 뛰어난 사람들과 보내는 시간으로 대체하면서 얻은 경험은 그를 기쁘게 했다. 루이스에서 그는 엥겔만에게 편지를 보냈다.

> 나는 총명하다는 것, 즉 정신의 풍부함이 궁극적 선이 아니라는 것을 압니다. 그러나 지금은 이 총명함의 순간에 죽을 수 있기를 원합니다.

그가 맨체스터로 갔을 때 에클스와 그의 부인은 모두 크게 변한 그의 모습을 보고 놀랐다. 그들은 역으로 마중나갔는데 거기에는 그들이 전쟁 전에 알았던 말쑥하게 차려 입은 '숙녀들이 선호하는 젊은이'가 아니라 마치 보이스카우트 제복과 같은 남루한 옷차림을 한 사람이 있었다. 기인 같은 모습은 비트겐슈타인이 에클스에게 아직 《논고》를 보지 못한 것 같은 (잘못된) 인상을 준 것에 의해 더 심해졌다. 그는 에클스의 부인에게 책을 구해달라고 부탁했고, 그녀가 맨체스터에 있는 서점에서 그것을 구하는 데 실패하자 에클스가 대학교 도서관에서 한 권을 빌렸다. 에클스는 그의 회상록에서 "비트겐슈타인이 《논고》의 영국판을 처음으로 본 것은 이때였다"고 자신 있게 그러나 틀린 진술을 하고 있다. 분명히 비트겐슈타인은 에클스가 그 책을 읽어보기를 간절히 원했던 것인데, 그렇다고 그것을 책을 구하려고 그렇게 열심히 애쓰게 만든 이유로 대기에는 너무 미안했음이 틀림없다.

영국에 머물던 끝 무렵 비트겐슈타인은 케임브리지로 가서 마침내 존슨과 다시 만났다. "비트겐슈타인에게 이렇게 전해주십시오. 그를 다시 만나게 되어서 대단히 기쁘지만, 논리학의 기초에 대해서는 말하지 않는다는 조건을 달아야 하겠습니다. 왜냐하면 나는 더 이상 나의 뿌리가 파헤쳐지는 것을 견딜 수 없기 때문입니다"라고 존슨은 8월 24일 케인스에게 쓴 편지에서 말했다. 그는 또 램지와도 만났는데, 둘은 아주 심하게 논쟁을 벌인 것처럼 보이며 2년 후에야 겨우 연락을 재개했다.

램지와의 논쟁에도 불구하고 비트겐슈타인의 여행은 성공적이었다. 여행을 통해 오랜 친구들과 다시 연락을 하게 되었고, 그는 오테르탈에서의 생활이 더 이상 참을 수 없게 될 경우 이렇게 재개된 옛 친구들과의 우정을 이용할 의향이었다. "필요한 경우에 나는 아마도 영국으로 갈 것"이라고 그는 엥겔만에게 말했다. 9월 신학기에 들어가자마자 엥겔만과 에클스에게 쓴 편지에서, 그는 '옛일'을 **다시 한 번 시도하는 것**에 관해 말한다. 마치 이번 해가 그가 시골학교에서 가르치는 마지막이 될 것처럼 말이다. "그러나 나는 지금이 그렇게 비참한 상황이라고는 느끼지 않는다. 최악의 상황으로 간다면 나는 당신에게 갈 거라고 결정을 한 바 있는데, 조만간 그 일이 닥칠 것 같다." 10월에 그는 케인스에게 비슷한 말을 했다. 그는 "내가 처한 이 어려움이 나에게 조금이라도 도움이 된다고 느끼는 한" 계속 교사로 남을 것이다.

> 치통을 앓을 때 얼굴에 뜨거운 물병을 올려놓는 것이 좋습니다. 그러나 그것은 물병의 열이 앓는 이에게 약간의 고통을 주는 한 효과적일 것입니다. 나는 (뜨거운) 물병이 나에게 도움이 될 그 특정한 종류의 고통을 더 이상 주지 않는다는 것을 알게 될 때 그 병을 버릴 것입니다. 여기 있는 사람들이 그 전에 나를 쫓아내지 않는다면 말입니다.

"만약 내가 가르치는 일을 떠난다면, 나는 아마도 영국으로 건너가 직업을 구할 겁니다. 왜냐하면 나는 이 나라에선 더 이상 할 수 있는 일이 아무것도 없음을 확신하기 때문입니다. 그 경우 나는 당신의 도움을 청할 것"이라고 그는 덧붙였다.

결국 최악의 상황이 왔고 비트겐슈타인은 아마 그가 예측했던 것보다 빨리 물병을 버려야만 했다. 그는 오테르탈을 떠나서 1926년 4월 아주 갑자기 가르치는 일을 모두 포기했다. 이 일을 촉진시킨 사건은 그 당시 많이 얘기됐던 것인데, 오테르탈 마을과 그 주위 지역에서는 '하이트바우어 소송 사건Der Vorfall Haidbauer'으로 알려졌다.

11세의 요제프 하이트바우어Josef Haidbauer는 비트겐슈타인의 학생이었다. 그의 아버지는 죽었고 그의 어머니는 피리바우어Piribauer라는 농부의 집에서 가정부로 일했다. 하이트바우어는 창백하고 병든 아이였는데 나중에 열네 살 때 백혈병으로 죽었다. 그는 반항적 타입의 학생은 아니었지만 아마도 교실에서 질문에 답할 때 약간 느리고 수줍어했던 것 같다. 어느 날 비트겐슈타인은 더 이상 참지 못하고 하이트바우어의 머리를 두세 번 때렸는데 이 때문에 그 아이는 실신했다. 비트겐슈타인이 그 아이를 과도하게 때렸는지—그 아이를 학대했는지—에 관한 질문을 받고, 동료 학생이었던 아우구스트 리글러August Riegler는 (믿기 힘든 논리로) 이렇게 답했다.

> 비트겐슈타인이 그 아이를 학대했다고 할 수는 없습니다. 만약 하이트바우어가 받은 벌이 학대라면, 비트겐슈타인이 가하는 벌 중 80퍼센트가 학대일 것입니다.

아이가 실신한 것을 보고 비트겐슈타인은 공포에 질렸다. 그는 학생들을 집으로 보내고, 그 아이를 교장실로 데려 가서 그 지방에 사는 의사(근처의 키르히베르크Kirchberg에 사는 의사)가 돌봐주러 올 때까지 기다린 후 황급히 학교를 떠났다.

밖으로 나가는 길에 불행하게도 그는 피리바우어를 우연히 만났다. 아마 아이들 중 한 명이 그를 불렀던 것 같다. 피리비우어는 마을 사람들에게 싸움을 좋아하는 사람으로 기억되고 있는데, 그는 비트겐슈타인에게 깊은 적대감을 품고 있었다. 그의 딸인 헤르미네Hermine도 자주 비트겐슈타인의 나쁜 성질의 희생자가 되곤 했는데, 한번은 너무 세게 맞아서 귀 뒤에서 피를 흘린 적도 있다. 피리바우어는 복도에서 비트겐슈타인을 만났을 때 극도로 화가 나 있었다고 회상한다. "나는 그에게 온갖 욕이란 욕을 다 사용해서 욕했지요. 나는 그가 선생이 아니라 동물 사육사라고 말했습니다! 그리고 경찰을 즉각 부르겠다고 말했습니다." 피리바우어는 비트겐슈타인을 체포하게 하기 위해 서둘러서 파출소로 달려갔지만, 그곳을 지키고 있던 한 명의 경찰이 자리에 없는 것을 알고 실망하였다. 다음 날 그는 다시 그 일을 시도했지만 비트겐슈타인이 간밤에 사라졌다는 교장의 말을 들었다.

1926년 4월 28일 비트겐슈타인은 사직서를 교육 감사관 중 하나인 빌헬름 쿤트에게 제출했다. 당연히 그는 '하이트바우어 사건'을 알고 있었지만, 비트겐슈타인에게 그 때문에 큰 일은 일어나지 않으리라고 안심시켰다. 쿤트는 교사로서의 비트겐슈타인의 능력을 높게 평가하고 있었던 터라 그를 잃고 싶지 않았다. 그는 하루 쉬면서 마음을 가라앉힌 후 정말 교사직을 그만둘 것인지 결정하라고 조언했다. 그러나 비트겐슈타인의 결심은 확고했다. 아무것도 그를 머물게 할 수는 없었다. 그는 쿤트가 예상했듯이 잘못된 행동을 하지 않은 것으로 판결을 받았다. 그러나 그때쯤 그는 오스트리아 시골에서 교사로서 더 이상 뭔가를 성취하겠다는 생각을 버리게 되었다.

물론 하이트바우어 소송 사건이 단념의 원인은 아니었다. 그저 명백히 예측되었던 사직을 마지막으로 촉발시켰던 사건일 뿐이었다. 그 절망 자체는 더 깊은 뿌리를 갖고 있었다. 그 사건이 일어나기 얼마 전에 비트겐슈타인은 오테르탈에 있는 학교의 교장직에 지원했던 아우구스트 볼프August Wolf를 만나 다음과 같은 말을 했다.

> 내가 당신에게 할 수 있는 유일한 충고는 당신의 지원을 철회하라는 것입니다. 여기 사람들은 너무 속이 좁아서 어떤 것도 성취할 수 없을 겁니다.

10
황야 밖으로

오테르탈에서의 일이 전기를 맞은 후인 1926년, 비트겐슈타인에게 가장 자연스런 선택은 케인스의 환대에 기꺼이 응해 영국에 되돌아가는 것이었을 거다. 실제로 그가 케인스와 다시 접촉을 시작한 것은 1년이 지나서였다. 그때 그는 자신이 겪었던 곤경으로부터 회복할 때까지 연락하는 것을 미루었다고 해명했다.

비록 교사로서의 경력을 포기하고 오테르탈을 떠나려고 했지만, 실제로 비트겐슈타인을 그렇게 하도록 만든 상황은 그를 완전히 파멸시켰다. 재판은 커다란 수치였고, 잔혹했다는 비난을 피하기 위해 교실에서 했던 체벌의 수위에 대해 거짓말을 할 필요를 느꼈기 때문에 더욱더 수치스러운 것이었다. 이것이 그에게 남긴 도덕적 패배감은 한 세대 동안 그를 괴롭혔고, 앞으로 보겠지만 죄의 짐을 덜기 위해 자신을 정화시키는 과격한 방법을 사용토록 만들었다.

이런 상태에서 그는 영국으로 돌아갈 생각을 할 수 없었다. 뿐만 아니라 잠시라도 빈에 돌아갈 수 있다고 생각지도 않았다. 그는 대신에 세상의 번뇌를 피해 완전히 은둔해야겠다고 생각했다. 교사직을 그만둔 후 얼마 안 있어 그는 수도원을 방문하여 수도사가 될 수 있는지를 문의했다. 이것은 그의 일생에서 크나큰 절망에 빠져 있는 동안 여러 차례 나타났던 생각이었다. 이때 분명히 사려 깊은 수도원장은 그에게 수도원에서 그가 기대했던 것을 찾지 못할 것이며, 또한 수도사가 되려는 동기가 수도원이 환영할 수 없는 것이라고 말했다. 그는 대안으로 빈 바로 외곽에 있는 휘텔도르프Hütteldorf에 있는 수도애호사들monk-hospitallers과 함께 정원사로 일하게 되었는데, 정원의 헛간에서 3개월 동안 야영을 했다. 6년 전에도 그랬던 것처럼 정원사 일은 효과적인 치료의 기능을 했고 여름이 끝날 무렵 그는 빈으로 돌아가서 사회생활을 할 수 있다고 느낄 만큼 안정되었다.

1926년 6월 3일 아직 그가 정원사로 일하고 있을 때, 한동안 병석에 있던 그의 모친이 알레가세의 가택에서 사망했다. 이로 인해 헤르미네가 가족의 대표가 되었다. 이 때문에 비트겐슈타인이 빈으로 돌아가는 것이 더 쉽게 되었는지 혹은 모친의 사망이 그에게 어떤 식으로건 영향을 미쳤는지는 말할 수는 없다. 그러나 이때부터 가족에 대한 태도에 큰 변화가 있었다는 것은 주목할 만하다. 1914년 그렇게 두려워하고 매우 심란해했던 가족과의 크리스마스를 그는 이제 즐거이 손꼽아 기다리게 되었다. 그때부터 그는 1938년 독일-오스트리아 합병으로 영국을 떠나는 것이 불가능하게 될 때까지, 매년 크리스마스 때마다 열정적으로 가족 모임에 참여하는 모습—사촌과 조카 들에게 선물을 나누어주고 함께 노래를 부르고 식사를 하는 등—을 보여준다. 더욱이 그가 이런 축제에 참여하는 것이 그의 진실성을 훼손시킨다고 생각했다는 흔적은 전혀 없다.

그렇다면 1926년 여름에 비트겐슈타인이 빈으로 돌아왔을 때 이것은 최소한 부친이 사망했던 1913년까지 거슬러 올라가는 그의 가족과의 소원해진 관계의 종식을 나타내는 것 같다. 돌아오자마자 그는 일종의 노동-치료work-therapy 과정을 밟을 것을 권유받았는데, 이 일은 정원사 일과는 달리 다른 사람들과 협동작업을 해야 하는 의무를 부과해서 그로 하여금 사회로 복귀하는 데 도움을 줄 만한 일이었다. 더욱이 그것은 그가 건축 미학에 대해 갖고 있는 견해를 실천하는 기회를 주었다. 누이 그레틀과 파울 엥겔만은 그에게 그레틀의 새 저택을 설계하고 건축하는 엥겔만의 파트너가 되어달라고 부탁했다.

엥겔만은 비트겐슈타인 일가를 위해 이미 몇 가지 일을 한 바 있다. 그는 노이발데거가세에 있는 가택을 새로 단장하는 일을 했고, 파울 비트겐슈타인에게 그의 도자기 수집품을 전시하기 위한 방을 알데가세에 있는 집에 만들어주었다. 1925년 말 무렵 그레틀이 그에게 빈의 가장 번화하지 않은 지역 중 하나인 빈 3구역의 (비트겐슈타인이 다녔던 사범대학과 가까운) 쿤트만가세에 있는 그녀가 구입한 토지에 지을 새 주택의 건축가가 되어달라고 부탁했다. 그 계획에 대해서 비트겐슈타인은 빠르게 관심을 나타냈다. 오테르트탈에서의 마지막 한 해 동안 빈에 들를 때마다 그는 그것에 대해 매우 열정적으로 그레틀 및 엥겔만과 토론하곤 했다. 그렇기 때문에 엥겔만에겐 비트겐슈타인이 그레틀이 희망하는 바를 자신보다 더 잘 이해한 것으로 보였다.

초기 계획은 비트겐슈타인이 교사로서 마지막 학기를 보내는 동안 엥겔만이 수립했지만, 오테르트탈을 떠난 후 그는 자연스럽게 그 계획의 파트너로 합류했다. 그때부터는 "내가 아니라 그가 건축사였다. 비록 기초안들은 그의 합류 선에 마련되었을지라도, 나는 그 결과가 나의 완성품이 아닌 그의 완성품이었다고 본다"고 엥겔만은 말한다.

최종안은 1926년 11월 13일로 만들어졌고 'P. 엥겔만 & L. 비트겐슈타인, 건축사'란 도장이 찍혀 있다. 비록 그는 건축가로서 훈련을 받아본 적이 없고 건축 일에 참여한 것은 이번 한 번뿐이었지만, 비트겐슈타인이 이 칭호를 진지하게 받아들여 건축에서 새로운 소명, 그 자신을 재창조하는 새로운 방법을 보기 시작했다는 징후들이 있다. 수년 동안 그는 빈 시 인명부에 전문 건축가로 등록되어 있었고, 이 당시의 그의 편지는 '파울 엥겔만 & 루트비히 비트겐슈타인 건축사, 빈 3구역 파크가세 18번지'라는 문구가 박힌 종이에 쓰여졌다. 비록 이것이 그의 개인적 독립, 즉 자유 직업가로서의 위상을 고집하고, 그의 직책이 누이를 위한 그저 명목상의 한직임을 부인하는 것을 뜻하는 말에 불과할지 모르지만 말이다.

집을 설계할 때 그가 맡은 역할은 주로 창문, 문, 창문 자물쇠, 라디에이터를 도안하는 것이었다. 이것은 언뜻 생각하는 것처럼 사소한 일은 아니었다. 왜냐하면 이러한 세세한 품목들은 만약 그것이 없으면 아주 평범하고 심지어 추하게 보였을 집을 눈에 띄게 아름답게 해주기 때문이다. 어떠한 외부 장식도 하지 않은 건물은 삭막하게 보이는데, 이 삭막한 외양은 비트겐슈타인이 설계한 특징들이 세밀하게 나타날 때 그리고 그것들 사이의 우아한 비례에 의해서야 비로소 부드러워진다.

따라서 세부적인 것들이 핵심적인 것이었고, 비트겐슈타인은 거의 광적인 정확성을 요구하면서 제작을 감독했다. 한 열쇠공이 "엔지니어 선생, 말씀해보시오. 1밀리미터가 당신에게는 정말로 그렇게 중요한 거요?"라고 물었을 때, 비트겐슈타인은 그가 말을 채 마치기도 전에 "그렇소!!"라고 고함을 쳤다. 비트겐슈타인이 설계한 고강도 유리문을 담당하는 제작회사와 토의하는 동안, 협상을 맡은 기술자는 비트겐슈타인의 기준에 맞춰 일을 하는 것이 절망적이었기 때문에 눈물을 흘리고 말았다. 겉보기에 간단한 라디에이터를 배달하는 데 1년이 걸렸는데, 그 이유는 오스트리아에선 비트겐슈타인이 구상하는 대로 제작할 이가 없었기 때문이었다. 각 부품들의 주조물들은 해외에서 구입했고 이 때에도 전체가 사용불가능한 것으로 폐기되기도 했다. 그러나 헤르미네 비트겐슈타인이 상기하듯이,

> 설계된 대로 정확하게 하려는 루트비히의 무자비함을 가장 잘 보여주는 예는 아마도 완성된 집을 막 청소하려고 할 바로 그때에 그가 한 방의 — 이 방은 거의 홀이라고 할 만큼 컸는데 — 천장을 3센티미터 들어올리게 한 것이다.

그레틀은 1928년 말에 입주할 수 있었다. 헤르미네에 의하면 그것은 그녀에게 장갑처럼 꼭 맞았다. 그 집은 그레틀의 개성을 — "어렸을 때

부터 그녀 주위에 있는 모든 것은 독창적이고 웅장해야 했다"—외현화한 것이었다. 그러나 그녀 자신은 단서를 달았다.

> … 그 집을 보고 아주 감탄하긴 했지만, 한시도 거기서 살고 싶지도 않고 또 살 수도 없겠다고 생각했습니다. 정말이지 그 집은 나같이 보잘것없는 인간보다 신들을 위한 숙소처럼 보였습니다. 처음에 나는 내가 '논리학을 구현한 저택'으로 부른 이 집에 대해서, 이 완벽한 기념비적인 작품에 대해 어렴풋이 생겨난 내적인 적대감을 극복해야 했습니다.

이러한 약간의 혐오감을 이해하기는 쉽다. 집은 안락함을 거의 염두에 두지 않고 설계되었다. 저택의 특징을 이루는 명료성, 엄격함, 정밀함이란 특성들은 정말로 거주 공간에서보다는 논리학의 체계에서 추구하는 것들이다. 실내 장식을 할 때 비트겐슈타인은 놀랍게도 아늑한 가정을 위해 필요한 것들을 거의 고려하지 않았다. 카펫, 상들리에, 커튼은 엄격히 배척되었다. 마루는 어두운 광택의 석재로 되었고 벽과 천장은 여린 황토색으로 칠해졌으며, 창문, 문고리, 라디에이터의 쇠붙이는 칠하지 않은 채로 놔두었고 방에는 아무 장식 없는 백열 전구들을 이용해서 밝혔다.

부분적으로는 이런 삭막한 기념비적인 특징 때문에, 또 한편으로는 오스트리아 자체의 비운 때문에, 그 저택—짓는 데만도 그렇게나 많은 시간, 힘, 비용이 들었던 저택—은 불행한 역사를 맞았다. 그레틀이 이사한 지 1년이 안 되어서 일어난 1929년의 대공황(비록 그것 때문에 그녀가 빈털터리가 된 것은 절대로 아니지만)으로 인해 집 관리에 필요한 많은 고용인들을 해고해야만 했고, 그 때문에 그녀는 홀이 아니라 부엌에서 손님을 접대하게 되었다. 9년 후인 독일-오스트리아 합병 이후 그녀는 뉴욕에서 살기 위해 나치로부터 탈출했는데, 그 때문에 그 빈 집을 혼자 남은 하인이 관리하게 하였다. 1945년 러시아 군대가 빈을 점령하자, 그 집은 러시아군의 숙소로 그리고 군마를 위한 마굿간으로 사용되었다. 그레틀은 1947년 돌아와 거기서 1958년 사망할 때까지 살았다. 그녀가 사망하자 그 집은 아들인 토머스 스톤버러의 소유가 되었다. 주거용으로 적당하지 않다는 헤르미네의 생각에 공감했던 스톤버러는 오랫동안 그 집을 비워두었고, 마침내 1971년 그 집을 개발업자에게 팔아서 허물게 하였다. 그러나 그 저택은 빈 유적 위원회가 국가적 기념물이라는 캠페인을 벌이면서 겨우 철거의 운명에서 벗어났다. 현재는 내부장식이 새로운 용도에 알맞게 대폭 바뀌었긴 하지만, 빈의 불가리아 대사관의 문화관으로 사용된다. 만일 비트겐슈타인이 현재의 그 집 모습을 본다면—L자 모양의 방을 만들기 위해 제거된 방의 칸막이, 하얗게 칠해진 벽과 라디에이터, 카펫이 깔리고 나무 판넬이 씌워진 홀 등등—아예 저택이 허물어진 것을 더 좋아했을 가능성이 높다.

그레틀을 위해 일하면서 비트겐슈타인은 빈 사회 안으로, 그리고 결국엔 철학 안으로 돌아갔다. 쿤트만가세의 저택이 지어질 동안 그레틀 일가는 줄곧 쇤부른 궁전의 1층을 차지했다. 그녀의 장남 토머스는 그때쯤 케임브리지에서 돌아와 당시 빈 대학에서 박사학위를 준비하고 있었다. 케임브리지에서 그는 마르그리트 레스핑거Marguerite Respinger란 이름의 젊은 스위스 여성을 만나 그녀를 빈으로 초대했다. 그녀와 비트겐슈타인의 관계는 적어도 결혼 예비 단계로까지 발전했고 1931년까지 계속됐다. 그녀는 사람들이 아는 한 그가 사랑에 빠졌던 유일한 여인이었다.

마르그리트는 부유한 가정 출신으로 활기 있고 예술적인 젊은 여성이었지만 철학에는 아무런 흥미도 없었고 비트겐슈타인이 보통 우정의 전제 조건으로 삼았던 독실한 진지함 같은 것은 거의 없는 여성이었다. 그녀와 비트겐슈타인과의 관계는 아마도 그레틀에 의해서 장려된 것 같은데, 다른 친구들과 친척 중 일부는 그 관계에 곤혹스러워했고 덜 기뻐했다. 그녀가 비트겐슈타인을 처음 만났을 때는 그가 공사 현장에서 사고로 발을 다친 후 치료를 위해서 그레틀의 가족과 함께 지내고 있을 때였다. 그녀는 그가 책을 낭독하는 것을 들으려고 그의 침대 주위로 모였던 젊은이들—토머스 스톤버러와 셰그렌 형제들인 탈레Talle와 아르비트가 포함되었다—중 하나였다. 그는 스위스 작가 요안 페터 헤벨이 쓴 어떤 글을 읽었는데, 그녀는 다음과 같이 전하고 있다. "나는 다시 편안하게 느꼈고 그렇게 깊이 이해한 상태에서 낭독하는 것을 들으면서 감동을 받았다." 아르비트 셰그렌이 매우 불쾌해했음에도—아마도 질투였다—비트겐슈타인의 시선은 그녀에게 쏠렸다. 비슷한 상황에서 그는 자신의 청중에게 무엇을 읽으면 좋겠는지를 물었는데, 그의 질문은 특히 마르그리트에게 향했다. 아르비트는 심술궂게 말했다. "당신이 무엇을 읽건 상관 없습니다. 그녀는 이해하지 못할 테니까요."

셰그렌의 불만에도 불구하고 비트겐슈타인과 마르그리트는 거의 매일 만나기 시작했다. 마르그리트는 빈에 있을 동안 예술학교에 다녔는데, 수업이 끝나면 비트겐슈타인을 만나려고 쿤트만가세 공사현상에 가곤 했다. 그들은 곧 서부극을 보러 함께 극장에 가고 카페에서 계란, 버터 바른 빵과 우유 한 잔의 간단한 식사를 하곤 했다. 그것은 그녀가 익숙해했던 스타일과 전혀 달랐다. 또한 그녀처럼 품위 있고 유행을 타는 젊은 숙녀가 비트겐슈타인이 변함없이 입었던, 어깨가 해진 자켓, 칼라 없는 셔츠, 남루한 바지와 묵직한 부츠로 치장한 남자와 동행하는 데는 어느 정도 용기가 필요했다. 더구나 그의 나이는 그녀의 거의 두 배였다. 그녀는 때때로는 토머스 스톤버러와 탈레 셰그렌 같이 더 젊고 더 옷을 잘 입는 남자들과 지내고 싶어 했다. 이것은 비트겐슈타인을 당혹스럽게 하기도 했고 화나게 하기도 했다. 그는 "왜 당신은 토머스 스톤버러 같은 젊은 녀석과 사귀려 합니까?"라고 묻곤 했다.

그들 각자의 친구들에게 더 이해할 수 없는 문제는 왜 비트겐슈타인과 마르그리트가 서로 사귀려고 하는가였다. 비트겐슈타인의 절친한 친구 중 아르비트 셰그렌만이 그녀와 사이좋게 지낼 수 없었던 것은 아니다. 파울 엥겔만도 또 다른 한 사람이었는데, 마르그리트도 그를 싫어했다. 그녀는 그를 "사람들이 싫어하는 그런 종류의 유대인"이라고 말했다. '사람들은' 아마도 비트겐슈타인 일가 사람들을 참을 수 있었을 것이다. 왜냐하면 그들은 엄청난 부자였고, 빈 사회에 융합되었으며, 종교적으로도 '인종적으로'도 완전히 유대적은 아니었기 때문이다. 그러나 엥겔만은 단지 **너무** 유대적이었다. 비트겐슈타인과 엥겔만과의 우정이 마르그리트와의 교제가 진전되면서 악화되었다는 것과, 그녀와 사랑에 빠져 있을 동안 비트겐슈타인 자신의 유대성에 대한 태도가 크게 변했다는 것은 우연일 수도 있고 우연이 아닐 수도 있다.

그레틀은 분명히 그 관계를 장려했는데, 왜냐하면 그녀는 마르그리트와의 친분이 동생을 달래고 '정상화'하는 데 영향을 줄 것이라 여겼기 때문이다. 이것은 사실이었을 수도 있지만 실제로 마르그리트가 이런 영향을 미칠 수 있었던 것은 그녀가 지적인 깊이를 결여하고 있었기 때문이었는지 모른다. 비트겐슈타인은 솔직하게 그녀에게 그의 내적인 사유 세계를 알려고 하지 말라고 분명하게 부탁했는데, 이것은 그녀가 기꺼이 들어줄 수 있는 부탁이었다.

마르그리트는 비트겐슈타인이 그 당시 조각했던 흉상의 모델이 되었다. 미카엘 드로빌의 스튜디오에서 제작된 흉상은 엄밀히 마르그리트의 초상화는 아니다. 왜냐하면 비트겐슈타인의 관심이 주로 태도와 얼굴의 표정에 있다 하더라도, 그가 포착하려고 했던 것은 그녀의 실제 표정이 아니라 그 자신 창조하고 싶었던 표정이었기 때문이다. 사랑하고 있는 비트겐슈타인을 묘사할 때 흔히 그렇듯이 우리는 바이닝거가 《성과 성격》에서 말한 것을 상기하게 된다.

여성을 사랑하는 것은 그녀의 실제 성질들을 고려하지 않을 때, 그래서 현실의 육체적 실재와 다른 아주 상상적인 실재로 대치할 수 있을 때에만 가능하다.

완성된 흉상은 그레틀에게 선사되어 쿤트만가세의 저택에 — 그것의 적당한 집인 — 전시되었다. 왜냐하면 미적으로 그것은 그 집의 한 조각이기 때문이다. 비트겐슈타인은 건축에로의 여행에 대해 이렇게 말했다.

> … 내가 그레틀을 위해 지은 저택은 분명히 예민한 귀와 훌륭한 기법의 산물이자 (문화 등에 대한) 폭넓은 **이해**의 표현이다. 그러나 그것은 **원시적** 생명, 광장으로 분출하려고 투쟁하는 거친 삶을 갖고 있지 않다. 따라서 그것은 **건강**하지 않다고 말할 수 있다.

우리는 그의 조각에 대해서도 그것이 '원시적 생명'을 결여하고 있다고 말할 수 있을 것이다. 따라서 그것은 비트겐슈타인 자신의 기준에 따르면 위대한 예술 작품에는 못 미친다. 왜냐하면 "모든 위대한 예술에는 **야생** 동물이 있기 때문이다. **길들여진** 채로 말이다." 비트겐슈타인 자신은 그 흉상을 단지 드로빌의 작업을 분명히 한 것에 지나지 않는다고 여겼다.

비트겐슈타인이 정서적으로 가장 끌렸던 예술 분야인 음악에서도 그는 "광장으로 분출하려고 투쟁하는 야생의 삶"을 보여주기보다는, 무엇보다도 대단한 이해력을 보여주었다. 빈에 머무는 동안 자주 있었던 다른 사람들과의 협연에서도, 그의 관심은 음악을 올바로 이해하게 만들고, 자신의 예리하게 민감한 귀를 통해 동료 연주자들에게 표현의 비상한 정확도를 부여하기 위해 이용하는 데 있었다. 심지어 그는 음악을 창조하는 것이 아니라 재창조하는 데 관심이 있었다고 말할 수 있다. 그는 연주를 통해 자기를 표현하거나 자신의 원시적 생명을 표현하는 것이 아니라 타인의 사유, 타인의 삶을 표현하고 있었다. 이점에서 그가 자신을 창조적이 아니라 재생산적으로 간주한 것은 아마 옳은 일이었을 것이다.

비트겐슈타인이 여타 예술분야에 관심이 있었고 예민했다 하더라도 그의 창조성이 실제로 깨어 있을 수 있었던 곳은 오로지 철학 안에서였다. 그때에 우리는 러셀이 오래전에 알아보았듯이 그 안에서 "광장으로 분출하는 야생의 삶"을 본다.

비트겐슈타인이 자신의 특유한 천재성을 가장 잘 표현할 수 있는 활동으로 되돌아갔던 때는 그가 그레틀의 저택을 짓고 있는 동안이었다. 다시금 그레틀은 비트겐슈타인을 빈 대학의 철학 교수인 모리츠 슐리크와 접촉시킴으로써 사회적인 촉매자의 역할을 했다.

그레틀은 슐리크 자신이 수년 동안 여러 차례 시도했다가 실패했던 두 사람의 접촉을 성사시켰다. 그는 《논고》가 출간된 해인 1922년 빈에 도착했는데, 그것을 읽고 그 가치를 인정한 빈의 첫 번째 사람들 중 하나였다. 1924년 여름 그레틀의 저택에서 프랭크 램지를 만난 후 그는 비트겐슈타인에게 편지를 썼는데, 수신지의 주소는 푸흐베르크였다.

> 《논고》의 숭배자로서 나는 오랫동안 당신과 연락을 하려고 했습니다. 빈으로 초청된 지 거의 5학기가 지났지만 나의 방문 계획을 계속 연기하게 된 것은 나의 교수직과 여타 의무들 때문입니다. 매 겨울 학기마다 나는 논리학과 수학의 기초에 대해 관심을 갖고 있는 동료들과 재능 있는 학생들과 함께 정기적인 모임을 갖는데, 여기서 당신의 이름이 자주 언급되었으며, 특히 수학과의 라이데마스터Reidemaster 교수가 했던 인상 깊은 한 강의에서 당신의 연구를 보고한 후에는 더 그랬습니다. 따라서 여기에는 당신의 근본적 사상의 중요성과 정확성을 확신하면서 당신의 견해를 더 널리 알리기 위해 한몫을 하려는 강한 욕망을 가진 사람들이 많이 있으며 나도 그중 한 사람입니다.

편지에서 슐리크는 푸흐베르크에 있는 비트겐슈타인을 방문하고 싶다고 제안했다. 실제로 이 당시에 비트겐슈타인은 오테르탈로 이사 갔는데, 어쨌든 편지는 결국 그에게 배달되었다. 그는 답장에 슐리크의 방문 가능성을 흔쾌히 받아들였다. 슐리크는 급히 다시 답장을 보내면서 방문하겠다는 의향을 밝혔으나 15개월 후 1926년 4월이 되어서야 비로소 몇 명의 선별한 학생들과 동행하여 오테르탈로 여행을 떠났다. 슐리크의 아내는 남편이 어떤 기분으로 여행을 떠났는지를 이렇게 썼다. "거의 경외스런 존경심으로 W가 세상에서 가장 위대한 천재 중의 하나라고 설명할 때 남편은 마치 성지 순례를 준비하는 것 같았습니다." 오테르탈에 도착했을 때 그 순례자들은 비트겐슈타인이 사표를 내고 교사직을 그만두었다는 말에 매우 실망했다.

따라서 슐리크는 1927년 2월 그를 비트겐슈타인과의 저녁 식사에 초대하겠다는 그레틀의 편지를 받고는 너무 기뻤다. "다시 한 번 나는 순례자의 공경하는 태도를 흥미진진하게 목격했다"고 슐리크 부인은 말한다. 슐리크는 그동안 비트겐슈타인에게 자신의 저서 일부를 보내면서 비트겐슈타인에게 그를 포함한 여러 사람들과 함께 논리적 문제들에 관해 토론하자고 제안했다. 그레틀은 그녀의 초청장에서 비트겐슈타인을 대신하여 이 제안에 응답했다. 그녀는 다음과 같이 슐리크에게 말했다.

> 그는 나에게 당신에게 가장 다정한 안부와 더불어 미안하다는 얘기를 전해달라고 부탁했습니다. 왜냐하면 그는 자신의 모든 에너지를 요구하는 현재 일을 하는 것 이외에 논리적 문제들에는 집중할 수 없다고 느끼기 때문입니다. 그는 분명히 많은 사람들과 만나지는 않을 것입니다. 그는 만약 당신 ― 슐리크 교수님 ― 혼자라면, 그러한 문제들에 대해 논의할 수 있을지 모른다고 느끼고 있습니다. 그때에는 자신이 이 점에서 당신에게 유용할 수 있을지가 분명해질 것으로 그는 생각합니다.

비트겐슈타인을 만난 후 슐리크는 "무아경의 상태로 돌아왔다. 그는 별로 말이 없었고 나는 물어보지 말아야겠다고 느꼈다"고 그의 아내는 회상한다. 다음날 비트겐슈타인은 엥겔만에게 다음과 같이 말했다. "우리는 서로 상대방이 미쳤음이 틀림없다고 생각했다!" 이후 곧 비트겐슈타인과 슐리크는 토론을 위해 정기적으로 만나기 시작했다. 엥겔만에 따르면 "비트겐슈타인은 슐리크를 논의를 위한 저명하고 이해심 있는 파트너로 생각했고, 더욱이 그가 슐리크의 매우 고상한 성품을 알아보았기 때문이다." 그러나 비트겐슈타인이 슐리크의 '학파Circle', 즉 철학 문제에 대한 실증주의적인 접근과 그들의 과학적인 세계관을 공유한 철학자와 수학자 그룹의 모임에 참석하도록 설득할 수는 없었다. 그 그룹은 목요일 저녁마다 수학과 과학의 기초를 논의하곤 했고, 이후 빈학파로 발전했다. 비트겐슈타인은 슐리크에게 오직 "자신의 손을 잡는" 사람들과만 이야기할 수 있다고 말했다.

그럼에도 1927년 여름부터 비트겐슈타인은 월요일 저녁에 자신과 슐리크 외에, 일부 조심스레 선택된 슐리크의 학회 회원들과 정기적으로 만나고 있었다. 여기에는 프리드리히 바이스만Friedrich Waismann, 루돌프 카르납Rudolf Carnap, 헤르베르트 파이글Herbert Feigl이 포함되었다. 이 모임의 성공은 슐리크가 그 상황을 민감하게 다루는 것에 좌우되었다. 카르납은 다음과 같이 회고한다.

> 첫 모임이 열리기 전에 슐리크는 우리가 하던 식으로 토론을 시작하지 말라고 긴급하게 권고했다. 왜냐하면 비트겐슈타인은 어떤 환경 속에서도 그러한 것을 바라지 않아서였다. 우리는 심지어 질문을 할 때도 조심해야 했다. 비트겐슈타인은 매우 민감해서 직선적인 질문에 쉽게 마음이 상하기 때문이다. 가장 좋은 방법은 비트겐슈타인이 말하게 내버려두고 그다음에 아주 조심스럽게 필요한 설명들을 부탁하는 것이라고 슐리크는 말했다.

비트겐슈타인을 그 모임에 참석하도록 설득하기 위해 슐리크는 그에게 꼭 철학적인 토론이 아니라 그가 좋아하는 것은 무엇이든지 논의할 수 있다는 것을 확신시켜야 했다. 때때로 비트겐슈타인은 그들에게 등을 돌린 채 시를 낭독하곤 해서 청중들 놀라게 했다. 특히 그가 전에 폰 피커에게 설명했듯이 《논고》에서 말하지 **않았던** 것이 말했던 것보다 더 중요하다는 것을 강조하기라도 하듯, 그는 그들에게 당시 빈에서 상당히 유행하던 인도 시인 타고르Rabindranath Tagore의 시들을 낭독했다. 타고르의 시는 슐리크의 학회 회원들의 견해와 완전히 상반된 신비주의적인 견해를 표현한다. 곧 카르납, 파이글, 바이스만에겐 《논고》의 저자가 그들이 기대했던 실증주의자가 아니었다는 것이 분명해졌다. 카르납은 이렇게 기록하고 있다.

> 초기에 우리가 학회에서 비트겐슈타인의 책을 읽고 있을 때, 나는 형이상학에 대한 그의 태도가 우리의 것과 유사하다는 그릇된 믿음을 가졌었다. 나는 그의 책에 있는 신비적인 것에 대한 진술들에 충분히 주의를 기울이지 않았다. 왜냐하면 이 분야에서 그의 느낌과 생각은 나의 것과는 너무 달랐기 때문이다. 오로지 그와 개인적으로 접촉하고 나서야 이 점에 대한 그의 태도를 더 분명하게 볼 수 있었다.

실증주의자들에게 명료성은 과학적인 방법과 붙어다녔고, 특히 카르납에겐 그들이 철학적 정확성과 명료성의 바로 그 전형으로 간주했던 책의 저자가 기질과 방법 모두에서 그렇게 단호하게 비과학적이라는 것을 깨닫는 것은 충격이었다.

> 사람들과 문제들, 심지어 이론적인 문제들에 대한 그의 관점과 태도는 과학자의 것이라기보다는 창조적인 예술가에 훨씬 더 가까웠다. 거의 종교적인 예언자나 선각자의 태도에 유사하다고 말할 수 있을 정도였다. 그가 어떤 특정한 철학적 문제에 대한 견해를 형성하려고

시작했을 때, 우리는 바로 그 순간 그 안에서 일어나는 내적인 투쟁을 느꼈다. 이 투쟁을 통해서 그는 극심하고 고통스런 긴장 속에서 암흑을 뚫고 빛으로 나가려고 시도했는데, 그것은 아주 풍부한 그의 얼굴 표정에서도 볼 수 있었다. 마침내 가끔은 오랫동안의 끈질긴 노력 후 답이 나왔을 때, 그의 진술은 우리 앞에 새로이 창조된 예술 작품 혹은 신의 계시처럼 나타났다. 그가 자신의 견해를 독단적으로 주장했다는 것이 아니다 … 그러나 우리가 받은 인상은 마치 그가 신적인 영감을 통해 통찰하는 것 같다는 것이어서, 그것에 대한 어떤 온당하고 합리적인 논평이나 분석은 신성 모독처럼 느끼지 않을 수 없었다.

회의를 제기하고 이의를 제기하는 토론이 사고를 검증하는 최고의 방법이라 여겼던 학파의 회원들과는 대조적으로, 비트겐슈타인은 "일단 영감 행위에 의해 통찰이 얻어지면 다른 사람들에 의한 어떠한 비판적 검토도 묵인하지 못했다"고 카르납은 회상한다.

나는 과학자들의 의도적인 합리적인 태도, 몰감정적인 태도, 그리고 '계몽'의 냄새가 나는 어떤 생각도 비트겐슈타인에겐 혐오스러웠다는 인상을 받았다.

이러한 기질의 차이와 관심 대상의 차이에도 불구하고 비트겐슈타인과 슐리크의 학파 회원들은 철학적인 논제에 관해 매우 유용한 토론을 할 수 있었다. 그중 하나는 프랭크 램지의 최신의 논문 〈수학의 기초The Foundations of Mathematics〉와 관련된 것이었다. 램지는 그것을 1925년 11월 런던 수학학회에서 발표했는데, 그 학회의 《학회지*Proceeding*》에 실렸다.

이 논문은 비트겐슈타인의 논리학 연구를 이용하여 수학의 기초에 대한 프레게와 러셀의 논리적 접근의 신뢰도를 회복시키려는 램지의 캠페인의 시작을 알리는 표지였다. 1930년 26세의 나이로 요절할 때까지, 러셀의 《수학 원리》에 있는 이론적 결함들을 수정하여 논리주의자들의 우위를 복구하고, 네덜란드의 수학자인 브라우어L. E. J. Brouwer가 이끄는 직관주의의 점점 커가는 영향력을 미연에 막으려는 것이 램지의 최우선적이고 지속적인 목표였다. 대체로 말하면 두 이론의 차이는 이렇다. 러셀은 모든 수학이 논리학에 환원될 수 있는 것을 보여주고 따라서 순수수학자들이 받아들이는 모든 공리들에 대한 엄격하게 논리적인 기초를 제공하려고 한 반면에, 브라우어는 수학과 논리학에 대한 근본적으로 다른 개념화로부터 시작해서 오로지 그의 체계 안으로부터만 증명할 수 있는 공리들만이 수용될 수 있는 그런 방식으로 수학을 **재건**하려고 하였다. 상당수의 잘 입증된 공리들을 포함한 나머지는 증명되지 않은 것으로 포기해야 할 것이다.

램지는 수학이 항진명제(비트겐슈타인의 의미에서)로 이루어진다는 것을 보여주는 《논고》의 명제들을 이용해서 수학의 명제들은 그저 논리적인 명제들이라는 것을 보여주려고 한다. 이는 비트겐슈타인 자신의 견해는 아니다. 《논고》에서 그는 논리적인 명제와 수학적인 명제를 구분한다. 즉 전자만이 항진명제고 후자는 '등식'이다.(《논고》 6.22)

따라서 램지의 목표는 등식은 항진명제라는 것을 보여주는 것이었다. 이러한 시도 가운데는 동일성의 정의가 있다. 그것은 $x=y$라는 식의 대체형으로 특별히 정의된 논리함수 $Q(x, y)$를 사용하여, $x=y$는 항진명제(만약 x와 y가 동일한 가치를 가진다면)이든가 모순명제(만약 x와 y가 상이한 가치를 가진다면)라는 것을 보여주려고 시도한다. 이러한 정의 위에 함수론이 세워졌는데, 램지는 이것을 수학의 항진명제적 성질을 보여주기 위해 이용하고자 했다. "오로지 그렇게 해서만 우리는 그것을〔수학을〕 브라우어와 바일Weyl의 볼셰비키적 위협으로부터 보호할 수 있다"고 그는 생각했다.

램지는 이 논문을 슐리크에게 보냈는데, 슐리크를 통해서 비트겐슈타인의 주목을 끌게 되었다.(램지는 1925년의 논쟁 때문에 그것을 비트겐슈타인에겐 보내지 않았다.) 비트겐슈타인은 분명 그 논문을 아주 꼼꼼히 읽었다. 1927년 7월 2일 그는 램지에게 그의 동일성의 정의를 상세히 비평하며 그런 이론들(동일성의 표현들은 항진명제거나 모순명제라고 주장하는 이론들)은 모두 성공할 수 없다고 말하는 글을 써보냈다. 비트겐슈타인 자신은 — 러셀은 이 점을 이미 1919년에 발견하고 놀랐는데 — 수학을 논리학이라는 기초 위에 세우려는 일에 아무런 이해 관계도 갖고 있지 않았다. 실제로 그는 그 일은 오도된 것이라고 간주했다. "이 모든 곤경에서 벗어나는 방법은 '$Q(x, y)$'가 비록 흥미 있는 함수이지만, 그것이건 또는 어느 명제 함수이건 간에 '$x=y$'를 대체할 수 없다는 것을 보는 것"이라고 그는 램지에게 말했다.

비트겐슈타인의 반대에 대해 램지는 두 번 응답했다. 한 번은 슐리크를 통해서였고, 한 번은 비트겐슈타인에게 직접 했다. 그의 방어의 요점은 이렇다. 그의 의도는 동일성의 **정의**를 제공하는 것이 아니라 단순히 대체함수를 제시하는 것이었고, 이 대체함수는 그의 이론 안에서 동일성 진술의 역할을 하면서 그가 원했던 논리적 결과를 주는 식으로 정의되는 것이었다.

이 서신 교환을 통해서 비트겐슈타인과 램지 간의 차이 및 비트겐슈타인이 램지를 '부르주아' 사상가로 부를 때 의미한 바에 대한 흥미로운 설명이 제시될 수 있다. 비트겐슈타인의 반대는 그 문제의 핵심을 직접적으로 다루어서 러셀 식의 수학의 기초를 재건하려는 램지의 임무 자체가 **철학적으로** 오도되었다는 것을 입증하려 시도한 반면에, 램지의 응답은 단지 그의 함수가 그것이 목적하는 바를 달성할 것인지에 대한 논리적이고 수학적인 문제에만 관련되어 있었다. 이처럼 비트겐슈타인에 의하면 램지는 다음과 같은 의미에서 '부르주아적'이었다.

… 그는 어떤 특수한 공동체의 일들을 해결하려는 목표를 갖고 사고

> 했다. 그는 그 국가의 본질에 대해서는 숙고하지 않았고—또는 최소한 그렇게 하는 것을 좋아하지 않았다—어떻게 **이** 국가를 합리적으로 조직할 수 있는지를 숙고했다. 이 국가가 유일하게 가능한 국가가 아닐 수 있다는 생각은 부분적으로 그를 불안하게 했고 부분적으로는 지루하게 했다. 그는 **이** 국가의 기초에 대한 숙고에 가능한 한 빨리 착수하고 싶어 했다. 이것이 그가 잘하는 일이었고 정말로 흥미를 느끼는 일이었다. 반면 진정한 철학적 숙고는 그를 불편하게 만들기 때문에, 그 결과를(만일 그 결과가 있다면) 한쪽에 치우고 사소한 것이라고 선언해버린다.

물론 정치적인 비유법은 램지가 한 브라우어의 '볼셰비키적 위협'이란 표현을 넌지시 암시한 것이고, 비트겐슈타인이 이 비유를 사용하면서 그가 '진정한 철학적 숙고'를 볼셰비즘과 동일시했다고 생각할 수도 있다. 그러나 그렇지 않다. 비트겐슈타인은 **이** 국가의 일, 즉 러셀의 논리주의를 조직하는 데 흥미가 없었지만, 또한 그것을 다른 것(브라우어의 직관주의)으로 대체하는 데에도 흥미가 없었다. "철학자는 어떤 이념들의 공동체이건 그런 공동체의 시민이 아니다. 그것이 그를 철학자로 만드는 것"이라고 그는 적고 있다.

비트겐슈타인으로 하여금 드디어 케인스에게 편지를 쓰게끔 촉진한 것은 아마 램지와의 이러한 연락이었을 수도 있다. 그것은 그가 교사직을 그만둔 후 처음 쓴 편지였다.("나는 더 이상 뜨거운 물병을 참을 수 없었다"고 그는 설명했다.) 그는 케인스에게 그의 책 《러시아에 대한 소견 *A Short View of Russia*》에 대해 사의를 표하고, 자신이 짓고 있는 저택이 그해(1927) 11월에 완공될 것이라고 예상하고 있으며, 그 후에는 "누구라도 나를 만나고 싶어 한다면" 영국을 방문하고 싶다는 편지를 썼다.

"당신의 책에 관해서 내가 그 책을 좋아했다는 점을 적는 것을 잊었습니다. 그 책은 당신이 하늘과 땅 사이에는 더 많은 것들이 있다는 것을 알고 있음을 보여줍니다"라고 적었다.

소비에트 러시아에 대한 조사를 좋아하는 이유로서 든 이 이상한 말은 그 책에서 케인스가 소비에트 마르크스주의는 경제적 개혁 수단으로서가 아니라 새로운 종교로서 숭배되어야 한다는 것을 강조했다는 사실에 의해서 설명된다. 레닌주의의 경제적 양상을 그는 다음과 같은 이유로 무시한다. "그것은 성서로서 어떠한 비판도 허용되지 않은 채 세워진 원리이며 낡은 경제 교과서이고, 나는 그것이 과학적으로 오류일 뿐 아니라 현대 세계에 전혀 응용되지 못한다는 것을 알고 있다." 그러나 이 원리에 수반하는 종교적 열정에 그는 깊은 인상을 받았다.

> … 종교가 없는 이 시대엔 많은 사람들이 낡은 종교의 재현이 아닌 정말로 새롭고 사람에게 동기를 부여하는 힘이 입증된 어떤 종교에 대해서도 강력한 정서적 호기심을 느끼기 마련이다. 이 새로운 것이 러시아에서 나왔을 때는 더 그렇게 된다. 러시아는 유럽 가족의 아름답고 바보 같은 가장 어린 아들이다. 그는 머리에 난 머리카락과 함께 서방에 있는 머리가 벗겨진 형제들보다 땅과 하늘에 모두 더 가까이 있다. 이 어린 아들은 2세기 후에 태어났기 때문에, 젊음의 천재성을 잃기 전에 또는 편리함과 관습에 빠져버리기 전에 나머지 가족에 대한 중년의 환멸을 느끼기 시작했다. 나는 소비에트 러시아에서 뭔가 좋은 것을 구하려는 사람들에 공감한다.

소비에트의 신앙은 민중을 고귀하게 대한다는 점에서 기독교와 공통적이라고 케인스는 기술한다. 그러나 기독교와는 대조적으로 그 안에는 무언가가 있다.

> … 그것은 변화된 형식과 새로운 배경 안에서 미래의 진정한 종교에 대해 무언가 기여할지 모른다. 만약 미래에도 진정한 종교가 있다면

> 말이다. **레닌주의는 절대적으로, 도발적으로 비-초자연적이며, 그것의 정서적 윤리적 본질은 돈을 사랑하는 것에 대한 개인과 공동체의 태도에 중심을 둔다.**

이런 구절들이 어떻게 해서 비트겐슈타인의 호감을 얻었는지, 또한 어떻게 해서 케인스가 묘사한 신앙이 그의 관심과 잠재적으로 그의 신뢰를 얻었는지 이해하기는 어려운 일이 아니다. 소비에트 연방을 짧은 기일 동안 방문한 후 쓰인 케인스의 책은 1920년 러셀의 방문 이후 출간된 《볼셰비즘의 실천과 이론*The Practice and Theory of Bolshevism*》과 첨예하게 대조된다. 러셀은 소비에트 체제에 대한 혐오감만을 나타냈다. 그도 역시 기독교와 비교하지만 그 비교는 그의 경멸감을 표현하기 위해 사용될 뿐이다.

> 자유로운 지성이 인간 진보의 주된 동력이라 믿는 나와 같은 사람들은 로마교회에 반대하는 만큼 볼셰비즘에 근본적으로 반대할 수밖에 없다. 공산주의를 고취시키는 희망들은 주로 산상수훈에 의해 주입된 것만큼이나 감탄할 만하다. 그러나 그것들은 광신적으로 주장되면 그만큼 해를 입힐 가능성이 있다.

비트겐슈타인 자신의 소비에트 러시아에 대한 관심은 러셀의 책 출간 직후로 거슬러 올라간다. 마치 만일 러셀이 그것을 싫어했다면 거기에는 유익한 것이 있을 것이라고 생각했던 것처럼 말이다. 1922년부터 (그가 파울 엥겔만에게 "우리가 얘기했던 러시아로의 여행 가능성"에 대해 썼을 때) 비트겐슈타인은 케인스의 말로 하자면 "소련에서 뭔가 좋은 것을 찾는" 사람 중 하나였다. 그는 1937년 정치적 상황 때문에 불가능해질 때까지 소비에트 연방에서 일하며 사는 생각에 줄곧 매료되었다.

비록 케인스는 자신을 비신자라고 선언했지만 소련의 마르크스주의를 신앙으로, 즉 열렬한 종교적 **태도**(예를 들면 보통 사람을 중요하게 여기고 돈을 사랑하는 것을 죄악시하는 태도)를 품고 있지만 아무런 초

자연적 **믿음**이 없는 신앙으로 소개하면서, 그는 비트겐슈타인이 소련에서 발견하고자 했던 것이 무엇인지에 대한 중요한 실마리를 제공한 것으로 보인다.

비트겐슈타인은 케인스에게 쿤트만가세 저택이 1927년 11월까지는 완공될 것이라고 시사했는데, 이것은 이미 설명된 이유들 때문에 너무나도 낙관적인 예측이어서 그는 1년이 지나서야 비로소 영국 여행 제안에 대해서 생각해볼 수 있었다.

그동안에 그는 램지를 그렇게 괴롭혔던 '볼셰비키적 위협'을 몸소 보고 들을 기회가 있었다. 1928년 3월에 브라우어가 빈에 들러 '수학, 과학, 언어'라는 제목의 강의를 했는데, 비트겐슈타인은 바이스만, 파이글과 함께 거기에 참석했다. 강의 이후 세 사람은 카페에서 함께 몇 시간을 보냈는데 파이글은 다음과 같이 전한다.

> … 그날 저녁 비트겐슈타인에게 일어난 변화를 지켜보는 것은 환상적이었다 … 그는 아주 말이 많아지더니 그의 후기 글들의 단서가 되었던 생각들을 스케치하기 시작했다 … 그날 저녁 비트겐슈타인은 강한 철학적 관심과 활동으로 되돌아왔다.

파이글의 기록으로부터 비트겐슈타인이 브라우어적인 직관주의로 갑작스럽게 전환했다고 추론하는 것은 잘못일 것이다. 비록 브라우어의 강의가 엄청난 자극이었고, 다음 몇 년 동안 자라날 씨를 심어주었는지는 모르지만 말이다. 비트겐슈타인의 초기 저작에서 그가 브라우어의 사상을 알고 있었다는 증거는 없다. 1925년 논문에서 램지가 그를 언급한 것이 브라우어에 대해서 처음 들었던 때일 수도 있다. 하지만 1929년부터 브라우어를 언급하는 일이 잦아져서, 러셀이 1930년 비트겐슈타인의 연구 성과를 보고해달라는 요청을 받았을 때 그는 분명히 좋지 않은 영향이라고 간주하는 것을 발견했다.

… 그는 무한에 대해서 많이 썼는데, 그것은 언제나 브라우어가 했던 주장이 될 위험이 있다. 그러한 위험이 분명해질 때마다 그것은 즉시 뿌리째 뽑혀야 한다.

그러나 브라우어의 강연 이후 비트겐슈타인이 흥분한 것은 그가 브라우어에게 공감한 것만큼 그에게 반대한 것과 관련이 있는 것 같다. 강의의 많은 내용이 비트겐슈타인 자신의 견해와 충돌하는데, 전기 및 후기의 견해에 모두 충돌한다. 특히 '기본적인 수학적 직관'이라는 직관주의의 철학적 기초를 이루는 칸트적 개념은 비트겐슈타인이 일생 동안 한 번도 공감한 적이 없었던 것이었다. 실제로 직관주의에 대한 그의 반대는 시간이 갈수록 강화되었다. 1939년 수학의 기초에 대한 강의에서 그는 청중들에게 단호하게 말했다. "직관주의는 완전히 허튼소리다!"

그럼에도 불구하고 브라우어의 견해에는 비트겐슈타인 자신의 견해와 조화를 이룰 요소들이 있었다. 특히 러셀과 램지가 제창한 이론에 반대한다는 점에서 그랬다. 이러한 요소들은 러셀이 지목한 점—비트겐슈타인은 외연의 무한 계열을 거부한 브라우어의 의견에 동의하는 것처럼 보인다는 것—보다 더 깊은 것이며, 그것들은 러셀과 램지의 '부르주아적' 정신과는 근본적으로 다른 하나의 철학적 **태도**를 구성한다. 일반적인 수준에서는 브라우어의 철학적인 입장은 대륙의 반합리주의적 사상의 전통에 속한다고 할 수 있다. 이러한 전통과 쇼펜하우어를 연합시킬 수 있을텐데, 비트겐슈타인은—카르납이 발견하곤 놀랐던 일이지만—그에게 상당히 공감하고 있었다.(이 기간 동안 비트겐슈타인은 슐리크의 비판으로부터 쇼펜하우어를 옹호함으로써 카르납을 놀라게 했다.) 빈학파도 러셀 및 램지처럼 이 반합리주의적인 전통과 아무 관련이 없는 입장을 취했다.

더 구체적으로 러셀의 논리주의에 대한 브라우어의 비판에는 비트겐슈타인이 공감할 만한 요소들이 있다. 브라우어는 수학이 논리학에 기반을 둘 수 있다거나 그럴 필요가 있다는 사고를 거부했다. 더 나아가 일관성 증명이 수학에 본질적이라는 생각을 거부했다. 그는 또한 통상적 의미의 수학의 '객관성'도 거부했다. 즉 브라우어에게는 수학자들이 발견해나가는 마음에 독립적인 실재들은 존재하지 않는다. 브라우어의 견해에 따르면, 수학자는 발견하는 사람들이 아니라 창조자이다. 수학은 사실들의 체계가 아니라 인간 정신이 구성해낸 것이다.

이 모든 점에 비트겐슈타인은 동의했고, 그의 후기 연구는 이 생각들을 발전시킨 것으로 볼 수 있다. 그 결과 그는 《논고》의 논리적 원자주의로부터 멀어지게 된다. 비록 이러한 발전이 그를 직관주의와 가까워지도록 만들지는 않았지만, 그것은 아마 램지와 러셀이 제창한 수학에 대한 논리주의자들의 접근법 — 이것을 명령처럼 따르지는 않았지만, 《논고》에서 상술했던 견해에 도달할 때 그를 안내해주었던 접근법이다 — 에 대한 자신의 이견을 전반적으로 세세하게 다듬는 데 도움을 주었을 것이다.

브라우어의 강연은 비트겐슈타인에게 《논고》가 잘못되었다는 것을 설득시키지는 못했겠지만, 그의 책이 결국 그 주제에 대한 최종 결론은 아니라는 점을 확신시켜주었을 것이다.

이처럼 1928년 가을 집이 완공되고 다시 한 번 영국 방문에 대해 생각하게 되었을 때, 그는 또한 철학적 연구를 재개하는 문제를 숙고할 수 있었다. 그런 의도가 케인스에게 썼던 편지들에서 분명하게 나타난다는 뜻은 아니다. 11월 그는 케인스에게 저택의 사진 — 케인스는 그의 부인에게 보낸 편지에서 그것을 부정확하게 '코르비지에 양식으로 지어진à la Corbusier'이라고 했다 — 을 보냈고, 12월 연휴 동안 영국을 짧게 방문하고 싶다고 말했다. 그는 "여기서 2주일간 나와 함께 머물고 싶어 한다"고 케인스는 적었다. "내가 충분히 강할까? 아마도 만약 내가 지금부터 그때까지 일을 하지 않는다면 그럴 것이다."

그때 비트겐슈타인은 아파서 12월 내내 빈에 있어야 했고 1월 초에 마침내 영국에 올 수 있게 되었을 때, 그것은 루이스에서 휴가를 즐기려는 것은 아니었고 (케인스는 전혀 놀라는 기색 없이 알게 되었지만) 거리를 청소하는 일자리를 찾으려는 것도 아니었으며, 케임브리지에 돌아와 램지와 함께 철학을 연구하기 위한 것이었다.

3부
1929~1941

11
두 번째 귀환

"자, 신이 도착했다. 나는 그를 5시 15분 기차에서 만났다."

이것이 케인스가 1929년 1월 18일 리디아 로포코바Lydia Lopokova에게 보낸 편지에서 비트겐슈타인의 케임브리지로의 귀환을 전할 때 사용한 표현이었다. 비트겐슈타인은 영국에 도착한 지 몇 시간도 안 되어서 케인스에게 "영원히 케임브리지에 머물 것"이라는 자신의 계획을 밝혔다.

> 그러는 동안 우리는 차를 마셨고, 지금 나는 당신에게 편지를 쓰기 위해 서재에 있습니다. 앞으로 엄청 피곤해질 것 같습니다. 하지만 나는 그가 하루에 두세 시간 넘게 내게 얘기하도록 내버려둘 작정은 아닙니다.

비트겐슈타인에게는 그를 근본적으로 변화시켰던 세월 동안 거의 변하지 않은 채로 남아 있는 대학교로 돌아오는 기분은 — 게다가 1913년에 헤어졌던 바로 그 사람들 중 일부에게 마중을 받는 기분은 — 이상했으며 거의 섬뜩하기조차 했다. 그는 일기에 "마치 시간이 거꾸로 흐르는 것 같다"고 적었다. "무엇이 나를 기다리고 있는지 모른다", 그러나 그것이 무엇이건 "그것은 무언가를 입증할 것이다! 만약 시간이 다하지 않는다면 말이다."

> 지금 이 순간 나는 불안한 채 방황하고 있지만, 어떤 종류의 안정을 얻게 될지 모른다.

도착과 동시에 케인스의 주선 아래 사도 모임에 다시 온 비트겐슈타인을 환영하려는 시도가 있었다. 비트겐슈타인이 영국으로 돌아온 지 이틀째 되던 날, 케인스는 그의 귀환을 축하하는 사도들의 특별 만찬 모임을 주최했다. 여기에는 리처드 브레이스웨이트, 프랭크 램지, 조지 라일랜즈George Rylands, 조지 톰슨George Thomson, 앨리스터 왓슨Alister Watson, 앤서니 블런트Anthony Blunt, 그리고 줄리언 벨Julian Bell과 같은 당시 케임브리지 지식층의 정수를 이루는 사람들이 참석했다. 그 만찬에서 비트겐슈타인은 명예 회원(사도들의 용어로는 '천사')으로 선출되었는데, 이것은 1912년에 그가 사도들에 대해 취했던 자세를 그 단체가 용서한다는 제스처였다. 그 후 다른 모임에서 그는 공식적으로 "파문으로부터 사면받았다고 선언되었다."

그 단체가 이렇게 전례 없는 겸양을 보인 이유는 비트겐슈타인이 없는 동안 그가 케임브리지 엘리트들에게 거의 전설적인 인물이 되었기 때문이며, 또한 《논고》가 열정적인 지적 논의의 중심을 차지했기 때문이었다.

그러나 만약 사도들이 이 '신'을 자신들의 소유로 삼으려고 했다면, 그들은 실망했을 것이다. 비트겐슈타인은 그들의 모임에 몇 번 참석했고, 고든 광장Gordon Square에 있는 케인스의 집에서 열리는 저녁 파티에서 사도들의 런던 지부로 간주될 수 있는 블룸즈버리 그룹의 몇몇 일원들과도 만났다. 그러나 블룸즈버리와 사도들의 그 특유한 영국적이며 자의식적으로 '문명화된' 심미주의와 비트겐슈타인의 엄격하게 금욕적인 감성 및 때때로 무자비할 정도의 정직성 사이에 공통적 기반은 거의 없었다. 그들은 서로에게 충격을 받았다. 레너드 울프Leonard Woolf는 한번은 그가 점심식사에서 리디아 케인스에게 '야만적으로 거칠게' 대하는 것을 보고 놀란 적이 있다고 회상한다. 다른 오찬 모임에서 비트겐슈타인은 숙녀들이 있는 앞에서 성에 대한 노골적인 대화가 오가는 것을 보고 놀라서 자리를 뜬 적도 있다. 분명히 블룸즈버리의 분위기는 그가 편안하게 느낄 수 있는 종류의 것이 아니었다. 프랜시스 패트리지Frances Partridge는 그녀와 친분이 있었던 벨이나 스트래치, 스티븐스와는 대조적으로 비트겐슈타인이 이성 회원들과 심각한 토론을 나누는 것을 얼마나 힘들어했는지, 혹은 그런 의향이 없는 것처럼 보였는지에 대해 이렇게 묘사한다. "남녀가 함께 있을 때 그는 종종 아주 시시한 말을 했고, 냉담한 미소와 함께 재미없는 농담을던지는 식이었다."

케인스의 파티에서 한 번쯤은 비트겐슈타인이 버지니아 울프Virginia Woolf와 만났을 가능성도 있다. 만약 그렇다 하더라도 둘은 상대방에게 깊은 인상을 주었던 것 같진 않다. 버지니아 울프가 죽고 나서, 비트겐슈타인은 러시 리스에게 그녀의 배경이 그녀에게 미친 영향에 대해 말했다. 그녀는 한 사람의 가치를 미술, 음악, 과학, 혹은 정치에서 얼마나 두각을 나타내는지에 두는 가정에서 자랐다. 그 결과 그녀는 다른 종류의 '성취'가 있을 수 있는지 자문해보지 않았다. 이것은 개인적 친분에 기초한 언급일 수도 있으나, 또한 소문에 기초한 것일 수도 있다. 버지니아 울프의 일기엔 비트겐슈타인에 관한 언급은 전혀 없으며, 단지 그녀의 편지들에서 몇 번 부수적으로 말해졌을 뿐이다. 클라이브 벨Clive Bell에게 보낸 편지에서 그녀는 벨의 아들인 줄리언에 대해 말할 때 비트겐슈타인을 거론한다. 이때는 비트겐슈타인이 케임브리지에 도착한 지 몇 달 지난 후였다.

> … 메이너드는 줄리언이 틀림없이 킹스 칼리지에서 가장 중요한 대학생이며 심지어 펠로 연구비까지 받을 수 있다고 말한다. 메이너드는

그와 그의 시에 아주 강한 인상을 받은 것 같다. 그런데 줄리언은 자기가 메이너드와 비트겐슈타인에 관해 논쟁을 벌였다가 패배했다고 말한다.

비트겐슈타인에 대한 이런 언급이 흥미로운 이유는 단지 다음과 같은 사실 때문이다. 앤서니 블런트가 발행하는 학생 잡지인 《모험*The Venture*》에 줄리언 벨의 시가 실렸다. 이것은 일부에게는 문명적이지 못하고 야만적으로 간주되기 시작한 비트겐슈타인의 오만하고 논쟁적인 스타일에 대한 블룸즈버리 스타일의 반격으로 볼 수 있는 글로, 벨은 그것을 장문의 드라이든 식 풍자시로 만들었다.

그 시에서 벨은 가치에 관한 말은 무의미하다는 《논고》의 견해에 대해 "가치는 마음의 상태 안에서 알려지고 발견된다"는 블룸즈버리의 신조를 옹호하려 시도한다. 틀림없이 비트겐슈타인은 자신의 규칙들을 위반한다고 벨은 주장한다.

그는 난센스한 말을 하고, 수많은 말들을 하기 때문에
언제나 침묵하라는 자신의 맹세를 깬다.
윤리학, 미학에 대해 밤이나 낮이나 얘기하고,
이것저것을 좋다거나 나쁘다거나, 옳다거나 그르다고 한다.

비트겐슈타인은 이런 것들에 대해 사람들은 침묵해야 한다고 강조하면서, 자신은 말할 뿐 아니라 그것들에 관한 **모든** 이야기를 도맡아서 한다.

… 어떤 문제에 관해서건 한 번이라도 보았는가?
루트비히가 법칙을 세우는 일을 피했던 것을.
사람들과 있을 때마다 우리들을 소리쳐 막고,
우리 말을 멈추게 한다. 그 자신은 더듬거리면서.

논쟁은 끝이 없다. 몰아붙이듯이, 열이 나서, 큰 소리로.
그런 잘못은 흔하며, 부분적으로 우리 모두 그렇다.
하지만 비트겐슈타인이 예술에 대해서 거만을 떠는 모습이란.

그 시는 동료 사도인 리처드 브레이스웨이트에게 보내는 서한의 형식을 취했는데, 젊은 심미주의적 사도들—비트겐슈타인이 멸시적이 투로 '이 줄리언 벨들'이라고 불렀던 이들—의 견해를 대변한 것이었다. 그들은 이 시를 아주 좋아했다. 파니아 파스칼Fania Pascal은 이렇게 말했다. "가장 온순한 사람조차도 재미있어했다. 왜냐하면 그것은 그동안 쌓여왔던 긴장이며 원한, 심지어 공포까지도 덜어주었기 때문이었다. 지금까지 어느 누구도 비트겐슈타인에게 그런 식으로 도전하지 못했기 때문이다."

만약 비트겐슈타인이 사도들을 전적으로 버리지 않았다면, 그 주된 이유는 그 멤버들 중에 프랭크 램지가 있었기 때문이었다.

그가 케임브리지로 돌아와서 보낸 첫해 동안, 램지는 비트겐슈타인에게 가장 값진 철학적 논의의 동반자였을 뿐 아니라 가장 가까운 친구였다. 그가 도착하고 처음 두 주일 동안 비트겐슈타인은 모티머 가Mortimer Road에 있는 램지 부부의 집에서 그들과 함께 살았다. 램지의 부인인 레티스Lettice는 곧 절친한 친구가 되었고, 비밀을 털어놓을 수 있는 벗이 되었다. 그녀는 케인스의 말대로 "야만적인 사냥꾼의 사나움을 달래는 데 마침내 성공한" 여성이었다. 그녀는 건강한 유머감각과 그를 편하게 할 수 있는 순박한 정직성을 가졌기에 그의 신뢰를 얻을 수 있었다. 그는 오직 그녀에게만 마르그리트에 대한 자신의 사랑을 말할 수 있다고 생각했다. 비록 프랜시스 패트리지가 그녀의 남편 랠프Ralph에게 보낸 편지를 보면, 그 비밀은 엄격하게 지켜지지는 않은 것처럼 보이지만 말이다.

> 우리는 비트겐슈타인을 많이 봐왔습니다. 그는 레티스에게 자신이 빈의 어떤 여성을 사랑하지만, 결혼이란 신성한 것이어야 한다고 생각하고 있어 그것에 대해 쉽게 얘기를 꺼내지 못한다고 털어놓았습니다.

여기서 놀라운 것은 그가 결혼에 대해 선선히 말을 꺼내지 못했다는 점이 아니라, 결혼에 대해 조금이나마 말을 했다는 사실이다. 그 당시 그는 정기적으로 자주, 어떤 때는 매일, 마르그리트에게 편지를 썼다. 그러나 2년이 지나고 나서야 그녀는 그가 자신을 부인으로 맞이할 의향이 있다는 사실을 알게 되었고, 그 사실을 깨닫자 황급히 떠나버렸다. 비록 그의 관심에 의해 우쭐해졌고 그의 강한 개성에 경외심을 품게 되었지만, 마르그리트는 비트겐슈타인에게서 그녀가 남편에게 바라는 자질을 발견하진 못했다. 그는 너무도 엄숙했고 너무나 요구가 많았다.(그리고 약간은 너무 유대적이었을지도 모른다.) 게다가 그가 자기 의도를 분명히 했을 때, 그는 또한 아이가 없는 플라토닉한 결혼상을 생각하고 있음을 분명히 했는데, 이런 것은 그녀에게는 맞지 않았다.

케임브리지에서의 처음 두 학기 동안 비트겐슈타인의 공식적 지위는 그보다 17세 어린 램지를 자신의 지도교수로 두고 박사가 되기 위해 공부하는 '상급학생'이었다. 실제로 그와 램지는 유사하거나 관련된 문제에 관해 연구하면서 상대방으로부터 비판과 지도 그리고 영감을 얻기를 기대하는 동료로서 만났다. 일주일에 몇 번씩 그들은 수학의 기초와 논리학의 본성에 관해 논의하기 위해 한 번에 몇 시간씩 만나곤 했다. 이러한 만남들은 비트겐슈타인의 일기에 '즐거운 토론들'이라고 묘사되고 있다. "토론에는 뭔가 재미있는 것이 있다. 그리고 내 생각으로는 훌륭한 마음으로 이루어지고 있다." 그의 표현을 빌리자면 그들의 토론에는 거의 에로틱한 어떤 것이 있었다.

> 내 입에서 나온 나의 생각들을 누군가가 취하고, 그러고 나서, 말하자면 이 생각들을 밖으로 퍼트리는 것보다 내게 더 유쾌한 일은 없다.

"나는 과학이란 들판을 홀로 걸어가는 것을 좋아하지 않는다"라고 그는 덧붙였다.

이들의 토론에서 램지가 한 역할은 여느 지도교수들의 역할과 유사했다. 즉 비트겐슈타인이 말한 것에 이의를 제기하는 것이 그의 역할이었다. 《철학적 탐구*Philosophical Investigations*》의 서문에서 비트겐슈타인은 그가 《논고》의 오류들을 깨닫는 데 램지의 비평—"내가 거의 그 값어치를 평가할 수 없을 만큼의 대단한 비평"—에 힘입은 바 크다고 밝혔다. 그렇지만 그 당시에 쓴 한 일기를 보면, 그는 그렇게 관대하지는 않았다.

> 훌륭한 반대는 앞으로 전진하는 것을 돕지만, 피상적인 반대는 문제를 생명이 있는 뿌리로부터 파악하지 못하고 너무 바깥쪽에서 보기 때문에 비록 잘못된 부분이 있더라도 아무것도 고칠 수 없다. 훌륭한 반대는 문제 해결을 향해 나아가게 하지만, 피상적 반대는 일단 극복된 후에는 한쪽으로 치워버릴 수 있다. 마치 나무가 계속 자라기 위해 줄기의 마디에서 구부러지는 것처럼 말이다.

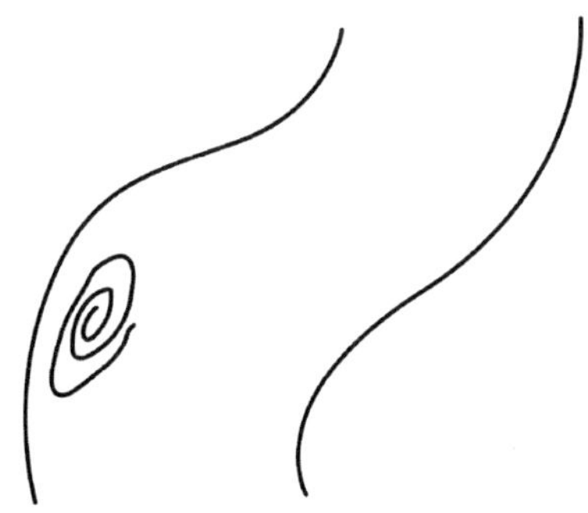

그들이 서로 대단히 존경했음에도 불구하고, 비트겐슈타인과 램지 사이엔 지적이며 기질적인 면에서 커다란 차이점이 있었다. 램지는 수학자였고, 전공 분야의 논리적 기초에 만족하지 못해서 수학을 튼튼한 원리들 위에 재건하고 싶어 했던 인물이었다. 비트겐슈타인은 수학을 재건하는 데 흥미가 없었다. 그의 관심은 점점 커지는 수학에 관한 혼란의 원인인 철학적 뿌리를 뽑아내는 데 있었다. 램지는 비트겐슈타인에게 영감을 기대했고 비트겐슈타인은 램지에게서 비판을 구했으니 둘 사이에 좌절이 생기는 것은 당연했다. 램지는 비트겐슈타인에게 다음과 같이 단호하게 말한 적이 있었다. "나는 당신의 논쟁 방식이 마음에 들지 않습니다." 이에 대해 비트겐슈타인은 이미 인용했던 글에서, 램지를 "철학적 사색의 결과를 (만일 그런 결과가 있다면) 한쪽에 치우고 그것이 하찮은 것이라고 단언할 정도로" **진정한** 철학적 사색을 불편해하는 '부르주아적 사상가'라고 적었다.

비트겐슈타인이 케임브리지로 돌아온 첫해부터 그의 발전에 깊은 영향을 끼친 '비부르주아적' 사상가는 피에로 스라파Piero Sraffa였다. 스라파는 뛰어난 이탈리아의 (대체로 마르크스주의적 경향을 띤) 경제학자였으며, 수감 중이던 이탈리아 공산당 지도자인 안토니오 그람시Antonio Gramsci의 절친한 친구였다. 무솔리니 정권에 대한 공격 때문에 모국에서의 활동이 위태로워진 스라파를 케인스가 킹스 칼리지에 초대하였고, 특별히 그를 위해서 케임브리지에서는 경제학 교수직을 신설하였다. 케인스로부터 소개를 받은 후 그와 비트겐슈타인은 절친한 친구가 되었으며, 비트겐슈타인은 적어도 일주일에 한 번은 그와 토론을 할 수 있도록 계획을 짜곤 했다. 심지어 그는 스라파와의 토론을 램지와의 토론보다 더 가치 있게 여겼다. 《탐구》의 서문에서 그는 스라파의 비판에 대해 이렇게 말하고 있다. "이 책에서 가장 중요한 생각들은 **이러한** 자극 덕택이다."

이것은 과장된 주장이며, 그들이 서로 크게 다른 지적인 분야에 종사했다는 것을 감안하면 수수께끼 같은 주장이다. 그러나 스라파의 비판이 그렇게 중요했던 이유는 바로 그것이 세부적인 사항들을 다루지 않았기 때문이다.(왜냐하면 그는 철학자도 수학자도 아니었으므로.) 램지와는 달리 스라파는 비트겐슈타인으로 하여금 이런저런 점이 아니라 전체적인 관점을 바꾸도록 하는 힘이 있었다. 이것을 입증해주는 일화를 비트겐슈타인이 맬컴과 폰 브릭트 두 사람에게 말한 적이 있는데, 이 이야기는 그 후 여러 번 반복해서 얘기되곤 했다. 언젠가 한 대화에서 비트겐슈타인은 명제와 그것이 기술하는 것은 동일한 '논리적 형식(또는 다른 맥락에서는 '문법'이라고 한 것)'을 가져야 한다고 고집하였다. 이러한 생각에 대해 스라파는 "**그것**의 논리적인 형식은 무엇인가?"라고 질문하며, 손가락 끝으로 자신의 턱을 쓰다듬는 나폴리 제스처를 취했다. 그 이야기에 따르면, 이것은 명제란 그것이 기술하고 있는 실재의 '그림'이어야 한다는 《논고》의 생각에 비트겐슈타인이 더 이상 집착하지 않게 만들었다.

이 일화가 중요한 까닭은 그것이 왜 비트겐슈타인이 의미 그림이론을 포기했는지 설명해주기 때문이 아니다.(왜냐하면 그렇지 않기 때문이다.) 그것은 스라파가 어떻게 비트겐슈타인으로 하여금 신선한 관점에서 사물들을 새롭게 보게 만들었는지를 보여주는 좋은 예이기 때문이다. 비트겐슈타인은 많은 친구들에게 스라파와 하는 토론은 자신을 마치 모든 가지가 잘려 나가버린 나무처럼 느끼게 해준다고 말했다. 이 은유는 주의 깊게 선택된 것이다. 죽은 가지들을 자르는 것은 새롭고 더 싱싱한 가지들을 자랄 수 있게 해준다.(반면 램지의 반대는 죽은 가지를 그대로 두기 때문에 나무는 그 주위에서 뒤틀려버린다.)

언젠가 비트겐슈타인은 러시 리스에게 스라파와의 대화에서 그가 얻은 가장 중요한 것은 '인류학적으로' 철학적 문제를 바라보는 것이라고 말했다. 이 말은 왜 스라파가 그렇게 중요한 영향을 준 것으로 간주되었는지를 설명하는 데 약간 도움이 된다. 비트겐슈타인의 후기 연구가 《논고》와 다른 가장 뚜렷한 점들 중 하나는 그것의 '인류학적인' 접근에 있다. 즉 《논고》가 언어를 그것이 사용되는 환경에서 분리시켜서 다루고 있는 데 반해, 《탐구》는 언어적 발언에 의미를 제공하는 '삶의 흐름'의 중요성을 반복해서 강조한다. '언어게임'은 그것을 행하는 '집단'의 생활방식과 그들의 행동을 언급하지 않고서는 묘사될 수 없다. 만약 이러한 관점의 변화가 스라파에게서 연유한 것이라면, 후기 저작에 그가 끼친 영향은 정말로 가장 근본적으로 중요한 것이다. 그러나 이 경우, 그 영향이 결실을 맺기에는 수년이 걸렸음이 틀림없다. 왜냐하면 비트겐슈타인의 철학적 방법이 갖고 있는 이러한 '인류학적인' 특징은 1932년경이 되어서야 비로소 드러나기 때문이다.

램지와 스라파를 제외하곤, 비트겐슈타인은 케임브리지 교수들과는 별로 관계가 없었다. 처음 몇 주가 지난 후 그와 케인스와의 관계는 대체로 업무에 관한 문제들에 한정되었다. 그리고 비록 케인스는 비트겐슈타인이 학교 당국과 해결할 문제가 있을 때마다 매우 귀중한 동지였지만 절친한 친구는 아니었다. 아마도 케인스는 이 역할을 아주 기꺼이 수행했을 것이다. 비트겐슈타인의 **친구**가 된다는 것은 그가 줄 수 있거나 줄 준비가 되어 있는 것보다 훨씬 많은 시간과 에너지를 요구했기 때문이었다.

무어는 비트겐슈타인이 처음 도착하던 날 우연히 그와 같은 런던발 기차를 타게 되었다. 1914년 비트겐슈타인이 그에게 거친 내용의 편지를 보낸 이후로 깨어졌던 그들의 우정은 즉시 회복되었다. 그 당시 케임브리지의 철학과 학과장이었던 무어는 비트겐슈타인이 학업을 계속할 수 있도록 장학금을 분배하는 책임을 맡았다. 그렇지만 이것 말고는 그들의 우정은 철학적이라기보다는 개인적이었다. 비록 그는 무어의 표현의 정확성을 높이 사고, 종종 그가 만들고 싶어 하는 특정한 의미에 맞는 정확한 단어를 찾기 위해 그것을 사용하곤 했지만, 비트겐슈타인은 그를 독창적인 철학자로서는 거의 생각하지 않았다. "무어? 그는 전혀 아무런 지적 능력도 없는 사람이 얼마나 멀리까지 갈 수 있는지 보여준다."

그의 초기 케임브리지 시절의 인물이며 이제는 노인이 된 논리학자 존슨과도 비트겐슈타인은 우정 어린 관계를 — 그들 사이에 존재하는 지적인 거리에도 불구하고 — 유지했다. 비트겐슈타인은 존슨을 논리학자로서보다 피아니스트로서 더 좋아했고, 존슨의 연주를 듣기 위해서 그의 일요일 저녁 '집at home' 모임에 정기적으로 참석했다. 존슨 쪽에서 보면, 비록 비트겐슈타인을 좋아하며 칭찬했지만 그의 귀환을 '케임브리지에 닥친 재앙'으로 생각했다. 존슨은 비트겐슈타인을 '토론을 같이 할 수 없는 사람'이라고 말했다.

비록 마흔 줄에 가까워지고 있었지만, 비트겐슈타인은 도덕과학클럽에 참석했던 (비사도적 부류의) 대학생들과 같은 케임브리지의 젊은 세대들을 친구로 삼았다. 파니아 파스칼에 따르면, 이 학생 철학 모임을 구성했던 '영국 중산층의 아들들' 안에서 비트겐슈타인은 그가 제자들에게 요구했던 두 가지 특징들, 즉 어린이 같은 순진함과 일급의 두뇌를 찾아냈다. 이것은 맞는 말일지도 모르지만, 비트겐슈타인은 그저 자신이 젊은 세대와 더 많은 공통점을 갖고 있다고 생각했을지도 모른다. 그는 어느 점에선 매우 젊었다. 그는 심지어 젊게 보였고 마흔에도 종종 대학생으로 오인되곤 했다. 그러나 그런 것보다 그는 지적인 신선감과 젊음의 유연성을 갖추고 있었다. "마음은 몸이 굳어지기 훨씬 전에 굳어버린다"고 그는 드루어리에게 말했다. 이 점에선 그는 여전히 젊은이였다. 즉 그의 정신적 조망에는 딱딱하게 굳어버린 것이라곤 거의 없었다. 그는 이제까지 그가 도달한 모든 결론을 철저히 조사할—새로운 사고방식뿐 아니라 새로운 삶의 방식도 고려할—준비가 된 상태에서 케임브리지로 돌아왔다. 그는 여느 대학생들과 마찬가지로 여전히 완성되지 않았고, 어느 특정한 생활양식에 안주하지도 않은 상태였다.

비트겐슈타인을 《논리철학논고》의 저자로 알고 있는 많은 사람들은 그를 늙고 위엄 있는 독일 학자로 상상했기 때문에, 도덕과학클럽의 모임에서 만난 젊은이처럼 공격적이고 활기찬 인물이라고는 생각하지 못했다. 예컨대 후에 비트겐슈타인의 친구이자 숭배자들 중 한 사람이 되었던 보즈S. K. Bose는 다음과 같이 회상한다.

비트겐슈타인을 처음 만난 것은 도덕과학클럽에서 내가 '도덕적 판단

> 의 본성'에 대한 논문을 발표했을 때였다. 그날 모임엔 사람들이 꽤 많이 참석해서 몇몇 사람들은 카펫 위에 쪼그려 앉아 있기도 했었다. 그들 중에는 우리 모두에게(물론 무어 교수와 또 한 사람의 연장자는 제외하고) 낯선 사람이 한 명 있었다. 내가 논문을 낭독하고 나자 그 낯선 사람이 노골적인 태도로(하지만 결코 불친절하지 않게) 몇 가지 질문과 이의를 제기했다. 훗날 나는 그 노골적인 태도들이 비트겐슈타인과 연결되는 것을 알게 되었다. 나중에 내게 질문을 던진 사람이 누구였는가를 알게 되었을 때, 그리고 그가 제기한 질문들과 이의들을 내가 얼마나 건방지게 다루었는지 깨달은 이래, 나는 그때 느꼈던 부끄러운 마음을 결코 잊을 수가 없다.

비트겐슈타인이 도덕과학클럽의 토론을 너무도 완전하게 지배하게 되었기 때문에 도덕철학 교수인 브로드는 참석을 그만두었다. 그는 훗날, 자신은 "매주 한 번씩 비트겐슈타인이 어김없이 나름대로 애를 쓰고, 추종자들도 똑같이 어김없이 바보 같은 숭배의 표정으로 경탄하는 동안 자욱한 담배 연기 속에서 시간을 보낼 준비가 안 되었다"고 말했다.

비트겐슈타인의 대학생 친구들 중 하나였던 데즈먼드 리Desmond Lee는 그가 젊은이들과 토론하는 것을 선호하고, 그들을 종종 마비시키는 능력을 가졌다는 점에서 그를 소크라테스에 비유했다. 둘 모두 주문에 빠진 사람들에게 거의 최면술에 가까운 영향력을 갖는다고 그는 지적했다. 리 자신은 케임브리지를 떠난 후 그 주문에서 풀렸다. 그래서 비록 비트겐슈타인에 의해 깊이 영향을 받았지만, 그를 제자로 간주하는 것은 정확하지 못하다. 그렇지만 그의 동년배였던 모리스 드루어리는 아마도 파니아 파스칼이 묘사했던 젊은 제자들의 가장 최고의, 아마도 가장 완벽한 예가 되었다.

1929년에 비트겐슈타인을 처음 만난 후, 드루어리의 인생에서 거의 모든 중요한 결정들은 그의 영향력 아래 내려졌다. 그는 원래 케임브리지를 졸업하자마자 성공회 사제가 될 마음을 먹고 있었다. 이 계획을 듣자마자 비트겐슈타인은 이렇게 말했다. "내가 그 계획을 한순간이라도 조롱한다고 생각하지는 말게. 그러나 난 승인할 수 없어. 그래, 난 승인할 수 없어. 난 그 옷의 칼라가 네 목을 조를까 봐 두렵다." 이때는 그들이 만난 지 두 번째 혹은 세 번째였다. 다음번에 비트겐슈타인은 다시 그 주제로 돌아갔다. "드루어리, 매주 설교를 해야 한다는 것이 어떨지 한번 생각해봐. 너는 그 일을 할 수 없을 거야." 신학교에서 1년을 보낸 후 드루어리도 이에 동의를 했고 대신 '보통 사람들'의 직업을 얻었는데, 이것도 비트겐슈타인이 고무했던 것이었다. 그는 처음엔 뉴캐슬에서, 나중엔 사우스웨일스에서 실업자들을 돕는 일을 했고, 그 후에는 또 다시 비트겐슈타인의 장려하에 의사가 되기 위한 훈련을 받았다. 전후에 그는 정신의학(비트겐슈타인이 제안했다)을 전공했고, 1947년부터 1976년 죽을 때까지 더블린에 있는 성 패트릭 병원St Patrick's Hospital에서 처음엔 레지던트 정신과 의사로 그다음에는 정신과장으로 일했다. 정신의학에 있는 철학적 문제들에 관한 그의 글 모음집인 《말의 위험*The Danger of Words*》은 1973년에 출판되었다. 비록 거의 무시되었지만 아마도 그 책은 논조와 관심사에 있어서 어떤 비트겐슈타인의 제자가 출판한 저서들보다도 더 비트겐슈타인적일 것이다. "내가 왜 지금 이 글들을 함께 싣는가?" 하고 그는 서문에서 묻고 다음과 같이 답한다.

> 단지 하나의 이유 때문이다. 이 책의 필자는 한때 루트비히 비트겐슈타인의 제자였다. 비트겐슈타인이 제자들(최소한 그가 보기에 철학적으로 뛰어나게 독창적인 능력을 갖고 있지 않은 제자들)에게 강단 철학 공부를 그만두고, 실질적인 공부를 하거나 특별한 직업을 가지라고 장려했다는 것은 이제는 잘 알려진 일이다. 내 경우에 그는 의학 공부를 하라고 독려했다. 그가 내게 가르쳤던 것을 내가 이용해서는 안 된다는 것이 아니라 어느 경우에도 내가 "생각하는 것을 포기해서는" 안 된다는 것이었다. 그런 까닭에 나는 주저하면서도 한 가지 실

례를 보여주기 위해서 이 글들을 내놓는다. 즉, 현실적으로 당장 어려울 뿐 아니라 더 깊은 사고를 필요로 하는 당혹스러운 철학적 문제들에 직면했던 사람의 사고방식에 비트겐슈타인이 끼친 영향을 보여주는 한 실례로서 말이다.

드루어리는 죽기 얼마 전에 비트겐슈타인과 나눈 대화록을 출판했는데, 그 목적은 "그의 글들이 그것들이 대체로 반대하는 바로 그 지적인 환경에 쉽게 융합되는 것처럼 보이게" 한 "선의의 논평가들"의 영향력을 중화시키기 위한 것이었다. 이 기록은 비트겐슈타인의 생활과 연구에 충만한, 정신적이고 도덕적인 태도에 대한 정보를 아마 어떤 간접적인 자료보다 더 많이 제공하고 있다. 드루어리는 비트겐슈타인의 연구가 고취시켰던 그 많은 학문적 글에서 다루어지지 않았으며 다루어질 수도 없었던, 비트겐슈타인의 또 다른 영향력이 갖고 있는 중요한 양상을 실례로 보여주는 마지막은 아니지만 최초의 제자이다. 사도의 계통이 학문적인 철학의 영역을 훨씬 넘어서 확장된 경우라고 말할 수 있을 것이다.

실제로 비트겐슈타인의 가장 친한 대학생 친구들 중 하나는 철학에 관심이라고는 전혀 없는 사람이었다. 길버트 패티슨Gilbert Pattisson은 비트겐슈타인이 1929년 부활절 휴가를 마치고 빈에서 돌아오던 기차에서 처음 그를 만났다. 그리고 10년이 넘게 그들 두 사람은 다정하지만 엄격하게 비철학적인 친구로 사귀었다. 이 관계는 2차 대전이 진행되던 그 어려웠던 기간 중에 비트겐슈타인이 패티슨이 주전론적인 태도를 갖고 있다고 의심하기 시작하면서 끝났다. 패티슨은 (실제로 지금도 그렇지만) 쾌활하고 재치있어서, 파스칼이 묘사한 순진하고 부끄럼 많은 제자들과는 달리 세속적인 성격을 지닌 사람이었다. 케임브리지에서 (최소한의 노력과 헌신만으로) 학업을 마치자마자, 그는 런던에서 공인회계사가 되어 자신이 속한 계층의 교육이 기대하는 그런 종류의 안락한 생활을 영위했다. 그와 함께 비트겐슈타인은 프랜시스 패트리지가 시시하고 재미없는 농담이라고 묘사했던, 그러나 비트겐슈타인 자신은 단순히 '난센스'라고 불렀던 그러한 것에 대한 기호를 충족시킬 수 있었다. 함께 "난센스를 장황하게 말할 수 있는" 사람이 절실하게 필요했다고 그는 말했다.

케임브리지에서 패티슨과 비트겐슈타인은 《수다쟁이*Tatler*》 같은 잡지들을 함께 읽으면서, 그 안에 있는 풍부한 '난센스'를 즐겼으며, 특히 그런 종류의 잡지들에 등장하곤 했던 우스운 광고들을 보며 즐거워했다. 그들은 또한 버튼Burton's과 '멋의 재단사The Tailor of Taste'의 진열장에 전시되곤 했던 '만족한 고객들이 보낸 편지들'을 열심히 읽었는데, 패티슨과 비트겐슈타인은 비트겐슈타인의 옷을 사기 위해 쇼핑하는 동안 그 글들에 대해 과장될 정도로 주의를 기울였다.(대다수 사람들에겐 비트겐슈타인이 항상 같은 옷—목 부분이 열린 셔츠, 잿빛의 플란넬 바지, 그리고 뭉툭한 구두—을 입고 있는 것처럼 보였을지 모른다. 실제로는 이런 옷들은 아주 신중하게 선택된 것들이다.)

패티슨이 케임브리지를 떠난 후, 그들은 비트겐슈타인이 런던을 경유할 때마다(그는 빈을 왕래할 때 보통 런던을 경유했다) 만나서 비트겐슈타인이 그들의 '의식'이라고 묘사했던 일을 거행했다. 이러한 의식은 런던 라이언스Lyons 카페에서 차를 마시고 레스터Leicester 광장에 있는 큰 극장 중 한 곳에서 영화를 보는 것으로 이루어졌다. 런던에 도착하기 전에 비트겐슈타인은 도착 시간을 알려주는 엽서를 보내서 패티슨에게 그가 필요한 준비—예를 들면 '좋은 영화'를 보여주는 극장을 소개하는 《이브닝 스탠다드*Evening Standard*》 지를 구하는 것—를 하도록 했다. 비트겐슈타인에게 좋은 영화란 미국 영화였는데, 그중에서도 서부영화를 더 좋아했고, 나중에는 뮤지컬이나 로맨틱 코미디를 더 좋아했으며, 항상 예술적이거나 지적인 척하지 않는 영화를 더 좋아했다. 런던에서 패티슨이 하는 다른 일은 의식보다 덜 중요한 것으로 간주되었다. 비트겐슈타인은 "네가 사무실에서 바쁘지 않기를 바란다"고 쓴 적이 있는데, 이때는 패티슨이 일이 주는 부담을 호소했던 후였다.

"심지어 비스마르크조차 대역으로 교체될 수 있다는 것을 기억하게."

패티슨과 비트겐슈타인이 주고받은 편지는 거의 대부분 '난센스'로 이루어졌다. 거의 모든 편지에서 비트겐슈타인은 'bloody'(영국인들이 쓰는 관용구 — 옮긴이)라는 영어 형용사를 어떤 식으로건 사용했는데, 무슨 이유에선지 그 말을 참을 수 없을 정도로 재미있다고 생각했다. 그는 편지를 'Dear Old Blood'로 시작하고 'Yours bloodily' 혹은 'Yours in bloodiness'라는 말로 끝맺곤 했다. 패티슨은 그에게 잡지에서 오려낸 사진들을 보내며, 그것들을 자신의 '그림들'이라고 지칭했다. 이에 대해 비트겐슈타인은 과장되게 엄숙한 평으로 응답했다. "나는 서명을 보지도 않고 대번에 이것이 패티슨 화백의 작품이라는 것을 알았을 것이다. 여지껏 결코 붓으로는 표현되지 않았던 피투성이bloodiness가 이 작품에는 있기 때문이다." 답장에서 비트겐슈타인은 '초상화들'을 보내곤 했다. 이것들은 저명한 인물처럼 보이는 중년 남자들의 사진들이었는데, 신문에 난 자기계발 교육 광고에서 뜯어낸 것이었다. 그는 그런 사진 한 장을 보내면서 '나의 최근 사진'이라고 적었다. "지난번 것은 아버지 같은 다정함만을 표현했다. 이번 것은 승리를 표현한다."

모든 편지에서 그들은 광고 용어와 그 양식의 어리석음을 점잖게 조롱했는데, 그 방법은 이랬다. 그들은 광고 용어와 양식을 마치 그것이 두 친구들이 상대방에게 편지를 쓸 때 사용하는 정상적인 방법인 양 사용함으로써 그것들의 어리석음을 드러냈다. 비트겐슈타인에게 그의 (진짜) 사진을 보내면서, 패티슨은 그 사진 뒤에 이렇게 적었다. "앞 면에는 우리의 47/6 치수 정장 중 하나의 사진이 있습니다." 비트겐슈타인은 한 편지의 끝 부분에 "결국 사람들은 본능적으로 쌍탑표 83번 고품질 양말이 진정한 남자의 양말이라고 느끼죠. 그것이야말로 멋을 아는 양말, 멋지고 유행을 따르며 편안한 양말이죠"라고 쓴다. 또 다른 엽서에서 그는 다음과 같이 쓴다.

당신은 아마 나의 관대함 덕분에 빠른 시일 내에 유명한 머릿기름인 글로스토라의 무료 샘플을 얻게 될 겁니다. 멋지게 차려입은 신사의 특징이랄 수 있는 머리 광택을 항상 간직하시기 바랍니다.

비트겐슈타인이 패티슨에게 보낸 편지에 들어 있는 농담들 중 일부는 사실 놀라울 정도로 재미가 없다. 'W.C.'라고 끝나는 주소를 동봉하면서, 그는 'W.C.' 쪽으로 화살표를 하고는 다음과 같이 쓴다. "'화장실'이라는 말이 아님." 그리고 더블린에 있는 그리스도 성당 엽서 뒷면에는 이렇게 적었다. "나의 기억이 맞다면 이 성당의 최소한 일부는 노르만족이 건설했다. 물론 그건 오래전 일이고 나의 기억은 그때와 같지는 않다."

케임브리지에서 지낸 지 몇 달 만에 비트겐슈타인은 꽤 많은 친구들을 사귀었고, 이것은 어느 정도는 다시 사회로 돌아가는 것에 대한 그의 두려움이 잘못이었음을 보여주었다. 그러나 그는 케임브리지에서 여전히 자신을 이방인처럼 느끼고 있었고, 파울 엥겔만이나 루트비히 핸젤과 같은 사람—가장 내밀한 생각과 느낌을 그 자신의 언어로 그것도 그가 이해되리라는 것을 확신한 상태에서 함께 논의할 수 있는 사람—이 필요하다고 느꼈다. 아마도 이런 이유 때문에 그는 케임브리지로 돌아오자마자 《논고》를 출판한 후론 지키지 않았던 습관을 다시 시작했다. 그는 공책에 개인적인 내용을 일기 비슷하게 적기 시작했다. 과거와 마찬가지로 이것들은 그가 어렸을 때부터 사용하던 암호로 쓰여짐으로써 철학적 단평들과는 구분되었다. 가장 일찍 적은 내용들 중 한 부분에서 그는 "오랫동안 내가 공책에 뭔가 적을 필요를 전혀 느끼지 못했다는 것"이 얼마나 이상한 일인지 말하고 있으며, 그 습관의 내력에 대해서 생각해본다. 베를린에서 자신에 관한 생각들을 적어가기 시작한 것은 자신에 관한 무언가를 보존하려는 필요성에서 이루어졌다. 그것은 중요한 방법이었고 비록 그 안엔 (켈러와 페피스Pepys의) 모방과 허식이 있었을지언정, 진정으로 필요한 것을 충족시켰다.

그것은 터놓고 말할 수 있는 사람의 대체물이었다.

비트겐슈타인은 케임브리지에 있는 사람들에게 전적으로 속내를 털어놓을 수는 없었다. 왜냐하면 언어와 문화적 차이 — 그는 그들이 깨달았던 것보다 훨씬 더 이것을 의식했다 — 로 인해 자신이 이해되리라고 완전히 확신할 수 없었기 때문이다. 오해가 생기기만 하면 그런 차이 탓으로 돌리는 경향이 있었다. 그런 오해를 겪고 난 후 그는 "하나의 말이 내게 함축하는 것으로 보이는 것이 당신에게는 그렇지 않다"고 램지에게 쓴 편지에서 말했다. "만약 당신이 잠깐이라도 외국인들 사이에서 살면서 그들에게 의지한 적이 있었다면 내 어려움을 이해할 수 있을 것이다."

자신을 이해할 수 없는 사람들에게 의지하고 있다는 느낌은 그를 굉장히 괴롭게 했는데, 특히 돈이 연루된 일이라면 더했다. 1929년 5월 그는 케인스에게 이러한 불안을 설명해보려는 장문의 편지를 썼다. "제발 그것을 비판하기 전에 이해해보려고 노력해보십시오"라고 탄원한 후 이렇게 덧붙였다. "외국어로 쓰는 것은 그것을 더 어렵게 만듭니다." 그는 케인스가 자신과의 대화를 지겨워하게 되었다고 확신하게 되었다.(우리가 봤듯이, 이것은 약간의 정당성을 갖고 있다.) "**자, 내가 그것을 신경 쓴다고 생각하지 마십시오**"라고 그는 적었다. "왜 당신이 나를 지겹게 여겨서는 안 됩니까? 내가 당신을 즐겁게 해주거나 당신의 흥미를 끌 수 있으리라곤 잠시도 믿지 않습니다." 그를 괴롭히던 것은 그가 케인스의 우정을 재정적 지원을 얻기 위해 이용했다고 케인스가 생각할지도 모른다는 두려움이었다. 이 때문에 생긴, 그리고 그가 영어로 말할 때 오해를 받을지 모른다는 생각 때문에 생긴 불안감 속에서 그는 이런 두려움을 확인하는 완전히 가공적인 예를 만들었다.

> 이번 학기 초에 나는 당신을 보러 가서 당신이 내게 빌려주었던 돈을 갚고자 했습니다. 그때 나는 세련되지 못한 말투 때문에 돈을 갚으려는 행동을 "아, 우선 난 돈을 원합니다"라고 말하면서 시작했습니다.

그런데 그 말은 "우선 난 돈 문제를 마무리 짓기를 원합니다"라는 의미를 갖고 있었습니다. 그러나 당신은 당연히 나를 오해해서 얼굴을 찌푸렸고 난 그것이 무슨 뜻인지를 알았습니다. 그리고 이에 뒤따랐던 것 ―그 단체[사도 클럽]에 관한 우리의 대화를 뜻합니다―은 당신이 나에 대해 얼마나 많은 적대적 감정을 쌓아왔는지를 내게 보여주었습니다.

그러나 케인스가 자신을 비트겐슈타인의 친구라기보다는 후원자로 여기고 있다는 비트겐슈타인의 생각은 어쩌면 정확했을 수도 있다. 그러나 그는 또 다음을 강조했다. "나는 친구로부터가 아니면 도움을 받지 않습니다.(이것이 내가 3년 전 서식스에서 당신의 도움을 받아들인 이유입니다.)" 그는 이렇게 편지를 끝냈다. "당신이 짧고 친절한 답장을 쓸 수 없다면 이 편지에 답장을 하지 마십시오. 내가 이 편지를 쓴 이유는 당신에게 설명을 듣기 위해서가 아니라, 내가 어떻게 생각하는지를 알려주기 위해서입니다. 그러니 만일 세 줄 내로 친절한 답장을 보낼 수 없거든, 어떤 답장도 나를 더 즐겁게 하진 못할 것입니다." 이 편지에 대한 케인스의 답장은 재치 있게 그리고 예민하게 쓰여진 한 편의 걸작이다.

친애하는 루트비히,

당신은 정말 광적입니다! 물론 당신이 돈에 대해 말한 것 중엔 한 조각의 진실도 없습니다. 이번 학기 초에 수표를 현찰로 바꾼다든지 뭐 그런 종류의 일을 제외하고 당신이 내게서 뭔가를 원했다는 생각은 추호도 해본 적이 없습니다. 당신에게 돈을 주는 것이 적절하다고 생각되는 상황 말고는 당신이 내게 돈을 원할지도 모른다는 생각은 결코 해본 적이 없습니다. 내가 일전에 보낸 쪽지에서 당신의 재정 형편을 언급했던 것은, 당신이 예상치도 않던 막대한 비용으로 골치를 썩이고 있다는 것을 들었기 때문입니다. 그래서 그것이 사실이라면, 당신이 처음 찾아왔을 때 내가 넌지시 제안했던 것, 즉 트리니티 칼리지로부터 어떤 식으로건 도움을 받을 수 있는지를 알아보려고 했었습니다. 나는 내가 무슨 일이라도 하는 게 좋은 일인지를 혼자서 생각해본 다음, 그러지 않는 편이 대체로 나을 것이라고 결정했습니다.

그렇지 않습니다, 지난번 만났을 때 내가 다소 토라져서 말했던 것은 "앙심이 밑에 깔려 있어서" 그랬던 것은 아닙니다. 그것은 그저 피곤함 또는 인내심이 부족했기 때문입니다. 당신에게 개인적으로 영향을 미칠 대화를 나눌 때, 당신의 마음에 정확한 생각을 전달하고 틀린 것이 들어가지 않게 하는 것을 성공적으로 하기가 어렵거나 불가능하다는 것이 사람들을 피곤하게 합니다. 더구나 당신이 돌아가서 혼자 지어내는 설명은 내 의식 안에 있는 것과는 너무 거리가 멀어서 그것에 대해서 방어해야 한다는 생각조차 해본 적이 없는 그런 것입니다!

사실 나는 당신과의 대화를 좋아하고 즐기지만, 그로 인해 내 정신 상태가 녹초가 되어버리는 것이 사실입니다. 이것은 전혀 새로운 일이 아닙니다. 지난 20여 년 동안 언제나 그랬었습니다. 하지만 '앙심', '불친절'이라니요. 당신이 내 마음속을 볼 수만 있다면 전혀 다른 것을 볼 것입니다.

케인스는 비트겐슈타인과 더 친밀한 우정을 나누는 데서 올 수고를 겪지 않게 일들을 잘 무마해서 비트겐슈타인으로 하여금 그의 도움을 선의로 받아들이게까지 했다. 다시 말해 그는 **친구 같은** 후원자, 즉 올바른 자세로 도움을 주어서 그 도움이 받아들여지는 후원자가 되는 데 성공했다.

어떤 식으로건 재정적 지원 없이는 비트겐슈타인은 철학 연구를 계속할 수 없었을 것이다. 두 번째 학기가 끝나갈 때, 저축액이 얼마였든 간에(아마도 건축가로서 벌었던 돈이었을 것이다) 수업료를 내고 생활을 꾸려나가기엔 부족했다. 트리니티 칼리지에 연구 장학금을 신청해보라는 케인스의 제안을 받아들였지만, 거기엔 복잡한 문제가 분명히 있었다. 대학 측은 비트겐슈타인처럼 부유한 배경의 사람이 왜 이런 종류의 장학금을 필요로 하는지를 이해하기 어려웠던 것이다. 트리니티 칼리지의 튜터인 제임스 버틀러James Butler 경은 그에게 다른 곳으로부터 돈을 얻을 수 있는지 물었다. 그는 없다고 대답했다. 그를 도와줄 친척은 없는가? 그는 있다고 대답했다. 그는 이 면접을 마친 후 무어에게 편지를 썼다. "내가 마치 무언가를 숨기는 것처럼 보인다면, 당신이 다음과 같은 나의 선언을 받아들여주기 바랍니다. 나는 부유한 친척들이 많을 뿐 아니라 그들은 내가 요청하기만 하면 내게 돈을 줄 것입니다. **그러나 나는 그들에게 한 푼도 부탁하지 않을 것입니다.**" 그가 무어에게 보낸 또 다른 편지에서 설명하듯이, 그의 자세는 다음과 같다.

> 나는 어떤 일을 구상했습니다. 나는 학교가 경우에 따라 그런 일을 연구 장학금을 지급하여 장려한다는 것을 어렴풋이 알고 있습니다. 말하자면, 나는 어떤 종류의 상품을 만들어내는 것입니다. **만약** 학교가 이런 종류의 상품을 사용하려 한다면, 학교 측이 내게 그런 것들을 생산할 수 있도록 해주길 바랍니다. 학교가 그것을 유용하게 **쓸** 수 있는 한, 그리고 내가 그것을 **생산**할 수 있는 한 말입니다.

프랭크 램지는 비트겐슈타인의 장학금 신청을 적극적으로 지지했고, 비트겐슈타인의 지도교수로서 무어에게 그런 보조의 필요성을 강조하는 편지를 썼다. "내 의견으로는 비트겐슈타인 씨는 내가 아는 어떤 사람들과도 다른 종류의 철학적 천재"라고 그는 적었다.

> 이것은 부분적으로는 어떤 문제의 본질을 보는 뛰어난 재능 때문에, 또 부분적으로는 그의 엄청난 지적인 활력 때문입니다. 즉 그로 하여금 문제를 밑바닥까지 추구하게 하고 단순히 가능한 가설만으로는 결코 만족치 않게 만드는 사고의 집중도 때문입니다. 다른 어떤 사람

들의 연구에서보다 더 나는 그의 연구로부터 철학 일반과 그리고 특히 수학의 기초에서 나를 당혹하게 하는 어려움들을 해결하는 방법을 기대합니다. 그러므로 그가 연구를 다시 시작했다는 것은 대단히 행운인 것처럼 보입니다.

그러나 비트겐슈타인이 지금까지 생산해낸 '상품'에 관한 램지의 보고는 감질날 정도로 간단하다.

지난 두 학기 동안 그의 연구를 가까이서 지켜보았는데, 그는 괄목할 만한 진전을 한 듯이 보입니다. 그는 명제들을 분석할 때 생기는 몇 가지 문제들로 시작해서 무한성에 관한 문제까지 진행했습니다. 이 문제는 수학의 기초에 관한 최근의 논쟁들의 뿌리에 놓여 있습니다. 처음에 나는 수학적 지식이 부족하고 수학적으로 능숙하지 못한 것이 그가 이 분야에서 연구하는 데 심각한 장애가 될까 봐 걱정했습니다. 그러나 그가 달성한 진보는 이미 그것이 기우였으며, 그리고 아마 이 분야에서도 가장 중요한 연구를 해내리라는 확신을 심어주었습니다.

"그는 지금 매우 열심히 연구하고 있습니다. 그리고 내 판단으로는 잘 적응하고 있습니다. 돈이 부족해서 그가 연구를 중단해야 한다면, 그것은 철학에 커다란 불행이 될 것"이라고 그는 덧붙였다.

아마 당국을 더 확신시키기 위해 비트겐슈타인은 서둘러서 박사학위를 받았는데, 그의 논문은 7년 전에 출판되었고 이미 많은 사람들에 의해 철학적 고전으로 간주되던 《논고》였다. 시험관은 무어와 러셀이었는데, 러셀은 서식스에 있는 그의 학교에서 다소 주저하면서 케임브리지로 다시 끌려 들어가게 되었다. 그는 1922년 인스브루크에서 비트겐슈타인을 만난 후로는 아무런 접촉도 없었고 그래서 당연히 걱정을 했다. "비트겐슈타인이 나에 대한 의견을 바꾸지 않았다면, 그는 내가 시험관이 되는 것을 그다지 좋아하지 않으리라고 생각합니다. 마지막으로 만났을 때, 그는 내가 기독교도가 아니라는 사실 때문에 너무도 괴로워한 나머지 그 후 내내 나를 피했습니다. 이 때문에 생긴 고통이 완화되었는지 알지 못하지만, 그가 여전히 나를 싫어할 것은 틀림없습니다. 왜냐하면 그 이후로 내게 한 번도 연락한 적이 없기 때문입니다. 나는 그가 구두시험 중에 시험장을 뛰쳐나가는 것을 보고 싶지 않습니다. 내 생각에 그는 능히 그러고도 남을 사람입니다"라고 그는 무어에게 쓴 편지에서 말했다.

구두시험은 1929년 6월 18일 약간 익살맞은 의식을 치르는 분위기에서 진행되었다. 러셀은 무어와 함께 시험장 안으로 걸어 들어오면서 미소 띤 얼굴로 다음과 같이 말했다. "내 평생에 이런 말도 안 되는 경우는 처음입니다." 시험은 오랜 친구들 사이의 가벼운 농담으로 시작되었다. 그리고 러셀이 상황의 부조리함을 재미있어하면서 무어에게 말했다. "시작하세요. 당신은 그에게 몇 가지 질문을 던져야 됩니다. 당신은 교수잖습니까." 다음 짧은 토론이 이어졌고, 여기서 러셀은 무의미한 명제들을 사용해 공격 불가능한 진리들을 표현했다고 주장할 때 비트겐슈타인이 일관성을 잃었다는 견해를 피력했다. 물론 그는 비트겐슈타인을 납득시킬 수 없었는데, 비트겐슈타인은 시험관들의 어깨를 가볍게 치면서 "걱정하지 마십시오, 나는 당신들이 그것을 결코 이해하지 못하리란 것을 알고 있습니다"라고 위로조의 말을 건넴으로써 토론이 더 이상 진행되는 것을 막았다.

시험관의 보고문에 무어는 이렇게 썼다. "비트겐슈타인 씨의 논문은 천재의 작품이라는 것이 내 개인적 의견입니다. 그러나 개인적 의견은 그렇다 치고 그 논문은 케임브리지 철학 박사학위가 요구하는 기준에 명백히 부합합니다."

그가 철학 박사를 받은 다음 날, 비트겐슈타인은 트리니티 칼리지에서 100파운드의 연구비 — 50파운드는 여름 학기, 그리고 50파운드는 다음 미가엘 학기용으로 — 를 받았다.

비트겐슈타인은 여름방학의 초반부를 케임브리지에서 지냈는데, 몰팅 하우스 레인Malting House Lane의 프로스트레이크 코티지Frostlake Cottage에 있는 모리스 돕Maurice Dobb 부부의 집에서 하숙을 했다. 이 기간 동안 그는 저명한 문학평론가인 리비스와 잠깐 동안 어색한 교제를 했다. 그들은 존슨의 '집' 모임에서 만났는데, 가끔 함께 긴 산책을 하곤 했다. 비트겐슈타인은 리비스의 글보다는 인간성을 더 좋아했다. 실제로 그가 리비스를, 그의 작품에도 불구하고 좋아했다고 말할 수도 있을 것이다. 한번은 그가 다음과 같은 말로 리비스에게 인사했던 적도 있다. "문학비평을 포기하시오!" 리비스는 이 한마디의 충고에서 오로지 블룸즈버리의 나쁜 영향만을 보았기 때문에, 비트겐슈타인이 "케인스와 그의 친구들 및 그들의 추종자들을, 그들이 자처하는 문화적 엘리트들로서" 받아들였다고 잘못 생각했다.

이때 비트겐슈타인은 필사적으로 열심히 공부하고 있었고, 만성적으로 잠이 부족했다고 리비스는 회상한다. 한번은 그들이 자정 넘어서까지 함께 산책을 했는데, 이때 비트겐슈타인은 너무 지쳐서 몰팅하우스 레인으로 돌아가는 도중에 리비스가 팔로 부축해주지 않으면 거의 걸을 수도 없을 지경이었다. 그들이 마침내 프로스트레이크 농가에 이르렀을 때 리비스는 그에게 당장 잠자리에 들라고 간청했다. "당신은 이해하지 못할 겁니다"고 비트겐슈타인이 답했다. "연구를 할 때 나는 항상 그것을 끝내기도 전에 죽게 되지나 않을까 두려워합니다. 그래서 하루 동안 연구한 것을 깨끗하게 적어서, 그걸 안전하게 보관하기 위해서 프랭크 램지에게 줍니다. 나는 오늘치 연구 결과를 아직 적지 않았습니다."

그 당시 그가 쓰고 있던 연구는 〈논리적 형식에 대한 몇 가지 단평들Some Remarks on Logical Form〉이란 제목의 논문이었다. 그것은 《논고》 이후 그가 출판한 유일한 철학적 글이라는 점에서 다른 것들과 구분된다. 그것은 1929년 7월 12일부터 15일 사이에 노팅엄Nottingham에서 열린 영국의 전문 철학자들의 학회들 중 가장 중요한 모임인 아리스토텔레스 학회와 정신학회의 연례 합동회의의 회의록에 게재되었다. 이 글은 이 시기에 그의 생각이 얼마나 빨리 발전되고 있었는지를 보여주는 지표이지만, 그럼에도 그것이 인쇄소로 넘어가자마자 그는 그것을 가치가 없는 것으로서, 자기 글이 아니라고 간주했다. 그래서 그 학회에서는 전혀 다른 글, 즉 수학의 무한성 개념에 관한 논문을 읽었는데, 결과적으로 이 논문은 후대에 전해지지 못했다.

한편 〈논리적 형식에 대한 몇 가지 단평들〉은 비트겐슈타인 철학의 전개 과정에서 일시적인 단계—《논고》의 논리적 구조물들이 비록 부서지곤 있었지만 아직 완전히 붕괴되지는 않았던 단계—의 기록으로서 주목할 만하다. 이 논문은 《논고》에서 비트겐슈타인이 전개한 색채-배제colour-exclusion 논의에 대한 프랭크 램지의 비판에 대해 답하려는 시도로 볼 수 있다. 램지의 반론은 《논고》에 대한 그의 서평에서 처음 제기되었다. 이 두 사람은 틀림없이 1929년 처음 두 학기 동안 이 반대에 대해서 더 많이 논의했을 것이다.

《논고》 명제 6.375에서 비트겐슈타인은 다음과 같이 주장했다. "존재하는 유일한 필연성이 **논리적** 필연성인 것처럼, 존재하는 유일한 불가능성도 **논리적** 불가능성이다." 그리고 다음 명제에서 이것을, 기령 어떤 것이 붉으면서 동시에 파랗기가 불가능하다는 데 적용했다.

> … 두 가지 색깔이 시각장 안에서 같은 장소에 동시에 존재하는 것은 불가능한데, 사실상 논리적으로 불가능하다. 왜냐하면 그것은 색의 논리적 구조에 의해서 배제되기 때문이다.

여기서 문제는, 만약 그렇다면 "이것은 빨갛다"라는 진술은 원자명제가 될 수 없다는 것이다. 《논고》에서 원자명제들은 논리적으로 서로 독립적이라고 주장되는데 "이것은 빨갛다"가 "이것은 파랗다"에 독립적이지 않은 것은 아주 분명하다. 전자가 참이라는 것은 후자가 거짓임을 함축하기 때문이다. 그래서 색깔을 부여하는 것은 복합적이어야 하고 추가적인 분석이 이루어져야 한다. 《논고》에서 비트겐슈타인은 이런 곤경에서 빠져나오는 한 가지 방법으로서 색깔을 미립자들의 속도를 이용해서 분석하는 방법에 의존했다. 그래서 어떤 것이 동시에 붉으면서 파랗기가 불가능하다는 것은 다음과 같은 모순으로 나타난다. "하나의 입자는 동시에 두 개의 속도를 가질 수 없다. 즉 그것은 동시에 두 개의 장소에 있을 수 없다." 그러나 램지가 강조하듯이 심지어 이 분석 단계에서도 그 문제는 다시 나타난다.

> … 우리가 '빨강'에 의해 의미하는 것을 물리학자들이 이처럼 분석을 한다 하더라도 비트겐슈타인 씨는 단지 그 어려움을 공간, 시간 그리고 물질 또는 에테르의 **필연적** 속성들의 어려움으로 환원시키고 있을 뿐이다. 그는 분명히 그것을 한 입자가 동시에 두 곳에 있는 것의 **불가능성**에 의존하게 만든다.

그리고 램지는 이것이 어떻게 해서 물리학의 문제가 아니라 논리학의 문제일 수가 있는지를 여전히 이해하기 힘들다고 말한다.

램지의 평은 이처럼 비트겐슈타인에게는 일종의 도전으로 간주된다. 그는 공간, 시간, 물질의 속성들이 어떻게 해서 **논리적** 필연성으로 나타나는지를 보여주거나 또는 색채-배제 문제에 대해서 다른 식으로 설명해야 했다. 〈논리적 형식에 대한 몇 가지 단평들〉에서 비트겐슈타인은 후자를 선택했다.

그는 이제 원자명제들이 독립적이라는 주장을 포기한다. 한 명제의 참은 다른 명제의 거짓을 실제로 함축할 수 있으며, 그러므로 "이것은 빨갛고 또 파랗다"는 "배제된다." 그러나 만일 이것이 맞다면, 《논고》에서 제시된 논리적 형식의 규칙들에 대한 분석에는 뭔가 심각하게 잘못된 것이 있다. 왜냐하면 《논고》의 규칙들에 의하면 이러한 구조가 배제되는 경우는 오직 그것이 'p 그리고 not-p'와 같은 형식으로 분석될 수 있을 때뿐이기 때문이다. 'p 그리고 not-p'는 진리표 방법에 의해 모순이라는 것이 보여질 수 있다. 그러므로 이 논문은 불확실한 글로 끝난다.

> 물론 우리의 기호법이 그런 무의미한 구조를 형성하는 것을 막지 못한다는 것은 그것의 결점이다. 완전한 기호법은 그런 구조를 분명한 구문 규칙들에 의해 배제해야 할 것이다 … 그렇지만 그런 규칙들은 문제가 된 현상에 대한 최종적 분석에 실제로 도달해서야 만들어질 수 있다. 우리 모두 이런 것이 아직 성취되지 못했다는 것을 알고 있다.

다음 해 쓴 글에서 비트겐슈타인은 '문제가 된 현상의 최종분석'을 시도했고, 이 짧은 기간 동안 그의 연구는 그의 표현대로 일종의 현상학이 되었다. 그렇지만 스라파와의 토론에 자극을 받은 그는 바로 《논고》의 구조를 수선하려는 시도를 포기했고, 곧 세계와 언어 사이의 구조에 공통성이 **있어야 한다**는 생각을 완전히 버렸다. 아마도 그가 그런 생각을 버린 때가 바로 그가 아리스토텔레스 학회에서 발표하기로 한 글을 읽을 수 없다고 결정했던 때인지 모른다. 왜냐하면 그 논문은 램지가 제기한 문제들에 대한 해결책을 제시하는 것이 아니라 《논고》의 조건들 안에서는 아무런 해결책도 있을 수 없다는 것을 비트겐슈타인이 인정한 셈이기 때문이다.

대신 수학에서의 무한성의 개념에 대해 발표하기로 결정한 후에, 그는 러셀에게 참석해달라고 부탁하는―"당신이 참석하면 그 토론은 엄청나게 나아질 것이며 아마도 당신의 참석은 그것을 가치 있게 만드는 유일한 것이기 때문에"―편지를 썼다. 비트겐슈타인이 그런 회의에 참석한 것은 그때가 처음이자 마지막이었고, 러셀에게 말했듯이 그는 아무런 커다란 기대도 하지 않았다. "무엇을 그들에게 말하건 아무런 효과가 없거나 그들의 마음에 부적절한 혼란을 일으킬까 봐 걱정됩니다." 무한성에 대해 말해야 하는 것이 "그들에게는 모두 중국말처럼 들릴까 봐" 그는 걱정했다.

옥스퍼드의 철학자인 존 매벗John Mabbott은 그 학회에서 만났던 한 사람을 기억한다. 그는 노팅엄에 도착했을 때 유스 호스텔에서 배낭을 지고 짧은 바지에 목 주위를 풀어놓은 셔츠를 입은 젊어 보이는 사람을 보았다. 비트겐슈타인을 한 번도 본 적이 없었던 그는 이 사람이 여행 중인 학생이고 그 호스텔이 학회 참석자들을 위해 열려 있다는 것을 모르고 있다고 생각했다. "유감이지만 여기에선 철학자들의 모임이 열릴 예정입니다"라고 그는 친절하게 말했다. 비트겐슈타인은 무뚝뚝하게 응답했다. "저도 유감스럽게 생각합니다."

결국 러셀은 참석하지 않았고, 그 학회를 통해 비트겐슈타인은 단지 그런 모임에 대한 경멸적인 감정만 확인하게 되었다. 그렇지만 그 모임의 한 가지 긍정적 결과는 그가 길버트 라일Gilbert Ryle과 친교를 맺게 되었다는 것이다. 라일은 그의 자전적 글에서 적었듯이 "한동안 (비트겐슈타인의) 미혹된 숭배자였다." 비트겐슈타인에 의하면, 그가 논문을 읽고 있는 동안 라일의 얼굴에 나타난 진지하고 흥미로운 표정 때문에 라일에게 관심이 쏠렸고 그와 사귀게 되었다. 훗날 라일은 비트겐슈타인이 학생들에게 해로운 영향을 미치고 있다고 확신했으며, 비트겐슈타인은 라일이 **진지**하지 않다고 생각했다. 그러나 1930년대에 걸쳐서 둘은 다정한 관계를 유지했고, 가끔 휴일 산책을 함께 다녔다. 산책을 하면서 그들은 철학뿐 아니라 영화에 대해서도 대화를 나누었다. 가령 비트겐슈타인은 훌륭한 영국 영화가 만들어진 적도 없을 뿐 아니라 그런 것은 **논리적** 불가능이라 할 수 있을 정도로 불가능하다고 주장했는데, 라일은 이에 대해 완강히 반대했다.

무한성에 관한 그의 논문이 노팅엄에 모인 철학자들에게는 "모두 중국말처럼 들릴 것"이라는 비트겐슈타인의 확신은 자신이 무엇을 말하든지 오해받기 쉽다는 강박관념을 전형적으로 표현한 것이다. 그는 자신을 이해하지 못하는 사람들 사이에 둘러싸여 있다고 느꼈다. 심지어 램지도 그의 《논고》 이론으로부터의 과격한 이탈을 따라오지 못했다. 9월에 비트겐슈타인은 일기에서 램지가 독창성이 부족하고 사물을 새롭게 보는—마치 문제를 처음 만난 것처럼 보는—능력을 갖지 못했다고 불평한다. 미가엘 학기 초인 10월 6일 그는 꿈을 기록했는데, 이 꿈은 그가 처한 상황, 또는 최소한 그가 처한 상황에 대해 그의 느낌이 어떠했는지를 비유적으로 보여준다.

> 오늘 아침 꿈을 꾸었다. 오래전에 나는 어떤 사람에게 물레바퀴를 만들어달라고 부탁을 했다. 이제 나는 그것을 더 이상 원하지 않지만, 그는 아직도 계속해서 그것을 만들고 있다. 그 물레바퀴가 저곳에 있는데 불량품이었다. 바퀴 주위에는 도처에 금이 그어져 있다. 아마도 (증기터빈의 모터처럼) 날을 부착시키려고 그런 것 같았다. 그는 내게 그것이 얼마나 지루한 일인지를 설명했다. 나는 생각했다. 전에 나는 만들기 쉬운 간단한 외륜을 주문했었다. 설명하기에는 또는 더 좋은 바퀴를 만들게 하기에는 이 남자가 너무 우둔한데, 그 말고는 이 일을 맡길 사람이 없다는 생각 때문에 괴로웠다. 나는 나를 전혀 이해하지 못하는 사람들과 함께 살아야 한다는 생각이 종종 든다. 동시에 그것이 내 잘못이라는 느낌과 함께 말이다.

그는 "물레바퀴를 만들면서 둔하고 서투르게 일을 했던 남자의 상황"이 바로 맨체스터에서 자기 자신의 상황이었다고 덧붙였다. 그때 그는 "가스터빈을 만들려는 무익했던 시도"를 하고 있었다. 그러나 그것 이상으로 이 꿈은 《논고》가 부적절한 것으로 판명되고 나서 그가 처한 지적인 상황을 보여주고 있다. 정말 그랬다. 《논고》는 서투르고 부적절하게 만들어진 채 저기에 놓여 있었다. 그런데 그 남자(비트겐슈타인 자신? 아니면 램지?)는 **여전히** 그것을 만지작거리면서 그것을 보다 더 정교하게 만들려는 지루하고 의미 없는 일을 하고 있었다. 정말로 필요한 것은 완전히 다르고 단순한 바퀴였는데 말이다.

11월에 비트겐슈타인은 《논고》의 번역자인 오그던의 초대를 받아들여, 사도들과 비슷하지만 덜 엘리트적이고 과학에 더 관심을 가진 '이교도들The Heretics'이라는 모임에서 논문을 발표하기로 했다. 이 모임에서는 이전에 웰스H. G. Wells, 러셀, 버지니아 울프(소설 《베넷 씨와 브라운 부인*Mr. Bennett and Mrs. Brown*》은 울프가 이 모임에서 했던 연설에 기반을 두고 있다)와 같은 명사들이 참석해서 연설을 한 적이 있었다. 그는 이번에는 '중국어'를 말하지 않기로 작정하고, 이 기회를 이용해서 《논고》에 대해 널리 퍼져 있는 가장 심각한 오해—그 책이 실증주의적이고 반형이상학적 정신에서 쓰여졌다는 생각—를 교정하려고 하였다.

일생 동안 단 한 번 했던 '대중' 강연에서 비트겐슈타인은 윤리학에 대해서 말하기로 결심했다. 거기서 그는 윤리학의 주제에 대해서 말하려는 어떤 시도도 난센스에 이를 것이라는 《논고》의 견해를 다시 피력했다. 그러나 또한 윤리학의 주제에 대한 그 자신의 태도는 실증주의적, 반형이상학적인 태도와는 근본적으로 다르다는 사실도 더 명확하게 하려고 시도했다.

> 윤리학 또는 종교에 대해서 글을 쓰거나 말하려고 시도하려는 경향을 가졌던 나를 비롯한 모든 사람들은 언어의 경계와 충돌하려 했다고 나는 믿습니다. 우리를 가두고 있는 감옥의 벽과 충돌하는 것은 완전히, 전적으로 절망적인 일입니다. 윤리학은 삶의 의미나 절대선, 절대가치에 대해서 뭔가를 말하려는 욕망에서 나온 것인 한, 과학이 될 수 없습니다. 윤리학이 말하는 것은 어떤 의미로도 우리의 지식을 확장시키지 않습니다. 그렇지만 윤리학은 인간의 마음 안에 있는 한 가지 경향의 기록입니다. 개인적으로 난 그것을 마음 깊이 존중하지 않을 수 없으며, 절대로 그것을 조롱하지 않을 것입니다.

그는 또한 이렇게 "우리 자신을 가두고 있는 감옥의 벽과 충돌하는" 이러한 경향을 자신이 어떻게 직접 경험했는지 몇 가지 예를 제시하고 있다.

> 나는 이 경험을 순서대로 기술해서, 가능하다면 여러분들로 하여금 나와 동일한 혹은 유사한 경험을 떠올릴 수 있도록 함으로써 우리가 탐구의 공통된 기반을 갖도록 해보겠습니다. 내가 믿기에 그것을 기술하는 가장 좋은 방법은, 그런 경험을 할 때 나는 세계의 존재에 대해서 경이를 느낀다고 말하는 것입니다. 그리고 나는 "무언가가 존재해야 한다는 것이 얼마나 특이한 일인지" 또는 "세계가 존재해야 한다는 것이 얼마나 특이한 일이지"와 같은 구절을 사용하려는 경향을 갖게 됩니다. 나는 내가 알고 있고 여러분 중에도 알고 있는 사람들이 있을지도 모를 또 다른 경험에 대해서 말하겠습니다. 그것은 절대적으로 안전한 느낌을 갖는 경험이라고 부를 수 있는 그런 경험입니다. 즉 "나는 안전하다. 무슨 일이 생기건 아무것도 나를 해칠 수 없다"라고 말하려 할 때의 마음의 상태를 뜻합니다.

그는 계속해서 그러한 경험을 한 후 사람들이 말하려고 하는 것들은 언어의 오용이라는 것, 그것들은 아무것도 의미하지 않는다는 것을 보여주려 한다. 그러나 그런 경험 자체는 "그것들을 경험했던 사람들에게, 예를 들면 나에게 어떤 의미에서 내재적, 절대적 가치를 갖고 있는 것처럼 보입니다." 그 경험들은 그것들의 가치가 사실적인 세계를 넘어서 있다는 바로 그 이유 때문에 사실적 언어에 의해서 포착될 수 없다. 이 당시에 쓰여진 공책에서 비트겐슈타인은 강의에는 포함하지 않았지만 그의 태도를 수정처럼 표현해주는 문장을 써놓았다. "선한 것은 또한 신성하다. 이상하게 들릴지 모르지만, 그것이 나의 윤리학을 요약해준다."

그렇지만 이 강의에서 가장 주목할 만한 점은 아마도 그것이 전혀 일반적 의미에서의 윤리학에 관한 것이 아니었다는 점이다. 즉 그 강의에는 도덕적 문제들에 관해서, 혹은 그러한 문제들이 어떻게 분석되고 이해될 수 있는지에 관해서 전혀 언급이 없었다. 이런 의미로서의 윤리학에 대한 비트겐슈타인의 생각에 대해 알려면 우리는 그의 일기와 대화록 들에 의존해야 한다.

물론 비트겐슈타인은 윤리학을 아무것도 말해질 수 없는 영역에 속하는 것으로 간주했지만, 그가 실제로 도덕적 문제들에 대해서 많이 생각해보고 말했다는 것은 의심의 여지가 없다. 실제로 그의 일생은 도덕적 분투 — 행실을 바르게 하려는decent, anständig 투쟁으로서 이것은 그에게 무엇보다도 자존심 때문에 생기는 유혹들과 부정직해지려는 허식을 극복하는 것을 뜻한다 — 에 의해서 지배를 받았다고 할 수도 있다.

몇몇 친구들이 고집했던 것처럼 비트겐슈타인이 너무나 정직해서 거짓말을 할 수 없었다는 것은 사실이 아니다. 또한 그가 항상 자신을 비난한 이유가 되었던 허식의 흔적을 그에게서 찾을 수 없다는 것도 사실이 아니다. 물론 이렇게 말하는 것이 그가 통상적 기준에서 봤을 때 부정직하다거나 허식적이었다는 뜻은 아니다. 그가 그렇지 않았다는 것은 거의 확실하다. 그러나 똑같은 정도로 확실하게, 때때로 사람들에게 인상을 심어주고 싶은 마음이 엄밀한 진리를 말하려는 마음을 눌렀던 때가 있었다. 일기에다 그는 자신에 대해서 이렇게 쓰고 있다.

> 다른 사람들이 나를 어떻게 생각할까 하는 생각이 항상 나를 비상할 정도로 사로잡고 있다. 나는 자주 좋은 인상을 주기 위해 애쓴다. 즉 나는 다른 사람에게 주는 인상에 대해서 종종 생각한다. 그리고 그것이 좋은 인상이라고 생각하면 즐겁고, 나쁜 인상이라고 생각하면 즐겁지 못하다.

그리고 이 말을 하면서 그는 비록 우리 모두에게는 진부하게 사실인 것에 대해 언급할 뿐이지만, 또한 그는 자신과 허영심anständigkeit 사이에 놓인 가장 큰 장벽이라고 느꼈던 것에 대해 주목하고 있다.

비트겐슈타인이 종종 주었던 인상은 귀족처럼 보이는 것이었는데,

이것은 틀림없이 그의 허영심을 충족시켰을 것이다. 예를 들어 리비스는 언젠가 그가 이렇게 말하는 것을 언뜻 들었다. "내 아버지의 집에는 그랜드 피아노가 일곱 대 있었다." 즉시 그는 비트겐슈타인이 음악사에 등장하는 비트겐슈타인 왕자의 일가인지가 궁금해졌다. 실제로 케임브리지에서는 그가 독일의 왕실 가문인 자인-비트겐슈타인가Sayn-Wittgensteins 출신이라는 믿음이 널리 퍼졌었다. 비록 비트겐슈타인이 이러한 오해를 부추긴 것은 아니었지만, 리비스가 인용했던 그런 말들을 (부수적으로 말하면 리비스의 말은 사실인지 의심스럽다. 왜냐하면 알레가세에는 단지 3~4대의 그랜드 피아노밖에는 없었기 때문이다) 바로잡기 위해서 아무 일도 하지 않았다. 그의 진짜 배경에 대해서 그가 어느 정도로 숨겼는가에 대해서는 여러 의견들이 있다.◈ 아마도 가장 중요한 사실은 비트겐슈타인 자신이 뭔가를 숨기고 있다고 느꼈다는 데 있을 것이다. 그는 실제로 자신이 유대인인데도 다른 사람들로 하여금 그가 귀족이라고 생각하도록 놔두고 있다고 느끼고 있었다. 12월에 그는 복잡한 꿈에 대해서 기록하고 있는데, 이 꿈은 이러한 불안감의 표현으로서 간주될 수 있을 것이다.

> 이상한 꿈.
>
> 나는 화보 신문에서 페르트작트Vertsagt의 사진을 보았는데, 그는 요즘 많이 회자되는 영웅이다. 그 사진은 차 안에 있는 모습을 찍은 사진이었다. 사람들은 그의 수치스런 행동들에 대해서 말한다. 핸젤이 내 옆에 서 있고, 누군지 내 형 쿠르트를 닮은 사람도 내 옆에 서 있다. 후자는 페르트작Vertsag[*sic*]이 유대인이지만 부유한 스코틀랜드 귀족에 의해 양육되었다고 말한다. 지금 그는 노동자들의 지도자이다. 그는 이름을 바꾸지 않았는데, 왜냐하면 이름을 바꾸는 것이

◈ 바틀리는 비트겐슈타인이 한번은 영국에 살고 있던 사촌에게 그가 부분적으로 유대계의 후손이라는 것을 밝히지 말아달라고 부탁했다고 주장한다. 반면 그의 친구 대부분은 그가 자신의 출신 성분에 대한 진실을 전혀 감추려 하지 않았다고 고집한다.

거기에서는 관습이 아니기 때문이었다. 페르트작트, 나는 그의 이름의 첫 번째 음절에 강세를 주어서 발음한다. 그가 유대인이라는 것은 나에게 새로운 사실이고, 나는 그 이름이 단순히 verzagt[독일어로 '나약하다'란 뜻이다]라는 것을 깨닫는다. 그것이 'ts'로 쓰여져 있었다는 사실은 놀라운 것이 아니었는데, 왜냐하면 그 글자들이 다른 글자보다 진하게 인쇄되어 있었기 때문이었다. 나는 이렇게 생각해본다. 모든 비열함 뒤에는 유대인이 있어야 하는가? 이제 핸젤과 나는 어떤 집의 테라스 위에 있었는데, 그 집은 아마도 호흐라이트에 있는 통나무 오두막집 같았다. 길을 따라서 페르트작트가 그의 차를 타고 온다. 그는 화가 난 얼굴이었는데, 약간 불그스레한 머리카락과 또 이와 비슷한 색깔의 콧수염이 나있다.(그는 유대인처럼 보이지 않는다.) 그는 자신을 뒤따라오는 자전거에 탄 사람에게 총을 쏘았고, 그 사람은 고통으로 몸부림치다 여러 발을 맞고 땅에 쓰러진다. 페르트작트는 차를 타고 지나갔다. 이제 젊고 불쌍하게 보이는 소녀가 자전거를 타고 가다가 페르트작트가 차를 몰면서 쏜 총에 맞는다. 총알이 그녀의 가슴을 뚫었을 때 마치 거의 빈 주전자가 불 위에 있을 때 나는 것과 같은 거품이 이는 소리가 난다. 나는 이 소녀가 불쌍하게 여겨졌다. 이 소녀가 아무런 도움과 동정도 받지 못한다는 것, 그녀가 괴로워하면서 죽어갈 때 사람들이 방관만 하고 있는 것은 단지 오스트리아에서나 일어날 수 있는 일이라고 생각했다. 나 역시 그녀를 돕기가 두려웠는데 왜냐하면 페르트작트가 쏜 총에 맞을까 두려웠기 때문이다. 나는 그녀 쪽으로 걸어간다. 하지만 널빤지 뒤에 숨으려고 한다.

그리고 깨어났다. 다음을 덧붙여야겠다. 핸젤과 대화할 때 — 처음에는 다른 사람이 있을 때 그리고 그가 우리를 떠난 후에 모두 — 나는 자신이 유대인의 후손이라거나 또는 페르트작트의 입장이 나 자신의 입장과 같다는 것이 창피해서 말하고 싶지 않았다.

비트겐슈타인이 깨어나서 이 꿈에 대해 개진한 의견은 대부분이 그 꿈의 주요 인물들의 이름과 관련되어 있다. 이상하게도 그는 그것이 pferzagt(이것은 아무 뜻도 없다)라고 쓰여진다고, 또한 그것이 헝가리 말이라고 생각했다. "그 이름은 나에게 악마적이고 짓궂으며 매우 남성적인 것을 의미했다."

그렇지만 아마도 페르트작트의 입장—영웅으로 간주되고 귀족의 모습과 교육을 받은 그러나 실제로 유대인이고 악한인 사람의 입장—이 또한 자신의 입장이라는 그의 생각이 더 적절했다. 그리고 더 나쁜 것은 그가 너무 창피하고 너무 나약verzagt해서 그것을 고백할 수 없다고 느꼈다는 것이다. 이런 비겁한 느낌은 그를 여러 해 동안 괴롭혔고, 이 꿈을 꾼 지 7년 후에 그로 하여금 마침내 그의 유대계 혈통의 진상에 대해 공식적인 고백을 하게 만들었다.

그렇지만 그 꿈에서 가장 불온[illegible] 것은 비트겐슈타[illegible] 자신의 내적인 불안감을 표현하기 위해서 나치의 슬로[illegible] 비열함 뒤에는 유대인이 있는가?"를 사용했다는 것이다. 《나의 투쟁》에서 나왔을 법한 이 질문은 유대인을 자신의 [illegible] 의도와 진짜 본성을 감추고 독일인들 사이에 독을 퍼뜨리는 기만적이고 기[illegible]적인 존재로 묘사하는 나치의 선전을 생각나게 한다. 다행히도 비트겐슈타인이 그 자[illegible]ändig-keit을 묘사하고 분석하기 위해서 이러한 이미지(또는 그와 아주 다르지 않은 어떤 것)를 채택하려는 경향이 있었던 기간은 길지 않았다. 그것은 1931년에 쓰여진 유대성에 대한 일련의 단평들에 이르러 절정에 이르고 이후 돌연히 사라져버린다.

이 꿈에서 자연스럽게 제기될 수 있는 한 가지 질문에 대해 비트겐슈타인은 논의하지 않았다. 페르트작트가 순진무구한 소녀를 쏜 것은 마르그리트에 대한 그의 좋지 않은 영향을 상징하는 것일까? 물론 이 질문에 답할 길은 없다. 그렇지만 내가 생각하기에 마르그리트와 결혼하려는 계획 때문에 그는 자신의 더러움을 청소하고, 감추려고 했던 그의 본성에 있는 불쾌하고 부정직한 면을 드러내놓기 위해 훨씬 더 깊고 힘든 노력을 하게 되었다고 생각할 근거는 있다. 이것은 그가 레티스 램지에게 언급했던 '신성한 행위'에 대한 그의 언약을 준비하기 위한 것이었다.

12
검증주의적 단계

1929년 말 비트겐슈타인은 그들의 관계에 대한 마르그리트의 양면적 태도와 그녀가 결혼에 회의를 품고 있음을 짐작했을지 모른다. 크리스마스를 그녀와 가족과 함께 지내기 위해 빈에 도착한 지 얼마 후에, 마르그리트는 더 이상 그와 키스하고 싶지 않다고 선언했던 것이다. 그녀는 그에 대한 감정이 특별한 감정은 아니라고 해명했다. 하지만 비트겐슈타인은 눈치를 채지 못했다. 일기장에 그는 **그녀의** 감정보다는 오히려 자신의 감정에 주로 골몰했다. 그는 그 감정이 고통스럽다는 것을 인정했지만, 동시에 그 때문에 불행하지는 않았다. 왜냐하면 만사가 감각적 욕망의 충족이 아니라 정신 상태에 따라 결정되었기 때문이다. "정신이 나를 버리지 않는다면, 무슨 일이 일어나도 더럽지도 않고 시시하지도 않기 때문이다." 그는 덧붙였다. "그렇지만 파멸하지 않으려면 발끝으로 참고 서 있어야 한다." 문제는 그녀를 얻는 것이 아니라 자신의 욕망을 정복하는 것이었다. 크리스마스에 그는 "나는 짐승 같고 여전히 그것이 걱정스럽다"고 썼다. "나는 여전히 더 천박해질 위험에 처해 있다. 부디 신이 그것을 막아주시길."

이런 경향을 피하는 한 가지 방법으로 혹은 그것을 노출시킬 작정으로 그는 자서전을 쓸 생각을 하게 되었다. 여기서도 다시 **만사**가 정신에 의존했다. 12월 28일 그는 다음과 같이 썼다.

> 사람이 자신에 관해서 진실을 적을 때의 정신은 가장 고귀한 것으로부터 가장 비열한 것까지 다양한 형태로 나타날 수 있다. 그래서 진실을 적어두는 것은 매우 바람직하기도 하고 매우 그릇되기도 하다. 실제로 사람들의 진실을 담은 자서전들 중에는 최고에서부터 최하에 이르기까지 모든 단계의 것들이 있다. 이를테면 나는 발을 딛고 있는 땅보다 더 높은 곳에서 자서전을 쓸 수 없다. 그리고 그것을 적는다는 사실에 의해 나 자신이 **필연적으로** 고양되는 것은 아니다. 심지어 그렇게 함으로써 나는 자신을 원래보다 더 더럽게 만들 **수 있다**. 내 안에 있는 무언가가 내가 자서전을 쓰는 것에 대해 호의적으로 말하고 있다. 실제로 난 나뿐 아니라 다른 사람들 바로 앞에 내 삶이 뚜렷이 보이도록 그것을 깨끗이 펼쳐보고 싶다. 내 삶을 재판에 회부하려는 것이 아니고, 어느 경우에도 명료성과 진리를 얻기 위해서다.

이런 계획으로부터 이루어진 것은 아무것도 없었다. 하지만 그는 다음 2~3년 동안 자신에 관한 '벌거벗은 진실'을 노출시키기 위해 그리고 가치 있는 자서전의 본성에 대해 숙고하기 위해서 계속 글을 적었다.

그가 자서전을 썼다면 예를 들어 러셀의 《자서전》보다는 분명 성 아우구스티누스의 《참회록*Confessions*》과 더 공통점이 많았을 것이다. 즉, 자서전을 쓴다는 것은 기본적으로 정신적 행위였을 것이다. 그는 《참회록》이 "아마도 지금까지 쓰였던 책들 중에서 가장 진지한 책"일 수도 있다고 생각했다. 그는 특히 1권에 있는 "당신에게 침묵하는 자들은 재앙을 입을 것이다! 말재주가 있는 사람들도 당신을 묘사할 말을 찾을 수 없기 때문에"란 구절을 즐겨 인용했다. 그러나 비트겐슈타인은 드루어리와 이 구절에 대해 논의하면서 다음과 같이 수정한 말을 더 좋아했다. "당신에 관해 아무것도 말하지 않는 자들은 재앙을 입을 것이다. 바로 수다쟁이들이 수없이 난센스를 늘어놓기 때문에."

바이스만, 슐리크와의 대화 도중에 그 구절은 더 자유롭게 번역되었다. "이 친구야, 난센스를 말하고 싶지 않다고! 그러지 말고 계속 난센스를 말해봐. 아무렇지도 않을 테니!" 이런 자유로운 번역이 비록 아우구스티누스가 의도했던 뜻을 표현하지 못한다 하더라도, 분명히 비트겐슈타인 자신의 견해는 알아낼 수 있다. 우리는 수다쟁이의 난센스를 중지시킬 수는 있겠지만 우리 자신이 직접 난센스를 말하는 것을 거부해선 안 된다. 늘 그렇듯이 모든 것은 그것을 행하는 이의 정신에 달려 있다.

바이스만과 슐리크에게 그는 자신의 윤리학 강의의 일반 방침을 거듭 말했다. 즉 윤리학은 말해질 수 없는 것을 말하려는 시도이며 언어의 한계들에 충돌해서 부딪히는 것이다. "나는 윤리학에 대한 모든 허튼소리 — 직관적 인식이 있는지, 가치들이 존재하는지, 선이 정의될 수 있는지 — 를 그만두는 것이 결정적으로 중요하다고 생각한다." 다른 한편으로는 난센스를 말하려는 경향에 의해 **무엇인가**가 지적되었음을 아는 것도 똑같이 중요하다. 예를 들어 그는 하이데거가 ("불안한 사람의 얼굴에 있는 것은 그 자체로서 세계-내-존재이다"와 같은 문장에서 말한) 불안과 존재라는 말로 무엇을 의미했는지 상상할 수 있다고 말했다. 그는 또한 키르케고르의 "이성이 그것의 역설적인 열정에 의해 고취될 때 그 이성과 충돌하는 알려지지 않은 어떤 것"과 같은 말에 공감을 표시했다.

사람들은 성 아우구스티누스, 하이데거, 키르케고르와 같은 이름들이 빈학파와의 대화에서 언급될 것으로 예상하지 않을 것이다. 비난의 대상으로서가 아니라면 말이다. 예컨대 논리실증주의자들은 형이상학적 난센스가 무엇을 의미하는지, 자신들이 철학적 쓰레기라고 비난하려는 것이 무엇인지를 보여주는 사례로서 하이데거의 글들을 자주 이용했다.

비트겐슈타인이 케임브리지에 있었던 동안 빈학파는 의식적으로 응집력이 강한 그룹으로 발전했고, 또한 그들을 결속시켰던 반형이상학적 입장을 일종의 선언서의 기초로 삼게 되었다. 이 성명서는 《과학적 세계관: 빈학파*Die Wissenschaftliche Weltauffassung: Der Wiener Kreis*》라는 제목으로 출간되었다. 이 책은 슐리크에 대한 감사의 표시로 출간되었다. 그는 모임의 지도자로 인정받으면서, 그해 빈에서 동료 및 친구 들과 함께 머물게 베를린으로 오라는 제의를 거절한 적이 있다. 이 계획을 듣고 나서 비트겐슈타인은 바이스만에게 편지를 써서 자신의 불만을 표시했다.

> 슐리크가 평범한 사람이 아니기 때문에 사람들은 그에게 빚을 지고 있다. 그것은 자신들의 '선한 의도'에도 불구하고 허풍 때문에 그와 빈학파가 웃음거리가 되지 않도록 슐리크가 주의하고 있다는 점이다. 내가 '허풍'이란 말로 뜻하는 것은 어떤 종류이건 혼자서 만족해서 젠체하는 것이다. '형이상학의 폐기'라! 마치 그것이 새로운 것이라도 되는 양! 빈학파는 그들의 성취를 말로 떠드는 대신 보여주어야 한다 … 거장은 작품으로 알려져야 한다.

학파의 중심적 원리를 요약한 것과 별도로, 그들의 성명서는 또한 《논리, 언어, 철학*Logik, Sprache, Philosophie*》이란 제목의 바이스만의 책이 출판될 것이라는 광고를 포함했는데, 이때 그 책은 《논고》에 대한 소개서로 묘사되었다. 성명서에 대한 우려에도 불구하고 비트겐슈타인은 그 책의 저술에 협력하기로 하여 바이스만을 정기적으로 만나 그의 생각들을 설명했다.

토론은 슐리크의 집에서 이루어졌다. 바이스만은 비트겐슈타인이 말한 것을 꽤 꼼꼼히 적었는데, 이것은 그 노트를 한편으로는 계획된 책에 이용하기 위해서였고, 다른 한편으로는 빈학파의 다른 회원들(비트겐슈타인이 만나기 거절했던 사람들)에게 비트겐슈타인의 최신 생각을 전해주기 위해서였다. 이 회원들은 철학 학회에서 발표한 논문들 속에 비트겐슈타인의 생각을 인용했다. 이런 식으로 비트겐슈타인은 오스트리아에서 벌어지는 철학 논쟁에 대해 영향력은 있지만 다소 환영 같은 기여자로서 명성을 쌓았다. 오스트리아 철학자들 중에는, 많이 들어봤지만 한 번도 본 적이 없는 이 '비트겐슈타인 박사'가 슐리크의 상상이 빚어낸 허구의 존재, 곧 학파의 명목상의 우두머리로 창안된 신화적 인물일 뿐이라고 추측하는 사람들도 있었다.

1929년에는 슐리크와 바이스만 모두 — 학단의 다른 회원들은 말할 것도 없고 — 비트겐슈타인의 생각이 얼마나 빠르고 과격하게 《논고》의 생각으로부터 멀어져가고 있는지 알아채지 못했다. 다음 몇 년 동안 바이스만의 책은 근본적인 변화를 겪어야만 했다. 애초 《논고》를 해설해주는 책으로 계획되었는데, 비트겐슈타인의 수정된 생각들을 요약하는 책으로 바뀌었다가 마지막에는 비트겐슈타인의 완전히 새로운 생각들을 담게 되었다. 그 책의 마지막 모습이 드러나게 되자, 비트겐슈타인은 협력을 철회하였고 책은 출판되지 못했다.◈

크리스마스 휴가 동안 슐리크, 바이스만과 나눈 토론에서 비트겐슈타인은 《논고》를 쓴 이래 그의 견해가 어떻게 바뀌었는지를 요약해서 설명했다. 그는 《논고》에 있는 요소 명제들에 대한 설명이 틀려서 폐기되어야 하며, 그것과 함께 논리적 추리에 대한 그의 초기 견해도 폐기되어야 함을 확신한다고 그들에게 설명했다.

> … 그 당시 나는 모든 추론이 항진명제적 형식에 기초한다고 생각했다. 당시 나는 다음과 같은 형식의 추리가 있을 수 있다는 것을 알지 못했다. 이 남자는 키가 2미터다. 그러므로 그는 키가 3미터가 아니다.

그는 "무엇이 잘못되었느냐 하면 내가 논리적 상항들의 구문론이 명제

◈ 결국 이 책은 바이스만과 비트겐슈타인의 생전에는 출판되지 않았다. 1965년에 그 책은 《언어철학의 원리*The Principles of Linguistic Philosophy*》라는 영어 책으로 출판되었는데, 이때쯤에는 비트겐슈타인 자신의 글이 사후에 출판되었기 때문에 그 책을 다소 쓸모없게 만들어버렸다.

들의 내적 연결 관계를 고려하지 않고도 세워질 수 있다고 믿었다는 것이다"라고 그들에게 말했다. 그렇지만 그는 이제 논리적 상황들의 규칙들은 단지 "내가 그때에는 그것에 관해 아직 아무것도 몰랐던 좀 더 포괄적인 구문론"의 일부를 형성할 뿐이라는 것을 깨달았다. 이제 그의 철학적 과제는 이 좀 더 복잡한 구문론을 서술하고, 추론에 있어서 '내적인 연결 관계'가 갖는 역할을 명확히 밝히는 데에 있다.

이 과제를 **어떻게** 완수해야 하는지에 대한 그의 생각은 이 당시 매주, 심지어 매일 바뀌었을 정도로 유동적인 상태였다. 이들이 나눈 대화의 특징 중 하나는 비트겐슈타인이 매우 자주 "나는 …라고 믿곤 했다", "나는 …에 대한 나의 설명을 고쳐야 한다", "내가 이 문제를 … 이렇게 발표했을 때 나는 틀렸다"라는 말로 단평을 시작한다는 점이다. 그런데 이 말들은 그가 《논고》에서 취했던 입장을 가리키는 것이 아니라, 그해 초에 또는 아마도 그 주 초에 표현했던 견해를 가리킨다.

'구문론'으로 그가 의미했던 것, 그리고 그것이 보여주는 내적인 연결 관계의 한 예로서 그는 어떤 사람이 "저기에 원이 있다. 그것의 세로는 3센티미터이고 가로는 2센티미터이다"라고 말하는 것을 상상해 보았다. 이 말에 대해 우리는 이렇게 응답할 수 있을 뿐이라고 그는 말한다. "정말? 그렇다면 당신은 원이란 말로 무엇을 의미합니까?" 다른 말로 하면, 가로보다 더 긴 세로를 가진 원의 가능성은 '원'이라는 단어로 우리가 의미하는 것에 의해 배제된다. 이런 규칙들은 구문론 또는 비트겐슈타인이 또한 말하듯 우리 언어의 '문법'에 의해 제공된다. 이 경우에 문법은 어떤 것이 원이라는 것과 그것이 오로지 **하나의** 반지름을 갖는다는 것 사이의 '내적인 연결 관계'를 규정한다.

기하학적 용어들의 구문론은 선험적으로 그런 원이 존재하는 것을 막는다. 마치 우리의 색채 단어들의 구문론이 어떤 것이 동시에 빨갛고 파랄 가능성을 배제하듯이 말이다. 이런 다른 문법들에 의해 세워진 내적 연결 관계들은 《논고》의 항진명제들에 의한 분석이 파악하지 못했던 그런 종류의 추리들을 허용하는데, 그 이유는 그것들이 각각

하나의 **체계**를 형성하기 때문이다.

> 언젠가 나는 "명제는 자처럼 실재에 대어진다"고 썼다[《논고》 2.1512]. 이제 나는 **명제들의 체계**가 실재에 자처럼 대어진다고 말하고 싶다. 이 말로 내가 의미하는 것은 다음과 같다. 만일 내가 자를 공간적 대상에 댄다면, 나는 동시에 그것에 **모든 눈금이 매겨진 선들**을 댄 것이다.

만일 우리가 한 물체를 20센티미터라고 잰다면, 우리는 즉시 그것이 21센티미터가 **아니라는** 것을 추리할 수 있다.

이런 명제 체계들의 구문론을 기술할 때 비트겐슈타인은 램지가 말했듯이 '공간, 시간, 그리고 물질의 **필연적** 속성들'을 대략적으로 보여주는 것과 비슷한 일을 하게 되었다. 그렇다면 그는 일종의 물리학을 하고 있는가? 그는 아니라고 대답한다. 물리학은 사태들의 참, 거짓을 결정하는 일을 다룬다. 반면에 그는 **의미**와 **무의미**를 구분하는 일을 한다. "이 원은 세로가 3센티미터이고 가로는 2센티미터이다"는 거짓이 아니라 무의미하다. 그가 다루고 있었던 공간, 시간, 물질의 속성들은 물리적 탐구의 주제가 아니라, 그가 이때 사용한 용어로 표현하면 **현상학적인** 분석이었다. "물리학은 현상학적인 사태들의 구조를 기술하지 않는다. 현상학에서 다루어지는 것은 언제나 참과 거짓의 문제가 아니라 가능성의 문제, 즉 의미의 문제"라고 그는 말했다.

슐리크에게는 이런 방식의 설명이 불만스럽게도 칸트적인 것처럼 보였다. 마치 비트겐슈타인이 《순수이성비판》 식으로 '현상의 구조'에 대한 일반적이고 필연적인 특징들을 기술하려 시도하고, 그 결과 후설에게로 이르는 것처럼 보였다. 후설의 현상학을 염두에 두고 그는 비트겐슈타인에게 물었다. "현상학의 진술들이 선험적 종합 판단이라고 보는 철학자에게 어떤 답변을 해줄 수 있겠습니까?" 이에 대해 비트겐슈타인은 수수께끼 같은 말로 대답했다. "단어들을 조합하는 것은 정말로 가능하지만, 나는 그것들에 생각을 연결시킬 수는 없다고 응답할 것입니다." 이때쯤 쓴 단평에서 그는 더 명확히 말한다. 항진명제들(예를 들면 수학적 등식들)에 의해 대체될 수 없는 문법적 규칙들이 실제로 있다는 그의 견해는 "칸트가 7+5=12가 분석 명제가 아니고 선험적 종합 명제라고 고집할 때 의미한 것을 설명해준다." 다른 말로 하면, 이 답변은 그의 탐구들이 칸트와 칸트주의자들이 **말하려고** 시도했던 것을 **보여준다는** 이미 익숙한 답이다.

비록 비트겐슈타인의 새로운 생각들 안에 있는 이런 사이비-칸트적인 요소 때문에 혼란을 느끼긴 했지만, 슐리크와 (그러므로) 빈학파의 다른 회원들은 비교적 거의 그것에 주목하지 않았다. 그런데 그들의 사고방식에 있는 경험주의적 경향에 더 마음에 맞았던 말을 비트겐슈타인이 대화 중에 피력했다. 만약 어떤 명제가 의미를 가지려면, 즉 그것이 무엇인가를 말하려면, 우리는 그것이 참이라면 어떤 경우가 일어날지에 대해서 알고 있어야 한다는 것이었다. 즉, 우리는 한 명제의 참 또는 거짓을 입증하는 어떤 수단을 가져야 한다. 이것은 빈학파에 '비트겐슈타인의 검증 원리Principle of Verification'로 알려지게 되었다. 그것은 학파 회원들에게 열광적으로 수용되어서 그때 이후로 논리실증주의의 정수로 간주되었다. 영국에선 에이어A. J. Ayer가 《언어, 진리, 논리*Language, Truth and Logic*》(이 제목은 바이스만의 《논리, 언어, 철학》에서 영감을—'영감'이 맞는 표현이라면—받았다)에서 그 원리를 가장 직선적으로 표현함으로써 널리 알렸다. 이 책은 에이어가 빈에서 학단의 모임에 얼마 동안 참석한 후 쓰여졌고 1936년에 출판되었다.

그 원리는 '명제의 의미는 그것의 검증 방법'이라는 하나의 표어로 표현되는데, 비트겐슈타인은 이것을 슐리크와 바이스만에게 다음과 같이 설명해준다.

> 만일 내가 "저기 찬장 위에 책이 있다"고 말한다면 어떻게 그것을 검증할까? 그것을 쳐다보거나, 여러 곳에서 바라보거나, 아니면 손에

> 책을 쥐고 만져보다가 책장을 열어 넘겨보는 것 따위를 해보는 것으로 충분할까? 두 가지 생각을 할 수 있다. 하나는 어떤 식으로 하더라도 나는 결코 그 명제를 완전히 검증할 수는 없으리라는 것이다. 명제는 말하자면 항상 뒷문을 열어둔다. 우리가 무엇을 하건, 실수를 하지 않았다고는 확신하지 못한다.
>
> 다른 하나는 내가 주장하고 싶은 것이기도 한데, "아니다. 만일 내가 한 명제의 의미를 결코 완전히 검증할 수 없다면, 나는 그 명제로 아무것도 의미할 수 없다. 그렇다면 그 명제는 도대체 아무것도 의미하지 않는다"라는 주장이다.
>
> 한 명제의 의미를 결정하기 위해서, 나는 언제 그 명제가 검증된 것으로 간주되는지에 대한 아주 구체적인 절차를 알아야 할 것이다.

나중에 비트겐슈타인은 이 원리를 의미론의 기초로 삼으려고 한 적이 없었다고 말하면서, 그것을 독단적으로 적용하려는 논리실증주의자들과 거리를 두었다. 그는 케임브리지의 도덕과학클럽 모임에서 이렇게 말했다.

> 나는 한때 문장이 어떻게 사용되는지를 명확히 밝히려면 "어떻게 그런 주장을 검증하려고 하는가"라고 자문해보는 것이 좋은 방법이라고 말하곤 했었다. 그러나 그것은 단어나 문장의 사용 방식을 명확하게 하기 위해 사용할 수 있는 여러 방법들 중 하나일 뿐이다. 예를 들면 "이 단어는 어떻게 배워지나?", "이 단어를 사용하는 방법을 아이에게 가르치려면 어떻게 할 것인가?"와 같은 질문을 던지는 것도 아주 유용한 방법이다. 그러나 일부 사람들이 검증을 요구하는 이런 제안을 도그마로 — 마치 내가 의미론을 내놓고 있는 듯이 — 바꿔버렸다.

1930년대 초 스타우트G. F. Stout가 검증에 대한 견해를 물었을 때, 비트겐슈타인은 다음의 우화를 들려주었다. 이 우화의 요점은 어떤 문장이 아무런 검증 수단을 갖고 있지 않다는 것은 그 문장 안에 이해할 만한 것이 아무것도 없다는 뜻이 아니라, 그것에 관해 중요한 뭔가를 이해했다는 뜻인 것처럼 보인다.

> 한 마을에 경찰관이 있는데, 각 주민으로부터 가령 연령, 출생지, 직업 등의 정보를 알아보라는 명령을 받았다고 가정해보자. 이 정보들은 기록되고 그 기록은 어떤 식으로건 이용된다. 때로 그 경찰이 한 주민이 아무 일도 하지 않는다는 것을 발견했을 때, 경찰은 이 사실을 기록한다. 왜냐하면 이것 역시 그 사람에 대한 쓸모 있는 정보이기 때문이다.

그러나 이러한 부인에도 불구하고 1930년 내내—슐리크, 바이스만과 나눈 대화에서, 그리고 바이스만에게 구술된 '논제들'의 목록에서, 그리고 그 자신의 공책에서—우리는 빈학파의 회원들 및 에이어와 마찬가지로 독단적인 듯이 보이는 그 원리를 비트겐슈타인이 사용하고 있는 것을 발견하게 된다. "명제의 의미는 그것을 검증하는 방식이다", "명제가 어떻게 검증되는지가 그 명제가 말하려는 것이다 … 검증은 진리의 **한** 예가 아니라 명제의 **온**의미*the* sense of the proposition이다" 등. 비트겐슈타인 사상의 '검증주의적 단계'라고 말할 수 있을 듯하다. 그러나 이것은 오직 우리가 그 검증 원리를 슐리크, 카르납, 에이어 등의 논리적 경험주의로부터 분리시켜, 그것을 비트겐슈타인의 '현상학적' 혹은 '문법적' 탐구에서 드러나는 좀 더 칸트적인 틀 안에 위치시킬 때만 그렇다.

1930년 새해 케임브리지로 돌아온 비트겐슈타인은 프랭크 램지가 중병에 걸린 것을 알았다. 그는 심한 황달 증상으로 고통을 겪고 있었고 그 원인을 찾기 위한 수술을 받기 위해서 가이 병원에 입원했다. 수술 후 상태가 악화돼 임종을 바로 앞에 둔 것 같았다. 램지와 가까운 친구인 프랜시스 패트리지가 당시 정황을 묘사하길, 프랭크 램지가 죽기 전날 저녁에 병실을 찾아가보니, 비트겐슈타인이 프랭크의 침대에서 몇 피트 정도밖에 떨어지지 않은 작은 방에 앉아 있는 것을 발견하고는 매우 놀랐다고 한다.

> 비트겐슈타인의 친절함과 개인적인 슬픔은 불빛 아래서 어쨌든 분명하게 보였는데, 그것은 거의 우스꽝스러울 정도여서 나를 당혹스럽게 했다. 프랭크는 또 한 번 수술을 받았고 아직 그로부터 회복하진 못하고 있었다. 레티스가 저녁을 먹지 못했기 때문에, 우리 셋은 뭔가 먹을 것을 찾기 시작했고 찬장 안에서 소시지 롤과 셰리(백포도주)를 꺼내 먹었다. 그러고는 비트겐슈타인은 자리를 떴고, 레티스와 나는 난롯가로 돌아왔다.

램지는 다음 날 1월 19일 새벽 3시에 사망했다. 그의 나이 26세였다.

다음 날 비트겐슈타인은 첫 강의를 했다. 그는 전 학기 말에 도덕학 교수진을 대표한 리처드 브레이스웨이트에게서 강의를 하나 맡아달라고 부탁을 받았다. 브레이스웨이트는 비트겐슈타인에게 그 강의의 이름을 뭐라고 해야 할지 물었다. 한참 동안 입을 다물고 나서 비트겐슈타인은 대답했다. "강의 주제는 철학일 겁니다. 강의 이름으로 철학 말고 또 무엇이 있을 수 있겠습니까?" 그래서 이 강의들은 비트겐슈타인의 강의 경력에서 그렇게 독특하게 일반적인 이름으로 기록되었다.

1930년 렌트 학기 동안 그는 매주 한 시간은 예술 대학 강의실에서 강의했고, 또 매주 두 시간은 탐험가인 프리슬리R. E. Priestley(후에 레이먼드 프리슬리 경이 됨)가 빌려준 클레어 대학의 한 방에서 토론을 했다. 그 후 그는 강의실의 형식성을 완전히 벗어던지고, 강의와 토론을 모두 프리슬리의 방에서 진행했다. 이것은 그가 트리니티에서 그 자신의 방을 얻을 때인 1931년까지 계속되었다.

그의 강의 스타일은 다른 강사들의 스타일과 아주 달라서 자주 묘사의 대상이 되었다. 그는 노트 없이 강의를 했고, 자주 수강생들 앞에서 그저 혼자 중얼거리며 서 있는 것처럼 보였다. 가끔 그는 "잠깐만, 생각 좀 해볼게요!"라고 말하면서 강의를 멈춘 후 몇 분 동안 위로 향한 자신의 손을 응시하면서 앉아 있곤 했다. 때때로 강의는 용감한 학생의 질문에 대한 응답으로 다시 시작되곤 했다. 종종 그는 "나는 멍청이야!"라든가 "이건 지독하게 어렵군!"이라고 격렬한 탄성을 지르며 자신의 우둔함을 저주하기도 했다. 그 강의에는 15명이 참석했는데, 대부분이 대학생들이었지만 교수들도 몇 명 있었다. 그중 가장 주목할 만한 학자는 무어였다. 그는 방에 있는 단 하나의 안락의자에 앉아(다른 사람들은 휴대용 접는 의자에 앉았다) 파이프를 피우면서, 매우 많은 양의 필기를 했다. 비트겐슈타인의 정열적이며 중간중간 중단되는 강의는 수강자 모두에게 잊을 수 없는 인상을 남겼다. 오그던과 함께 《의미의 의미》를 쓴 리처즈는 〈길 잃은 시인*The Strayed Poet*〉이라는 시에서 이를 생생하게 묘사하고 있다.

> 저 강의 아닌 강의에서, 당신의 음성과 그의 음성을 들었다
> ─ 접는 의자들은 사방에서 비스듬히 펼쳐졌고
> 안락의자에 앉은 무어는 구부린 채 모든 것을 쓰고 있고 ─
> 각 영혼은 당신이 하는 무슨 말이건 들으려고 법석이다.
>
> 그 누가 오래 견딜 수 있겠는가, 당신의 수척한 아름다움을,
> 오만한 입술, 냉소로 찬 밝게 빛나는 커다란 눈도
> 주름진 이마, 정돈된 미소, 선천적 슬픔도
> 세계를 저버린 당신의 의무에 대한 헌신을.
>
> 그렇게 고통은 느껴지고, 넋 잃은 청중들은
> 바라보며 말이 나오길 기다린다
> 숨을 죽이고 당신이 입을 다문 동안

번민하고, 무력한, 숨겨놓은 죄수 때문에.

불을 다시 지펴라! 창문을 열어라!
창문을 닫아라! — 끈기 있게 보조를 맞추어서
무익하고 황량한 천장에 있는 계시들을 —
빨리 되돌아가서 재를 쑤셔라.

"아, 아주 명확해! 정말 명확해!"
그때 학교 전체는 긴장으로 더 부서질 듯해지고
연필을 쥔 채 "아, 나는 얼마나 바보인가!
둔하기도 하지!" — 그렇다. 어떻게 보이든지 간에.

스승이 교육적이지 않다는 게 아니다.
그들이 응시할수록, 생각으로부터 자유로운 이마는 진주처럼 자라고
심장은 그와 함께 흐른다. 그러나 — 불길을 원한다면
자극해보라! 실언을 할 다음 차례는 누구인가?

창이 다시 열린다. 다시 열기가 공격했다
(떠나라, 그러나 밖에 있는 것을 떠나라, 훨씬 전에, 홀로!)
위대한 침묵. 한 문장이 시작된다. 그리고 신음소리
연필심을 붙잡아라. 다시 후렴으로 돌아가라.

리처즈의 시 제목은 적절하다. 비트겐슈타인의 강의 스타일, 그리고 실제로 그의 글의 스타일은 이상하게도 그가 다루는 주제와는 맞지 않았다. 마치 한 시인이 길을 잃고 수학의 기초에 대한 분석과 의미론 안으로 들어온 것처럼 말이다. 그 자신도 언젠가 이렇게 쓴 적이 있다. "내가 철학은 정말로 **시적인 글**로 쓰여져야 한다고 말한 것은 철학에 대한 나의 태도를 요약한 것이라 생각한다."

이 강의에서 비트겐슈타인은 자신의 철학관을 "특별한 종류의 수수께끼, 즉 **언어**의 수수께끼를 제거하려는 시도"로 요약했다. 그것이 사용하는 방법은 우리 언어의 문법적 특징들을 빠뜨리지 않고 설명하는 것이다. 문법은 무엇이 의미를 만들고 무엇이 의미를 만들지 않는지를 우리에게 말해준다. 그것은 "우리로 하여금 어떤 것을 하게 하고 어떤 것을 하지 못하게 한다. 그것은 자유의 정도를 정한다." 색팔각형은 이런 의미에서 문법의 한 예이다. 왜냐하면 그것은 우리가 녹색 같은 파랑에 대해서 말할 수 있지만 녹색 같은 빨강에 대해서는 말할 수 없다고 말해주기 때문이다. 그러므로 그것은 진리가 아니라 가능성을 다룬다. 기하학은 또한 이 의미에서 문법의 부분이다. "문법은 실재의 거울이다."

문법에 의해 확립된 '내적 관계들'에 대한 그의 견해를 설명할 때, 비트겐슈타인은 분명하게 오그던과 리처즈가 《의미의 의미》에서, 그리고 러셀이 《마음의 분석》에서 채택한 의미에 대한 인과적 견해를 자신의 견해와 대조시킨다. 인과관계는 외적이다. 예를 들어 러셀의 견해에 따르면, 단어들은 특정한 감각들 그리고/또는 이미지들을 불러일으킬 의도를 가지고 사용되며, 한 단어는 "평균적인 청자들이 의도된 방식으로 그것에 의해 영향을 받을 때" 정확하게 사용된다. 비트겐슈타인이 보기에 이러한 원인과 결과에 대한 얘기는 요점을 놓치고 있다. 그는 다음의 비유를 이용하여 러셀의 설명을 조롱했다. "내가 사과를 먹고 싶었는데 누군가가 내 배를 주먹으로 때려 입맛이 달아났다면, 내가 처음부터 원했던 것은 바로 이 주먹질이었다."

학기 말에 비트겐슈타인이 연구를 계속하는 데 필요한 돈을 어떻게 마련해줄지에 대한 문제가 다시 제기되었다. 지난여름에 트리니티 칼리지가 제공했던 장학금은 거의 바닥났고, 대학 심의회는 그것을 갱신하는 것이 가치 있는지 의심했음이 틀림없었다. 그러므로 3월 9일 무어는 피터스필드Petersfield 대학에 있는 러셀에게 편지를 써서, 비트겐슈타인이 하고 있는 연구를 읽어본 다음 대학에 그것의 가치에 대해서 보고해줄 수 있는지 문의했다.

> … 만약 심의회에서 연구기금을 주지 않는다면, 그가 연구를 계속하는 데 충분한 수입을 보장해줄 방법은 달리 없을 것 같아서입니다. 나는 그들이 그 분야의 전문가들로부터 호의적인 보고서를 받지 못한다면, 연구기금을 줄 가능성은 거의 없다고 생각합니다. 그리고 물론 당신은 전문가가 될 자격이 가장 많은 사람입니다.

무어가 예상했듯이 러셀은 그다지 마음이 내키지 않았다. "내가 어떻게 거절할 수 있겠습니까?"라고 그는 응답했다.

> 동시에 그것은 그와 논쟁하는 것을 수반하기 때문에, 상당한 노력을 필요로 할 것이라는 점에서 당신은 옳습니다. 나는 그에게 동의하지 않으면서 논쟁을 하는 것보다 더 피곤한 일을 알지 못합니다.

다음 주말 비트겐슈타인은 비컨힐 학교Beacon Hill School에 있는 러셀을 방문하여, 자신이 해왔던 연구를 설명하려고 했다. "물론 이틀 만에 많이 나갈 수는 없었습니다. 그러나 그는 그걸 약간은 이해한 것 같았습니다"라고 그는 무어에게 쓴 편지에서 말했다. 케임브리지로 돌아온 후 해왔던 연구의 요약문을 러셀에게 전해주기 위해 부활절 휴가 후에 러셀을 다시 만날 계획을 잡았다. 그래서 빈에서 보낸 부활절 휴가를 비트겐슈타인은 자신의 원고 중에서 추려낸 단평들을 타자수에게 구술하면서 보냈다. 그는 무어에게 "이건 지긋지긋한 일인 데다가 이 일을 하는 중에는 비참한 느낌이 든다"고 불평했다.

이 작업의 결과가 지금은 《철학적 단평*Philosophical Remarks*》으로 알려진 타자본이다. 그것은 보통 '과도기적인', 즉 《논고》와 《철학적 탐구》 사이에 있는 작품으로 거론되며, 아마 아무런 문제 없이 그렇게 불려질 수 있는 유일한 책일 것이다. 그것은 실제로 비트겐슈타인의 철학적 발전에 있어서 아주 과도기적인 단계—그가 《논고》의 의미론을 슐리크와 바이스만과의 토론에서 윤곽이 떠올랐던 사이비-칸트적인 '현상학적 분석'으로 대체하려고 했던 단계—를 대표한다. 곧 보겠지만 이 계획은 곧 폐기되었고, 그와 함께 유의미성의 기준으로 검증 원리를 고집하는 것도 사라졌다. 《철학적 단평》은 그 자체로 그의 글 중에서 가장 검증주의적이고 또 동시에 가장 현상학적인 글이다. 그것은 빈학파에 의해서 채택된 도구들을 그들과는 정반대의 임무를 위해서 사용한다.

4월 말 무렵 빈에서 돌아오자마자 비트겐슈타인은 콘월Cornwall에 있는 러셀의 집을 방문해서 그에게 원고를 보여주었다. 러셀의 입장에서 그때는 평온한 시기가 아니었다. 아내 도라는 다른 남자(미국 기자인 그리픈 배리Griffen Barry) 사이에서 생긴 아이를 밴 지 일곱 달째였고, 딸 케이트는 수두를 앓고 있었으며, 아들 존은 홍역으로 쓰러진 상태였다. 러셀의 결혼 생활은 서로의 불륜으로 인해 깨어지고 있었다. 그는 돈이 많이 들어가는 자신의 교육 개혁 실험에 경비를 대기 위해서 대중적인 잡지 기사와 강의 그리고 돈벌이 위주의 책을 쓰는 등 전력을 다해서 열심히 일하고 있었다. 이때 그가 받은 압박감은 아주 커서 비컨힐 학교의 동료들은 그가 미쳐가고 있다고 생각할 정도였다.

이런 어려운 상황에서 비트겐슈타인은 하루 반나절을 머물렀다. 괴롭힘을 당했던 러셀은 그 후 무어에게 쓴 편지에서 다소 지친 듯이 비트겐슈타인의 글을 요약하려 시도한다.

> 불행하게도 요즘 아팠기 때문에 그 일을 내가 바랐던 만큼 빨리 할 수 없었습니다. 그렇지만 그와 대화하면서 그가 도달하려는 생각이 무엇인지에 대해 꽤 잘 알게 되었다고 생각합니다. 그는 '공간'과 '문법'이란 단어들을 특수한 의미로 사용하는데, 그것들은 서로 어느 정도 연결되어 있습니다. 그는 만약 "이것은 빨갛다"라고 말하는 것이

> 의미 있다면 "이것은 소리가 크다"라고 말하는 것은 의미가 있을 수 없다고 주장합니다. 색의 '공간'이 있고, 소리의 '공간'이 있다는 겁니다. 이 '공간들'은 분명 칸트적 의미로서, 또는 최소한 정확하게 그것은 아닐지라도 그것과 아주 다르지는 않은 의미로서, 선험적으로 주어져 있습니다. 문법의 실수들은 '공간들'을 혼동하는 데서 생깁니다. 그리고 그는 무한성에 관해 많이 말하고 있는데, 그것은 항상 브라우어가 말했던 것이 될 위험이 있으므로 이러한 위험이 분명하게 될 때마다 멈출 필요가 있습니다. 그의 이론들이 중요하고 매우 독창적이라는 것은 확실합니다. 그것들이 맞는지 나는 모릅니다. 나는 간절하게 맞지 않기를 바랍니다. 왜냐하면 그것들은 수학과 논리학을 거의 믿을 수 없을 정도로 어렵게 만들기 때문입니다.

"이 편지가 위원회 제출용으로 충분한지 봐주시겠습니까?"라고 그는 무어에게 간곡히 물었다. "이것을 부탁하는 이유는 지금 할 일이 너무 많아서 비트겐슈타인의 글을 꼼꼼히 읽기 위해 필요한 수고는 내가 감당할 수 있는 것 이상이기 때문입니다. 하지만 그렇게 하는 것이 꼭 필요하다고 생각한다면, 그 말을 따르겠습니다." 무어는 그렇게 할 필요가 있다고 생각하지는 않았다. 다만 러셀에겐 안됐지만, 이 편지가 위원회에 보내는 보고서로서는 충분치 않다고 생각했다. 그래서 러셀은 그 편지를 그가 표현하듯이 "위원회가 이해할 수 있는 더 장중한 언어로" 다시 썼다. 이 편지는 비트겐슈타인의 연구에 대한 보고문으로 받아들여졌고, 비트겐슈타인은 적시에 100파운드의 연구기금을 받았다. "나는 오직 내가 건강할 때에만 비트겐슈타인을 이해할 수 있다는 것을 알게 되었습니다. 그런데 지금 내 건강이 좋지 않습니다"라고 러셀은 무어에게 설명했다.

이 시기에 러셀이 처한 곤경에 대한 장황한 설명을 고려해볼 때, 그가 비트겐슈타인의 글을 검토하는 힘든 일을 실제로 그렇게 잘해낸 것은 놀랍다. 러셀의 입장에서 보자면, 비트겐슈타인은 그가 처한 곤경을 혹독히 비판한 사람이었다. 그는 러셀의 대중적인 글들에 진저리를 쳤다. 《행복의 정복*The Conquest of Happiness*》은 '구역질이 날 정도'였고 《나의 믿음*What I Believe*》은 '무해한 것'이 아니었다. 그리고 케임브리지에서의 토론 도중 누군가 결혼, 성, 그리고 '자유 연애'에 대한 러셀의 견해(《결혼과 도덕*Marriage and Morals*》에서 표현된 견해)를 옹호하려고 하자, 비트겐슈타인은 다음과 같이 응답했다.

> 만약 누군가 내게 자신이 최악의 장소에 갔다 왔다고 말한다면, 나는 그를 판단할 권리가 전혀 없다. 그러나 만약 자신이 거기에 갈 수 있었던 것은 자신의 우월한 지혜 때문이라고 말한다면, 나는 그 사람이 사기꾼이라는 것을 안다.

4월 25일 케임브리지에 돌아오자마자 비트겐슈타인은 일기장에 보다 억제된 자기 사랑의 진전 상태를 기록했다.

> 부활절 휴가 이후 케임브리지로 돌아왔다. 빈에서는 종종 마르그리트와 함께했다. 노이발데거가세에서 그녀와 함께 부활절 주일을 보냈다. 세 시간 동안 우리는 수 차례 서로에게 키스를 했는데 아주 좋았다.

부활절 학기 후에 비트겐슈타인은 빈으로 돌아가 여름을 가족과 마르그리트와 함께 보냈다. 그는 호흐라이트의 가족 소유 저택에서 보냈는데, 대저택이라기보다는 나무꾼의 오두막이라고 하는 편이 더 어울릴 듯한 집이었다. 그곳에서 그는 연구에 필요한 평화롭고 고요하며 방해거리가 없는 환경을 갖게 되었다. 그는 트리니티 칼리지로부터 여름을 보내는 데 필요한 장학금 50파운드를 받았다. 그러나 무어에게 쓴 편지에서 말하듯이 "나의 생활은 지금 아주 간소해서 내가 여기 있는 한 돈을 쓸 가능성은 전혀 없습니다." 그가 가끔 가졌던 휴식 중 하나는 길버트 패티슨에게 난센스한 편지를 쓰는 것이었다.

> 친애하는 길 (늙은 짐승),
>
> 너에겐 야심 찬 목표가 있다. 당연히 그럴 것이다. 그렇지 않다면 너는 그저 사람이 아닌 쥐의 영혼을 가진 떠돌이에 지나지 않을 테니까. 너는 현재의 위치에 만족하지 못하고, 인생으로부터 더 많은 것을 얻고 싶어 한다. 너는 네 자신과 너에게 의존하고 있는(또는 의존할) 가족들을 위해 더 나은 자리와 더 많은 수입을 얻을 자격이 있다.
>
> 너는 이렇게 물을지 모르겠다. 어떻게 하면 나 자신을 봉급을 적게 받는 사람들의 명단에서 뺄 수 있는가? 이 문제와 다른 문제들을 생각해보려고, 나는 위에 있는 주소에서 칩거하고 있다. 이곳은 빈으로부터 세 시간 정도 떨어진 시골이다. 큰 공책 한 권을 샀는데 그 공책의 상표를 동봉한다. 나는 상당한 양의 연구를 하고 있다. 또한 최근에 찍은 내 사진을 동봉한다. 내 머리의 윗부분은 잘렸는데, 철학을 하는 데 그것이 필요하지 않기 때문이다. 나는 펠만 식 기억술이 사고를 조직하는 가장 유용한 방법임을 알게 되었다. 그 작은 회색 책들이 나의 마음을 '분류하는' 것을 가능하게 만들었다.

여름 초 비트겐슈타인은 빈에 있는 슐리크의 집에서 슐리크와 바이스만을 만났는데, 주로 바이스만이 9월에 쾨니히스베르크Königsberg에서 열리는 '정밀과학에서의 인식론'에 관한 학회에서 행할 강의를 준비하기 위해서였다. 바이스만의 강연인 '수학의 본질: 비트겐슈타인의 입장The Nature of Mathematics: Wittgenstein's Standpoint'은 수학의 기초란 주제에 관한 여러 주요 학파들의 생각을 다루는 일련의 강의에서 네 번째 강의로 예정되어 있었다.(나머지 강의는 다음과 같다. 논리주의에 대한 카르납의 강의, 직관주의에 대한 하이팅Heyting의 강의, 형식주의에 대한 폰 노이만von Neumann의 강의.) 이 강의의 요점은 검증 원리를 수학에 적용하여 다음의 기본적인 규칙을 만드는 것이었다. "수학적 개념의 의미는 그것의 사용 양식이며, 수학 명제의 의미는 그것의 검증 방법이다." 그러나 이 학회에서 괴델Gödel이 그 유명한 불완전성 증명Incompleteness

Proof◈을 발표함으로써 바이스만과 다른 강연자들은 주목을 받지 못했다.

여름 내내 비트겐슈타인은 또 바이스만에게 일련의 '논제들'을 구술했는데, 아마도 계획했던 공저에 대한 준비로서 이루어졌던 것 같다. 이 논제들은 대부분 《논고》의 원리들을 다시 진술하는 것이지만, 그중에는 검증에 관한 많은 '해명들'이 있다. 여기에서 검증 원리는 가장 일반적으로 그리고 직접적인 형식으로 진술된다. "한 명제의 의미는 그것이 검증되는 방식이다." 이것은 다음과 같이 해명된다.

> 명제는 그것을 검증하는 방법을 이용하여 확립되는 것 이상을 말할 수 없다. 만약 내가 "내 친구는 화났다"라고 말하고 이것을 그가 지각할 수 있는 특정한 행동을 보여준다는 것을 통해 입증한다면, 나는 그가 그 행동을 보여준다는 것만을 의미할 뿐이다. 그리고 만일 내가 그것에 의해 더 이상을 의미한다면, 그 여분의 것이 무엇인지를 구체적으로 말할 수 없다. 한 명제는 오로지 그것이 말하는 것을 말하며 그것을 넘어서는 것은 아무것도 말하지 않는다.

이 논제들이 작성되자마자 거의 곧바로 비트겐슈타인은 그것에 만족하지 못하게 되었다. 그는 그것이 《논고》의 잘못된 독단주의를 공유

◈ 괴델의 첫 번째, 두 번째 불완전성 정리는 다음과 같다. (1) 어떤 일관적인 형식체계 안에서건, 거기에는 참이라고 증명될 수 없고 거짓으로도 증명될 수 없는 문장이 있을 것이다. (2) 산술학의 형식체계의 일관성은 그 체계 내에서는 증명될 수 없다. 첫 번째(종종 단순히 괴델의 정리로 알려진) 정리는 러셀의 《수학 원리》에서 모든 수학을 단일한 논리학의 체계 안으로부터 도출하려는 러셀의 야심이 원칙적으로 실현 불가능한 것임을 보여주는 것으로 널리 여겨졌다. 비트겐슈타인이 괴델의 결과에 대한 이런 해석을 받아들였는지는 논쟁점이다. 괴델의 증명에 대한 언급(《수학의 기초에 대한 단평들》 1부 부록 참조)은, 언뜻 보기에 수리논리학으로 훈련된 사람에게는, 아주 놀랍게도 초보적인 것처럼 보인다. 내가 알기에 이 단평들에 대한 가장 훌륭하고 호의적인 논의는 생커S. G. Shanker의 논문에서 발견된다. (〈괴델의 정리의 의의에 대한 비트겐슈타인의 단평들 Wittgenstein's Remarks on the Significance of Gödel's Theorem〉 in 《*Gödel's Theorem in Focus*》, ed. S. G. Shanker 〔Croom Helm, 1988〕, pp.155-256).

하는 것으로 간주했다. 실제로 비트겐슈타인은 아무런 논제들을 갖고 있지 않은 철학에 대해 생각하고 있었다. 사실 이런 철학관은 《논고》에 나오는, 특히 명제 6.53에 나오는 철학에 대한 단평들이 함축하는 것이다.

> 철학의 올바른 방법은 본래 다음과 같은 것이리라. 말할 수 있는 것, 즉 자연과학의 명제들—즉 철학과는 무관한 것—을 제외하고는 아무것도 말하지 않기. 그러고 나서는 어떤 다른 사람이 형이상학적인 것을 말하려고 할 때에는 언제나 그가 명제들 속의 어떤 기호들에 아무런 뜻도 부여하지 않았다는 것을 지적해주기. 이 방법이 그 사람에게는 만족스럽지 못하겠지만—그는 우리가 그에게 철학을 가르치고 있다는 느낌을 갖지 않을 것이다—이것이야말로 엄밀하게 올바른 유일한 방법일 것이다.

그렇지만 숫자가 붙은 명제들로 이루어진 《논고》 자체도 이 방법을 고수하지 못했다는 것은 주지의 사실이다. 이 명제들은 실제로는 명제들이 전혀 아니고 '사이비-명제들' 또는 '해명들'이라고 고집하는 것은 근본적 어려움을 피하는 것일 뿐 분명히 만족스럽지 못하다. 그리고 분명히 비슷한 난점이 바이스만의 모든 논제들에도 나타날 것이다. 철학적 명료성은 원리들을 주장하는 방법과 다른 방법으로 해명되어야 한다. 1930년 바이스만이 비트겐슈타인의 '논제'들을 발표할 준비를 하고 있던 바로 그때, 비트겐슈타인은 다음과 같이 적었다. "만일 우리가 철학에서 논제를 내놓으려고 시도한다면, 그것에 관해 논쟁하는 것은 절대로 불가능할 것이다. 왜냐하면 모든 사람들이 그것에 동의할 것이기 때문이다."

원리들을 가르치고 이론을 개발하는 것 대신에, 비트겐슈타인은 철학자의 임무가 명료성을 성취하는 방법과 기술을 보여주는 것이어야 한다고 생각하게 되었다. 이런 깨달음과 그것이 함축하는 것들이 구체화되었기 때문에, 그는 드루어리에게 말했듯이 '진정한 휴식처'에 도달하게 되었다. 그는 드루어리에게 "내 방법이 옳다는 걸 안다"라고 말했다. "나의 부친은 사업가였고 나도 사업가이다. 나는 내 철학이 사업과 마찬가지로 일이 이루어지도록, 문제가 해결되도록 만들고 싶다." 비트겐슈타인 철학의 '과도기적인 단계'는 이것으로 끝나게 된다.

13
안개가 걷히다

1930년 가을에 케임브리지로 돌아올 때쯤 비트겐슈타인은 드루어리에게 말한 적이 있던 그 휴식처에 도달했다. 즉 그는 철학의 정확한 **방법**에 대한 명확한 구상에 도달했다. 미가엘 학기의 강의는 종말론적인 언급으로 시작되었다. "철학의 후광은 사라졌다"고 그는 선언했다.

> 왜냐하면 이제 우리는 철학을 하는 방법을 갖게 되었고, 숙련된 철학자들에 대해 말할 수 있기 때문이다. 연금술과 화학의 차이를 비교해 보라. 화학엔 방법이 있고, 우리는 숙련된 화학자들에 대해 말할 수 있다.

연금술에서 화학으로의 변천이라는 유비는 다소 오해를 불러일으키기 쉽다. 그것은 비트겐슈타인이 신비로운 사이비 과학을 진정한 과학으로 대체했다고 생각했다는 뜻이 아니라 오히려 그가 철학을 가리고 있는 모호함과 신비스러움(그것의 '후광')을 관통하여 그 이면에는 **아무것도 없다**는 것을 알아냈다는 것이다. 철학은 과학으로 변형될 수 없다. 왜냐하면 그것은 아무것도 발견할 것이 없기 때문이다. 철학의 수수께끼들은 문법을 잘못 사용하고, 잘못 이해한 결과이며, 해결이 아니라 해소를 요청하고 있다. 이 문제들을 해소하는 방법은 새로운 이론을 세우는 것이 아니라 우리가 이미 알고 있는 것들을 상기시켜주는 것들을 모아 정리하는 것이다.

> 우리가 철학에서 발견하는 것은 사소한 것이다. 그것은 우리에게 새로운 사실들을 가르쳐주지 않기 때문이다. 단지 과학만이 그런 일을 한다. 그러나 이런 사소한 것들을 적절하게 종합하는 것은 엄청나게 어렵고 굉장히 중요한 일이다. 철학은 실제로 사소한 것들의 종합이다.

철학에서 우리는 과학자들처럼 건물을 짓고 있는 것이 아니다. 또한 우리는 심지어 건물의 기초를 닦고 있는 것도 아니다. 우리는 그저 '방을 정돈하고' 있는 것이다.

'과학의 여왕'을 이렇게 비천하게 만든 것은 승리와 절망 둘 모두의 원인이 된다. 그것은 순수성을 잃고 있다는 전조인데, 순수성의 손실은 좀 더 일반적인 문화적 부패의 증상이다.

> … 일단 방법을 찾아내면 인간성을 표현하기 위한 기회들은 그에 따라 제한된다. 우리 시대의 경향은 이런 기회들을 제한한다는 것이다. 이는 몰락하는 문화의 시대 또는 문화 없는 시대의 특징이다. 위대한 사람이 이런 시기라고 덜 위대할 필요는 없지만, 철학은 이제 한낱 솜씨의 문제로 축소되고 있으며 그래서 철학자의 후광은 사라져가고 있다.

이 말은 이 시기에 비트겐슈타인이 말하고 쓴 많은 대부분의 것들과 마찬가지로 오스발트 슈펭글러의 《서구의 몰락*Decline of the West*》의 영향을 보여준다. 슈펭글러는 문명이란 영양실조에 걸린 문화라고 믿었다. 문화가 몰락하면 한때 살아 있는 유기체였던 것이 죽어버린 기계적인 구조로 경화된다. 이처럼 예술이 번성하던 시기는 물리학, 수학 및 기계학이 지배하는 시기로 교체된다. 이러한 일반적인 견해는 특히 19세기 말과 20세기 초의 서유럽 문화의 쇠퇴에 적용되는 것으로서 비트겐슈타인 자신의 문화적 비관주의와 완벽하게 조화를 이루었다. 비트겐슈타인은 어느 날 드루어리의 방에 들어와 대단히 절망스런 표정을 짓고는 슈펭글러의 이론을 그림으로 나타낸 표상이라고 할 만한 것을 보았다고 말했다.

> 케임브리지 근처를 어슬렁거리다가 한 서점을 지나쳤다. 창문에는 러셀, 프로이트, 아인슈타인의 초상화가 있었다. 조금 더 떨어진 음악 상점에서는 베토벤, 슈베르트, 쇼팽의 초상화를 보았다. 이 초상화들을 비교하면서 나는 불과 100년이란 기간에 걸친 인간 정신의 무서운 타락을 강렬하게 느꼈다.

과학자들이 지배하는 시대에서 위대한 인간성 — 바이닝거의 '천재' — 은 삶의 주류에서 아무런 자리를 찾을 수가 없고 고독 속으로 빠지도록 강요된다. 그는 단지 자기 방을 정돈하면서 빈둥거릴 수 있을 뿐이며, 주변에서 벌어지는 모든 건물의 건설 작업으로부터 거리를 둘 수 있을 뿐이다.

1930년 미가엘 학기 동안 비트겐슈타인은 어떤 책을 위한 서문의 초안을 여러 차례 작성했다. 이 책은 바이스만과 함께 작업하던 책이 아니라, 그해 초 러셀에게 보여주었던 타자본이었다. 각 초고마다 그는 그 안에서 자신이 글을 쓰는 정신을 분명하게 하고, 그의 연구를 과학자들과 과학적 철학자들의 연구로부터 거리를 두려고 시도했다. 말하자면 그는 자신의 정돈된 조그만 방 안에서 연구하고 있다는 것을 분명하게 하려고 했다.

그러나 여기서 그는 한 가지 익숙한 딜레마에 빠졌다. 누구에게 이 같은 자신의 연구 자세를 설명하고 있는 것인가? 이 자세를 이해하는 사람이라면 확실히 그것이 그의 연구에 반영된 것을 보겠지만, 반면 그렇지 못한 사람은 그런 자세에 대한 설명을 이해하지 못할 것이다. 이것은 비트겐슈타인이 공책에서 검토했던 딜레마였다. "누군가에게 그 사람이 이해하지 못하는 것을 말하는 것은 무의미한 일이다. 심지어 당신이 그 사람은 이해하지 못하리라는 것을 부연해도 말이다.(그것은 당신이 사랑하는 사람에게 아주 흔히 일어나는 일이다.)"

> 만일 당신에게 특정한 사람들이 들어가지 않았으면 하는 방이 있다면, 그 방에 자물쇠를 채워라.(그 사람들은 열쇠를 갖고 있지 않다.) 그러나 그들에게 그 방에 관해 말하는 것은 무의미한 일이다. 물론 당신이 바라는 게 그들이 방 바깥에서 그 방을 좋아해주는 것이 아니라면 말이다!
>
> 올바른 방법은 다른 사람이 아니라 문을 열 수 있는 사람만이 알아챌 자물쇠를 문에 거는 것이다.

"하지만 이 책은 유럽과 미국의 부단히 전진하는 문명과는 아무런 관계가 없다고 보는 것이 적절하다. 그리고 이 책의 정신은 이런 문명의 배경들 속에서만 가능할 수 있을지 모르지만, 그 배경들은 다른 목표들을 갖고 있다"고 그는 덧붙인다. 서문의 초기 초고에서 그는 서구 과학자들의 연구와 자신의 연구와의 관계에 대해서 명확히 말한다.

> 전형적인 서구 과학자들이 내 연구를 이해하든 인정하든 또는 그렇지 않든 내게는 상관없는 일이다. 왜냐하면 그들은 어떤 경우에도 내가 어떤 정신을 가지고 글을 썼는지 이해하지 못할 것이기 때문이다. 우리 문명은 '진보'라는 단어로 특징지어진다. 진보는 우리 문명의 한 가지 특징이라기보다 오히려 문명의 형식이다. 건설하는 것이 우리 문명이 전형적으로 하는 일이다. 그것은 점점 더 복잡해지는 건물을 건설하는 일에 전념한다. 심지어 명료성도 그 자체가 목적으로서가

아니라 이러한 목적을 위한 수단으로서만 추구된다. 내게는 그 반대로 명료성은 그 자체로 가치 있는 것이다.

나는 건물을 건설하는 데 관심이 있는 것이 아니고, 가능한 건물의 기초를 분명하게 보는 데 흥미가 있다.

따라서 나는 과학자들과 동일한 표적을 조준하지 않으며, 나의 사고방식은 그들과 다르다.

마지막 초고에는 과학이나 과학자들에 대한 언급은 없다. 그 대신 비트겐슈타인은 "우리 모두가 속한 유럽과 미국 문명의 거대한 주류에 영향을 미치는" 정신에 대해 말하며, 자신의 연구 정신은 다르다고 강조한다. 대신 종교적인 논평을 통해 똑같은 효과를 얻고 있다.

"이 책은 신의 영광을 위해 쓰여졌다"고 말하고 싶다. 그러나 요즘 이런 말은 궤변이 될 것이다. 즉 올바로 이해되지 않을 것이다. 이 말은 이 책이 선의로 쓰여졌다는 것, 그리고 그렇게 쓰여지지 않고 허영심 같은 것에서 쓰여졌다면, 저자는 이 책이 비난받는 것을 보고 싶어 하리라는 것을 뜻한다. 저자는 자신을 그런 불순한 것들로부터 자유롭게 하는 것 이상으로 그 책을 불순한 것들로부터 자유롭게 할 수는 없다.

비트겐슈타인은 강의에서 거듭 자신이 어떠한 철학적 **이론**도 제시하는 것이 아니라는 점을 설명하려고 했다. 그는 단지 그런 이론의 **필요**에서 벗어나는 수단을 제공하고 있을 뿐이었다. 우리 사고의 구문론과 문법은 그가 초기에 생각했던 것처럼 현상학적 분석 또는 다른 식의 분석에 의해 기술되거나 밝혀질 수 있는 것은 아니었다. "철학적 분석은 사고에 관해 새로운 것을 아무것도 말해주지 않는다(설령 그렇게 하더라도 그것은 우리에게 아무런 흥밋거리도 안 될 것이다)"고 그는 말했다. 문법의 규칙들은 철학에 의해 정당화될 수도 없고 심지어 기술될 수도 없다. 가령 철학은 우리 언어의 '심층 문법'(촘스키의 용어를 사용하면)을 결정하는 그런 종류의 '근본적인' 규칙들의 목록으로 이루어질 수는 없다.

> 우리는 탐구의 과정에서 결코 근본적인 명제들에 도달하지 못한다. 우리는 더 이상의 질문을 던지는 것을 멈추게 하는 언어의 경계에 도달한다. 우리는 사물의 밑바닥에 이른 것이 아니라, 더 이상 나아갈 수 없고 더 이상 질문을 던질 수 없는 지점에 도달한다.

문법에 의해 확립된 '내적 관계들'은 더 이상 조사되거나 정당화될 수 없다. 우리는 단지 규칙들이 정확하게 사용되는 경우와 잘못 사용되는 경우들의 예를 제시하면서 "자, 당신은 저 규칙을 보지 못하겠는가?"라고 말할 수 있을 뿐이다. 예를 들어 악보와 연주 간의 관계는 인과적으로 (특정한 악보가 우리를 특정한 방식으로 연주하게 하는 **원인**이라는 것을 마치 우리가 신비스런 방식으로 발견하는 것처럼) 파악될 수 없으며, 또한 그 둘을 연결하는 규칙들이 남김없이 기술될 수 있는 것도 아니다. 왜냐하면 특정한 해석이 주어지면, **어떤** 연주도 악보와 일치하게끔 이루어질 수 있기 때문이다. 궁극적으로 우리는 "연주와 악보 사이의 관계들에 있는 규칙을 **보아야**" 한다. 만일 우리가 그 규칙을 볼 수 없다면, 아무리 많이 설명하더라도 그 규칙을 이해할 수 있게 만들지 못할 것이다. 만일 우리가 그 규칙을 볼 수 있다면, 그때에는 설명은 불필요해진다. 우리는 어떠한 종류이건 간에 '근본적인' 설명을 필요로 하지 않게 된다.

이 점에 대한 비트겐슈타인의 강조는 그의 '과도기적' 단계와 성숙한 후기 철학 사이의 전환점을 나타낸다. 나중에 개발되는 방법들, 예컨대 '언어게임'의 사용 등은 결정적으로 중요한 것은 아니다. 이런 개발들은 학습을 돕는 장치로서의 성격을 갖고 있다. 그것들은 비트겐슈타인이 사람들로 하여금 특정한 연결 관계와 차이점 등을 보도록 하기 위해—철학적 딜레마로부터 벗어나는 길을 보여주기 위해—시도했던 여러 다른 방식들을 반영한다. 그러나 진정으로 결정적인 순간은 그가 철학자들은 아무것도 **말할** 것이 없으며 단지 **보여줄** 것만 있다는 《논고》의 생각을 글자 그대로 받아들이고, 그 생각을 완전히 엄격하게 적용하여 '사이비-명제'를 가지고 뭔가를 말하려는 시도를 완벽하게 포기했을 때 찾아왔다.

연결 관계를 **보는 것**에 대한 이런 강조는 비트겐슈타인의 후기 철학을 슈펭글러의 《서구의 몰락》과 연결시키며, 동시에 그의 문화적 비관주의와 후기 연구의 주제들 사이의 연결 관계를 이해할 수 있는 실마리를 제공해준다. 《서구의 몰락》에서 슈펭글러는 형태Gestalt의 원리와 법칙의 원리를 구분한다. 전자에는 역사, 시, 삶 등이 관련되고, 후자에는 물리학, 수학, 죽음 등이 연관된다. 그리고 이런 구분을 기반으로 슈펭글러는 일반적인 방법론적 원리를 천명한다. "죽은 형태를 찾아내는 수단은 수학적 법칙이다. 살아 있는 형태를 찾아내는 수단은 유추이다." 이렇게 슈펭글러는 역사를 일련의 법칙들을 바탕으로 이해하는 것이 아니라, 여러 다른 문화적 시대들 사이의 유사성들을 파악함으로써 이해하는 데 관심을 가졌다. 무엇보다 슈펭글러가 배척하려고 한 것은 "역사를 '위장한 자연과학'으로 개념화하는 것"이었다. 즉 "정신적-정치적 사건들이 표면적으로는 액면 그대로 매일매일 눈에 보인다고 해서 그것들을 '원인'과 '결과'의 도식 위에 정렬시키는 것"을 배척했다. 그는 역사학자들의 일을, 사실들을 수집하고 설명을 제공하는 것이 아니라, 사건들의 중요성을 그것들 사이의 형태학적morphological(또는 슈펭글러가 선호하는 용어로는 골상학적physiognomic) 관계들을 파악함으로써 이해하는 것으로 보았던 역사관을 입증하는 논증을 펼쳤다.

슈펭글러의 역사에 대한 골상학적인 방법이란 개념은, 그도 인정하다시피 자연에 대한 형태학적인 연구라는 괴테의 개념에서 영감을 받았다. 괴테의 이 개념은 〈식물의 변태*Die Metamorphose der Pflanze*〉

에서 예화되는데, 그 시는 식물-형태의 발전을 잎으로부터 일련의 매개적 형태들을 통해 좇아간다. 괴테가 "인과성이 아니라 자연의 운명"을 연구했듯이 "우리도 인류 역사의 형태-언어form-language를 개발할 것"이라고 슈펭글러는 말한다. 괴테의 형태학은 뉴턴식 과학의 기계주의에 대한 혐오가 동기가 되어 생겼다. 그는 이처럼 죽은, 기계적인 연구를 "살아 있는 형태를 **있는 그대로** 인정하고, 맥락 속에서 그 형태들의 볼 수 있고 만질 수 있는 부분들을 보며, 그것들을 내적인 무엇의 **발현**으로 보는" 것을 추구하는 연구로 대체하고 싶어 했다.

이론을 '사소한 것들의 종합'으로 대체하는 비트겐슈타인의 철학적 방법도 같은 전통 안에 있다. 비트겐슈타인은 한 강의에서 다음과 같이 말했다. "내가 제공하는 것은 한 표현의 사용 방식에 관한 형태학이다." 그가 바이스만과 함께 연구했던 《논리, 언어, 철학》에서 그 연결 관계는 명백히 밝혀진다.

> 여기에서 나타난 생각은 괴테가 〈식물의 변태〉에서 표현했던 견해와 일치한다. 사람들은 유사점들을 지각할 때마다 그것들의 공통적 기원을 찾는 습관이 있다. 그런 현상들을 과거에 있는 그것들의 기원으로 거슬러 올라가서 추적하려는 충동은 그 자체로 특정한 사고양식을 표현한다. 말하자면 이것은 그러한 유사성들이 단 하나만의 체계를, 즉 시간 안에서 연속적으로 정렬된 것만을 인정한다.(그리고 그것은 아마도 인과적 도식의 유일성과 관련이 있을 것이다) 그러나 괴테의 견해는 이것이 개념화의 유일한 형식이 아니라는 것을 보여준다. 그가 가진 원식물의 개념은 다윈의 것과 같은 식물계의 시간적 발전에 관한 어떤 가설도 함축하지 않는다. 그렇다면 이런 생각이 해결하는 문제는 무엇인가? 그것은 개요의 제시synoptic presentation 문제이다. "식물들의 모든 기관은 잎이 변형된 것"이라는 괴테의 경구는 우리에게 식물의 기관들을, 그것들의 유사성에 따라 마치 어떤 자연적 중심 주위에 둘러싸인 것처럼 구분할 수 있는 계획을 마련해준다. 우리는 잎

의 원형태가 그것과 유사한 같은 종의 형태들로, 꽃받침 같은 잎들로, 꽃잎 같은 잎들로, 반은 꽃받침이고 반은 수술인 기관들로 변하는 것을 본다. 우리는 이런 감각적인 변형을 매개형태를 통해 잎들을 식물의 다른 기관들과 연결시킴으로써 추적한다.

이것이 바로 여기서 우리가 하는 일이다. 우리는 언어의 한 형태를 그것의 환경과 대조해보거나 혹은 우리 언어의 구조가 존재하는 공간의 전체적 조망을 얻기 위하여 상상 속에서 변형시키기도 한다.

비트겐슈타인이 자신의 철학적 연구에서 무엇을 성취하려 했는지를 분명하게 진술한 적은 거의 없다. 드루어리가 말했듯이 "선의의 논평가들"이 비트겐슈타인의 글들을 "그것들이 대체로 반대하는 바로 그 지적인 환경에 쉽게 융합되는" 것처럼 보이게 했다는 것은 그다지 놀랄 만한 일은 아닐지 모른다. 그러나 어쨌든 누군가가 방을 정돈하고 있는 것을 볼 때, 우리는 그들이 무엇을 하고 있는지, 그것을 왜 하는지를 설명하는 어떤 비평 같은 것을 듣고 있는 것은 아니다. 그들은 그저 그 일을 할 뿐이다. 대체로 비트겐슈타인은 그 자신의 연구를 바로 이런 엄격한 '사업하는 것 같은' 태도로 추구했다.

1930년 미가엘 학기 끝 무렵에 비트겐슈타인은 트리니티 칼리지로부터 5년 펠로 연구비를 받았다. 그가 이해 초 러셀에게 보여준 타자본(사후 《철학적 단평》으로 출간된 것)은 러셀과 하디의 심사하에 펠로 연구비 논문으로 수용되었다. 그 연구비 덕분에 그의 철학 연구를 재정적으로 보조하는 문제가 해결되었으며, 또 자신의 새로운 방법이 갖는 결론들에 대한, 즉 그가 제공하려는 '좋은' 것들에 대한 수요가 정말로 있다는 확신 속에서 연구할 수 있게 되었다. 케인스가 보낸 축하 인사에 답장을 보내며 비트겐슈타인은 다음과 같이 썼다. "맞습니다. 이 연구비에 아주 만족합니다. 머리가 얼마 동안은 잘 돌아가길 바랍니다. 그렇게 될지는 신만이 아시겠지만!"

이론에 대한 비트겐슈타인의 공격은 1930년 크리스마스 휴가 동안 그가 슐리크, 바이스만과 가졌던 논의의 대부분을 이룬다. "이론이란 **내겐** 아무런 가치가 없다. 이론은 내게 아무것도 주지 않는다"고 그는 그들에게 말했다. 윤리학, 미학, 종교, 수학, 철학을 이해하는 데 이론들은 아무 쓸모가 없다. 그해 슐리크는 윤리학에 관한 책을 발표했는데, 거기에서 신학적 윤리학을 논하면서 선의 본질에 대한 두 개념을 구분하였다. 첫 번째 개념에 따르면, 선은 신이 원하는 것이기 때문에 선하다. 두 번째 개념에 따르면, 그것이 선하기 때문에 신은 선을 바란다. 슐리크는 두 번째 개념이 더 심오하다고 말했다. 비트겐슈타인은 정반대로 첫 번째가 더 심오하다고 고집했다. "왜냐하면 첫 번째 개념은 '왜' 그것이 선한지에 대한 어떤 설명도 필요 없게 만드는 반면에, 두 번째 것은 천박한 합리주의적 견해인데, 이것은 '마치' 선한 것이 무엇인지에 대해 근거를 제시할 수 있는 듯이 이론을 전개하기 때문이다."

> 첫 번째 개념은 선의 본질은 사실과는 아무런 관계도 없으며 그러므로 어떤 명제로도 설명될 수 없다는 것을 분명하게 지적한다. 만약 내가 생각하는 것을 정확하게 표현하는 명제가 있다면, 그것은 "신이 명령하는 것, 그것이 선하다"라는 명제이다.

마찬가지로 미적 가치를 설명하려는 어떤 방법도 사라져야 한다. 베토벤의 소나타에서 가치 있는 것은 무엇인가? 일련의 음표들인가? 베토벤이 그것을 작곡할 때 가졌던 느낌인가? 그것을 듣는 이들에게 일어나는 마음의 상태인가? "내가 무엇을 듣든 간에 거부할 것이며, 그것은 그 설명이 거짓이기 때문이 아니라 그것이 **설명**이었기 때문이라고 대답할 것"이라고 비트겐슈타인은 말했다.

> 만일 누군가 내게 **이론**과 같은 것에 대해 말한다면, 그것이 무엇이든지 간에 나는 "아니요! 아니요!"라고 말할 것이다. 그것은 나의 흥미를

끌지 못한다. 그것은 내가 찾고 있는 바로 그것이 아닐 것이다.

비슷하게 종교의 진리, 종교의 가치는 사용된 **말들**과는 아무런 관련이 있을 수 없다. 사실 거기에서는 아무런 말도 필요 없다. "말하는 것이 종교에 본질적인가?"라고 그는 물었다.

> 나는 아무런 교조적 명제들이 없는, 그래서 아무 말이 없는, 그런 종교를 쉽게 상상할 수 있다. 분명 종교의 본질은 말이 있다는 사실과는 아무런 관련이 없다. 혹은 사람들이 말을 한다면, 이것은 그 자체로 종교 행위의 일부이지 이론이 아니다. 따라서 사용된 말들이 참이거나 거짓이거나 난센스이거나 아무 문제가 안 된다.
>
> 종교에서 말은 **은유적**이지도 않다. 그렇지 않다면 같은 말을 산문으로 말하는 것이 가능해야 할 것이기 때문이다.

"만일 너와 내가 종교적인 삶을 살아가려 한다면, 종교에 관해서 많이 말해야 되는 것이 아니라 우리의 생활 태도가 달라야 할 것"이라고 그는 드루어리에게 말한 바 있다. 그가 철학적 이론을 구성하는 조그만 가능성마저도 포기한 후, 이런 말은 그의 후기 연구의 중심 주제를 가리키고 있다. 그가 시사했듯이, 괴테의 《파우스트》에 나오는 구절 "태초에 행동이 있었다Am Anfang war die Tat"는 그의 후기 철학 전체의 모토로서 사용될 수 있다.

행위, 행동이 먼저이며 그것은 행위에 대한 어떠한 이론에 의해서도 정당화되지 않는다. 이것은 윤리학, 미학 그리고 종교에 관해서뿐 아니라 언어와 수학에 대해서도 맞는 말이다. "내가 경기를 할 수 있는 한, 나는 그것을 할 수 있으며 모든 것이 괜찮다"고 그는 바이스만과 슐리크에게 말했다.

> 다음은 내가 무어와 늘 토론하는 문제입니다. 오로지 논리적 분석만

이 우리가 일상 언어의 명제들로 무엇을 의미하는지를 설명할 수 있을까? 무어는 그렇다고 보는 경향이 있습니다. 그렇다면 "오늘 하늘은 어제보다 더 맑다"고 말할 때 사람들은 그것이 무엇을 의미하는지를 모른다는 말인가? 여기서 우리는 논리적 분석을 기다려야 하는가? 얼마나 소름 끼치는 생각입니까!

물론 우리는 기다릴 필요가 없다. "물론 나는 명제에 대한 분석 없이도 명제를 이해할 수 있어야 합니다."

크리스마스 휴가 동안 그가 바이스만, 슐리크와 가졌던 토론의 대부분은 이 원리가 어떻게 수리철학에 적용되는지에 대한 설명이 차지한다. 우리가 수학기호를 정확하게 사용할 수 있는 한—즉 우리가 규칙들을 적용할 수 있는 한—어떠한 수학 '이론'도 필요치 않다. 이러한 규칙들의 최종적이고 근본적인 정당화는 가능하지도 않고 바람직하지도 않다. 이는 수학의 '기초'에 관한 모든 논쟁이 잘못된 생각에 의거하고 있다는 뜻이다. 수학, 과학보다 음악, 예술이 우월하다는 그의 슈펭글러적인 확신을 염두에 둘 때, 비트겐슈타인이 왜 철학의 이 특정 분야에 그렇게 많이 신경을 썼는지 궁금해질 수 있다. 하지만 그를 애초에 철학으로 끌어들인 것은 바로 이 철학적 안개였으며, 그것을 없애는 것이 생애의 대부분 동안 그의 철학적 연구의 주요 목표로 남아 있었다는 것을 기억해야 한다.

비트겐슈타인의 철학적 열정을 처음 자극했던 것은 러셀이 프레게의 논리학에서 발견한 모순들이었다. 그는 1911년에는 그런 모순들을 해소하는 것이 철학의 기본과제라고 생각했던 것처럼 보인다. 이제 비트겐슈타인은 그런 모순이 사소한 것이라고 선언하고 싶어 했다. 즉, 안개가 걷혀 이런 종류의 문제들이 가진 매력이 사라지면, 진정한 문제는 모순들 자체가 아니라 그것들을 중요하고 흥미로운 딜레마처럼 보이게 만든 불완전한 시각이란 것을 볼 수 있다는 것을 선언하고 싶어 했다. 우리가 한 게임을 만들었는데, 어떤 경우에는 두 개의 규칙들이 서로 모순되는 것을 발견한다. 그래서 어떻다는 말인가? "그런 경우에 우리는 무엇을 하는가? 아주 간단하다. 우리가 새로운 규칙을 도입하면 대립은 해소된다."

그것들이 흥미롭고 중요해 보였던 것은 프레게와 러셀이 그저 게임 하나를 만드는 것이 아니라 수학의 기초를 드러내는 것으로 가정했기 때문이다. 만일 그들의 논리 체계가 모순적이라면, 수학 전체가 불안정한 토대에 놓여 있어서 안전하게 만들 필요가 있는 것처럼 보였다. 그러나 이것은 그 문제를 잘못 보고 있는 것이라고 비트겐슈타인은 고집한다. 우리가 일상 언어를 사용하기 위해 무어의 분석을 필요로 하지 않는 것처럼, 수학을 자신 있게 이용하기 위해 프레게와 러셀의 논리학을 필요로 하지 않는다.

따라서 형식주의적 수학자인 다비트 힐베르트David Hilbert가 개발한 '메타수학'은 불필요하다.◈ 힐베르트는 산술학의 증명 가능하게 일관적인 기초를 닦기 위해, 수학의 '메타이론'을 구성하려고 했다. 그러나 그가 구성한 이론은 메타수학이 아니라 수학이라고 비트겐슈타인은 말한다. "그것은 다른 어느 계산술과 마찬가지로 또 하나의 계산술이다." 그것은 명료하게 **보는 것**이 필요할 때, 일련의 규칙과 증명을 제공한다. "증명은 안개를 걷어낼 수 없다."

> 내가 수학의 본성에 대해 명확치 않다면 어떤 증명도 도움이 될 수 없다. 또 내가 수학의 본성에 관해 명료하다면, 그것의 일관성에 대한 문제는 결코 제기될 수 없다.

늘 그렇듯이 여기서 요점은 이것이다. "**당신은 하나의 이론을 기다림으**

◈ 수학의 기초에 대한 힐베르트의 형식주의적 접근은 '논리학과 산술의 기초에 대하여'란 제목의 강의에서 발표되었다. 그것은 1904년 하이델베르크에서 열린 제3차 국제수학학회에 발표되었으며, 1920년대 발표된 일련의 논문에서 발전되었다. 그중 가장 중요한 두 논문의 영어판이 《프레게에서 괴델까지*From Frege to Gödel: A Source Book in Mathematical Logic*》, ed. Jean von Heijenoort (Harvard, 1967)에 재수록되었다.

로써 수학을 근본적으로 이해할 수는 없다." 게임 하나를 이해하는 것은 다른 게임의 건설에 의존할 수 없다. 이러한 논의에서 그렇게 자주 언급되는 게임에 대한 비유는 후기의 '언어게임' 기법을 미리 보여주고 있고, 초기의 '명제 체계'에 대한 언급을 대체한다. 비유의 요점은 한 게임을 위한 **정당화**에 관한 질문이 있을 수 없다는 것이 분명하다는 것이다. 만약 사람이 게임을 할 수 있으면, 그는 그것을 이해한다. 그리고 문법이나 구문론에 대해서도 비슷한 말을 할 수 있다. "구문론의 규칙은 한 게임의 배열configuration에 상응한다 … 구문론은 정당화될 수 없다."

바이스만은 다음과 같이 덧붙인다. "하지만 게임의 이론이 있을 수 있지 않을까?"라고 묻는다. 예를 들어 체스의 이론이 있다. 이 이론은 어떤 일련의 움직임이 가능한지 아닌지, 이를테면 어떤 위치에서 여덟 수 안에 장군을 부를 수 있는지 없는지를 말해준다. "만약 체스 이론이 있다면 왜 산술 게임의 이론이 있을 수 없는지 왜 이런 게임의 가능성들에 관한 구체적인 어떤 것을 배우기 위해 이 이론의 명제들을 사용하면 안 되는지 알지 못한다. 이 이론이 힐베르트의 메타수학이다."

그렇지 않다고 비트겐슈타인은 대답한다. 소위 '체스 이론'은 그 자체로 계산술, 하나의 게임이다. 체스 이론이 실제 체스 말 대신 단어와 기호를 사용한다는 사실 때문에 오도되어서는 안 된다. "내가 여덟 수 안에 거기에 갈 수 있다는 것을 시범적으로 보여주는 것은 내가 기호주의 안에서 거기에 정말로 가는 것, 즉 내가 체스 말을 가지고 체스판 위에서 하는 것을 기호를 가지고 하는 것으로 이루어진다 … 체스판 위에서 작은 나무 조각을 미는 것은 체스 경기에서 비본질적이라는 것에 우리는 동의할 것이다. 그렇지 않은가? 대수에서 계산하기 위해 진짜 수가 아니라 문자를 사용한다는 사실은 대수를 산술의 이론으로 만들지 않는다. 그것은 단순히 또 다른 계산술일 뿐이다.

안개가 걷힌 후에 비트겐슈타인에게는 게임의 메타이론에 관한, 그리고 게임의 이론에 관한 질문은 전혀 있을 수 없게 된다. 단지 게임과

게임을 하는 사람, 규칙과 규칙의 적용만이 있다. "우리는 한 규칙의 적용을 위해서 다른 또 하나의 규칙을 만들 수는 없다." 두 개의 사물을 연결시키기 위해 늘 제3의 사물이 필요한 것은 아니다. "사물들은 끈 없이 직접 연결돼야 한다. 즉 그것들은 연결 고리들처럼 이미 서로 연결된 채 있어야 한다." 단어와 그것의 의미 간의 연결 관계는 이론에서가 아니라 실행에서, 그 단어의 **사용**에서 발견되어야 한다. 규칙과 그것의 적용 사이 및 단어와 행위 사이의 직접적 연결 관계는 또 다른 규칙으로 설명될 수 없다. 그것은 **보여져야** 한다. "여기서 **보는** 것이 본질적으로 중요하다. 새로운 체계를 보지 못하는 한, 당신은 그것을 이해하지 못한 것이다." 러셀이 생각했던 것처럼 비트겐슈타인이 이론을 포기하게 만든 것은 진지하게 사고하는 것, 즉 이해하려는 시도를 거부했기 때문이 아니라, 이해가 무엇인지에 대한 다른 개념을 수용했기 때문이다. 그것은 자기보다 앞선 슈펭글러와 괴테의 개념처럼 "연관성을 보는 데서 성립하는 이해"의 중요성과 필연성을 강조하는 것이었다.

14
새로운 시작

비트겐슈타인에게는 모든 것이 정신에 의존하는 것이었다. 이것은 인간관계에서뿐만 아니라 철학에 있어서도 마찬가지였다. 예를 들어 형이상학에 대한 그의 거부가 논리실증주의자들의 그것과 구별되는 것은 무엇보다도 그것을 이루어낸 정신 때문이었다. 1930년에 미가엘학기 중에 썼던 서문에서 그는 연구의 정신을 분명하게 밝히려 시도했다. 1931년에 그는 또 다른 가능성, 즉 그가 이전에는 말하고자 했던 것을 **보여주는** 방법을 고려했다. "나는 지금 내 책을, 형이상학이 일종의 마술이라고 언급하면서 시작하는 것이 올바르다고 생각한다."

> 그렇지만 이런 일을 할 때, 나는 마술을 옹호해서도 조롱해서도 안 된다.
>
> 마술에 있어서 심오한 것은 유지될 것이다.
>
> 사실상 이런 맥락에서는 마술을 배제하는 것 자체가 마술적 특징을 갖는다.
>
> 내가 초기 저작에서 (이 나무 혹은 이 탁자에 대해서가 아니라) '세계'에 관해 말하기 시작했을 때, 나의 말을 통해 보다 높은 단계의 그 무엇을 마술처럼 불러내려고 한 것 말고 무엇을 하려고 했는가?

그는 이 표현에 만족하지 못했고, 옆에다 'S'(schlecht. '나쁜'의 준말)라고 썼다. 그렇지만 이 표현은 그의 의도를 드러내고 있다. 그가 《논고》에서 했던 것처럼 말 또는 이론으로 더 높은 단계의 그 무엇을 '마술처럼 불러내려는' 시도를 할 수 없다 할지라도, 그는 말하자면 그것을 **가리키고** 싶어 했다. 말이 종교에서 필수적이 아닌 것처럼, 말은 형이상학에 있어서 진리인 것, 심오한 것을 드러내는 데 본질적일 수 없다.

실제로 형이상학에 있어서 심오한 것은, 마술에서처럼 근본적으로 종교적인 느낌의 표현에 있다. 즉 우리 언어의 한계를 뛰어넘으려는 욕망, 비트겐슈타인이 윤리학과 연관시켜 말했던 욕망, 이성의 경계를 초월해서 키르케고르의 '신앙의 도약'을 하려는 욕망의 표현에 있다. 이러한 욕망의 모든 형태의 표현을 비트겐슈타인은 깊이 존중했다. 그것이 키르케고르의 철학에서 표현되건, 하이데거의 철학에서 표현되건, 성 아우구스티누스의 《참회록》에서 표현되건, 존슨 박사의 기도에서 표현되건, 또는 수도사적 헌신에서 표현되건 아무 관계가 없었다. 그는 그 욕망의 기독교적 형태의 표현만을 존중한 것이 아니다. 모든 종교는 훌륭하다고 그는 드루어리에게 말했다. "심지어 가장 원시적 종족의 종교도 말이다. 사람들이 그들의 종교적 감정을 표현하는 방식은 굉장히 다양하다."

비트겐슈타인이 마술에 '심오함'이 있다고 느꼈던 것은 바로 그것이 종교적 느낌의 원시적 표현이기 때문이다. 이와 관련해서 그는 원시적 의식과 마술에 관한 제임스 프레이저James Frazer 경의 기념비적인 보고서인 《황금가지*The Golden Bough*》를 오랫동안 읽고 싶어 했다. 1931년에 드루어리는 케임브리지 대학 도서관에서 그 책의 1권을 빌려 왔다. 모두 13권이 있었지만 비트겐슈타인과 드루어리는 몇 주 동안 함께 읽었음에도 불구하고 1권을 조금 보는 것 이상을 넘어가지 못했다. 왜냐하면 비트겐슈타인은 프레이저의 접근 방법에 대한 반대를 설명하기 위해 책 읽기를 자주 중단했기 때문이다. 그는 프레이저가 마술적 의식들을 과학의 초기 형태인 것처럼 간주한 데 대해 제일 분개했다. 프레이저에 따르면, 야만인들이 적을 본떠 만든 인형에 바늘을 꽂는 이유는 그것이 상대를 다치게 하리라는 잘못된 과학적 가설을 세웠기 때문이다. 비트겐슈타인의 견해에 따르면, 이것은 심오한 것을 비교할 수 없을 정도로 더 천박한 것으로 환원시켜 '설명하는' 것이었다. "우리는 프레이저에게서 참으로 좁은 인생을 발견한다"고 그는 외쳤다. "그 결과 그가 그 시대의 영국식 생활과 다른 방식을 이해하는 것이 얼마나 불가능한 일이 되었는가!"

> 프레이저는 기본적으로 우리 시대의 영국 성직자, 즉 우둔하고 유약한 성직자가 아닌 성직자를 상상할 수 없다 …
>
> 프레이저는 그가 야만인이라고 부른 대부분의 사람들보다 더 야만적이다. 왜냐하면 이 야만인들이 20세기 영국인들보다 정신적 문제들을 그렇게 덜 이해하지 못한 것은 아닐 것이기 때문이다. 계율에 대한 그의 설명은 계율 자체의 의미보다 훨씬 더 조잡하다.

프레이저가 이런 의식들에 관해 수집한 풍부한 사실들은 어떤 종류의 이론적 꾸밈 없이 그것들의 상호 관계가, 그리고 우리 의식들과의 관계가 **보여질** 수 있는 방식으로 정리되었더라면 좀 더 교육적이었을 것으로 비트겐슈타인은 생각했다. 그렇다면 괴테가 〈식물의 변태〉에서 기술했던 식물-형태에 관해 "그리고 이 모든 것은 어떤 알려지지 않은 법칙을 가리킨다Und so deutet das Chor auf ein geheimnes Gesetz"고 말한 것처럼, 우리는 이렇게 말할 수 있다.

> 나는 이 법칙을 진화의 가설 안에서 확립할 수 있다. 또는 식물의 도식과의 유비를 통해 종교적 의식의 도식을 제공할 수 있다. 그러나 나는 또한 그것을 단지 사실적 자료들을 배열함으로써 할 수도 있다. 그리하여 자료들을 명확하게 보여줌으로써 사람들이 한 부분에서 다른 부분으로 쉽게 넘어가고, 그 자료들을 명료하게 조망할 수 있도록

말이다.

우리에게 명료한 제시라는 개념은 근본적이다. 그것은 우리가 사물들에 관해 기술하는 양식, 사물을 보는 방식을 나타낸다.(우리 시대에 전형적으로 보이는 일종의 세계관. 슈펭글러.)

이런 명료한 제시 때문에 우리는 뭔가를 이해할 수 있는데, 그 이해란 우리가 그저 '연결 관계들을 본다'는 사실 자체이다.

그렇다면 마술의 **형태학**은 마술에 있어서 심오한 것을 조롱하지도 옹호하지도 않은 채 보존할 것이다. 이런 방식으로 그것은 '마술의 특성'을 소유할 것이다. 그의 새로운 철학 방법은 전통적 형이상학 이론들 안에서 존중되는 것을 보존할 것이며, 그리고 《논고》의 마법적 속임수를 시도하지 않으면서 형이상학적 특징을 소유하게 되기를 기대했다.

여기에서도 역시 비트겐슈타인이 기획했던 자서전과의 유사성이 있다. 자서전에서도 그의 본질적 특성을 어떤 유의 설명, 정당화 혹은 옹호 없이 드러내려고 했다. 그는 그렇게 드러나는 것이 '영웅적이 아닌' 본성, 어쩌면 심지어 '더러운' 본성일 것이라는 점을 당연시했다. 그렇지만 자신의 진정한 성격을 드러냄에 있어서 그가 무엇보다도 관심을 기울인 것은 그것을 부인해서도, 가볍게 여겨서도, 또는 부당하게 그것을 자랑해서도 안 된다는 것이었다.

비유적으로 설명한다면 다음과 같다. 만약 거리의 부랑자가 자서전을 쓰게 된다면, 그는 다음과 같이 할 위험이 있다.

(a) 그의 진짜 본성을 부인하거나,

(b) 그것을 자랑할 만한 이유를 찾거나,

(c) 그러한 본성을 가지고 있다는 것이 마치 아무런 중요성도 지니지 않은 것처럼 쓸 것이다.

첫 번째의 경우에 그는 거짓말을 하는 것이고, 두 번째 경우 그는 불구의 몸이 자연스러운 우아함을 가지는 것만큼 현실적으로 불가능한 자만심, 그리고 허위의 멋을 부리는 자만심이라는 귀족의 특성을 흉내 내고 있다. 세 번째 경우에 그는 신체적인 특성들에 대해 문화를 우위에 놓으면서, 말하자면 사회 민주주의의 태도를 취하지만 이것 역시 기만이다. 그는 있는 그대로의 자신이다. 이것은 중요하고 무언가를 의미하기는 하지만, 그렇다고 자부심을 가질 근거는 전혀 아니다. 다른 한편으로 그것은 언제나 자기 존경의 대상이다. 그리고 나는 타인의 귀족적인 자부심과 나의 문화에 대한 그의 경멸을 받아들일 수 있다. 왜냐하면 여기서 나는 단지 내 본성이 무엇인지를 설명할 뿐이고, 그 다른 사람을 내 본성의 환경—이 환경의 중심에는 아마도 이 추악한 대상, 즉 나의 인격이 있을 수 있다—의 일부로서 설명할 뿐이기 때문이다.

러시 리스가 지적했듯이, 자서전 집필을 거의 정신적인 의무로 보는 비트겐슈타인의 생각에는 바이닝거적인 그 무엇이 있다. 바이닝거는 《성과 성격》에서 "완벽한 자서전을 쓰려는 욕구가 그 사람 자신의 내면에서 발생했다는 것은 언제나 우월한 인간임을 나타내는 징표"라고 말했다.

경건성의 뿌리는 진정으로 충실한 기억 속에 존재하기 때문이다. 진정한 인간은 어떤 물질적 이득 또는 건강을 위해 그의 과거를 포기하라는 제안이나 요구에 직면했을 때 그것을 거부할 것이다. 심지어 이 세상에서 가장 큰 보물 또는 행복 자체가 앞에 있을지라도 말이다.

비트겐슈타인의 공책과 대화에 바이닝거와 바이닝거류의 사색에 대한 말이 많이 나타나는 때는, 그가 계획했던 자서전에 가장 큰 관심을 쏟았던 해인 1931년이다. 그는 대학생 친구들이었던 데즈먼드 리와 드루어리 그리고 무어에게 《성과 성격》을 추천했다. 그들의 반응은 냉담했는데 이것은 이해할 만하다. 전쟁 전에 빈의 상상력을 자극했던 책은 전후 케임브리지의 차가운 빛 안에서는 그저 이상하게 보일 뿐이었다. "나는 당신이 바이닝거를 그다지 존경하지 않는다는 것을 충분히 상상할 수 있습니다. 한편으론 그 형편없는 번역 때문이고, 다른 한편으론 바이닝거가 당신에게는 아주 이국적으로 느껴졌을 것이기 때문이지요"라고 그는 8월 28일 무어에게 썼다.

> 그가 공상적이라는 것은 옳습니다. 그렇지만 그는 위대하면서 공상적입니다. 그에게 동의할 필요는 없고 오히려 동의하는 것이 불가능할 정도지만, 위대함은 우리가 동의하지 않는 것에 있습니다. 그의 거대한 실수야말로 위대한 것입니다. 즉, 간단히 말해 만약 당신이 책 전체에 ~(부정기호)를 덧붙이면, 그것은 중요한 진리를 보여줍니다.

그가 이 생략된 표현으로 무엇을 뜻했는지는 모호한 채로 남아 있다. 여성과 여성성이 모든 악의 근원이라는 바이닝거의 중심 논제에 대해서, 비트겐슈타인은 그것이 잘못이라는 것을 드루어리에게 인정했다. "그가 그렇게 틀리다니. 오, 이런, 그는 틀렸다." 그렇지만 이것은 책 전체를 부정함으로써 얻는 중요한 진리를 거의 드러내지 못한다. 하나의 불합리한 주장을 부정함으로써 나타나는 것은 중요한 진리가 아니라 평범한 것이다.("여성이 모든 악의 근원은 **아니다**") 아마도 그는 바이닝거가 남성과 여성의 본질적인 특성들을 포착했지만 그중 틀린 용의자를 고발했다는 것을 뜻했을지 모른다. 어쨌든 '페르트작트'에 관한 꿈에서 결국 희생자는 여성이며, 반면에 범죄를 저지른 자는 남자 — 그의 이름은 받아들일 수 없는 '남성적'인 그 무엇을 포함한다 — 이다.

확실히 그의 자전적 기록에는 그가 자신의 '영웅적이지 못한', '더러운' 본성이 이른바 여성적인 특징에서 비롯된다고 생각했음을 시사하는 것은 없다.

그렇지만 그가 유대성에 대한 바이닝거의 생각을 받아들이려고 했다는 것, 그리고 자신의 덜 영웅적인 특징들 중 최소한 일부를 유대적 가계와 관련된 것으로 생각했다는 것을 보여주는 몇 가지 흔적들이 있다. 바이닝거처럼 비트겐슈타인은 그의 유대인관을 그런 혈통의 한계를 넘어서 확장시킬 준비가 되어 있었다. 예를 들면 루소의 성격에는 '유대적인 어떤 것'이 있었다고 그는 생각했다. 그리고 바이닝거와 마찬가지로 유대인의 특징들과 영국인의 특징들 사이에서 유사성을 보았다. "멘델스존은 봉우리가 아니라 고원이다. 그의 영국성." 혹은 "비극은 비유대적인 어떤 것이다. 내가 추측컨대 멘델스존은 작곡가들 중에서 가장 비극적이지 않다."

그렇지만 이 점에서 또한 그는 바이닝거를 추종하고 있는데, 그가 '유대인'에 대해 말할 때는 대부분 특정한 인종 집단을 생각하고 있는 것이 분명하다. 실제로 유대성에 관한 비트겐슈타인의 언급 중에서 가장 충격적인 것은 그가 인종적으로 반유대적 언어(실제로는 표어)를 사용한다는 것이다. 정말로 괴로운 부분은 《성과 성격》의 영향이 아니라 《나의 투쟁》의 영향이다. 히틀러가 지어낸 가장 터무니없는 말들 중 많은 것, 가령 유대인을 "호의적인 매개체가 초청하자마자 유독한 세균처럼 계속 번식하는" 기생 동물로 묘사한 것, 문화에 대한 유대인의 기여는 완전히 파생적이었고, 그렇기 때문에 "유대인들은, 창조적이며 문화적으로 은총받은 인종들이 가진 특성들을 결여한다"는 주장, 그리고 무엇보다도 이러한 기여라는 것은 다른 민족의 문화를 그저 **지적으로** 세련되게 만드는 것에 불과하다는 주장("왜냐하면 유대인들은 … 한 번도 자신들만의 문화를 소유한 적이 없고, 유대인들의 지적 연구의 기초는 항상 다른 연구에 의해 공급된 것이기 때문에") 등, 이렇게 개탄스런 허튼소리에 필적할 만한 장광설들이 비트겐슈타인이 1931년에 쓴 논평들에서 발견된다.

이러한 것들이 비트겐슈타인에 의해 쓰여지지 않았더라면, 유대인의 본성에 대한 그의 많은 주장들은 그저 파시스트의 반유대적 폭언으로서만 간주될 것이다. 그런 언급들 중 하나는 "유대인들의 비밀스럽고 간교한 본성은 그들이 겪은 오랜 박해의 결과라고 때때로 말해져왔다"로 시작한다.

> 그것은 분명히 맞지 않다. 그와 반대로 이런 박해에도 불구하고 그들이 계속 존재해온 것은 그들의 비밀스러움을 지향하는 경향, 단지 그것 때문이다. 이런저런 동물이 멸종을 면한 것은 스스로를 숨길 수 있는 능력, 단지 그것 때문이라고 말할 수 있는 것처럼 말이다. 물론 나는 이 표현을 그런 능력을 칭찬하기 위해서 하는 것은 아니다. 전혀 그렇지 않다.

'그들이' 단지 발각되는 것을 피했기 때문에 멸종을 면했다고? 그러므로 그들은 필연적으로 비밀스럽고 교활하다고? 이는 가장 적나라한 모습의 반유대적 망상 공포증, 즉 '우리 사이에 있는' 교활한 '유대인'에 대한 공포와 혐오이다. 비트겐슈타인이 질병이라는 은유를 채택하는 것도 마찬가지다. 그는 이런 제안을 하는 사람을 상상해본다. "이 종양을 네 육체의 완벽하게 정상적인 일부로 바라보라." 그러고는 이런 제안에 대해 다음과 같은 질문으로 응수한다. "우리가 그 제안대로 그렇게 바라볼 수 있을까? 내가 내 육체의 이상적 상태에 대한 개념을 의지대로 갖거나 갖지 않도록 결정할 힘을 가졌는가?" 그는 계속해서 이러한 히틀러 식 비유를 유럽에서 유대인들의 지위와 연관시킨다.

> 유럽인들의 역사에서 유대인의 역사는, 유럽의 사건들에 대한 유대인의 개입이 갖는 실질적 가치만큼 정당하게 취급되지 않는다. 왜냐하면 이 역사에서 그들은 일종의 질병으로, 별종으로 경험되고, 누구도 질병을 정상적인 삶과 동일한 수준에 놓고 싶어 하지 않기 때문이다. (그리고 누구도 질병이 마치 건강한 신체적 상태[심지어 고통스러운 상태]와 같은 권리를 가진 것처럼 말하고 싶어 하지 않기 때문이다.)
>
> 우리는 이렇게 말할 수 있겠다. 이 종양을 그들 신체의 자연스런 일부로 간주하려면, 오직 신체에 대한 그들의 전체적 느낌이 변해야

> 한다고(그 신체에 대한 국민적 느낌이 변해야 한다고) 말이다. 그렇지 않다면, 그들이 할 수 있는 최상의 길은 그것을 **견디는 것이다**.
>
> 한 개인에게서는 이런 종류의 관용을 베푸는 것 또는 그런 것을 무시하는 것을 기대할 수 있다. 그렇지만 이것을 한 국가에게 기대할 수는 없다. 왜냐하면 그것을 무시해서는 국가가 성립하지 않기 때문이다. 즉, 어떤 사람에게 그 신체에 대한 이전의 심미적인 감정을 유지하면서 **동시에** 종양을 기꺼이 받아들이기를 기대하는 것은 모순이다.

그는 거의 '유독한 세균'을 몰아내려고 하는 사람들이 올바른 일을 하고 있다고 시사하고 있다. 또한 최소한 사람들이 — 국가로서 — 다른 것을 하리라고 기대할 수 없다고 말하려 하고 있다.

이런 은유가 인종적 유대성의 개념 없이는 어떤 의미도 없으리라는 것은 거의 말할 필요도 없다. 유대인은 아무리 '융화되더라도' 결코 독일인이나 오스트리아인이 되지 못할 것이다. 왜냐하면 같은 '신체'의 부분이 아니기 때문이다. 유대인의 육체는 일종의 종양, 질병 같은 것으로 경험된다. 이 은유는 특히 오스트리아의 반유대주의자들의 공포를 묘사하는 데 적합하다. 왜냐하면 유대인들이 점점 더 융화할수록, 그들이 상징하는 질병은 그것이 없었더라면 건강했을 아리안 민족에 점점 더 위협적이 되기 때문이다. 따라서 비트겐슈타인의 말들이 함축하는 반유대주의를 카를 크라우스의 '유대인의 자기 혐오'와 같은 것으로 생각하는 것은 아주 틀린 일이다. 크라우스는 그가 혐오했고 유대적으로 간주했던 흔적들(탐욕성)을 그 인종적 유산이 아니라 유대인의 사회, 종교적 고립 때문이라고 생각했다. 그가 주로 공격했던 것은 유대인들의 '게토 정서'였다. 유대인과 비유대인의 분리를 전혀 원하지 않았고 유대인들을 독일 민족의 신체에 있는 종양으로 전혀 간주하지 않았기 때문에, 그는 유대인의 완전한 융화를 지칠 줄 모르고 주창했다. "융합을 통해 구원으로!"

이런 관점으로부터 크라우스는 나치의 선동이 가지고 있는 공포를 비트겐슈타인보다 훨씬 더 잘 이해할 수 있는 위치에 있었고, 그런 공포의 지적인 선례들을 알아내는 데 더 민감했다. 물론 비트겐슈타인은 드루어리에게 말했듯이 나치가 야만스러운 '폭력배 무리'라는 걸 알 수 있었다. 그러나 그가 슈펭글러의 《서구의 몰락》을 그들이 살고 있는 시대에 관해 무언가를 가르쳐줄 수 있는 책으로 드루어리에게 추천할 무렵, 크라우스는 슈펭글러가 서구의 **무뢰배들**Untergangsters을 이해했고 무뢰배들 역시 슈펭글러를 이해했다고 평하면서 슈펭글러와 나치 사이의 유사성에 주의를 기울이고 있었다.

비록 놀랍기는 하지만, 인종적 반유대주의 슬로건을 비트겐슈타인이 사용했다는 것이 그와 나치 사이에 어떤 유사성이 있음을 입증하지는 않는다. 유대성에 대한 그의 많은 말들은 근본적으로 내향적이다. 그것들은 그가 문화적 부패의 의미에 대해서 생각하기 시작했고, 그 자신의 내적인 상태에 신질서(이것은 슈펭글러로부터 히틀러에 이르는 길이다)를 부여하고 싶어 했음을 알려준다. 마치 그는 잠시 동안(다행히도 1931년 이후에는 그의 공책에 유대성에 관한 언급은 더 이상 없다) 자신에 대한 일종의 은유로서 그 당시 유행하던 반유대주의의 언어를 사용하는 데 매력을 느꼈던 것처럼 보인다.(마치 페르트작트의 꿈에서, 나치에 의해 전파된 유대인상—가장 무서운 죄를 저지르면서 체면이라는 망토 안에 숨어버리는 교활하고 기만적인 악마의 상—이 그 자신의 '진정한' 본성에 관한 공포심 안에서 쉽게 그 상대를 발견한 것처럼.) 그리고 마치 유럽인들이, 특히 독일인들이, 그들의 '부패한 문화'를 대체하기 위해 신질서에 대한 필요를 느꼈듯이, 비트겐슈타인도 자기 인생의 새로운 시작을 위해 애쓰고 있었다. 그의 자전적 기록들은 본질적으로 고백적이었고 그는 "고백은 새로운 인생의 한 부분이어야만 한다"고 1931년에 썼다. 새롭게 시작할 수 있기 전에 그는 과거를 평가해야 했다.

아마도 가장 아이러니컬한 점은 비트겐슈타인이 철학적 문제를 다루는 완전히 새로운 방법—서양 철학의 전통에서는 전혀 선례가 없었던 방법(그 전통에 슈펭글러와 괴테의 자리를 마련하지 않는 한) — 을 개발하려고 막 시작할 때, 유대인들은 독창적인 사고를 할 수 없다는 그 불합리한 비판의 맥락 안에서 자신의 철학적 공헌을 찾으려고 했다는 것이다. 즉 유대인들이 독창적인 사유를 할 수 없다는 불합리한 혐의의 구조 속에 자신의 철학적 공헌을 위치시키려고 했다는 점이다. "다른 사람의 작품을 [작가 자신이] 이해하는 것보다 더 잘 이해하는 것은 유대적 정신의 전형"이라고 그는 적었다. 예를 들면 그의 연구는 본질적으로 다른 사람의 사상을 명료하게 한 것이었다.

> 유대인들 사이에서 '천재'는 오직 성인들에게서만 발견된다. 심지어 가장 위대한 유대인 사상가도 단지 재능이 있을 뿐이다.(예를 들면 나 자신.) 나는 실제로 오직 재생산적으로만 사고한다고 생각하는데, 이런 생각에는 진실이 있다고 생각한다. 나는 한 번이라도 단 한 줄의 생각을 **발명**했다고 믿지 않는다. 나는 언제나 다른 사람으로부터 무언가를 취하곤 했다. 나는 그것을 단지 명료함을 추구하는 나의 연구를 위해 열정적으로 직접 이용할 뿐이다. 이런 방식으로 볼츠만, 헤르츠, 쇼펜하우어, 프레게, 러셀, 크라우스, 로스, 바이닝거, 슈펭글러, 스라파가 나에게 영향을 주었다. 브로이어Breuer와 프로이트를 유대적 재생산성의 예로 간주할 수 있을까? 내가 발명한 것은 새로운 **비유들**이다.

자신의 성취를 이처럼 축소시키는 것은 자부심으로부터 — 언젠가 그가 패티슨에게 보낸 편지에서 자신을 "이제까지 살았던 가장 위대한 철학자"라고 가벼운 마음으로 묘사했듯이, 그가 진정으로 위대한 철학자라고 믿는 것으로부터 — 자신을 보호하는 한 가지 방법이었는지도 모른다. 그는 잘못된 자부심이 갖는 위험을 잘 알고 있었다. "흔히 하나의 그림을 액자에 잘 짜 넣었을 때나 그것을 알맞은 곳에 걸었을 때, 마치 내가 그것을 직접 그린 것 같은 자부심에 사로잡힌다"고 그는 적었다. 그가 자신의 한계를, 자신의 '유대성'을 상기해야 한다고 느꼈던 이유는 배후에 있는 이런 자부심에 대한 반대였다.

> 유대인들은 정말 문자 그대로 "모든 것을 아무것도 아닌 것처럼" 받아들여야 한다. 그렇지만 유대인에게 이것은 특별히 어렵다. 왜냐하면 어떤 의미에서 유대인은 특별히 자기 것이라고 할 만한 것이 전혀 없기 때문이다. 부자가 될 수 있을 때 가난을 받아들이는 것보다 가난**해야만 할** 때 기꺼이 가난을 받아들이는 것이 더 어려운 일이다.
>
> (옳건 그르건 간에) 유대적 정신은 남의 정신적 토양에서 자라난 아주 작은 꽃이나 풀잎 하나조차 생산할 힘을 갖고 있지 못하며, 그것을 더 포괄적인 그림 안에 짜 넣을 힘을 갖고 있지 않다고들 말한다. 이 말은 잘못을 지적하는 것이 아니며, 그 사실이 분명한 한 문제 될 것이 없다. 유대적인 작품 성격이 비유대적 작품 성격과 혼동될 때, 특히 그 유대적 작품의 저자가, 종종 그러하듯, 스스로 혼란에 빠질 때에만 위험하다.(유대인이 제 힘으로 젖을 만들어내기라도 한 듯 자부심에 가득 차 있는 것처럼 보이지 않는가?)

살아 있는 동안 비트겐슈타인은 결코 자만심과 싸우는 것을 멈추지 않았다. 그리고 자신의 철학적 성과와 도덕적 품위에 대해 계속해서 회의했다. 그렇지만 1931년 이후 그는 이러한 회의를 표현할 수단으로 반유대주의적 언어를 사용하는 것을 그만두었다.

그가 계획했던 자서전과 마찬가지로 비트겐슈타인의 유대성에 대한 언급도 본질적으로 고백적이며, 둘 모두 어떤 방식으로는 그가 자신과 마르그리트를 위해 계획했던 '신성한' 결합에 연결되는 것처럼 보인다. 이것은 마르그리트와 결혼하려는 그의 의도가 상당히 진지하게 전개되었던 바로 그해와 일치한다.

미래를 함께 준비하기 위해서 그는 마르그리트를 그해 여름 초에 노르웨이로 초청했다. 그렇지만 그는 자신들이 서로 떨어져서 지내야 한다고 생각했다. 그렇게 혼자 지내면서 진지한 명상에 몰입할 수 있는 장점을 이용해야만, 그들은 다가올 새로운 삶을 위해 정신적으로 준비할 수 있으리라고 생각했다.

따라서 그는 자기 집에 머무는 반면, 마르그리트의 숙소는 백 살의 노모를 모시고 사는 강인한 일흔 살 여자 안나 레브니의 농가에 정했다. 그곳에 머물렀던 2주일 동안 마르그리트는 비트겐슈타인을 거의 보지 못했다. 농가에 도착한 후 그녀는 짐을 풀다가 성경책을 발견했다. 이것은 비트겐슈타인이 집어넣었던 책인데, 의미심장하게도 사랑의 덕과 본성에 대한 성 바오로의 말씀이 적혀 있는 한 통의 편지가 고린도서 1부 13장에 끼워져 있었다. 이것은 그녀가 받아들이기에는 너무 무거운 암시였다. 명상하고, 기도하고, 성경을 읽는—이것이 비트겐슈타인이 시간을 보내는 방법이었다—대신에 그녀는 1913년에 핀센트가 했던 것을 했으며, 오락적 면에서는 마땅한 것이 거의 없는 숄덴을 그녀가 할 수 있는 한 최대로 이용했다. 그녀는 농장 주변을 산책했고, 피오르에서 수영을 하고, 마을 사람들을 사귀었으며 약간의 노르웨이어를 배웠다. 2주일 후에 그녀는 언니의 결혼식에 참석하기 위해 로마로 떠났는데, 이때 그녀가 결혼하지 **않을** 한 사람이 있다면, 그는 바로 루트비히 비트겐슈타인이라고 결정한 상태였다. 그녀는 비트겐슈타인과의 삶이 제시하는 요구를 자신이 결코 충족시킬 수 없다고 느꼈을 뿐만 아니라, 똑같이 중요한 점으로서 비트겐슈타인은 그녀가 원하는 종류의 삶을 그녀에게 결코 주지 않으리라는 것을 깨달았다. 예를 들어 아이를 갖는 것은 그저 또 한 인간에게 불행한 삶을 주는 것일 뿐이라고 생각했던 그는 절대 아이를 가질 의사가 없음을 분명히 했다.

노르웨이에서 지낸 기간 중 얼마 동안 길버트 패티슨이 비트겐슈타인과 함께 있었는데, 그의 방문 기간은 마르그리트의 방문 기간과 약 일주일 정도 겹쳤다. 틀림없이 그는 비트겐슈타인이 노르웨이에 있었던 3주일 동안 비트겐슈타인의 마음을 풀어주는 데 도움이 되었다. 그러나 보통 그랬듯이, 패티슨은 가끔 비트겐슈타인으로부터 떨어져 있을 필요가 있다는 것을 알게 되었고, 그런 경우 그는 오슬로로 나가서 "바 같은 곳에서 술을 마시며" 밤을 지냈다.

노르웨이 방문은 비트겐슈타인이 마르그리트와의 결혼에 대해 조금이라도 갖고 있던 생각을 사라지게 했지만 그것이 금방 우정까지 중단시키지는 않았다. 비트겐슈타인은 전과 마찬가지로 1931년 늦여름을 호흐라이트에 있는 별장 부근의 나무꾼 오두막에서 3주일 동안 지냈는데, 여기서 그는 거의 매일 마르그리트를 만났다. 마르그리트는 비트겐슈타인의 가족들이 머무는 집에서 그레틀의 손님으로 머물렀다. 손자들을 위해 썼던 회상기 한 권에서 마르그리트는 데이비드 핀센트의 역할을 떠오르게 하는 문장에서 다음과 같이 말한다. "나의 존재는 그가 자신의 생각을 발전시키는 동안 필요로 했던 평화를 그에게 가져다주었다."

호흐라이트에서 비트겐슈타인은 자신의 책을 완성하는 작업에 착수했다. 이때 그 책의 임시 제목은 《철학적 문법 *Philosophical Grammar*》이었다. 그는 이것이 교과서적인 냄새를 풍긴다는 점을 인정했지만 "그것은 문제가 아니다. 왜냐하면 그 뒤에는 책이 있기 때문이다"라고 말했다.

비트겐슈타인은 책을 편집하는 데 특히 공을 들였다. 그는 작은 메모장에 여러 가지 단평들을 적기 시작했다. 그다음 이 단평들 중에서 가장 최상이라고 생각한 것을 선택한 후, 아마 순서를 달리하고 그것들을 묶어서 두꺼운 필사본을 만들었다. 이것들 중에 다시 선별해서 타자수에게 받아쓰게 했다. 이렇게 만들어진 타자본은 또 다른 선별 작업을 위한—추리기도 하고 다시 정돈하기도 하면서—기초로 이용되었고, 그다음 전 과정이 다시 시작되었다. 이런 과정은 20년 이상 계속되었지만, 비트겐슈타인이 완전히 만족할 정도로 정돈된 적은 한 번도 없었다. 따라서 그의 유고 관리자들은 여러 가지 원고와 타자본들 중에서 그들이 가장 만족스럽다고 판단한 것들(《철학적 단평》, 《철학적 탐구》, 《심리철학적 소견들*Remarks on the Philosophy of Psychology*》)을 출판하거나, 또는 그것들로부터 유고 관리자들이 직접 선택한 것들 또는 그것들을 다시 정리한 것들(《철학적 문법》, 《수학의 기초에 관한 고찰*Remarks on the Foundations of Mathematics*》, 《문화와 가치*Culture and Value*》, 《쪽지*Zettel*》)을 출판해야 했다. 이것들은 지금 후기 비트겐슈타인의 저서들로 알려져 있지만, 실제로는 어느 것도 완성된 책으로 간주할 수 없다.

이런 실망스런 상황의 원인으로 1913년 러셀을 그토록 격노하게 만들었고 운 나쁜 프리드리히 바이스만을 심지어 더 노하게 했던, 출판에 대한 그의 괴팍성을 탓할 수 있다. 1931년 비트겐슈타인이 자신의 새로운 사고를 어느 정도 만족스럽게 구성하기 시작했을 때, 바이스만은 비트겐슈타인의 사상—1929년에 《논리, 언어, 철학》이라는 제목으로 출판되리라고 알려졌던 책—을 정리해서 발표하려는 작업이 거의 끝나가고 있다고 느꼈다. 9월 20일 슐리크는 캘리포니아에서 바이스만에게 편지를 썼는데, 여기서 그는 그 책이 곧 출판될 것 같으며, 슐리크가 부활절 날 빈으로 돌아올 때는 출판이 될 것으로 알고 있다고 적었다.

그렇지만 바이스만은 그 여름에 비트겐슈타인을 거의 만나지 못했다. 방학이 끝나기 직전, 비트겐슈타인은 그에게 자신의 최근 연구로부터 발췌한 타자본을 건네주기 위해서 빈에서 그를 만났다. 그들은 이 새로운 연구 결과에 따라 그 예정된 책에서 생길 변화에 대해 논의했다. 이런 논의에 기초해서 바이스만은 그의 '논제들'을 다시 썼고, 그 바뀐 내용을 슐리크에게 보냈다. 이 동안 비트겐슈타인은 바이스만이 자신의 새로운 생각을 잘못 표현할 가능성에 대해 점점 더 걱정하게 되었다. 11월에 그는 슐리크에게 '이 바이스만 건'에 대해 편지를 썼고, 최종 원고를 기다리게 한 점을 사과했다. 그러나 그는 "그 일 자체에 대해 나는 아무런 열정도 없다. 나는 바이스만이 내가 옳다고 보는 것과는 **완전히** 다른 형태로 **많은** 것들을 발표할 것이라고 확신한다"고 말했다.

중요한 것은 그 책이 원래 계획했던 대로는 이제 불필요하게 되었다는 것이다. 비트겐슈타인의 사상은 근본적으로 변했기 때문에, 그는 더 이상 그것들을 기본적으로 《논고》의 최신판 형태로는 발표할 수 없었다. "그 책에는 지금은 내가 동의하지 않는 **매우, 매우** 많은 주장들이 있다!"고 그는 슐리크에게 말했다. 《논고》의 '요소 명제'와 '대상'에 관한 말은 틀렸다는 것이 드러났으며, 단순히 과거의 실수를 반복하는 책을 출판할 아무런 이유도 없다고 그는 슐리크에게 말했다. 명제에 관한 《논고》의 분석은 문법의 '명쾌한 설명'으로 대체되어야 하며, 이것은 "내가 '대상', '요소 명제' 등에 관해 말했던 모든 독단적인 것"을 폐기시킬 것이다.

비트겐슈타인은 1931년의 크리스마스 방학 동안 바이스만을 만났다. 그 책의 전체적인 계획이 바뀌어야 한다는 견해를 바이스만에게 분명히 밝힌 것은 바로 이때였다. 그는 자신의 새로운 사고가 철학적 논제의 지위에 대해 갖고 있는 함축에 대해서 설명했다.

> 철학에 논제들이 있다면 그것은 아무런 논쟁도 야기시키지 않는 것이어야 할 것입니다. 왜냐하면 모든 사람들이 "오, 맞아 그것은 물론 명백하다"고 말할, 그런 방식으로 표현되어야 할 것이기 때문입니다. 한 질문에 관해 다른 의견을 가질 가능성과 논쟁의 가능성이 있는 한, 이것은 그 논제가 아직 충분히 명료하게 표현되지 않았다는 것을 나타냅니다. 일단 완전히 명료한 형식화—궁극적인 명료성—에 다다르면, 더 이상 재고할 수도 거리낄 것도 없습니다. 왜냐하면 재고한다는 것은 항상 어떤 것이 지금 주장되었는데, 나는 그것을 승인해야 하는지 안 해야 하는지를 아직 알지 못하고 있다는 느낌으로부터 제기되기 때문입니다. 그렇지만 만일 당신이 문법을 당신에게 명료하게 한다면, 만일 당신이 아주 짧은 단계들로—각 단계는 완전히 명료

하고 자연스러운 방식으로 — 진행한다면 어떤 논쟁도 제기될 수 없습니다. 논쟁은 항상 특정한 단계를 빠뜨리거나 또는 명료하게 하지 못했기 때문에, 그래서 논쟁의 여지가 있을 수 있는 주장이 만들어졌다는 인상을 받기 때문에 생깁니다.

《논고》에 관해서 그는 바이스만에게 이렇게 말했다. 그 책에서 "나는 여전히 독단적으로 진행했다 … 나는 어떤 것을 멀리서부터 그리고 매우 불확정적인 태도로 바라보았으며, 나는 그것으로부터 가능한 한 많은 것을 이끌어내고 싶어 했다." 그리고 그는 단호하게 덧붙였다. "그러나 그런 논제의 개작은 더 이상 정당화되지 못한다." 그는 바이스만이 적은 이 논의의 기록을 캘리포니아에 있는 슐리크에게 보내야 할 것과, 바이스만은 슐리크에게 그 계획이 바뀌었다는 것과 왜 그것이 바뀌었는지를 설명해야 한다는 점을 강조했다.

1932년 새해에 케임브리지로 돌아온 비트겐슈타인은 슐리크에게 바이스만의 기록들을 받았는지, 그리고 그가 "그것을 이해할 수 있는지"를 묻는 편지를 썼다. 슐리크는 자신이 이해할 수 있다고 생각했음이 분명했다. 왜냐하면 그는 바이스만이 그 계획을 계속하도록 꾸준히 그를 격려했기 때문이다.

비트겐슈타인처럼 바이스만도 슐리크를 위해서 같은 일을 했다. '그 건' 자체에 대해서 바이스만은 비트겐슈타인보다 더 큰 열정을 갖지 않았다고 생각된다. 다음 부활절 날 비트겐슈타인이 새로운 절차 — 바이스만이 책의 원고를 비트겐슈타인으로부터 직접 받는 대신에, 비트겐슈타인이 슐리크에게 보낸 타자본을 이용한다는 안 — 를 제안했을 때, 이미 난처했던 바이스만의 입장은 더욱 곤란하게 되었다. 다른 말로 하면, 비트겐슈타인은 그의 의견의 전달자로서 바이스만에 대한 신뢰를 완전히 잃었다. 예를 들면 바이스만은 비트겐슈타인의 새로운 견해를 빈학파의 회원들에게 발표하는 책임을 더 이상 부여받지 못했다.

비트겐슈타인은 이제 거의 모든 에너지를 새로운 사상들을 발표하는 글을 직접 만드는 데 썼다. 그는 여러 가지 형식들—숫자가 적힌 논평들, 숫자가 적힌 단락들, 주석을 단 목차들—을 시험해보았다. 강의에서는 마치 자신을 서양의 전통 안에 맞추려는 듯이, 브로드가 그의 학부 강의 시리즈인 '철학의 요소들'에서 제공하는 철학적 스타일과 이론 들의 분류법을 상세히 다루었다. 그는 흄과 데카르트의 방법을 거부했지만, 칸트의 비판적 방법에 대해서는 "이는 올바른 종류의 접근 방법"이라고 말했다. 사변 철학의 연역적 방법과 변증법적 방법—전자는 데카르트가 대표하고, 후자는 헤겔이 대표한다—사이의 구분에 대해서는 조건부로 헤겔 편에 섰다.

> … 변증법적 방법은 아주 건실하며 우리가 연구하는 방법이다. 그렇지만 그것은, 브로드의 설명이 함축하는 것처럼, a와 b라는 두 명제에서 또 하나의 더 복잡한 명제를 찾으려고 해서는 안 된다. 그것의 목적은 우리 언어의 어느 곳에 애매성이 있는가를 발견하는 것이어야 한다.

브로드의 세 가지 진리론—대응설, 정합설, 실용주의—에 관해서 그는 경멸적이었다. "철학은 여러 '이론들' 사이에서 하나를 선택하는 것이 아니다."

> 우리는 그 단어〔'진리'〕가 최소한 세 가지 다른 의미들을 갖는다고 말할 수 있다. 그렇지만 이 이론들 중 어떤 하나가 우리가 그 단어를 사용할 수 있는 방법에 대한 전체적인 문법을 제공할 수 있다고 가정하는 것, 혹은 하나의 이론 안에 그것에 일치하는 것처럼 보이지 않는 사례들을 짜 맞추려고 애쓰는 것은 잘못이다.

이론을 대체하는 것은 **문법**이다. 이 일련의 강의 동안, 무어는 비트겐슈타인이 '문법'이라는 단어를 약간 이상한 의미로 사용하고 있다는 주장을 활발하게 시도했다. 그는 비트겐슈타인의 강의에서 그가 통상적 의미라고 간주하는 것과 그것의 비트겐슈타인적 용법을 구분하는 논문을 발표했다. 그는 이렇게 주장했다. "Three men was working"은 논쟁의 여지가 없이 문법이 잘못 사용된 경우이다. 그러나 "다른 색깔들은 동일한 시각에 한 시각장의 같은 장소에 있을 수 없다"란 문장이 무슨 위반을 했는지는 분명치 않다. 만약 후자의 경우를 문법이 잘못 사용된 경우라고 부르려면, 그 '문법'은 각각의 경우에 서로 다른 것을 뜻해야 한다. 비트겐슈타인은 아니라고 답했다. "'올바른 표현은 이렇다'라고 말하는 것은 의미가 없다." 두 종류의 규칙은 모두 동일한 의미에서 규칙이다. "차이는 그저 어떤 것은 철학적 논의의 주제였고 어떤 것은 그렇지 않다는 것이다."

> 문법적 규칙들은 모두 같은 종류의 것들이다. 그러나 만약 어떤 사람이 하나의 규칙을 마치 다른 규칙을 위반하는 것처럼 위반한다면, 그것은 똑같은 실수가 아니다. 그가 'were' 대신 'was'를 사용한다고 해도, 그것은 아무런 혼란도 일으키지 않는다. 그러나 다른 예에서, 물리적 공간과의 유추(참조: **같은** 의자에 있는 두 사람들)는 혼란을 일으킨다. 우리가 동일한 장소에 있는 두 가지 색깔들을 생각할 수 없다고 말할 때, 우리는 이것이 실제로는 명제가 아닌데도 명제라고 생각하는 오류를 범한다. 만약 우리가 유사성 때문에 오도되지 않는다면, 우리는 결코 그렇게 말하려고 하지 않을 것이다. '할 수 없다'라는 단어를 사용하는 것은 오도적이다. 왜냐하면 그것은 잘못된 유추를 시사하기 때문이다. 우리는 이렇게 말해야 할 것이다. "…라고 말하는 것은 아무런 의미가 없다."

그렇다면 철학자들의 문법적 실수는 무어가 언급한 평범한 실수들에 비해 더 유해하다는 점에서만 달랐다. 그러므로 이런 실수들에 대해 연구하는 것은 무의미한 일이었다. 실제로 그것은 실수를 저지르는 것보다 더 나쁘고, 단지 해악만을 끼치는 것일 수도 있다. 핵심은 그런 실수들을 연구하는 것이 아니라, 그런 실수들로부터 스스로 자유로워지는 것이다. 따라서 그의 학생들 중 하나인 칼 브리튼Karl Britton에게 비트겐슈타인은 이렇게 강조했다. 그가 철학 학위를 위해서 공부하는 한 철학을 진지하게 연구**할 수 없다**. 비트겐슈타인은 그에게 학위를 포기하고 다른 일을 해보라고 강력히 권했다. 브리튼이 이 권고를 거부했을 때, 비트겐슈타인은 그저 그것이 철학에 대한 그의 흥미를 소멸시키지 않기만을 바랐을 뿐이다.

마찬가지로, 제자들 대부분에게 그랬듯이 그는 브리튼에게 철학 교사가 되는 것은 가급적 피하라고 권고했다. 더 나쁜 것이 있다면 그것은 기자가 되는 것이었다. 브리튼은 현실적인 직업을 선택해서, 평범한 이들과 함께 일해야만 한다. 학문적 삶은 혐오할 만한 것이었다. 그는 브리튼에게 이렇게 말했다. 그가 런던에서 되돌아왔을 때, 어떤 학부생이 다른 학생에게 "오, 정말로!"라고 말하는 것을 어쩌다 듣게 되었는데, 그때 그는 자신이 케임브리지에 되돌아왔다는 것을 알았다. 학교에서 그가 사용하는 침대를 만든 사람의 잡담이 높은 식탁의 진실되지 못한 영리함보다 훨씬 더 선호할 만했다.

모리스 드루어리는 이미 비트겐슈타인의 충고를 받아들여서, 뉴캐슬에서 실업 상태에 있는 조선 건설공들의 모임에서 일하고 있었다. 그렇지만 그 일이 거의 끝나갈 무렵, 그는 뉴캐슬의 암스트롱 대학의 철학 강사 모집에 지원하려는 유혹을 받았다. 그 자리는 도로시 에밋Dorothy Emmett이 차지했고, 드루어리는 실업 상태의 광부들을 위한 바자회 운영을 도와주기 위해 사우스웨일스로 갔다. "너는 에밋 양에게 큰 빚을 졌다. 그녀는 너를 직업적 철학자가 되지 않도록 구해낸 것"이라고 비트겐슈타인은 강조했다.

직업에 대한 이런 경멸에도 불구하고, 비트겐슈타인은 강단 철학자들이 그의 사상을 사용하는 것을 시기심이 어린, 주의 깊은 눈으로 지켜보고 있었다. 1932년 여름에 그는 루돌프 카르납과 표절 논쟁이라 할 만한 사건에 연루되었다. 그것은 카르납이 〈과학의 보편언어로서 물리 언어Die physikalische Sprache als Universalsprache der Wissenschaft〉란 제목으로 출판한 논문 때문에 생겼는데, 이 논문은 빈학파의 학회지였던 《인식*Erkenntnis*》에서 출간되었다.(나중에 영어로는 《과학의 통일성*The Unity of Science*》이라는 제목으로 출판되었다.) 그 논문은 '물리주의'를 입증하려 했다. 물리주의는 모든 주장들은, 그것이 과학적 연구에 포함될 가치가 있는 한—물리적 현상이건, 생물학적 현상이건, 심리학적 또는 사회적인 현상이건—궁극적으로 물리학의 언어로 환원될 수 있다는 견해이다. 카르납이 인정했듯이, 그것은 빈학파 철학자들 중 가장 엄격한 실증주의자인 오토 노이라트Otto Neurath의 견해로부터 영향을 받았다.

그렇지만 비트겐슈타인은 카르납이 그가 빈학파와의 대화에서 자신이 직접 말했던 견해를 이용했고, 그것도 적당한 인용 없이 이용했다고 확신했다. 1932년 8월에 슐리크에게 보낸 두 편지에서 그리고 카르납 본인에게 보낸 편지에서, 비트겐슈타인은 카르납의 논문에 자신이 분개하는 것은 순전히 윤리적이고 개인적인 문제이며, 그가 카르납이 출판한 사상들에 대해 그가 저작권을 주장하려 했다거나, 혹은 학문 공동체 안에서 그의 평판을 걱정하는 것과는 아무런 관련이 없다고 단언했다. 8월 8일에 그는 슐리크에게 다음과 같은 편지를 썼다.

> … 솔직히 말해 오늘날의 직업 철학자들이 나를 어떻게 생각하든 나한테는 모두 똑같습니다. 왜냐하면 나는 그들을 위해 글을 쓰고 있지 않기 때문입니다.

그렇지만 비트겐슈타인의 주장은 카르납의 이름으로 출판된 견해들—예를 들어 실물지시적 정의ostensive definition와 가설의 본성에 대한 것—이 제대로 말하면 마땅히 **자신의** 견해라는 것이었다. 카르납은 그것들을 그와 바이스만과 가진 대화로부터 얻었다. 카르납이 자신의 중심적인 주장은 **물리주의**와 관련되었으며, 비트겐슈타인은 그것에 관해 아무 말도 하지 않았다고 했을 때, 비트겐슈타인은 그 기본적 견해는 《논고》에서 발견되어야 한다고 반대를 제기했다. "내가 '물리주의'의 문제를 다루지 않았다는 것은 맞는 말이 아니며(그 끔찍한 이름을 쓰지 않았을 뿐이다), 〔나는〕 《논고》 전체가 그렇듯이 그것을 간결하게 〔다루었다〕."

카르납의 논문 출판과 함께, 비트겐슈타인과 바이스만 사이의 철학적 대화는 마침내 끝났다. 그들의 대화 마지막 기록에는 실제로 그의(카르납의) 가설의 개념은 비트겐슈타인 자신으로부터라기보다는 푸앵카레로부터 받아들였다는 카르납의 시사를 논박하려는 비트겐슈타인의 시도가 실려 있다. 이후에 바이스만은 비트겐슈타인의 새로운 견해에 특별히 접근할 수 있는 신뢰를 잃어버렸다.

비트겐슈타인이 바이스만을 점점 더 불신하게 되는 것과, 카르납의 뻔뻔스러움에 화를 낸 것은 우연하게도 그가 자신의 연구를 출판할 만한 형태로 구성하려는 노력을 재개한 것과 일치한다.

1932년 여름에 호흐라이트에서 머무는 동안, 그는 타자수에게 지난 2년 동안 썼던 8권의 필사본 중에서 상당 분량의 논평들을 뽑아서 받아쓰게 했다.(8월 8일의 슐리크에게 보낸 편지에서 그는 하루에 7시간을 구술하는 데 보내고 있다고 이야기한다.) 그 결과가 비트겐슈타인을 연구하는 학자들에게는 '대타자본the Big Typescript'이라고 불렸던 것이다. 이것은 비트겐슈타인이 남긴 다른 어떤 타이핑 원고들보다 더 완성된 책의 형태—장의 제목들과 목차를 가진—를 띠었으며, 《철학적 문법》의 기초를 이룬다. 그렇지만 출판된 책과는 전혀 동일하지 않다.

특히 '철학'이라는 제목을 달고 있는 흥미 있는 장은 출판된 책에서는 생략되었다. 그 장에서 그는 말한다. "철학이 할 수 있는 모든 것은 우상을 파괴하는 것이다." 그리고 빈학파를 신랄하게 비판하면서 덧붙인다. "그것은 새로운 우상을 ― 가령 '우상의 부재로부터' ― 만들어내지 않는 것을 뜻한다." 우리가 철학적 문제들에 직면하는 것은 현실 삶 속에서가 아니다. 우리가 언어 안의 어떤 유사성 때문에 오도되어서 "시간이란 무엇인가?" 혹은 "수란 무엇인가?" 등과 같은 것을 물을 때, 우리는 철학적 문제와 부딪친다고 그는 강조한다. 이러한 문제들은 해결할 수 없는데, 그 이유는 그것들이 심오하기 때문이 아니라, 그것들이 무의미하기 ― 언어의 오용이기 ― 때문이다. 그러므로,

> 진정한 발견은 내가 철학을 원할 때 철학하기를 멈출 수 있게 하는 것, 철학에 평화를 주는 것, 그래서 철학이 더 이상 **그 자체**를 묻게 하는 문제들로 인해 곤란을 겪지 않도록 하는 것이다. 대신 우리는 이제 하나의 방법을 사례들을 통해 보여준다. 그리고 일련의 사례들은 깨어질 수 있다. **하나의** 문제가 아니라 문제들이 해결된다(어려움들이 제거된다) … "그러나 그렇다면 우리는 결코 우리 일을 끝내지 못할 것이다!" 물론 끝내지 못한다. 왜냐하면 그것은 끝이 없기 때문에.

철학을 끝없는 명료화의 임무를 수행하는 것으로 보고 단지 자의적인 시작만이 있다고 보는 철학관은 만족할 만한 철학 책이 **쓰여질** 수 있는지 상상하는 것을 거의 불가능하게 한다. 비트겐슈타인이 쇼펜하우어의 경구에 동의하여 시작과 끝이 있는 철학 책은 일종의 모순이라는 것을 인용하곤 했던 것은 놀라운 일이 아니다. 그리고 그가 대타자본의 구술 작업을 끝내자마자, 그것을 크게 수정하기 시작했다는 것 역시 놀랄 일이 아니다. 그렇지만 그가 거의 수정하지 않았던 단원은 수리철학에 대한 것이었다.(따라서 《철학적 문법》의 그 장은 완벽하게 재수록된 것이다.) 이 분야에 대한 연구가 언어에 대한 단평들만큼의 주목을 받지 못했다는 것은 불행한 일이다.

비트겐슈타인 자신이 수학에 대한 연구를 그의 가장 중요한 철학적 기여라고 생각했을 뿐만 아니라, 그의 철학적 조망이 20세기의 전문

철학의 조망과 얼마나 과격하게 다른지를 분명하게 보여주는 것도 이 연구에 있다. 그가 근대 문명의 주류에 대항하여 일하고 있다는 확신이 맞다는 것을 가장 강하게 볼 수 있는 것이 여기이다. 왜냐하면 그의 단평들이 조준하는 목표는 이런저런 철학자들이 주장했던 철학에 대한 특정한 견해가 아니고, 오히려 활동 중인 수학자들 중에서 거의 보편적으로 주장되었던, 그리고 무엇보다도 한 세기 이상 동안 우리의 전 문화를 통틀어서 지배했던 수학관, 즉 수학을 하나의 과학으로 보는 견해였기 때문이다.

"이런 문제들에 있는 혼란들은 전적으로 수학을 일종의 자연과학으로 간주하는 결과 나온 것"이라고 그는 대타자본에서 적고 있다.

> 그리고 이는 수학이 그 자체를 자연과학에서 분리시켰다는 사실과 연결된다. 왜냐하면 그 분리가 물리학과의 직접적인 연결 안에서 이루어지는 한, **그것이** 자연과학이 아니라는 것은 명백하기 때문이다. (이와 유사하게 당신이 가구를 청소하기 위해 비를 사용하는 한, 그것을 가구의 일부로 착각할 수 없다.)

비트겐슈타인의 수리철학은 20세기 전반부에 걸쳐 프레게와 러셀이 이끈 논리주의, 힐베르트가 이끈 형식주의, 브라우어와 베일이 이끈 직관주의라는 서로 반하는 진영이 싸웠던 수학의 기초에 관한 논쟁에 기여한 것은 아니다. 대신 그것은 이런 논증의 기초를 부수려는, 즉 수학이 기초를 필요로 한다는 견해를 부수려는 시도이다. 이런 '기초'에 대한 탐구에 의해 고무되었던 수학의 모든 분야 — 집합론, 증명론, 양화논리, 귀납함수론 등을 그는 철학적 혼란에 근거한 것으로 간주했다. 그러므로,

> 철학적 명료성은 태양빛이 고구마순의 성장에 미치는 것과 같은 효과를 수학의 성장에 미칠 것이다.(어두운 지하실에서 그들은 길게 자라

난다.)

물론 비트겐슈타인은 수학과 관련해서 그가 풍차를 향해 돌진하고 있다는 것을 알았다. 비록 그의 전반적 철학적 계획에서는 그렇지 않았지만 말이다. “내 글을 읽는 과학자나 수학자가 그들이 일하는 방법에서 심각하게 영향을 받을 가능성은 전혀 없는 것처럼 보인다”고 그는 적었다. 그가 되풀이해서 강조했듯이, 만일 그가 전문 철학자들을 위해 쓰고 있는 것이 아니라면, 그가 전문 수학자들을 위해 쓰고 있는 것은 더욱더 아니었다.

15 프랜시스

순수수학의 지위에 대한 비트겐슈타인의 돈키호테적 공격은 1932~1933년 학기 동안 절정에 달했다. 이 기간 중 그는 두 개의 강의를 했는데, 하나는 '철학', 다른 하나는 '수학자를 위한 철학'으로 명명되었다. 이 중 두 번째 강의에서 그는 대학생들이 사용하던 수학 교과서들이 학생들에게 미치는 해로운 영향에 맞서 싸우려고 하였다. 그는 하디Hardy의 《순수수학 개론*A Course of Pure Mathematics*》(그 당시의 대표적 대학 교재)으로부터 발췌한 글을 크게 읽고, 그것을 순수수학의 전 과정을 둘러싸고 있다고 그가 믿었던 철학적 안개의 실례를 들기 위해 이용했다. 그는 수학에 너무 깊이 새겨져서 그 타당성을 거의 검사받지 않는, 수학에 관해 공통적으로 주장되는 많은 가정들을 뿌리째 뽑아야만 그 철학적 안개를 사라지게 할 수 있다고 생각했다.

이런 가정들 중 첫 번째 것은 수학이 논리적 기초—칸토어Cantor, 프레게, 러셀 등이 입안한 그런 논리적 기초—위에 서 있다는 것이다. 그는 이런 문제에 대한 그의 입장을 직설적으로 설명하는 것으로 강의를 시작했다. "수학이 의존하는 기반이 있는가?"라고 그는 수사적으로 물었다.

> 논리학이 수학의 기초인가? 내가 생각하기엔 수리논리학은 단순히 수학의 일부이다. 러셀의 계산술은 근본적인 것이 아니다. 그것은 단지 또 하나의 계산술일 뿐이다. 기초가 놓여지기 전의 과학에는 잘못된 것은 아무것도 없다.

이런 가정들 중 또 하나는 수학은 어떤 식으로이건 (무엇인가에 관해) 객관적으로 참인 **사실들**의 발견과 관련되어 있다는 생각이다. 그것들이 **무엇**에 관해 사실인지, 그리고 이런 객관성이 무엇으로 이루어졌는지는 물론 플라톤 이래 수리철학의 주제였다. 그리고 철학자들은 전통적으로 수학적 진술들은 **물리적** 세계에 관해 참이라고 말하는 사람들(경험주의자), 그리고 이 견해가 수학의 비경험성inexorability을 정당하게 평가하지 못한다고 느끼기 때문에 수학적 진술들은 **수학적** 세계—플라톤의 영원한 이데아 또는 형상의 세계—에 관해 참이라고 주장하는 사람들(플라톤주의자)로 나누어진다. 이 구분법에 칸트가 세 번째 견해를 추가했다. 칸트의 견해는 수학적 진술이 '직관의 형식'과 관련되어서 참이라는 것이고, 이것이 대략 브라우어와 직관주의 학파의 견해였다. 그러나 비트겐슈타인에게는 수학이 진리의 발견과 관련되어 있다는 생각은 모두 순수수학의 성장으로 인해 생긴, 그리고 수학이 물리학에서 분리되는 것과 함께 생긴 오류였다.(가구의 일부로 오인되는 사용되지 않는 빗자루.) 만일 우리가 수학을 (계산하기 위한, 측정하기 위한) 일련의 **기술들**techniques로 본다면, 수학이 무엇에 **관한** 것인지에 대한 질문은 처음부터 제기되지 않을 것이라고 그는 말했다.

비트겐슈타인이 공격한 수학관은 하디의 강의에서 아주 간결하게 요약된다. 이 강의는 1929년 《마인드》에 〈수학적 증명Mathematical Proof〉이라는 제목으로 출판되었다. 하디는 철학적 연구를 수학자로서 진지하게 연구하는 일로부터 벗어나게 하는 일종의 가벼운 휴식거리로 간주했던 것처럼 보이는데, 그는 다음과 같이 분명하게 말한다.

… 어떤 철학도, 수학적 진리의 변화할 수 없고 무조건적인 타당성을 어떻게 해서든지 인정하지 않는 수학자에게 동정적일 수는 없을 것이다. 수학적 정리들은 참이거나 거짓이다. 그것들의 참 또는 거짓은 절대적이며 그에 대한 우리의 인식과는 독립적이다. **어떤** 의미에서 수학적 진리는 객관적 실재의 부분이다 … 〔수학적 명제들〕은 어떤 의미에서, 아무리 그 의미가 파악하기 어렵고 복잡하다 하더라도, 실재에 관한 정리들이다 … 그것들은 우리 마음의 창조물이 아니다.

이 강의의 논조와 내용 모두 때문에 비트겐슈타인은 격노했다. 그는 학생들에게 이렇게 말했다.

수학자들의 말은 그들이 수학을 할 때 엉뚱한 말이 된다. 예를 들면 수학을 우리 마음이 창조한 것이 아니라고 한 하디의 말이 그렇다. 그는 철학을 수학과 과학의 단단한 실재들hard realities 주변에 있는 하나의 장식물, 하나의 풍취atmosphere로서 생각한다. 이런 학문들과 철학은 각각 방의 필수품과 장식처럼 생각된다. 하디는 철학적 의견들에 관해서 생각하고 있다. 나는 철학을 생각을 명료하게 하는 활동으로 생각한다.

이때 비트겐슈타인은 이 같은 명료하게 만드는 활동을 수학에 응용하여 보여주는 방법에 관해 비교적 분명한 견해를 갖고 있었다. 그 견해는 그의 좀 더 일반적인 철학적 입장에 속한 것이었다. 비록 그는 여전히 그 같은 일반적인 철학적 입장을 만족스럽게 정리하지 못했고, 따라서 더 연구해야 한다고 느끼고 있었지만 말이다. 그에게 철학은 수학처럼 일련의 기술이었다. 그러나 수학적 기술들은 이미 존재하고 있었고 따라서 그의 역할은 청중들이 그것들을 (참이나 거짓인 명제가 아니라) 기술로 보게끔 그들을 설득하는 데 있었던 반면, 그가 내놓고 싶었던 철학적 기술들은 그 스스로 만들어낸 것이었고 여전히 유아단계에 머물고 있었다.

'철학'이라고 명명된 일련의 강의에서, 비트겐슈타인은 그의 철학적 방법에서 점점 더 크게 중심적 위치를 차지할 하나의 기술을 소개했다. 그가 '언어게임'이라고 부르는 게임을 발명하는 기술이 그것이다. 이것은 세밀하게 정의된 실용적 목적을 위해 언어가 사용되는 상상 속의 상황들을 발명하는 방법이었다. 그것은 우리 자신의 언어로부터 나온 몇 개의 단어들 또는 구절들일 수도 있고, 또는 전적으로 가공의 언어일 수도 있다. 그러나 본질적인 것은, 그 상황을 그리는 데 있어서 언어는 그것이 **사용**되는 방식을 언급하지 않고는 묘사될 수 없다는 것이다. 그 기술은 일종의 치료이며, 그 치료의 목적은 언어를 '삶의 흐름'에서 차지하는 위치로부터 고립시켜 생각하는 결과 생기는 철학적 혼란으로부터 우리 자신을 자유롭게 하는 것이다.

그 자신의 초기 연구와 러셀의 연구가 바로 위와 같은 종류의 철학적 혼란 때문에 생긴 사고 과정의 예인데, 그는 청중들을 그것으로부터 자유롭게 만들려 하고 있다고 말했다. 둘 모두 언어의 한 가지 형태, 즉 주장을 하는 문장 형태에 집중함으로써 언어 전체를 마치 언어가 그 형태로만 이루어진 것처럼, 혹은 다른 종류의 언어 사용 방식이 그 기초적 주제에 관한 다양한 변형으로 분석될 수 있는 것처럼 생각하는 오류를 범했다고 그는 말했다. 그러므로 그들은 쓸모없는 개념인 '원자명제'에 도달했다.

> 러셀과 나 모두 논리적 분석에 의해 최초의 요소들 또는 '개별자들'을, 그래서 가능한 원자명제들을 발견할 수 있으리라 기대했다 … 그리고 우리는 모두 원자명제들 또는 개별자들의 예를 전혀 제시하지 못하는 실수를 범했다. 우리는 모두 다른 방식으로 그 문제를 제쳐놓았다. 우리는 다음과 같이 말하지 말았어야 했다. "그것들을 제시할 수 없는 이유는 우리가 분석을 충분히 밀고 나아가지 않았기 때문이다. 그러나 시간이 지나면 우리는 거기에 도달할 것이다."

그와 러셀은 너무 엄격한 명제 개념을 갖고 있었던 것인데, 언어게임 방법의 목적은 그런 개념을 완화시키는 것이었다. 예를 들면 그는 청중들에게 사물들을 가리키고 사물들 앞에서 단어를 발언함으로써 아이들에게 언어를 가르치는 언어게임을 살펴보라고 요청한다. "이 게임 어디에서 한 명제가 사용되기 시작하는가?" 하고 그는 물었다. 만약 우리가 한 아이에게 '책'이라고 말하고, 그가 우리에게 책을 가져온다면 그는 하나의 명제를 배웠는가? 아니면 그는 오로지 참과 거짓을 묻는 질문이 있을 때에만 명제들을 배웠는가? 하지만 그렇다면, 여전히 한 단어, 예컨대 "의자가 몇 개?"라는 질문에 대해 '여섯'이라고 대답하는 것이 참이거나 거짓일 수 있다. 그렇다면 그것은 명제인가? 비트겐슈타인이 함축하는 것은 이 질문들에 어떻게 답하는지는 중요하지 않다는 것이다. 중요한 것은 그것들에 대한 **어떤** 답도 얼마나 자의적인지, 따라서 우리의 개념들이 얼마나 '유동적'인지를 — 너무 유동적이어서 러셀과 그 자신이 언젠가 주창했던 그런 종류의 분석은 강요될 수 없다 — 아는 것이다.

> 나는 언어게임이란 수단에 의해서 우리가 '언어', '명제', '문장'을 사용하는 모호한 방식을 보여주기를 원했다. 우리가 명제라고 부를 수 있거나 또는 부를 수 없는 많은 것들 — 명령과 같은 것 — 이 있으며, 단지 하나의 게임만을 언어라고 부를 수는 없다. 언어게임들은 논리학을 이해하는 데 있어서 열쇠와 같다. 우리가 명제라고 부르는 것은 다소 자의적이기 때문에, 우리가 논리학이라고 부르는 것은 러셀과 프레게가 생각했던 것과는 다른 역할을 한다.

이 강의를 듣는 학생들 중에는 수학을 전공하는 20세의 학부 학생이 있었다. 이때 그는 트리니티에서 세 번째 해를 보내고 있었는데, 그는 곧 비트겐슈타인의 인생에서 가장 중요한 인물 — 믿을 만한 친구, 그리고 심지어 철학 연구에 있어서도 가장 귀중한 협력자 — 이 될 사람이었다.

프랜시스 스키너Francis Skinner는 1930년 세인트폴St Paul's 학교에서 케임브리지로 왔는데, 동기생들 중에서 가장 유망한 수학자 중의 하나로 인정을 받았다. 그렇지만 케임브리지에서 지낸 두 번째 해부터 수학적 관심은 비트겐슈타인에 대한 관심 다음 자리를 차지하기 시작했다. 그는 완전히 무비판적으로 그리고 거의 비정상적일 정도로 비트겐슈타인에게 헌신적이 되었다. 그의 어떤 점이 비트겐슈타인을 매혹했는지 우리는 단지 추측만 할 수 있을 뿐이다. 그는 수줍음을 타고, 겸손하며, 잘생긴, 그리고 무엇보다도 굉장히 예의 바른 사람으로 기억된다. 그러나 분명히 비트겐슈타인은 매혹되었다. 핀센트, 마르그리트와 있을 때와 마찬가지로, 스키너가 그저 있는 것만으로도 비트겐슈타인이 연구를 수행하기 위해 필요로 했던 평화를 제공하는 것처럼 보였다. 1932년 비트겐슈타인은 그 당시 완성하려고 애쓰고 있던 책에 관해서 짧은 글을 남겼는데, 이것은 그 자신이 그 연구에 대한 스키너의 관계를 핀센트의 《논고》에 대한 관계와 유사한 것으로 간주했음을 시사한다.

> 이 책이 출판 또는 완성되기 전에 내가 죽을 경우, 나의 기록들은 '철학적 단평들'이라는 제목하에 미완성 작품fragments으로, 그리고 '프랜시스 스키너에게'라는 헌사와 함께 출판되어야 한다.

스키너의 편지들은 비트겐슈타인에 의해 보관되었는데, 비트겐슈타인의 사후 소유물들과 함께 발견되었다. 우리는 이로부터 둘 사이의 우정이 어떻게 발전되었는지에 관해 어느 정도 재구성할 수 있다.(스키너에게 보낸 비트겐슈타인의 편지는 스키너의 사후 비트겐슈타인에 의해 회수되었는데, 불태워진 것으로 추정된다.) 남아 있는 최초의 편지는 1932년 12월 26일자이고, 비트겐슈타인이 준 크리스마스트리에 대해 감사하다는 말을 전하기 위해 쓰여진 것이다. 이틀 후 스키너는 이렇게 적고 있다. "당신이 나를 생각한다는 것을 알게 되어 기쁩니다. 당신을 많이 생각했습니다."

그러나 1933년 부활절 휴가 때야 비로소 그들은 서로를 '프랜시스'와 '루트비히'로 불렀고, 스키너는 조심스러우며 자의식적이었지만 연인에게 편지를 쓰고 있음을 시사하는 용어로 자신을 표현하기 시작했다. 3월 25일 건지Guernsey에서 휴가를 보내는 동안 그는 이렇게 편지를 썼다.

친애하는 루트비히,

우리가 지난 일요일 헤어진 후, 당신을 많이 생각했습니다. 나는 당신에 대해 올바르게 생각하고 싶습니다. 당신의 누이가 당신에게 주었다는 상자에 관해서 대화를 나눌 때 나는 몇 번 웃었는데, 당신은 그것이 다정한 웃음이 아니라는 것을 알 수 있다고 말했습니다. 때때로 내가 당신에 관해 생각하고 있을 때, 나는 그와 비슷하게 미소짓습니다. 웃는 것이 나쁘다는 것은 항상 알고 있었습니다. 웃은 직후 웃음을 내 마음에서 떼어놓으려고 시도했기 때문입니다. 하지만 그것이 얼마나 다정하지 않았는지를 몰랐습니다.

… 나는 영국 해협에 있는 한 섬에서 며칠을 보내고 있습니다. 여기 사람들 중에는 프랑스어를 사용하는 사람들이 있습니다. 내가 언젠가 당신에게 프랑스어를 할 수 있는지를 물었을 때, 당신은 어렸을 때 집에 머물렀던 정말로 멋진 숙녀에게 프랑스어를 배웠다고 말했던 것을 기억합니다. 오늘 아침 그것을 떠올렸을 때, 내가 얼마나 당신이 내게 말했던 이런 것들을 기억해내는 것을 좋아하는지 당신이 알고 기뻐하기를 바랐습니다.

프랜시스

우리는 비트겐슈타인이 이 편지에서 드러난, 거의 순진하다고 할 수 있을 정도의 어린이 같은 단순성을 귀엽게 여겼을 것으로 가정해야 한다. 확실히 스키너의 편지는 비트겐슈타인이 그렇게 싫어했던 케임브리지의 많은 학생들과 선생들의 '영리함' 같은 것을 전혀 보여주지 않는다. 그는 "오, 정말로!"라고 말할 유형의 학생이 아니었다. 또 그의 편지에는 자기중심적이라고 할 만한 흔적이 전혀 없다. 비트겐슈타인에 대한 그의 헌신에서(비극적인 짧은 인생의 나머지 기간 동안 그는 계속 비트겐슈타인에게 헌신적이었다) 스키너는 그 자신의 의지를 거의 완전히 포기했다. 다른 모든 것은 두 번째 위치를 차지했다. 그의 누이는 어머니와 함께 프랜시스를 만나려고 트리니티에 왔을 때를 기억한다. 그때 프랜시스는 계단을 뛰어 내려와서 "지금 바쁩니다. 비트겐슈타인 박사가 와 계세요. 우리는 연구 중이니까 나중에 다시 오세요"라고 말하면서 그들에게 조용히 하도록 부탁했다고 한다.

스키너는 파니아 파스칼이 비트겐슈타인의 학생이 되기 위한 전제조건으로 들었던 어린이 같은 순진성과 일급의 두뇌를 가진 학생의 가장 완전한 예였다. 그는 학문적 성취를 귀하게 여기는 집안 출신이었다. 아버지는 첼시 공과대학Chelsea Polytechnic의 물리학자였고, 두 누이들 모두 케임브리지에서 공부했는데, 첫째 누나는 고전학을, 둘째 누나는 수학을 공부했다. 가족들은 프랜시스가 학문적 경력을 추구할 것으로, 실제로 그렇게 할 수밖에 없을 것으로 기대했다. 비트겐슈타인이 개입하지 않았더라면, 그는 거의 확실히 그렇게 했을 것이다.

스키너는 학부의 마지막 해 동안 비트겐슈타인에게 완전히 몰두해서 1933년에는 수학과를 우등으로 졸업하고 졸업 장학금을 받았다. 그때 가족들은 그가 비트겐슈타인과 계속 공부하기로 결심할 것이라는 인상을 받았다. 실제로 트리니티가 준 상은 그가 그 상을 수학적 연구를 하기 위해 사용해야 한다는 의도를 갖고 있었다.

이때쯤 비트겐슈타인이 케임브리지에서 멀리 떨어져서 지내는 그 긴 여름방학을 견뎌내는 것이 스키너에겐 어려운 일이 되었다. 여름이 끝날 무렵 그는 이렇게 편지를 썼다. "나는 당신으로부터 더 멀리 떨어졌다고 느낍니다. 다시 당신과 가까이 있기를 갈망합니다." 그는 비트겐슈타인에게 자신의 고향인 하트퍼드셔Hertfordshire에 있는 레치워스Letchworth 마을 풍경을 묘사하는 그림 엽서를 보냈다. 엽서 앞장에 글이 있는데, 이것은 언뜻 보기에는 스키너가 마을 풍경을 묘사하려는 글 같지만, 실제로는 그 자신의 마음 상태를 드러내고 있다. 즉 비트겐슈타인이 수백 마일 떨어져 있는 상태에서 그는 결코 레치워스에 머물고 싶지 않다는 것을 보여준다.

하워드 가Howard Corner를 보여주는 엽서에서, 그는 레치워스의 '전원도시'는 모든 사람들이 시골에 살 기회를 갖게 되기를 바랐던 에베네저 하워드Ebenezer Howard 경에 의해 세워졌다고 설명했다. "그 결과는 믿을 수 없을 정도로 우울하고 살벌한 것(어쨌든 최소한 나에게는)"이라고 그는 적었다. 브로드웨이Broadway를 보여주는 엽서에서 그는 이렇게 말한다. "이 길이 마을과 역으로 가는 길입니다. 한쪽에는 집들이 늘어서 있습니다. 그 집들은 언제나 나를 비참하게 만듭니다." 스피렐라 공장Spirella Works의 사진에 대해서는 "이것은 레치워스에서 가장 큰 공장입니다 … 정원은 나에게 항상 아무런 흥미도 불러일으키지 않으며 죽은 것처럼 보입니다." 마지막 두 엽서는 레이스 거리Leys Avenue를 보여준다. "매우 활기 없고 우울한 거리. 모든 사람들의 옷이 마음에 들지 않는다. 모두들 기분 나쁘게 심술궂은 얼굴을 하고 있다." 그리고 이스트치프East Cheap에 관해서는 "엉뚱한 이름 … 이 거리에 있을 때 나는 가십에 둘러싸인 것처럼 느낍니다"라고 썼다.

그는 비트겐슈타인과 사귀면서 이런 '죽고 활기 없는' 존재로부터 탈출할 수 있었다. 그리고 마침내는 가족들에게는 당황스럽게도 그들의 기대로부터 해방될 수 있었다. 그것을 통해 그는 새롭게 기대할 것들을 찾았고, 이것들에 열정적으로 순응했다. 졸업 장학생으로서 지낸 3년 동안, 그는 비트겐슈타인과 함께 그의 책을 출판하기 위해 열심히 연구했으며, 3년이 다 지났을 때 비트겐슈타인이 그에게 더 적합하다고 생각했던 직업을 위해 학문의 길을 완전히 포기했다.

비트겐슈타인이 친구들과 학생들에게 학교를 떠나라고 충고한 것은 알맞은 생활을 하기에는 학교의 공기가 너무 희박하다는 확신에 근거한다. 그는 드루어리에게 케임브리지에는 산소가 전혀 없다고 말했다. 그것은 비트겐슈타인에게는 아무 문제가 안 되었다. 그는 자신의 공기를 제조했기 때문이다. 그러나 그러지 못하고 케임브리지의 공기에 의존하는 사람들에게는 거기를 떠나서 더 건강한 환경으로 들어가는 것이 중요했다. 그에게 이상적 일은 의학적 직업이었다. 그는 이미 마르그리트를 이런 방향으로 조금 움직이게 했으며, 이때쯤 그녀는 베르네Berne에서 간호사 훈련을 받고 있었는데, 비트겐슈타인은 이 계획에 개인적으로 큰 관심을 쏟았다. 그들의 관계에는 이제 낭만적 흔적이라곤 전혀 없었고, 마르그리트는 탈레 셰그렌Talle Sjögren과 사랑에 빠졌다. 그러나 비트겐슈타인은 여전히 마르그리트가 어떤 훈련을 받는지를 보기 위해 가끔 베르네로 여행을 갔다.

1933년 여름 사우스웨일스에 있는 실업 상태의 광부들과 일하는 사업을 마친 후, 드루어리도 간호사 훈련을 받기로 결심했다. 그렇지만 그의 학력으로는 의사 훈련을 받는 것이 더 유용하리라는 말을 들었다. 이에 대해 알게 되자마자 비트겐슈타인은 즉시 그 일을 직접 떠맡았다. 그는 케인스와 길버트 패티슨에게 드루어리가 필요로 하는 재정 지원을 해주도록 마련했고, 드루어리에게 "즉시 케임브리지로 오라"고 촉구하는 전보를 쳤다. 드루어리가 기차에서 내리자마자 비트겐슈타인은 선언했다. "이제 이 일에 관해서 더 이상의 논쟁이 있어선 안 된다. 모든 일이 정해졌다. 너는 즉시 의대생으로서 공부를 시작해야 한다." 훗날 그는 자신의 모든 학생 중에서 가장 크게 자부심을 갖고 만족했던 것은 자신이 드루어리의 경력에 영향을 미쳤던 것이라고 말한다.

한 번 이상 비트겐슈타인은 의사 훈련을 받는 것, 그리고 강단 철학의 '무생명성deadness'에서 탈출하는 것에 관해 진지하게 생각했었다. 그가 산소를 제조할 수 있을지는 모르지만, 시체에게 허파를 제공하는 것이 무슨 의미가 있는가? 물론 그는 대단히 많은 철학자들이 자신의 최근 생각을 알고 싶어 한다는 것을 알았다. 왜냐하면 1933년쯤에는 그가 《논고》의 출판 이래 그의 입장을 급진적으로 바꿨다는 것이 널리, 특히 케임브리지와 빈에 알려졌기 때문이다. 그는 자신이 새 책을 준비하고 있는 것이 저 '철학적 기자들'을 위한 것이라는 생각을 강하게 거부했지만, 여전히 자신이 만든 산소를 그들이 재활용하는 것을 가만히 볼 수는 없었다. 1933년 3월 그는 《케임브리지 대학 논문집 *Cambridge University Studies*》에서 리처드 브레이스웨이트가 쓴 논문을 읽고 괴로워했다. 이 논문에서 브레이스웨이트는 비트겐슈타인을 포함해서 다양한 철학자들로부터 받은 인상을 대강 적었다. 브레이스웨이트가 비트겐슈타인의 현재의 견해를 발표하는 것으로 간주된다는 사실은 비트겐슈타인으로 하여금 《마인드》에 그의 견해라고 간주되는 모든 견해에 대한 책임을 거부하는 편지를 보내게 했다. "〔브레이스웨이트의〕 말들 중 일부는 내 의견의 부정확한 표현으로 간주될 수 있으며, 다른 것들은 분명 나의 견해와 모순된다"고 적었다. 편지는 이렇게 끝난다.

> 내 연구의 출판을 지연시키는 이유를 명료하고 정합적으로 표현하기가 어렵기 때문에, 내 의견을 편지 안에서 표현하지 못하는 것은 말할 것도 없고, 그 이유를 적지는 못한다. 그러므로 독자들은 내 의견이 무엇인지에 대한 판단을 보류해야 한다.

《마인드》는 같은 호에서 브레이스웨이트의 회개하는 듯한 사과문을 실었다. 그러나 그것은 가시 있는 말로 끝난다. "내가 비트겐슈타인 박사를 얼마나 잘못 표현했는지는 우리가 몹시 기다리고 있는 책이 나타날 때에야 비로소 평가받을 것이다."

16
언어게임: 청색 책과 갈색 책

비트겐슈타인이 1933~1934년 학기를 위해 케임브리지에 돌아온 후, 주위 사람들은 그와 스키너가 서로 떨어져 있는 모습을 거의 보지 못했다. 그들 모두 교내에 숙소가 있었다. 그들은 함께 산책했고, 함께 대화했으며, 모든 사교생활(주로 서부영화와 뮤지컬을 보는 것)을 함께 했다. 무엇보다도 그들은 함께 공부했을 것이다.

비트겐슈타인은 전해와 마찬가지로, 두 개의 강의 ― 하나는 '철학', 다른 하나는 '수학자를 위한 철학' ― 를 맡았다. 두 번째 강의는 그에게는 아주 실망스럽게도 특히 인기가 있어서 30~40명 정도의 학생들이 등록을 했는데, 이 수는 그가 하고 싶었던 비형식적 강의를 위해서는 너무 많았다. 3~4주가 지나자 그는 이런 방식으로는 더 이상 강의를 계속할 수 없다고 말해 수강생들을 놀라게 했다. 그는 대신 소수의 학생들에게 강의를 구술하고, 그들이 그것을 복사해서 다른 학생들에게 나누어주는 방식을 제안했다. 그가 훗날 러셀에게 말했듯이, 이렇게 함으로써 학생들은 "그들의 두뇌에는 아닐지라도, 자기 손에는 집에 가져갈 것을 얻게 될" 것이다. 이 선택된 그룹에는 그가 가장 좋아하는 5명의 학생들인 스키너, 루이스 굿스타인Louis Goodstein, 코제터H. M. S. Coxeter, 마거릿 매스터먼Margaret Masterman, 그리고 앨리스 앰브로즈

Alice Ambrose가 포함되었다. 그 공책의 복사본들은 파란 종이로 제본되었고, 그때 이후 그것은 《청색 책*Blue Book*》으로 알려져왔다.

이것은 비트겐슈타인의 새로운 철학 방법을 어떤 형태건 출판한 최초의 것이었으며, 그것만으로도 커다란 관심을 불러일으켰다. 더 많은 복사본들이 만들어져 배포되었으며, 그 책은 비트겐슈타인이 예측했던 것보다 훨씬 넓은 — 실제로는 그가 바랐던 것보다 훨씬 더 넓은 — 독자층을 형성했다. 예를 들어 1930년대 말 그 책은 옥스퍼드의 철학 교수들 중 상당수에게 나누어졌다. 이런 방식으로 《청색 책》은 철학적 혼란을 해소하기 위해서 '언어게임'의 개념과 이에 기초를 둔 기술을 철학적 토론 과정에 소개하는 일을 맡았다.

많은 점에서 《청색 책》은 비트겐슈타인의 잇따르는 후기 철학 작품의 초기 원형으로 간주될 수 있다. 그의 연구를 정합적인 형태로 정리하려는 모든 미래의 시도들처럼(《갈색 책》과 《철학적 탐구》를 포함하여) 그 책은 '철학적 당혹감의 커다란 출처들 중 하나', 즉 실(명)사들에 의해 오도되어 그것들에 대응하는 어떤 것을 찾으려는 경향을 다루면서 시작한다. 우리는 "시간은 무엇인가?", "의미란 무엇인가?", "인식이란 무엇인가?", "사고란 무엇인가?", "수란 무엇인가?" 등을 묻고, 어떤 것을 명명함으로써 이런 질문들에 답할 수 있다고 기대한다. 언어게임들을 이용하는 기술은 이런 경향을 깨뜨리기 위해 고안되었다.

> 앞으로 나는 언어게임이라고 부르는 것에 여러분이 계속해서 주의를 기울이도록 할 것이다. 언어게임들은 우리가 고도로 복잡한 일상 언어의 기호들을 사용하는 방식보다 더 간단하게 기호를 사용하는 방식이다. 언어게임들은 언어의 형식들이며 이것들을 가지고 어린이들은 단어를 사용하기 시작한다. 언어게임을 연구하는 것은 언어의 원초적 형태들 또는 원초적 언어들을 연구하는 것이다. 만일 우리가 참과 거짓의 문제들, 명제와 실재의 일치와 불일치의 문제들, 주장, 가정, 질문의 본성에 관한 문제들을 연구하고 싶다면, 이런 사고의 형태들

> 이 고도로 복잡한 사고 과정이 갖는 혼란스런 배경 없이 나타나는 언어의 원초적 형식들을 연구하는 것이 큰 도움이 될 것이다. 그런 언어의 단순한 형식들을 살펴보면, 우리의 일상적 언어 사용을 덮고 있는 것처럼 보이는 정신적 안개가 사라진다. 우리는 행동과 반응 들을 보게 되며, 이런 것들은 뚜렷하고 투명한 것들이다.

실명사에 대응하는 실체를 찾으려는 경향과 연결된 생각은 어느 개념이건 하나의 일반 용어general term하에 포섭되는 모든 것들에 공통적인 그 무엇, 즉 '본질'이 있다는 것이다. 예를 들면 플라톤적 대화에서 소크라테스는 "인식이란 무엇인가?"와 같은 철학적 질문에 대해, 인식의 모든 예들이 공통적으로 갖는 것을 찾음으로써 대답하려고 한다.(이와 관련해서 비트겐슈타인은 그의 방법을 소크라테스의 방법과 정반대되는 것으로 요약할 수 있다고 말한 적이 있다.) 《청색 책》에서 비트겐슈타인은 **본질**이란 개념을 더 유연한 개념인 **가족유사성***family resemblances*으로 대체하려고 시도한다.

> 우리는 모든 언어게임들에 공통적인 그 무엇이 있어야 하며, 그리고 이런 공통적 속성이 일반 용어 '게임'을 다양한 게임들에 적용하는 것을 정당화한다고 생각하는 경향이 있다. 이와 달리 게임들은 한 **가족**을 형성하며, 가족 구성원들은 가족유사성을 갖는다. 그들 중 어떤 사람들은 코가 비슷하고, 어떤 사람들은 눈썹이 비슷하며, 또 어떤 사람들은 걸음걸이가 비슷한데, 이런 유사성은 서로 겹친다.

본질에 대한 탐구는 '일반성을 향한 갈망'의 예이며, 이런 갈망은 과학의 방법에 대한 우리의 선입관으로부터 나온다고 비트겐슈타인은 말한다.

> 철학자들은 지속적으로 그들의 눈앞에서 과학의 방법을 보고 과학이

하는 방식으로 질문을 던지고 답하고 싶은 경향을 억누르지 못한다. 이런 경향은 형이상학의 진정한 원천이고 철학자들을 완전한 어둠으로 이끈다.

비트겐슈타인이 이런 경향을 피하려고 한 것—그가 일반적인 결론을 어느 것이건 완전히 거부한 것—이 아마도 그의 글을 이해하기 어렵게 만드는 주요한 특징일 것이다 왜냐하면 이미 지적된 교훈을 모르면, 그의 단평들의 요점을 파악하는 것이 어렵기 때문이다. 그 자신이 한 강의 첫머리에서 설명하듯이 "우리가 말하는 것은 쉬울 것이지만, 왜 그것을 말하는지를 아는 것은 아주 어려운 일이다."

1933년 크리스마스 휴가 기간 동안, 스키너는 비트겐슈타인에게 며칠에 한 번씩 자기가 얼마나 그를 그리워하는지, 얼마나 자주 그에 관해 생각하고 있는지, 그리고 다시 보고 싶은 마음이 얼마나 간절한지를 담은 내용의 편지를 썼다. 그가 비트겐슈타인과 보냈던 여러 순간이 아름답게 회상된다.

> 당신에게 손수건 흔들기를 멈춘 다음, 나는 포크스톤Folkestone을 걸어서 지나갔습니다. 그리고 8시 28분 기차를 타고 런던에 돌아왔습니다. 당신을 생각하고, 또 우리가 작별 인사를 할 때 얼마나 멋졌는지를 생각했습니다 … 당신을 배웅할 수 있어서 다행이었습니다. 아주 보고 싶습니다. 당신에 대해 많이 생각합니다.
>
> 사랑하는
>
> 프랜시스가

알레가세에서 지낸 가족들의 크리스마스 모임에서 마르그리트(그녀는 여전히 그레틀의 손님으로 빈에서 크리스마스를 보냈다)는 탈레 셰그렌과의 약혼을 발표하여 사람들을 놀라게 했다. 그레틀이 격려해주었지만, 아버지가 승낙하지 않을 경우를 대비하여 마르그리트는 약혼 기간을 아주 짧게 하기로 결정했다. 그래서 그녀와 탈레는 새해 전날에 결혼했다. 최소한 그녀의 아버지는 멀리 스위스에 떨어져 있었다. 비트겐슈타인은 멀리 떨어져 있지 않았다. 결혼식을 회상하면서 그녀는 이렇게 적었다.

> 나의 실망감은 루트비히가 결혼식 한 시간 전인 일요일 아침 나를 보러 왔을 때 절정에 달했다. "당신은 배를 타려고 한다. 거친 바다에서 가라앉지 않으려면 항상 나에게 의지한 채 있어야" 한다고 내게 말했다. 그 순간까지 나는 그의 깊은 애정 또는 어쩌면 그의 대단한 기만을 깨닫지 못했다. 수년 동안 나는 그의 손안에 있는 부드러운 찰흙과 같았다. 그는 그것을 더 좋은 모양으로 만들기 위해 노력했다. 그는 실패하려는 사람에게 새로운 생명을 준 사마리아인 같았다.

그날까지 그녀가 비트겐슈타인의 자신에 대한 애정이 얼마나 깊은지를 이해하지 못했다고 믿기는 어렵다. 그렇지만 그가 그녀의 인생에 관여한 것이 근본적으로 **윤리적** 목적을 띠고 있다고 그녀가 느꼈던 것은 그가 맺은 대부분의 우정의 특징을 보여준다. 파니아 파스칼이 표현했듯이 "그는 더 나은 당신의 모습을 그렸다." 어쨌든 마르그리트가 다른 사람과 결혼하기로 선택한 것은 부분적으로는 그녀가 이런 종류의 도덕적 압박감을 가진 채 살아가기를 원치 않았기 때문이다.

1934년 대부분 동안 비트겐슈타인은 세 개의 서로 다르지만 관련된 연구를 계속했다. 여기서 그는 《마인드》에 보낸 편지에서 설명했던 문제, 즉 자신의 철학적 방법을 '명료하고 정합적인 형태로' 나타내는 것을 해결하려고 시도했다. 케임브리지에서 그는 《청색 책》을 구술할 뿐 아니라 대타자본을 — 그가 러셀에게 "그것을 가지고 꾸물거린다"고 표현했듯이 — 상당 부분 수정했다.(이런 '꾸물거림'의 결과는 ≪철학적 문법≫의 첫 번째 부분에 포함되었다.) 빈에서 그는 바이스만과 함께 책을 출판하려는 계획에(점점 더 그런 계획에 대해 주저하게 되고 항상 커지는 불안감에도 불구하고) 계속 협력했다. 1934년 부활절 휴가 때 이 계획은 새로운 전기를 맞았다. 비트겐슈타인이 자료를 제공하고 형식과 구조를 조정하면 바이스만은 그것을 명료하고 정합적인 방식으로 쓰는 책임을 맡으면서, 이제 비트겐슈타인과 바이스만이 공동 저자가 되어야 한다고 제안이 나왔다. 즉 바이스만은 비트겐슈타인 자신이 그 일의 가장 어려운 부분이라고 간주했던 부분을 맡게 되었다.

새로운 계획이 생길 때마다 바이스만의 입장은 더 악화되는 것처럼 보였다. 8월에 그는 슐리크에게 비트겐슈타인과 함께 책을 쓰는 것이 얼마나 힘든 일인지에 대해 불평했다.

> 그는 사물들을 항상 처음 보는 것처럼 보는 큰 재능을 갖고 있습니다. 그러나 그 때문에 그와 협력해서 일하는 것은 아주 어려운 작업이 되고 만다고 생각합니다. 왜냐하면 그는 항상 그 순간의 영감을 따르고, 자기가 전에 그렸던 윤곽을 파괴하기 때문에 … 사람들이 보는 것은 오로지 조금씩 파괴되는 구조이며, 모든 것은 점차적으로 완전히 다른 형태를 갖추어가기 때문에, 결국에는 그의 생각들이 어떻게 엮어지는지는 전혀 문제가 안 된다는 느낌을 갖게 될 정도입니다. 왜냐하면 마지막에는 원래대로 남아 있는 것은 아무것도 없기 때문입니다.

순간의 영감을 따르는 비트겐슈타인의 습관은 그의 연구에뿐 아니라 생활에도 적용되었다. 1934년 그가 책을 출판하는 두 가지 계획(빈에서 《논리, 언어, 철학》, 영국에서 《철학적 문법》)에 관여하고 있었다는 사실에도 불구하고, 그는 학문의 길을 완전히 포기하고 스키너와 함께 러시아로 가서 노동자로 생활하려는 생각을 가졌다. 스키너의 가족은 그 생각을 알고 당연히 불안해했지만, 스키너 자신에게 그것은 비트겐슈타인과 항상 함께할 수 있다는 헤아릴 수 없는 이점을 가졌다. 그는 비트겐슈타인과 함께 있는 것을 거의 필수적인 것으로 간주하기 시작했다. 비트겐슈타인과 떨어져선 아무것도 똑같이 보이지 않았고 느껴지지도 않았다. "당신과 함께 있으면, 모든 것을 깊게 느낄 수" 있다고 그는 부활절 휴가 동안 쓴 편지에서 말했다. 이것은 여러 편지들에서 지속되는 주제였다.

> 당신을 많이 생각했습니다. 당신을 내 곁에 두었으면 하고 간절히 바랐습니다. 그 밤은 아주 멋졌고, 별들은 유난히 아름다워 보였습니다. 모든 것을 당신과 함께 있을 때 느끼는 그런 방식으로 느낄 수 있게 되기를 간절히 바랐습니다. [1934년 3월 25일]

> 나는 어디에 있든 그곳에서 당신과 함께 있기를 갈망합니다. 당신을 많이 생각합니다. 또한 함께 산책했던 일들이 얼마나 멋졌는지를 생각합니다. 다음 주에 있을 우리의 여행이 아주 크게 기대됩니다. 어제 보내주신 부활절 카드는 아주 사랑스러웠습니다. 카드 뒷면에 있는 거리의 집들이 매우 아름답다고 생각했습니다. 당신과 함께 그 집들을 보았더라면 좋았을 겁니다. [1934년 4월 4일]

스키너는 또한 편지에서, 마치 비트겐슈타인의 지도가 없으면 자신은 악마의 손에 떨어질 것처럼 비트겐슈타인이 자기 곁에 있어야 할 **도덕적** 필연성을 강조했다. 이런 마음을 보여주는 가장 주목할 만한 예는 스키너가 불로뉴Boulogne에서 비트겐슈타인과 작별한 날인 1934년 7월 24일 쓴 편지에서 나타난다. 그 편지는 이제 친숙하게 된 작별의 손을 흔드는 것이 얼마나 "멋있고 달콤했는지"에 관한 습관적인 말들로 시작한다. 그러고는 계속해서 불로뉴에 혼자 남게 되자마자 그가 얼마나 죄를 짓게 되었는지를 기술한다. 그는 카지노를 찾아갔고 10프랑을 잃었다. 굳은 결심에도 불구하고, 유혹을 못 이기고 다시 돌아가서 이번에는 50프랑을 땄다. 자신에게 실망한 채 오후 배를 타고 런던으로 돌아가겠다고 맹세했지만, 떠날 때가 되자 그는 다시 한 번 카지노로 가고 말았다. 이 당시 그는 방황하는 영혼이었다.

> 나는 아주 조심스럽게 계속 자제하면서 다시 시작했습니다. 그 후 조금씩 잃기 시작하다가, 갑자기 자제심과 조심성을 잃어버리고 점점 더 분별없이 도박을 했습니다. 너무나 흥분한 나머지 자신을 통제할 수 없었습니다. 모두 합해 150프랑 정도를 잃었습니다. 갖고 있던 80프랑을 모두 잃고는 10파운드짜리 지폐를 프랑스 돈으로 환전했는데, 그것도 모두 잃었습니다. 그다음 갖고 있던 영국 은화를 모두 환전했는데 그것마저 모두 잃었습니다. 밖으로 나와 신선한 공기를 마시자마자, 도박을 하기 시작한 후 내가 얼마나 무서울 정도로 자연스럽지 못하고 혐오스런 방식으로 행동했는지를 갑자기 깨닫게 되었습니다. 돈을 따야겠다는 열망을 느껴야 했다는 것이 무서웠습니다. 갑자기 내가 얼마나 비열하고 부패한 상태로 타락했는지를 깨달았습니다. 나는 육체적 자극과 흥분을 느꼈습니다. 나는 한동안 비참한 마음으로 거리를 돌아다녔습니다. 왜 도박사들이 자주 자살을 하는지 이해할 것 같았습니다. 왜냐하면 그 타락의 느낌은 너무 두렵기 때문입니다. 내가 대단히 속물적 인간으로 느껴졌습니다. 나는 자신을 파멸시키고 있다는 생각이 들었습니다. 바로 호텔로 돌아가서 온몸을 씻어냈습니다.

스키너는 도스토옙스키가 아니다. 그 자신의 도덕적 타락에 대한 묘사는 이상하게도 그다지 설득력이 없는 것처럼 들리지만, 그가 얻으려 하던 결과는 비트겐슈타인이 좋아한다고 하던 러시아 소설들이 추구하던 것과 분명히 비슷했다. 그의 이야기는 절망적이고 자살 충동을 일으키는 죄의식을 불러내면서, 분명히 죄를 씻어주는 종교의 필요성을 주장하는 것처럼 보인다. 실제로 그는 손을 씻은 후에, 비트겐슈타인과 함께 갔던 불로뉴의 교회를 어떻게 찾아갔는지 계속해서 다음과 같이 기술하고 있다. 교회 안에서 "당신에 관해 많이 생각했습니다.

교회를 거의 쳐다볼 수 없었지만, 그것은 나를 편안하게 했습니다." 그리고 덧붙인다. "만일 내가 이런 일에 대해 아무것도 쓰지 않았다면, 난 무서운 악한이며 당신의 귀중한 사랑을 받을 자격이 전혀 없을 것입니다."

이 종교적 주제는 몇 주일 후인 8월 11일 다시 나왔다. 이때 스키너는 《안나 카레니나》에 나오는 구절을 인용하면서 편지를 썼다. 이 구절에서 자살 충동에 사로잡힌 레빈은 이렇게 말한다. "나는 내가 어떤 사람인지를 알지 못한 채 살아갈 수 없다." 그 구절은 이렇게 끝난다. "그러나 레빈은 자신의 목을 매달지도 않았고 자신에게 총을 쏘지도 않았다. 반대로 그는 삶을 계속했으며 투쟁했다." 스키너는 비트겐슈타인의 글을 흉내 내는 듯한 구절에서 비트겐슈타인에게 이렇게 말한다. "이 마지막 문장을 읽을 때 내가 멋진 글을 읽고 있다는 것을 갑자기 깨달았습니다."

> 나는 읽고 있던 모든 것의 의미를 갑자기 이해하게 된 듯한 느낌을 받았습니다. 다음 장을 계속 읽어 나갔는데, 모든 것이 엄청난 진리의 글처럼 보였습니다. 마치 성경의 글들을 읽고 있는 것처럼 말입니다. 그것을 모두 이해하지는 못했지만, 난 그것이 종교라고 느꼈습니다. 당신에게 이 말을 해주고 싶었습니다.

이때쯤 스키너와 비트겐슈타인은 곧 있을 소련 방문에 대비해서 러시아어 강의를 함께 듣기 시작했다. 선생은 파니아 파스칼이었는데, 그녀는 마르크스주의 지식인이자 공산당원인 로이 파스칼Roy Pascal의 부인이었다. 러시아에 가고 싶어 하는 비트겐슈타인의 동기에 대해서 파스칼 부인은 이렇게 말했다. "내 생각에 러시아에 대한 그의 느낌은 어떤 정치적이나 사회적 문제보다는 언제나 톨스토이의 도덕적 가르침과 더 관계가 있었을 것이다." 스키너가 보낸 편지의 어조와 내용은 이를 확인하는 것처럼 보인다. 그러나 여전히 비트겐슈타인과 스키너가 방문하기를 원했던 나라, 그들이 거기에서 일자리를 찾을 계획을 짰던 나라는 톨스토이와 도스토옙스키의 러시아가 아니라, 5개년 계획을 시행하던 스탈린의 러시아였다. 그들 둘 모두 양자의 차이를 모를 만큼 정치적으로 순박하거나 정보가 부족하지는 않았을 것이다.

마르크스주의에 대한 비트겐슈타인의 적대감 때문에 아마 파니아 파스칼은 그에게서 '구세대의 보수주의자' 같은 인상을 받았을 것이다. 그러나 다른 많은 비트겐슈타인의 친구들은 아주 다른 인상을 받았다. 예를 들면 1930년대 동안 비트겐슈타인을 잘 알았던 조지 톰슨은 그 기간 동안 비트겐슈타인의 '정치적 지식의 증가'에 관해서 말하고 있다. 그는 비록 비트겐슈타인과 자주 정치에 대해 논하지는 않았지만 "비트겐슈타인이 현재 사건들에 관해 계속 정보를 얻고 있으며, 실업의 해로움과 파시즘, 그리고 점점 커지는 전쟁의 위험을 잘 알고 있었다는 것을 보여주기에 충분할" 정도로 그와 이야기를 나누었다고 말한다. 마르크스주의자에 대한 비트겐슈타인의 태도와 관련해서 톰슨은 이렇게 덧붙인다. "그는 마르크스주의를 이론으로 반대했지만, 실천에 있어서 그것을 지지했다." 이 말은 비트겐슈타인이 언젠가 롤런드 허트Rowland Hutt(스키너의 가까운 친구였으며, 1934년에 비트겐슈타인을 알게 되었다)에게 한 말과 잘 어울린다. "나는 **마음으로는** 공산주의자이다." 또한 이 기간 중 비트겐슈타인의 친구들 중 많은 사람들이, 그리고 특히 그에게 소련에 관한 정보를 알려주었던 친구들이 마르크스주의자였다는 것을 기억해야 한다. 조지 톰슨 외에, 피에로 스라파(정치에 관한 문제에서 비트겐슈타인은 어느 누구보다도 스라파의 의견을 귀중하게 여겼다), 니콜라스 바흐친Nicholas Bachtin, 그리고 모리스 돕이 마르크스주의자들이었다. 1930년대 중반의 정치적 혼란기 동안 비트겐슈타인은 노동자 계급과 실업자들에 공감하였고, 넓게 말해 그가 좌파에 속했다는 것은 의심할 여지가 없다.

그렇지만 비트겐슈타인이 러시아에 매력을 느낀 것은 정치경제적 이론으로서의 마르크스주의와는 아무런 관계도 없었으며, 그가 소련에서 이루어지고 있다고 믿었던 종류의 생활에 더 관계가 있었다는 것은 여전히 옳은 말이다. 이런 판단의 근거는 1934년 여름 비트겐슈타인과 스키너가 아일랜드 서해안의 코네마라Connemara에 있는 드루어리 형제의 오두막에서 여름휴가를 보낼 때, 그들이 모리스 돕과 나누었던 대화 중에서 발견된다. 그들이 도착하자마자 드루어리는 구운 닭고기와 수에트 푸딩(잘게 썬 쇠기름과 밀가루에 건포도나 스파이스 등을 넣어 만든 푸딩—옮긴이), 그리고 당밀이 나오는 꽤 정성 들인 음식을 준비했다. 비트겐슈타인은 이런 음식을 마련한 것에 찬동할 수 없다는 의견을 제시하면서, 코네마라에 머무는 동안, 아침에는 포리지(오트밀을 물이나 우유로 끓인 죽—옮긴이), 점심에는 야채류, 저녁에는 삶은 달걀을 먹어야 한다고 고집했다. 러시아에 관한 이야기를 할 때 스키너는 뭔가 '화끈한fiery' 일을 하고 싶다고 말했는데, 이것을 비트겐슈타인은 위험한 생각으로 받아들였다. "내 생각에 프랜시스는 당밀을 먹고 싶지 않다는 뜻으로 말한 것 같다"라고 드루어리는 말했다. 비트겐슈타인은 이 말을 듣고 기뻐했다. "오, 그렇다면 훌륭한 표현이다. 난 그것이 의미하는 바를 완전히 이해한다. 그렇다, 우리는 당밀을 먹고 싶어 하지 않는다."

아마도 비트겐슈타인에게 러시아에서의 육체노동자 생활은 당밀 없는 생활의 축소판이었을 것이다. 다음 해 동안 그는 스키너에게 그런 생활이 어떤 것인지 맛을 보여주기 위해, 스키너가 롤런드 허트와 함께 겨울 동안 한 농장에서 6주 동안 일하도록 계획을 짰다. 비트겐슈타인 자신도 추운 2월 어느 아침 6시에 일을 돕기 위해 나왔던 적이 있었다.

1934~1935년 동안 비트겐슈타인은 현재 《갈색 책*Brown Book*》으로 알려진 책을 구술했다. 《청색 책》과 달리 이것은 일련의 강의의 대체물이 아니었고, 비트겐슈타인이 자신을 위해, 연구 결과를 체계 있게 만들려고 한 것이었다. 그것은 스키너와 앨리스 앰브로즈에게 구술되었

는데, 이들은 하루 2~4시간씩 일주일에 4일간 비트겐슈타인과 함께 지냈다. 《갈색 책》은 두 부분으로 나뉘는데, 대체적으로 방법론과 그 방법의 응용으로 나뉜다. 언어게임의 방법을 소개하는 1부는 거의 교과서처럼 읽힌다. 이 책은 아우구스티누스의 "그가 어렸을 때 어떻게 말하는 것을 배웠는지"를 설명하는 도입 문단이 나온 다음, 72개의 번호가 매겨진 '연습들'로 이루어졌다. 그중에는 독자들에게 예를 들어 다음과 같은 것을 생각해보라는 제안이 많다.

> 이런 사람들을 상상해보라. 이들의 언어에는 "책이 서랍 안에 있다" 또는 "물이 유리잔 안에 있다"와 같은 형식의 문장들이 없다. 우리가 이런 형식들을 사용할 때 그들은 "책을 서랍에서 꺼낼 수 있다", "물을 유리잔에서 빼낼 수 있다"를 사용한다. 〔p.100〕

> 이런 부족을 상상해보라. 이들의 언어에는 우리의 "그는 이러이러한 일을 했다"에 대응하는 표현이 있고, 또 우리의 "그는 이러이러한 일을 할 수 있다"에 대응하는 또 다른 표현이 있다. 그렇지만 이 두 번째 표현은, 그것의 용법이 오로지 첫 번째 표현을 정당화하는 하나의 동일한 사실에 의해 정당화되는 경우에만 사용된다. 〔p.103〕

> 인간 또는 동물이 읽기 기계로 사용된다고 상상해보라. 읽기 기계가 되기 위해서 그들은 특별한 훈련을 필요로 한다고 가정하라. 〔p.120〕

이 책은 읽기가 어려운데, 그 이유는 이런 여러 상황들을 상상하는 **취지**가 거의 밝혀지지 않고 있기 때문이다. 비트겐슈타인은 단순히 독자들을 점점 더 복잡해지는 언어게임들로 인도할 뿐이다. 가끔 그가 기술하고 있는 게임들의 다양한 특징들에 관해 짧게 말하기 위해 잠시 멈출 때를 제외하고 말이다. 이때 그는 자기가 이런 단평들의 의미를 명백하게 하는 목적은 철학적 혼란을 일으킬 수 있는 생각으로부터 보호하기 위한 것이라고 주장한다. 그 책은 마치 철학적 사유에 대해서는 잠재적인 싹부터 잘라내기 위한 강의의 교재로 사용하려고 만든 것처럼 보인다. 그래서 우리에게 처음 소개되는 언어는 '입방체', '벽돌', '석판', 그리고 '기둥'이라는 4개의 명사만 포함하며, 이 언어는 건축 '게임'(한 일꾼이 '벽돌' 하고 소리치면, 다른 사람은 그에게 벽돌을 가져온다)에서 사용된다. 다음에 나오는 게임들에서는 이런 원형 언어 proto-language가 처음에는 숫자들, 다음에는 고유명사들, '이것' 그리고 '저것', 질문과 답 들, 그리고 마지막으로 색채 단어들이 추가되면서 보충된다. 여기까지는 이런 다양한 언어들이 어떻게 사용되는지를 이해하는 데 있어서 정신적 이미지의 존재를 가정하는 것은 필요하지 않으며, 모든 게임들은 그런 이미지가 있든 없든 성립할 수 있다는 것 말고는 아무런 철학적 가르침도 나온 것이 없다. 말로는 표현되지 않았지만, 이런 주장의 요점은 정신적 이미지들이 언어의 유의미한 사용에 본질적으로 수반되어야 한다는 생각을 완화시키는 것이다.

우리는 일련의 다른 언어게임들로 유도되는데, 이 언어게임들은 먼저 무한급수의 개념, 그다음에는 '과거', '현재', '미래'의 개념을 소개한다. 그런데 이때에야 비로소 비트겐슈타인은 이 모든 것이 철학적 문제에 대해 갖고 있는 관련성을 분명하게 언급한다. 한 때를 다른 때와 구분하는 다소 원초적인 수단을 가진 일련의 언어게임들을 서술한 후, 그는 이것들을 우리 자신의 언어와 대조시킨다. 그런데 우리의 언어에서는 다음과 같은 질문들을 구성하는 것이 가능하다. "현재가 과거가 될 때 현재는 어디로 가며 과거는 어디에 있는가?" 그는 "여기에 철학적 당혹감의 가장 비옥한 원천 중의 하나가 있다"고 말한다. 《갈색 책》을 철학적인 책으로 공부하는 독자에게, 이 책의 처음 20쪽 중 철학을 언급하는 유일한 문장인 이것은 하나의 위안처럼 다가온다. 그런 질문들은 우리가 기호론에 의해 특정한 유비들(이 경우에는, 과거의 사건과 **사물** 사이의 유비, 우리가 "어떤 것이 일어났다"와 "어떤 것이 나를 향해 왔다"라고 말하는 것 사이의 유비)로 잘못 인도되기 때문에 제기된다고 그는 말한다. 마찬가지로 "우리는 '지금'과 '여섯 시'가 시간의 점들을 지칭한다고 말하는 경향이 있다. 단어들을 이렇게 사용하기 때문에 '지금'이란 무엇인가?"와 같은 질문에서 당혹감이 나타난다. 왜냐하면 그것은 시간의 한순간이지만 "내가 말하는 순간" 또는 "시계가 종을 치는 순간"으로는 말해질 수 없기 때문이다. 본질적으로 성 아우구스티누스가 다루었던 시간의 문제와 관련시켜서 비트겐슈타인은 드디어 왜 그가 이런 순서로 진행하는지 요점을 밝힌다.

> 우리의 대답은 이렇다. '지금'이란 단어의 기능은 전적으로 시간을 상술하는 단어가 갖고 있는 기능과는 전적으로 다르다. 이 점은 만일 우리가 언어를 사용할 때 이 단어가 실제로 하는 역할을 살펴보면 쉽게 알 수 있다. 그러나 그 점은 **전체 언어게임**을 살펴보는 대신, 그 단어가 그 안에서 사용되는 문맥들, 언어의 구절들만을 살펴보면 모호해진다.

비트겐슈타인이 《갈색 책》을 출판하려고 생각했던 흔적은 전혀 없다. 1935년 7월 31일 그는 슐리크에게 그 책을 "내가 전체의 자료가 어떻게 다루어져야 한다고 생각하는지를" 보여주는 하나의 서류로서 묘사하는 편지를 썼다. 아마 그때 그는 러시아에서 육체노동을 하기 위해 철학을 완전히 떠나려는 계획을 짜고 있었기 때문에, 그 책은 누군가가(아마도 바이스만이) 이용할 수 있도록 그가 7년 동안 철학을 연구한 결과를 보여주려는 시도를 담고 있다고 할 수 있다.

그렇지만 다른 사람이 그의 생각을 충실하게 표현하도록 시도하는 것에 그가 한 번이라도 만족했었던 것 같지는 않다. 그의 생각을 다른 사람에 의해 표현해보려는 시도는 몇 번이고 되풀이되었고, 누구든지 그의 생각을 이용한 사람이 빌렸다는 것을 인정하지 않으면 표절했다고 그를 비난하거나, 혹은 그가 인정하면 틀리게 표현했다고 비난하면서 격렬하게 반응하는 일이 몇 번이고 되풀이되었다. 《갈색 책》을 구술하는 동안, 그의 이런 격노를 맞닥뜨리는 것은 이번에는 앨리스 앰브로즈의 차례였다. 그녀는 《마인드》에 〈수학에 있어서의 유한주의 Finitism in Mathematics〉라는 제목의 논문을 출판할 계획이었다. 이 논문에서 그녀는 이 문제에 대해 자기가 비트겐슈타인의 견해라고 간주한 것을 발표하려고 했다. 그 논문 때문에 비트겐슈타인은 굉장히 화가 났고, 그는 그녀에게 그것을 출판하지 말도록 강하게 요구했다. 그녀와 무어가 — 무어는 이때 《마인드》의 편집인이었다 — 이런 압력에 굴복하기를 거부했을 때, 그는 그녀와의 모든 관계를 한순간에 끊어버렸다. 그렇지만 위에 언급된 슐리크에게 보낸 편지에서 그는 그녀를 꾸짖지 않고, 그녀로 하여금 논문을 밀고 나가게끔 고무한 학계를 비난했다. 우선적인 잘못은 자신이 새로운 연구의 결과물을 출판할 수 있다고 스스로 느끼기 전에, 그것을 알고 싶어 하는 학계 철학자들의 호기심에 있다고 생각했다. 비록 돼지들에게 진주를 던지는 것이 싫었지만, 그럼에도 돼지들에게 모조품이 주어져서는 안 된다는 점에서 그의 태도는 단호했다.

17
보통 사람으로 살기 위해

1935년 7월 3일 슐리크에게 보낸 편지에서 비트겐슈타인은 여름에 오스트리아에 가지 못할 것 같다고 말했다.

> 9월 초에 러시아로 여행을 떠나려고 합니다. 아마 그곳에서 머물거나 2주 후 영국으로 돌아올 것입니다. 그 경우 영국에서 무엇을 할지는 여전히 확실하지 않지만, 아마도 철학을 계속하지는 않을 겁니다.

1935년 여름 내내 그는 임박한 러시아 여행 준비를 했다. 그가 정기적으로 만난 친구들 중 상당수가 공산당원이었다. 그들은 러시아에 가본 적이 있거나, 러시아 사정을 알려줄 수 있었던 사람들이었다. 그는 아마도 이들이 자신 및 스키너의 일자리를 마련해줄 수 있는 사람들과 연결시켜주기를 바랐던 것 같다. 그런 친구들 중에는 모리스 돕, 니콜라스 바흐친, 피에로 스라파, 그리고 조지 톰슨이 있었다. 그들은 비트겐슈타인으로부터 그가 러시아에서 노동자로서 또는 의학적인 일을 하면서 살고 싶어 하지만, 어느 경우이건 철학을 포기하고 싶어 한다는 인상을 받았다. 트리니티의 펠로 정원에서 조지 톰슨과 만났을 때, 그는 철학적인 연구를 포기했기 때문에 자신의 공책들을 어떻게 처리해야 할지 생각하고 있다고 말했다. 그것들을 한곳에 보관해야 하는가, 아니면 없애버려야 하는가? 그는 자신의 철학에 대해 톰슨에게 길게 설명하는 도중, 그것의 가치에 대해 회의적인 입장을 표현했다. 톰슨이 공책들을 없애지 말고 대신 그것을 대학 도서관에 보관하도록 긴급하게 호소한 다음에야 그는 이에 동의했다.

그때 서유럽 국가 대신에 러시아에서 살려고 했던 케임브리지인은 비트겐슈타인 혼자만이 아니었다. 이때 서유럽 국가들은 파시즘의 성장과 대규모 실업 문제 때문에 위험에 처해 있었다. 1935년은 케임브리지 학생들에게 마르크스주의가 대학 안에서 가장 중요한 지적인 세력으로 등장한 때였고 많은 학생과 교수들이 소련을 순례하는 정신으로 방문하던 때였다. 앤서니 블런트와 마이클 스트레이트Michael Straight가 저 유명한 러시아 여행을 했던 시기가 바로 이때였다. 이 여행을 계기로 이른바 '케임브리지 스파이 망'이 형성되었고, 그보다 1년 일찍 모리스 돕, 데이비드 헤이든-게스트David Hayden-Guest, 그리고 존 콘포드John Conford가 창설한 케임브리지 공산주의 조직Cambridge Communist Cell도 확장되어 케임브리지의 지적 엘리트들 대부분을(사도 클럽의 많은 젊은 회원들을 포함하여) 포섭했던 때였다.

비트겐슈타인은 한 번도 마르크스주의자였던 적이 없었다는 사실에도 불구하고, 케임브리지 공산당의 핵심을 이루는 학생들—이들 중 많은 학생들(헤이든-게스트 콘포드, 모리스 콘포스Maurice Conforth 등)이 그의 강의를 들었다—에 의해 마르크스주의에 동정적인 인물로 여겨졌다. 그러나 비트겐슈타인이 러시아를 방문하고 싶어 하는 이유는 아주 달랐다. 서유럽의 쇠퇴에 대한 그의 견해는 언제나 마르크스주의적이라기보다는 슈펭글러적이었으며, 우리가 앞에서 언급했듯이 그는 케인스가 《러시아에 대한 짧은 조망*A Short View of Russia*》에서 묘사한 소련의 생활상에 굉장히 끌렸던 것 같다. 이 생활상에서는 마르크스주의를 경제 이론으로 받아들이지 않지만, 러시아에서 마르크스주의는 초자연적인 믿음이 전혀 없이도 진지한 종교적 태도를 간직한 새로운 종교로서 실천하는 것이 찬양되었다.

아마도 이 때문에 비트겐슈타인은 케인스가 자신을 이해할지 모른다고 느꼈던 것 같다. 그는 7월 6일 케인스에게 쓴 편지에서 이렇게 말했다. "당신은 내가 러시아에 가고 싶어 하는 이유를 부분적으로 이해할 것으로 확신합니다. 그리고 그 이유들이 나쁘고 심지어 유치한 것이라는 점을 인정하지만, 그 배후에는 깊고 심지어 좋은 이유도 있다는 것이 사실입니다." 실제로 케인스는 비트겐슈타인의 계획에 찬성하지는 않았지만, 그럼에도 불구하고 전력을 다해서 소련 당국이 비트겐슈타인을 의심하지 않도록 도와주었다. 비트겐슈타인은 러시아 대사관에서 비노그라도프Vinogradoff라는 관리와 만난 적이 있는데, 그는 "굉장히 조심스럽게 대화를 진행했습니다. 그는 물론 추천장이 나를 도와줄 수 있다는 것을 잘 알고 있었습니다만, 그가 나를 조금이라도 돕지 않으리라는 것은 아주 분명"했다고 케인스에게 말했다. 과연 그답게 케인스는 곧바로 고위층과 접촉했고, 비트겐슈타인에게 런던에 있는 러시아 대사인 이반 마이스키Ivan Maisky에게 가는 소개장을 써주었다. "당신께 루트비히 비트겐슈타인 박사를 소개해도 괜찮겠습니까? … 그는 저명한 철학자이며 나의 아주 오래되고 가까운 친구입니다. 당신이 그를 위해 무슨 일이든 해줄 수 있다면, 나는 아주 감사할 것입니다." 그는 이렇게 덧붙였다. "나는 그에게 왜 러시아로 가고 싶어 하는지 직접 이유를 말하도록 맡기겠습니다. 그는 공산당원은 아니지만, 러시아의 새 정권이 지향한다고 믿는 생활양식에 크게 공감하고 있습니다."

마이스키를 만났을 때 비트겐슈타인은 신분이 높은 것처럼, 그리고 상대방을 존경하는 것처럼 보이기 위해 아주 애썼다. 케인스는 그에게, 마이스키가 공산주의자이지만 그렇다고 해서 그가 '각하'로 불리는 것을 바라지 않는다거나 격식을 차리고 예절 바르게 행동하는 것에 대해 부르주아 고위 관리들보다 덜 신경을 쓴다는 뜻은 아니라고 주의를 시켰다. 비트겐슈타인은 이 충고를 잘 새겨들었다. 그 면담은 그의 인생에서 타이를 매었던 아주 드문 경우들 중 하나였는데, 그는 '각하'라는 표현을 가능한 한 자주 사용했다. 실제로 그가 나중에 길버트 패티슨에게 말했듯이, 그는 대사를 존경한다는 것을 보여주려고 너무 신경을 써서 방 **밖으로** 나오는 도중 신발을 매트 위에 잘 닦는 쇼를 했다. 면담을 끝낸 후 비트겐슈타인은 케인스에게 이렇게 보고했다. 마이스키는 "분명히 근사한 인물이었고, 종국에는 유용한 정보를 얻을 수 있는 러시아의 몇 사람들의 주소를 보내주겠다고 내게 약속했습니다. 그 역시 내가 러시아 거주 허가를 얻을 가능성이 낮다고 생각하지만, 그렇다고 완전히 절망적이라고 생각하지도 않았습니다."

러시아 대사관에서의 이같이 그다지 고무적이지 못한 모임들 외에, 비트겐슈타인은 또한 문화관계학회Society for Cultural Relations를 통해서 소련과 접촉하려 했다. SCR은 1924년에 영국과 소련 사이의 문화적 연결 관계를 개선하려는 목적으로 창설된 단체였다.(실제로 오늘날에도 그런 목적을 수행하고 있다.) 이 단체는 강연, 토론, 전시회 등을 주관하며, 단체의 잡지인 《영소 저널*Anglo-Soviet Journal*》을 출판하는데, 1930년대에 그 잡지는 매 호마다 소련의 관광 회사인 인투리스트Intourist가 주관하는 러시아 관광 여행 광고를 실었다.("평생의 추억을 위해 러시아를 방문하라" 등) 유사한 단체인 대소우호협회Society of Friends of Soviet Russia와는 달리, 이 단체의 목표는 정치적이라기보다는 문화적이었기 때문에, SCR 회원들 중엔 찰스 트리벨리언Charles Trevelyan 같은 비공산주의자들이 있었으며, 실제로 케인스도 회원이었다. 그러나 1935년에 그 단체는 대소우호협회 회원들과 거의 같은 사람들(헤이든-게스트, 팻 슬론Pat Sloan 등)이 주도하고 있었다. 8월 19일 비트겐슈타인은 힐다 브라우닝Miss Hilda Browning을 만나기 위해 SCR 사무실을 찾아갔다. 힐다 브라우닝은 SCR의 부의장이었는데, 다음 날 그는 길버트 패티슨에게 이렇게 전했다.

B 양과의 인터뷰는 기대 이상으로 잘 진행되었다. 최소한 유용한 정

> 보를 하나 얻었다. 즉 R에 거주할 수 있는 유일한 기회는 관광객으로 거기에 가서 관리들에게 한번 부탁해보는 것이며, 이를 위해 나는 소개장을 얻어야 한다는 정보를 얻었다. 또 B 양은 두 곳에 제출할 소개장을 내게 주겠다고 말했다. 이것은 아무 결과도 얻지 못하는 것보다는 좋다. 그렇지만 그것으로 해결된 일은 없고, 여전히 나는 그들이 내게 무엇을 하라고 할 것인지에 대해서뿐 아니라 내가 무엇을 하고 싶어 하는지에 대해서도 잘 알지 못한다. 부끄러운 일이지만 나는 매두 시간마다 그에 대한 생각이 바뀐다. 실제로는 내가 얼마나 바보같은지 안다. 그리고 자신이 썩었다고 느낀다.

그가 소개장을 받았던 두 곳은 북방연구소Institute of the North와 소수민족연구소Institute of National Minorities였다. 이 연구소들은 모두 소련에 있는 소수민족들의 문자 해독률을 높이려는 목적을 갖고 있었다. 이것을 비록 "아무 결과도 얻지 못하는 것보다 낫다"고 생각했지만, 비트겐슈타인은 특히 가르치는 일은 바라지 않았다. 그러나 케인스에게 들었듯이 그가 "만일 그들에게 쓸모 있을 자격이 있는 기술자라면" 소련 당국으로부터 초청장을 받을 텐데, 이것이 그가 소련에 거주할 허가를 얻을 가능성이 있는 유일한 방법이었다. 케인스는 그에게 쓴 편지에서 이렇게 적었다. "그것은 어렵지 않을 수도 있습니다. 그러나 자격 없이는—의사 자격도 상관없을 것이다—힘들 것입니다!" 평생 동안 의사가 되고 싶은 욕망을 품고 있었던 비트겐슈타인은 영국에서 의학을 공부하고 러시아에서 활동하는 것도 고려해보았고, 심지어 케인스로부터 의학 공부에 필요한 재정을 지원하겠다는 약속도 받았다. 그렇지만 그가 정말로 원했던 것은 러시아에서 노동자로 살아가도록 허가를 받는 것이었다. 그러나 점점 더 분명해졌듯이, 그런 일을 하도록 소련에서 초청장을 내줄 가능성은 거의 없었다. 소련에서 모자라지 않았던 단 하나가 바로 비숙련 노동이었다.

9월 7일 그가 레닌그라드를 향해서 떠날 때쯤, 비트겐슈타인이 가까스로 얻을 수 있었던 것은 힐다 브라우닝의 소개장과 모스크바에 사는 몇 사람의 이름 및 주소가 전부였다. 길버트 패티슨이 그를 런던에 있는 헤이 부두에서 환송했고, 프랜시스는 너무 아파서 여행을 할 수 없었다. 그렇지만 그는 자신의 일뿐 아니라 프랜시스의 일도 대신 찾아볼 작정이었다. 같은 배에 조지 색스George Sacks 박사가 탔는데, 그는 부인과 함께 식사를 할 때 비트겐슈타인과 마주 보고 앉았던 것을 기억해냈다. 비트겐슈타인 옆에는 미국인 그리스정교회 목사가 앉아 있었다. 비트겐슈타인은 우울하고 무언가에 사로잡힌 듯이 보였다. 아무에게도 말을 하지 않던 그는, 어느 날 손을 곧추세우고 "비트겐슈타인입니다!"라고 외치면서 비로소 자신을 목사에게 소개했고, 목사는 자신의 이름을 대면서 응답했다. 나머지 여행 기간 동안 그는 침묵을 지켰다.

그는 9월 12일 레닌그라드에 도착했다. 다음 2주 동안 그의 작은 일기장에는 일자리를 보장받기 위해 접촉할 필요가 있던 많은 사람들의 이름과 주소가 적히게 된다. 레닌그라드에서 그는 북방연구소뿐 아니라, 대학교의 철학 교수였던 타티야나 곤스타인Tatiana Gornstein 여사를 만났는데, 그녀에게서 레닌그라드 대학에서 철학 강의를 하나 맡아달라는 제안을 받았다. 모스크바에서 그는 수리논리학 교수 소피아 야놉스카야Sophia Janovskaya를 만났다. 그녀와 비트겐슈타인은 친구가 되어서 비트겐슈타인이 영국으로 돌아온 후 오랫동안 편지를 교환했다. 비트겐슈타인은 그녀의 솔직한 말투에 끌렸다. 그를 처음 만나자마자 그녀는 "뭐라고요, 그 위대한 비트겐슈타인이 아닌가요?" 하고 외쳤다. 철학에 대한 논의 도중, 그녀는 그에게 아주 간단하게 "당신은 헤겔을 더 읽어야 합니다"라고 말했다. 그들의 철학 토론으로부터 야놉스카야 교수는 비트겐슈타인이 변증법적 유물론과 소련의 철학적 사고의 발전에 대해 흥미를 갖고 있다고 (확실히 틀린) 인상을 받았다. 비트겐슈타인이 카잔Kazan 대학의 철학 과장직을 제의받은 것, 그리고 다음에는 모스크바 대학 철학과의 강사직을 제의받은 것은 분명히 야놉스카야를 통해서였다.

모스크바에서 비트겐슈타인은 팻 슬론을 두세 번 만났는데, 그는 당시에 소련의 무역 조합의 기획담당관으로 일하고 있었다.(그는 1938년 출판된 《환상을 통해 보지 않은 러시아*Russia without Illusions*》에서 소련에서의 생활을 회고하기도 한 인물이다.) 이런 모임의 주요 취지는 노동력을 필요로 하는 분야에서 일하기를 계속 원하는 비트겐슈타인의 처지를 논의하기 위해서였던 것 같다. 만약 그렇다면 분명히 성공적이지 못했다. 조지 색스는 이렇게 회상한다. 모스크바에서 "우리〔그와 그의 처〕는 비트겐슈타인이 집단 농장에서 일하고 싶어 했지만 러시아인들은 그의 원래 일을 통해서 유용한 기여를 할 수 있으니만큼 영국으로 돌아가라는 말을 했다고 들었다."

모스크바에 머물던 9월 17일, 비트겐슈타인은 일을 찾을 때까지 계속 머무르라고 촉구하는 프랜시스의 편지를 받았다. "당신과 함께 있고 싶고, 당신과 함께 구경하고 싶습니다. 그러나 마치 당신과 함께 있는 것처럼 느낍니다." 이 편지를 보면, 비트겐슈타인과 스키너는 다음 해를 아마도 소련에서 살게 되기 전에 《갈색 책》 출판을 준비하기 위해서 보낼 계획이었던 것처럼 보인다. 이것은 다음 해인 1935~1936년이 스키너가 받던 졸업 장학금을 받는 마지막 해이고, 또한 비트겐슈타인이 트리니티에서 받던 5년 계약의 장학금 지급이 끝나는 해였던 것을 감안하면 이해가 된다. "나는 우리가 내년에 할 일에 대해 많이 생각"한다고 프란시스는 그에게 말했다. "당신이 지난해에 이용했던 방법에 담긴 정신이 너무 좋은 것 같습니다."

> 모든 것이 아주 단순하지만, 아주 밝게 빛나는 것처럼 느껴집니다. 출판을 위해서 그 일을 계속 진행시키는 것이 좋을 것 같습니다. 그 방법은 매우 귀중하다고 생각합니다. 우리가 그것을 계속 같이 할 수 있으면 아주 좋겠습니다. 우리는 최선을 다할 것입니다.

그는 이렇게 덧붙였다. "다시 말하고 싶은데, 나는 당신이 예정보다 더 오랫동안 모스크바에 머무르기를 바랍니다. 만일 당신이 더 많이 배울 기회가 있다고 생각한다면 말입니다. 그렇게 하는 것이 우리 모두에게 귀중한 일이 될 것입니다."

분명히 비트겐슈타인은 더 머무를 이유를 찾지 못했다. 그 방문은 그가 떠나기 전에 들었던 것, 즉 소련에 오는 것은 환영하지만 집단 농장의 노동자로서는 환영받지 못하리라는 것을 확인하는 기회가 되었을 뿐이었다. 떠나기 전 일요일 그는 패티슨에게 편지를 써서 런던에서 만나자고 요청했다.

친애하는 길버트!

내일 아침 모스크바를 떠날 예정이다.(나는 나폴레옹이 1812년 묵었던 방에 있다.) 내가 탈 배는 내일모레 레닌그라드를 출항한다. 넵튠이 나를 본다면 인정을 베풀기를 바란다. 그 배는 〔9월〕 29일 런던에 도착할 예정이다. 나를 마중 나올 수 있는지, 아니면 나의 팰리스(보통 '스트랜드 팰리스Strand Palace'라고 불리는)에 메시지를 남겨주겠나? 너의 늙고 피 묻은 얼굴을 다시 볼 수 있기를 간절히 바란다. 변함없이 핏속에서.

루트비히

추신. 만일 검열관이 이것을 읽는다면, 고소한 일이다!

영국에 돌아온 후 비트겐슈타인은 러시아 여행에 대해서는 거의 언급하지 않았다. 그는 프랜시스를 파니아 파스칼에게 보내서 그의 보고를 전달했는데, 이 안에서 그는 야놉스카야 여사와 만난 일과 카잔 대학에서 교수직을 제안받았다는 것을 말했고, 이렇게 끝맺었다. "그는 자신의 장래에 대해서 어떤 결정도 내리지 않았다." 그 보고에는 소련에 대한 비트겐슈타인의 인상, 그가 자기가 보았던 것을 좋아했는지 아니면 싫어했는지를 판단할 만한 힌트가 없었다. 이 점에 대해 그는, 한두 개의 단편적인 평들 말고는 완전히 침묵을 지켰다. 이 침묵의 이유로서 그가 친구들에게 제시했던 것은, 그의 이름이 반소 선전을 위해 이용되는 것을 바라지 않았다는 것이었다. 러셀은 (《볼셰비즘의 실천과 이론*Theory and Practice of Bolshevism*》의 출판 후에) **자기** 이름이 반소 선전을 위해서 이용되는 것에 허락을 했다.

이것은 만약 그가 소련에 대한 인상을 공개적으로 밝혔다면, 아첨하지 않고 노골적인 묘사를 했으리라는 것을 시사해준다. 러시아에 대한 그의 인상을 드러내는 중요한 한 가지 열쇠는 그가 길버트 패티슨에게 한 말(러시아에서 사는 것은 다소 군대에서 사병으로 있는 것과 비슷하다) 속에서 발견될지 모른다. "우리처럼 자란 사람들이" 거기에 사는 것은 힘들다고 그는 패티슨에게 말했다. 왜냐하면 단지 생존하기 위해서라도 짜째한 부정직성이 필요했기 때문이다. 만일 비트겐슈타인이 러시아에서의 생활을 1차 대전 동안 고플라나 호에서 겪었던 경험에 견줄 만하다고 생각했다면, 그가 짧은 방문을 마치고 돌아온 후 러시아에 살 의향을 거의 보여주지 않았다는 것은 그다지 놀랄 일은 아니다.

그럼에도 불구하고 그는 소련에 대한 호의적인 마음과, 소련의 일반 시민들의 생활 조건이 개선되고 있기 때문에 그 강한 정권이 무너질 가능성은 적다는 믿음을 여러 차례 표현했다. 그는 러시아의 교육 체계에 대해 감탄했는데, 그렇게 열심히 공부하기를 원하고 그렇게 집중해서 경청하는 사람들을 본 적이 없다고 말했다. 그러나 아마도 그가 스탈린 정권에 호의적인 마음을 갖게 된 가장 중요한 이유는 러시아에는 거의 실업자가 없다는 것이었다. "중요한 점은 사람들이 할 일을 갖고 있다는 것"이라고 언젠가 러시 리스에게 말했다. 러시아에서는 생활을 통제한다는 이야기가 나왔을 때 — 비록 러시아인들은 직업이 있지만, 노동자들은 직업을 그만두거나 바꿀 자유가 없다는 것이 지적되었을 때 — 비트겐슈타인은 그 말에 큰 반응을 보이지 않았다. "나는 폭정 때문에 분노하지는 않는다"고 그는 어깨를 으쓱거리며 말했다. 그렇지만 '관료에 의한 통치'가 러시아에 계급의 차이를 가져온다는 점에는 화를 냈다. "만일 러시아 정권에 대한 나의 호의적인 마음을 파괴할 수 있는 것이 있다면, 그것은 계급의 차이의 증가이다."

러시아에서 돌아온 후 2년 동안, 비트겐슈타인은 모스크바에서 학생들을 가르쳐달라는 제안을 계속 고려했다. 이 기간에 그는 소피아 야놉스카야와 계속 연락했고, 노르웨이에 가 있을 때 그는 파니아 파스칼에게 야놉스카야의 당뇨병을 고치기 위해 인슐린을 보내주도록 주선했다. 1937년 6월에도 그는 엥겔만에게 쓴 편지에서 이렇게 말했다. "아마 나는 러시아에 갈 것입니다." 그렇지만 얼마 지나지 않아 일자리 제의는 철회되었는데, 그 이유는 (피에로 스라파에 의하면) 이때쯤에는 오스트리아인을 포함한 모든 독일인들이 러시아에서 의심을 받았기 때문이었다.

그럼에도 불구하고 심지어 1936년의 공개 재판, 점점 악화되는 러시아와 서방 사이의 관계, 그리고 1939년의 나치-소련 조약에도 불구하고, 비트겐슈타인은 소련 정권에 대한 호의적인 마음을 계속 표현해서 — 그것도 너무 자주 해서 — 케임브리지의 그의 학생들 중 일부는 그를 '스탈린주의자'로 간주했다. 그러나 대부분의 사람들이 스탈린의 전체주의적 통치만을 보았을 때, 비트겐슈타인은 스탈린이 다뤄야 했던 문제들과, 그것들을 다루면서 그가 많은 것을 성취했다는 점을 강조했다. 2차 세계대전 전야에 그는 영국과 프랑스는 히틀러의 독일을 물리칠 수 없을 것이며, 양국은 러시아의 도움을 필요로 할 것이라고 드루어리에게 말했다. 그는 드루어리에게 이렇게 말했다. "사람들은 스탈린이 러시아혁명을 배반했다고 비난했다. 그러나 그들은 그가 러시아를 위협했다고 보았던 위험들에 대해서는 전혀 알지 못한다." 그는 즉시 다음 말을 그것이 마치 관련된 듯이 덧붙였다. "나는 영국 내각의 사진을 보고 있었다. 나는 속으로 '부유한 노인들 무리'라고 말했다." 이 말은 러시아를 "머리에 털이 난 채, 서방에 있는 그의 대머리 형제들보다, 더 땅과 하늘 양쪽 모두에 가까운 유럽 가문의 아름답고 어리석은 막내 아들"이라고 했던 케인스를 생각나게 한다. 러시아에 살고 싶다는 비트겐슈타인의 이유들은—"나쁘고 심지어 유치한" 이유들과 "깊고 심지어 좋은" 이유들 모두는—그 자신을 서방의 노인들로부터 그리고 서유럽의 허물어지고 부패해가는 문화로부터 분리시키려는 그의 욕망과 많이 관련되어 있다고 생각한다.

그것은 물론 보통 사람이 되려는 그의 계속되는 욕망이 또 한 번 드러난 것이기도 하다. 1915년 오스트리아 당국이 그랬듯이, 소련 당국도 그가 사병으로서보다는 장교로서 더 유용하리라는 것을 알았고, 비트겐슈타인 자신도 실제로는 '째째하게 부정직한' 일반 병사들과 함께 생활하는 것을 참아낼 수 없으리라는 것을 깨달았다. 그러나 그는 바뀔 수도 있다고 계속 믿었다.

1935년 가을 트리니티가 제공한 연구원으로서의 마지막 해를 시작했을 때에도, 그는 여전히 그 일이 만료된 후 무엇을 할지 거의 알지 못했다. 어쩌면 러시아에 갈지도 몰랐고, 롤런드 허트처럼 '보통 사람들' 사이에서 일자리를 얻을지도 몰랐다. 어쩌면 스키너가 원했듯이 《갈색 책》 출판 준비에 몰두할 수도 있었다. 다만 한 가지, 케임브리지에서 가르치는 일을 계속하지 않으리라는 것은 확실해 보였다.

이해 동안 그의 강의는 '감각 자료와 사적 경험'이라는 주제를 중심으로 이루어졌다. 이 강의에서 그는 우리가 어떤 것을 경험할 때(우리가 무엇을 볼 때, 고통을 느낄 때 등) 어떤 것, 즉 감각 자료가 존재하고 이것이 우리 경험의 주요 내용이라고 생각하려는 철학자들의 충동에 대항해서 싸우려고 시도했다. 그렇지만 그는 사례들을 철학자들로부터가 아니라 일상적 어법으로부터 취했다. 그리고 그가 문헌으로부터 인용할 때에는, 그것은 위대한 철학책들이나 철학 잡지 《마인드》로부터도 아니었고, 스트리트앤스미스 출판사Street and Smith's가 발행하는 《탐정 잡지*Detective Story Magazine*》로부터였다.

그는 한 강의를 이 잡지의 한 구절을 읽으면서 시작했다. 여기서 이야기를 이끌어가는 사람, 즉 탐정은 한밤중에 배의 갑판에 혼자 있는데 주위에는 배의 시계가 똑딱거리는 소리 말고 아무 소리도 나지 않았다. 탐정은 혼자 명상해본다. "시계는 기껏해야 사람을 혼란스럽게 만드는 도구에 불과하다. 무한의 한 조각을 측정하는, 아마도 존재하지 않는 그 무엇을 측정하기 때문이다." 비트겐슈타인은 학생들에게 이런 종류의 혼란을 '어리석은 철학자가' 말한 것에서 발견할 때보다 '어리석은 탐정소설에' 나온 것에서 발견할 때 훨씬 더 중요하다고 말했다.

> 여기서 당신은 "분명히 시계는 사람을 혼란스럽게 만드는 도구가 아니다"라고 말할 수 있다. 만일 어떤 상황에서 시계가 당신을 혼란시키는 도구로 생각되는데, 당신이 스스로를 납득시켜서 "물론 시계는 사람을 혼란시키는 도구가 아니다"라고 말한다면, 이것이 바로 철학적 문제를 해결하는 방식이다.
>
> 시계가 여기서 혼란을 주는 도구가 되는 이유는 그가 시계에 대해서 "그것은 무한의 한 조각, 즉 어쩌면 존재하지 않을지도 모르는 어떤 것을 측정한다"고 말하기 때문이다. 그 시계를 혼란을 주는 도구로 만드는 것은 그가 눈으로 확인할 수 없는 종류의 실체를 도입하여, 그것이 마치 유령처럼 보이기 때문이다.
>
> 이것과 우리가 감각 자료에 관해서 말하고 있었던 것의 연관성은 이렇다. 혼란을 주는 것은 우리가 '만질 수 없는 것'이라고 부르는 것을 끌어들이기 때문이다. 이 의자 또는 이 탁자에는 만질 수 없는 것은 전혀 없는 것처럼 보이지만, 쏜살같이 지나가는 개인의 경험에는 그런 것이 있는 것처럼 보인다.

그해 비트겐슈타인의 강의에서 계속 등장하는 논제는 철학자와는 반대로 세계에 대한 우리의 일상적인 지각을 뒷받침하는 것이다. 철학자들이 시간 또는 정신적 상태에 관해서 의심을 제기할 때, 이것은 철학자들의 통찰력이 보통 사람들보다 더 깊기 때문이 아니라, 어느 점에선 더 얕기 때문이다. 철학자는 비철학자들에게 일어나지 않는 이런 오해를 하려는 충동을 갖기 쉽다.

> 우리는 보통 사람들이 '선good' 또는 '수number'에 관해 말할 때, 그들이 말하는 것에 관해 실제로는 이해하지 못한다는 느낌을 갖는다. 나는 지각에 관해서 이상한 어떤 것을 보는데, 보통 사람들은 지각에 관해서 전혀 이상한 것이 없는 것처럼 말한다. 우리는 그 사람이 자기가 말하는 것에 관해 안다고 말해야 할까, 아니면 그렇지 않다고 해야 할까?
>
> 당신은 양쪽 모두 말할 수 있다. 사람들이 체스를 두고 있다고 가정하자. 규칙들을 자세히 조사해보니 이상한 문제들이 있다. 그러나 스미스와 브라운은 여전히 별다른 어려움 없이 체스를 둔다. 그들은 그 게임을 이해하는가? 글쎄, 그들은 그저 체스를 둔다.

이 구절은 비트겐슈타인이 철학자로서 자신의 위치에 대해 회의적이었다는 것, "이상한 문제들을 보는 것"을 그가 걱정했다는 것, 그리고 게임의 규칙들을 세밀하게 조사하는 것보다는 그 게임을 하고 싶어했다는 것을 상기하게 한다. 그는 다시 의사 훈련을 받는 것을 생각하기 시작했다. 이때 드루어리는 더블린에서 첫 번째 의학사 시험을 준비하고 있었는데, 비트겐슈타인은 그에게 거기에 있는 의학 대학에 그가 들어갈 수 있는지 알아봐달라고 부탁하는 편지를 썼다. 교육비는 아마 케인스가 지불할 것 같다고 그는 생각했다. 그는 드루어리에게 둘이 함께 정신과 의사로 일하자고 제안했다. 비트겐슈타인은 이 분야에 대해 그가 특별한 재능을 갖고 있을지 모른다고 느꼈고, 특히 프로이트의 정신분석에 흥미가 있었다. 그해 그는 드루어리에게 생일 선물로 프로이트의 《꿈의 해석*Interpretation of Dreams*》을 보내면서, 그 책을 처음 읽었을 때 이렇게 혼자말을 중얼거렸다고 말했다. "드디어 뭔가 중요한 것을 말하는 심리학자가 나타났군."

비트겐슈타인이 훌륭한 정신과 의사가 될 수 있다고 생각했던 것은 자신이 철학하는 스타일과 프로이트의 정신분석이 비슷한 재능을 필요로 한다는 믿음에 근거한 것처럼 보인다. 물론 그 둘이 같은 기술이라는 뜻은 아니다. 비트겐슈타인은 그의 철학적 방법이 '치료적 실증주의'라고 불리면서 정신분석과 비교되었을 때 화를 냈다. 예를 들면 에이어가 《청자*Listener*》의 한 논문에서 그런 비교를 했을 때, 그는 비트겐슈타인으로부터 강한 반박의 편지를 받았다. 그렇지만 비트겐슈타인은 자신의 연구와 프로이트의 연구 사이에 어떤 종류의 연결 관계를 보려고 하였다. 그는 한번은 리스에게 자신을 '프로이트의 학생'으로 묘사했고, 여러 시기에 걸쳐 그 자신과 프로이트가 성취한 것을 놀라울 정도로 비슷하게 요약했다. 그는 프로이트의 연구에 관한 강의에서 "그것은 모두 훌륭한 비유"라고 말했다. 그 자신이 철학에 기여한 것에 대해서는 "내가 발명하는 것은 새로운 **비유들**"이라고 말했다. 설명에 사용되는 비유들과 은유들을 만듦으로써 개관적synoptic 견해를 형성하는 능력이 그에게는 정신의학에도 기여할 수 있는 것처럼 보였다.

그렇지만 해가 지나면서 의사 훈련을 받거나 혹은 다른 직업을 얻으려는 비트겐슈타인의 관심은 책을 완성하는 계획에 밀려서 점점 줄어들었다. 그해 말 연구직 계약이 끝나갈 무렵, 비트겐슈타인은 그에게 남겨진 여러 가능성들을 그가 아끼는 많은 학생들과 논의하였다. 이 중 가장 늦게 그의 학생이 되었던 사람은 대학원생이었던 러시 리스였다. 리스는 1935년 9월 무어의 지도 아래 공부를 하기 위해 케임브리지에 도착했다. 그는 전에 에딘버러, 괴팅겐Göttingen, 인스브루크에서 철학을 공부했다. 그는 처음에 비트겐슈타인의 학생들의 버릇 때문에 그의 강의를 듣는 것을 연기했다가, 1936년 2월 이런 불안감을 극복하고 그해 나머지 모든 강의에 참석했다. 그때부터 비트겐슈타인이 죽을 때까지 그는 가까운 친구들 중 하나가 되었다. 1936년 6월 비트겐슈타인은 리스를 초대해서 차를 마시면서 자신이 어떤 직업을 얻어야 할지 혹은 어디로 가서 집필을 해야 할지에 대해 논의했다. 그는 리스에게 이렇게 말했다. "내게는 아직 약간의 돈이 있다. 그 돈이 있는 한 나는 혼자 살면서 일할 수 있다."

이 나중 생각은 바뀌지 않아서, 비트겐슈타인과 스키너가 6월 말에 더블린에 있는 드루어리를 방문했을 때, 정신과 의사 훈련을 받는 것에 관한 이야기는 나오지 않았다. 아마 그 결정을 내리게 한 것은 모리츠 슐리크가 죽었다는 소식이었을지 모른다. 비트겐슈타인은 더블린에 있을 때, 슐리크가 빈 대학의 계단에서 정신병을 앓는 학생의 총을 맞고 살해되었다는 소식을 들었다. 그 학생이 나중에 나치당원이 되었다는 사실은 그 살인이 정치적 동기를 갖고 있다는 루머를 낳게 했다. 비록 나타난 증거는 그 학생이 슐리크에게 개인적인 원한—슐리크는 그의 박사학위 논문을 거부했다—을 갖고 있다는 것을 시사하지만 말이다. 그 소식을 듣자마자, 비트겐슈타인은 즉시 프리드리히 바이스만에게 편지를 썼다.

친애하는 바이스만 씨,

슐리크의 죽음은 정말로 커다란 불행입니다. 당신과 나 모두 많은 것을 잃었습니다. 당신도 아시다시피, 그의 부인과 자식들에게 나의 진정한 조의를 어떻게 표현해야 할지 모르겠습니다. 가능하다면 당신이 슐리크 여사나 자식들 중 한 명을 만나서 나의 심심한 조의를 전해주시면 감사하겠습니다. 그러나 난 그들에게 무엇을 써서 보내야 될지 모르겠습니다. 당신이 그 메시지를 전달하는 것이 (외적으로 또는 내적으로) 불가능하다면, 내게 알려주십시오.

심심한 조의를 표하면서

루트비히 비트겐슈타인

슐리크의 죽음은 1929년에 바이스만과 비트겐슈타인 사이에서 이루어졌던 공동 집필 계획을 완성하는 최소한의 희망을 완전히 사라지게 했다. 바이스만이 탈진하고, 비트겐슈타인이 계속 마음을 바꾸고, 또 바이스만이 자기를 제대로 이해하는지를 비트겐슈타인이 불신하는 상태에서, 오로지 그들이 모두 슐리크를 존경했다는 것, 그리고 그 계획을 계속하라는 슐리크의 격려만이 작게나마 그것을 완성하는 희망을 제공했었다. 슐리크의 죽음 후에 바이스만은 비트겐슈타인 없이 일하기로 결정하여, 스스로 그 책을 완성해서 자신의 이름으로 출판하려는 계약을 맺었다. 그 책은 1939년에 교정쇄까지 나왔지만, 그러고는 철회되었다.

그 사이에 비트겐슈타인은 그가 1913년에 했던 것처럼, 산만해지지 않고 혼자 살면서 책을 완성할 수 있는 곳인 노르웨이로 가기로 결정했다. 그는 그 같은 결정을 슐리크의 죽음 때문에 했을 가능성이 있지만, 또한 프랜시스와의 관계로 인해 생기는 '정신의 산만'으로부터 멀어질 필요가 있다는 개인적 이유 때문에 서둘러서 했을 가능성도 있다. 프랜시스의 3년 기간의 대학원생 신분도 비트겐슈타인의 연구원 신분이 끝나던 때와 같은 시기에 끝났다.

1936년 여름까지 비트겐슈타인과 프랜시스가 무엇을 하든지, 즉 의사 훈련을 받든지, 러시아로 가든지, '보통' 사람들과 함께 일하든지 또는 비트겐슈타인의 책을 쓰든지 간에 그들은 그것을 함께할 것으로 이해한 것처럼 보인다. 적어도 프랜시스는 그렇게 이해했다. 그렇지만 비트겐슈타인이 프랜시스를 한 번이라도 철학적 협력자로 진지하게 간주했는지는 의심스럽다. 자신의 생각을 **받아 적는 데는** 유용했지만 말이다. 특히 《청색 책》, 《갈색 책》처럼 구술이 영어로 이루어졌을 때는 더욱 그랬다. 그러나 그의 생각들을 **토론**하고 명료화하는 데 프랜시스는 아무런 도움이 안 됐다. 비트겐슈타인에 대한 그의 경외에 가까운 존경심은 그를 마비시켜 유용한 기여를 하는 것을 방해했다. "때때로 나는 그의 침묵 때문에 화가 나서 '말 좀 해봐, 프랜시스'라고 소리쳤다"고 비트겐슈타인은 드루어리에게 말했다. 그는 이렇게 덧붙였다. "프랜시스는 생각을 하는 그런 사람이 아니다. 〈생각하는 사람〉

이라는 로댕의 조각상을 알 것이다. 일전에 나는 그런 자세로 있는 프랜시스를 상상할 수 없다는 생각이 떠올랐다."

비슷한 이유들 때문에 비트겐슈타인은 프랜시스가 공부를 계속하는 것을 막으려 했다. "그는 학문의 길에서 결코 행복하지 못할 것"이라고 비트겐슈타인은 결정했고, 프랜시스는 항상 그랬듯이 그의 결정을 받아들였다. 하지만 비트겐슈타인의 생각은 프랜시스의 가족의 견해와도 달랐고 많은 친구들의 생각과도 달랐다. 예를 들면 나중에 레스터 대학의 수리논리학 교수가 되었고, 세인트폴과 케임브리지에서 프랜시스의 동료였던 루이스 굿스타인은 프랜시스가 직업 철학자로서 유망한 경력을 쌓았을 수도 있었다고 생각했다. 그는 프랜시스로부터 수학을 포기했다는 결정을 처음 들은 사람들 중 하나였는데, 강하게 반대했다. 학문을 하는 생활에 대한 비트겐슈타인 자신의 혐오가 끼친 불행한 영향만을 보았기 때문이었다. 프랜시스의 가족도 마찬가지였다. 그의 모친은 특히 비트겐슈타인이 자기 아들에게 행사하고 있었던 영향력을 아주 싫어하게 되었다. 그녀는 러시아에서 살 계획, 그리고 프랜시스가 그의 훌륭한 학문적 잠재력을 포기한다는 생각을 알고 크게 당황했다. 누이인 프리실라 트러스콧Priscilla Truscott 역시 똑같이 믿지 못했다. "어째서? 어째서?" 하고 그녀는 설명을 요구했다.

그렇지만 프랜시스에게 영향을 미치는 의견을 제시하는 사람은 오로지 비트겐슈타인뿐이었고, 그는 비트겐슈타인의 결정을 절대적으로 따랐다. 심지어 그것이 비트겐슈타인으로부터 떨어져 살면서, 그의 재능을 조금도 이용하지 못하고, 자신이 착취당하고 있다고 느껴지는 일을 하는 것일 때조차도 그랬다. 스키너가 대학을 떠난 것은 의사 훈련을 받기 위해서가 아니라 공장 기술자가 되는 훈련을 받기 위해서였다. 그것도 비트겐슈타인과 함께가 아니고 혼자 하는 일이었다. 의사 훈련을 받는 계획은 실천할 수 없었다. 그의 부모는 그가 의학 공부를 마칠 때까지 그를 재정적으로 뒷받침할 수 없었고, 비트겐슈타인의 의학 훈련에 경비를 대겠다는 케인스의 약속은 프랜시스까지 포함시킬 수 없었다. 프랜시스는 스페인 내전에서 국제 여단International Brigade의 일원으로 싸우기 위해 자원했지만, 육체적 결함 때문에 거절당했다.(프랜시스의 건강은 항상 불안정했다. 그가 어렸을 때 앓았던 골수염 때문에 한쪽 다리를 절었다. 골수염은 항상 재발될 가능성이 있었다.)

의사 다음 두 번째로 비트겐슈타인이(그러므로 스키너가) 선택한 경력은 기술자가 되는 것이었다. 그래서 1936년 여름에 프랜시스는 케임브리지 공구 회사에서 2년 동안 도제공으로 일하기로 했다. 대부분의 시간 동안 그는 나사를 만드는 일을 했는데, 이 일은 반복적이고 피곤한 일이어서 일을 즐기지도 못했고 아무런 흥미도 느끼지 못했다.

그는 그 단조로운 일을 그저 비트겐슈타인을 위해 했을 뿐이었다. 그렇지만 파니아 파스칼은 스키너가 자신의 계층에 속한 사람들 사이에서보다 노동자들 사이에서 더 행복했다고 믿었다. 그녀는 노동자들이 더 친절하고 덜 자의식적이라고 말한다. 이 말은 맞는지 모른다. 비록 처음 몇 년 동안 공장에서 프랜시스는 동료들과 사귀는 데는 거의 시간을 보내지 않았지만 말이다. 그는 저녁 시간을 혼자서 보내거나 대학교에서 온 친구들 ― 바흐친 부부, 롤런드 허트, 그리고 파스칼 그녀 자신 ― 과 보냈다. 그가 무엇보다 원했던 것은 비트겐슈타인과 함께 지내면서 연구하는 것이었지만, 이것은 비트겐슈타인 자신에 의해서 거부당했다.

프랜시스는 사랑에 대한 바이닝거 식의 개념을 갖지 않았다. 그는 사랑이 그것을 보존하기 위해서 별거를, 거리를 두는 것을 필요로 한다는 것을 믿지 않았다. 반면 비트겐슈타인은 아마도 바이닝거의 견해를 공유했다. 노르웨이에 있는 동안 그는 일기에 프랜시스가 자신에게 얼마나 유일한 존재임을 ― 정말로 그를 절실히 느끼고 있다는 것을 ― 오로지 그로부터 떨어져 있을 때에만 깨달았다고 적었다. 그리고 아마도 그가 노르웨이로 가기로 결정한 것은 바로 그로부터 떨어져 있기 위해서였을 것이다.

노르웨이로 떠나기 전 비트겐슈타인은 길버트 패티슨과 함께 프랑스에서 차로 보르도Bordeaux 지역을 여행하면서 휴일을 보냈다. 패티슨은 비트겐슈타인이 편안하게 함께 있을 수 있는 비교적 소수의 사람들 중의 하나였다. 그렇지만 패티슨 쪽에서 보면, 비트겐슈타인과의 동행은 약간은 지나친 부담일 수 있었다. 따라서 그는 1931년에 그랬듯이 그 휴일 중 최소한 몇 시간을 비트겐슈타인으로부터 떨어져서 멋진 휴양지에서 보내겠다고 고집했다. 이 휴양지에서 그는 속박에서 풀려나 사치스러운 일—와인을 마시고 저녁을 먹고 도박을 하는 일—에 빠질 수 있었다. 한번은 패티슨이 도박을 할 때 비트겐슈타인이 따라갔는데, 그는 돈을 버리는 이 기술의 초심자에 불과하다는 것을 입증했다. 그들은 함께 카지노 루아양Casino Royan에 가서 룰렛을 했다. 이 게임은 분명히 비트겐슈타인에게는 새로운 것이었다. 그는 그 게임을 주의 깊게 연구한 후 패티슨에게 회의적인 투로 이렇게 말했다. "네가 어떻게 **이길 수나** 있는지 모르겠다!" 때때로 게임을 하는 것보다 그 규칙들을 자세하게 조사하는 것이 더 중요한 것처럼 보인다.

18
고백

1936년 8월 비트겐슈타인은 노르웨이로 떠났다. 이때 상황은 그가 1913년 10월 노르웨이로 떠나던 때의 상황과 매우 흡사했다. 두 경우 모두 그는 정해진 임무, 즉 그의 철학적 단평들을 최종 형태로 완성하기 위해 돌아올 기약 없이 그곳에 머물러 있을 것이었다. 또 두 경우 모두 그는 사랑했던 사람을 남겨놓은 채 떠나고 있었다.

차이는 1913년에 핀센트는 그를 따라갈 마음이 전혀 없었다는 것이다. 핀센트가 비트겐슈타인이 자신을 얼마나 많이 사랑했었는지를 한 번이라도 알았는지는 의심스러운데, 거의 확실한 것은 그가 비트겐슈타인만큼 사랑하지 않았다는 것이다. 그는 비트겐슈타인과 '사귄 것'에 '감사'했지만, 전혀 그것에 의존하지 않았다. 1913년 10월에 핀센트의 관심은 비트겐슈타인과의 우정보다 변호사 훈련을 받는 것에 더 가 있어서, 그와의 이별로 일종의 안도감을 느꼈을 가능성이 있다.

그렇지만 프랜시스에게 비트겐슈타인과의 관계는 인생의 중심이었다. 만일 프랜시스가 요청을 받았다면, 그는 노르웨이에서 비트겐슈타인과 지내기 위해 모든 것을 버렸을 것이다. 그들이 헤어진 후 단지 몇 주 후에 쓴 편지에서 그는 이렇게 적었다. "당신의 편지를 받았을 때, 당신에게 가서 방청소를 하는 것을 도와주었으면 하고 바랐습니다.” 비트겐슈타인이 없는 케임브리지에서의 생활은 외롭고 비참했다. 가족과 더 이상 잘 지내지 못했으며, 더 이상 비트겐슈타인의 연구에 참여할 수도 없었다. 또한 비트겐슈타인을 위해 하고는 있지만 공장 일을 싫어했다. 분명히 비트겐슈타인의 요청에 따라 그는 자신의 일을 정기적으로 보고했다. 이 보고는 전혀 열정적이지 않다. “이쪽 일은 잘 되어갑니다. 나사 만드는 일을 하고 있습니다”(1936년 8월 21일) “제 일은 잘 되어갑니다. 나사 만드는 일은 거의 끝나갑니다. 지난주 손 도구를 이용해서 그것들을 손볼 필요가 있었는데 처음에는 어려웠습니다. 지금 도금을 하기 위해 그것들을 닦고 있습니다”(1936년 9월 1일) “200개의 도안과 압력계기 주문을 받았습니다. 주문이 그렇게 많이 들어오지 않았으면 좋겠습니다”(1936년 10월 14일) 공장에서의 자신의 처지에 대해 롤런드 허트와 논의를 한 후, 마침내 온순하고 순종적인 프랜시스도 불만스런 마음을 표현하기에 이르렀다.

> 회사와 나의 관계를 어떻게 정해야 할지 분명하지 않습니다. 나를 완전히 활용할 수 있는 일을 얻을 수 있을지 모르겠습니다. 예외적일 정도로 사랑받는 것과 그들로 하여금 사람을 이용해서 아무 일이나 하게 하는 것 사이에는 선이 그어져야 하는 것처럼 보입니다.(그리고 허트도 이 점에 동의합니다.) 예를 들면 감독은 내가 거기에서 5년을 일할 예정이라면, 나를 아주 빨리 승진시킬 수 있다고 말했습니다. 그러나 난 거기에서 단지 2년만 일할 예정이고, 어쨌든 회사도 내가 그들에게 별 소용이 안 되리라는 것을 알기 때문에 상황은 아주 달랐습니다.

그는 비트겐슈타인이 ‘희망을 갖고, 감사하며 사려 깊은’ 마음에 관해서 말했던 것을 기억해내려고 애썼지만, 그런 환경에서는 쉽지 않다고 말했다. 말은 하지 않았지만, 그가 그런 일에서 희망할 것은 거의 없고 감사할 것은 아무것도 없으며 생각할 만한 것도 비트겐슈타인과 함께

하는 것 말고는 아무것도 없다고 생각했을 것이다. 허트와 대화하면서 그는 "내가 얼마나 당신과 함께 여기서 얘기했으면 하고 바라는지 느꼈다." 편지에서 그는 "당신을 커다란 사랑의 마음으로 생각"한다는 점을 여러 번 강조했다. 비트겐슈타인 쪽의 편지는 남아 있지 않지만, 이런 사랑의 선언에 담긴 형식은 가끔 그 편지들이 비트겐슈타인이 표현했을 수도 있는 회의를 불식시키기 위해 쓰여졌다는 것을 시사한다. "당신에 대한 내 감정은 전혀 변하지 않았습니다. 이 말은 정직한 진실입니다. 당신을 많이 그리고 커다란 사랑의 마음으로 생각합니다."

프랜시스가 비트겐슈타인으로부터 받았던 호의적이며 자상한 말은 "희망을 갖고, 감사하며 사려 깊은 채" 있으라는 충고가 전부였던 것처럼 보인다. 노르웨이에서 비트겐슈타인은 프랜시스에 대해서보다 그 자신과 연구ㅡ언제나처럼 풀 수 없을 정도로 연결된 두 가지ㅡ에 대해서 더 생각했다. 1913~1914년, 그리고 1931년에도 그랬듯이 노르웨이에서 혼자 하는 생활은 논리학과 그의 죄에 대해 진지하게 생각하는 데 도움을 주었다.

"내가 여기에 온 것은 다행스럽게도 옳은 결정이었다"고 그는 10월 무어에게 쓴 편지에서 말했다. "내가 다른 곳에서도 여기서처럼 연구할 수 있을 것으로는 상상할 수 없습니다. 여기는 조용하고 풍경은 아름답습니다. 조용한 진지함 말입니다." 무어와 리스가 글을 쓰기가 힘들다고 한 말에 대해 비트겐슈타인은 그것은 좋은 징조라고 응답했다. "포도주가 발효할 땐 먹을 수 없습니다. 그러나 발효한다는 것은 그것이 설거지물이 아니라는 것을 보여줍니다." 그리고 이렇게 덧붙였다. "봤지요. 나는 여전히 아름다운 비유를 만듭니다."

비트겐슈타인은 무어에게 자신의 오두막집 위치를 피오르와 근교의 산들 및 가장 가까운 마을과 연관시켜 보여주는 지도를 보냈다. 요점은 그가 노를 젓지 않고는 마을에 가는 것이 불가능함을 그림으로 설명하려는 것이었다. 날씨가 좋으면 이 일은 그다지 나쁘지 않았다. 그러나 10월에는 춥고 습했다. 그는 패티슨에게 보낸 편지에서 이렇게 말했다. "날씨는 아주 좋았다가 나빠졌다. 지금은 비가 엄청나게 온다. 이틀 전에 첫눈이 왔다." 패티슨은 비트겐슈타인에게 방수모를 보내는 것으로 답장을 했고, 비트겐슈타인은 이것이 아주 재미있었다. '만족한 고객으로부터 온 편지들'을 상기하면서, 그는 이렇게 적었다. "그들이 기호 재단사인 버튼 씨에게 항상 적어 보냈듯이 '크기와 모양 모두 완전하다.'"

그는 《갈색 책》을 한 권 갖고 갔는데, 그것을 기초 자료로 해서 책의 최종판을 완성할 의도였다. 한 달 이상 그는 그것을 영어에서 독일어로 번역하고, 그것을 다시 적어가면서 교정 작업을 했다. 11월 초에 이 작업을 포기하면서 그는 큰 글씨로 이렇게 썼다. "이 모든 교정 작업은 처음부터 끝까지 쓸모없는 일이다Dieser ganze 'Versuch einer Umarbeitung' vom (Anfang) bis hierher ist nichts wert." 그는 무어에게 보낸 편지에서 그가 지금까지 쓴 것을 읽으면서, 모든 것이 "또는 거의 모든 것이 지루하며 인위적이라는 것"을 알게 되었다고 설명했다.

> 왜냐하면 내 앞에 있는 영어판이 내 생각을 마비시켰기 때문입니다. 그러므로 난 모든 것을 다시 시작하기로 그리고 내 생각 자체 말고는 어느 것도 내 생각을 인도할 수 없게 하기로 결정했습니다. 처음 하루 이틀은 그렇게 하기 어렵다고 생각했지만, 그다음부터는 쉽게 되었습니다. 그래서 난 지금 새로운 판을 쓰고 있는데, 이것이 지난 판보다 조금 좋아졌다고 말하는 것이 틀린 말이 아니기를 바랍니다.

이 새 판은 비트겐슈타인 책 앞부분의 최종 형태가 되었다. 그것은 대강 《철학적 탐구》의 1~188단락(책의 약 1/4)을 차지한다. 그리고 그것은 비트겐슈타인의 후기 작품 중에서 그가 만족했던 유일한 부분이었다. 즉 나중에 수정하거나 배열을 바꾸려고 하지 않았고, 혹은 시간이 있다면 수정하고 싶다고 하지 않았던 유일한 부분이었다.

그것은 대체로 《갈색 책》의 배열을 따르고 있다. 언어를 어떻게 배웠는지에 대한 성 아우구스티누스의 설명으로 시작해서, 이것을 언어게임의 개념을 소개하기 위해 이용한 다음, 규칙 따르기를 논의하는 순서로 진행된다. 그렇지만 최종판에는 아우구스티누스의 《참회록》의 구절이 실제로 인용되며, 그 구절로 시작하는 이유가 더 분명히 설명된다.

> 내가 보기에 우리는 이런 말에서 인간 언어의 본질에 관한 다음과 같은 특수한 그림을 발견한다. 언어에 있는 각각의 낱말은 대상을 명명하며, 문장들은 그런 이름들의 조합이라는 것. 언어에 관한 이 그림에서 우리는 다음과 같은 생각의 뿌리를 발견한다. 모든 낱말은 의미를 갖는다. 이 의미는 낱말에 상호 연관되어 있다. 그것은 낱말이 지칭하는 대상이다.

책의 나머지는 이런 생각이 함축하는 것들과 철학자들이 빠졌던 함정들 및 그 함정들로부터 나오는 길을 조사하는 것이었다. 이런 길의 시작은 모두 아우구스티누스가 표현한 언어의 (철학 이전의) 그림—위에서 언급된 철학적 생각을 일으키는 그림—을 제거하는 것이다.

가끔 성 아우구스티누스의 인용문이 언어 **이론**—비트겐슈타인이 거짓임을 밝힐 이론—을 제시하기 위해 나온 것으로 생각되는데, 이는 맞지 않다. 어쨌든 《참회록》은 (최소한 우선적으로) 철학적인 글은 아니며 종교적 자서전이다. 인용된 구절에서 아우구스티누스는 그가 말하는 것을 어떻게 배웠는지를 기술하지만, 그것을 **이론화**하지는 않는다. 그리고 바로 이 때문에 그것이 비트겐슈타인의 철학적 탐구의 목표를 제시하는 데 적당한 것이다. 아우구스티누스의 설명에 포함된 것은 이론은 아니지만, 하나의 **그림**이다. 비트겐슈타인에게는 **모든** 철학적 이론들이 바로 그런 그림에 뿌리를 두고 있으며, 새로운 그림, 새로운 비유를 도입하기 위해서는 뿌리째 뽑혀져야 했다.

우리의 언어 형식에 흡수된 비유가 거짓된 현상을 일으키고, 우리를 불안케 한다.

하나의 **그림**이 우리를 사로잡았다. 우리는 그것 밖으로 나갈 수 없다. 왜냐하면 그것은 우리의 언어 안에 놓여 있고 언어는 무정하게 그것을 우리에게 반복하는 것처럼 보인다.

비트겐슈타인은 아무 설명 없이 독자들을 일련의 언어게임들로 이끌었던 《갈색 책》과는 달리, 《탐구》 최종 원고의 앞부분에선 그가 밟고 있는 절차를 해설해주고 가능한 오해에 대처하기 위해 여러 곳에서 쉬어 간다.

우리의 명확하고 단순한 언어게임은, 처음에는 마찰과 공기 저항을 무시하고 대강 비슷하게 만드는 것처럼, 앞으로의 언어를 규제하기 위한 예비적 연구는 아니다. 오히려 언어게임은 유사성에 의해서뿐 아니라 차이에 의해서 우리 언어의 사실을 밝히기 위해 의도된 **비교의 대상**으로 설정되었다.

우리의 목표는 우리말의 사용을 위한 규칙 체계를 전혀 들어보지도 못한 방식으로 개량하거나 완전하게 하려는 것이 아니다.

왜냐하면 우리가 목표로 하는 명확성은 실로 **완전한** 명확성이기 때문이다. 그러나 이것은 그저 철학적 문제들은 **완전히** 사라져야 함을 뜻할 뿐이다. 진정한 발견이란 내가 원할 때 철학하는 것을 그만둘 수 있게 해주는 것이다. 진정한 발견은 철학에 평화를 주며, 그리하여 철학이 더 이상 **그것 자체**를 문제삼는 질문에 의해 고통받지 않도록 해준다. 대신 우리는 이제 예를 듦으로써, 방법을 시범적으로 제시한다. 일련의 예들은 끊어질 수 있다. **하나의** 문제가 아니라 문제들이 해결된다.(난점들이 제거된다.)

그의 철학관과 방법에 대해 나올 수 있는 자연스러운 반응을 예측하면서 그는 이렇게 묻는다. "우리의 탐구는 모든 흥미로운 것들, 즉 위대하고 중요한 모든 것을 파괴할 뿐인 것 같은데(말하자면 모든 건물들이 돌 조각들만 남기고 무너지는 것처럼) 그렇다면 이 탐구의 중요성은 어디에 있는 것일까?" 그는 이렇게 대답한다. "우리가 파괴하고 있는 것은 단지 카드로 만든 집들일 뿐이다. 우리는 그것들을 받쳐주고 있는 언어의 토대를 청소하고 있다." 그리고 이 점을 다른 비유로 이렇게 표현한다.

> 철학의 성과는 평범한 몇 개의 헛소리와, 이해력이 언어의 한계에 부딪침으로써 생겨난 혹을 드러내는 데 있다.

그런 '혹들'을 직접 경험하지 못했던 사람들이 이 같은 설명들을 이해할지는 의심스럽다. 그러나 이 방법은 그런 사람들을 위해서 개발되지는 않았다. 마치 프로이트의 분석이 심리적으로 안정된 사람들을 위해서 개발되지 않은 것처럼 말이다. 《철학적 탐구》는 아마도 어떤 철학적 고전보다도 독자들의 지성뿐 아니라 그들의 **개입**을 요구한다. 다른 위대한 철학 작품들, 가령 쇼펜하우어의 《세계와 표상》은 "쇼펜하우어가 무엇을 말했는지 알고 싶은" 사람이 재미있게 읽을 수 있는 책이다. 그러나 만약 《철학적 탐구》를 그런 마음으로 읽으면, 그것은 읽기 지루한 책이 될 것이다. 그것이 지적으로 어렵기 때문이 아니라, 비트겐슈타인이 무엇을 '말하고' 있는지를 추측하는 것이 실질적으로 불가능하기 때문이다. 왜냐하면 진실로 그는 아무것도 **말하지** 않고 있기 때문이다. 그는 혼란들을 해소하는 기술들을 제시하고 있다. 이것들이 **당신의** 혼란이 아니라면, 그 책은 아무런 흥미도 못 끌 것이다.

책을 이해하기 위해 요구되는 개인적 개입의 정도와 연결된 것인데, 그 책을 성 아우구스티누스의 《참회록》에서 인용한 구절로 시작하는 것이 적절한 일로 보이는 이유가 하나 더 있다. 그것은 비트겐슈타인에겐 **모든** 철학은, 그것이 정직하게 그리고 진심으로 추구되는 한, 고백으로 시작한다는 것이다. 그는 자주 철학적으로 훌륭한 글을 쓰고 철학적 문제들에 관해 올바로 생각하는 문제는 지성보다는 의지의 문제 — 오해하려는 충동에 저항하는 의지, 피상성에 대해 저항하려는 의지 — 라고 말했다. 진정한 이해를 방해하는 것은 보통 지성의 결핍이 아니라 자만심이다. 그러므로 "자부심이라는 당신의 건축물이 붕괴되어야 한다. 그것은 엄청나게 어려운 일이다." 자신의 자부심을 부수기 위해 요구되는 자신에 대한 세밀한 조사는 진실한 사람이 되기 위해서뿐 아니라 진실한 철학적인 글을 쓰기 위해서도 필요하다. "만일 어느 누구이건 어렵다는 이유로 자신 속으로 깊이 내려갈 의향이 없다면, 그는 피상적인 글만 쓸 것이다."

> 자신에 대해서 스스로 거짓말 하는 것, 자신의 의지 상태를 꾸며내서 자신을 속이는 것은 〔그 사람의〕 문체에 나쁜 영향을 미침이 틀림없다. 왜냐하면 그 결과 당신은 그 문체에서 무엇이 진짜고 무엇이 가짜인지를 구별할 수 없기 때문이다 …
>
> 내가 자신에게 연기를 한다면, 그 문체는 바로 그것을 표현하게 된다. 그러면 그 스타일은 나 자신의 것일 수 없다. 만일 당신이 자기가 누구인지 알 의향이 없다면, 당신의 글은 기만의 한 형태일 뿐이다.

비트겐슈타인이 자신에 관해서 가장 무자비할 정도로 정직했을 때 썼던 단평들을 가장 만족스럽게 여겼다는 것은 결코 우연이 아니다. 즉 그는 '자신에게 하강하기' 위해서 가장 치열하게 노력하고 자부심이 그로 하여금 거짓말을 하게끔 강요한 경우들을 시인할 때 쓴 글들에 가장 만족해 했다.

책 앞부분을 최종적으로 손보고 있던 몇 달 동안, 비트겐슈타인은 또한 자기 인생에서 나약하고 부정직했던 때를 기술하는 고백을 준비했다. 그는 그 고백을 가족들과 가까운 친구들에게 큰 소리로 읽으려는 의도를 품고 있었다. 그는 아마도 그 허위를 자신에게 인정하는 것만으로는 충분치 않다고 느꼈던 것 같다. 그를 약하게 만들었던 '그 자부심을 (적절히) 허물기' 위해서는 다른 이들에게 고백할 필요가 있었다. 이것은 그에게 가장 중요한 문제였다. 따라서 그는 1936년 11월 드루어리, 무어, 엥겔만, 파스칼 그리고 물론 프랜시스 스키너 등에게 편지를 써서, 크리스마스 기간에 **만나야만 한다**고 말했다. 이 편지들 중 남아 있는 유일한 편지는, 아마 다른 편지들도 대체로 비슷하리라고 추측할 수 있지만, 무어에게 보낸 것뿐이다. 그는 무어에게 이렇게 말했다. 그의 연구 말고도 "온갖 것들이 내 안(내 마음을 뜻합니다)에서 일어나고 있습니다."

> 그것에 대해 지금 쓰지는 않겠습니다. 그러나 내가 케임브리지에 갈 때—새해에 며칠 동안 거기에 가려고 합니다—그에 대해 당신에게 말할 수 있게 되기를 신에게 기원합니다. 그리고 아주 어렵고 심각한 이 문제들에 대해 당신의 충고와 도움을 바랍니다.

그는 프랜시스에게는 좀 더 직설적이었음이 틀림없다. 왜냐하면 그가 염두에 둔 것은 고백이라고 말했기 때문이다. 12월 6일자 편지에서 프랜시스는 이렇게 약속했다. "당신이 무엇을 말하든지 당신에 대한 나의 사랑을 변하게 만들 수 없습니다. 나 역시 모든 방식으로 엄청나게 썩었습니다." 프랜시스에게 더 중요했던 것은 드디어 비트겐슈타인을 다시 보게 되리라는 것이었다. "당신을 많이 생각하며, 우리의 사랑에 대해 생각합니다. 이것이 나를 계속 즐겁게 하고 낙담으로부터 벗어나게 해줍니다." 3일 후에 그는 그 약속을 반복했다. "당신이 자신에 관해서 말해야 하는 것이 무엇이든지 간에 당신을 향한 나의 사랑에 아무런 차이도 만들 수 없습니다 … 나는 당신보다 훨씬 더 나쁜 사람이기 때문에 당신을 용서하는 데에는 전혀 문제가 없습니다. 당신을 많이 생각하며, 항상 당신을 사랑합니다."

비트겐슈타인은 빈에서 크리스마스를 보냈고, 거기서 엥겔만과 일부 가족, 그리고 몇몇 친구들(핸젤이 포함되었음이 틀림없다)에게 고백을 했다. 이 사람들 중 어느 누구도 무슨 고백을 했는지 기록을 남기지 않았다. 엥겔만이 비트겐슈타인으로부터 받은 편지들을 출판했을 때, 그는 고백에 대해 언급했던 편지는 뺐다. 십중팔구 그것을 폐기시킨 것 같다. 새해에 비트겐슈타인은 케임브리지를 방문하여 무어, 드루어리, 파스칼, 허트 그리고 프랜시스에게 고백을 했다.

무어, 드루어리, 프랜시스는 고백 내용에 대해 비밀을 밝히지 않은 채 죽었다. 그러므로 우리는 파스칼과 허트의 회상에만 의존할 수밖에 없다. 다른 사람들이 고백을 듣고 어떻게 반응했는지 우리는 알지 못한다. 비록 파스칼의 말이, 드루어리와 무어의 반응이 어떠했을지를 가장 그럴듯하게 묘사한 것처럼 보이긴 하지만 말이다. 그녀는 그들에게 직접 들은 말은 아니지만, 그들이 "참을성 있게 들었고, 거의 아무 말도 안 했으며, 다정하게 참여하려 했고, 그가 이런 고백을 할 이유는 전혀 없지만 만일 고백을 해야 한다고 생각한다면, 그렇게 해도 좋다는 것을 태도와 표정으로 암시하려 했다"는 것을 안다. 그렇지만 드루어리에 의하면 그는 고백을 **들은** 것이 아니고 읽었다. 드루어리는 무어도 이미 그것을 읽었으며, 그렇게 해야 하는 것이 아주 불쾌한 것처럼 보였다고 부언했다. 이것 외에는 드루어리는 고백에 관해서 비트겐슈타인의 추억에서는 아무 말도 안 했다. 프랜시스에 대해서는 파스칼의 다음과 같은 추측이 분명히 맞을 것이다. "그는 크게 영향을 받아 비트겐슈타인에게서 눈을 떼지 못한 채 의자에 꼼짝하지 않고 앉아 있었을 것이다."

허트와 파스칼 모두에게 고백을 듣는 것은 불쾌한 경험이었다. 허트의 경우, 불쾌하게 느낀 이유는 라이언스의 카페에서 그와 마주 앉은 비트겐슈타인이 그의 죄를 크고 분명한 음성으로 낭송하는 동안 그저 앉아 있는 것이 창피했기 때문이었다. 한편 파스칼은 모든 것에 화가 났다. 비트겐슈타인은 적절치 않은 시간에 전화를 해서 그녀를 보러 갈 수 있는지 물었다. 그녀가 급한 일이냐고 묻자, 급한 일이라서 기다릴 수 없다는 대답을 들었다. 탁자 맞은편에 있는 그를 보면서 그녀는 이렇게 생각했다. "만일 기다릴 수 있는 것이 있다면, 바로 이런 식으로 행해지는 종류의 고백이다." 그가 고백을 딱딱하고 거리를 두는 방식으로 했기 때문에 그녀는 동정을 느낄 수 없었다. 어느 순간 그녀는 이렇게 외쳤다. "뭐가 문제입니까? 당신은 완전한 사람이 되고 싶은 겁니까?" 그러자 그는 벽력같이 외쳤다. "**물론이오**! 나는 완전하게 되기를 원해!"

파니아 파스칼은 비트겐슈타인이 고백했던 '죄들' 중 두 개를 기억한다. 이 둘 외에 소소한 죄들이 더 있었는데, 그것들은 그녀의 기억에서 지워졌다. 이것들 중 일부는 롤런드 허트가 기억하고 있었다. 하나는 비트겐슈타인이 알고 있었던 미국인의 죽음과 관련되어 있다. 그가 죽었다는 소식을 둘 모두의 친구였던 한 사람에게 들었을 때, 비트겐슈타인은 슬픈 소식을 들었을 때 처신하는 적당한 방식으로 대응했다. 이것은 그에게는 부정직한 행위였는데, 사실 그에게 새로운 소식이 아니었기 때문이었다. 그는 이미 그 죽음에 대해 들은 상태였다. 다른 하나는 1차 대전 중에 있었던 사건과 관련이 있다. 비트겐슈타인은 상관으로부터 한 하천에 다리로 놓여 있던 튼튼하지 못한 널빤지를 건너서 몇 개의 폭탄을 운반하라는 지시를 받았다. 처음에 그는 두려워서 하지 못했다. 마침내 두려움을 극복했지만, 그가 최초에 느꼈던 비겁한 마음은 그때 이후 그를 괴롭혔다. 또 다른 것은 비록 대부분의 사람들이 그가 동정을 지킨 것으로 생각하겠지만, 그렇지 않다는 사실과 관련이 있다. 젊었을 때 그는 한 여성과 성관계를 맺었다. 비트겐슈타인은 '동정남' 또는 '성관계'란 단어들을 사용하지 않았지만, 허트는 이것이 그가 의미했던 것임을 의심하지 않았다. 비트겐슈타인이 실제로 사용한 단어들은 그의 기억에서 지워졌다. 그것들은 다음과 비슷했다고 그는 생각한다. "대부분의 사람들은 내가 여성들과 아무런 관계도 없었다고 생각할 것이다. 그러나 그렇지 않다."

파니아 파스칼이 기억하는 '죄들' 중 첫 번째 것은 비트겐슈타인이 그를 아는 대부분의 사람들로 하여금, 그가 3/4은 아리안계이고 1/4은 유대계로 — 실제로는 그 반대인데 — 믿게끔 했다는 것이다. 즉 비트겐슈타인의 조부모 중 셋이 유대계의 후손이었다. 뉘른베르크 법에 따르면, 이것은 비트겐슈타인 자신을 유대인으로 만들었고, 이 고백을 나치 독일의 존재와 연결시킨 점에서 파스칼은 확실히 옳았다. 비트겐슈타인이 그녀에게 말하지 않았지만, 그녀가 나중에 알게 된 것은 그의 '유대' 조부모 중에서 한 명도 실제로는 유대교도가 아니었다는 것이다. 두 사람은 신교도로, 세 번째 사람은 가톨릭교도로 세례를 받았다. "대단한 유대인!"이라고 그녀는 말했다.

지금까지 이 모든 '죄들'은 태만의 죄들이었다. 그것들은 오로지 비트겐슈타인이 무엇을 하는 데 **실패**했거나 혹은 사람들을 오도할 수도 있는 인상을 교정하지 않았던 경우들과만 관련이 있다. 마지막이며 가장 고통스러운 죄는 비트겐슈타인이 말한 허위와 관련되어 있다. 고백의 이 단계에서 "그는 자신을 더 강하게 제어해야 했고, 딱 부러지게 그가 얼마나 비겁하고 부끄러운 행동을 했는지 말했다"고 파스칼은 회상한다. 그렇지만 이 고백에 대한 그녀의 설명은 그녀가 기술한 사건의 인상을 이상하게 왜곡시킨다.

> 오스트리아의 한 지방 학교에서 교사로 있던 짧은 기간 동안, 그는 자기 반의 어린 여학생을 때려서 다치게 했다.(상세한 것을 기억할 수 없지만, 신체적으로 폭력을 행사했다는 내용이다.) 여학생이 교장에게 항의하기 위해 달려갔을 때, 비트겐슈타인은 폭행 사실을 부인했다. 그 사건은 젊은 시절의 그에게 남성다움의 위기로 떠올랐다. 아마 이것이 그로 하여금 교사직을 포기하고, 혼자서 살아야 한다고 깨닫게 했는지 모른다.

이 설명은 많이 왜곡되었다. 첫째, 이 사건이 오테르탈에서 일어났을 때, 비트겐슈타인은 30대 후반이라 '젊은 시절의 남성다움'으로 묘사되기

24 호흐라이트에서 가족과 함께

25 호흐라이트에서, 루트비히, 헬레네, 그리고 파울

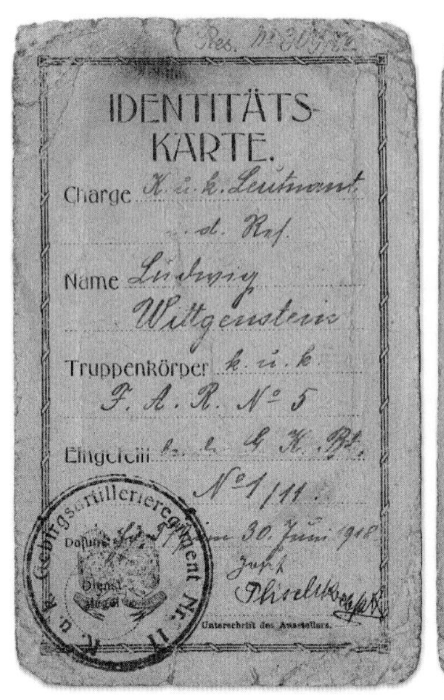

IDENTITÄTS-
KARTE.

Charge K. u. k. Leutnant d. Res.

Name Ludwig Wittgenstein

Truppenkörper k. u. k F. A. R. N° 5

Eingeteilt k. u. k G. K. Bt. N° 1/11.

Datum ... am 30. Juni 1918

Unterschrift des Ausstellers.

Datum Gf. 379, am 30. Juni 1918

Unterschrift des Besitzers

26~27 1차 대전 시 비트겐슈타인의 군인 신분증

28 트라텐바흐에 있는 여관 '갈색 사슴'에 있는 비트겐슈타인의 방

29 슈네베르크 푸흐베르크에서 학생들과 함께 사진을 찍은 비트겐슈타인

30 프랭크 램지

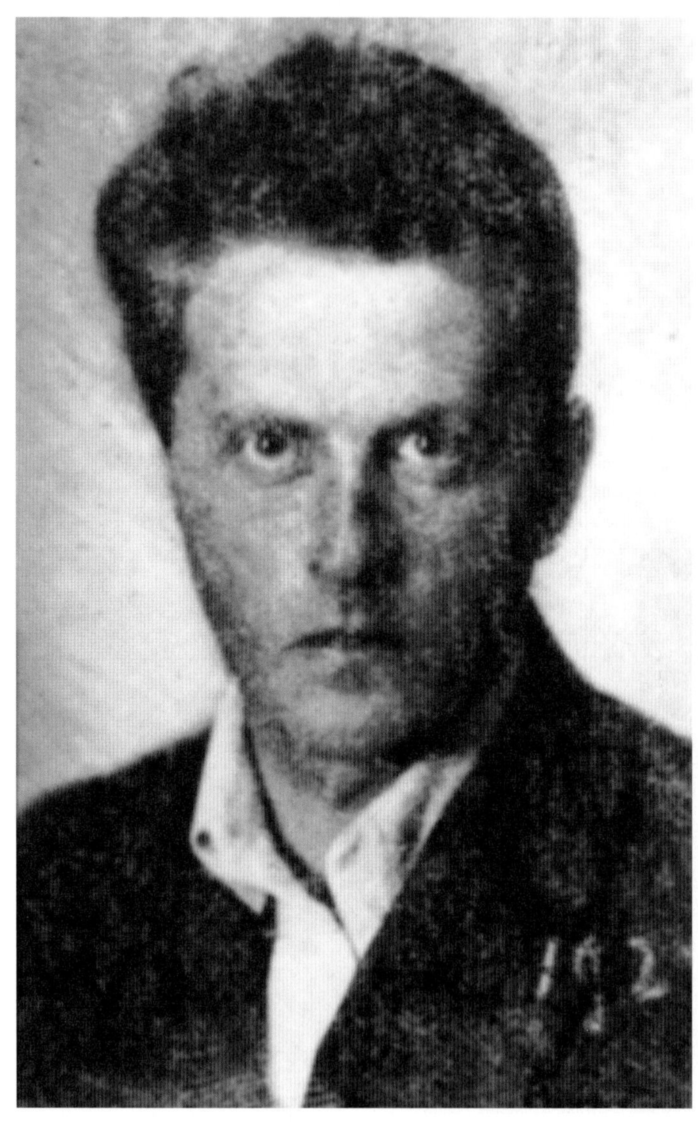

31 비트겐슈타인, 1925년

32~33 비트겐슈타인이 누이를 위해서 설계한 쿤트만가세에
지은 저택의 문고리와 창문 손잡이

34 쿤트만가세의 저택

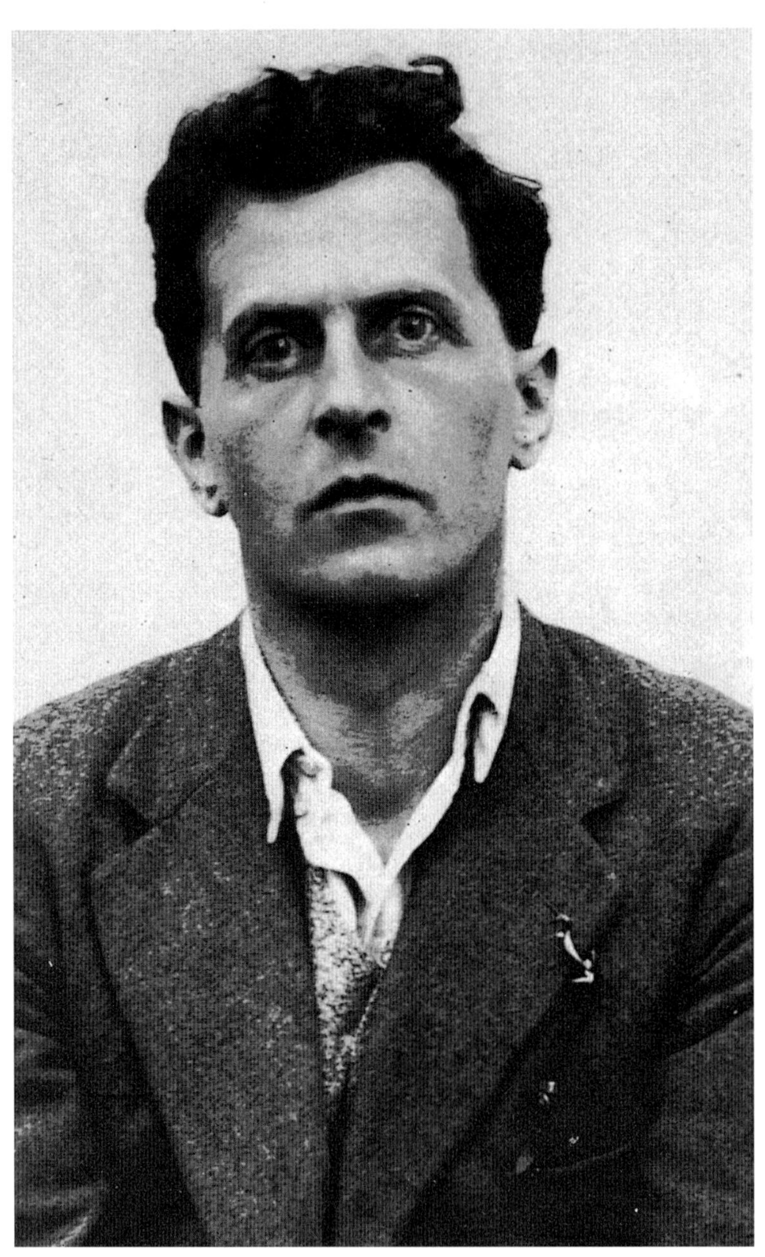

35 1929년 트리니티 칼리지로부터 연구비를 수여받은 후 찍은 인물 사진

36 1930년 연구비를 받은 후 찍은 인물 사진

Dear old Blood, I'm sure you'll
be interested to see me
as I walk with a sister & a
friend of mine in an exhibition
of bloody modern houses. Don't
I look enterprising?! You can
gather from this picture that
we had very hot weather but
not that there was a terrific
thunderstorm half an hour after this
was taken. I am, old god, yours
in bloodyness

37~38 빈에서 길버트 패티슨에게 보낸 엽서. "친애하는 오랜 피Blood, 네가 이 사진에 있는 내 모습을 재미있어하리라는 것을 확신한다. 나는 누이와 친구(마르가레테 스톤버러와 아르비트 셰그렌)와 함께 피 같은bloody 현대식 주택 전시장을 걷고 있다. 내가 사업가처럼 보이지 않는가?! 이 사진으로부터 너는 날씨가 매우 더웠다는 것을 추측할 수 있겠지만, 사진을 찍은 지 반 시간 후 심한 뇌우가 있었다는 것은 추측할 수 없을 것이다. 피투성이 bloodyness 속에서, 너의 루트비히가."

에는 약간 나이 든 편이었다. 더욱 중요한 것은, 파스칼은 육체적으로 폭력을 행사한 것이 비트겐슈타인의 학급에선 드물지 않게 일어났던 일임을 몰랐던 것 같다. 또 그녀는 비트겐슈타인이 폭력을 행사했다는 고발에 답하기 위해 실제로 재판정에 서기까지 했다는 것을 몰랐던 것 같다. 비트겐슈타인이 이런 것들을 그녀에게 말하지 않았다는 것 —그가 이 단일 사건을 오테르탈에서 저지른 비행의 한 상징으로 사용했다는 것—은 가능하다. 어쨌든 그녀는 비트겐슈타인의 고백을 들을 기분이 전혀 아니었고, 고백을 할 때 그가 보인 태도 때문에 더 거리감을 느꼈다. 롤런드 허트는 그 고백을 단일 사건에 관해서 교장에게 거짓을 말한 것으로서가 아니라, 재판에서 거짓말을 해야 했던 것을 인정하는 것으로 기억한다. 이것이 오테르탈 주민들이 한 이야기와 더 잘 일치하며, 그 거짓된 행동이 왜 비트겐슈타인을 그렇게 괴롭혔는지 더 잘 설명해준다.

비트겐슈타인이 고백했던 모든 거짓된 행동들 중에서 오테르탈에서의 행동이 가장 커다란 짐으로 느껴졌다는 것은 의심의 여지가 없다. 그는 그것으로부터 벗어나기 위해 파스칼과 허트가 알았던 것보다 훨씬 더 나아갔었다. 그가 고백을 했던 바로 그해에, 비트겐슈타인은 오테르탈로 가서 그가 다치게 했던 아이들에게 개인적으로 사과하기 위해 그들의 집을 방문하여 마을 주민들을 놀라게 했다. 그는 최소한 네 아이들(아마도 더 많았을 것이다)의 집을 방문해서, 그들에게 잘못한 행위에 대해 용서를 빌었다. 그들 중 일부는 관대하게 응대했다. 오테르탈 주민인 게오르크 슈탕겔Georg Stangel은 이렇게 회상한다.

> 저는 비트겐슈타인의 학생은 아니었습니다. 하지만 전쟁이 일어나기 얼마 전에 비트겐슈타인이 제 집을 찾아와서 형과 아버지에게 사과할 때, 그 자리에 있었습니다. 비트겐슈타인은 약 1시쯤에 부엌에 있는 저에게 와서 이그나츠Ignaz가 어디 있는지 물었습니다. 저는 형을 불렀는데 아버지도 함께 계셨습니다. 비트겐슈타인은 만일 그가 형을

부당하게 대했다면 사과하고 싶다고 말했습니다. 이그나츠는 사과할 필요가 없으며, 비트겐슈타인으로부터 잘 배웠다고 말했습니다. 비트겐슈타인은 약 반 시간쯤 머물렀습니다. 그는 또 간스터러Gansterer와 골트베르크Goldberg에게도 용서를 빌고 싶다고 말했습니다.

하지만 당시 비트겐슈타인을 공격하려 했던 사람, 즉 피리바우어 씨 집에 가서는 그렇게 관대한 대우를 받지 못했다. 거기서 그는 피리바우어의 딸인 헤르미네에게 사과를 했다. 그녀는 비트겐슈타인이 귀와 머리털을 너무 세게 잡아당겨서 귀에서 피가 나고 머리카락이 빠진 적이 있었기 때문에 그를 깊이 증오하고 있었다. 비트겐슈타인이 용서를 빈다고 간청하자, 그녀는 경멸적으로 "네, 네"라고만 응답했다.

이것이 비트겐슈타인에게는 얼마나 모욕적이었을지 상상하는 것은 어려운 일이 아니다. 그리고 자신을 이런 식으로 비참하게 만든 이유는 바로 그 자신을 벌주기 위한 것처럼 보일 수도 있다. 그러나 내가 생각하기에 이것은 그의 고백과 사과의 목적을 오해하는 것이다. 그의 목적은 자신의 자부심을 벌의 한 형태로 **해치는** 것이 아니었다. 그것은 자부심을 **벗기는** 것, 말하자면 정직하고 진실한 생각을 가로막는 장벽을 제거하는 것이었다. 만일 그가 오테르탈의 아이들에게 잘못했다면, 그들에게 사과해야 한다. 이런 생각은 모든 사람들에게 떠오를 수 있지만, 대부분의 사람들은 이런저런 이유로 곧 그것을 무시해버릴 것이다. 가령 그 일은 오래전 일이라거나, 주민들은 사과를 이해하지 못하고 이상하게 생각할 것이라거나, 겨울에 오테르탈로 가는 것은 쉽지 않다거나, 사과를 하는 것은 고통스럽고 모욕적일 것이며, 그 곤란한 일은 결국 굳이 할 만한 가치도 없다는 등의 이유들 말이다. 그러나 이런 이유들이 설득력이 있다고 생각하는 것은—대부분이 그렇게 생각하겠지만—결국은 비겁해지는 것이다. 그리고 이것이야말로 무엇보다도 비트겐슈타인이 피하기로 굳게 다짐했던 것이다. 즉, 그는 고통과 모욕을 **찾아서** 오테르탈에 가지 않았다. 오히려—모욕을 감수하고 사과를 하려는 결심으로 간 것이다.

고백의 효과에 대해 생각하면서 그는 이렇게 적었다.

> 지난해 나는 신의 도움으로 기력을 회복해서 고백을 했다. 이 때문에 나는 더 잔잔한 물로 들어가게 되었으며, 다른 사람들과 더 좋은 관계를 맺을 수 있었고, 더 진지하게 되었다. 그러나 지금은 마치 내가 그것을 다 써버린 것처럼 되어서, 과거에 있던 곳으로 다시 돌아온 것 같다. 나는 측정할 수 없을 정도로 비겁하다. 만일 이것을 고치지 않는다면, 과거에 내가 있던 그 물속으로 다시 완전히 잠기게 될 것이다.

비트겐슈타인은 그의 고백을 비겁함을 제거하는 일종의 수술로 간주했다. 그에 걸맞게 그는 그 전염병을 악성으로 간주했고, 계속 치료할 필요가 있다고 생각했다. 그가 신체의 부상을 비교적 사소한 것으로 간주한 것도 그에 걸맞는 일이었다. 1937년 새해 노르웨이로 돌아간 후 얼마 안 있어서 그는 사고를 당해 갈비뼈 하나를 부러뜨렸다. 그가 자신의 도덕적 상태를 응급조치가 필요한 문제로 생각한 데 비해, 그는 이 부상을 그저 농담과 함께 무시해버렸다. 그는 패티슨에게 이렇게 말했다. "그것을 제거해버리거나 그것으로부터 아내를 만드는 일을 생각해보았다. 그러나 갈비뼈로 여자를 만드는 기술은 잊혀졌다고 한다."

그 고백이 프랜시스에게 준 영향이 있다면, 아마도 그의 마음을 좀 더 자유롭게 말하도록, 즉 **그**가 숨겨왔던 것들 중 일부를 드러내도록 대담하게 만들었다는 것이다. "당신에게 감추는 게 있다는 것이 나쁘다는 생각이 듭니다. 비록 그렇게 하는 이유는 나 자신에 대해 부끄럽기 때문이지만 말입니다"라고 그는 1937년 3월에 쓴 편지에서 말했다. 그러나 이 경우에 그가 밝혔던 것은 과거의 행위들이 아니고, 현재의 감정들, 특히 케임브리지에 있는 공장에서 일하지 않고 비트겐슈타인과 함께 있고 싶으며, 그와 함께 연구하는 것을 더 선호한다는 마음이었다. "난 가끔 우리가 무슨 일이건 함께할 수 있었으면 하고 바랍니다. 난 당신을 내 인생의 한 부분이라고 느낍니다." 그를 걱정하게 했던 것은 자신의 도덕적 상태가 아니라(확실히 비트겐슈타인의 도덕적 상태도 아니다) 그들의 관계 — 그들 사이가 점점 더 벌어지고 있으며 외부 환경에 의해 헤어지도록 강요받을지도 모른다는 두려움 — 였다.

> 난 우리의 관계에 대해 많이 생각합니다. 우리는 서로 의존하지 않고 행동할 것인가? 당신에게 의존하지 않고 행동할 수 있을까? 만일 전쟁이 일어난다면 어떻게 될 것인가? 또는 만일 우리가 영원히 헤어진다면? 난 용기가 없습니다. 당신을 자주 그리워합니다. 내 마음 상태가 어떻건 당신이 내 옆에 있다고 느낍니다. 내가 아주 나쁜 일을 하더라도 그렇게 느낄 것입니다. 난 언제나 당신의 오랜 친구입니다. 당신을 생각하는 것이 좋습니다.

프랜시스에겐 더 이상 비트겐슈타인의 연구에 참여하지 못한다는 생각 — 그가 더 이상 어떤 의미로도 비트겐슈타인의 협력자가 아님을 인정하는 것 — 은 고통스러운 일이었다. 5월에 그는 이렇게 적었다. "난 한 번도 당신의 현재 연구를 완전히 이해했다고 생각한 적이 없습니다. 그것을 더 잘 이해하도록 노력해보겠습니다." 그 편지에는 스라파와 만났던 일이 적혀 있는데, 그는 스라파로부터 "많은 것을 배웠고 도움이 되었다"고 말했다. 스라파는 "노동자들에 관해서 아주 좋게 말했다." 그러나 그 자신 노동자로서 프랜시스는, 그에겐 대단히 놀랍게도 철학적 문제들이 이젠 다소 멀어진 것처럼 보이기 시작했다.

> 요즘에는 철학이 지금 나에게 무슨 소용이 있는지 생각하고 있습니다. 나의 지적인 양심을 잃고 싶지 않습니다. 내가 철학을 배우는 데 소비한 그 모든 세월을 어떤 식이건 이용하고 싶습니다. 그저 더 영리한 사람이 되기를 바라지는 않습니다. 단어들을 정확하게 사용하는 것이 중요하다는 점을 마음에 새기고 싶습니다 … 또한 철학적 문제

들이 내게 정말로 중요한 문제들임을 잊지 말아야 한다고 생각합니다.

5월 27일자의 이 편지는 빈에 있는 비트겐슈타인에게 보내졌다. 1937년 봄 동안 노르웨이에서 한 연구는 진행이 잘 되지 않았다. "부분적으로는 나 자신에 관해서 많이 신경을 썼기 때문"이라고 그는 무어에게 말했다. 그는 여름 초에는 가족과 함께 지냈고, 그 후에는 프랜시스와 함께 이스트로드East Road에서 지냈다. 케임브리지에서 한 일은 프랜시스가 도와줄 **수 있었을** 일이었다. 그는 지난겨울에 썼던 단평들을 구술해서 타자본을 만들었는데, 이것은 《철학적 탐구》의 처음 188개 단원들을 이룬다. 8월 10일 그는 다시 노르웨이로 떠났다.

비트겐슈타인이 노르웨이에 돌아왔을 때 불안에 가득 차 있었다는 것은 일기를 보면 분명하게 나타난다. 숄덴으로 가는 배에서 그는 거의 아무것도 쓰지 못했고, 연구에 전심전력하지 못했다고 적었다. 며칠 후 그는 자신을 "헛되고 아무 생각 없이 걱정하는"—즉 혼자 사는 것을 걱정하는—사람으로 묘사한다. "우울해질까 봐, 그래서 연구를 할 수 없을까 봐 두렵다."

이제 누군가와 함께 살고 싶다. 아침에 사람의 얼굴을 보고 싶다. 한편으로는, 난 지금 너무 **부드러워져서** 혼자 사는 것이 내겐 좋을 것 같다. 지금 나는 큰 모욕을 당할 만하다.

"아무런 생각 없이 있어서는 안 된다고 느낀다. 그러나 고독하기 때문에 우울해지면, 연구를 하지 못하게 될 것 같다. 집 안에서 나의 모든 생각들이 죽어 없어질까 봐, 거기에서 절망감이 나의 열정을 모두 빼앗아 갈까 봐 두렵다." 그러나 그가 거기 말고 어디서 연구를 할 수 있었겠는가? 집이 아니라 숄덴에서 산다는 생각 때문에 그는 괴로웠지만, 케임브리지에선 "**가르칠** 수는 있지만, 쓸 수는 없었다." 다음 날 그는 "불행하고, 무력하며, 생각 없는" 그런 사람이었다. 이때 그에게 떠오른 생각은 "프랜시스가 유일하고 대체 불가능한 존재라는 것, 그런데 이 점을 그와 있을 땐 거의 깨닫지 못한다는 것"이었다.

> 완전히 시시한 일에 사로잡혀 있다. 짜증을 잘 내며 오로지 자신만을 생각한다. 내 인생은 비참한데, 나는 그것이 얼마나 비참한지 전혀 모르고 있다.

그는 집 안으로 다시 쉽게 들어갈 수 없었다. 이전에는 매력적으로 보였던 방이 이젠 낯설게 느껴졌다. 대신 그는 안나 레브니의 숙소를 함께 썼는데, 그렇게 하면서 그는 양심과 싸워야 했다. 그녀와 함께 살아야 하고, 자신의 집을 빈 집으로 놔둬야 한다는 것이 그에게는 '이상한unheimlich' 것으로 생각되었다. "집을 갖고서 그 안에서 살지 않는 것이 부끄럽다. 부끄러운 느낌이 그렇게 강한 것이 이상하다." 레브니의 집에서 하룻밤을 보낸 후, 그는 거기에서 이방인처럼 느꼈다고 썼다. "내가 여기서 살 권리나 충분한 이유가 있는지 알지 못한다. 내겐 고독하게 지내야 할 필요성이 진정으로 있는 것도 아니요, 공부를 하려는 강한 충동도 없다." 그는 무릎이 약해졌다고 느꼈다. "날씨 때문인가? 내가 불안에 그렇게 쉽게 지배당하는 것이 무섭다." 그는 자신의 집으로 다시 들어갈까 생각했지만 "거기서 슬픔이 나를 지배할까 봐 무섭다." 언덕 위를 올라가는 것이 어렵다고 그는 적었다. 사람들은 억지로 그렇게 할 뿐이다. 그 자신 그런 시도를 하기에는 너무 약해졌다고 느꼈다. 하루 이틀 동안, 그는 그 문제가 심리적이라기보다는 육체적이라고 생각하려고 했다. "지금 정말로 아프다. 복부에 통증이 있고 열이 난다"고 그는 8월 22일 적었다. 그렇지만 다음 날 체온은 정상이지만 아주 피곤하게 느낀다고 기록했다. 8월 26일에야 비로소 처음으로 회복되었다는 징후를 기록하기 시작했다. 그는 다시 한 번 노르웨이의 풍경을 즐겁게 바라볼 수 있었다. 그는 그날 두 통의 편지—하나는 프랜시스로부터, 다른 하나는 드루어리로부터 온 편지—를 받았다.(그는 이것을 "선물들로 샤워를 했다"고 표현했다.) "둘 모두 감동적일 정도로 사랑스럽다." 같은 날 그는 드디어—노르웨이에 살러 간 지 1년 만에—프랜시스에게 노르웨이로 오라고 초청하는 편지를 썼다. "그것이 잘 배달되기를 빈다. 그리고 내가 반쯤이라도 품위 있게 되기를 빈다."

프랜시스는 초대를 신속하게 받아들였다. 8월 23일 쓴 편지에서 그는 이렇게 말했다. "당신은 한 편지에서 '네가 여기 있었으면 하고 바란다'고 말했습니다. 내가 당신을 보러 간다면 당신에게 도움이 될까요? 아시다시피 저는 가려고 합니다. 그것도 아주 기꺼이 말이죠." 지금 "나는 굉장히 당신을 보러 가고 싶습니다. 그것이 내게 좋으리라는 것은 분명합니다. 난 그렇게 확신합니다." 그렇지만 발에 생긴 물집 수술을 받느라고, 그는 9월 셋째 주가 되어서야 여행을 떠날 수 있었다.

이 기간에 비트겐슈타인은 점점 정신적으로 안정이 되어갔고, 다시 집으로 들어갈 수 있었다. "인생에서 만나는 문제들을 해결하는 방법은 문제 되는 것들을 사라지게 하는 방식으로 사는 것"이라고 그는 8월 27일 적었다.

> 인생이 문제를 안고 있다는 사실은 네 인생의 외양이 인생의 주형에 맞지 않는다는 것을 보여준다. 그래서 넌 살아가는 방법을 바꿔야 하고, 일단 네 주형에 맞는다면 문제는 사라질 것이다.
>
> 그러나 우리는 인생에서 아무런 문제도 보지 못하는 사람은 중요한 것, 심지어 가장 중요한 것을 보지 못한다는 느낌을 갖지 않는가? 그런 사람은 그저 목표 없이 두더지처럼 장님으로 살고 있으며, 만일 그 사람이 볼 수만 있다면 그 문제를 볼 것이라고 느껴지지 않는가?
>
> 또는 이렇게 말해야 할까? 올바르게 사는 사람은 문제를 **슬픔**으로 경험하지 않을 것이다. 그래서 그 사람에게 그것은 의심스러운 배경이 아니라 인생을 둘러싼 밝은 후광일 것이다.

여기 나온 표현들을 사용한다면, 비트겐슈타인은 자신을 장님으로도 또는 올바르게 사는 사람으로도 보지 않았다. 그는 인생의 문제를 문제로, 슬픔으로 느꼈다. 분명히 그는 문제를 자신과 합치시켰다. "나 자신은 나쁜 행동을 하고, 비열하며 더러운 느낌과 생각을 한다"(1937년 8월 26일). "나는 비겁하며, 모든 일에서 자꾸 반복해서 그것을 알게 된다"(1937년 9월 2일). "나는 종교가 없다. 그러나 불안Angst은 있다"(1937년 9월 7일). 마지막 문장에 나오는 '그러나'는 마치 그가 신앙심이 없는 것을 불안하게 느낀 것처럼, 최소한 그는 장님으로 살고 있지 않다는 것을 입증했다는 것을 재확인하는 것처럼 보인다. 그것은 그에게 최소한 '인생 주위에 빛나는 후광'을 갖고 살아갈 가능성을 주었다. 9월 4일 그는 이렇게 적었다.

> 기독교는 원리가 아니다. 즉 인간의 영혼에 일어났던 그리고 일어날 것에 관한 이론이 아니고, 인간의 생활에서 실제로 일어날 것의 기술이다. 왜냐하면 '죄의식'은 진정한 것이며, 또한 절망과 신앙을 통한 구원도 그렇기 때문이다. 그런 것들에 관해서 말하는 사람들은(예를 들면 버니언Bunyan) 그저 그들에게 일어났던 것을 기술하고 있을 뿐이다. 누군가가 그것을 어떻게 치장하고 싶어 하건 간에 말이다.

언제나 그랬듯이 그가 추구했던 것은, 그 자신 안에 있는 신 — 그 자신의 절망을 신앙으로 변형시키는 것 — 이었다. 다음 며칠 동안 거친 폭풍이 몰아쳤다. 이 기간 동안 그가 신을 저주하려고 유혹 받는 자신을 발견했을 때, 그는 자신을 매질했다. 그것은 '그저 사악하고 미신적'이었을 뿐이라고 그는 자신에게 말했다.

그의 기력은 9월 11일에 회복되어서 많은 양의 원고들 중 하나를 쓰기 시작할 수 있었지만, 그는 '잘난 체하고 나쁜 스타일로' 쓰는 것에 놀랐다고 말했다. 그는 일을 겨우 해나가지만, 그 일에서 아무 즐거움도 찾을 수 없었다. "마치 내 일에서 정수가 빠져나간 것 같다"고 그는 9월 17일 적었다.

다음 날 그는 프랜시스를 만나기 위해 베르겐으로 떠났다. 그는 아주 육욕을 느꼈다고 적었다. 밤에 잠을 잘 수 없을 때 그는 육욕적인 상상을 했다. 1년 전의 그는 훨씬 더 품위 있었다, 즉 더 **진지**했었다. 프란시스가 집에 도착한 후, 비트겐슈타인은 그에게 '육욕적이었고 민감했고 외설적'이었다. "그와 함께 두세 번 누웠다. 항상 처음에는 그것이 전혀 나쁜 일이 아니라고 느꼈다가, **그다음에는** 부끄러워졌다. 또한 그를 공정하게 대하지 못했고, 신랄하고 불성실했으며 잔인했다." 이것이 그와 프랜시스가 성적으로 관계를 맺은 유일한 경우였는지 우리는 알지 못한다. 그것은 확실히 암호로 적은 그의 단평들 중에서 언급된 유일한 경우이다. 놀라운 것은 그와 함께 누운 것에 관한 설명과 프랜시스에 대한 그의 사랑의 결핍에 대한 관찰을 함께 배치한 것이다. 아니면 아마도 그가 표현하려는 것은 사랑이 없어지게 되는 데 대한 **두려움**일 수도 있다. 마치 그가 바이닝거의 다음 말이 옳다는 것을 발견하게 된 것처럼 말이다. "사랑하는 대상과의 육체적 접촉은, 성적인 충동이 깨어나는 그런 접촉은 … 그 순간 사랑을 죽이기에 충분하다."

프랜시스가 비트겐슈타인의 집에서 머물렀던 열흘 동안 암호로 된 단평들은 딱 하나뿐이다. "아주 참을성이 없다!"(1937년 9월 25일). 그렇지만 10월 1일 프랜시스가 떠났던 날 그는 이렇게 썼다.

> 지난 5일은 근사했다. 그는 여기 생활에 적응했고 모든 것을 사랑으로 다정하게 행했다. 나도 다행히 조급하지 않았다. 진정 그럴 필요가 전혀 없다. 나 자신의 썩은 본성이 아니라면 말이다. 어제 난 그와 함께 송달Sogndal까지 갔다가 오늘 오두막으로 돌아왔다. 약간 우울하고 피곤하다.

물론 프랜시스에겐 그들이 비트겐슈타인 집에서 보낸 첫날밤에 겪었던 육욕과 친밀함이 전혀 바이닝거 식의 함축을 갖고 있지 않았다. 그는 사랑을 잃는 두려움 없이 비트겐슈타인에 대한 자신의 '민감성'을 탐닉할 수 있었다. 예를 들면 날짜가 안 적힌 편지에서 그는 이렇게 썼다. "난 우리가 과거에 함께했던 모든 것을, 그리고 또한 우리가 여기 케임브리지에서 했던 것을 모두 기억합니다. 이것은 나로 하여금 가끔 아주 격렬하게 당신을 갈망하게 만듭니다." 그리고 노르웨이 방문 후에 곧 쓴 편지들은 그 방문이 얼마나 '멋졌는지'를 그들이 인정했다는 것을 반복해서 표현한다.

> 난 **계속해서** 당신을, 그리고 당신과 함께 지냈던 멋진 시간을 생각합니다. 그런 일이 가능했다는 것이 멋졌습니다. 당신과 함께 있으면서, 당신의 집에서 당신과 함께 사는 것은 너무 사랑스러운 일이었습니다. 그것은 우리에게 멋진 선물이었습니다. 이 일이 내게 도움이 되길 바랍니다. 〔날짜 미상〕

> 당신과 함께 있을 때 얼마나 좋았는지, 그리고 당신과 함께 그 풍경을 바라보는 것이 얼마나 멋진 일이었는지 자주 생각하고 있습니다. 당신은 내게 가장 근사하게 좋았습니다. 당신과 함께 있는 것은 내게 아주 좋은 일이었습니다 … 당신과 함께 있었던 일은 멋졌습니다. 〔1937년 10월 14일〕

프랜시스는 1년 전에 바랐던 대로 노르웨이에서 비트겐슈타인의 방청소를 도와주었다. 비트겐슈타인은 지저분한 것을 아주 싫어했기 때문에, 마루를 청소하기 위해서 특별히 엄격한 방법을 썼다. 그는 젖은 찻잎들을 마루 위에 뿌려서 더러운 것이 스며들게 한 후, 그것들을 쓸어버렸다. 그는 머무는 곳마다 자주 이렇게 했고, 한순간도 방에 카펫을 까는 것을 거부했다. 프랜시스가 이스트로드의 아파트로 돌아왔을 때, 그는 이 까다로운 성격을 일종의 기념물로 받아들였다.

난 당신을 많이 생각합니다. 또한 당신과 함께 방을 청소했던 일이 얼마나 즐거웠는지 자주 생각합니다. 여기 돌아와서 난 카펫을 깔지 않기로 결심했습니다. 왜냐하면 그것을 제대로 깨끗하게 유지할 수 없다는 것을 알기 때문입니다. 지금 방을 청소해야 합니다. 그것이 당신과 함께 있었던 때를 생각나게 하기 때문에, 그 일을 하고 싶습니다. 그때 제대로 청소하는 법을 배우게 되어 기쁩니다.

프랜시스는 도덕과학클럽의 모임에 갈 때 비트겐슈타인의 외투를 입고 갔다. 그 모임에 대해 말할 때, 그는 평상시와는 달리 온화한 어조를 버리고 그답지 않게 잔인함을 보여준다. 이것은 아마 비트겐슈타인으로부터 빌린 것인지 모른다.

무어 교수는 참석하지 않았고, 사회는 브레이스웨이트가 보았습니다. 윤리학에 관한 글이 발표되었습니다. 브레이스웨이트가 토론 중에 보인 태도는 구역질 나는 것이었습니다. 그는 토론의 진지함을 빼앗아 가버렸습니다. 그는 전혀 토론을 책임진 사람처럼, 혹은 토론에 진지한 목적이 있다고 생각하는 사람처럼 말하지 않았습니다. 토론 내내 계속 웃음이 터져 나왔는데, 그중 많은 것이 그가 유발한 것입니다. 그의 말이 단지 형편없는 것이었다면 괘념하지 않았을 것입니다. 그러나 진지하지 않은 것이 싫었습니다. 그 토론에서 유용하며 가치 있는 것은 아무것도 나올 수 없었습니다.

일기에서 비트겐슈타인은 이 편지를 'Fr.로부터 온 다정한 편지'로 묘사한다.

그는 브레이스웨이트가 사회를 본 그 토론이 얼마나 형편없었는지

… 썼다. 그러나 그것에 대해 어떻게 반응해야 할지 모르겠다. 왜냐하면 다른 사람들도 역시 진지하지 않기 때문이다. 또한 나도 너무 **비겁해서** 단호한 일은 아무것도 못 할 것이다.

다른 편지에서 프랜시스는 비슷하게 비판적인 태도로 파니아 파스칼의 '현대 유럽'에 대한 강의를 평했다. 이 강의는 노동자 교육협회Worker's Educational Association에서 한 것으로 내용은 현재의 사건들에 관한 것이었다. 이때 비트겐슈타인은 단호하게 간섭하려고 시도했다. 그는 파스칼이 '가혹하고 허세 부리는' 편지로 묘사한 편지를 그녀에게 보냈다. 이 편지 때문에 파스칼은 격노했는데 "그것이 더 마음에 사무쳤던 이유는 나는 감히 그런 말을 그에게 하지 않을 것이기 때문이었다." 비트겐슈타인은 그녀는 절대로 그 강의를 해선 안 된다고, 그 강의를 하는 것은 그녀에게 나쁘고 악하며 해로운 일이라고 말했다. **왜** 그가 그렇게 생각했는지, 그 편지에서 정확하게 무엇을 말했는지 우리는 알 수 없게 되었다. 파스칼이 그것을 분노에 떨면서 찢어버렸기 때문이다.

프랜시스가 숄덴을 떠난 후 약 2주일이 되어서야, 프랜시스가 보낸 첫 번째 편지가 비로소 비트겐슈타인에게 배달되었다. 비록 평상시보다 더 늦어진 것은 아니었지만, 이것은 그가 두려워했던 것을 확인시켜주기에 충분했다. 10월 16일 그는 이렇게 썼다. "12일 동안 프랜시스로부터 소식을 듣지 못했다. 약간 걱정이 된다. 왜냐하면 그가 아직 영국에서 편지를 쓰지 않았기 때문이다. 신이여, 이 세상엔 얼마나 많은 불행한 일과 참혹한 일이 있습니까." 그다음 날 그는 편지를 받았다. "이제 안심이 되고 기쁘다. 신이여, 우리를 도우소서."

그동안 루트비히 핸젤의 아들인 헤르만Hermann이 그를 잠시 방문했다. "그는 인상이 **좋았다**. 나는 그와 **별로** 가깝지 않다. 왜냐하면 그는 나뭇결grobkörnig이 거친 사람이라 나와 맞지 않기 때문이다." 그러나 나뭇결은 거칠었지만 나무는 좋았다. "나보다 훨씬 더 품위 있는" 핸젤은 비트겐슈타인이 얼마나 초라한 인물인지를 보여주었다. "내가 부패할까 봐 얼마나 걱정하는가. 가장 작은 것이 파괴된다 하더라도 얼마나 **골치 아픈** 일인가." 그는 연구를 할 에너지, 상상력을 잃을까 봐 걱정했다. 부패의 이미지들이 그에게 떠올랐다.

> 방금 한 봉투에 든 사과들을 꺼냈다. 그것들은 봉투 안에 오랫동안 들어 있었다. 그것들 중 많은 것을 반으로 잘라서 버려야 했다. 나중에 내가 썼던 한 문장을 베낄 때, 그 문장의 후반부가 좋지 않았다. 즉시 그것이 내겐 썩은 사과처럼 보였다.

이런 사고방식 안에는 일종의 여성적인 것이 있지 않은가 하고 그는 자문했다. 이 사고방식에 의하면 "내 수중에 들어오는 것은 모두 그때 내가 생각하고 있는 것의 그림이 된다." 바이닝거의 용어를 빌리면, 그는 개념들로 생각하는 것이 아니라 헤니드들로 생각하는 수준으로 퇴보했다.

노르웨이에서 그가 보낸 마지막 두 달인 11월과 12월에 걸쳐, 비트겐슈타인의 일기는 그를 공격했던 두려움, 불만, 불쾌한 생각 등으로 가득 차 있다. 그는 자신과 친구, 그리고 가족의 병과 죽음에 대해 생각했다. 그는 떠나기 전에 그에게 무슨 일이 일어날까 봐 걱정했다. 그는 안나 레브니와의 관계 때문에 불편했고, 노르웨이를 떠난 후에 무엇을 할 것인지 고심했다. 그때까지 책이 완성될까? 혼자서 다시 연구할 수 있을까? 아니면 누군가가 함께 있을 수 있는 곳으로—아마 더블린으로 또는 드루어리에게—가야 할까?

그는 또한 육욕과 사랑할 수 있는 능력에 대해서 걱정했다. 그는 자위를 했던 것을, 어떤 경우엔 수치스럽게 또 어떤 경우엔 당혹스러운 회의감으로 바라보았다. "그것이 얼마나 나쁜 일인가? 나는 모른다. 나쁘다고 추정하지만, 내가 그렇게 생각할 이유는 없다!" 깨끗이 순수한 마음으로 사랑하는 그의 능력이 자위를 하려는 충동에서 드러나는 성적인 욕망에 의해 위협을 받았는가?

마르그리트에 대한 나의 과거의 사랑 또는 심취, 그리고 프랜시스에 대한 사랑에 관해서 생각해본다. M에 대한 나의 감정이 그렇게 완전히 차가울 수도 있다는 것은 내겐 나쁜 징조이다. 확실히 여기엔 차이가 있다. 그러나 여전히 나의 **차가운 마음**은 그대로이다. 내가 용서받을 수 있기를. 즉, 내가 진지하며 또 사랑하는 것이 가능하게 되길 바란다. 〔1937년 12월 1일〕

지난밤에 자위를 했다. 양심의 가책. 그러나 또한 난 너무 약해서 그 충동과 유혹에 저항할 수 없다는 확신. 만일 그 충동과 유혹, 그리고 그것들을 수반하는 이미지들이, 내가 다른 것에서 피난처를 마련할 수 없을 때, 내게 주어진다면 말이다. 그러나 겨우 **어제저녁** 나는 깨끗한 인생을 살아갈 필요에 대해서 숙고했다.(마르그리트와 프랜시스를 생각하고 있었다.) 〔1937년 12월 2일〕

이 모든 걱정, 불안, 두려움의 와중에도 그는 책 쓰는 일을 계속 시도했다. 이 몇 달간 그는 《수학의 기초에 관한 고찰》의 1부를 이루는 단평들을 거의 모두 썼다. 비록 쓸 당시에 그는 지난해 썼던 책의 후반부에 그것들이 들어가도록 의도했지만 말이다. 이 단평들은 앞선 글에서 기술된 방법을 수리철학의 문제들에 응용한 것으로서, 이런 문제들이 "우리의 지성이 언어에 의해 미혹"된 결과 생긴다는 것을 보여주려고 한다. 특히 그는 프레게와 러셀의 논리주의를 만들어낸 사고방식을 해소하려는 시도에서 '인류학적' 방법을 사용한다. 우리와는 다른 추리 방식 혹은 규약을 갖고 있는 종족을 상상함으로써 그리고 일반적으로 사용되는 것과는 다른 은유를 통해 특정한 유추를, "우리 언어의 형식에 흡수되었던" 특정한 '유비들'을 약화시키려고 한다. 예컨대 그는 논리적 명제들을 사실적 명제들과 유사한 것으로 간주하는 플라톤주의를 공격한다.

"논리적 추리에 대응하는 진리가 있지 않은가?"라고 그는 대담자에게 질문을 던지게 한다. "이것이 저것으로부터 따라 나온다는 것은 **참**이 아닌가?" 비트겐슈타인은 이렇게 응답한다. 자, 만약 우리가 다른 추리를 만든다면, 어떤 일이 벌어질까? 우리는 어떻게 참과 충돌하게 될 것인가?

> 어떻게 해서 우리는 참과 충돌해야 하는가? 만일 우리가 쓰는 자가 나무와 철 대신에 아주 부드러운 고무로 만들어졌다면 말이다. "자, 우리는 그 탁자의 정확한 치수를 알지 못하게 될 것이다." 이는 다음을 의미한다. 우리는 우리의 엄밀한 자를 가지고 얻은 **그** 치수를 얻지 못하거나 혹은 얻었는지를 확신할 수 없다.

여기서 요점은 정확하거나 부정확한 추리의 기준은 플라톤적인 진리들의 외부적 영역에 의해서 제공되는 것이 아니라, 우리 자신에 의해서 "**규약** 혹은 **사용 방식**, 그리고 아마도 우리의 실용적 요청"에 의해서 제공된다. 느슨한 자보다 엄밀한 자를 이용하는 규약이 **더 참**인 것은 아니다. 그것은 그저 더 유용할 뿐이다.

비트겐슈타인은 또한 논리주의의 핵심을 이루는 비유법을 공격한다. 수학적 증명과 논리적 논증 사이의 유비가 그것이다. 논리적 논증에서는 다양한 (경험적) 명제들 사이에서 결론의 진리를 입증하려는 의도로 연결 관계가 이루어진다. 모든 인간은 죽는다. 소크라테스는 사람이다. **그러므로** 소크라테스는 죽는다. 반면에 수학적 증명의 결과는 결코 경험적 명제의 진리가 아니며, 일반적으로 적용 가능한 **규칙**을 세우는 것이다. 이렇게 특수한 공격을 할 때, 비트겐슈타인은 수학적 명제와 경험적 명제의 차이를 보여주어야 했다. 그러나 이 점에 대한 그의 단평들은 완전히 만족스럽지 못하다. 때때로 그 자신이 만족하지 못하고 있다는 것이 책의 본문에서 인정된다. "나는 그저 세련되지 못한 방식으로 수학적 명제와 경험적 명제의 역할 사이의 **근본적** 차이점을 겉으로 드러난 유사성과 더불어 가리키고 있을 뿐이다." 그는 결코 이 점을 만족스럽게 설명하지 못했고, 수리철학의 다른 문제들을 처리하는 그의 방식에도 만족하지 못했으며, 다음 6년여에 걸쳐 그는 계속해서 그것을 개선하려 시도했다.

그 글을 쓸 때 비트겐슈타인은 만족하지 못했다. 일기에서 그는 글을 자주 가혹하게 비판한다. 스타일이 너무 나쁘고 너무 불확실하다고 반복해서 말하는데, 그는 썼던 것을 계속 지우고 고쳐야 했다. "글을 쓸 때 긴장을 해서 모든 생각들의 호흡이 짧다. 그리고 표현을 **완전히** 정당화시킬 수 없다는 느낌이 계속 든다. 글맛이 없다는 말이다." 이것은 그가 초조했으며 잠을 잘 자지 못했고, 해를 오랫동안 보지 못하고 지냈다는 사실을 알려준다. 날씨 때문에 그는 화가 났다. 너무 추웠다. 피오르는 이미 완전히 얼었고, 호수도 얼기 시작했다. 그는 더 이상 노를 저을 수 없었고 얼음을 가로질러 건너야 했는데, 이것 역시 그를 불안하게 했다. 그는 크리스마스를 위해 빈으로 갈 수 있는 날까지 날짜를 세기 시작했다. 물론 그는 어느 때곤 떠날 수 있었다. 하지만 그것이 옳은 일인가?

> 난 달아나고 싶지만, 그건 옳지 않은 일일 것이다. 긴말 할 것 없이 나는 그렇게 할 수 없다. 아니, 할 수 있는지도 모른다. **내일** 짐을 꾸려서 그다음 날 떠날 수도 있다. 그러나 내가 그것을 바라는가? 그것은 옳은 일인가? 여기서 끝까지 버티는 것이 옳지 않은가? 확실히 그렇다. 내가 내일 떠난다면 기분은 **망쳐질** 것이다. "끝까지 버텨라" 하고 어떤 음성이 내게 말한다. 끝까지 버티자는 욕망에도 역시 약간의 허영심이 있지만, 또한 좋은 것도 있다. 일찍 또는 즉시 여기를 떠나기 위한 이유로서 유일하게 수긍이 가는 것은 지금 내가 다른 장소에서 연구를 더 잘할 수 있다는 것이다. 왜냐하면 현재 나는 압박감 때문에 연구가 거의 불가능한 상태이며 아마도 며칠이 지나면 정말로 연구가 불가능하게 될 것이기 때문이다.

다음 며칠 동안 다시 연구를 할 수 있게 되었을 때, 그는 자신이 가질 자격이 없는 재능을 가진 것에 대해 신에게 감사했다. 그는 항상 진정으로 독실한 신앙을 가진 사람은 느끼지 않을 것, 즉 그가 어떤 사람인지에 대해 신이 더 책임이 있다는 것을 느꼈다고 적었다. "그것은 경건함의 반대이다. 반복해서 나는 이렇게 말하고 싶다. '신이여, 만일 당신이 나를 돕지 않는다면, 내가 무엇을 할 수 있습니까?'" 그리고 비록 이런 태도는 성경이 가르치는 것과 일치하지만, 그것은 진정으로 독실한 사람의 태도는 아니다. 왜냐하면 그런 사람은 스스로 책임을 질 것이기 때문이다. "너는 **노력**해야 한다"고 그는 자신에게 다짐했다. "신을 언급하지 마라."

이런 다짐에도 불구하고 그는 "육욕적이고, 약하고, 비열한" 채로 있었다. 모든 종류의 불안들—그에게 무슨 일이 벌어져서 떠날 수 없게 되리라는 것, 병이 들거나 집에 가는 도중 사고를 당하리라는 것—에 시달렸다. 그는 또한 러셀이 1913년에 지적했듯이 노르웨이의 겨울을 보낼 때 생기는 문제들 때문에 시달렸다. "항상 변하는 험한 날씨, 춥고 눈이 오고, 온통 얼음으로 뒤덮힌 바다 등, 그리고 어두움과 탈진 때문에 모든 것이 어렵다." 물론 그는 프랜시스로부터 따뜻한 위로를 받았다.

> 폭풍이 치고 있다니 안됐습니다. 부디 호수를 건널 때 아주 조심하십시오. 난 당신을 많이 생각할 것입니다. 노르웨이에서 함께 있었던 때를 기억하는 것이 좋습니다. 그것을 생각하는 것이 내게 도움이 됩니다.

그러나 12월 10일 노르웨이에서의 마지막 밤이 왔을 때, 그는 약간 안도한 채 그날을 맞았다. 그는 자신이 완전히 돌아가지 않을 수도 있다고 적었다.

베르겐으로 가는 배에서 비트겐슈타인은 그리스도의 부활에 대해서, 그리고 심지어 그로 하여금 그것을 믿고 싶게 만든 것에 대해 썼다. 만일 그리스도가 죽었다가 살아나지 않았더라면, 그는 다른 사람들처럼 무덤에서 썩었을 것이라고 그는 추리했다. "**그는 죽었고 썩었다.**" 그는 이 생각이 가진 무서움을 이해하기 위해 그것에 밑줄을 긋고 반복해서 되새겨야 했다. 왜냐하면 만일 그것이 사실이라면, 그리스도는 여느 다른 선각들과 마찬가지이며 "더 이상 **도움을** 줄 수 없고, 또 한 번 우리는 홀로 고아가 되고 만다. 그래서 우리는 우리의 지혜와 사색에 만족해야 한다." 그리고 만일 그것이 우리가 갖고 있는 전부라면 "우리는 일종의 지옥에 있는 것이고, 여기서 우리는 꿈만 꿀 수 있으며, 지붕으로 뒤덮인 채 천국으로부터 분리되어 있다." 만일 그가 구원받기를 원한다면, 즉 죄 사함을 받고자 한다면, 지혜만으로는 충분하지 않았다. 그는 신앙을 필요로 했다.

> 그리고 신앙은 나의 사변적인 지성이 아니라, 나의 **마음**, 나의 **영혼**이 필요로 하는 것에 대한 신앙이다. 왜냐하면 구원받아야 하는 것은 열정, 말하자면 살과 피를 가진 나의 영혼이지 나의 추상적인 정신이 아니기 때문이다. 아마 우리는 이렇게 말할 수 있다. 오로지 **사랑**만이 부활을 믿을 수 있다. 또는 부활을 믿는 것은 **사랑**이다. 우리는 이렇게 말할 수 있다. 죄를 구제하는 사랑은 부활까지도 믿는다. 심지어 부활을 굳게 붙잡는다.

그렇다면 아마도 궁극적으론 홀로 사는 것의 지옥을 벗어나기 위해서 그가 필요로 했던 것은 사랑하는 것이었다. 만일 사랑을 할 수 있다면, 그는 의심을 이겨내고 부활을 믿을 수 있으며, 그리하여 구원받을 수 있다. 아니면 아마도 그는 먼저 신에게 사랑**받는 것**이 필요했다.

> 의심과 싸우는 것은 말하자면 **구원**이다. **이것**을 굳게 붙잡는 것은 그것에 대한 신앙을 굳게 붙잡는 것임이 틀림없다. 그래서 그것이 뜻하

> 는 것은 이것이다. 먼저 너는 죄로부터 구제받아야 하고, 구원을 굳게 믿어야 한다. 그러면 너는 이 신앙을 굳게 붙잡고 있다는 것을 알게 될 것이다.

먼저 너는 구원을 받아야 한다. "그러면 **모든 것**이 달라질 것이고, 만일 네가 지금 할 수 없는 것을 할 수 있어도 전혀 '이상한' 일이 아닐 것이다." 가령 부활을 믿는 것 같은 일 말이다. 그래서 부활을 믿는 것이 구원의 필요 조건이지만 구원이 부활을 믿기 위해 필요하다. 누가 이 악순환을 깨야 할 것인가? 그 자신 혹은 신?

노르웨이에서 홀로 사는 지옥을 탈출할 때 비트겐슈타인은 마치 더 넓은 지옥, 즉 더 커다란 고독으로부터의 탈출은 신의 책임이라고 말하는 듯했다.

그는 자신의 죄들을 고백할 수 있었지만 그것들을 용서하는 것은 그가 아니었다.

19
오스트리아의 최후

1937년 12월 비트겐슈타인은 1914년 7월과 똑같이 조국의 역사상 중요한 시기에 노르웨이에서 오스트리아로 돌아왔다. 지난번 위기로 인해 합스부르크 제국이 종말을 맞았지만, 이번 위기에는 오스트리아 자체가 종말을 맞게 될 것이었다.

히틀러가 오스트리아를 독일 제3제국 안에 병합시킬 의도와 수단을 모두 갖고 있었다는 것은 그에 관해 생각해본 사람이면 전혀 놀랄 일이 아니었다. 《나의 투쟁》은 1925년에 출판되었는데, 이 책의 바로 첫 쪽에서 히틀러는 이렇게 선언했다. "독일-오스트리아는 대독일의 모국으로 돌아가야 한다 … 하나의 피는 하나의 국가를 요구한다." 그리고 몇 쪽 뒤에서는 이렇게 말한다. "나는 젊은 시절 이 기본적 통찰에 도달했는데, 이후로 결코 잊은 적이 없으며 오히려 더욱 심화될 뿐이었다. **게르만주의는 오직 오스트리아의 파괴에 의해서만 지켜질 수 있다.**" 1934년의 나치 폭동이 실패한 후, 히틀러는 오스트리아의 파괴라는 이 정책을 '법적'인 수단을 통해 추구해왔고, 1936년 7월의 '오스트리아-독일 관계 정상화'란 조약에서 오스트리아는 '독일 국가'임을 인정했다. 오스트리아의 수상인 슈슈니히Schuschnigg는 내각 안에 '국가주의 야당Nationalist Opposition' 소속의 나치 의원 두 명을 받아들여야 했다. 뒤이어 나온 히틀러의 베르사이유 조약 거부, 재무장 운동, 그리고 불간섭주의를 택한 영국, 프랑스, 이탈리아의 태도 때문에 언젠가 이 나치 야당이 오스트리아를 독립국가로서가 아니라 나치 독일의 일부로서 지배하리라는 것이 분명하게 되었다.

극소수의 사람들을 제외하고, 빈의 많은 유대인들은 임박한 합병이 몰고 올 결과들을 예상치 못하고 있거나, 그것을 인정하기를 꺼렸다. 심지어 합병의 불가피성을 인정했던 사람들도 그것이 가져올 간접적 영향들을 믿을 수 없었다. 확실히 뉘른베르크 법은 오스트리아에서는 시행될 수 없었다. 유대계는 오스트리아의 주류에 너무 잘 동화되어 있었다. 오스트리아에는 너무 많은 유대인들이 고위직에 있었고, 유대계와 비유대계 사이의 결혼이 너무 많이 이루어졌으며, 어쩌다 유대계 조상을 가진 애국적인 오스트리아인들이 너무 많았다. 아리안종과 비아리안종 사이의 구별이 그렇게 희미해진 나라에 이 법을 어떻게 적용할 수 있겠는가?

최소한 헤르미네는 그렇게 생각했다. 1945년에 회고록을 쓸 때, 그녀는 그토록 순진할 수 있었다는 것이 믿어지지 않았다. "그러나 나보다 더 영리한 사람들 또한 그 위협적인 정치적 사건을 둔감하게 받아들인 것은 마찬가지였다"고 그녀는 덧붙인다. 그다음에 일어났던 것과 비교하면, 1937년의 크리스마스는 틀림없이 그녀가 특히 장밋빛으로 기억했을 크리스마스였다. 그녀는 형제자매 넷 모두 가족 동반으로 함께 모여서 아주 기뻤기 때문이다.(이때쯤에는 그녀와 루트비히만 자녀들이 없었고, 헬레네는 4명의 자식들과 8명의 손주를 둔 대가족을 이끌고 있었다.) 가족들은 그녀가 과거에 가르쳤던 학교에서 온 학생들과 함께 캐럴을 불렀다. 그들은 또 옛날 이야기를 하고 웃고 농담을 하며 즐겼는데, 가장 특이했던 것은 크리스마스트리 주위에 모여서 오스트리아 국가를 불렀다는 것이다. "자정에 연회가 끝났을 때, 우리는 이번 크리스마스가 가장 즐거웠다는 데 모두 동의했다. 우리는 벌써 내년 크리스마스에 대해 말하고 있었다."

당시 비트겐슈타인의 일기에는 이런 감정적인 흐뭇함gemütlichkeit이 기록되어 있지는 않다. 그러나 또한 정치적인 사건에 대한 언급도 없다. 그렇지만 그가 거기에 대해 누이처럼 순진했었다고 믿기는 불가능하다. 보통 알려진 바에 따르면, 그가 노르웨이에 머무는 동안 유일한 정보원은 《런던화보뉴스 *Illustrated London News*》였는데, 파니아 파스칼이 그것을 보내주었다. 반면 그가 전해에 케임브리지를 두 번 방문했었다는 것, 그리고 거기에서 피에로 스라파로부터 믿을 만한 정치적 분석과 판단을 듣는 더없이 귀중한 혜택을 누렸음을 기억해야 할 것이다. 내가 믿기론, 그가 1월에 비아리안 혈통을 고백한 것은 뉘른베르크 법의 내용과 그것이 장래에 오스트리아 사람들에게 적용될 가능성을 아는 상태에서 이루어졌다.

그럼에도 불구하고 그는 일기에서 정치에 대해 논하지 않았다. 대신 자신에 관해서, 노르웨이에서의 고된 생활 후에 정신적, 육체적으로 탈진했다는 것, 함께 있는 사람들과 대화하는 것이 아주 어렵다는 것, 그들에게 거의 말을 걸 수 없는 이유, 마음이 너무나도 얼떨떨하다는 것, 그리고 거기에 있을 **필요가 없다**고 느낀다는 것 등을 쓰고 있다.

> 프로이트의 생각: 광기 안에서 자물쇠는 파괴되지 않으며 단지 변형될 뿐이다. 과거의 열쇠는 더 이상 그것을 열 수 없다. 그것을 열 수 있는 것은 다르게 만들어진 열쇠이다.

아마 여기서도 그는 자신에 관해서, 그리고 새 열쇠를 발견할 수만 있다면 자신의 감옥의 문을 열 수 있고, 그렇다면 "**모든 것**이 달라질 것"이라는 느낌에 관해서 쓰고 있는 것인지 모른다.

1월 첫째 주에 그는 담낭에 생긴 병 때문에 누워 있어야 했다. 그러나 그 때문에 실제로 피곤하거나 약하게 느낀다고는 거의 믿지 않았다. 침대에서 그는 자신의 육욕에 대해 숙고했고, 프랜시스에 대한 감정에 대해 곰곰이 생각했다. 몸이 안 좋을 때 육욕적인 생각을 하게 되고, 그런 욕망을 갖게 되는 것은 자주 일어나는 일이었다. 그는 육체적 욕망과 함께 프랜시스를 생각했다. "그것은 나쁜 일이지만 현재는 그런 생각이 드는 것이 사실이다." 프랜시스로부터 소식을 들은 지 오래되었기 때문에 그는 걱정이 되었다. 언제나 그랬듯 최악의 상황, 예를 들면 프랜시스가 죽었을 가능성을 생각하려는 경향이 있었다. "만일 그가 죽어서 그로 인해 나의 '어리석은 행동'을 가져간다면 좋고 옳은 일일 것이다." 이 어둡고 유아론적인 생각은 비록 부분적이긴 하지만 즉시 철회된다. "하지만 여기서도 난 내 말의 **절반만** 뜻할 뿐이다."

이런 표현은 여전히 충격적이다. 그 문제를 재차 생각한 후 그는 여전히 **반쯤은** 프랜시스의 죽음이 좋은 일이라고 생각하려 하였을까?

빈에 있는 누구하고도 따뜻한 관계를 맺지 못할 것 같다는 사실에 대해 숙고하면서 "나는 냉정하며 자신에게 열중한다"고 썼다. 알레가세의 편안한 생활이 그에게 나쁘다고 생각하는 편이었지만, 그곳 말고 어디로 가야 한단 말인가? 노르웨이에서 겪는 고독은 견딜 수 없다는 것이 입증되었다. 또한 케임브리지에서 학문적인 생활을 다시 하고 싶은 마음도 전혀 없었다. 또 한 번 더블린이 매력적인 대안으로 다가왔다. 거기에서는 드루어리와 함께 있을 수 있었고, 드루어리처럼 정신과 의사가 되는 훈련을 받을 수 있을지도 몰랐다. 모든 것이 유동적이었다. 그는 자기가 어디서 살고 싶어 하는지를 알지 못했듯이, 무엇을 할 것인지도 알지 못했다. 그렇지만 한 가지만은 확실했다. 함께 이야기할 수 있는 사람이 필요했다는 것 말이다.◈

◈ 비트겐슈타인이 프랜시스보다 드루어리를 선택했다는 사실은 설명할 필요가 있다. 그렇지만 우리는 단지 추측만 할 수 있을 뿐이다. 일기에서 그는 프랜시스와 함께 있기 위해서 케임브리지로 간다는 것은 고려하지도 않는다. 아마 그는 프랜시스를 피하고 싶었던 것이 아니라 케임브리지를 피하고 싶었을지 모른다. 그가 더블린에 매력을 느낀 이유는 의사 훈련을 받을 수 있는 가능성이 있었기 때문인지 모른다. 그러나 이미 인용된 단평들의 견지에서 보면, 프랜시스에 대한 그의 욕망과 그에 대한 프랜시스의 저항할 수 없는 욕망 때문에 케임브리지에 매력을 못 느꼈을 가능성도 있다. 즉, 그가 자신과 프랜시스의 육욕과, 그가 자신 안에서 추구했던 변화가 양립 불가능하다고 생각했다는 점을 고려해보면 그렇다.

비트겐슈타인은 2월 8일 더블린에 도착해서, 첼스퍼드 가Chelmsford Road에 있는 드루어리의 옛 아파트로 들어갔다. 그곳에서 이틀째 되던 날, 그는 자신이 "비종교적이고, 까다롭고, 침울하다"고 묘사했다. 그는 연구도 할 수 없고, 무엇을 해야 할지도 모른 채, 그저 빈둥대며 기다려야만 하는 그 '참을 수 없는 상황'에 처했다. 그는 여전히 **거짓말**을 하려는 경향이 있다고 말했다. "다시 한 번 난 자신에 관해서 진실을 말하려고 결심할 수 없다는 것을 알게 되었다. 혹은 진실을 오로지 한순간 동안만 자인하고는 곧 잊어버린다는 것을." 그는 허영심이 많고 비겁하며 진실을 두려워하기 때문에, 자신에 관해 인정하고 싶지 않았던 것들을 계속 숨기게 되었다. "그것들을 찾아낼 수 있을 정도로 충분히 더 이상 **영리하지** 못할 때까지" 말이다. 이틀이 더 지나자 그는 더블린에 온 것을 후회하기 시작했다. 더블린에서 그는 아무것도 할 수 없는 것이 분명했다. "한편 여전히 아무것도 분명하지 않기 때문에 난 기다려야 할 것이다." 더블린에서 지낸 첫 2주 동안, 그는 철학에 대해선 거의 쓰지 않았다. 그의 철학적 사고는, 말하자면 달래져서 잠이 들었다. "마치 나의 재능이 반쯤 잠든 것 같은 상태로 누워 있는 것 같다."

철학적 사고가 잠이 든 반면, 정신과 의사가 되려는 생각은 깨어났다. 그는 드루어리에게 성 패트릭 병원을 방문해서 심각한 정신병 환자를 만날 수 있도록 해달라고 부탁했다. 이 일에 대해 그는 큰 관심을 갖고 있다고 드루어리에게 말했다. 이 방문 후에 그는 (영어로) 이렇게 적었다. "그 미치광이 안에 있는 온전한 사람을(또 네 자신 안에 있는 미친 사람을) 보라!" 다음 몇 주일 동안 일주일에 두세 번씩 그는 장기 입원 환자들 중 일부를 방문했다. 그렇지만 그 일이 어떻게 끝날지에 대해선 불확실한 채였다.

이때 드루어리는 의사 훈련 과정의 마지막 해를 보내고 있었는데, 더블린 시립병원에서 기거하고 있었다. 그는 비트겐슈타인에게 부상자들을 상대하는 부서에서 일할 때 일이 서툴러서 고생했으며, 의학을 택한 것이 실수가 아닌지 걱정된다고 말했다. 비트겐슈타인이 의학을 선택하려는 자신의 계획에 대해 어떤 양면적인 생각을 가졌는지 몰라도 그는 신속하게 드루어리가 품었던 회의감을 누그러뜨렸다. 드루어리는 다음 날 비트겐슈타인이 보낸 편지를 받았는데, 여기서 그는 다음을 강조해서 말했다. "넌 아무런 실수도 하지 않았다. 왜냐하면 그때 너는 아무것도 몰랐었거나, 혹은 알았어야 했던 것 중에서 간과했던 것은 아무것도 없기 때문이다." 그는 드루어리에게 이렇게 촉구했다. "너 자신에 관해서 생각하지 말고, 다른 사람들에 대해서 생각하라."

> 사람들이 겪고 있는 정신적, 육체적 고통을 보라. 너는 그 고통들을 가까이서 접하고 있는데, 그 경험이 네가 겪고 있는 어려움들을 치료하는 좋은 약이 되어야 한다. 또 다른 방법은 휴식이 필요할 때마다 휴식을 취해서 마음을 가라앉히는 것이다(나와 함께는 안 된다. 왜냐하면 나는 너를 쉬도록 놔두지 않을 것이기 때문이다) … 너의 환자들은 어려움을 겪는 사람이므로 좀 더 가깝게 대해주어라. 그리고 네가 많은 사람들에게 "안녕히 주무십시오"라고 말할 수 있는 기회를 더 즐겨라. 이것 하나만으로도 많은 사람들이 부러워할 너만이 갖고 있는 하늘이 준 선물이다. 그리고 이런 종류의 것이 너의 소모된 영혼을 치료해야 한다고 나는 믿는다. 그것은 너의 영혼을 쉬게 하지는 못할 것이다. 그러나 네가 건강하게 피곤할 때 넌 그저 휴식을 취할 수 있다. 내가 생각하기에 어느 의미에선 넌 사람들의 얼굴을 충분히 가깝게 쳐다보지 않는다.

이 편지는 이렇게 끝난다. "네가 좋은 생각을 할 수 있기를, 그러나 무엇보다도 좋은 기분을 가질 수 있기를 바란다."

1938년 초 몇 달 동안 오스트리아가 처한 위기에 대한 언급이 비트겐슈타인의 일기에 처음 등장한 것은 2월 16일이었다. "연구를 할 수 없다"라고 말한 후 그는 이렇게 적었다.

국적을 바꾸는 것에 대해 많이 생각한다. 오늘 신문에서 오스트리아와 독일이 강제적으로 친교 관계를 맺으리라는 기사를 읽었다. 그러나 내가 정말로 무엇을 해야 하는지 모르겠다.

'국가주의 야당'의 나치 지도자인 아르투어 자이스-잉크바르트Arthur Seyss-Inquart 박사가 오스트리아의 내무장관에 임명되던 날이 이날이었으며, 이때부터 히틀러와 슈슈니히 사이의 베르히테스가덴Berchtesgaden 회담의 의미가 세상에 명백히 드러났다.

이 회담은 2월 12일에 열렸는데, 오스트리아에서 그 회담은 처음에는 양국의 우호 관계가 더 개선되었다는 징표로서 환영받았다. 이 '우호적인 회담'에서 히틀러가 슈슈니히에게 오스트리아의 경찰, 군대 및 재무를 책임지는 자리에 나치 장관이 임명되도록 요구했다는 것은 나중에야 드러났다. 히틀러는 이렇게 위협했다. "귀하는 내 요구를 3일 안에 들어주어야 하오. 그렇지 않으면 나는 오스트리아를 공격하도록 명령을 내리겠소." 2월 15일 《타임스*The Times*》는 이렇게 보도했다.

만일 자이스-잉크바르트 박사가 오스트리아의 경찰을 통제하는 내무장관직에 임명되어야 한다는 히틀러의 제안이 수용된다면, 그것은 오스트리아의 일반적인 반나치적 여론에 따르면, 얼마 안 있어서 '오스트리아의 최후finis Austriae'란 단어가 유럽 지도에 쓰여지리라는 것을 뜻한다.

다음 날 이 신문은 자이스-잉크바르트가 장관 취임 선서를 한 후 즉시 빈에서 베를린으로 간 사실을 냉담하게 평했다. "내무장관의 첫 업무가 외국을 방문하는 일이라는 것은 오스트리아가 히틀러-슈슈니히 회담 이후에 처한 과거와 다른 상황을 아주 잘 보여준다."

다음 몇 주 동안 비트겐슈타인은 이 상황의 진전 과정을 면밀하게 관찰했다. 매일 저녁 그는 드루어리에게 "무슨 소식 있어?"라고 물었고 이에 대해 드루어리는 아마도 그날 읽었던 기사를 비트겐슈타인에게 말해주었을 것이다. 합병에 이르는 날까지의 상황에 대한 드루어리의 설명은 줄잡아 말하더라도 다소 이상하다. 그는 3월 10일 저녁에 모든 신문들이 히틀러가 오스트리아를 침략할 태세를 갖추었다고 보도했다고 비트겐슈타인에게 말했다. 이에 대해 비트겐슈타인은 놀랄 정도로 순진하게 이렇게 응답했다. "그것은 어리석은 루머이다. 히틀러는 오스트리아를 원하지 않는다. 오스트리아는 그에게 아무 소용이 없을 것이다." 드루어리에 의하면, 다음 날 저녁 그는 비트겐슈타인에게 히틀러가 정말로 오스트리아를 점령했다고 말해야 했다. 그는 비트겐슈타인의 자매들이 안전한지 물었다. 다시 한 번 비트겐슈타인은 비상할 정도로 무관심한 투로 이렇게 응답했다. "그들은 매우 존경받고 있기 때문에, 아무도 감히 그들을 건드리지 못할 것이다."

이런 설명으로부터 우리는 비트겐슈타인이 2월 16일 신문에서 읽었던 것을 잊어버렸다고, 오스트리아에 대한 위협에 대해서 아무것도 몰랐다고, 나치 정권의 본성에 대해서 완전히 무지했다고, 자신의 가족의 안위에 대해서 무관심했다고 생각할 수 있다. 그러나 이 모든 것이 사실이 아님은 매우 확실하다. 그가 드루어리에게 오도된 인상을 주었던 것은 드루어리에게 또 다른 짐을 부과하고 싶지 않았기 때문이라고 생각할 수밖에 없다. 드루어리가 비트겐슈타인의 응답을 액면 그대로 받아들이려고 했던 것은, 아마도 비트겐슈타인에겐 아무런 질문도 하지 않으려는 그의 태도와 그 자신의 정치적 순진성을 보여준다. 내 생각엔, 친구 관계를 여러 가지로 구분하는 경향이 있었던 비트겐슈타인이 이런 문제들을 드루어리와 논의할 만한 가치가 없다고 생각했을 가능성도 있다. 드루어리는 종교적 토론의 상대였고, 정치적이며 세속적인 문제들을 논의할 땐, 그는 케인스, 스라파, 그리고 패티슨에게 의존했다.

그렇지만 드루어리의 이야기는 심지어 그 자체만 놓고 생각해보아도 ― 즉, 그것이 비트겐슈타인이 그 당시 일어나던 사건들에 관해 알고 있었는지 여부에 대해 우리에게 알려주는 것이 있는지와는 관계 없이 — 약간 이해하기 힘들다. 왜냐하면 그가 비트겐슈타인에게 매일 저녁 뉴스를 알려주었다면, 예컨대 3월 9일에 슈슈니히가 오스트리아 국민들에게 오스트리아의 독립에 대한 찬반을 묻는 국민투표를 실시할 예정이라는 발표도 비트겐슈타인에게 전했을 것이기 때문이다. 다음 날 히틀러가 군에게 공격을 위해 오스트리아 국경으로 이동하라고 명령을 내린 것은 이 발표 때문이었다. 만일 비트겐슈타인이 이런 뉴스에 대해서 히틀러가 오스트리아를 원한다는 것을 부인한다는 말로 응답했다면, 그는(혹은 드루어리도 역시 그 문제에 대해) 슈슈니히의 국민투표의 의미가 뭐라고 생각했다는 말인가? 왜 오스트리아의 독립이 재확인될 필요가 있었는가? 누구로부터의 독립이란 말인가?

더욱이 군대가 국경에 집결한 다음 날은 히틀러가 오스트리아를 점령했던 날이 아니라, 슈슈니히가 사임을 하고 자이스-잉크바르트가 수상으로 취임한 날이었다. 히틀러와 독일 군대는 이다음 날 3월12일 새로운 수상의 초대를 받고서야 비로소 국경을 넘었으며, 이때 합병이 공식적으로 이루어졌다. 이것은 별로 중요하지 않은 이야기로 들릴지 모르지만, 이 3일 동안 일어난 사건들은 그것들을 겪은 사람들에게는 모두 마음속에 분명하게 새겨져 있었다. 드루어리에겐 아닐지 몰라도, 비트겐슈타인에겐 이때 날마다 일어났던 사태들은 엄청나게 중요했다. 3월 10일 오스트리아는 슈슈니히의 지도 아래 독립 국가였다. 그러나 11일, 오스트리아는 나치의 법 아래 독립 국가였다. 그리고 12일에 오스트리아는 나치 독일의 일부가 되었다. 유대계의 후손인 오스트리아의 가족들에게 두 번째 날과 세 번째 날 사이의 차이는 결정적이었다. 그것은 오스트리아의 시민이 독일의 유대인이 되었음을 뜻한다.

합병이 이루어진 날 비트겐슈타인은 일기에 이렇게 썼다. "오스트리아에 관한 소식 때문에 기분이 상했다. 무엇을 해야 할지, 빈으로 가야 할지 말아야 할지 분명하지 않다. 주로 프랜시스를 생각한다. 그를 떠나고 싶지 않다." 드루어리에게 한 장담에도 불구하고 비트겐슈타인은 가족의 안전을 굉장히 걱정했다. 그의 첫 번째 반응은 즉시 빈으로 가서 그들과 함께 있으려는 것이었다. 이것을 실행하지 못한 것은, 프랜시스를 다시는 보지 못하리라는 두려움 때문이었다. 그럼에도 불구하고 그는 가족들에게 자기가 필요하다면, 빈으로 가겠다고 말하는 편지를 썼다.

비트겐슈타인과 스라파 사이의 편지들 중 남아 있는 유일한 편지는 합병 이후의 비트겐슈타인의 입장을 길게 분석한 내용을 담고 있다. 이 편지는 히틀러가 빈을 의기양양하게 행차하던 날인 3월 14일 스라파가 쓴 것이었다. 그것은 스라파가 비트겐슈타인에게 제공했던 자세한 정치적 의견과 충고의 질이 어떠했는지 분명하게 보여준다. 그것은 또 비트겐슈타인이 빈을 떠나는 행동이 몰고 올 가능한 결과들에 대한 충고를 얻기 위해서 스라파에게 직접 편지를 썼음이 틀림없다는 것을 보여준다. 그 편지는 이렇게 시작한다.

> 아마도 어수선하게 논의를 시작하기에 앞서, 난 당신의 질문에 명확한 답을 주고 싶습니다. 당신이 말하듯 만일 오스트리아를 떠나 영국으로 돌아올 수 있는지 여부가 '지극히 중요한' 일이라면, **당신이 빈에 가서는 안 된다는 것**은 의심의 여지가 없습니다.

스라파는 오스트리아인들에게 오스트리아 국경은 폐쇄될 것이며, 규제가 곧 풀리더라도 만일 그가 빈에 간다면, 오랫동안 해외로 나가도록 허가받을 가능성이 작다는 것을 지적했다. "당신은 틀림없이 이제 독일 국민이라는 것을 알고 있습니다"라고 스라파는 계속해서 적었다.

> 오스트리아에 들어가자마자 여권은 분명히 압수될 것입니다. 그리고 당신은 독일 여권을 신청해야 할 것인데, 그것은 게슈타포가 당신의 자격에 만족할 때에야 나올 것입니다 …

> 전쟁의 가능성에 관해서 나는 알지 못합니다. 전쟁은 어느 순간에건 일어날 수 있지만, 우리는 일이 년 더 '평화롭게' 지낼 수 있을지도 모릅니다. 정말 알 수 없습니다. 그러나 평화가 여섯 달 동안 지속될 가능성엔 돈을 걸지 않겠습니다.

비트겐슈타인은 또한 스라파에게, 만일 그가 케임브리지에서 강사직을 얻는다면, 처지가 나아질지에 대해서 물었음이 틀림없다. 왜냐하면 스라파는 계속해서 다음과 같이 적었기 때문이다.

> 그러나 만일 당신이 굳이 빈으로 돌아가기로 결정한다면, 내 생각은 이렇습니다. (a) 만일 당신이 케임브리지의 강사라면, 그것 때문에 그들이 당신을 오스트리아 밖으로 보내줄 가능성이 커질 것입니다. (b) 일단 당신이 오스트리아(아니 독일이라고 해야겠지요) 밖으로 나가게 된다면, 영국으로 들어오는 데는 아무런 어려움도 없을 것입니다. (c) 아일랜드나 영국을 떠나기 **전에**, 반드시 여권을 독일 영사관에서 독일 여권으로 바꿔야 합니다. 그들이 그 작업을 곧 시작하리라고 생각합니다. 그리고 당신은 빈에서보다는 여기에서 여권을 교환하는 것이 성공할 가능성이 더 있습니다. 만일 당신이 독일 여권을 가지고 간다면, 다시 나오도록 허락을 받을 가능성이 (완전히 확실하지는 않지만) 더 큽니다.

"여러 가지 점을 조심해야 한다"고 스라파는 경고했다.

> (1) 만일 오스트리아로 간다면, 당신이 유대계라는 것을 말하지 않겠다고 결심해야 합니다. 그러지 않으면 그들은 분명히 당신에게 여권을 발급하지 않을 것입니다.
> (2) 영국에 돈이 있다는 것을 말해선 안 됩니다. 왜냐하면 그들이 강제로 그 돈을 제국은행으로 송금하라고 할 수 있기 때문입니다.

(3) 만일 더블린이나 케임브리지에서 독일 영사관 측이 등록 또는 여권 교환이라는 명목으로 당신에게 접근하면, 대답할 때 조심하십시오. 왜냐하면 경솔한 말 한마디 때문에 당신은 영원히 빈으로 못 갈지도 모르기 때문입니다.

(4) 집에 편지를 쓸 때 아주 조심해서 순전히 개인적인 이야기만 쓰십시오. 편지는 분명히 검열될 것입니다.

국적을 바꾸는 문제에 관해서 스라파는 이렇게 충고했다. 만일 비트겐슈타인이 아일랜드 시민권을 신청하기로 결정했다면, 오스트리아 여권이 압수되기 전에 해야 한다. 왜냐하면 독일인보다는 오스트리아인으로서 하는 것이 더 쉬울 것이기 때문이다. 한편,

> 현 상황에서 나는 영국 국적을 얻는 것도 반대하지 않습니다. 만일 그것이 당신이 10년을 더 기다리지 않고 얻을 수 있는 유일한 것이라면 말입니다. 또한 당신은 그것을 도와줄 수 있는 친구들이 영국에 있습니다. 그리고 케임브리지에 일자리가 있다면 분명히 영국 국적을 빠르게 얻을 수 있을 겁니다.

다음 금요일 이탈리아로 떠날 예정이었던 스라파는 비트겐슈타인에게, 그때까지 올 수 있다면 케임브리지에 와서 그 문제를 논의하자고 제의했다. 그러고는 이렇게 경고의 말을 덧붙였다. "이후부터 편지는 이탈리아에 있는 내게 보내질 것입니다. 그러니 말에 조심하십시오. 이탈리아 검열 당국이 보고 있는지도 모릅니다." 그는 이렇게 끝맺었다. "이처럼 정리가 안 된 편지를 쓴 것을 용서해주시기 바랍니다." 이 말은 그의 나머지 편지에서 나타났을 명료성과 정확성이 어떤 수준이었는지를 궁금하게 한다.

"당신은 이제 독일 국민이라는 것을 틀림없이 알고 있습니다." 스라파가 이 무서운 글을 적었던 날의 비트겐슈타인의 일기는 그가 바로

그 문제로 고심하고 있었음을 보여준다.

> 난 지금 아주 어려운 상황에 있다. 오스트리아가 독일제국에 병합됨으로써 나는 독일 국민이 되었다. 이것은 내게 무서운 일이다. 왜냐하면 나는 이제 내가 절대로 인정하지 않는 권력에 복종해야 하기 때문이다.

이틀 후에 그는 "**머릿속**에서 그리고 입으로" 오스트리아 국적을 포기하고 몇 년 동안 이민을 가는 방법에 관해 생각하고 있었다. "아무런 차이도 없을 것이다. 그러나 가족들을 홀로 내버려둔다는 생각이 무섭다."

스라파의 편지를 받자마자 비트겐슈타인은 그와 사태를 논의하기 위해 더블린을 떠나 케임브리지로 갔다. 3월 18일 일기에는 이렇게 쓰여 있다.

> 어제 스라파는 내게 당분간은 어떤 상황에서도 빈으로 가서는 안 된다고 충고했다. 왜냐하면 지금 가족들을 도울 수 있는 것도 아니며, 오스트리아를 떠나도록 허락받을 가능성은 전혀 없기 때문이다. 나는 무엇을 해야 할지 **완전히** 분명하지 않다. 그러나 당분간은 스라파의 말이 옳다고 생각한다.

스라파와 이런 대화를 나눈 후에 비트겐슈타인은 한 가지 행동을 하기로 결정했다. 첫째, 케임브리지에서 강사직을 확실히 얻은 다음, 영국 시민권을 신청하기로 했다. 이 두 목표를 달성하기 위해서 그는 즉시 케인스에게 도움을 청하는 편지를 썼다. 그 편지는 케인스에게 현재 상황, 즉 오스트리아가 독일과 합병함으로써 이제 그는 독일 국민이라는 것, 뉘른베르크 법에 따라 이제 독일의 유대인이라는 것을 설명해 주는 것으로 시작한다. "물론 나의 형제자매들도 같은 입장입니다(하지만 **그들의 아이들은** 아리안계로 인정됩니다.)" 그는 이렇게 덧붙였다. "독일 국민이 된다는 (또는 독일 국민이라는) 생각은 심지어 그것이 몰고 올 더러운 결과들과는 관계없이 나를 **소름 끼치게** 합니다.(이렇다는 것이 어리석은 일일지 모르지만 사실이 그렇습니다.) 그는 빈으로 가서는 안 된다는 스라파의 논증, 즉 그의 오스트리아 여권이 압수되리라는 것, 유대인으로서 새로운 여권을 발급받지 못하리라는 것, 그래서 오스트리아를 떠날 수 없으리라는 것, 또는 심지어 일자리도 얻지 못하리라는 것을 요약해주었다. 유대계 독일인이 되는 것과 영국의 대학강사가 되는 것 사이의 선택에 직면해서 그는 약간 주저했지만 후자를 선택할 수밖에 없었다.

> 영국 시민권을 취득하는 생각을 전에 **떠올린** 적이 있습니다. 나는 항상 그것을 겉만 번지르르한 영국인이 되고 싶지 않다는 이유로 거부했습니다.(내가 무슨 뜻으로 말하고 있는지를 당신은 이해하리라고 생각합니다.) 그렇지만 내가 처한 상황은 이제 완전히 바뀌었습니다. 왜냐하면 나는 지금 두 개의 새 국적 가운데 하나를 선택해야 하는데, 그중 하나는 나에게서 **모든 것**을 빼앗아 가는 반면에, 다른 하나는 최소한 나로 하여금 성인으로서의 인생의 많은 기간을 보냈고, 많은 친구들을 얻었으며, 최상의 연구를 할 수 있었던 나라에서 일하도록 허용해 줍니다.
>
> … 케임브리지의 일자리에 관해서, 당신은 내가 5년 동안 '조교수'였다는 걸 기억할 겁니다 … 지금 내가 지원하려는 자리는 **바로 그 자리**입니다. 왜냐하면 다른 자리 중 현재 공석인 것은 없기 때문입니다. 어쨌든 나는 그 자리에 지원하려고 실제로 생각한 적이 있었습니다. 지금은 아니지만 다음 가을쯤에 말입니다. 그러나 지금 내겐 일자리를 **가능한 빨리** 얻는 것이 중요합니다. 왜냐하면 (a) 그것이 시민권을 얻는 데 도움이 될 것이고, (b) 시민권을 취득하지 못해서 유대계 '독일인'이 돼야만 하더라도, 만일 영국에 **직업**이 있다면 가족들을 방

> 문한 후 다시 오스트리아 밖으로 나가도록 허락을 받을 가능성이 더 크기 때문입니다.

스라파의 충고에 따라 비트겐슈타인은 케인스에게 시민권 신청을 도와줄 수 있는 '이런 일에 전문가인' 의뢰인을 소개해달라고 부탁했다. "덧붙이고 싶은 말은 나는 재정적으로는 아무 문제가 없다는 것입니다. 나는 300 내지 400파운드를 갖고 있어서 1년여 정도는 쉽게 지탱할 수 있습니다."

이 편지에 대한 케인스의 답장은 남아 있지 않다. 그러나 그가 비트겐슈타인에게 대학교의 자리를 보장하고, 영국 시민권을 신청하는 데 도움을 주기 위해 최선을 다했음은 분명하다. 그렇지만 비트겐슈타인은 여느 때와 마찬가지로 케인스가 그를 오해할지도 모른다고 불안해했다. 그래서 그는 케인스의 편지를 패티슨에게 보내 '냄새가 나는지' 물어보았다. 무엇보다도 그는 케인스가 대학 당국과 내무성에 그를 불쌍한 인간, 무기력한 난민으로 알려줄까 봐 걱정했다. 그러므로 그는 교육보조위원회의 지원을 받을 자격이 될지도 모른다는 케인스의 제안을 의심스러워했다. 이 위원회는 "난민들처럼 아무런 돈도 없는 사람들을 도와주는 단체라, 그것의 도움을 받는 것은 불공정할 뿐 아니라 나를 **완전히** 다른 범주에 속하게 할 것"이라고 그는 패티슨에게 말했다. 그는 이 점에 대해 너무 신경을 써서 의뢰인에게 써 준 케인스의 소개문을 사용해야 하는지 주저할 정도가 되었다.

> 나는 이 소개문의 표현이 약간만 잘못되어도 상황을 더 난처하게 만들지 모른다는 **막연한** 불안감이 든다. 예를 들어 나를 일종의 **난민**으로 표현함으로써 이 일의 부정적인 면을 강조할지 모른다.

그의 불안은 근거 없는 것으로 드러났다. 대학 측은 신속하게 일을 처리해서, 그는 다음 학기 초부터 강사직을 맡을 수 있었다.

영국 여권이 나오길 오랫동안 기다리면서 비트겐슈타인이 가장 걱정했던 것은 가족들이었다. 그들이 처한 위험이 얼마나 큰 것인지를 알았기 때문에 그는 괴로웠다. 합병 후 얼마 안 돼 (영어로 쓰여진) 다음의 짧은 쪽지를 받았을 때도 그는 안심할 수 없었다.

친애하는 루트비히,

미닝과 내가 너를 생각하지 않고 지나가는 날은 없다. 우리의 사랑은 항상 너와 함께 있다. 우리 걱정은 하지 마라. 우리는 정말로 아주 잘 있고, 어느 때보다 행복하고 사기도 좋다. 너를 다시 보는 날 우리는 매우 기쁠 것이다.

사랑하는,

헬레네

비트겐슈타인은 일기에서 이것을 (틀림없이 정확하게) 무시해버린다. "빈에서 오는 **어마어마한** 소식을 재확인해준다. 분명히 검열을 의식하고 쓰여졌다."

실제로 헬레네와 헤르미네 모두 그들이 처했던 위험을 너무 늦게 깨달았고, 마침내 그 위험을 깨달았을 때 그들은 공포에 질렸다. 헤르미네는 합병 후 얼마 지나지 않은 어느 날 아침에 파울이 두려운 음성으로 "우리는 유대인으로 간주된다!"고 말했던 것을 회상한다. 헤르미네는 파울이 왜 그것을 두렵게 받아들였는지 이해할 수 있었다. 피아노 연주자라는 직업은 그에게 아주 중요했는데, 유대인으로서 그는 연주 허락을 받지 못할 것이었다. 이 밖에도 그는 교외에서 오랫동안 산책하는 것을 즐겼는데 '유대인 금지Juden verboten'라는 표지들 때문에 산책이 덜 즐겁게 될 것이 틀림없었다. 그러나 그녀 자신에겐 그녀가 독일 법상 유대인으로 간주된다는 사실은 거의 아무것도 의미하지 않는 것 같았다. 그녀는 인생의 대부분을 집 안에서 보냈고, 공적으로 그녀에게 인사하곤 했던 소수의 사람들이 더 이상 그렇게 하지 않을지도 모른다는 사실을 제외하곤, 그녀의 인생은 분명히 거의 비슷하게 계속될 것 같았다.

처음에 파울은 그의 가족들이 항상 충성스럽고 애국적인 시민들이었으며 나라를 위해서 많은 일을 했다는 것을 근거로 아리안계로 대우를 받도록 보장받으려고 다시 시도했다. 이를 위해서 그와 그레틀은(그레틀은 미국 시민으로서 개인적으론 아무런 위험이 없었다) 나치 당국과 교섭하기 위해 베를린으로 갔다. 그들의 호소는 아무런 효과도 없었다. 그들이 두 번째의 아리안 조부모가 있다는 증거를 제시할 수 없는 한, 그들은 유대인으로 남을 것이라는 말을 들었다.

비트겐슈타인의 고모인 밀리Milly의 후손들은 헤르만 크리스티안 비트겐슈타인이 아리안인임을 증명하려고 시도했다. 베를린의 문서보관소에는 밀리의 손녀인 브리기테 츠비아우어Brigitte Zwiauer가 쓴 헤르만 크리스티안의 사례를 탄원하는 보고서가 남아 있다. 그것은 혈통연구부Reichstelle für Sippenforschung(나치의 부서로 아리안인지 아닌지를 결정하는 일을 했다)에 보내는 것으로 돼 있는데, 헤르만 크리스티안이 가족 안에서는 왕족인 발덱Waldeck가의 한 사람의 서자라고 알려져 있다고 적혀 있다. 츠비아우어는 이것을 직접적으로 증명할 수는 없음을 인정하지만, 또 그것이 아니라는 것을 증명할 수도 없다는 것, 즉 비록 헤르만 크리스티안이 유대계 사회에서 자랐지만, 그가 실제로 유대인의 아들이라는 증거는 없다는 것을 강조했다. 그가 아리안 출신이라는 것을 간접적으로 증명하기 위해서 그녀는 헤르만과 파니의 11명의 자식들의 사진을 동봉했다. "이 아이들이 두 명의 완전한 유대인 부모의 후손이라는 것은 우리들에게는 생물학적으로 불가능한 것처럼 보인다"고 그녀는 주장했다. 이 보고서는 헤르만이 중간 이름인 '크리스티안'을 혼자서 선택했으며, 어른이 되어서는 반유대적인 사람으로 알려졌고, 유대계 사회와 접촉을 피했으며, 후손들이 유대인과 결혼하는 것을 허락하지 않았다는 것을 지적하고 있다. 이 보고서는 1938년 9월 29일로 날짜가 적혀 있지만, 그 탄원은 거의 1년 후에 나치가 그것을 받아들일 때 생기는 이득을 알게 될 때까지 무시되었다.

헤르미네, 그레틀, 그리고 헬레네는 이 보고서와 아무런 관계가 없을 것이다. 그들이 생각하는 한, 헤르만 크리스티안은 모제스 마이어의 아들이었고, 만일 그것이 독일 법 아래 그들이 유대인으로 간주된다는 것을 뜻한다면, 그렇게 되게 할 것이었다. 파울은 아마도 독일제국 안에서 유대인으로 사는 것이 가져올 결과들을 피하기 위해 필요한 어떤 조치라도 취했을 것이다. 그러나 사실 그는 재분류될 희망은 없다고 봤기 때문에, 가능한 한 빨리 독일을 떠나려고만 시도했다. 그는 헤르미네와 헬레네에게도 모든 것을 남겨두고 스위스로 가라고 재촉했다. 집에 불이 났을 때 분별 있는 행동은 안에 있는 물건들은 잊고서 창밖으로 뛰어내리는 것이라고 그는 주장했다. 그러나 그녀는 친구들, 가족들, 그리고 애지중지하던 호흐라이트를 떠날 수 없었고, 헬레네도 자식들과 손주들을 떠나는 일을 할 수는 없었다. 둘 모두 떠나기를 거부했다. 1938년 7월 격한 논쟁이 벌어진 후, 파울은 오스트리아에 누이들을 남겨두고 홀로 스위스로 갔다.

헬레네와 헤르미네는 호흐라이트에서 여름을 보내기 위해 빈을 떠났는데, 여전히 그들이 유대인이라는 것 때문에 위험에 빠지지는 않을 것이라고 확신하고 있었다. 이런 그들의 확신을 흔든 것은 그레틀이었다. 그레틀은 9월에 호흐라이트로 와서 그들에게 독일 밖에서는 정보에 밝은 사람들은 전쟁이 어느 때곤 일어날 것이라고 널리 믿고 있으며(이때는 체코슬로바키아 위기가 발생했던 때였다) 또한 독일에 있는 유대인들은 수용소에 수용될 것이며, 거기서 음식도 제대로 못 먹는 등 나쁜 대우를 받을 것으로 알고 있다고 말했다. 그레틀은 헤르미네와 헬레네에게 오스트리아를 떠나라고 재촉했다.

그렇지만 이때쯤에는 독일의 유대인들이 스위스로 가는 것은 더 이상 가능하지 않았다. 그래서 다른 계획이 필요했다. 그레틀의 제안에 따라 헤르미네는 자신과 헬레네가 쓸 유고슬라비아 여권들을 빈에 있는 유대계 변호사로부터 구입하기로 했다. 그녀는 분명히 이것이 유고

슬라비아 정부가 국적을 수여하는 방법으로 믿었음이 틀림없다. 왜냐하면 그녀는 그들이 사려고 하는 것이 가짜 여권이라는 것을, 그때 그들 대신 여권을 갖고 오기 위해 유고슬라비아를 여행했던 아르비트 셰그렌이 그 여권은 위조 서류를 전문적으로 만드는 공장에서 만들어졌다는 것을 보고할 때까지, 전혀 알지 못했다고 말하기 때문이다.

그럼에도 불구하고 헤르미네는 그 계획을 계속 추진했고 가짜 여권을 이용하여 스위스로 가는 비자를 얻기 위해 혼자서 뮌헨으로 여행을 갔다. 얼마 후 경찰은 위조 공장을 조사하기 시작했고, 그들이 스위스로 가는 비행기를 타기 전에, 헤르미네와 헬레네는 그레틀과 아르비트와 함께 체포되었다. 그들은 각각 감옥에서 이틀 밤을 지냈는데, 그레틀만 하룻밤을 더 갇혀 있어야 했다. 잇따른 재판에서 그레틀은 모든 소동의 책임이 그녀에게 있음을 입증하기 위해 최선을 다했다. 비록 헤르미네에 의하면, 그들이 할 수 있는 최선의 방법은 그들의 외양과 말하는 태도였지만 말이다. 재판정 앞에 나타난 것은 《나의 투쟁》에서 묘사된 것처럼 지저분하고, 냄새나고, 띠 있는 긴소매의 옷을 입은 유대인들이 아니라, 유명하고 부유하며 고귀한 부르주아적인 오스트리아 가문의 자부심에 찬 가족들이었다. 네 사람 모두 그들에게 가해진 혐의를 벗었다.

비트겐슈타인 자신이 이 일에 관해 얼마나 많이 알았는지 말하기는 불가능하다. 어쨌든 그는 누이들이 처한 상황을 걱정하다가 병이 들 정도였다. 1938년 10월, 무어에게 쓴 편지에서 그는 "지난 한두 달 동안 그가 겪었던 커다란 긴장 상태"에 관해 말하면서, 그 이유는 "빈에 있는 가족들이 큰 고통을 겪고 있다"는 사실 때문이라고 했다. 영국 여권이 나오기를 기다리는 것은 거의 참을 수 없을 정도가 되었는데, 그 여권을 이용해서 그가 빈으로 가서 누이들을 돕기 위해 그가 할 수 있는 일은 무엇이든지 하려고 간절히 바랐기 때문이었다. 이런 불안의 와중에서, 네빌 체임벌린Neville Chamberlain이 뮌헨에서 귀국할 때 "우리 시대는 평화롭다"고 선언하는 모습은 도저히 참을 수 없는 것이었다. 그는 길버트 패티슨에게 체임벌린의 '성공'을 축하하기 위해 인쇄된 엽서를 보냈다. 체임벌린과 그의 부인의 사진 아래에는 이런 글이 있다. "평화의 순례자. 만세! 체임벌린 씨." 뒷장에 비트겐슈타인은 이렇게 적었다. "구토제가 필요하다면, 여기 그것이 있다."

1938~1939년 겨울에 제국은행은 비트겐슈타인 가문이 갖고 있는 엄청난 양의 외화에 대해 조사하기 시작했다. 나치 법상 제국은행은 이 돈을 강제로 뺏을 힘을 갖고 있었다. 그렇지만 이 재산의 복잡한 구성 때문에 그것에 손을 대긴 힘들었다. 이런 환경은 그레틀에게 자매들의 안전을 보장할 수 있는 길을 시사해주었다. 헤르미네와 헬레네가 아리아인으로 대우받는다는 것을 문서로 확인해주는 대가로, 그 외화를 넘겨주는 데 동의하겠다는 조건을 제시하는 것이다.

이렇게 해서 베를린 당국과 비트겐슈타인가 사이의 긴 교섭이 시작되었다. 이것은 나치가 비트겐슈타인가의 외화를 이전하는 대가로 전해에 브리기테 츠비아우어가 준비했던 보고서를 받아들이는 데 동의하는 것으로 끝났다. 이 교섭은 파울과 나머지 가족들 사이의 의견의 차이 때문에 복잡하게 되었다. 이때 스위스를 떠나서 미국에서 살고 있던 파울은 오스트리아에 머물고 싶어 하는 누이들의 완고한 욕망을 채우기 위해 나치와 거래하는 것에 반대했다. 나치의 손에 그렇게 많은 재화를 쥐어줌으로써 나치를 돕는 것은 나쁜 일이라고 그는 주장했다.(헤르미네는 이 논증을 파울의 조언자들이 만든 것이라고 했다. 그녀는 이들이 예외 없이 유대인들이라고 지적한다. 마치 오로지 유대인들만이 그런 생각을 의미 있는 것으로 고려하는 것처럼 말이다.)

이런 논쟁은 1939년 봄 내내 계속되었다. 그레틀은 모든 당사자들에게 적절한 결론에 도달하기 위해 뉴욕, 베를린, 빈을 여행했는데, 그 문제는 1939년 6월 2일 비트겐슈타인이 마침내 영국 여권을 받을 때까지 여전히 해결되지 않았다. 거의 한 달도 못 되어서 그는 여권을 이용해서 베를린, 빈, 그리고 뉴욕을 여행했는데, 목적은 그레틀이 해결책을 찾게끔 도와주는 것이었다. 헤르미네가 말하는 것처럼, 그것은 경험과 기질로 보아 그녀의 동생에게 어울리는 일은 아니었다. 더욱이 (비록 그녀는 이 점을 지적하진 않았지만) 그가 단지 2년 전에 했던 고백에 포함되었던 거짓말을 나치가 받아들이게 하기 위해 뇌물을 주는 아이러니가 그의 마음속을 떠날 수는 없었을 것이다. 그럼에도 불구하고 그는 자신이 할 수 있는 만큼의 정확성과 끈기로 그 교섭을 맡았다. "만일 그가 뉴욕에서 염두에 두었던 것을 성취하지 못했더라도 그의 잘못은 아니었다"고 헤르미네는 덧붙였다. 그녀는 그것이 파울의 잘못이었음을 암시한 적이 있다.

파울의 반대에도 불구하고, 이 교섭의 결과 가족 재산 중 상당량이 스위스 은행으로부터 제국은행으로 이송되었다. 혈통조사국은 빈 지국에서 헤르만 크리스티안 비트겐슈타인은 아무런 조건 없이 독일 혈통deutschblütig이라고 공식적으로 선언했다. 그 결과 1939년 8월 헤르미네, 헬레네 그리고 헤르만 크리스티안의 다른 모든 손주들은 유대인이 아니라 '유대 혈통이 섞임Mischlinge'이라고 적힌 보증서를 받았다. 그 후 1940년 2월에 베를린 당국은 유대 혈통이 섞인 사람들을 다루는 규칙들은 헤르만 크리스티안 비트겐슈타인의 후손들에게는 적용되지 않으며 "제국국민법〔뉘른베르크 법〕하에서 인종적 분류 때문에 그들을 더 이상 문제 삼을 수 없다"고 선언했다. 이렇게 해서 헤르미네와 헬레네는 전쟁 동안 비교적 큰 어려움 없이 살아남을 수 있었다.

20
머뭇거리는 교수

합병이 없었더라도 비트겐슈타인이 다시 케임브리지로 돌아왔을지는 알 수 없다. 그렇지만 학교 밖에서 활동하려는 시도는 좋게 말해 미완결 상태였다. 비록 가끔 그는 스키너와 허트에게 장려했듯이 '보통' 사람들 사이에서 일자리를 찾는 것에 관해 말했지만, 실제로 실행하려는 노력은 거의 하지 않은 것으로 보인다. 러시아에서 일하려는 계획, 그리고/또는 의사 훈련을 받으려는 계획은 비록 더 큰 의도를 갖고 추진되었지만, 한 번도 확고하게 추진된 적은 없었다. 아마도 그는 책을 완성하기 위해 필요한 마음의 평화를 얻고 집중할 수 있도록 노르웨이에서 계속 혼자 있거나, 혹은 드루어리와 함께 더블린에서 지냈을 것이다. 그러나 300~400파운드였던 저축이 일생 동안 유지되지는 못할 것이므로 결국 봉급을 받는 일자리를 찾아야 했을 것이다. 즉 1930년에 무어에게 말했듯 그는 자신이 생산하는 상품을 이용할 누군가를 찾아야 했을 것이다. 그리고 이런 상품들을 가장 많이 사는 장소는 분명히 학교, 특히 케임브리지 안이었다. 그러므로 때가 되면 그가 강사직에 지원했을 가능성은 충분히 있다. 그렇지만 확실히 말할 수 있는 것은 합병이 없었더라면 이 일은 1938년 4월처럼 일찍 일어나지는 않았으리라는 것이다.

이것은 단지 그때 비트겐슈타인이 교직으로 돌아가려는 의향이 적었기 때문이 아니라, 프란시스와의 관계가 염려됐기 때문이다. 새해에 쓴 일기에 나타났듯이 그는 자신과 프랜시스 사이에 존재하는 육체적 욕망에 관해서 깊이 걱정하고 있었고, 그의 입장에서는 그런 육욕이 진정한 사랑과 양립할 수 있는지를 염려했다. 그는 프랜시스와 떨어진 채, 즉 육욕적 '민감성'의 유혹으로부터 떨어진 채 프랜시스를 사랑하는 것을 선호했을 것이다. 그러나 또 프랜시스를 완전히 잃을지도 모른다는 두려움 때문에 그는 다시 케임브리지로 돌아왔고, 어느 때보다 더 강하게 그 유혹의 영역 안으로 들어갔다.

돌아오자마자 그는 이스트로드의 상점 위에 있는 프랜시스의 숙소로 들어갔고, 거기서 그들은 1년 이상 프랜시스가 항상 바라던 대로 한 쌍으로 살았다. 프랜시스가 비트겐슈타인의 연구의 협력자로서 있던 시기는 오래전에 끝났다. 비트겐슈타인이 강의를 하고 책을 쓰는 동안 프란시스는 공장에서 일했다. 이 기간 동안 프랜시스가 쓴 편지는 없고, 비트겐슈타인이 암호로 쓴 일기에도 관련된 내용은 없기 때문에, 이해에 그들의 관계가 어떻게 혹은 왜 악화되었는지는 모른다. 알 수 있는 것은 그저 1939년에 가서 관계는 악화되었으며, 다음 2년 동안 관계가 유지된 것은 오로지 비트겐슈타인에 대한 프랜시스의 끊어지지 않는, 충실하고 매달리기까지 하는 사랑 때문이었다. 프랜시스에 대한 비트겐슈타인의 사랑은 그가 탐하고 동시에 두려워했던 육체적 접근 이후까지 살아남지 못했다. 어쩌면 그것은 살아남지 못할 운명이었을 것이다.

이 시기의 학생들 중에서 비트겐슈타인은 새로운 세대의 제자들을 찾아냈다. 그가 편안하게 느낄 정도로 학급을 줄이기 위해서, 그는 통상적으로 하듯 강의를 《케임브리지 대학 일지*Cambridge University Recorder*》에 광고하지 않았다. 대신 그는 존 위즈덤John Wisdom과 무어, 그리고 브레이스웨이트에게 그들이 생각하기에 강의에 관심을 가질 만한 학생들에게 말해달라고 부탁했다. 단지 열 명 정도의 학생들만 참석했다. 이렇게 선택된 학생들 중 러시 리스, 요릭 스마이시스Yorick Smythies, 제임스 테일러James Taylor, 캐시미어 루이, 그리고 시어도어 레드패스Theodore Redpath가 있었다. 이 학급은 비트겐슈타인이 학생들 모두를 꽤 잘 알 수 있을 정도로 규모가 작았다. 그렇지만 이 기간 동안 그의 가까운 친구가 되었던 학생들은 리스, 테일러, 그리고 스마이시스였다.

이 강의는 테일러의 방에서 열렸다. 테일러에 관한 언급은 출판된 회상록에서 거의 발견이 안 되는데, 그는 토론토 대학 졸업생이었고 무어 밑에서 공부하기 위해 케임브리지로 왔다가 무어를 통해 비트겐슈타인의 친구가 되었다. 전쟁 후 그는 오스트레일리아의 한 대학에서 철학 교수직을 제의받고 그 직을 맡기 위해 가는 도중 브리즈번Brisbane에 있는 술집에서 다투다가 죽었다. 스마이시스란 인물은 출판된 책들에서 반복해서 나타나지만 그에 관해서는 거의 아무것도 알려지지 않은 신비스런 인물 중 하나이다. 그는 충실한 비트겐슈타인의 제자였고, 진정으로 비트겐슈타인적인 성격의 소유자였다. 왜냐하면 그는 직업적 철학자는 된 적이 없지만, 철학적 문제들에 대해 진지하게 그리고 깊게 생각하는 것을 그만둔 적이 없는 인물이었기 때문이다. 그는 비트겐슈타인의 나머지 인생 동안 가까운 친구로 남게 된다. 그는 케임브리지를 떠난 후 옥스퍼드에서 도서관 사서가 되었다. 말년에 그는 편집증적 분열증으로 고통을 겪었으며 모리스 드루어리의 환자가 되었다. 그는 1981년에 비극적인 최후를 마쳤다. 이런 사람들을 보면, 우리는 특히 1930년대에 비트겐슈타인이 가장 강하게 영향을 미쳤던 사람들(스마이시스뿐 아니라 드루어리, 스키너, 허트와 같은 사람들)은 학문과 관련된 직업을 갖지 않았다는 사실을 알게 된다. 그러므로 비트겐슈타인의 연구가 불러일으켰던 그 많은 학술저서들이나 논문들에는 비트겐슈타인이 끼친 영향의 넓고 중요한 면이 반영되지 않고 반영될 수도 없는 채 남아 있다. 이 사람들 중에서 출판을 했던 유일한 사람은 모리스 드루어리였다. 철학적이고 정신적 문제들에 대한 글들의 모음집인 《말의 위험》은 비록 2차 문헌들 사이에서 거의 완전히 무시되어왔지만, 그 태도와 관심에 있어서 다른 어떤 2차 문헌보다 더 진정으로 비트겐슈타인적이다.

드루어리는 의사 교육 과정 중 마지막 해의 방학 동안 비트겐슈타인이 하는 새로운 강의에 한 번 참석하게 되었다. 이 강의 동안 비트겐슈타인은 한 학생에게 필기하는 것을 그만두라고 말했다.

> 만일 네가 이렇게 즉흥적으로 하는 말들을 적는다면, 언젠가 누군가가 그것들을 나의 정돈된 의견으로 출판할 수 있다. 나는 그런 일이 일어나기를 바라지 않는다. 왜냐하면 지금 나는 생각이 떠오르는 대로 즉흥적으로 말하고 있는데, 이 모든 것은 더 많은 생각과 더 좋은 표현을 필요로 하기 때문이다.

다행스럽게도 이 요청은 무시되었고 이 강의의 노트는 실제로 출판되었다.◈

이 강의들은 비트겐슈타인의 연구 가운데서도 특이한 것들이다. 그 강의들의 주제 하나만 갖고도 특이한 것들이 된다. 왜냐하면 그 강의들은 수학이나 철학 일반에 관한 것이 아니라, 미학과 종교적 믿음에 관한 것이기 때문이다. 그 차이는 겉으로 드러나는 것보다는 덜 과격하다. 왜냐하면 비트겐슈타인은 이런 주제에 관해 논의할 때, 그가 다른 맥락에서 사용했던 예들 중 많은 것들, 예컨대 칸토어의 대각 증명, 프로이트의 이유와 원인에 대한 혼동 등을 사용하기 때문이다. 그래서 예를 들어 미학에 대한 그의 논의는 수리철학이나 심리철학에 대한 그의 논의와 그렇게 달라 보이지 않는다. 이 강의들을 유별나게 하는 것은 그것들이 가진 어조이다. 그가 즉흥적으로 그리고 마음 놓고 말하고 있다는 바로 그 이유 때문에, 이 강의들은 그가 철학의 목표와

◈ 다음을 참조. 《미학, 심리학, 종교적 믿음에 관한 강의와 대화*Lectures and Conversations on Aesthetics, Psychology and Religious Belief*》, ed. Cyril Barrett (Blackwell, 1978).

이 목표가 개인적인 세계관과 어떻게 연결되는지에 관한 가장 분명한 설명을 제공해주는 것들 중 하나이다. 이 강의의 타깃은 《청색 책》에서 표현했듯이, 그저 철학자들이 "그들의 눈에서 과학의 방법을 보고 불가항력적으로 과학이 하는 방식대로 문제를 던지고 대답하려는 유혹을 받을" 때 생기는 위험만이 아니었다. 그것은 좀 더 일반적으로 과학과 과학적 방법의 숭배가 우리의 전 문화에 미쳤던 비참한 영향들이었다. 미학과 종교적 믿음은 과학적 방법으로 다룰 수 없고 과학적으로 만들려고 할 경우 왜곡, 피상성, 그리고 혼란에 빠지게 되는 분야의 두 사례로서 비트겐슈타인에겐 결정적으로 중요한 것들이다.

비트겐슈타인은 청중들에게 자기가 하고 있는 것은 "사람들에게 생각하는 방식을 바꾸라고 설득하는" 것이라고 말했다. 그는 한 가지 사고방식을 다른 사고방식에 대항해서 '선전하고' 있다고 말했다. "솔직히 말해서 나는 다른 사고방식이 역겹다"고 그는 덧붙였다. 그 '다른 사고방식'을 그는 과학 숭배와 동일시했고, 따라서 이 강의에서 그는 이런 숭배를 전파하는 강력하고 위험한 형태로 간주했던 당시의 대중서들, 예컨대 진스Jeans의 《신비로운 우주*The Mysterious Universe*》를 저주하기 위해 시간을 할애했다.

> 진스는 《신비로운 우주》라는 책을 썼는데, 난 그것을 개탄합니다. 나는 그것을 오도적이라고 부르겠습니다. 제목을 봅시다 … 《신비로운 우주》라는 제목은 일종의 우상숭배 — 과학과 과학자가 우상이다 — 를 포함한다고 말할 수 있습니다.

미학을 논의할 때 비트겐슈타인은 이 이름으로 전개되는 철학의 한 분야에 어떤 기여를 하려고 의도했던 것은 아니었다. 그런 분야가 있을 수 있다는 생각 자체가 '다른 사고방식'의 결과 혹은 아마도 증상이었다. 대신 그는 미적인 이해에 관한 질문들을 그 철학의 한 분야로부터 특히 미학의 과학이 있을 수 있다는 생각으로부터 구하려고 시도한다.

여러분들은 미학이 아름다운 것이 무엇인지를 우리에게 말해주는 과학—이것은 너무나도 어리석은 말—이라고 생각할지 모릅니다. 나는 그것이 또한 어떤 종류의 커피가 맛이 좋은지도 포함해야 한다고 생각합니다.

리스가 비트겐슈타인에게 악화deterioration '이론'(비트겐슈타인이 독일 음악 전통의 악화라는 예를 든 것을 가리킨다)에 대해 물었을 때, 비트겐슈타인은 그 말에 질색했다. "자네는 내가 이론을 갖고 있다고 생각하는가? 내가 악화가 무엇인지를 말하고 있다고 생각하는가? 내가 하는 것은 악화라고 불리는 여러 가지 것들을 기술하는 것이다."

비트겐슈타인은 "아름다움이란 무엇인가?" 같은 미학의 전통적인 질문들에 답하려고 하지 않았다. 그는 미적인 이해가 (미학에 관한 철학적 논의들을 읽은 사람이 생각할지도 모르는 것처럼) 한 그림 앞에 서서 "저것은 아름답다"고 말하는 것이 아님을 보여주는 일련의 예들을 제시한다. 이해는 당혹스러울 정도로 여러 가지 다양한 형식들을 갖고 있다. 그것은 문화에 따라 다르고, 아주 흔하게 아무 **말**도 하지 않는 것일 수도 있다. 이해는 말에 의해서 이루어지는 만큼이나 자주 행동에 의해서도 **보여진다**. 혐오 혹은 만족을 표시하는 몸짓에 의해서도, 시를 읽거나 음악을 연주하는 방식에 의해서도, 같은 작품을 얼마나 자주 읽거나 듣는지, 어떻게 읽거나 듣는지에 의해서도 **보여진다**. 이런 여러 가지 형태의 이해들이 공통적으로 갖고 있는 것은 아무것도 없어서 "무엇이 미적인 이해인가?"라는 질문에 답하기 위해 우리가 뽑아낼 수 있는 그런 것은 없다. 그것들은 오히려 복잡한 '가족유사성'들에 의해 연결되어 있다. 따라서,

이해가 무엇인지를 기술하는 것은 어려울 뿐 아니라 불가능하다. 그것이 무엇인지를 기술하기 위해서 우리는 전체 환경을 기술해야 할 것이다.

무엇보다도 미적인 이해의 이유와 방법을 찾으려고 시도할 때 우리는 **인과적** 설명을 찾고 있는 것이 아니다. 미학의 과학은 없으며 그래서 다른 과학, 예컨대 물리학 또는 심리학과 같은 사이비 과학의 결과들이 이런 질문들에 영향을 미칠 수 없다. 비트겐슈타인은 프로이트의 글로부터 두 종류의 설명을 인용하는데, 이들 중 하나는 그가 생각하기에 모든 대가를 치르고서라도 피해야 하는 환원적 종류의 설명을 보여주며, 다른 하나는 그가 주창하려고 하는 '사고방식'을 보여준다.

첫 번째 것은 《꿈의 해석》으로부터 따온 것인데, 프로이트의 환자가 그에게 예쁜 꿈이라고 묘사했던 것에 대한 프로이트의 '설명'과 관련되어 있다. 그 꿈을 다시 말하면서 프로이트는 특정한 단어들을 대문자로 적어서, 말하자면 눈을 껌벅이고 고개를 끄덕이면서 성적인 것들을 암시하려 한다.

> 그녀는 언덕에서 내려오고 있었다 … 그녀는 손에 **커다란 가지**를 들고 있었다. 실제로 그것은 **빨간 꽃들**로 덮여 있었는데 마치 나무 같았다 … 언덕을 내려왔을 때 그녀는 한 남자 하인이 비슷하게 생긴 나무를 손질하고 있는 것을 보았다. 즉 그는 그 나무에 이끼처럼 붙어 있는 **두꺼운 털 타래**를 끌어내기 위해서 **한 조각의 나무**를 사용하고 있었다.

그 꿈의 후반부에서 그 여자는 가지를 집어서 길 안으로 던지는 사람들과 마주쳤는데, 그 길에는 가지들이 주변에 **누워** 있었다. 그녀는 자기도 하나를 집어도 되는지 묻는다. 프로이트의 설명에 의하면, 이는 자기도 하나를 부러뜨려도pull one down 되는지, 즉 자위 행위를 해도 되는지 묻는 것이다.(독일어에서 'to pull one down'은 영어의 'to toss oneself off[자위하다]'와 같은 뜻이다.) 프로이트는 "그 꿈을 꾼 사람은 꿈이 해석된 후 이 예쁜 꿈을 더 이상 좋아하지 않게 되었다"고 덧붙였다.

이에 대한 비트겐슈타인의 응답은 프로이트가 환자를 속였다는 것이다. "난 그 환자에게 이렇게 말하겠다. '이런 연상들이 그 꿈을 아름답지 않게 만드는가? 그것은 아름다웠다. 왜 그래서는 안 되는가?'" 프로이트가 그 꿈의 예쁜 요소들을 추잡한 풍자로 환원시킨 것 안에 매력적인 점이 있지만, 프로이트가 그 꿈이 **정말로** 어떤 것인지를 보여주었다고 말하는 것은 잘못이다. 비트겐슈타인은 그것을 다음의 문장에 비유한다. "만일 우리가 레드패스를 섭씨 200도의 물에 끓인다면 수증기가 사라졌을 때 남는 것은 약간의 재뿐이다. 이것이 레드패스의 실제 본성이다." 이렇게 말하는 것에는 매력적인 면이 있을지 모르지만 "아무리 좋게 봐주더라도 그것은 오도하는 것"이라고 그는 말한다.

비트겐슈타인이 동의하면서 언급했던 프로이트식의 설명은 《농담 그리고 무의식과 농담의 관계*Jokes and their Relations to the Unconscious*》에 포함된 것들이다. 비트겐슈타인은 아무런 예도 제시하지 않았지만, 그러나 아마 간단한 예로도 충분할 것이다. 그 책의 앞부분에서 프로이트는 하이네Heine의 《여행그림*Reisebilder*》에 있는 농담 하나에 대해 논의한다. 인물들 중 하나인 가난한 복권 상인이 그와 로스차일드 남작 사이의 관계를 자랑하면서 이렇게 말한다. "그는 나를 그와 동등하게, 즉 아주 친근하게familionairely 대우한다." 프로이트의 주장에 따르면 이것이 우리를 웃게 만드는 이유는 로스차일드가 그 사람을 동등하게, 그리고 백만장자millionaire처럼 아주 친근하게familiarly 대우했다는 생각을 영리하게 줄여서 표현했기 때문이기도 하지만, 또한 그것은 억압된 부수적인 생각, 즉 부자가 생색을 내면서 대우해줄 때 느끼는 다소 불쾌한 그 무엇이 실제로 있음을 드러내기 때문이기도 하다.

만일 이런 종류의 설명을 수용하려고 한다면, 어떤 근거로 그렇게 할 것인지를 비트겐슈타인은 묻는다.

> "만일 그것이 인과적이 아니라면, 당신은 그것이 옳다는 것을 어떻게 아는가?" 당신은 이렇게 말한다. "맞아, 그것은 옳다." 프로이트는 그 농담을 다른 형태로 바꾸는데, 우리는 이 형태를 농담의 한쪽 끝에서 다른 쪽 끝으로 우리를 인도하는 연속된 관념들의 한 표현으로 인정

> 한다. 이것은 올바른 설명에 대한 전적으로 새로운 설명이다. 올바른 설명은 경험에 일치하는 것이 아니라 받아들여지는 것이다.

이런 형식의 설명에는 다음이 본질적이라고 그는 강조했다. "당신은 수용되는 설명을 제시해야 한다. 이것이 그 설명의 핵심이다." 그리고 이것이 바로 사람들이 미학에서 원하는 종류의 설명이다. 어떤 것이 아름다운, 혹은 우리가 어떤 것을 아름답다고 간주하는 **원인**을 밝히는 것이 아니라, 우리가 전에는 생각해보지 않았던 연결 관계를 보여줌으로써 아름답다는 것이 무엇인지, 예컨대 왜 어떤 음악, 연극 혹은 시 등이 위대한 작품으로 올바르게 간주되는지를 **보여주는** 것이다.

강의에서 비트겐슈타인은 사람이 미적인 작품의 위대성을 이해하기 시작했을 때 어떤 일이 일어나는지 자신의 경험으로부터 몇 개의 예들을 제시했다. 그는 18세기 시인인 프리드리히 클로프스토크Friedrich Klopstock의 시를 읽었는데 처음에는 아무것도 이해할 수 없었다고 말했다. 그러나 곧 그것을 읽는 방법은 운율을 비정상적으로 강조하는 것임을 깨달았다.

> 그의 시를 이런 새로운 방법으로 읽자 난 "아하, 이제 그가 왜 이렇게 했는지 알았다"고 말했다. 어떤 일이 일어났는가? 나는 이런 종류의 시를 읽고는 약간 지겨웠지만, 그것을 이런 특정한 방식으로 집중해서 읽자, 나는 "이것은 **대단하다**"는 등의 말을 하면서 웃었다. 그러나 난 아무 말도 하지 않았을 수도 있다. 중요한 사실은 내가 그것을 반복해서 읽었다는 것이다. 그 시들을 읽었을 때 난 승인의 제스처라 불릴 만한 표정과 몸짓을 했다. 그러나 중요한 것은 내가 그 시들을 완전히 다르게 더 집중해서 읽었고 다른 사람들에게 "보라! 이것이 그 시들을 읽는 방법이다"라고 말했다는 것이다.

그가 제시했을 법한 또 다른 예는 인도의 시인 라빈드라나스 타고르

Rabindranath Tagore가 쓴 《암실의 왕*The King of the Dark Chamber*》이었다. 비트겐슈타인은 이 희곡의 독일어 번역본(벵갈어로 쓰여진 글이 원본이다)을 1921년 처음 읽었는데, 이때는 타고르의 명성이 최고조에 달했고, 유럽에서 특히 독일과 오스트리아에서 굉장히 인기가 있을 때였다. 그때 그는 엥겔만에게 쓴 편지에서, 그 희곡이 갖고 있는 위대한 지혜에도 불구하고 그에게 깊은 인상을 남기지는 못했다고 말했다. 그는 **감동**을 받지 못했다.

> 내게는 그 모든 지혜가 아이스박스로부터 나온 것처럼 보였다. 그가 그것을 모두 자신의 진정한 느낌으로부터가 아니라 읽고 듣는 것에 의해 2차적으로 배웠다는 것에 내가 놀랄 필요는 없다.(그것은 많은 사람들이 기독교의 지혜에 관한 지식을 얻는 방법과 아주 흡사하다.) 아마도 나는 그의 어조를 이해하지 못하는 것 같다. 내게 그것은 진리에 의해서 홀린 사람의 어조처럼 울리지 않는다.(**예를 들면 입센의 어조처럼 말이다.**) 그렇지만 여기서 번역이 메울 수 없는 틈을 남겨놓았을 가능성이 있다. 나는 **관심을 가지고** 계속 읽었지만 감명을 받지는 못했다. 그것은 내게 좋은 징조처럼 보이진 않는다. 왜냐하면 이것은 나를 사로잡을 수 있을 만한 주제였기 때문이다. 그렇지 않으면 더 이상 아무것에도 감동받지 못할 정도로 내 감정이 죽어버렸는가? 틀림없이 이것도 하나의 가능성이다.
>
> ㅡ 반복하지만, 나는 한순간도 여기에서 드라마가 일어난다는 것을 느끼지 못한다. 나는 그 비유를 그저 추상적인 방식으로 이해할 뿐이다.

불과 몇 달 후에 핸젤에게 쓴 편지에서 그는 타고르를 다시 읽고 있으며 "이번에는 훨씬 **더** 즐겁게" 읽고 있다고 말했다. "이제 나는 여기에 **정말로** 대단한 무엇이 있다고 믿는다"고 그는 핸젤에게 말했다. 이후부터 《암실의 왕》은 그가 가장 좋아해서 친구들에게 주거나 빌려주곤 했던 책들 중 하나가 되었다. 그리고 미학에 관한 강의가 진행되던 즈음에 그는 요릭 스마이시스와 함께 그 희곡을 다시 읽었는데, 이번에는 타고르 자신이 만든 영어 번역본이었다. 그 번역본 역시 틈을 남긴 것처럼 보였고, 스마이시스와 비트겐슈타인은 이를 극복하기 위해, 말하자면 번역본의 딱딱함을 녹이기 위해 그들 자신의 번역을 준비했다. 스마이시스의 논문들 중에서 그들이 번역한 그 희곡 제2막의 타자본이 발견되었다. 그것은 이렇게 시작한다.

> 《암실의 왕》. 라빈드라나스 타고르 저. 라빈드라나스 타고르의 영역본으로부터 비트겐슈타인과 요릭 스마이시스가 사용하는 영어로 번역됨. 비트겐슈타인과 요릭 스마이시스.

스마이시스와 비트겐슈타인이 수정한 것들 중 대부분이 타고르의 구식 '시적' 표현들을 현대의 관용적인 단어와 구절로 바꾸는 내용들이다. 타고르가 쓴 'chamber'를 'room'으로 바꿨고(제목은 제외하고) 'He has no dearth of rooms'를 'He's not short of rooms'(그는 방이 모자라지는 않았다)로 바꿨다.

그 희곡은 종교적 깨달음을 은유한 것으로 그 주제에 관한 비트겐슈타인 자신의 생각과 상당히 유사했다. 제목에 나오는 왕을 신하들은 한 번도 본 적이 없어서 그들 중 일부는 그의 존재를 의심하는 반면, 다른 신하들은 그가 너무 추하게 생겨서 자신을 감히 드러내지 못한다고 믿고 있다. 다른 사람들, 가령 하녀인 수랑가마Surangama 같은 사람들은 왕에게 매우 헌신적이고 너무 숭배하다 보니 그를 볼 수 있게 해달라고 부탁하지도 않는다. 그들은 왕을 다른 인간들과는 비교할 수 없다고 믿는다. 주인에게 복종하면서 자신들의 자부심을 완전히 극복했던 이런 사람들만이 언제 왕이 접근하고 있는지, 그리고 언제 그가 나타났는지에 대한 감을 갖는다. 이 희곡은 왕의 부인인 수다르샤나Sudarshana의 깨달음, 다른 말로 겸손해짐 또는 복종을 다룬다. 처음에 그녀는 자부심이 있는 여왕으로 묘사된다. 그녀는 영원히 어두운 방에서만 만날 수 있는 그녀의 남편의 잔인성을 슬퍼한다. 그녀는 그를 보기를 열망하고 그가 잘생겼는지 알고 싶어 한다. 그 소망 때문에 바깥 세계에서 만나서 남편으로 오인한 또 다른 왕과 사랑에 빠지기도 한다. 이런 실수로 인해 완전히 절망하게 되어서야, 즉 완전히 겸손해지고 낮아졌음을 느끼고 자부심을 버렸을 때에야 비로소 그녀는 진짜 남편과 화해할 수 있었다. 이제 그녀는 그에게 완전히 예속된다. 즉 여왕인 수다르샤나는 하인인 수랑가마의 수준으로 내려간 뒤에야 깨달을 수 있었다. 그 희곡은 왕이 그녀에게 귀중한[진정으로 가치 있는] **모든 것**을 수여했다는 것을 그녀가 깨달으면서 끝난다. 이제 왕은 그녀에게 이렇게 말할 수 있다. "자, 이제 나에게 오라. 밖으로 나와 **빛 속으로** 들어오라!"

비트겐슈타인과 스마이시스는 희곡 중에서 수랑가마와 수다르샤나가 대화하는 부분을 번역했다. 여기서 하녀는 여왕에게 그녀가 어떻게 해서 그렇게 완전히 헌신적인지를 설명하려고 한다. 그녀는 왕을 한 번도 본 적이 없고, 왕은 그녀의 아버지를 왕국에서 추방함으로써 그녀에게 커다란 고통을 주었음에도 불구하고 말이다. 왕이 그녀의 아버지를 추방할 때, 견딜 수 없을 정도로 괴롭지 않았는가 하고 여왕은 묻는다. "그 때문에 나는 격분했었습니다"라고 하녀는 대답한다.

> 나는 파멸과 파괴의 길 위에 있었습니다. 그 길이 내게 닫혔을 때 나는 뒷받침해줄 것도, 도와줄 것도, 보호해줄 것도 없이 버려진 듯했습니다. 나는 우리에 있는 짐승처럼 소리 지르고 날뛰었습니다. 무기력한 분노 속에서 모든 사람을 찢어버리고 싶었습니다.

"그런데 너는 이 모든 일을 했던 왕에게 어떻게 헌신하게 되었느냐?" 하고 수다르샤나는 묻는다. 언제 느낌의 변화가 왔는가? "당신에게 말로는 설명드릴 수 없습니다"란 응답이 온다.

> 나 자신도 알지 못하기 때문입니다. 내 안에서 일어났던 모든 반란이 졌다는 것을 알게 된 날이 왔고, 그러고는 나의 전 본성을 체념 속에서 겸손하게 굴복했습니다. 그리고 나는 알았습니다 … 나는 그가 비교할 수 없을 정도로 두려운 것만큼 아름답다는 것을 알았습니다. 나는 구원을 받았습니다. 나는 구해졌습니다.

비트겐슈타인의 번역은 종교적 믿음에 관한 그의 강의와 연결시켜 읽는다면 효과가 있을지 모른다. 왜냐하면 그가 번역한 글 안에서 타고르는 비트겐슈타인 자신의 종교적 이상을 표현하기 때문이다. 즉, 수랑가마처럼 비트겐슈타인은 신을 보고 싶어 하지 않았으며, 혹은 신의 존재를 위한 이유들을 찾고 싶어 하지 않았다. 그가 만일 **자신**을 극복할 수 있다면, 즉 그의 전 본성이 "체념 속에서 겸손하게 굴복하는" 날이 온다면, 신은 그에게 올 것이었다. 그때 그는 구원받을 것이었다.

종교적 믿음에 관한 강의에서 그는 이런 확신의 첫 번째 부분, 즉 종교적 믿음을 위해 이유가 필요하다는 것을 부정하는 데 집중한다. 이 강의는 과학적 사고방식이 부적절하다는 것을 주장한다는 점에서, 미학에 관한 강의들과 일맥상통한다. 그것은 또한 그가 드루어리에게 한 다음 말에 대한 자세한 설명이라고 볼 수도 있다. "러셀과 목사들은 무한한 해를 끼쳤다. 무한한 해악을." 왜 러셀과 목사들을 한 번에 묶어서 비난하는가? 왜냐하면 양측 모두 종교적 믿음이 신빙성을 가지려면 철학적 정당화가 필요하다는 생각을 퍼뜨렸기 때문이다. 종교적 원리에 대한 아무런 **증거**도 발견하지 못했기 때문에 종교를 비난하는 무신론자나 신의 존재를 **증명**하려고 시도하는 유신론자 모두 '다른 사고방식', 즉 과학적 사고방식을 우상처럼 숭배하는 태도의 희생자였다. 종교적 믿음은 과학적 이론들과 다르며, 똑같이 증거를 기준으로 하여 수용되거나 거부되어서는 안 된다.

사람을 신앙을 가지도록 만드는 경험은 실험으로부터 결론을 도출하거나 수집한 자료들로부터 사실을 추정하는 경험과 전혀 비슷하지 않다. 그는 한 예로 최후의 심판에 대한 꿈을 꾸고 이제 그것이 어떤 것인지 알 것 같다고 말하는 사람에 대해 말한다.

> 어떤 사람이 "그것은 불충분한 증거다"라고 말했다고 가정하자. 나는 이렇게 말하겠다. "만일 당신이 그것을 내일 비가 온다는 것을 보여주는 증거와 비교한다면, 그것은 전혀 증거가 아니다." 그는 무리하게 해석해서 마치 그것을 증거라고 부를 수 있는 것처럼 들리게 만들지도 모른다. 하지만 그것은 증거로서 매우 우스꽝스러운 것이다. 그럼 이제 나는 "온건하게 표현해서 당신의 믿음은 아주 약한 증거에 의존하고 있습니다"라고 말해야 할까? 왜 나는 이 꿈을 증거로 간주해야 하는가? 마치 내가 기상 상태를 위한 증거의 타당성을 측정하는 것처럼 그것의 타당성을 조사해야 하는가?
>
> 만일 당신이 그것을 우리가 과학에서 증거라고 부르는 것과 비교한다면, 어느 누구도 맑은 정신으로 "자, 나는 이런 꿈을 꾸었다 … 그러므로 … 최후의 심판이다"라고 주장할 수 있다고는 믿지 못할 것이다. 당신은 "그건 큰 실수라고 하기에도 너무 큰 실수이다"라고 말할 것이다. 만일 당신이 갑자기 숫자들을 칠판에 쓰고 "이제 덧셈을 해보겠다. 2+21은 13이다"라고 말한다면, 나는 "이것은 실수도 아니다"라고 말할 것이다.

우리가 종교적 믿음들을 받아들여야 할지 혹은 거부해야 할지, 그리고 신의 존재, 최후의 심판, 영혼의 불멸성 등에 관해 무엇을 믿어야 할지에 관한 질문에 대해서 비트겐슈타인은 이 강의에서 확실한 견해를 말하지 않는다.

> 어떤 사람이 이렇게 말했다고 가정해보자. "비트겐슈타인, 당신은 무엇을 믿습니까? 당신은 회의주의자입니까? 당신은 죽은 후에도 살아남을지 압니까?" 나는 정말로 "말할 수 없다. 나는 모른다"고 말할 것이며 이것은 사실이다. 왜냐하면 "나는 존재하기를 멈추지 않는다"라고 말할 때, 내가 무슨 말을 하고 있는지 명료하게 알지 못하기 때문이다.

그렇지만 그가 다른 곳에서 썼던 단평들(예컨대 앞서 인용된 베르겐으로 가는 배 위에서 쓴 단평들)을 보면 그가 다음과 같이 생각했다는 것은 분명하다. 만일 그가 신과 부활을 믿게 될 수 있다면, 즉 그런 믿음들의 표현에 어떤 **의미**를 부여하게 될 수 있다면, 그것은 그가 어떤 증거를 찾아냈기 때문이 아니라 구원을 받았기 때문이다.

이런 구원이 이루어지는 방식에 대해 비트겐슈타인이 어떻게 기대 또는 희망했는지, 즉 그것이 자신의 노력으로 가능하다고 생각했는지 혹은 신의 뜻대로만 된다고 생각했는지에 관해서는 여전한 의문점이 남아 있다.

이 중요한 질문에 대해서 《암실의 왕》은 비트겐슈타인과 마찬가지로 이중적이다. 수다르샤나가 구원받은 후 그녀는 왕에게 "당신은 아름답지 않습니다. 당신은 모든 비교를 초월합니다!"라고 말한다. 이에 대해 왕은 "나와 비교할 수 있는 것이 네 자신 안에 놓여 있다"고 응답한다. "그렇다면 그것 역시 비교를 초월합니다"라고 수다르샤나는 말한다.

> 당신의 사랑이 내 안에 살아 있습니다. 당신은 사랑 안에서 비추어지고 내 안에 반영된 당신의 얼굴을 봅니다. 이것 중 아무것도 나의 것이 아닙니다. 그것은 모두 당신의 것입니다.

그러나 그 희곡의 다른 곳에서는 그 거울을 쥐고 있는 것은 왕이다.

그가 추하다고 생각하는 사람들은 거기에 반영되는 그들 자신의 모습을 따서 왕을 만들어내기 때문에 그렇게 생각한다고 되어 있다. 그래서 "모든 비교를 초월하여 놓여 있는 것"은 우리 안에 있는가 없는가 하고 묻고 싶어진다. 그것을 보기 위해서 우리는 무엇을 해야 하는가? 우리 자신인 거울을 닦아서 **그것**이 반영될 수 있도록 하는 것인가, 아니면 그 거울을 눈을 크게 뜨고 바라보면서 그것이 **우리 자신 안**에서 반영되는 것을 보면 되는가? 아마 여기서 우리는 의미 있는 언어의 한계에 부딪히게 되고, 배중율과 모순율의 적용 가능성을 넘어서게 된다.◈ 아마도 '그것'은 우리 안에 있기도 하고 없기도 하며, 그것을 발견하기 위해서 우리는 자신의 내면을 조사해야 하고 또한 우리 바깥에 있는 어떤 것, 어떤 힘에 의존한다는 것을 인정해야 할 것이다.

아마도 '그것'이 우리 안에 반영되도록 허용하는 것과 그것을 우리의 반영 안에서 발견하는 것 사이의 차이는 보이는 것만큼 크지는 않을 수 있다. 두 경우 모두 우리는 반영을 희미하게 하는 오물을 제거해야 한다. 이 점에서 비트겐슈타인은 가장 작은 점을 닦아내려고 애썼고, 스스로 가장 작은 잘못이라도 저지르지 않겠다고 결심했다. 예를 들면 1938년 10월 그는 조지 톰슨의 장모에게 아주 이상한 잘못을 범한 것을 진정으로 사과하는 편지를 썼다.

> 친애하는 스튜어트Stewart 여사,
>
> 오늘 내가 페이트Pate 양의 사무실에서 했던 말이 진심이 아니었기 때문에 사과를 드려야겠습니다. 나는 최근에 버밍엄에서 톰슨 여사를 본 적이 있다고 말했습니다. 그런데 오늘 저녁 집에 와서야 비로소 그것이 전혀 맞지 않다는 것을 깨달았습니다. 나는 버밍엄에서 몇 주일 전에 바흐친의 가족과 함께 지냈습니다. 거기서 나는 톰슨 여사를

◈ 배중율은 한 명제 또는 그것의 부정이 참이어야 한다는 것이고, 모순율은 양자 **모두** 참일 수 없다는 것이다.

> 만나려고 **시도했고** 우리는 전화로 얘기를 했습니다. 그러나 그녀를 만날 수는 없었습니다. 내가 오늘 오후 당신에게 말했을 때 의미하려 했던 것은 톰슨 여사가 버밍엄에 가기 전에 그녀를 당신 집에서 보았다는 것입니다. 나의 우둔함을 용서해주십시오.
>
> 루트비히 비트겐슈타인 올림

자부심을 무너뜨림으로써 구원을 추구하는 상황에서 비트겐슈타인의 철학적 연구는 흥미롭게도 상반되는 특징을 띤다. 한편으로 그것은 의심할 여지 없이 그런 추구를 안내했던 것과 동일한 태도로 특징지어진다. 다른 한편으론 그것 자체가 자부심의 가장 커다란 원천이었다. 비록 그는 연구에서 자부심에 관한 어떤 질문도 배제하려고 반복해서 시도했고, 그가 말하듯이 허영심으로부터가 아니라 '신의 영광'을 위해 글을 쓰려고 했지만, 여전히 우리는 그가 러셀이 '루시퍼의 자부심'이라고 불렀던 것을 다른 무엇보다 철학적 연구에 더 부여했다는 것을 반복해서 발견하게 된다.

1938년 여름에 그는 노르웨이에서 썼던 글을 기초로 만들었던 타자본을 출판하려고 준비했다. 이 타자본은 《철학적 탐구》의 초기 형태이다. 그는 서문에서 이렇게 적었다.

> 한 가지 이상의 이유로 내가 여기서 출판하는 글은 오늘날 다른 사람들의 글들과 겹치는 점들이 있을 것이다. 만일 나의 단평들에 내 것이라고 표시한 도장이 찍히지 않는다면, 나는 그것들이 나의 소유라고 더 이상 주장하고 싶지 않다.

그러나 그것들이 그의 소유라는 것은 그에게는 굉장히 중요했다. 카르납, 브레이스웨이트, 바이스만, 앰브로즈를 비롯한 여러 사람들이 그 단평들에서 도출된 생각들을 출판했다는 것이 그가 지금 출판을 준비하는 이유였다. 뒤에 쓴 한 서문에서 그는 이만큼을 인정했다.

나는 (내가 강의, 타자본, 그리고 토론을 통해 전달했던) 내용들이 다양하게 오해받고 있으며, 다소 왜곡되거나 약해진 형태로 유포되었다는 것을 알게 되었다. 이것은 나의 허영심을 자극했고, 그것을 가라앉히기가 어려웠다.

그러나 만일 자부심이 그로 하여금 출판하려는 욕망을 불러일으켰다면, 그것은 또한 그렇게 하는 것을 막기도 했다. 9월에 그 책은 케임브리지 대학 출판사에 제출되었고, 출판사는 독일어 원본을 영어 번역본과 함께 출간하는 데 동의했다. 그렇지만 약 한 달 후, 출판사는 비트겐슈타인이 이제 그 책을 출판해야 하는지 확신하지 못하고 있다는 말을 들었다. 그래서 그 계획은 당분간 보류되었다.

비트겐슈타인이 회의를 한 데는 두 가지 이유가 있다. 가장 중요한 이유는 수리철학을 다루는 책의 후반부에 대해서 그가 점점 더 불만족스럽게 되었다는 것이다. 다른 이유는 그의 글을 번역할 때 생기는 문제와 관련이 있었다.

무어의 추천으로 비트겐슈타인은 러시 리스에게 그 번역을 맡아달라고 부탁했다. 그것은 만만찮은 일이었다. 그 이유는 비트겐슈타인의 독일어가 (칸트의 독일어가 어려운 방식으로) 어려웠기 때문이 아니라, 비트겐슈타인의 언어는 구어체이면서 동시에 공들여서 정확하게 만들어진 아주 드문 성질을 가진 독특한 것이었기 때문이다.

리스는 1938년 미가엘 학기 내내 번역 작업을 했다. 이 기간 동안 제기되는 문제들을 논의하기 위해 그는 비트겐슈타인을 정기적으로 만났다. 1939년 1월 그는 미국을 방문하기 위해 케임브리지를 떠나야 했다. 그래서 그는 작업한 글의 타자본을 비트겐슈타인에게 남겨놓았다. 자신의 생각을 표현하려는 다른 사람들의 어떤 시도도 결코 쉽게 좋아하지 못했던 비트겐슈타인은 그가 본 것에 질려버렸다.

이때쯤 그의 연구의 훌륭한 영어판을 내는 문제는 출판 계획과는 별도로 한 가지 중요성을 갖게 되었다. 그때에 이르러서 그는 무어의 사임으로 공석이 된 철학 교수직에 지원하기로 결정했다. 그래서 그는 지원을 뒷받침하기 위해 책의 번역된 부분을 제출하고 싶어 했다. 어느 경우이건 그는 자기가 선출되지는 않으리라고 확신했다. 그 이유는 부분적으로 지원자들 중 한 사람이 존 위즈덤—그는 위즈덤이 그 자리를 차지할 것이 분명하다고 느꼈다—이었기 때문이고, 부분적으로는 심사관들 중의 한 사람이 비트겐슈타인의 글을 승인하지 않을 것이 확실한 옥스퍼드의 콜링우드R. G. Collingwood였기 때문이었다. 그렇지만 이 두 가지 불리한 점을 상쇄하고도 남을 것은 심사관들 중에 존 메이너드 케인스가 있었다는 사실이었다. 비트겐슈타인은 케인스가 때에 맞추어서 영어판을 읽을 수 있도록 서둘러서 리스의 번역을 손질하려고 했다. "모든 것이 불합리한 일이라는 것을 말할 필요도 없습니다. 왜냐하면 번역이 잘되었더라도 그는 그것이 무엇인지 전혀 알지 못할 것이기 때문입니다"라고 그는 무어에게 쓴 편지에서 말했다.

케인스의 지지가 있건 없건, 그리고 번역본의 질과도 무관하게, 비트겐슈타인은 아마 그 자리에 임명되었을 것이다. 1939년에 이르러서 그는 당대 가장 뛰어난 천재 철학자로 인정받고 있었다. "비트겐슈타인에게 그 자리를 주기를 거부하는 것은 마치 아인슈타인에게 물리학 교수직을 주는 것을 거부하는 것과 같을 것"이라고 브로드는 말했다. 브로드 자신은 비트겐슈타인의 연구를 열렬히 숭배하는 사람은 결코 아니었다. 그저 사실이 그렇다고 적고 있을 뿐이었다.

2월 11일 비트겐슈타인은 정식으로 교수로 선출되었다. 분명히 이것은 자부심을 표현하고 동시에 비난하는 계기가 되었다. "교수직을 맡는다는 것은 아주 우쭐할 만한 일이지만, 내게는 건널목 차단기를 여닫는 직업을 갖는 것이 훨씬 더 나았을지 모른다. 나는 (허영심과 우둔함 때문에 얻는 것 말고) 내 현재 위치에서 아무런 자극도 받지 않는다." 이것은 영국 시민권을 신청하는 데 도움이 되어서, 그는 1939년 6월 2일 영국 여권을 받았다. 영국 정부가 오스트리아의 유대인을 받아들이는 데 아무리 까다롭다 하더라도 케임브리지 대학의 철학 교수가 시민권을 신청한 것을 거절할 수는 거의 없었을 것이다.

비트겐슈타인의 단평들을 출판하는 문제에 관한 한, 번역보다 더 심각한 문제는 그가 수리철학에 관해 썼던 것에 대해 만족하지 못했다는 것이었다. 1939년에 3학기 동안 그는 이 주제에 관해서 일련의 강의를 했다. 어느 정도 이 강의들은 전해에 했던 미학과 종교적 믿음에 관한 강의와 비슷한 주제였다. 단지 이번에는 그들 사이에서 무한한 해를 끼쳤던 사람들은 러셀과 **논리학자들**이고, 철학적 이론들의 아귀에서 구해야 할 것은 수학일 뿐이었다. 실제로 이 강의의 전략은 앞서 있었던 미학 강의에서 발표된 것이다. 이때 칸토어의 대각 증명을 논의하면서, 그는 그것을 싫어한다는 것 그리고 그런 증명들을 흥미롭게 만드는 것은 오직 그것들이 갖는 '매력'밖에 없다는 견해를 피력했다.(아마 그것이 갖고 있다고 여겨지는 매력에 의해서 그가 의미했던 것은 무한히 많은 서로 다른 무한 기수들이 존재한다는 것이 증명될 수 있다는 것이다.) "나는 이런 매력이 갖는 효과들을 보여주기 위해, 또한 '수학'을 연상하게 하는 것이 갖는 효과들을 보여주기 위해 최선을 다하겠다"고 그는 말했다.

> 수학이기 때문에 … 그것은 논쟁의 여지가 없는 것처럼 보이고 그 때문에 더 매력적이 됩니다. 만일 우리가 그 표현을 둘러싸고 있는 것들을 설명한다면, 그것이 완전히 다른 방식으로 표현될 수 있었다는 것을 알게 됩니다. 그런 방식으로 표현된다면 그것은 많은 사람들에게 매력을 잃게 될 것이며 확실히 내게는 매력적이지 않게 될 것입니다.

그렇다면 목표는 수학을 재해석하는 것, 즉 칸토어의 증명에 의해서 개방된 것처럼 보이는 수학적 영역을 수학자들의 발견을 기다리는 환상적인 세계가 아니라 철학적 혼란들의 수렁으로 나타내는 그런 방식으로 재기술하는 것이었다. 수학자인 힐베르트는 이렇게 말한 적이 있다. "아무도 우리를 칸토어가 창조했던 천국으로부터 쫓아내지 않을 것이다." 비트겐슈타인은 학생들에게 "나는 이렇게 말하겠습니다. 나는 이 천국으로부터 어느 누구를 몰아내려는 꿈도 꾸지 않겠습니다"라고 말했다.

> 나는 아주 다른 일을 할 것입니다. 나는 그것이 천국이 아니라는 것을 보여주려 시도하겠습니다. 그러면 사람들은 자발적으로 떠날 것입니다. 나는 이렇게 말하겠습니다. "당신은 마음대로 할 수 있다. 그저 당신 주위를 보라."

수학에 대한 강의는 과학을 우상숭배하는 것에 대한 비트겐슈타인의 보다 일반적인 공격의 일부를 이룬다. 실제로 그는 이 특정한 작전을 그 투쟁의 가장 중요한 부분이라고 생각했다. 그는 이렇게 쓴 적이 있다. "수학에서 저지른 죄에 대해 형이상학적 용어들의 오용이 갖고 있는 책임은 그것이 어느 종교적 교파에서 저지른 죄에 대한 책임보다 크다." 과학을 우상화하는 데 있어서 더 강한 영향력을 발휘하고, 진스의 《신비로운 우주》와 같은 책들이 행사했던 것보다 더 큰 힘을 가졌던 것이 수학이나 형이상학의 '매력'이었다. 비트겐슈타인은 과학의 우상화가 우리 문화가 부패했다는 가장 중요한 증상이며, 심지어는 그 부패의 유력한 원인 가운데 하나일지 모른다고 생각했다.

따라서 그 형이상학을 파괴하는 것이 그의 임무였다. 이 강의들의 한 가지 특징은 그 임무를 성취하는 데 있어서, 전과는 달리 수학 자체에 대해서는 전문적인 수준에서 전혀 논의하지 않았다는 것이다. 예를 들면 그는 1932~1933년에 그랬던 것처럼, 하디의 교재인 《순수수학 개론》에서 발췌해서 읽지 않았다. 또한 그는 《철학적 문법》에서 그랬듯이 특정한 증명들(스콜렘Skolem의 연합법칙 증명Proof of the Associative Law과 같은 것들)을 엄밀하고 자세하게 분석하지도 않았다. 전문적인 세세한 점들은 완전히 배제되었다. 예를 들면 그가 러셀의 역설을 논의할 때, 그는 수학적 관점으로 보면 아주 비상할 정도로 초보적인 방법으로 접근한다.

> 러셀의 모순을 다루어봅시다. 우리가 술어라고 부르는 개념들이 있습니다. '사람', '의자', '늑대'는 술어들입니다. 그러나 '잭', '존'은 술어가 아닙니다. 어떤 술어들은 그들 자체에 적용되고 어떤 술어들은 그들 자체에 적용되지 않습니다. 가령 '의자'는 의자가 아니고 '늑대'는 늑대가 아니지만, '술어'는 술어입니다. 사람들은 이것이 허튼소리라고 말할지 모릅니다. 어느 의미론 그렇습니다.

내가 생각하기에 이렇게 정교하지 않은 표현은 전도사적인 목적을 갖고 있다. 비트겐슈타인이 가볍고 일상적인 언어를 수리논리학의 문제들에 관해 논의할 때 사용하는 것과 그런 문제들을 제기할 때 이용했던 용어들을 '허튼소리'라고 간단하게 무시해버리는 것은 그 문제들의 '매력'에 빠졌던 사람들(예를 들어 1911년의 그 자신을 포함해서)이 그것들을 논의할 때 가졌던 진지함과 성실성에 대한 일종의 해독제 역할을 했다. 그러나 또한 그가 제거하고 싶어 했던 문제들에 대해서는 전문적인 세부 사항들은 관련이 없었다. "내가 논의할 모든 수수께끼들은 우리가 여섯 살부터 열다섯 살까지 배웠던 산수나 우리가 쉽게 배웠을 칸토어의 증명에서처럼 가장 기초적인 수학을 이용하여 예시될 수 있다"고 그는 첫 강의에서 말했다.

일련의 강의들에서 주목할 만한 것은 수강생 중에 비트겐슈타인이 공격하고 있던 견해를 가장 효율적으로 주창하던 사람이자 금세기 가장 위대한 수학자 중 하나인 앨런 튜링Alan Turing이 있었다는 것이었다. 1939년 부활절 학기 동안 튜링도 역시 '수학의 기초'란 명칭의 강의를 했었다. 그것은 비트겐슈타인의 강의와는 완전히 달랐다. 튜링의 강의는 수리논리학의 입문 과정이었고, 이 안에서 그는 학생들에게 엄밀하게 공리적인 논리학 체계 안에서 수학적 정리들을 증명하는 기술을 가르쳤다. 비트겐슈타인은 **그의** 강의가 이런 의미에서의 '수학의 기초'와 무슨 관련이 있다고 생각하지 않도록 이렇게 공고했다.

> 또 다른 생각은 내가 '수학의 기초'라고 불리는 특정한 수학의 분야에 대해 강의하리라는 것이다. 《수학 원리》 등에서 다루어지는 그런 분야가 있다. 나는 이것에 관해 강의할 예정이 아니다. 사실 나는 《수학 원리》의 1권 내용만을 알고 있다.

한때 (비트겐슈타인과 러셀 모두) 그가 《수학 원리》의 단원들을 다시 쓰는 것으로 생각했었다는 것에 대해 그는 말하지 않는다. 그가 하는 현재의 강의들은 그 수학 분야와는 그것의 존재 이유를 무너뜨리려고 시도한다는 의미로만 관련이 있다. 즉 그는 "기초라고 불리는 것의 **수학적** 문제들은, 그려진 바위가 그려진 탑의 지지대가 아닌 것처럼 수학의 기초가 아니다"라는 것을 보여주기 위해 시도한다.

이 강의들은 자주 비트겐슈타인과 튜링 사이의 대화로 발전되었는데, 여기서 비트겐슈타인이 수리논리학의 중요성을 공격하면 튜링은 방어하였다. 실제로 튜링의 출석은 토론 주제에 본질적인 것이 되어서 그가 강의에 참석하지 않으리라고 알려주면, 비트겐슈타인은 학생들에게 강의는 따라서 "어느 정도는 괄호 안에 들어가야" 할 것이라고 말했다.

비트겐슈타인의 방법은 특정한 증명들을 재해석하는 것이 아니라, 수학 전체를 특정한 방식으로 재기술하는 것이었다. 즉 수리논리학이 그가 믿고 있듯이 철학적 이탈인 것으로 나타나도록 하는 방식으로, 그리고 과학으로서의 수학의 그림 ― 수학적 대상들(수, 집합 등)에 관한 사실들을 발견하는 그림 ― 을 완전히 사라지게 하는 방식으로 재기술하는 것이었다. "나는 수학적 발견으로 불리는 것을 수학적 발명으로 부르는 것이 훨씬 낫다는 것을 보여주기 위해 반복해서 애쓸 것"이라고 그는 말했다. 그의 견해에 따르면, 수학자들이 발견할 것은 아무것도 없었다. 수학의 증명은 결론이 참이라는 것을 입증하는 것이 아니다. 그것은 특정한 기호들의 **의미**를 정한다. 그러므로 수학의 '비경험성'은 수학적 진리들의 **확실한 지식**에 있는 것이 아니라 수학적 명제들은 **문법적**이라는 사실에 있다. 예를 들어 2+2는 4라는 것을 부정하는 것은 하나의 사실에 관해서 널리 주장되는 견해에 반대하는 것이 아니다. 그것은 연관된 용어들의 의미에 대한 무지를 보여주는 것이다. 비트겐슈타인은 아마도 그가 튜링을 설득해서 수학을 이런 견지에서 보게끔 할 수 있다면, 어느 누구이건 설득할 수 있다고 생각했을 것이다.

그러나 튜링은 설득당하지 않았다. 러셀 및 대부분의 전문적 수학자들과 마찬가지로 그에게는 수학의 아름다움, 수학의 바로 그 '매력'은 그것이 다른 점에서는 불확실한 세계에서, 공격당할 수 없는 진리들을 제공하는 바로 그 힘에 있다.(콰인W. V. Quine이 표현했듯이 "반박할 수 없다는 것, 그대의 이름은 수학이다!") 한번은 튜링이 비트겐슈타인이 말하고 있는 것을 이해하는지 질문을 받은 적이 있었는데, 그는 이렇게 답했다. "이해는 합니다만, 그것이 그저 단어들에게 새로운 의미를 부여하는 문제라는 것에는 동의하지 않습니다." 이에 대해 비트겐슈타인은 약간은 이상하게 이렇게 평했다.

> 튜링은 내가 말하는 어느 것에도 반대하지 않는다. 그는 모든 말에 동의한다. 그는, 그가 생각하기에 그것의 근저에 놓여 있다고 보는 관념에 반대한다. 그는 우리가 수학을 훼손시킨다고, 수학에 볼셰비즘을 도입한다고 생각한다. 그러나 전혀 그렇지 않다.

비트겐슈타인은 자신의 철학적 방법에 관해 생각할 때, 그 자신과 튜링 사이에 아무런 의견의 불일치가 있을 수 없다는 것이 중요했다. 그의 철학에서 그는 어떤 논제를 내놓는 것이 아니었는데, 동의하지 않을 것이 어떻게 있을 수 있겠는가? 튜링이 한번 "나는 당신의 취지

point를 이해합니다"라는 구절을 사용했을 때, 비트겐슈타인은 강하게 반발했다. "나에겐 아무런 취지도 없습니다." 만일 튜링이 비트겐슈타인이 말하고 있는 것에 대해 반대하고자 했다면, 그것은 오로지 그가 단어들을 비트겐슈타인과 다른 방식으로 사용하고 있다는 이유밖에 없을 것이었다. 즉 그것은 오직 단어들에 의미를 부여하는 문제일 수밖에 없었다. 아니면 차라리 비트겐슈타인이 특정한 단어들을 사용하는 방식을 튜링이 이해하지 못한 데서 오는 문제일 수만 있었다. 예를 들면 튜링은 수학에도 실험이 있을 수 있다고 말하고 싶어 했다. 즉, 우리는 수학적 탐구를 물리학에서 실험을 할 때와 같은 정신으로 할 수 있다는 것이다. "우리는 이것이 어떤 결과를 몰고 올지 알지 못한다. 그러나 한번 보자 …" 비트겐슈타인에게 이런 것은 아주 불가능했다. 수학과 물리학 사이의 비유는 완전히 잘못된 것이었으며, 그가 해명하려고 시도했던 혼란들의 가장 중요한 출처들 중 하나였다. 그러나 어떻게 이것을 튜링의 견해에 반대하지 않고도 자신의 견해를 이용하여 명료하게 만들 수 있을까? 그는 (a) 튜링으로 하여금 그들이 '실험'이란 단어를 같은 뜻으로 사용하고 있다는 것을 인정하게 해야 했고, (b) 수학자들은 이런 의미로 실험을 하지 않는다는 것을 보게 만들어야 했다.

> 튜링은 그와 내가 '실험'이란 단어를 두 가지의 다른 방식들로 사용하고 있다고 생각한다. 그러나 나는 이것이 틀렸다는 것을 보여주고 싶다. 즉, 만일 내가 그를 납득시킬 수 있다면, 튜링은 수학에서 우리가 실험을 한다고 말하는 것을 포기하리라고 생각한다. 만일 내가 잘 알려진 특정한 사실들을 적절한 순서로 정리할 수 있다면, 튜링과 내가 '실험'이란 단어를 다르게 사용하고 있지 않다는 것이 분명하게 될 것이다.
>
> 당신은 이렇게 말할지 모른다. "제거하기가 그토록 어려운 오해가 있어야 한다는 것이 어떻게 가능한가?!"

그것은 부분적으로 교육의 차이에 의해 설명될 수 있다.

또한 그것은 튜링이 수학자의 천국을 떠나기를 거부했다는 것, 혹은 그가 비트겐슈타인이 볼셰비즘을 주장한다고 의심했다는 사실에 의해 설명될 수 있을지도 모른다. 이것이 옳다고 보장할 수 없는 것은, 비트겐슈타인의 견해에 따르면, 여기에는 실질적인 의견의 차이가 있다는 것이었다. "분명히 요점은 내가 아무런 의견도 가져서는 안 된다는 것"이라고 그는 학생들에게 말했다.

그렇지만 비트겐슈타인은 꽤 분명하게 아주 강한 의견들을, 그것도 대부분의 전문적인 수학자들이 갖고 있는 수학관과 다른 의견들을 갖고 있었다. 튜링이 그를 '수학에 볼셰비즘'을 도입하고 있다고 의심할지도 모른다는 그의 생각은 프랭크 램지의 1925년 논문 〈수학의 기초〉와 연결되어 있다. 여기서 그는 배중율을 거부하면서 관습적 분석에서 사용되는 특정한 표준적 증명들을 불법적인 것으로 간주했던 브라우어와 바일의 '볼셰비키적 광증'으로부터 수학을 구하는 것에 관해서 말했다. 그렇지만 튜링에게 비트겐슈타인의 볼셰비즘은 훨씬 더 극단적인 종류로 보였음이 틀림없다. 어쨌든 비트겐슈타인이 도전했던 것은 배중율이 아니라 모순율이었다.

수학의 기초에 관한 의견을 제시하는 모든 종래의 학파들—논리주의, 형식주의, 직관주의—은 다음에 동의했다. 만일 하나의 체계가 그 안에 숨겨진 모순을 갖고 있다면, 비일관적이라는 근거에 의해 거부되어야 한다. 실제로 수학에 건전한 논리적 기초를 제공하려는 이유는 전통적으로 이해되는 식으로서의 계산술이 분명하게 비일관적이라는 데 있다.

강의에서 비트겐슈타인은 이런 '숨겨진 모순'에 대한 관심을 조롱했는데, 튜링이 그의 반대를 가장 집요하고 활기 있게 표명한 것은 바로 이에 대한 것이었다. 거짓말쟁이의 모순을 예로 들면서 비트겐슈타인은 이렇게 말했다.

어느 점에서는 이것이 누군가를 혼란스럽게 만들었어야 했다는 것은 아주 이상한 일입니다. 사람들이 이것을 걱정해야 한다는 것은, 당신이 생각하는 것보다 훨씬 더 비상한 일입니다. 왜냐하면 그것은 이렇게 진행되기 때문입니다. 만일 한 사람이 "나는 거짓말을 하고 있다"고 말한다면, 우리는 그가 거짓말을 하고 있지 않다는 것이 따라나온다고, 그리고 이것으로부터 그가 거짓말을 하고 있다는 것이 따라 나온다고 말합니다. 자 그래서 어떻단 말입니까? 당신은 얼굴색이 까맣게 될 때까지 그런 식으로 계속할 수 있습니다. 왜 안 됩니까? 아무 상관없습니다.

이런 종류의 역설이 우리를 당황하게 만드는 것은 "사람들은 통상적으로 모순을 무언가가 잘못되었다는 기준으로 사용하는데, 이 경우에 사람들은 잘못된 것을 아무것도 발견할 수 없다는 것"이라는 식으로 튜링은 설명하려고 하였다. 맞다, 왜냐하면 아무것도 잘못**되지** 않았기 때문이라고 비트겐슈타인은 응답했다. "사람들은 '이것은 오로지 유형 이론에 의해서만 설명될 수 있다'라고 말할 수 있습니다. 그러나 여기서 설명을 필요로 하는 것이 무엇입니까?"

분명히 튜링은 왜 그것이 사람을 당황하게 만드는지 뿐 아니라, 왜 그것이 **문제가 되는지**도 설명할 필요가 있었다. 모순을 포함하는 체계가 갖고 있는 진짜 해로운 점은 "응용을 했을 때 다리가 무너지는 것과 같은 일이 생길 때야 비로소 나타난다"는 설명을 그는 제안했다. 다음 강의에서 그는 이 언쟁으로 되돌아갔다. 그 강의 전부가 '숨겨진 모순들'을 발견하는 것이 중요한지에 대한 둘 사이의 논쟁으로 진행되었다.

튜링: 당신은 당신의 계산술을 그 안에 숨겨진 모순이 전혀 없다는 것을 알기까지 자신 있게 응용할 수 없습니다.
비트겐슈타인: 내게는 거기에 엄청난 실수가 있는 것처럼 보입니다. 왜냐하면 당신의 계산술은 특정한 결과들을 낳고, 당신은 다리가 무

너지지 않기를 바라기 때문입니다. 나는 두 가지 방식으로 문제가 생길 수 있다고 말하겠습니다. 즉, 그 다리가 무너지든지 또는 당신이 계산에서 실수를 저질렀든지 말이죠. 예를 들면 곱셈을 잘못했다는 식으로요. 하지만 당신은 제3의 것이 잘못일 수 있다고 생각하는 것 같습니다. 그 계산술 자체가 잘못되었다는 것 말입니다.

튜링: 아닙니다. 내가 반대하는 것은 다리가 무너지는 것입니다.

비트겐슈타인: 그러나 당신은 그것이 무너지리라는 것을 어떻게 압니까? 그것은 물리학의 질문이 아닙니까? 만일 그 다리를 계산하기 위해서 주사위를 던지더라도 그것은 절대로 무너지지 않을지도 모릅니다.

튜링: 만일 한 사람이 프레게의 기호 체계를 취하고 누군가에게 그것 안에서 덧셈을 하는 기술을 가르쳐준다면, 그는 러셀의 역설을 이용함으로써 틀린 덧셈을 할 수 있습니다.

비트겐슈타인: 이것은 우리가 더하기라고 부르지 않는 그 무엇으로 귀결될 것입니다. 당신은 그에게 덧셈 규칙을 주고, 그가 특정한 점에 도달할 때 그는 두 방법들 중 한 방법으로 진행할 수 있으며, 둘 중 하나는 그를 잘못 이끕니다.

"당신은 만일 사람들이 상식을 조금만 이용한다면, 곤경에 빠지지 않을 것이라고 말하는 것 같다"고 튜링은 말했다. "아닙니다"라고 비트겐슈타인은 소리쳤다. "나는 전혀 그것을 의미하는 게 **아닙니다**." 그가 말하려는 요점은 오히려 모순은 아무 곳으로도 인도하지 않기 때문에, 모순은 사람들을 잘못 인도할 수도 없다는 것이었다. 사람들은 모순을 갖고 잘못 계산할 수 없다. 왜냐하면 간단하게 말해서 사람들은 계산하기 위해 그것을 이용할 수 없기 때문이다. 사람들은 모순을 갖고는 아무것도 할 수 없다. 그것에 대해 당황해하느라고 시간을 낭비하는 것을 제외하곤 말이다.

비트겐슈타인이 모순을 수학적 체계의 치명적 결점이라는 것을 인정하지 않는다면, 그들 사이에 공통적 기반은 전혀 있을 수 없다고 확신하게 되었기 때문에, 튜링은 두 번의 강의를 더 들은 후 강의에 참석하는 것을 그만두었다. 비트겐슈타인의 추종자들에 둘러싸인 채, 비트겐슈타인이 공격하는 모든 것의 유일한 대변자로서, 그에게는 익숙하지 않은 방식으로 토론하는 강의에 참석하는 것은 실제로 어느 정도의 용기를 필요로 했음이 틀림없다. 앤드루 호지스Andrew Hodges는 튜링에 관해 쓴 훌륭한 전기에서, 튜링이 이 토론 중에 보여주었던 태도를 망설임이라고 부르면서 그것에 대해 놀라움을 표현했다. 그런 태도의 한 가지 예로서, 그는 수학의 '규칙'의 본성에 대한 긴 토론에도 불구하고 튜링이 한 번도 튜링 기계Turing Machine의 용어로 정의를 제공하지 않은 사실을 들고 있다. 그러나 분명히 튜링은 비트겐슈타인이 그런 정의를 관련이 없는 것으로 무시하리라는 것을 깨닫고 있었다. 그 토론들은 더 근본적인 단계에서 이루어지고 있었다. 비트겐슈타인은 이런저런 정의가 아니라, 그런 정의들을 제공하는 바로 그 동기를 공격하고 있었다.

분명히 앨리스터 왓슨을 제외하곤, 그리고 또 몇 명의 다른 사람들이 제외될 수 있을지 모르지만, 이 강의들에 참석했던 사람들 대다수는 비트겐슈타인과 튜링 사이의 논쟁들이 어떤 중요성을 갖고 있는지를 충분히 파악하지 못했고, 또한 비트겐슈타인의 견해들이 수리철학에 관해서 이전에 말해지거나 쓰였던 어느 것보다도 과격하게 다르다는 것을 충분히 이해하지 못했다. 대체로 그들은 수학보다는 비트겐슈타인에 더 관심이 있었다. 가령 노먼 맬컴은 "비트겐슈타인이 중요한 일을 하고 있다"는 것은 알았지만 "그 강의는 거의 이해할 수 없었다"고 말한 바 있다. 그가 10년 후에 그의 공책들을 다시 공부할 때까지 말이다.

맬컴은 그때 하버드에서 박사 과정을 밟던 학생이었는데, 무어의 지도를 받기 위해 1938년 미가엘 학기 때 케임브리지에 왔다. 그는 곧 비트겐슈타인의 개인적 품성의 주술에 빠져들었다. 그 품성을 가장 기억할 만하게, 그리고 (비트겐슈타인을 알았던 많은 사람들의 견해에 따르면) 정확하게 묘사했던 것은 그의 회상록이다. 비트겐슈타인은 맬컴의 친절함과 인간적 이해심에 이끌렸고, 맬컴이 케임브리지에 있었던 짧은 기간 동안 둘은 가까운 친구가 되었다. 맬컴이 미국으로 돌아간 후 그는 편지를 나누는 소중한 벗이 되었을 뿐 아니라, 비트겐슈타인이 가장 좋아하는 잡지인 스트리트앤스미스 사의 《탐정 잡지》의 매우 귀중한—이 미국 잡지를 영국에서는 구할 수 없을 때—배급자가 되었다.

맬컴이 다른 제목의 잡지를 보냈을 때, 비트겐슈타인이 그에게 왜 "좋고 오래되었으며 완전히 신뢰할 만한" 것 대신에 새로운 것을 보내주었는지를 물으면서 점잖게 꾸짖었는데, 그가 왜 스트리트앤스미스 사의 잡지를 고집했는지에 대한 이유는 미스터리이다. 이때 그것은 더 유명한 경쟁 잡지인 《검은 가면*Black Mask*》과 실질적으로 구분이 불가능했다. 두 잡지 모두 대체로 같은 그룹의 작가들이 쓴 '하드보일드' 탐정소설을 실었는데, 이 작가들 중 가장 유명한 사람들은 다음과 같은 이들이다. 캐럴 존 데일리Carroll John Daly, 노버트 데이비스Norbert Davis, 코넬 울리치Cornell Woolrich, 그리고 얼 스탠리 가드너Erle Stanley Gardner. 레이먼드 챈들러Raymond Chandler는 스트리트앤스미스 사에 단 하나의 소설을 실었는데, 이것은 덜 알려진 작품인 〈산에선 범죄가 없었다*No Crime in the Mountains*〉였다. 대실 해밋Dashiell Hammett은 이때에는 '싸구려 잡지'에 실릴 글을 쓰는 것을 완전히 포기했었다.

이 냉정한 탐정들의 에토스는 최소한 한 부분에서 비트겐슈타인의 정신과 일치했다. 그들은 모두 각자 다른 방식으로 '논리의 과학'—한편으로는 《수학 원리》에서 예시되고 다른 한편으로는 셜록 홈스가 보여주는 논리의 과학의 중요성을 비판했다. 전형적인 스트리트앤스미스 사의 소설에서 레이스 윌리엄스는 "나는 연역을 하는 연역법 교과서형의 탐정이 아니다"라고 말한다.

> 나는 열심히 일하는 부지런한 유형의 사람이다. 틈을 보면 그것을 알아챌 수 있고, 그 안으로 총들이 들어오면 1분 내 혹은 1초 만에, 혹은 1초도 안 되는 순간에 반응할 수 있다.

이 빠르게 행동하고 빠르게 쏘며 정직한 유형의 친구는 서부영화의 카우보이들과 분명히 닮았다. 서부영화가 비트겐슈타인이 가장 좋아하는 종류의 영화였다는 것은 아마도 결코 우연의 일치가 아닐 것이다. 그렇지만 1930년대 말에 그는 가장 좋아하는 여배우가 카르멘 미란다Carmen Miranda와 베티 허튼Betty Hutton이라고 맬컴에게 말했다. 강의 때문에 지치고 역겹게 되었기 때문에, 강의 후에 그는 꼭 '영화 한 편'을 보러 갔다. 이때에는 맬컴이나 스마이시스 혹은 수강생들 중 한 명의 친구와 동행했다. 그는 항상 극장 맨 앞줄에 앉았는데, 거기서 영화에 완전히 빠져들 수 있었다. 그는 맬컴에게 그것을 마치 그의 생각을 강의로부터 벗어나게 씻어주는 '샤워와 같은 경험'으로 묘사했다.

이 당시에는 영화가 끝날 때 국가를 연주하는 것이 관습이었다. 이때 관객들은 일어나서 선 채로 경의를 표하도록 되어 있었다. 이것은 비트겐슈타인이 지킬 수 없었던 의식이어서, 국가가 시작하기 전에 극장을 달려서 빠져나가곤 했다. 그는 또한 영화 사이에 보여주곤 했던 뉴스 영화를 견딜 수 없었다. 독일과의 전쟁이 다가오면서 뉴스 영화는 점점 더 애국적이고 강경하게 되었고 비트겐슈타인의 분노도 그에 따라 커져갔다. 그의 원고들 중에는 뉴스 영화 제작자들에게 보내는 편지의 초고가 있는데, 여기서 그들을 '괴벨스Goebbels의 수제자들'이라고 비난했다. 길버트 패티슨과 10년 동안 맺어온 우정도 이때 끝났다. 패티슨이 전쟁에 대해 강경파적인 태도를 가졌다는 인상을 받은 것이 그 이유였다. 노먼 맬컴과의 우정도 비슷한 문제 때문에 위태로워질 뻔했다. 영국이 히틀러를 암살하려고 시도했다는 독일 정부의 비난을 알리는 신문 가판대의 글을 보고, 비트겐슈타인은 그것이 사실이라 하더라도 놀라지 않을 것이라고 말했다. 맬컴은 이의를 제기했다. 그런 행동은 영국의 '국가적 성격'과는 어울리지 않는다고 말했다. 비트겐슈타인은 이 '초보적인' 평에 화를 냈다.

> … 만약 철학을 공부함으로써 얻는 효용이 그저 어떤 난해한 논리학의 문제들 등에 관해서 어느 정도 그럴듯하게 말할 수 있게 하는 것이라면, 그리고 만약 그것이 일상 생활의 중요한 문제들에 관한 너의 생각을 개선시켜주지 않는다면, 만약 그것이 자기들의 목적을 위해서 **위험한** 문구들을 사용하는 여느 … 언론인보다 너를 더 양심적으로 만들지 않는다면, 철학을 공부해서 무슨 소용이 있겠는가?

맬컴이 1940년 2월에 미국으로 돌아가기 전에 이 불화는 해소되었다. 그러나 한동안 비트겐슈타인은 강의를 시작하기 전에 맬컴과 함께 산책하는 습관을 그만두었다.

비트겐슈타인이 임박한 전쟁을 앞두고 그에 대비하기 위해 부추겨지던 국수주의적 정서와 반독일 감정을 걱정할 만한 이유가 있었다. 1939년 9월 3일 전쟁이 선포되던 날 그와 스키너는 웨일스에 있는 드루어리를 방문하고 있었다. 그들은 폰티프리드Pontypridd 호텔에 묵고 있었는데, 다음 날 아침 그는 지방 경찰서로 출두하라는 말을 들었다. 그의 독일 이름 때문에 호텔의 여자 매니저가 의심을 했기 때문이었다. 이때 그는 영국 국민이었고 그 사실을 입증하는 데 아무런 곤란도 겪지 않았지만, 그가 스키너와 드루어리에게 말했듯이 앞으로는 아주 조심해야 할 것이었다.

전쟁 중 처음 2년 동안 비트겐슈타인은 응급구호대에 참여하는 것과 같은 전쟁과 관련된 일을 찾으려고 애썼지만, 케임브리지에 남아 있어야 했다. 1937년 9월 연구가 제대로 이루어지지 않을 때, 그는 다른 일을 해야겠다고 생각했다. 그러나 "내가 전쟁에서처럼 강요받지 않는다면, 지금 다른 일을 할 힘을 어떻게 찾을 수 있겠는가?"하고 물었다. 전쟁이 정말 일어났을 때 그는 다른 일을 하도록 강요되기는커녕 그렇게 하지 못하도록 금지를 당하고 있다는 것을 알게 되었다. '유용한' 일을 하기 위한 문은 그의 독일식 이름과 오스트리아의 배경 때문에 닫혀졌다. 강의를 계속하고 책의 후반부를 쓰는 동안, 그는 케임브리지로부터 떨어져서 어떤 방식으로든 그 전쟁에 참여하고 싶어 했다. "만일 내가 거기에 머무른다면 나는 서서히 죽어갈 것"이라고 그는 존 라일John Ryle에게 말했다. "오히려 나는 빨리 죽을지도 모르는 위험을 택하겠다."

그는 맬컴을 설득해서 학문적인 경력을 찾는 것을 포기하게 만들려고 했지만 실패했다.(스마이시스는 어쨌든 간에 학문과 관련된 직책을 절대로 제안받지 않으리라고 그는 확신했다. 그는 '너무 진지'했다.) 맬컴은 대신 노동을 할 수 없을까? 가령 목장이나 농장에서? 맬컴은 거절했다. 그는 하버드로 돌아가서 박사학위를 받은 후, 프린스턴에서 강사직을 얻었다. 비트겐슈타인은 편지에서 계속 경고했다. 맬컴이 박사학위를 받은 것을 축하하면서, 그는 그것을 잘 이용할 것과 그 자신과 학생들을 속이지 말 것을 강하게 부탁했다. "왜냐하면 내가 아주 많이 틀리지 않는다면, 너는 **그렇게 하도록** 기대될 것이기 때문이다." 가르치는 일에 행운이 깃들기를 빌면서, 그는 다시 한 번 맬컴에게 그 자신을 속이려는 유혹이 아주 클 것이라고 강조했다. "**오로지 기적에 의해서만** 너는 철학을 가르칠 때 진지한 일을 할 수 있을 것이다."

전쟁이 일어났을 때, 스키너가 케임브리지 공구 회사에서 숙련공으로 일한 기간이 끝났다. 그는 이론적인 연구를 다시 하려는 시도를 했던 것처럼 보인다. 1939년 10월 11일 리즈Leeds에서 쓴 편지에서 그는 과거에 그의 수학 가정 교사였던 어셀Ursell과 책을(수학 교재로 생각된다) 공동 집필하는 것에 관해 말한다. 그 계획은 아마도 포기된 것 같다.(최소한 나는 그런 책이 출판된 흔적을 전혀 찾을 수 없었다.) 그 편지에서 스키너는 이런 종류의 일이 얼마나 힘든지를 이제 안다고 말하면서, 일자리를 찾아보기 위해 곧 케임브리지로 돌아갈 수 있다고 말한다.

그는 또한 자신과 비트겐슈타인 사이의 일종의 틈—그들의 관계에 생긴 한 문제—에 대해서도 말하는데, 그답게 이에 대해 완전히 책임을 떠맡는다.

> 내가 당신으로부터 떨어져 있다고 느낀다고 말씀하셨는데, 그 원인을 내가 제공했다는 생각 때문에 마음이 아주 상했습니다. 내가 우리의 관계를 악화시킬지도 모르는 방식으로 처신했다는 것은 매우 잘못된 일입니다. 우리의 관계에 무슨 일이건 일어난다면, 그건 제게 파국과도 같을 겁니다. 내가 했던 일에 대해 제발 나를 용서해주십시오

그가 무엇을 했는지는 말하지 않았는데, 아마도 그것이 무엇인지 몰랐음이 틀림없다. 그는 단지 비트겐슈타인의 사랑을 잃고 있다는 것만을 알았을 뿐이다. 케임브리지로 돌아온 후 그와 비트겐슈타인은 따로 살았다. 그는 이스트로드에 살았고, 비트겐슈타인은 그가 가장 좋아하던 휴얼 코트에 있는 숙소에서 살았다.

스키너가 죽은 후 비트겐슈타인은 스키너 생애의 마지막 2년 동안 그에게 정직하지 못했다는 것 때문에 자신을 반복해서 책망했다. 이런 죄의식이 키스 커크Keith Kirk라고 불리는 스키너의 젊은 노동자 친구에 대한 비트겐슈타인의 감정과 연결되어 있다고 추측하는 것은 납득할 만한 일이다. 1939년 당시 19세였던 커크는 스키너와 함께 도제공으로 일했는데, 그가 스키너에게 수학과 그들이 사용하는 도구들의 원리에 관한 질문을 하기 시작하면서 친구가 되었다. 알맞은 선생이 되기에는 너무 말이 적었던 스키너는 커크를 비트겐슈타인에게 소개했다. 그때부터 비트겐슈타인은 커크가 준비하고 있던 전문직업사 시험City and Guilds professional examinations을 치르는 것을 도와주기 위해서 그에게 물리학, 수학, 그리고 역학에 관해서 정기적으로 가르쳤다.

커크에게 이 케임브리지 교수가 해주는 강의는 기대하지 않았던 굉장히 환영할 만한 도움이자 중요한 기회였을 뿐이었다. 그렇지만 비트

겐슈타인의 일기를 보면, 그는 그 관계를 사람들이 기대할 만한 관계 이상의 것으로 생각했던 것처럼 보인다.

> K를 일주일에 한두 번씩 만난다. 하지만 이 관계가 옳은 것인지 의심스럽다. 그것이 진정으로 좋은 것이기를 바란다. [1940년 6월 13일]

> **하루 종일** 나와 커크 사이의 관계에 대해서 몰두했다. 대부분 **아주** 진실하지 못하며 쓸모없다. 만일 내가 이런 생각들을 적는다면 사람들은 그것들이 얼마나 저급하고 부정직한지를, 얼마나 **점잖지 못한** 것인지를 알게 될 것이다. [1940년 10월 7일]

1940년 내내 그리고 1941년 전반기 동안, 커크는 무료 강의를 듣기 위해 트리니티에 있는 비트겐슈타인의 숙소를 정기적으로 방문했다. 비트겐슈타인은 교재 없이 가르쳤다. 대신 그는 커크에게 일련의 질문을 던지면서 그로 하여금 첫 번째 원리들로부터 문제들을 철저히 생각해내도록 했다. 예컨대 강의는 비트겐슈타인이 커크에게 물이 끓을 때 어떤 일이 일어나는지, 거품은 무엇인지, 왜 거품이 표면에서 떠오르는지 등을 물으면서 시작됐다. 그러므로 커크가 이런 강의들로부터 배우는 정도는 그 자신의 생각하는 능력에 달려 있었다. 비트겐슈타인은 정규 강의에서처럼 자주 오랫동안 묵묵히 있었을 것이다. 그렇지만 커크에 따르면 이 강의들에서 배웠던 것은 그때 이후 쭉 그에게 남아 있었고, 비트겐슈타인이 그에게 심어준 사고방식은 지속적으로 도움이 되었다.

커크는 그에 대한 비트겐슈타인의 감정이 친절한 선생의 감정과 다른 것이라곤 전혀 생각해보지 못했다. 강의 후에 그는 때때로 스키너와 비트겐슈타인과 함께 극장에 서부영화를 보러 가곤 했지만, 비트겐슈타인을 수업 시간 외에는 거의 보지 못했다.

이 강의는 1941년 전쟁성Ministry of War이 커크를 본머스Bournemouth에

있는 공군연구소Air Ministry Research에서 일하도록 배치함에 따라 끝나게 되었다. 이 전보로 인해 그의 전문직업사 시험 공부도 끝나게 되었지만, 그와 비트겐슈타인 사이의 우정도 함께 곧 끝난 것은 아니었다. 비트겐슈타인은 계속 소식을 전하기 위해서 할 수 있는 모든 일을 했다. 한번은 커크가 어떻게 지내는지를 보기 위해 본머스에 가기도 했고, 커크가 케임브리지에 왔을 때 비트겐슈타인은 변함없이 그를 만나기 위해 시간을 냈다.

이런 방문 중 한번은 비트겐슈타인이 많이 괴로워하면서 커크를 불러 프랜시스가 폴리오polio(소아마비병 — 옮긴이)를 심하게 앓아서 병원에 입원 중이라는 것을 말해주었다. 며칠 후인 1941년 10월 11일 프랜시스는 죽었다.

비트겐슈타인이 처음 보인 반응은 미묘하게 감정을 억제하는 것 같았다. 친구들에게 프랜시스의 죽음을 알리는 편지들에서 그는 조용하고 엄숙한 어조로 말했다. 예를 들면 허트에게 이렇게 썼다.

> 나의 친애하는 롤런드,
>
> 너에게 충격적인 소식을 전해야겠다.
>
> 프랜시스가 나흘 전에 소아마비에 걸려서 어제 아침 죽었다. 그는 **아무런** 고통이나 투쟁 없이 **완전히** 평화롭게 숨졌다. 나는 그가 내가 알고 있는 사람들 중에서 가장 행복한 인생을 살았으며, 또한 가장 평화로운 죽음을 맞이했다고 생각한다.
>
> 너에게 좋고 친절한 생각들이 깃들기를 바란다.
>
> 언제나처럼
>
> 루트비히

그러나 장례식이 거행될 때 그는 자제할 수 없었다. 스키너의 누이는 그가 장례식에서 마치 '놀란 야생 동물'처럼 행동한 것으로 기억한다. 또 장례식 후 그는 집으로 가기를 거부하였으며, 사람들은 트리니티의 튜터인 버나비Burnaby 박사와 함께 '아주 거칠게' 보이는 모습으로 레치워스 주변을 걸어다니는 그를 보았다고 회상한다. 어쨌든 그는 스키너의 집에서는 분명히 환영받지 못했을 것이다. 스키너의 가족들은 항상 그가 자신들의 예민한 자식에게 행사했던 영향력을 좋지 않게 생각했다. 프랜시스가 케임브리지 공구 회사에서 한 일 때문에 그가 더 빨리 죽었다고 믿었던 그의 어머니는 장례식장에서 비트겐슈타인과 대화하기를 거부했다.

그러나 프랜시스에 대한 비트겐슈타인의 죄의식은 그에게 미쳤던 영향 방식과는 아무런 관계가 없다. 그것은 내적인 문제들, 즉 비트겐슈타인이 프랜시스의 생애 중 마지막 2년 동안 그에게 느꼈던 감정들과 더 관계가 있었다. 1941년 12월 28일 그는 이렇게 썼다.

> 프랜시스를 많이 생각한다. 하지만 항상 감사의 마음이 아니라, 내가 사랑하지 않은 것에 대한 후회의 마음으로만 생각할 뿐이다. 그의 삶과 죽음은 오로지 나를 비난할 것만 같다. 왜냐하면 나는 그의 인생의 마지막 2년 동안 자주 사랑의 감정을 잃었고, 내 마음속에서 그에게 부정했기 때문이다. 만일 그가 그렇게 무한히 점잖고 진실하지 않았더라면, 나는 그를 향한 사랑의 감정을 **완전히** 잃었을 것이다.

이 구절 다음 그는 곧 계속해서 커크에 대한 감정에 관해서 생각한다. "나는 커크를 자주 만난다. 이것이 정말로 무엇을 의미하는지 난 알지 못한다. 실망을 해도, 불안해도, 걱정해도 한 가지 생활 형태에 정착하지 못한다 해도 당연하다." 약 7년 후인 1948년 7월 그는 이렇게 썼다. "내가 프랜시스와 함께 있었던 마지막 시간에 관해서, 그를 향한 나의 혐오에 대해서 많이 생각한다 … 내가 평생 이 죄의식으로부터 어떻게 벗어날 수 있을지 알 수 없다."

비트겐슈타인은 커크에게 마음을 빼앗겼지만, 그는 이것을 절대로 말한 적이 없고 커크도 알아채지 못해서 실제로 상호적이지 않았다.

이것은 과거의 핀센트와 마르그리트에 대한 그의 사랑들의 특징, 즉 다른 사람들의 감정에 대한 그의 무관심을 보여주는 예이기도 하다. 핀센트도 마르그리트도, 그리고 분명히 커크도 그를 사랑하지 않았지만, 이것이 그들에 대한 그의 사랑에 영향을 준 것 같지는 않았다. 실제로 그것은 그가 남들에게 사랑을 더 쉽게 주도록 만들었을지도 모른다. 왜냐하면 그런 종류의 관계를 통해 그는 자신의 감정을 잘 격리시킴으로써 안전하게 관계를 맺을 수 있었기 때문이다. 그가 한때 매력을 느꼈었고 후기 철학의 많은 부분에서 공격했던(그는 후기 철학을 파리에게 파리병으로부터 나오는 길을 보여주려는 것으로 규정했다) 철학적 유아론은, 그가 자신의 낭만적 애정들을 실천할 때 취한 정서적 유아론과 비교된다. 프랜시스의 경우에 이런 격리는 위협을 받았고, 그 위협 앞에서 비트겐슈타인은 쇼펜하우어의 우화에 나오는 고슴도치처럼 그의 날카로운 외형 뒤로 철수했다.

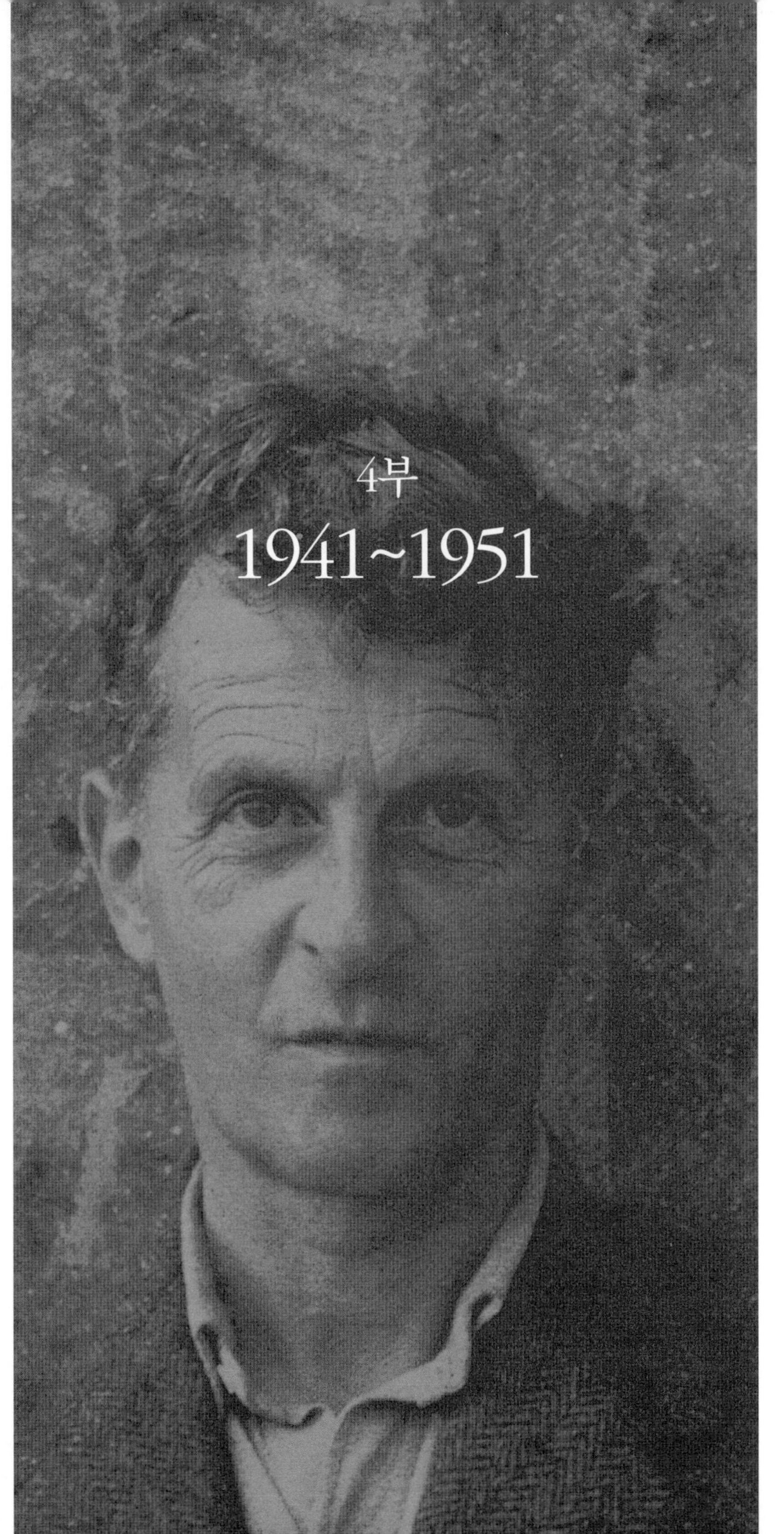

4부

1941~1951

21
전쟁 중의 일

전쟁이 시작된 후 처음 2년 동안 비트겐슈타인의 대화에서 반복해서 나타나는 주제는 학교 밖에서 할 일을 찾을 수 없는 것에서 오는 좌절감이었다. 그는 전쟁의 와중에 학교에서 강의나 하고 있다는 것을 참을 수 없었다. 그래서 무엇보다도 전쟁과 관련된 일을 하고 싶어 했다. 그런 기회를 마련해준 철학자는 옥스퍼드의 길버트 라일이었다. 길버트의 형제인 존 라일은 케임브리지의 물리학 석좌교수였는데, 1940년에 가이 병원에서 병원의 공습 대비 훈련을 돕고 있었다. 1941년 9월 비트겐슈타인은 존 라일에게 편지를 써서 병원에서 한번 만나자고 약속했다. 라일은 그를 점심에 초대했고 즉시 깊은 인상을 받았다. "그는 세계에서 가장 저명한 철학자 가운데 한 명인데, 목 부위가 열린 초록색의 셔츠를 입은, 생각보다 매력적인 얼굴의 철학자였다"고 그는 부인에게 쓴 편지에서 말했다.

> 트리니티에서 수년 동안 교수로 지냈는데도 다른 사람들처럼 오염되기는커녕, 그곳의 삭막한 분위기를 못 견뎌 하고 있다는 것이 흥미로웠습니다. 그는 내게 이렇게 말했습니다. "거기에 계속 있게 된다면 나는 천천히 죽어갈 것 같습니다. 차라리 빨리 죽는 기회를 택하겠습

> 니다." 그래서 그는 전쟁 기간 동안 병원에서 변변찮은 노동을 하고 싶어 하며, 필요하다면 교수직에서 사임할 것입니다. 그러나 그는 이 일이 알려지는 것을 원치 않습니다. 그리고 공습을 당하는 곳에서 일하고 싶어 합니다. 노무과는 그를 병원의 곳곳에서 간단한 응급 수리를 하는 나이 든 노동자들 밑에서 임시 직원으로 일하게 할 예정입니다. 내 생각에 그는 자신의 사고방식이 대부분의 사람들과는 너무 다르기 때문에, 지능을 이용하는 일을 하는 것은 어리석은 일임을 깨달은 듯합니다. 나는 오늘 이 일에 관해서 그에게 말해주기 위해 편지를 쓰려고 합니다만 억지로 그를 설득하지는 않겠습니다.
>
> 언젠가 한두 명의 캐나다인들과 함께 그를 데려가서 당신을 만나게 해야겠습니다.

분명히 비트겐슈타인을 억지로 설득할 필요는 없었다. 이 편지가 쓰여진 일주일 후 그는 가이 병원에서 일을 시작했기 때문이다. 그렇지만 임시 직원이 아니라 약국의 배달 사원이었다.

존 라일은 케임브리지 철학 교수에서 가이 병원 약국의 배달 사원으로 직업을 바꿨다는 사실이 알려지기를 원치 않은 비트겐슈타인의 희망을 존중해서 이 새 일꾼이 "세계에서 가장 저명한 철학자 중의 한 명"이라는 것을 병원의 아무에게도 말하지 않았던 것 같다. 그의 신중한 처신을 보여주는 한 가지 증거는, 라일의 좋은 친구이자 전쟁 중에 병원 사내보인 《가이 가제트*Guy's Gazzette*》의 편집인이었던(따라서 항상 재미있는 이야기를 찾고 있었던) 험프리 오스먼드Humphrey Osmond가 비트겐슈타인이 병원에서 일했다는 것을 노먼 맬컴이 1958년에 회고록을 출판한 후에야 비로소 알았다는 사실이다. 라일이 침묵을 지켰던 것은 다행스런 일이었다. 《가제트》가 '가이의 저명한 철학자'란 기사를 실었다면, 비트겐슈타인이 노발대발했으리라는 것은 의심의 여지가 없기 때문이다.

병원에 있는 동안 비트겐슈타인은 너필드 하우스Nuffield House에 있는 의료진들과 숙식을 함께했다.(이것 자체가 그를 병원에 있는 다른 배달 사원들과 구분하게 만들기에 충분했을 것이다. 의료진이 아닌 직원들은 보통 병원 밖에서 살았고 의사들과는 따로 식사를 했기 때문이다.) 그가 너필드 하우스에 도착한 지 얼마 안 돼서, 병원의 혈액학자였던 워터필드R. L. Waterfield 박사가 저녁 식사 때 그를 알아보고 매우 반가워했다. 워터필드는 케임브리지에 있었던 적이 있었으며, 도덕과학클럽 모임에도 참가한 적이 있었다. 탄로나자마자 비트겐슈타인은 얼굴이 백지장처럼 하얗게 된 채 이렇게 말했다. "세상에, 제발 내가 누군지 사람들에게 말하지 마시오!" 그러나 《가이 가제트》는 전혀 눈치채지 못했음에도 불구하고 워터필드를 통해서든 다른 출처를 통해서든 가이 병원의 많은 직원들은 비트겐슈타인이 누구인지를 아주 잘 알았다. 그곳에서 그를 알던 사람들은 모두 그를 '비트겐슈타인 교수'로 알았다.

배달 사원으로서 비트겐슈타인의 일은 약들을 약국에서 병동으로 운반하는 일이었는데, 존 라일의 부인인 미리엄Miriam에 따르면 비트겐슈타인은 병동에 있는 환자들에게 약을 먹지 말라고 충고했다. 이때 약국의 보스는 이자드S. F. Izzard 씨였다. 훗날 배달 사원으로 일했던 비트겐슈타인을 기억하느냐는 질문을 받았을 때, 이자드는 이렇게 답했다. "네, 아주 잘 기억합니다. 그는 여기서 일했죠. 3주일 정도 일한 후 내게 와선 이곳을 어떻게 운영해야 하는지 설명해주었습니다. 아시겠지만 그는 생각하는 데 익숙했던 사람이었습니다." 얼마 후에 그는 제조 실험실에서 약을 담당하는 기사로 일하게 되었다. 이곳에서 그의 임무 중 하나는 피부과에서 쓸 라사르 연고를 준비하는 것이었다. 드루어리가 가이 병원에 있는 비트겐슈타인을 방문했을 때, 그는 어떤 직원으로부터 어느 누구도 전에는 그렇게 품질이 좋은 라사르 연고를 만든 적이 없다는 말을 들었다.

비트겐슈타인이 가이 병원에 가게 되었을 때 그는 친구가 필요했다. 프랜시스가 죽고 커크도 본머스로 떠난 후 그는 굉장히 외로웠다. 그에게는 일종의 정서적인 접촉이 필요했다. "네 마음으로부터 오는 **한 마디**의 말이 네 머리로부터 나오는 세 쪽의 글보다 내겐 더 의미가 있을 것"이라고 그는 롤런드 허트에게 쓴 편지에서 말했다. 그리고 11월 27일에는 이런 편지를 썼다. "나는 프랜시스에 관해 쓸 수 없다. 네가 그에 관해 쓴 것은 비록 어떤 점에선 맞지만, 그에 대한 **내** 생각과는 다소 일치하지 않는다." 그는 허트에게 약국에서 일하면서 그가 어떻게 일주일에 28실링을 버는지, 그 일이 얼마나 힘든지에 대해 말했다. "내 몸이 그 일을 버텨낼 수 있기를 바란다. 내 영혼은 **아주** 피곤하고 별로 좋은 상태가 아니니다. 다시 말해, 원래 그래야 할 상태가 전혀 아니라는 말이다." 그는 덧붙였다. "우리가 다시 만난다면 이것이 어떤 방식으로건 우리에게 도움이 될 것이다."

만일 그와 허트가 만나게 된다면 그 만남이 유의미할 정도로 오랫동안이어야 한다는 것이 비트겐슈타인에겐 중요했다. 연이은 편지 속에서 그는 일요일에 만나는 것이 중요하다고 강조했는데, 그날이 병원에서 일하지 않는 유일한 날이었기 때문이다.

> 그렇지만 만일 네가 일요일에 올 **수 없다면** 주중 아무 날이라도 괜찮다. 이 경우에는 30분 정도만 늦어도 어리석은 일이 될 것이다. 그런 환경에서는 결과가 좋지 않을 가능성이 크기 때문이다. 그것은 항상 바람직하지 못한 일이다!

"대체로 **우리 같은 사람들**이 서로 **서둘러서** 만나는 계획은 좋은 것이 아니다"라고 그는 다른 편지에서 말했다. "가능하다면 우리는 여유 있게 함께 있어야 한다." 만나자는 제안에 대해 허트가 약간 망설이자, 비트겐슈타인은 3개월이 지난 후에 다시 만나도록 해보자고 허트에게 말했다.

> 네가 쓴 대로 나를 보고 싶다고 말하는 것이 어렵다고 생각되면, 왜

> 나를 만나야 하는가? 나는 **나를** 만나고 싶어 하는 사람들을 만나고 싶다. 그리고 만일 아무도 나를 만나고 싶지 않는 때가 온다면 (아마 그때가 곧 올지 모르지만) 나는 아무도 만나지 않을 것이라고 생각한다.

그의 몸이 약국의 배달 사원로서의 일을 감당하지 못하리라는 두려움은 진짜였다. 그때 그는 쉰두 살이었고, **나이가 든** 것처럼 보이기 (그리고 느끼기) 시작하고 있었다. "5시쯤에 일을 마치면 너무 피곤해서 거의 움직일 수 없을 때가 자주 있다"고 그는 허트에게 말했다. 그러나 그의 육체가 허약했다면, 그의 정신은 프랜시스의 죽음 때문에 거의 파멸할 지경이었다. 그는 크리스마스를 프랜시스의 아파트 밑에 있는 이스트로드에서 식품점을 운영하는 바브룩Barbrooke 가족과 함께 지냈다. 이때는 우울한 시절이었다. 새해 전날 그는 허트에게 편지를 썼다.

> 대체로 나는 외롭고 앞으로 올 시간이 두렵다! … 네가 행복하기를, 그리고 무엇이든지 네가 갖고 있는 것에 감사하길 바란다.

1942년 새해 첫날 존 라일은 아내에게 했던 약속대로 비트겐슈타인을 서식스에 있는 집으로 데리고 가서 그녀를 만나게 했다. 다행히도 이때 주말 모임은 그 당시 열네 살이었던 아들인 앤서니Anthony의 일기에 기록되었다. 그의 첫인상은 그다지 좋지 않았다.

> 아빠와 빈켄슈타인(철자?)이라고 하는 또 다른 오스트리아(?) 교수가 7시 30분에 도착했다. 아빠는 약간 피곤해하셨다. 빈크는 굉장히 이상한 사람이다. 영어를 잘하지 못해서 "I mean" 그리고 'intolerable'을 뜻하면서 "its 'tolerable'"이라고 계속 말했다.

다음 날 끝 무렵까지 비록 비트겐슈타인의 이름 철자는 더 정확해졌지만, 앤서니는 여전히 아빠의 새 친구를 자기 편으로 끌어들이지 못했다.

아침에 아빠, 마거릿, 팅커 그리고 나는 양들을 데리고 산책을 했다. 쌀쌀했지만 해가 났다. 비트긴슈타인은 아침을 피난민들과 함께 보냈다. 그는 우리가 그들에게 굉장히 잔인하다고 생각한다.

우리는 오후를 논쟁하면서 보냈다. 그는 못 말리는 사람이다. 우리가 무슨 말을 할 때마다 "아니, 아니, 그게 요점이 아니에요"라고 말한다. 그것은 그의 요점이 아닐지 모르지만 우리들의 요점이다. 들어주기에는 피곤한 사람이다. 차를 마신 후에 나는 마당 주변을 안내했다. 그는 내게 비참한 어린아이들에게 친절하라고 부탁했다. 그는 반대쪽 극단으로 너무 가버린다. 엄마는 그들이 예의 바른 시민이 되기를 바라는 데 반해 그는 그들이 행복하기를 바란다.

라일의 가족은 서식스에 있는 농장의 집에 세를 들어 살았는데, 그 '비참한 어린아이들'은 피난민들 — 포츠머스Portsmouth 출신의 두 명의 노동자 계층 소녀들 — 이었다. 라일 부인은 이들을 일종의 정치적 제스처로 떠맡아왔다. 그들은 그녀가 러시아의 적십자사를 위해 장갑을 짜기 위해 조직했던 아이들의 모임에 참가했다. 그녀는 이 아이들을 잘 보살폈지만, 분명히 그들에겐 엄격한 규율이 적용되었다. 가끔 존 라일이 집에 있을 때나 손님들이 왔을 때, 라일의 가족은 어느 정도 이 피난민들과 일정한 거리를 두었다. 예를 들면 저녁을 다른 식탁에서 먹었다. 비트겐슈타인이 거기에 머물고 있는 동안, 그는 그들과 함께 식사함으로써 아이들에 대한 관심과 동정심을 보여주는 일을 고집스럽게 했다.

비트겐슈타인이 왜 존 라일을 좋아했고 존경했는지를 알기는 쉽다. 비트겐슈타인처럼 라일도 케임브리지의 학교생활에 겨우 적응하면서 살았고, 그도 역시 비트겐슈타인처럼 케임브리지의 '삭막함'보다 폭격을 받는 병원에서 일하는 것을 더 선호했음이 분명하다. 케임브리지에 있는 동안 그는 정치적으로 활발한 활동을 했으며, 1940년 선거에서 좌익의 무소속 후보로 나서기도 했다. 1938년부터 계속해서 그는 유대인 의사들을 오스트리아와 독일로부터 빼 오는 활동을 열심히 했다.(아마 이 때문에 앤서니 라일은 비트겐슈타인을 '또 다른 오스트리아 교수'라고 묘사했는지 모른다.)

폭격을 당하던 기간 동안 가이에서 일했던 직원들 중 많은 사람들이 라일의 친절함을 감사와 함께 감동적인 것으로 기억하고 있다. 1차 대전에 참전했던 라일과는 달리 그들 중 많은 사람들은 젊어서 전쟁 경험은 전혀 없었다. 험프리 오스먼드의 회상은 치열한 폭격 동안 가이에서 일하는 것이 얼마나 위험했는지, 라일에 대한 직원들의 인상이 어떠했는지를 잘 보여주는 전형적 사례이다. 라일의 격려 덕분에 직원들이 그런 위험에 잘 대처할 수 있었다는 것을 알 수 있다.

> 병원에는 수십 발의 폭탄이 떨어졌고, 병원 구내에도 최소한 열두 발의 폭탄이 떨어져서 폭발하거나 불발하기도 했다 … 폭격을 당하는 어려움 속에서 그리고 많은 사상자들을 다루면서 가이에 남았던 소수의 직원들은 서로에 대해 꽤 잘 알게 되었다 … 나는 가이의 지붕에서 화재를 감시하곤 했다 … 우리는 잡담을 하고 차를 마시면서 많은 시간을 보냈다 … 우리는 너필드 하우스의 지하실에서 야영을 하곤 했다. 라일은 현명하고 지적인 사람이었는데, 1차 대전 동안 참호 속에서 단련된 그의 침착함은 폭격당하는 것을 싫어했던 나 같은 사람들에게는 커다란 원조를 받는 것과도 같았다.

4월에 비트겐슈타인은 오랫동안 그를 괴롭혀왔던 담석을 제거하기 위해 가이에서 수술을 받았다. 그는 영국 의사들을 믿지 못했기 때문에 (그는 램지와 스키너가 모두 치료를 잘 받았더라면 죽지 않았을지도 모른다고 믿는 경향이 있었다) 수술을 받는 동안 의식이 깨어 있는 채 있겠다고 고집했다. 보통 하는 마취를 거부한 후 그는 수술실에 거울을 설치해서 무슨 일이 일어나는지를 그가 볼 수 있게 했다. 틀림없이 고통스러웠을 시련을 그가 견뎌내도록 도와주기 위해 존 라일은 수술 내내 그의 손을 잡은 채 함께 앉아 있었다.

라일을 제외하곤 가이에서 사귄 소수의 친구들은 대체로 의사가 아니라 기술자들이었다. 이들 중 하나가 나오미 윌킨슨Naomi Wilkinson이었는데, 그는 방사선 사진 촬영 기사였고 라일의 사촌이었다. 윌킨슨 양은 병원에서 축음기로 음악을 들려주는 시간을 마련하곤 했는데, 비트겐슈타인은 이 모임에 정기적으로 참석했다. 그는 레코드의 선택에 강한 관심을 표시했으며, 선곡에 종종 매우 비판적이었다. 음악에 대한 이런 공통적인 관심의 결과 그와 윌킨슨 양은 친구가 되었고, 그녀는 친구들과 함께 그를 라이언스에서 열리는 다과회에 초대했다. 이 다과회들 중 한번은 그녀가 얼마나 많은 사람들이 그의 철학을 이해한다고 생각하는지 물었다. 그는 그 질문을 오랫동안 생각해보다가 이렇게 대답했다. "두 사람입니다. 그중 하나는 길버트 라일입니다." 불행히도 그는 누가 두 번째 사람인지 말하지 않았다. 아마도 그가 길버트 라일을 선택한 것은 그가 오십 줄에 접어들어서도 어린 시절의 좋은 태도를, 즉 다른 사람이 좋아하리라고 생각하는 것을 말하려는 경향을 완전히 잃어버리지 않았다는 것을 보여줄 뿐일지도 모른다.

나오미 윌킨슨의 음악 모임은 아마도 비트겐슈타인이 가이에서 일하는 동안 기록했던 꿈에 나오는 요소들 중의 하나의 출처인 것 같다.

> 오늘 밤 꿈을 꾸었다. 누이인 그레틀이 루이제 폴리체Louise Politzer에게 가방을 선물로 주었다. 나는 꿈에서 그 가방을, 혹은 아마도 그 가방의 자물쇠를 보았다. 이 자물쇠는 아주 크고 네모났으며 매우 정교하게 만들어졌다. 그것은 우리가 박물관에서 가끔 보는 그 낡고 복잡하게 보이는 맹꽁이 자물쇠들 중의 하나처럼 보였다. 이 자물쇠에는 무엇보다도 '당신의 그레틀로부터' 혹은 이와 비슷한 말이 열쇠 구멍을 통해 나오게 하는 기계장치가 있었다. 나는 이 장치의 기계 구조가 얼마나 복잡한지, 그것이 일종의 축음기인지, 그리고 어떤 재료로 레코드를 만들 수 있는지, 그것을 철로 만들 수 있는지에 대해

생각했다.

비트겐슈타인 자신은 이 꿈에 대해서 아무런 해석도 제시하지 않았지만, 그가 이 시기에 프로이트의 연구에 몰입해 있었다는 것과 과거에 프로이트의 중심 사상을 묘사하기 위해 자물쇠의 비유를 사용했다는 것, 그리고 그레틀이 가족 중에서 프로이트와 가장 가까웠다는 것을 감안하면, 내 생각에 이 꿈의 주제는 꿈의 해석**에 관한 것**인 듯싶다. 꿈들은 무언가를 말하는 것처럼 보이고 프로이트의 연구를 솜씨 있게 사용하면(말하자면 프로이트 이론의 열쇠 구멍을 통해서) 꿈들이 말하는 것을 들을 수 있다. 하지만 그 배후에 있는 구조와 꿈의 기호들을 만들어내는 재료들은 너무 복잡해서 프로이트적 관점을 19세기 기계장치에 조야하게 적용하여 유추해서는 이해할 수 없다.

아무튼 이런 것이 1942년 여름에 비트겐슈타인이 리스와 했던 논의의 주제들이었다. 그는 담석 제거 수술로부터 회복도 할 겸해서 리스와 함께 지내기 위해 스완지Swansea로 갔다. 둘은 사우스웨일스의 해변가를 따라 산책을 하곤 했는데, 비트겐슈타인은 이를 매우 좋아했다. 리스는 이때 비트겐슈타인이 철학적 논의의 상대로 귀중하게 여겼던 사람들 중에서 살아 있는 몇 사람들 중 하나였다. 그러나 그의 철학 연구가 주로 수리철학을 중심으로 이루어지던 때에, 리스와 나눈 대화에서는 프로이트가 심리학에서 사용하는 설명들의 속성을 다루었다는 것은 놀라운 일이다.

그는 어떤 의미에선 꿈의 상들이 기호들로 간주될 수 있음을, 어떤 의미로는 우리는 꿈의 언어에 관해서—비록 그 기호들을 꿈을 꾸는 사람이 이해하지 못하더라도—말할 **수 있다**는 것을 강조했다. 이것은 우리가 꿈을 해석하는 사람과 논의하고 그 해석을 받아들일 때 나타난다. 마찬가지로 우리가 겉으로 보기에 무의미한 낙서들을 한 후 한 분석가가 우리에게 질문을 던져서 연상들을 추적해보면 우리가 왜 그런 것을 만들었는지 설명할 수 있을지도 모른다. "그러면 우리는 그

낙서를 일종의 쓰기로, 일종의 언어로 지칭할 수도 있다. 비록 아무도 그것을 이해하지 못했지만 말이다." 그러나 이런 종류의 설명을 과학적 설명들과 구분하는 것이 비트겐슈타인에게는 중요했다. 꿈 혹은 낙서에 관한 설명은 법칙들을 적용함으로써 진행되지 않으며, "내게는 그런 법칙들이 실제로 하나도 **없다**는 사실이 중요하게 보인다." 프로이트의 설명들은 과학보다는 신화와 공통점이 더 많다. 예를 들면 프로이트는 불안은 항상 우리가 태어날 때 느꼈던 불안의 반복이라는 자신의 견해에 대해 아무런 증거도 제시하지 못하는데, 그럼에도 "그것은 뚜렷하게 매력적인 생각이다."

> 그것은 신화적 설명들, 즉 이것은 모두 전에 일어났던 어떤 것의 반복이라고 말하는 설명들이 갖고 있는 그 매력을 갖고 있다. 그리고 사람들이 이것을 수용하거나 채택할 때, 특정한 것들이 그들에게 더 분명해지고 쉬워진다.

그렇다면 프로이트의 설명들은 비트겐슈타인 자신의 연구가 제공하는 설명들과 유사하다. 그것들은 인과적, 기계적인 이론을 제공하지는 않지만,

> … 사람들이 받아들이려는 경향이 있고 그들로 하여금 특정한 방식들로 진행하는 것을 더 쉽게 만드는 그 무언가를 〔제공한다〕. 그것은 사람들이 특정한 방식으로 행동하고 생각하는 것을 자연스럽게 만든다. 그들은 한 가지 방식의 생각을 포기하고 다른 방식을 채택했다.

이 점에서 비트겐슈타인은 이 당시 리스에게 자신을 프로이트의 '제자' 혹은 '추종자'로 묘사했던 것이다.

2차 세계대전 내내 비트겐슈타인은 수리철학에 몰입했다. 이 시기에

썼던 글들 중 대부분은 그가 노르웨이에서 보낸 마지막 몇 달 동안 썼던 단평들을 개선시켜서, 그것들에 근거해서 만들었던 《탐구》의 일부를 더 좋게 수정하려고 쓴 것이다. 가이에서 일하는 동안 그는 수학에 관한 단평들로 세 권의 노트를 채웠다. 이것들과 이것들로부터 수집된 원고본은 현재 출판되어 있는 《수학의 기초에 관한 고찰》의 4, 5, 6, 7부를 구성한다.

이것은 대체로 이 주제에 관한 그의 과거의 연구와 일치하지만, 수리논리학에 대한 공격은 더 신랄하다. 아마도 그의 글들 중 가장 논쟁적인 글일 것이다.

비트겐슈타인이 공격 목표로 삼은 대상은 러셀의 논문 〈수학과 형이상학자들Mathematics and the Metaphysicians〉에서 가장 잘 요약된 형태로 발견된다. 러셀은 이 논문에서 "현대 수학의 중요한 승리들 중 하나는 수학이 진정으로 무엇인지를 발견했다는 것"이라고 주장했다.

> 모든 순수수학들, 예컨대 산수, 해석학, 그리고 기하학 등은 논리학의 원초적 개념들의 결합에 의해서 형성되며, 수학의 명제들은 삼단논법 및 기타 추론 규칙 등과 같은 논리학의 일반 공리들로부터 연역된다 … 이처럼 형식 논리의 주제는 수학과 동일하다는 것이 드러났다.

러셀은 계속해서 무한소, 무한, 그리고 연속의 문제들에 대해 논의한다.

> 우리 시대의 세 사람, 즉 바이어슈트라스Weierstrass, 데데킨트Dedekind, 칸토어가 그 세 가지 문제들을 제시했을 뿐 아니라, 그것들을 완전히 해결했다. 수학을 아는 사람들에게 그 해결책들은 너무 분명해서 더 이상 추호의 의심이나 난해한 점들을 남겨놓지 않는다. 이런 성취는 우리 시대가 가장 자랑해야 할 것이다.

비트겐슈타인의 연구는 러셀의 논문에서 윤곽이 그려진 수학의 개념과 여기에서 드러난 수학에 대한 태도를 공격하는 것이다. "왜 나는 수학이 무엇인지를 애써서 알아보려는 수고를 하려고 하는가?"라고 그는 묻는다. 가이에서 작성했던 공책에 적혀 있는 이 질문에 대한 답은 다음과 같다.

> 왜냐하면 사람들은 수학 및 수학에 대한 특별한 관념을, 마치 그 관념이 수학의 지위와 수학적 기능의 이상인 것처럼 가지고 있는데, 이것은 분명하게 제거해야 할 필요가 있기 때문이다.
>
> 나의 임무는 러셀의 논리학을 내부로부터 공격하는 것이 아니라 외부로부터 공격하는 것이다.
>
> 말하자면 그것을 수학적으로 공격하는 것이 아니라(그 경우엔 수학을 해야 하므로) 그것의 지위와 직무 자체를 공격하는 것이다.

비트겐슈타인은 형식논리학과 수학을 동일한 것으로 보지 않았다. 그렇게 보는 것은 "금고를 만드는 것이 풀 붙이기라고 말하는 것과 거의 같다." 또한 수리논리학은 수학이 무엇인지를 마침내 우리에게 보여준 적도 없다. 그것은 오히려 "수학자들과 철학자들의 생각을 완전히 바꿔버렸다. 그리고 바이어슈트라스, 데데킨트 및 칸토어의 연구는 우리 시대의 가장 커다란 성취이기는커녕, 수학의 나머지 부분과 연관시켜 보았을 때 "정상적인 육체로부터 아무 목적 없이 그리고 분별없이 자란 것처럼 보이는 암적인 성장"과 같다.

논리학과 수학이 다른 기술이라는 것과 수리논리학의 결과들은 러셀이 (무한성, 연속성, 그리고 무한소의 개념들을 이해함에 있어서) 부여한 중요성을 갖고 있지 않다는 것을 보여주기 위하여, 비트겐슈타인은 많은 대안들, 예컨대 수학과 일상생활에서 실제로 사용되는 무한성, 연속성, 무한소의 개념들은 칸토어, 데데킨트, 바이어슈트라스가 제시한 정의들에 의해서 명료해지는 것이 아니라 오히려 왜곡된다는 것을 보여주려고 시도한다.

그러나 그의 공격의 핵심은 수학을 상징하는 증명 방법들이 논리학에서 사용되는 증명 방법들과 유사하지 않다는 것을 보여주는 데 있다. 논리학에서의 증명은 결론이 참이라는 것을 입증하려고 하는 일련의 명제들로 이루어진다. 비트겐슈타인이 보여주고 싶어 하는 것은 수학의 증명들은 오히려 한 기술의 유용성을 입증하려고 하는 **그림들**로 이루어진다는 것이다.

예를 들면 그는 왜 다음 그림이 곱셈의 교환법칙, 즉 $(a \times b) = (b \times a)$의 증명으로 간주돼서는 안 되는지 모르겠다고 말한다.

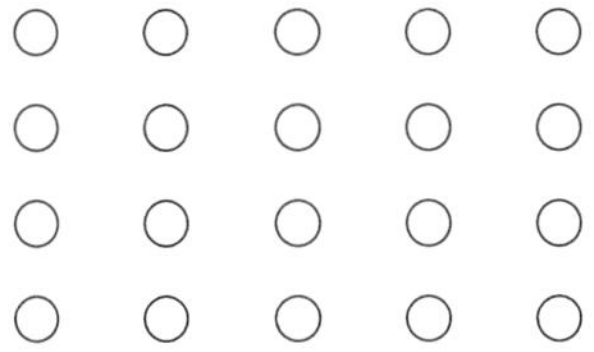

왜냐하면 어떤 사람이 이 그림을 처음에는 한 방식으로, 다음에는 다른 방식으로 봄으로써 (5×4)는 (4×5)와 같다는 것을 깨달은 후, 다른 모든 경우에도 교환법칙을 사용하게 될 수도 있기 때문이다.

여기서 명제들 혹은 결론들에 관한 질문은 전혀 없으며, 그 결과 교환법칙이 만약 참이면 무엇에 **관해서** 참인지에 관한 질문은 제기되지 않는다. 그리고 만일 논리학의 공리 체계들이 아니라 이런 종류의 그림이 전형적인 것으로 간주된다면, 수리논리학자들이 러셀이 그렇게 생각했던 것처럼 "수학이 진정으로 무엇인지를 발견했다"고 생각할 이유는 전혀 없게 될 것이다. 그들은 '수학의 기초'에 관한 연구에서 그저 다른 종류의 그림을 그렸을 뿐이며, 다른 종류의 기술을 발명했을 뿐이었다.

그러나 수학에서 그림들이 하는 역할을 강조하는 의도가 그저 수학을 특정한 방식으로 생각하려는 것을 파괴하려는 것만은 아니다. 그것은 또한 그런 방식의 생각을 버리고, 그 자리에 '연관들을 보는' 것이 수행하는 역할을 강조하는 사고방식을 대체하려는 것이다. 앞에서 나온 그림으로부터 교환의 원리를 파악하기 위해서 우리는 다음이,

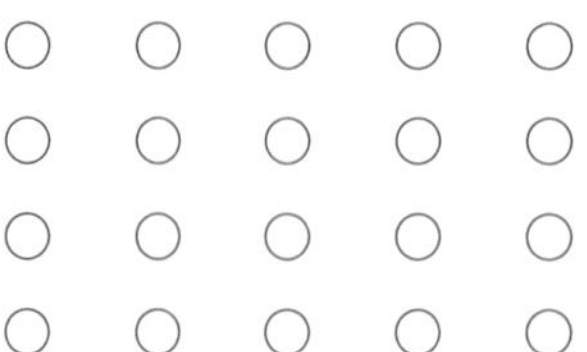

다음과 같다는 것을 볼 수 있어야 한다.

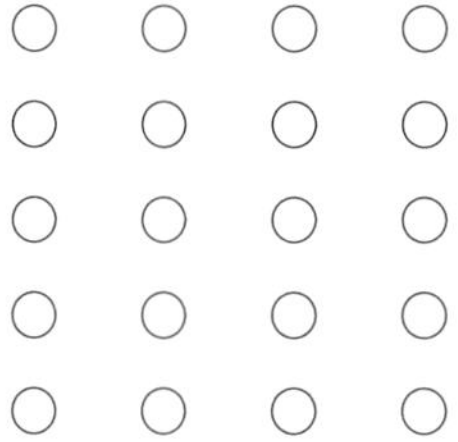

만일 우리가 '그 연관을 볼' 수 없다면 이 증명은 아무도 확신시키지 못할 것이다. 그렇다면 이 증명에 대한 이해는 비록 초보적이기는 하지만 비트겐슈타인의 **세계관**이 어떤 종류의 이해에 기초하고 있는지를 보여주는 좋은 사례이다. 수학적 증명들은 그 자신의 철학적 단평들이 그러하듯 '명료한 묘사들representations'로 간주되어야 한다. 그리고 이런 묘사들의 목표는 "연관들을 보는 것으로서의 바로 그 이해를" 만들어내는 것이다.

이상하게 들릴지 모르지만 순수수학의 증명들은 프로이트의 정신분석에서 제공되는 설명들과 비슷하다. 그리고 아마도 비트겐슈타인이 관심사를 수학에서 심리학으로 바꾼 이유에 대한 실마리는 그가 수학의 '그림들'보다 프로이트의 '전형들patterns'을 더 흥미 있다고 생각했다는 데 있는지 모른다.

비트겐슈타인이 자기 인생의 사건들을 어떤 종류의 전형 속에 놓이게 할 수 있었다는 것은 그에게 일종의 위안이었을지 모른다.

"나는 더 이상 인생의 미래에 대해 아무런 희망도 느끼지 못한다"고 그는 1942년 4월 1일에 썼다.

마치 내 앞에는 살아 있는 죽음만이 길게 늘어서 있는 것 같다. 미래에 대해서도 송장 같은 삶 외에는 상상할 수 없다. 친구도 없고 즐거움도 없다.

며칠 후에는 이렇게 썼다.

나는 지금 나를 위협하는 완전한 고립의 두려움 때문에 크게 고통받고 있다. 이 삶을 어떻게 견딜 수 있을지 모르겠다. 날마다 무미건조한 슬픔만 이어지는 저녁을 두려워하는 삶일 뿐이다.

가이에서 그는 바쁘게 지내야 한다고 느꼈다. 그는 "만일 정적 속에서 행복을 찾을 수 없다면 달리면서 찾아라!"라고 자신에게 말했다.

하지만 뛰느라고 너무 피곤해지면 어떻게 하나? 그것에 대해선 쓰러질 때까지 말하지 말라.

사이클 선수처럼 넘어지지 않기 위해서 계속 페달을 밟고 계속 움직여야 한다.

"나의 불행은 너무 복잡해서 묘사하기가 어렵다"고 그는 5월에 적었다. "그러나 아마 주된 이유는 여전히 **외로움**이다."

스키너의 죽음 후에 커크는 본머스로 돌아갔고, 스키너에게 그랬던 것처럼 비트겐슈타인은 커크로부터 편지를 받지 못해서 안달하기 시작했다. 5월 27일 그는 이렇게 적었다.

열흘 동안 K로부터 아무 소식도 듣지 못했다. 일주일 전에 그에게 소식을 보내라고 압력을 가했는데도 말이다. 아마 그는 나와 절교한 것 같다. 얼마나 **비극적**인 생각인가!

실제로 커크는 본머스에서 결혼을 했고, 기계공학에서 성공적인 경력을 쌓았으며, 다시는 비트겐슈타인을 만나지 않았다. 그러나 커크에게는 누구와 '절교'할 것이 아무것도 없었다. 그에게는 비트겐슈타인이 동성애자라는 생각, 혹은 그들의 관계가 교사와 학생 사이의 관계 이상이라는 생각은 전혀 떠오르지 않았다.

마치 이를 인정하는 것처럼 비트겐슈타인은 같은 일기장에 이렇게 적었다. "나는 충분히 고통을 겪었지만 분명히 인생으로부터 **배우는** 능력이 없음이 틀림없다. 여전히 수년 전에 그랬던 것과 **똑같이** 고통을 겪는다. 나는 더 강해지거나 현명해지지 못했다."

비트겐슈타인은 가이의 약국에서 근무하는 젊은 동료였던 로이 포래커Roy Fouracre와의 우정으로부터 절망적인 고독감을 약간 덜어주는 위안을 얻을 수 있었다. 포래커가 비트겐슈타인의 마음을 끌게 된 것은 주로 포래커의 온화함과 쾌활한 유머감각 때문이었던 것 같다. 때때로 비트겐슈타인은 안절부절못하곤 했는데, 이때 로이는 그에게 "천천히 하십시오, 교수님"이라고 말하곤 했다고 비트겐슈타인은 드루어리에게 말했다. 그는 이런 것을 좋아했다.

포래커는 너필드 하우스의 3층에 있는 비트겐슈타인의 방을 방문하곤 했다. 그 방은 케임브리지에 있는 그의 방처럼 완전히 비어 있었다. 포래커는 철학 책은 전혀 없고, 오직 탐정 잡지들만이 가지런히 정리된 채 놓여 있는 것을 보고 놀랐다. 이때 포래커는 통신 교육으로 현대 언어를 배우고 있었는데, 자주 비트겐슈타인의 방에서 비트겐슈타인이 아주 조용하게 가만히 앉아 있는 동안 공부를 하기도 했다. 이때 비트겐슈타인은 케임브리지에서 2주에 한 번씩 하는 강의를 준비하곤 했다. 다른 주말에 비트겐슈타인과 포래커는 교외로 나가곤 하였는데, 동물원에 가거나 해크니Hackney에 있는 빅토리아 공원의 호수에서 배를 타곤 했을 것이다.

비트겐슈타인을 잘 알았던 많은 사람들과 마찬가지로 포래커는 그의 예술적인 휘파람 솜씨를 기억한다. 그는 비트겐슈타인이 교향곡의 전 악장을 휘파람으로 불 수 있었다고 기억한다. 비트겐슈타인의 십팔번은 브람스의 〈성 안토니오 변주곡*St Anthony Variations*〉이었다. 다른 사람들이 어딘가 틀리게 휘파람을 불면 비트겐슈타인은 그것을 중지시킨 뒤에 휘파람을 어떻게 불어야 하는지 엄숙하게 설명하곤 했다. 이것이 약국에 있는 동료 근로자들이 그를 싫어하게 된 한 가지 이유였다.

포래커의 배경은 스키너의 배경과는 아주 달랐다. 스키너가 래치워스에 있는 중산층의 가정에서 자라고 공립 학교와 케임브리지에서 교육을 받은 반면, 포래커는 동런던 해크니에 있는 공영 주택에서 살았으며 열다섯 살 때부터 일하기 시작했다. 그러나 그들의 개인적 성격은 많은 점에서 비슷했다. 파니아 파스칼은 스키너를 이렇게 묘사한다.

> 그는 쾌활하며 사람 사귀는 것을 좋아했다. 조금이라도 간교할 수 없었기 때문에, 다른 사람들에 대해서 나쁘게 말할 줄 몰랐다. 그는 헌신적이며 그렇게 하도록 배웠지만, 안타깝게도 언제나 너무 이기적이지 못하고 자기를 내세울 줄 몰랐다.

이 묘사는 포래커를 묘사하기 위해서도 똑같이 사용될 수 있을 것이다. 스키너처럼 포래커도 비트겐슈타인보다 훨씬 더 젊었다. 그는 20대 초반이었고, 비트겐슈타인은 52세였다. 그리고 비트겐슈타인의 포래커와의 우정이 스키너에 대한 사랑을 대신하는 역할을 했다고 생각하는 것은 잘못이겠지만, 그들이 함께 일했던 18개월 동안 포래커가 비트겐슈타인과의 생활에서, 스키너가 케임브리지에서 차지했던 것과 비슷한 역할을 했다는 것은 분명하다. 즉 그는 비트겐슈타인에게 **인간적인** 접촉이라고 할 만한 것을 제공해주었다. 프랜시스처럼 그는 그저 있어주는 것만으로도 사람을 안심시켜주는 사람이었다.

그가 훗날 포래커에게 보낸 편지들을 보면, 비트겐슈타인은 가이에 관해 따뜻하게 그리고 아마도 일종의 향수를 느끼며 언급하는 경우가 많았다.

> 가이의 분위기가 점점 더 나빠지고 있다니 유감이다. 상상하기 힘든 일이다. 〔1949년 6월 8일〕

> 네가 쓴 직장 소식이 무엇인지 궁금하다. 그들이 너필드 하우스 정면에 나의 거대한 동상을 세우는 것은 아니겠지. 아니면 정말 그런가? 물론 어떤 돌 기념비도 내가 얼마나 멋진 사람인지를 보여줄 수 없을 것이다. 〔1950년 12월 15일〕

포래커는 이 마지막 말에 대해 가이에 있는 그의 모든 동상들이 허물어졌다고 응답했음이 틀림없다. "〔그 소식을〕 들으니 기쁘다. 그 일이 불경한 방식으로 이루어지지 않은 한 말이다."

가이의 의료진 중에서 존 라일 외에 비트겐슈타인의 신임과 우정을 얻었던 유일한 사람은 배질 리브Basil Reeve였던 것 같다. 그는 30대 초반의 젊은 의사로 철학에 관심을 갖고 있었다. 레그 워터필드로부터 처음 보는 사람(그는 전에 이 사람에 대해 "흥미를 느낀 적이 있었으며, 병원 의사들 가운데서 다소 어색하게 보인다"고 생각한 적이 있었다) 이 식당에 있는데 그가 루트비히 비트겐슈타인이란 말을 들은 후, 그와 사귀어보기로 결정했다. 그래서 리브는 식사 때 비트겐슈타인 옆에 앉기 시작했고 결국 둘 사이에는 우정이 싹 트기 시작했다. 그렇지만 대화의 주제가 철학이 된 적은 거의 없었고 대신 예술, 건축, 음악 또는 비트겐슈타인이 알았던 사람들 혹은 심지어 식사 중에 나누었던 의학에 관한 대화들 중의 일부를 프로이트적으로 해석한 내용이 주로 등장했다. 나중에 대화의 주제는 리브 자신의 연구로 옮겨갔고, 비트겐슈타인은 리브의 연구에 대해서 예민한 관심을 갖기 시작했다.

리브는 가이에서 동료인 그랜트Grant 박사와 함께 의학연구위원회의 임상연구실에서 일하고 있었다. 공습 초기에 임상연구실의 실험실들이 폭격에 파괴되었기 때문에, 그들은 원래 연구를 계속할 수 없게 되었다. 그래서 그랜트와 리브는 가이에 입원해 있던 수많은 공습 부상자들을 연구하기 시작했다. 그들의 목표는 '부상에서 오는 쇼크wound shock'를 일으키는 조건을 파악하는 것이었다. 이 쇼크는 전투에서 발생한 사상자들뿐 아니라 어떤 심각한 외상 환자에게서도 생길 그런 것이었다.

그랜트와 리브의 초기의 문제는 과학적인 문헌에 나타난 상세한 연구에도 불구하고 '부상 쇼크'의 조건을 임상적으로 정의하는 만족스러운 방법이 없는 듯이 보였다는 것이다. 어떤 저자들은 그 조건을 혈액농축(혈액으로부터 혈장이 세포 조직 안으로 흘러 들어가기 때문인 것으로 추정되는, 혈액 안에서 빨간 세포들이 비정상적으로 매우 집중적으로 커지는 것)의 존재를 근거로 해서 찾아내려고 한 반면에, 다른 사람들은 그것을 저혈압, 창백한 피부, 빠른 맥박 증후군으로 찾아냈다. 그러므로 연구가 막 시작되었을 무렵에 그랜트는 '부상 쇼크'라는 바로 이 개념이 폐기되어야 하며, 사상자들에 대한 세밀한 관찰이 그 용어를 이용하지 않고 이루어져야 한다고 제안했다. 비트겐슈타인이 가이에 오기 10개월 전인 1941년 1월에 그랜트는 '부상 쇼크'의 경우에 요구되는 관찰들에 대한 일종의 메모를 작성하면서, 그 개념에 대한 반대 입장을 대강 말하고 있다.

> 최근의 공습으로 인한 사상자들로부터 얻은 경험을 통해서 이미 우리는 특히 지난 전쟁 동안 이루어졌던 모든 연구에도 불구하고, 외상

혹은 부상 쇼크의 본성과 치료법에 관해 알려진 것이 거의 없다는 것을 알게 되었다. 우리는 아직 예측을 할 수 없으며 치료법에 대해 자주 의심하게 되었다. 더욱이 진료에 대한 공통적인 기반이 없기 때문에 채택된 다양한 치료법들의 효력을 평가하기가 불가능하다.

그러므로 '쇼크'를 진단하는 것을 피하고, 그것을 환자의 상태와 환자에게 한 치료법과 회복 상태를 정확하고 완전하게 기록하는 것이 나을 것이라는 견해는 충분한 근거를 갖고 있다.

내가 생각하기에 비트겐슈타인이 왜 그 문제에 대한 이런 급진적인 접근 방법을 흥미롭고 중요하게 생각했는지는 분명하다. '쇼크'의 문제를 다루는 그랜트의 방법은 하인리히 헤르츠가 물리학의 '힘force'의 문제를 다루는 방식과 분명히 비교할 만하다. 《역학의 원리》에서 헤르츠는 "무엇이 힘인가?"라는 질문에 직접적으로 답하는 대신에, 그 문제는 뉴턴의 물리학을 '힘'이란 개념을 사용하지 않고 다시 서술함으로써 다루어질 수 있다고 생각했다. 일생 동안 비트겐슈타인은 이 문제에 대한 헤르츠의 해결책을 철학적 혼란들이 어떻게 제거되어야 하는지에 관한 완벽한 모델로서 간주했으며, 헤르츠의 《역학의 원리》 서문에 나오는 다음 문장을 그 자신의 철학적 목표를 보여주기 위해 자주 인용했다.

이런 고통스러운 모순들이 제거되었을 때, 힘의 본성을 묻는 질문에 대한 답이 나온 것은 아니다. 그러나 우리의 마음은 더 이상 당혹스러워하지 않은 채, 불합리한 질문들을 제기하는 것을 그만둘 것이다.

이 문장을 의식적으로 모방하면서 비트겐슈타인은 이렇게 적었다.

내가 철학하는 방식에 있어서 모든 목적은 표현에 어떠한 형식을 부여함으로써 그 표현으로 인한 불안을 사라지게 만드는 것이다.(헤르츠)

그리고 '쇼크'의 진단을 피하자는 그랜트의 제안에 대해서도, 그 제안의 모든 목적은 "한 표현 때문에 생기는 불안을 사라지게 만드는 형식을 그 표현에 주는 것"이라고 말할 수 있을 것이다.

그렇지만 그랜트의 접근법은 보편적으로 잘 받아들여지지 않았다. 특히 군은 그것을 싫어했는데, 군혈액이식소Army Blood Transfusion Service의 휘트비Whitby 대령은 의학연구소에 보낸 다음 편지에서 그랜트의 보고에 대해 이렇게 응답했다.

> 서문의 많은 부분과 본론의 일부에서 '쇼크'란 단어에 대한 비방이 집중적으로 제기되었습니다. 나는 그 점이 그렇게 강하게 강조될 필요가 있는지 모르겠습니다.
>
> 지난 전쟁 중 발견된 것을 폐기하는 것은 정당화될 수 없습니다. 그 사람들은 바보가 아니었습니다 … 최소한 그들은 혈압이 떨어지는 현상이 아주 지속적으로 관찰되는 징후라는 근본적인 사실을 입증했습니다. 그랜트는 기록들이 상세하지 않다는 이유로 지난 전쟁 중에 나온 의학연구위원회의 귀중한 문헌들 전체를 폐기하려고 합니다.

비트겐슈타인이 리브와 그 계획을 논의하면서 깨달았듯이, 1차 세계대전 동안 만들어진 부상 쇼크 이론들이 갖고 있는 문제들은 그것들이 상세하지 못하다는 것이 아니라, 사용할 수 없는 개념으로 작성되었다는 것이었다. 정확하게 말해 그가 가장 흥미를 느낀 것은 "'쇼크'란 단어에 대한 통렬한 비방"이었다.(리브는 연례 보고서를 작성할 때, 비트겐슈타인이 '쇼크'란 단어의 사용 불가능성을 강조하기 위하여 그 단어를 거꾸로 쓰자고 제안했다고 기억했다.)

비트겐슈타인이 그 계획에 보인 관심 때문에 리브는 그를 그랜트 박사에게 소개해주었는데, 그랜트 박사는 이 조사에 관해 그가 한 많은 예리하고 적절한 질문 및 제안에 즉시 깊은 인상을 받았다. 1942년 동안 그랜트의 팀에 지속적인 연구 자료를 제공해주었던 런던에 가해진 공습은 점점 줄어들기 시작했다. 그러므로 그 팀은 관찰을 위해 적당한 사상자들을 다른 곳에서 찾기 시작했다. 폭격 사령부 지국들을 두 차례 방문했고, 공습 시 부상당한 비행기 승무원들을 많이 조사했다. 그러나 그 연구를 진척시키기 위해서는 부상자들을 좀 더 지속적으로 확보할 필요가 있었다. 따라서 연구팀은 뉴캐슬에 있는 왕립 빅토리아 병원Royal Victoria Infirmary으로 이사할 계획을 세웠다. 이 병원은 병동에 중상을 입은 수많은 산재 환자들과 교통사고 환자들을 입원시키고 있었다. 이 이주 계획이 세워질 때 비트겐슈타인은 그도 연구팀과 함께 뉴캐슬로 가고 싶다고 리브에게 말했다.

연구팀은 1942년 12월에 뉴캐슬로 이사했다. 그렇지만 그랜트의 기술자 한 사람이 가지 않기로 하자, 이 계획에 대한 비트겐슈타인의 관심을 알고 있었던 그랜트는 그 자리를 그에게 제의했다. 1943년 봄 무렵, 포래커는 가이를 떠나서 군에 있었기 때문에, 비트겐슈타인은 아마도 가이에 머물 이유가 거의 없었을 것이다. 1943년 4월에 그랜트는 런던에 있는 의학연구위원회 사무실에 있는 헤럴드Herrald 박사에게 쓴 편지에서 이렇게 말했다.

> 당신에게 말한 적이 있던 루트비히 비트겐슈타인 교수가 4월 29일 일단 한 달 동안 실험 보조원으로 팀에 합류했습니다. 당신과 함께 결정했듯이 그는 주당 4파운드를 받을 것입니다.

배달부로서 그는 일주일에 단지 28실링만을 벌고 있었기 때문에, 이로 인해 수입은 꽤 늘었을 것이다. 한 달 동안의 임시 고용 기간이 만료되었을 때, 그랜트는 다시 헤럴드에게 편지를 써서 그 계약을 확인했는데, 여기에 그는 이렇게 덧붙였다. "그는 자신이 매우 유용한 인재임을 입증하고 있습니다."

육체노동을 하는 직업으로부터 연구팀을 도와주는 좀 더 머리를 쓰는 임무를 맡게 된 것을 비트겐슈타인은 분명히 환영했는데, 그 이유는 단지 그가 배달부로서 하는 일이 육체적으로 약간 힘들었기 때문만은 아니었다. 5월 17일 가이를 떠나기 바로 전에 그는 허트에게 쓴 편지에서 생각의 가치에 대해 말했다. "네가 통상적으로 하는 것보다 약간만 더 생각하는 것이 너에게 이로울 것이라고 생각한다. 네 가족이 네가 올바로 생각하는 걸 방해하지 않기를 바란다!? 그런 일을 하는 사람은 누구든지 **아주** 어리석은 일을 하는 것이다." 이때쯤 허트는 울워스Woolworth를 떠나서 군대에 들어가 있었다. 그는 비트겐슈타인에게 쓴 편지에서 그가 상사들과 함께 지내면서 겪는 어려운 점들에 관해서 말했다. "내가 생각하기에 그것은 일부는 외적이고 일부는 내적"이라고 비트겐슈타인은 응답했다.

> 내 말이 뜻하는 것은 그들이 너를 공정하지 않게 대했을지도 모르지만, 너는 신뢰를 받기 힘든 **성향**을 갖고 있다는 것이다. 즉, 너는 차갑다가 온화해지고, 그러다가 열의가 없어지는 불안정한 성향을 갖고 있다. 만일 사람들이 네가 온화하던 때를 무시하고, 너를 오로지 차갑거나 혹은 열의가 없는 인물로 대한다 하더라도 놀라서는 안 된다.

뉴캐슬로 떠나기 전 비트겐슈타인은 스완지에서 러시 리스와 잠시 같이 지냈다. 거기서 그는 지난여름 프로이트에 관해 했던 대화들을 다시 하기 시작했다. 또 다시 등장한 생각은 꿈의 상징들이 그가 관심이 있는 그런 종류의 언어를 형성한다는 것—우리는 꿈들이 **무엇을** 의미하는지 모르지만 그것들이 무언가를 **의미**한다고 자연스럽게 생각한다는 것—이었다. 유비적으로 그는 리스에게 모스크바 사원에 있는 다섯 개의 첨탑들에 관해 말했다. "이것들 각각 곡선의 모양이 서로 다르다. 사람들은 이 서로 다른 모양들과 배치들이 무언가를 의미한다는 강한 인상을 받는다." 여기서 논의되는 문제는 꿈을 해석하는 데 있어서 프로이트의 연구가 어느 정도까지 유용한지 여부였다. 비트겐슈타인은 사람들이 원하는 것은 설명이 아니라 해석임을 강조했다. 꿈의 과학적 이론은 누군가가 자신의 꿈을 묘사하면 그 사람이 특정한 기억을 상기할 수 있음을 예측할 수 있게 해줄지는 모르지만, 그런 일은 문제의 핵심을 전혀 건드리지도 못하는 것이다. 프로이트의 연구가 흥미로운 것은 바로 그것이 그런 과학적 처리 방법을 제시하지 않기 때문이다. 우리가 꿈에 관해서 궁금해하는 것은 그것의 원인이 아니라 그것의 **의미***significance*이다. 우리가 원하는 설명은 꿈의 이미지를 보는 우리의 '관점aspect을 바꾸게' 해서 꿈을 의미 있게 만드는 그런 종류의 설명이다. 꿈이 소망의 성취라는 프로이트의 생각은 중요한데, 그 이유는 그것이 "우리가 원하는 종류의 해석을 가리키고 있기" 때문이다. 하지만 그것은 또한 너무 일반적이기도 하다. 분명히 소망의 성취인 꿈들, '가령 성인들이 꾸는 성적인 꿈들'이 있다. 그러나 이런 꿈들이 바로 프로이트가 무시해버린 그런 종류의 꿈이라는 것은 이상한 일이다.

> 프로이트는 성적인 해석이라고 불릴 만한 해석을 아주 흔하게 제시한다. 그러나 그가 보고하는 모든 꿈들 중에 뚜렷하게 성적인 꿈의 예가 단 하나도 없다는 것은 흥미 있는 일이다. 그러나 이런 꿈들은 비처럼 흔하게 경험하는 것들이다.

이것은 단지 모든 꿈의 **단일한** 유형을 제공하려는 프로이트의 결심과 연결된다. 그에게 모든 꿈들은 가령 공포의 표현이라기보다는 갈망의 표현이어야 한다. 철학적 이론가들처럼 프로이트는 과학적 방법과 '일반성을 향한 갈망'에 미혹되었다. 꿈에 한 가지 종류만 있는 것은 아니며 꿈에 나타나는 기호들을 해석하는 데 한 가지 방법만 있는 것도 아니다. 꿈의 기호들은 무언가를 의미한다. "꿈에 언어와 비슷한 점들이 있는 것은 분명하다." 하지만 그것을 이해하기 위해 꿈에 관한 일반적 이론이 필요한 것은 아니다. 마치 한 편의 음악을 이해하는 데 다면적 기술이 요구되듯이 말이다.

뉴캐슬에 있는 그랜트의 연구팀에 합류하기 위해 비트겐슈타인은 4월에 스완지를 떠났다. 그 팀에 속한 배질 리브, 그랜트 박사, 그리고 그랜트의 비서인 헬렌 앤드루스Helen Andrews 양 등은 모두 병원에서 걸어다닐 수 있는 거리에 위치한 브랜들링 공원Brandling Park에 있는 집에 같이 묵었다. 그 집은 모패트Moffat 여사의 집이었다. 앤드루스 양은 비트겐슈타인이 도착하던 때를 다음과 같이 기억한다.

> 모패트 여사의 집에 빈 방이 있어서 그는 거기서 우리와 합류했다. 이때쯤 우리는 자리를 잡아서 새로운 환경에 적응해 있었다. 그러나 비트겐슈타인 교수는 쉽게 적응하지 못했다. 아침 식사를 하러 내려올 때 그는 기분이 좋았지만, 우리는 모두 《맨체스터 가디언》 지를 보고 있어서 말을 많이 하지는 않았다. 저녁에 우리가 긴장을 풀었을 때는, 그는 우리와 함께 저녁 식사를 하지 않고 자기 방에서 식사하는 것을 선호했다. 모패트 여사가 투덜거리며 음식을 쟁반 위에 놓으면 그는 아래층으로 내려와서 그것을 집어갔다.(나는 이 일이 그랜트 박사에게 무례를 범하는 일이라고 생각했다.)
>
> 멋진 석탄 난로가 거실에 있었는데, 그는 거기서 우리와 함께 저녁을 보낸 적이 한 번도 없었다. 그는 거의 매일 저녁 극장에 갔지만 다음 날이 되어 영화에 대해 물으면 아무것도 기억하지 못했다. 그저 쉬기 위해 갔던 것이다.

비트겐슈타인이 도착한 지 얼마 지나지 않아 모패트 여사의 건강이 나빠졌기 때문에 연구소 직원들은 브랜들링 공원에 있는 그 집을 나와야 했다. 그들은 각자 개별적으로 숙소를 찾았지만, 앤드루스 양의 회상에 의하면 비트겐슈타인 교수는 숙소를 정하는 데 어려움을 겪었다. 그 이유는 그의 영어 발음이 서툴렀고 약간 초라하게 보였기 때문인데, 그가 자신이 교수라고 말했을 때 대부분의 집주인들은 아주 당연한 일이지만 그 말을 믿지 못했다.

비트겐슈타인이 매일 저녁 영화를 보러 갔다는 것은 그가 뉴캐슬에서 얼마나 열심히 일했는지, 그리고 그 일을 얼마나 진지하게 여겼는지를 보여준다. 이 일화는 그가 드루어리에게 한 말을 생각나게 한다.

> 너는 철학이 아주 어렵다고 생각하겠지만, 장담하건대 그것은 훌륭한 건축가가 되는 것에 비하면 아무것도 아니다. 빈에서 누이를 위해 집을 건축할 때, 나는 저녁때쯤에는 완전히 탈진해서 할 수 있는 것이라고는 매일 저녁 영화를 보러 가는 것뿐이었다.

또 다른 흔적은 그가 가이에 있을 때는 수리철학에 관한 단평들로 채워진 세 권의 공책들을 완성한 반면, 뉴캐슬에서는 전혀 철학적인 글을 쓰지 않았다는 것에서도 나타난다. 그는 그저 기술자로서의 임무에만 충실한 것이 아니라, 그 연구 배후에 있는 사고 과정에 대해서 강한 흥미를 갖고 있었다. 비록 그랜트와 리브는 그들의 생각을 비트겐슈타인과 논의하면서 가끔 도움을 받았고, 그들의 연구에 대한 그의 관심을 격려했지만, 그들은 가끔 연구에 대한 그의 몰두가 너무 강하다고 생각했다. 앤드루스 양은 그 팀이 너무 열심히 일했기 때문에 그랜트가 때때로 하루 휴가를 내서 모두 함께 하드리안 성벽Hadrian's Wall을 따라 산책을 가자고 제안하곤 했음을 기억한다. 그녀는 비트겐슈타인이 이 단체 산책에 한 번도 초청받지 않았다는 것을 깨닫고는 그랜트에게 왜 그가 빠졌는지를 물었다. 그랜트는 그녀에게 만일 그가 합류하면 산책의 목적을 달성하지 못할 것이라고 말했다. 왜냐하면 그는 "언제나 일에 대해서만 이야기하기" 때문이었다.

비록 그는 이런 '휴식용' 산책에 초대를 받지 못했지만, 그랜트와 리브 모두 다른 많은 경우에 로마 성벽Roman Wall을 따라 비트겐슈타인과 함께 산책했던 것을 기억하고 있다. 보통 대화는 그들의 연구에 집중되었지만, 특히 리브와 비트겐슈타인은 더 개인적인 문제들을 자주 논의하곤 했다. 예를 들어 그는 리브에게 네 살이 될 때까지 말을 못했다는 것을 언급하면서 유년 시절에 관해 말했다. 그는 드루어리에게도 이야기했던, 따라서 분명히 그에게 중요했던 어린 시절의 기억을 리브에게 말했다. 집에 있는 실험실에서 어떤 석고상이 벽에서 떨어졌는데, 항상 오리로 보아왔던 그것의 형태가 갑자기 그를 깜짝 놀라게 만들었다고 했다. 보슈Bosch가 〈성 안토니오의 유혹*Temptations of St Anthony*〉에서 그렸던 괴물의 모습으로 보였다는 것이다.

리브는 때때로 비트겐슈타인에게 철학에 관해 묻곤 했지만, 비트겐슈타인은 그답게 철학에 대한 그의 관심을 꺾었다. 그는 리브에게 그의 전공인 의학과는 달리 철학은 절대적으로 쓸모없으며, 강요받지 않는 한 철학을 추구할 이유가 전혀 없다고 강조했다. "너는 의학에서 **훌륭한** 일을 하고 있다"고 그는 리브에게 말했다. "그것에 만족하라." "어쨌든 너는 너무 우둔하다"고 농담의 말을 덧붙이곤 했다. 그렇지만 흥미롭게도 40년 후에 리브는 그의 사고방식이 두 가지 중요한 점에서 비트겐슈타인으로부터 영향을 받았다고 말한다. 첫째, 사물이 있는 그대로 있다는 것을 염두에 두며, 둘째로 그것이 어떤 것인지를 이해하기 위해 빛나는 비유를 찾는 것이었다.

이 두 방법들은 모두 비트겐슈타인의 후기 철학에서 중심 위치를 차지한다. 실제로 비트겐슈타인은 버틀러Butler 주교의 말 "모든 것은 있는 그대로이고 다른 것이 아니다"를 《철학적 탐구》의 모토로 사용할 생각을 했었다. 그리고 빛나는 비유들의 중요성은 비트겐슈타인의 중심 생각인 "연관들을 보는 것으로 이루어진 이해"의 중심의 놓여 있을 뿐 아니라, 비트겐슈타인은 그것을 철학에 대해 자신이 기여한 전부를 규정한다고 간주했다. 비트겐슈타인과 리브의 대화는 그의 연구가 그랜트와 리브로 하여금 '쇼크'에 관한 그들의 생각을 명료하게 하는 것을 도와주었듯이, 철학을 논의하지 않으면서 철학적 영향을 행사하는 많은 방식들이 있음을 보여준다. 비트겐슈타인은 사고하고 이해하는 방법을, 그것의 특징들을 말함으로써가 아니라 그것이 사람의 생각을 명료하게 만들기 위해 어떻게 이용될 수 있는지를 보여줌으로써 나누어주었던 것이다.

그랜트와 리브 모두 비트겐슈타인의 영향이 연구팀의 최종 보고서 서문에서 밝힌 생각을 형성하는 데 중요한 역할을 했다고 회상한다. 보고서의 제목에 '쇼크'란 단어를 사용하지 않았다는 점이 중요한데, 그들은 제목을 《부상이 인간에게 미치는 일반적인 영향 *General Effects of Injury in Man*》로 붙였다. 논증의 중심 부분은 1941년 1월에 그랜트가 만든 최초의 메모와 같지만 "'쇼크'란 단어에 대한 통렬한 비난"이 더 강하게 표현된다.

> 실제로 우리는 쇼크를 진단할 때, 일반적으로 수용된 기준들에 의존하는 것이 아니라 진단하는 사람들의 개인적 견해들에 의존하는 것 같다는 것을 알게 되었다. 만일 우리가 이런 견해들을 미리 알고 있지 않았다면, 우리는 침상 앞에서 무엇을 해야 할지 몰랐을 것이다. 이름표만 갖고는 환자가 무슨 증상을 보였는지, 얼마나 아픈지, 어떤 치료를 받아야 하는지 알 수 없었다. 우리가 찾아낼 수 있었던 진단의 유일한 공통적 근거는 환자가 **아픈** 듯이 보였다는 것이었다. 그러므로 우리는 여러 가지로 정의되는 '쇼크'란 단어를 버리게 되었다. 그 때 이후 우리는 부상에 관해 연구할 때 그 단어가 무슨 가치가 있는지를 발견할 수 없었다. 그것은 오히려 공정한 관찰을 막는 장애물이었으며 오해의 원인이었다.

이를 비트겐슈타인이 썼건 안 썼건 간에 그것은 그의 철학적 연구가 발휘하기를 바랐던 효과를 얻었다. 즉, 연구가 많은 잘못된 방향으로 나가는 것을 중단시켰다. 1939~1945년 동안의 의학연구위원회는 그랜트의 지도 아래에 이루어진 연구에 관해서 이렇게 보고한다.

> 〔그것은〕 부상에서 오는 '쇼크'가 마치 하나의 단일한 임상적, 병리학적인 실체인 것처럼 '쇼크' 문제를 다루려고 하는 것이 가치 있는 일인

지에 대해 심각한 의문을 던졌다. 그 결과 전쟁 초에 위원회가 시작했던 여러 방향의 탐구들이 폐기되었다.

사실상 그것은 비트겐슈타인이 수리철학에 관한 그의 후기 연구에 대해 바랐던 효과, 즉 햇빛이 고구마와 새싹들의 성장에 미치는 효과를 얻었다.

그랜트와 리브가 실시했던 연구의 목적은 부상의 효과를 진단할 때, '쇼크'란 단어를 사용하는 것에 반대하는 운동을 하는 것이 아니었다. 그들의 연구 목적은 1차 대전 중에 이루어진 연구로부터 도출된 진단법과 치료법보다 더 유용한 방법을 찾는 것이었다. 이를 위해서 그들은 부상의 영향을 자세하게 관찰할 필요가 있었다. 이것이 연구의 실질적인 부분이었는데, 여기서 비트겐슈타인의 역할은 가령 조직의 냉동된 부분들을 자른 후 그것들에 색을 묻혀 지방이 있는지를 조사하는 것이었다.

이런 조직학적 연구뿐 아니라 비트겐슈타인은 그랜트로부터 펄서스 패러독스Pulsus Paradox에 관한 그의 연구를 도와달라는 부탁을 받았다. 펄서스 패러독스란 아주 심하게 다친 환자들에게서 자주 나타나는 호흡과 함께 맥박의 압력이 변하는 현상을 말한다. 여기에서 그는 그들이 가진 장치보다 더 맥박의 압력을 더 잘 기록하는 장치를 발명함으로써 일종의 혁신적인 기술을 도입했던 것 같다. 그랜트와 리브 모두 이 장치가 혁신적이었던 것으로 기억했지만, 둘 모두 상세한 점은 기억하지 못했다. 그러므로 이 장치에 관한 유일한 묘사는 드루어리가 군대에서 휴가를 나와 뉴캐슬에 있는 비트겐슈타인을 방문했을 때를 설명한 말에서 발견된다.

북아프리카에서 작전이 끝난 후 나는 노르망디 상륙 작전을 준비하기 위해 영국으로 다시 배치되었다. 귀국 후 짧은 휴가를 얻은 나는 비트겐슈타인과 며칠을 보내기 위해 뉴캐슬로 여행을 했다 … 그는 나를 연구실에 있는 그의 방으로 데리고 가서 그가 직접 연구를 위해 고안했던 장치를 보여주었다. 그랜트 박사는 그에게 호흡(깊이와 비율)과 맥박(세기와 비율) 사이의 관계를 연구해보도록 부탁했다. 비트겐슈타인은 자신이 실험 대상이 되어 필요한 데이터가 회전하는 드럼 위에 기록되도록 그 장치를 만들었다. 그는 원래의 장치를 몇 가지 점에서 너무 잘 개선시켜서, 그랜트 박사는 비트겐슈타인이 철학자가 아니라 생리학자가 되었으면 더 좋았을 것이라고 말했다. 그는 자신이 이룩한 결과들을 내게 묘사하면서 그다운 말을 했다. "이것은 네가 처음 생각했던 것보다 훨씬 더 복잡하다."

드루어리가 뉴캐슬을 방문했던 기간 중 비트겐슈타인과 나눴던 대화에서 우리는 비트겐슈타인의 성에 대한 태도가 한 가지 점에서 변했다는 것을 알 수 있는데, 이 변화가 우리의 흥미를 끈다. 1943년쯤 비트겐슈타인은 성과 영성은 양립할 수 없다는 바이닝거의 견해를 수용하지 않고, 성적인 활동을 종교적 존경의 대상으로 보는 견해에 동감했던 것 같다. 드루어리는 비트겐슈타인과 뉴캐슬에서 머물고 있는 동안 더럼Durham으로 가는 기차를 타고 가서 강가를 산책했다고 들려준다. 산책을 하면서 드루어리는 비트겐슈타인에게 그가 이집트에서 겪은 경험을, 특히 룩소Luxor에 있는 사원을 본 경험에 관해서 말했다. 비록 사원을 보는 것은 멋진 경험이었지만, 그는 한 사원의 벽에서 호루스Horus 신이 발기한 남근으로 사정을 하면서 그릇에 정액을 받는 모습이 얇은 부조로 조각되어 있는 것을 보고 놀랐다고 말했다. 드루어리가 이 말을 하면서 암시적으로 나타냈던 거부감에 대해 비트겐슈타인은 반대했다.

도대체 왜 그들이 인류가 영속적으로 하는 행동을 경외와 존경의 대상으로 삼아서는 안 되는가? 모든 종교가 성 아우구스티누스의 성에 대한 태도를 가질 필요는 없다.

비트겐슈타인이 처음 뉴캐슬로 이사했을 때, 그는 드루어리의 또 다른 말에 심지어 더 솔직하게 거부 의사를 밝혔다. 드루어리는 그의 새로운 일에 행운이 있기를 빈다는 편지를 그에게 썼는데, 여기에 비트겐슈타인이 많은 친구들을 사귈 수 있기를 바란다고 덧붙였다. 비트겐슈타인은 이렇게 응답했다.

> 네가 점점 더 생각을 하지 않고 어리석어지는 것이 분명하다. 어떻게 너는 내가 '많은 친구들'을 가질 수 있을 거라고 상상하는가?

비록 모질게 표현했지만 이것은 틀림없는 사실이었다. 뉴캐슬에서 비트겐슈타인의 유일한 친구는 배질 리브였던 것 같다. 그는 그랜트와도 잘 지냈으며 그들은 음악적 취미가 같았다.(그랜트는 그가 한번은 베토벤의 〈황제〉 협주곡의 도입부를 싫어한다고 말하자 비트겐슈타인이 열렬하게 동의했던 것을 기억해내었다.) 하지만 거기에는 비트겐슈타인이 가이에서 로이 포래커와 함께 나누었던 그런 따뜻한 감정은 거의 없었다. 그런 감정을 느끼기에는 그랜트가 그의 일에 너무 몰두했다. 비트겐슈타인은 포래커에게 자신이 케임브리지에서 철학을 하면서 인간적인 접촉을 하지 못했다고 불평한 적이 있지만, 뉴캐슬에서 그는 노먼 맬컴에게 보낸 편지가 보여주듯이 케임브리지 친구들을 그리워하기 시작했다.

> 나는 여러 달 동안 스마이시스로부터 소식을 듣지 못했다. 그가 옥스퍼드에 있다는 것을 알고 있지만 내게 편지를 보내진 않는다. ―〔캐시미어〕 루이는 여전히 케임브리지에 있다 … 리스는 여전히 스완지에서 가르치고 있다 … 무어를 만나서 그가 건강하게 잘 지내는지를 알아봐주면 고맙겠다. 〔1943년 9월 11일〕

> 여기서 나는 약간 외로움을 느끼고 있다. 내가 말을 나눌 수 있는 사람이 있는 곳으로 가보려고 할지도 모르겠다. 가령 리스가 철학 교수로 있는 스완지 같은 곳으로 말이다. [1943년 12월 7일]

더욱 중요한 것은 아마도 그가 자신의 연구를 계속할 기회를 그리워하기 시작했다는 것이다. 그랜트와 리브의 연구에 몰입하는 것으론 더 이상 충분하지 않았다.

> 외부적이고 내부적인 이유 때문에 철학을 할 수 없다는 것이 또한 안타깝다. 왜냐하면 그것이 내게 진정한 만족을 주는 유일한 것이기 때문이다. 다른 어떤 연구도 나를 정말로 활기 있게 하지 못한다. 지금 굉장히 바쁘고 내 마음은 언제나 꽉 차 있지만, 저녁 무렵에는 그저 피곤하고 슬플 뿐이다.

'내부적인 이유들'은 비트겐슈타인이 여전히 철학에서 좋은 연구를 할 수 있는지를 의심했다는 것이다. 그는 리브에게 여러 번 반복해서 "내 머리는 한물갔다"고 말하곤 했으며, 자주 1913년에 노르웨이에서 보낸 날들을 그리워하는 듯한 마음으로 말하곤 했다. "**그때** 내 마음은 불타고 있었다 … 하지만 그것은 이제 사라졌다." 그리고 '외부적인 이유들'은 그가 뉴캐슬에서 하고 있었던 일이 요구하는 것들과 숙소가 약간 불만족스러웠다는 것이다. 그는 병원 직원들과 주택 사원들이 환자들에 관해 거리낌없이 자주 거칠게 말하는 것을 점점 더 수용할 수 없게 되었다. 그는 젊은 의사들이 일이 주는 스트레스에 대처하는 반응을 이해하기 위해 리브에게 더욱더 많은 도움을 요청했다.

비트겐슈타인이 이렇게 좌절감을 느끼고 있을 때, 리브의 부인과 어린 아기가 뉴캐슬에 오면서 리브와 보내는 시간이 줄어들었다. 그 결과 비트겐슈타인과 리브의 관계도 나빠지기 시작했다. 언제나 소유욕이 강한 친구였던 비트겐슈타인은 리브의 시간을 더 많이 요구하기 시작했다. 하지만 이때는 리브가 일과 가정 생활 때문에 비트겐슈타인을 위해 많은 시간을 내기가 힘들 때였다. 그들은 결국 갈라섰다. 비트겐슈타인이 리브에게 한 마지막 말은 "너는 내가 생각했던 것만큼 근사한 사람이 아니었다"였다. 리브 쪽에서 보면, 그는 비트겐슈타인이 요구했던 정서적인 지지를 계속해서 보여줄 필요가 없게 되었다는 것이 다행스러웠다.

철학적 연구로 돌아가려는 비트겐슈타인의 갈망이 좌절되고 리브와의 관계가 더 나빠진 것을 고려하면, 그랜트와 리브가 뉴캐슬을 떠나게 되었다는 소식은 아마 그에게 다행스럽게 들렸는지 모른다. 그들은 혈액의 손실과 조직의 상처가 주는 영향에 대한 연구를 더 계속할 필요성을 더 강하게 느끼기 시작했고, 이를 위해서는 민간인들에게서 얻을 수 있는 것보다 더 심한 정도의 부상에 접근할 필요가 생겼다. 따라서 그들은 전쟁터에서 연구를 할 필요가 있었고, 1943년 말이 다가올 때쯤 이탈리아로 배치되었다.

그랜트의 후임자는 바이워터스E. G. Bywaters 박사였는데, 그는 그랜트와 리브와 마찬가지로 과거에 런던의 공습 사상자들을 관찰하는 일을 했다. 그랜트는 떠나기 전 런던의 의학연구위원회 본부 사무실에 있는 랜즈버러 톰슨Landsbourough Thomson 박사에게 쓴 편지에서 이렇게 말했다.

> 비트겐슈타인은 당분간 실험 보조원으로 계속 일하기로 동의했지만, 그의 근무 기간은 그가 바이워터스와 얼마나 잘 지내느냐에 달려 있습니다.

그는 비록 뉴캐슬을 떠나기로 결정했지만, 비트겐슈타인을 위원회의 직원으로 계속 채용하도록 강하게 부탁했다.

비트겐슈타인은 전쟁과 관련된 일을 통해 기여하는 한 가지 방법으로 실험실 일을 맡았습니다. 당신에게 말했듯이 그는 케임브리지의 철학 교수입니다. 만일 리브와 내가 간 후 그가 여기서 계속 일할 수 없다고 결정한다고 하더라도, 그를 계속 쓰지 않는다면 불행한 일일 것입니다 … 그는 일급의 두뇌를 가졌으며 병리학을 놀랄 정도로 잘 알고 있습니다. 그는 문제를 함께 논의할 수 있는 훌륭한 사람입니다. 실제 한 일을 보면, 그는 실험 보조원으로 우리를 잘 도와주었고, 또 직접 실험 장치를 만들고 그것을 이용한 실험을 통해 호흡에 따른 혈압의 변동에 대한 새로운 관찰 결과를 얻었습니다. 그는 다루기 쉬운 사람은 아니지만, 적절한 환경이 주어지면 유용하고 활력적인 동료가 될 수 있습니다. 그는 아마 전쟁 후에 케임브리지의 철학 교수직으로 돌아갈 것으로 추측합니다.

그랜트와 리브는 1944년 1월 말 드디어 이탈리아를 향해 떠났다. 비트겐슈타인은 앞서 말했듯이 바이워터스가 오기 전에 외롭고 우울했다. 비록 기술자로서의 그의 임무를 정성스럽게 계속 수행했지만, 사람을 사귀려 하지 않았다. 바이워터스는 이렇게 기억한다.

그는 말수가 적었고 혼자 틀어박혀 있는 경우가 많았다. 커피나 차를 마실 때 철학적 주제가 떠오르면 대화에 참여하는 것을 거절했다. 나는 이에 실망했지만, 그가 나를 위해 준비했던 폐와 다른 기관들의 냉동 부위에 대한 세심하고 성실한 접근법에 만족했다. 나는 그를 수수께끼 같고 말이 없는, 그리고 사람을 만나는 것보다 방에 있는 의자를 더 좋아하는 우울한 사람으로 기억한다.

바이워터스는 단 3주 만에 본부 사무실에 편지를 써서 새로운 기술자를 찾는 것을 도와달라고 부탁하게 되었다.

비트겐슈타인 교수는 여기서 그랜트 박사를 위해 조직학 연구를 하고

> 있었습니다 … 그는 케임브리지로부터 편지를 받았는데, 다음 세 달 혹은 그 이상 그 자신의 주제(철학)에 관해 논문을 써달라는 요청을 받았습니다.

1주일 뒤 2월 16일자 편지에서 그는 이렇게 썼다.

> 비트겐슈타인 교수가 오늘 떠났습니다. 그는 케임브리지의 교수직으로 다시 돌아가서 철학에 관한 논문을 쓰라는 부름을 받았습니다. 그 논문은 지난 1년여 동안 계획되었지만, 그들은 이제 글로 써진 것을 원합니다.

그래서 1944년 2월 16일 비트겐슈타인은 뉴캐슬을 떠나서 케임브리지로 돌아갔다. 바이워터스가 "지난 1년여 동안 계획되었지만, 그들은 이제 글로 써진 것을 원하는" 논문이라고 말한 것을 보면 '그들'이 케임브리지 대학이 아니라 케임브리지 대학 출판사를 가리킨다고 가정하는 것이 맞을 것 같다.

1943년 9월 비트겐슈타인은 그 출판사에 새 책 《철학적 탐구》를 예전 책인 《논고》와 함께 출판할 것을 제안했다. 이 생각은 니콜라스 바흐친이 《논고》를 함께 읽을 때인 그해 초 떠올랐다. 그는 이 생각을 또한 리브에게도 말했는데, 여기서 그는 《논고》의 생각을 비판하는 내용이 담긴 책을 《논고》와 함께 출판하는 생각이 좋다고 말했다. 케임브리지 대학 출판사는 1944년 1월 14일 이 제안을 승인했는데, 이것은 바이워터스의 첫 번째 편지의 말 "그는 케임브리지로부터 편지를 받았다"와 연결된다. 그렇지만 이 계획은 1938년 대학 출판사가 수용했던 과거의 계획과 마찬가지로 시행되지 못했다.

22
스완지

바이워터스는 비트겐슈타인이 뉴캐슬의 연구부서를 떠나야만 했던 이유를 그가 "케임브리지 교수직으로 복귀하라는 부름"을 받았기 때문이라고 생각했지만, 비트겐슈타인은 가능하다면 케임브리지로 돌아가지 않으려고 굳게 결심한 상태였다. 그는 교수로서의 임무를 재개하기 전에 그의 책을 완성하고 싶어 했으며, 이 목적을 위해서는 스완지가 훨씬 더 적당한 장소라고 생각했다. 그에게 스완지로 가겠다는 생각이 떠오른 것은 리브와 그랜트가 새해에는 뉴캐슬을 떠나야 한다는 말을 들은 후였다. 맬컴에게 보낸 편지에서 말했듯이 그는 함께 철학을 논의할 수 있는 사람을 원했으며, 그런 사람으로 리스를 선택한 것은 당연했다. 비트겐슈타인은 "리스를 기억하고 있을지 모르지만, 아마 너는 그를 내 강의에서 보았을 것이다. 그는 무어의 학생이었는데 훌륭한 사람이며 철학적 재능도 뛰어나다"라고 적었다.

그렇지만 뉴캐슬을 떠나기 일주일 전, 스완지에서 오랫동안 머물 수 없을지도 모른다는 생각이 갑자기 그에게 떠올랐다. 리스에게 설명했듯이 그는 전쟁과 관련된 '중요한' 일을 한다는 이유로 휴직을 하고 교수로서의 의무를 떠난 상태였다.

만약 내가 여기를 떠나서 가령 병원에서 다른 일을 찾으려 한다면, 나는 총이사회에 그것을 알려야 하고 그들이 새 직업을 승인해주어야 한다. 이제 내가 다음 주에 케임브리지로 갔을 때 그들은 내가 무엇을 하고 있는지를 알고 싶어 할 것이다. 나는 두 달 동안 철학 연구를 하고 싶다고 말할 것이다. 이에 대해 그들은 이렇게 응답할지 모른다. 만일 당신이 철학 연구를 하고 싶다면, 전쟁과 관련된 일을 하는 것이 아니니까 케임브리지에서 철학을 연구해야 한다.

… 내가 지금 케임브리지에선 연구를 할 수 없다는 것은 거의 확실하다! 스완지에 갈 수 있기를 바란다.

비트겐슈타인의 걱정은 별 근거가 없는 것으로 드러나서, 그는 휴직을 하고 스완지에 가서 책을 쓰도록 허락받았다. 그는 1944년 케임브리지를 떠났고 다음 여름이 되어서야 돌아왔다.

리스와 매일 토론을 할 수 있다는 전망이 스완지의 유일한 매력은 아니었다. 비트겐슈타인은 웨일스의 해안가를 사랑했고, 아마도 더욱 중요한 것은 그가 스완지에서 케임브리지 사람들보다 더 친절한 사람들을 발견했다는 점일 것이다. "날씨는 좋지 않지만 케임브리지에 있지 않아서 좋다"고 그는 1945년에 맬컴에게 말했다.

여기에는 내가 좋아하는 사람들이 꽤 많이 있다. 잉글랜드보다 여기에서 더 쉽게 사람들과 잘 지낼 수 있는 것 같다. 나는 거리를 걸을 때나 아이들을 볼 때 훨씬 더 자주 웃고 싶은 마음이 든다.

신문 광고를 통해서 리스는 랭글랜드 만Langland Bay의 해안가에 사는 맨Mann 여사의 집에 숙소를 마련했다. 이 집의 위치는 너무 이상적이라 마음이 변한 맨 여사가 비트겐슈타인에게 편지를 써서 그를 받아들일 수 없다고 했을 때, 그는 이를 거부하고 그 집으로 들어가겠다고 고집했다. 그는 1944년 봄 내내 그녀와 함께 지냈다. 그녀는 정말로 좋은 주인이어서 그가 때때로 앓을 때마다 그를 잘 돌보아주었다.

맨 여사의 집으로 들어간 후 그는 곧 롤런드 허트와 편지를 주고받기 시작했다. 이를 통해 우리는 파니아 파스칼이 다음과 같이 썼을 때 그녀가 무엇을 염두에 두었는지를 짐작할 수 있을지 모른다. 그녀는 이렇게 적었다. 만약 당신이 살인을 저질렀거나 이제 막 신앙을 바꾸려고 한다면 그 문제를 상담할 사람으로 비트겐슈타인이 최적이겠지만, 일상적인 불안과 공포를 상담하기 위해서는 위험할지도 모른다. 왜냐하면 "그의 치료법은 아주 무섭고 외과적이기 때문이다. 그는 너의 원죄를 치료하려 들 것이다."

허트는 이때 영국 육군 의무부대Royal Army Medical Corps에서 근무하고 있었는데, 그의 처지에 만족하지 못하고 있었다. 그는 장교로 임관해서 실험실이나 수술실에서 일할 수 있게 되기를 바랐다. 아주 울적해진 상태에서 그는 비트겐슈타인에게 자신의 처지를 불평하는 편지를 썼다. 비록 비트겐슈타인은 의학적인 일을 하고 싶어 하는 마음을 언제나 격려했지만, 그는 허트의 문제를 경력과 관련된 것이라기보다는 영혼의 문제로 다루었다. "네 편지에서 좋은 인상을 받지 못했다. 비록 무엇이 잘못되었는지를 말하기는 아주 어렵지만 말이다"라고 그는 3월 17일 허트에게 쓴 편지에서 말했다.

> 내게는 네가 점점 더 초라해지는 듯이 느껴진다. 그것 때문에 너를 **비난**하려는 것은 아니다. 나는 그런 말을 할 권리가 없다. 하지만 그 문제를 어떻게 다루어야 할지에 대해서 생각해보았다. 정신과 의사를 만나는 것은, 그 의사가 아주 비범한 **인물**이 아닌 한 별로 도움이 안 될 것이다.

어쨌든 그는 특히 허트가 수술실에서 잘할지에 대해서 회의적이었다. "그곳에서는 어느 정도 재빠르고 꾀가 있어야 하는데 네가 그런지 나는 모르겠다." 그러나 "한 가지는 꽤 분명한 것 같다. 너는 부끄럽고 사기를 떨어뜨리는 곳에서 계속 일을 해서는 안 된다." 비트겐슈타인이 보기에 중심 문제는 허트의 자존심을 보존하는 것이었다. 만약 그가 장교로 임관될 수 없다면, 그리고 무슨 일을 하든지 그 일을 잘할 준비가 되어 있지 않다면, 그는 능력 닿는 만큼 전선 근처에 있는 부대로 보내줄 것을 요청해야 한다. 거기서 "너는 최소한 **인생** 비슷한 삶을 살 것"이라고 비트겐슈타인은 말했다.

> 나 자신은 용기가 거의 없는 사람이다. 너보다 훨씬 더 못하다. 하지만 나는 오랜 투쟁 끝에 용기를 끌어내어 무언가를 실행한 후에는 언제나 **훨씬** 더 자유롭고 행복하게 느꼈다.

그는 이런 충고에 대해 나올 수 있는 가장 분명한 반대를 예상하면서, "네게 가족이 있음을 알고 있다"고 적었다. "하지만 네가 자신에게 아무 소용이 없다면, 가족에게도 아무 쓸모가 없을 것이다." 그리고 비록 허트의 부인인 로테Lotte가 지금 그것을 알지 못할지라도 "언젠가 그녀도 그것을 깨닫게 될 것이다."

이 충고는 비트겐슈타인이 2차 대전 동안 친구들에게 해주었던 다른 충고들과 마찬가지로, 1차 대전 동안 그 자신이 겪은 경험을 바탕으로 한다. 예를 들어 드루어리가 '노르망디 상륙 작전D-Day'을 위해 떠나기 전, 작별 인사를 하기 위해 스완지에 있는 비트겐슈타인을 방문했을 때 그는 이 말을 해주었다.

> 혹시라도 만약 육박전을 하게 된다면 그저 선 채로 죽음을 당해야만 한다.

"이 충고는 바로 그가 1차 대전 동안 그 자신에게 했던 것이라는 느낌을 받았다"고 드루어리는 적었다. 노먼 맬컴도 그가 미 해군에 들어갔을 때 비트겐슈타인으로부터 받은 한 권의 '지저분한 책'(아마도 중고책이었던 것 같다)으로부터 비슷한 인상을 받았다. 이 책은 고트프리트 켈러의 소설인 《하트라우프*Hadlaub*》였는데, 깨끗하지 않은 책은 "책을 **더** 더럽히지 않고도 밑바닥 기관실에서 읽을 수 있다"는 장점이 있다고 비트겐슈타인은 적었다. 분명히 그는 맬컴이 고플라나 호와 비슷한 증기선에서 일종의 노동을 요하는 일을 하는 것으로 생각했다. 전쟁 때문에 그는 젊은 친구들을 통해서 1914~1918년 동안 그가 겪었던 그 강렬하고 전환적이었던 사건들을 생기 있게 다시 경험하는 기회를 얻은 듯했다.

만약 그가 허트의 입장이었다면 1915년에 그랬던 것과 똑같이 아무런 주저 없이 전선으로 보내달라고 지원하였을 것이다.

하지만 허트에 해주었던 충고는 또한 더 일반적인 태도에 근거하고 있다. "내가 생각하기에 너는 기는 것을 그만두고 **걷기**를 다시 시작해야 한다"고 그는 허트에게 말했다.

> 내가 용기에 관해서 말한 것은 상관과 문제를 일으키라는 뜻은 아니었다. 특히 그것이 쓸데없이 그저 입을 삐죽이는 것일 뿐이라면 말이다. 내가 뜻한 것은 책임질 일을 찾아서 그것을 **수행**하려고 노력하라는 것이었다. 이런 말을 할 권리가 없다는 걸 알고 있다. 나 자신 책임을 수행하는 데 익숙하지 않다. 하지만 여전히 내가 할 말은 그것이 전부다. 아마 내가 너를 다시 볼 수 있을 때까지 말이다.

허트는 답장에서 이 충고를 받아들일 의향이 전혀 없으며, 얼마 전에 심리학자를 만났다고 말했다. 비트겐슈타인은 참지 못하고 "군대 일에 관해서 더 많이 알고 싶다"고 풍자조로 응답했다.

> 군대에서 네가 겪는 의학적 문제가 심리학자와 무슨 관계가 있는지 이해할 수 없다. 분명히 너는 **정신적으로** 잘못된 데가 하나도 없다(만일 문제가 있더라도 심리학자는 그것을 알지 못할 것이다)!

그는 전에 해주었던 충고를 다시 요약해주었다. 만약 허트가 임관될 수 없다면, 그가 할 수 있는 유일한 일은 이것이었다. "네가 **정말로 잘하는**, 너무 잘해서 자존심을 잃지 않고 할 수 있는 그런 일을 하는 것이다."

> 네가 나를 이해하는지 모르겠다. 더 나은 혹은 더 적합한 일을 얻기 위해서 할 수 있는 모든 수단을 이용하는 것은 현명한 일이다. **하지만** 그 방법들이 실패한다면, 계속 불평하는 것이 더 이상 의미가 없게 돼서 현재 일을 **수용**해야만 하는 그런 때가 올 것이다. 너는 방에 들어가서 "여기서 하는 일은 그저 임시로 하는 일일 뿐"이라고 말하면서 자기 가방을 풀지 않는 사람과 같다. 그러나 만약 더 나은 곳을 발견**할 수 없거나**, 또는 전혀 다른 마을로 이사하는 위험을 감수**할 의향이 없다면**, 이 사람이 할 일은 그 방이 좋건 싫건 가방을 풀고 그 방을 받아들이는 것이다. 왜냐하면 **무슨 일이든** 하는 것이 기다리는 상태로 살아가는 것보다는 좋기 때문이다.

"이 전쟁은 **끝날 것**"이라고 그는 강조했다. "그리고 가장 중요한 일은 전쟁이 끝났을 때 **네**가 어떤 종류의 사람이 되어 있을 것인가이다. 즉, 전쟁이 끝났을 때 너는 **인간**이 되어야 한다. 만약 지금 자신을 훈련시키지 않는다면 너는 그렇게 되지 못할 것이다."

> 처음 할 일은 쓸데없이 불평하는 일을 그만두는 것이다. 내가 보기에 네가 해야 할 일은 전선 근처 어딘가로 지원을 해서 **위험을 감수하거나**, 그렇게 하고 싶지 않다면 그저 현재 있는 곳에 **눌러앉아서** 다른 곳으로 갈 생각은 하지 말고 **지금** 하는 일을 잘할 생각을 하는 것이다.

"너에게 솔직하게 말하겠다"고 덧붙이면서 그는 "내가 생각하기에 너는 가족으로부터 멀리 떨어져 있는 것이 더 나을지도 **모르겠다**"는 다른 제안을 했는데, 그것은 자신의 역사를 허트의 상황에 투영하고 있음을 시사하는 것일 수 있다.

> 물론 가족은 너에게 위안이 될 것이지만, 그것은 또 너를 나약하게 할지도 모른다. 특정한 고통에 대처하기 위해서 너는 피부를 더 부드럽게 만들려 하기보다는 더 **단단하게** 만들고 싶어 할 것이다. 내가 생각하기에(아마 이 생각은 완전히 틀렸을 것이다) 네 가족이 너의 안정을 찾아서 좌우를 살피지 않고 자기 일에 몰두하는 것을 더 어렵거나 불가능하게 만드는 것 같다. 또 어쩌면 너는 자신의 내부를 좀 더 살펴보아야 할 것이다. 그런데 가족이 주위에 있으면 그 일을 하는 것은 아마 불가능할지도 모른다. 로테가 네 편지를 보고 내 의견에 강하게 반대한다면 나는 이렇게 말하겠다. 그녀가 반대하지 않는다면 그녀는 좋은 아내가 아닐 것이다. 하지만 그것이 내가 너에게 말한 것이 **참**이 아닐 수도 있음을 뜻하지는 않는다!

여전히 장교가 되고 싶어 하면서 허트는 비트겐슈타인에게 쓴 편지에서 그가 사령관을 만났으며 곧 그를 다시 볼지 모른다고 썼다. 비트겐슈타인은 이렇게 응답했다. "너는 근거 없는 희망과 절망을 번갈아 가면서 갖고 있는 듯하다 … 임관 때문에 사령관을 괴롭히는 것은 내게는 어리석은 일처럼 보인다. 네 의사가 거절된 후에 바뀔 것은 **아무것**도 없다!"

> 너는 이렇게 적었다. "이 모든 단계들이 이곳에서의 내 입장을 만족스럽게 또는 최소한 아주 더 낫게 만들 것이다." 이 말은 완전히 무의미하며 그 때문에 그것을 읽는 것이 정말로 싫증난다. 너를 더 만족시킬 수 있는 한 가지 절차는 네 안에서 이루어져야 한다.(네 가족으로부터 떨어지는 것이 도움이 안 되리라고 말하지는 않겠지만 말이다.)

이 주제에 관한 편지의 교환은 6월에 끝났는데 비트겐슈타인이 마지막 말을 했다. "너에게 **행운**과 **끈기**가 있기를 바란다! 그리고 심리학자들과 만나는 일은 더 이상 없기를 바란다"고 그는 결론을 내렸다.

이때쯤 비트겐슈타인은 맨 여사의 집을 나와서 감리교 목사인 윈포드 모건Wynford Morgan의 집으로 이사해 있었다. 그 집을 처음 방문했을 때, 여주인 역할에 열심이었던 모건 여사는 그에게 차를 마실지 그리고 또 이런저런 것을 좋아하는지를 물었다. 이때 그녀의 남편이 다른 방에서 그녀를 불렀다. "묻지 말고 그냥 **주세요**." 이 말에 비트겐슈타인은 깊은 인상을 받았으며, 이 얘기를 친구들에게 여러 차례 반복해서 말했다.

하지만 다른 점에서 비트겐슈타인은 집주인에게 그다지 호의적인 인상을 갖지 못했다. 한 번도 읽지 않은 책들을 벽에 늘어놓은 것은 그저 신도들에게 인상을 심어주기 위해서라고 비난하면서 그를 조롱했다. 모건이 비트겐슈타인에게 신을 믿는지 물었을 때 그는 이렇게 응답했다. "예, 나는 신을 믿습니다. 하지만 당신이 믿는 신과 내가 믿는 신 사이의 차이는 무한할 정도로 클지도 모릅니다."

이 말은 물론 감리교와 다른 형태의 기독교 사이의 차이를 가리킨 것은 아니다. 비트겐슈타인은 감리교도가 아니듯이 가톨릭교도도 아니었다. 가톨릭교도로 개종한 친구들에 대해서 그는 언젠가 이렇게 말했다. "그들이 믿는 모든 것을 나도 믿게 만드는 것은 있을 수 없다." 이런 친구들 중의 하나는 요릭 스마이시스였는데, 그는 비트겐슈타인이 모건 목사의 집에서 살 때 자신이 개종했음을 알려주는 편지를 썼다. 비트겐슈타인은 매우 걱정했다. 그는 스마이시스에게 키르케고르를 읽으라고 권함으로써 뜻하지 않게 그의 개종에 부분적으로 책임이 있을지도 모른다고 생각했기 때문에 더 그랬다. 스마이시스에게 보낸 답장에서 그는 간접적으로 말했다. "만약 누군가가 나에게 줄타기 곡예사의 옷을 샀다고 말한다면, 나는 그것을 가지고 무엇을 하는지를 보기 전까지는 아무런 인상을 받지 못한다."

이 비유의 요점은 그의 공책에서 명료하게 표현된다.

정직한 종교 사상가는 줄타기 곡예사와 같다. 그는 거의 오로지 공기 위에서 걷고 있는 것처럼 보인다. 그를 받쳐주는 것은 상상할 수 있는 가장 가느다란 것이다. 하지만 그 위에서 걷는 일은 정말로 가능하다.

비록 그는 균형 잡기를 할 수 있는 사람들을 대단히 존경했지만 자신이 그런 사람들 중 하나라고 생각하지는 않았다. 예를 들어 그는 기록으로 남은 기적들이 글자 뜻 그대로 참이라는 것을 믿을 수 없었다.

말하자면 기적이란 신이 하는 일종의 몸짓이다. 한 사람이 조용히 앉아서 인상적인 몸짓을 하듯이, 신은 세계가 부드럽게 진행하도록 하고는 성인의 말에 한 가지 상징적 발생, 자연의 몸짓이 수반하게 한다. 성인이 말을 하고 그 주위에 있는 나무들이 마치 존경한다는 듯이 구부러진다면 그 한 가지 예가 될 것이다. 그러면 내가 이런 일이 일어나는 것을 믿는가? 그렇지 않다.

이런 의미의 기적을 내가 믿을 수 있는 유일한 방법은 이 특이한 방식의 사건에 인상을 받는 것일 것이다. 가령 나는 이렇게 말해야 할 것이다. "이 나무들을 보면 그것들이 그 말에 반응하고 있다고 느낄 수밖에 없다." 마치 내가 "이 개의 얼굴을 보면 그 개가 주인의 행동에 완전히 집중하고 있다는 것을 볼 수밖에 없다"고 말하듯이 말이다. 나는 성인의 말씀과 삶에 대한 단순한 기록만으로도 사람들이 나무가 인사를 했다는 이야기를 믿을 수 있다고 상상할 수 있다. 하지만 나는 그 정도로는 인상을 받지 못했다.

그가 모건에게 인정해주었던 신에 대한 믿음은 어느 특정한 원리가 참임을 받아들이는 형식을 취하지 않았고 오히려 인생에 대한 종교적 태도의 수용이라는 형식을 취한다. 언젠가 드루어리에게 이렇게 말했듯이 말이다. "나는 종교 신자는 아니지만, 모든 문제를 종교적 관점으로 볼 수밖에 없다."

모건의 이웃에는 클레멘트Clement 가족이 살았는데 비트겐슈타인은 이들과 금방 친구가 되었다. 이것은 그가 맬컴에게 했던 말, 즉 그는 영국에서보다 스완지에서 사람들을 더 쉽게 사귈 수 있다는 말의 좋은 실례이다. 그는 특히 클레멘트 여사를 좋아했는데 그녀는 매주 일요일마다 그를 점심 식사에 초대했다. "그녀는 천사가 아닌가요?"라고 그는 어느 일요일 점심 식사 시간에 그녀의 남편에게 물었다. "그런가요?" 하고 클레멘트 씨는 되물었다. "제기랄, 물론 그렇습니다"라고 비트겐슈타인은 버럭 소리를 질렀다. 사실 그는 클레멘트 여사로부터 너무 깊은 인상을 받아서 모건의 집이 아니라 그녀의 집에서 살고 싶어 했다. 클레멘트가는 그때까지 세를 내준 적이 없었으며 그렇게 하고 싶지도 않았지만, 결국은 비트겐슈타인의 입주를 허락해주었다. 비트겐슈타인과 클레멘트가와의 관계는 다음 3년 동안 계속되었으며, 케임브리지에서의 마지막 몇 해 동안 그는 방학을 그 집에서 손님으로 지내곤 했다.

클레멘트 부부는 두 명의 딸, 11세인 조앤Joan과 9세 바버라Barbara를 두었는데, 비트겐슈타인은 그들의 집에 머무는 동안 거의 한 가족처럼 대우를 받았다. '비트겐슈타인'이란 이름이 약간 발음하기 힘들 정도로 길었기 때문에 그들은 그를 '비키'라고 불렀다. 비록 그렇게 하도록 허락받은 사람들은 그들이 유일하다는 것을 분명하게 말했지만 말이다. 클레멘트가와 함께 사는 동안 비트겐슈타인은 보통 그들 가족과 함께 식사를 했다. 그는 또한 다른 가족 생활에도 참여했다. 특히 그는 소녀들과 루도Ludo(주사위 놀이의 일종 ― 옮긴이)와 뱀과 사다리 놀이Snakes and Ladders(주사위를 던져 말을 나아가게 하는 놀이 ― 옮긴이)를 즐겼는데, 한번은 뱀과 사다리 놀이에 푹 빠져서 놀이가 두 시간 넘게 계속되자 소녀들은 그가 원하지 않았음에도 그 놀이를 중간에서 그만두자고 간청해야 했다.

그는 또한 두 소녀의 교육에 깊은 관심을 나타냈다. 큰딸인 조앤은 그때 그 지역에 있는 중학교의 장학생 선발 시험을 치르고 있었다. 결과가 발표되던 날 비트겐슈타인은 집에서 그녀가 울고 있는 것을 보았다. 떨어졌다고 연락을 받았던 것이다. 비트겐슈타인은 그럴 리 없다고 단호하게 말했다. "제기랄!" 하고 그는 말했다. "한번 알아봐야겠다!" 조앤과 그녀의 어머니가 근심스럽게 따라오는 가운데 비트겐슈타인은 조앤의 학교로 들어가서 그녀가 떨어졌다고 말해주었던 교사를 만났다. "조앤이 떨어졌다고 말했다니 깜짝 놀랐습니다. 내가 장담하건대 합격했음이 **틀림없습니다**"라고 그는 교사에게 말했다. 약간 위협을 받은 그 교사는 기록을 검토한 후, 모두에게 아주 다행스럽게도 거기에 정말로 실수가 있었고 조앤은 그 시험에 합격하기에 충분한 점수를 받았음을 발견했다. 그 교사는 비트겐슈타인에 의해서 '무능한 멍청이'로 비난을 받았다. 하지만 비록 그의 판단이 정당했고 조앤의 능력이 입증되었지만, 클레멘트 여사는 부끄러워서 학교에 다시 찾아갈 수 없을 정도였다.

그 가족을 위해 스스로 부여한 책무를 수행하는 것과 거의 매일 리스와 산책하는 것 외에, 비트겐슈타인은 스완지에서의 대부분의 시간을 글을 쓰는 데 보냈다. 그는 《탐구》의 1938년 원고와 그가 가이에서 일하는 동안 썼던 공책들과 두꺼운 표지의 글 원본들을 갖고 갔다. 그래서 그 책을 교정하는 작업을 하기 시작했는데, 그는 그 책을 다음 가을에 케임브리지로 돌아갈 때에는 출판사에 넘길 수 있도록 준비하고 싶어 했다.

스완지에 있었던 처음 두 달 동안 그의 연구의 초점은 수리철학에 맞춰졌다. 그는 가이에서 보관했던 공책에 쓰는 작업을 재개했는데 거기에 '수학과 논리학'이라는 제목을 붙였다. 이 공책에서 그가 주로 다룬 것은 규칙 따르기 개념이었다. 1938년 원고의 제1부는 그 개념과 연관된 혼란에 관한 단평들로 끝났고, 2부는 수리철학적 논의의 예비 단계로서 이러한 혼란들을 해명하는 시도로 시작된다. 하지만 그의 사후 출판된 《탐구》의 개정판에서는 규칙 따르기에 관한 논의가 심리철학적 논의의 준비 단계로서 사용된다. 이런 변화는 1944년 봄과 여름 동안 스완지에서 이루어졌다.

비트겐슈타인이 스완지에 있던 동안 그의 관심사가 얼마나 빨리 그리고 급격하게 바뀌었는지는 불과 몇 달 사이에 일어난 두 사건들에서 잘 찾아볼 수 있다. 첫 번째는 그가 스완지로 옮긴 후 곧 일어났는데, 존 위즈덤이 일종의 인명 사전에 넣기 위하여 비트겐슈타인에 관해 쓰고 있었던 짧은 일종의 전기적 글과 관련된 것이다. 출판 전에 위즈덤은 비트겐슈타인의 의견을 듣기 위해서 그것을 보냈다. 비트겐슈타인은 단 한 가지만을 바꿨다. 그는 그 글에 다음과 같은 마지막 문장을 덧붙였다. "비트겐슈타인은 수리철학에 중요한 기여를 했다." 두세 달 후 비트겐슈타인이 '사적 언어 논증'이라고 알려진 일련의 단평들에 관한 작업을 하고 있을 때, 리스는 그에게 "수학에 관한 당신의 일은 어떻게 되었습니까?" 하고 물었다. 비트겐슈타인은 손을 저으면서 이렇게 대답했다. "아, 그 일은 다른 누군가 할 수 있다."

물론 수리철학에서 심리철학으로 그리고 다시 반대 방향으로 전환한 것은, 그가 한 영역에서의 문제들을 다른 영역에서의 요점들을 설명하기 위한 비유로 사용하던 1930년대 초반부터 강의, 필기, 그리고 대화 등에서 하던 것이었다. 사적 언어가 가능하다는 생각을 논박하는 것에 관한 그의 관심이 1944년에 새로운 것은 아니었다. 그는 그것을 일찍이 1932년에 강의에서 논의했었다. 1944년의 전환이 갖는 중요성은 그것이 영구적이었다는 것이다. 비트겐슈타인은 다시는 수학에 관한 단평들을 출판 가능한 형식으로 정리하려고 시도하지 않았다. 그는 나머지 인생을 심리철학에 관한 생각들을 정리하고, 재정리하고, 수정하는 데 보냈다. 더욱이 영구적인 것처럼 보이는 이 전환은 그의 책에서 수리철학을 위해 헌신했던 부분을 완성하기를 가장 갈망했던 때에 왔던 것 같다.

내가 생각하기에 이런 전환의 동기는 비트겐슈타인이 그의 책에 관해서 생각을 바꾸었다는 데에서 찾을 수 있다. 특히 규칙 따르기에 관한 단평들이 수학에 관한 논의의 하나의 예비 단계로서가 아니라 수학적 개념들과 심리적 개념들에 대한 탐구의 일종의 서곡으로 이용되어야만 한다는 것을 그가 깨달았기 때문이다. 그가 리스에게 말한 "그 일은 다른 누군가 할 수 있다"라는 언급에도 불구하고, 그리고 그가 다시는 수학에 관한 연구에 복귀하지 않았다는 사실에도 불구하고, 비트겐슈타인은 계속해서 수학에 관한 단평들이 《철학적 탐구》에 속하는 것으로 간주했다. 따라서 1945년에 쓴 그 책의 서문은 여전히 '수학의 기초'를 그 책이 다루는 일련의 주제들의 목록의 하나로 올리고 있으며, 늦게는 1949년에 그는 공책에 다음과 같이 썼다.

> 나의 철학적 탐구에 속하는 수학에 관한 탐구를 나는 '수학의 시작'이라고 부르고 싶다.

따라서 이 변화는 비트겐슈타인이 규칙 따르기에 관한 단평들이 갖고 있는 힘에 대한 인식의 변화로서 아주 중요한 것으로 간주되어야 한다. 규칙 따르기에 관한 그의 생각은 이제 한 방향이 아니라 두 방향으로 나아가며, 이 사실을 깨달은 후 비트겐슈타인은 심리적 개념들의 탐구로 나아가는 쪽을 더 선택하려는 경향이 있었다. 비록 그는 그 두 방향으로 난 길들 중 나머지 한 길을 돌아보고 그 길을 따라 계속 나갈 만큼 충분히 살지 못했지만, 거기에 길이 있다는 생각을 포기하지 않았다. 따라서 《탐구》의 마지막 글—"우리의 심리학에 관한 연구를 수학과 연결시켜서 그것과 완전히 비슷하게 수학을 탐구하는 것이 가능하다"—은 그가 리스에게 한 말과 연결된다. 비록 **그는** 책의 첫째 부분이 갖고 있는 함축들을 모두 끄집어내지는 않았지만, 누군가 다른 사람이 그 일을 하는 것은 여전히 가능했다.

언젠가 리스와 대화할 때 비트겐슈타인은 그의 철학적 입장을 바꾸어서 새로운 것을 개발할 때에만 정말로 활기를 느낀다고 말했다. 새로운 것의 예로 그는 자신의 철학적 논리학의 중요한 변화라고 간주했던 것을 들었다. 이 변화는 '문법적' 명제들과 '실질적material' 명제들의 관계에 대한 그의 견해와 관련되었다. 전에 그는 이 구분이 고정된 것으로 생각했다고 말했다. 그러나 이제 그는 그 둘 사이의 경계는 유동적이며 변화할 수 있다고 생각한다. 실제로 이것은 의견의 변화라기보다는 강조의 변화인 것처럼 보인다. 왜냐하면 《탐구》의 1938년 원고에서도 그는 그 구분이 정해진 것으로 다루지는 않았기 때문이다. 그러나 그는 그것의 유동성을 특별히 강조하지는 않았다. 그리고 1944년 여름 동안의 연구 과정을 결정한 것은 바로 그 강조이다.

두 종류의 명제들 사이의 구분은 비트겐슈타인의 철학 전체에서 중심적 위치를 차지한다. 심리학, 수학, 미학 그리고 심지어 종교에 관한 사고 과정에서 그가 반대하는 사람들에 대한 비판의 핵심은 그들이 문법적 명제와 실질적 명제를 혼동했으며, (비트겐슈타인만의 다소 이상한 의미에서) 문법적인 혁신으로 간주되어야 적절했던 것을 발견으로 보려 했다는 것이다.

따라서 그의 견해에 의하면 프로이트는 무의식을 발견하지 않았다. 오히려 그는 '무의식적 사고'와 '무의식적 동기'라는 용어들을 심리적 서술의 문법에 소개했다. 마찬가지로 게오르크 칸토어도 무한 집합들의 무한수의 존재를 발견한 것이 아니라 '무한'이란 단어에 새 의미를 —다른 무한성들의 계층에 관해서 말하는 것이 말이 될 수 있도록 —도입한 것이다. 그러한 혁신들에 대해서 던져야 될 질문은 이 '새롭게 발견된' 것들이 존재하느냐 아니냐가 아니라, 그것들이 우리의 어휘에 첨가된 것과 그것들이 우리의 문법에 도입한 변화가 유용한지 아닌지이다.(비트겐슈타인 자신의 견해에 따르면, 프로이트의 혁신은 유용한 반면 칸토어의 혁신은 그렇지 못했다.)

비트겐슈타인은 문법적 명제들을 여러 방식으로—'자명한 명제들', '개념-형성 명제들' 등—규정하지만, 가장 중요한 것은 그것들을 **규칙**

으로 묘사한 것이다. 문법적/실질적 구분의 유동성을 강조할 때, 그는 개념-형성, 즉 말이 되게 만드는 것과 말이 안 되게 만드는 것을 결정하는 규칙들을 확립하는 것은(마치 그가 《논고》에서 했듯이) 불변하는 논리적 형식의 법칙들에 의해서 정해지는 것이 아니며, 언제나 관습, 관행과 연결된 것이라는 사실에 주의를 집중시키고 있다. 따라서 우리와 다른 관습과 관행들은 유용한 것이 무엇인지에 대해서 우리와 다른 개념들을 전제할 것이다. 그리고 이것은 다시, 우리와 다른 관습과 관행들은 우리가 실제로 받아들였던 (말이 되고 말이 되지 않는 것을 결정하는) 규칙들과 다른 규칙들을 수용한다는 것을 뜻할 것이다.

문법적 명제들에 대한 관심은 비트겐슈타인의 수리철학에 있어서 핵심적이었다. 왜냐하면 수학의 '비경험성'은 수학적 진리들에 대한 특정한 인식에 있지 않고, 수학적 명제들은 문법적이라는 사실에 있다는 것을 그가 보여주고 싶어 했기 때문이다. '2+2=4'의 확실성은 우리가 그것을 하나의 기술이 아니라 하나의 규칙으로 사용한다는 사실에 있다.

수리철학에 관한 마지막 글에서 — 리스와의 대화에서처럼 — 비트겐슈타인은 규칙 따르기와 관습들 사이의 연결에 관해서 더 강한 관심을 보인다.

> '규칙 따르기'란 개념의 사용은 하나의 관습을 전제한다. 그러므로 다음과 같이 말하는 것은 무의미할 것이다. 이 세상에서 누군가가 하나의 규칙을 단 한 번만 따랐다.(혹은 표지판을 따랐다, 한 놀이를 했다, 한 문장을 발언했다, 혹은 한 문장을 이해했다 등)

이것은 너무 일반적인 표현이라 1944년에 쓴 이 글이 적힌 공책에서는 비트겐슈타인이 수학을 염두에 두었는지는 전혀 분명하지 않다. 그런데 이 점과 사적 언어의 가능성에 반대하는 비트겐슈타인의 논증과의 연결 관계는 분명하다.

나는 한 번도 사용된 적이 없지만, 이해는 되는 새로운 규칙 하나를 오늘 줄 수 있다. 그러나 규칙이 실제로 한 번도 사용된 적이 없는데도 그것이 가능할까?

그리고 만약 이제 "사용법을 상상할 수 있으면 충분하지 않은가?"라는 질문이 제기된다면 그 대답은 "아니다"이다.

이런 방법으로 규칙 따르기에 관한 부분을 수리철학으로 나아가게 하지 않고 사적 언어의 가능성에 반대하는 논증으로 나아가게끔 책을 재구성하는 것은 매우 자연스러운 듯이 보인다. 여름 동안 했던 작업에서 비트겐슈타인은 《탐구》의 1938년 판 원고의 제1부를 거의 두 배로 늘렸는데, 여기에 추가된 내용이 현재 그 책의 중심 부분이라고 간주되는 것, 즉 규칙 따르기에 관한 부분(출판된 책의 189~242단락)과 '경험의 사밀성'에 관한 부분(단락 243~421의 이른바 '사적 언어 논증')이다.

8월에 그는 책을 마지막으로 정리하는 작업처럼 보이는 일을 시작했다. 그는 가을에 스완지를 떠나기 전 책을 완성할 의도였는데, 이때 허트에게 "나는 아마도 전시 직업을 다시 가져야 할 것 같다"고 말했다. 9월 3일자의 편지에서 그는 이렇게 적었다. "내가 10월 초에 떠나야 할 때 무엇을 할지는 아직 모른다. 하지만 내가 결정하지 않아도 되도록 일이 진행되기를 바란다." 동맹국들이 프랑스를 거쳐서 신속하게 진격하고 러시아가 폴란드에 진격하면서, 전쟁이 곧 독일의 패배와 함께 끝나리라는 것은 분명해졌다. 비트겐슈타인은 이것을 기뻐할 이유를 발견하지 못했다. "나는 이 전쟁 후의 평화가 전쟁 자체보다 더 참혹하리라는 것을 확신한다"고 허트에게 말했다.

적당한 전시 직업을 발견할 수 없어서였는지, 또는 휴직 기간이 연장될 수 없었기 때문이었는지 비트겐슈타인은 케임브리지로 돌아가야 했다. 그는 이 일을 마지못해 했는데 그 이유는 책이 완성되지 않았기 때문은 전혀 아니었다. 스완지를 떠나기 전 그는 출판이 가능하다고 생각했던 부분의 타자본을 준비했었다.(이것은 최종판의 421단락까지 어느 정도 일치한다.) 전에 가장 중요하다고 간주했던 부분(수리철학에 관한 부분)을 만족할 정도로 정리하는 희망을 포기했기 때문에, 한 가지 남은 그의 희망은 심리적 개념의 분석에 관한 '제1권'을 완성하는 것이었다.

23
시대의 어두움

1944년 10월 비트겐슈타인은 케임브리지로 돌아왔다. 이때 그는 책을 완성하지 못했기 때문에 낙심했고, 강의를 하는 책임을 다시 맡아야 하는 것에 대해 전혀 열정을 느끼지 못했다.

러셀도 미국에서 6년을 산 후 케임브리지로 돌아왔다. 미국에서의 생활은 미국 사회의 보수층이 널리 알려진 러셀의 결혼, 도덕, 종교에 관한 견해에 대해 제기한 신경질적인 적대심 때문에 견딜 수 없을 정도가 되었고, 따라서 그는 트리니티 칼리지의 더 조용하고 더 고적한 환경에서 5년 동안 강의하라는 제의를 고맙게 받아들였다. 그렇지만 영국에 도착한 후 그는 자신이 영국의 강단 철학자들의 주류에 속하지 못함을 알게 되었다. 이때쯤 무어와 비트겐슈타인의 영향력은 러셀 자신의 영향력보다 훨씬 더 커져 있었다. 그는 《서양 철학사*History of Western Philosophy*》의 원고를 갖고 왔는데, 이 책은 상업적으로는 크게 성공했지만(오랫동안 그것은 러셀의 주요 수입원이었다) 철학자로서의 명성을 높여주지는 못했다.

비트겐슈타인은 러셀의 예리한 지성을 여전히 존중했지만, 러셀이 1920년대 이후 출판했던 대중적인 책들을 아주 싫어했다. "러셀의 책들은 두 가지 색으로 제본되어야 한다"고 그는 드루어리에게 말했다.

> … 수학과 논리학을 다루는 책들은 빨간색으로 — 철학을 배우는 모든 학생들은 이 책들을 읽어야 한다. 그리고 윤리학과 정치학을 다루는 책들은 파란색으로 — 어느 누구도 이 책들을 읽도록 허용해서는 안 된다.

러셀은 성취할 수 있는 모든 것을 성취했다고 비트겐슈타인은 생각했다. "러셀은 이제 철학을 하다가 자신을 죽이지는 않을 것"이라고 그는 웃으면서 맬컴에게 말했다. 그러나 1940년대 중 매우 드물게 러셀과 비트겐슈타인 둘 모두 도덕과학클럽에 왔던 날 "비트겐슈타인은 토론 중에 내가 아는 한 다른 어느 사람에게도 하지 않은 정도로 러셀을 정중하게 대했다"고 맬컴은 회상한다.

러셀 쪽에서 보면 비트겐슈타인의 후기 연구에서 아무런 장점도 발견할 수 없었다. "초기 비트겐슈타인은 열정적이고 집중적으로 생각하는 데 푹 빠진 사람이었고, 어려운 문제들 — 나도 똑같이 그처럼 중요하다고 느꼈던 문제들 — 을 깊이 알고 있었으며, 진정으로 철학적 천재성을 갖고 있었다.(최소한 나는 그렇게 생각했다.)"

> 반대로 후기 비트겐슈타인은 진지하게 생각하는 데 지쳤던 듯이 보이며, 그런 활동을 불필요하게 만드는 원리를 개발했다.

그러므로 1944년 가을 약 14년 만에 다시 만났을 때, 둘 사이에 거의 아무런 따뜻한 감정도 없었던 것은 그다지 놀라운 일이 아니다. "러셀을 만났다"고 그는 돌아온 지 약 일주일 후에 리스에게 쓴 편지에서 말했다. 그에게서 "왠지 **나쁜** 인상을 받았다." 이후 그는 과거의 스승과 거의 혹은 아무 관계도 갖지 않았다.

러셀은 그가 철학적으로 고립된 것에 대해 개인적으로 기분이 상해 있었기 때문에(전적으로 이 때문은 아니지만) 틀림없이 비트겐슈타인의 후기 연구를 더 무시하게 되었다. 그가 주로 관심을 가졌던 철학적 문제들은 더 이상 근본적인 것으로 간주되지 않았다. 부분적으로는 비트겐슈타인의 영향 아래에서 인식론은 의미의 분석에 부수적인 것이 되었다. 그래서 러셀이 자신의 철학적 입장을 진술한 주요 저서로 간주한 《인간의 인식: 그 범위와 한계*Human Knowledge: Its Scope and Limits*》가 1948년에 출판되었을 때의 반응은 냉정한 무관심이었다. 그러므로 러셀은 비트겐슈타인의 제자들을 더 무시하게 되었다.

> 한동안 유행 속에 있다가 자신이 낡은 인물로 간주되고 있음을 알게 되는 것은 전혀 즐거운 경험이 아니다. 이러한 경험을 점잖게 받아들이기는 쉽지 않다. 라이프니츠가 나이 들어서 버클리를 칭송하는 말을 들었을 때, 그는 이렇게 말했다. "물질의 실재성을 논박하는 아일랜드의 젊은이는 충분히 설명하는 것 같지도 않고 적당한 논증들을 만들어내지도 않는 것 같다. 나는 그가 자신의 역설들로 인해 알려지기를 바라지 않나 하고 의심한다." 나는 같은 말을 비트겐슈타인에게 할 수는 없다. 많은 영국 철학자들은 내가 그에게 자리를 빼앗겼다고 생각한다. 그는 역설이 아니라 역설을 부드럽게 피하는 방법에 의해 알려지기를 바랐다. 그는 독특한 사람이었다. 나는 그의 제자들이 그가 도대체 어떤 종류의 사람이었는지를 알았는지 의심스럽다.

무어는 이와 같은 식으로 고통을 겪지는 않았다. 비록 그와 비트겐슈타인 사이의 관계는 여전히 우호적이었지만, 1944년 무렵이 되자 그는 너무 늙고 약해져서 비트겐슈타인과 자주 그리고 길게 철학적 논의를 하는 그 힘든 일을 기꺼이 받아들일 수 없게 되었다. 그래서 그의 아내는 비트겐슈타인의 방문 시간을 한 시간 반으로 제한했다. 비트겐슈타인은 이에 크게 실망했다. "무어는 여느 때처럼 친절하다"고 그는 리스에게 말했다.

> 무어 여사가 간섭을 하기 때문에 나는 그를 오래 만날 수 없다. 그녀

> 는 나중에 내게 무어가 보기만큼 건강하지 못하며 오랫동안 대화를 나눌 수 없다고 말했다. 대체로 이것이 과장이라고 볼 만한 충분한 이유가 있다. 무어는 가끔 이상한 기억상실증을 겪지만 그는 노인이다. 그 나이에 비하면 그는 분명히 건강하다. 그렇지만 무어 여사는 그가 나를 만나는 것을 좋아하지 않는다. 아마 내가 그에 관해 쓰인 책을 비판해 그의 사기에 나쁜 영향을 미칠까 봐 걱정하는 듯하다.

비트겐슈타인이 언급한 책은 실프P. A. Schilpp가 편집해서 1942년에 출판된 《무어의 철학*The Philosophy of G. E. Moore*》이었는데, 이것은 많은 저명한 철학자들이 무어의 철학의 다양한 양상에 관해서 쓴 논문들을 모아놓은 책이었다. 무어는 그 책을 제작하는 데 동의했고, 그 책을 위해 특별히 짧은 자전적 글을 썼다. 비트겐슈타인은 강하게 반대했다. 그는 그 책에 관해 들은 후 무어에게 쓴 편지에서 이렇게 말했다. "나는 어떤 절벽의 밑바닥에 많은 과학자와 철학자들이 죽은 채 누워 있는 것을 봅니다. 러셀도 그중 하나입니다. 나는 당신이 지금 그 절벽 가장자리를 걷고 있을까 봐 두렵습니다." 그 책이 나왔을 때 무어는 미국에 있었다. 그래서 1944년 가을에 둘이 만났을 때가 비트겐슈타인이 그 책이 출판된 후 그것에 관한 비판을 다시 하는 최초의 기회였다. 그러므로 도로시 무어의 근심은 아마 완전히 정당한 근심이었을 것이다.

사실 비트겐슈타인이 무어와 만나는 시간을 제한했다는 이유만으로 그녀를 비난한 것은 잘못이었다. 무어는 미국에 있었던 동안 뇌졸중에 걸렸고, 그의 아내는 어떠한 종류이건 흥분이나 피로를 금하라는 의사의 지시를 따르고 있었다. 그래서 그녀는 그와 그의 철학자 친구들과의 토론 시간을 한 시간 반으로 제한한 것이었다. 비트겐슈타인은 이것을 싫어한 유일한 사람이었다고 그녀는 말한다. "그는 자기가 얼마나 사람을 피곤하게 만들 수 있는지를 깨닫지 못했습니다. 최소한 한 번 무어는 미리 내게 '그가 오래 머물게 하지 마시오'라고 말할 정도였습니다."

그렇지만 비트겐슈타인은 무어 부인이 무어를 강요해서 그와의 대화 시간을 줄이게 만들고 있다고 계속 믿었다. 2년 후 그는 맬컴에게 "진리를 대단히 사랑하는" 무어가 토론이 적당한 종착점에 도달하기 전에 그것을 그만두도록 강요받는 것은 어울리지 않는 일이라고 생각했다고 말했다. 그는 원하는 만큼 토론을 해야 했고 만약 그가 흥분하고 피곤해져서 뇌졸중으로 쓰러져 죽게 된다면, 그것은 훌륭하게 죽는 한 가지 방법일 것이다. "장화를 신은 채로 말이다."

철학자와 진리의 탐구 사이에는 **아무것**도 있어서는 안 된다. "생각하는 일이 쉬운 때가 가끔 있긴 하지만, 어려우면서도 동시에 전율을 느끼게 하는 때가 흔하다"고 그는 리스에게 쓴 편지에서 말했다.

> 그러나 생각하는 일이 가장 중요할 때, 생각하는 것이 그저 싫어진다. 바로 이때 생각은 사람으로부터 그가 가장 좋아하던 개념들을 탈취하기 위해서, 그리고 그를 당혹하게 만들려고 그리고 아무 가치도 없는 듯이 느끼게 하려고 위협을 가한다. 이런 상황에서 나를 비롯한 다른 사람들은 생각하는 것으로부터 움츠려들거나, 혹은 오랫동안의 투쟁 후에만 다시 생각하는 일에 적응할 수 있다. 너도 이런 상황을 알고 있을 것이라고 믿는다. 네가 **아주 용감**해지기를 바란다! 비록 나는 그렇지 못하지만 말이다. 우리 모두 **아픈** 사람들이다.

그는 전쟁 초에 맬컴이 영국의 '국민성'에 관해서 말했을 때 맬컴과 했던 논쟁을 떠올렸다. 이것은 바로, 생각이 싫어지는 바로 그 이유 때문에 명료하게 생각하는 일이 더 중요해지는 그런 때를 보여주는 한 예였다. 그는 "그때 나는 이렇게 생각했었다"고 맬컴에게 쓴 편지에서 말했다.

> … 만약 철학을 공부함으로써 얻는 효용이 그저 어떤 난해한 논리학

의 문제들 등에 관해서 어느 정도 그럴듯하게 말할 수 있게 하는 것이라면, 그리고 만약 그것이 일상생활의 중요한 문제들에 관한 너의 생각을 개선시켜주지 않는다면, 만약 그것이 자기들의 목적을 위해서 **위험한** 문구들을 사용하는 여느 … 언론인보다 너를 더 양심적으로 만들지 않는다면, 철학을 공부해서 무슨 소용이 있겠는가?

'확실성', '확률', '지각' 등에 관해서 잘 생각하는 것이 어렵다는 것을 나는 알고 있다. 하지만 네 인생과 다른 사람들의 삶에 관해서 참으로 정직하게 생각하거나 그러려고 노력하는 것은 가능하긴 하지만 훨씬 더 어렵다.

맬컴은 한동안 편지를 보내지 않았다. 그래서 비트겐슈타인은 1914년 있었던 러셀과의 결별을 생각했을지도 모른다. 그는 맬컴이 편지를 안 보내는 이유가 철학이 아닌 진지한 주제로 대화하면서 빚었던 충돌을 두려워하기 때문인 것으로 생각하기 시작했다. "어쩌면 내가 전혀 잘못 생각했는지도 모른다"고 그는 적었다.

하지만 우리가 살아서 서로 다시 보게 되면 파헤치는 것을 피하지 말자. 자신이 다치는 게 두려운 사람은 정직하게 생각할 수 없다. 나는 이것을 잘 알고 있다. 왜냐하면 나도 그런 회피자이기 때문이다.

실제로 맬컴의 편지가 중단된 것은 비트겐슈타인이 회상하는 논쟁과는 아무런 관련이 없었으며, 또한 그들이 "아주 중요한 문제들을 솔직하게 논의하지" 못하리라는 그의 느낌과도 아무 관련이 없었다. 맬컴은 미 해군 장교라는 직무상의 요구 때문에 답장하지 못한 것이었고, 1945년 5월에야 비로소 비트겐슈타인에게 답장할 수 있었다. 이 편지에서 그는 '국민성'에 관한 자신의 말이 바보 같았음을 인정했다. 불행하게도 맬컴은 그 답장이 비트겐슈타인에게 도달하기 전에 영국에 도착했다. 그가 탄 배가 사우샘프턴Southampton에 도착했을 때, 맬컴은 외출을 나와서 케임브리지에 있는 비트겐슈타인을 방문했다. 비트겐슈타인은 맬컴이 답장하지 않은 것을 그가 정말로 '회피자'이며 깊게 파헤치기를 꺼리는 사람임을 보여주는 것으로 해석했음이 틀림없다. 맬컴이 휴얼 코트에 도착했을 때 비트겐슈타인은 심지어 맬컴에게 인사도 하지 않았고, 냉정한 표정으로 고개만 끄덕이면서 그에게 분말 계란으로 차린 저녁 식사를 권했다. "우리는 오랫동안 아무 말도 않은 채 앉아 있었다"고 맬컴은 회상한다. "그는 내내 차갑고 엄숙했다. 우리는 상대방과 전혀 접촉을 하지 않았다."

이 만남 바로 다음 날 비트겐슈타인은 맬컴의 편지를 받았고, 즉시 그를 달래는 따뜻한 답장을 보냈다. "그 편지를 네가 오기 전에 받았더라면 너와 만나는 일이 좀 더 쉬웠을 것이다." 그는 이제 서로를 세례명으로 부르자고 제안했다. 만약 비트겐슈타인이 '국민성'에 관한 자신의 말이 어리석었으며 '깊게 파헤칠 필요성'이 있음을 인정하는 맬컴의 편지를 받지 않았다면, 그들의 우정은 끝났을 거라고 생각해도 전혀 틀리지 않을 것이다.

전쟁의 마지막 한 해 동안 비트겐슈타인은 책을 완성하고 자신의 생각을 이해하지 못하는 수강생들에게 전달하려는 노력의 와중에서, 자신이 피상성과 어리석음—다른 사람의 것뿐 아니라 그 자신의 것—에 맞서 투쟁하고 있으며 인생의 나머지 것들은 모두 그 투쟁 아래에 복속한다고 느꼈다. "이 전쟁은 우리 **모두**에게 **나쁜** 영향을 미친다고 믿는다(그리고 그것은 나를 천천히 죽이는 것처럼 보인다. 비록 나는 건강하지만 말이다)"라고 그는 허트에게 쓴 편지에서 말했다.

이 투쟁에서 그가 자신의 동료라고 간주했던 소수의 사람들 중의 하나가 리스였다. 리스가 비트겐슈타인에게 스완지에서 흥미를 느끼지 못하는 학생들에게 논리학을 가르치면서 겪는 좌절감에 대해 말하는 편지를 썼을 때, 비트겐슈타인은 이에 공감하면서 리스를 격려하는 내용의 답장을 보냈다.

> 네가 힘든 환경에서 일하고 있다니 안됐다. 제발 포기하거나 절망하지 마라! 나는 이런 일들이 얼마나 크게 힘들게 보이는지 알고 있다. 그리고 물론 나는 도망가버릴 생각을 남보다 먼저 할 사람이다. 하지만 너는 자신을 추스르기 바란다. 내가 어떤 종류의 논리학 과정을 추천해야 할지 모르겠다. 어쨌든 반쯤 조는 학생들에게 논리학을 어느 정도이건 잘 가르치는 것보다 더 어려운 일은 없다.(브레이스웨이트가 내 강의 중 코를 골았다는 말을 들은 적이 있다.) **아주 엄격하게** 해보라! — 나는 네가 **적당하게** 똑똑하고 깨어 있는 학생을 만나서 네가 하는 일이 달콤하게 느껴질 수 있기를 바란다!
>
> … 반복한다. 아주 엄격하게 해보라! 불평하라, 꾸짖어라, 그러나 계속 나아가라. 그러면 우둔한 학생들도 그로부터 무언가를 얻어갈 수 있을 것이다.

그는 자신의 학생들에게 만족하지 못했다. "내 학급은 아주 형편없다"라고 그는 리스에게 쓴 편지에서 말했다. "지금까지 6명이 듣고 있는데 그들 중 좋은 학생은 아무도 없다."

하지만 그를 불만족스럽게 만든 더 커다란 원인은 그의 책이 여전히 완성과는 거리가 멀었다는 사실이었다. 그는 리스에게 말했다. "내 책을 근간에 완성할 희망은 전혀 없다." 이 때문에 그는 일종의 쓸모없는 사람이라는 느낌을 가졌고 이것은 다른 사람들의 책들을 읽으면서 더 악화되었다.

> 최근 나는 꽤 많은 양을 읽었다. 모르몬교의 역사와 뉴먼Newman이 지은 두 책을 읽었다. 이 책들을 읽고 얻은 주요 효과는 내가 쓸모없는 사람이라는 느낌이 약간 더 커졌다는 것이다. 비록 그것은 마치 선잠을 자는 사람이 깨지는 않은 채 주변을 떠도는 소음을 의식하는 것과 비슷할 뿐이지만, 나는 내가 쓸모없다는 사실을 알고 있기는 하다.

그의 강의는 지난여름 스완지에서 집중적으로 연구했던 심리철학적 문제들을 다루었다. 그는 무엇보다 비판의 대상인 개념적 혼란의 예를 보여주기 위해서 윌리엄 제임스의《심리학 원리*Principles of Psychology*》를 교재로 사용하는 것을 고려해보았다. 그렇지만 리스에게 말했듯 그것을 교재로 사용하지는 않았다. "네가 맞았다. 나는 제임스를 교재로 택하지 않았고 그저 머리로부터 (또는 내 모자로부터) 말했을 뿐이다." 실제로 그가 이 강의에서 했던 것은 그가 그때 집필하고 있던《탐구》에서 다루었던 문제들과 관련시켜 생각하는 것이었다.

이 문제들은 심적 과정들의 존재를 주장하는 사람들과 부인하는 사람들 사이에서 다루어지는 논쟁점들에 집중한다. 비트겐슈타인은 둘 다 원하지 않았다. 그는 이 문제에 대한 두 입장 모두 틀린 유비에 의존하고 있음을 보여주고 싶었다.

> 마음의 과정과 상태, 그리고 행동주의에 관한 철학적 문제는 어떻게 생겨나는가? ― 그 첫 단계는 거의 눈에 띄지 않는다. 우리는 과정과 상태에 관해 말하면서 그것들의 본성을 결정하지 않은 채 내버려둔다. 우리는 아마 언젠가는 그것들에 관해 더 많이 알게 될 것이다 ― 라고 생각한다. 그러나 바로 이로 말미암아 우리는 이 문제를 특정한 방식으로 보게 된다. 왜냐하면 우리는 어떤 과정을 보다 잘 알게 됨의 의미에 대한 일정한 개념을 갖고 있기 때문이다.(결정적인 진전이 마술사의 눈속임에서 이루어졌는데 우리는 바로 그것을 아무런 문제가 없는 것으로 생각했다.) 그리고 이제 우리의 사유를 이해 가능하게 만들었어야 했을 유비가 무너진다. 그래서 우리는 아직 탐구되지 않은 매체 내의 이해되지 않은 과정을 부정해야 한다. 그리고 이제 우리는 정신적 과정을 부정해야 하는 것처럼 보인다. 그러나 우리는 물론 그것을 부인하고 싶지 않다.

"당신의 철학적 목적은 무엇인가?"라고 그는 이 구절 바로 다음에서 자신에게 묻고 이렇게 대답한다. "파리에게 파리병에서 나가는 길을 보여주는 것이다." 윌리엄 제임스의 교재는 사람들이 이 특별한 파리병에 갇혔을 때 무슨 말을 하도록 이끌리는지 그것들의 예를 제공하기 위해 사용되었다.

예를 들면 '자아the Self'의 개념을 논의하면서 제임스는 '자아들 중의 자아Self of selves'를 내성적으로 보려고 시도할 때 무엇이 일어나는지를 기술한다. 그가 이러한 내성적 조사를 시도하는 동안 가장 많이 의식하는 것은 머리의 움직임이라고 기록한다. 그래서 그는 이렇게 결론을 내린다.

> … '자아들 중의 자아'는 세심하게 조사하면 주로 이런 머리의 움직임들 또는 머리와 목 사이의 움직임들을 모아놓은 것임을 발견하게 된다.

비트겐슈타인에 의하면 이 말이 보여주는 것은 "'자아'라는 단어의 의미(그것이 '사람', '인간', '그 자신', '나 자신'과 같은 그 무엇을 의미하는 한)가 아니며, 또한 그러한 것의 분석도 아니다. 철학자가 '자아'라는 단어를 그 자신에게 말하고 그것의 의미를 분석하려고 할 때 그가 집중하고 있는 상태이다." 그는 여기에 "이것으로부터 많은 것을 배울 수 있다"고 덧붙인다.

그가 맞서 싸우고자 하는 혼란스러운 언어관을 보여주기 위해 성 아우구스티누스의 예를 이용했을 때처럼, 그리고 수리철학에서 일어나는 혼란을 보여주기 위해 러셀을 이용했을 때와 마찬가지로, 제임스를 심리철학에서 일어나는 혼란의 예를 보여주기 위해 이용했을 때에도 그가 제임스를 존경하지 않은 것은 결코 아니다. 그가 맬컴에게 아우구스티누스의 글을 인용하면서 《탐구》를 시작한 이유가 "그렇게 위대한 인물이 그런 주장을 했다면 그것은 중요한 것임이 틀림없기" 때문이라고 말했듯이, 그가 심리학에 관해 말하면서 제임스를 인용한 것은 그가 제임스를 크게 평가했기 때문이었다. 그가 드루어리에게 꼭 읽으라고 권했던 소수의 책들 중의 하나가 제임스의 《종교적 경험의 다양성》이었다. 드루어리는 그 책을 벌써 읽었다고 말했다. "나는 윌리엄 제임스를 언제나 즐겁게 읽었습니다. 그는 대단한 사람입니다." 그렇다고 비트겐슈타인은 답했다. "그 때문에 그는 훌륭한 철학자가 된다. 그는 진정한 인간이다."

스완지에서 보낸 크리스마스 휴가 동안 책을 완성할 전망이 갑자기 더 밝아진 듯했다. 비트겐슈타인은 출판할 때가 다가왔다고 자신하면서 트리니티로 돌아왔다. 그 책 서문의 최종안은 '케임브리지, 1945년 1월'로 날짜가 적혀 있다.

서문에서 그는 그 책을 "지난 16년 동안(즉 그가 1929년 케임브리지로 돌아온 이후) 해왔던 철학적 탐구의 집약"이라고 묘사하면서, 그의 단평들에 관해서 이렇게 말한다.

> 나는 미심쩍은 느낌으로 이것들을 발표한다. 이 책의 빈약함과 시대의 어둠 속에서 이 책이 사람들의 뇌리에 빛을 던지게 되는 일이 불가능한 것만은 아니다. 그러나 물론 그렇게 되기는 어려울 것이다.

분명히 그 '미심쩍은 느낌'이 출판하려는 욕구를 꺾었음이 틀림없다. 그는 타자본을 출판업자에게 보내지 않았으며, 대신 그해 나머지를 심리적 개념들에 대해 더 많이 탐구하면서 그 책을 확장하는 데 보냈다.

책을 늘리기 위해서 비트겐슈타인은 1931년 이후 써왔던 원고들에서 단평들을 뽑아냈다. 1945년 렌트 학기와 이스터 학기 동안 이 작업을 했고, 여름이 되자 그는 그동안 선정했던 것을 타자수에게 구술할 준비가 되었다. 6월 13일 그는 리스에게 편지를 썼다.

> 학기가 끝났다. 나의 생각은 스완지 쪽으로 향하고 있다. 부활절 이후 나는 연구를 꽤 잘하고 있다. 지금 나는 약간의 글과 단평들을 구술하

고 있는데, 그것들 중 일부를 1권에(그런 것이 생기면) 넣고 싶다. 이 구술 작업은 대략 한 달이나 혹은 6주가 더 걸릴 것이다. 그 후 케임브리지를 떠날 수 있을 것이다.

2주 후에 그의 좌절감은 더 커졌다. 작업은 "아주 느리게 진행되고" 있다고 그는 맬컴에게 말했다. "다음 가을까지는 책을 출판할 준비가 되기를 바라지만 아마도 그렇지 못할 것이다. 나는 정말로 형편없이 일하고 있다!"

실제로 단평들을 구술하는 작업 때문에 그는 케임브리지에 8월까지 있어야 했다. 그는 자기가 만든 타자본을 그 책의 최종판으로 여기지는 않았으며, 오히려 그것과 그가 전해에 스완지에서 만든 타자본을 합쳐서 최종판이 만들어질 수 있을 것으로 생각했다. 그럼에도 불구하고 그는 이제 출판이 가능한 원고가 거의 완성되었다고 자신했다. "크리스마스까지 출판할지도 모른다"고 그는 맬컴에게 말했다.

내가 만든 것이 좋다는 것이 아니라, 내가 할 수 있는 정도에선 가장 좋다는 것이다. 책이 완성되면 나는 그것과 함께 세상으로 나와야만 할 것이다.

이 타자본을 준비하는 몇 달 동안 그는 '이 시대의 어둠'에 의해 점점 더 크게 압박을 받았다. 2차 세계대전의 막바지 단계는 과거에는 상상할 수 없는 규모의 야만성과 비인간성을 동반했다. 영국과 미국이 2월에 드레스덴Dresden에 가한 공중 폭격은 도시를 거의 완전히 파괴해버렸으며, 13만 명의 민간인이 죽었다. 4월에 베를린이 연합국에 의해 빈이 러시아에 함락되었는데, 이때 양측에 놀랄 만한 정도의 사상자가 생겼다. 독일이 5월 7일 항복하기 얼마 전에, 연합국이 벨센Belsen과 부켄발트Buchenwald 수용소에서 발견한 부패한 시체 더미를 찍은 사진이 발표되었다. 5월 14일 비트겐슈타인은 허트에게 편지를 썼다. "지난

6개월은 그 전보다 더 구토를 하게 만들었다. 이 나라를 잠시 동안 떠나 노르웨이에 있을 때처럼 어딘가에서 홀로 있고 싶다." 케임브리지는 "내 신경을 건드린다!"고 그는 말했다.

7월의 영국 선거에서 그는 노동당에 투표했고, 친구들에게도 그렇게 하도록 강하게 권유했다. 그는 처칠을 제거하는 것이 중요하다고 느꼈다. 맬컴에게 말했듯이 그는 "이 평화는 단지 휴전일 뿐임을" 확신했다.

> 이 전쟁의 '침략자들'을 완전히 박멸하면—물론 미래의 전쟁은 오로지 이들만이 일으킬 것이라는 이유로—이 세계가 더 살기 좋은 곳으로 될 것처럼 가장하는 것은 말도 안 되게 더러운 짓이다. 실제로는 무시무시한 미래를 약속할 뿐이다.

따라서 일본이 마침내 8월에 항복했을 때 스완지의 거리에서 벌어진 축하 행사는 전혀 그의 마음을 고양시키지 못했다. "우리는 이틀 동안 일본에 대한 승리를 축하했다. 진정한 기쁨보다는 소음이 훨씬 더 많이 있었다고 생각한다"고 그는 맬컴에게 쓴 편지에 적었다. 전쟁이 끝난 직후 그에게는 오로지 검은 그림자만이 보일 뿐이었다. 허트가 제대했을 때 비트겐슈타인은 그에게 '많은 행운'을 기원하는 편지를 썼다. "내가 진정으로 의미하는 것은 무슨 일이 일어나든지 견딜 힘이다." 그는 최근 건강이 좋지 않았다고 허트에게 말했다. "부분적으로는 내 콩팥 하나가 좋지 않기 때문이고, 부분적으로는 독일과 일본에 있는 연합국들의 짐승 같은 짓들에 관해 읽는 것은 무엇이건 나를 아프게 하기 때문이다."

독일과 오스트리아의 고질적인 식량 부족과, 정복당한 원수들과 '사귀지' 말라는 영국군의 정책에 관한 보도가 나오고, 이 와중에 언론이 전쟁을 일으킨 독일인들을 **처벌**하라고 요구하는 속에서, 비트겐슈타인은 《뉴스 크로니클*News Chronicle*》에서 빅터 골랑즈Victor Gollancz가 쓴 글을 읽고 기뻐했다. 이 글에서 골랑즈는 "국제적인 문제를 독선적으로 처리하는 것"을 끝내고 독일인들에게 식량을 지원하는 결단을 내려야 한다고 썼다. "그렇게 하지 않으면 우리 자신이 고통을 받을지도 모르기 때문이 아니라 그저 굶는 이웃들에게 식량을 주는 것이 옳기 때문이다." 리스에게 골랑즈의 글에 관해 말한 후, 그는 골랑즈가 전에 썼던 소책자인 《부켄발트가 진정으로 의미하는 것*What Buchenwald Really Means*》을 빌렸다. '기독교적 윤리'를 믿는 유대인으로 글을 쓰면서, 골랑즈는 영국 언론이 부켄발트의 참혹한 상황들에 대응하는 방법에 대해 공격했으며, 모든 독일인들에게 책임을 지우는 것은 그르다는 것을 지적했다. 그는 나아가 '집단적 죄'의 개념 전체를 구약 성서로 퇴보하는 것이라고 공격했다. 그리스도의 사례는 구약 성서로부터 우리를 자유롭게 했어야 했다.

비트겐슈타인은 골랑즈가 독일인에 대한 인간적인 태도를 호소할 때 드러낸 강점과 약점 모두로부터 강한 인상을 받았다. 9월 4일 그는 《뉴스 크로니클》에 실린 그의 글을 칭찬하는 편지를 그에게 보냈다. 그는 "공식적으로 그리고 눈에 잘 띄는 곳에서 악마 같은 짓을 악마 같은 짓이라고 부르는 사람이 있어서 기쁩니다"라고 적었다. 부켄발트의 소책자에 관해서 그는 골랑즈에게 이렇게 말했다.

> 나는 언론과 BBC의 잔인성, 비열함과 천박함에 대한 당신의 엄한 비판(이는 엄해야만 합니다)에 깊이 공감합니다.(우리의 뉴스 영화는 여전히 더 해롭습니다.) 내가 언론의 해악에 반대하는 당신의 논쟁을 심각하게 비판하는 것처럼 보이는 일을 해야 한다고 생각하는 이유는 바로 내가 이러한 해악을 보는 당신의 태도에 강하게 공감하기 때문입니다.

골랑즈는 부수적인 내용들로 치장함으로써 그의 비판의 강도를 약화시켰다고 비트겐슈타인은 말했다. 그런데 "이런 점들은 비록 약하지도 의심스럽지도 않지만, 독자들의 주의를 중심 논제로부터 이탈시켰고 그 논증의 효과를 떨어뜨렸습니다." 만약 골랑즈가 자신의 주장이 "통상적 언론과 라디오의 외침을 넘어서" 전파되기를 원했다면, 요점에 집중하는 편이 나았을 것이다.

> 만약 당신이 정말로 사람들이 오물을 청소하기를 바란다면, 인생의 가치와 행복에 관한 철학적 주제를 언급하지 마십시오. 그것은 기껏 학문적인 잡담을 불러올 뿐입니다.
>
> 부켄발트의 참혹함에 대한 사람들의 잘못된 태도에 관해 쓰면서, 가령 당신은 구약과 신약 성서에 관해서 당신과 동의하는 사람들만을 설득하고 싶어 했습니까? 설령 사람들이 당신에게 동의한다 하더라도 당신의 긴 인용문들은 사람들의 주의를 한 가지 핵심 요점으로부터 벗어나게 할 것입니다. 만약 그들이 동의하지 않는다면—그런데 당신의 논증에 의해 진지하게 흔들렸을지도 모르는 엄청난 수의 사람들이 동의하지 않습니다—그들은 이 모든 지루한 이야기가 글 전체를 의심스럽게 만든다고 느낄 것입니다. 그럴수록 더욱 그들은 이전의 견해를 기꺼이 포기하지 않을 것입니다.
>
> 여기서 그만두겠습니다. 당신을 비판하는 대신 왜 나 스스로 글을 쓰지 않느냐고 묻는다면, 나는 지식과 표현 능력 그리고 정직하고 효율적인 글을 쓰기 위해 필요한 시간이 부족하기 때문이라고 답해야겠습니다. 사실 당신과 같은 능력과 견해의 소유자에게 이런 비판적인 편지를 쓰는 것이 내가 할 수 없는 것, 즉 직접 좋은 글을 쓰는 것에 가장 가까운 방법입니다.

이 편지는 비트겐슈타인이 논쟁술을 완전히 숙지하고 있었음을 드러내준다. 그는 약 1년 후 러시 리스에게 자신이 골랑즈에게 했던 충고를 거의 비슷하게 반복해서 해주었다. 리스는 칼 포퍼Karl Popper의 《열린 사회와 그 적들*The Open Society and its Enemies*》에 대한 길버트 라일의 대단히 호의적인 서평을 공격하는 글을 쓴 적이 있었다. 이 책에서 포퍼는 플라톤, 헤겔, 마르크스가 모두 같은 종류에 속한다고 하면서 그들 모두를 전체주의의 옹호자로 공격한다. 비트겐슈타인은 리스에게 자신은 그의 글의 논조에 동의하지만, 그가 너무 많은 몸짓만 하고 제대로 된 타격을 충분히 날리지 못한다고 비판했다.

> 논쟁술 또는 달걀을 던지는 기술은 너도 잘 아다시피 고도의 기술을 요하는 일, 가령 권투와 같다 … 나는 네가 라일에게 달걀을 던지는 것을 좋아한다. 하지만 머리를 똑바로 들고 그 달걀들을 잘 던져라! 어려운 점은 불필요한 소리나 동작을 하지 않아야 한다는 것이다. 이것들은 상대방은 해치지 못하고 오직 너 자신만을 해친다.

그렇지만 골랑즈는 비트겐슈타인의 충고를 경멸적으로 그리고 무관심하게 받아들였다. 그의 ('비트겐슈타인 귀하'라고 시작한) 답장은 짧고 무시하는 투이다. "편지에 감사합니다. 그것이 좋은 의도를 갖고 있음을 확신합니다." 비트겐슈타인은 이 응답을 기분 좋게 받아들였다. "어쨌든 풍부한 내용이다!"라고 리스에게 웃으며 말하면서, 골랑즈의 쪽지를 난로에 던졌다.

비트겐슈타인은 유럽의 장래에 대해서 두려워했으며, 그리고 곧 더 무서운 전쟁이 발발하리라고 확신했지만, 1945년의 늦은 여름을 스완지에서 휴가를 보내면서 즐길 수 있었다. 최소한 그는 맬컴에게 말했듯이 "케임브리지에 있지 않은 것을 즐기고" 있었다.

"내 책은 거의 끝나가고 있다"고 그는 그해 여름이 끝날 무렵 맬컴에게 말했다.

> … 네가 기특하게도 케임브리지에 온다면, 그 책을 읽도록 해주겠다. 어쩌면 그 책은 너를 실망시킬지도 모른다. 그리고 실제로 아주 형편

> 없는 책이다.(그렇다고 100년을 더 노력한다고 해서 책이 본질적으로 개선될 수 있을 것 같지도 않다.) 하지만 그것 때문에 걱정하지는 않는다.

이 마지막 두 문장들은 맞지 않았다. 책이 그가 이상적으로 여겼던 것만큼 좋지 않다는 것 때문에 그는 걱정했고, 그는 책을 개선시킬 수 있으리라고 정말로 생각했다. 그리고 그 책이 그가 죽을 때까지 출판되지 않은 채 있었던 것은 바로 이 두 이유들 때문이다.

그는 직무를 재개하기 위해서 케임브리지로 돌아가는 것을 두려워했다. 그는 맬컴에게 "내가 철학 교수라는 어처구니없는 직업을 그만두기로 결심하기 전에" 영국으로 빨리 오도록 간청했다. "그 일은 살아있는 죽음과 같다."

지금의 《철학적 탐구》 1부의 최종판은 1945~1946년의 미가엘 학기와 렌트 학기 중에 준비되었다. 그가 여름 동안 구술했던 타자본으로부터 약 400개의 단평들을 뽑아서 그가 1944년 스완지에서 했던 연구에 첨가했다. 그 결과, 약간 순서를 다시 바꾸고 번호를 다시 매긴 후, 지금 그 책에 있는 693개의 숫자가 매겨진 단락들이 만들어졌다.

대략 말하면 그 책의 발전 단계는 셋으로 나누어진다. 단락 1~188은 1938년판의 1부를 구성한다. 단락 189~421은 1944년에 추가되었다. 그리고 단락 421~693은 1945~1946년에 추가된 확장판을 이루는데, 이것은 다시 1931~1945년 동안의 원고들로부터 묶여진 것이다.

책의 서문에서 비트겐슈타인은 이 작업의 이처럼 복잡한 편집 과정을 잘 묘사하고 있다.

> 내가 얻은 결과를 하나의 전체 안에 결집시키려는 여러 차례의 시도가 실패로 돌아간 후에, 나는 이것이 결코 성공할 수 없음을 깨닫게 되었다. 내가 쓸 수 있던 최선의 것은 다만 언제나 철학적 단평에 머무는 것임을, 그 자연적 성향에 역행해 내 생각을 단 하나의 방향으

로 몰고 가려 하면 곧 뒤틀려버림을 깨닫게 되었다. 그리고 물론 이는 탐구의 본성과 밀접히 연관되어 있었다. 왜냐하면 이로 말미암아 우리는 사고의 넓은 영역을 모든 방향으로 종횡무진 여행하게 되었기 때문이다. 이 책에서의 철학적 단평들은 이른바 이 길고 뒤얽힌 여정에서 이루어진 수많은 풍경 스케치이다.

> 같거나 혹은 거의 같은 논점들이 항상 다른 방향에서 새롭게 다루어졌고 그때마다 새로운 스케치가 그려졌다. 이 중 많은 것이 잘못 그려지거나 특징 없이 그려져서 이류 화가의 결함을 그대로 드러내고 있다. 그리고 그런 것들이 제거되고 나니 제법 괜찮은 것들이 많이 남게 되었는데, 여러분이 볼만한 풍경의 그림을 얻게 될 수 있도록 그것들은 더 정돈되고 삭제되어야 했다. 따라서 이 책은 정말로 앨범에 불과할 뿐이다.

지금도 여전히 만족하지 못했던 스케치들이 있어서 그는 최종적으로 다시 정돈된 이 책을 출판하려는 시도를 전혀 하지 않았다. 그렇지만 나머지 인생 동안 그는 이 타자본을 '내 책'으로 불렀고, 그가 가장 신뢰하는 많은 친구 및 학생들과 함께 그 책의 단락을 하나하나씩 읽어 나갔다. 이런 일을 하는 목적은 그가 죽더라도 그 책을 완전히 이해불가능한 것으로 간주하지 않는 사람들이 최소한 몇 명이라도 있게 하려는 것이었다.

그는 사람들, **특히** 강단 철학자들이 자신의 책을 근본적으로 오해하리라는 것을 확신했다. 그의 책이 그의 생애 중에 출판되지 않은 또 다른 이유는 틀림없이 바로 이것이었다. 다시 쓴 서문에서 그는 이렇게 말한다. "내가 이 책을 대중에게 발표할 때 전혀 주저하지 않았던 것은 아니다."

> 이 책은 대부분 내가 이 책을 가질 것이라고 상상하고 싶은 사람들이 아닌 사람들의 손에 들어갈 것이다. 내가 바라는 것은 철학적 기자들

이 빨리 그것을 완전히 잊어버려서 더 훌륭한 종류의 독자들만이 그것을 보유하는 것이다.

전문적 철학에 대한 비트겐슈타인의 적개심과 케임브리지에 대한 혐오감은 그의 학문적 경력 내내 유지되었지만, 2차 세계대전 후 '유럽이 재건'하는 몇 년 동안 그 혐오감은 인류의 종말에 대한 일종의 계시론적 전망과 합쳐진 것처럼 보인다. 1946년의 부활절 휴가 기간 동안 그는 전에 그의 학생이었고 지금은 스완지 대학의 철학 교수인 칼 브리튼Karl Britton과 다시 접촉하기 시작했다. 어느 날 오후 해안을 따라 긴 산책을 하는 도중에 비트겐슈타인은 브리튼에게 새 전쟁이 계획되고 있으며, 원자폭탄이 모든 것을 끝낼 것이라고 확신하게 되었다고 말했다. "그들은 그것을 할 작정이다. 그들은 그것을 할 작정이야."

이러한 계시록적 불안과 강단 철학에 대한 그의 적대감을 연결시키는 것은 우리 시대에서 과학이 갖고 있는 힘을 그가 몹시 싫어했다는 사실이다. 한편으로 과학은 철학자들의 '일반성을 향한 갈망'을 장려하며, 다른 한편으론 원자폭탄을 만들었다. 호기심을 끄는 한 가지 의미에서 그는 심지어 원자폭탄을 환영했다. 오로지 그것에 대한 공포 때문에 사회가 과학적 진보라고 간주하는 것에 보내는 존경심을 감소시킬 수 있기만 한다면 말이다. 그는 브리튼과 대화하던 때와 거의 같은 시기에 이렇게 적었다.

대중이 현재 경험하고 있거나 혹은 어쨌든 표현하는 원자폭탄에 대한 그 신경증적 공포심은 마침내 정말로 유익한 것이 발명되었다는 것을 시사해주는 것 같다. 그 공포심은 최소한 정말로 효과적인 쓴 약이라는 인상을 준다. 나는 이렇게 생각할 수밖에 없다. 만일 원자폭탄에 뭔가 좋은 점이 없다면 속물들이 그렇게 떠들어대지는 않을 것이다. 그러나 아마 이 역시 어린이 같은 생각일 것이다. 왜냐하면 내가 의미할 수 있는 것은 그 폭탄이 악, 즉 구역질 나는 비눗물 같은 과학이

> 파괴되어서 종말에 이를 것이라는 전망을 제공한다는 것이 전부이기 때문이다. 그리고 확실히 그것은 불쾌한 생각이 아니다.

"진정으로 계시록적인 세계관은 세상이 반복되지 않는다는 것"이라고 그는 말했다. 종말은 정말로 올지 모른다.

> 가령 과학과 기술의 시대가 인류 종말의 시작이라고 믿는 것은 엉뚱한 것이 아니다. 위대한 진보라는 생각은 궁극적인 진리가 알려질 것이라는 생각과 더불어 망상이라고 믿는 것도 엉뚱한 것이 아니다. 과학적 지식에는 좋은 것도 바람직한 것도 없다는 것과 인류는 과학을 추구하면서 함정으로 떨어지고 있다고 믿는 것은 엉뚱한 것이 아니다. 이것이 세상이 돌아가는 방식이 아니라는 것은 전혀 명백하지 않다.

어떤 경우이건 과학적 진보는 끝에 도달할 것이다. 그러나 그에게 있어서 가장 염세적인 견해는 과학과 기술의 승리를 예언하는 것이었다.

> 과학과 산업, 그리고 그것들의 진보는 현대 세계에서 가장 영구적인 것으로 판명될지 모른다. 아마 과학과 산업의 붕괴가 온다는 생각은 현재에는 그리고 앞으로 오랫동안 꿈에 불과할 것이다. 아마 과학과 산업은 발전 과정에서 무한한 불행을 야기시킨 후 세계를 통일할 것이다. 내가 뜻하는 것은 그것들이 세계를 하나의 단위로 응축할 것이라는 것이다. 비록 그것 안에서 평화는 절대로 깃들지 않겠지만 말이다.
>
> 과학과 산업이 전쟁을 결정하기 때문이다. 또는 그런 것처럼 보이기 때문이다.

'이 시대의 어둠'은 그러므로 과학이라는 거짓 우상을 숭배한 결과이다. 그의 연구는 1930년 이래 과학에 대항하여왔다. 이처럼 과학과 산업의 붕괴가 온다는 그의 '꿈'은 그의 사고 유형이 더 일반적으로 수용되고 이해될 시대의 예언과 같았다. 그것은 드루어리에게 한 그의 말과 연결된다. "현 시대는 내 사고 유형을 원하지 않는다. 나는 그 물결에 맞서 강하게 헤엄쳐야 한다. 아마 100년이 지나서야 사람들은 내가 쓰고 있는 것을 진정으로 원할 것이다." 그러나 만일 '사람들이' 그것을 할 작정이라면, 즉 계시록적 견해가 엉뚱한 것이 아니라면, 그 시대는 절대로 오지 않을 것이다. 사람들이 그의 사고 유형을 원하는 시대는 결코 없을 것이다.

비트겐슈타인의 정치적 예감은 그를 좌파에 가깝게 했지만, 과학의 숭배를 가장 큰 악으로 간주하는 그의 입장은 마르크스주의로부터 얼마간의 거리를 두게 만들었다. 맥스 이스트먼Max Eastman의 《마르크스주의: 그것은 과학인가?*Marxism: Is it Science?*》(이것을 그는 리스의 책장에서 골랐다)를 읽은 후, 그는 마르크스주의는 혁명을 돕기 위해서는 더 과학적이 되어야 한다는 이스트먼의 견해를 이렇게 평했다.

> 사실 어느 것도 과학보다 더 **보수적**이지 않다. 과학은 철로를 깐다. 그리고 과학자들에게는 그들의 연구가 그 철로를 따라 움직여야 한다는 것이 중요하다.

그는 영국의 특권층의 자기만족에 대한 공산주의자들의 지독한 혐오감을 공유했다. 그는 또 혁명 비슷한 것을 보고 싶어 했다. 그러나 그는 혁명이 우리 시대의 과학적 세계관을 지지하지 말고 거부할 것을 원했다.

어느 경우이건 자신을 어느 한 정파와 동일시하는 것은 자신을 철학자로 보는 그의 시각 때문에 제한되었다. 그는 철학자란 냉정하게 진리를 추구하는 사람이며 그 과정에서 그가 형성했던 '애지중지하는 생각들'이 무엇이건 그것을 기꺼이 포기할 사람으로 보았다. 이때 리스는 (트로츠키주의자들의) 공산혁명당에 가입해야 한다고 느꼈다. 왜냐하면 그는 비트겐슈타인에게 말했듯이 "나는 현 사회에 대한 그들의 분석과 비판에 있는 중요한 점들과 그들의 목표에 찬성한다는 것을 점점 더 알게 되기 때문이다." 비트겐슈타인은 공감했지만 리스가 정당에 가입하는 데에는 반대했다. 왜냐하면 충성스러운 정당원으로서의 의무는 철학자로서의 의무와 양립하지 못할 것이라는 이유 때문이었다. 철학을 할 때, 너는 움직이는 방향을 계속 바꿀 준비가 되어 있어야 한다고 강조했다. 만일 네가 철학자로서 생각한다면, 너는 공산주의 사상을 다른 사상들과 다르게 대할 수 없다.

아이러니컬하게도 정치에 대한 관심이 가장 강했을 때, 그리고 좌파에 대한 공감이 절정에 도달했을 때, 그는 매우 존경하던 마르크스주의 지식인과 토론할 기회를 잃어버렸다. 1946년 5월 피에로 스라파는 더 이상 비트겐슈타인과 대화를 나누지 않기로 결심했다. 그는 비트겐슈타인이 토론하고 싶어 하는 문제들에 더 이상 유의할 수 없고, 그것들을 위해 더 이상 그의 시간을 사용할 수 없다고 말했다. 이것은 비트겐슈타인에게 큰 충격이었다. 그는 스라파에게 주례 대화를 계속하자고 간청했다. 철학적 주제가 아니라도 좋다고 했다. "나는 무엇에 관해서도 말할 것"이라고 그는 스라파에게 말했다. "좋습니다. 그러나 **당신의** 방식으로 할 것"이라고 스라파는 응답했다.

이것이 한 요인이었건 아니었건 간에, 1946년 여름 학기 내내 비트겐슈타인은 교수직에서 사임하고 케임브리지를 떠나는 것에 관해 더 자주 생각했다. 그가 여름휴가를 위해 스완지로 돌아왔을 때, 케임브리지와 강단 철학에 대한 혐오감은 절정에 달해 있었다. 리스가 없을 때 칼 브리튼이 이 염증의 결과 생긴 격분을 받아주어야 했다.

> 7월 어느 날 … 비트겐슈타인은 내게 전화를 했다. 그는 친구가 밖에 있어서 그러니 자기를 태워서 밖으로 데려가달라고 부탁했다. 그렇지만 그는 대체로 아주 적대적인 것처럼 보였다. 《마인드》는 '치료적 실증주의'에 관한 두 편의 논문을 막 출판했는데(나는 나중에 이것을

알았다) 이 때문에 그는 아주 화가 났다. 그는 내게도 화를 냈는데, 내가 마음 협회와 아리스토텔레스 학회의 연합 모임—철학자들의 연례 잼보리—에 갈 예정이기 때문이었다. 그는 그것이 내가 경솔하며 숨은 관심사를 갖고 있다는 것을 나타내는 것으로 간주했다. 그는 전문 철학자들에 맞서서 선을 긋고 영국의 철학 상황에 대해 탄식하면서 이렇게 물었다. "한 사람이 혼자서 무엇을 할 수 있겠는가?" 다음 잼보리는 케임브리지에서 열리며 내가 거기에서 발표할 예정이라고 말하자 그는 이렇게 말했다. "아주 좋군. 마치 자네가 내년 여름에는 케임브리지에 선페스트가 유행할 것이라고 말하는 것 같아. 그것을 알게 되어서 매우 기쁘네. 나는 분명히 런던에 있어야겠군."(그리고 실제로 그는 런던에 있었다.)

그날 늦게 비트겐슈타인은 브리튼의 집에서 차를 마셨다. 그의 기분은 이제는 더 쾌활해져서 그가 스완지를 얼마나 좋아하는지(런던과 케임브리지에 대한 혐오감과는 대조적으로) 말했다. 그는 브리튼에게 영국의 북부도 좋아한다고 말했다. 그는 뉴캐슬에서 겪었던 일을 회상했다. 한 번은 버스 차장에게 어느 극장에 가려면 어디에서 내려야 하는지 물었더니 차장은 즉시 그에게 그 극장은 나쁜 영화를 보여주고 있으니 다른 극장으로 가야한다고 말했다. 이 때문에 버스 안에서는 비트겐슈타인이 무슨 영화를 왜 봐야 하는지에 대한 뜨거운 논쟁이 벌어졌다. 그는 그것이 좋았다고 브리튼에게 말했다. 그것은 오스트리아에서나 일어날 것 같은 사건이었다.

이 마지막 비교는 무언가를 시사해주고 있다. 아마도 그것은 이 당시 비트겐슈타인이 그가 '영국 문명'을 왜 그렇게 '와해되고 썩어간다고' 격렬하게 비판했는지를 부분적으로 설명해줄지 모른다. 간단하게 말해서 그는 빈을 그리워하고 있었다. 그는 합병 전부터 빈에 가보지 못했다. 그리고 그때 이후 그는 오스트리아의 가족과 친구들과 거의 연락을 하지 못하고 있었다.

교수라는 것만으로도 충분히 나빴지만, 영국의 교수라는 것은 마침내 참을 수 없는 일이 되어버렸다.

24
모습의 변화

인류의 운명에 대한 비트겐슈타인의 비관적 견해는 2차 대전을 끝내게 했던 그 참혹한 사건들 때문에 생긴 것은 아니었다. 그것은 우리가 이미 본 것처럼 훨씬 더 긴 역사를 갖고 있다. 그러나 그 사건들로 인해 그는 인류가 파멸을 향하여 나아가고 있다는 오래된 확신을 더 강하게 믿게 된 것으로 보인다. 사람들을 죽이는 수단으로 이용된 기계들과 무섭게 발휘된 기술의 힘, 예컨대 드레스덴에 떨어진 폭탄, 수용소의 가스 오븐, 일본에 투하된 원자폭탄 등은 "과학과 산업이 정말로 전쟁들을 결정한다"는 믿음을 강력하고 최종적으로 입증했다. 나아가 인류의 종말은 정신을 기계로 대체한 결과, 신으로부터 멀어지고 과학적 '진보'를 믿게 된 결과라는 종말론적 견해를 더 확신하게 만들었다.

전쟁이 끝난 후 그의 공책들에는 이런 종류의 사색이 많이 적혔다. 그에게 강요된 한 가지 그림은 "위대한 모든 것들로부터, 말하자면 신으로부터 분리되고 셀로판지로 값싸게 포장된" 우리 문화의 그림이었다. 그는 집, 자동차 등 우리 주위를 장식하는 것들이 "인간을 그의 원천으로부터, 고귀하고 영원한 것 등으로부터 분리시킨다"고 생각했다. 마치 산업 시대의 장식물들에 의해 숨이 막혀 생명 자체가 종말로 다가가는 것 같았다. 그리고 물론 그것을 지적함으로써 이 과정을 변경할 수 있다고 기대하는 것은 쓸모없었다. 이 여행은 정말로 필요한 것인가? 이런 질문을 던질 수 있지만, 사람들이 그에 대해 "다시 생각해보니 그렇지 않다"라고 응답할 가능성은 거의 없었다. 하지만 비트겐슈타인은 그 모든 파멸의 근원에 있다고 생각했던 사고방식을 허무는 연구를 계속했다. 그리고 그는 제자들 중에서 그가 죽은 후에 이 연구를 계속할 수 있는 사람들을 갖고 있었다. 그가 한 학파 혹은 그와 유사한 것을 세우려는 희망을 가졌다는 것이 아니다. "나는 이 모든 질문들을 불필요하게 만들어버릴 인간 생활방식의 변화보다, 다른 사람들이 나의 연구를 계속해주기를 더 바라야 하는지 전혀 확신하지 못한다"고 적었다.

그 문제에는 절대로 이론적인 해결책은 있을 수 없고 오로지 실존적인 해결책만이 있을 수 있었다. 요청되는 것은 정신의 변화였다. "지혜는 차가우며 그 점에서 우둔하다.(한편 신앙은 열정이다.)" 다시 숨을 쉬기 위해서는, 그저 정확하게 생각하는 것만으로는 충분하지 않았다. 사람들은 행동해야 했다. 말하자면 셀로판지를 찢어버리고 그 뒤에 있는 살아 있는 세계를 드러내야 했다. 그는 이렇게 표현했다. "'지혜는 잿빛이다.' 한편 인생과 종교는 색으로 차 있다." 열정적인 종교적 신앙만이 유일하게 죽은 이론을 극복할 수 있다.

> 기독교가 말하는 것들 중의 하나는, 건실한 원리들은 모두 쓸모없으며 사람들은 그들의 **삶**(또는 삶의 **방향**)을 바꾸어야 한다는 것이라고 나는 믿는다.
>
> 그것은 지혜란 모두 차가운 것이며, 사람들은 **차가운** 쇠를 단련할 수 없듯이 삶을 올바르게 만들기 위해 지혜를 사용할 수 없다고 말한다.
>
> 요점은 건실한 원리가 사람들을 **지배할** 필요가 없다는 것이다. 사람들은 그것을 마치 의사의 처방을 따르듯이 따를 수 있다. 그러나 여기서 사람들은 자신들을 움직이게 해서 새로운 방향으로 전환시키

는 무엇을 필요로 한다.(즉, 나는 이것을 이렇게 이해한다. 일단 사람들이 전환하게 되면, 그들은 그 상태를 **유지**해야 한다.)

지혜에는 열정이 없다. 그러나 이와 대조적으로 신앙은 키르케고르가 일종의 **열정**이라고 부른 것이다.

러셀이 오래전에 그 자신의 이론적 열정과 같은 것이라고 잘못 생각했던 것은 사실은 바로 그것에 대한 공격이었다. 비트겐슈타인의 열정은 진심으로 반-이론적 열정이었다. 러셀은 나중에 비트겐슈타인이 신비주의를 좋아한 이유가 신비주의가 그로 하여금 생각하는 것을 멈추게 하는 힘을 가졌기 때문이며, 비트겐슈타인은 진지한 생각을 불필요하게 만드는 원리를 채택했다고 비웃었는데, 이것이 사실 더 정확한 진단이었다. 만약 우리가 '진지한 생각'을 참인 이론을 구성하려는 시도와 같은 뜻으로 생각하면 말이다.

"개방된 곳으로 분출하려고 애쓰는 **원시적** 삶, 야생의 삶"이라는 비트겐슈타인의 이상 — 비록 그는 자신이 그렇게 살고 있다고는 거의 생각하지 않았지만 — 은 그의 연구 목적과 인생의 방향 둘 모두를 이해하게 해주는 열쇠와 같다. 자신이 너무 이론적이고 너무 '현명'하다고 느끼는 한 그는 죽었다고 느꼈다. 종교를 향한 열정의 필요성은 그저 그가 자기 주변 세계에서만 요구된다고 생각했던 그런 것은 아니었다. 그는 자신도 우리 시대에 특징적인 바로 그 오류들을 공유하고 있으며 똑같은 치료 방법, 즉 신앙과 사랑을 필요로 한다고 느꼈다. 그리고 우리 시대가 신에 대한 믿음이 불가능함을 발견했듯이, 그 또한 스스로 기도할 수 없음을 발견했다. "마치 내 무릎이 굳어버린 것 같았다. 나는 부드러워지면 용해(내 자신이 용해)돼버릴까 두렵다."

그는 사랑의 필요성을 절실히 느꼈지만, 이에 대해서도 그 자신은 그런 능력이 없으며 두려워하고 있다고 자주 느꼈다. 물론 그는 사랑이 그로부터 떨어져 나갈까 봐 두려워했으며, 사랑의 덧없음과 불확실성을 너무 잘 의식하고 있었다. 1946년 그는 케임브리지에서 의학을 전공하는 벤 리처즈Ben Richards란 학부생과 사랑에 빠졌는데, 이는 그가 여전히 누군가를 사랑할 수 있다는 것을 보여주었기 때문에 그에게는 아마도 어느 정도 위안이었을 것이다. 리처즈는 이제 우리가 알게 된 비트겐슈타인의 마음을 따뜻하게 해줄 성질들을 갖고 있었다. 그는 비상하게 점잖았고 약간은 수줍어했으며 아마도 온순하였지만, 굉장히 친절하고 사려 깊었으며 예민한 감수성을 가졌다.

2차 대전 후 깊은 절망감에 빠져 있을 때, 비트겐슈타인은 벤에 대한 사랑에서 최소한 약간의 위안을 찾아내었다. 비록 그것이 가끔 또 하나의 걱정거리를 가져다준 것처럼 보이기도 했지만 말이다. "나는 아주 슬프고 매우 자주 슬프다. 마치 내 인생이 종말에 다다른 것처럼 느껴진다"고 그는 1946년 8월에 썼다.

> B에 대한 사랑이 내게 가져다준 **유일한** 것은 내 입장과 나의 연구와 관련된 조그만 걱정거리들을 뒷마당으로 치워주었다는 것이다.

사랑하고 있을지도 모른다는 불안이 아마도 가장 참기 어려웠을지도 모른다. 그리고 벤은 아주 젊었다. 그는 비트겐슈타인보다 거의 40년 정도 나이가 어렸다. 벤이 그의 사랑으로부터 벗어나 완전히 성장해버리는 것을, 그래서 "마치 소년이 아이였을 때 느꼈던 것을 더 이상 기억하지 못하듯이" 그와의 사랑을 기억하지 못하는 것을 상상하기란 쉬운 일이 아닌가? 그래서 며칠 후에 그가 벤이 보내는 편지를 초조하게 기다리고 있을 때, 벤이 그를 버렸다는 생각보다 더 그에게 가능성이 높고 실제로는 더 자연스러운 생각은 없었다. 그러나 벤이 보낸 편지를 발견하지 못하는 아침마다 그는 이것을 이상하게 여겼다. "마치 내가 아직 **깨닫지** 못한 것이 있는 것처럼 느꼈다. 마치 내가 진리를 더 분명하게 볼 수 있는 어떤 입지점을 발견해야 하는 것처럼 말이다."

연인으로부터의 편지를 기다리는 동안 비트겐슈타인이 느꼈던 거의 참을 수 없는 번민에 대한 이런 설명들은 어디서 들은 것처럼 생각될 수 있다. 그것은 핀센트의 경우에도 스키너의 경우에도, 그리고 심지어 커크의 경우에도 같았다. 하지만 벤에 대한 사랑에는 새로운 특징이 있었다. 그것은 과거의 유아론과 결별한 것이었다. 8월 14일 그는 마치 처음 생각이 떠오른 듯이 이렇게 적었다.

> 한 사람이 **다른** 사람의 아픔에 대해 생각한다는 것은 **진정한** 사랑의 표시이다. 왜냐하면 그 사람 역시 아파하는 한 명의 가여운 사람이기 때문이다.

아마도 파리가 마침내 파리병으로부터 나가는 길을 발견해낸 것인지도 모른다. 더욱이 병 밖에서의 생활이 반드시 더 좋지는 않다는 것을 발견했을지도 모른다. 자신을 기본적인 것들에 노출시키는 것은 심지어 더 위험할 수 있다. "나는 내 정신 건강이 가느다란 실에 매달려 있다고 느낀다"고 그는 8월 18일 적었다.

> 물론 B에 관한 걱정과 근심 때문에 나는 힘들다. 하지만 만약 내가 그렇게 쉽게 불타오르지 않는다면, 즉 '인화성이 높지' 않다면, 그 말은 맞지 않을 것이다.

그는 다음과 같은 생각을 해보았다. 전에는 사람들이 수도원에 갔다. "그들은 어리석은 사람들이었는가 아니면 무감각한 사람들이었는가? 글쎄, 만일 거기에 간 사람들이 자신들이 계속 살아가기 위해서 그러한 방법을 취할 필요가 있었다면, 그 문제는 쉬운 문제일 리가 없다!"

그러나 인간적이건 신적이건 간에 사랑이 그 문제에 대한 해결책일지라도 그것은 마음대로 취할 수 있는 것이 아니었다. 그것은 하나의 선물로서 주어져야만 했다. 따라서 다른 철학자들이 그에게서 영감을 받은 생각을 출판하는 것에 관한 근심에 맞서 싸우기 위해서, 그는 자신의 연구는 오로지 "위로부터 하나의 빛이 그것에 비추는 경우에만"

가치가 있다고 스스로에게 상기시켰다.

> 그리고 만약 그렇다면 왜 나는 노력의 과실이 도둑질당하는 것을 걱정해야 하는가? 만약 내가 쓰고 있는 것이 정말로 어떤 가치를 갖고 있다면, 어떻게 누군가가 그 가치를 나로부터 훔칠 수 있는가? 그리고 만약 위로부터의 빛이 없다면, 어느 경우이건 나는 영리하다는 것 이상일 수는 없다.

그리고 벤에 대한 사랑에 관해서는 이렇게 적었다.

> "왜냐하면 우리의 욕망은 우리가 바라는 것을 우리 자신에게조차 감추기 때문이다. 축복은 위로부터 가장한 모습으로 온다 등등." 나는 B의 사랑을 받을 때마다 이 말을 나 자신에게 한다. 왜냐하면 나는 그것이 위대하면서 희귀한 선물임을 잘 알기 때문이다. 나는 그것이 희귀한 보석과 같다는 것도 역시 안다. 그리고 또한 그것이 내가 꿈꾸어왔던 그런 종류의 것은 절대로 아님을 안다.

물론 케임브리지로부터 탈출해야 할 다른 이유들이 있었다. 스완지에서 케임브리지로 돌아왔던 바로 그날인 9월 30일에 비트겐슈타인은 이렇게 적었다.

> 이곳의 모든 것이 역겹다. 사람들의 경직성, 부자연스러움, 자기만족, 대학의 환경 때문에 구역질이 난다.

포래커에게 쓴 편지에서 그는 이렇게 말했다. "내가 가장 그리워하는 것은 말도 안 되는 말을 장황하게 할 수 있는 상대이다." 포래커는 가이에 있던 사람들 중 그가 연락을 유지했던 유일한 사람이었다. 1943년 결혼 후 얼마 지나지 않아 포래커는 입대하였고 극동으로 배치되었다. 그는 1947년 2월에야 집으로 돌아왔다. 그가 멀리 있는 동안 비트겐슈타인은 그를 아주 그리워했다. 그는 포래커에게 상당히 자주 편지를 보냈으며, "그 피bl… 수마트라이건 어디든 간에 어서 집으로 돌아오라"고 재촉했다. 이 편지들이 모두 남아 있지는 않지만, 비트겐슈타인이 포래커에게 느꼈던 애정은 남아 있는 편지들에서도 분명하게 나타난다. 이 편지들 중 1946년 8월부터 12월까지 여러 달 동안 쓴 여섯 통의 편지는 모두 "신의 가호가 있기를!"이라는 감탄문으로 끝나며, 포래커에게 집으로 빨리 오라는 요청을 담고 있다.

이 여섯 통의 편지들 중 첫 번째 것은 1946년 8월자인데, 극동에 있는 포래커에게 보내기 위해 비트겐슈타인이 골랐던 헤더heather(야생화 이름 — 옮긴이)에 관해 언급한다. 편지는 유럽의 '어수선한' 상황을 기술하곤 이렇게 끝맺는다. "그래서 네가 돌아올 때 멋진 것은 전혀 발견하지 못할 것이다. 하지만 그럼에도 네가 빨리 오기를 바란다. 그렇게 되면 나는 꽃을 골라서 수마트라로 보내는 귀찮은 일을 하지 않아도 될 테니까!"

이 편지들의 어조는 가볍고 그 안에는 일종의 '무의미'한 말들이 많이 나오는데, 비트겐슈타인이 이를 즐겼다는 점에서 패티슨에게 보낸 편지들을 상기하게 한다. 농담이나 장난기의 말을 포함하지 않은 편지는 거의 없다.

> 네가 정기적으로 편지를 받지 못한다니, 특히 내용으로 꽉 찬 내 편지를 못 받는다니 안됐다. 그 내용이란 종이, 잉크, 공기다. 모기는 네가 멋지기 때문에 너를 무는 것이 아니다. 왜냐하면 너는 멋지지 않기 때문이다. 너는 피bl… 형편없는데, 모기가 원하는 것이 그런 피이다. 네덜란드인들이 식량을 빨리 탈환해서 너를 돌려보내주기를 바란다!
> 〔1946년 10월 7일〕

> 도대체 네가 왜 내 편지를 받지 못하는지 모르겠다! 너는 그 편지들이

너무 멋있어서 검열관들이 그것들을 기념품으로 보관하고 있다고 생각하는가? 그렇더라도 나는 놀라서는 안 되겠지! 자, 제발 남 수마트라와 중앙 수마트라 관광을 마치고, 비행기plane('대패'란 다른 뜻도 있다 — 옮긴이)를 잡아타고(목수들이 사용하는 그런 종류를 뜻하는 게 아니다) 집으로 오라. [1946년 10월 21일]

지금 나는 학기 초보다는 훨씬 더 잘 지내고 있다. 그때는 기분이 아주 안 좋았었고 이상하게 쉽게 피로해지곤 했었다. 나는 절망한 나머지 여기 케임브리지에 있는 의사 한 명을 만났다 … 글쎄, 그는 이런저런 것을 하라고 충고해주다가 끝내는 비타민 B를 복용해볼 수 있다고 말했다 … 그래서 비타민 B를 먹어보긴 했지만 효력이 있으리라고는 전혀 생각하지 않았다. 그런데 놀랍게도 효력이 있었다. 나는 지금 그것을 규칙적으로 복용하고 있으며, 그 후론 더 이상 쉽게 피곤해지는 일은 없다. 사실 내가 비타민 B로 꽉 차 있을 때 나는 너무나도 재치 있게 되어 농담들이 꽉 막혀 밖으로 나올 수 없을 정도이다. 이거 큰일 아닌가? [1946년 11월 9일]

그가 포래커와 맺었던 이런 종류의 단순하고 복잡하지 않은 관계는 그에게는 학교 밖의 생활에서 그가 취할 수 있던 생활의 한 가지 모델로 남게 되었다. 10월 21일자의 편지에서 그는 이렇게 적었다.

나는 매일 현재의 직업을 그만두고 친구들과 좀 더 인간적인 접촉을 할 수 있는 뭔가를 생각한다. 하지만 내가 어떤 일을 할지는 하늘만이 안다! 왜냐하면 나는 이미 아주 괴팍한 늙은이가 되었기 때문이다.

이 편지는 그 자주 등장하는 후렴으로 끝난다. "네가 그 피bl… 수마트라로부터 돌아오기를 바란다."

그는 11월 초 도덕과학클럽의 모임에 참석한 후, 거기에서 그가 우둔하고 공허한 행동을 해야 하는 것에 넌더리가 났다. 그는 자신에게 "내가 계속 가르쳐야 할까?"라고 물었다. 그곳의 "분위기는 견딜 수 없었다"고 그는 적었다.

케임브리지에 있던 다른 철학자들(특히 브로드와 러셀)과 초빙교수들 중 많은 이들이 이 모임에서 그가 하는 처신을 용인하지 못했다. 10월 26일 칼 포퍼가 그 클럽에서 "철학적 문제들은 있는가?"란 질문에 대해서 발표할 때, 나중에 유명해진 충돌 사건이 일어났다. 포퍼가 선택한 주제와 발표하는 방식은 의도적으로 비트겐슈타인을 자극하려고 짜여진 것이었다.(포퍼는 비트겐슈타인이 철학적 문제들의 존재를 부인한다고 생각했다.) 그것은 당연히 그를 자극했다. 비록 정확하게 어떻게 해서 그렇게 되었는지는 전설의 안개 속에 묻혀버렸지만 말이다. 포퍼와 비트겐슈타인 모두 부지깽이를 든 채 서로 치고받았다는 이야기도 있다. 포퍼는 자서전에서 이런 풍문을 일소에 부치지만 그것은 또 다른 이야기로 대체되는 결과만 낳았을 뿐이다. 그때 거기에 있었던 사람들 중 일부는 다시 그 이야기에 의문을 제기해왔다. 포퍼에 의하면 그와 비트겐슈타인은 철학적 문제들의 존재 여부에 관해서 활발한 토론을 벌이고 있었다. 그는 하나의 예로 도덕적 규칙들의 타당성에 관한 문제를 들었다. 이때 내내 부지깽이를 갖고 장난하고 있었던 비트겐슈타인이 손에 부지깽이를 든 채 일어나서 도덕적 규칙의 예를 들어보라고 요구했다. "초빙교수를 부지깽이로 위협하지 않는 것"이라고 포퍼는 응답했고, 이에 맞서 비트겐슈타인은 방을 뛰쳐나가버렸다. 이 모임에 러셀이 있었는데, 그는 포퍼에게 공감한다는 의사를 표시했다. 그 논쟁에 대한 다른 묘사에 의하면, 포퍼와 비트겐슈타인은 서로 주제를 혼동하고 있다고 상대방을 비난하다가 비트겐슈타인이 격노해서 나가버렸으며, 러셀이 그의 뒤에서 "비트겐슈타인, 이 모든 혼란을 만드는 것은 바로 자네야"라고 외쳤다고 한다.

무슨 일이 일어났든지 간에 그것은 그 당시 케임브리지의 대부분의 젊은 철학자들이 비트겐슈타인을 열렬히 추종하는 경향을 바꾸는 데 아무 영향을 미치지 못했다. 길버트 라일은 그가 가끔 도덕과학클럽에 참여할 때 "비트겐슈타인에 대한 존경이 절제가 없을 정도여서, 가령 내가 어느 다른 철학자에 대해서 언급하면 야유를 받는 것"을 발견하곤 마음이 상했다고 말했다.

> 비트겐슈타인의 생각과 다른 생각들을 이처럼 무시하는 태도가 내게는 학생들에게 교육적으로 나쁘고 비트겐슈타인 자신을 위해서도 좋지 못한 것처럼 보였다. 이 때문에 나는 철학적 다국어에 익숙해지는 것 대신에 1개 국어를 말하는 것을 피하자고, 더욱이 한 명이 하는 1개 국어의 메아리를 피하자고 결심했다. 비록 그가 천재이며 친구일지라도 말이다.

라일이 생각하기에 비트겐슈타인이 "철학적 문제들을 주석과 관련된 문제들로부터 구분"한 것은 타당했다. 하지만 그는 또 다음과 같은 부당한 인상을 주었다.

> … 첫째로 그 자신 다른 철학자들을 연구하지 않는다는 것에 자부심을 갖고 있으며(하지만 그도 많이는 아니라도 그런 연구를 했다), 둘째로 그는 다른 철학자들을 연구하는 사람들은 강단적이며academic 따라서 진정한 철학자가 아니라고unauthentic 생각했다.

여기서 라일은 어느 정도 옥스퍼드인으로서 쓰고 있지만(그의 비판은 옥스퍼드의 가정교사 제도의 장점을 칭찬하는 문맥에 들어 있다) 과거의 위대한 책들을 읽는 것에 관한 비트겐슈타인의 태도에 관해 그가 한 말은 완전히 옳다. "나는 거의 철학 책을 읽지 않았지만, 나는 분명히 너무 적게가 아니라 **오히려 너무 많이** 읽었다. 철학 책을 읽을 때마다 나는 그것이 내 생각을 개선시키지 못하며 더 악화시킴을 알게 된다."

옥스퍼드에서 이런 태도는 결코 용납되지 못하는 것이었다. 일반적으로 케임브리지에서보다 옥스퍼드에선 옛것들에 대한 존경이 더 강하며, 옥스퍼드에서 철학적 훈련과 위대한 철학 고전을 읽는 것은 불가분의 관계에 있다. 옥스퍼드에선 아리스토텔레스의 글을 한 줄도 읽은 적이 없다고 자랑스럽게 주장하는 사람이 학과의 업무를 총괄하도록 허락받는 것은 상상할 수 없을 뿐 아니라, 어떤 종류의 강의를 맡는 것도 상상할 수 없다. 비트겐슈타인의 관점에서 보면 옥스퍼드는 '철학적 사막'이었다.

그가 옥스퍼드에서 청중들에게 발표를 한 적은 조웨트 학회Jowett Society에서 발표해달라는 초대를 허락했던 1947년 5월의 발표 단 한 번인 것으로 전해진다. 그는 그 학회의 대학 담당자였던 오스카 우드Oscar Wood가 데카르트의 "Cogito, ergo sum(나는 생각한다. 고로 나는 존재한다)"에 관해 발표했던 논문에 응답하게 되어 있었다. 그 모임은 모들린 칼리지에서 열렸는데, 예외적으로 참석자가 많았다. 우드의 동료였던 메리 워녹Mary Warnock은 일기에 이렇게 적었다. "실제로 내가 본 적이 있었던 모든 철학자들이 거기에 있었다." 그중 잘 알려진 철학자들로는 길버트 라일, 엄슨J. O. Urmson, 이사야 벌린Isaiah Berlin, 조지프 프리처드Joseph Pritchard가 있었다. 우드의 논문에 대해 응답할 때, 비트겐슈타인은 데카르트의 논증이 타당한지에 관한 문제는 완전히 무시했으며, 대신 그의 철학적 방법을 제기된 그 문제와 관련시키는 데 집중했다. 조지프 프리처드의 말에서 드러나듯 옥스퍼드의 기존 전통에 비추어서 이것은 환영받지 못할 새로운 사건과 같았다.

비트겐슈타인: 만약 어떤 사람이 나에게 하늘을 보면서 "나는 비가 올 것이라고 생각한다. 그러므로 나는 존재한다"라고 말한다면, 나는 그를 이해하지 못합니다.

프리처드: 그런 건 모두 좋습니다. 우리가 알고 싶은 것은 이것입니다. 코기토는 타당합니까, 아닙니까?

메리 워녹은 그녀의 일기에서 프리처드가 "아주 늙고 귀가 먹었으며 기침을 많이 했다"고 묘사했다. 그는 여러 번 데카르트의 코기토가 타당한 추리인지 아닌지에 관해서 비트겐슈타인이 말하도록 하기 위해 전혀 요령 없이 그의 말을 여러 번 중단시켰다. 그리고 그가 그럴 때마다 비트겐슈타인은 그 질문을 피했는데, 이는 그것이 중요하지 않다는 것을 함축했다. 프리처드는 데카르트가 관심을 가졌던 것이 그날 저녁 비트겐슈타인이 논의했던 어떤 문제들보다 훨씬 더 중요한 것이라고 반박했다. 그러고는 그는, 메리 워녹의 말에 의하면 "기분이 상한 채 발을 질질 끌며 나가버렸다." 일주일 후에 그는 죽었다.

비록 그 모임에 참가한 대부분의 사람들은 프리처드가 너무 무례했다고 느꼈지만, 또한 그의 반대에 대해서 어느 정도 공감을 하는 분위기도 있었다. 또 우드 논문의 핵심 부분에 대해서 응답을 하지 않음으로써 비트겐슈타인은 우드를 부당하게 모욕했다는 느낌도 주었다. 비트겐슈타인의 몰역사적이고 실존적인 철학 방법은 위대한 철학자들을 존경하는 옥스퍼드 특유의 배경에서는 거만한 것으로 간주되기 쉬웠을 것이다.

이때 비트겐슈타인을 옥스퍼드에 오게 하는 데 간접적으로 기여한 사람은 우드의 중개자 역할을 했던 엘리자베스 앤스콤Elizabeth Anscombe이었다. 앤스콤은 옥스퍼드의 세인트휴 칼리지St Hugh's College 학부를 나왔고, 비트겐슈타인의 강의에 참석하기 시작했던 1942년에는 대학원생으로 케임브리지에 있었다. 비트겐슈타인이 1944년에 강의를 시작했을 때, 그녀는 강의를 가장 열렬하게 듣는 학생들 중 한 명이었다. 그녀에게 비트겐슈타인의 치료적 방법은 그녀를 철학적 혼란으로부터 자유롭게 해준다는 점 때문에 일종의 엄청난 해방같이 느껴졌다. 그리고 그것은 더 많은 이론적 방법들이 실패했던 곳에서 성공했던 일종의 '약'이었다. "수년 동안 나는 카페 같은 곳에서 사물들을 응시하면서 이렇게 중얼거리며 시간을 보내곤 했다. '나는 소파를 본다. 하지만 내가 정말로 보는 것은 무엇인가? 내가 지금 하나의 넓게 퍼진 노란 것 이상의 것을 본다고 어떻게 말할 수 있는가?'"

> 나는 항상 현상론을 증오했으며 그로 인해 함정에 빠졌다고 느꼈다. 나는 그것으로부터 빠져나오는 길을 볼 수 없었지만 그것을 믿지는 않았다. 현상론의 문제점들을 지적하는 것, 예컨대 러셀이 거기에서 발견한 오류들을 지적한 것들은 아무 소용없었다. 현상론의 힘과 중추신경은 여전히 살아서 맹위를 떨쳤다. 내가 그 신경이 뿌리 뽑히는 것을 본 것, 즉 "나는 이것을 가졌으며 (예컨대) '노랑'을 이렇게 정의한다"라는 그 중심 생각이 효과적으로 공격당하는 것을 본 것은 오직 1944년 비트겐슈타인의 강의에서였다.

1946~1947년에 그녀는 서머빌 칼리지Somerville College에서 연구 장학금을 받으면서 다시 옥스퍼드에 있게 되었지만, 일주일에 한 번은 케임브리지로 가서 또 한 명의 학생인 히자브W. A. Hijab와 함께 비트겐슈타인에게 개인 교습을 받았다. 앤스콤과 히자브 모두의 요청에 따라 이 개인 교습은 종교 철학에 관한 주제를 다루었다. 그해 말엽 그녀는 비트겐슈타인의 가장 가까운 친구들 중 한 명이 되었고, 그가 가장 신임하는 학생들 중 한 명이 되었다. 그는 학문을 하는 여자들 그리고 특히 여성 철학자들을 일반적으로 싫어했지만 앤스콤은 예외였다. 실제로 그녀는 그가 다정하게 '노인old man'으로 호칭하는 명예 남성이 되었다. 어느 강의에서 그는 그녀에게, 그에겐 기쁘게도 다른 (여)학생들이 참석하지 않은 것을 발견하곤 "여자들이 사라져서 아주 다행이다!"라고 말한 적이 있었다.

이 당시 앤스콤은 카프카의 열광적 숭배자여서 그녀의 열정을 나눌 겸 비트겐슈타인에게 그의 소설 몇 권을 빌려주었다. 이 책들을 돌려주면서 비트겐슈타인은 "이 사람은 그 자신의 곤경에 관해서 쓰지 않느라고 자신을 큰 곤경에 빠뜨린다"고 말했다. 그는 비교해보라고 바이닝거의 《최후의 네 개*The Four Last Things*》와 《성과 성격》을 추천해주었다. 바이닝거는 그의 단점이 무엇이든지 간에 정말로 그 자신의 곤경에 관해 썼던 사람이었다고 그는 말했다.

이런 뚜렷한 목표, 즉 본질적이지 않은 모든 것과 모든 허위의식을 벗겨버리겠다는 "뿌리를 뽑아버리겠다는" 결심은 영감을 불러일으키기도 하지만 불안을 초래할 수도 있었다. 앤스콤은 그것을 자유를 주는 것으로 느꼈다는 점에서 아주 드문 예였다. 비트겐슈타인의 마지막 강의들 중 몇 강의를 들었던 아이리스 머독Iris Murdoch은 비트겐슈타인과 그의 강의 방식 모두가 '매우 기를 꺾는다'고 생각했다.

> 그의 비범할 정도로 문제에 직접 접근하는 태도와 어떤 종류이건 부수적인 것을 허용하지 않는 태도는 사람들의 기를 꺾었다 … 우리가 사람들을 만날 때 대부분의 경우 그들을 어떤 체계 안에서 만난다. 그들에게 어떻게 말하는지 등에 관한 규약이 있다. 개인적인 성품이 서로 직접 충돌하는 경우는 없다. 그러나 비트겐슈타인은 그가 맺는 모든 관계에서 이런 충돌을 불러왔다. 나는 그를 오직 두 번 만났을 뿐이며 그를 잘 모른다. 내가 그를 항상 한 인격으로서 외경심과 놀라운 마음으로 생각하는 것은 아마 그 때문일 것이다.

이 기간 동안 비트겐슈타인이 대단히 존중했던 학생은 게오르크 크라이젤Georg Kreisel이었다. 그라츠Graz 출신인 크라이젤은 1942년에 수학과 학생으로 트리니티 칼리지에 입학했다. 그는 비트겐슈타인이 전쟁 중에 했던 수리철학에 관한 강의에 참석했다. 크라이젤이 겨우 21세였던 1944년에 비트겐슈타인은 크라이젤이야말로 그가 만난 철학을 하는 수학자들 중에서 가장 유능한 철학자라고 선언함으로써 리스를 놀라게 했다. "램지보다 더 유능합니까?" 리스는 물었다. "램지? 램지는 수학자였다!"고 비트겐슈타인은 답했다.

비록 2년 이상 수리철학에 대해서 쓰지 않았지만, 1946년과 1947년 동안 비트겐슈타인은 이 주제에 관해 크라이젤과 정기적으로 토론했다. 이 토론의 방향은 여느 때와 달리 비트겐슈타인이 아니라 크라이젤이 정했다. 비트겐슈타인이 죽은 후 수학에 대한 그의 단평들이 출판되었을 때, 크라이젤은 그 단평들의 내용에 대해 놀라움을 표시했다. 《수학의 기초에 관한 고찰》을 읽은 후 크라이젤은 그가 비트겐슈타인과 했던 토론에서 제기했던 토픽들은 "비트겐슈타인의 주요 관심사와는 동떨어진 것이었으며, 그럼에도 비트겐슈타인은 그가 그것을 전혀 눈치채지 못하게 했음"을 깨달았다고 적었다.

크라이젤과 한 토론에서 자극을 받은 비트겐슈타인은 그가 케임브리지에서 지낸 마지막 해에, 매주 하는 심리철학 강의에 수리철학 세미나를 정기적으로 추가했다. 그렇지만 크라이젤은 세미나보다는 토론이 더 가치 있었다고 기억한다. 비트겐슈타인의 공개 강의는 "딱딱했고 자주 일관성을 잃었다"고 그는 말했다.

크라이젤은 제자가 될 인물은 아니었다. 케임브리지를 떠난 후 그는 괴델과 공부했으며, 비트겐슈타인이 수리논리학의 '암적 성장'이라고 비판한 바로 그 수학 분야에서 지도자급 인물로 성장했다. "수리논리학에 대한 비트겐슈타인의 견해는 그렇게 가치 있는 것이 아니었다. 왜냐하면 그는 많이 알지 못했고, 그가 아는 것은 프레게-러셀류의 성과에 제한되었기 때문"이라고 그는 훗날 적었다. 《청색 책》, 《갈색 책》이 출판되었을 때, 그의 무시하는 듯한 태도는 더 강하고 혹독한 표현으로 나타난다. "전통적 철학의 중대한 문제들에 대한 입문서로서 이 책은 개탄스럽다."

> 이 책은 주로 개인적 반발에 기초하고 있다. 내가 일찍이 비트겐슈타인의 관점을 접한 것은 학문으로서의 철학 자체를 독립적으로 바라보기 위한 유익한 관점을 제시했다기보다는 방해했다고 나는 믿는다.

비트겐슈타인 스스로도 자주 학생들에게 나쁜 영향을 미쳤다고 생각했다. "내가 뿌린 유일한 씨는 일종의 장광설일 뿐"이라고 그는 말했다. 사람들은 그의 제스처를 흉내 냈고, 그의 표현들을 빌려 썼으며, 심지어는 철학적 글쓰기에서도 그의 기법을 사용했다. 이 모든 것은 그의 연구의 핵심을 이해하지 못한 채 행해지는 것으로 보였다.

그는 이 핵심을 명확하게 만들기 위해 재삼 시도했다. 그가 마지막으로 한 일련의 강의는 강의의 목적을 강하게 그리고 애매하지 않게 말하는 것으로 시작했다. 심리학을 '심적 현상에 관한 과학'으로 생각하도록 만드는 혼란을 해소시키는 것이 그 목적이었다.

> 이 강의의 주제는 심리철학입니다. 우리가 과학에서 그리고 과학으로부터 생기는 문제들을 논의할 예정이라는 것이 이상하게 보일지 모릅니다. 왜냐하면 우리가 심리 과학을 할 것도 아니며, 과학을 할 때 발견하는 것들에 대해 아무런 정보도 갖고 있지 않기 때문입니다. 그러나 이것들은 우리가 심리학이 말할 수 있는 것이 무엇인지 그리고 비-심리학자들(그리고 우리들)이 말하는 것이 무엇인지를 살펴볼 때 자연스럽게 떠오르는 문제들이며 수수께끼들입니다.
>
> 심리학은 흔히 심적 현상에 대한 과학으로 정의됩니다. 우리가 보게 되겠지만 이것은 약간 특이합니다. 그것을 물리 현상에 대한 과학과 대조해보십시오. 문제가 될 만한 말은 '현상'이란 말입니다. 우리는 이렇게 생각합니다. 한쪽에는 특정한 일들을 하는 한 종류의 현상이 있고, 다른 쪽에는 다른 일을 하는 다른 종류의 현상이 있습니다. 그렇다면 두 종류의 것들을 어떻게 비교할 것인가? 그러나 아마도 양자 모두 상대방이 하는 일을 한다고 말하는 것은 무의미할지 모릅니다. '심적 현상에 대한 과학'이란 말로 우리는 모든 사람들이 의미하는 것, 즉 생각하는 것, 결정하는 것, 바라는 것, 욕구하는 것, 궁금해하는 것 … 등을 다루는 과학을 의미합니다. 그러면 오래된 수수께끼가 떠오릅니다. 심리학자들은 사람들이 하는 행동들, 가령 코를 잡고 돌리는 것, 혈압이 오르는 것, 초조하게 보이는 것, S초 후에 이것을

수용하는 것, S+3초 후에 그것에 대해 반추하는 것, 종이 위에 '아니오'라고 쓰는 것 등을 봄으로써 상관관계를 발견합니다. 그렇다면 심적 현상에 대한 과학은 어디에 있습니까? 답은 이렇습니다. 당신은 당신 자신의 심적 사건들을 관찰합니다. 어떻게? 내성에 의해. 그러나 당신이 관찰할 때, 즉 자신의 심적 사건들을 막 관찰하려고 할 때, 당신은 그것에 변화를 주어 새로운 사건을 만들어내게 됩니다. 그런데 관찰의 핵심은 그런 일을 해서는 안 된다는 것입니다. 관찰은 그것을 피하는 일이라고 간주됩니다. 그렇다면 심적 현상의 과학은 이 수수께끼를 안게 됩니다. 나는 다른 사람의 심적 현상을 관찰할 수 없습니다. 그리고 나는 '관찰'의 고유한 의미에서 나 자신의 심적 현상을 관찰할 수 없습니다. 우리는 어디에 있습니까?

이 마지막 질문에 대한 그의 답은 이렇다. 안개 속에 있다. 즉, 내성이나 행동의 분석에 의해 더 많은 자료를 축적함으로써 해결할 수 없는 일련의 혼란스러운 것들 안에 있다. 또한 그것들은 생각에 대한 **이론**에 의해 해결될 수도 없다. 안개를 걷히게 할 수 있는 유일한 것은 개념 분석, 즉 '의도', '의욕', '희망' 등의 단어들의 용법을 분석하는 것이다. 이런 분석은 이 단어들의 의미가 삶의 형식, '언어게임'으로부터 나온다는 것을 보여준다. 이 분석은 또한 물리적 현상을 기술하고 설명하는 것과는 아주 다른 것이다.

처음 두 학기 동안의 강의는 《탐구》 1부의 마지막 1/3에서 다루어진 것과 같은 분야를 다룬다. 즉 "생각이란 무엇인가?"라는 질문, '심적 현상'에 대한 분석, 그리고 '의도', '의욕', '이해', '의미'와 같은 구체적인 심리적 개념들의 탐구를 포함한다.

이때쯤 비트겐슈타인은 그가 철학적 문제를 다루는 것이 어떤 방식으로 오해를 받기 쉬운지에 대해 잘 이해하게 되었다. 그래서 그는 이 강의의 상당 시간을 그의 철학적 방법을 서술하는 데 사용한다. 이것 말고 그는 도덕과학클럽에서 "나는 철학을 무엇이라고 믿는가,

혹은 철학의 방법은 무엇인가"(그가 무어에게 참석해달라고 보낸 편지에서 사용한 표현)에 대해 발표했다. 혼동을 일으키는 한 가지 공통적 원인은, 비록 그는 뚜렷이 **현상**("생각이란 무엇인가?")에 관한 질문으로 시작했지만 **단어들**('생각'과 같은 단어)을 사용하는 방법에 관한 탐구로 끝난다는 것이었다.

두 번째 강의에서 그는 이전 강의에서 말했던 것을 정리하면서, 이 관점에 대해 많은 사람들이 느끼는 불편함을 요약했다.

> 지난번 강의로 돌아갑시다. 여러분들은 내가 (1) 우리는 분석을 원한다는 것을 시사했음을 기억해야 합니다. 이것은 만일 그것이 (2) 우리는 생각의 정의를 원한다는 것을 의미하지 않았다면, 별로 중요한 말이 아닙니다. 그러고는 난 의심스러운 단계로 넘어갔습니다. 나는 다음과 같은 점을 시사했습니다. 아마 우리는 실제로는 '생각'의 용법을 원할 것이다. 이에 대해 여러분은 "그러나 분명히 우리는 '단어들의 용법'에 관해 알고 싶어 하지 않는다"고 말합니다. 어떤 의미에서 우리는 분명히 그것에 관해 알고 싶어 하지 않습니다.

즉, 우리는 단어들의 용법을 그것 자체를 위해서 알고 싶어 하는 것은 아니다. 단어들의 (실제적이며 상상 속의) 용법을 기술하는 이유는 철학자들이 사례들을 '지극히 적게 섭취한' 결과 생긴 혼란스럽게 사물들을 보는 방식의 영향력을 약화시키기 위한 것이었다.

> 내가 제시하는 것은 표현의 용법의 형태학입니다. 나는 그것이 여러분들이 꿈꾸지 않았던 종류의 용법들을 갖고 있음을 보여줍니다. 철학에서 사람들은 개념을 특정한 방식으로 바라보아야 한다고 느낍니다. 내가 하는 것은 그것을 다른 식으로 바라보는 방법을 제안하거나 혹은 심지어 발명하는 것입니다. 여러분은 거기에 한 가지 가능성 또는 기껏해야 두 가지 가능성이 있다고 생각합니다. 더욱더 나는 개념

이 그 좁은 가능성들에 순응한다고 기대하는 것은 불합리하다는 점을 여러분이 보게 했습니다. 그렇게 해서 여러분의 심적인 경련은 풀어집니다. 그래서 여러분은 그 표현의 용법의 들판 주위를 자유롭게 둘러보고 그것의 여러 다른 용법들을 자유롭게 기술할 수 있습니다.

이 방법이 가진 다른 문제는, 비트겐슈타인이 풍부한 예들을 제공하지만 이렇게 함으로써 학생들에게 숲의 윤곽을 보여주지 않은 채, 나무들 속으로 인도하는 위험에 빠졌다는 것이다. 개스킹D. A. T. Gasking과 잭슨A. C. Jackson은 이렇게 회상한다. 강의를 따라잡기 어려운 것은 "구체적이고 세밀한 말들이 반복되는데, 이 모든 것이 어디를 향해 가는지를 알기 힘들다는 것, 예들이 서로 어떻게 연결되고 이 모든 것이 우리에게 익숙한 추상적 용어로 표현된 문제들과 어떤 관련이 있는지를 알기 어렵다는 사실로부터 생겼다."

이 문제 역시 비트겐슈타인이 알고 있었던 문제였다. "나는 학생들에게 그들 혼자서는 주변의 거리들을 알 가능성이 없는 그처럼 광대한 풍경의 세부적인 것들을 보여주고 있다." 강의에서 그는 이 유비를 자세하게 설명했다.

여러분에게 철학을 가르칠 때 나는 런던에서 어떻게 길을 찾는지를 보여주는 안내자와 같습니다. 나는 여러분들을 도시의 북쪽에서 남쪽까지, 동쪽에서 서쪽까지, 유스턴Euston에서 제방Embankment까지, 피카딜리Piccadilly에서 마블아치Marble Arch까지 데리고 다녀야 합니다. 여러분들을 데리고 도시 이곳저곳을 다니는 동안 우리는 어느 한 거리를 여러 번 통과했을 것입니다. 매번 각각 다른 여행의 일부로서 말입니다. 이런 여행이 끝날 때 여러분은 런던을 알게 될 것입니다. 여러분은 런던에서 태어나서 런던에서 산 사람처럼 런던의 거리를 알게 될 것입니다. 물론 훌륭한 안내원은 여러분을 주변 도로가 아니라 더 중요한 거리로 데리고 다닐 것입니다. 나쁜 안내원은 반대로 하겠죠.

나는 나쁜 안내원에 가깝습니다.

비트겐슈타인은 글을 쓸 때도 역시 주변 거리를 구석구석 돌아다니느라고 너무 많은 시간을 보내는 것이 아닌지 걱정했다. 그는 "내가 〔책에서〕 논의할 필요가 있는 것과 없는 것"을 알게 되기까지는 갈 길이 멀다고 말했다.

> 나는 여전히 세부 사항들에 묶여 있다. 그런 것들에 관해 말해야 하는지 아닌지에 대해 전혀 알지 못한 채 말이다. 나는 넓은 영역을 탐사하다가 결국에는 그것을 고려 대상에서 제외하겠다고 결정할지도 모른다는 생각을 한다.

비록 그는 전해에 준비했던 타자본을 '내 책'으로 불렀지만 그것을 아주 불만족스럽게 생각했다. 특히 마지막 1/3, 즉 이전 원고로부터 많은 내용을 가져온 심적 개념들에 대한 분석 부분이 마음에 들지 않았다. 그럼에도 불구하고 그는 노먼 맬컴(비트겐슈타인이 케임브리지에서 보낸 마지막 한 해 동안 그 역시 구겐하임 연구비Guggenheim Fellowship를 받아서 케임브리지에 있었다)과 그 책을 논의하기 위해 만났다. 그는 맬컴에게 타자본 한 권을 주었는데, 그 이유는 그 책을 한 문장 한 문장씩 함께 읽어야 한다는 것이었다. 그 과정은 다음과 같았다고 맬컴은 회상한다.

> 책의 맨 앞부터 시작해서 비트겐슈타인이 먼저 한 문장을 독일어로 크게 읽고, 다음에 그것을 영어로 번역했다. 그러고 나서 내게 그것의 의미에 관해 몇 가지 말을 했다. 그다음 그는 다음 문장으로 넘어갔다. 다음 모임에서 그는 전 모임의 마지막 부분부터 시작했다.

"이 일을 하는 이유는 책이 출판되었을 때, 그것을 이해하는 사람이 최소한 한 명은 있어야 한다"는 것이라고 비트겐슈타인은 설명했다. 이 말은 약간 이상하다. 왜냐하면 그때 그는 더 이상 이 타자본을 출판할 의향을 갖고 있지 않았고, 이미 마지막 단원을 다시 정리하려는 작업을 하고 있었기 때문이다. 맬컴과 토론하면서 동시에 일련의 원고본들이 만들어졌는데, 그는 이로부터 심리 개념들에 대한 그의 탐구를 더 만족스럽게 제시할 수 있기를 바랐다. 시간이 허비되었다는 것이 아니다. 왜냐하면 모임의 성격은 그들이 책의 마지막 단원에 도달하기 전에 바뀌었기 때문이다. 비트겐슈타인의 토론 방식은 맬컴의 취향에는 너무 일방적으로 주석에 치우쳐 있음이 드러났다. 맬컴은 현재 **자기가** 궁금해하는 철학적 문제들을 논의하고 싶었다. 그래서 비트겐슈타인도 그 과정을 점차적으로 부드럽게 고쳤다.

1946년 미가엘 학기 동안 비트겐슈타인은 벤 리처즈에 대한 사랑 때문에 잠시나마 행복했고 고뇌의 시간을 잊을 수 있었다. 10월 8일 그는 '모든 것이 행복'이라고 썼다. "만일 내가 지난 2주간을 B와 함께 보내지 않았더라면 이처럼 쓰지 못했을 것이다. 만일 사고나 병이 간섭했더라면, 나는 지난 2주간을 실제로 보낸 것처럼 보내지 못했을 것이다."

그러나 행복은 깨지기 쉬웠다. 최소한 그는 그렇게 느꼈다. "난 사랑에 있어서 너무 **신앙심**이 없고 **용기**도 없다"고 10월 22일에 썼다.

> 그러나 나는 쉽게 상처받고, 상처받을까 봐 두려워한다. **이런** 방식으로 자신을 보호하는 것은 모든 사랑을 죽이는 것이다. 왜냐하면 진정한 사랑은 **용기**를 필요로 하기 때문이다. 그러나 이것은 또한 [사랑을] 깨고 비난할 용기를 가져야 한다는 것을 뜻한다. 다른 말로 해서 치명적 상처를 견딜 용기가 있어야 한다는 것을 뜻한다. 그러나 나는 오로지 최악의 상황을 피하고 싶을 뿐이다.

"나는 내 인생의 사실들을 똑바로 바라볼 용기나 힘 그리고 명료성을 갖고 있지 않다"고 그는 며칠 후에 썼다. 이 사실들 중 하나는 이것일 것이다. "B는 내게 **전**前-사랑〔독일어로 쓰면 이 말은 이중 의미를 갖는다. Vorliebe는 좋아함, 선호를 뜻하기도 한다〕을 갖는다. 그것은 지속될 수 없는 것이다."

> 그것이 어떻게 희미해질지 물론 난 알지 못한다. 또한 그것의 일부가 어떻게 보존될지도 알지 못한다. 책장 사이에 일종의 기념물로 끼워진 것이 아니라 살아 있는 채 말이다.

그는 벤을 잃게 될 것이라고 확신했다. 그 확신감 때문에 그를 계속 만나는 것이 고통스러웠다. 그 때문에 "내 인생은 무서울 정도로 어렵게" 되었다. "**이런** 전망 속에서 이 관계를 유지하는 것을 어떻게 견딜 수 있을지 모르겠다."

그렇지만 그는 또한 관계를 끝낸다는 생각도 견딜 수 없었다. "절교한다는 상상을 할 때마다 나는 고통 때문에 공포에 떤다." 어느 경우이건 그것은 하늘이 준 위대하고 멋진 선물이 아니었는가? 그것을 버리는 것은 거의 불경죄를 저지르는 것이나 마찬가지일 것이다. 관계를 지속하든 끝내든 간에 고통과 아픔은 그가 견뎌낼 수 있는 것 이상처럼 보였다.

그러나 다음 날 그는 다짐했다. "사랑은 **기쁨**이다." 아마 고통과 섞여 있지만, 그럼에도 불구하고 기쁨이다. 그것이 기쁨이 아니라면 사랑이 아니었다. "사랑 안에서 난 안전하게 쉴 수 있어야 한다." 그렇지만 그는 회의 때문에 쉴 수가 없었다. 벤이 따뜻한 가슴을 갖고 있다는 것을 그는 의심하지 않았다. "그러나 넌 따뜻한 가슴을 거부할 수 있는가?" 이 질문은 즉시 그 핵심적인 회의를 재촉했다. 그 따뜻한 가슴이 "**나**를 위해 뛰고 있는가?" 그는 영어 속담을(아마 벤에게서 들은 말일지 모른다) 인용한다. "난 친구의 영혼을 다치게 하느니, 무엇이건 하겠다." 그는 계속 영어로 말한다.(이번엔 확실히 그 자신의 말이다.) "난 그가 **우리의 우정**을 다치게 하지 않을 것임을 알아야 한다." 벤에게 빠지면서 그는 단지 우정 또는 그저 좋아하는 것이 아니라 사랑을 요구했다.

> 사람은 피부 밖으로 나올 수 없다. 나는 평생토록 내 안 깊숙한 곳에 닻을 내린 요구를 포기할 수 없다. 왜냐하면 **사랑**은 자연과 묶여 있기 때문이다. 만일 내가 자연스럽지 않게 된다면 사랑은 끝나야 할 것이다. "나는 이성적인 사람이므로 더 이상 사랑을 필요로 하지 않는다"라고 말할 수 있을까? … 이렇게 말할 수는 있다. 그 마음대로 하게 하라. ― 언젠가 달라질 것이다 ― **사랑**, 그것은 사람이 마음으로 간직하는 값진 진주이며, **무엇**과도 바꾸려 하지 않는 것이며, 다른 모든 것보다 귀하게 여기는 것이다.◈ 사실상 그것은 값진 것이 무엇인지를 ― 우리가 그것을 가지고 있다면 ― **보여준다**. 사람은 잡다한 모든 것들로부터 귀금속을 찾아내는 것이 어떤 **의미**인지를 배운다.

"무서운 것은 불확실성이다." 그리고 이 불확실성 안에서 비트겐슈타인은 온갖 무서운 가능한 상상으로 그를 고문했다. "신을 신뢰하라"고 그는 자신에게 말했다. 그러나 문제는 그가 아무것도 신뢰할 수 없다는 것이었다.

> 현재의 나로부터 신을 신뢰하는 곳까지는 **먼** 길이다. 기쁜 희망과 공포는 가까운 사촌이다. 그중 하나와 경계를 마주하지 않고 다른 하나를 가질 수 없다.

그리고 또한 그가 사랑에 빠질 권리가 있는지에 대한 회의가 있었다.

◈ 마태복음 13 : 45~6 "하늘 나라는 장사꾼이 좋은 진주를 찾아다니는 것에 비길 수 있다. 그는 값진 진주를 하나 발견하면 돌아가서 있는 것을 다 팔아 그것을 산다." 이 암시를 보게 해준 데이비드 맥린톡 박사에게 감사드린다.

그렇게 함으로써 그는 기억에 남아 있는 프랜시스에 대해 부정을 저지르는 것이 아닌가? "이 질문을 너 자신에게 하라"라고 그는 11월 10일에 썼다.

> … 네가 죽을 때 누가 너를 위해 애도해줄 것인가? 그리고 그 애도는 **얼마나 깊을** 것인가? 누가 F를 위해 애도하는가? 어느 누구보다도 그를 애도할 이유가 더 많은 나는 얼마나 깊이 그를 애도하는가? 그는 일생 동안 누군가의 애도를 받을 자격이 있지 않은가? 그야말로 그런 자격이 있다.

그렇지만 프랜시스는 신의 손에 있었다. "사람들은 이렇게 말하고 싶어 한다. 신이 그를 돌보아주실 것이며, 악인이 그에게 주지 않았던 것을 그에게 주실 것이다." 하지만 그의 인생은 완전히 그 자신의 손에 있었다. 이틀 후에 따로 적은 한 구절에는 이렇게 적혀 있다. '인생의 근본적인 불안정성.' 토대는 한순간에 무너질 수 있다. "우정을 비겁하게 시험하지 말라"고 그는 요구했다. 그는 벤과의 관계가 거기에 가해질 압력을 이겨낼 수 있을지 알아야 했다. "지팡이는 사람이 그것을 들고 다니는 한 그럴듯하게 보인다. 하지만 거기에 네 무게를 의존하자마자 구부러져서 아무짝에도 쓸모없어진다."

확실히 의지할 수 없는 지팡이를 사용하는 것보다는 지팡이 없이 다니는 게 더 낫다.

> 심지어 그의 사랑 없이도 즐거울 수 있을까? 이 사랑이 없다면 절망 속으로 **빠져야** 하는가? 이 버팀목 없이는 살 수 없는가? 왜냐하면 이것이 문제이기 때문이다. 이 막대기에 기대지 않고는 똑바로 서서 걸을 수 **없는가**? 아니면 단지 그것을 포기하겠다는 **결심**을 할 수 없는 것인가? 아니면 둘 모두? 도착하지도 않을 편지를 계속 기다려서는 **안 된다**.

39 케임브리지에서 비트겐슈타인과 프랜시스 스키너

40 비트겐슈타인과 그의 조카딸 마리 슈토케르트(헬레네의 딸)

41~42 1949년 프랑스에서 여행을 하던 도중 비트겐슈타인이 패티슨에게 보낸 엽서 (왼쪽)
비트겐슈타인이 길버트 패티슨에게 보낸 전형적인 '난센스'의 한 예. "나의 최근 사진. 지난번 것은 아버지 같은 다정함만을 표현했는데, 이번 것은 승리를 표현한다." (오른쪽)

43 1936년 길버트 패티슨과 프랑스로 여행 갔을 때의 비트겐슈타인

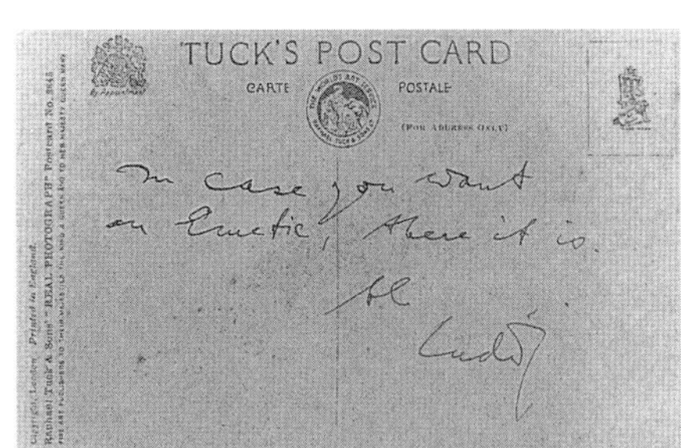
TUCK'S POST CARD
CARTE POSTALE
(FOR ADDRESS ONLY)

In case you want
an Emetic, there it is.
Ludwig

44~45 뮌헨에서의 체임벌린의 외교 행각에 대한 비트겐슈타인의 신랄한 반응. “구토제가 필요하다면, 여기 그것이 있다.”

46 1939년 트리니티 칼리지 펠로 정원에서의 비트겐슈타인(노먼 맬컴이 찍었다)

47 비트겐슈타인의 앨범에 있는 사진들. 세 장은 프랜시스 스키너, 마지막은 빈에서 크리스마스 때 모인 가족과 친구들

48 아일랜드 위클로 카운티의 킹스턴 가의 농가. 1948년 비트겐슈타인은 이곳에서 지냈다.

49 토미 멀커린스와 그의 어머니, 고모와 누이들. 코네마라에 있는 그의 비좁은 시골집 앞에서 찍은 사진이다.

50 스완지에서 찍은 비트겐슈타인(벤 리처즈가 찍었다)

51 런던에서의 비트겐슈타인과 벤 리처즈

52 비트겐슈타인의 마지막 사진들 중 하나. 케임브리지에 있는 폰 브릭트의 정원에서 찍었다. 비트겐슈타인은 그의 침대 시트를 걷어서 그 뒤에 쳤다.

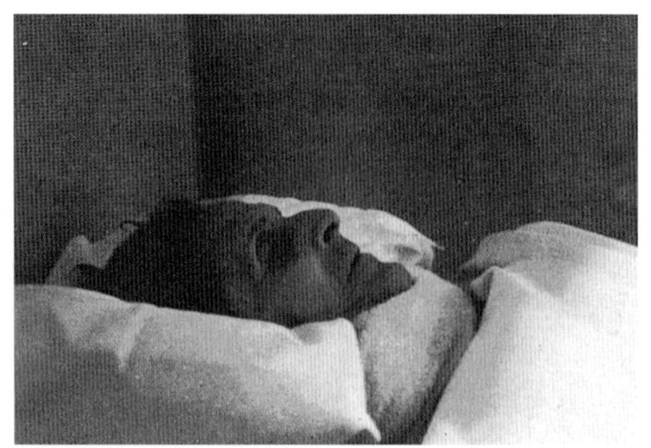

53 임종 시의 비트겐슈타인

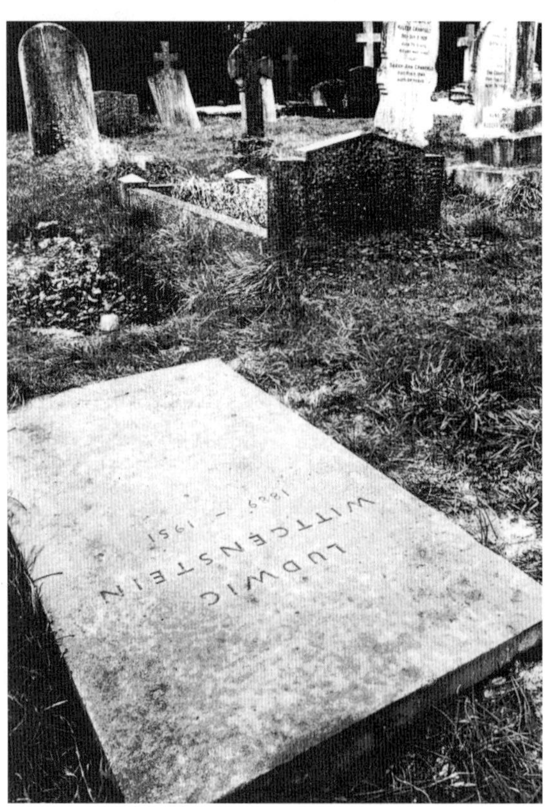

54 케임브리지 성 자일스에 있는 비트겐슈타인의 묘

버팀목으로 이용되는 한, 그 관계는 가치가 없었다. "나를 이 버팀목으로 미는 것은 사랑이 아니라, 내 두 다리만으론 안전하게 서 있을 수 없다는 사실이다."

벤이 없다면 그의 인생은 분명히 더 외롭고 비참할 것이다. 그러나 왜 고통을 겪지 않는가? 결국 "평생 동안 아픈 사람들도 있다. 이들이 아는 유일한 행복은 오랜 기간 동안의 극심한 고통 후에 찾아오는 고통 없는 몇 시간에서 생긴다.(축복받은 안도의 한숨 소리)"

> 사람이 고통을 겪는 것, 즉 나이 든 사람이 피곤하고 괴롭다는 것, 그래서 심지어 반쯤 미쳤다는 것이 그렇게 듣기 힘든 말인가?

탈진, 외로움, 광기 — 이것들은 그의 숙명이어서 받아들여야 했다. "단지 연극적인 것이 아닐 뿐이다. 너는 그런 것에 대해 방어해야 한다."

가장 힘든 위업은 희망을 가진 사랑을 하는 것이며, 희망이 성취되지 않더라도 절망하지 않는 것이다. "자비로운 아버지에 대한 믿음은 실제로 바로 이런 인생의 표현이다."

그렇게 사는 것이 진정한 해결책일 것이다. 그런 성취에 비하면 그의 철학적 연구는 시시한 것으로 희미해져버릴 것이다. "만일 내가 진심으로 행복하지 않다면, 나의 모든 재능이 내게 무슨 소용이란 말인가? 만일 내가 가장 중요한 것을 해결할 수 없다면, 철학적 문제를 푸는 것이 내게 무슨 도움이란 말인가?" 우리 강의는 진정 무슨 소용이 있는가?

> 내 강의는 잘 진행되고 있다. 결코 더 좋을 수 없을 것이다. 하지만 그 강의가 어떤 효과를 남길까? 내가 누군가를 돕고 있는가? 만일 내가 그들을 위해 비극적 역할을 연기하는 훌륭한 배우라면 할 수 있는 것 **이상으로** 그들을 돕고 있는 것이 전혀 아님은 확실하다. 그들이 배우는 것은 배울 가치가 없는 것이다. 그들에게 주는 개인적 인상

은 그들에게 아무런 도움도 주지 못할 것이다. 아마 한둘을 제외하곤 모든 학생들에게 이 말은 맞을 것이다.

1947년 여름 학기 중 비트겐슈타인은 가르치는 것을 그만두겠다고 결심했다. 그는 게오르크 폰 브릭트에게 교수직을 사임할 것이며, 폰 브릭트가 그 자리를 계승하기를 원한다고 말했다.

비트겐슈타인이 마지막 학기 중에 한 강의는 특별히 중요하다. 왜냐하면 그것은 그가 다음 2년 동안 몰두할 주제를 소개해주기 때문이다. 이것은 《철학적 탐구》 2부를 구성할 원고에서 최종적으로 표현될 것이다. 그가 유명하고도 애매한 오리-토끼의 그림을 처음 사용한 것이 이 강의에서였다.

이 그림을 아이에게 보여준다고 가정해보자. 그 아이는 "그건 오리인데" 하다가 갑자기 "그건 토끼"라고 말한다. 이것은 무엇을 알아보는 경험이다. 그래서 만일 당신이 거리에서 나를 보면 "아, 비트겐슈타인"이라고 말한다. 그러나 당신이 항상 무엇을 알아보는 경험을 하는 것은 아니다. 그 경험은 오로지 오리에서 토끼로 그리고 반대 방향으로의 변화의 순간에만 온다. 그 사이에는 그 모습은, 말하자면 성향적 dispositional(토끼로도 오리로도 보일 수 있는 잠재적 성향을 가진다는 의미 — 옮긴이)이다.

이 그림의 취지는 그것이 한 가지 이상의 측면aspect('상相-보기' 또는 '모습-보기, 국면-보기'라는 용어로 번역하기도 한다 — 옮긴이)으로 보여질 수 있다는 것이다. 같은 그림이 오리와 토끼로 보일 수 있다. 비트겐슈타인의 관심을 끈 것은 이 **무엇으로 보는 것**seeing-as의 현상이다. 이런 종류의 현상을 기술할 때, 마치 심리적 상태가 어떤 종류의 대상들인 것처럼 심리 상태에 대해 말하고 싶은 큰 유혹이 생긴다. 예를 들면 우리는 우리가 그것을 지금 오리로, 다시 토끼로 볼 때 그 외부의 모습 — 그 그림 — 은 변하지 않았으며 바뀐 것은 우리의 내적인 그림, 즉 우리의 감각 자료라고 말할 수 있다. 만일 이 생각이 일반화된다면, 그것은 비트겐슈타인의 심리철학의 타깃인 바로 그 감각 경험 이론, 즉 우리의 즉각적 경험의 대상은 사적이며, 경험론자들이 감각 자료라고 부르는 그림자 같은 것들이라는 현상론자들의 생각에 이르게 된다. 바로 이런 종류의 일반화를 두려워했기 때문에, 비트겐슈타인이 위에 인용된 강의와 《탐구》에서, 측면-보기aspect-seeing에 관해 처음 내세우는 주장 하나는 그것이 전형적이 아니라는 것이다. 우리는 모든 것을 어떤 것으로 보지 않는다.

> "지금 나는 그것을 …으로 본다"고 말하는 것은 칼과 포크를 보고 "나는 지금 이것을 칼과 포크로 본다"고 말하는 것만큼 거의 의미가 없을 것이다.

그러나 비록 무엇으로 보기의 경험이 모든 지각에 전형적이지는 않지만, 그것은 단지 현상론의 위험 때문이 아니더라도 비트겐슈타인에게는 특히 중요하다. 그의 철학적 방법의 목표는 특정한 것들이 보여지는 측면aspect을 바꾸는 것이다. 가령 수학의 증명을 명제들의 연속으로서가 아니라 그림으로 보는 것, 수학의 공식을 명제가 아니라 규칙으로 보는 것, 심리 상태의 1인칭 보고("나는 아프다" 등)를 기술descriptions이 아니라 표현expressions으로 보는 것 등 말이다. '연관들을 보는 것으로 이루어진 이해'는 측면의 변화로부터 귀결된 이해라고 말할 수 있다.

《탐구》에서 인정하듯이 비트겐슈타인은 오리-토끼 모양을 조지프 재스트로Joseph Jastrow의 《심리학의 사실과 우화*Fact and Fable in Psycho- logy*》(1900)에서 따왔다. 그러나 측면-보기에 대한 그의 논의는 야스트로브보다는 볼프강 쾰러Wolfgang Köhler에 훨씬 더 빚지고 있다. 이 논의에서 비트겐슈타인이 염두에 두고 있는 것은 쾰러의 《게슈탈트 심리학*Gestalt Psychology*》(1929)이며, 특히 '감각 기관'에 대한 장이다. 비트겐슈타인은 많은 강의를 이 책에서 뽑은 짧은 글을 읽는 것으로 시작했다.

쾰러에 대한 비트겐슈타인의 관심을 이해하기 위해서는 그들이 괴테로부터 받은 공통적인 유산을 이해해야 한다고 나는 생각한다. 왜냐하면 쾰러와 비트겐슈타인에게 모두 '게슈탈트Gestalt'라는 단어는 괴테의 (색채, 식물, 동물에 대한) 형태학적 연구에 그 뿌리를 가진 이해 양식이란 의미를 갖고 있기 때문이다. 그리고 아주 다른 방식으로, 둘 모두 괴테 식의 개념을 그들 사고의 중심 강령으로 사용했기 때문이다.

독일어인 '게슈탈트'는 보통 '모양'이나 '형식'을 뜻한다. 그렇지만 쾰러는 괴테를 따라서 그것을 아주 다른 것을 의미하기 위해 사용했다.

> 최소한 괴테의 시대 이후, 특히 자연과학에 대한 그의 글들에서 '게슈탈트'란 명사는 독일어에서는 두 의미를 갖고 있다. 사물의 속성으로서의 '모양'이나 '형식'의 의미 말고 그것은 구체적인 개별자와 독특한 존재 — 이것은 독자적으로 존재하며 그것의 속성들 중 하나로서 모양이나 형식을 가진다 — 의 의미를 갖고 있다. 이 전통에 따라서 게슈탈트 이론에서 '게슈탈트'란 단어는 분리된 전체를 의미한다.

'분리된 전체'의 개념, 혹은 쾰러가 자주 사용하는 '유기적 전체'는 쾰러의 반-행동주의 심리학의 토대를 이룬다. 행동주의자들의 자극-반응의 기계적 모델에 대항해서, 쾰러는 그가 인간 행동의 '역동적' 모델이라고 부르는 모델을 사용한다. 이 모델은 지각에 있어서 조직의 능동적 역할을 강조한다. 우리의 지각은 분산된 자극들이 아니라 조직화된 게슈탈트들이라고 쾰러는 말한다. 가령 우리는 종이 위에 있는 세 점을 보지 않는다. 우리는 그 점들을 삼각형으로 형성해서 그것들을 전체로, 하나의 게슈탈트로 본다.

인간 심리의 '역동적' 이해를 위한 쾰러의 프로그램은 자연의 '역동적' 이해를 위한 괴테의 프로그램과 아주 비슷하다. 쾰러가 행동주의에 함축된 기계론에 반대하듯이, 괴테는 당시의 기계론적 뉴턴식 과학에 대한 대안을 내놓겠다는 동기로 그의 과학적 연구를 시작했다.

자연적 형태의 형태학적 이해를 위해 괴테가 한 최초의 시도는 식물 연구였다. 《이탈리아 여행*Italian Journey*》에서 발전된 그의 생각은 식물의 일생은 체계적으로(그러나 반-기계적으로) 연구될 수 있다는 것이다. 만일 모든 식물들이 하나의 게슈탈트 아래에서 보여질 수 있다면 말이다. 자연현상의 각 유형마다 — 가령 식물과 동물 — 단일한 형식, 원현상Urphänomen이 존재해야 한다. 이 유형의 모든 사례들은 원형상의 변형들로 보여질 수 있다. 식물의 경우에 원현상은 원식물Urplanze일 것이다.

그렇지만 괴테의 연구에서는 원식물의 본성에 관해서 약간의 혼란이 있다. 한번은 그는 그것을 언젠가 발견될 실존하는 식물로 간주했다.

> 여기[이탈리아]에선 식물을 우리처럼 화분이나 유리 아래에서 자라게 하는 것이 아니라, 밖에서 신선한 공기 아래에서 자유롭게 그들의 자연적 운명대로 자라게 한다. 그래서 여기에선 그것들은 더 이해하기 쉽다. 그렇게 새로운 다양한 형태들을 보면서, 나의 오래된 환상이 갑자기 마음에 떠올랐다. 이 많은 것들 중에 원식물을 발견할 수 없을까? 확실히 그것은 있어야 한다. 그렇지 않으면, 모든 것이 똑같은 기초적 모델 위에서 만들어지지 않았다면, 나는 어떻게 이런저런 형태가 식물이라는 것을 인지하겠는가?

그렇지만 한 달 후 그는 그것을 자연에서 발견할 수 있는 것이 아니라,

그 자신에 의해서 창조되어 가능성들을 재는 한 척도로서 자연에 부여된 것으로 생각했다.

> 원식물은 세계에서 가장 이상한 피조물일 것이다. 자연 자체도 그것으로 인해 나를 질투할 것이다. 이 모델과 그것을 여는 열쇠를 갖고, 계속 식물들을 발명하는 것과 그것들의 존재가 논리적임을 아는 것이 가능할 것이다. 즉, 만일 그것들이 실제로 존재하지 않는다 하더라도 그것들은 존재할 수 있을 것이다.

이 두 가지 생각의 차이는 근본적으로 중요하다. 전자는 괴테의 형태학을 일종의 엉터리 사이비-진화론처럼 보이게 한다. 마치 그 임무가 하나의 식물을 찾아내 그것으로부터 모든 것들을 (인과적으로) 도출해내는 다윈 식의 작업인 것처럼 말이다. 두 번째는 원식물이 어떤 인과적 추론을 하는 데 사용될 수 없다는 것을 명확하게 한다. 형태학의 임무는 경험적 법칙(진화의 법칙 등)을 발견하는 것이 아니라, 우리에게 식물의 일생의 전 범위에 대한 개관적 견해übersicht를 제공하는 것이다. 괴테의 연구와 비트겐슈타인의 연구를 연결시키는 것은 바로 이 두 번째 생각이다.

괴테의 형태학은 비트겐슈타인에게 그것이 다루는 현상을 설명하지 않고 명료성을 추구하는 연구의 한 예를 제공해주었다. 이런 종류의 연구는 유비들을 보는 것으로 이루어진다. 그렇지만 비트겐슈타인의 형태론적 서술을 이해하기 위해 결정적인 것은, 원현상(원식물)으로 사용되는 게슈탈트는 그것 자체로는 대상이 아니라는 것이다. 마치 관념이나 개념이 대상이 아닌 것처럼 말이다. 우리는 게슈탈트를 인정하는데, 그것은 물리적 대상을 본다는 의미가 아니라 우리가 유사성을 보거나 인정한다는 의미이다. 이 구분은 아주 중요한 구분이다. 그러나 게슈탈트, 원현상, 원식물 등이 모두 명사이기 때문에, 그리고 우리는 그것들을 본다거나 인지한다는 식으로 말할 수 있기 때문에 그 구분을 잊기 쉽다. 이처럼 《탐구》에서 측면-보기aspect-seeing를 논의할 때, 비트겐슈타인은 그 구분을 멋질 정도로 명확하게 설명하는 것으로 시작한다.

> '보다'란 단어의 두 용법.
>
> 첫째, "너는 거기에서 무엇을 보니?"—"나는 이것을 본다." (그리고 다음 서술, 그림, 복사품 등이 주어진다.) 둘째, "나는 이 두 얼굴들 사이의 유사성을 본다."—내가 이것을 말하는 사람으로 하여금 얼굴을 나만큼 명확하게 보게 하라.
>
> 이것의 중요성은 시각의 두 '대상들' 사이의 범주의 차이이다.

괴테가 자신의 생각을 실러에게 설명하려고 했을 때, 원식물 개념에 대해 서로 동의할 수 없었던 근본적 이유는 '보다'란 단어의 애매성 때문이다.

> 나는 그에게 〈식물의 변태〉를 아주 생생하게 설명했다. 그리고 펜으로 몇 가지 줄을 독특하게 그으면서 그의 눈앞에 하나의 상징적인 식물을 그려놓았다.

실러는 이 '상징적 식물'을 시각의 대상으로 보기를 거부했다.

> … 내가 끝마쳤을 때, 그는 머리를 가로저으며 다음과 같이 말했다. 이것은 **경험**과는 아무 관계도 없다. 그것은 관념이다.

그러나 괴테는 꿈쩍도 안 했다. 그러고는 그가 말하고 있는 것은 그가 본 적이 있었던 것이라고 고집했다.

> 자, 그럴수록 더 좋다. 그것은 내가 그것을 알지 못한 채 관념을 가졌

> 음을 뜻한다. 그리고 심지어 그것들을 **내 눈으로 본다**는 것을 뜻한다 … 만일 그가 내겐 경험인 것을 관념으로 간주한다면, 결국 그 둘 사이에 어떤 매개, 관계가 있어야 한다.

비트겐슈타인의 견해에 따르면 괴테와 실러 모두 맞다고 할 수 있다. 실러는 원식물이 (물리적 대상의 범주가 아니라) 관념과 같은 범주에 속한다고 고집한 점에서 옳다. 그리고 괴테도 그것을 그 자신의 눈으로 어느 의미에선 본다고 고집한 점에서 옳다. 철학적 임무는 어떻게 이것이 가능한지를 설명하는 것이다. 즉, 무엇으로 보기의 현상을, 게슈탈트('모습', '유기체적 전체')는 관념이며 동시에 시각의 '대상'이라는 주장이 역설적으로 보이지 않도록 기술하는 것이다.

그렇다면 쾰러의 《게슈탈트 심리학》에서 제기되는 문제들은 비트겐슈타인의 중심 관심사가 된다. 그렇지만 쾰러가 그것을 다루는 방식은 비트겐슈타인이 그의 '사적 언어 논증'에서 축출하려고 시도했던 바로 그 개념적 혼란과 충돌한다. 쾰러의 혼란은 게슈탈트를 "구체적인 개별자와 독특한 존재로서 독자적으로 존재하며 그것의 속성들 중 하나로서 모양이나 형식을 **가진다**"고 서술하면서 시작된다. 이것은 이미 서술하고 있는 것이 대상, 사적인 대상인 것처럼 들리게 한다. 그런데 이것은 정확하게 쾰러가 그의 지각 이론을 위해 필요로 하는 대상이다. 왜냐하면 지각 대상의 '조직organization'이 색과 모양이 그런 것처럼 지각 대상의 일부라고 말하고 싶어 하기 때문이다. 이것은 물리적 대상과 심적 구성물(관념 등)의 구분을 희미하게 만들며, 다소 그림자 같은 **것**에 관한 약간 혼란스러운 개념으로 귀결된다.

> 만일 시각적 인상의 '조직'을 색과 모양과 같은 선상에 놓는다면, 당신은 내적 대상으로서의 시각적 인상의 관념으로부터 진행하고 있는 것이다. 물론 이것은 이 대상을 환영으로, 기묘하게 이동하는 구성물로 바꾼다.

비트겐슈타인은 또한 우리가 지각을 여러 다른 방식으로 '조직'할 때, 변하는 것이 무엇인지를 기술하기 위해 쾰러가 '시각적 실재'라는 말을 사용하는 것을 비판한다. 가령 우리는 보통 다음 그림에서 누가 우리에게 지적해주기 전까진, 4란 숫자를 보지 못할 것이다.

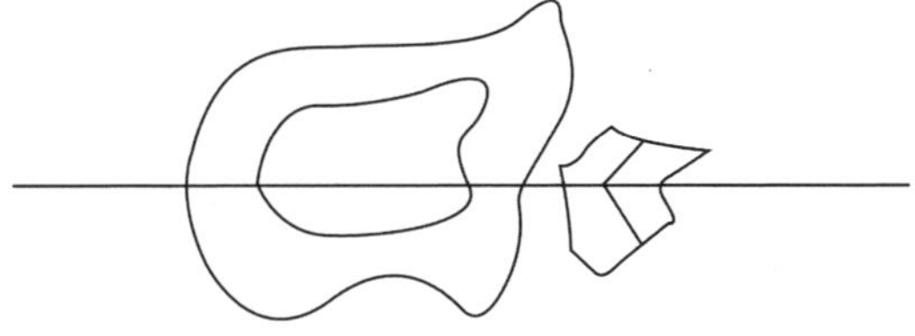

이에 관해 쾰러는 이렇게 말한다.

> 내가 독자들에게 숫자 4가 그들 앞에 있다고 말할 때, 독자들은 틀림없이 그것을 발견할 것이다. [다음 그림 참조] 그러나 만일 그가 이론적 편견에 의해 영향을 받지 않았다면, 다음을 인정할 것이다. 즉, 4의 형태가 처음에는 시각적 실재로서 존재하지 않았다는 것, 만일 그것이 나중에 존재하기 시작했다면, 그것은 시각적 실재의 변형을 뜻한다는 것 말이다.

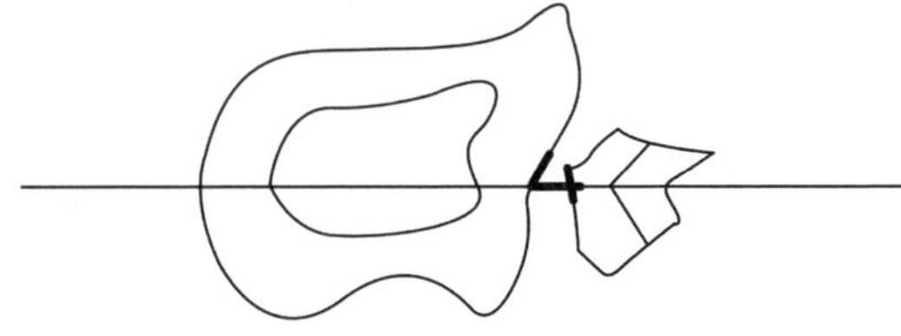

강의에서 비트겐슈타인은 이 단락을 다음과 같이 조롱한다.

> 쾰러는 "당신은 두 개의 시각적 실재를 본다"고 말했습니다. 무엇을 배경으로 해서? 아마도 해석을 배경으로 해서일 것입니다. 그가 이것

을 어떻게 할까요?〔즉, 이것을 어떻게 입증할까요?〕 사람에게 묻는 걸로는 안 될 것입니다. 쾰러는 그럴 것이라고 전혀 말하지 않습니다. 그러나 그는 "만일 당신이 이론에 의해 눈이 멀지 않았다면, 두 개의 시각적 실재가 있음을 인정할 것"이라고 말합니다. 물론 그는 특정한 이론을 갖고 있지 않은 사람들만이 "거기에 두 개의 시각적 실재들이 있다"고 말하리라는 것을 뜻할 수는 없습니다. 그는 당신이 (1) 이론에 의해 눈이 멀든지 (2) 이렇게 저렇게 말하든지 간에 "거기에 두 개의 시각적 실재가 있다"고 말해야 맞다는 것을 말하려고 의도했음이 틀림없습니다.

그러나 애매한 그림의 경우(우리가 처음에는 오리, 다음에는 토끼를 보는 경우, 처음에는 수평선을 가진 미지의 두 형상을 보고 다음에는 그 그림에 숨겨진 숫자 4를 보는 경우) 만일 우리가 우리의 시각적 실재는 변했다는 것, 혹은 그 그림의 조직은 변했다는 것을 말할 것이 아니라면, 우리는 무엇을 말하려고 하는가? 무엇이 **변했는가**? 그답게 비트겐슈타인은 이런 질문이 제기되지 않는 방식으로 그 과정을 기술하고 싶어 한다. 모든 철학적 혼란의 경우와 마찬가지로 사람들을 오도하는 것은 질문 자체이다. "'무엇이 변했는가?'라고 묻는 것은 무의미하다"고 비트겐슈타인은 학생들에게 말했다. "그리고 '조직이 변했다'는 답도 역시 무의미하다."

그렇지만 그는 측면-보기aspect-seeing에 대한 쾰러의 기술에 내재한 혼란을 제거하는, 측면-보기aspect-seeing에 대한 적절한 서술 방법을 찾는 것이 아주 어려운 일임을 알았다. 이 강의를 한 2년 후 그는 드루어리에게 오리-토끼 그림을 보여준 후 이렇게 말했다. "자, 어느 것을 어느 것으로 볼 때 관련된 것이 무엇인지 말해보라. 그것은 쉽지 않다. 내가 지금 연구하고 있는 이 생각들은 엄청나게 어렵다."

이런 긴장은 아마도 《탐구》에 최종적으로 실린, 역설적이며 심지어 모순적인 서술에서 드러난다.

측면aspect의 변화를 표현하는 것은 새로운 지각의 표현이며 동시에 지각의 변화 없음을 표현하는 것이다.

> '…으로 보기'는 지각의 일부가 아니다. 그 이유 때문에 그것은 보기와 같으면서 같지 않다.

한 가지 점에서 그는 명료**했다**. 어떻게 기술되든 간에 그것은 '사적 대상'에 의존해서 이루어져선 안 된다.

> … 무엇보다 "결국 나의 모든 시각 인상은 그림이 아니다. 그것은 내가 누구에게도 보여줄 수 없는 것"이라고 말하지 말라. 물론 그것은 그림이 아니다. 그러나 그것은 또한 내가 내 안에서 갖고 다니는 것과 같은 범주에 속하는 것도 아니다.

그는 또한 측면aspect의 변화에 관해 묻는 질문은 '**무슨** 변화?'가 아니라 "그 변화가 무슨 **차이**를 만드는가?"란 점을 강조했다. 이처럼 쾰러의 숨겨진 4의 예에 관한 논의에서 비트겐슈타인은 '시각적 실재의 변형'에 관한 말을 그 모습을 다르게 보는 것이 만드는 결과에 관한 말로 대체한다.

> 쾰러는 이 그림에서 4라는 모양을 스스로 볼 사람은 거의 없다고 말한다.

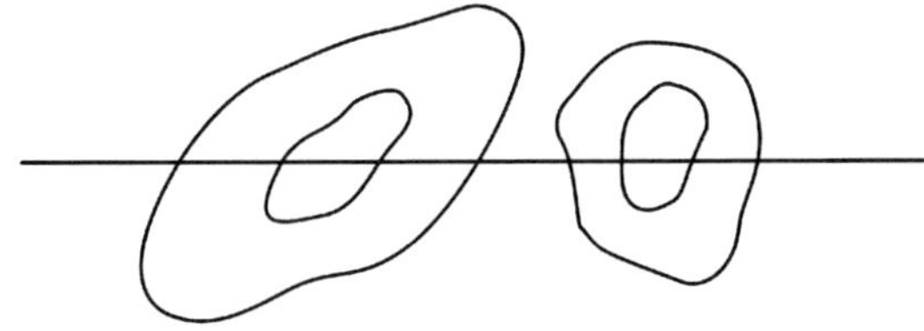

> 이 말은 확실히 맞다. 만일 어떤 사람이 평평한 그림을 서술할 때, 혹은 그것들을 모사할 때, 정상적인 방법으로부터 과도하게 이탈하

면, 그가 모사하고 기술할 때 다른 '단위들units'을 사용한다는 것이 그와 정상적인 사람들 사이에 무슨 차이를 만들어내는가? 즉, 그런 사람은 또 다른 것들에서 어떻게 정상적인 사람들과 다를 것인가?

그림의 경우엔 그것을 다르게 보는 것이 낳는 결과는 그것을 다르게 모사한다는 것일지 모른다.(가령 어떤 사람은 위 그림을 4란 모양으로 시작할지 모른다.) 음악의 경우 그것을 다르게 듣는 것은 그것이 다르게 불려지거나, 다르게 연주되고, 혹은 휘파람이 다르게 불려지는 것으로 귀결될 수 있다. 시의 경우에는 그것은 다르게 읽혀질 수 있다. 이런 예로부터 우리는 비트겐슈타인의 다음 말 "'내적인 과정'은 외적인 규준을 필요로 한다"(《탐구》, I, 580)가 행동주의자들의 피상적으로 유사한 슬로건들과는 굉장히 다른 동기를 가졌을 수 있다는(그리고 실제로 가졌다는) 것을 알 수 있을지 모른다.

그러나 이 점은 철학적 세계관의 경우에 있어서 '모습의 변화'의 결과는 삶의 변화일 수도 있다는 것을 고려할 때 특히 분명하다. 비트겐슈타인의 경우에 그가 진심으로 희망했던 결과, 즉 '외적인 규준'은 음악, 시, 예술 그리고 종교를, 우리 현 사회가 과학을 대할 때와 같은 진지함으로 대하는 문화였다.

그런 측면aspect의 변화를 강조하는 이유라도 있었는가?

한 철학자가 "사물들을 이렇게 보라"고 말한다고 하자. 그러나 첫째, 그것은 사람들이 사물들을 그같이 보는 것을 보장하지 못한다. 그리고 둘째, 그의 권고는 너무 늦게 온 것일지 모른다. 더욱이 그런 권고는 어느 경우이건 아무것도 성취할 수 없다. 사물들을 지각하는 방식과 관련해서 그런 변화를 초래하는 힘은 완전히 다른 데서 시작해야 하는 것일지도 모른다.

그러나 '사물들을 지각하는 방식의 변화'가 어떤 식으로건 일어나야 한다는 것은 그에겐 결정적으로 중요했다. 그와 엥겔만이 일찍이 고집한 바 있듯이, 사물들이 존재하는 방식과 사물들이 존재해야 하는 방식 사이의 차이는 항상 내적인 변화를 가리킨다는 것은 맞지 않았다. 외부적인 것이 잠식해 들어오는 것, 영향을 미치는 것을 막는 것은 불가능했다. 어떤 식으로건 사람들은 사물들을 변화시키려고 시도해야 한다.

혹은 최소한 외부 환경을 바꾸려고 시도해야 했다. 이제 비트겐슈타인은 영국을 떠나야 한다고 확신했다. "이 나라에서 나 같은 사람을 대할 때 보이는 명백한 반응은 인간 불신"이라고 그는 4월 13일 썼다. 영국에선 혁명이 일어나는 것을 상상조차 할 수 없다는 사실은 그것을 더욱더 우울하게 만들었다. "마치 이 나라의 **정신적** 기후는 축축하고 차갑다고 말하는 것 같다." 열흘 후에는 이렇게 썼다.

> 나는 점점 더 케임브리지가 미워진다. 허물어지고 썩은 영국 문명. 정치가 사악한 목적과 아무 목적 **없는** 것 사이를 왔다갔다하는 나라.

"〔나는〕 이 나라에서 이방인이라는 느낌이 든다. 만일 네가 인류나 혹은 신에게 아무런 연결 관계가 없다면, 너는 이방인**이다**"라고 그는 7월에 썼다.

학기가 끝나자마자 그는 스완지로 여행을 떠났다. 거기서 그는 2주일 동안 벤과 함께 있었다. 비록 아직 교수직에서 공식적으로 물러나진 않았지만, 그는 영국을 떠나서 혼자 살겠다고 다짐했다. 그는 처음에는 노르웨이를, 다음에는 아일랜드를 생각했다. 8월에 그는 드루어리를 방문하기 위해 더블린으로 갔다. 드루어리는 거기서 최근에 성 패트릭 병원의 정신과 의사로 임명되었다. 비트겐슈타인은 새로운 자리에 큰 관심을 나타냈다. 비트겐슈타인은 드루어리에게 다음과 같이 말했다. "나는 정신과 일이 네게 맞는다고 입증된다고 하더라도 놀라지 않을 것이다. 최소한 '이 세상에는 더 많은 것들이 있다'는 것을 너는 알고 있기 때문이다 등." 드루어리는 그에게 성 패트릭 병원에서 하는 치료법의 기초 기능을 하는 책 — 사간트와 슬레이터Sargant and Slater가 쓴 《정신의학에서의 물리적 치료 방법*Physical Methods of Treatment in Psychiatry*》— 을 빌려주었다. 이 책에 비트겐슈타인은 그의 특유한 방식으로, 즉 훌륭한 과학적 기술의 가치에 대해 열광적으로 감사하면서 동시에 그것의 한계를 강하게 상기시키는 방식으로 반응했다.

> 이 책은 훌륭한 책이다. 나는 그것이 쓰여진 정신을 좋아한다. 벤에게 이 책을 권할 작정이다. 나는 네가 "이 치료법이 무엇을 성취할지 봅시다"와 같은 태도를 취하리라는 것을 잘 이해할 수 있다.
>
> 네가 하는 일의 중요성을 한순간이라도 과소 평가하고 싶지 않다. 그러나 모든 인간의 문제가 이 방식으로 해결될 수 있다고 생각하지 마라.

8월 말에 그는 케임브리지로 돌아왔다. 그는 교수직을 사임할 결심을 했지만, 노르웨이로 갈지 아일랜드로 갈지는 정하지 못했다. 그의 계획은 빈에서 약 한 달간 머무는 것이었다. 그는 폰 브릭트에게 이렇게 말했다.

> … 내가 오랫동안 혼자 있을 수 있는 곳으로 가서 가능하다면 내 책 일부를 완성하면서 … 아직 그것에 관해선 케임브리지 대학 측엔 말하지 않았다. 아직 확실히 정해지지 않았기 때문이다.(비록 현재 나는 그것을, 즉 내가 케임브리지를 떠나는 것을 어떻게 피할 수 있을지 알지 못하지만 말이다.)

"내 마음은 지금 **아주** 혼란스럽다"고 그는 폰 브릭트에게 말했다.

> 부분적으로 이 때문이다. 나는 이 모든 사태가 벌어진 후 빈을 다시 보는 것이 두렵다. 또 어느 점에선 나는 또한 케임브리지에서 내 일을 팽개치는 일도 두렵다. 그러나 나는 극복할 것이다.

더 나쁜 쪽으로 변했을 빈으로 돌아간다는 생각은 무서운 것이었다. 그리고 현실은 예상보다 더 나쁠 수 있었다. 여전히 빈은 러시아군이 점령하고 있었다. 러시아군은 비트겐슈타인이 그레틀을 위해 지었던 집을 막사와 마구간으로 한동안 사용했다. 오스트리아인들은 러시아 점령군을 경멸했다. 잔혹 행위, 강간, 약탈에 관한 이야기는 흔했다. 그레틀의 쿤트만가세 저택을 보호하기 위해 충성을 다했던 그레틀의 하녀는 러시아군으로부터 거친 대우를 받았다. 전체 상황은 황폐하고 절망적이었을 것이다. 비트겐슈타인의 먼 친척인 프리드리히 폰 하이에크는 고향 방문 후 돌아가는 기차에 탔던 그를 만났던 일을 기억한다. "그는 빈에서 (점령군으로서의) 러시아인들을 만났던 일에 대해 말했는데, 그의 태도로 보면 그가 러시아인들을 본 것은 그때가 처음이었으며, 그것은 그의 모든 환상을 깨버렸다는 것을 알 수 있었다." 비트겐슈타인이 러시아인들을 그때 처음 만났다는 생각은 완전히 틀렸지만, 그가 분노와 환멸을 느꼈다는 하이에크의 생각은 틀림없이 맞다. 정말로 그것 말고 다른 반응을 상상하기는 어려운 일이다.

빈에서 돌아오자마자 비트겐슈타인은 사직서를 제출했다. 그는 미가엘 학기를 안식년 휴가로 보낼 수 있다는 말을 들었다. 그래서 그는 공식적으로는 1947년 말까지 교수직을 그만둔 것이 아니지만, 강의 업무와 케임브리지에서 살아야 하는 부담을 덜 수 있었다.

떠나기 전 그는 심리철학에 대한 최근 연구의 타자본을 한 달간 준비했다. 이것은 지금 《심리철학적 소견들》 1권으로 출판되었다. 그렇지만 비트겐슈타인은 그것을 따로 출판하기 위해 타자를 치게 한 것은 아니었고 《철학적 탐구》의 마지막 1/3 부분을 수정할 때 사용하기 위한 자료로 타자를 치게 한 것이었다. "그것은 대체로 나쁘다. 그러나 그것을 깨끗한 형태로, 즉 타자 친 형태로 갖고 있어야 했다. 왜냐하면 그렇게 하면 내가 그것을 읽을 때 더 좋은 생각이 떠오를지 모르기 때문이다"라고 그는 폰 브릭트에게 말했다.

> 내 앞날에 대해 전혀 낙관할 수 없다. 그러나 사임하자마자 나는 그것이야말로 자연스러운 유일한 일이었음을 느꼈다.

케임브리지와 강의 그리고 영국인들뿐 아니라, 더 고통스럽게도 연인과 가까이 있다는 사실이 가하는 고문에서 탈출하려는 시도를, 아일랜드와 고독으로의 비행에서 발견하는 것은 어렵지 않다. 혼자 있으려는 표면적인 이유는 책을 마무리한다는 것이었다. 그러나 아일랜드에서 지내는 몇 년 동안 많이 쓰긴 했지만, 이 연구에서 그것을 완성하려는 종합적인 노력은 찾기 어렵다. 그는 완전히 새로운 사고의 노선을 추구하고 있었다. 이로부터 우리가 받는 가장 강한 인상은 "전력을 다해서 철학하는" 비트겐슈타인, "진정으로 나를 활기 있게 만드는 유일한 연구"를 하는 비트겐슈타인이다.

25
아일랜드

비트겐슈타인은 아일랜드에 도착한 후 처음 2주일을 더블린에 있는 로스 호텔Ross's Hotel에서 지냈다. 드루어리가 병원을 쉴 때마다 그와 비트겐슈타인은 더블린 시내 또는 근교에서 살 만한 집을 보러 다녔다. 어느 집도 비트겐슈타인이 요구하는 고독함과 평화를 줄 수 없었지만, 그 문제는 성 패트릭 병원에서 일하는 드루어리의 친구인 로버트 매컬로Robert McCullough에 의해 잠정적으로나마 해결되었다. 매컬로는 주말을 위클로 카운티의 레드크로스RedCross에 있는 농가에서 지내곤 했는데, 그 집은 리처드 킹스턴Richard Kingston과 제니 킹스턴Jenny Kingston의 소유였다. 그런데 이들은 그에게 그 집에서 계속 살 손님을 맞을 준비가 되었다고 말한 적이 있었다. 이 정보는 비트겐슈타인에게 전달되었고, 그는 즉시 "접선 장소를 미리 보아두기 위해"(이때쯤 그는 미국 탐정 소설에서 빌린 어휘들을 간간이 섞어 사용하곤 했다) 더블린을 떠났다. 그는 위클로에 매혹당했다. "버스를 타고 오면서 나는 이 나라가 정말로 아름다운 나라라고 속으로 계속 말했다"고 그는 돌아와서 드루어리에게 말했다.

그러나 그는 킹스턴의 농가로 들어가자마자 리스에게 쓴 편지에서 여기는 "춥고 불편하다"고 말했다. "아마 두 달 정도 후에 아일랜드

서부에 있는 좀 더 고립된 장소로 옮길 것 같다." 하지만 몇 주 후에 그는 환경에 잘 적응해서, 드루어리가 레드크로스에 처음 왔을 때엔 모든 것이 잘되는 것 같았다. 비트겐슈타인은 그에게 이렇게 말했다. "가끔 생각들이 너무 빨리 떠올라서 내 펜이 이끌리는 것처럼 느낀다. 교수직을 그만둔 것이 잘한 일이었음을 이제 분명하게 알게 되었다. 케임브리지에 계속 있었더라면, 이 일을 결코 끝내지 못했을 것이다."

케임브리지가 대표하는 '허물어지고 썩은 영국의 문화'로부터 떨어져 있다는 것은 의심의 여지 없이 아일랜드에서 사는 주요 매력 중의 하나였다. 폰 브릭트가 그에게 쓴 편지에서 케임브리지 철학 교수직에 지원할지 망설이고 있다가 말하자, 비트겐슈타인은 그 심정을 충분히 이해하며 실제로 폰 브릭트가 지원하지 않을 것으로 생각했다고 답했다. 왜냐하면 "영국인이 되거나 영국에서 망명자가 되는 것은 우리 시대에서 전혀 매력적이지 않은 계획처럼 보였기 때문이다."

폰 브릭트가 마침내 지원했을 때, 비트겐슈타인은 그를 격려했지만 동시에 무서운 경고를 수반했다.

> 케임브리지는 위험한 곳이다. 너는 피상적으로 살 수 있겠는가? 남의 기분을 맞춰줄 수 있겠는가? 그렇게 못 한다면 커다란 고통을 겪어할 할 걸세. 너의 편지 중에서 나를 특히 신경 쓰이게 하는 것은 너가 케임브리지에서 가르치는 일에 열정을 느끼고 있다는 것이다. 만일 너가 케임브리지에 간다면, **말짱한** 정신으로 가야 해. 내 두려움이 아무 근거 없는 것이기를, 그리고 자네가 자신의 능력 이상으로 유혹받지 않기를 빈다!

케임브리지에 있지 않다는 것 외에, 레드크로스의 생활이 주는 주요 매력은 위클로 카운티의 아름다움이었다. 겨울은 따뜻해서 비트겐슈타인은 거의 매일 산책을 갈 수 있었다. "여기에는 웰시Welsh 해안 같은 것은 없다. 하지만 대단히 아름다운 풍경 색깔이 모든 것을 벌충해준다"고 그는 리스에게 쓴 편지에서 말했다. 그리고 누이인 헬레네에게 이렇게 썼다.

> 만일 색채가 종종 그토록 아름답지 않다면, 여기에 매력적인 것은 없을 겁니다. 내가 생각하기에 그것은 대기와 관계 있는 것 같습니다. 왜냐하면 풀뿐 아니라 하늘과 바다 그리고 심지어 갈색을 띤 것들도 모두 기가 막힙니다. 케임브리지에 있을 때보다 여기에서 훨씬 더 편합니다.

레드크로스 주변을 산책할 때 그는 공책을 갖고 다니면서 자주 야외에서 연구를 하곤 했다. 킹스턴 가족의 이웃이었던 한 사람은 비트겐슈타인이 그가 가장 좋아하는 길에서 산책하는 것을 자주 보았는데, 그는 언젠가 비트겐슈타인이 개천가에 앉아서 주변에서 일어나는 일에 전혀 무심한 채 무엇인가를 맹렬하게 쓰고 있는 것을 보았다고 말한다. 이것은 아마 그가 드루어리에게 말했듯이 생각이 너무 빨리 떠올라서 펜이 이끌리고 있는 것처럼 느꼈다는 그런 경우들 중 하나였을 것이다. 그렇지만 그는 이런 영감에 이끌리는 기분에 지나치게 큰 중요성을 부여하지는 않았다.

> (내가 생각하기에 괴테에게 보낸) 편지에서 실러는 '시적인 기분'에 관해 쓴다. 나는 그가 무엇을 의미하는지 알 것 같다. 나 자신 그것에 익숙하다고 믿는다. 그것은 자연에 대한 예민한 감수성의 기분으로서, 이런 기분일 때 사람의 생각은 자연 자체만큼 생생한 것처럼 보인다. 그러나 실러가 더 나은 것을 만들지 못했던 것(적어도 내겐 그렇게 보인다)은 이상하다. 그래서 내가 그런 기분으로 만들어낸 것이 정말로 무슨 가치 있는 것인지는 완전히 확신하지 못하겠다. 그런 경우들에서 내 생각에 광채를 주는 것은 배후에서 그것들 위로 비추어지는 한 줄기 빛일지 모른다. 그것들 스스로는 빛나지 못한다.

그는 현재의 《철학적 탐구》 1부와 《심리철학적 소견들》 1권에 해당하는 두 개의 타자본을 갖고 갔다. 이것들과 그가 레드크로스에서 쓰고 있던 단평들로부터 그는 책의 1부의 최종 원고를 완성하고 싶어 했다. (수리철학을 다루는 2부를 쓰는 계획은 이때쯤에는 포기한 것 같다.) 그는 모든 친구들에게 연구가 잘 진척되고 있다고 전했다. 그렇지만 그가 이미 출판 업무를 유고 관리자들에게 맡기려고 했다는 흔적이 보인다. "내가 이 글을 출판할 수 있을지는 하늘만 아신다. 하지만 내가 죽은 후 만일 자네가 살아 있다면 자네에게 그것을 읽게 하고 싶다. 그 안에는 상당히 많은, 애써서 한 생각의 결과가 있다"고 폰 브릭트에게 말했다.

비트겐슈타인은 나쁜 건강 때문에 하고 싶었던 만큼 열심히 일을 할 수 없었다. 1948년 2월 5일 리스에게 "난 아주 건강하다"고 주장했음에도 불구하고, 그는 악성 소화불량으로 고통을 겪고 있었다. 이를 치료하기 위해 그는 산책할 때 '스크래그Scragg's'의 차콜 비스킷(소화를 돕기 위해 탄소를 넣은 비스킷 — 옮긴이) 한 통을 갖고 다니곤 했다. 그는 이 치료법을 아주 신뢰해서(킹스턴의 자식들인 모드Maude와 켄Ken은 그가 그것 말고는 거의 먹지 않았다고 기억한다) 그것을 채우기 위해 자주 아클로Arklow까지 걸어야 했다. 그렇지만 이 비스킷이 문제를 해결한 것처럼 보이진 않았다. "내 연구는 꽤 잘 진행되어간다. 그리고 만일 내가 소화불량 때문에 아프지만 않다면 더 잘 진행될 것이다. 하지만 나는 그것을 없앨 수 없다"고 그는 7월에 맬컴에게 쓴 편지에서 말했다.

더 나쁜 것은 그의 정신 상태가 (아마 소화불량과 어느 정도 관계가 있을지 모른다) 악화되어가고 있다는 것이었다. 2월 3일 그는 이렇게 적었다.

> 상태가 안 좋다. 신체적이 아니라 정신적으로 말이다. 광기가 공격할까 봐 두렵다. 내가 위험에 처해 있는지는 신만이 아신다.

케임브리지에서의 마지막 해 동안 벤이 가까이 있다는 것이 정신적 불안정의 원인이었을지라도, 그와 떨어져 있다고 해서 그의 정신이 온전해지지는 않았다. 2월 5일 그는 맬컴에게 이렇게 전했다. "가끔 이상한 상태의 신경 불안정을 겪는데, 이에 관해서 나는 오직 그것이 계속되는 동안 그것은 불쾌하고 사람에게 기도하도록 가르친다는 말만 하겠다." 같은 날 그는 리스에게 편지를 썼다.

> 내 신경이 자주 잘못되어서 걱정이다. 물론 그것은 피로하고 낡은 신경이다. 내 연구는 대체로 꽤 잘 진행된다. 그것 역시 노인의 연구이다. 왜냐하면 내가 정말 늙지는 않았지만, 나의 영혼은 늙었다. 내 영혼이 죽은 후에도 내 몸이 살아남지 않기를 빈다!

"나는 자주 광기에 이르는 직선 도로에 있다고 믿는다"고 그는 한 달 후 폰 브릭트에게 말했다. "내 두뇌가 그 긴장감을 아주 오래 견디리라고 생각하지 않는다."

그는 다음 2주 동안 예민한 우울증에 빠져 지냈다. 그는 연구를 할 수 없었고, 점점 숙박 시설이 마음에 들지 않게 되었다. 처음에 그는 주인들을 좋아했다. "그들은 매우 조용하다"고 그는 2월에 폰 브릭트에게 쓴 편지에서 말했다. "나는 음식을 내 방에서 먹으며 거의 방해를 받지 않는다." 그러나 3월이 되자 가족의 막내인 켄(이때 11세였다)의 친구가 묵게 되었다. 둘은 한 방을 같이 썼는데 밤늦게까지 자지 않고 떠들고 웃으면서 있었다. 비트겐슈타인이 조용히 하라고 말하기 위해 벽을 세게 두드렸을 때, 그들은 그것을 농담으로 간주했다. 그러나 비트겐슈타인은 정말로 어찌할 바를 몰랐다. 그는 더블린에 있는 드루어리에게 긴급히 전보를 쳐서 로스 호텔에 방을 예약해줄 것과 거기에서 만나자고 부탁하는 전보를 쳤다. "도착하자마자 나는 거기로 가서 그를 만났다. 그는 우울하고 들떠 보였다."

비트겐슈타인: 일이 벌어졌다.

드루어리: 무슨 말인지 모르겠습니다. 무슨 일이 일어났습니까?

비트겐슈타인: 내가 항상 두려워했던 것, 더 이상 연구할 수 없는 것 말이다. 지난 2주 동안 아무 연구도 하지 못했다. 아래층에 있는 사람들은 늦게까지 자지 않고 떠드는데, 그 중얼거리는 소리 때문에 미치겠다.

드루어리는 비트겐슈타인이 잠을 잘 수 있도록 약을 처방해준 후, 아일랜드의 서부 해안에 있는 그의 형제의 별장이 지금 비어 있는데, 비트겐슈타인이 그곳을 사용한다면 환영받을 것이라고 말했다. 그곳에서 최소한 그는 평화와 고독을 발견할 것이다.

안정을 찾은 비트겐슈타인은 레드크로스로 돌아가서 그것에 관해 생각해보았다. 그는 부활절을 킹스턴 가족과 함께 지냈지만, 여전히 연구를 할 수 없어서 드루어리의 제안을 받아들이기로 결심했다. 그렇지만 그의 마음 상태는 아주 호전되었다. 킹스턴 가족과의 관계도 좋아져서 그는 떠나기 얼마 전에 아이들에게 초콜릿이 가득 담긴 크고 밝은 부활절 달걀을 선물했다. 4월 28일 서부 해안으로 떠나던 날, 그는 방명록에 "아주 좋은 시간을 보내게 해준 데 대해 감사한다"고 적었다.

이 말을 풍자나 진지하지 못한 것으로 볼 이유는 전혀 없다. 그것은 의심의 여지없이 킹스턴가에 대한 진정한 감사의 표시였다. 그러나 최소한 그가 레드크로스에 머물던 마지막 두 달은 '아주 좋은 시간'으로 불리기는 힘들다. 떠나기 일주일 전 리스에게 쓴 편지에서 나타났듯이 말이다.

요즘 자주 너를 생각한다. 이 말이 이상하게 들릴지 모르지만, 부활절에 날 보러 오라고 편지를 쓰지 않은 것을 신에게 감사한다고 자주 생각했다. 왜냐하면 지난 6주 내지 8주는 내겐 아주 나쁜 시간이었다. 첫째, 나는 아주 심한 우울증을 겪었고 다음에는 독감에 걸렸다. 언제나 나는 이곳 다음에는 어디로 가야 할지를 모른다. 난 차츰 좋아지고 있는데, 다음 주에 여기를 떠나서 서부에 있는 로스로Rosro로 갈 작정이다. 이 계획에는 큰 단점(더블린에서 열 시간가량 걸린다)이 있지만, 내가 알 수 있는 한 이것 말고 다른 일은 할 수 없다. 그래서 만일 네가 왔다면 큰 시련에 처한 나를 봤을 것이다. 내게 힘과 용기와 행운이 깃들기를 빌어다오! 지난 한 달 동안 내 연구는 거의 아무런 진척도 없었다. 단지 지난 며칠 동안 조금이나마 생각할 수 있었다. (철학에 관해서 말이다. 내 두뇌는 비록 무디긴 하지만 작동을 멈추지는 않았다. 난 그랬으면 하고 바란다!)

비트겐슈타인은 로스로와 코네마라의 별장을 1934년부터 알고 있었다. 1934년에 그는 프랜시스 스키너와 모리스 드루어리와 함께 거기에서 휴일을 보낸 적이 있었다. 그것은 킬러리Killary 항의 어구에서 바다를 면하고 있었다. 그 주변의 시골 풍경은 '열두 침Twelve Pins'으로 알려진 기묘하게 뾰족한 봉우리를 가진 산맥으로 이루어졌다. 농가는 처음에는 해안경비초소로 지어졌지만, 1차 대전 후에는 사용되지 않았다. 1920년대 초반 동안 그 집은 비어 있었고, 1927년에 모리스 드루어리의 형제인 마일스Miles가 휴가용 별장으로 살 때까지 단지 IRA가 죄수들을 숨기는 장소로만 사용됐다. 이웃에는 몇 개의 별장들이 있었지만, 그것은 가게와 우체국 혹은 다른 마을이나 읍내 유흥지와는 아주 멀리 떨어져 있었다. 이렇게 외따로 있는 것은 비록 비트겐슈타인이 예상했듯이 '큰 단점'이었지만 필요한 것이었다. 즉 그의 연구에 필수적이라고 생각했던 간섭으로부터 자유로운 생활을 즐기기 위해서 말이다.

도착하자마자 비트겐슈타인은 토머스 멀커린스Thomas Mulkerrins(킬러리에 사는 모든 사람들처럼 비트겐슈타인은 그를 '토미'라고 부르게 된다)의 마중을 받았다. 멀커린스는 드루어리 집안에 고용된 사람으로 로스로에서 반 마일 정도 떨어진 작은 농가에 살았다. 그는 드루어리의 휴가용 별장을 돌보아주는 대가로 일주일당 3파운드를 받았다.(그는 이탄 덩어리 수집하기와 고등어 잡이로 이 소량의 임금을 보충했다.) 토미는 드루어리로부터 비트겐슈타인이 신경쇠약에 걸렸다고 들었으며, 할 수 있는 한 그를 돌봐주라는 부탁을 받았다. 그래서 매일 아침 그는 로스로까지 걸어가서 우유와 토탄을 배달해주었고, 비트겐슈타인이 괜찮은지 점검했다. 비트겐슈타인은 그가 "아주 근사하며 위클로 카운티에서 함께 지낸 사람들보다 확실히 낫다고 생각했다.(맬컴에게 그가 한 말이다.)

나중에 리스와 대화할 때 그는 비판적이었다. 그는 멀커린스 가족 전체를 어느 일이건 잘 하려는 마음이 없는 사람들로 묘사했다. 그는 토미의 모친이 비록 훌륭한 침모이지만, 누더기 옷을 입고 돌아다니는 것과 토미 자신 유능한 목수였지만, 농가의 모든 의자가 부서진 다리를 갖고 있는 것을 보고 충격을 받았다. 일기에서 그는 토미를 "여기서 내가 완전히 의존하지만, 신뢰할 수는 없는" 인물로 묘사할 뿐이다.

신뢰할 수 있건 없건 토미는 비트겐슈타인이 가진 유일한 사람이었다. 가까운 이웃이었던 모티머Mortimer 가족은 그를 완전히 미친 사람으로 간주했으며, 그와는 아무런 관계도 맺지 않으려 했다. 심지어 양들이 놀랄까 봐 그가 그들의 땅에서 산책하는 것도 막았다. 따라서 그는 로스로 뒤에 있는 언덕을 산책할 경우, 멀리 돌아가는 길을 걸어야 했다. 어느 날 모티머 가족은 산책에 나선 비트겐슈타인을 보았는데, 그는 갑자기 멈춰서 지팡이를 도구로 이용해서 그림(오리-토끼?)을 길 위에 있는 진흙에 그리더니 한참 동안 완전히 그것에 몰두해서 바라보다가 다시 산책을 시작했다. 이것은 그들의 애초 생각이 맞다는 것을 확인시켰다. 게다가 어느 밤 모티머가의 개 짖는 소리 때문에 집중을 못 하게 된 비트겐슈타인이 굉장히 화를 내는 것을 보고 더 그렇게 생각하게 되었다. 실제로 그는 과거에 오스트리아의 시골 주민들 앞에 나타났던 것과 같은 방식으로 모티머가 앞에 나타났던 것이다.

토미 역시 비트겐슈타인이 약간 이상한 사람이라고 생각했다. 그러나 부분적으로는 드루어리가에 대한 충성심 때문에(마일스 드루어리는 배에서 뛰어내려 물에 빠진 토미를 구한 적이 있었다) 그리고 부분적으로는 '교수'와의 교제를 즐기게 되었기 때문에, 그는 로스로에서의 비트겐슈타인의 생활이 가능한 한 편안하고 즐겁게 될 수 있도록 할 준비가 되어 있었다. 가령 그는 청결과 위생에 대한 비트겐슈타인의 엄격한 기준에 맞추기 위해 최선을 다했다. 비트겐슈타인의 제안에 따라 그는 매일 아침 우유와 토탄뿐 아니라 그가 사용하던 찻잎을 가져 왔다. 매일 아침 그는 오물을 흡수하기 위해 찻잎을 부엌 바닥 위에 뿌린 후에 쓸었다. 토미는 별장에 있는 '슬레이터(나무 기생충)'를 제거한 적도 있었다. 이 일을 하기 위해 그는 숨을 못 쉴 정도로 많은 병충방지용 가루를 별장 전체에 뿌렸다. 일생 동안 벌레들은 어떤 종류이건 무서워했던 비트겐슈타인은 결과에 만족했다. 그는 나무 기생충을 보느니 차라리 질식당할 위험을 선호한 것이다.

로스로 별장에는 침실과 부엌, 방 두 개가 있었는데, 비트겐슈타인은 대부분의 시간을 부엌에서 보냈다. 그렇지만 요리를 하기 위해 부엌을 사용하진 않았다. 로스로에 있는 동안 그는 거의 모든 음식을 골웨이에 있는 가게에서 주문한 깡통에 든 음식으로 해결했다. 토미는 이 식사법이 걱정되었다. "깡통에 든 음식은 당신을 죽게 할 것"이라고 그가 말한 적이 있었는데, 이에 대해 "어쨌든 사람들은 너무 오래 산다"는 차가운 대답을 들었다. 비트겐슈타인은 부엌을 연구실로 이용했다. 그리고 아침에 올 때마다 토미는 부엌 식탁에 앉아서 느슨하게 묶인 종이 위에 무언가를 쓰고 있는 비트겐슈타인을 자주 발견하곤 했다. 거의 매일 버린 종이 뭉치가 나왔는데, 그것을 태워버리는 것은 토미의 몫이었다.

로스로에 갔던 어느 아침 토미는 비트겐슈타인의 음성을 들었는데, 집 안에 들어가자 '교수'가 혼자 있는 것을 보고 놀랐다. "누가 와 있는 줄 알았습니다"라고 그가 말하자 "맞소"라고 비트겐슈타인은 답했다. "나는 아주 친한 친구, 나 자신과 말하고 있었소." 이 말은 당시의 공책에서 다시 나온다.

> 내가 쓰는 거의 모든 글은 나 자신과의 사적인 대화이다. 내가 나 자신에게 은밀히 말하는 것들이다.

토미와 지내는 것 말고, 로스로에서의 비트겐슈타인의 홀로 사는 삶은 단 한번 벤 리처즈가 잠시 방문했을 때 깨졌다. 그는 1948년 여름 동안 2주일을 거기서 보냈다. 그들은 함께 비트겐슈타인이 좋아하는 산책로를 걸었다. 그들은 언덕 위로 오르고 해안을 따라 걸으면서 그 지역의 엄청나게 다양한 동식물 군을 보면서 감탄했다.

비트겐슈타인은 특히 킬러리에서 볼 수 있는 여러 종류의 새들에 관심을 가졌다.(큰아비Northern Divers, 가마우지Cormorants, 마도요Curlews, 검은머리물떼새Oyster Catchers, 바다오리Puffins, 제비갈매기Terns는 서부 아일랜드 해안 일부에 꽤 많이 있었다.) 처음에 그는 토미에게 새들의 이름을 물었다. 그는 그가 본 새를 묘사하고, 토미는 그 이름을 찾기 위해 최선을 다했다. 비록 그도 인정하듯이 "내가 항상 맞는 이름을 대지는 못했을지 모르지만" 말이다. 몇 번 그가 틀리자 비트겐슈타인은 드루어리가 보내준 화보에 의존했다.

바닷새들을 더 잘 보기 위해서 비트겐슈타인은 킬러리 해안가의 작은 섬에 오두막을 짓고 싶어 했다. 그는 작은 나무 오두막집은 그 섬의 비바람을 견뎌낼 정도로 튼튼하지 않다는 토미(그 집을 짓는 것은 토미의 일이 됐을 것이다)의 충고 때문에 그 계획을 포기했다. 대신 토미는 노젓는 배에 비트겐슈타인을 태우고 바다로 나갔다. 토미가 노를 젓는 동안 비트겐슈타인은 바닷새를 찾아보거나, 명상에 잠겨서 조용히 앉아 있곤 했다. 가끔 배 위에서 그들은 비트겐슈타인이 노르웨이에서 일용품을 얻기 위해 노를 저어 피오르를 건너야 했던 일들을 회상하거나, 킬러리의 역사에 대한 비트겐슈타인의 질문에 토미가 답하거나 하면서 잡담을 하기도 했다.

비트겐슈타인은 또 토종새인 울새robin와 되새chaffinch에 관심을 가졌다. 이 새들은 먹을 것을 찾으려고 별장까지 오곤 했다. 그는 모이를 밖에 놔두면서 새들이 오도록 만들었다. 마침내 새들은 길이 들어서 부엌 창가에까지 와서 그의 손에 있는 모이를 먹곤 했다. 로스로를 떠날 때 그는 토미에게 약간의 돈을 주고 그 돈으로 모이를 사서 매일 먹을 것을 찾아오는 새들에게 주도록 부탁했다. 그렇지만 토미가 다음에 별장을 찾았을 때, 그는 새들을 길들인 것이 그들에게 해롭다는 것을 알게 되었다. 창가에서 먹을 것을 기다리는 동안, 그들은 야생 고양이들의 손쉬운 먹잇감이 되었다.

로스로에서의 생활은 비록 힘들었지만, 비트겐슈타인의 심신 상태를 개선하는 데 필요한 조건을 제공했던 것처럼 보인다. 우리가 보았듯이 그는 건강이 안 좋은 상태로 그곳에 왔었다. "요즘 나는 힘들다. 영혼과 심신 모두"라고 도착한 지 며칠이 지난 4월 30일에 적었다. "나는 몇 주 동안 굉장히 우울했다. 그러고는 아팠다. 지금 난 허약해서 완전히 둔해졌다. 5~6주 동안 아무 연구도 하지 못했다." 그러나 한 달 안에 별장에서 혼자 사는 생활, 아름다운 해안 풍경, 새들과의 교제, 그리고 토미 멀커린스의 따뜻한(완전히 의존할 수는 없지만) 보호 때문에 사정은 호전되었다. 비트겐슈타인은 다시 한 번 연구할 수 있다는 것을 알게 되었다.

그곳에서의 생활 중 그가 가장 불편을 느꼈던 것은 집안일을 혼자서 다 해야 했다는 것이다. 그는 이 일이 격분할 정도로 성가신 일이라고 생각했다. 하지만 맬컴의 처인 리Lee에게 이렇게 말했다. "그것은 또한 의심의 여지 없이 커다란 축복입니다. 왜냐하면 그 덕분에 나는 온전해져서 정상적인 생활을 할 수 있기 때문입니다. 비록 매일 그 일을 저주하지만 대체로 내게 이롭습니다."

미국의 대중 잡지를 쉽게 구할 수 없다는 것이 로스로에서 외따로 사는 것이 갖고 있는 문제였다. 가장 가까운 마을은 10마일 밖에 있었고, 거기에 있는 책들의 구색은 너무 형편없어서 노먼 맬컴이 보내주는 정기적인 '잡지' 소포가 배달되는 사이에 비트겐슈타인은 도로시 세이어스Dorothy Sayers를 읽을 수밖에 없었다. 이것은 "너무 형편없어서 우울할 정도였다"고 그는 맬컴에게 말했다. 맬컴이 보내주는 '진짜 물건'은 위안 같았다. "네가 보내준 잡지를 펼쳤을 때, 마치 답답한 방에서 나와 신선한 공기를 마시는 것 같았다."

그렇지만 우연히 그는 마을의 상점에서 그가 가장 좋아하는 탐정소설인 노버트 데이비스의 《두려움과의 랑데부*Rendezvous with Fear*》를 발견했다. 그는 케임브리지에서의 마지막 해 동안 데이비스의 책을 읽은 적이 있는데, 너무 재미있어서 그것을 무어와 스마이시스에게 빌려주었다.(나중에 벤 리처즈에게도 그 책을 주었다.) 그 책을 다시 보자, 그는 그것을 사서 다시 읽고 싶은 유혹을 막을 수 없었다. 그래서 그렇게 한 후 그것에 대한 관심은 더 커졌다. "왜냐하면 너도 알고 있듯이 나는 수백 권의 소설을 재미있게 읽었고 읽는 것을 좋아했지만, 내가 생각하기에 좋은 책이라고 부를 만한 것은 아마 두 권일 것이다. 그중 하나가 데이비스의 책"이라고 맬컴에게 말했다. 그는 맬컴에게 데이비스의 책을 더 많이 알아봐달라고 부탁했다.

> 미친 소리처럼 들릴지 모르지만 나는 최근에 그 소설을 다시 재미있게 읽었다. 너무 재미있어서 저자에게 정말로 감사의 편지를 쓰고 싶었다. 이 생각이 바보 같더라도 놀라지 마라. 왜냐하면 사실 나는 바보이기 때문이다.

불행히도 맬컴은 "저자에 대해 아무런 정보도 얻을 수 없다"고 보고했다. 이것은 안타까운 일이었다. 왜냐하면 1948년에 노버트 데이비스는 실제로 격려를 받을 필요가 있었기 때문이었다. 그는 대실 해밋과 《검은 가면》의 다른 저자들과 함께 미국의 '하드보일드' 탐정소설의 개척자들 중의 한 사람이었다. 1930년대 초반 그는 탐정소설을 쓰기 위해 변호사직을 포기했다. 그리고 그는 10년 동안 성공적인 소설가로 명성을 얻었다. 그렇지만 1940년대 후반 그는 곤경에 처했다. 비트겐슈타인이 맬컴에게 편지를 쓴 얼마 후, 데이비스는 레이먼드 챈들러에게 쓴 편지에서 그가 썼던 열다섯 권의 책들 중에서 열 네 권의 출판이 거부되었다고 말하면서 200달러를 빌려달라고 부탁했다. 그는 다음해 가난을 벗어나지 못하고 죽었다. 비트겐슈타인이 저자에게 감사의 편지를 쓰고 싶어 할 정도로 좋아했던 책을 썼다는 그에게는 드문(아마도 유일한) 영예를 알지 못한 채 말이다.

틀림없이 비트겐슈타인이 느낀 감사의 마음은 부분적으로 코네마라에 탐정소설이 드물었다는 데 기인한다. 그러나 왜 그는《두려움과의 랑데부》를 그가 읽었던 (수많은) 책들보다 더 높게 평가했는가?

답은 소설의 유머에 있을지 모른다. 유머는 실제로 그 책의 가장 두드러진 특징이다. 소설 속의 탐정인 도앤은 다소 우스운 외양으로 샘 스페이드와 필립 말로 같은 인물과 구분된다. 그는 작고 뚱뚱한 사람이었으며, 어디를 가든지 덩치가 크고 잘 훈련된 카스테어스라는 그레이트데인종 개를 데리고 다녔다. 레이먼드 챈들러가 특히 인상을 받은 데이비스의 스타일은 그가 소설 속의 인물들을 아무렇지도 않은 듯이 죽여 없애버리는 방식이었다. 이 스타일은 특히《두려움과의 랑데부》에서 두드러지게 나타난다. 가령 남미에 있는 호텔인 아즈테카의 관광객을 묘사하는 것으로 장면을 설정한 후, 데이비스는 '가르시아'를 소개한다.

> 이 모든 것이 당분간 가르시아라고 불릴 사람에겐 아주 지루했다. 그는 앉아서 미지근한 식초 같은 색깔과 맛이 나는 맥주를 마시면서 찡그린 표정이었다. 그는 갸름하고 노란 얼굴에 다듬지 않은 콧수염을 기르고 있었다. 그리고 그는 사팔뜨기였다. 그는 아즈텍 호텔에서 오는 관광객들에게 더 관심을 기울여야 했었다. 왜냐하면 그들 중 한 사람이 그를 쏘아 죽일 것이기 때문이었다. 그렇지만 그는 그것을 몰

랐다. 그리고 만일 내가 그에게 말했더라도 그는 웃어버렸을 것이다. 그는 나쁜 사람이었다.

도앤이 또 다른 '나쁜 사람'인 보티스트 보노파일을 쐈을 때, 낭만적이지만 순진한 여주인공인 제인은 걱정스럽게 묻는다. "그는 다쳤나요?" '전혀. 그냥 죽었을 뿐"이라고 그는 말한다.

로스로에 있을 때 비트겐슈타인은 "유머는 기분이 아니라 세상을 바라보는 방식"이라고 적었다. "그래서 만일 나치 독일에서 유머가 없어졌다면, 그것은 사람들의 사기가 나쁘다거나 하는 것을 의미하는 것이 아니라 무언가 더 깊고 중요한 것을 의미한다." '무언가'가 무엇인지를 이해하기 위해서, 아마 유머를 이상하며 이해할 수 없는 것으로 바라볼 필요가 있을지 모른다.

두 사람이 농담을 하면서 함께 웃고 있다. 그들 중 하나가 다소 잘 사용되지 않는 단어들을 사용했는데, 이제 그들 모두 재잘거리기 시작했다. 이것은 아주 다른 환경에서 온 사람에게는 굉장히 이상하게 보일지 모른다. 반면에 우리는 그것이 완전히 납득할 만하다고 생각한다.(이런 장면을 최근에 나는 버스에서 목격했다. 나는 이 장면이 낯설게 느껴지는 사람의 입장에 서서 생각할 수 있었다. 이 관점에서 그 장면은 내게 아주 불합리하게 보였다. 마치 먼 나라의 동물들의 행동들처럼 말이다.)

음악을 이해하는 것처럼, 유머를 이해하는 것은 철학적 이해에 대한 비트겐슈타인의 생각에 대한 유추를 제공해준다. 여기서 이해를 위해 요청되는 것은 사실의 발견이 아니다. 이미 수용된 전제들로부터 논리적으로 타당한 추론을 하는 것도 아니고, **이론**을 만드는 것은 더더욱 아니다. 필요한 것은 차라리 올바른 관점이다.(이 관점으로부터 농담을 '보고', 음악 속의 표현을 들으며, 철학적 안개로부터 탈출하는 길을 발견할 수 있다.) 그러나 '올바른 관점'이란 말로 의미하는 것을 어떻게 설명하고 가르칠 것인가?

그래서 '음악을 이해하는 것'이 무엇을 뜻하는지를 어떻게 설명하는가? 음악을 이해하는 사람이 경험하는 이미지, 운동 감각 등을 상세하게 묘사함으로써? **더 그럴듯한** 설명은 그의 표정의 움직임에 주의를 함으로써. 그리고 우리는 여기서 정말로 설명이 무슨 기능을 하는지를 물어야 한다. 그리고 음악을 이해한다는 것이 무엇을 의미하는지를 이해한다는 것에 관해 말하는 것이 무슨 뜻인지를 물어야 한다. 왜냐하면 그것이 의미하는 것을 이해하는 것은 음악 자체를 이해하는 것이라고 말하는 사람이 있기 때문이다. 이런 경우에 우리는 이렇게 물어야 한다. "그런데 음악을 이해하도록 사람을 가르칠 수 있는가?" 왜냐하면 그것이 음악을 설명한다고 말할 수 있는 유일한 종류의 가르침이기 때문이다.

음악을 들을 때와 연주할 때만이 아니라 다른 때에도, 음악의 감상에 고유한 특정한 **표현**이 있다. 가끔 몸짓이 그런 표현의 일부가 되기도 하지만, 어떤 때엔 표현은 그저 사람이 연주하는 방식, 흥얼거리는 방식이 되기도 한다. 혹은 그가 끌어내는 비유들과 그가 음악을 실례를 들어 설명할 때 사용하는 이미지들일 수도 있다. 음악을 이해하는 사람은, 이해하지 못하는 사람과는 다르게 듣고(가령 다른 얼굴 표정을 하면서) 다르게 말할 것이다. 그러나 그는 특정한 주제를 이해한다는 것을 그 주제를 들을 때나 연주할 때 수반되는 명시적 표현으로뿐 아니라, 음악 전반에 대한 그의 이해로도 보여줄 것이다.

음악을 감상한다는 것은 인간의 삶의 명시적 표현이다. 우리는 그것을 사람들에게 어떻게 묘사해야 하는가? 글쎄, 나는 우선 **음악**을 묘사해야 한다고 생각한다. 다음 우리는 인간이 그것에 어떻게 반응하는지를 묘사할 수 있다. 그러나 그것이 우리가 할 수 있는 전부인가 아니면 또한 그에게 스스로 음악을 이해할 수 있도록 가르쳐야 하는가? 그가 이해하도록 설명하면서 스스로 음악을 이해하도록 할 수 없다면, 이것은 "이해가 무엇인지를 그에게 가르치는 것"이긴 하지만, 이 문장을 **다른** 의미로 사용하는 것이다. 또, 그에게 시나 그림을 이해하도록 가르치는 것은, 음악을 이해하는 것이 무엇과 관련되어 있는지를 그에게 가르치는 것에 도움이 될 것이다.

음악의 이해에 관한 이 단평들은 앞서 인용된 유머에 관한 단평들과 마찬가지로 "그의 철학적 연구에 직접 속하지는 않지만 철학적인 작품들에 분산되어 있는"(《문화와 가치》의 편집자 서문) 단평들을 모아 만든 책으로 출판되었다. 하지만 이것들과 비트겐슈타인의 철학적 연구와의 관계는 이것이 시사하는 것보다 더 직접적이다. 로스로에 있는 동안 그의 주요 철학적 관심사 중 하나는 측면-보기aspect-seeing의 문제였다. 이 문제를 논의하기 위해 그는 '측면-맹aspect-blindness'(혹은 가끔 '게슈탈트-맹'이라는 표현도 사용했다)인 사람들을 자주 상상하곤 했다. 이 사람들은 어떤 것을 어떤 것으로서 볼 수 없는 사람들이다. 농담을 볼 수 없다는 것, 혹은 음악을 이해할 수 없다는 것이 무슨 의미인지에 대한 그의 단평들은 그의 철학적 관심사와 구분되지 않는다. 오히려 그 일부를 구성한다.

"모습에 대해서 눈이 먼 사람은 무엇을 갖고 있지 못한가?"를 비트겐슈타인은 묻고 답한다. "상상하는 힘이라고 답하는 것이 불합리한 것은 아니다." 그러나 개인들의 상상은 필요하긴 하지만 충분하지는 않다. 사람들이 '모습들'에 생동감 있게 반응하기 위해서(따라서 유머, 음악, 시, 그리고 그림이 무언가를 의미하기 위해서) 더 요구되는 것은 문화이다. 측면-보기aspect-seeing에 대한 비트겐슈타인의 철학적 관심과 그의 문화적 관심은 따라서 단순하며 직접적이다. 이 점은 다음의 일련의 단평들에서 분명하게 드러난다.(이것들은 로스로에서 쓴 것으로서, 비트겐슈타인의 진실한 철학적 연구에 나타난 것임을 덧붙여야겠다.)

문자 F가 어느 쪽을 향하고 있는지를, 어디에 코를 그려야 하는지를 묻는 문제를 이해하지 못하는 사람이 갖지 못한 것은 무엇인가? 혹은 단어가 여러 번 반복되면 그것은 무언가를, 즉 그것의 의미를 잃는다는 것을 알아내지 못하는 사람, 혹은 그것은 그저 소리가 될 뿐이라는 것을 알아내지 못하는 사람이 갖고 있지 못한 것은 무엇인가?

우리는 "처음에는 이미지 같은 것이 있었다"고 말한다.

그런 사람은 그것을 이해하는 사람이 할 수 있는 방식으로 문장을 이해할 수 없고 판단할 수 없다는 것인가? 그에게 문장은 살아 있지 않다는 것(이것이 함축하는 것이 무엇이든지)인가? 그 단어는 의미의 향기를 풍기지 못한다는 것인가? 그러므로 종종 그는 단어에 대해서 우리가 반응하는 것과 다른 방식으로 반응할 것인가? 이것이 맞을**지도** 모른다.

그러나 만일 내가 이해한 곡조를 듣는다면, 내 안에서 특별한 무엇이 진행되지 않는가? 이것은 내가 이해하지 않고 들을 때엔 생기지 않을 그런 것이 아닌가? 그리고 무엇? 아무런 대답도 나오지 않는다. 혹은 내게 생기는 모든 것은 아무 관계가 없다. 나는 실제로 "이제 나는 그것을 이해한다고 말할 수 있다. 그리고 아마도 그것에 관해 말하고 그것과 놀고, 그것을 다른 것과 비교하거나 할 수 있다. 이해의 **상징**은 듣는 행위에 수반할 수 있다.

이해함을 듣기에 수반하는 과정으로 부르는 것은 잘못이다.(물론 이해를 명백하게 보여주는 표현적 연주 역시 듣기에 수반하는 것으로 불릴 수 없다.)

왜냐하면 '표현적 연주'가 무엇인지를 어떻게 설명할 수 있는가? 확실히 연주에 수반하는 것으로는 설명할 수 없다. 설명을 위해 무엇이 필요한가? 문화라고 말할 수 있다. 만일 누군가가 특정한 문화에서

> 길러져서 음악에 이러이러한 방식으로 반응한다면, 당신은 그에게 '표현적 연주'란 구절의 용법을 가르칠 수 있다.

모습을 보는 것, 음악, 시, 그림 및 유머를 이해하는 것은 문화, 즉 삶의 양식에 포함된 반응들로서 문화 속에서만 존속할 수 있다.

> 사람들이 같은 유머감각을 갖고 있지 않다는 것은 어떤 의미일가? 그들은 서로에게 적절한 방식으로 반응하지 않는다. 그것은 마치 한 사람이 다른 사람에게 공을 던지면 공을 잡아서 되던지는 관습이 있는데, 어떤 사람들은 되던지는 대신 공을 주머니에 집어넣는 것과 같다.

이처럼 만일 유머가 나치 독일에서 사라졌다면, 이것은 사람들의 기분이 안 좋다는 것뿐 아니라 나치가 하나의 삶의 양식을, 세상을 바라보는 방식과 그것에 연결된 반응 및 관습들의 집합을 모두 파괴하는 데 성공했다는 것을 뜻한다.(예컨대 그것은 나치가 공을 주머니에 넣었다는 것을 뜻할 것이다.)

측면-보기aspect-seeing에 관한 철학적 문제는, 모습은 변하지만 보여지는 대상은 변하지 않는다는 명백하고 동시에 수수께끼 같은 사실로부터 생긴다. 똑같은 그림이 지금은 오리인데, 금방 토끼가 된다. 마찬가지로 동일한 농담, 시, 그림 또는 음악이 지금은 이상한 행동이고, 종이 위의 낯선 단어이며, 캔버스의 얼룩이거나 어수선한 소음인데, 금방(이해되었을 때) 웃기는 농담, 감동적인 시, 아름다운 그림 또는 환상적으로 표현적인 음악이 된다. "이해할 수 없는 것은 **아무것**도 변하지 않았으면서, 그러면서 **모든 것**이 변했다는 것이다."

"철학은 모든 것을 있는 그대로 놔둔다"는 철학에 관한 비트겐슈타인의 단평은 자주 인용되는 말이다. 그러나 우리가 사물을 바라보는 방식만을 바꾸려고 시도할 때, 비트겐슈타인은 **모든 것**을 바꾸려고 시도하고 있었다는 것을 사람들은 잘 모르고 있다. 자신의 연구의 효과에 대한 비트겐슈타인의 비관주의는 사물들을 바라보는 우리의 방식이 철학적 믿음들에 의해서가 아니라, 우리의 문화 및 자라왔던 방식에 의해 결정된다는 확신과 관련이 있다. 이에 직면해서 그는 언젠가 칼 브리튼에게 "한 사람이 홀로 무엇을 할 수 있겠는가?"라고 말한 바 있다.

> 전통은 사람이 배울 수 있는 것이 아니다. 사람이 자신의 조상을 선택할 수 없듯이 말이다. 그것은 우리가 원할 때 집어 들 수 있는 한 가닥 실이 아니다.
>
> 전통을 갖고 싶은데 갖고 있지 않은 사람은 불행하게 사랑에 빠진 사람과 같다.

비트겐슈타인은 전통을 갖고 있었다. 그가 진정으로 사랑하는 독일/오스트리아의 문학과 예술 그리고 (특히) 19세기 음악이 그것이었다. 그러나 그는 생애에서 상당 기간 동안 그 전통은 더 이상 살아 있지 않았다는 것을 뼈저리게 알고 있었다. 이런 의미에서 그는 불행하게 사랑에 빠진 것이 아니라 절망적으로 사랑을 뺏긴 것이었다. 연구를 하기 위해 필요하다고 느꼈던 코네마라에서의 육체적 고립은 거기에 충만한 문화적 고립감과 잘 어울린다.

비트겐슈타인은 1948년 5월부터 8월까지 여름 내내 로스로에서 지냈다. 이 넉 달 동안 그는 많은 것을 썼다. 그러나 생활 습관상의 요구와 불안정한 건강 때문에 그는 자신이 계획했던 것을 성취하기에는 너무 약해졌다고 느끼게 되었다. "나는 육체적으로 정신적으로 아주 쉽게 피로해진다"고 그는 폰 브릭트에게 말했다. "너무 약하고, 너무 무기력하며, 너무 게을러서 중요한 일은 아무것도 할 수 없다"라고 일기에 적었다.

위인들의 근면함은 무엇보다도 그들이 건강하다는 상징이다. 그것은 그들의 내적인 부의 상징이 아니다.

게다가 우울증에 자주 시달렸다. 그는 이것을 의인화시켜서 마치 유령에 홀린 것처럼 묘사했다. "슬픔이 너를 성가시게 하지 못하게 하라"고 그는 6월 29일 적었다.

너는 그것을 네 심장 안으로 들어오게 해야 한다. 광기를 두려워해서도 안 된다. 아마 그것은 원수가 아니라 친구로서 올 것이다. 나쁜 것은 오직 너의 저항뿐이다. 슬픔이 네 심장 안으로 들어오게 하라. 문에 자물쇠를 채우지 마라. 정신 속에서는 문 밖에 서 있는 것이 무섭다. 그러나 **심장** 속에서는 그렇지 않다.

얼마 후인 7월 11일 유령의 정체가 밝혀졌다.

프랜시스와의 마지막 시간들과 그에 대한 나의 추악함에 대해 많이 생각한다. 그때 나는 아주 불행했다. **그러나 사악한 마음을 갖고 있었다**. 내 평생 이 죄로부터 어떻게 벗어날 수 있을지 알 수 없다.

그는 로스로에서 혼자 사는 데서 오는 육체적, 심리적 긴장을 더 이상 견뎌낼 수 없다고 생각했다. 그곳에서 겨울을 견뎌내는 것은 거의 생각조차 할 수 없었다. "그러나 나는 그렇게 **시도해보겠다고** 결심했다"고 7월 17일 적었다.

기도를 많이 한다. 그러나 올바른 마음으로 하는지는 모르겠다. C와 B[콘 드루어리와 벤]의 축복 없이 나는 여기에서 살 수 없을 것이다.

그는 토미에게 겨울 동안 그의 농가에서 묵을 수 있는지 물었다. 토미는 거절했다. 방 두 개 달린 작은 농가는 이미 토미와 그의 모친과 누이가 살기에도 비좁았다. 비트겐슈타인은 또 근처에 있는 카일모어 하우스Kylemore House(현 카일모어 호텔)의 주인인 필립스Phillips 여사에게도 부탁했지만, 그녀는 여름 동안만 손님을 받는다고 말했다. 만일 그가 코네마라에서 계속 지내려면 로스로에서 혼자 사는 수밖에 없었다.

그는 8월에 코네마라를 떠났다. 먼저 드루어리를 방문하기 위해서 더블린으로 갔다. 다음 벤과 그의 가족들의 집에서 머물기 위해 욱스브리지Uxbridge를 방문했다. 9월에 그는 헤르미네를 보기 위해 빈으로 출발했다. 헤르미네는 암에 걸려서 위중한 상태였다.

돌아오는 길에 그는 케임브리지에서 2주일을 지냈다. 거기서 그는 아일랜드에서 썼던 글에서 모은 타자본을 구술했다. 이것은 지금 《심리철학적 소견들》 제1권으로 출판되었다. 그러나 앞서 만들어진 원고들과 마찬가지로 이것 역시 한 권의 책으로 분리해서 만들려던 것은 아니었다. 그것을 만든 의도는 《탐구》를 수정할 때 사용하기 위해 단평들을 보기 편하게 모아놓으려는 것이었다.

10월 16일 그 일이 끝났다. 비트겐슈타인은 더블린으로 돌아갔다. 그는 원래 거기서 로스로로 가려고 했었다. 빈에서 그는 토미에게 별장을 자신의 귀환에 맞춰 준비해달라고 부탁하는 편지를 썼다. 그렇지만 이미 보았듯이 비트겐슈타인은 거기로 돌아가는 것에 대해 심하게 염려했다. 그리고 비트겐슈타인의 의사로서 드루어리 역시 그가 아프면 돌봐줄 사람 하나 없고, 치료받을 병원도 없는 곳에서 겨울을 보내는 것이 걱정되었다. 비트겐슈타인은 그가 묵었던 더블린 호텔 맨 위층의 따뜻하고 편안하며 무엇보다도 조용한 그 방에서 연구가 잘 된다는 것을 알게 되었다. 그래서 결국 그는 겨울을 로스 호텔에서 지냈다.

1948년에 로스 호텔은 크지만 특히 고급스런 호텔은 아니었다. 그것은 피닉스 공원Phoenix Park에 가까운 파크게이트 가Parkgate Street에 있었다. (이 호텔은 지금도 있는데, 완전히 개조되었으며 이름도 애슐링 호텔Ashling

Hotel로 바뀌었다.) 이 호텔은 그 지역에서는 '신교도' 호텔로 알려져 있었다. 평생 고객들 중 많은 사람들이 신교도였으며, 신교 성직자들이 회의에 참석하기 위해 더블린에 올 때 묵는 호텔이기도 했다. "내가 여기 더블린에서 성직자들의 얼굴을 보았을 때, 내겐 그들이 가톨릭 성직자들보다 덜 거만한 것처럼 보였다. 아마 그것은 그들이 거기에선 소수 집단이라는 것을 알기 때문이라고 생각한다"고 비트겐슈타인은 드루어리에게 말했다.

그렇지만 그에게 더 중요한 것은 조금만 걸어가면 피닉스 공원 안에 있는 동물원Zoological Garden에 갈 수 있었다는 것이었다. 드루어리를 통해서 그는 왕립 동물학협회 회원이 되었다. 그래서 정원에 무료로 입장할 수 있었고, 회원 식당에서 음식을 먹을 수 있었다. 더블린에 있는 동안 그는 거의 매일 드루어리와 만났다. 그들은 점심 때 동물원의 회원 식당이나 그래프턴 가Grafton Street의 뷸리 카페Bewley's Cafe에서 만났다. 이 카페의 여종업원들은 비트겐슈타인이 매번 같은 음식을 먹는다는 것을 금세 알게 되어, 주문하지 않아도 오믈렛과 커피를 가져다주었다. 드루어리는 또 글래스네빈Glasnevin에 있는 식물원Botanical Garden을 소개해주었다. 여기에서 그는 겨울 동안 난방이 잘된 팜하우스Palm House의 따뜻하고 친절한 장소에서 연구를 할 수 있었다.

더블린에서 지낸 겨울 동안 비트겐슈타인은 아주 집중적으로 연구에 몰두했다. "내 머리 안에서 태양이 빛나는 짧은 기간 동안 건초를 만들고 싶다"고 그는 11월 6일 맬컴에게 말했다. 한번은 점심 식사 약속 시간에 맞춰서 호텔로 온 드루어리에게 비트겐슈타인은 "이것을 마칠 때까지 잠시 기다리라"고 말했다. 그러고는 비트겐슈타인은 한마디도 하지 않고 두 시간 동안 계속 글을 썼다. 일을 마쳤을 때 그는 점심시간이 많이 지나버렸다는 것을 모르는 것처럼 보였다.

더블린에서 쓴 글은 《심리철학에 대한 마지막 글*Last Writings on the Philosophy of Psychology*》로 출판되었다. 제목 때문에 이것이 비트겐슈타인의 최후의 글이라고 생각하기 쉽다. 이 생각은 맞지 않으며 이 글은 《철학적 탐구》 2부, 《확실성에 관하여*On Certainty*》, 그리고 《색채에 관한 소견들*Remarks on Colour*》보다 앞서서 쓰여진 글이다. 그렇지만 그것은 1946년에 시작된 일련의 원고들의 마지막 권이다. 여기서 그는 심리적 개념에 대해서 《탐구》의 1부보다 더 개선되고, 더 명쾌한 분석을 제시하려고 했다. 그 일은 심리적 개념들의 다양성과 복잡성을 보여주기 위한 일련의 시도의 연장선 위에 있다. 그는 '두려움', '희망', '믿음' 등의 심리적 개념들을, '철학자들의 일반성에 대한 추구'가 황량하고 혼란스러운 것임을 드러내는 방식으로 분석하려고 했다. 이 글에는 훌륭한 구분법들이 많이 있는데, 이 모든 것들은 무엇보다도 모든 직설법 문장이 **서술**로 간주될 수 있다는 가정이 얼마나 위험한지를 보여주기 위해 고안되었다.

> "나는 두렵다"란 말을 듣는다. 나는 이렇게 묻는다. "당신은 어떤 맥락에서 그런 말을 했는가? 그것은 마음 밑바닥에서 나온 탄식이었는가, 그것은 고백이었는가, 그것은 스스로를 관찰한 것이었는가…?"

피닉스 공원에서 산책하던 어느 날 드루어리는 헤겔에 대해 말했다. "헤겔은 항상 다르게 보이는 것들이 실제로는 같다고 말하고 싶어 하는 것처럼 보인다." 비트겐슈타인은 그에게 이렇게 말했다. "반면에 나의 관심사는 똑같이 보이는 것이 실제로는 다르다는 것을 보여주는 것이다." 그는 《리어 왕*King Lear*》(1막 4장)에 나오는 켄트 백작의 말인 "나는 너에게 차이를 가르쳐주겠다"를 책의 모토로 사용할 생각을 하고 있었다.

그의 관심은 삶의 환원 불가능한 다양성을 강조하는 것이었다. 동물원에서 산책하는 것이 그에게 즐거웠던 이유는 엄청나게 다양한 꽃들, 관목들과 나무들, 그리고 수많은 다양한 종들의 새, 파충류, 동물 들을 좋아했기 때문이었다. 이 모든 다양성에 하나의 체계를 부과하려고 시도하는 이론은 그에겐 저주 같았다. 다윈은 틀렸음이 분명하다. 그의 이론은 "필요한 다양성을 갖고 있지 않다."

비트겐슈타인이 이 '마지막 글들'에서 특히 관심을 가진 개념들은 '생각함'과 '봄'이라는 개념들이었다. 더 구체적으로 그의 관심은 둘 사이의 관계였다. 그의 후기 철학에서 핵심적 위치를 차지하는 것은, 어떤 종류의 보기는 일종의 생각(혹은 최소한 **이해**의 한 종류)이기도 하다는 것이다. 연관들을 보는 것이 그것이다. 우리는 모습 또는 게슈탈트를 본다는 의미로 하나의 연관을 **본다**. 이런 의미의 '봄'을 물리적 대상을 보는 것과 구분하는 것, 그리고 이런 의미의 '봄'과 생각'과' '이해'라는 개념들 사이의 연관점들과 차이점들을 기술하는 것이 로스 호텔에서 적은 글의 중심을 차지한다.

"자, 어떤 것을 어떤 것으로 본다는 것이 무엇인지를 한번 말해보라"고 비트겐슈타인은 드루어리에게 도전적으로 물어보았다. "그 일은 쉽지 않다. 내가 지금 하는 생각은 아주 어렵다." 드루어리는 제임스 워드를 인용하여 응답했다. "생각하는 것은 어렵다Denken ist schwer." 공책에 적힌 다음 말은 아마 이에 대한 응답이었을지 모른다.

> "생각하는 것은 어렵다."(워드) 이것은 도대체 무슨 뜻인가? 왜 그것이 어려운가? 그것은 거의 "보는 것은 어렵다"고 말하는 것과 같다. 왜냐하면 뚫어지게 보는 것은 어렵기 때문이다. 그리고 아무것도 보지 않고 뚫어지게 보는 것은 가능하다. 혹은 명료하게 볼 수 없는 가운데 무언가를 본다고 계속 생각하는 것은 가능하다. 보는 것은 아무것도 보지 않을 때에도 우리를 피곤하게 할 수 있다.

같은 날 비트겐슈타인은 이렇게 말했다. "음악이 나의 삶에서 의미했던 모든 것을 내 책에서 한마디라도 하는 것은 불가능하다. 그렇다면 어떻게 내가 이해되기를 바랄 수 있는가?" 그렇지만 그가 이때 쓰고 있던 글에는 이 점을 짐작하게 해주는 강한 힌트가 있다. 왜냐하면 우리가 무언가를 이해하는 행위 안에서 '보는 것'(혹은 '듣는 것')에 주의를 집중할 때, 음악의 전형적인 예는 결코 그의 생각에서 멀리 떨어지지 않았기 때문이다.

> 우리는 어떤 이는 '화가의 눈' 혹은 '음악가의 귀'를 가졌다고 말한다. 하지만 이런 특징을 갖지 못한 사람이 보지 못하거나 듣지 못해서 고통을 겪는 일은 거의 없다.

> 우리는 어떤 이는 '음악적 귀'를 갖지 못했다고 말한다. 그리고 '측면- 맹 aspect-blindness'은 (어떤 면에서) 이런 들을 수 없는 능력에 비유할 수 있다.

음악의 이해를 예로 든 것은 그에겐 중요했다. 단지 음악이 그의 삶에서 엄청나게 중요했기 때문이 아니라, 음악 작품의 의미가 음악이 '가리키는' 것을 명명함으로써 기술될 수 없다는 것이 분명했기 때문이다. 그리고 이런 방식으로 "문장을 이해하는 것은 보통 생각하는 것 이상으로 음악의 주제를 이해하는 것에 훨씬 더 가깝다."

"네가 언젠가 지금 내가 쓰고 있는 것을 읽을 수 있기를 바란다"고 비트겐슈타인은 드루어리에게 말했다. 그러나 성 패트릭 병원에서의 드루어리의 일이 주는 부담 때문에, 그리고 그가 비트겐슈타인이 관심을 가진 구체적인 철학적 문제들을 비교적 잘 모르기 때문에, 비트겐슈타인이 하는 연구를 자세하게 논의할 수는 없었다. 실제로 드루어리는 비트겐슈타인은 자신과 철학적 논의를 하지 않는 것이 그의 분명한 결정이었다고 회상한다. "내가 생각하기에 그는 자신의 생각이 나보다 훨씬 더 많이 개발되어서 나를 늪지에 빠뜨리거나, 내가 그의 말을 그냥 앵무새처럼 반복할지 모른다고 느꼈던 것 같다." 비트겐슈타인은 11월에 1주일 내지 2주일 정도 로스 호텔에서 그와 함께 지낸 벤 리처즈와도 당시 하던 연구를 논의하지 않았다.

그렇지만 12월에 비트겐슈타인은 그의 연구를 자세하게 논의할 기회를 잡았다. 먼저 엘리자베스 앤스콤이 12월 첫주 동안 호텔에서 묵었다. 다음에는 앤스콤이 떠나자마자 곧 러시 리스가 크리스마스를 비트겐슈타인과 보내기 위해 더블린으로 왔다. 비트겐슈타인은 이미 리스를 유고 관리자로 정한 상태였으며, 아마도 다른 사람들과 함께 리스와 앤스콤을 유고 관리자로 정했을 수도 있었다. 어느 경우이건 그는 두 달 동안 썼던 글을 그들과 함께 읽었다. 그리고 지난 2년 동안 준비했던 두 개의 타자본에 있는 단평들 중 일부와 이 새 자료를 함께 이용해서 《철학적 탐구》를 수정하는 시도에 관해 논의했다.

리스는 새해 첫날 더블린을 떠났다. 비트겐슈타인은 여전히 로스 호텔에 머물면서 잘 진행되는 연구를 계속하고 싶어 했다. 그렇지만 정월 초에 지난해 동안 그를 괴롭혔던 증상과 유사한 병을 앓게 되었다. 그는 그 병을 맬컴에게 '일종의 장염'이라고 말했다. "물론 그것은 나의 연구에 아무런 도움도 주지 않는다. 나는 일주일간 연구를 완전히 포기해야 했다. 그 후 연구는 더디게 진행된다. 마치 요즘 내가 산책할 때처럼 말이다."

그는 피곤하고 아팠으며 늙었다. 이것이 마지막 병일지도 모른다고 생각했다. 또한 고독감을 느꼈다. "드루어리는 점점 더 불성실해지는 것 같다"고 1월 29일 적었다. "그는 더 쉽게 살아갈 수 있는 친구를 찾았다." 의사는 그가 단지 심한 위장염을 앓고 있을 뿐이라고 진단했다. 그러나 그는 의사를 믿지 못해서 처방을 무시했다. 2월 11일 그는 "아주 쇠약하고 고통스럽다"고 적었다. 그는 미닝이 죽어가고 있다는 소식을 들었다. "나와 모든 사람에게 **커다란** 상실." 그녀는 다양하게 많은 재능을 갖고 있었지만, 그것들은 드러나지 않았고 숨겨져 있었다고 그는 적었다. "마치 인간의 내장이 **그래야 하는** 것처럼."

2월 내내 그는 여전히 연구를 할 수 있었다. 하지만 크리스마스 전과 같은 강도로 부지런히 할 수는 없었다. 3월 말쯤에는 이처럼 한정된 연구도 할 수 없게 되었다. 그리고 그 후 몇 달 동안 그는 한 자도 쓰지 못했다. 아무 일도 못 하던 이 기간 동안 그는 꽤 많은 책을 읽었다. 드루어리는 더블린의 왕립 도서관 회원이어서, 이곳에서 비트겐슈타인 대신 책을 빌렸다. 비트겐슈타인이 대체로 읽고 싶어 했던 것은 역사 책이었다고 드루어리는 회상한다. 매컬리Macaulay의 《비판적이고 역사적인 수상록*Essays Critical and Historical*》, 리비Livy의 2차 포에니 전쟁에 대한 설명, 몰리Morley의 《크롬웰의 일생*Life of Cromwell*》, 세귀르Ségur의 《나폴레옹사*L'Histoire de Napoleon*》, 그리고 비스마르크Bismarck의 《사고와 회상*Gedanken und Erinnerungen*》이 그가 읽은 역사책들이었다. 이 책들 대부분은 비트겐슈타인이 이미 읽었던 것들이었다. 가령 1937년 그는 매컬리의 수필들에 대해 이렇게 썼다.

> 〔그것들은〕 훌륭한 것들을 많이 포함하고 있다. 그러나 사람들에 대한 그의 가치 판단은 지루하고 피상적이다. 그에게 이렇게 말하고 싶은 느낌이 든다. 몸짓으로 말하는 것을 그만두라! 그냥 네가 말해야 할 것만 말하라.

1942년에 그는 리스에게 한니발의 이탈리아 침공에 대한 리비의 해설을 읽고 있다고 쓴 바 있다. "나는 이것이 굉장히 흥미롭다." 그가 가장 좋아하는 부분은 (그렇게 드루어리에게 말했다) 칸나에Cannae 전투 후에 한니발이 존경을 표하기 위해 두 명의 집정관의 시체를 찾으려고 전쟁터를 수색하게 하는 장면이었다.

그는 현재 상태에서는 연구가 그에게 쉬워지지 않는 이상, 연구를 시도할 수는 없을 것이라고 일기에 적었다. "왜냐하면 그렇지 않다면 아무리 내가 애쓴다 하더라도 아무것도 나오지 않을 것이기 때문이다." 3월 초에 그는 다시 호텔에서 벤과 함께 있게 되었다. 벤은 열흘 동안 머물렀다. "멋진 시간. 항상 사랑스럽다." 그러나 벤과 함께 있는 것이 즐겁긴 하지만, 그는 몸이 안 좋다는 사실을 의식하고 있었다. 그는 잠을 잘 못 잤고, 앞날에 대한 생각으로 불안했다. "**어떻게 결말이 날지 모른다.**" 벤이 떠난 며칠 후 그는 "자주 내 영혼은 죽은 것 같다"고 썼다.

드루어리와 그는 종교적 주제에 관해 대화하는 일이 점점 더 잦아졌다. 그는 드루어리의 '그리스적' 종교 관념들과 그 자신의 생각(그는 이것이 '백 퍼센트 히브리적'이라고 말했다)을 대비시켰다. 드루어리는 최종적으로는 모든 것이 원상 복구된다는 오리겐Origen의 시각, 예컨대 심지어 사탄과 타락 천사들도 과거의 영광으로 돌아간다는 생각에 감탄했다. 그는 그것이 이단으로 비난받는 것이 유감이라고 평했다. "물론 그것은 거부되었다"고 비트겐슈타인은 고집했다.

> 그것은 모든 것을 무의미하게 만들 것이다. 만일 우리가 지금 하는 일이 끝내 아무런 차이도 만들어내지 못한다면, 인생의 모든 진지함은 사라져버릴 것이다.

비트겐슈타인의 '히브리적' 종교관은 성경 전체에서 사람들이 느끼는 경외감에 근거하고 있다고 드루어리는 추측했다. 이것을 예를 들어서 설명하기 위해서 그는 말라기서를 인용했다. "그가 오는 날, 누가 당해내랴? 그가 나타나는 날, 누가 버텨내랴?"(말라기서 3 : 2) 이 말을 듣고 비트겐슈타인은 멈춰 섰다. "너는 방금 아주 중요한 것을 말했다고 생각한다. 네가 생각하는 것보다 훨씬 더 중요한 것을 말했다."

비트겐슈타인의 '히브리적' 종교관에 핵심적인 것은 (그가 가장 좋아하는 영국 시인인 블레이크Blake의 것처럼) 철학과 종교의 엄격한 분리였다. "만일 기독교가 진리라면 그것에 관해 쓰여진 모든 철학은 거짓이다." 그는 드루어리와의 대화에서 더 철학적인 성 요한 복음서를 다른 것들과 날카롭게 구분했다. "나는 제4 복음서를 이해할 수 없다. 내가 그 긴 이야기들을 읽을 때, 그것은 마치 공관복음서에 있는 사람과 다른 사람이 말하고 있는 것처럼 보인다."

하지만 성 바오로는 어떤가? 1937년에 그는 이렇게 적었다. "복음서에는 조용하고 맑게 흐르는 샘물이 바오로의 사도서한에서는 거품이 이는 것처럼 보인다." 그는 그때 성 바오로 안에서 복음서의 겸양과는 대조적으로 "자부심 혹은 분노 같은 것"을 보았다. 복음서에는 오두막집이 있다면, 바오로에서는 교회가 있다. "복음서에선 모든 사람이 평등하며 신 자신도 인간이다. 바오로에선 이미 계급 같은 것, 명예와 공식적 직위가 있는 것처럼 보인다." 그러나 지금 그가 틀렸었다는 것을 알게 되었다고 드루어리에게 말했다. "복음서와 사도서한에는 모두 같은 동일한 종교가 있다."

그러나 종교적 신앙에 대한 그의 근본적으로 윤리적인 생각 안에서, 그는 여전히 바오로 식의 예정설을 받아들이기 힘들었다. 왜냐하면 오리젠의 가르침처럼, 그것은 "지금 우리가 하는 일이 끝내 아무런 차이도 만들지 못할 것"이라는 결과를 함축하는 것처럼 보이기 때문이다. 그렇다면 어떻게 인생의 진지함이 고양될 수 있는가?

1937년 비트겐슈타인은 바오로 식의 원리를 가장 무서운 고통의 경험으로부터만 떠오를 수 있는 원리로 규정지었다. "그것은 한숨이나 울음보다도 덜 이론적이다." 그 자신 정도의 '경건함의 수준'에서는 그것은 오로지 '추한 헛소리, 비종교적인 것'으로만 보인다.

> 만일 그것이 훌륭하고 신적인 그림이라면, 그것은 아주 다른 수준에 있는 사람에 대해서 그럴 것이다. 이 사람은 그것을 그의 삶에서 내게 가능할 수 있는 그 어느 것보다 다른 방식으로 사용할지 모른다.

1949년에 그는 더 이상 그것을 '비종교적인 것'으로 말할 수 없었다. 그러나 또한 그는 그것이 어떻게 '훌륭하고 신적인 그림'으로 사용될 수 있는지도 잘 이해할 수 없었다.

> 누군가가 이렇게 배웠다고 가정하자. 하나의 존재가 있다. 그런데 이 존재는 만일 네가 이러이러한 일을 하거나 저러저러하게 산다면, 네가 죽은 후에 너를 영원한 고통의 장소로 데려갈 것이다. 대부분의

사람들은 거기로 간다. 소수의 사람들은 영원한 행복의 장소로 간다. 이 존재는 좋은 장소에 갈 사람들을 미리 선택했다. 그리고 특정한 인생을 산 사람만이 고통의 장소에 가기 때문에, 그는 또한 나머지 사람들도 그와 같이 살도록 미리 정해놓았다.

이런 원리의 효과는 무엇일까? 자, 그것은 벌에 대해선 말하지 않고 오히려 일종의 자연적 필연성에 대해 말한다. 그리고 만일 네가 세상이 이렇다고 말한다면, 그것을 듣는 사람은 누구든지 절망하거나 믿을 수 없다는 식으로 반응할 것이다.

그것을 가르치는 것은 윤리적 교육이 될 수 없을 것이다. 만일 네가 누군가에게 그런 원리를 가르치면서 그를 윤리적으로 기르고 싶다면, 너는 그를 윤리적으로 교육시킨 후에 그것을 일종의 이해할 수 없는 신비스러운 것으로 묘사함으로써 가르칠 수 있다.

비트겐슈타인은 그렇게 생각할 아무런 의학적 근거가 없었지만 죽음이 임박했다고 느꼈다. 맬컴이 그의 재정 형편을 묻는 편지를 보냈을 때, 그는 2년 동안 살기에 충분한 돈이 있다고 응답했다. "그다음에 무슨 일이 일어날지는 나도 모른다. 어쨌든 그때까지 오래 살지는 못할 것 같다."

4월에 그는 미닝의 임종을 지켜보기 위해 빈으로 출발했다. 그는 3~4주 동안 거기에 머문 후, 5월 16일 더블린으로 돌아왔다. 거기에서 그는 맬컴에게 미닝이 여전히 살아 있지만 회복할 가능성은 전혀 없다고 알려주는 편지를 썼다. "빈에 있는 동안 거의 아무런 연구도 할 수 없었다. 내가 썩어버렸다고 느낀다."

더블린으로 돌아온 후 얼마 지나지 않아, 그는 드루어리의 권고를 받아들여 트리니티 칼리지의 의학 교수에게 진찰을 받으러 갔다. 그의 증상은 그해 초부터 그를 괴롭혔던 장염과 일반적인 피로감이었다. 아마 위에 무언가가 자라고 있을지도 모른다는 의심이 갔지만, 그런 것은 엑스선 검사에 나타나지 않았다. 병원에서 종합 검사를 받은 후,

단지 드물고 설명하기 힘든 빈혈증을 앓고 있다는 것이 발견되었을 뿐이다. 그는 철분과 간즙을 먹는 치료를 받았다. 그래서 비록 여전히 철학에 집중할 수는 없었지만, 건강은 점차적으로 호전되었다.

그는 두 가지 이유 때문에 빨리 빈혈을 고치려고 애썼다. 첫째, 그는 미국 이타카Ithaca에 있는 맬컴의 집에서 여름을 지내라는 맬컴의 오래된 초청을 드디어 받아들이기로 결심했기 때문이었다.(그는 농담으로 만일 미국에 간다면, 맬컴은 그가 가장 좋아하는 영화배우인 베티 허튼Betty Hutton을 소개시켜줘야 한다고 말했다.) 그는 7월 21일 출발하는 퀸 메리Queen Mary 호에 예약을 해놓았다. 두 번째 이유는 미국으로 떠나기 전에 케임브리지에서 몇 주일을 보내면서 1946년 이후 해왔던 연구의 최종적이고 깨끗한 타자본을 만들고 싶어 했다는 것이었다.

병에서 회복하는 기간 동안 그는 더블린에 머물렀다. 그가 지금의 《철학적 탐구》 2부에 해당하는 원고의 상당 부분을 준비한 때는 아마 이 기간이었을 것이다. 작업을 안 할 때 잠시 쉬기 위하여, 드루어리는 그에게 전축과 자신이 선택한 레코드판 몇 개를 주겠다고 했다. 비트겐슈타인은 거절했다. 그것은 결코 도움이 안 될 것이라고 그는 말했다. 마치 초콜릿 한 상자를 주는 것과 같아서 "나는 언제 그만 먹어야 될지 모를 것이다." 반면 드루어리야말로 일을 마친 후 피곤할 때 음악을 들어야만 한다고 그는 말했다. 그래서 다음 날 아침 그는 드루어리의 방에 라디오 한 대를 배달시켰다. 이 일이 있었던 후 얼마 안 지나 드루어리는 라디오에서 들었던 레코드에서 녹음 기술이 크게 발전된 것을 발견하고 그것에 관해 말했다. 이 말에 비트겐슈타인은 전형적인 슈펭글러 식 생각으로 응답했다.

> 재생 기술이 아주 크게 발전하면, 음악이 어떻게 연주되어야 하는지를 아는 사람은 점점 더 줄어든다는 것은 아주 독특한 현상이다.

6월 13일 드루어리와 비트겐슈타인은 라디오에서 '신의 존재'에 관한 에이어와 코플스턴 신부Father Copleston의 토론을 들었다. "에이어는 말하고자 하는 내용이 뭔가 있긴 하지만, 믿을 수 없을 정도로 피상적"이라고 비트겐슈타인은 말했다. 반면에 코플스턴은 "토론에 아무런 기여도 하지 못했다." 기독교의 믿음들을 철학적 논증으로 정당화하려고 시도하는 것은 완전히 핵심을 놓치는 것이다.

일주일 후 그는 더블린을 떠났다. 이때 그는 많은 양의 공책, 원고, 타자본들을 꾸렸는데, 여기서 우리는 그가 더블린에서 했던 일을 정리할 뿐 아니라 철학적인 일을 완전히 끝내려 했다는 느낌을 받는다. 그는 드루어리에게 루트비히 핸젤에게서 온 편지에 대해 말했다. 이 편지에서 핸젤은 비트겐슈타인의 연구가 잘 진행되기를 바란다고 말했다. 만일 그것이 신의 의지라면 말이다. "자, 그것이 내가 원하는 전부이다"라고 그는 말했다. "만일 그것이 신의 의지라면 말이다."

> 바흐는 그의 《오르간 소책자*Orgelbüchlein*》의 표지에 이렇게 적었다. '가장 높은 신의 영광을 위하여, 내 이웃이 그에 의해 혜택을 받을 수 있기를.' 그것이 내가 내 연구에 대해 말하고 싶었던 것이다.

여기서 과거 시제를 사용했다는 것은 무언가를 말해주고 있다. 그것은 그가 이제 자신의 연구가 거의 다 끝났다고 간주했음을 지적해준다.

그는 미국으로 여행을 떠나기 전 한 달을 케임브리지에 있는 폰 브릭트와 욱스브리지에 있는 벤 리처즈와 번갈아 가며 지냈다. 폰 브릭트는 비트겐슈타인의 후임자로서 케임브리지의 철학 교수직을 맡은 지 막 1년이 되었다. 그는 레이디마거릿 가Lady Margaret Road에 있는 임대주택('스트래세어드Strathaird' 건물)에서 살고 있었다. 그곳에 있을 동안 비트겐슈타인은 방이 두 개 있는 아파트에서 따로 살았으며, 식사는 폰 브릭트의 가족들(폰 브릭트와 두 아이들)과 함께했다. 그는 폰 브릭트와 함께 지내러 오기 전에 그에게 이렇게 편지를 썼다. "내가 걱정하는 것이 하나 있는데, 그것은 내가 철학에 대해 토론할 수 없으리라는 것이다. 물론 그때 가서 사정이 변할 수 있지만, 지금 나는 철학적 문제들에 대해 생각조차 할 수 없다. 내 머리는 **완전히** 무뎌졌다."

케임브리지에서 지낸 이 수 주일 동안 그의 주요 관심사는 지난 3년여에 걸쳐 쓴 단평들 중에서 최종 선택한 것들(이것이 《철학적 탐구》 제2부를 이룬다)을 포함하는 원고를 타자수에게 구술하는 것이었다. 이것은 비트겐슈타인이 준비한 것으로 알려진 타자본 중 마지막 것이다. 따라서 그것은 심리적 개념들에 대한 그의 단평들을 출판 가능한 형태로 정돈하려는 시도 중 정점을 상징하는 것이다.

그렇지만 그것이 그 과제의 완성을 뜻하지는 않는다. 그가 더블린에서 엘리자베스 앤스콤에게 말했듯이, 그는 이 새롭게 선택한 단평들을 《철학적 탐구》 1부를 수정하기 위해 사용할 자료로 간주했다. 그는 수정 작업을 직접 하지 못했기 때문에, 우리가 지금 갖고 있는 책은 다소 불만족스럽게 두 부분으로 나누어진 구조로 되어 있다. 두 번째 '부분'은 첫 번째 부분을 수정할 때 사용하기 위한 자료일 뿐이었기 때문이다. 더욱이 원래 그 책의 '두 번째 부분'으로 간주되었던 연구, 즉 수학적 개념들에 대한 비트겐슈타인의 분석은 그 책에 아예 포함되지도 않았다. 비트겐슈타인은 책의 구조에 대해 괴팍할 정도로 끈질긴 관심을 가졌는데, 이것은 아이러니컬하게도 그의 책이 원래 그의 생각과는 크게 다른 형태로 출판되는 결과를 낳았다.

이 새로운 타자본의 가장 긴 부분은 측면-보기aspect-seeing의 문제에 관한 것으로, 이미 논의했듯이 그가 지난 3년에 걸쳐 썼던 그 연구의 정수이다. 이 부분은 거의 전체 타자본의 반(인쇄본으로 서른여섯 쪽)을 차지한다. 그렇지만 그가 특히 만족했던 부분은 '무어의 역설'과 관련된 부분(10단원)이라고 리스에게 말했다. 그는 이 역설에 대한 그의 많은 단평들을 비교적 짧은 단원(인쇄본으로 세 쪽)에 압축시켜서 기쁘다고 말했다.

무어의 역설은 가령 "이 방에 난로가 있다. 그리고 나는 이 방에 난로가 있다는 것을 믿지 않는다"와 같이 말하는 것이 불합리하다는 것,

즉 한 명제를 진술하고 그것을 믿지 않는다고 말하는 것이 불합리하다는 것을 뜻하기 위해 비트겐슈타인이 만든 이름이다. '무어의 역설'이란 이름은 잘못 지은 것인지도 모른다. 비트겐슈타인은 무어가 이런 유형의 불합리성을 발견했다고 아마도 잘못 믿었다.(실제로 그는 맬컴에게 이 발견이 무어의 연구 중 그가 가장 큰 인상을 받았던 유일한 것이라고 말한 적이 있다.) 이 역설에서 비트겐슈타인이 찾은 흥미로운 점은, 그런 말을 한 사람은 일상적으로 모순적인 말을 한 것으로 간주되겠지만 그것이 형식적으로는 모순이 아니라는 사실로부터 생긴다. 즉, 두 진술 "이 방에 난로가 있다"와 "RM은 이 방에 난로가 있다고 믿지 않는다"는 서로 모순이 아니다.

비트겐슈타인이 이 역설을 처음 들은 것은 무어가 1944년 도덕과학클럽에서 발표할 때였다. 그는 즉시 무어에게 편지를 써서 그의 '발견'을 출판하라고 촉구하면서, 왜 그가 그것을 중요하다고 여기는지를 설명했다.

> 당신은 주장의 **논리**에 관해서 무언가를 말했습니다. 즉 "P는 참이고, 나는 P가 참이라고 믿지 않는다고 가정하자"와 같이 말하는 것은 의미가 있습니다. 반면에 다음과 같이 주장하는 것, 즉 "I-p는 참이다. (I-p는 I assert p를 줄인 것으로 보인다 — 옮긴이) 그리고 나는 P가 참이라고 믿지 않는다"는 아무 의미도 만들어내지 **못합니다**. 이 **주장**은 배제되어야 하며 '상식'에 의해 배제**됩니다**. 마치 모순이 그렇게 배제되듯이 말입니다. 그리고 이것은 논리학은 논리학자가 생각하는 것처럼 그렇게 단순하지 않다는 것을 보여줍니다. 특히 모순이, 사람들이 배제된다고 생각하는 **유일한** 것이 아니라는 것을 보여줍니다. 그것은 논리적으로 수용할 수 없는 **유일한** 형식이 아니며, 특정한 상황 아래에선 수용 가능합니다. 그리고 그것을 보여주는 것이 내겐 당신의 글의 중요한 장점인 것처럼 보입니다.

이것은 무어가 그 문제를 보는 방식과는 달랐다. 그는 이 역설이 형식적 모순이 아니기 때문에, 논리적이라기보다는 심리적 이유로 불합리하다고 말하려고 했었다. 비트겐슈타인은 이를 강하게 거부했다.

> 만일 내가 "옆방에 난로가 있는가?"라고 누군가에게 묻는다면, 그는 "나는 거기에 난로가 있다고 믿는다"고 답한다. 나는 이렇게 말할 수 없다. "엉뚱한 말을 하지 말라. 나는 난로에 대해 물었지 너의 마음 상태에 대해서 묻진 않았다!"

비트겐슈타인에게는 무엇이 주장하는 것을 의미 있게 하고 의미 없게 하는지에 대한 탐구는 무엇이든지 논리학의 일부였다. 그리고 이런 의미에서 "논리학은 논리학자들이 생각하는 것처럼 단순하지 않다"는 점을 지적하는 것은 그 자신의 탐구의 주요 관심사 중 하나였다. 이것은 버트런드 러셀이 주목했던 비트겐슈타인의 후기 철학의 한 양상이었다. 러셀은 1930년 트리니티 칼리지의 위원회에 제출한 보고서에서 비트겐슈타인의 이론은 "새롭고 매우 독창적이며 의심의 여지 없이 중요하다"고 말했다. 그러나 "그것이 맞는지 나는 모른다. 단순성을 좋아하는 논리학자로서 그렇지 않기를 바라야 할 것이다."

'무어의 역설'이 비트겐슈타인의 흥미를 끈 이유는, 그것이 단순성을 향한 논리학자의 욕망과는 반대로, 우리 언어의 형식들을 왜곡하지 않은 채 그것들을 형식논리학의 범주를 이용하여 만들어진 틀에 짜 맞춰 넣을 수 없다는 것을 보여주었기 때문이었다. "나는 옆방에 난로가 있다고 믿는다"란 진술은 비록 주저하면서 한 것이지만 옆방에 난로가 있다는 것을 주장하기 위해 사용된 것이다. 그것은 마음의 상태를 주장하기 위해 사용된 것이 아니다.("주저하면서 하는 주장을 주저함에 관한 주장으로 간주하지 말라") 이 때문에 이 진술은 다음 진술들과 구분된다. "나는 그때 옆방에 난로가 있다고 믿었다"와 "그는 옆방에 난로가 있다고 믿는다" 이 두 진술 모두 일반적으로 난로에 대한 것이 아니라 사람들의 믿음에 관한 것으로 간주될 것이다. 우리 언어의 논리의 이런 특징은 우리가 "x는 p를 믿는다/믿었다" 같은 편리한 형식을 만들지 못하게 하며, x와 p에 어떤 값이 주어지든 그 형식은 변하지 않는 채 유지된다는 생각을 할 수 없게 한다. "나는 옆방에 난로가 있다고 믿는다"는 "나는 옆방에 난로가 있다고 믿었다"와 같은 종류의 주장이 아니다.

> "그러나 확실히 '나는 …을 믿었다'는 현재의 '나는 …을 믿는다'와 같은 과거의 것에 관해서 말해야 한다!" 확실히 $\sqrt{-1}$ 은, $\sqrt{1}$ 이 1과의 관계에서 의미하는 것과 바로 같은 것을 −1과의 관계에서 의미해야 한다. 이 말은 아무런 뜻도 없다.

만일 우리가 $\sqrt{x}$ 라는 형식이 x의 값이 무엇이든지 간에 하나의 의미를 갖는 것으로 간주한다면, 우리는 $\sqrt{-1}$ 을 간주할 때 절망적일 정도의 혼란에 빠지고 만다. 왜냐하면 통상적인 곱셈 규칙하에서 −1의 제곱근은 양수도 음수도 될 수 없는데 '실수'의 영역 안에서는 그것에 해당하는 수가 아무것도 없기 때문이다. 그런데도 $\sqrt{-1}$ 은 사용된다. 그것은 순수수학과 응용수학의 많은 주요 분야에서 필수적인 개념이다. 그러나 그것에 의미를 주기 위해서는 '곱셈', '제곱근' 그리고 심지어 '수'에도 다른 의미를 주는 것—즉, −1의 제곱근은 실수가 아니라 '허수'(또는 연산자라고도 불린다) i라고 말해질 수 있도록—이 필요하다는 것을 알게 되었다. 이런 수정된 체계가 주어지면 $i^2 = -1$이라는 것, 그리고 −1의 제곱근이라는 개념은 문제가 없어질 뿐 아니라 전 '복소수' 이론의 기초가 된다. 비트겐슈타인은 '무어의 역설'에 관심을 가진 이유와 똑같은 이유로 −1의 제곱근에 관심을 가졌다. 그것은 형식의 피상적 유사성이 의미의 매우 중요한 차이를 가릴 수 있다는 사실을 보여준다.

이 생각은 그 책의 주요 주제들 중의 하나였다. 그것은 비트겐슈타인이 드루어리에게 했던 제안, 즉 켄트 백작의 "나는 너에게 차이를 가르쳐주겠다"를 모토로 사용하겠다는 제안을 정당화해준다. 그리고 그 점은 《철학적 탐구》 2부에 있는 심리적 개념들의 분석에서 특히 명백하게 나타난다. 논리학이 논리학자들이 생각하는 것만큼 단순하지 않다는 것을 보여주고 싶었듯이, 그는 심리적 개념들과 그것들을 사용한 문장들이 철학자와 심리학자들이 바라는 것처럼 단일하지는 않다는 것을 보여주고 싶어 했다. 두 경우 모두에서 목표는 '일반성을 향한 갈망'을 가라앉히는 것, 사람들로 하여금 생각하기 전에 보도록 장려하는 것이었다.

예를 들면 "'나는 두렵다'란 문장은 무엇을 의미하는가?"란 질문에는 그 문장이 사용될 모든 경우에 들어맞는 단일한 답은 없다. 왜냐하면 1과 마이너스 −1의 제곱근의 경우와 마찬가지로, 다양한 용법들 사이의 차이점들은 유사성들만큼 중요하기 때문이다.

> 우리는 여기서 온갖 종류의 것들을 상상할 수 있다. 예를 들면,
>
> "아니, 아니! 나는 두려워!"
> "나는 두려워, 내가 그것을 고백해야만 해서 미안해."
> "나는 여전히 약간 두렵지만, 더 이상 전처럼 크게 두렵진 않아."
> "실제로는 난 두려워. 비록 그것을 자인하지 않을 것이지만."
> "나는 온갖 공포로 자신을 고문한다."
> "자, 언제 내가 무서워하지 말아야 하는지, 나는 두렵다!"
>
> 위에 있는 각 문장들마다 그에 적당한 특별한 목소리의 어조가 있으며, 여러 가지 다른 맥락이 있다. 우리보다 더 분명하게 생각하며 우리가 오직 한 단어만을 사용할 때 여러 단어들을 사용하는 사람들을 상상할 수 있다.

"나는 두렵다"가 어느 한 특정한 경우에 무엇을 의미하는지를 이해하기 위하여, 사람들은 목소리의 어조와 그것이 말해지는 맥락을 고려해야 할지도 모른다. 여기서 공포에 관한 일반적 이론이(언어에 관한 일반적 이론은 더 말할 것도 없고) 도움이 되리라고 생각할 이유는 전혀 없다. 훨씬 더 중요한 것은 사람들의 얼굴, 음성, 그리고 상황에 대한 냉철하고 예민하게 관찰하는 능력일 것이다. 이런 종류의 민감성은 오로지 경험에 의해서만 — 우리 주위에 있는 사람들을 주의 깊게 보고 들음으로써만 — 얻을 수 있다. 비트겐슈타인과 드루어리가 서부 아일랜드에서 산책을 할 때, 농가 밖에 앉아 있는 다섯 살짜리 여자아이를 우연히 만난 적이 있었다. "드루어리, 저 아이의 얼굴에 있는 표현을 그냥 바라보게"라고 비트겐슈타인이 말했다. 그러고는 "너는 사람들의 얼굴에 충분히 주의하지 않는다. 그것은 네가 고쳐야 하는 결점"이라고 덧붙였다. 그것은 그의 심리철학에 함축적으로 구현되어 있는 충고였다. "내적인 과정은 외적인 규준을 필요로 한다." 그러나 그 외적인 규준들은 주의 깊게 집중할 것을 필요로 한다.

'내적인' 것은 우리에게 숨겨져 있지 않다. 어떤 사람의 외적인 행동들을 관찰하는 것은, 만일 우리가 그것들을 이해한다면, 그들의 마음 상태를 관찰하는 것이다. 여기서 요구되는 이해는 다소 다듬어질 수 있다. 근본적 단계에서는 "만일 내가 누군가가 명백한 원인에 의해 고통 속에서 몸부림치는 것을 보면 나는 생각하지 않는다. 그럼에도 그의 느낌은 나에게 숨겨져 있다." 그러나 더 깊은 단계에선, 어떤 사람들 그리고 심지어 전체 문화가 항상 우리에게 불가해할 것이다.

> 우리가 사물을 보는 관점에 있어, 어떤 사람에겐 특정한 사람들의 내적인 생활이 항상 신비적으로 느껴질 수도 있다는 점이 중요하다. 즉, 그 사람이 그들을 결코 이해하지 못하리라는 점이 중요하다.(유럽인들의 눈에 비친 영국 여성들.)

왜냐하면 '헤아리기 힘든 증거', '미묘한 눈짓, 몸짓, 그리고 어조'를 해석하기 위해 필요한 공통적 경험이 없을 것이기 때문이다. 이 생각은 비트겐슈타인의 가장 인상 깊은 경구들 중 하나에 요약되어 있다. "만일 사자가 말을 할 수 있다면, 우리는 사자를 이해할 수 없을 것이다."

이론화 작업의 결과 생기는 추상적인 표현들, 일반성에 관한 주장들, 법칙과 원리 들은, 비트겐슈타인이 보기엔 이 '헤아리기 힘든 증거'를 더 잘 이해하기 위한 우리의 시도를 오직 방해만 할 뿐이다. 그러나 이론 없이 어떻게 우리의 이해력을 개선시킬 수 있는가? 이론 없이 어떻게 우리의 통찰을 심화시킬 수 있는가?

우리의 인간 이해에 관해 만들 수 있는 가장 어렵고 가장 중요한 구분들 중 하나인, 느낌의 진짜 표현과 가장된 표현의 구분을 예로 들어보자.

> 느낌을 표현한 것이 참인지를 판정하는 '전문가적 판단' 같은 것이 있는가?—심지어 여기서도 '더 좋은' 판단을 하는 사람들과 '더 나쁜' 판단을 하는 사람들이 있다.
>
> 일반적으로 인간에 대해 더 잘 아는 사람의 판단으로부터 더 정확한 예측이 나올 것이다.
>
> 사람은 이런 지식을 배울 수 있는가? 그렇다. 그것을 배울 수 있는 사람들이 있다. 그렇지만 어떤 강의를 듣고 배우는 것이 아니라 '경험'을 통해서 배운다. 누군가가 이 점에 관해서 다른 사람의 선생이 될 수 있는가? 확실히 그렇다. 때때로 그는 올바른 **조언**을 제공한다. 여기에서 '배움'과 '가르침'은 이와 같다. 사람이 여기서 획득하는 것은 기술이 아니다. 사람은 정확한 판단을 배운다. 여기에는 또한 규칙들도 있지만, 그것들은 하나의 체계를 이루지는 않는다. 그리고 오로지 경험자들만이 그것들을 올바르게 적용할 수 있다. 계산 규칙들과는 다르다.

도스토옙스키의 《카라마조프가의 형제들》의 조시마 신부가 그런 선생의 한 예일지 모른다.

> 그렇게 오랜 세월 동안 원하는 사람들은 모두 그에게 와서 가슴을 열고 그의 충고와 치유의 말들을 간청하는 것을 허락함으로써, 나이 지긋한 조시마는 아주 많은 비밀들, 슬픈 사연들, 그리고 맹세들을 그의 영혼 속으로 흡수해서, 마침내 그는 낯선 사람의 얼굴도 한번 보기만 하면 그가 왜 왔는지를, 무엇을 원하는지를, 어떤 고통이 그의 양심을 괴롭히고 있는지를 알 수 있다고 말하는 사람들이 많이 있다.

조시마 신부를 묘사하는 이 부분에서 도스토옙스키는 비트겐슈타인이 생각하는 심리적 통찰력을 갖춘 이상적인 인물을 묘사하고 있다. 비트겐슈타인의 권유에 따라 《카라마조프가의 형제들》을 읽은 드루어리는 조시마란 인물이 매우 인상적임을 알게 되었다고 보고했다. 이에 대해 비트겐슈타인은 이렇게 응답했다. "맞다. 정말로 그와 같은 사람들이 있었다. 다른 사람들의 영혼 속을 직접 보고 충고를 해줄 수 있는 사람들 말이다."

그런 사람들은 현대의 '심리과학'의 경험적 방법들보다 우리 자신과 다른 사람들을 이해하는 것에 관해 우리에게 가르쳐줄 것이 더 많다고 비트겐슈타인은 생각했다. 이것은 과학이 덜 발전되었기 때문이 아니라, 과학이 사용하는 방법이 이 과제에는 적당하지 않기 때문이다.

> 심리학의 혼란과 황폐함을 그것은 '젊은 과학'이라는 말로 설명해선 안 된다. 심리학의 상태는 예컨대 물리학의 초기 상태와 비교할 수 없다.(오히려 수학의 특정 분야, 집합론과 비교할 수 있다.) 왜냐하면 심리학에서는 실험적 방법과 **개념적 혼란**이 있기 때문이다.(집합론의 경우와 마찬가지로 개념적 혼란과 증명 방법들.) 실험적 방법의 존재 때문에 우리는 우리를 괴롭히는 문제들을 해결할 수단들을 갖고 있다

고 생각하게 된다. 비록 문제와 방법은 서로 엇갈리지만 말이다.

《철학적 탐구》 2부는 비트겐슈타인 책의 2권이 어떤 내용을 포함할지에 대해 짐작하게 해준다.

> 심리학에 대한 우리의 탐구와 아주 유사한 탐구가 수학에서도 가능하다. 전자가 심리학적인 탐구가 아닌 것처럼 후자도 수학적 탐구가 아니다. 그것은 계산을 포함하지 않을 것이며 그래서 예컨대 그것은 기호논리학이 아니다. 그것은 '수학의 기초'에 관한 탐구란 이름으로 불리울 수 있을지 모른다.

7월 12일에 이 타자본을 구술하는 작업은 끝났다. 그리고 비트겐슈타인은 미국으로 여행을 떠나기 전주를 욱스브리지에서 벤 리처즈와 함께 지내기 위해 케임브리지를 떠났다. 남은 2년의 인생 동안 비록 철학적인 글을 계속 썼지만, 그가 의도했던 구조대로 그의 책을 수정하려는 시도는 더 이상 하지 않았다. 《철학적 탐구》는 그래서 1949년 봄에 남겨진 상태인 다소 과도기적 상태로 우리에게 도달한다.

26
무공동체의 시민

비트겐슈타인 인생의 마지막 2년은 마치 에필로그와 같은 특징을 가진다. 자신의 연구를 출판할 수 있게 정리하는 작업은 비록 완성되지 못했지만 최소한 그에게는 끝났다. 그는 이제 거의 20여 년 동안 삶의 중심을 차지했던 연구의 결실인 책이 생전에 출간되지 못하리라는 것도 받아들였다. 그것을 편집하고 사후에 출판될 책을 살피는 것은 다른 사람들의 몫이었다. 이뿐 아니라 그의 생활방식도 1차 대전 후 계속 유지해왔던 것과 달리 다른 사람들에게 의존하게 되었다. 그는 수입도 집도 없었고, 과거에 갈망했던 철두철미한 고독과 독립적인 생활도 그다지 좋아하지 않게 되었다. 최후 2년 동안 그는 친구와 제자들의 집에서 살았는데 이타카에서는 맬컴과, 케임브리지에서는 폰 브릭트와, 옥스퍼드에서는 엘리자베스 앤스콤과 지냈다.

비트겐슈타인이 다른 사람들과 함께 살려고 한 주요한 이유는 돈 때문이 아니었다. 사실 재정적으로 그렇게 할 필요가 없었다. 전에 맬컴에게 말한 적이 있듯이, 케임브리지에서 받은 봉급으로 2년 정도를 생활하기에 충분한 돈을 저축해두었다. 다른 사람들과 함께 살 필요가 있다고 생각한 이유는 부분적으로는 정서적이고, 부분적으로는 육체적(그의 병은 점점 더 심해져서 사람들의 손길이 필요했다)이며, 또한 부분적으로는 지적이었다. 살아 있는 한 그는 철학자로 살고 싶었다. 그리고 지금 대부분의 시간 동안 혼자 살면서 글을 쓸 수는 없지만 철학을 토론할 수는 있다고 느꼈다. 이처럼 우리는 지금까지보다 훨씬 더 강하게 비트겐슈타인의 철학적 사고가 다른 사람들의 생각과 문제에 의해 자극받게 되었다는 것을 알 수 있다. 그가 최후 2년 동안 쓴 글은 비록 많은 점에서 자연스럽게 《탐구》와 연결되지만, 훨씬 더 많이 다른 사람들의 문제를 해결하는 것을 지향한다는 점에서 《탐구》와 크게 구별된다. 그것은 자신이 이전의 모든 연구에 부여했던 특징, 즉 다른 사람들의 연구를 명료하게 하는 특징을 가졌으며, 다른 연구보다 훨씬 더 의식적으로 유용하게 사용되도록 할 목적을 가지고 쓰여졌다. 마치 자신을 초청해준 주인들에게 자신이 가진 가장 귀중한 재산인 철학적 재능을 이용할 수 있게 함으로써 그들의 친절에 보답하고 싶었던 것처럼 보인다.

미국으로 출발하기 전에 맬컴과 교환한 편지에서 비트겐슈타인은 자신이 맬컴에게 철학적으로 무슨 도움이 될 수 있겠는지를 계속 물었다. "내 마음은 피곤하고 썩어 있다"고 그는 4월에 맬컴에게 말했다. "나와 토론할 사람이 있다면 철학에 대해 토론할 수 있을 것 같다. 하지만 혼자서는 거기에 집중할 수 없다." 두 달 후 그는 "내가 **완전히** 무디고 멍청하더라도 네가 나를 친절히 대해주리라는 것을 **안다**. 하지만 **난** 네 집에서 그저 할 일 없는 비곗덩어리가 되고 싶진 않다. 나는 그처럼 커다란 친절에 **조금**이나마 보답할 수 있다고 느끼고 싶다"고 썼다.

비트겐슈타인은 1949년 7월 21일 대서양을 횡단하는 퀸메리 호를 타고 미국으로 떠났다. "빈혈이 다 나은 것 같다"고 그는 출발 전에 쓴 편지에서 말했다. 그는 맬컴이 마중하기 위해 항구까지 올 필요가 없다는 점을 강조했다. "영화에서처럼 나는 배 위에서 아름다운 아가씨를 만나 그녀의 도움을 받을지도 모른다." 그럼에도 불구하고 맬컴은 그를 만나러 나갔고, 건강하고 튼튼해 보이는 그를 보고 놀랐다. 그는 "등에 가방을 지고, 한 손에는 무거운 짐가방을, 다른 손에는 지팡이를 쥐고 램프를 성큼성큼 걸어 내려왔다."

맬컴은 그가 적어도 어떤 점에선 성가시게 하지 않을 손님임을 알게 되었다. 그는 항상 똑같기만 하다면 무엇을 먹든지 괜찮다고 선언한 후 식사 때마다 빵과 치즈만을 먹겠다고 고집했다.

맬컴 가족은 카유가 고원Cayuga Heights의 경계 바로 밖에 있는 이타카의 주거지 가장자리에서 살았다. 비트겐슈타인은 자주 근교에 있는 시골길로 긴 산책을 나갔다. 그는 그 지역의 낯선 식물들에 커다란 관심을 보였다. 맬컴의 코넬 대학 동료였던 스튜어트 브라운Stuart Brown은 비트겐슈타인이 너무 낯선 식물을 보고 못 믿겠다고 강하게 말했던 걸 기억한다.

> 보통 그는 차를 태워주겠다는 제의를 거절하곤 했다. 하지만 어느 비 오는 날 오후 차를 세우고 맬컴의 집까지 태워주겠다고 하자 그는 고맙다고 하면서 차를 탔다. 차 안에서 그는 자신이 뽑은 풀의 열매 꼬투리가 무엇인지 알려달라고 물었다. 나는 하얀 액즙을 가리키며 (이 때문에 그 이름이 지어졌다) '우유풀'이라고 알려주었다. 그러자 그는 그 식물의 꽃을 묘사해달라고 부탁했다. 나는 제대로 묘사하기가 너무 힘들어서, 결국 차를 풀이 무성한 땅 옆에 세운 후 나가서 꽃이 달린 풀과 열매 꼬투리가 달린 풀을 모두 꺾어 왔다. 그는 꽃과 열매 꼬투리를 놀라서 번갈아 보았다. 갑자기 그는 그것들을 비벼서 가루로 만든 후 차 바닥에 던져버렸다. 그러고는 그것들을 밟으면서 "말도 안 돼!"라고 말했다.

브라운은 비트겐슈타인이 코넬에서 함께 토론했던 일군의 철학자들 중 한 사람이었다. 다른 사람들은 맥스 블랙Max Black, 윌리스 도니Willis Doney, 존 넬슨John Nelson, 그리고 우츠 바우스마Oets Bouwsma였다. 이 토론을 그는 "나는 여기서 나의 옛 연구를 하고 있다"고 로이 포래커에게 쓴 편지에서 표현했다.◈ 그는 포래커를 자주 생각한다고 말했다. "특히 내가 가이 등지에서 했던 옛일을 다시 할 수 있다고 생각하기 때문에 그렇다. 그런데 지금 나는 늙고 비틀거리기 때문에 조제소에서 했던 일을 할 수는 없게 되었다." 맬컴에게도 그는 남은 인생 동안 무엇을 해야 할지에 대한 근심을 토로했다. "이 세상에서 가진 거라곤 오직 하나인 사람, 한 가지 재능밖에 없는 사람이 그 재능을 잃기 시작할 때 무엇을 해야 하는가?"

코넬에서 그 재능을 요구하고 그것에 감사하는 사람들은 많이 있었다. 맬컴과 함께 그는 놀랄 정도로 많은 세미나와 토론에 참석했다. 브라운, 바우스마, 블랙과 정기적으로 모임을 가졌고 여기서 그들은 다양한 철학적 주제들에 관해 토론했다. 도니와는 《논고》를 읽는 세미나를 했으며, 바우스마와는 프레게의 '의미와 지칭'에 관한 토론을 위해 만났다. 또한 기억에 관한 문제를 논의하기 위해 넬슨 및 도니와 만났다. 넬슨은 그중 한 경우를 "아마도 그가 보냈던 시간 중 철학적으로 가장 분투하며 지냈던 두 시간"으로 기억했다.

> 그는 탐구를 무자비할 정도로 밀고 나갔기 때문에 내 머리는 거의 터질 것 같았다 … 문제가 어려워지더라도 휴식 시간은 없었고 주제에서 벗어나는 일도 없었다. 우리가 토론을 끝냈을 때 나는 완전히 탈진했다.

넬슨의 반응은 전형적인 것이었다. 비록 다른 사람들이 토론의 주제를 정했지만 언제나 토론을 지배한 것은 비트겐슈타인이었다. 그는 참석

◈ 포래커는 1947년 2월 마침내 수마트라에서 돌아왔다. 그때부터 비트겐슈타인이 죽을 때까지 둘은 계속 우정을 유지했다. 그들은 런던과 케임브리지에서 정기적으로 만났다. 비트겐슈타인은 그와 떨어져 있을 때마다 군대에 있을 때와 마찬가지로 정기적으로 포래커에게 편지를 썼다. 이타카뿐 아니라 더블린, 빈, 옥스퍼드에서 그가 쓴 편지들이 남아 있다.

자들에게 그들이 익숙하지 못한 정도의 강력하고 세심한 집중력을 요구했다. 어느 날 그런 토론이 끝난 후 바우스마는 그렇게 저녁을 보내면 혹시 잠을 제대로 못 자는 건 아닌지 비트겐슈타인에게 물었다. 그는 그렇지 않다고 답했다. 그러나 비트겐슈타인은 계속 다음과 같이 말했다고 바우스마는 회상한다.

> 그러나 다음 … 그는 매우 진지하게 도스토옙스키가 그런 상황에서 지었을 법한 미소로 덧붙였다. "그렇지는 않아요. 하지만 나는 미쳐버릴지 모른다고 생각합니다."

맬컴을 제외하고 비트겐슈타인과 대부분의 시간을 보낸 사람은 바우스마였다. 비트겐슈타인은 바우스마가 토론 상대자에게 필수적이라고 생각했던 진지함을 갖고 있다고 본 것 같다. 다른 사람과 달리 바우스마는 비트겐슈타인과 비슷한 나이였다. 그는 네브라스카 대학에서 맬컴의 선생이었고, 맬컴은 바우스마가 케임브리지로 가서 무어와 함께 공부하라고 장려했던 학생 중 하나였다. 바우스마 자신이 무어의 철학에 깊이 영향을 받았는데, 그는 관념론에 대한 무어의 논박에 영향을 받아 헤겔주의를 포기했다. 후에 그의 또 다른 학생이었던 앨리스 앰브로즈를 통해서 비트겐슈타인의 《청색 책》을 알게 되었고 그것을 자세히 연구했다.

다른 사람들과 함께 맬컴의 집에서 몇 번 만난 후에 비트겐슈타인은 바우스마를 따로 만날 약속을 잡았다. 위에 인용된 대화가 이루어진 것은 바로 이때였다. 비트겐슈타인은 특히 바우스마에게 그들의 토론이 '무슨 도움'이 된다고 생각하는지, 즉 바우스마가 토론에서 뭔가 얻는 것이 있는지를 물었다. "나는 아주 허영심이 강한 사람"이라고 그는 바우스마에게 말했다. "토론은 별로 좋지 않았습니다. 지적으로는 좋았을지도 모르지만, 핵심은 그것이 아닙니다 … 나의 허영심, 나의 허영심." 비트겐슈타인은 왜 케임브리지를 그만두었는지에 대해서 바우스마와 이야기했다.

> 우선 나는 책을 완성하고 싶었습니다 … 둘째 내가 왜 가르쳐야 할까요? X라는 학생이 내 말을 듣는 것이 무슨 도움이 될까요? 오로지 생각하는 사람만이 내 말에서 뭔가 도움이 되는 것을 얻을 수 있습니다.

그는 몇몇 학생들은 예외라고 했다. "이들은 진지하고 어떤 것에 미쳐 있습니다." 그러나 대부분의 학생은 비트겐슈타인이 영리하기 때문에 그에게 왔다. "나는 영리합니다. 그러나 그것은 중요하지 않습니다."

중요한 것은 그의 가르침이 좋은 효과를 내야 한다는 것이었다. 그런데 이 점에서 그가 가장 만족했던 학생들은 직업 철학자가 되지 않은 학생들이었다. 가령 드루어리와 스마이시스, 그리고 수학자가 되었던 학생들이 그들이었다. 직업 철학계에서 그는 자신의 가르침이 이로움보다는 해를 끼쳤다고 생각했다. 그는 이것을 술처럼 사람들을 취하게 만들었던 프로이트의 가르침에 비유했다. 사람들은 가르침을 맑은 정신에서 활용하는 방법을 알지 못했다. "무슨 말인지 아시겠습니까?"라고 그가 물었다. "예, 그렇고말고요"라고 바우스마가 응답했다. "그들은 공식formula(공식, 판에 박힌 말, 처방을 의미한다 — 옮긴이)을 찾은 셈이죠." "바로 그렇습니다."

그날 밤 바우스마는 그의 차로 비트겐슈타인을 산 위로 데리고 가서 도시 전경을 내려다보았다. 달이 떠 있었다. "만일 내가 설계했다면 절대로 태양을 만들지 않았을 것입니다"라고 비트겐슈타인은 말했다.

> 보세요. 얼마나 아름답습니까! 태양은 너무 밝고 너무 뜨겁습니다 … 그리고 만일 오직 달만 있다면, 읽기와 쓰기는 없을 것입니다.

언급된 모임들 외에 비트겐슈타인은 맬컴과 개인적으로 많은 토론을 했다. 이것들은 특별히 중요하다. 왜냐하면 주로 이 토론들을 통해서 비트겐슈타인은 마지막 18개월 동안 했던 연구의 자극을 받았기 때문이다.

비트겐슈타인은 이타카에 갈 때 《철학적 탐구》 두 부를 모두 갖고 갔다. 맬컴과 함께 그것을 읽어나갈 작정이었다. 맬컴에게 아직 책이 완전히 완성된 것은 아니지만, 자신이 살아 있는 동안에 최종적으로 손질할 수 있다고는 생각하지 않는다고 말했다. 그리고 그 책을 미완성 상태에서 출판사에 넘기고 싶지는 않았지만 친구들에게 읽어주고 이해시키고 싶었다. 그래서 비트겐슈타인은 그 책을 등사판으로 밀어서 친구들에게 나누어주려고 생각했다. 이 등사판에는 "이것은 아주 옳지는 않다" 혹은 "이것은 무언가 이상하다"와 같은 불만족을 표시하는 표현들을, 수정을 요하는 단평들 뒤 괄호 안에 넣으려고 했었다. 맬컴은 그 계획이 마음에 들지 않아 그렇게 하지 말라고 권했다. 그런 식으로 여러 권 만드는 것은 그렇게 중요한 책을 등사본으로 출판하는 것 같아서 적당하지 않다고 그는 생각했다.

더 시간을 요하는 대안은 책을 친구들과 각각의 단락을 하나하나씩 읽어나가는 것이었다. 비트겐슈타인은 이 일을 시도했던 것 같다. 이타카에 도착하자마자 그는 맬컴에게 이런 방식으로 책을 함께 읽어나가자고 제안했다. 그들이 1946년에 케임브리지에서 그랬던 것처럼 말이다. 하지만 이번에도 맬컴은 그 과정이 너무 제한적임을 알게 되었다. 그래서 몇 번 시도한 뒤에 그들은 또다시 그 계획을 포기했다. 대신 그들은 맬컴 자신의 연구에 더 직접 관련이 있는 철학적 문제에 대한 일련의 토론을 시작했다.

이 토론의 주제는 〈외부 세계의 증명Proof of an External World〉과 〈상식의 옹호A Defence of Common Sense〉라는 논문에서 철학적 회의주의를 논박하려는 무어의 시도였다. 회의주의자들은 세계에 관한 아무것도 확실하게 알려질 수 없다고, 심지어 세계가 외적이라는 것조차도 확실하게 알려질 수 없다고 주장한다. 무어의 〈외부 세계의 증명〉은 최소한 몇 개의 외적 대상들이 존재한다는 것이 확실하게 보여질 수 있음을 입증하는 시도로 시작한다. 무어의 유명한 예는 그 자신의 손이 존재한다는 것이었다.

> 예를 들어 나는 지금 인간의 손이 두 개 존재한다는 것을 증명할 수 있다. 어떻게? 내 두 손을 들어 올리고 내 오른손으로 특정한 제스처를 이렇게 취하면서 "여기에 손이 하나 있다"고 말함으로써, 그리고 왼손으로 특정한 제스처를 이렇게 취하면서 "여기에 손이 하나 더 있다"고 덧붙임으로써.

〈상식의 옹호〉에서 무어는 일련의 상식적인 믿음들, 즉 그가 확실하게 참임을 안다고 주장하는 믿음들을 제시했다. 여기에는 몸(무어의 몸)이 존재한다는 것, 이 몸은 땅의 표면에서 멀지 않은 곳에서 계속 존재해왔다는 것, 지구는 무어가 태어나기 전에 오랫동안 존재해왔다는 것 등이 포함된다.

비트겐슈타인의 방문 직전에 맬컴은 무어가 이런 것을 안다고 주장할 때 '안다'란 동사를 부정확하게 사용하고 있다고 비판하는 논문을 발표했다. 한 손을 들고 "나는 이것이 손임을 안다"라고 말하는 것이나 혹은 나무를 가리키면서 "나는 이것이 나무임을 확실하게 안다"고 말하는 것은 '안다'를 무의미하게 사용하는 것이라고 맬컴은 주장했다. 무어는 맬컴에게 보낸 편지에서 그가 '안다'를 사용하는 방법을 자신있게 방어하는 글을 써 보냈다. 이제 맬컴은 이 문제에 대해 비트겐슈타인이 어떤 입장을 취할지 알 수 있는 기회를 얻었고, 맬컴은 기회를 놓치지 않으려고 결심한 터였다.

맬컴과의 대화에서 비트겐슈타인은 "표현은 삶의 흐름 속에서만 의미를 갖는다"는 것을 강조했다. 따라서 무어의 진술이 의미 없는지 아닌지는 그것들이 의미 있게 사용될 수 있는 상황을 상상할 수 있느냐에 달려 있다. "한 문장을 이해하는 것은 그것을 사용할 준비가 되어 있다는 것이다. 만일 우리가 그것의 용법을 전혀 생각할 수 없다면,

우리는 그것을 전혀 이해하지 못한다." 이런 방식으로,

> "나는 이것이 나무임을 안다"라는 무어의 진술이 언어의 오용이라고 말하는 대신, 그것은 전혀 명료한 의미를 갖고 있지 않다고 말하는 것이 더 낫다. 그리고 무어 자신이 그것을 어떻게 사용하는지를 알지 못한다고 말하는 것이 더 낫다 … 그것에 일상적 용법을 주고 있지 않다는 것조차 그에게 명료하지 않다.

일부 무어의 진술들에 대해서는 나머지 것들보다 더 쉽게 그것들의 일상적 용법을 상상할 수 있다고 비트겐슈타인은 생각했다. "'나는 이것이 손임을 안다'의 용법을 생각하는 것은 어렵지 않다. 반면에 '나는 지구가 오랫동안 존재해왔다는 것을 안다'의 용법을 생각하는 것은 더 어렵다."

물론 무어는 그의 진술들을 '일상적' 방식으로 사용하고 있지 않았다. 그는 철학적 주장을 하기 위해서 그것들을 사용하고 있었다. 독자들에게 그가 두 손을 갖고 있다는 것을 알려주려고 한 것이 아니었다. 철학적 회의주의를 논박하려는 시도였다. 이 점에 대해서 비트겐슈타인은 무어가 실패했다고 생각했음이 아주 분명했다.

> 회의주의적 철학자들이 "너는 모른다"고 말하고 무어가 "나는 안다"고 응답할 때 그의 응답은 아주 쓸모없다. 그것이 그 자신, 즉 무어가 아무런 회의의 느낌을 갖고 있지 않다는 것을 그들에게 확신시켜주는 것이 아니라면 말이다. 그러나 그것이 문제가 되는 것은 아니다.

회의주의에 대한 비트겐슈타인의 입장은 《논고》에서 미묘하게 표현된 말에 담겨 있다. "회의주의는 논박 불가능한 것이 아니라 분명히 무의미한 것이다. 그것이 아무런 질문도 제기될 수 없는 곳에서 회의를 제기하려고 시도할 때 그것은 분명히 무의미하다." 그가 무어의 '상

식적 명제들'이 철학적으로 흥미 있다고 생각한 것은 회의주의에 대한 이런 입장과 연결되어 있다. 그것들은 '확실한 지식'의 사례들을 보여주지 않는다. 오히려 회의가 무의미한 경우들의 사례를 보여준다. 만일 우리가 무어가 두 손을 들고 있다는 것을 진지하게 의심한다면, 다른 것을 모두 의심하지 않을 이유가 없을 것이다. 우리의 감각의 신뢰성을 포함해서 말이다. 그리고 그런 경우에 우리가 회의를 제기하고 그것에 답할 때 사용한 전 체계가 무너질 것이다. "특정한 명제들은 나의 '참조 체계'에 속한다." 만일 내가 **그것들을** 포기해야 한다면, 나는 **아무런** 판단도 내릴 수 없을 것이다. 그런 명제들 중 하나는 나무 앞에 서서 말하는 "저것은 나무이다"라는 진술일 것이다.

> 만일 내가 나무까지 걸어갔는데 아무것도 만질 수 없다면, 나는 내 감각이 나에게 말해주었던 모든 것에 대한 자신감을 잃을 수 있다 … 무어가 "나는 저기에 나무가 있다는 것을 안다"라고 말했던 이유는 부분적으로는 그것이 참이 **아님**이 밝혀진다면, 그가 '포기해야' 한다는 느낌 때문이었다.

우리의 참조 체계에 속하며 그것 자체로는 의미 있게 의심될 수 없는 확실한 판단들(무어의 상식적 진술들 중 일부가 이것에 포함된다)이 있다는 생각을, 비트겐슈타인은 미국 방문 후부터 18개월 동안 쓴 글에서 발전시켰다.◈

가을 학기 초에 맬컴은 비트겐슈타인을 코넬 대학의 철학과 대학원생들 모임에 데리고 갔다. 존 넬슨이 회상하듯이 비트겐슈타인의 참석은 엄청난 영향을 미쳤다. 넬슨은 이렇게 적었다. "모임이 시작되기 바로 전에 맬컴이 복도 끝에서 걸어오는 모습이 보였다."

◈ 이 글은 《확실성에 관하여》로 출판되었다.

> 그의 팔에는 윈드 재킷과 낡은 군복 바지를 입은 가냘픈 노인이 기대어 있었다. 만일 지성으로 빛나는 얼굴이 아니었더라면, 사람들은 그를 맬컴이 추위를 피하게 해주려고 데려온 거리의 부랑자로 간주했을지도 모른다.
>
> … 나는 개스Gass에게 속삭였다. "저 사람이 비트겐슈타인이다." 개스는 내가 농담을 하고 있다고 생각하고 "농담하지 말라"라는 식의 말을 했다. 그 후 맬컴과 비트겐슈타인이 입장했다. 블라스토스Gregory Vlastos가 소개되었고 그는 논문을 발표했다. 이 모임의 사회를 보던 블랙이 일어서서 그의 오른편을 향했다. 이제 분명해졌다. 모든 사람이 놀랍게도 … 맬컴이 모임에 데리고 온 그 야윈 노인에게 블랙이 말을 하려고 한다는 것이. 그리고 그 충격적인 말이 들렸다. "비트겐슈타인 교수님, 한 말씀 부탁드려도 되겠습니까?" 하고 블랙이 말했다. 블랙이 '비트겐슈타인'이라고 말하자마자 그 자리에 모인 학생들이 숨을 크게 멈추는 소리가 났다. 당신은 이 점을 기억해야 한다. '비트겐슈타인'은 1949년의 철학 세계에선, 특히 코넬에선 신비스럽고 두려운 이름이었다. 그 숨이 멎는 소리는 블랙이 "플라톤, 한 말씀 부탁드려도 되겠습니까?"라고 말했을 경우에 생겼을 것과 같은 것이었다.

이 모임 후 얼마 지나지 않아 비트겐슈타인은 아파서 쓰러졌고 검사를 받기 위해 입원했다. 그는 이미 10월에 런던으로 돌아갈 표를 끊은 상태여서 검사 때문에 미국에 계속 남아 있게 될까 봐 아주 걱정했다. 비트겐슈타인은 미닝처럼 암에 걸려서 나머지 인생 동안 누워서 지낼까 봐 두려워했다. 입원하기 하루 전에 그는 맬컴에게 흥분 상태에서 이렇게 말했다.

> 나는 미국에서 죽고 싶지 않아. 나는 유럽인이다. 유럽에서 죽고 싶어 … 바보처럼 여기에 오다니.

그렇지만 검사 결과 심각하게 나쁜 병은 아니라는 것을 알게 되었다. 그는 다음 두 주 동안 계획대로 영국에 돌아갈 수 있을 정도로 충분히 회복했으며 10월 말에 런던에 도착했다. 원래 계획은 케임브리지에서 폰 브릭트와 며칠을 보낸 후 더블린의 로스 호텔로 돌아가는 것이었다. 그렇지만 런던에 도착한 지 얼마 안 돼 다시 아프게 되었다. 11월 9일이 되서야 비로소 케임브리지에 갈 수 있었지만 더블린으로 여행하기에는 여전히 너무 아팠다.

드루어리는 언젠가 비트겐슈타인에게 만일 케임브리지에서 의사에게 갈 일이 생기면 에드워드 베번 박사를 찾아가라고 말한 적이 있었다. 드루어리는 베번을 전쟁 중에 알았음이 틀림없다. 그들은 군대에서 같은 부대에 있었고 드루어리는 그의 능력에 깊은 인상을 받았다. 우연하게도 베번은 폰 브릭트의 가정의여서 비트겐슈타인은 케임브리지에 도착하자마자 베번 박사의 검사를 받았다. 최종 진단은 11월 25일에 나왔다. 검사 결과는 전립선암이었다.

비트겐슈타인은 암에 걸렸다는 소식에 전혀 놀라지 않았다. 그렇지만 암을 다루는 방법이 있다는 것을 듣고는 놀랐다. 전립선암에는 흔히 호르몬 치료법이 잘 들었다. 그래서 비트겐슈타인은 즉시 에스트로겐oestrogen 처방을 받았다. 그는 이 호르몬을 이용하면 충분히 6년을 더 살 수 있다는 말을 들었다. "내 인생이 그렇게 연장된다니 유감이다. 이런 반쯤의 생활에는 여섯 달도 너무 길다"라고 리스에게 편지를 썼다.

암에 걸렸다는 말을 들은 며칠 후 비트겐슈타인은 헬레네에게 편지를 써서 빈으로 가서 알레가세에 있는 집에서 머물러도 괜찮을지 물었다. "내 건강은 아주 나쁩니다. 따라서 아무런 일도 할 수 없습니다. 빈에서 나는 평화를 얻고 싶습니다 … 만일 알레가세에 있는 내 옛 방을 (천장에 달린 등과 함께) 사용할 수 있다면 좋을 것입니다."

그녀는 그의 건강이 아주 나쁘다는 것을 알게 되리라는 것, 그는 매일 일정 시간을 침대에서 보내야 한다는 것을 경고한 후, 그의 병이 뭔지에 대해서는 아무 말도 하지 않았다. 그는 가족이 그가 암에 걸렸다는 것을 모르게 할 작정이었다. 빈으로 떠나기 전 그는 맬컴에게 편지를 썼다. 여기서 그는 아무도 그의 병에 대해서 알지 못하게 하라고 부탁했다. "이건 내게 매우 중요한 일이다. 왜냐하면 크리스마스를 보내기 위해 빈에 가려고 하는데, 가족에게 진짜 병명을 알리고 싶지 않기 때문이다."

비트겐슈타인은 12월 24일 비행기를 타고 빈으로 출발했다. 그는 알레가세에 있는 그의 옛 방으로 들어갔다. 헤르미네가 암으로 죽어가고 있는 와중에 같은 병에 걸린 비트겐슈타인 자신도 틀림없이 창백한 안색을 하고 있었을 것이다. 가족들이 그의 진짜 병이 뭔지 추궁했을 것 같다. 그렇지만 비트겐슈타인은 계속 그것을 감추려고 했다. 그래서 그는 폰 브릭트에게 완곡어법으로 적은 소식을 전보로 치기도 했다. "**건강하고 활기찬 상태로 빈에 도착했다. 친구들에게 알려라.**"

빈에 도착한 후 처음 한 달 동안 그는 아무것도 쓰지 않았다. 그는 가족 저택의 훌륭한 편의 시설들을 이용하는 혜택을 스스로 사치스럽다 생각될 정도로 맘껏 누렸다. 알레가세에서 그는 훌륭한 식사와 보살핌을 제공받았으며 심지어 여흥을 즐길 수도 있었다. "나는 요즘 연주회에 간 적이 없다"고 그는 폰 브릭트에게 쓴 편지에서 말했다.

> 그러나 음악을 꽤 많이 듣고 있다. 내 친구[루돌프 코더]가 (매우 아름다운) 연주를 내게 들려주고 그와 내 누이가 함께 연주를 한다. 요전 날에 그들은 슈만이 작곡한 두 개의 현을 위한 4중주를 연주했고, 모차르트가 지은 네 개의 손을 위한 소나타를 연주했다.

"난 아주 행복하고 **매우** 훌륭한 보살핌을 받고 있습니다"라고 그는 베번 박사에게 편지를 썼다. 베번 박사는 벤에 관해 편지를 썼는데 분명히 벤의 소심함에 관해 말했던 것 같다. "그는 소심한 것이 아니라 **아주 수줍어하고 아주 억압되어** 있습니다. 특히 사람을 **잘** 알기 전에 그렇습니다."

> 그가 바츠Barts에서 일자리를 얻어야 하는 것이 정말로 얼마나 중요한 일인지를 알고 싶습니다. 그는 그것을 중요하다고 보는 것 같습니다. 그러나 나는 그가 런던에서 탈출할 수 있기를 바랍니다! 바츠는 그에게 좋은 곳이 아니라고 생각합니다. 내 말뜻은 그가 피상적이 되거나 속물 또는 그와 비슷하게 될 위험이 있다는 것이 **아닙니다**. 그곳에는 아무런 위험도 없습니다. 그러나 그가 더 단순하고 더 친절한 사람들과 같이 있을 수 있기를 바랍니다. 그래서 그가 자신을 열어 보일 수 있도록 말입니다. 그렇지 않으면 그는 더욱 움츠러들 것입니다.

비트겐슈타인은 의사에게 자신의 건강 상태에 대해 약간 우물쭈물하려고 했다. 예상했던 대로(특히 오스트리아의 겨울은 "영하 15도까지 내려간다"고 그는 베번에게 말했다) 건강은 불안정했다.

> 요즘 꽤 심하게 감기를 앓았습니다. 복통을 수반했습니다. 곧 의사를 봐야 할 것 같은데 **그것** 때문에 아주 걱정입니다. 그러나 저절로 나아서 지금은 다시 거의 처음처럼 좋아졌습니다.

물론 그는 오직 철학을 할 수 있을 때에만 '처음처럼 좋게' 느낄 수 있었다. "색들은 철학을 하게끔 자극한다. 괴테가 색채 이론에 대해 열정을 가졌던 이유는 아마 이 때문이었는지 모른다"고 그는 1948년에 썼다. 그리고 1950년 1월 괴테의 《색채 이론*Farbenlehre*》을 읽기 시작한 것은 바로 철학을 하도록 자신을 자극하기 위해서였다. "그것은 부분적으로는 지루하고 역겹지만 어떤 점에서는 아주 교육적이고 철학적으로 흥미롭다"고 폰 브릭트에게 말했다. 맬컴에게 표현했듯이 그것의 주요 장점은 "나를 생각하게 자극한다"는 것이었다.

마침내 그것은 글을 쓰게끔 비트겐슈타인을 자극했다. 괴테의 《색채 이론》을 읽고 영감을 받아 쓴 20개의 단평들은 지금까지 남아 있다. 아마도 비트겐슈타인이 빈에 마지막으로 방문했던 기간 동안 쓰였을 이 단평들은《색채에 관한 소견들*On Colour*》의 2부로 출판되었다.

그 안에서 비트겐슈타인은 괴테의 색채 이론을 일찍이 괴테의 다른 과학적 연구를 그랬듯이 자신의 철학적 탐구에 연결시켰다. 자기의 이론을 뉴턴의 광학 이론에 대한 성공적인 논박으로 간주했던 괴테 자신과는 반대로, 비트겐슈타인은 그 이론에서 흥미로운 어떤 것도 물리학에 대한 기여로 인한 것이 아님을 분명히 했다. 흥미로운 것은 오히려 **개념적** 탐구였다. 비트겐슈타인의 관점에서 보면 개념적 탐구가 괴테의 연구에서 다소 흥미로운 점이었다.

> 나도 과학적 문제들에 흥미를 느끼게 될지 모른다. 그러나 그것들은 실제로 나를 전혀 사로잡지 못했다. 오로지 개념적이며 미학적 문제들만이 나를 사로잡는다. 근본적으로 나는 과학적 문제들의 해결에는 무관심하다. 그러나 저 다른 종류의 문제들에 대해선 그렇지 않다.

확실히 괴테의 연구는 다른 과학적 탐구와 마찬가지로 세심한 관찰에 기반하고 있다. 그러나 이런 관찰들은 설명적 법칙을 구성할 수 있게 해주지 못한다. 그렇지만 그것들은 특정한 개념들을 명료하게 할 수 있게 해준다. 가령 "어느 색에 하얀색을 섞으면 그 색의 색채성colouredness이 제거된다. 그러나 노란색을 섞으면 그렇지 않다"를 보자. 이것은 어떤 종류의 명제인가?

> 내가 그것을 의미하는 대로는 그것은 물리학의 명제일 수 없다. 여기서 과학과 논리학 사이의 중간쯤에 있는 것, 가령 현상학을 믿으려는 유혹은 매우 크다.

그것은 물리학의 명제가 될 수 없다. 왜냐하면 그것의 반대는 거짓이 아니라 무의미이기 때문이다. "만일 누군가 그것이 이런 식이 아니라는 것을 발견한다면, 그것은 그가 반대를 경험했다는 것이 아니라 우리가 그를 이해할 수 없게 된다는 것이다." 그러므로 이 명제(그리고 이와 비슷한 다른 것들)를 분석하는 것은 물리적이건 현상학적이건 어떤 사실의 문제를 명료하게 하는 것이 아니다. 그것은 특정한 개념들('색', '색채성', '하얀색' 등)을 명료하게 하는 것이다. 따라서,

> 현상학적 분석(가령 괴테가 한 것 같은)은 개념들의 분석이며 그것은 물리학에 일치하지도 모순되지도 않는다.

2월 11일 헤르미네가 죽었다. "우리는 지난 3일 동안 매시간 그녀의 마지막을 기다리면서 보냈다"고 비트겐슈타인은 다음 날 폰 브릭트에게 편지를 썼다. "충격적이지는 않았다."

한편 그 자신의 건강은 계속 좋아졌다. 그래서 그는 일주일에 두세 번씩 엘리자베스 앤스콤(그녀는 비트겐슈타인의 글을 번역하기 위한 준비로 독일어 실력을 늘리기 위해 빈에 머물고 있었다)과 만날 수 있었다. 그가 철학적 연구 능력을 회복하기 위한 시도를 할 때 앤스콤은 또 다른 자극제 역할을 했다. 알프바흐Alpbach에 있는 오스트리아 대학 학회의 모임에서 그녀는 파울 파이어아벤트Paul Feyerabend를 만났다. 그는 당시 빈 대학의 학생이었다. 그녀는 파이어아벤트에게 비트겐슈타인의 원고를 주고 그것에 대해 함께 논의했다. 파이어아벤트는 그때 크라프트 동아리Kraft Circle의 회원이었다. 이 동아리는 공식적 강의에 만족하지 못한 학생들이 조직한 비공식적 철학 클럽이었다. 그것이야말로 비트겐슈타인이 공개적으로 철학을 논의할 수 있다고 느낄 수 있는 그런 종류의 모임이었다. 그래서 결국 비트겐슈타인은 참석을 허락했다. 파이어아벤트는 이렇게 회상한다.

> 비트겐슈타인이 결심하기까지는 오랜 시간이 걸렸다. 그는 한 시간

넘게 늦게 나타나서 활기차게 강의를 했다. 그는 다른 곳에서 겪었던 아첨하는 것 같은 존경의 태도보다 우리의 무례한 태도를 더 좋아하는 것 같았다.

크라프트 동아리와 함께한 이 모임이 아마도 비트겐슈타인이 빈에 있었던 동안 참석했던 유일한 공개 모임이었을 것이다. 그렇지만 앤스콤과 정기적으로 만나는 것이 아마도 "그를 철학적으로 자극하는 데" 도움을 주었을 것이다. 괴테의 색채 이론에 대한 20개의 단평들뿐 아니라 맬컴과 나눴던 대화의 주제를 계속 다루는 65개의 일련의 단평들이 있다. 이것은 지금 《확실성에 관하여》의 처음 65개 단평들로 출판되었다. 거기에서 비트겐슈타인은 '무어의 역설'처럼 무어의 〈상식의 옹호〉는 논리학에 대한 기여라고 고집했다. 왜냐하면 "언어게임을 기술하는 모든 것은 논리학의 부분이기" 때문이다.

여기에 등장하는 생각의 흐름은 놀라울 정도로 《논고》를 떠오르게 한다.(비트겐슈타인 스스로 나중에 《확실성에 관하여》 p.321에서 이 점을 인정했다.) 요점은 이것이다. 만일 명제의 반대가 의미 있다면, 그 명제는 경험적 가설로 간주될 수 있다. 그것의 참과 거짓은 세상에서 사물들이 존재하는 방식에 의존하기 때문이다. 그러나 만일 명제의 반대가 의미가 없다면, 그 명제는 세계를 기술하는 것이 아니라 우리의 개념 체계를 기술한다. 그러면 그것은 논리학의 일부이다.

이처럼 "물리적 대상이 존재한다"는 경험적 명제가 아니다. 왜냐하면 그것의 반대는 거짓이 아니라 이해 불가능한 것이기 때문이다. 마찬가지로 만일 무어가 두 손을 들어 올렸는데 우리의 반응이 "무어의 손은 존재하지 않는다"라면 우리의 진술은 거짓으로 간주될 수 없으며 납득할 수 없는 것이다. 그러나 만일 그렇다면, 이 '명제들의 체계'는 지식의 체계를 기술하지 않는다. 그것들은 우리가 세계를 이해하는 하나의 방식을 기술한다. 이런 경우에 무어처럼 당신이 그것들이 참임을 확실히 안다고 주장하는 것은 무의미하다.

> 만일 "나는 …을 안다"를 문법적 명제로 생각한다면, 물론 '나'는 중요하지 않다. 그것이 "이 경우에는 의심 같은 것은 없다"나 "'나는 … 을 모른다'란 표현은 이런 경우엔 무의미하다"를 의미한다고 하는 것은 적절하다. 그리고 물론 이로부터 "나는 … 을 안다" 역시 무의미하다는 것이 따라 나온다.

무어에 관한 이런 단평들과 괴테에 대한 단평들 사이에는 중요한 유사점이 있다. 두 경우 모두에서 비트겐슈타인의 관심은 경험적 명제처럼 보이는 것을 실제로는 문법적 명제로 간주해야 한다는 점, 우리의 경험을 기술하는 것이 아니라 우리의 경험이 그 안에서 기술되는 체계를 기술한다는 점을 지적하는 것이다. 어떤 점에선 양자에 대한 그의 논의는《탐구》에서 발표했던 하나의 일반적 진리를 적용한 것이다.

> 언어가 의사소통의 수단일 수 있으려면 정의definition에 있어서의 일치뿐 아니라 (아마 이상하게 들릴지 모르지만) 판단에 있어서의 일치가 요구된다. 이것은 논리학을 폐기하는 것처럼 보이지만 그렇지는 않다.

"어느 색에 하얀색을 섞으면 그 색의 색채성이 제거된다"와 "지구는 오랫동안 존재해왔다"와 같은 진술들은 그런 판단들의 예이다. 그것들을 그렇게 인정하는 것은 논리학을 폐기하지 않는다. 그러나 그것은 논리학을 상당히 크게 확장하고 복잡하게 만든다. 논리학은 그것이 논의하는 영역 안에, 예를 들면 괴테의《색채 이론》과 무어의 〈상식의 옹호〉와 같은 것을 포함하게 된다.

빈에서 쓴 글은 이런 토론의 시작에 불과하다. 전해에 더블린에서 쓴 글과 비교하면 그것은 단조로운 글이다. 그것은 전혀 경구와 같은 압축적인 글도 아니고 비트겐슈타인의 대표적인 글의 특징인 놀라울 정도로 풍부한 상상력에서 나온 은유를 포함하고 있지도 않다. 그렇지만 그것은 비트겐슈타인의 건강이 점점 회복되는 것과 함께 철학적인 글을 쓰는 능력도 회복되어가고 있음을 보여준다.

비트겐슈타인은 3월 23일 빈을 떠나 런던으로 돌아갔다. 거기서 그는 골드허스트 테라스Goldhurst Terrace에 있는 러시 리스의 부인인 진Jean의 집에서 일주일간 머물렀다. 영국에 돌아와서 '처량하다'고 그는 적었다. 그곳의 분위기는 '역겨웠다.' 사람들은 죽은 사람들처럼 보였다. 삶의 불꽃이 모두 꺼졌기 때문에.

4월 4일 그는 케임브리지에 있는 폰 브릭트의 집으로 다시 들어갔다. 거기에선 옥스퍼드 대학으로부터 1950년의 존 로크John Locke 강의를 맡아달라는 초청장이 기다리고 있었다. 매년 실시되는 이 명성 있는 강의는 저명한 초빙교수가 하는 것이 전통이었으며, 비교적 강의료도 많았다. 금전적인 보상에도 불구하고(200파운드를 지급하겠다는 제의를 받았다) 그는 마음이 내키지 않았다. 그는 200명이 넘는 많은 학생들이 강의를 들을 것이며 강의 중에 토론은 없을 거라는 말을 들었다. 비트겐슈타인이 이 두 조건보다 더 싫어했던 것은 없을 것이다. 그는 맬컴에게 이렇게 말했다. "나는 많은 청중에게 하는 공식적인 강의를 통해 사람들에게 뭔가 도움을 줄 수 있으리라곤 생각하지 않는다."

비트겐슈타인이 곧 돈이 떨어질까 봐 걱정했던 맬컴은 그를 대신해서 록펠러 재단에 문의했다. 그는 비트겐슈타인에게 연구비를 줄 수 있는지에 대해 재단의 간부인 채드본 길패트릭Chadbourne Gilpatrick의 관심을 가까스로 얻어내는 데 성공했다고 비트겐슈타인에게 말했다. 이에 대한 비트겐슈타인의 감사 표현은 지독할 정도로 솔직한 자기 평가의 말로 인해 약해졌다. 물론 연구비를 받을 이유는 있었다.

> 다른 사람들에게 짐이 되지 않으면서 그리고 내가 자연스럽게 하고 싶을 때 철학을 하면서 내가 좋아하는 곳에 살 수 있다는 생각은 물론 나를 즐겁게 한다.

그러나 그는 록펠러 재단이 '나에 관한 완전한 진실'을 알기 전에는 그 돈을 받을 수 없다고 맬컴에게 말했다.

> 진실은 이렇다. (a) 나는 1949년 3월 초 이후 어떤 연구도 지속적으로 잘 할 수 없었다. (b) 그 이전에도 내가 잘 연구할 수 있었던 기간은 1년에 예닐곱 달 정도였다. (c) 점점 늙어가면서 나의 생각은 뚜렷하게 힘을 잃었으며 명료해지는 적이 더 줄었고 요즘은 아주 더 쉽게 피곤해진다. (d) 나의 건강은 가벼운 만성 빈혈 때문에 다소 약해졌고 이 때문에 나는 병에 전염되기 쉽다. (e) 비록 정확하게 예측하는 것은 불가능한 일이지만 나의 마음은 결코 과거처럼, 가령 14개월 전처럼 활기차게 움직이지 못할 것 같다. (f) 나는 생전에 출판할 수 있다는 약속은 할 수 없다.

그는 맬컴에게 이 편지를 재단의 간부들에게 보여주라고 부탁했다. "거짓된 가장으로 연구비를 받을 수 없다는 것은 명백하다. 그리고 너는 무의식적으로 내 사정을 너무 장밋빛으로 설명했는지도 모른다." 그는 이렇게 덧붙였다. "내가 살아 있는 한, 그리고 내 마음 상태가 허용하는 만큼 자주 철학적 문제들에 대해 생각할 것이며 그것들에 대해 쓰려고 할 것이다."

> 나는 또한 지난 15년 내지 20년 동안 쓴 글 대부분은 출판되면 사람들의 관심을 끌 것이라고 믿는다. 그럼에도 불구하고 내가 생산하려 하는 모든 것이 지루하고 독창성이 없으며 흥미 없는 것이 될 가능성도 확실히 존재한다.

8개월 후 길패트릭이 비트겐슈타인을 방문했을 때 그는 이렇게 말했다. "현재의 내 건강 상태와 지적으로 둔감한 상태에선 연구비를 받을 수 없습니다."

비트겐슈타인은 '지적인 둔감성'의 부분적 원인으로 그가 암의 증상을 완화시키기 위해 먹고 있는 에스트로겐을 들었다. 약을 복용하는 동안 그는 철학적인 글을 쓸 때 필요한 집중력을 발휘하는 것이 힘들다는 것을 알게 되었다. "나는 약간의 일을 하고 있다"고 그는 맬컴에게 4월 17일 말했다. "그러나 단순한 것들에 막혀있으며 내가 쓰는 대부분은 아주 평범하다."

지금 말하고 있는 연구는 《색채에 관한 소견들》 3부를 이룬다. 그것은 빈에서 썼던 괴테의 《색채 이론》에 관한 단평들의 연장이다. 몇 가지 점에서 그것은 그것에 대한 비트겐슈타인 자신의 평가를 생각나게 한다. 그것은 반복적이며, 다소 무리하게 '색채 개념들의 논리', 특히 '원색primary colour', '투명도transparency', '광도luminosity'의 논리를 명료하게 하려고 시도한다. "내가 장황하게 쓰고 있는 것이 덜 허약한 마음을 가진 누군가에겐 명백할지도 모른다." 그렇지만 그 안에는 다양한 색깔들의 일반적 특징들에 관한 괴테의 단평들을 멋지고 간결하게 물리치는 말이 들어 있다.

> 동일한 음악의 주제가 장조와 단조에서 다른 특징을 갖는다. 그러나 단조의 특징에 대해 일반적으로 말하는 것은 완전히 잘못이다.(슈베르트에게선 장조가 단조보다 더 슬프게 들리는 일은 흔하다.)
>
> 따라서 나는 그림을 이해하기 위해 각 색깔의 특징들에 대해 말하는 것은 아무런 가치 없는 쓸모없는 일이라고 생각한다. 그런 일을 할 때 우리는 실제로는 특수한 용법에 대해 생각하고 있다. 녹색이 탁자보의 색으로서 이런 효과를, 빨강은 저런 효과를 가진다는 것으로부터 그것들이 그림에서 갖는 효과들에 대해서는 아무런 결론도 끌어낼 수 없다.

> 렘브란트가 그린 얼굴의 홍채에 있는 한 점을 가리키면서 "내 방 벽은 이 색으로 칠해져야 한다"고 말하는 사람을 상상해보라.

비트겐슈타인의 최후의 사진들이 찍힌 것은 1950년 4월에 그가 폰 브릭트와 함께 지내고 있던 동안이었다. 이 사진들은 비트겐슈타인과 폰 브릭트가 침대 시트 앞에서 접는 의자에 함께 앉아 있는 모습을 보여준다. 이 이상한 배열은 (사진을 찍은) 트라노이K. E. Tranøj가 기억하듯이 비트겐슈타인의 생각이었다.

> 1950년의 늦은 봄 우리는 정원에서 폰 브릭트와 차를 마시고 있었다. 청명한 날이어서 나는 비트겐슈타인에게 사진을 찍을 수 있는지 물어보았다. 그는 렌즈를 향해 등을 보이고 앉도록 허락해준다면 사진을 찍겠다고 말했다. 나는 반대하지 않아서 카메라를 가지러 갔다. 그 사이에 비트겐슈타인은 마음을 바꿨다. 그는 이제 폰 브릭트를 옆에 앉도록 하고는 내게 여권사진처럼 찍으라고 했다. 다시 나는 동의했다. 그리고 비트겐슈타인은 침대 시트를 가져오기 위해 갔다. 그는 벽장에서 깨끗한 시트를 가져 오겠다는 엘리자베스 폰 브릭트의 제안을 거절했다. 비트겐슈타인은 그 시트를 베란다 앞에 걸쳤고, 의자 두 개를 폈다.

4월 25일 비트겐슈타인은 옥스퍼드 세인트존 가St John Street에 있는 엘리자베스 앤스콤의 집으로 들어가기 위해 케임브리지를 떠났다. "나는 폰 브릭트와 함께 지내고 싶지만 두 명의 아이들이 시끄럽다. 내가 필요한 것은 조용함"이라고 그는 맬컴에게 말했다. 앤스콤의 집에서 그는 2층에 있는 방을 썼다. 지하층은 프랭크와 길리언 굿리치Frank and Gillian Goodrich가 쓰고 1층은 배리 핑크Barry Pink가 썼다. 이사한 지 얼마 후 그는 폰 브릭트에게 이렇게 말했다. "이 집은 아주 시끄럽지도 않지만 아주 조용하지도 않다. 어떻게 적응할지 잘 모르겠다. 세 든 사람들은 모두 꽤 좋은 사람들인 것 같다. 그중 한 사람은 아주 근사하다."

그 '아주 근사한' 사람은 배리 핑크였다. 그는 당시 미술 대학에 다니고 있었다. 그의 관심 분야는 많고 다양했다. "핑크는 한 번에 여섯 개의 걸상에 앉고 싶어 한다. 그러나 그는 오직 한 개의 궁둥이만 갖고 있다"고 비트겐슈타인은 언젠가 말한 적이 있다. 핑크는 요릭 스마이시스의 오랜 친구였고 스마이시스와 앤스콤처럼 가톨릭으로 개종했다. 그는 비트겐슈타인에게서 그의 관심 분야 전체, 예컨대 미술, 조각, 석공술, 기계 조립 등을 함께 이야기할 수 있고 그런 의향이 있는 사람을 발견했다.

그들은 옥스퍼드 주위를 함께 산책했고, 한동안 핑크는 믿을 수 있는 친구가 되었다. 그들은 꽤 솔직하게 생각, 느낌, 삶을 논의할 수 있었다. 가령 그들은 자신의 본성을 감추려는 경향에 대해 논의했다. 이와 관련해서 핑크는 비트겐슈타인에게 철학자로서의 그의 연구, 심지어 그가 철학자인 것이 그의 동성애와 무슨 관계가 있는지 물었다. 질문의 취지는 철학자로서의 비트겐슈타인의 연구가 어느 점에선 그의 동성애를 숨기기 위한 장치일 수 있느냐는 것이었다. 비트겐슈타인은 노기 띤 음성으로 그 질문을 무시해버렸다. "절대로 그렇지 않다!"

비트겐슈타인은 여름을 벤과 함께 노르웨이에서 지낼 계획이었다. 벤은 그때 런던에 있는 바츠 의과 대학생으로 마지막 해를 보내고 있었다. 하지만 7월에 벤은 최종 자격 시험에 실패했다. 그래서 가을에 '재시험'을 보기 위해 여름 동안 런던에서 공부를 해야 했다. 이 때문에 그들의 휴가는 가을까지 연기되었다. 비트겐슈타인은 케임브리지에서 썼던 색채에 대한 단평들을 계속 확장하는 작업을 열심히 하면서, 여름 내내 옥스퍼드에 머물렀다.

색채에 대한 단평들을 적은 공책에는 셰익스피어에 대한 일련의 단평들이 있다. 이것들은 《문화와 가치》에 출판되었다. 비트겐슈타인에겐 셰익스피어의 위대성을 이해할 수 없다는 것이 오랫동안 근심거리였다. 가령 1946년 그는 이렇게 적었다.

> 우리가 스스로 그것이 참임을 보지 못하는 것을 믿는 것이 얼마나 어려운 일인지는 주목할 만하다. 가령 여러 나라의 저명한 사람들로

부터 셰익스피어를 숭배한다는 말을 들을 때, 나는 그를 칭송하는 것이 관습적인 것이 되어버린 것은 아닌지 의심하지 않을 수 없었다. 비록 나는 자신에게 그럴 리 없다고 말해야 했지만 말이다. 나를 정말로 확신시키기 위해서는 밀턴Milton과 같은 권위가 필요하다. 나는 물론 그가 매수될 수 없는 인물이라고 본다. 그러나 내가 수천 명의 문학 교수들이 이해도 못 한 채 그리고 잘못된 이유로 그렇게 엄청난 양의 칭송을 셰익스피어에게 보냈다고 믿는다는 것은 물론 아니다.

비트겐슈타인이 셰익스피어를 위대한 시인으로 받아들이기 어려웠던 이유들 중 하나는 그가 셰익스피어의 은유와 직유 중 많은 것을 싫어했기 때문이다. "셰익스피어의 비유는 **일상적 의미에서** 나쁘다. 그럼에도 그것들이 좋다면 — 그런데 나는 그것들이 좋은지 나쁜지 모르는데 — 그것들은 그것들 자체에 대해 일종의 법칙임이 틀림없다." 그가 벤과 논의했던 예는 《리처드 2세*Richard II*》에 등장하는 모브레이의 연설에 나오는 치아에 대한 은유로서 쇠창살문을 사용한 것이었다. "너는 내 입안에서 나의 혀를 가두어놓았다/나의 이와 입술을 이용해서 이중 쇠창살로 가두어놓았다."

더 근본적인 어려움은 비트겐슈타인이 영국 문화를 대체로 싫어했다는 데 있었다. "나는 사람들이 한 작가를 좋아하려면 그가 속한 문화도 좋아해야 한다고 믿는다. 만일 사람들이 그것에 무관심하거나 그것을 좋아하지 않는다면 그들의 숭배심은 식는다." 하지만 이것은 비트겐슈타인이 블레이크와 디킨스를 좋아하는 것을 막지는 못했다. 차이점은 비트겐슈타인이 셰익스피어 안에서 한 명의 위대한 인간으로 숭배할 수 있는 작가를 볼 수 없었다는 것이다.

나는 오직 경탄 속에서 셰익스피어를 바라볼 수는 있다. 그와 함께는 절대로 아무것도 하지 않으면서 말이다 …

'베토벤의 위대한 마음' — 아무도 '셰익스피어의 위대한 마음'에 관해서는 말할 수 없을 것이다…

나는 셰익스피어가 '시인의 운명'에 관해 사색할 수 있었으리라곤 생각하지 않는다.

또한 그는 자신을 예언자나 인류의 스승으로 간주할 수 없었을 것이다.

사람들은 그를 경탄 속에서 바라본다. 거의 장엄한 자연경관을 바라보는 것처럼 말이다. 그들은 그것을 통해 한 명의 위대한 인간과 접촉한다는 느낌은 갖지 않는다. 오히려 하나의 현상과 접촉한다는 느낌을 가질 뿐.

반면 비트겐슈타인은 예술의 톨스토이적 의미, 즉 모든 사람이 납득할 수 있고 기독교적 미덕을 신봉하는 예술에서 디킨스의 '훌륭한 보편적 예술'을 존경할 수 있었다. 이런 이유로 그는 디킨스 안에서는 존경할 수 있는 영국 작가를 발견했다. 그는 포래커가 수마트라에서 돌아왔을 때 때늦은 크리스마스 선물로 포래커에게 《크리스마스 캐럴*Christmas Carol*》의 포켓판 책을 주었다. 이 책은 녹색의 가죽으로 제본되어 있었고 표지에는 '메리 크리스마스'라는 화려한 스티커 장식이 붙어 있었다. 물론 이 책을 선택한 데에는 이유가 있었다. 리비스는 비트겐슈타인이 《크리스마스 캐럴》을 거의 암송할 정도로 알고 있었다고 회상한다. 실제로 톨스토이는 그 책을 자신의 논문인 〈예술이란 무엇인가? What is Art?〉에서 "신의 사랑으로부터 흘러나오는" 것으로서 가장 높은 예술의 범주에 포함시켰다. 이처럼 그것은 비트겐슈타인이 그 특유의 우정으로 포래커에게 할 수 있는 가장 적절한 선물이었다. 이는 비트겐슈타인의 '보통 사람'에 대한 톨스토이적 존경심 — 이것의 예는 평범한 근로자들에 대한 단순하고 직접적인 애정이다 — 을 보여주는 드문 사례로 간주되어야 할 것이다.

1950년 늦여름 비트겐슈타인은 무어의 '상식적 명제들'의 철학적 중요성에 대한 단평들을 만드는 작업을 재개했다. 이 연구는 《확실성에 관하여》의 65~299 단평들을 구성한다. 이 안에서 비트겐슈타인은 무어의 명제들은 그것들을 부정하면 거짓이 되는 것이 아니라 이해 불가능하게 된다는 특징을 갖고 있다는 생각에 대해서 더 자세히 말한다.

> 만일 무어가 그가 확실하다고 선언하는 그 명제들의 반대되는 명제들을 발표한다면, 우리는 그의 의견을 공유해서는 안 될 뿐 아니라 그를 미쳤다고 간주해야 할 것이다.

따라서 "만일 내가 특정한 거짓 진술들을 만든다면 내가 그것들을 이해하는지는 불확실해진다." 무어는 그런 진술들의 예를 우리에게 주었다. 다른 예는 사람들이 사는 곳을 아는지에 관한 것일 수 있다.

> 수개월 동안 나는 A라는 주소지에 살았다. 나는 거리 이름과 집의 번지수를 수없이 읽었고 수많은 편지를 여기서 받았으며 많은 이들에게 주소를 알려주었다. 만일 내가 이에 관해 틀렸다면 그 실수는 내가 독일어가 아니라 중국어를 쓰고 있다고 (잘못) 믿는 경우의 실수보다 더 작은 것이 아니다.
>
> 만일 내 친구가 어느 날 자기가 과거에 오랫동안 이러이러한 장소에 살아왔다는 등등을 상상한다면 나는 그것을 실수라고도 불러선 안 되며, 오히려 정신적 장애로 불러야 할 것이다. 아마 일시적인 것이긴 하겠지만 말이다.

실수가 단순히 우리가 참이라고 믿는 이런저런 명제에 모순되는 것이 아니라, 우리가 우리의 믿음들에 대한 근거를 제공하기 위해 사용하는 전 체계에 모순된다면 그것은 우리에게 정신적 장애가 된다. 비트겐슈타인이 생각하기에 무어가 "나는 내가 지구의 표면을 떠난 적이 없다는 것을 안다"고 적절하게 주장할 수 있는 경우는 오직 그가 우리의 것과 크게 다른 체계 안에서 활동하는 사람들에 둘러싸일 때일 것이다.

> 나는 무어를 사로잡은 야만족들이 그가 지구와 달 사이 중간에 있는 어느 곳에서 왔다고 의심을 표하는 상황을 상상할 수 있다. 무어는 자기가 이러저러한 것들을 안다고 그들에게 말한다. 그러나 그는 자신의 확실성에 대한 근거를 그들에게 제시할 수 없다. 왜냐하면 그들은 물리학에 대해선 아무것도 모르며 인간이 날 수 있다는 환상을 갖고 있기 때문이다. 이것이 무어가 그 진술을 할 수 있는 한 가지 상황일 수 있다.

그러나 이 예는 다른 체계가 반드시 광기의 증거일 필요는 없다는 것을 보여준다. 1950년에는 우주에 나갔다가 지구로 돌아온 사람이 있다고 가정하는 것은 불합리했다. 하지만 우리는 이제 그런 생각을 할 수 있다. 체계는 변한다. 다른 문화들 사이에서도 변하고, 한 문화 안에서도 시대가 달라짐에 따라 변한다.

하지만 이것이 비트겐슈타인에 대한 비판이 될 수는 없다. 오히려 그는 체계 자체는 정당화되거나 옳다는 것이 입증될 수 없다는 점을 강조한다. 체계는 정당화와 증명이 일어나는 한계를 제시해준다.

> 내가 보고 들어왔던 모든 것은 아무도 지구로부터 멀리 떨어져 있지 못했다고 확신하게 만든다. 세계에 대한 나의 그림에 있는 어느 것도 그 반대를 지지하지 않는다.
>
> 그러나 나는 세계에 대한 그림을 그것이 옳다고 나 자신을 납득시킴으로써 얻은 게 아니다. 또한 그것이 옳다고 납득되었기 때문에 그러한 그림을 얻는 것도 아니다. 전혀 그렇지 않다. 그것은 우리가 물려받은 배경이며 이 배경에 의거해서 나는 참과 거짓을 구분한다.

체계는 변한다. 한때는 불합리하다고 제외되었던 것이 이제는 수용될 수 있다. 굳고 강한 확실성들도 내쫓겨서 폐기될 수 있다. 그럼에도 불구하고 우리는 체계 없이는 어느 것도 의미 있게 만들 수 없다. 그리고 어느 특정한 체계이건 거기에는 그 체계를 이용하여 세계를 기술하는 명제들과 그 체계 자체를 기술하는 명제들의 구분이 있어야 한다. 비록 이 구분 역시 한 곳에 영원히 고정되어 있는 것은 아니지만 말이다.

> … 생각이라는 강의 하상河床은 변할 수 있다. 그러나 나는 하상 위의 물의 흐름과 하상 자체의 이동을 구분한다. 비록 양자를 구분하는 경계선이 명확하지는 않지만 말이다.

그렇지만 세계에 대한 우리의 그림과 근본적으로 다른 그림을 가진 사람들의 예를 찾기 위해서 상상 속의 야만족을 고려할 필요는 없다.

> 나는 모든 인간은 두 명의 부모를 갖고 있다고 믿는다. 그러나 가톨릭교도들은 예수는 오직 한 명의 모친을 갖고 있다고 믿는다. 그리고 부모가 전혀 없는 사람들도 있다고 믿으며, 이 믿음과 반대되는 증거는 아무것도 신뢰하지 않는 사람들도 있을 수 있다. 가톨릭교도들은 또한 특정 상황에서는 면병(로마 가톨릭교회의 성체용 빵 — 옮긴이)의 본성이 완전히 바뀐다고 믿으며, 동시에 모든 증거는 그것이 틀렸음을 입증한다는 것도 믿는다. 따라서 만일 무어가 "나는 이것이 피가 아니라 포도주라는 것을 안다"고 말한다면 가톨릭교도들은 그를 반박할 것이다.

이 단평은 비트겐슈타인이 이때쯤 앤스콤과 나누었던 화체설Trans-substantiation(하느님의 능력으로 성체용 빵과 포도주가 예수 그리스도의 살과 피로 변한다는 로마 가톨릭의 교리. 성변화聖變化라고도 함 — 옮긴이)에 관한 대화가 계기가 되어 만들어졌을 가능성이 있다. 그는 앤스콤으로부터 "특정 상황에서는 면병의 본성이 완전히 바뀐다"는 것이 정말로 가톨릭의 믿음이라는 말을 듣고 놀랐던 것처럼 보인다. 그것은 아마도 그가 맬컴에게 앤스콤과 스마이시스에 관해 언급했을 때 염두에 두었던 것의 한 예일 것이다. "나는 그들이 믿는 모든 것을 내게 믿게 만들 수 없다." 그런 믿음들은 세계에 대한 그의 그림에서는 차지할 자리가 없었다. 그렇지만 가톨릭에 대한 존경심 때문에 그는 그것들을 실수나 '한시적인 정신 장애'로 간주하지 않았다.

"나는 세계에 대한 그림을 갖고 있다. 그것은 참인가 거짓인가? 무엇보다도 그것은 나의 모든 탐구와 주장의 기반이다." 종교적 신앙이 이 기반을 제공하지 못할 이유는 없으며, 종교적 믿음이 "우리가 물려받은 배경, 즉 그에 의거해서 참과 거짓을 구분하는 그런 배경"의 일부가 되면 안 될 이유도 없다. 그러나 이를 위해서는 철저한 종교 교육과 지도가 필요할지 모른다. "아마 우리는 특정한 교육에 의해서 사람의 인생을 이러이러한 방식으로 맞추어감으로써 '신이 존재한다는 것을 사람들에게 확신시킬' 수 있을 것이다."

그러나 그런 교육이 없는 경우에 종교적 믿음은 어떻게 납득할 만한 것이 될 수 있겠는가? 비트겐슈타인은 신의 개념이 어떤 경우에는(가령 그 자신의 경우) 삶에 의해 강요될 수 있다는 생각을 했던 것 같다.

> 삶은 신을 믿도록 사람을 교육시킬 수 있다. 그리고 경험 역시 이것을 가능하게 한다. 하지만 내가 의미하는 것은 '이런 존재의 실존'을 우리에게 보여주는 것은 시각이나 다른 형태의 감각 경험이 아니라 오히려 예컨대 다양한 종류의 고통들이라는 것이다. 고통들은 감각적 인상이 우리에게 대상을 보여주는 방식으로 신을 보여주지도 않으며, 신에 관해 추측하게 만들지도 않는다. 경험, 생각, ㅡ 삶은 이 개념을 우리에게 강요할 수 있다.
>
> 그래서 아마 그것은 '대상'의 개념과 비슷하다.

물론 이 경우에 이 신앙이 취하는 형태는 가톨릭의 처녀 수태Virgin Conception와 화체설 교리를 수용하거나 심지어 이해하는 것일 것 같지는 않다. 사람들에게 강요되는 것은 오히려 특정한 태도이다.

> 문제가 되는 태도는 특정한 문제를 진지하게 다루지만 어느 특정한 점을 넘어서면, 그것을 더 이상 진지하게 다루지 않으며 다른 것이 훨씬 더 중요하다는 입장을 견지하는 태도이다.
>
> 가령 어떤 사람이 한 사람에 대해 그가 특정한 작품을 완성하기 전에 죽은 것은 심각한 문제이지만, 다른 의미에선 그것은 중요하지 않다고 말할 수 있다. 이때 사람들은 '더 깊은 의미에선'이란 구절을 사용한다. 실제로 나는 이 경우에도 사람들이 말하는 **단어들**이나 그것들을 말할 때 하는 생각은 중요하지 않으며, 그것들이 인생의 여러 시기에서 만드는 차이가 중요하다고 말해야 할 것이다. 두 사람이 각각 신을 믿는다고 말할 때 그들이 같은 것을 의미한다는 것을 내가 어떻게 아는가? 똑같은 질문이 삼위일체에 대한 믿음에도 던져질 수 있다. **어떤 특정한** 단어들과 구절들을 사용할 것을 고집하고 다른 것들을 추방하는 신학은 아무것도 명료하게 만들지 못한다.(카를 바르트Karl Barth) 그것은 말하자면 단어들을 갖고 몸짓을 하는 것이라고 할 수 있다. 왜냐하면 그것은 무언가를 말하고 싶지만 그것을 표현하는 방법을 모르기 때문이다. **실행**이 단어들에 그 의미를 준다.

물론 두 번째 단락에 나온 비트겐슈타인의 예는 자의적인 것이 아니다. 그러나 그것이 함축하듯이 만일 그가 죽기 전에 《철학적 탐구》를 완성하는 것이 중요한 일이 아니라면, '더 깊은 의미에서' 심지어 더 중요한 그 '다른 것'은 무엇인가?

답은 그와 신과의 화해인 것 같다. 가을에 비트겐슈타인은 앤스콤에게 그를 '비철학적인' 사제에게 소개시켜 줄 수 있는지를 물었다. 그는 가톨릭 교리의 세세한 점들을 논의하고 싶지 않았다. 그는 종교적 믿음이 삶에 실질적인 차이를 만들어낸 사람을 소개받고 싶었다. 앤스콤은 그에게 콘래드Conrad 신부를 소개해주었다. 그는 도미니크 교단 소속의 사제로서 요릭 스마이시스가 가톨릭으로 개종할 때 그를 인도했던 사람이었다. 콘래드는 비트겐슈타인과 이야기를 나누기 위해 앤스콤의 집에 두 번 왔다. "그는 사제에게 사제로서 말하고 싶어 했으며 철학적 문제를 논의하는 것을 원하지 않았다"고 콘래드는 회상한다.

> 그는 자신이 매우 아프다는 것을 알았고 신에 관해 말하고 싶어 했다. 내가 생각하기에 그는 그의 종교에 완전히 돌아가기 위해 대화를 원했다. 그러나 실제로 우리는 신과 영혼에 대해 다소 일반적인 용어들을 사용하여 오직 두 번의 대화만을 나누었을 뿐이라고 생각한다.

그렇지만 앤스콤은 비트겐슈타인이 "그의 종교에 완전히 돌아가기 위해" 콘래드를 만나고 싶어 했다는 것을 의심한다. 만일 콘래드가 하려는 말이 비트겐슈타인이 가톨릭교도로 돌아가고 싶어 했다는 것을 의미했다면 말이다. 그가 특정한 가톨릭 교리들을 믿을 수 없다고 명백하게 말한 것을 보면 앤스콤의 회의를 받아들이는 것이 합리적인 것 같다.

9월에 벤은 최종 자격 시험을 통과했다. 그래서 그는 그들의 연기된 계획대로 비트겐슈타인과 함께 노르웨이로 갈 수 있게 되었다. 10월 첫 주에 그들은 송네 피오르 가에 있는 비트겐슈타인의 멀리 떨어진 오두막으로 가는 길고도 힘든 여행길에 올랐다.

비트겐슈타인의 건강 상태를 감안하면 연중 이때에 멀리 북쪽으로 여행을 하는 것은 어리석은 위험을 감수하는 것이었을 수도 있었다. 그렇지만 추위 때문에 아픈 사람은 벤이었다. 노르웨이에 머문 지 얼마 안 되어 벤은 기관지염에 걸려 피오르 훨씬 위에 있는 요양소로 옮겨야 했다. 그다음 그들은 안나 레브니의 집으로 옮겼다. 거기에서 그들은 나머지 휴가 기간 동안 지냈다.

벤은 최근에 오스틴이 번역한 프레게의 《산술학의 기초》를 가지고 갔다. 노르웨이에 있는 동안 그와 비트겐슈타인은 프레게의 책을 읽고 토론하는 데 많은 시간을 보냈다. 결국 비트겐슈타인은 노르웨이에서 다시 혼자 살면서 철학 연구를 할 수 있을지 모른다고 생각하기 시작했다.

옥스퍼드로 돌아오자마자 그는 폰 브릭트에게 벤이 병에 걸렸었지만 "우리는 그곳에서 아주 재미있었다"고 편지를 썼다.

> 머무는 동안 내내 날씨가 좋았고 대단히 친절한 사람들로 둘러싸여 있었다. 그때 거기에서 나는 노르웨이로 다시 돌아가서 연구하겠다고 결심했다. 여기는 정말로 조용하지 않다. 모든 일이 잘되면 나는 10월 30일 출발해서 다시 숄덴으로 갈 예정이다. 내 오두막에는 있지 못할 것이다. 왜냐하면 거기에서 해야 하는 육체적인 일은 내겐 너무 힘들기 때문이다. 그러나 옛 친구 한 명이 내가 그녀의 농가에서 지낼 수 있다고 말했다. 물론 내가 훌륭한 연구를 더 할 수 있을지는 모른다. 그러나 최소한 나는 자신에게 진짜 기회를 마련해주려고 한다. 거기에서 연구할 수 없다면 어느 곳에서도 연구할 수 없을 것이다.

비트겐슈타인은 10월 30일 뉴캐슬에서 베르겐으로 가는 증기선에 예약을 했다. 그렇지만 크리스마스가 되기 얼마 전에 그는 안나 레브니로부터 그를 묵게 할 수 없다는 연락을 받았다. 하지만 어쨌든 그는 여행하기에 적당한 상태가 아니었다. 여행을 떠나기 전에 검사를 받기 위해 베번 박사의 집을 방문했는데 베번 박사의 집에서 아프게 되어 크리스마스 동안 거기에 머물렀다. 그렇지만 이런 것은 전혀 그의 계획을 막지 못했다. 크리스마스 후에 그는 노르웨이에 있는 또 다른 친구인 아르네 볼스타드에게 편지를 썼다. 생활하고 연구하기에 적당한 장소를 알고 있는지 그에게 물었지만 이 역시 수포로 돌아갔다.

노르웨이로 가려는 계획이 좌절되어서 비트겐슈타인은 또 하나의 좋아하는 피난처인 수도원을 알아보았다. 비트겐슈타인을 대신하여 콘래드 신부가 미들랜드Midlands에 있는 검은수도사 수도원Blackfriars Priory에서 지낼 수 있도록 준비를 했다. 거기에서 그는 방청소 같은 허드렛일을 하면서 수도사의 생활을 할 수 있었다. 하지만 무엇보다 중요한 것은 홀로 있을 수 있다는 것이었다.

그렇지만 1951년 1월쯤이 되자 비트겐슈타인의 건강 때문에 모든 계획이 실행 불가능하게 되었다. 그는 지속적으로 치료를 받아야 했다. 건강이 나빠지면서 베번 박사를 보기 위해 케임브리지로 여행하는 일이 잦아졌다. 복용하던 호르몬 치료에 추가해서 그는 아덴브루크 병원Addenbrooke's Hospital에서 엑스선 치료를 받았다.

그는 영국의 병원에서 죽는다는 생각 때문에 아주 무서워했다. 그러나 베번은 만일 필요하다면 마지막 며칠을 자신의 집에서 지내도 괜찮다고 약속했다. 2월 초에 비트겐슈타인은 이 제안을 받아들이기로 결심했다. 그래서 비트겐슈타인은 케임브리지로 이사했고 죽을 때까지 베번의 저택 '스토리즈 엔드Storeys End'에서 지냈다.

27
이야기가 끝나다◈

비트겐슈타인은 이제 더 이상 연구를 할 수 없다는 사실에 체념한 채 베번의 집에 도착했다. 그는 노르웨이를 다녀온 후부터 아무것도 쓰지 못했다. 그리고 이제는 송네 피오르 가에서 살면서 연구하려는 생각을 포기해야만 했다. 그의 유일한 소망은 이 비생산적인 인생 최후의 몇 달이 짧아지기만을 바라는 것이었다. "심지어 지금 나는 연구에 대해 **생각**조차 할 수 없다"고 맬컴에게 쓴 편지에서 말했다. "그리고 그것은 아무런 문제가 안 된다. 오직 내가 너무 오래 살지 않기만을 바랄 뿐!"

베번 여사는 처음에 비트겐슈타인을 다소 무서워했다. 특히 처음 만났을 때 그랬다. 첫 만남은 그녀에게 시련과도 같았다. 비트겐슈타인이 그들의 집에 들어오기 전에 베번 박사는 그를 아내에게 소개하기 위해 저녁 식사에 초대했다. 그녀는 남편으로부터 비트겐슈타인은 사소한 이야기는 하지 않는 사람이니까 생각 없이 말을 하지 말라고 주의를 받은 후였다. 실수하지 않는 가장 안전한 방법으로 그녀는 식사 중에 거의 말 없이 있었다. 그러나 비트겐슈타인이 이타카 방문에 대해 언급했을 때 그녀는 "미국에 가보시다니 얼마나 행운인가요!"라고 쾌활하게 끼어들었다. 그녀는 즉시 적절치 않은 말을 했다는 것을 깨달았다. 비트겐슈타인은 그녀를 뚫어지게 응시하면서 말했다. "**행운**이

◈ 원서의 장 제목은 'Storeys End'이며, 이것은 비트겐슈타인이 임종 때까지 머물렀던 베번 박사의 집 주소명이다. 그런데 집 주소가 마치 'Story's End'처럼 읽히는 발음상의 특징 때문에 여기서는 중의적인 의미를 살려 '이야기가 끝나다'라고 제목을 옮겼다. — 옮긴이

라니 무슨 뜻입니까?"

하지만 비트겐슈타인이 집에서 며칠을 지낸 후 그녀는 긴장하지 않고 함께 있을 수 있게 되었으며 마침내 둘은 친한 친구가 되었다. 그가 특별히 거추장스럽지 않은 손님이었다는 뜻은 아니다.

> 비록 그의 기호는 아주 단순했지만 그는 아주 많은 요구를 했고 규칙적으로 살았다. 그의 목욕탕은 준비된 상태이며 음식은 정시에 나오고 하루 일과는 규칙적으로 진행되는 것으로 **양해되었다**.

또 양해된 것은 비트겐슈타인이 거기에 있는 동안 아무것도 지불하지 않는다는 것이었다. 심지어 베번 여사가 외출할 때 집어서 갖고 갈 수 있도록 비트겐슈타인이 탁자 위에 놓은 쇼핑 목록에 있는 물건들의 비용도 말이다. 이 물건들에는 음식과 책, 그리고 물론 매달 스트리트 앤스미스 사의 《탐정 잡지》가 들어 있었다.

서로 친해진 후에 비트겐슈타인과 베번 여사는 매일 저녁 여섯 시에 규칙적으로 동네 선술집까지 산책하곤 했는데, 베번 여사는 다음과 같이 기억한다. "우리는 항상 두 잔의 포트 와인을 시켜서 한 잔은 내가 마시고 다른 한 잔을 그는 엽란에 부었어요. 이것을 비트겐슈타인은 대단히 재미있어했는데 이것이 내가 아는 그의 유일한 부정직한 행동이었습니다." 비트겐슈타인과의 첫 만남에서 겪은 경험에도 불구하고 그와 말하는 것이 놀라울 정도로 쉬웠다고 그녀는 말했다. "그는 한 번도 내가 이해하지 못하는 주제에 관해 토론하거나 토론하려고 시도하지 않았어요. 그래서 우리 사이에서 나는 열등하거나 무지하다는 느낌을 받은 적이 없습니다." 그렇지만 이것은 그가 한 모든 말들이 항상 투명할 정도로 명료했다는 말은 아니다. 아마도 가장 짧으면서도 이해하기 힘든 말은 엘리자베스 앤스콤의 남편인 피터 기치Peter Geach에 관한 그의 평일 것이다. 베번 여사가 기치가 어떤 사람인지를 비트겐슈타인에게 물었을 때 비트겐슈타인은 엄숙하게 "그는 서머싯 몸

Somerset Maugham을 읽습니다"라고 답했다.

2월에 비트겐슈타인은 포래커에게 편지를 썼다.

> 나는 한동안 약 6주 동안 앓았다. 그리고 매일 침대에 누워서 보내는 시간이 많다. 내가 런던에 언제 다시 갈지 모르겠다. 만일 그런 기회가 없다면 알려주겠다. 자네가 어느 일요일에 나를 보러 여기에 올 수 있을지 모르겠다.

그는 포래커에게 자신이 암에 걸렸다는 말을 하지 않았다. 그리고 이 편지를 쓴 후 곧 건강이 아주 나빠졌기 때문에 비트겐슈타인이 포래커를 런던에서 만났을 것 같지는 않다. 그러나 이 와중에 그런 생각이 떠올랐다는 사실은 가이 병원의 옛 동료를 만나는 것이 그에게 얼마나 중요한 일이었는지를 보여준다.

2월 말에 비트겐슈타인에게 호르몬 요법과 엑스선 요법을 계속 사용하는 것이 의미가 없다는 결정이 내려졌다. 이것은 앞으로 몇 달밖에 살 수 없다는 통보를 수반했음에도 불구하고 그를 크게 안심시켜 주었다. 그는 베번 여사에게 "이제 나는 전에 한 번도 해보지 못한 정도로 연구하려고 합니다"라고 말했다. 놀랍게도 그의 말은 맞았다. 인생의 마지막 두 달 동안 비트겐슈타인은 《확실성에 관하여》의 반 이상을 차지하는(300~676번이라고 숫자가 매겨진 단락들) 단평들을 썼다. 이것은 많은 사람들이 그의 어느 연구보다도 빛나는 것으로 간주하는 것이다.

이 연구는 무어의 〈상식의 옹호〉에 대한 비트겐슈타인의 이전의 논의로부터 실마리를 풀어가지만, 그 문제를 훨씬 더 깊게 탐구하며 그 생각을 과거의 어느 것보다 훨씬 더 명료하고 미묘하게 표현한다. 심지어 집중력이 부족해지는 자신을 조롱할 때에도 그는 재미있을 정도로 적당한 직유를 사용한다. "나는 지금 늙은 여인처럼 철학을 한다.

이 여인은 항상 무언가를 잘못 놓아서 그것을 다시 찾아야 한다. 지금은 안경, 지금은 열쇠를." 이런 자기 비하에도 불구하고 그는 자신의 연구가 사람들의 관심을 끌 것임을 의심하지 않았다. "그것이 내 글을 읽는 철학자 즉 스스로 생각할 수 있는 철학자들의 관심을 끌 수 있으리라고 믿는다. 왜냐하면 비록 내가 아주 드물게 표적에 적중시키더라도 그런 철학자라면 내가 부주의하게 조준하고 있는 표적을 알아챌 것이기 때문이다."

그가 조준했던 목표는 의심이 무의미해지는 지점이었다. 그는 무어가 이 목표를 향해 부정확하게 사격을 했다고 믿었다. 우리는 모든 것을 의심할 수 없다. 그리고 이것은 단지 실용적인 이유, 가령 불충분한 시간이나 혹은 더 좋은 할 일이 있다든지 하는 이유 때문에 참이 아니라 내재적이며 논리적인 이유로 참이다. "끝이 없는 의심은 의심도 아니다." 그러나 우리는 그 끝에 "나는 …을 안다"라는 진술들에 도달하지는 않는다. 그런 진술들은 오로지 '삶의 흐름' 속에서만 용법이 있다. 삶의 흐름 밖에서 그런 진술들은 불합리하게 보인다.

> 나는 정원에서 철학자와 앉아 있다. 철학자는 우리 가까이 있는 나무를 가리키면서 "나는 저것이 나무라는 것을 안다"고 자꾸 반복해서 말한다. 다른 사람이 와서 이 말을 듣는다. 그리고 나는 그들에게 말한다. "이 친구는 미치지 않았다. 우리는 그저 철학을 하고 있을 뿐이다."

우리는 오히려 실행 속에서 회의의 끝에 도달한다. "어린이들은 책이 존재한다는 것, 안락의자가 존재한다는 것 등을 배우지 않는다. 그들은 책을 집어 오고 안락의자에 앉는 것 등을 배운다." 의심하는 것은 다소 특별한 종류의 실행이다. 이것은 오로지 많은 회의하지 않는 행동이 획득된 후에야 배울 수 있는 것이다. "회의하는 행동과 회의하지 않는 행동. 오직 후자가 있는 경우에만 전자가 있을 수 있다." 비트겐슈타인의 단평들이 가진 힘은 철학자들의 관심을 단어와 문장들로부터 벗어나 사람들이 단어와 문장들을 사용하는 상황, 즉 그것들에 의미를 부여하는 맥락들에 집중하도록 만든다.

> 나는 결국 논리학은 기술될 수 없다는 말에 점점 더 가까워지고 있지 않은가? 당신은 언어의 실행을 바라봐야 한다. 그러면 그것을 알게 될 것이다.

괴테의 《파우스트》에 나오는 대사 "태초에 행위가 있었다"가 그의 태도를 요약한다. 그는 이 말에 동의하면서 인용하는데, 약간의 정당화는 필요하겠지만 이 말은 《확실성에 관하여》의 모토로서, 또한 실질적으로 비트겐슈타인의 후기 철학 전체의 모토로 간주될 수 있다.

《확실성에 관하여》의 마지막 단평은 4월 27일 쓰여졌다. 이날은 비트겐슈타인이 마침내 의식을 잃기 하루 전이었다. 그 전날은 그의 예순두 번째 생일이었다. 그는 그날이 마지막 생일이라는 것을 알았다. 베번 여사가 그에게 전기 담요를 선물로 주면서 "Many happy returns"(생일 등의 축사로 사용되는 말로 "축하합니다", "장수를 빕니다"와 같은 의미—옮긴이)라고 말하자, 그는 그녀를 뚫어지게 바라보면서 답했다. "There will be no returns." 다음 날 밤 베번 여사와 함께 선술집까지 갔다 오는 산책을 마친 후 그는 심하게 앓았다. 베번 박사로부터 이제 단지 며칠만 살 수 있을 거라는 말을 듣고 그는 "좋습니다!"라고 외쳤다. 베번 여사는 28일 밤 그의 곁을 지켰다. 그녀는 영국에 있는 비트겐슈타인의 친구들이 내일 방문할 것이라고 말했다. 의식을 잃기 전에 그는 그녀에게 이렇게 말했다. "그들에게 전해주시오. 나는 멋진 삶을 살았다고."

다음 날 벤, 앤스콤, 스마이시스 그리고 드루어리가 비트겐슈타인의 죽음을 맞기 위해 베번의 집에 모였다. 스마이시스는 콘래드 신부를 데리고 왔지만 콘래드가 임종 의식을 하고 조건부 사면을 해야 하는지를 아무도 결정하지 못했다. 그때 드루어리가 비트겐슈타인은 그의 가톨릭 친구들이 그를 위해 기도해주기를 희망했다는 것을 기억해냈다. 이것이 문제를 해결했다. 그들은 모두 비트겐슈타인의 방으로 올라가서 콘래드가 기도문을 낭송하는 동안 무릎을 꿇고 앉았다. 이것이 끝난 후 얼마 지나지 않아 베번 박사는 그가 임종했다고 말했다.

다음 날 아침 장례식은 케임브리지에 있는 성 자일스 교회St Giles's Church에서 가톨릭장으로 거행되었다. 이 결정은 다시 한 번 드루어리의 회상에 의해 이루어졌다. 그는 다른 사람들에게 이렇게 말했다.

> 언젠가 비트겐슈타인이 톨스토이의 삶에 관한 어떤 사건에 대해 말한 것이 기억납니다. 톨스토이의 형제가 죽었을 때 당시에 러시아 정교회를 강하게 비판하던 톨스토이가 지역 교구사제를 불러서 정교회 의식에 따라 장례를 치르게 했다는 얘깁니다. "자, 이것이 바로 유사한 경우에 내가 해야 할 행동이다"라고 비트겐슈타인이 말했던 적이 있습니다.

드루어리의 말을 듣고 사람들은 묘지에서 신부가 로마 가톨릭의 모든 통상적인 기도를 해야 한다는 데 동의했다. 비록 드루어리는 "나는 그때 이후 언제나 우리가 했던 일이 옳았는지 걱정되었다"는 것을 인정했지만 말이다. 드루어리는 이에 관해 더 말하지 않았지만, 그 걱정은 아마도 톨스토이에 관한 이야기가 그 상황에 들어맞는지에 대한 의구심으로부터 생겼을 것이다. 왜냐하면 그 이야기의 핵심은, 비록 톨스토이 자신은 정교회를 옹호하지는 않았지만, 형제의 신앙을 존경할 의향이 있었다는 것이다. 그러나 비트겐슈타인의 경우에 이 입장은 뒤집어진다. 가톨릭 신앙을 옹호하는 사람은 그가 아니라 앤스콤과 스마이시스였다.

비트겐슈타인은 가톨릭교도가 아니었다. 많은 대화와 글에서 모두 그는 가톨릭이 믿는 것들을 믿을 수 없다고 말했다. 더 중요한 것은 그가 가톨릭 교의를 실천하지 않았다는 것이다. 그렇지만 그의 장례식이 종교의식으로 치러진 것은 어느 면에선 타당한 것이었다. 왜냐하면 그는 독실하게 종교적인 삶을 살았으며 이것은 그에게 본질적으로 중요했기 때문이다. 비록 그의 종교적인 삶의 방식은 정의하기 힘든 것이었지만 말이다.

죽기 며칠 전에 비트겐슈타인은 케임브리지에 온 드루어리의 방문을 받았다. 그는 이렇게 말했다. "살날이 얼마 남지 않았다는 것을 알면서도 '내세'에 대해선 전혀 생각하지 않는다는 것이 신기하지 않은가? 나의 모든 관심은 여전히 이 삶과 내가 할 수 있는 글쓰기에 관한 것이다." 그러나 내세에 대해 생각하지는 않았을지라도 그는 자신이 어떻게 평가받을지에 대해서는 생각했다. 죽기 얼마 전에 비트겐슈타인은 이렇게 적었다.

> 신은 나에게 이렇게 말할지 모른다. "나는 너를 네 자신의 입으로 심판하노라. 너는 네가 한 행동들을 다른 사람들이 하는 것을 보았을 때 혐오감으로 몸을 떨었도다."

비트겐슈타인이 추구했던 신과의 화해는 가톨릭교회의 품 안에서 다시 받아들여지는 것이 아니었다. 그것은 가장 엄격한 심판관의 세밀한 검사로부터도 살아남을 수 있는 윤리적 진지함과 성실성의 상태였고, 가장 엄격한 심판관은 바로 그 자신의 양심, 즉 '내 가슴속에 사는 신'이었다.

부록

바틀리의 《비트겐슈타인》과 암호로 적힌 단평들

최근에 비트겐슈타인의 삶에 대한 관심을 가장 크게 자극했던 책들 중 하나는 바틀리의 짧은 책인 《비트겐슈타인*Wittgenstein*》이다. 이 책은 비트겐슈타인의 '잃어버린 시간'인 1919년부터 1929년까지의 기간에 관한 이야기이다. 이 기간 동안 그는 철학을 포기하고 오스트리아의 시골 지방에서 초등학교 교사로 일했다. 바틀리가 책을 쓴 주요 동기는 이 기간 동안의 비트겐슈타인의 삶이 그의 철학에 관계가 있다는 점을 강조하려는 것이었던 듯하다. 특히 오스트리아의 교육 개혁 운동(1차 대전 후 오스트리아의 교육 정책을 결정했던 운동)의 교육 이론들이 그의 후기 철학에 미친 영향을 강조하려는 것이 주요 동기였던 것처럼 보인다.

그렇지만 바틀리의 책에 대한 관심은 그 책의 중심 주제를 향해서가 아니라 거의 배타적일 정도로 서두에서 제기된 비트겐슈타인의 성생활에 관한 충격적인 주장에 쏠리는 경향이 있었다. 내 의견으로는 이 주장으로 생긴 관심은 균형이 치우쳐 있다. 나는 이에 대해 뭔가 말해야 한다는 의무감을 느낀다. 이 책을 쓰는 동안 가장 많이 받은 질문이 바로 "바틀리를 어떻게 할 것인가?"였다. 비트겐슈타인이 난잡한 동성애자였다는 바틀리의 주장을 내 책에서 어떻게 처리할 것인가를 묻는 질문이었다.

그 주장의 내용은 무엇인가? 바틀리에 의하면, 비트겐슈타인이 교사로서 교육을 받으면서 빈에 있는 숙소에서 혼자 사는 동안 그는 근처에 있는 프라터Prater 공원(빈에 있는 큰 공원, 아마 런던의 리치먼드 공원과 비슷하다)에서 "그를 성적으로 만족시켜줄 투박한 젊은 남성들"이 있는 장소를 발견했다. 바틀리에 따르면 비트겐슈타인은 그 곳을 발견한 후,

> 〔그는〕 두렵게도 그곳으로부터 거의 떨어져 있을 수 없음을 알게 되었다. 매주 여러 차례 밤에 방을 뛰쳐 나와 재빠르게 프라터로 갔다. 친구들에게 말했듯이 그는 마치 거의 통제할 수 없는 악마에 홀린 것 같았다. 비트겐슈타인은 자신이 캐르트너슈트라세Kärtnerstrasse에 있는 시르크 에케Sirk Ecke와 도시 외곽에 있는 인접한 술집들을 자주 찾는 외모가 세련된 젊은이들보다 프라터의 거리와 뒷골목을 어슬렁거리는 거칠고 무뚝뚝한 젊은 동성애자들을 더 좋아한다는 것을 알게 되었다. 〔《비트겐슈타인》, p.40〕

1985년에 책의 개정판에 쓴 〈후기〉에서 바틀리는 이 글에 대한 한 가지 널리 알려진 틀린 해석을 고쳐주었다. 문제의 '투박한 젊은 남성'이란 말로 남창을 암시하려는 것은 아니었다는 것. 그러나 이 오해를 고친 다음 그는 자신이 말했던 것이 옳다는 점을 고수했다.

그렇지만 그는 그것이 맞다는 것을 어떻게 알게 되었는지에 관한 미스터리를 풀어주지는 않았다. 그저 자신의 정보가 "그〔비트겐슈타인〕의 친구들로부터 얻은 비밀 보고"에 근거하고 있다고 말할 뿐이다.

책이 나온 이후 줄곧 이 구절은 뜨겁고 해결 불가능한 것처럼 보이는 논쟁의 주제가 되었다. 비트겐슈타인을 잘 알던 많은 사람들은 격

분했다. 이들은 바틀리의 책을 맹공하는 서평과 분노를 담은 편지를 여러 정기 간행물에 게재했고, 비트겐슈타인의 성적 취향에 관한 바틀리의 주장들이 거짓이라는 것을—그 주장들은 거짓임이 **틀림없다는** 것을—단언했다. 왜냐하면 그들이 아는 비트겐슈타인은 그런 일을 할 수 있는 사람이 아니었기 때문이다.

반면 비트겐슈타인은 모르지만 출판된 편지들과 그의 친구와 학생들이 쓴 회상록을 읽었던 사람들은 바틀리의 말을 믿으려는 성향이 강했다. 실제로 그들은 바틀리가 비트겐슈타인의 고통에 찬 성격에 대한 열쇠를 제공했다고 느꼈다. 아주 소수의 사람들(바틀리 자신은 아니지만)은 심지어 이런 성적인 충돌이 비트겐슈타인의 철학을 이해하는 열쇠를 제공했다고 생각하기까지 했다. 가령 콜린 윌슨Colin Wilson은 《부적응자들: 성적 소수자들에 대한 연구*The Misfits: A Study of Sexual Outsiders*》(이 책의 주제는 천재와 성적 타락 사이의 관계이다)에서 바틀리의 책을 읽고서야 비로소 비트겐슈타인의 연구를 이해했다고 느꼈다고 말한다.

많은 사람들에겐 비트겐슈타인이 죄책감에 사로잡힌 난잡한 동성애자라는 생각이 너무나도 자연스러워서 바틀리의 주장을 아무런 증거도 없이 수용하려는 경향이 있는 것처럼 보인다. 그것은 어떤 식으로는 비트겐슈타인에 대한 그들의 이미지에 '들어맞는다.' 너무나도 들어맞아서 '투박한 젊은 남성'을 찾아서 프라터의 거리를 죄책감에 사로잡힌 채 돌아다니는 비트겐슈타인의 그림은 그에 대한 대중의 이미지에서 지울 수 없는 일부가 되었다. 언젠가 나는 비트겐슈타인이 '철학계의 조 오튼Joe Orton(영국의 극작가이며 동성애자였다. 기성 가치를 공격하는 작품을 많이 썼으며 연인에게 살해당했다—옮긴이)'이라고 확신에 차서 하는 말을 들은 적이 있다.

내가 생각하기에 바틀리의 주장이 일반적으로 받아들여진 또 다른 이유는 비트겐슈타인의 친구들, 특히 그의 유고 관리자들이 비록 그것이 진실임을 알고 있더라도 인정하지 않으리라는 생각이 널리 퍼져 있기 때문이다. 일종의 진실 감추기가 진행되고 있다고 느끼는 것이다. 비트겐슈타인의 유고 관리자들 중의 한 사람인 엘리자베스 앤스콤이 그런 생각에 실탄을 제공했다. 파울 엥겔만에게 쓴 편지에서 (이것은 엥겔만의《루트비히 비트겐슈타인의 편지들과 회상*Letters from Ludwig Wittgenstein with a Memoir*》의 서문에 출판되었다) 그녀는 이렇게 말했다.

> 만일 단추를 누름으로써 사람들이 비트겐슈타인의 사생활에 관심을 갖지 않도록 보장될 수 있다면 나는 단추를 눌렀어야 했을 것이다.

또 다른 실탄을 제공한 것은 비트겐슈타인이 그의 철학 원고에 적었던 개인적 단평들, 이른바 암호로 적힌 일기들에 대한 유고 관리자들의 태도였다. 비트겐슈타인은 이 단평들을 어렸을 때 배웠던 아주 간단한 암호로($a=z$, $b=y$, $c=x$ 등) 적음으로써 철학적 단평들과 구분했다. 암호의 단순성과 비트겐슈타인이 자기 연구를 출판할 때 따라야 할 사항들을 적기 위해 이를 사용했다는 사실을 볼 때, 그가 이 암호를 후대 사람들에게 감추기 위한 것이 아니라 어깨 너머로 우연히 보거나 탁자 위에 놓여 있는 그의 원고를 우연히 보게 될 사람으로부터 감추기 위해서 사용했다는 것을 시사한다.

이 단평들 중 덜 개인적인 것들을 묶어서 출판한 것이《문화와 가치》이다. 더 개인적인 단평들은 출판되지 않았다. 이 더 개인적인 단평들은 비트겐슈타인의 모든 원고들을 마이크로 필름으로 찍은 필름판에서 종이로 가려져 있었다.

이 모든 것은 (a) 암호로 된 그 단평들이 무엇을 포함하고 있는지에 관해서 사람들의 호기심을 키웠다. 그리고 그것은 (b) 유고 관리자들이 뭔가를 숨기고 있다는 그들의 추정을 뒷받침했다. 이것은 다시 상황이 달랐다면 비상하다고 할 법한 바틀리의 주장들을 받아들이고 지지하는 쪽으로 여론이 형성되는 데 일조했다. "아하!" 사람들은 생각했다. "그것이 앤스콤이 이 모든 세월 동안 감추고 있었던 것이구나."

바틀리는 거짓을 팔고 다닌다는 비난으로부터 자기를 방어하기 위해 이런 여론을 이용했다. 앞에 언급된 〈후기〉('나를 비판한 사람들에 대한 논쟁적인 응답'이란 부제가 붙었다)에서 그는 자신의 책에 대해 분노했던 유고 관리자들이 허세를 부리고 있다고 주장한다. 왜냐하면 언제나 그들은,

> … 아주 간단한 암호를 이용하여 비트겐슈타인 자신의 손으로 쓰여졌다가 오래전에 해독되어 다시 쓰여진 암호로 된 공책들을 갖고 있었기 때문이다. 이것들이 그의 동성애에 대한 나의 주장들을 확인해줄 것이다.

이것은 사실 맞는 말이 아니다. 암호로 된 단평들에서 비트겐슈타인은 **실제로** 처음에는 데이비드 핀센트, 다음에는 프랜시스 스키너, 그리고 마지막으로 벤 리처즈에 대한 그의 사랑에 대해 논의한다.(이것은 약 30년 정도의 기간에 걸친 것이다.) 그래서 그것들은 그의 동성애를 정말로 '확인해준다.' 그러나 그것들이 비트겐슈타인의 동성애에 관한 **바틀리의** 주장을 확인해주는 것은 결코 아니다. 즉, 거기에는 '투박한 젊은 남성들'을 찾아서 프라터로 가는 내용은 한마디도 없다. 또 거기에는 비트겐슈타인이 인생의 어느 시기이건 난잡한 행위를 했다는 것을 시사해주는 것은 하나도 없다. 그것들을 읽은 후 우리는 오히려 그가 그런 난잡한 행동을 할 수 없다는 인상을 받게 될 것이다. 그는 아무리 작은 것일지라도 성적인 (동성애적이건 이성애적이나) 욕망을 느끼면 괴로워했기 때문이다.

많은 사람들이 이 점을 지적할 수 없었을 것이다. 왜냐하면 암호로 된 단평들을 읽은 사람들은 거의 없기 때문이다. 실제로 바틀리 자신이 '암호로 된 공책들'에 관해 말하는 방식은 그의 정보 역시 간접적이라는 것 — 그가 실제로 자신이 언급하는 출처들을 보지는 않았다는 것 — 을 시사해준다. 간단히 말해서 암호로 된 공책들은 **없다**. 암호로

된 책들은 (바틀리가 생각했던 것처럼) 두 권의 책에 모여 있지 않다. 그것들은 비트겐슈타인의 문학적이며 철학적인 유고집Nachlass을 구성하는 80여 권의 공책들에 분산되어 있다. 그렇다면 이른바 이 '확인'은 완전히 속임수이다.

바틀리를 논박하기 위한 많은 시도들 중에서 가장 많이 인용되는 것은 러시 리스와 스톤버러가 《인간의 세계*The Human World*》(No. 14, Feb. 1972)에서 했던 것이다. 내 생각에 그것들은 성공적이지 못하다. 리스는 바틀리가 말한 것이 거짓임을 보여준다는 일상적 의미에서 바틀리를 논박하려는 시도조차 실제로는 하지 않는다. 그의 논증의 요점은 비록 바틀리가 말한 것이 맞을지라도 그가 그것을 반복하는 것은 '잘못'이라는 것이었다. 스톤버러의 글은 호언장담과 적절치 못한 아이러니, 그리고 도덕적 분개를 빼버리면 다소 주춤거리는 듯한 논증 하나를 포함하고 있을 뿐이다. 바틀리는 그의 〈후기〉에서 이 논증을 아주 간단하게 처리해버린다. 바틀리가 가진 정보의 진실성이 아니라 바틀리의 책의 도덕성에 집중함으로써, 내 생각에 리스와 스톤버러는 그저 그 문제를 더 흐리게 만들었을 뿐이며 그 결과 무심코 바틀리를 풀어놓아버렸다.

바틀리의 주장을 효과적으로 논박하는 유일한 방법은 그가 받았던 정보가 거짓이라거나 그가 그것을 잘못 해석했다는 것을 보여주는 것이다. 그리고 그런 시도를 시작하기 전에 그 정보가 무엇이었는지를 알 필요가 있다. 이것을 밝히기를 바틀리는 절대적으로 거부했다.

바틀리의 책 어딘가에는 그 책을 쓸 때 1919~1920년에 걸친 비트겐슈타인의 원고를 접했다는 흔적들이 보인다. 가장 놀라운 흔적은 (개정판의) 29쪽에 나온다. 여기서 그는 비트겐슈타인의 꿈에 관한 보고와 그 꿈에 대한 비트겐슈타인 자신의 해석을 인용한다. 나는 바틀리가 이 정보를 비트겐슈타인 자신이 쓴 서류 외에 다른 출처로부터 얻을 수 있다고 상상하는 것이 불가능하다는 것을 알게 되었다. 비트겐슈타인의 친구들이 바틀리에게 비트겐슈타인이 프라터로 가는 것에 관한 설명을 제공했다고 생각하기는 어렵다. 그렇다면 그들이 일인칭으로 쓰여진 비트겐슈타인의 꿈에 관한 보고를 그에게 주었다는 믿음도 단연 받아들일 수 없다.

흥미롭게도 앞에서 언급된 암호로 된 단평들에서 비트겐슈타인은 정말로 가끔 그의 꿈에 관해서 기록하고 평을 한다.(이 사례들은 이 책 397, 401~402, 626~627쪽에서 찾을 수 있다.) 그리고 바틀리가 인용했던 꿈에 관한 논의는 비록 보존된 것들 중 어느 것보다 더 상세하긴 하지만, 비트겐슈타인이 여러 시기에 걸쳐서 프로이트의 꿈을 해석하는 기술에 대해 보인 관심과 완전히 조화를 이룬다.

이처럼 바틀리가 인용했던 꿈의 보고는 진짜라고 생각할 이유가 충분히 있으며, 따라서 바틀리가 비트겐슈타인의 유고 관리자들에게 알려지지 않았던(실제로 그들에게 감추어졌던) 원고에 접근할 수 있었다고 생각할 명백한 이유가 있다. 유고 관리자들은 1919년과 1920년에 해당하는 원고를 하나도 갖고 있지 않다. 비록 약간의 원고가 있을 가능성이 크지만 말이다.

만일 이 (틀림없이 순전히 추정적인) 가설이 정확하다면, 이 원고는 또한 이른바 '프라터 일화'의 출처일 수도 있다. 바틀리에게 쓴 편지에서 나는 직접 그에게 그런 원고가 있는지 물었다. 그는 그것을 확인하지도 부인하지도 않았다. 그는 다만 그의 정보의 출처를 밝히는 것은 신뢰에 대한 배신이며 그렇게 부정직한 일을 할 준비가 되어 있지 않다고만 말했다. 그러므로 나는 이 가설이 여전히 반증을 요한다고 간주한다.

이 책을 쓸 때 나는 유고 관리자들이 소유한 암호로 된 모든 단평들을 제한 없이 볼 수 있었으며, 내가 원하는 것들을 모두 인용할 수 있다는 허락을 받았다. 나는 비트겐슈타인의 정서적, 정신적, 그리고 성적인 생활을 밝혀주는 거의 모든 단평들을 인용하기로 결정했다.(리튼 스트래치는 신중함은 전기의 좋은 특성이 아니라고 말한 적이 있다.) 나는 비트겐슈타인이 동성애 때문에 고통을 겪었다는 대중적인 생각에 힘을 실어주는 것은 하나도 빠뜨리지 않았다. 비록 나 자신은 이 또한 여전히 진실을 심각하게 잘못 재현하는 단순화라고 믿지만 말이다.

암호로 된 단평들이 밝혀주는 것은 비트겐슈타인이 동성애에 관해서가 아니라 성 그 자체를 어색하게 어겼다는 것이다. 남자의 사랑이건 여자의 사랑이건 사랑은 그가 귀중하게 여겼던 것이었다. 그는 그것을 선물, 거의 신의 선물로 간주했다. 그러나 바이닝거(내가 생각하기에 그의 《성과 성격》에는 비트겐슈타인이 말하고 쓰고 했던 많은 것 안에 함축된 사랑과 성에 대한 많은 태도가 거의 그대로 적혀 있다)와 마찬가지로 그는 사랑을 성으로부터 날카롭게 분리했다. 동성애적이건 이성애적이건 성적 욕망은 그를 엄청나게 걱정하게 만들었다. 그는 성적 욕망이 자신이 바라는 이상적 인간형과는 조화를 이룰 수 없는 것으로 간주했던 것 같다.

암호로 된 단평들이 또 밝혀주는 것은 비트겐슈타인의 사랑과 성은 상당한 정도가 오직 그의 상상 속에서만 진행되었다는 것이다. 이것은 키스 커크(비트겐슈타인은 그에게 잠깐 빠졌었다. 이것을 그는 프랜시스에 대한 그의 사랑에 '부정한 것'으로 간주했다. 이 책 612~616쪽 참조)의 경우에 가장 뚜렷하게 나타난다. 그러나 그것은 또한 비트겐슈타인이 맺은 거의 모든 친교 관계에서 명백하다. 비트겐슈타인이 교제에 대해 갖고 있던 생각은 그것에 관한 다른 사람의 생각과는 아무런 관계가 없는 경우가 많았다. 만일 내가 키스 커크를 만나지 않았다면, 내가 읽은 암호로 된 단평들로부터 그와 비트겐슈타인이 어떤 종류의 '연애'를 했다고 거의 확신했을 것이다. 커크를 만난 후 나는 무슨 연애였건 그것은 오로지 비트겐슈타인의 마음속에서만 존재했다는 것을 확신했다.

만일 바틀리에 관한 나의 추정에 마지막으로 첨가하는 것이 허락된다면 이렇게 말하고 싶다. 나는 그의 정보의 출처가 1919년과 1920년 사이에 적힌 원고에 포함된 암호로 된 단평들일 수 있지만 그는 그 단평들로부터 비트겐슈타인이 성적으로 문란했다는 것을 너무 성급하게 추리했다고. 비트겐슈타인이 프라터에서 보았던 '투박하고 젊은 동성애적 젊은이들'에게서 정말로 매력을 느꼈다는 것, 그들을 볼 수 있는 장소로 계속 갔다는 것, 그리고 자신의 황홀한 상태를 공책에 일기 형식으로 기록했다는 것은 우리가 비트겐슈타인에 관해 알고 있는 나머지 것과 모두 잘 조화를 이룬다. 그러나 그 젊은이들은 그의 황홀 상태에 대해 아무것도 알지 못했다는 것, 그리고 실제 그의 존재를 알지 못했다는 것 역시 우리가 아는 것과 잘 조화를 이룬다. 만일 비트겐슈타인이 거리의 젊은이들과 '성적으로 문란'하게 지냈다면, 그것은 그가 프랜시스 스키너에게 '부정'했던 것과 같은 의미에서 그랬다고 나는 믿는다.

인용 출처

비트겐슈타인의 원고('MS')들은 케임브리지에 있는 트리니티 칼리지의 렌 도서관에 비치되어 있다. 폰 브릭트 교수는 그의 논문 〈The Wittgenstein Papers〉(참조 *Wittgenstein*, Blackwell, 1982)에서 그 원고들에 번호를 매긴 바 있는데, 이 책의 원고들도 이에 따라 번호를 매겼다. 이 책에서 저자는 원고의 발췌문들을 영어로 번역해서 인용했다. 이미 다른 책들에서 영역이 되어 있을 경우 그 출처로서 (원고의 번호가 아니라) 출판된 책들을 사용했다. 독일어로만 출판된 책에서 인용된 발췌문들은 저자가 영역을 하고 그 출처로서 독일어 책들과 함께 원고의 번호도 함께 제시했다. 전에 한 번도 출판되지 않은 발췌문들의 경우, 저자가 영역을 하고 그 출처로서 원고의 번호를 표기한 후 독일어 원문을 모두 실었다.(한글 번역본에서는 독일어 원문은 삭제하였다—옮긴이) 이 세 번째 방법을 저자는 프레게가 비트겐슈타인에게 보낸 편지들 중 일부 중요한 편지들에도 사용했다.

러셀, 무어, 케인스, 에클스, 엥겔만, 피커, 오그던, 폰 브릭트에게 보낸 비트겐슈타인의 편지는 참고문헌에 실린 여러 서간집들로 이미 출판되었다. 핸젤에게 보낸 그의 편지는 콘라트 뷘셰 교수가 쓴 《초등학교 선생님 루트비히 비트겐슈타인*Der Volksschullehrer Ludwig Wittgenstein*》의 부록에 실려 있다. 비트겐슈타인의 누이인 헤르미네, 헬레네와 그리고 그의 친구인 포래커, 허트, 패티슨, 리스, 슐리크 및 바이스만에게 쓴 편지들은 다른 언급이 없을 경우 아직 출판되지 않았으며 개인들이 보관 중이다.

엥겔만, 에클스, 프레게, 피커, 핸젤, 욜레스 부부, 오그던, 핀센트, 러셀이 비트겐슈타인에게 쓴 편지들은 인스브루크에 있는 브레너 문서보관소에서 소유하고 있다. 프랜시스 스키너가 쓴 편지들은 개인들이 소유하고 있다.

러셀이 오톨라인 모렐에게 보낸 편지들은 미국 텍사스Texas 대학의 인문학 연구소 Humanities Research Center가 보관 중이다. 이 편지들은 로널드 클라크Ronald Clark의 《*The Life of Bertrand Russell*》, 브라이언 맥기니스의 《*Wittgenstein: A Life*》, 그리고 어빙 블록 Irving Block이 편집한《*Perspectives on the Philosophy of Wittgenstein*》에 있는 케네스 블랙웰 Kenneth Blackwell의 〈초기 비트겐슈타인과 중기 러셀The Early Wittgenstein and the Middle Russell〉에서 상당히 인용되었다.

21장에서 인용된 그랜트 박사, 바이워터스 박사, 헤럴드 박사, 그리고 랜즈버러 톰슨 박사와 비트겐슈타인 사이의 편지들은 런던에 있는 의학연구위원회 도서관이 보관 중이다. 9장에서 인용된 아돌프 휘프너 박사의 인터뷰 기록은 오스트리아 남부 키르히베르크에 있는 비트겐슈타인 문서 센터Wittgenstein Documentation Centre의 소유이다.

다음 주에서 러시 리스가 편집한 《*Recollections of Wittgenstein*》은 *Recollections*로, 루

트비히 비트겐슈타인은 LW로 줄여서 표기한다. 그리고 그와 편지를 교환한 상대자들의 이름은 다음과 같이 표기한다.

PE	파울 엥겔만 Paul Engelmann
WE	윌리엄 에클스 William Eccles
GF	고틀로프 프레게 Gottlob Frege
LF	루트비히 폰 피커 Ludwig von Ficker
RF	로이 포래커 Roy Fouracre
LH	루트비히 핸젤 Ludwig Hänsel
RH	롤런드 허트 Rowland Hutt
AJ	아델레 욜레스 Adele Jolles
SJ	슈타니슬라우스 욜레스 Stanislaus Jolles
PEJ	필립 저데인 P. E. Jourdain
JMK	존 메이너드 케인스 John Maynard Keynes
LL	리디아 로포코바 Lydia Lopokova
GEM	G. E. 무어 G. E. Moore
NM	노먼 맬컴 Norman Malcolm
OM	오톨라인 모렐 Lady Ottoline Morrell
CKO	C. K. 오그던 C. K. Ogden
DP	데이비드 핀센트 David Pinsent
EP	엘런 핀센트 Ellen Pinsent
GP	길버트 패티슨 Gilbert Pattisson
BR	버트런드 러셀 Bertrand Russell
FR	프랭크 램지 Frank Ramsey
RR	러시 리스 Rush Rhees
FS	프랜시스 스키너 Francis Skinner
LS	리튼 스트래치 Lytton Strachey
MS	모리츠 슐리크 Moritz Schlick
FW	프리드리히 바이스만 Friedrich Waismann
GHvW	게오르크 헨리크 폰 브릭트 G. H. von Wright

1. 자기 파괴를 위한 실험실

p. 23 왜 진실을 말해야 할까: 이 일화에 대한 LW의 회상은 MS 안에 있는 한 서류에서 발견되었다; quoted by Brian McGuinness, *Witttgestein: A Life*, pp. 47-8.

p. 24 나를 진리를 찾는 사람 정도로: LW가 누이인 Helene Salzer(née Wittgenstein)에게 보낸 편지; quoted in Michael Nedo and Michele Ranchetti, *Wittgenstein: Sein Leben in Bildern und Texten*, p. 292.

p. 24 나는 그 말을 이해할 수 없다: Malcolm, *Memoir*, p. 116.

p. 27 케임브리지에는 너를 위한 산소가 없다: *Recollections*, p. 121.

p. 34 그들의 영향력은 "그를 자기 파괴의 길에서: *Jahrbuch für sexuelle Zwischenstufen*, VI, p. 724; quoted by W. W. Bartley in *Wittgenstein*, p. 36.

p. 35 새벽 3시에 피아노 소리를 듣고: LW가 RR에게 한 말로, 저자와의 대화 중에 RR이 저자에게 전한 말.

p. 35 기계 소리가 들리기 시작: *Recollections*, p. 112.

p. 36 *Du hast aber keinen Rhythmus!*: RR이 저자와의 대화 중 전한 말.

p. 36 반면에 나는 같은 상황에서: 이 책 23~24쪽에 관련 내용이 나옴.

p. 38 *Wittgenstein wandelt wehmütig*: 린츠에서 LW와 동창이었던 J. H. Stiegler가 Adolf Hübner에게 보낸 편지(1976년 4월 12일자)에 등장한 회상; quoted by Konrad Wünsche, *Der Volksschullehrer Ludwig Wittgenstein*, p. 35. Paul Wijdeveld로부터 번역의 도움을 받았다.

p. 40 성도덕에 대한 재판: quoted by Frank Field, *Karl Kraus and his Vienna*, p. 56.

p. 40 두 개의 악 중 덜 악한 것을: ibid., p. 51.

p. 40 정치란 "사람이 그 자신과: ibid., p. 75.

p. 44 예술이 서투른 그림에 만족: Weininger, *Sex and Character*, pp. 329-30.

p. 45 여자의 성적 기관은 여자를: ibid., p. 92.

p. 45 남자들은 의식적으로 살아가는: ibid., p. 102.

p. 46 매춘에 대한 소질과 경향: ibid., p. 217.

p. 46 진정 여성에게만 배타적으로: ibid., p. 255.

p. 46 성적 결합이 일어날 것이라는: ibid., p. 258.

p. 47 비록 오직 유대인들에게만: ibid., p. 303.

p. 47 가장 남성적인 유대인은: ibid., p. 306.

p. 47 극단적인 비겁함: ibid., p. 325.

p. 47 그 스스로 유대주의를 극복: ibid., pp. 327-28

p. 48 그것은 가장 위대하며: ibid., p. 111.

p. 48 그것들은 자신에 대한 의무: ibid., p. 159.

p. 48 천재성은 "가장 고귀한 도덕성: ibid., p. 183.

p. 48 많은 남자들이 처음으로: ibid., p. 244.

p. 49 사랑에 있어 남자는 단지 자신을: ibid., p. 243.

p. 49 세계 모든 곳을 여행: ibid., p. 239.

p. 49 절대자, 신의 관념과 함께하는: ibid., p. 247.

p. 50 자신에게 정직한 사람은: ibid., p. 346.

p. 51 이런 고통스러운 모순들이 제거될 때: Hertz, *Principles of Mechanics*, p. 9.

2. 맨체스터

p. 56 약간의 문제들이 있지만: LW가 Hermine Wittgenstein에게 보낸 편지, 1908년 5월 17일.

p. 56 너무나도 단절되어 있어서: ibid.

p. 57 내가 생각해낸 방정식들을: LW가 Hermine Wittgenstein에게 보낸 편지, 1908년 10월.

p. 60 이 문제의 완전한 해결: Russell, *Principles of Mathematics*, p. 528.

p. 61 러셀은 내가: Jourdain, 서한집, 1909년 4월 20일.

p. 62 맨체스터에 있는 동안: LW가 WE에게, 1931년 10월 30일.

p. 62 과민한 성질로 보아: J. Bamber가 C. M. Mason에게, 1954년 3월 8일. Wolfe Mays의 'Wittgenstein in Manchester'의 부록으로 출판됨.

p. 62 그는 물의 온도에 대해: ibid.

p. 62 연주회 내내 한마디 말도: ibid.

p. 63 설명할 수 없는, 거의 병적으로: *Recollections*, p. 2.

3. 러셀의 제자

p. 65 비트겐슈타인이 프레게와 러셀 중 누구를 먼저 만났는지에 대해선 이견이 있다. 내가 여기 한 이야기는 브라이언 맥기니스의 *Wittgenstein: Life*의 이야기와 일치한다. 이것은 *Recollections* pp. 1-11에 있는 '내 동생, 루트비히'에 나온 헤르미네 비트겐슈타인의 회상에 근거한 것이다. 이것은 또한 폰 브릭트의 'Biographical Sketch'에 있는 설명에 의해서 뒷받침되고 있다. 폰 브릭트는 비트겐슈타인에게서 들은 이야기라고 하면서 비트겐슈타인은 먼저 예나에 있는 프레게를 만난 후 (프레게의 권고에 따라) 러셀을 만나러 케임브리지로 갔다. 그렇지만 러셀은 비트겐슈타인이 케임브리지에 오기 전에 프레게를 만난 적이 없다는 의견을 갖고 있었다. 이 의견에 동의하는 사람들은 엘리자베스 앤스콤과 러시 리스와 같은 비트겐슈타인의 일부 친구들이다.(러시 리스는 헤르미네의 회상에 대해 그의 이런 입장을 편집자 주에 적었다.) 앤스콤은 헤르미네가 그녀의 회상을 적을 때 이미 노인이었기 때문에 기억이 틀렸을 수도 있다고 나에게 말했다. 하지만 결정적 증거가 없는 상태에서 나는 헤르미네의 이야기를 믿기로 했다.

p. 66 나의 지력은: Russell, *Autobiography*, p. 155.

p. 66 나는 내게 남겨진 전문 철학: OM에게 보낸 BR의 편지, 1911년 12월 13일.

p. 67 당신이 신이라고 부르는: BR이 OM에게, 1911년 12월 29일.

p. 67 … 이제 내게 감옥은: BR이 OM에게, 1911년 7월.

p. 68 … 낯선 독일인: BR이 OM에게, 1911년 10월 18일.

p. 69 나의 독일 학생에게: ibid.

p. 69 독일인 학생이 골칫거리: BR이 OM에게, 1911년 10월 19일.
p. 69 나의 독일인 공학도는 논쟁을: BR이 OM에게, 1911년 11월 1일.
p. 69 내가 생각하기에 이 독일인 공학도는: BR이 OM에게, 1911년 11월 2일.
p. 70 〔비트겐슈타인은〕 주장된 명제들 외: BR이 OM에게, 1911년 11월 7일.
p. 70 강의는 잘 시작되었습니다: BR이 OM에게, 1911년 11월 13일.
p. 70 나의 성난 독일인이: BR이 OM에게, 1911년 11월 16일.
p. 71 나의 독일인 학생은: BR이 OM에게, 1911년 11월 27일.
p. 71 문학적이고 매우 음악적이며: BR이 OM에게, 1911년 11월 29일.
p. 71 아주 좋았으며 영국 학생들의: BR이 OM에게, 1912년 1월 23일.
p. 72 비트겐슈타인은 내 인생에서 큰 사건: BR이 OM에게, 1912년 3월 22일.
p. 72 논리적 내용에 반하는: BR이 OM에게, 1912년 1월 26일.
p. 72 논리학의 중요한 점에 관해서: BR이 OM에게, 1912년 2월 27일.
p. 73 첫 시간에 그가: *Recollections*, p. 61.
p. 73 처음 만났을 때: ibid.
p. 73 강의 준비를 하고 있는데: BR이 OM에게, 1912년 3월 2일.
p. 73 무어는 비트겐슈타인의 머리가: BR이 OM에게, 1912년 3월 5일.
p. 74 이상적 학생: BR이 OM에게, 1912년 3월 17일.
p. 74 뛰어난 일은 아니지만: BR이 OM에게, 1912년 3월 15일.
p. 74 열정으로 가득 차: ibid.
p. 74 아주 희귀한 열정: BR이 OM에게, 1912년 3월 8일.
p. 74 그는 철학에 대해 나보다 큰: BR이 OM에게, 1912년 3월 16일.
p. 74 그는 직관적이고 변덕스런 예술가의 기질: BR이 OM에게, 1912년 3월 16일.
p. 75 나는 그에게 지적으로 완전히: BR이 OM에게, 1912년 3월 17일.
p. 75 심지어 그가 만드는 비유도: BR이 OM에게, 1912년 3월 22일.
p. 75 토론할 때 그는 예절은: BR이 OM에게, 1912년 3월 10일.
p. 75 나보다 훨씬 더: BR이 OM에게, 1912년 3월 17일.
p. 77 … 그는 철학을 좋아하는 사람은: BR이 OM에게, 1912년 3월 17일.
p. 77 말쑥하게 입고: BR이 OM에게, 1912년 4월 23일.
p. 78 … 내가 아는 천재들 중에서: Russell, *Autobiography*, p. 329.
p. 78 내가 그 주제를: BR이 OM에게, 1912년 4월 23일.
p. 79 처음에 그는 놀란 것처럼: ibid.
p. 79 인간의 감정을 철저히 배제하고: BR이 OM에게, 1912년 4월 24일.
p. 80 사소한 문제: BR이 OM에게, 1912년 4월 23일.
p. 80 하지만 논문이 잘못 쓰여서가 아니라: BR이 OM에게, 1912년 5월 26일.
p. 81 모든 사람들이 그를 막 발견: BR이 OM에게, 1912년 5월 2일.
p. 81 누군가가 사도들에게: ibid.
p. 81 Herr Sinckel-Winckel과 점심: LS가 JMK에게, 1912년 5월 5일.

p. 82 Herr Sinckel-Winkel은 보편자와 개발자에: LS가 JMK에게, 1912년 5월 17일.

p. 83 … 분명히 그 여행은 재미있을 것: Pinsent, Diary, 1912년 5월 13일.

p. 84 … 그는 여기서 철학을 공부: Pinsent, Diary, 1912년 5월 30일.

p. 84 말을 아주 많이 했으며: Pinsent, Diary, 1912년 6월 1일.

p. 85 〔그는〕 영혼을 잃지 않은 사람들이: BR이 OM에게, 1912년 5월 30일.

p. 86 이 책이 크게 도움이: LW가 BR에게, 1912년 6월 22일.

p. 86 아주 괴로워했고: BR이 OM에게, 1912년 6월 1일.

p. 86 〔비트겐슈타인은〕 전혀 화를 내지도 증오하지도: ibid.

p. 88 좋은 취향이란 진정한 취향: BR이 OM에게, 1912년 5월 17일.

p. 88 아무도 그가 말하려는 요점을: BR이 OM에게, 1912년 5월 27일.

p. 89 거기에 반대할 생각이: ibid.

p. 89 정말 놀랍게도 학문의: BR이 OM에게, 1912년 7월 24일.

p. 89 나는 진심으로 철학으로: BR이 OM에게, 1912년 5월 21일.

p. 90 내가 더 창조적이기를: BR이 OM에게, 1912년 9월 7일.

p. 90 … 제2부는: BR이 Anton Felton에게, 1968년 4월 6일.

p. 90 비트겐슈타인이 오늘 아주 사랑스런: BR이 OM에게, 1912년 4월 23일.

p. 90 나는 그를 마치 내 아들: BR이 OM에게, 1912년 8월 22일.

p. 90 동생이 철학에 큰 발자취: *Recollections*, p. 2.

p. 91 그가 다음 학기에: Pinsent, Diary, 1912년 7월 12일.

p. 91 그는 아주 까다로워서: BR이 OM에게, 1912년 9월 5일.

p. 91 약간 기묘하지만: Pinsent, Diary, 1912년 10월 14일.

p. 92 정반대로 바뀌어: Engelmann, *Memoir*, p. 130.

p. 92 다시 꽤 좋아져서: LW가 BR에게, 1912년 여름.

p. 92 모차르트와 베토벤의: LW가 BR에게, 1912년 8월 16일.

p. 93 스티븐스와 스트래치를 비롯한: BR이 OM에게, 1912년 9월 4일.

p. 93 이 말에 그는 날카로운: BR이 OM에게, 1912년 9월 5일.

p. 94 비트겐슈타인, 아니 그의 아버지: Pinsent, Diary, 1912년 9월 5일.

p. 94 … 그는 옷을 많이 갖고 다니는: Pinsent, Diary, 1912년 9월 7일.

p. 95 그는 잔인성과 고통에 대한: Pinsent, Diary, 1912년 9월 12일.

p. 95 비트겐슈타인은 '속물적'에 관해: Pinsent, Diary, 1912년 9월 19일.

p. 96 비트겐슈타인은 안달이 나서: Pinsent, Diary, 1912년 9월 13일.

p. 96 오늘 저녁 내내 비트겐슈타인은 약간: Pinsent, Diary, 1912년 9월 21일.

p. 97 그의 안달복달이 여기서: Pinsent, Diary, 1912년 9월 15일.

p. 97 나는 그로부터 많은 것을 배우고: Pinsent, Diary, 1912년 9월 18일.

p. 97 그는 당연히 그들과 말하지: Pinsent, Diary, 1912년 9월 24일.

p. 98 여전히 점심때 일로: Pinsent, Diary, 1912년 9월 25일.

p. 98 정말 그가 훌륭한 것을: Pinsent, Diaiy, 1912년 9월 29일.

p. 98 아버지가 재미있어했다고: Pinsent, Diary, 1912년 10월 4일.

p. 98 가장 빛나는: Pinsent, Diary, 1912년 10월 5일.

4. 러셀의 선생

p. 101 우리 인생의 무한한 부분: Russell, 'The Essence of Religion', ***Hibbert Journal***, XI(Oct. 1912), pp. 42-62.

p. 102 지금 막 비트겐슈타인이: BR이 OM에게, 1912년 10월초.

p. 102 그는 내가 정확성의 복음을: BR이 OM에게, 1912년 10월 11일.

p. 102 비트겐슈타인의 비판은 나를: BR이 OM에게, 1912년 10월 13일.

p. 103 그 작업을 비트겐슈타인에게: BR이 OM에게, 1912년 10월 14일.

p. 103 그는 강의가 대단히: GEM이 Hayek에게 쓴 편지, 날짜 미상; quoted in Nedo, op. cit., p. 79.

p. 103 여러 시간을 흥분 상태에서: Russell, ***Autobiography***, p. 330.

p. 103 자살로부터 멀리: BR이 OM에게, 1912년 10월 31일.

p. 103 그가 너무나 해결하기 어려워서: BR이 OM에게, 1912년 11월 5일.

p. 104 그는 틀림없이 듣지 않겠지만: BR이 OM에게, 1912년 11월 4일.

p. 104 열정적인 오후: BR이 OM에게, 1912년 11월 9일.

p. 105 어제 비트겐슈타인에게 '너는: BR이 OM에게, 1912년 11월 12일.

p. 105 나는 그의 단점에 관해서: BR이 OM에게, 1912년 11월 30일.

p. 106 비트겐슈타인이 싫어하고, 부정직한: Pinsent, Diary, 1912년 11월 9일.

p. 106 그러나 그것은 실패: BR이 OM에게, 1912년 10월 31일.

p. 106 비트겐슈타인은 대단히 놀랄 만한: JMK가 Duncan Grant에게, 1912년 11월 12일.

p. 107 우리의 새로운 형제가: JMK가 LS에게, 1912년 11월 13일.

p. 107 분명히 〔비트겐슈타인의의〕 견지에서: BR이 JMK에게, 1912년 11월 11일.

p. 108 원하게끔: James Strachey가 Rupert Brooke에게, 1912년 1월 29일; Paul Delany, ***The Neo-pagans***, p. 142.

p. 108 그는 블리스를 견딜 수: BR이 OM에게, 1912년 11월 10일.

p. 108 우리의 형제인 블리스와 비트겐슈타인: LS가 JMK에게, 1912년 11월 20일.

p. 109 그 가여운 사람은: LS가 Sydney Saxon Turner에게, 1912년 11월 20일.

p. 110 그 Witter-Gitterman이: James Strachey가 LS에게, 1912년 10월초.

p. 110 비트겐슈타인이 학회를: BR이 OM에게, 날짜 미상, 1912년 12월 6일 또는 13일.

p. 110 그는 무어 이후: BR이 'Goldie' Lowes Dickenson에게, 1913년 2월 13일.

p. 111 최근에 그가 한 발견은: Pinsent Diary, 1912년 10월 25일.

p. 111 비트겐슈타인 씨가 〈철학이란 무엇인가?〉: 도덕과학클럽 회의록, 1912년 11월 29일.

p. 112 프레게가 기호주의 이론에 관해: LW가 BR에게, 1912년 12월 26일.

p. 112 나는 다른 유형의 것들: LW가 BR에게, 1913년 1월.

p. 113 물질의 존재를 인정하는: Ronald W. Clark, ***The Life of Bertrand Russell***, p. 241.

p. 113 물리학은 감각들을 물리적: Russell, 'Matter', 미출간 원고; quoted by Kenneth Blackwell, 'The Early Wittgenstein and the Middle Russell', in *Perspectives on the Philosophy of Wittgenstein*, ed. Irving Block.

p. 114 나는 앞으로 수년 동안: BR이 OM에게, 1912년 11월 9일.

p. 114 그때 러셀이 나타났다: Pinsent, Diary, 1913년 2월 4일.

p. 114 다행히도 그것들을 맞게: BR이 OM에게, 1913년 2월 23일.

p. 115 사랑하는 아버지께서: LW가 BR에게, 1913년 1월 21일.

p. 115 아주 반대: Pinsent, Diary, 1913년 2월 7일.

p. 116 무서운 논쟁: BR이 OM에게, 1913년 3월 6일.

p. 116 이제 나는 나의 연구에 관한 것: BR이 OM에게, 1913년 4월 23일.

p. 118 나는 특정한 부류의 수학자들이: BR이 OM에게, 1912년 12월 29일.

p. 119 논리학에 관해서 생각할: LW가 BR에게, 1913년 3월 25일.

p. 119 불쌍한 친구: BR이 OM에게, 1913년 3월 29일.

p. 120 《산술학의 원리》 제3권: PEJ가 GF에게, 1913년 3월 29일.

p. 120 충격을 받은 듯: BR이 OM에게, 1913년 5월 2일.

p. 120 비트겐슈타인과 테니스를: Pinsent, Diary, 1913년 4월 29일.

p. 120 집에서 차를: Pinsent, Diary, 1913년 5월 5일.

p. 121 요점은 이것이다: Pinsent, Diary, 1913년 5월 15일.

p. 121 나머지를 무시하고: BR이 OM에게, 1913년 5월 16일.

p. 122 … 비트겐슈타인과 카누를: Pinsent, Diary, 1913년 6월 4일.

p. 122 … 우리는 케임브리지 대학 음악 클럽에 갔다: Pinsent, Diary, 1913년 11월 30일.

p. 122 비트겐슈타인과 린들리가: Pinsent, Diary, 1913년 2월 28일.

p. 123 그와 함께 그의 방으로: Pinsent, Diary, 1913년 5월 24일.

p. 123 왜냐하면 그는 일상적으로 사용되는: Pinsent, Diaiy, 1913년 6월 16일.

p. 124 그는 내가 당신에게: BR이 OM에게, 1913년 6월 1일.

p. 124 그의 결점들은 정확하게: BR이 OM에게, 1913년 6월 5일.

p. 125 내 인생에서 가장 중요한 사건: BR이 OM에게, 1916년. 이 편지는 Russell의 *Autobiography*에 수록됨, pp. 281-82.

p. 126 모든 것이 저절로: BR이 OM에게, 1913년 5월 8일.

p. 126 그는 그것이 자신이 증오하는: BR이 OM에게, 1913년 5월 13일.

p. 127 그가 옳았습니다: BR이 OM에게, 1913년 5월 21일.

p. 127 우리 모두 열띤 논쟁으로 마음이: BR이 OM에게, 1913년 5월 27일.

p. 128 그러나 그 반대가 정당화되더라도: BR이 OM에게, 날짜 미상.

p. 128 당신의 판단론에 대한 나의 반론이: LW가 BR에게, 1913년 7월 22일.

p. 128 나는 이제 아주 끝장났음이 분명: BR이 OM에게, 1913년 6월 20일.

p. 128 10년 전에 나는: BR이 OM에게, 1913년 2월 23일.

p. 129 비트겐슈타인은 내가 최근에 한: BR이 OM에게, 1914년 1월 18일.

p. 129 당신은 이것이 나의 영혼으로부터: BR이 OM에게, 1913년 8월 29일.

p. 129 최근에 한 발견: Pinsent, Diary, 1913년 8월 25일.

p. 130 여전히 해결되어야 할: LW가 BR에게, 1913년 9월 5일.

p. 130 그는 그것을 도저히: Pinsent, Diary, 1913년 8월 25일.

p. 131 그것은 그에게 멋진 승리다: Pinsent, Diary, 1913년 8월 29일.

p. 131 항해가 시작되자마자: Pinsent, Diary, 1913년 8월 30일.

p. 131 지금까지 멋지게: Pinsent, Diary, 1913년 9월 2일.

p. 131 아주 무뚝뚝하고: ibid.

p. 133 연구할 때 그는 혼자서: Pinsent, Diary, 1913년 9월 3일.

p. 133 이것이 루트비히와의 또 다른: Pinsent, Diary, 1913년 9월 4일.

p. 134 사람을 지겹게 하지 않는 정도: Pinsent, Diary, 1913년 9월 23일.

p. 134 나는 지금 아름다운: LW가 BR에게, 1913년 9월 5일.

p. 135 아침 내내: Pinsent, Diary, 1913년 9월 17일.

p. 135 가능한 한 빨리: LW가 BMW, 1913년 9월 20일.

p. 136 그러나 인생의 얼마 남지 않은: Pinsent, Diary, 1913년 9월 20일.

p. 137 나는 혼자서는 꽤 재미있게: Pinsent, Diary, 1913년 9월 23일.

p. 137 갑자기 아주 놀라운 계획을: Pinsent, Diary, 1913년 9월 24일.

p. 138 그는 어려운 문제들을 많이 해결: Pinsent, Diary, 1913년 10월 1일.

p. 138 성적인 욕망은 육체적 근접성에 따라: Weininger, *Sex and Character*, p. 239.

5. 노르웨이

p. 139 내가 어두울 것이라고: BR이 Lucy Donnelly에게, 1913년 10월 19일.

p. 140 한참을 신음한 후: BR이 OM에게, 1913년 10월 9일.

p. 141 철학에는 연역이란 것이 없다: *Notes on Logic*, pp. 93-107. *Notebooks 1914-16*의 부록 I로 출간됨.

p. 141 헤어지는 것이 슬펐다: Pinsent, Diary, 1913년 10월 8일.

p. 142 이곳에선 사람을 거의: LW가 BR에게, 1913년 10월 29일.

p. 143 그때 나의 정신은 불타고: 저자와의 대화에서 Basil Reeve로부터 인용.

p. 143 논리학 전체가: LW가 BR에게, 1913년 10월 29일.

p. 143 그러나 이 강의에서 순수논리학: Russell, *Our Knowledge of the External World*, 서문, pp. 8-9.

p. 144 보편 부정의자: LW가 BR에게, 1913년 11월.

p. 144 제발 이 문제들을: LW가 BR에게, 1913년 11월이나 12월.

p. 145 우리는 논리학의 모든 명제들을: ibid.

p. 146 나의 하루는: LW가 BR에게, 1913년 12월 15일.

p. 147 … 내 안 깊은 곳에는: LW가 BR에게, 1913년 12월 또는 1914년 1월. *Letter to Russell, Keynes and Moore*에서 이 편지는 1914년 6월/7월로 기록되어 있다. 그러나 Brian

McGuinness가 *Wittgenstein: A Life*, p. 192에서 주장하듯이 1913년 크리스마스쯤에 쓰였다고 가정하는 것이 더 맞는 것 같다.

p. 148 아주 슬픈 일이지만: LW가 BR에게, 1914년 1월.

p. 149 우리는 사실 서로에게: LW가 BR에게, 1914년 1월이나 2월.

p. 150 감히 말하지만 그의 기분은: BR이 OM에게, 1914년 2월 19일.

p. 150 너무 친절하고 다정해서: LW가 BR에게, 1914년 3월 3일.

p. 152 아직 부패하지 않았고: LW가 GEM에게, 1913년 11월 19일.

p. 153 당신은 학기가 끝나자마자: LW가 GEM에게, 1914년 2월 18일.

p. 153 지금 논리학이 거의: LW가 GEM에게, 1914년 3월.

p. 154 이른바 논리적 명제들은: 노르웨이에서 무어에게 구술된 글. *Notebooks 1914-16*의 부록 II로 출간됨.

p. 154 나는 지금 완전히: LW가 BR에게, 1914년 초여름.

p. 155 당신 편지 때문에 화가: LW가 GEM에게, 1914년 5월 7일.

p. 156 숄덴을 떠나기 전 몇 개의 서류들을: LW가 GEM에게, 1914년 7월 3일.

p. 157 답장하지 않을 생각이다: Moore, Diary. 1914년 7월 13일; quoted on p. 273 of Paul Levy, *G. E. Moore and the Cambridge Apostles*.

6. 후방에서

p. 159 그 조그만 이방인이: LW가 WE에게, 1914년 7월.

p. 160 모든 사람들이 그 조화에: WE가 LW에게, 1914년 6월 28일.

p. 161 내가 이 일을 당신에게: LW가 LF에게, 1914년 7월 14일.

p. 161 내 제의가 진지하다는 것을: LW가 LF에게, 1914년 7월 19일.

p. 161 오스트리아에서 가장 정직한 논평: quoted in *Briefe an Ludwig von Ficker*, and translated by Allan Janik in 'Wittgenstein, Ficker and "Der Brenner"', C. G. Luckhardt, *Wittgenstein: Sources and Perspectives*, pp. 161-89.

p. 162 화가인 에스털레로부터: 참조 Walter Methlagl, 'Erläuerungen zur Beziehung zwischen Ludwig Wittgenstein und Ludwig von Ficker', *Briefe an Ludwig von Ficker*, pp. 45-69.

p. 162 처음 보는 순간 마음을: quoted by Janik, op. cit., p. 166. Ficker의 'Rilke und der Unbekannte Freund', *Der Brenner*(1954)에 처음 수록됨. *Denkzettel und Danksagungen* (1967)에 재수록됨.

p. 163 그를 만날 수 있어서: LW가 LF에게, 1914년 8월 1일.

p. 163 당신이 나다: reported by Engelmann, op. cit., p. 127.

p. 164 언젠가 나는 실제로 그럴: LW가 PE에게, 1917년 3월 31일.

p. 164 당신이 그것을 이용할: LW가 LF에게, 1914년 8월 1일.

p. 164 감사의 표시가: LW가 LF에게, 1915년 2월 13일.

p. 165 그러나 후원자가 수혜자가: 참조 Methlagl, op. cit., p. 57.

p. 165 〔그것은〕 나를 감동시켰으며: LW가 LF에게, 1915년 2월 13일.

p. 166 마데이라는 너에게: DP가 LW에게, 1914년 7월 29일.
p. 167 어려운 일을 맡아서: *Recollections*, p. 3.
p. 167 평범한 남자들과 여자들이: Russell, *Autobiography*, p. 239.
p. 168 사람이 다른 면에서는: W. James, *Varieties of Religious Experience*, p. 364.
p. 168 이제 나에게 훌륭한 인간이: 이것과 그 다음의 발췌문은 LW의 일기에서 나왔고 리스의 *Recollections* 후기 pp. 172-209에서 인용.
p. 169 상담을 위해 매일 찾아오는: MS 101, 1914년 8월 9일.
p. 169 내가 이제 일을 할 수 있을까: ibid.
p. 170 그런 믿기 힘든 소식은: MS 101, 1914년 10월 25일.
p. 170 무뢰배들: quoted by Rhees, op. cit., p. 196.
p. 171 중국인이 말하는 것을 들을 때: MS 101, 1914년 8월 21일; 번역은 *Culture and Value*에서 발췌, p. 1.
p. 171 오늘 일어났을 때: MS 101, 1914년 8월 10일; quoted in Nedo, op. cit., p. 161.
p. 171 지긋지긋했다: MS 101, 1914년 8월 25일; quoted ibid., p. 70.
p. 171 앞날이 굉장히 힘들: ibid.; quoted in Rhees, op. cit., p. 196.
p. 172 데이비드로부터 아무런 소식도: MS 102, 1915년 2월 26일.
p. 172 나는 한 번도 너를 그렇게: SJ가 LW에게, 1914년 10월 25일.
p. 172 자네가 자원입대했다는: GF가 LW에게, 1914년 10월 11일.
p. 173 만일 당신이 그것을 직접 보지 못했다면: LW가 LF에게, 1915년 7월 24일.
p. 174 만일 내가 지금 나의 종말에: MS 101, 1914년 9월 13일; 약간 다르게 번역되었지만 Rhees, op. cit., p. 194에서 인용.
p. 174 외부 세계에 의존하지 마라: MS 102, 1914년 11월; quoted in Rhees, op. cit., p. 196.
p. 174 나의 연구에 있는 모든 개념들: MS 101, 1914년 8월 21일.
p. 175 나는 위대한 발견을: MS 101, 1914년 9월 5일; quoted in Nedo, op. cit., p. 168.
p. 175 나는 전보다 더 육욕을: MS 101, 1914년 9월 5일.
p. 175 비트겐슈타인이 훗날 그의 친구인 폰 브릭트에게: *Biographical Sketch*, p. 8.
p. 176 명제에서 세계는: *Notebooks*, p. 7.
p. 176 우리는 곧바로: *Notebooks*, p. 8.
p. 185 하루 종일 연구했다: MS 102, 1914년 10월 31일.
p. 185 만일 당신이 방문해주는: Trakl이 LW에게, 1914년 11월.
p. 185 내가 그를 알게 된 것이: MS 102, 1914년 11월 1일.
p. 185 나와 조금이라도: MS 102, 1914년 11월 5일.
p. 186 얼마나 자주 나는: MS 102, 1914년 11월 11일.
p. 186 전쟁이 끝났을 때: DP가 LW에게, 1914년 12월 1일.
p. 188 아마 이것들이 나에게: MS 102, 1914년 11월 15일.
p. 188 우리는 촉감이 보유하는: Nietzsche, *The Anti-Christ*, p. 141.
p. 189 더 이상 '만져지기'를 전혀: ibid., p. 142.

p. 189 기독교가 정말로 행복: MS 102, 1914년 12월 8일.

p. 190 '믿음', 아마도 그리스도를: Nietzsche, op. cit., p. 151.

p. 191 우리 전사들의 승리와: GF가 LW에게, 1914년 12월 23일.

p. 191 나의 현재 도덕적 위치: MS 102, 1915년 1월 2일.

p. 191 귀르트와 즐거운 시간을: MS 102, 1915년 1월 10일.

p. 192 나의 사고는 피로해: MS 102, 1915년 1월 13일.

p. 192 내 연구는 오로지: MS 102, 1915년 1월 25일.

p. 192 언제쯤 데이비드로부터: MS 102, 1915년 1월 19일.

p. 192 지금쯤 당신이 포로로: JMK가 LW에게, 1915년 1월 10일.

p. 193 데이비드로부터 온 사랑스러운: MS 102, 1915년 2월 6일.

p. 193 전쟁이 끝나면: DP가 LW에게, 1915년 1월 14일.

p. 193 엽서를 보내주어서: Klingenberg가 LW에게, 1915년 2월 26일.

p. 193 만일 당신이 원하는 것처럼: Halvard Draegni가 LW에게, 1915년 2월 4일.

p. 194 그가 상대해야 했던 상관들은: *Recollections*, p. 3.

p. 195 아주 좋은 것 같다: MS 102, 1915년 2월 8일.

p. 195 외부의 생각을 소화시킬: LW가 LF에게, 1915년 2월 9일.

p. 195 만일 내가 그들에 관한: AJ가 LW에게, 1915년 2월 12일.

p. 196 어떤 상황이건: SJ가 LW에게, 1915년 2월 20일.

p. 196 나의 소중한 데이비드에게: (영어로 쓰여진) 답장의 초안으로 이것은 현재 인스브루크에 있는 브레너 문서보관소에 있다.

p. 197 그가 너에게 편지를: DP가 LW에게, 1915년 1월 27일.

p. 197 무어가 기독교인답게: DP가 LW에게, 1915년 4월 6일.

p. 197 비트겐슈타인에 대한 꿈: quoted in Levy, op. cit., p. 274.

p. 197 철학에 관한 논문: DP가 LW에게, 1915년 3월 2일.

p. 198 내가 쓴 모든 것의 중심: 1915년 6월 1일, *Notebooks*, p. 53.

p. 199 우리가 명제의 요소들을: 1915년 6월 17일; ibid., p. 62.

p. 199 단순한 것들을 요구: ibid., p. 63.

p. 199 전쟁이 끝난 후 자네가: BR이 LW에게, 1915년 5월 10일.

p. 199 당신이 무어의 노트를: LW가 BR에게, 1915년 5월 22일.

p. 201 러시아의 카르파티아 공격: SJ가 LW에게, 1915년 4월 16일.

p. 201 갈리치아가 하루 빨리: SJ가 LW에게, 1915년 5월 4일.

p. 201 나는 편지를 아주 가끔: AJ가 LW에게, 1915년 4월 8일.

p. 201 어떤 종류의 불쾌감: ibid.

p. 202 때때로 나의 전 존재가: LF가 LW에게, 1915년 7월 11일.

p. 202 나는 당신의 슬픈: LW가 LF에게, 1915년 7월 24일.

p. 202 신이 가호가 있기를: LF가 LW에게, 1915년 11월 14일.

p. 203 1년 이상의 근무: AJ가 LW에게, 1915년 8월 12일.

p. 203 처음 식사를 할 때: Dr Max Bieler가 G. Pitcher에게 보낸 편지. Sister Mary Elwyn McHale이 그녀의 MA dissertation: 'Ludwig Wittgenstein: A Survey of Source Material for a Philosophical Biography', p. 48에서 인용. 필자는 빌러 박사의 영역을 그대로 사용했다.

p. 204 무슨 일이 있건: LW가 BR에게, 1915년 10월 22일.

p. 205 자네가 출판하고 싶은: BR이 LW에게, 1915년 11월 25일.

p. 206 수학의 정의를 할 때: Russell, *Introduction to Mathematical Philosophy*, p. 205.

p. 206 때때로 완전히 몰두해서: Dr Max Bieler가 G. Pitcher에게 보낸 편지, 1961년 9월 30일; quoted in McGuinness op. cit., pp. 234-35. 필자는 영역이 맥기니스 아니면 피처의 것이며 분명히 빌러 박사가 하지는 않았을 것으로 본다.

p. 207 콘스탄틴은 착한 소년: Bieler, op. cit.

p. 208 우리 둘 모두에게 커다란: ibid.

7. 전선에서

p. 209 신이여 나를 깨닫게: MS 103, 1916년 3월 29일.

p. 210 최선을 다하라: MS 103, 1916년 3월 30일.

p. 210 그렇게 된다면: MS 103, 1916년 4월 2일.

p. 210 나의 목숨을 걸만큼: MS 103, 1916년 4월 15일.

p. 210 총알이 날아왔다: MS 103, 1916년 4월 29일.

p. 210 그때가 되어서야만: MS 103, 1916년 5월 4일.

p. 211 마치 마법에 걸린: MS 103, 1916년 5월 5일.

p. 211 가끔 나는 두려웠다: MS 103, 1916년 5월 6일.

p. 211 오로지 죽음만이: MS 103, 1916년 5월 9일.

p. 211 몇 사람을 제외하곤: MS 103, 1916년 4월 27일; quoted in Rhees, op. cit., p. 197.

p. 212 진정한 믿음을 가진: MS 103, 1916년 5월 8일.

p. 212 네가 그들을 싫어한다고: MS 103, 1916년 5월 6일; quoted in Rhees, op. cit., p. 198.

p. 212 내 주위의 사람들은: MS, 1916년 5월 8일; quoted in Rhees, op. cit., p. 198.

p. 212 세계에 대한 근대적 개념: 참조 *Notebooks*, p. 72. Pear/McGuinness의 영역판 《논고》.

p. 213 자네의 지적인 연구가: GF가 LW에게, 1916년 4월 21일.

p. 213 신에 관해서: *Notebooks*, p. 72,

p. 214 죽음에 직면해서: ibid., p. 75.

p. 214 얼마나 무서운 일인가: MS 101, 1914년 10월 28일.

p. 215 신을 믿는 것은: *Notebooks*, p. 74.

p. 215 사물들이 존립하는 상태: ibid., p. 79.

p. 216 지난달에는 엄청나게: MS 103, 1916년 7월 6일.

p. 216 논리학의 기초로부터: MS 103, 1916년 8월 2일.

p. 216 인생의 문제에 대한 해결: 1916년 7월 6일과 7일, *Notebooks* p. 74; 참조 《논고》 6.521.

p. 216 윤리학은 세계에 관해서: 1916년 7월 24일, *Notebooks*, p. 77.

p. 216 나는 이 모든 문장들이: ibid., p. 79.

p. 216 정말로 말로 표현될 수 없는: 《논고》 6.522.

p. 217 예술 작품은 영원의 상 아래에서: 1916년 10월 7일, *Notebooks*, p. 83.

p. 217 더 이상 사물들의 위치, 시간: Schopenhauer, *The World as Will and Representation*, I, p. 179.

p. 218 나의 관념이 세계인 것처럼: 1916년 10월 17일, *Notebooks*, p. 85.

p. 218 단순히 '내적인' 세계: Nietzsche, *The Anti-Christ*, p. 141.

p. 218 다음은 참이다: 1916년 10월 12일, *Notebooks*, p. 84.

p. 219 유아론자들이 의미하는 것: 《논고》 5.62.

p. 219 이것이 내가 여행을: 1916년 10월 15일, *Notebooks*, p. 85.

p. 219 나는 똑같은 말을: GF가 LW에게, 1916년 6월 24일.

p. 220 나는 항상 네게서: GF가 LW에게, 1916년 7월 29일.

p. 220 전쟁은 우리의 개인적: DP가 LW에게, 1916년 5월 31일.

p. 220 이 친절하고 사랑스러운: MS 103, 1916년 7월 26일.

p. 220 얼음처럼 차가운 비와 안개: MS 103, 1916년 7월 16일.

p. 220 사격을 당했다: MS 103, 1916년 7월 24일.

p. 221 어제 사격을 당했다: MS 103, 1916년 7월 29일.

p. 221 너는 행복하게 살기 위해: MS 103, 1916년 8월 12일.

p. 221 이런 비범한 행동으로: quoted McGuinness, op. cit., p. 242.

p. 222 이런 식으로 우리 사이에서: GF가 LW에게, 1916년 8월 28일.

p. 223 내가 만난 사람들 중: Engelmann, op. cit., p. 65.

p. 223 친애하는 친구여: ibid., p. 68.

p. 223 당신에 관해 생각합니다: LW가 PE에게, 1917년 3월 31일.

p. 224 다른 모든 사람들이: Engelmann, op. cit., p. 72.

p. 224 만일 내가 말을 찾지 못해서: ibid., p. 94.

p. 224 내 안에서 비트겐슈타인은: ibid., p. 74.

p. 225 그 책이 비록 오늘날까지: ibid., p. 117

p. 226 그 시 전체는 28행 속에서: PE가 LW에게, 1917년 4월 4일.

p. 227 정말로 훌륭하다: LW가 PE에게, 1917년 4월 9일.

p. 227 최상을 기대해보자: GF가 LW에게, 1917년 4월 26일.

p. 227 빈에 갔다가: GF가 LW에게, 1917년 6월 30일.

p. 229 만일 그것을 말하는 것이: PE가 LW에게, 1918년 1월 8일.

p. 229 현재의 나와 우리가: LW가 PE에게, 1918년 1월 16일.

p. 230 우리 각자는 지적인: GF가 LW에게, 1918년 4월 9일.

p. 230 나의 급한 부탁을: LW가 PE에게, 1918년 6월 1일.

p. 231 잃어버리는 일이 없도록: GF가 LW에게, 1918년 6월 1일.

p. 231 그의 비범하게 용감한: quoted in McGuinness, op. cit., p. 263.

p. 232 나는 마지막까지: EP가 LW에게, 1918년 7월 6일.
p. 232 나의 최초이자 유일한: LW가 EP에게; quoted in Nedo, op. cit.
p. 233 여기에서 전달되는 생각들이: Russell, *My Philosophical Development*, p. 88.
p. 234 정말로 표현할 수 없는: 《논고》 6.522.
p. 235 자네가 그 책이 출판되는: GF가 LW에게, 1918년 10월 15일.
p. 235 더 많이 이해할수록: PE가 LW에게, 1918년 11월 7일.
p. 235 아직 출판사로부터: LW가 PE에게, 1918년 10월 22일.
p. 235 기술적 이유들 때문에: LW가 PE에게, 1918년 10월 25일.
p. 236 누이의 초상화: *Recollections*, p. 9.
p. 237 어린이들과 함께 성경을: Parak, *Am anderen Ufer*.
p. 237 나는 11월부터 포로로 이탈리아에: LW가 BR에게, 1919년 2월 9일.
p. 238 자네가 여전히 살아 있다는: BR이 LW에게, 1919년 3월 2일.
p. 239 자네에게서 소식을: BR이 LW에게, 1919년 3월 3일.
p. 239 당신의 엽서를: LW가 BR에게, 1919년 3월 10일.
p. 239 나는 고향에 가자마자: LW가 BR에게, 1919년 3월 13일.
p. 240 나는 내가 6년 전 노르웨이에서: LW가 BR에게, 1919년 6월 12일.
p. 241 자네가 무어에게 불러준: BR이 LW에게, 1919년 6월 21일.
p. 242 이 줄 사이에는: PE가 LW에게, 1919년 4월 6일.
p. 243 시작하면서 바로: GF가 LW에게, 1919년 6월 28일.
p. 244 그는 책의 한 글자도: LW가 BR에게, 1919년 8월 19일.
p. 244 나는 논리적 명제들이: BR이 LW에게, 1919년 8월 13일.
p. 245 중심 생각은 명제들에: LW가 BR에게, 1919년 8월 19일.
p. 245 이상한 논리적 신비주의: Russell, *My Philosophical Development*, pp. 84-5.
p. 246 Sachverhalt는: LW가 BR에게, 1919년 8월 19일.
p. 246 내 견해에 따르면: BR이 LW에게, 1919년 8월 13일.
p. 246 그것이 바로 말할 수 없는 것: LW가 BR에게, 1919년 8월 19일.
p. 246 명백한 명제를 통해: ibid.
p. 247 만일 자네가 논리학에서: BR이 LW에게, 1919년 8월 13일.
p. 247 내가 논리학에 대해: LW가 BR에게, 1919년 8월 19일.
p. 247 나는 귀납, 인과 등에 관한: BR이 LW에게, 1919년 8월 13일.
p. 248 나는 영국에 가고 싶습니다만: : LW가 BR에게, 1919년 8월 19일.

8. 출판될 수 없는 진리

p. 253 누이는 닫힌 창문을 통해: *Recollections*, p. 4.
p. 254 수백 번 확인하고자: ibid.
p. 254 결국 당신은: *Recollections*, p. 215.
p. 254 나는 아직도 별로: LW가 BR에게, 1919년 8월 30일.

p. 254 나는 정신 상태가 그리: LW가 PE에게, 1919년 8월 25일.
p. 254 자네도 알다시피: BR이 LW에게, 1919년 9월 8일.
p. 255 놀랍고 역겨웠다: LW가 PE에게, 1919년 9월 2일.
p. 255 나는 더 이상 문법학교 소년처럼: LW가 PE에게, 1919년 9월 25일.
p. 255 벤치는 17~18세의 소년들로: LW가 BR에게, 1919년 10월 6일.
p. 256 가능하면 나 자신에서: LW가 PE에게, 1919년 9월 2일.
p. 256 그다지 가깝진 않습니다: LW가 LH에게, 1919년 9월.
p. 256 내가 집에 가자마자: LW가 EP에게, 1919년 3월 24일.
p. 256 브라우뮐러는 나의 이름도 알지 못했고: LW가 BR에게, 1919년 8월 30일.
p. 257 나는 그 책을 세상(그 출판업자가 속한)에: LW가 LF에게, 날짜 미상. 1919년 11월경.
p. 257 자네는 '요소 명제가 참이라면: GF가 LW에게, 1919년 9월 16일.
p. 258 두 명제들의 의미는 같지만: quoted Frege, ibid.
p. 258 명제의 진짜 의미는: ibid.
p. 259 그는 내 책의 한 글자도: LW가 BR에게, 1919년 10월 6일.
p. 259 나는 자네가 매우 진지하게: GF가 LW에게, 1919년 9월 30일.
p. 260 그것을 처음부터 끝까지: LW가 LF에게, op. cit.
p. 260 약 1년 전: ibid.
p. 261 왜 진작 나를: LF가 LW에게, 1919년 10월 19일.
p. 262 나는 당신에게 온 희망을 걸고: LW가 LF에게, 1919년 11월경.
p. 264 당신은 항상 나에게: LW가 BR에게, 1919년 11월 27일.
p. 264 당신의 편지는 당연히: LW가 LF에게, 1919년 11월 22일.
p. 264 걱정하지 마십시오: LF가 LW에게, 1919년 11월 28일.
p. 264 당신이 달라고와 해커의 글을: LW가 LF에게, 1919년 12월 4일.
p. 264 피커는 출판업자를 찾으려는 릴케의: LF가 LW에게, 1919년 11월 29일.
p. 265 나의 책을 냄으로써: LW가 LF에게, 1919년 12월 5일.
p. 256 릴케가 피커에게 보낸 편지: Ficker, op. cit., pp. 212-14에 전문이 재수록됨.
p. 266 '사악한 출판업자를: LW가 LF에게, 1919년 12월 5일.
p. 266 내가 얼마나 멀리 내리막을: LW가 PE에게, 1919년 11월 16일.
p. 266 보통 사람들은 나에게는: ibid.
p. 267 자네가 돈을 벌어야만: BR이 LW에게, 1919년 10월 14일.
p. 267 헤이그에 도착하자마자: BR이 LW에게, 1919년 12월경.
p. 267 그림자같이 눈에 띄지 않는: Dora Russell, *The Tamarisk Tree*, I. p. 79.
p. 268 비트겐슈타인은 논리학으로 꽉 차: BR이 Colette에게, 1919년 12월 12일.
p. 268 나는 그에게 이 세 개의 잉크: Russell, *My Philosophical Development*, p. 86.
p. 269 그는 신비적으로 사고하고 느끼는: BR이 OM에게, 1919년 12월 20일.
p. 269 우리가 같이한 시간: LW가 BR에게, 1920년 1월 8일.
p. 269 이 책은 이제 출판업자에게: LW가 LF에게, 1919년 12월 28일.

p. 269 러셀을 포함시키건: LF가 LW에게, 1920년 1월 16일.
p. 270 그 안에는 내가 동의하지 못하는: LW가 BR에게, 1920년 4월 9일.
p. 270 당신의 영어 문체가: LW가 BR에게, 1920년 5월 6일.
p. 270 나는 서문에 대해 조금도: BR이 LW에게, 1920년 7월 1일.
p. 271 당신이 하고픈 대로: LW가 BR에게, 1920년 7월 7일.
p. 271 나는 내 생명을: LW가 PE에게, 1920년 5월 30일.
p. 271 집을 바꾼 후: LW가 PE에게, 1920년 4월 24일.
p. 272 만약 내가 불행하고: Engelmann, op. cit., pp. 76-7.
p. 272 그리스도 이전에: PE가 LW에게, 1919년 12월 31일.
p. 273 그것은 여전히 충분히 명확하지: LW가 PE에게, 1920년 1월 9일.
p. 273 그러나 그 후 나는 한 가지: PE가 LW에게, 1920년 6월 19일.
p. 275 나에게 많은 즐거움을: LW가 PE에게, 1920년 6월 21일.
p. 275 만약 내가 어느 날 저녁에: LW가 BR에게, 1920년 7월 7일.
p. 276 그것은 그들에게 즐거움을: LW가 PE에게, 1920년 2월 19일.
p. 276 당신과 동료들 사이에는: LH가 LW에게, 1920년 1월 17일.
p. 277 심리학 교수는: LH가 LW에게, 1920년 3월 5일.
p. 278 물론 자네의 솔직함에: GF가 LW에게, 1920년 4월 3일.
p. 280 저녁에 일이 끝나면: LW가 PE에게, 1920년 8월 20일.
p. 280 지성이 정원 가꾸는: *Recollections*, p. 123.
p. 280 그는 내 인생의 절반을: LW가 BR에게, 1920년 8월 6일.
p. 280 지옥의 모든 악마들이: LW가 LF에게, 1920년 8월 20일.

9. 완전한 시골의 삶

p. 282 이곳은 나에게 맞지 않습니다: Leopold Baumrucker가 Adolf Hübner에게 한 회상, 1975년 4월 18일.
p. 282 나는 트라텐바흐라는 작은 마을의: LW가 BR에게, 1920년 9월 20일.
p. 282 아름답고 작은 곳: LW가 PE에게, 1920년 10월 11일.
p. 283 마을 사람들은 당신을: Luise Hausmann, 'Wittgenstein als Volkschullehrer', *Club Voltaire*, IV, pp. 391-96.
p. 284 그는 원래 모든 것에 흥미를: *Recollections*, p. 5.
p. 285 산수 시간 동안: Anna Brenner가 Adolf Hübner에게 한 회상, 1975년 1월 23일.
p. 286 계속 우리는 첫 부분을: Berger in Hausmann, op. cit., p. 393.
p. 287 엔진이 멈춰 공장이: Frau Bichlmayer; quoted in Nedo, op. cit., p. 164-65.
p. 288 저는 당신의 친절한: Hermine가 LH에게, 1920년 12월 13일.
p. 288 크리스마스에 당신을: LW가 PE에게, 1921년 1월 2일.
p. 289 엥겔만은 이해하지 못했다: 이어서 나오는 글은 엥겔만이 비트겐슈타인에게 보낸 편지를 요약한 것이다. 날짜 미상, 1921년 1월경에 쓰였을 가능성이 크다.

p. 289 나는 지금 편지에서 내 상태를: LW가 PE에게, 1921년 2월 7일.

p. 289 교사로 있던 어느 날 밤: Hänsel, 'Ludwig Wittgenstein (1889-1951)', *Wissenschaft und Weltbild*, Oct. 1951, pp. 272-78.

p. 290 초등학교 선생으로 지내는 것: BR이 LW에게, 1921년 2월 11일.

p. 290 각주, 나는 신부였다: Bartley, *Wittgenstein*, p. 29.

p. 291 각주, '만약 그 꿈을 그렇게 해석한다면: ibid., p. 30.

p. 292 자네가 주위 사람들과: BR이 LW에게, 1921년 6월 3일.

p. 292 여기 사람들은 아무짝에도: LW가 BR에게, 1921년 10월 23일.

p. 292 트라텐바흐 사람들을: BR이 LW에게, 1921년 11월 5일.

p. 292 예, 맞습니다: LW가 BR에게, 1921년 11월 28일.

p. 292 뛰어난 수학자이자: BR이 LW에게, 1921년 6월 3일.

p. 293 나는 알파벳의 문자들을: Karl Gruber가 Adolf Hübner와의 인터뷰에서 한 회상, 1975년 1월 16일; quoted in Wünsche, *Der Volkschullehrer Ludwig Wittgenstein*, p. 150.

p. 293 만일 그 학생이 자신을: LW가 LH에게, 1921년 7월 5일.

p. 294 나는 아침 일찍부터: LW가 LH에게, 1921년 8월 23일.

p. 294 나는 공개적으로 죄를 저지르면서 살고: Littlewood에서 쓴 Russell의 편지에 있는 글, 1921년 1월 30일; quoted in Clark, op. cit., p. 485.

p. 294 그들이 이 책을 출판해서: CKO가 BR에게, 1921년 11월 5일; Russell, *Autobiography*, pp. 353-54에 전문이 재수록됨.

p. 295 그렇지 않다면: Ostwald가 Dorothy Wrinch에게, 1921년 2월 21일; quoted by G. H. von Wright in 'The Origin of the *"Tractatus"*', Wittgenstein, pp. 63-109.

p. 295 자네가 그것을 좋아하지 않으리라고: BR이 LW에게, 1921년 11월 5일.

p. 296 내 책이 출판되어 매우: LW가 BR에게, 1921년 11월 28일.

p. 297 동봉한 비트겐슈타인의 편지: BR이 CKO에게, 1921년 11월 28일.

p. 298 팔리는 제목으로는: CKO가 BR에게, 1921년 11월 5일.

p. 298 나는 라틴어 제목이: LW가 CKO에게, 1922년 4월 23일.

p. 299 '보충 72번을 참조하라'가 무엇입니까: CKO가 LW에게, 1922년 3월 20일.

p. 299 그것들을 출판할: LW가 CKO에게, 1922년 5월 5일.

p. 300 《논리철학논고》라는 제목으로: 1922년 6월 18일 CKO가 LW에게 쓴 편지에 동봉됨.

p. 301 이탈리아 수도원 등에: LW가 CKO에게, 1922년 8월 4일.

p. 301 왜냐하면 나는 여기서: LW가 BR에게, 1921년 10월 23일.

p. 302 나는 그것을 모욕으로: Gruber, op. cit.

p. 302 오늘 나는 책 몇 권을: LW가 LH에게, 1922년 2월 16일.

p. 302 나는 자네가 초등학교에서: BR이 LW에게, 1922년 2월 7일.

p. 302 그 반대입니다: LW가 BR에게, 1922년 2월경. 이 편지는 *Letters to Russell, Keynes and Moore*에는 포함되지 않았지만, 출간 예정인 LW의 서한집에 포함될 것으로 생각한다. 이것은 현재 브레너 문서보관소가 소유하고 있다.

p. 303 아이는 매우 사랑스럽다: BR이 LW에게, 1922년 5월 9일.
p. 303 시대 상황: Dora Russell, op. cit., p. 160.
p. 304 우리는 머무를 방을: BR이 GEM에게, 1929년 5월 27일.
p. 304 그의 신비적인 정취가: Russell, *Autobiography*, p. 332.
p. 304 그는 아주 영리한 것보다는: ibid.
p. 305 최소한 두 통의 편지를 썼다: 이 편지들은 브레너 문서보관소가 소유하고 있다.
p. 305 20년대에 러셀이: Engelmann; quoted in Nedo, op. cit.
p. 306 그곳의 새로운 환경: LW가 PE에게, 1922년 9월 14일.
p. 307 러셀에게 말했다: 이 편지는 브레너 문서보관소가 소유하고 있다. 날짜 미상, 1922년 11월 또는 12월.
p. 307 그 책은 정말로 멋지게: LW가 CKO에게, 1922년 11월 15일.
p. 308 그저 당신 자신을 개선하시오: Postl이 Adolf Hübner에게 한 회상, 1975년 4월 10일.
p. 308 나는 당신에게 솔직하게: LW가 CKO에게, 1923년 3월.
p. 309 얼마 전에 나는: LW가 BR에게, 1923년 4월 7일. 편지는 브레너 문서보관소가 소유하고 있다.
p. 309 정말로 《의미의 의미》가: FR이 LW에게, 1924년 2월 20일; *Letters to C. K Ogden*, pp. 83-5에 재수록됨.
p. 309 아주 부끄러운: LW가 PE에게, 1922년 8월 10일.
p. 310 나는 당신의 안부 편지를: LW가 JMK에게, 1923년.
p. 310 케인스 씨가 나에게 편지를: LW가 CKO에게, 1923년 3월 27일.
p. 311 이 책은 광범위한: Ramsey, 'Critical Notice of L. Wittgenstein's "Tractatus Logico-Philosophicus",' *Mind,* 1923년 10월, pp. 456-78.
p. 311 이 일은 아주 계몽적: FR이 CKO에게, 날짜 미상.
p. 312 그가 '이해되었나?'라고 물을 때: FR이 그의 어머니에게, 1923년 9월 20일.
p. 312 나는 그 책을 더 발전시키려고: ibid.
p. 313 그는 매우 가난하다: ibid.
p. 314 이 50파운드는 케인스가: FR이 LW에게, 1923년 12월 20일.
p. 314 케인스는 L. W.를 만나길: FR이 Thomas Stonborough에게, 1923년 11월 또는 12월. 편지는 브레너 문서보관소가 소유하고 있다.
p. 314 그것에 너무 많은 비중을: FR이 LW에게, 1923년 12월 20일.
p. 316 그것이 전혀 중요하지 않다는: FR이 LW에게, 1924년 2월 20일.
p. 316 꼭 부유한 미국인처럼: FR이 그의 어머니에게, 1924년 3월; (인스브루크-빈 행 기차에서, 일요일).
p. 317 내가 생각하기에 그 파티에는: FR이 그의 어머니에게, 날짜는 일요일이라고만 적혀 있음. 그렇지만 분명히 1924년 3월에 빈에서 쓴 편지.
p. 317 그에게 더 즐거운: FR이 JMK에게, 1924년 3월 24일; quoted in Nedo, op. cit., p. 191.
p. 318 비트겐슈타인은 아프지는 않지만: FR이 그의 어머니에게, 1924년 3월 30일.

p. 318 … 만약 그가 자신의 환경에서 벗어나: FR이 JMK에게, 1924년 3월 24일.

p. 319 나는 당신이 그것을 이해하기: ibid.

p. 320 그러나 이제 내 정신은: JMK가 LW에게, 1924년 3월 29일.

p. 320 … 왜냐하면 나는 더 이상: LW가 JMK에게, 1924년 7월 4일.

p. 321 그는 한 주 전체를: FR이 그의 어머니에게; quoted in *Letters to C. K Ogden*, p. 85.

p. 322 우리는 정말로 위대한: FR이 그의 어머니에게, 1924년 7월 22일; quoted in Nedo, op. cit., p. 188.

p. 322 그렇게 적게 팔렸다니: FR이 CKO에게, 1924년 7월 2일.

p. 322 최근에 그래왔던 것처럼: FR이 LW에게, 1924년 9월 15일.

p. 323 내가 생각하기에: Hermine가 LH에게, 1924년 가을.

p. 323 사람들은 서로서로: quoted in Josef Putre, 'Meine Erinnerungen an den Philosophen Ludwig Wittgenstein', 1953년 5월 7일.

p. 324 여기 일이 잘되질: LW가 LH에게, 1924년 10월.

p. 325 현장에서 일하는 사람은: Wittgenstein, Preface to the *Wörterbuch für Volksschulen*, trans. in English in the edition prepared by Adolf Hübner, together with Werner and Elizabeth Leinfellner, Hölder-PicWer-Tempsky, 1977.

p. 325 실리지 않을 만큼 평범한: ibid., p. xxxiii.

p. 326 현재 가장 시급한 문제: Buxbaum의 보고서, Adolf Hübner가 편집한 *Wörtherbuch*의 서문에 실림.

p. 327 나는 함께 사는 인간들: LW가 PE에게, 1925년 2월 24일.

p. 328 당신이 팔레스타인으로: ibid.

p. 337 너의 연락을 받으니: LW가 WE에게, 1925년 3월 10일.

p. 338 1913년 이래로: LW가 WE에게, 1925년 5월 7일.

p. 338 나는 가고 싶습니다: LW가 JMK에게, 1925년 7월 8일.

p. 338 나는 우리가 서로 어떻게: LW가 JMK에게, 1925년 7월이나 8월.

p. 338 나는 총명하다는 것: LW가 PE에게, 1925년 8월 19일.

p. 339 비트겐슈타인이 《논고》의 영국판을: Eccles, op. cit., p. 63.

p. 339 비트겐슈타인에게 이렇게: W. E. Johnson이 JMK에게, 1925년 8월 24일.

p. 339 필요한 경우에 나는: LW가 PE에게, 1925년 9월 9일.

p. 340 내가 처한 이 어려움이: LW가 JMK에게, 1925년 10월 18일.

p. 340 비트겐슈타인이 그 아이를 학대했다고: August Riegler가 Adolf Hübner에게 한 회상, 1976년 6월 3일.

p. 341 나는 그에게 온갖 욕이란: Franz Piribauer가 Adolf Hübner에게 한 회상, 1975년 4월 20일.

p. 342 내가 당신에게 할 수 있는 유일한: August Wolf가 Adolf Hübner에게 한 회상, 1975년 4월 10일.

10. 황야 밖으로

p. 345 내가 아니라 그가: Engelmann이 F. A von Hayek에게 쓴 편지; quoted in Nedo, op. cit.,, p. 206.

p. 346 엔지니어 선생: *Recollections*, pp. 6-7.

p. 346 설계된 대로 정확하게: ibid., p. 8.

p. 347 … 그 집을 보고 아주: Leitner, *The Architecture of Ludwig Wittgenstein*, p. 23.

p. 349 나는 다시 편안하게: Marguerite Sjögren (*née* Respinger, now de Chambrier), *Granny et son temps*, p. 101.

p. 349 당신이 무엇을 읽건: Marguerite de Chambrier가 저자에게 한 말.

p. 349 왜 당신은 토머스 스톤버러: ibid.

p. 350 사람들이 싫어하는 그런 종류의: ibid.

p. 350 여성을 사랑하는 것은: *Sex and Character*, p. 249.

p. 351 … 내가 그레틀을 위해 지은: *Culture and Value*, p. 38.

p. 351 모든 위대한 예술에는: ibid., p. 37.

p. 352 《논고》의 숭배자로서: MS가 LW에게, 1925년 12월 24일; *Ludwig Wittgenstein and the Vienna Circle*, p. 13.

p.353 거의 경외스런 존경심으로: Blanche Schlick 여사가 F. A. von Hayek에게; quoted in Nedo, op. cit.

p. 353 다시 한 번 나는: ibid.

p. 353 그는 나에게 당신에게 가장 다정한: Gretl이 MS에게, 1927년 2월 19일; quoted in *Ludwig Wittgenstein and Vienna Circle*, p. 14.

p. 354 무아경의 상태로: Mrs. Schlick, ibid.

p. 354 우리는 서로 상대방이: Engelmann, op. cit., p. 118.

p. 354 첫 모임이 열리기 전에: Carnap's recollections of Wittgenstein appeared first in his 'Autobiography' in Paul Schlipp, ed., *The Philosophy of Rudolf Carnap*, and are reprinted in K. T. Fann, *Ludwig Wittgenstein: The Man and His Philosophy*, pp. 33-9.

p. 355 사람들과 문제들, 심지어: ibid.

p. 357 오로지 그렇게 해서만: Ramsey, 'The Foundations of Mathematics', reprinted in *Essays in Philosophy, Logic, Mathematics and Economics*, pp. 152-212.

p. 358 이 모든 곤경에서: LW가 FR에게, 1927년 7월 2일.

p. 358 … 그는 어떤 특수한 공동체의 일들을: *Culture and Value*, p. 17.

p. 359 철학자는 어떤 관념들의 공동체: *Zettel*, p. 455.

p. 359 나는 더 이상 뜨거운 물병을: LW가 JMK에게, 1927년 여름.

p. 360 그것은 성서로서 어떤 비판도 허용되지: Keynes, *A Short View of Russia*, p. 14.

p. 360 … 종교가 없는 이 시대엔: ibid., p. 13.

p. 360 … 그것은 변화된 형식: ibid., p. 15.

p. 361 자유로운 지성이 인간 진보의: Russell, *Practice and Theory of Bolshevism*, p. 18.

p. 362 … 그날 저녁 비트겐슈타인에게 일어난 변화를: Feigle; quoted in Nedo, op. cit., p. 223.

p. 363 그는 무한에 대해 많이: BR이 GEM에게, 1930년 5월 5일.

p. 363 직관주의는 완전히 허튼소리: *Lectures on the Foundations of Mathematics*, p. 237.

p. 364 코르비지에 양식으로 지어진: JMK가 그의 부인에게, 1928년 1월 18일; quoted in Nedo, op. cit., p. 222.

11. 두 번째 귀환

p. 369 자, 신이 도착했다: JMK가 LL에게, 1929년 1월 18일.

p. 369 마치 시간이 거꾸로: MS 105: quoted in Nedo, op. cit., p. 225.

p. 371 야만적으로 거칠게: Leonard Woolf, *An Autobiography, II: 1911-1969*, p. 406.

p. 371 남녀가 함께 있을 때: Frances Partridge, *Memories*, p. 160.

p. 371 … 메이너드는 줄리언이: Virginia Woolf, *A Reflection of the Other Person: Letters 1929-31*, p. 51.

p. 372 그는 난센스한 말을 하고: Julian Bell, 'An Epistle On the Subject of the Ethical and Aesthetic Beliefs of Herr Ludwig Wittgenstein', first published in *The Venture*, No. 5' Feb. 1930, pp. 208-15; reprinted in Irving M. Copi and Robert W. Beard, ed., *Essays on Wittgenstein's Tractatus*.

p. 373 가장 온순한 사람조차도: *Recollections*, p. 17.

p. 373 야만적인 사냥꾼: JMK가 LL에게, 1925년 2월 29일.

p. 374 우리는 비트겐슈타인을 많이: Partridge, op. cit., p. 159.

p. 374 즐거운 토론들: MS 105; quoted in Nedo, op. cit., p. 225.

p. 375 훌륭한 반대는: MS 107, p. 81.

p. 376 나는 당신의 논쟁 방식이: quoted in Moore, 'Wittgenstein's Lectures' in 1930-33, *Philosophical Papers*, pp. 252-324.

p. 377 그것의 논리적 형식은 무엇인가?: Malcolm, *Memoir*, p. 58.

p. 378 무어? 그는 전혀: *Recollections*, p. 51.

p. 379 케임브리지에 닥친 재앙: ibid., p. 103.

p. 379 마음은 몸이 굳어지기: ibid., p. 105.

p. 379 비트겐슈타인을 처음 만난 것: 이 회상은 S. K. Bose가 John King에게 1978년 4월 5일 보낸 편지에 포함되어 있다. King 씨는 대단히 친절하게도 그 편지의 사본을 내게 보내주었다.

p. 381 내가 그 계획을: *Recollections*, p. 101.

p. 382 그의 글들이 그것들이: ibid., p. xi.

p. 384 나는 서명을 보지도 않고: LW가 GP에게, 1931년 여름.

p. 384 결국 사람들은: LW가 GP에게, 1930년 여름.

p. 384 당신은 아마 나의 관대함: LW가 GP에게, 1931년 10월.

p. 385 나의 기억이 맞다면: LW가 GP에게, 1938년 2월 16일.

p. 385 오랫동안 내가 공책에: MS 107, pp. 74-5.

p. 386 하나의 말이 내게 함축하는 것: LW가 FR에게, 날짜 미상. 참조 *Briefe*, p. 261.

p. 386 제발 그것을 비판하기 전에: LW가 JMK에게, 1929년 5월.

p. 387 당신은 정말 광적입니다: JMK가 LW에게, 1929년 5월 26일.

p. 389 내가 마치 무언가를 숨기는: LW가 GEM에게, 1929년 6월 18일.

p. 389 나는 어떤 일을 구상: LW가 GEM에게, 1929년 6월 15일.

p. 390 지난 두 학기 동안: FR이 GEM에게, 1929년 7월 14일; quoted in Nedo, op. cit., p. 227.

p. 390 비트겐슈타인이 나에 대한: BR이 GEM에게, 1929년 5월 27일.

p. 391 내 평생에 이런 말도 안 되는: quoted in Rhees, 참조 Nedo, op. cit., p. 227.

p. 391 그리고 러셀이: 이다음 나오는 이야기는 다음 글에 기초한다. Alan Wood, *The Passionate Sceptic*, p. 156.

p. 392 문학비평을 포기하시오: *Recollections*, p. 59.

p. 392 당신은 이해하지 못할 겁니다: ibid., p. 61.

p. 394 … 우리가 '빨강'에 의해: Ramsey, review of *Tractatus*, Copi and Beard, op. cit., p. 18.

p. 395 물론 우리의 기호법이: 'Some Remarks on Logical Form', reprinted in Copi and Beard, op. cit., pp. 31-7.

p. 395 당신이 참석하면: LW가 BR에게, 1929년 7월.

p. 396 여기에선 철학자들의 모임이: John Mabbott, *Oxford Memories*, p. 79.

p. 396 한동안(비트겐슈타인의): Ryle, 'Autobiographical', in Oscar P. Wood and George Pitcher, ed., *Ryle*.

p. 397 오늘 아침 꿈을: MS 107, p. 153.

p. 398 윤리학 또는 종교에 대해서: the 'Lecture on Ethics' in *Philosophical Review*, Jan. 1965, pp. 3-26.

p. 399 선한 것은 또한: *Culture and Value*, p. 3.

p. 400 다른 사람들이 나를: MS 107, p. 76.

p. 401 내 아버지의 집에는: *Recollections*, p. 54.

p. 401 이상한 꿈: MS 107, p. 219, 1929년 12월 1일.

12. 검증주의적 단계

p. 405 정신이 나를 버리지: MS 108, p. 24, 1929년 12월 19일.

p. 405 나는 짐승 같고: MS 108, p. 38, 1929년 12월 25일.

p. 406 사람이 자신에 관해서 진실을: MS 108, pp. 46-7, 1929년 12월 28일.

p. 406 아마도 지금까지 쓰였던: *Recollections*, p. 90.

p. 406 당신에 관해 아무것도: ibid.

p. 407 이 친구야, 난센스를: *Ludwig Wittgenstein and the Vienna Circle*, p. 69.

p. 407 나는 윤리학에 대한 모든: ibid.

p. 408 슐리크가 평범한 사람이: quoted ibid., p. 18.

p. 409 … 그 당시 나는: ibid., p. 64.

p. 410 정말? 그렇다면: ibid., p. 78.

p. 411 언젠가 나는: ibid., pp. 63-4.

p. 411 물리학은 현상학적인 사태들: ibid., p. 63.

p. 411 단어들을 조합하는 것은: ibid, p. 68.

p. 412 칸트가 7+5=12가: *Philosophical Remarks*, p. 129.

p. 412 만약 내가 "저기 찬장 위에: *Ludwig Wittgenstein and the Vienna Circle*, p. 47.

p. 413 나는 한때 문장이: quoted in Gasking and Jackson, 'Wittgenstein as a Teacher'; 참조 Fann, op. cit., pp. 49-55.

p. 414 한 마을에 경찰관이: quoted Malcolm, op. cit., p. 55.

p. 415 비트겐슈타인의 친절함과: Partridge, op. cit., p. 170.

p. 415 강의 주제는 철학일: Bose가 King에게 보낸 편지에 나온 회상, 1978년 5월 4일.

p. 416 저 강의 아닌 강의에서: I. A. Richards, 'The Strayed Poet', in *Internal Colloquies*, Routledge, 1972, pp. 183-6.

p. 417 내가 철학은 정말로: *Culture and Value*, p. 24.

p. 418 특별한 종류의 수수께끼: *Lectures 1930-1932*, p. 1.

p. 418 평균적인 청자들이: Russell, *The Analysis of Mind*, p. 198.

p. 418 내가 사과를 먹고: *Philosophical Remarks*, p. 64.

p. 419 … 만약 심의회에서: GEM이 BR에게, 1930년 3월 9일.

p. 419 내가 어떻게 거절할: BR이 GEM에게, 1930년 3월 11일.

p. 419 물론 이틀 만에: LW가 GEM에게, 1930년 3월이나 4월.

p. 420 불행하게도 요즘: BR이 GEM에게, 1930년 5월 5일.

p. 421 나는 오직 내가 건강할: BR이 GEM에게, 1930년 5월 8일.

p. 422 만약 누군가 내게 자신이: *Recollections*, p. 112.

p. 422 부활절 휴가 이후: MS 108, p. 133, 1930년 4월 25일.

p. 422 나의 생활은 지금 아주 간소해서: LW가 GEM에게, 1930년 7월 26일.

p. 423 친애하는 길 (늙은 짐승): LW가 GP에게, 1930년 여름.

p. 424 명제는 그것을 검증하는 방법: 참조 *Ludwig Wittgenstein and the Vienna Circle*, p. 244.

p. 425 만일 우리가 철학에서: *Philosophical Investigations*, I, 128.

p. 426 내 방법이 옳다는 걸: *Recollections*, p. 110.

13. 안개가 걷히다

p. 427 철학의 후광은 사라졌다: *Lectures: 1930-1932*, p. 21.

p. 428 우리가 철학에서 발견하는 것은: ibid., p. 26.

p. 428 … 일단 방법을 찾아내면: ibid., p. 21.

p. 429 케임브리지 근처를: *Recollections*, p. 112.

p. 430 누군가에게 그 사람이: *Culture and Value*, p. 7.

p. 430 전형적인 서구 과학자들이: ibid.

p. 431 이 책은 신의 영광을: *Philosophical Remarks*, preface.

p. 431 철학적 분석은 사고에 관해: *Lectures: 1930-1932*, p. 35.

p. 432 우리는 탐구의 과정에서: ibid., p. 34.

p. 433 죽은 형태를 찾아내는 수단은: Oswald Spengler, *The Decline of the West*, p. 4.

p. 433 정신적-정치적 사건들이: ibid., p. 6.

p. 434 우리도 인류 역사의 형태-언어: ibid., p. 26.

p. 434 살아 있는 형태를 있는 그대로: quoted by Erich Heller in 'Goethe and the Scientific Truth', *The Disinherited Mind*, pp. 4-34.

p. 434 내가 제공하는 것은: 참조 Malcolm, op. cit., p. 43.

p. 434 여기에서 나타난 생각은: Waismann, *Principles of Linguistic Philosophy*, pp. 80-81.

p. 435 맞습니다. 이 연구비에: LW가 JMK에게, 1930년 12월.

p. 436 이론이란 내겐: *Ludwig Wittgenstein and the Vienna Circle*, p. 117.

p. 436 왜냐하면 첫 번째 개념은: ibid., p. 115.

p. 436 내가 무엇을 듣든 간에: ibid., p. 116.

p. 437 나는 아무런 교조적 명제들: ibid., p. 117.

p. 437 만일 너와 내가: *Recollections*, p. 114.

p. 437 내가 경기를 할 수 있는 한: *Ludwig Wittgenstein and the Vienna Circle*, p. 120.

p. 437 다음은 내가 무어와: ibid., pp. 129-30.

p. 439 그런 경우에 우리는: ibid., p. 120.

p. 439 그것은 다른 어느 계산술과: ibid., pp. 121-2.

p. 439 당신은 하나의 이론을: ibid., p. 129.

p. 440 구문론의 규칙은: ibid., p. 126.

p. 440 만약 체스 이론이 있다면: ibid., p. 133.

p. 440 내가 여덟 수 안에 거기에: ibid.

p. 441 사물들은 끈 없이: ibid., p. 155.

p. 441 여기서 보는 것이 본질적으로: ibid., p. 123.

14. 새로운 시작

p. 443 나는 지금 내 책을: *Remarks on Frazer's Golden Bough*, p. vi.

p. 444 심지어 가장 원시적: *Recollections*, p. 102.

p. 445 우리는 프레이저에게서 참으로: *Remarks on Frazer*, p. 5.

p. 445 나는 이 법칙을 진화의: ibid., pp. 8-9.

p. 446 비유적으로 설명한다면: MS 110, pp. 252-3, 1931년 7월 1일.

p. 447 완벽한 자서전을 쓰려는 욕구가: quoted in Rhees, *Recollections*, p. 182.

p. 448 나는 당신이 바이닝거를: LW가 GEM에게, 1931년 8월 23일.

p. 448 그가 그렇게 틀리다니: *Recollections*, p. 91.

p. 449 유대적인 어떤 것: *Culture and Value*, p. 20.

p. 449 멘델스존은 봉우리가 아니라: ibid., p. 2.

p. 449 비극은 비유대적인 어떤: ibid., p. 1.

p. 449 호의적인 매개체가: Hitler, *Mein Kampf*, p. 277.

p. 449 유대인들은, 창조적이며: ibid., p. 275.

p. 449 왜냐하면 유대인들은: ibid., p. 273.

p. 449 유대인들의 비밀스럽고 간교한: *Culture and Value*, p. 22.

p. 450 이 종양을 네 육체의: ibid., p. 20.

p. 452 무뢰배들: quoted in Field, op. cit., p. 207.

p. 452 고백은 새로운 인생의 한: *Culture and Value*, p.18.

p. 453 다른 사람의 작품을: ibid., p. 19.

p. 453 유대인들 사이에서 '천재'는: ibid., pp. 18-19.

p. 453 흔히 하나의 그림을 액자에: ibid., p. 19.

p. 454 유대인들은 정말 문자 그대로: ibid.

p. 456 나의 존재는 그가: Sjögren, op. cit., p. 122.

p. 456 그것은 문제가 아니다: *Philosophical Grammar*, p. 487.

p. 457 그 일 자체에 대해 나는: LW가 MS에게, 1931년 11월 20일.

p. 458 그 책에는 지금은 내가 동의하지 않는: ibid.

p. 458 철학에 논제들이 있다면: *Ludwig Wittgenstein and the Vienna Circle*, p.183.

p. 459 나는 여전히 독단적으로: ibid., p. 184.

p. 459 그것을 이해할 수 있는지: LW가 MS에게, 1932년 3월 4일.

p. 460 이는 올바른 종류의 접근 방법: *Lectures: 1930-1932*, p. 73.

p. 460 … 변증법적 방법은: ibid., p. 74.

p. 460 철학은 여러 '이론들' 사이에서: ibid., p. 75.

p. 461 올바른 표현은 이렇다: ibid., p. 97

p. 461 문법적 규칙들은 모두: ibid., p. 98.

p. 462 너는 에밋 양에게 큰 빚을: *Recollections*, p. 123.

p. 463 … 솔직히 말해: LW가 MS에게, 1932년 8월 8일.

p. 464 내가 '물리주의'의 문제를: ibid. (해커 박사가 이 번역을 도와주었다)

p. 464 철학이 할 수 있는 모든 것은: MS 213, p. 413; quoted by Anthony Kenny in Wittgenstein on the Nature of Philosophy', *The Legacy of Wittgenstein*, pp. 38-60. 또한 같은 책의 다음을 참조 'From the Big Typescript to the "*Philosophical Grammar*"', pp. 24-37.

p. 466 이런 문제들에 있는 혼란들은: *Philosophical Grammar*, p. 375.

p. 466 철학적 명료성은: ibid., p. 381.

p. 467 내 글을 읽는 과학자나: *Culture and Value*, p. 62.

15. 프랜시스

p. 469 수학이 의존하는 기반이 있는가: *Wittgenstein's Lectures on Cambridge 1932-1935*, p. 205.

p. 471 … 어떤 철학도, 수학적 진리의: Hardy, 'Mathematical Proof', *Mind*, Jan. 1929, pp. 1-25.

p. 471 수학자들의 말은: *Lectures: 1932-5*, p. 225.

p. 472 러셀과 나 모두: ibid., p. 11.

p. 473 나는 언어게임이란 수단에 의해서: ibid., pp. 12-13.

p. 474 이 책이 출판 또는 완성되기 전에: MS 114.

p. 475 당신이 나를 생각한다는 것을: FS가 LW에게, 1932년 12월 28일.

p. 475 친애하는 루트비히: FS가 LW에게, 1933년 3월 25일.

p. 476 지금 바쁩니다: quoted in Pascal, *Recollections*, p. 23.

p. 478 즉시 케임브리지로 오라: *Recollections*, p. 124.

p. 479 [브레이스웨이트의] 말들 중 일부는: *Mind*, 42 (1933), pp. 415-16.

p. 479 내가 비트겐슈타인 박사를: ibid.

16. 언어게임: 청색 책과 갈색 책

p. 482 앞으로 나는 언어게임이라고: *Blue Book*, p. 17.

p. 483 우리는 모든 언어게임들에 공통적인: ibid.

p. 483 철학자들은 지속적으로: ibid., p. 18.

p. 484 우리가 말하는 것은 쉬울 것이지만: *Lectures: 1932-5*, p. 77.

p. 484 당신에게 손수건: FS가 LW에게, 1933년 12월 17일.

p. 485 나의 실망감은: Sjögren, op. cit., p. 137.

p. 486 그는 사물들을 항상: FW가 MS에게, 1934년 8월 9일.

p. 487 당신과 함께 있으면: FS가 LW에게, 1934년 3월 25일.

p. 487 당신을 많이 생각했습니다: ibid.

p. 487 나는 어디에 있든: FS가 LW에게, 1934년 4월 4일.

p. 488 나는 아주 조심스럽게: FS가 LW에게, 1934년 7월 24일.

p. 489 나는 읽고 있던: FS가 LW에게, 1934년 8월 11일.

p. 490 정치적 지식의 증가: George Thomson, 'Wittgenstein: Some Personal Recollections', *Revolutionary World*, XXXVII, no. 9. pp. 86-8.

p. 490 나는 마음으로는 공산주의자이다: 저자와의 대화에서 Rowland Hutt가 인용함.

p. 491 내 생각에 프랜시스는 당밀을: *Recollections*, pp. 125-6.

p. 492 이런 사람들을 상상해보라: *Brown Book*, p. 100.

p. 492 이런 부족을 상상해보라: ibid., p. 103.

p. 492 인간 또는 동물이 읽기 기계로: ibid., p. 120.

p. 493 현재가 과거가 될 때: ibid., p. 108.

p. 494 우리는 '지금'과 '여섯 시'가: ibid.

p. 494 우리의 대답은 이렇다: ibid.

p. 494 내가 전체의 자료가 어떻게: LW가 MS에게, 1935년 7월 31일.

17. 보통 사람으로 살기 위해

p. 497 9월 초에 러시아로: LW가 MS에게, 1935년 7월 31일.

p. 499 당신은 내가 러시아에: LW가 JMK에게, 1935년 7월 6일.

p. 499 굉장히 조심스럽게 대화를: ibid.

p. 499 당신께 루트비히 비트겐슈타인 박사를: 케인스의 소개장은 다음에 전문이 수록되었다. *Letters to Russell, Keynes and Moore*, pp. 135-6.

p. 500 분명히 근사한 인물이었고: LW가 JMK에게, 1935년 7월.

p. 500 B 양과의 인터뷰는: LW가 GP에게, '화요일'이라고만 적혀 있다. 1935년 8월 20일이 화요일이었다.

p. 501 만일 그들에게 쓸모 있을: JMK가 LW에게, 1935년 7월 10일.

p. 502 비트겐슈타인입니다: 이 이야기는 Huge Whitemore가 연출한 텔레비전 드라마 *A Thinking Man as Hero*에서 George Sacks가 들려준다. 1973년 4월 2일 BBC에서 처음 방영되었다. 이 출처를 알려준 Whitemore 씨에게 감사한다.

p. 503 우리[그와 그의 처]는 비트겐슈타인이: ibid.

p. 503 당신과 함께 있고 싶고: FS가 LW에게, 1935년 9월 17일.

p. 504 친애하는 길버트: LW가 GP에게, 1935년 9월.

p. 504 그는 자신의 장래에 대해서: *Recollections*, p. 29.

p. 505 중요한 점은 사람들이: ibid., p. 205.

p. 505 나는 폭정 때문에: ibid.

p. 506 만일 러시아 정권에 대한: ibid.

p. 506 아마 나는 러시아에 갈 것입니다: LW가 PE에게, 1937년 6월 21일.

p. 506 피에로 스라파에 의하면: 참조 John Moran, 'Wittgenstein and Russia', *New Left Review*, LXXIII (May-June 1972), pp. 83-96.

p. 506 사람들은 스탈린이 러시아혁명을: *Recollections*, p. 144.

p. 508 어리석은 탐정소설에: 'The Language of Sense Data and Private Experience — I (Notes taken by Rush Rhees of Wittgenstein's Lectures, 1936)', *Philosophical Investigations*, VII, no. 1 (Jan. 1984), pp. 1-45.

p. 509 우리는 보통 사람들이: ibid., no. 2 (April 1984), p. 139.

p. 509 드디어 뭔가 중요한 것을: *Recollections*, p. 136.

p. 510 그것은 모두 훌륭한 비유: Moore, 'Wittgenstein's Lectures', op. cit., p. 316.

p. 510 내가 발명하는 것은: *Culture and Value*, p. 19.

p. 511 내게는 아직 약간의 돈이: *Recollections*, p. 209.

p. 512 때때로 나는 그의 침묵 때문에: *Recollections*, p. 127.

p. 515 네가 어떻게 이길 수나 있는지: Gilbert Pattison이 저자와의 대화 중 한 말.

18. 고백

p. 517 당신의 편지를 받았을 때: FS가 LW에게, 1936년 9월 6일.
p. 518 회사와 나의 관계를: FS가 LW에게, 1936년 11월 1일.
p. 519 당신에 대한 내 감정은: FS가 LW에게, 1936년 10월 26일.
p. 519 내가 여기에 온 것은: LW가 GEM에게, 1936년 10월.
p. 520 날씨는 아주 좋았다가: LW가 GP에게, 1936년 10월.
p. 520 크기와 모양 모두 완전하다: LW가 GP에게, 1936년 2월 2일.
p. 520 또는 거의 모든 것이: LW가 GEM에게, 1936년 11월 20일.
p. 521 내가 보기에 우리는: *Philosophical Investigations*, I, 1.
p. 522 우리의 언어 형식에 흡수된: ibid., 112.
p. 522 하나의 그림이 우리를: ibid., 115
p. 522 우리의 명확하고 단순한: ibid., 130
p. 522 우리의 목표는 우리말의 사용을: ibid., 133
p. 523 철학의 성과는 평범한 몇 개의: ibid., 119
p. 524 자부심이라는 당신의 건축물이: *Culture and Value*, p. 26.
p. 524 만일 어느 누구이건: quoted in Rhees, *Recollections*, p. 174.
p. 525 온갖 것들이 내: LW가 GEM에게, 1936년 11월 20일.
p. 525 당신이 무엇을 말하든지: FS가 LW에게, 1936년 12월 6일.
p. 525 당신이 자신에 관해서 말해야: FS가 LW에게, 1936년 12월 9일.
p. 526 참을성 있게 들었고: *Recollections*, p. 38.
p. 526 그는 크게 영향을 받아: ibid.
p. 527 만일 기다릴 수 있는 것이: ibid., p. 35.
p. 527 이것들 중 일부는 롤런드 허트가: 저자와 나눈 여러 번의 대화 중에 한 말이다.
p. 528 그는 자신을 더 강하게: *Recollections*, p. 37.
p. 537 저는 비트겐슈타인의 학생은: Georg Stangel이 Adolf Hübner와 인터뷰할 때 한 말. 1975년 2월 19일.
p. 538 네, 네: Leopold Piribauer가 Adolf Hübner와 인터뷰할 때 한 말, 1974년 12월 3일.
p. 539 지난해 나는 신의 도움으로: quoted in Rhees, *Recollections*, p. 173.
p. 539 그것을 제거해버리거나 그것으로부터: LW가 GP에게, 1937년 11월 18일.
p. 539 당신에게 감추는 게: FS가 LW에게, 1937년 3월 1일.
p. 540 난 한 번도 당신의: FS가 LW에게, 1937년 5월 27일.
p. 541 부분적으로는 나 자신에 관해서: LW가 GEM에게, 1937년 3월 4일.
p. 541 헛되고 아무 생각 없이: MS 118, 1937년 8월 16일.
p. 541 불행하고, 무력하며, 생각 없는: MS 118, 1937년 8월 17일.
p. 542 집을 갖고서 그 안에서: MS 118, 1937년 8월 18일.
p. 542 내가 여기서 살: MS 118, 1937년 8월 19일.
p. 542 지금 정말로 아프다: MS 118, 1937년 8월 22일.

p. 543 선물들로 샤워를 했다: MS 118, 1937년 8월 26일.
p. 543 당신은 한 편지에서: FS가 LW에게, 1937년 8월 23일.
p. 543 나는 굉장히 당신을 보러: FS가 LW에게 1937년 8월 30일.
p. 543 인생에서 만나는 문제들을: MS 118, 1937년 8월 27일.
p. 544 나 자신 나쁜 행동을 하고: MS 118, 1937년 8월 26일.
p. 544 나는 비겁하며, 모든 일에서: MS 118, 1937년 9월 2일.
p. 544 나는 종교가 없다: MS 118, 1937년 9월 7일.
p. 544 기독교는 원리가 아니다: MS 118, 1937년 9월 4일, 참조 *Culture and Value*, p. 28.
p. 544 그저 사악하고 미신적: MS 118, 1937년 9월 7일.
p. 545 마치 내 일에서 정수가: MS 118, 1937년 9월 17일.
p. 545 육욕적이었고 민감했고: MS 118, 1937년 9월 22일.
p. 545 그와 함께 두세 번: ibid.
p. 545 아주 참을성이 없다: MS 119, 1937년 9월 25일.
p. 545 지난 5일은 근사했다: MS 119, 1937년 10월 1일.
p. 546 난 우리가 과거에: FS가 LW에게, 날짜 미상.
p. 546 난 계속해서 당신을: FS가 LW에게, 날짜 미상.
p. 546 당신과 함께 있을 때: FS가 LW에게, 1937년 10월 14일.
p. 547 난 당신을 많이 생각합니다: FS가 LW에게, 1937년 10월 26일.
p. 547 무어 교수는 참석하지 않았고: FS가 LW에게, 1937년 10월 22일.
p. 547 Fr. 로부터 온 다정한 편지: MS 119, 1937년 10월 27일.
p. 548 가혹하고 허세 부리는: *Recollections*, p. 32.
p. 548 12일 동안 프랜시스로부터: MS 119, 1937년 10월 16일.
p. 548 이제 안심이 되고: MS 119, 1937년 10월 17일.
p. 548 그는 인상이 좋았다: MS 119, 1937년 10월 10일.
p. 549 방금 한 봉투에 든 사과들을: *Culture and Value*, p. 31.
p. 549 그것이 얼마나 나쁜 일인가: MS 120, 1937년 11월 21일.
p. 550 마르그리트에 대한 나의 과거의: MS 120, 1937년 12월 1일.
p. 550 지난밤에 자위를 했다: MS 120, 1937년 12월 2일.
p. 550 우리의 지성이 언어에 의해서: *Philosophical Investigations*, I, 109.
p. 550 논리적 추리에 대응하는 진리가: *Remarks on the Foundations of Mathematics*, I, p. 5.
p. 551 나는 그저 세련되지 못한 방식으로: ibid., I, p. 110.
p. 552 글을 쓸 때 긴장을 해서: MS 119, 1937년 11월 11일.
p. 552 난 달아나고 싶지만: MS 120, 1937년 11월 22일.
p. 553 그것은 경건함의 반대이다: MS 120, 1937년 11월 28일.
p. 553 너는 노력해야 한다: ibid.
p. 553 항상 변하는 험한 날씨: MS 120, 1937년 11월 30일.
p. 553 폭풍이 치고 있다니 안됐습니다: FS가 LW에게, 1937년 11월 1일.

p. 554 그는 죽었고 썩었다: MS 120, 1937년 12월 12일. 이 긴 일기는 *Culture and Value*, p. 33에 전문이 실렸다.

19. 오스트리아의 최후

p. 557 독일-오스트리아는 대독일의: Hitler, *Mein Kampf*, p. 3.

p. 557 나는 젊은 시절 이: ibid., p. 15.

p. 558 그러나 나보다 더 영리한: Hermine Wittgenstein, *Familienerinnerungen*, p. 148.

p. 558 자정에 연회가 끝났을 때: ibid.

p. 559 프로이트의 생각: MS 120, 1938년 1월 2일. *Culture and Value*, p. 33.

p. 560 그것은 나쁜 일이지만: MS 120, 1938년 1월 5일.

p. 560 만일 그가 죽어서: MS 120, 1938년 1월 4일.

p. 560 나는 냉정하며 자신에게: ibid.

p. 561 비종교적이고, 까다롭고, 침울하다: MS 120, 1938년 2월 10일.

p. 561 한편 여전히 아무것도: MS 120, 1938년 2월 14일.

p. 561 마치 나의 재능이 반쯤: MS 120, 1938년 2월 15일.

p. 562 넌 아무런 실수도 하지 않았다: 이 편지는 *Recollections*, pp. 95-6에 전문이 실렸다.

p. 562 연구를 할 수 없다: MS 120, 1938년 2월 6일.

p. 563 귀하는 내 요구를 3일 안에: quoted in Roger Manvell and Heinrich Fraenkel, *Hitler: The Man and the Myth*, p. 142.

p. 563 만일 자이스-잉크바르트 박사가: quoted in George Clare, *Last Waltz in Vienna*, p. 166.

p. 563 내무장관의 첫 업무가: quoted ibid.

p. 564 그것은 어리석은 루머이다: *Recollections*, p. 139.

p. 565 오스트리아에 관한 소식 때문에: MS 120, 1938년 3월 12일.

p. 566 아마도 어수선하게 논의를: Piero Sraffa가 LW에게, 1938년 3월 14일.

p. 569 난 지금 아주 어려운 상황에: MS 120, 1938년 3월 14일; quoted in Nedo, op. cit., p. 296.

p. 569 머릿속에서 그리고 입으로: MS 120, 1938년 3월 16일; quoted ibid.

p. 569 어제 스라파는 내게: MS 120, 1938년 3월 18일.

p. 569 물론 나의 형제자매들도: LW가 JMK에게, 1938년 3월 18일. 이 편지는 *Briefe*, pp. 278-9에 전문이 실렸다.

p. 571 난민들처럼 아무런 돈도 없는: LW가 GP에게, 1938년 3월 26일.

p. 572 친애하는 루트비히: Nedo, op. cit., p. 300에 재수록됨.

p. 572 빈에서 오는 어마어마한 소식을: MS 120, 1938년 3월 25일.

p. 572 헤르미네는 합병 후 얼마: 참조 Hermine Wittgenstein, op. cit., pp. 154-81.

p. 573 이 아이들이 두 명의 완전한: Brigitte Zwiauer, 'An die Reichstelle für Sippenforschung', 1938년 9월 29일.

p. 575 지난 한두 달 동안 그가 겪었던: LW가 GEM에게, 1938년 10월 19일.

p. 576 구토제가 필요하다면: LW가 GP에게, 1938년 9월.

p. 577 만일 그가 뉴욕에서 염두에: Hermine Wittgenstein, op. cit., p. 120.

p. 577 보증서를 받았다: 이것은 베를린에서 발행된 것으로 지금도 남아 있다. 헤르미네의 것은 1939년 8월 30일 날짜와 함께 다음과 같이 적혀 있다. '헤르미네 마리아 프란치스카 비트겐슈타인. 빈 4구역 아르겐티니어슈트라세 16번지. 1874년 1월 12일, 테플리히Teplich 아이히발트 Eichwald 출생. 1935년 11월 14일 최초 제국국민법에 규정되어 있듯, 두 명의 유대인 조부모를 가졌기 때문에 혼혈 유대 혈통임.'

p. 577 제국국민법〔뉘른베르크 법〕: 1940년 2월 10일자로 되어 있는 이 서류는 Nedo, op. cit., p. 303에 재수록되었다.

20. 머뭇거리는 교수

p. 582 만일 네가 이렇게 즉흥적으로: *Recollections*, p. 141.

p. 583 사람들에게 생각하는 방식을: *Lectures and Conversations on Aesthetics, Psychology & Religious Belief*, p. 28.

p. 583 진스는 《신비로운 우주》라는 책을: ibid., p. 27.

p. 584 여러분들은 미학이 아름다운 것이: ibid., p. 11.

p. 584 자네는 내가 이론을 갖고 있다고: ibid., p. 10.

p. 584 이해가 무엇인지를 기술하는 것은: ibid., p. 7.

p. 585 그녀는 언덕에서 내려오고: Freud, *The Interpretation of Dreams*, pp. 463-5.

p. 586 난 그 환자에게 이렇게 말하겠다: *Lectures and Conversations*, p. 24.

p. 586 그는 나를 그와 동등하게: 참조 Freud, *Jokes and Their Relation to the Unconscious*, pp. 47-52.

p. 586 만일 그것이 인과적이 아니라면: *Lectures and Conversations*, p. 18.

p. 587 그의 시를 이런 새로운 방법으로: ibid., p. 4.

p. 588 내게는 그 모든 지혜가: LW가 PE에게, 1921년 10월 23일.

p. 588 이제 나는 여기에 정말로: LW가 LH에게, 1921년 11월.

p. 589 《암실의 왕》: 이 글은 지금 Peg Rhees 여사 소유이다. Rush Rhees는 친절하게도 이것을 보여주고 복사본을 하나 주었다.

p. 591 러셀과 목사들은 무한한 해를: *Recollections*, p. 102.

p. 592 어떤 사람이 "그것은 불충분한: *Lectures and Conversations*, p. 61.

p. 593 어떤 사람이 이렇게 말했다고: ibid., p. 70.

p. 593 당신은 아름답지 않습니다: Tagore, *King of the Dark Chamber*, p. 199.

p. 594 친애하는 스튜어트 여사: LW가 Stewart 여사에게, 1938년 10월 28일. 이 편지는 지금 Katherine Thomson 여사의 소유이다.

p. 597 모든 것이 불합리한 일: LW가 GEM에게, 1939년 2월 2일.

p. 597 비트겐슈타인에게 그 자리를 주기를: quoted in *Recollections*, p. 141.

p. 597 교수직을 맡는다는 것은: LW가 WE에게, 1939년 3월 27일.

p. 598 나는 이런 매력이 갖는: *Lectures and Conversations*, p. 28.

p. 599 나는 이렇게 말하겠습니다: *Wittgenstein's Lectures on the Foundations of Mathematics: Cambridge: 1939*, p. 103.

p. 599 수학에서 저지른 죄에 대해: *Culture and Value*, p. 1.

p. 600 러셀의 모순을 다루어봅시다: *Lectures on the Foundations of Mathematics*, p. 222.

p. 600 내가 논의할 모든 수수께끼들은: ibid., p. 14.

p. 601 또 다른 생각은 내가: ibid.

p. 601 기초라고 불리는 것의: *Remarks on the Foundations of Mathematics*, VII, p. 16.

p. 601 어느 정도는 괄호 안에 들어가야: *Lectures on the Foundations of Mathematics*, p. 67.

p. 601 나는 수학적 발견으로 불리는 것을: ibid., p. 22.

p. 602 이해는 합니다만, 그것이: *Lectures on the Foundations of Mathematics*, p. 67.

p. 603 나는 당신의 취지를 이해합니다: ibid., p. 95.

p. 603 튜링은 그와 내가 '실험'이란 단어를: ibid., p. 102.

p. 604 분명히 요점은 내가 아무런 의견도: ibid., p. 55.

p. 604 수학에 볼셰비즘: ibid., p. 67.

p. 605 어느 점에서는 이것이 어느 누구를: ibid., pp. 206-7.

p. 605 응용을 했을 때 다리가 무너지는: ibid., p. 211.

p. 605 튜링: 당신은 당신의 계산술을: ibid., pp. 217-18.

p. 606 당신은 만일 사람들이 상식을: ibid., p. 219.

p. 607 앤드루 호지스: 참조 *The Enigma of Intelligence*, note (1939년 3월), pp. 547-8.

p. 607 비트겐슈타인이 중요한 일을 하고: Malcolm, *Memoir*, p. 23.

p. 608 나는 연역을 하는: Street and Smith's *Detective Story Magazine*, Jan. 1945. Carroll John Daly는 '하드보일드' 탐정소설의 창시자로 간주되는데, Race Williams는 그가 만든 인물이다.

p. 610 … 만약 철학을 공부함으로써: 비트겐슈타인은 맬컴이 이렇게 반응했다고 기억했다. LW가 NM에게 보낸 편지에 나온다. 1944년 11월 16일. 참조 *Memoir*, pp. 93-4.

p. 610 내가 전쟁에서처럼 강요받지 않는다면: MS 118, 1937년 9월 12일; quoted in Baker and Hacker, *An Analytical Commentary*, p. 11.

p. 611 만일 내가 거기에 머무른다면: John Ryle이 부인 Miriam에게 보낸 편지에서 인용함. 이 편지는 지금 Dr Anthony Ryle의 소유이다.

p. 611 왜냐하면 내가 아주 많이 틀리지 않는다면: LW가 NM에게, 1940년 6월 22일.

p. 611 오로지 기적에 의해서만: LW가 NM에게, 1940년 10월 3일.

p. 612 내가 당신으로부터 떨어져 있다고: FS가 LW에게, 1939년 10월 11일.

p. 613 K를 일주일에 한두 번씩: MS 117, 1940년 6월 13일.

p. 613 하루 종일 나와 커크 사이의: MS 123, 1940년 10월 7일.

p. 614 나의 친애하는 롤런드: LW가 RH에게, 1941년 10월 12일.

p. 614 놀란 야생 동물: quoted in Pascal, *Recollections*, p. 26.

p. 615 프랜시스를 많이 생각한다: MS 125, 1941년 12월 28일.

p. 615 내가 프랜시스와 함께 있었던 마지막 시간에: MS 137, 1948년 7월 11일.

21. 전쟁 중의 일

p. 619 그는 세계에서 가장 저명한 철학자: John Ryle이 Miriam Ryle에게, 1941년 9월 29일.

p. 621 세상에, 제발 내가 누군지: Dr R. L. Waterfield가 저자에게 한 말.

p. 621 네, 아주 잘 기억합니다: Ronald Mackeith가 다음 잡지에 보낸 편지에서 인용함. *Guy's Hospital Gazette*, XC (1976), p. 215.

p. 622 네 마음으로부터 오는 한 마디의 말: LW가 RH에게, 1941년 8월 20일.

p. 622 나는 프랜시스에 관해 쓸 수 없다: LW가 RH에게, 1941년 11월 27일.

p. 622 그렇지만 만일 네가 일요일에: LW가 RH에게, '일요일'이라고 적혀 있음.

p. 622 대체로 우리 같은 사람들이: LW가 RH에게, 수요일'.

p. 622 네가 쓴 대로 나를 보고 싶다고: LW가 RH에게, 1942년 1월 6일.

p. 623 대체로 나는 외롭고: LW가 RH에게, 1941년 12월 31일.

p. 623 아빠와 빈켄슈타인: Dr Anthony Ryle의 어렸을 때 일기. 이 일기는 여전히 Dr Ryle의 소유이다.

p. 625 병원에는 수십 발의 폭탄이: Dr H. Osmond가 저자에게 보낸 편지, 1986년 2월 4일.

p. 626 두 사람입니다: Wilkinson 여사가 저자에게 한 말.

p. 626 오늘 밤 꿈을 꾸었다: MS 125, 1942년 10월 16일; quoted in Nedo, op. cit., p. 305.

p. 628 우리는 그 낙서를: *Lectures and Conversations*, p. 44.

p. 628 내게는 그런 법칙들이 실제로: ibid., p. 42.

p. 628 그것은 뚜렷하게 매력적인 생각: ibid., p. 43.

p. 628 … 사람들이 받아들이려는 경향이: ibid., p. 44.

p. 629 현대 수학의 중요한 승리들: Russell, 'Mathematics and the Metaphysicians', *Mysticism and Logic*, pp. 59–74.

p. 630 왜 나는 수학이 무엇인지를: *Remarks on the Foundations of Mathematics*, VII, p. 19.

p. 630 금고를 만드는 것이: ibid., V, p. 25.

p. 630 수학자들과 철학자들의 생각을 완전히: ibid., VII, p. 11.

p. 633 나는 더 이상 인생의 미래에 대해: MS 125, 1942년 4월 1일.

p. 633 나는 지금 나를 위협하는: MS 125, 1942년 4월 9일.

p. 633 만일 정적 속에서 행복을: MS 125, 1942년 4월 9일.

p. 633 나의 불행은 너무 복잡해서: MS 125, 1942년 5월 26일.

p. 634 열흘 동안 K로부터: MS 125, 1942년 5월 27일.

p. 634 나는 충분히 고통을 겪었지만: ibid.

p. 635 그는 쾌활하며 사람들을 사귀는 것을: *Recollections*, p. 24.

p. 636 가이의 분위기가 점점: LW가 RF에게, 1949년 6월 8일.

p. 636 네가 쓴 직장 소식이: LW가 RF에게, 1950년 12월 15일.

p. 636 〔그 소식을〕 들으니 기쁘다: LW가 RF에게, 1951년 2월 1일.

p. 637 최근의 공습으로 인한: Dr. R. T. Grant, 'Memorandum on the Observations Required in Cases of Wound Shock', MRC Archives.

p. 638 내가 철학하는 방식에 있어서: MS 213 (The Big Typescript), p. 421.

p. 639 서문의 많은 부분과 본론의 일부에서: Colonel Whitby가 Dr Landsborough Thomson에게, 1941년 7월 5일, MRC Archives.

p. 640 당신에게 말한 적이 있던: Dr Grant가 Dr Herrald에게, 1943년 6월 1일.

p. 640 그는 자신이 매우 유용한 인재임을: Dr Grant가 Dr Herrald에게, 1943년 6월 1일.

p. 641 네가 아마 통상적으로 하는 것보다: LW가 RH에게, 1943년 3월 17일.

p. 641 이것들 각각 곡선의 모양이: *Lectures and Conversations*, p. 45.

p. 642 우리가 원하는 종류의 해석을: ibid., p. 47.

p. 642 프로이트는 성적인 해석이라고: ibid.

p. 642 꿈에 언어와 비슷한 점들이: ibid., p. 48.

p. 643 모파트 여사의 집에: Helen Andrews 양이 저자에게, 1985년 11월 12일.

p. 644 너는 철학이 아주 어렵다고: *Recollections*, p. 106,

p. 645 너는 의학에서 훌륭한 일을: Dr Basil Reeve가 저자와의 대화에서 한 말.

p. 646 실제로 우리는 쇼크를 진단할 때: 다음 글의 서문. *Observations on the General Effects of Injury in Man* (HMSO, 1951) .

p. 646 [그것은] 부상에서 오는 '쇼크'가: *Medical Research in War*, Report of the MRC for the years 1939-45, p. 53.

p. 647 북아프리카에서 작전이 끝난 후: *Recollections*, p. 147.

p. 648 도대체 왜 그들이 인류가: quoted in Drury, *Recollections*, p. 148.

p. 649 네가 점점 더 생각을 하지 않고: quoted ibid., p. 147.

p. 649 나는 여러 달 동안 스마이시스로부터: LW가 NM에게, 1943년 9월 11일.

p. 650 여기서 나는 약간 외로움을: LW가 NM에게, 1943년 12월 7일.

p. 650 외부적이고 내부적인 이유 때문에: LW가 NM에게, 1943년 9월 11일.

p. 651 비트겐슈타인은 당분간 실험 보조원으로: Dr Grant가 Dr Landsborough Thomson에게, 1943년 12월 13일.

p. 652 그는 말수가 적었고: Dr E. G. Bywaters가 저자에게, 1985년 11월 9일.

p. 652 비트겐슈타인 교수는 여기서 그랜트 박사를: Bywaters가 Cuthbertson에게, 1944년 2월 8일.

p. 653 비트겐슈타인 교수가 오늘 떠났다: Bywaters가 Herrald에게, 1944년 2월 16일.

22. 스완지

p. 655 리스를 기억하고 있을지 모르지만: LW가 NM에게, 1943년 12월 7일.

p. 656 만약 내가 여기를 떠나서: LW가 RR에게, 1944년 2월 9일.

p. 656 날씨는 좋지 않지만: LW가 NM에게, 1945년 12월 15일.

p. 657 그의 치료법은 아주 무섭고: *Recollections*, p. 149.

p. 657 네 편지에서 좋은 인상을: LW가 RH에게, 1944년 3월 17일.

p. 658 혹시라도 만약 육박전을 하게 된다면: *Recollections*, p. 149.

p. 659 책을 더 더럽히지 않고도: LW가 NM에게, 1942년 11월 24일.
p. 659 내가 생각하기에 너는 기는 것을: LW가 RH에게, 1944년 3월 17일.
p. 659 군대 일에 관해서 더 많이: LW가 RH에게, 1944년 3월 24일.
p. 660 처음 할 일은 쓸데없이: LW가 RH에게, 1944년 4월 20일.
p. 662 너에게 행운과 끈기가 있기를: LW가 RH에게, 1944년 6월 8일.
p. 662 예, 나는 신을 믿습니다: Rush Rhees가 저자와의 대화 중 인용한 말.
p. 662 만약 누군가가 나에게: quoted in Drury, *Recollections*, p. 88.
p. 663 정직한 종교 사상가는: *Culture and Value*, p. 73.
p. 663 말하자면 기적이란 신이 하는: ibid., p. 45.
p. 664 나는 종교 신자는 아니지만: *Recollections*, p. 79.
p. 664 그녀는 천사가 아닌가요: Clement 여사가 저자와의 대화 중 인용한 말.
p. 666 비트겐슈타인은 수리철학에 중요한 기여를: Rush Rhees가 저자와의 대화 중 인용한 말 (Rhees는 자신의 기억이 맞는다는 것을 전혀 의심하지 않았다. 그러나 저자가 John Wisdom 교수에게 물었을 때, 그는 이 일화를 기억하지 못했다는 점은 짚고 넘어가야겠다.)
p. 666 수학에 관한 당신의 일은 어떻게: Rush Rhees가 저자와의 대화 중 인용한 말.
p. 667 나의 철학적 탐구에 속하는: MS 169, p. 37.
p. 669 '규칙 따르기'란 개념의 사용은: *Remarks on the Foundations of mathematics*, VI, p. 21.
p. 670 나는 한 번도 사용된 적이 없지만: ibid., p. 32.
p. 670 나는 아마도 전시 직업을 다시: LW가 RH에게, 1944년 8월 3일.
p. 670 내가 10월 초에 떠나야 할 때: LW가 RH에게, 1944년 9월 3일.

23. 시대의 어두움

p. 673 러셀의 책들은 두 가지 색으로: quoted in *Recollections*, p. 112.
p. 674 러셀은 이제 철학을 하다가: 참조 Malcolm, op. cit., p. 57.
p. 674 초기 비트겐슈타인은 열정적이고: Russell, *My Philosophical Development*, p. 161.
p. 674 러셀을 만났다: LW가 PR에게, 1944년 10월 17일.
p. 675 한동안 유행 속에 있다가: Russell, op. cit., p. 159.
p. 675 무어는 여느 때처럼 친절하다: LW가 RR에게, 1944년 10월 17일.
p. 676 나는 어떤 절벽의 밑바닥에: LW가 GEM에게, 1941년 3월 7일, 참조 *Briefe*, p. 254.
p. 676 그는 자기가 얼마나 사람을: quoted in Sister Mary Elwyn McHale, op. cit., p. 77.
p. 677 진리를 대단히 사랑하는: Malcolm, op. cit., p. 56.
p. 677 생각하는 일이 쉬운 때가: LW가 RR에게, 1944년 10월 17일.
p. 677 그때 나는 이렇게 생각했었다: LW가 NM에게, 1944년 11월 16일.
p. 679 우리는 오랫동안 아무 말도: Malcolm, op. cit., p. 36.
p. 679 그 편지를 네가 오기 전에: LW가 NM에게, 1945년 5월 22일.
p. 679 이 전쟁은 우리 모두에 나쁜 영향을: LW가 RH에게, '수요일'이라고만 적혀 있으나 아마 1944년 가을.

p. 680 네가 힘든 환경에서: LW가 RR에게, 1944년 11월 28일.

p. 681 네가 맞았다: ibid.

p. 681 마음의 과정과 상태: *Philosophical Investigations*, I, 308.

p. 682 … '자아들 중의 자아'는: William James, *Principles of Psychology*, I, 301.

p. 682 '자아'라는 단어의 의미: *Philosophical Investigatoins*, I, 410.

p. 683 나는 윌리엄 제임스를 언제나 즐겁게: *Recollections*, p. 106.

p. 683 학기가 끝났다: LW가 RR에게, 1945년 6월 13일.

p. 684 아주 느리게 진행되고: LW가 NM에게, 1945년 6월 26일.

p. 684 크리스마스까지 출판을: LW가 NM에게, 1945년 8월 17일.

p. 685 지난 6개월은 그 전보다: LW가 RH에게, 1945년 5월 14일.

p. 685 이 평화는 단지 휴전일 뿐임을: LW가 NM에게, 날짜 미상.

p. 685 많은 행운: LW가 RH에게, 1945년 9월 8일.

p. 686 국제적인 문제를 독선적으로 처리하는 것: quoted in Ruth Dudley Edwards, *Victor Gollancz: A Biography*, p. 406.

p. 686 공식적으로 그리고 눈에: LW가 Victor Gollancz에게, 1945년 9월 4일; ibid., pp. 406-7에 전문이 재수록됨.

p. 688 논쟁술 또는 달걀을 던지는 기술은: *Recollections*, p. 203.

p. 688 비트겐슈타인 귀하: quoted in Edwards, op. cit., p. 408. Rush Rhees가 비트겐슈타인의 반응을 저자에게 말해주었음.

p. 688 케임브리지에 있지 않는 것을: LW가 NM에게, 1945년 9월 8일.

p. 688 내 책은 거의 끝나가고: LW가 NM에게, 1945년 9월 20일.

p. 690 내가 이 책을 대중에게 발표할 때: *Culture and Value*, p. 66.

p. 688 그들은 그것을 할 작정이다: 참조 Britton, op. cit., p. 62.

p. 691 대중이 현재 경험하고 있거나: *Culture and Value*, p. 49.

p. 692 진정으로 계시록적인 세계관은: ibid., p. 56.

p. 692 과학과 산업, 그리고: ibid., p. 63.

p. 693 현 시대는 내 사고 유형을: quoted Drury, *Recollections*, p. 160.

p. 693 사실 어느 것도 과학보다: quoted Rhees, *Recollections*, p. 202.

p. 694 나는 현 사회에 대한 그들의 분석과: 참조 *Recollections* pp. 207-8.

p. 694 나는 무엇에 관해서도 말할 것: Rush Rhees가 저자에게 한 말.

p. 694 7월 어느 날: Britton, op. cit., p. 62.

p. 695 와해되고 썩어간다고: MS 134; quoted in Nedo, op. cit., p. 321.

24. 모습의 변화

p. 697 위대한 모든 것들로부터, 말하자면: *Culture and Value*, p. 50.

p. 698 나는 이 모든 질문들을 불필요하게: ibid., p. 61.

p. 698 지혜는 차가우며: ibid., p. 56.

p. 698 지혜는 잿빛이다: ibid., p. 62.

p. 698 기독교가 말하는 것들 중의 하나는: ibid., p. 53.

p. 699 마치 내 무릎이 굳어버린 것: ibid., p. 56.

p. 700 나는 아주 슬프고: MS 130, p. 144, 1946년 8월 8일.

p. 700 마치 소년이 그가 아이였을 때: MS 131, 1946년 8월 12일.

p. 700 마치 내가 아직 깨닫지 못한 것이: MS 131, 1946년 8월 14일.

p. 701 한 사람이 다른 사람의 아픔에: MS 131, 1946년 8월 14일; quoted in Nedo, op. cit., p. 325.

p. 701 나는 내 정신 건강이: MS 131, 1946년 8월 18일.

p. 701 그들은 어리석은 사람들이었는가: MS 131, 1946년 8월 20일, *Culture and Value*, p. 49.

p. 701 위로부터 하나의 빛이: *Culture and Value*, pp. 57–8

p. 702 왜냐하면 우리의 욕망은: MS 132, 1946년 9월 29일.

p. 702 이곳의 모든 것이 역겹다: MS 132, 1946년 9월 30일.

p. 702 내가 가장 그리워하는 것은: LW가 RF에게, 1946년 11월 9일.

p. 703 그래서 네가 돌아올 때: LW가 RF에게, 1946년 8월.

p. 703 네가 정기적으로 편지를: LW가 RF에게, 1946년 10월 7일.

p. 703 도대체 네가 왜 내 편지를: LW가 RF에게, 1946년 10월 21일

p. 704 지금 나는 학기 초보다는: LW가 RF에게, 1946년 11월 9일.

p. 704 나는 매일 현재의 직업을: LW가 RF에게, 1946년 10월 21일

p. 705 초빙교수를 부지깽이로 위협하지 않는 것: 포퍼의 설명은 다음에 나온다. *Unended Quest: An Intellectual Autobiography*, pp. 122–3.

p. 706 비트겐슈타인에 대한 존경이: Ryle in Wood & Pitcher, op. cit., p. 11.

p. 706 나는 거의 철학 책을 읽지 않았지만: MS 135, 1947년 7월 27일.

p. 707 실제로 내가 본 적이 있었던: Mary Warnock의 일기, 1947년 5월 14일. Warnock 여사에게 감사한다. 그리고 이 모임을 회상해준 Oscar Wood, Isaiah Berlin 경에게 감사한다. 인용된 비트겐슈타인과 프리처드 사이의 논쟁의 일부는 다음이 출처다. *A Wittgenstein Workbook*, p. 6.

p. 708 수년 동안 나는: Anscombe, *Metaphysics and the Philosophy of Mind*, pp. vii–ix.

p. 709 이 사람은 그 자신의 곤경에 관해서: Anscombe이 저자와의 대화 중 인용한 말.

p. 710 매우 기를 꺾는다: Iris Murdoch; quoted by Ved Mehta in *The Fly and the Fly Bottle*, p. 55.

p. 710 램지보다 더 유능합니까: Rush Rhees가 저자에게 한 이야기.

p. 711 비트겐슈타인의 주요 관심사와는: Kreisel, 'Wittgenstein's "*Remarks on the Foundations of Mathematics*"', *British Journal for the Philosophy of Science*, IX (1958), pp. 135–58.

p. 711 딱딱했고 자주 일관성을: Kreisel, 'Critical Notice: "*Lectures on the Foundations of Mathematics*"', in *Ludwig Wittgenstein: Critical Assessments*, pp. 98–110.

p. 711 수리논리학에 대한 비트겐슈타인의 견해는: Kreisel, *British Journal for the Philosophy of Science*, op. cit., pp. 143–4.

p. 711 전통적 철학의 중대한 문제들에 대한: Kreisel, 'Wittgenstein's Theory and Practice of Philosophy', *British Journal for the Philosophy of Science*, XI (1960), pp. 238-52.

p. 712 이 강의의 주제는 심리철학입니다: A C. Jackson이 받아 적은 글이 출처다. 이 글은 (P. T. Geach와 K. J. Shah가 받아쓴 같은 강의 노트와 함께) *Wittgenstein's Lectures on Philosophical Psychology: 1946-7*로 출판되었다. 하지만 이 책을 쓸 때, 나는 개인적으로 사용되던 원고를 사용했다. 내가 인용한 것과 출판된 글 사이에는 약간의 차이가 있을지 모른다.

p. 714 지난번 강의로 돌아갑시다: ibid.

p. 714 내가 제시하는 것은 표현의: Malcolm, op. cit., p. 43.

p. 715 구체적이고 세밀한 말들이: Gasking and Jackson, 'Wittgenstein as a Teacher', Fann, op. cit., pp. 49-55.

p. 715 나는 학생들에게 그들: *Culture and Value*, p. 56.

p. 715 여러분에게 철학을 가르칠 때: Gasking and Jackson, op. cit., p. 51.

p. 716 나는 여전히 세부 사항들에: *Culture and Value*, p. 63.

p. 716 책의 맨 앞부터 시작해서: Malcolm, op. cit., p. 44.

p. 717 모든 것이 행복: MS 132, 1946년 10월 8일.

p. 717 난 사랑에 있어서: MS 132, 1946년 10월 22일.

p. 717 나는 내 인생의 사실들을: MS 133, 1946년 10월 25일.

p. 718 사랑은 기쁨이다: MS 133, 1946년 10월 26일.

p. 719 신을 신뢰하라: ibid.

p. 720 이 질문을 너 자신에게 하라: MS 133, 1946년 11월 10일.

p. 720 인생의 근본적인 불안정성: MS 133, 1946년 11월 12일.

p. 720 우정을 비겁하게 시험하지 말라: MS 133, 1946년 11월 15일.

p. 720 심지어 그의 사랑 없이도: MS 133, 1946년 11월 27일.

p. 729 평생 동안 아픈 사람들도: MS 133, 1946년 11월 23일.

p. 729 사람이 고통을 겪는 것: MS 133, 1946년 12월 2일.

p. 729 단지 연극적인 것이: MS 133, 1946년 2월 12일.

p. 729 자비로운 아버지에 대한 믿음은: MS 134, 1947년 4월 4일

p. 729 만일 내가 진심으로 행복하지 않다면: MS 134, 1947년 4월 13일.

p. 729 내 강의는 잘 진행되고: MS 133, 1946년 11월 19일.

p. 730 내가 이 그림을 아이에게: 참조 *Wittgenstein's Lectures on Philosophical Psychology*, p. 104. (또한 이 책 712쪽의 출처도 참조)

p. 731 지금 나는 그것을 …으로: *Philosophical Investigations*, II, p. 195.

p. 732 최소한 괴테의 시대 이후: Wolfgang Köhler, *Gestalt Psychology*, p. 148.

p. 733 여기[이탈리아]에선 식물을: Goethe, *Italian Journey*, pp. 258-9.

p. 734 원식물은 세계에서 가장: ibid., p. 310.

p. 735 '보다'란 단어의 두 용법: *Philosophical Investigations*, II, p. 193.

p. 735 나는 그에게 〈식물의 변태〉를: quoted Heller, op. cit., p. 6.

p. 735 자, 그럴수록 더 좋다: ibid.

p. 737 내가 독자들에게 숫자 4가: Köhler, op. cit., p. 153.

p. 737 쾰러는 "당신은 두 개의 시각적 실재를: *Wittgenstein's Lectures on Philosophical Psychology*, pp. 329-30.

p. 738 '무엇이 변했는가?'라고 묻는 것은: 참조 ibid., p. 104.

p. 738 자, 어느 것을 어느 것으로 볼 때: *Recollections*, p. 159.

p. 739 모습의 변화를 표현하는 것은: *Philosophical Investigations*, II, pp. 196-7.

p. 739 쾰러는 이 그림에서: *Remarks on the Philosophy of Psychology*, I, p. 982.

p. 740 한 철학자가 "사물들을: *Culture and Value*, p. 61.

p. 741 마치 이 나라의 정신적 기후는: MS 134, 1947년 4월 13일.

p. 741 나는 점점 더 케임브리지가: MS 134, 1947년 4월 23일.

p. 741 〔나는〕 이 나라에서 이방인이라는: MS 135, 1947년 7월 28일.

p. 741 나는 정신과 일이: *Recollections*, p. 152.

p. 742 이 책은 훌륭한 책이다: ibid.

p. 742 … 내가 오랫동안: LW가 GHvW에게, 1947년 8월 27일.

p. 743 그는 빈에서 (점령군으로서의) 러시아인들을: quoted by John Moran, op. cit., p. 92.

p. 743 그것은 대체로 나쁘다: LW가 GHvW에게, 1947년 11월 6일.

25. 아일랜드

p. 745 춥고 불편하다: LW가 RR에게, 1947년 12월 9일.

p. 746 가끔 생각들이 너무 빨리: *Recollections*, pp. 13-4.

p. 746 영국인이 되거나: LW가 GHvW에게, 1947년 12월 22일.

p. 746 케임브리지는 위험한 곳이다: LW가 GHvW에게, 1948년 2월 23일.

p. 746 여기에는 웰시 해안 같은 것은: LW가 RR에게, 1948년 2월 5일.

p. 747 만일 색채가 종종: LW가 Helene에게, 1948년 1월 10일; quoted in Nedo, op. cit., p. 326.

p. 747 (내가 생각하기에 괴테에게 보낸) 편지에서: *Culture and Value*, pp. 65-6.

p. 748 내가 이 글을 출판할 수 있을지는: LW가 GHvW에게, 1947년 12월 22일.

p. 748 난 아주 건강하다: LW가 RR에게, 1948년 2월 5일.

p. 748 내 연구는 꽤 잘 진행되어간다: LW가 NM에게, 1948년 1월 4일.

p. 748 상태가 안 좋다: MS 137, 1948년 2월 3일.

p. 749 가끔 이상한 상태의 신경 불안정을: LW가 NM에게, 1948년 2월 5일.

p. 749 내 신경이 자주 잘못되어서: LW가 RR에게, 1948년 2월 5일.

p. 749 나는 자주 광기에 이르는: LW가 GHvW에게, 1948년 3월 17일.

p. 749 그들은 매우 조용하다: LW가 GHvW에게, 1947년 12월 22일.

p. 749 도착하자마자 나는 거기로: *Recollections*, pp. 154-5.

p. 750 요즘 자주 너를 생각한다: LW가 RR에게, 1948년 4월 15일.

p. 752 아주 근사하며: LW가 NM에게, 1948년 6월 5일.
p. 752 여기서 내가 완전히 의존하지만: MS 137, 1948년 7월 17일; quoted in Nedo, op. cit., p. 326.
p. 753 깡통에 든 음식은: Thomas Mulkerrins가 저자에게 한 이야기.
p. 753 누가 와 있는 줄 알았습니다: ibid.
p. 754 내가 쓰는 거의 모든 글은: *Culture and Value*, p. 77.
p. 755 요즘 나는 힘들다: LW가 NM에게, 1948년 4월 30일.
p. 755 그것은 또한 의심의 여지 없이: LW가 Lee Malcolm에게, 1948년 6월 5일.
p. 756 왜냐하면 너도 알고 있듯이: LW가 NM에게, 1948년 6월 4일.
p. 756 저자에 대해 아무런 정보도: 위 편지에 대한 각주 참조.
p. 757 데이비스는 레이먼드 챈들러에게 쓴 편지에서: 참조 Frank MacShane, ed., *Selected Letters of Raymond Chandler*(Cape, 1981), p. 167.
p. 757 이 모든 것이 당분간 가르시아라고: Norbert Davis, *Rendezvous with Fear*, p. 9.
p. 758 그는 다쳤나요: ibid., p. 86.
p. 758 유머는 기분이 아니라: *Culture and Value*, p. 78.
p. 759 그래서 '음악을 이해하는 것'이: ibid., p. 70.
p. 760 모습에 대해서 눈이 먼 사람은: *Remarks on the Philosophy of Psychology*, II, p. 508.
p. 760 문자 F가 어느 쪽을 향하고 있는지를: ibid., pp. 464-8.
p. 762 사람들이 같은 유머감각을: *Culture and Value*, p. 83.
p. 762 이해할 수 없는 것은: *Remarks on the Philosophy of Psychology*, II, p. 474.
p. 762 철학은 모든 것을 있는 그대로: *Philosophical Investigations*, I, 124.
p. 763 전통은 사람이 배울 수: *Culture and Value*, p. 76.
p. 763 나는 육체적으로 정신적으로: LW가 GHvW에게, 1948년 5월 26일.
p. 763 너무 약하고, 너무 무기력하며: *Culture and Value*, p. 72.
p. 764 슬픔이 너를 성가시게: MS 137, 1948년 6월 29일.
p. 764 프랜시스와의 마지막 시간들과: MS 137, 1948년 7월 11일.
p. 764 그러나 나는 그렇게 시도해보겠다고: MS 137, 1948년 7월 17일.
p. 766 내가 여기 더블린에서 성직자들의: *Recollections*, p. 166.
p. 766 내 머리 안에서 태양이 빛나는: LW가 NM에게, 1948년 11월 6일.
p. 766 이것을 마칠 때까지: *Recollections*, p. 156.
p. 767 "나는 두렵다"란 말을: *Last Writings*, I, p. 47.
p. 767 헤겔은 항상 다르게 보이는 것들이: *Recollections*, p. 157.
p. 768 필요한 다양성을 갖고 있지 않다: ibid., p. 160.
p. 768 자, 어떤 것을 어떤 것으로: ibid., p. 159.
p. 768 생각하는 것은 어렵다: *Culture and Value*, p. 74.
p. 768 음악이 나의 삶에서: *Recollections*, p. 160.
p. 769 우리는 어떤 이는 '화가의 눈': *Last Writings*, I, p. 782.
p. 769 우리는 어떤 이는 '음악적 귀': ibid., p. 783; 참조 *Philosophical Investigations*, II, xi, p. 214.

p. 769 네가 언젠가 지금 내가 쓰고 있는 것을: *Recollections*, p. 160.

p. 769 내가 생각하기에 그는: ibid., p. 97.

p. 770 일종의 장염: LW가 NM에게, 1949년 1월 28일.

p. 770 드루어리는 점점 더 불성실해지는: MS 138, 1949년 1월 29일.

p. 770 아주 쇠약하고 고통스럽다: MS 138, 1949년 2월 11일.

p. 771 〔그것들은〕 훌륭한 것들을: *Culture and Value*, p. 71.

p. 771 왜냐하면 그렇지 않다면: MS 138, 1949년 3월 2일.

p. 771 멋진 시간: MS 138, 1949년 3월 15일.

p. 771 자주 내 영혼은 죽은 것: MS 138, 1949년 3월 17일.

p. 772 물론 그것은 거부되었다: *Recollections*, p. 161.

p. 772 만일 기독교가 진리라면: *Culture and Value*, p. 83.

p. 772 나는 제4 복음서를: *Recollections*, p. 164.

p. 772 복음서에는 조용하고 맑게: *Culture and Value*, p. 30.

p. 773 복음서와 사도서한에는 모두: *Recollections*, p. 165.

p. 773 만일 그것이 훌륭하고 신적인 그림이라면: *Culture and Value*, p. 32.

p. 773 누군가가 이렇게 배웠다고: ibid., p. 81.

p. 774 그다음에 무슨 일이: LW가 NM에게, 1949년 2월 18일.

p. 774 빈에 있는 동안: LW가 NM에게, 1949년 5월 17일.

p. 775 재생 기술이 아주 크게: *Recollections*, p. 163.

p. 776 에이어는 말하고자 하는 내용이: ibid., p. 159.

p. 776 자, 그것이 내가 원하는: ibid., p. 168.

p. 776 내가 걱정하는 것이: LW가 GHvW에게, 1949년 6월 1일.

p. 778 당신은 주장의 논리에 관해서: LW가 GEM에게, 1944년 10월.

p. 779 주저하면서 하는 주장을: *Philosophical Investigations*, II, p. 223.

p. 780 그러나 확실히 '나는 …을 믿었다': ibid., p. 190.

p. 781 우리는 여기서 온갖 종류의: ibid., p. 188.

p. 782 드루어리, 저 아이의 얼굴에: *Recollections*, p. 126.

p. 782 만일 내가 누군가가 명백한: *Philosophical Investigations*, II, p. 223.

p. 782 우리가 사물을 보는: *Culture and Value*, p. 74.

p. 783 만일 사자가 말을 할 수 있다면: *Philosophical Investigations*, II, p. 223.

p. 783 느낌을 표현한 것이: ibid., p. 227.

p. 784 그렇게 오랜 세월 동안: *The Brothers Karamazov*, p. 30.

p. 784 맞다. 정말로 그와 같은 사람들이: *Recollections*, p. 108.

p. 784 심리학의 혼란과 황폐함을: *Philosophical Investigations*, II, p. 232.

26. 무공동체의 시민

p. 788 내 마음은 피곤하고: LW가 NM에게, 1949년 4월 1일.

p. 788 내가 완전히 무디고: LW가 NM에게, 1949년 6월 4일.

p. 788 빈혈이 다 나은: LW가 NM에게, 1949년 7월 7일.

p. 789 보통 그는 차를: Stuart Brown; quoted in McHale, op. cit., p. 78.

p. 790 특히 내가 가이 등지에서: LW가 RF에게, 1949년 7월 28일.

p. 791 아마도 그가 보냈던: quoted ibid., p. 80.

p. 791 그러나 다음 … 그는: Bouwsma와 LW과의 대화록이 출간되었다. 참조 *Wittgenstein Conversations 1949-1951*, p. 9.

p. 791 나는 아주 허영심이 강한: ibid.

p. 792 만일 내가 설계했다면: ibid., p. 12.

p. 794 예를 들어 나는 지금: Moore, Proof of an External World', *Philosophical Papers*, p. 146.

p. 794 한 문장을 이해하는 것은: Malcolm, op. cit., p. 73.

p. 795 나는 이것이 나무임을: ibid., p. 72.

p. 795 회의주의적 철학자들이: ibid., p. 73.

p. 795 회의주의는 논박 불가능한 것이: 《논고》 6.51.

p. 796 특정한 명제들은 나의: Malcolm, op. cit., p. 74.

p. 796 만일 내가 나무까지 걸어갔는데: ibid., p. 71.

p. 796 모임이 시작되기 바로 전에: quoted in McHale, op. cit., pp. 79-80.

p. 797 나는 미국에서 죽고 싶지 않아: Malcolm, op. cit., p. 77.

p. 798 내 인생이 그렇게 연장된다니: LW가 RR에게, 1949년 12월 4일.

p. 798 내 건강은 아주 나쁩니다: LW가 Helene에게, 1949년 11월 28일; quoted in Nedo, op. cit., p. 337.

p. 799 이건 내게 매우 중요한: LW가 NM에게, 1949년 12월 11일.

p. 799 건강하고 활기찬 상태로: LW가 GHvW에게, 1949년 12월 26일.

p. 799 나는 요즘 연주회에: LW가 GHvW에게, 1950년 1월 19일.

p. 799 난 아주 행복하고: LW가 Dr Bevan에게, 1950년 2월 7일.

p. 800 색들은 철학을 하게끔: *Culture and Value*, p. 66.

p. 800 그것은 부분적으로는 지루하고: LW가 GHvW에게, 1950년 1월 19일.

p. 801 나도 과학적 문제들에: *Culture and Value*, p. 79.

p. 801 내가 그것을 의미하는 대로는: *On Colour*, II, p. 3.

p. 802 만일 누군가 그것이 이런 식이: ibid., p. 10.

p. 802 현상학적 분석(가령: ibid., p. 16.

p. 802 우리는 지난 3일 동안: LW가 GHvW에게, 1950년 2월 12일.

p. 802 비트겐슈타인이 결심하기까지는: Paul Feyerabend, *Science in a Free Society*, p. 109.

p. 803 언어게임을 기술하는 모든 것: *On Certainty*, 56.

p. 804 만일 "나는 …을 안다"를: ibid., 58.

p. 804 언어가 의사소통의 수단일: *Philosophical Investigations*, I, 242.

p. 805 처량하다: MS 173, 1950년 3월 24일.

p. 805 나는 많은 청중에게: LW가 NM에게, 1950년 5월 4일.
p. 805 다른 사람들에게 짐이: LW가 NM에게, 1950년 4월 17일.
p. 806 현재의 내 건강 상태와: LW가 NM에게, 1951년 1월 12일.
p. 807 나는 약간의 일을: LW가 NM에게, 1950년 4월 17일.
p. 807 내가 장황하게 쓰고 있는 것이: *On Colour*, III, p. 295.
p. 807 동일한 음악의 주제가: ibid., p. 213.
p. 807 렘브란트가 그린 얼굴의: ibid., p. 263.
p. 808 1950년의 늦은 봄: K. E. Tranøj, 'Wittgenstein in Cambridge, 1949-51', *Acta Philosophica Fennica*, XXVII, 1976; quoted in Nedo, op. cit., p. 335.
p. 808 나는 폰 브릭트와 함께: LW가 NM에게, 1950년 4월 17일.
p. 808 이 집은 아주 시끄럽지도 않지만: LW가 GHvW에게, 1950년 4월 28일.
p. 808 핑크는 한 번에: Barry Pink가 저자와의 대화 중 인용한 말(그는 '궁둥이'가 비트겐슈타인이 사용했던 단어임을 완전히 확신했다.)
p. 809 절대로 그렇지 않다: Barry Pink가 저자와의 대화 중 인용한 말.
p. 809 우리가 스스로 그것이: *Culture and Value*, p. 48.
p. 810 셰익스피어의 비유는: ibid., p. 49.
p. 810 나는 사람들이 한 작가를: ibid., p. 85.
p. 810 나는 오직 경탄 속에서: ibid., pp. 84-5.
p. 812 만일 무어가 그가 확실하다고: *On Certainty*, 155.
p. 812 수개월 동안 나는: ibid., 70-71.
p. 813 나는 무어를 사로잡은 야만족들이: ibid., 264.
p. 813 내가 보고 들어왔던: ibid., 94.
p. 814 … 생각이라는 강의 하상은: ibid., 97.
p. 814 나는 모든 인간은: ibid, 239.
p. 815 나는 세계에 대한 그림을: ibid., 162. (몽크가 인용한 부분에 참고문헌 *Culture and Value* 원문의 일부가 누락되어 Peter Winch의 영역본 *Culture and Value*(Basil Blackwell, 1980)의 원문을 참조하여 번역함 — 옮긴이)
p. 815 아마 우리는 특정한 교육에 의해서: *Culture and Value*, p. 85.
p. 815 삶은 신을 믿도록: ibid., p. 86.
p. 816 문제가 되는 태도는: ibid., p. 85.
p. 817 그는 자신이 매우: Conrad 신부가 저자에게, 1986년 8월 30일.
p. 818 우리는 그곳에서 아주: LW가 GHvW에게, 1951년 1월 29일.

27. 이야기가 끝나다

p. 821 심지어 지금 나는: LW가 NM에게, 날짜 미상.
p. 821 행운이라니: 이것을 비롯해서 이 장에서 Bevan 여사가 인용한 비트겐슈타인의 말들은 모두 Bevan 여사가 1985~1987년 동안 저자와 나눈 일련의 대화를 저자에게 말해준 것이다.

p. 822 비록 그의 기호는 아주 단순했지만: Bevan 여사가 비트겐슈타인에 대한 그녀의 기억을 적은 글에서 발췌.

p. 823 나는 한동안 약 6주 동안: LW가 RF에게, 1951년 2월 1일.

p. 823 나는 지금 늙은 여인처럼: *On Certainty*, 532.

p. 824 그것이 내 글을 읽는: ibid., 387.

p. 824 끝이 없는 의심은: ibid., 625.

p. 824 나는 정원에서 철학자와: ibid., 467.

p. 824 회의하는 행동과 회의하지 않는 행동: ibid., 354.

p. 825 나는 결국 논리학은: ibid., 501.

p. 826 언젠가 비트겐슈타인이 톨스토이의: *Recollections*, p. 171.

p. 827 살날이 얼마 남지 않았다는: ibid., p. 169.

p. 827 신은 나에게 이렇게: *Culture and Value*, p. 87.

사진 출처

1~7	Michael Nedo
7	Neue Pinakothek, Munich (photo: Artothek)
8	Technische Hochschule, Berlin
9~12	Michael Nedo
13	Dr Milo Keynes
14	Trinity College, Cambridge
15	Anne Keynes
16~18	Ferry Radax
19~34	Michael Nedo
35	Trinity College, Cambridge
36	Michael Nedo
37~38	Gilbert Pattisson
39~43	Michael Nedo
44~45	Gilbert Pattisson
46	Dr Norman Malcolm
47	Michael Nedo
48	Ferry Radax
50~54	Michael Nedo

주요 참고문헌

다음 목록은 이 평전을 쓰는 데 사용한 주요 인쇄 문헌들이다. 비트겐슈타인이 쓰거나 비트겐슈타인을 다룬 완전한 참고문헌 목록은 다음을 참조하라. V. A. and S. G. Shanker, ed., *Ludwig Wittgenstein: Critical Assessments, V: A Wittgenstein Bibliography* (Croom Helm, 1986).

Anscombe, G. E. M. *Metaphysics and the Philosophy of Mind*, Collected Philosophical Papers, II (Blackwell, 1981)

Augustine, Saint *Confessions* (Penguin, 1961)

Ayer, A. J. *Wittgenstein* (Weidenfeld & Nicolson, 1985)

____ *Part of My Life* (Collins, 1977)

____ *More of My Life* (Collins, 1984)

Baker, G. P. *Wittgenstein, Frege and the Vienna Circle* (Blackwell, 1988)

Baker, G. P. and Hacker, P. M. S. *Wittgenstein: Meaning and Understanding* (Blackwell, 1983)

____ *An Analytical Commentary on Wittgenstein's Philosophical Investigations*, I (Blackwell, 1983)

____ *Wittgenstein: Rules, Grammar and Necessity: An Analytical Commentary on the Philosophical Investigations*, II (Blackwell, 1985)

____ *Scepticism, Rules and Language* (Blackwell, 1984)

Bartley, W. W. *Wittgenstein* (Open Court, rev. 2/1985)

Bernhard, Thomas *Wittgenstein's Nephew* (Quartet, 1986)

Block, Irving, ed., *Perspectives on the Philosophy of Wittgenstein* (Blackwell, 1981)

Bouwsma, O. K. *Philosophical Essays* (University of Nebraska Press, 1965)

____ *Wittgenstein: Conversations 1949-1951*, ed. J. L. Craft and Ronald E. Hustwit (Hackett, 1986)

Clare, George *Last Waltz in Vienna* (Pan, 1982)

Clark, Ronald W. *The Life of Bertrand Russell* (Jonathan Cape and Weidenfeld & Nicolson, 1975)

Coope, Christopher, et al. *A Wittgenstein Workbook* (Blackwell, 1971)

Copi, Irving M. and Beard, Robert W., ed., *Essays on Wittgenstein's Tractatus* (Routledge, 1966)

Dawidowicz, Lucy S. *The War Against the Jews 1933-45* (Weidenfeld & Nicolson, 1975)

Deacon, Richard *The Cambridge Apostle: A History of Cambridge University's Elite Intellectual Secret Society* (Robert Royce, 1985)

Delany, Paul *The Neo-pagans: Rupert Brooke and the Ordeal of Youth* (The Free Press, 1987)

Dostoevsky, Fyodor *The Brothers Karamazov* (Penguin, 1982)

Drury, M. O'C. *The Danger of Words* (Routledge, 1973)

Duffy, Bruce *The World As I Found It* (Ticknor & Fields, 1987)

Eagleton, Terry 'Wittgenstein's Friends', *New Left Review*, CXXXV (September–October 1982); reprinted in *Against the Grain* (Verso, 1986)

Fann, K. T., ed., *Ludwig Wittgenstein: The Man and His Philosophy* (Harvester, 1967)

Feyerabend, Paul *Science in a Free Society* (Verso, 1978)

Ficker, Ludwig von *Denkzettel und Danksagungen* (Kösel, 1967)

Field, Frank *The Last Days of Mankind: Karl Kraus and His Vienna* (Macmillan, 1967)

Frege, Gottlob *The Foundations of Arithmetic* (Blackwell, 1950)

____ *Philosophical Writings* (Blackwell, 1952)

____ *Philosophical and Mathematical Correspondence* (Blackwell, 1980)

____ *The Basic Laws of Arithmetic* (University of California Press, 1967)

Freud, Sigmund *The Interpretation of Dreams* (Penguin, 1976)

____ *Jokes and Their Relation to the Unconscious* (Penguin, 1976)

Gay, Peter *Freud: A Life for Our Time* (Dent, 1988)

Goethe, J. W. *Italian Journey* (Penguin, 1970)

____ *Selected Verse* (Penguin, 1964)

Grant, R. T. and Reeve, E. B. *Observations on the General Effects of Injury in Man* (HMSO, 1951)

Hacker, P. M. S. *Insight and Illusion: Themes in the Philosophy of Wittgenstein* (Oxford, rev. 2/1986)

Hänsel, Ludwig 'Ludwig Wittgenstein (1889–1951)', *Wissenschaft und Weltbild* (October 1951), p. 272–8

Haller, Rudolf *Questions on Wittgenstein* (Routledge, 1988)

Hayek, F. A. von 'Ludwig Wittgenstein' (unpublished, 1953)

Heller, Erich *The Disinherited Mind: Essays in Modern German Literature and Thought* (Bowes & Bowes, 1975)

Henderson, J. R. 'Ludwig Wittgenstein and Guy's Hospital', *Guy's Hospital Reports*, CXXII (1973), pp. 185–93

Hertz, Heinrich *The Principles of Mechanics* (Macmillan, 1899)

Hilmy, S. Stephen *The Later Wittgenstein: The Emergence of a New Philosophical Method* (Blackwell, 1987)

Hitler, Adolf *Mein Kampf* (Hutchinson, 1969)

Hodges, Andrew *Alan Turing: The Enigma of Intelligence* (Burnett, 1983)

Iggers, Wilma Abeles *Karl Kraus: A Viennese Critic of the Twentieth Century* (Nijhoff, 1967)

James, William *The Varieties of Religious Experience* (Penguin, 1982)

____ *The Principles of Psychology*, 2 vols (Dover, 1950)

Janik, Allan and Toulmin, Stephen *Wittgenstein's Vienna* (Simon & Schuster, 1973)

Jones, Ernest *The Life and Work of Sigmund Freud* (Hogarth, 1962)

Kapfinger, Otto *Haus Wittgenstein: Eine Dokumentation* (The Cultural Department of the People's Republic of Bulgaria, 1984)

Kenny, Anthony *Wittgenstein* (Allen Lane, 1973)

____ *The Legacy of Wittgenstein* (Blackwell, 1984)

Keynes, J. M. *A Short View of Russia* (Hogarth, 1925)

Köhler, Wolfgang *Gestalt Psychology* (G. Bell & Sons, 1930)

Kraus, Karl *Die Letzten Tage der Menschenheit*, 2 vols (Deutscher Taschenbuch, 1964)

____ *No Compromise: Selected Writings*, ed. Frederick Ungar (Ungar Publishing, 1984)

____ *In These Great Times: A Karl Kraus Reader*, ed. Harry Zohn (Carcanet, 1984)

Kreisel, G. 'Wittgenstein's "*Remarks on the Foundations of Mathematics*"', *British Journal for the Philosophy of Science*, IX (1958), pp. 135–58

____ 'Wittgenstein's Theory and Practice of Philosophy', *British Journal for the Philosophy of Science*, XI (1960), pp. 238–52

____ 'Critical Notice: "*Lectures on the Foundations of Mathematics*"', in *Ludwig Wittgenstein: Critical Assessments*, ed. S. G. Shanker (Croom Helm, 1986), pp. 98–110

Leitner, Bernhard *The Architecture of Ludwig Wittgenstein: A Documentation* (Studio International, 1973)

Levy, Paul G. E. *Moore and the Cambridge Apostles* (Oxford, 1981)

Luckhardt, C. G. *Wittgenstein: Sources and Perspectives* (Harvester, 1979)

Mabbott, John *Oxford Memories* (Thornton's, 1986)

Mahon, J. 'The great philosopher who came to Ireland' *Irish Medical Times,*

____, (February 14, 1986)

McGuinness, Brian *Wittgenstein: A Life. Young Ludwig 1889–1921* (Duckworth, 1988)

____, ed., *Wittgenstein and His Times* (Blackwell, 1982)

McHale, Sister Mary Elwyn *Ludwig Wittgenstein: A Survey of Source Material for a Philosophical Biography* (MA thesis for the Catholic University of America, 1966)

Malcolm, Norman *Ludwig Wittgenstein: A Memoir* (with a Biographical Sketch by G. H. von Wright) (Oxford, rev. 2/1984)

Manvell, Roger and Fraenkel, Heinrich *Hitler: The Man and the Myth* (Grafton, 1978)

Mays, W. 'Wittgenstein's Manchester Period', *Guardian* (24 March 1961)

____ 'Wittgenstein in Manchester', in *'Language, Logic, and Philosophy': Proceedings of the*

4th International Wittgenstein Symposium (1979), pp.171–8

Mehta, Ved *The Fly and the Fly-Bottle* (Weidenfeld & Nicolson, 1963)

Moore, G. E. *Philosophical Papers* (Unwin, 1959)

Moran, John 'Wittgenstein and Russia', *New Left Review*, LXXIII (May–June 1972)

Morton, Frederic *A Nervous Splendour* (Weidenfeld & Nicolson, 1979)

Nedo, Michael and Ranchetti, Michele *Wittgenstein: Sein Leben in Bildern und Texten* (Suhrkamp, 1983)

Nietzsche, Friedrich *Twilight of the Idols and The Anti-Christ* (Penguin, 1968)

Ogden, C. K. and Richards, I. A. *The Meaning of Meaning* (Kegan Paul, 1923)

Parak, Franz *Am anderen Ufer* (Europäischer Verlag, 1969)

Partridge, Frances *Memories* (Robin Clark, 1982)

Popper, Karl *Unended Quest: An Intellectual Autobiography* (Fontana, 1976)

Ramsey, F. P. 'Critical Notice of L. Wittgenstein's "Tractatus Logico-Philosophicus"', *Mind*, XXXII, no. 128 (October 1923), pp.465–78

____ *Foundations: Essays in Philosophy, Logic, Mathematics and Economics* (Routledge, 1978)

Rhees, Rush 'Wittgenstein' [review of Bartley, op. cit.] *The Human Word*, XIV (February 1974)

____ *Discussions of Wittgenstein* (Routledge, 1970)

____ *Without Answers* (Routledge, 1969)

____, ed., *Recollections of Wittgenstein* (Oxford, 1984)

Russell, Bertrand *The Principles of Mathematics* (Unwin, 1903)

____ *The Problems of Philosophy* (Home University Library, 1912)

____ *Our Knowledge of the External World* (Unwin, 1914)

____ *Mysticism and Logic* (Unwin, 1918)

____ *Introduction to Mathematical Philosophy* (Unwin, 1919)

____ *The Analysis of Mind* (Unwin, 1921)

____ *The Practice and Theory of Bolshevism* (Unwin, 1920)

____ *Marriage and Morals* (Unwin, 1929)

____ *The Conquest of Happiness* (Unwin, 1930)

____ *In Praise of Idleness* (Unwin, 1935)

____ *An Inquiry into Meaning and Truth* (Unwin, 1940)

____ *History of Western Philosophy* (Unwin, 1945)

____ *Human Knowledge: Its Scope and Limits* (Unwin, 1948)

Russell, Bertrand *Logic and Knowledge*, ed. R. C. March (Unwin, 1956)

____ *My Philosophical Development* (Unwin, 1959)

____ *Autobiography* (Unwin, 1975)

Russell, Dora *The Tamarisk Tree,* I: *My Quest for Liberty and Love* (Virago, 1977)
Ryan, Alan *Bertrand Russell: A Political Life* (Allen Lane, 1988)
Schopenhauer, Arthur *Essays and Aphorisms* (Penguin, 1970)
____ *The World as Will and Representation*, 2 vols (Dover, 1969)
Shanker, S. G. *Wittgenstein and the Turning Point in the Philosophy of Mathematics* (Croom Helm, 1987)
Sjögren, Marguerite *Granny et son temps* (privately printed in Switzerland, 1982)
Skidelsky, Robert *John Maynard Keynes*, I: *Hopes Betrayed 1883–1920* (Macmillan, 1983)
Spengler, Oswald *The Decline of the West* (Unwin, 1928)
Sraffa, Piero *Production of Commodities By Means of Commodities* (Cambridge, 1960)
Steiner, G. *A Reading Against Shakespeare*, W. P. Ker Lecture for 1986 (University of Glasgow, 1986)
Tagore, Rabindranath *The King of the Dark Chamber* (Macmillan, 1918)
Thomson, George 'Wittgenstein: Some Personal Recollections', *The Revolutionary World*, XXXVII–IX (1979), pp. 87–8
Tolstoy, Leo *A Confession and Other Religious Writings* (Penguin, 1987)
____ *Master and Man and Other Stories* (Penguin, 1977)
____ *The Kreutzer Sonata and Other Stories* (Penguin, 1985)
____ *The Raid and Other Stories* (Oxford, 1982)
Waismann, F. *The Principles of Linguistic Philosophy*, ed. R. Harré (Macmillan, 1965)
Walter, Bruno *Theme and Variations: An Autobiography* (Hamish Hamilton, 1947)
Weininger, Otto *Sex and Character* (Heinemann, 1906)
Wittgenstein, Hermine, *Familienerinnerungen* (unpublished)
Wood, Oscar P. and Pitcher, George, ed., *Ryle* (Macmillan, 1971)
Wright, G. H. von *Wittgenstein* (Blackwell, 1982)
____ 'Ludwig Wittgenstein, A Biographical Sketch', in Malcolm, op. cit.
Wuchterl, Kurt and Hübner Adolf *Ludwig Wittgenstein in Selbstzeugnissen und Bilddokumenten* (Rowohlt, 1979)
Wünsche, Konrad, *Der Volksschullehrer Ludwig Wittgenstein* (Suhrkamp, 1985)

》 TEXTS

Review of P. Coffey *The Science of Logic, The Cambridge Review*, XXXIV (1913), p. 351
'Notes on Logic', in *Notebooks* 1914–16, pp. 93–107
'Notes Dictated to G. E. Moore in Norway', in *Notebooks* 1914–16, pp. 108–19
Notebooks 1914–16, ed. G. E. M. Anscombe and G. H. von Wright (Blackwell, 1961)
Prototractatus – An Early Version of Tractatus Logico-Philosophicus, ed. B. F. McGuinness, T. Nyberg and G. H. von Wright (Routledge, 1971)

Tractatus Logico-Philosophicus, trans. C. K. Ogden and F. P. Ramsey (Routledge, 1922)

Tractatus Logico-Philosophicus, trans. D. F. Pears and B. F. McGuinness (Routledge, 1961)

Wörterbuch für Volksschulen, ed. Werner and Elizabeth Leinfelner and Adolf Hübner (Hölder-Pichler-Tempsky, 1977)

'Some Remarks on Logical Form', *Proceedings of the Aristotelian Society*, IX (1929), pp. 162-71; reprinted in *Essays on Wittgenstein's Tractatus*, ed. I. M. Copi and R. W. Beard (Routledge, 1966)

'A Lecture on Ethics', *Philosophical Review*, LXXIV, no. 1 (1968), pp. 4-14

Philosophical Remarks, ed. Rush Rhees (Blackwell, 1975)

Philosophical Grammar, ed. Rush Rhees (Blackwell, 1974)

Remarks on Frazer's Golden Bough, ed. Rush Rhees (Brynmill, 1979)

The Blue and Brown Books (Blackwell, 1975)

'Notes for Lectures on "Private Experience" and "Sense Data"', ed. Rush Rhees, *Philosophical Review*, LXXVII, no. 3 (1968), pp. 275-320; reprinted in *The Private Language Argument*, ed. O. R. Jones (Macmillan, 1971). pp. 232-75

'Cause and Effect: Intuitive Awareness', ed. Rush Rhees, *Philosophia*, VI, nos. 3-4 (1976)

Remarks on the Foundations of Mathematics, ed. R. Rhees, G. H. von Wright and G. E. M. Anscombe (Blackwell, 1967)

Philosophical Investigations, ed. G. E. M. Anscombe and R. Rhees (Blackwell, 1953)

Zettel, ed. G. E. M. Anscombe and G. H. von Wright (Blackwell, 1981)

Remarks on the Philosophy of Psychology, I, ed. G. E. M Anscombe and G. H. von Wright (Blackwell, 1980)

Remarks on the Philosophy of Psychology, II, ed. G. H. von Wright and Heikki Nyman (Blackwell, 1980)

Last Writings on the Philosophy of Psychology, I: *Preliminary Studies for Part II of Philosophical Investigations*, ed. G. H. von Wright and Heikki Nyman (Blackwell, 1982)

Remarks on Colour, ed. G. E. M. Anscombe (Blackwell, 1977)

On Certainty, ed. G. E. M. Anscombe and G. H. von Wright (Blackwell, 1969)

Culture and Value, ed. G. H. von Wright in collaboration with Heikki Nyman (Blackwell, 1980)

》 NOTES OF LECTURES AND CONVERSATIONS

Ludwig Wittgenstein and the Vienna Circle: Conversations Recorded by Friedrich Waismann ed. B. F. McGuinness (Blackwell, 1979)

'Wittgenstein's Lectures in 1930-33', in G. E. Moore, *Philosophical Papers* (Unwin, 1959), pp. 252-324

Wittgenstein's Lectures: Cambridge, 1930-1932, ed. Desmond Lee (Blackwell, 1980)

Wittgenstein's Lectures: Cambridge, 1932–1935, ed. Alice Ambrose (Blackwell, 1979)
'The Language of Sense Data and Private Experience–Notes taken by Rush Rhees of Wittgenstein's Lectures, 1936', *Philosophical Investigations*, VII, no. 1 (1984), pp. 1–45; continued in *Philosophical Investigations*, VII, no. 2 (1984), pp. 101–40
Lectures and Conversations on Aesthetics, Psychology and Religious Belief, ed. Cyril Barrett (Blackwell, 1978)
Wittgenstein's Lectures on the Foundations of Mathematics: Cambridge, 1939, ed. Cora Diamond (Harvester, 1976)
Wittgenstein's Lectures on Philosophical Psychology 1946–47, ed. P. T. Geach (Harvester, 1988)

》 CORRESPONDENCE

Briefe, Briefwechsel mit B. Russell, G. E. Moore. J. M. Keynes, F. P. Ramsey, W. Eccles, P. Engelmann und L. von Ficker, ed. B. F. McGuinness and G. H. von Wright (Suhrkamp, 1980)
Letters to Russell, Keynes and Moore, ed. G. H. von Wright assisted by B. F. McGuinness (Blackwell, 1974)
Letters to C. K. Ogden with Comments on the English Translation of the Tractatus Logico-Philosophicus, ed. G. H. von Wright (Blackwell/Routledge, 1973)
Letters from Ludwig Wittgenstein with a Memoir by Paul Engelmann, ed. B. F. McGuinness (Blackwell, 1967)
Briefe an Ludwig von Ficker, ed. G. H. von Wright with Walter Methlagl (Otto Müller, 1969)
'Letters to Ludwig von Ficker', ed. Allan Janik, in *Wittgenstein: Sources and Perspectives*, ed. C. G. Luckhardt (Harvester, 1979), pp. 82–98
'Some Letters of Ludwig Wittgenstein', in W. Eccles, *Hermathena*, XCVII (1963), pp. 57–65
Letter to the Editor, *Mind*, XLII, no. 167 (1933), pp. 415–16
'Some Hitherto Unpublished Letters from Ludwig Wittgenstein to Georg Henrik von Wright', *The Cambridge Review* (28 February 1983)

》 국내에 번역된 비트겐슈타인 저서

《논리철학논고》, 박영식 · 최세만 옮김, 정음사, 1985
《확실성에 관하여》, 이영철 옮김, 서광사, 1990
《논리 · 철학논고》, 이영철 옮김, 천지, 1991
《철학적 탐구》, 이영철 옮김, 서광사, 1994

《수학의 기초에 관한 고찰》, 박정일 옮김, 서광사, 1997
《논리-철학 논고》, 이영철 옮김, 책세상, 2006
《철학적 탐구》, 이영철 옮김, 책세상, 2006
《문화와 가치》, 이영철 옮김, 책세상, 2006
《쪽지》, 이영철 옮김, 책세상, 2006
《청갈색책》, 진중권 옮김, 그린비, 2006
《소품집》, 이영철 옮김, 책세상, 2006
《확실성에 관하여》, 이영철 옮김, 책세상, 2006
《청색 책·갈색 책》, 이영철 옮김, 책세상, 2006
《논리철학논고/철학탐구/반철학적 단장》, 김양순 옮김, 동서문화사, 2008
《비트겐슈타인의 수학의 기초에 관한 강의》, 박정일 옮김, 올, 2010
《비트겐슈타인 논리철학론》, 곽강제 옮김, 서광사, 2012
《철학적 탐구》, 이승종 옮김, 아카넷, 2016
《미학, 종교적 믿음, 의지의 자유에 관한 강의와 프로이트에 관한 대화》, 이영철 옮김, 필로소픽, 2016
《색채에 관한 소견들》, 이영철 옮김, 필로소픽, 2019

찾아보기

◎ '찾아보기'에서 루트비히 비트겐슈타인은
LW로 표시함.

ㄱ

가드너, 얼 스탠리Gardner, Erle Stanley 608
가이 병원
2차 대전 동안 LW가 일한 병원 10, 12, 414, 619~621, 823
가족유사성 483, 584
《갈색 책》 482, 491~494, 503, 507, 512, 520~522, 711
개스킹, D. A. T. Gasking, D. A. T. 715
《검은 가면》 608, 757
검증
LW의 검증 원리 412~414, 420, 423~424
게슈탈트 732~734, 736, 760, 768
곤스타인, 타티야나Gornstein, Tatiana 502
골랑즈, 빅터Gollancz, Victor 685~688
과학
철학과 과학에 대한 LW의 견해 427~431
LW의 과학에 대한 반감 583, 691~693
관념론
쇼펜하우어의 관념론 41~42, 218~219, 279
괴델, 쿠르트Gödel, Kurt 423~424, 711
괴테, 요한 볼프강 폰Goethe, J. W. von
〈식물의 변태〉 433~435, 445, 732~736
《파우스트》 86, 437, 825
《색채 이론》 800~804, 807
교육 개혁 운동 276, 284, 829
굿리치, 프랭크와 길리언Goodrich, Frank and Gillian 808
굿스타인, 루이스Goodstein, Louis 481, 513
귀르트, 오벨로이트난트Gürth, Oberleutnant 187, 191, 194, 195, 197
그람시, 안토니오Gramsci, Antonio 376
그랜트 박사Grant, Dr. 10, 637~640, 643~653, 655
그로크, 하인리히Groag, Heinrich 222
그루버, 카를Gruber, Karl 293, 301, 302
그릴파르처, 프란츠Grillparzer, Franz 26
글뢰켈, 오토Glöckel, Otto 276~277, 281, 286, 323, 324
기독교
LW와 가톨릭 814~817, 826~827
기독교에 대한 LW의 견해 84~85, 173, 544, 554~555, 663~664, 772~774, 776
기독교에 대한 니체의 공격 188~190
기독교와 소련의 마르크스주의 360~362
▸종교 항목도 참조할 것
기치, 피터Geach, Peter 822
〈길 잃은 시인〉 416
꿈
프로이트의 꿈에 대한 연구 509, 584~587, 641~642
LW의 꿈들 290~291, 397, 401~403, 626~627, 834~835

ㄴ

《나의 투쟁》(히틀러) 37, 403, 449, 557, 575
내어, 모리츠Nähr, Moritz 283
네빌, E. H. Neville, E. H. 69
넬슨, 존Nelson, John 789, 790, 796
노르웨이
아르비트 셰그렌과 함께 노르웨이를 방문하다 293
1936년의 방문 514~515, 517
1937년의 방문 541~555
1950년의 방문 818
핀센트와의 휴가 여행 130~137
노르웨이에서의 LW의 생활 142~143
노르웨이에서 혼자 살려는 LW의 계획 137,

138, 139
1차 대전 중 노르웨이에서 LW에게 온 편지들 193
노이게바우어, 후고Neugebauer, Hugo 164
노이라트, 오토Neurath, Otto 463
노턴, H. T. J. Norton, H. T. J. 69, 119
《논리, 언어, 철학》 408, 412, 434, 457, 486
논리실증주의 308, 407, 413, 443
▸ 빈학파도 참조할 것
《논리철학논고》 17, 42, 68, 102, 209, 224~226, 228, 230, 231, 237~248; 278~279, 322, 379
램지의 서평 310~311, 393~394
초기 원고 204~205
출판 256~266, 269~270
《논리학 노트》 136, 140, 141, 143, 197, 240
뉘른베르크 법 25, 29, 528, 558, 569, 577
뉴캐슬
임상조사실에서의 LW의 일 640~654
니체, 프리드리히Nietzsche, Friedrich 188~190, 218

ㄷ

다윈, 찰스 Darwin, Charles 434, 734, 767
달라고, 카를Dallago, Carl 162~164, 264
데데킨트, 리하르트Dedekind, Richard 629, 630
데이비스, 노버트Davis, Norbert 608, 756, 757
데일리, 캐럴 존Daly, Carroll John 608
데카르트 르네Descartes René 460, 707, 708
데카르트의 cogito 707, 708
도니, 윌리스Doney, Willis 789, 790
도덕과학클럽 113, 308, 332, 379, 380, 413, 547, 621, 674, 704, 706, 713, 778
포퍼의 발표 705
한 모임에 대한 스키너의 기록문 547
도스토옙스키, F. M. Dostoevsky, F. M. 207, 488, 490, 784, 791
《카라마조프가의 형제들》 162, 207, 784
돕, 모리스Dobb, Maurice 392, 490, 491, 497, 498
드렝니, 할바르Draegni, Halvard 142, 193
드로빌, 미카엘Drobil, Michael 236, 237, 277, 283, 350, 351
드루어리, 모리스Drury, Maurice
LW가 웨일스를 방문하다 610
LW가 철학적 방법을 설명하다 426~428
LW와 함께 더블린에 560~565, 741, 765~776
LW와의 관계 564
LW의 고백 525, 526
LW의 제자 380~382
LW의 조언 478, 658
LW의 죽음 826
뉴캐슬의 LW를 방문하다 647~649
《말의 위험》 381, 582
드루어리, 마일스Drury, Miles 751, 753
디킨스, 찰스Dickens, Charles
《크리스마스 캐럴》 811
《데이비드 코퍼필드》 86

ㄹ

라벨, M. Ravel, M.
〈왼손을 위한 협주곡〉 36
라보어, 요제프Labor, Josef 29, 122, 123, 191, 307
라스커쉴러, 엘제Lasker-Schüler, Else 162, 163
라이트 형제Wright, Orville and Wilbur 55
라이프니츠, G. W. Leibniz, G. W. 675
라일, 길버트Ryle, Gilbert 396, 619, 626, 688, 706, 707
라일, 앤서니Ryle, Anthony 10, 625
라일, 존Ryle, John 611, 619~621, 623~625, 636
라일랜즈, 조지Rylands, George 370
랜즈버러 톰슨 박사Landsborough Thomson, Dr. A. 651
램, 호러스Lamb, Horace 57, 61
램지, 레티스Ramsey, Lettice 373, 374, 404, 415
램지, 프랭크Ramsey, Frank 297~299, 309~322, 339, 352, 356~359, 362~365, 370, 373~378, 386, 389, 390, 392~397, 411, 414, 415, 531, 604, 625, 710
러셀, 버트런드Russell, Bertrand
LW가 콘월의 러셀을 방문하다 420
LW와의 첫 만남 68~69

LW와의 편지 199~200, 204~205, 302~303, 309
LW의 성격에 대해 124~125; LW의 연구에 대한 보고 420~421
LW의 이론에 대해 779
LW의 제자들에 대해 675
LW의 철학 박사학위 심사 390~391
LW의 후기 저작에 대해 674
기독교에 대해 361
도덕과학클럽에서 705
도라 블랙과의 결혼 294
러셀과 《논리철학논고》 225, 230, 238~241, 244~248, 257, 268~269, 294~301
러셀의 후기 저작에 대한 LW의 견해 673~674
소비에트 마르크스주의에 대해 360~362
원자명제 111, 472~473
유형론 60, 112~113
인스브루크에서 LW를 만나다 303~304
중국 체류 282, 291~294, 303
헤이그의 LW를 방문하다 267~269
러셀의 저작
《감옥》 67, 89, 101
《결혼과 도덕》 422
《나의 믿음》 422
《마음의 분석》 238, 254, 309, 418
《볼셰비즘의 실천과 이론》 361, 505
《사회 개혁 원리》 238
《서양 철학사》 673
《수리철학입문》 205~206, 238, 240, 245
《수학 원리》 58, 65, 66, 72, 76, 114, 120, 131, 357, 424, 601, 608
《수학의 원리》 58, 60, 238, 312, 315
《인간의 인식: 그 범위와 한계》 675
《자서전》 65, 406
《자유에의 길》 238
《존 포스티스의 당혹》 89, 90
《철학의 제문제》 66, 67, 76, 89
《행복의 정복》 422
〈수학과 형이상학들〉 629
러시아
1차 대전 227~228
노동자로서 러시아에서 일하려는 LW의 계획 486, 489~491
소련에 대한 인상 504~506
레드패스, 시어도어Redpath, Theodore 581, 586
레브니, 안나Rebni, Anna 142, 455, 542, 549, 817, 818
레스핑거, 마르그리트Respinger, Marguerite 348~350, 373, 374, 403, 405, 422, 454~456, 474, 478, 484, 485, 550, 616
로렌스, D. H. Lawrence, D. H. 238
로스, 아돌프Loos Adolf 30, 31, 39, 92, 160, 163, 165, 222, 223, 235, 255, 260, 453
로포코바, 리디아 (케인스) Lopokova, Lydia (Keynes) 369, 371
루소, 장자크Rousseau, Jean Jacques 449
루이, 캐시미어Lewy, Casimir 10, 581, 650
리, 데즈먼드Lee, Desmond 10, 380, 447
리글러, 아우구스트Riegler, August 341
리브, 배질Reeve, Basil 10, 636, 637, 639, 640, 643~647, 649~653, 655
리비Livy 771
리비스, F. R. Leavis, F. R. 15, 73, 392, 401, 811
리스, 러시Rhees, Rush 8, 9, 371, 377
LW가 스완지의 리스를 방문하다 641~642, 655~656, 665~668
LW와의 우정 510
LW의 강의를 듣다 581, 584
공산당 입당을 고려하다 694
《탐구》 초기 타자본의 번역 596
《리처드 2세》 810
리처즈, A. I. Richards, A. I. 308, 416~418
리처즈, 벤Richards, Ben 10, 700, 717, 725, 726, 754, 756, 764, 765, 769, 771, 776, 785, 799, 817, 833
리틀우드, J. E. Littlewood, J. E. 57
린치, 도로시Wrinch, Dorothy 292, 295
릴케, 라이너 마리아Rilke, Rainer Maria 163, 165, 263~265

ㅁ

마르크스, 카를Marx, Karl 688
마이스키, 이반Maisky, Ivan 499, 500
마이어, 모제스Maier, Moses 25, 574

마이어스, C. S. Myers, C. S. 83
《마인드》(철학 잡지) 310, 470, 479, 485, 495, 507, 694
매벗, 존Mabbott, John 396
매스터먼, 마거릿Masterman, Margaret 481
매카시, 데즈먼드MacCarthy, Desmond 157
매컬리, 토머스 배빙턴 1대 남작Macaulay, Thomas Babbington, 1st Baron 771
맨 여사Mann, Mrs(스완지의 집주인) 656, 657, 662
맬컴, 노먼Malcolm. Norman 16, 85, 620, 658, 664
LW가 보낸 편지 649~650, 655, 656, 748, 749, 756, 821
LW와 《탐구》에 대해 토론하다 716, 792~793
LW의 미국 방문 788~798
LW와의 우정 607~610, 677~679
머독, 아이리스Murdoch, Iris 710
멀커린스, 토미Mulkerrins, Thommy 9, 11, 317, 724, 751~755, 765
멘델스존, 펠릭스Mendelssohn, Felix 26, 27, 449
모건, 윈포드Morgan, Wynford 662~664
모렐, 오톨라인Morrell, Ottoline 4장, 66, 67, 71, 73, 75, 78, 80, 88~91, 149, 150, 237, 268, 305
모티머 가족(코네마라)Mortimer family 752
모패트 여사(뉴캐슬의 집주인)Moffat, Mrs. 643
몰리에르Molière
〈가상의 병〉 223
무어, 도로시Moore, Dorothy 676, 677
무어, G. E. Moore, G. E.
LW가 무어의 '상식 명제'를 공격하다 793~796, 803~804
LW와의 우정 73~74
LW와의 토론 675, 676
LW와의 편지 520
LW의 《논고》 298
LW의 강의 참석 416
LW의 고백 525, 526
LW의 무어에 대한 견해 378, 675~676
LW의 박사학위 심사 390~391
노르웨이의 LW를 방문하다 153~157, 199~200, 312
무어와 사도 모임 107, 108, 110, 111
무어와 앰브로즈의 〈수학에 있어서의 유한주의〉 495
바우스마에 대한 영향 791
심리학에 대한 강의 103
어린이 같은 순수함 24
회의주의에 대해 793~796
〈상식의 옹호〉 793, 803, 804, 823
무질, 로베르트Musil, Robert 31
미국
LW가 이타카에 있는 맬컴을 방문하다 788~797
미란다, 카르멘Miranda, Carmen 609

ㅂ

바그너, 헤르만Wagner, Herman 164
바르트, 카를Barth, Karl 816
바우스마, 우츠Bouwsma, Oets 789~792
바이닝거, 오토Weininger, Otto 42~50, 101, 103, 138, 147, 215, 256, 261, 279, 429, 447~449, 453, 514, 545, 546, 549, 648, 709, 836
바이스, 리하르트Weiss, Richard 163
바이스만, 프리드리히Waismann, Friedrich 354, 355, 362, 407~409, 412, 414, 420, 423~425, 429, 434, 436, 437, 438, 440, 457~459, 464, 485, 486, 494, 511, 512, 595
바이어슈트라스, 카를Weierstrass, Karl 629, 630
바이워터스, E. G. Bywaters, E. G. 651~653, 655
바일, 헤르만Weyl, Herman 358, 604
바틀리, W. W. Bartley, W. W. 부록, 11, 18, 254, 271, 290, 291, 401
바흐친, 니콜라스Bachtin, Nlcholas 490, 497, 595, 653
발터, 브루노Walter, Bruno 29
배리, 그리픈Barry, Griffen 420
뱀버, 짐Bamber, Jim 62
버나비 박사Burnaby, Dr 615
버클리, 조지Berkeley, George 675
버틀러, 제임스 경Butler, Sir James 389

버틀러, 조지프(주교)Butler, Joseph(Bishop) 645
벌린, 이사야Berlin, Isaiah 10, 707
베르거, 게오르크Berger, Georg 283, 286
베를린
베를린에서 LW의 기계공학 학생으로서의 생활 52
베번, 에드워드 박사Bevan, Dr Edward 9, 798~801, 818, 819, 821, 825, 826
베번, 조앤 여사Bevan, Mrs Joan 9, 821~823, 825
베카시, 페렌츠Békássy, Ferenc 108, 109, 168, 193
베토벤, 루트비히Beethoven, Ludwig 29, 35, 42, 78, 92, 98, 122, 133, 134, 137, 317, 429, 436, 649, 810
벨, 줄리언Bell, Julian 370~373
벨, 클라이브Bell, Clive 371
보슈, H. Bosch, H.
〈성 안토니오의 유혹〉 645
보즈, S. K. Bose, S. K. 379
볼스타드, 아르네Bolstad, Arne 142, 193, 818
볼츠만, 루트비히Boltzmann, Ludwig 51, 52, 453
볼프, 아우구스트Wolf, August 342
북스바움, 에두아르트Buxbaum, Eduard 326, 327
브라우닝, 힐다Browning, Hilda 500, 502
브라우뮐러, 빌헬름Braumüller, Wilhelm 256, 257, 259
브라우어, L. E. J. Brouwer, L. E. J. 357~359, 362~364, 421, 466, 470, 604
브라운, 스튜어트Brown, Stuart 789, 790
브람스, 요하네스Brahms, Johannes 26, 29, 35, 98, 122, 123, 307, 635
브레너, 안나Brenner, Anna 285
브레이스웨이트, 리처드Braithwaite, Richard 308, 370, 373, 415, 479, 547, 580, 595, 680
브로드, C. D. Broad, C. D. 69, 74, 119, 380, 460, 597, 705
브룩, 루퍼트Brooke, Lupert 108, 168
브리튼, 칼Britton, Karl 462, 691, 694, 695, 763
브릭트, 게오르크 폰Wright, Georg von 8, 175, 377, 727, 730, 742, 744, 746, 748, 749, 763, 776, 787, 798, 799, 801, 802, 805, 808, 818
블랙, 도라(러셀)Black, Dora(Russell) 267, 291, 294, 295
블랙, 맥스Black, Max 789, 790, 797
블런트, 앤서니Blunt, Anthony 370, 372, 498
블레이크, 윌리엄Blake, William 772, 810
블룸즈버리 그룹Bloomsbury group 370~372, 392
블리스, 프랭크Bliss, Frank 107~109, 168, 193
비클마이어 부인Bichlmayer 287
비트겐슈타인, 헤르만 크리스티안 Wittgenstein, Hermann Christian(LW의 할아버지) 25, 179, 573, 574, 577
비트겐슈타인, 파니(LW의 할머니) Wittgenstein, Fanny 25, 26, 27, 179
비트겐슈타인, 카를(LW의 아버지) Wittgenstein, Karl 27~34, 37, 40, 179, 183
비트겐슈타인, 레오폴디네(LW의 어머니) Wittgenstein, Leopoldine 28~30, 36, 183
비트겐슈타인, 헤르미네(LW의 누이) Wittgenstein, Hermine 30, 32, 41, 56, 61, 90, 167, 194, 236, 253, 254, 266, 284, 288, 302, 317, 323, 329, 334, 344, 346, 348, 558, 572, 574~577, 765, 799, 802
비트겐슈타인, 한스(LW의 형) Wittgenstein, Hans 32~35, 37, 58, 77
비트겐슈타인, 쿠르트(LW의 형) Wittgenstein, Kurt 32, 33, 236, 401
비트겐슈타인, 루돌프(LW의 형) Wittgenstein, Rudolf 32~34, 43
비트겐슈타인, 마르가레테('그레틀', LW의 누이) Wittgenstein, Margarete 30, 32, 36, 39, 41, 51, 92, 138, 253, 314, 317, 329, 345~353, 456, 484, 573~576, 626, 627, 743
비트겐슈타인, 헬레네(LW의 누이) Wittgenstein, Helene 11, 32, 36, 253, 529, 558, 572, 574~577, 721, 747, 798
비트겐슈타인, 파울(LW의 형) Wittgenstein, Paul 32, 34~37, 214, 253, 317, 329, 345, 529, 572~574, 576, 577

비트겐슈타인, 루트비히Wittgenstein, Ludwig
건강악화 230, 748, 770, 787, 806~807, 819
건축가 344~348
고백 524~528, 537~539
교사 훈련 254~255, 276~277
교육 37~39
꿈 290~291, 397, 401~403, 626~627, 834~835
마르크스주의 361, 490, 693~694
마지막 사진 727, 808
비행기 엔진을 설계하다 61~63
수도원 정원사 280, 343~344
아일랜드의 새들 754~755
어린 시절 34~35
어머니의 죽음 344
여성에 대해 115, 709
오스트리아의 예술가들에게 기부하다 161~165
옷 383~384, 396, 619
외모 52, 313, 619, 623, 789, 797
유대계 배경과 유대성에 대한 태도 25~29, 350, 401~403, 448~454
유머 383~385, 757~758, 760, 762
음악 35~36, 122~123, 307, 351
의사 훈련을 받을 계획을 고려하다 478, 509, 510
자살 충동 172, 254, 256, 273~275
자서전을 쓰려는 계획 405~406, 446~447, 452, 454
전쟁 포로 205, 236~240, 248
전쟁에 대한 태도 167~168, 670
정치 39~40, 490, 685
종교 172~174, 188~190, 272~275, 304~305, 698~699, 826~827
죽음과 장례식 825~827
참전(1914~1918) 6장, 7장
최면술 121
코피의 《논리의 과학》에 대한 서평 117~118
학생을 위한 사전을 만들다 324~327
비트겐슈타인의 강의들
미학 강의 582~588
수리철학 강의 469~471, 481, 598~607
심리철학 강의 712~713
윤리학 강의 398~400, 407~408
종교적 믿음 강의 591~594
철학 강의 469, 472~473, 481
빈학파 17, 308, 354, 363, 407, 408, 412, 414, 420, 459, 463, 464
▸논리실증주의도 참조할 것
빌러, 막스 박사Bieler, Dr Max 203, 204, 206~208

ㅅ

사도(Apostles: 케임브리지의 사교 모임) 80~82, 106~109, 370, 387, 498
색
색에 대한 LW의 단평들 800~802, 804, 807, 809
색스, 조지 박사Sacks, Dr George 502, 503
성 바오로Paul, St. 455, 772
세이어스, 도로시Sayers, Dorothy 756
셰익스피어, 윌리엄Shakespeare, William 119, 809~811
소련
▸러시아를 참조할 것
소크라테스Socrates 112, 113, 380, 483, 551
쇤베르크, 아르놀트Schönberg, Arnold 30, 31, 123
셰그렌 가족Sjögren family 266
셰그렌, 아르비트Sjögren, Arvid 266, 267, 283, 293, 294, 349, 350, 536, 575
LW와 함께 노르웨이를 방문하다 293~294
셰그렌, 탈레Sjögren, Talle 349, 478, 484, 485
쇼브, 제럴드Shove, Gerald 108
쇼이, 로베르트Scheu, Robert 40
쇼펜하우어, A. Schopenhauer, A. 41, 42, 209, 216~219, 234, 279, 363, 453, 465, 523, 616
《의지와 표상으로서의 세계》 41, 209, 217, 523
슈슈니히 수상Schuschnigg 557, 563, 565
슈스터, 아서Schuster, Arthur 55
슈탕겔, 게오르크Stangel, Georg 537
슈트리글, 페피Strigl, Pepi 38
슈펭글러, 오스발트Spengler, Oswald 43, 428, 429, 433, 434, 438, 441, 446, 452, 453, 498, 775
《서구의 몰락》 428, 433, 452

슐리크, 모리츠Schlick, Moritz 308, 352~357, 363, 407~409, 411, 412, 414, 420, 423, 436~438, 457~459, 463, 464, 486, 494, 495, 497, 511, 512
스라파, 피에로Sraffa, Piero 376~378, 395, 453, 490, 497, 506, 540, 559, 564, 566~571, 694
스라파가 LW의 철학에 미친 영향 376~378
스마이시스, 요릭Smythies, Yorick 581, 589, 590, 609, 611, 649, 662, 756, 792, 809, 815, 817, 825, 826
스완지Swansea
LW가 스완지를 방문하다 627
스키너, 프랜시스Skinner, Francis 15장, 8, 10, 481, 484, 486~491, 497, 503, 507, 511, 513, 514, 525, 579, 581, 610~612, 614~616, 621~623, 625, 633, 636, 701, 720, 721, 724, 751, 764, 833, 836, 837
스키너의 죽음 612, 614, 615
스탈린, 이오시프Stalin, Iosif 490
스톤버러, 제롬Stonborough, Jerome 138, 316, 329
스톤버러, 토머스Stonborough, Thomas 314, 316, 348, 349
스트래치, 리튼Strachey, Lytton 80~82, 93, 106~110, 371, 835
스트레이트, 마이클Straight, Michael 11, 498
스트리트앤스미스
《탐정 잡지》 507, 608, 822
스피노자, B. Spinoza, B. 217, 298
실러, F. 폰Schiller, F. von 735, 736, 747
실레, 에곤 Schiele, Egon 30
실프, P. A. Schilpp, P. A. 676
심리철학 666~667, 712~713
▸프로이트를 참조할 것
《심리철학적 소견들》 457, 743, 748, 765

ㅇ

아리스토텔레스Aristotle 117, 707
성 아우구스티누스Augustine, St. 406, 407, 444, 492, 494, 521, 523, 649, 682
《참회록》 406, 444, 521, 523
아이슬란드 83, 92, 97, 110, 131, 134
아일랜드 25장, 11, 15, 166, 317, 491, 567, 568, 675, 724, 741, 742, 744
안첸그루버, 루트비히Anzengruber, Ludwig 85
《암실의 왕》 588, 589, 593
앤드루스, 헬렌Andrews, Helen 10, 643, 644
앤스콤, 엘리자베스Anscombe, Elizbeth 8, 708~710, 769~770, 777, 787, 802, 803, 808, 809, 814, 817, 822, 825, 826, 832
앰브로즈, 앨리스Ambrose, Alice 481~482, 491, 495, 595, 791
야놉스카야, 소피아Janovskaya, Sophia 502~504, 506
언어게임 16장, 377, 432, 440, 472, 473, 522, 803
《청색 책》에 있는 언어게임 482~483
《갈색 책》에 있는 언어게임 491~494
《철학적 탐구》에 있는 언어게임 522~523
언어 그림 이론 175~176, 198~199, 521~522
엄슨, J. O. Urmson, J. O. 707
에렌슈타인, 알베르트Ehrenstein, Albert 164, 165
에머슨, 랠프 왈도Emerson, Ralph Waldo 188
에밋, 도로시Emmett, Dorothy 462
에스털레, 막스 폰Esterle, Max von 162
에이어의 《언어, 진리, 논리》 412
에크하르트, 디트리히Eckhart, Dietrich 47
에클스, 윌리엄Eccles, William 57, 62, 91, 159, 160, 331, 335, 337~339
엥겔만, 파울Engelmann, Paul 13, 92, 164, 222~229, 233~235, 241, 242, 252, 254~256, 266, 269, 271~276, 279, 280, 282, 288, 289, 291, 297, 305, 306, 310, 327, 328, 337~339, 345, 350, 354, 361, 385, 506, 525, 526, 588, 741, 832
역사
슈펭글러의 《서구의 몰락》에 나타난 역사 428~429
《연소》 161~164, 260~263
오그던, C. K. Ogden, C. K. 68, 244, 294, 295, 297~301, 303, 307~311, 322, 397, 418
《의미의 의미》 308, 309, 416, 418

오베르코플러, 요제프Oberkofler, Josef 164
오스트발트, 빌헬름Ostwald, Wilhelm 295~298
오스먼드, 험프리Osmond, Humphrey 10, 620, 625
오테르탈Otterthal
오테르탈에 다시 간 LW 528
옥스퍼드 대학에서 LW를 강의에 초빙하다 805
옥스퍼드 대학에서 행한 LW의 발표 707
왓슨, 앨리스터Watson, Alister 370, 607
요아힘, 요제프Joachim, Joseph 26
욜레스 가족Jolles family 52, 172, 191, 195, 196, 201~203, 231, 252
우드, 오스카Wood, Oscar 10, 707, 708
울란트의 〈에버하르트 백작의 산사나무〉 226
울리치, 코넬Woolrich, Cornell 608
울프, 레너드Woolf, Leonard 371
울프, 버지니아Woolf, Virginia 332, 371, 398
워녹, 메리Warnock, Mary 10, 707, 708
워드, 제임스Ward, James 103, 332, 768
워터필드 박사Waterfield, Dr R. L. 10, 621, 636
원자폭탄
LW의 견해 691~692
웰스, H. G. Wells, H. G. 398
위즈덤, 존Wisdom, John 10, 580, 597, 666
윌킨슨, 나오미Wilkinson, Naomi 10, 626
유형론 60, 112, 113, 134, 135, 140, 141, 154, 205, 234, 246, 316
윤리학
LW의 윤리학에 대한 강의 398~400, 407~408
이교도
이교도 클럽에서 행한 LW의 강의 398
이론
이론 만들기를 거부하는 LW 436~441
이스트먼, 맥스Max Eastman 693
이자드, S. F. Izzard, S. F. 621
일반성에 대한 갈망 483, 642, 691, 781

ㅈ

자이스-잉크바르트 박사, 아르투어 Seyss-Inquart, Dr Arthur 563, 565
잭슨, A. C. Jackson, A. C. 715
제임스, 윌리엄James, William
《심리학 원리》 681
《종교적 경험의 다양성》 85, 168, 683
존슨, W. E. Johnson, W. E. 73, 171, 172, 192, 303, 307, 310, 332, 339, 378, 379, 392, 444
저데인, 필립Jourdain, Philip E. B. 60, 61, 120, 140
진스, 제임스 호프우드 경Jeans, Sir James Hopwood 583, 599
《신비로운 우주》 583, 599

ㅊ

챈들러, 레이먼드Chandler, Raymond 608, 757
《철학적 단평》 419, 420, 435, 457
《철학적 문법》 456, 457, 464, 465, 485, 486, 599
《철학적 탐구》 8, 376, 377, 419, 457, 482, 520, 522, 523, 541, 595, 629, 645, 653, 665~668, 670, 681, 682, 713, 730~732, 738, 740, 743, 748, 765, 767, 770, 775, 777, 781, 785, 788, 793, 804, 817
《청색 책》 482, 483, 485, 491, 512, 583, 711, 791
체임벌린, 네빌Chamberlain, Neville 575, 576
촘스키, 노엄Chomsky, Noam 432
츠바이크, 막스Zweig, Max 222
츠바이크, 프리츠Zweig, Fritz 222, 223
츠비아우어, 브리기테Zwiauer, Brigitte 573, 576
측면 보기 731, 732, 735, 738, 760, 762, 777
치료적 실증주의 510, 694

ㅋ

카르납, 루돌프Carnap, Rudolf 354~356, 363, 414, 423, 463, 464, 595
카프카, 프란츠Kafka, Franz 709
칸토어, 게오르크Cantor, Georg 469, 582, 598~600, 629, 630, 668
칸트, 이마누엘Kant, Immanuel 42, 50, 52, 58, 237, 303, 412, 460, 470, 596
커크, 키스Kirk, Keith 10, 612~616, 621, 633, 634, 701, 836
케렌스키, 알렉산드르Kerensky, Alexander

227
케인스, 존 메이너드Keynes, John Meynard 18, 80, 82, 106~109, 171, 172, 192, 193, 240, 303, 310, 313, 314, 317~321, 332, 337~340, 343, 359~362, 364, 365, 369~371, 373, 376, 378, 386~389, 435, 478, 498~501, 506, 509, 513, 564, 569, 571, 597
러시아 공산주의에 대해 360, 361
케임브리지 공산주의 조직 498
케임브리지 스파이 망 498
켈러, 고트프리트Keller, Gottfried 53, 385, 659
《하트라우프》 659
코더, 루돌프Koder, Rudolf 307, 308, 799
코더홀트, 에머리히Koderhold, Emmerich 301
코코슈카, 오스카Kokoschka, Oskar 30, 39, 163
코플스턴 신부Copleston, Father 776
코피, P. Coffey, P. 117, 118
콘래드 신부Conrad, Father 10, 817, 819, 825, 826
콘스탄틴 소년Constantin 207
콘포드, 존Conford, John 498
콘포스, 모리스Conforth, Maurice 498
콜링우드, R. G. Collingwood, R. G. 597
콰인, W. V. Quine, W. V. 602
쾰러, 볼프강Wolfgang Köhler 732, 733, 736~739
《게슈탈트 심리학》 732, 736
쿠펠비저, 파울Kupelweiser, Paul 28
쿤트, 빌헬름Kundt, Wilhelm 284, 341, 342
퀴른베르거Kürnberger 233
퀼페, O. Külpe, O. 277, 278
크라우스, 카를Kraus, Karl 30, 39, 40, 42~44, 92, 160, 161, 223, 233~235, 261, 451~453
크라이젤, 게오르크Kreisel, Georg 10, 710, 711
크라프트 동아리Kraft Circle 802, 803
《크리스마스 캐럴》 811
클레멘트 가족, 스완지Clement family in Swansea 664~665
클림트, 구스타프Klimt, Gustav 30, 236, 329
클링겐베르그, 한스Klingenberg, Hans 142
키르케고르, S. Kierkegaard, S. 164, 165, 407, 444, 662, 699
킹스턴 가족(위클로 카운티)Kingston family(County Wicklow) 11, 724, 745, 747, 750

ㅌ

타고르, 라빈드라나트Tagore, Rabindranath 355, 588, 589
《암실의 왕》 588, 589, 593
테일러, A. J. P. Taylor, A. J. P. 167
테일러, 제임스Taylor, James 581
톨스토이, 레프Tolstoy, Leo 92~93, 173, 174, 202, 207, 283, 307, 489, 490, 811, 826
〈예술이란 무엇인가〉 811
《안나 카레니나》 132, 489
《요약복음서》 173, 174, 202, 207, 307
톰슨, 조지Thomson, George 9, 370, 490, 497, 498, 594
톰슨의 장모에게 보낸 LW의 편지 594~595
튜링, 앨런Turing, Alan 600~607
트라클, 게오르크Trakl, Georg 162, 163, 165, 185, 186, 195
트라텐바흐Trattenbach
교사로서의 LW 282~293, 301~303
트러스콧, 프리실라Truscott, Priscilla 513
트리벨리언, 조지Trevelyan, George 167
트리벨리언, 찰스Trevelyan, Charles 500

ㅍ

파라크, 프란츠Franz, Parak 237
파스칼, 로이Pascal, Roy 489
파스칼, 파니아Pascal, Fania 373, 379, 380, 382, 476, 485, 489, 490, 504, 506, 514, 525~528, 537, 548, 559, 635, 657
파이글, 헤르베르트Feigl, Herbert 354, 355, 362
파이어아벤트, 파울Feyerabend, Paul 802, 803
패트리지, 프랜시스Partridge, Frances 10, 371, 373, 382~383, 415
램지의 죽음에 대해 415
패티슨, 길버트Pattison, Gilbert 9, 382~385, 422, 453, 455, 456, 478, 500, 502, 504, 505,

514, 515, 520, 536, 539, 564, 571, 576, 609, 703, 722
페터벨, J. E. Petavel, J. E. 55, 56
포래커, 로이Fouracre, Roy 9, 634~636, 640, 649, 702~704, 790, 811, 823
포스틀, 하인리히Postl, Heinrich 307, 308
포퍼, 칼Popper, Karl 687, 688, 705
도덕과학클럽에서의 발표 705
《열린 사회와 그 적들》 687
푀치, 레오폴트Pötsch, Leopold 38
푸트레, 요셉프Putre, Josef 284, 323
푸흐베르크Puchberg 307, 308, 310, 311, 313, 318, 321, 324, 352, 353, 531
푹스, 오스카Fuchs, Oskar 301
프랜시스Francis
▸스키너를 참조할 것
프레게, 고틀로프Frege, Gottlob 12, 13, 42, 58~61, 65, 68, 111, 112, 120, 162, 172, 173, 191, 205, 213, 219, 220, 222, 227, 228, 230, 235, 241~245, 257~261, 278, 279, 356, 438, 439, 453, 466, 469, 473, 550, 606, 711, 790, 818
프레이저, 제임스 경Frazer, Sir James
《황금가지》 444
프로이트, 지그문트Freud, Sigmund 30, 31, 39, 429, 453, 509, 510, 523, 559, 582, 585~587, 627, 628, 632, 641, 642, 668, 792, 835
프리슬리, R. E.(레이먼드 경)Priestley, R. E.(Sir Raymond) 415
프리처드, 조지프Pritchard, Joseph 707, 708
플라톤Plato 470, 688, 797
피리바우어 씨Piribauer, Herr 340, 341, 538
피리바우어, 헤르미네Piribauer, Hermine 341, 538
피커, 루트비히 폰Ficker, Ludwig von 161~166, 173, 185, 195, 202, 260~266, 269, 270, 355
핀센트, 데이비드Pinsent, David 11, 71, 82~84, 91, 92, 93~99, 101, 104, 106, 110, 114, 115, 120~124, 129~138, 140, 141, 157, 159, 166, 167, 171, 172, 186, 192, 196~198, 200, 206, 207, 220, 232, 279, 280, 333, 337, 455, 456, 474, 517, 616, 701, 833
핀센트, 엘런Pinsent, Ellen 231, 232, 255, 300
핑크, 배리Pink, Barry 808, 809

ㅎ

하디, G. H. Hardy, G. H. 319, 435, 469, 470, 471, 599
《순수수학 개론》 469, 599
하스바흐Hassbach 306
하이데거, 마르틴Heidegger, Martin 407, 444
하이에크, 프리드리히 폰Hayek, Friedrich von 10, 743
하이트바우어 소송 사건Haidbauer Case 340, 342
하인리히, 카를Heinrich, Karl 164
한, 한스Hahn, Hans 308
해밋, 대실Hammett, Dashiell 608, 757
해커, 테오도어Haecker, Theodor 162~165, 264
핸젤, 루트비히Hänsel, Ludwig 236, 237, 276, 277, 283, 287~291, 293, 294, 297, 302, 323, 324, 401, 402, 526, 548, 588, 589, 776
핸젤, 헤르만Hänsel, Hermann 11, 548
허트, 롤런드Hutt, Rowland 10, 507, 514, 518, 519, 526, 527, 537, 579, 581, 614, 622, 623, 641, 657~661, 670, 679, 684, 685
허튼, 베티Hutton, Betty 609, 775
헤겔, G. W. F. Hegel, G. W. F. 460, 502, 688, 767
헤니드 45, 46, 48, 549
헤럴드 박사Herrald, Dr(MRC) 640
헤르츠, 하인리히Hertz, Heinrich 51, 52, 453, 638
《역학의 원리》 51, 638
헤벨, 요한 페터Hebel, Johann Peter 307, 349
헤이든-게스트, 데이비드Hayden-Guest, David 498
호지스, 앤드루Hodges, Andrew 11, 607
홈스, 셜록Holmes, Sherlock 608
화이트헤드, 앨프리드 노스Whitehead, A. N. 79, 104, 120, 131, 167, 316
《확실성에 관하여》 767, 796, 803, 812, 823, 825
《햇불》 39, 43, 161~163

후설, 에드문트Husserl, Edmund 411
흄, 데이비드Hume, David 460
히자브, W. A. Hijab, W. A. 10, 709
히틀러, 아돌프Hitler, Adolf 17, 37, 38, 47, 449, 450, 452, 506, 557, 558, 563~566, 610
  합병 39, 252, 344, 558, 564~566, 569, 572, 579, 695
힐베르트, 다비트Hilbert, David 439, 440, 466, 599

비트겐슈타인 평전
천재의 의무

초　판 1쇄 발행 | 2012년 12월 15일
초　판 5쇄 발행 | 2017년 1월 20일
개정판 2쇄 발행 | 2023년 3월 17일

지 은 이 | 레이 몽크
옮 긴 이 | 남기창
펴 낸 이 | 이은성
펴 낸 곳 | 필로소픽
편　　집 | 양윤주 · 이상복 · 김무영
디 자 인 | 백지선

주　　소 | 서울시 종로구 창덕궁길 29-38, 4-5층
전　　화 | (02) 883-9774
팩　　스 | (02) 883-3496
이 메 일 | philosophik@naver.com
등록번호 | 제 379-2006-000010호

ISBN 979-11-5783-139-5 03160

필로소픽은 푸른커뮤니케이션의 출판브랜드입니다.